1471  71

D0641976

Ausstellung des Germanischen
Nationalmuseums

Nürnberg 21. Mai bis 1. August 1971

ALBRECHT DÜRER

1471
1971

Prestel-Verlag München

Die Ausstellung steht unter dem Patronat
des Internationalen Museumsrates (ICOM)

3. Auflage

ISBN 3 7913 0004 0

© 1971 Prestel-Verlag München
Alle Rechte vorbehalten

Die Reproduktionsvorlagen wurden freundlicher-
weise von den Besitzern der ausgestellten Werke
zur Verfügung gestellt. Die Farbaufnahmen der
Katalognummern 66, 466 und 563 fertigten CFL-
Giraudon, Paris, Colorphoto Hinz, Basel, und Foto
Steinkopf, Berlin. Der Umschlag ist nach dem Aus-
stellungsplakat von Heinz Wolf, Nürnberg, gestaltet.

Die ein- und zweifarbigen Reproduktionen führte
Brend'amour, Simhart & Co., München, die Farb-
reproduktionen Wittemann & Küppers, Frankfurt am
Main, aus. Die Drucklegung erfolgte durch das
Druckhaus Nürnberg, die Bindung durch R. Olden-
bourg, München.

Das Papier lieferte die Feinpapier-Großhandlung
Hartmann & Mittler, Augsburg-München-Nürnberg.
Erstellung des Anzeigenteils: Atlas Verlag und Werbung GmbH & Co. KG, München, verantwortlich
für den Anzeigenteil: Günter Elster.

EINLEITUNG

Ein vorbereitender Ausschuß von deutschen und ausländischen Kunsthistorikern, der noch unter der Generaldirektion von Erich Steingräber in Nürnberg tagte, ermutigte das Germanische Nationalmuseum zur Planung einer umfassenden Ausstellung anläßlich des 500. Geburtstages Albrecht Dürers und billigte zu einem späteren Termin das inzwischen erarbeitete Programm. Wenn die Realisierung des Planes im Rahmen des überhaupt Möglichen gelingen konnte, so ist vielen zu danken, die dazu beigetragen haben.

Unser Dank gilt zuvorderst den Leihgebern, die sich zu dem Opfer bereitfanden, kostbarsten und unersetzlichen Besitz zur Verfügung zu stellen, voran den Bayerischen Staatsgemäldesammlungen, deren frühe Zusage von sechs Gemälden Albrecht Dürers ein Vertrauensbeweis war, auf den wir uns berufen durften.

Wo immer Schwierigkeiten bei der Erlangung von Leihgaben bestanden, konnten wir der hilfreichen Unterstützung durch Persönlichkeiten des öffentlichen Lebens und durch Kollegen sicher sein. Ihnen allen und besonders dem zweiten Vorsitzenden des Kuratoriums für das Dürerjahr, Prof. Carlo Schmid, sind wir zu aufrichtigem Dank verpflichtet.

Zur Übernahme der unausbleiblich hohen Kosten der Ausstellung erklärten sich die Bundesrepublik Deutschland, der Freistaat Bayern und die Stadt Nürnberg bereit. Wir sind uns dankbar bewußt, daß die Durchführung der Ausstellung ohne das Verständnis, das ihre Bedeutung bei den zuständigen Stellen fand, und ohne das Engagement ihrer Repräsentanten nicht möglich gewesen wäre.

Viele Kollegen stellten für unser Vorhaben ihr Wissen in uneigennützigster Weise zur Verfügung. Dies gilt besonders für den vorbereitenden Ausschuß und für die Mitarbeiter am Katalog, dessen Drucklegung eine verlegerische Leistung des Prestel-Verlages darstellt. Die Vorbereitung, die Organisation und die Gestaltung der Ausstellung nahmen die Kräfte unserer Mitarbeiter über eine lange Zeit und weit über ihre Verpflichtung hinaus in Anspruch. Allen, die sich für ein gutes Gelingen so sehr eingesetzt haben, gilt unser herzlicher Dank.

Dr. Peter Strieder
Direktor

Dr. Arno Schönberger
Generaldirektor

INHALT

Die Kat. Nr. 140 ist zu streichen.

Für die Kat. Nrn. 82, 208, 533 und 588 wurde die
Zusage der vorgesetzten Behörde nicht erteilt.

Schirmherr des Albrecht-Dürer-Jahres 1971

Dr. Gustav Heinemann, Bundespräsident

Kuratorium für das Albrecht-Dürer-Jahr 1971

Erster Vorsitzender:
Dr. h. c. Willy Brandt, Bundeskanzler

Zweiter Vorsitzender:
Prof. Dr. Carlo Schmid
Vizepräsident des Deutschen Bundestages

Geschäftsführender Vorsitzender:
Dr. Andreas Urschlechter
Oberbürgermeister der Stadt Nürnberg

VORBEREITENDER AUSSCHUSS DER AUSSTELLUNG

ARBEITSAUSSCHUSS

Dr. Peter Strieder, Nürnberg

Dr. Jörn Bahns, Nürnberg
Dr. Günther Bräutigam, Nürnberg
Dr. Bernward Deneke, Nürnberg
Dr. Ursula Frenzel, Nürnberg
Dr. Monika Heffels, Nürnberg
Dr. Rüdiger an der Heiden, Nürnberg
Dr. Barbara Hellwig, Nürnberg
Dr. Axel Janeck, Nürnberg
Prof. Dr. Georg Kauffmann, Münster/Westf.
Paul Adolf Kirchvogel, Kassel
Dr. Karl-Adolf Knappe, Erlangen
Dr. Ernst Königer, Nürnberg
Dr. Hilde Merz, Nürnberg
Prof. Dr. Terisio Pignatti, Venedig
Fritz Reimold, Nürnberg
Dr. Alexander Frhr. von Reitzenstein, München
Dr. Elisabeth Rücker, Nürnberg
Dr. Wulf Schadendorf, Nürnberg
Dr. Günther Schiedlausky, Nürnberg
Prof. Dr. Erika Simon, Würzburg
Dr. Heinz Stafski, Nürnberg
Dr. Ludwig Veit, Nürnberg
Dr. Leonie von Wilckens, Nürnberg
Dr. Fritz Zink, Nürnberg

Katalogredaktion: Dr. Leonie von Wilckens, Nürnberg
Kataloggestaltung: Eugen O. Sporer und
       Barbara Schlottke, München
       Lothar Hennig, Nürnberg
Ausstellungsgestaltung: Lothar Hennig, Nürnberg

UM DAS ZUSTANDEKOMMEN DER AUSSTELLUNG UND DURCH WISSENSCHAFTLICHE AUSKÜNFTE HABEN SICH VERDIENT GEMACHT:

Ministerpräsident Dr. h. c. Alfons Goppel, München

Das Auswärtige Amt (Kulturabteilung), Bonn

Die Botschaften der Bundesrepublik Deutschland
in Bern, Lissabon, London, Madrid, Moskau, Paris, Rom, Washington
Die Deutsche Handelsvertretung in Budapest

Der Bundesminister des Innern
Hans Dietrich Genscher
und seine Mitarbeiter, Bonn

Die Bayerische Staatskanzlei, München

Das Bayerische Staatsministerium für Unterricht und Kultus, München

Direktor i. R. Diego Angulo Iniguez, Madrid

Manfred von Arnim, Schweinfurt

Georgine Bán-Volkmar, Traunstein/Obb.

Prof. Arnoldo Bascone, Bonn

Dr. Josef Benzing, Budenheim

Dr. A. S. Berkes, Castagnola/Lugano

Sir Anthony Blunt, London

Dr. Martin Brons, Nürnberg

Dr. Tristano Codignola, Florenz

Dr. Ernst Coenen, Köln

Prof. Sante David, Florenz

Dr. Hans Martin Frhr. von Erffa, Florenz

Dr. Karl-Heinz Esser, Mainz

Dr. Tilman Falk, Basel

Dr. Gottfried Frenzel, Nürnberg

Dr. Hermann Glaser, Nürnberg

Dr. Nikolaus Gussone, Münster

Dr. Karl Haertl, Wien

Dr. Gert Heible, Bonn

Dr. Gerhard Hirschmann, Nürnberg

Dr. Ernst Hofmann, Darmstadt

Prof. Dr. Joseph E. Hofmann, Ichenhausen

Dr. Hanna Hohl, Hamburg

Albrecht Frhr. von Imhoff, Fischbach b. Nürnberg

Dr. Anita Janeck, Nürnberg

Prof. Dr. Herbert Keutner, Florenz

Rolf Kistner, Nürnberg

Dr. Dieter Kuhrmann, München

Prof. Dr. Michael Liebmann, Moskau

Prof. Dr. Wolfgang Lotz, Rom

Peter May, Erlangen

Dr. John Henry van der Meer, Nürnberg

Francis J. Newton, Portland/Oregon

Dr. Ing. Augusto Pedullà, Genua

Prof. Dr. Emil Ploss, Erlangen

Dr. Herwarth Röttgen, Rom

Prof. Pasquale Rotondi, Rom

Theodore Rousseau, New York

Dr. h. c. Gustav Schickedanz, Fürth/Bay

Prof. Dr. Carlo Schmid, Bonn

Dr. Karl Graf von Schönborn, Wiesentheid

Dr. Dagmar Stará, Prag

Walter L. Strauss, New York

Prof. Charles Talbot, New Haven/Connecticut

Friedrich Frhr. von Teuchert, München

Hanns Frhr. von Tucher, Simmelsdorf

Dr. Dieter Wuttke, Göttingen

KATALOG

ABGEKÜRZT ZITIERTE LITERATUR

Albrecht Dürers Umwelt = Albrecht Dürers Umwelt. Festschrift zum 500. Geburtstag Dürers. Nürnberger Forschungen 15. Nürnberg 1971

Anzelewsky = F. Anzelewsky: Albrecht Dürer. Das malerische Werk. Berlin 1971

Ausst. GNM 1928 = Albrecht-Dürer-Ausstellung im Germanischen Museum. 3. Aufl. Nürnberg 1928

Ausst. Maximilian 1959 = Maximilian I. 1459-1519. Ausst. Österr. Nationalbibl., Graph. Slg. Albertina, Kunsthist. Mus. 2. Aufl. Wien 1959

Ausst. Berlin 1967 = Dürer und seine Zeit. Meisterzeichnungen aus dem Berliner Kupferstichkabinett. Ausst. Berlin 1967

Ausst. Ambrosiana - München 1968 = Dürer und seine Zeit. Zeichnungen und Aquarelle. Ausst. aus den Slgn. Bibl. Ambrosiana, Mailand, Bayer. Staatsbibl., Staatl. Graph. Slg. München 1968

B. = A. v. Bartsch: Le peintre graveur. Bd. 1-3. Neue Aufl. Leipzig 1854; Bd. 4-11. Wien 1805-08

Bagrow = L. Bagrow-R. A. Skelton: Meister der Kartographie. Berlin 1963

Baum = J. Baum: Martin Schongauer. Wien 1948

Benzing = J. Benzing: Lutherbibliographie. Baden-Baden 1966

Bock, Berlin = E. Bock: Die deutschen Meister. Bd. 1/2. Staatl. Museen zu Berlin. Die Zeichnungen alter Meister im Kupferstichkabinett. Berlin 1921

Bock, Erlangen = E. Bock: Die Zeichnungen in der Universitätsbibliothek Erlangen. Frankfurt/M. 1929

Bohatta = H. Bohatta: Versuch einer Bibliographie der kunsttheoretischen Werke Albrecht Dürers. Wien 1928

Briquet = Ch.-M. Briquet: Les filigranes. Dictionnaire historique des marques du papier dès leur apparition vers 1282 jusqu'en 1600. Bd. 1-4. Genf 1907

Bruck = Das Skizzenbuch von Albrecht Dürer in der Königl. öffentl. Bibliothek zu Dresden. Hrsg. v. R. Bruck. Straßburg 1905

Buchner = E. Buchner: Das deutsche Bildnis der Spätgotik und der frühen Dürerzeit. Berlin 1953

Dodgson, Brit. Mus. = C. Dodgson: Catalogue of early German and Flemish woodcuts preserved in the Department of prints and drawings in the British Museum. Bd. 1/2. London 1903-11

Dodgson, Dürer-Society = C. Dodgson-G. Pauli-S. M. Peartree: The Dürer-Society. Ser. 1-12. London 1898-1911

Dodgson, Guide 1928 = C. Dodgson: Guide to the woodcuts, drawings and engravings of Albrecht Dürer in the Department of prints and drawings. British Museum. Ausst. London 1928

Demonts, Louvre = L. Demonts: Écoles allemande et suisse. Bd. 1/2. Musée du Louvre. Inventaire général des dessins des écoles du nord. Paris 1937/38

Einbl. = Einblattdrucke des 15. Jahrhunderts. Ein bibliographisches Verzeichnis. Hrsg. v. d. Kommission für d. Gesamtkatalog d. Wiegendrucke. Halle/S. 1914

Flechsig = E. Flechsig: Albrecht Dürer. Sein Leben und seine künstlerische Entwicklung. Bd. 1/2. Berlin 1928-31

Geisberg, Einblattholzschnitt = M. Geisberg: Der deutsche Einblattholzschnitt in der ersten Hälfte des 16. Jahrhunderts. München 1924-30

Geisberg, Buchillustration = M. Geisberg: Die deutsche Buchillustration in der ersten Hälfte des 16. Jahrhunderts. Bd. 1/2. München 1930-32

GW = Gesamtkatalog der Wiegendrucke. Hrsg. v. d. Kommission für den Gesamtkatalog d. Wiegendrucke. Bd. 1-8,1. Leipzig 1925-1940

Hain = L. Hain: Repertorium bibliographicum. Bd. 1,1/2; 2,1/2. Stuttgart-Paris 1826-38

Habich = G. Habich: Die deutschen Schaumünzen des 16. Jahrhunderts. Bd. 1/2. München 1929-34

Hampe = Th. Hampe: Nürnberger Ratsverlässe über Kunst und Künstler im Zeitalter der Spätgotik und Renaissance. Bd. 1/2. Wien-Leipzig 1904

Heidrich, Marienbild = E. Heidrich: Geschichte des Dürerschen Marienbildes. Leipzig 1906

Heller = J. Heller: Das Leben und die Werke Albrecht Dürer's. Bd. 2. Bamberg 1827

Hellwig, GNM = Inkunabelkatalog des Germanischen Nationalmuseums. Bearb. v. B. Hellwig nach einem Verzeichnis von W. Matthey. Wiesbaden 1970

Hind = A. M. Hind: Early Italian engraving. Bd. 1-7. London 1938-48

Hirschmann = G. Hirschmann: Albrecht Dürers Abstammung und Familienkreis. In: Albrecht Dürers Umwelt. Festschrift zum 500. Geburtstag Dürers. Nürnberger Forschungen 15. Nürnberg 1971, S. 35-55

Hohenemser = P. Hohenemser: Flugschriftensammlung Gustav Freytag. Frankfurt/M. 1925

Hollstein = F. W. H. Hollstein: German engravings, etchings and woodcuts, ca. 1400-1700. Bd. 1 ff. Amsterdam 1954 ff.

Justi = L. Justi: Konstruierte Figuren und Köpfe unter den Werken Albrecht Dürers. Untersuchungen und Rekonstruktionen. Leipzig 1902

Katalog München = G. Goldberg-Ch. Altgraf Salm: Altdeutsche Malerei. Alte Pinakothek. Katalog 2. München 1963

Kehrer = H. Kehrer: Dürers Selbstbildnisse und die Dürerbildnisse. Berlin 1934

Knappe = K.-A. Knappe: Dürer. Das graphische Werk. Wien-München 1964

Lehrs = M. Lehrs: Geschichte und kritischer Katalog des deutschen, niederländischen und französischen Kupferstichs im 15. Jahrhundert. Bd. 1-9. Wien 1908-34

Lippmann = Zeichnungen von Albrecht Dürer in Nachbildungen. Hrsg. v. F. Lippmann u. a. Bd. 1-7. Berlin 1883-1929

Albrecht Dürer:
Selbstbildnis im Pelzrock
(Kat. Nr. 70)

Lugt, Bibl. Nationale = F. Lugt: Inventaire général des dessins des écoles du nord. Bibliothèque Nationale, Cabinet des estampes. Paris 1936

Lutze-Wiegand, GNM = E. Lutze-E. Wiegand: Die Gemälde des 13. bis 16. Jahrhunderts. Kataloge des Germanischen Nationalmuseums zu Nürnberg. Nürnberg-Leipzig 1936/37

Meder = J. Meder: Dürer-Katalog. Ein Handbuch über Albrecht Dürers Stiche, Radierungen, Holzschnitte, deren Zustände, Ausgaben und Wasserzeichen. Wien 1932

Musper = H. Th. Musper: Albrecht Dürer. Der gegenwärtige Stand der Forschung. Stuttgart 1953

Oehler = L. Oehler: Das geschleuderte Dürermonogramm. Diss. München (1943). Ms. 1957

Olschki = L. Olschki: Geschichte der neusprachlichen wissenschaftlichen Literatur. Leipzig-Florenz 1919

Panofsky = E. Panofsky: Albrecht Dürer. Bd. 1/2. 3. Aufl. Princeton 1948

Panzer = G. W. Panzer: Annales typographici. Bd. 1-11. Nürnberg 1793-1803

Panzer DA = G. W. Panzer: Annalen der älteren deutschen Literatur... welche von Erfindung der Buchdruckerkunst bis 1526 in deutscher Sprache gedruckt worden sind. Bd. 1/2 u. Zusätze. Nürnberg-Leipzig 1788-1802

Passavant = J. D. Passavant: Le peintre-graveur. Bd. 1-6. Leipzig 1860-1864

Piccard, Kronenwasserzeichen = G. Piccard: Die Kronenwasserzeichen. Stuttgart 1961

Piccard, Ochsenkopfwasserzeichen = G. Piccard: Die Ochsenkopfwasserzeichen. Bd. 1-3. Stuttgart 1966

Pope-Hennessy = J. Pope-Hennessy: The portrait in the Renaissance. London 1966

RDK = Reallexikon zur deutschen Kunstgeschichte. Hrsg. v. O. Schmitt u. a. Bd. 1ff. Stuttgart 1937ff.

Reicke = Briefwechsel Willibald Pirckheimers. Hrsg. v. E. Reicke. Bd. 1/2. München 1940-56

Rupprich = Dürer. Schriftlicher Nachlaß. Hrsg. v. H. Rupprich. Bd. 1-3. Berlin 1956-69

Rupprich, Literarisches Bild = H. Rupprich: Das literarische Bild Dürers im Schrifttum des 16. Jahrhunderts. In: Festschrift für Dietrich Kralik. Horn/NÖ. 1954, S. 218-39

Schramm = A. Schramm: Der Bilderschmuck der Frühdrucke. Bd. 1-23. Leipzig 1920-43

Stange = A. Stange: Deutsche Malerei der Gotik. Bd. 1-11. München 1934-61

Stadler = F. J. Stadler: Michael Wolgemut und der Nürnberger Holzschnitt im letzten Drittel des 15. Jahrhunderts. Straßburg 1913

Th. B. = Allgemeines Lexikon der bildenden Künstler von der Antike bis zur Gegenwart. Hrsg. v. U. Thieme - F. Becker. Bd. 1-37. Leipzig 1907-50

Thausing = M. Thausing: Dürer. Geschichte seines Lebens und seiner Kunst. Bd. 1/2. 2. Aufl. Leipzig 1884

Tietze, Dürer = H. Tietze-E. Tietze-Conrat: Kritisches Verzeichnis der Werke Albrecht Dürers. Bd. 1-2,2. Augsburg 1928; Basel-Leipzig 1937/38

Tietze, Albertina = Die Zeichnungen der deutschen Schulen bis zum Beginn des Klassizismus. Bearb. v. H. Tietze, E. Tietze-Conrat u. a. Beschreibender Katalog der Handzeichnungen in der Graph. Slg. Albertina. Bd. 4/5. Wien 1933

Weller = E. Weller: Repertorium typographicum. Bd. 1/2. Nördlingen 1864-85

Winkler, Dürer 1928 = F. Winkler: Dürer. Des Meisters Gemälde, Kupferstiche und Holzschnitte. Klassiker der Kunst. 4. Aufl. Berlin-Leipzig 1928

W. = F. Winkler: Die Zeichnungen Albrecht Dürers. Bd. 1-4. Berlin 1936-39

Winkler, Narrenschiff = F. Winkler: Dürer und die Illustrationen zum Narrenschiff. Die Baseler und die Straßburger Arbeiten des Künstlers und der altdeutsche Holzschnitt. Berlin 1951

Winkler, Dürer 1957 = F. Winkler: Albrecht Dürer. Leben und Werk. Berlin 1957

Winkler, Zeichnungen Nachtrag = F. Winkler: Verzeichnis der seit 1939 aufgefundenen Zeichnungen Dürers. In: Festschrift Dr. h. c. Eduard Trautscholdt 1963. Hamburg 1965, S. 78-84

Winzinger = F. Winzinger: Die Zeichnungen Martin Schongauers. Berlin 1962

Wölfflin = H. Wölfflin: Die Kunst Albrecht Dürers. 6. Aufl. Bearb. v. K. Gerstenberg. München 1943

Zink, GNM = F. Zink: Die Handzeichnungen bis zur Mitte des 16. Jahrhunderts. Kataloge des Germanischen Nationalmuseums. Nürnberg 1968

Zinner, Instrumente = E. Zinner: Deutsche und niederländische Instrumente des 11. bis 18. Jahrhunderts. 2. Aufl. München 1967

Zinner, Sternkunde = E. Zinner: Die fränkische Sternkunde im 11. bis 16. Jahrhundert. 27. Bericht der Naturforschenden Gesellschaft in Bamberg. Bamberg 1934

HINWEISE

F. = Farbtafel

Wz. = Wasserzeichen

Die Maße werden grundsätzlich in cm angegeben. Dabei steht Höhe vor Breite

Bei der Literatur sind nur die für den behandelten Gesichtspunkt wichtigsten Publikationen verzeichnet. Die Nummern der grundlegenden Katalogwerke zu Albrecht Dürer sind auf den Seiten 394-96 in einer Konkordanz zusammengefaßt. Vollständig findet sich das Schrifttum bei M. Mende: Dürer-Bibliographie. Wiesbaden 1971.

ALBRECHT DÜRER: UMWELT UND KUNST

Hans Kauffmann

Von allen Zentenarfeiern zu Albrecht Dürers Geburts- oder Todestag - schon 1627/28 und 1671 zeichnen sie sich ab - hat keine begeistertere Anteilnahme erweckt als die dreihundertjährige 1828: Verehrungsvoller, hingebender, einhelliger sind der Mann und sein Werk niemals gepriesen worden. Aus allen deutschen Landen versammelte sich die Künstlerschaft, an die vierhundert, Peter Cornelius an ihrer Spitze, huldigte auf dem Johannisfriedhof und im Großen Saal des Rathauses dem ›Reformator‹, dem ›Vater der deutschen Kunst‹ und bekannte sich zu dem Genius einer vaterländischen religiösen Malerei. Der Grundstein für das von König Ludwig I. Christian Rauch in Auftrag gegebene Denkmal wurde gelegt - das erste einem Künstler errichtete Bronzestandbild -, und Friedrich Campe, der Nürnberger Magistratsrat, veröffentlichte mit dem ›alten‹ Joseph Heller die erste selbständige Ausgabe von Dürers schriftlichem Nachlaß. Durch die Romantiker ist Albrecht Dürer volkstümlich geworden; nicht nur die Maler unter ihnen schauten zu ihrem künstlerischen Ahnherrn auf. Es war die gemütvolle und erbauliche Seite seiner Kunst, die sie zum Sprechen gebracht haben. Mit ihrer Empfänglichkeit für das Volkslied haben sie Dürers Marienbilder mit Sympathie empfunden, wie den Stich der mütterlichen Jungfrau am Anger bei dem frühlingsjungen Strauch mit einem munteren Vögelein (B. 34). Volkstümliche Religiosität wurde im ›Marienleben‹ und in den ›Passionen‹ erfühlt und aus andächtiger Kunstfrömmigkeit hergeleitet. Wie er ihnen vorschwebte in kindlich ehrfürchtiger Gesinnung, lesen wir bei Wilhelm Wackenroder, dem 24jährigen Erlanger Studenten aus Berlin, in seinen ›Herzensergießungen‹ von 1797: »Da sehen wir in Gedanken den künstlichen Meister Albrecht auf seinem Schemel sitzen und mit einer kindischen, fast rührenden Emsigkeit an einem feinen Stückchen Holz schnitzeln, wie er die Erfindung und Ausführung wohl überlegt und das angefangene Kunststück zu wiederholten Malen betrachtet, ich sehe seine weite ausgetäfelte Stube und die runden Scheiben«: Ein Bild des einsam Schaffenden, das - unausgesprochen - den Akademien und ihrem Kunstbetrieb konfrontiert wurde. Dem Rührenden wurde das Wehmütige, dem Herzlichen das Schmerzliche hinzugefügt: »Die Erdensorgen wohnen verborgen in seinen Bildern..., seine Kunstsachen sind wie ein Fest, das ein Unglückseliger anstellt«, sagte Ludwig Tieck, Wackenroders Gesinnungsgefährte, 1799 in seinen ›Phantasien über die Kunst für Freunde der Kunst‹, und mit ihm fühlte sich Philipp Otto Runge einig. Hier schon der vermeintliche Italienkonflikt, über ein Jahrhundert nachwirkend. Freilich: Von dem Zeichner, dem Theoretiker, dem Autor der Befestigungslehre wußten die Literaten so gut wie noch nichts. Indes traf das Bekanntwerden der Randzeichnungen im Maximilian-Gebetbuch, 1808 durch Strixners Lithographien, mit Clemens Brentanos Kunstlehre zusammen, die sich durch Philipp Otto Runge und dessen ›Tageszeiten‹ bestätigt sah: Die Arabeske sei eine hintergründige Bildersprache, stumme Poesie. Die Zeichnungen erwärmten selbst Goethe noch einmal für Dürer und weckten eine Welle der Nacheiferung.

Allein das emsige Kläubeln, dem die Romantiker den Maler hinter Butzenscheiben hingegeben dachten, hat Dürer in Wahrheit als Hemmung seines Schaffenstriebes empfunden, und wenn das romantisch erdichtete Dürerbild ihn monologisch aus seiner Zeitlichkeit herauslöste, beseelten den Meister in Wahrheit eine ungemeine Gegenwartsnähe und Weltaufgeschlossenheit. Sein produktiver Gestaltungsdrang wuchs ständig über sich hinaus, wie er selbst bekannte: »Wenn wir zum Allerbesten nicht zu gelangen vermögen, sollen wir darum ganz von unserer Lernung lassen? Den viehischen Gedanken nehm ich nicht an.« Unablässiges in die Breite gehendes Erleben, ruheloser Fleiß machten den Sohn Nürnbergs für die Alltagsdinge wie für Sendlinge aus räumlicher und zeitlicher Ferne - Chinaporzellan, mexikanische Goldwaren, exotische Raritäten, ein dem portugiesischen König aus Indien geschenktes Rhinozeros - empfänglich, desgleichen den Reisenden für den venezianischen Markt, für den niederländischen Wohlstand, und sein forschender Geist achtete auf die Sternenwelt wie auf die Schriften von Plinius und Vitruv - gar nicht zu reden von seinem Interesse an italienischer Quattrocento- und Cinquecentokunst, wobei Italiener wie Pollaiuolo und Mantegna einen Deutschen, dem Schongauer vertraut war, nicht gar so fremdartig berühren mochten. Nicht weniger fesselten ihn die Alten Niederländer, und daß wir den Maler des Kölner Dombildes bei seinem Namen kennen, haben wir einzig und allein Albrecht Dürers Tagebuchvermerk mit der Nennung von Meister Stephan zu verdanken.

Ihn trieb es zu Augenerlebnissen, zu Seherfahrungen, immer wieder hebt er in seinen Notizen an: »Da hab ich gesehen...« Besondere Wachsamkeit des Aufmerkens auf äußerliche wie innerliche Wahrnehmungen, vergleichendes Einordnen neuer Eindrücke in den gesammelten Erfahrungsschatz sprach sich in Wendungen aus wie »...dergleichen ich in teutschen Landen nie gesehen« oder »ich hab aber all mein Lebtag nichts gesehen, das mein Herz also erfreut hat, als diese Ding«; Erstaunen und Verwundern war ein Grundzug, das Außerordentliche und Seltene setzte ihn in Spannung. Dazu pflegte er sich über seine Erlebnisse Rechenschaft abzulegen, registrierend von ihnen Besitz zu ergreifen, wobei er sprachschöpferisch neue Wortbildungen prägte.

Hat Dürer - gleich anderen: Leonardo, letztlich Heraklit und Plato - das Auge, das Sehen als den »alleredelst Sinn« bezeichnet, so die Wißbegier als nie zu stillendes Bedürfnis. Der Nürnberger sprach sich durch Bild und Wort aus. Die Zeichnung seiner Mutter (1514; W. 559; Berlin) trägt eine Beischrift, die ihren in Dürers Familienchronik niedergelegten Lebensbericht bis in ihre Sterbestunde weiterführt und wie ein Schlußwort abrundet, sein beklemmendes Traumgesicht nach Pfingsten 1525 - Traumberichte sind ein Stilphänomen der Zeit - hat er auf einem großen Blatt (W. 944; Wien) halb in Pinselzeichnung, halb in neun erregten Zeilen festgehalten, am vielsagendsten die beispiellosen Texte unter den ›Vier Aposteln‹ aus Luthers Bibelübersetzung. Dazu seine schriftlichen Aufzeichnungen, Familienchronik, Briefe, sein Tagebuch von der niederländischen Reise neben seinen niederländischen Skizzenbüchern, seine Befestigungslehre, sein Buch über die Messung, sein literarisches Hauptwerk über die menschlichen Proportionen, das von der

Kritik an bisheriger deutscher Kunstübung genährt ist und der deutschen Kunst eine bewußtere Richtung geben will: und weil in Deutsch, ein Sprachdenkmal. Seine Schriften bringen uns den Lernenden, Aufstrebenden und den pädagogisch inspirierten Präzeptor nahe. Die Spontaneität ist ein vorherrschender Zug auch gegenüber Leonardo, dessen Forschungen eine Tradition ausbauten und von einem zum System drängenden Willen geleitet wurden, während sich Dürer an einem Neuanfang unvoreingenommen dem Sein aufschloß, was immer die Vielgestaltigkeit des Lebens herantrug. Deshalb haben seine Schriften die unvergleichlich stärkere persönliche Erlebniswärme auf ihrer Seite.

Der Umkreis seiner Erfahrungen läßt ahnen, was Melanchthons Charakterisierung besagen wollte, die Tätigkeit in der Kunst habe nur einen Teil, einen kleinen seines Wirkens ausgemacht. Aber zwischen den Bezirken des denkenden und des bildenden Künstlers gibt es keine scharfe Grenze.

Wie Dürer selbst des künstlerischen Zeugungsvorgangs innegeworden ist, der sich an der äußeren Erfahrung nährt und im Inneren der Künstlerseele reift, wie sich Erfahrungen aus dem Leben in Bildschöpfung umsetzen, hat er in einer berühmt gewordenen, feierlich klingenden Stelle beschrieben: »Es ist beschlossen (= ausgemacht, entschieden), daß kein Mensch aus eigenen Sinnen nimmer mehr kein schön Bildnuß (= Bild) künn machen...; das ist dann nit mehr Eigens genannt, sundern überkummen (= in Besitz gebracht, angeeignet) und gelernte Kunst (= scientia, Wissensbesitz, -gut) worden, die sich besamt, erwächst und seines Geschlechts Frücht bringt. Daraus wirdet der versammlet heimlich Schatz des Herzens offenbar durch das Werk und die neue Creatur (= Geschöpf, gewichtiger: Schöpfung), die einer in seinem Herzen schöpft (= erschafft) in der Gestalt eines Dings; ...dann er geußt heraus, was er lang Zeit von außen hin eingesammlet hat; ...aber wenig kummen zu diesem Verstand (= Einsicht, Verständnis).« Daher sein Wort, der Künstler sei »inwendig voller Figur«. Das produktive Vermögen machte er von »öberen Eingießungen« - d. h. von Inspirationen - abhängig, ein biblischer Ausdruck; und wirklich meinte Dürer, daß dem Künstler eine Offenbarung kommen müsse. Wie erhöhte Wirklichkeit stehe das Kunstwerk vor Augen, zu belehren und Bewunderung zu wecken.

Bei einem Versuch, das Verhältnis von Leben und Kunst an einigen Beispielen zu erläutern, Abspiegelungen von Gegenwartseindrücken und ihre Vergeistigung vermöge der Phantasie vorzuführen, kann ich nur Einblicke in wenige Bezirke geben. Wir wünschten uns eine vollständigere Übersicht über die Personenkreise und geistigen Bewegungen, mit denen Dürer Berührung gehabt hat. Allein in Nürnbergs vielgliedrigem Geistesleben waren ihm furchtbarste Anregungen nahe, und da schon seit 1349 kein Zunftwesen beengte, stand alle Schaffensfreiheit offen. Was er empfing, gab er vielfältig zurück in Gestalt seiner alle Gewerke, auch das Goldschmiedehandwerk, belebenden Ausstrahlung.

Es gibt zu denken: Gerade in den Jahren, in denen Wackenroder und Tieck ihr Dürerbild entwarfen, siechte das Reich dahin und wurden die Reichskleinodien 1796 nach Wien verbracht. Indes erlebte Dürer Nürnberg »mein Vaterland« als die kaiserunmittelbare Reichsstadt und nach Kaiser Sigismunds Verfügung von 1424 als den Sitz der Reichsinsignien; die Spitalkirche zum Hl. Geist war ihr Aufbewahrungsort. Mit ihnen ist er aufgewachsen, konnte sie alljährlich bei ihrer Zurschaustellung auf dem Hauptmarkt sehen. Alle Stücke hat er in großen kolorierten Federzeichnungen mit dem gleichen Sachverständnis wie die Krone des Saliers Konrad II. aufgenommen

(W. 507; Nürnberg, German. Nationalmus.). Vom Vater her und durch eigene Jugendbildung war er im Goldschmiedehandwerk erfahren, und dies läßt ahnen, wie ihn die nahezu geheiligten Reliquien, der Prunk ihrer Steine und Perlen, Emails und Filigrane mit der Magie des Edelmetalls in Bann gezogen haben. Seine Zeichnungen entstanden 1510 für zwei Kaiserbilder, die überlebensgroß im Auftrag des Nürnberger Rats in der Heiltumskammer Platz fanden, Karls des Großen und Sigismunds - möglicherweise Erneuerungen eines älteren Bilderpaars. In Karl dem Großen (Nürnberg, German. Nationalmus.) erstand eine reckenhafte Gestalt leuchtenden Auges, voller Würde und ernster Verpflichtung; ehrfurchtgebietende Majestät von zeremonieller Hoheit, Schirmherr des Reichs, nach August von Platens Eindruck von 1821. »Den Steuermann eines Weltschiffs, den Schöpfer des Reichs mit seiner heiligen Krone, den weisen Vater der Völker, man erkennt ihn wieder.« Wie Paul Clemen gezeigt hat, eine sehr eigene, neuartige Prägung in der Ikonographie Karls des Großen und von anhaltender Bedeutung für die Zukunft, selbst noch für Alfred Rethels Aachener Folge. Angesichts dieses Kaiserdiptychons hat Johann Christian Xeller - 1815 nach seinen Romjahren - nicht ohne Wehmut ausgesprochen: »Man lese die Geschichte der deutschen Kaiser, so steht Nürnberg in seinem alten Glanze vor unseren Augen.«

Für Dürer besaß der Kaisergedanke unmittelbare Gegenwärtigkeit. Inmitten der Reichsstadt stand die von Karl IV. ins Werk gesetzte Frauenkirche, davor aus derselben Zeit der ›Schöne Brunnen‹, golden verziert, mit biblischen Figuren, den sieben Kurfürsten, den Neun Helden, ein Wahrzeichen der Reichsverbundenheit. Die Salier- und Stauferburg ragte über Dürers Vaterhaus wie über seinem Wohnhaus am Tiergärtnertor auf. Das Geschichtliche von Kaisermacht und Reichskunst hat ihn nochmals ergriffen, als er sich 1520 der Überführung der Reichsinsignien nach Aachen zur Krönung Karls V. anschloß und dieser Feier am 28. Oktober beiwohnte: »Da hab ich gesehen alle herrlich Köstlichkeit, desgleichen keiner der bey uns lebt...köstlicher (= prächtiger, aufwendiger) Ding gesehen hat«, sagt sein Tagebuch, und mit der Präzision seines Silberstifts hat er nicht nur die Aachener Pfalz und von ihr aus das Münster gezeichnet, (W. 763; London), sondern in seinem Tagebuch auch den Besuch des Inneren vermerkt: An den Säulen konstatierte er Vitruvs Proportionen und konnte dabei aufs neue gewahr werden, daß im Umkreis der Kaiser Humanismus und Klassik sich anzusiedeln pflegten, Erinnerungen, die mit Gegenwartsbildern zusammenflossen. Schon sein Vater hatte für Kaiser Friedrich III. gearbeitet; durch seinen Paten, den Verleger Anton Koberger, wurde Dürer schon als 25- bis 28jähriger in Maximilians Auftrag für Buchholzschnitte - beispielsweise das Birgittenbuch - herangezogen, Künstler und Kaiser sind sich immer näher gekommen, bis von 1512 an ›Gebetbuch‹, ›Ehrenpforte‹ und ›Triumphzug‹ mehrere der fruchtbarsten Jahre des großen Zeichners ausfüllten. Auch gehören Dürers Entwürfe für die in der Vischerwerkstatt gegossenen Bronzestatuen des in Innsbruck zu errichtenden Maximiliansgrabes hierzu (W. 676/77; Liverpool, Berlin). Vollends entstand während des Augsburger Reichstags die wahrhaft adelige Bildniszeichnung des alternden Kaisers: genauer am 28. Juni 1518 »hoch oben auf der Pfalz in seinem kleinen Stüble« (W. 567; Wien).

Der maximilianeische Humanismus hat eine entschiedene Richtung auf deutsches Mittelalter und Altertum eingeschlagen, dermaßen, daß von bewußtem Erschließen des Karolingischen, Ottonischen und Staufischen gesprochen werden darf, ward doch auch Otto von Freisings Staufergeschichte ans Licht gezogen. Nicht als einziges Zeugnis für Dürers Berührung mit dieser Rückschau begegnen uns die zwei Widmungsblätter, wo die Nonne Roswitha von Gandersheim dem Sachsenkaiser Otto dem Großen im Beisein ihrer Äbtissin Gerberg, Ottos I. Nichte, ihre übrigens der Antike verpflichteten Schriften überreicht und andererseits Sachsens Kurfürst Friedrich der Weise 1501 von Konrad Celtis die in Nürnberg gedruckte Neuausgabe von sechs Dramen dieser sächsischen Nonne entgegennimmt (B.277b), wie Celtis sagte ›Komödien‹, geistliche Tugendlehren nach dem Beispiel des Terenz; Celtis hatte die Handschrift in St. Emmeram in Regensburg aufgefunden.

Vor diesem Hintergrund heben sich noch zwei Werke oder Werkgruppen Dürers ab, die zeitgeschichtliche Bewegungen widerspiegeln. Ich denke zunächst an das ›Rosenkranzfest‹ (Prag), 1506 für die deutsche Kaufmannschaft in Venedig entstanden. Mehr als die italienisierenden Einzelzüge interessiert uns, daß es sich um eine Darstellung unzweifelhaft deutscher Herkunft ziemlich jungen Datums handelt. Am Rhein hatten nach Abzug des Belagerers, Karls des Kühnen, von Neuß 1475 Kölner Dominikaner die Rosenkranzbruderschaft als Schutz- und Trutzgemeinschaft gegründet, der auch der Kaiser frühzeitig beitrat, und bald entstand in diesem Kreis als Triumphbild der Deutschen die Bildfassung der ›Rosenkranzmadonna‹. Sie hat sich rasch über Deutschland verbreitet, Dürer hat das Bildthema ins Ausland nach Venedig getragen. Mit dem Ordo Christianus, Kaiser Maximilian zur Rechten und Papst Julius II. zur Linken, ist sein Bild noch einmal eine Bezeugung des Römischen Kaisertums Deutscher Nation und als solche nur von einem Deutschen vertretbar. So stand Dürers ›Rosenkranzbild‹ als eine Art Nationaldenkmal der in Venedig und Oberitalien ansässigen Auslandsdeutschen, und diese Bestimmung mag den Maler bewogen haben, auf der Inschrifttafel, die sein Selbstbildnis hält, einzutragen: »Albertus Dürer Germanus«. Persönliches Leben hat er in zahlreichen Bildnissen von Stiftern, und nicht nur von deutschen Kaufleuten, einströmen lassen, die er, der scharfsichtige Physiognomiker, in Zeichnungen nach den Lebenden aufnahm, in solch vorbereitenden Einzelstudien einen Werkstattbrauch italienischer Maler aufgreifend. Den nationalen Eifer hören wir auch aus einer seiner Briefe. Am 8. September 1506, aus Venedig an Pirckheimer heraus: »Die Venediger machen groß Volk (noch im ursprünglichen Sinn von Kriegsschar), desgleichen der Pobst, auch der Kung von Frankreich. Was draus wird, das weiß ich nit. Denn unsers Künigs spott man sehr.« - 1508 brach der Kampf der Liga von Cambrai (Papst, Kaiser, Frankreich und Spanien) gegen Venedig aus. Zuvor hatte Dürer sein ›Rosenkranzfest‹ als Sinnbild deutscher Selbstbehauptung gemalt.

Doch hatten des Künstlers Interessen über solche historisierenden oder sinnbildlichen Repräsentationen des Reiches hinaus dessen territorialen Bestand erfaßt. Ich denke an seine vielbewunderten Landschaftsaquarelle, die in dichter Kette sein frühes Schaffen begleiten und als Erträge seiner ersten Wanderung über die Alpen diese Italienreise von 1494/95 beweiskräftig belegen; spätere Blätter folgten, zuweilen mit längeren Unterbrechungen bis hin zu den letzten von der Fahrt des Alternden in die Niederlande. In das Staunen über die beispiellos unzeitgemäßen, weit vorausgreifenden Aquarelle, Vorahnungen von Freiluftmalerei, mischt sich nicht selten Bedauern über das Ausbleiben ebenso freien Erfassens von Luft und Farbe in Dürers Tafelbildern. Allein diese Aquarelle - gleich Feder- und Silberstiftblättern - gehören einer besonderen Schicht seines künstlerischen Haushalts an. Meist gelten sie nicht namenlosen Gegenden, Natur in ihrem Eigenleben - wie bald darauf öfter bei Albrecht Altdorfer und Wolf Huber -, sondern namentlich

bezeichneten, bemerkenswerten Plätzen: Stadt und Stadtteil, Dorf, Burg, Paßstraße oder einem alleinstehenden auffallenden Berg: Arco (W.94; Paris), ›Trintperg‹ (Monte Testaccio; W.97; Basel): Erstlinge der Vedute, großenteils lokalisierbar - nur ausnahmsweise glückten Identifizierungen noch nicht - und deshalb nicht schlechthin Landschaftsblätter als vielmehr topographische Ansichten mit dem Blick für das Bezeichnende, Kennzeichnende. Von Nürnberg seine Umwallung bis zur Burg (W. 116; bis 1945 Bremen), das eine oder andere seiner stolzen Tore, wie am Nordwestrand das Hallertor, wo die Festungsmauer in kühner Konstruktion die Pegnitz übergreift, mit dem stadtseits gelegenen Trockensteg (W.223; Wien). Sodann die Drahtziehmühle an der Pegnitz von Norden her gesehen, kein beliebiger Fleck, sondern Stätte der für die Stadt signifikanten metallverarbeitenden Industrie: links oben am Spittlertor, in der Mitte St. Leonhard, links anschließend die Weidenmühle. Über Vorstufen heben sich Dürers Wiedergaben durch die Auswahl von Stätten des Bürgerstolzes ab und durch die Vermittlung eines Totalbildes, einer Lebensganzheit von Landschaft und Menschensiedlung, wo geographisches Gepräge, atmosphärische Verhältnisse und die Plätze der Menschen zu einer erschöpfenden landeskundlichen Ansicht von unverwechselbarer Eigenart zusammenwirken. In Blättern wie jenem von Kalchreuth (W.118; bis 1945 Bremen) wurde Dürer zum künstlerischen Entdecker des fränkischen Landschaftscharakters, seiner sandigen Dünenwellungen, seiner Laubbäume und seiner rechtwinkelig zueinander gestellten gedruckten Fachwerkhäuser: wundervoll das einheitliche ›Gesicht‹ von Haus an Haus und von Dorf und Senke im Schutz sanfter Hügel. Man wird Zeichnungen von Steinbrüchen hinzunehmen (W.109; bis 1945 Bremen). »Nürnbergs Mauern sind aus Felsgestein aufgeführt« beobachtete 1779 treffend Heinrich Wilhelm Tischbein, dem Straßenbild gab und gibt noch der Quaderbau die Signatur, gespeist aus über dreißig Steinbrüchen, deren Abtragung schon seit 1446 durch ›Bergordnungen‹ geregelt war; der Kornberg nach Schwabach zu gehörte zu den ergiebigsten. Das prachtvolle Blatt der Mailänder Ambrosiana (W.112) mit dem großen Baum vor der westlichen Steilstufe des Fränkischen Jura stammt von dorther; zum erstenmal in der Malerei ein Baum, ein ausgewachsenes Exemplar. Landschaftseigenes hat sich in solchen Dürerzeichnungen erstmals niedergeschlagen.

Und nun breitete er seine Aufnahmen von Reisen in Bayern und Schwaben, im Rheinland und den Niederlanden - mit der schlagenden, durchsichtigen Skizze von Antwerpens Scheldekai (W.821; Wien) -, in Tirol und Oberitalien aus, am bekanntesten Innsbruck, im Inn sich spiegelnd (W.66; Wien), und Trient in bergumkränzter Mulde (W.96; bis 1945 Bremen). Alle liegen im damaligen Reichsgebiet, einschließlich Gardasee und habsburgisches Tirol mit dem geistlichen Gebiet Trient. Zusammengenommen ergeben sie eine größere Zentren und Strecken vorführende Landeskunde Deutschlands.

So treten sie den Erstlingen landeskundlicher Literatur an die Seite, die im Gefolge des Enea Silvio (dem späteren Papst Pius II.) und unter dem Eindruck von Tacitus' Germania (1. Ausgabe Venedig 1470, zwei weitere 1473 in Nürnberg) gerade in Nürnberg früheste Pflege fand. An Hartmann Schedels Weltchronik schlossen sich die Gründerleistungen historisch-geographischer Literatur an, von Konrad Celtis heraufgeführt. Seine erste Abhandlung dieser Art galt Norimberga, zunächst als Anhang seiner Ausgabe von Tacitus' Germania. Celtis stiftete sein Buch ›de origine, situ, moribus et institutis‹ dem Nürnberger Rat 1495, also fast gleichzeitig mit Dürers ersten Aquarellen seiner Vaterstadt. Nach dem Beispiel seiner Norimberga plante der Humanist ein Deutschlandwerk, eine ›Germania illustra‹, gestützt auf eigene Reisen und Auskünfte Auswärtiger, und deshalb wäre die Vermutung nicht zu kühn, daß Dürer mit seinen Aquarellen zuweilen beitrug. Der Plan, den Celtis unvollendet hinterließ, wurde unter den Nürnberger Humanisten weiter verfolgt, deren Seele Willibald Pirckheimer war, und mit seiner Förderung kam 1518 im Koberger-Verlag die abschließende Deutschlandkunde von Franz Friedlieb aus Ettlingen, latinisiert Irenicus, heraus, 1530 Pirckheimers eigene historische Geographie Deutschlands. Wenn wir Dürers Landschaftszeichnungen mit diesen Ideen und Interessen der ihm nahestehenden Freunde in eine parallele, womöglich wechselseitig sich befruchtende Verbindung bringen, so haben sie eine humanistische Wurzel und dienen belehrender Anschauung.

Landeskundlichen Aufnahmen reihen sich die Studien (Modellblätter) an, die Dürer Nürnberger Trachten gewidmet hat mit Beischriften über die Sitten für Kostüme der Frauen und Mädchen im Haus, bei Kirchgang oder Tanz. Dürers Abbilder ragen durch den hohen Grad ihrer Vollendung und durch eine noch nie erreichte Schönheit der ganzen Figur hervor - Vorläufer der später aufkommenden Trachtenbücher. Seine Aufmerksamkeit für das Heimische wurde dadurch geweckt, daß er an den in die Ferne reichenden Neigungen der Humanisten teilnahm. Die orientalischen Reiter nach Gentile Bellini (W. 80/81; Mailand, Ambrosiana) gehören zum Frühesten, und Dürers Interessen ließen zu keiner Zeit nach: die ›windisch Bäuerin‹ (W. 371, 375; Rotterdam, London), Venezianisches und Orientalisches, Niederländisches, Irländisches und Livländisches hat ihm gefallen, immer noch in Bahnen von Celtis und dessen Wissen von den Lappen. Welche Vertrautheit mit Trachten, auch historischen, erforderten nicht die breiten Zyklen für Maximilian (W. 686-89; Wien), und diese Erfahrungen sind beim Ersinnen zeitenthobener Gewandung fruchtbar geworden, wie für die Würdeform von Apostelmänteln im Helleraltar (1508) - man bedenke: Rückenansicht apostolisch -, der Maria einer Grabtragung (1521; W. 835; Wien): feierlich, wie eine Architektur, stumm und erstarrend.

Die Themen von Land und Leuten lagen auf einer Linie: Beide beschäftigen den Sinn für individuelle Physiognomik in der gewachsenen Einheit einer Gegend wie in dem abgestimmten Ensemble eines Kostüms.

Hier bietet sich ein Blick auf Dürers Mitwirkung an geographischer Wissenschaft an, die neben Mathematik und Astronomie - Uhrenlehren - im Gefolge von Regiomontanus durch Johannes Werner, Martin Behaim und Hieronymus Münzer in Nürnberg bevorzugte Pflege genoß, und persönliche Verbindungen knüpften sich mit Johann Tschertte in Wien und Nikolaus Kratzer aus München an, später Hofastronom Heinrichs VIII. von England. Die Geschichte der Mathematik weiß von selbständigen Leistungen des Künstlers namentlich in den Näherungskonstruktionen, und seine Mitarbeit an frühesten Sternenkarten, auch an der ersten perspektivischen Darstellung des Erdglobus (Passavant 201) ergab sich durch Pirckheimer, den Übersetzer der Geographie des Ptolemaeus, und durch Johannes Stabius. Kehren wir nochmals zu dem Landschaftszeichner zurück, so hielt er während einer Reise nach Zürich Mai-Juni 1519 zusammen mit Pirckheimer den Hohenasperg (unweit nördlich von Ludwigsburg) während der Belagerung durch Georg von Frundsberg in einer Federzeichnung fest (W. 626; Berlin), und vollends hat er gegen sein Ende hin sein Gefühl für deutsches Land und für die Bewahrung seiner Städte und Burgen in der ›Befestigungslehre‹ 1527 ausgesprochen. Der Nürnberger Reichstag war 1522/23 vorangegangen, die Unterstützung

der Kroaten und Ungarn gegen die Türken zu erwirken. In seinem ›Unterricht von der Befestigung der Städte, Schlösser und Burgen‹, einem Büchlein, das Dürer dem deutschen König Ferdinand in der Sorge um Türkenbedrohung zueignete, sind Reichsbewußtsein, wehrhafter und sozialer Bürgersinn mit Ausnützung landschaftlicher Formationen wie mit mathematischer Berechnung eine Verbindung eingegangen, die in Dürers Jugendentwicklung und Nürnberger Umwelt angelegt war und die er pädagogisch nutzbar machte.

Nun beobachten wir Dürer dabei, daß er seine Aufnahmen aus dem Leben mit dem Auge des Erfinders daraufhin ansah, ob und wie er sie in eigene Kompositionen eingehen lassen, die prosaische Dingwelt in die Poesie seiner Bilder überleiten könnte. Dann spürte er Charakterzüge und Stimmungswerte auf, von denen seine Phantasie Besitz ergriff und die im Zusammenwirken mit einer Figurenszene vernehmlich wurden. Die ›Nürnbergerin im Kirchenkleid‹ (W. 226; Wien) paßte zu der Kirchenfeier des ›Sposalizio‹ (B. 82) im Marienleben, die ›Nürnbergerin im Tanzkleid‹ (1501; W. 227; Basel) sehen wir neben dem Todeswappen (B. 101) dem Vanitasgedanken unterstellt. Die lichte Ansicht des ›Weiherhäuschens‹ (W. 115; London) umgibt die Anmut und Hoheit der ›Maria mit der Meerkatze‹ (B. 42): An Nürnbergs Pegnitz ist Maria eingekehrt, und der stille Fluß spiegelt alle Himmelshelle wider wie alter Goldgrund wider. Dagegen rief den menschenabweisenden Steinbruch (W. 108; bis 1945 Bremen) der Zeichnung den Büßer ›Hieronymus‹ (B. 61) heran. Im Naturbild findet Menschliches ein Echo. Der Stecher entlockte dem Kupfer metallischen Schmelz, der einen Widerschein der zarttonigen Aquarelle auffängt, und die duftigen Farben setzten sich in zuchtvolles Lineament um. Ein vermutlich verschollenes Aquarell nutzte er für den ›Verlorenen Sohn‹ (B. 28): ein ansehnlicher Hof mit lauter Rückfronten, keine offene Tür, jedes Haus ungastlich zugesperrt gegen einen Ausgestoßenen, der im Gebet ringt, indes sich die Schweine um den Trog tummeln. Jedesmal sind Person und Szenerie aufeinander eingestimmt: Man kann sie nicht trennen noch austauschen. Eine wundersame Koinzidenz von Gesehenem und Ersonnenem, eine Artverwandtschaft zwischen Mensch und Milieu leitet auf eine fundamentale Position hin, die Dürer kurz zusammengefaßt hat: »Es ist eine große Vergleichung zu finden in ungleichen Dingen.« Und kunstgeschichtlich: wie neuartig statt der künstlich zusammengesetzten Allerweltsgegenden - niederländisch konventionell alles Erdenkliche auf einmal -, nur ein Stück gesehene, erlebte Natur, ein Ausschnitt, eine markante Formation, die der Szene eine freundliche oder herbe Physiognomie verleiht, in der sich der Charakter des Bildganzen wesenhaft konzentriert. Dabei schließt selbsterlebte Natur im Hintergrund jedesmal ein Stück Autobiographie ein.

Man braucht von seinen Vorgängern, von älterer deutscher Malerei, selbst Nürnbergs nicht viel zu wissen, um sich ihm und seinem Verständnis zu nähern. Kaum ein anderer großer Künstler - am ehesten vielleicht Giotto - wurzelte so wenig in Älterem, und Goethes hellsichtiges Wort: »Und sieht man es denn Albrecht Dürer sonderlich an, daß er in Venedig gewesen? Dieser Treffliche läßt sich durchgängig aus sich selbst erklären« hat den Kern getroffen. Es ging ihm nicht um Stilbildung, er wollte nicht auf vorgeprägte Formen festgelegt sein. Unerklärbar, nicht zu ergründen ist die angeborene Überlegenheit, die sich in Gebilden von zwingendem Ausdruck bei universaler Reichweite offenbart: Mit dem federnden und spielenden Linienwerk seiner durchlichteten Zeichnungen hat er ›Die Freuden der Welt‹ in einem Figurengewimmel ausgestreut (1496/97;

W. 163; Oxford). Er bewältigte die in zeitgenössischer Literatur so umschriebene Aufgabe: »Kein Menschenwerk kann unsere Betrachtung mehr auf sich ziehen als Gottes Schöpfung, welche ist Himmel, Erde und Mensch« mit seinen von Erasmus bewunderten elementaren Kunstmitteln, dem unfarbigen graphischen Lineament. Das erste große Beispiel ist die Apokalypse, 1498; die Zusammenfassung seiner Jugenderoberungen in der Aneignung der Wirklichkeit ließ er in diesen weltweiten Stoff eingehen, der den Durchbruch zum Allumfassenden und seinen Zusammenbruch verlangte. Ohne eine erhaltene zeichnerische Vorarbeit und durch übergroßes Format leidenschaftlich aufrufend, beruht Dürers Leistung darauf, daß er das Inhaltliche aus seiner Ferne heranholte, das Abenteuerliche und Verstiegene jeglicher Phantastik entkleidete, Unglaubhaftes glaubhaft machte, ohne dem Gewöhnlichen zu verfallen, vielmehr für das Ungeheuerliche wie für das Erhabene erlebbare Bildprägungen erfand. Über dem Einsturz der Erde stehen die Himmlischen wie ein Sternbild in bleibender Ordnung (B. 68). Soweit auch der Mann mit Säulenbeinen und Wolkenleib (B. 70) Menschlichem entfremdet sein mag, wächst doch aus den Elementen eine leibhafte Erscheinung zusammen und hoch über Menschenmaß hinaus. Die Beine stehen auf Erde und Meer, vor dem Himmel fügen sich Schwaden zu Schultern und Ärmelkleid zusammen, und es ist von ganz großer Wirkung, wie der Kopf Gewölk verdrängt gleich einem aufgehenden Gestirn aus dem Weltenraum hereinschaut: als Ganzes eines der erstaunlichsten Zeugnisse organischer Belebung unorganischer Teile und von unmeßbarer Hoheit, von unbestimmbarer Größe. Johannes vor dem Ewigen (B. 62): In höchste Regionen werden wir erhoben, die Erde jedem Blick entschwunden, Wolken dampfen säulengleich vor dunkler Unermeßlichkeit um ein innerstes Feld von schattenloser Reinheit, wo auf dem Doppelkreis des Regenbogens der Ewige thront; und Leuchter stehen beiderseits und in der Mitte - wie »die heiligen Kronleuchter«, die nach Novalis nachts über uns angezündet werden - windstill, kein Luftzug rührt an ihre geraden Flammen, nur eine neigt sich wie Johannes' Haupt, und über seiner versunkenen Stille greift riesenhaft des Herrschers Hand in die Sterne - Lessing rühmte an Klopstocks ›Messias‹ die Stelle (I 142 f.): »Ich breite mein Haupt durch die Himmel, meinen Arm durch die Unendlichkeit aus und sag: Ich bin ewig. « Nachahmer fand Dürer selbst auf dem Berg Athos.

Als Erzähler von Marienleben und Passionen drängte es ihn, den Vorgang durch sprechende Formulierung sinnfällig zu machen. Keine ablenkenden Nebenzentren, ein Geschehenskreis umschließt alle und alles. Dürer bemächtigte sich um 1500 der Perspektive, sicherte so der Szenerie Begrenzung und Zusammenhalt, auch optische Gravitationsverhältnisse zum Schwerpunkt des Geschehens hin. ›Begegnung unter der Goldenen Pforte‹ (1504; B. 79): Joachim ist von seiner Herde auf dem Feld gekommen, sein Gefolgsmann läßt es noch spüren; zwei Männer disputieren, vier Hände, jede geht ihren eigenen Weg; groß das Elternpaar, gerührt aneinander gelehnt, von einem Umriß umschlossen, mit beiden Armen einander umarmend, sie Halt suchend, er aufgerichtet Halt gewährend und mit seinen Augen über ihr wachend. ›Heimsuchung‹ (B. 84): ein strahlendes Blatt; kein Zweifel, wer hier zuhaus ist und wer ankommt, die Nebenfiguren beiderseits innerhalb rahmenverwandter Steilformen, inmitten frei die heiligen Frauen hineinragend in den Lichtbereich mit dem Fernblick hinauf zu der weißen Wolke, einem Heiligenschein vergleichbar. ›Flucht nach Ägypten‹ (B. 89): bis in die Tiefe durchleuchtet und wie vielsagend! Joseph schreitet kräftig voran, aber mit Maria fürsorglich einen Blick tauschend spürt man die Familie. Ein tiefer

und dichter Wald, hinter der Dattelpalme meist Stämme, dazwischen Buschwerk, Weinrebe (?), vom himmlischen Lichtschein mit grüßenden und leitenden Cherubim durchsonnt, Mariens feines helles Profil, im ganzen fast kein Schlagschatten; und sogleich fühlen wir uns von der Zugbewegung des Woher und Wohin aufgenommen, die das schräge Gitter links vorn angibt, wohinter Ochs und Esel hervortrotten, während der Brückenbogen rechts ins weitere Vorwärts weist.

Aus der Kleinen Holzschnittpassion ein paar lapidare Prägungen: ›Christus vor Pilatus‹ (B. 36): Kann man gedrängter formulieren? Das letzte Wort ist gesprochen, man führt ihn ab; Säulen begrenzen drinnen und draußen. Suchen wir die gleiche Szene bei einem Meister vom Range Martin Schongauers auf (B. 14): Die Parteien treten nicht auseinander, der Kausalvorgang ist nicht auffaßbar, richtungsloses Gewoge in einem Formenspiel aus federnd gespanntem und verschlungenem Liniengeripp. Dürer verwarf selbstherrliche Formenkultur, jede Stilgewöhnung (»Brauch«). Seine Gebilde sollten durch die Sache motiviert sein, sinngeladene und sinnenthüllende Gestaltungen so eindeutig und beredt, daß die Darstellung aus sich heraus verständlich wird. Das Kunstwerk soll den Wahrheitskern freilegen. Seine Gabe der Verlebendigung hatte soviel Überzeugungskraft, daß das Tridentiner Konzil zur Künstlerbildung und -betätigung neben dem - mythischen - Cimabue einzig Albrecht Dürer der Künstlerschaft in Erinnerung brachte, als Vorbild aufstellte; längst war er es in Italien, Frankreich, den Niederlanden. Die ›Kreuzabnahme‹ (B. 42): eine Darstellung von unmittelbarer Evidenz, schonungslose Genauigkeit der mühseligen Verrichtung; die Anteilnehmenden stehen beiseite; die Sinnfälligkeit schließt zarteren Ausdruck nicht aus: unvergeßlich die Begegnung der Köpfe und Arme Christi mit denen des Mannes, der die Last auf seine Schultern nimmt - man sieht, es ist ein Freund. Die Kleine Passion ist reich an Gebärden, die ganz aus dem Geschehen geboren eine nachdrückliche, manchmal erschreckende Ausdrucksgegenwärtigkeit an sich haben. ›Christus vor Hannas‹ (B. 28): Ist Christus je dermaßen gedemütigt gezeigt worden? Treppauf, den Rücken gekrümmt, die Hände rücklings vereinigt, die Haare herabhängend, agiert er wie ein Lastträger, an dieser Stelle ein Bild von der Tiefe eines Gleichnisses - und seine Beugung messen wir an den Senkrechten und Waagerechten hinter ihm. Dürer drang zu Verkörperungen vor (Titelblatt), die in einer Person, in einer Ausdruckslage einen weit gespannten Erlebniskreis verdichteten - kraft seiner typenschaffenden Phantasie, die das Einzelbild zum Inbegriff zu beladen verstand: der Dulder. Blickt man bis in sein letztes Jahrzehnt voraus, wie er 1521 ein Geschehen auf ein Leitmotiv einstimmte: Grabtragung (W. 796; Nürnberg). Die abgestufte Schrittfolge zieht wie ein Vers rhythmisch dahin, erst einer Hebung, dann einer Senkung zu, ein Figurenfries, dem ein Bewegungsmodus durchgehenden Charakter verleiht.

Nach solchen aussagekräftigen Prägungen wird uns Dürers Verhältnis zur Natur zugänglich. Wie zeichne ich einen Menschen? Die umfassendste Antwort gibt der Adam und Eva-Stich von 1504 (B. 1), das Ergebnis langjähriger Vorarbeiten an den Proportionen: Ganze Reihen von Studienerfahrungen sind zusammengefaßt worden. Man erinnere sich, daß die drei wichtigsten Nürnberger Stadtkirchen in ihren Portalgewänden des 14. Jahrhunderts Adam- und Evastatuen bargen und noch bergen. Berührung mit Italien, Begegnung mit Jacopo de' Barbari haben leidenschaftliches Erkenntnisstreben geweckt, das Dürer nie mehr losgelassen und zu seinem Buch über die menschlichen Proportionen gedrängt hat, dessen Erscheinen 1528 er freilich nicht mehr erleben sollte.

Kein früherer Stich ist derart bis in äußerste Winkel mit Form und Ton ausgefüllt, gleichrangig einem Gemälde, wodurch offenbar wird, daß es Dürer um Außerordentliches ging, dabei ganz neu: helle Figuren in dunklem Ringsum. Meist herrscht die Empfindung vor, daß von diesem Stich etwas Erkältendes ausgehe, doch sind zuweilen Mißverständnisse mit im Spiel. Obwohl die Messung auf der Linie der mathematischen Interessen Dürers und seiner Nürnberger Freunde lag, war ihm Proportion nicht um ihrer selbst willen wichtig - sie sollte nicht eigens gesehen werden -, noch strebte er mit ihr so etwas wie Idealisierung an, nicht ›von der Wirklichkeit weg‹ (F. Winkler), vielmehr gerade auf sie zu. Proportioniertheit galt ihm als eine jedem Geschöpf innewohnende Ordnung, die es mit seiner Gattung gemeinsam hat. Durch seine Proportion unterscheidet sich der Mensch von allen anderen - nach ihrer Weise proportionierten - Lebewesen und ähnelt er allen anderen Menschen, und mit ihr bekommt eine Bildfigur einen spezifisch menschlichen Erscheinungswert, ein kennzeichnendes Merkmal des Menschen, wie Dürer sagte: »Aus der Messung kommt, daß die Natur aus der Gestalt des Menschen kenntlich wirdet.« So hat Dürer nun auch Adam und Eva zu einem Totalbild des Menschen als Naturwesen zwischen anderen Kreaturen erweitert: Er bewegt sich aufrecht erhobenen Hauptes gegenüber waagerechten Vierbeinern; von den senkrechten Stämmen der Bäume unterscheiden ihn Symmetrie, artikulierter Umriß und Beweglichkeit des Auftretens; er fußt auf dem Erdboden, während der Gemse Berggipfel gehören; durch seine Haut hebt er sich von Geschöpfen mit dunklerer Oberfläche ab, und die Frau ist nochmals lichter als der Mann, ihm konform, nur der Norm gemäß um die Stirnhöhe kleiner als er; schließlich lebt sich der Mensch als geselliges, bewußt handelndes, frei wählendes Wesen aus. Die in den Tieren steckende, von Erwin Panofsky klargemachte Symbolik - Anspielungen auf die Verführung: Katze und Maus - lasse ich beiseite, aus auf die vier Temperamente - im Elch melancholisches, im Hasen sanguinisches, in der Katze cholerisches, im Ochsen phlegmatisches -, womit die Wesensart allerseits vergegenwärtigt wird oder, richtiger gesagt, angedeutet wird, daß die ursprüngliche Ganzheit der Menschennatur durch den Sündenfall in die verschiedenen Temperamente aufgespalten worden ist.

In Dürers Beschäftigung mit den Proportionen manifestiert sich seine Scharfsichtigkeit, die das Unverwechselbare, sozusagen das Bildungsgesetz aufzuspüren vermochte. Er wollte ein Wesen daraufhin ansehen, »Wie die Verkehrung geschickt« sei, d. h. welche Variante unter der Unzahl von Verschiedenheiten im Einzelfall gegeben, welches ihr Ort im differenzierten Kosmos der Formen sei. Durch die Maße und Maßvergleichungen wurden gradweise Ähnlichkeiten und Unähnlichkeiten kontrollierbar. Für das Individuum, den individuellen Einzelfall gebrauchte Dürer humanistisch beeinflußt das Wort »complexion«, wofür wir sagen würden Konstitution oder Naturell, was Statur und Geistesart einschloß. In alledem drückt sich sein Künstlerernst aus, der entgegen einer frei erdachten Formengebung auf das Objektive, in der Wirklichkeit Gültige gerichtet war. Die im Naturreich waltenden Ordnungen wollte er für die künstlerische Gestaltung verbindlich machen, weil er die in der Natur wirksamen Ordnungen als ein künstlerisches Regulativ einschätzte. Dies lag in seinem Wort, daß Kunst in der Natur stecke, die es herauszureißen und im Bilde sichtbar zu machen gelte.

Indem Dürer als Morphologe und mit dem Auge eines Physiognomikers verglich und dadurch des Individuellen gewahr wurde, drang er in seiner Bildniskunst zu scharf geprägten Charakterzügen vor; mehr und mehr wurden seine Bildnisse ›Köpfe‹. Ebenso nahmen andere Geschöpfe schärfere Besonderheit an. Das ›Große Rasenstück‹ 1503: wieviele Gräser, alle von derselben Art und doch nicht zwei gleiche; lauter verschiedene Blüten, obwohl nur von einer Gattung; und das dünne, steile, spröde-raschelnde Gras charakterisiert erst recht die niedrige, breitblätterige Wegerich. Gleichzeitig neben vielen verschiedenen Tieren (vom Pferd bis zum Hirschkäfer, Hummer und Kranich) der ›Hase‹ (W. 248; Wien), nicht Abbild eines beliebigen Exemplars, sondern der Hase schlechthin: Der liebe Gott weiß von allen Haaren dieses Fells, und Lauschen und Scheu enthüllen die Tierseele. Ausschöpfende Veranschaulichung reicht über einen am Einzelfall hängenden Naturalismus hinaus - womit Dürer den Bereich der Kunst sozusagen auf wissenschaftliche Demonstration ausdehnte; hat er doch die Aufgabe und das Leistungsvermögen bildlicher Darstellungen folgendermaßen bestimmt: »Dan dy gemell werden geprawcht jm dinst der kyrchen vnd dardurch angetzigt das leyden Crysty, behelt awch dy gestalt der menschen nach jrem absterben« - also mittelalterliche Themen: Heiligenbilder und Grab- oder Gedenkfiguren -, doch darüber hinaus: »Dy messung des ertrichs, wasser vnd der stern ist verstentlich worden durch antzeigen der gemell vnd würt noch menchem durch gemell vill kunt«. Indes verfuhr Dürer weder wie ein Zoologe noch wie ein Anatom, hat nicht wie Leonardo seziert und das innere Gefüge aufgedeckt, sondern die Geschöpfe von außen angesehen und das Gewächs in seiner Ganzheit erstehen lassen.

Rund zehn Jahre nach Adam und Eva (1513/14) vollendete er Stiche, die uns ein geistigeres Bewußtsein unseres Selbst und des Menschenwesens einprägen, in noch höherem Grade Stichgemälde: die drei Meisterstiche, die tiefgründigere Wiederaufnahme des Bildgedankens von 1504. In ›Ritter, Tod und Teufel‹ (B. 98) erscheint der Mensch am Abgrund und dadurch wieder in das Naturganze hineingestellt; der Universalismus der Apokalypse bezeichnet nochmals die Spannweite der nun zusammengeschürzten Motive: Leben und Tod, Gewürm, Hund und Pferd, düstere Felsenschlucht - lichte Burghöhe; die an der Erde haftenden, waagerecht dahinstreichenden Wesen, Ungestalt und Gestalt, und der aufrecht erhobene Mensch, an dem sich das ganze Blatt aufrichtet (H. Wölfflin). Jedoch nicht bloß Kreatur unter Kreaturen. Dürer bereicherte sein Menschenbild durch eine das Persönliche berührende Seelenkunde, worin ihn später Pirckheimer durch die Widmung seiner Übersetzung von Theophrasts ›Charakteres‹ bestärkte. ›Adam und Eva‹ überbietet ›Ritter, Tod und Teufel‹ durch das Hervortreten der moralischen Persönlichkeit.

Der Gehalt erschließt sich wohl am ehesten aus seinem Werdegang. 1489 hatte der achtzehnjährige Zeichner ritterliche Spiele von Nürnbergs Patrizierjugend aufgefangen (W. 17; London), Gesellenstechen verlief in volkstümlicher Festlichkeit - ein spezifisch nürnbergisches bürgerliches Turnierspiel, vom fränkischen Adel als Eingriff in seine Privilegien geworfen, vom Rat der Stadt jedoch gefördert, von Hans Sachs (1538) besungen. Über harmloses Treiben brach das Totentanzmotiv herein (W. 161; Frankfurt), Vorklang auf ›Ritter, Tod und Teufel‹: Im Vorgefühl der Apokalypse und ihrer Katastrophen bäumt sich das Pferd über dem Hund, der Reiter stürzt, über ihm - ungewittergleich - der Tod, im Wirbel des Überfalls wird der Reiter unterliegen. Nach so düsterem Zwischenspiel 1498 gesichertes Leben (W. 176; Wien): Mit dem Stolz auf Nürnbergs hochentwickeltes Plattnergewerbe gibt die eingehende farbige Pinselzeichnung den Reisigen, mehr dem Harnisch als dem Mann zuliebe »Dz ist dy rustung Zw der zeit im tewtzschland gewest« - d. h. eine der landeskundlichen Kostümstudien,

Nürnberger Leben, bedeutungsunbelastet und doch Vorprägung der Hauptfigur von 1513. Dies Kernstück haftete und wuchs, indem sich die weiterspinnende Phantasie seiner bemächtigte. 1503 arbeitete er an der Veredelung des Pferdes (W. 361; Köln): Antikisierend gaben Kontraste der Bewegung Kraft, denkmalhaft über die ganze Fläche gerade gestellt. Zu einem Gegenbild der Hinfälligkeit gedieh die Gestalt des Todes (1505; W. 377; London). Dann erhöhte Dürer den Reiter der Pinselzeichnung: ›St. Georg‹ (B. 54) strafft sich, desgleichen sein Pferd, das Thema ins Christliche gewendet und mit dem Triumphalmotiv das Heldische gewonnen. Von hier hat Dürer zum Totentanz zurückgefunden, nicht mehr in der Gefahr des Erliegens, sondern im Harnisch von Fides und Fortitudo, mit Schwert und Lanze der HI. Bibel behauptet sich in Namenslose erhoben der Miles Christianus, der nicht anhält seinem Pferd der Magnanimitas, über dem Hund der Fides und dem Salamander der Integritas, der unversehrt durch Feuer geht, lauter »Verblümungen« wie hoch oben Berg und Burg Symbole hochstrebender Tugend und der Ehre - Tod und Teufel sind ihm nahe und reichen, wie wenig auch der Helm vom Antlitz sehen läßt, nicht an ihn heran, während über der einem frühen Aquarell entnommenen Felswand, dem Steinbruch, Bäume verdorren und absterben.

Wann hat Dürer ›Ritter, Tod und Teufel‹ erfunden? Wir meinen den Schritten beizuwohnen von dem Bildgut, das aus dem Leben genommen sich »besamt, erwächst und seines Geschlechts Frücht bringt, ... der versammelt heimlich Schatz des Herzens ... und die neue Creatur ... er geußt heraus, was lang Zeit von außen hin eingesammelt hat« - Gänge der Dürerschen Phantasie, die an Goethe erinnern, von dem Novalis als bemerkenswerte Eigenheit die Verknüpfung von Alltäglichem mit Schicksalhaftem verzeichnet hat (III 164f.).

Wann hat Dürer die ›Melancholie‹ erfunden? Grüblerischer Kopf in aufgestützter Hand begegnet zum ersten Mal im Erlanger Selbstbildnis von 1492 (W. 26), das mit bohrendem und zweifelndem Blick aus dem Nichts aufzutauchen scheint; im Erleben seiner Selbst ist der Künstler der dunklen Leidenschaft und Mühsal geistigen Ringens innegeworden. Vier, fünf Jahre später zauberte er mit der Flüssigkeit seiner Feder ins Zufallsbild seiner sinnend verweilenden Frau hin (W. 151; Wien); der seitlich gewendete, überschattete Oberkörper von dem aufgesetzten Arm überschnitten, das Kinn auf die Hand gestützt; ein Tageserlebnis, ein Genrestück. Zuzeiten des ›Georg‹ im Werdegang von ›Ritter, Tod und Teufel‹ gewann beschwerte Nachdenklichkeit volles Gewicht in der Person des ›Hiob‹ (1504; Frankfurt): tiefsitzendes Brüten, Weisheit, von Trauer überschattet; der schwer geprüfte arabische Weise galt als Erzbeispiel des Melancholikers, und den Kahlkopf mit schütterem Greisenbart gab Dürer denn auch in einer Temperamentenfolge dem Melancholiker. Hiobs Stellung stammt aus langer, in der Antike anhebender Überlieferung. In größere Höhen hob Dürer den Bildgedanken: im Titelblatt der Kleinen Holzschnittpassion 1510/11 Christus im Elend, der Hiobchristus, der Dulder als Inbegriff der Passion (B. 16), wobei er sich eines seiner ersten Gemälde (Karlsruhe) entsann. Zuletzt wuchs die Idee über geschichtliche Einreihungen hinaus, löste sich von persönlichen Bedingtheiten ab, um ins Allgemeine einzumünden, eine Personifikation des schöpferischen Ingeniums, der »öberen Eingießungen«, um mit Dürer zu reden, hier vor allem wissenschaftlich verstanden, mit Schlüsseln und Beutel, Zeichen für Macht und Reichtum, beflügelt wie eine Urania, aber unter dem Druck des Rätselhaften. Ihre Attribute bezeichnen Weltweite: handwerkliche Geräte, Werkzeuge des Trennens und Verbin-dens, Figuren und Instrumente der Geometrie, des Schalles und der Zeit, Begrenztes und Unbegrenztes bis in Himmelssphären, eine Leiter Aufstiegssymbol der Spekulation. Sie erläutern den Seelenzustand der Frau, drängen beklemmend heran, versperren jeden Zutritt, und Zwielicht verbreitet sich mit dem Regenbogen um die Fledermaus. In ziellosem Schauen aufwärts gerichtet läßt sie ihre Augen wandern wie Dürers Mutter in der gewaltigen Kohlezeichnung vom März 1514, zwei Monate vor ihrem Tod, und das gestörte Gleichgewicht des ungefaßten Bildfelds hilft mit, die Seelenlage zu versinnlichen.

Lassen wir demgegenüber die ausbalancierte Stille des ›Hieronymus‹ (B. 60) auf uns wirken, ohne dessen 1492 mit einem in Basel gefertigten Holzschnitt einsetzende Vorgeschichte zu verfolgen: Fest umrahmt, bei voller Muße sitzt, inmitten der langatmigen, gedehnten Flächen des Zimmers, der Heilige lautlos vertieft - vertieft in seine Arbeit wie im Raum -, und die sonnige Erleuchtung wirkt stimmunggebend auf den Bewohner zurück.

Alle drei Meisterstiche einigt die Kunst, die Umweltdinge als Lebens- und Ausstrahlungsbezirk der Person wirken zu lassen, Innen- und Außenleben in eins zu sehen, wobei jedes Antlitz verkürzt, beschattet oder eng behelmt unvollständig zur Geltung kommt. Jede Komposition hat ihre eigene Physiognomie, die durchgeistigte Lebensganzheit bleibt immer bewunderswert, und der Tönereichtum zwischen Glanz und Schimmer ist im Kupferstich nie übertroffen worden. Zusammengenommen eine Trilogie vom Menschen als Geisteswesen in der Richtung einer Reuchlinstelle, die drei Stufen der ›Ars contemplandi‹ unterscheidet: Reinigung, Erleuchtung und Vollkommenheit (purgatio, illuminatio, perfectio), gemeint sind Leistung, die sich tätig bewährt, Erhellung in verzweigten Studien und Liebe, Göttlichem verbunden, die erste moralisch, die zweite naturzugewandt und mit Mathematik verbündet, die dritte der Theologie zugehörig. Diese von Plato und Aristoteles gefestigte ›Vita triplex‹ in Ethik, Physik und Logik (Metaphysik) ist durch Cicero dem Humanismus der Dürerzeit über Florentiner Platoniker geläufig gewesen und scheint dem differenzierten Menschenbild analog, wie wir es in den drei Meisterstichen auseinandergelegt sehen.

Welche Berechtigung solchen philosophischen Lehrmeinungen zukommen mag, es bleibt dabei, daß ›Ritter, Tod und Teufel‹ und ›Melancholie‹ in keinem Bilderkreis, weder in mittelalterlichen Tugendfolgen noch in Reihen der Artes liberales vorbereitet gewesen sind, um so denkwürdiger als ganz persönliche Aussagen, mit denen der Künstler schöpferisch Werte neu gesetzt hat.

Mit solcher Tat ist er nochmals hervorgetreten, als er im Herbst 1526 aus freien Stücken dem Rat der Stadt die Doppeltafel der ›Vier Apostel‹ zueignete. Auf Apostel ist er seit seiner Frühzeit mehrmals zurückgekommen, fortschreitend hat er sie schließlich mit höchstem Personenwert ausgestattet, und über Vorarbeiten in Zeichnung und Stich (1523 und 1525) ist der Maler noch hinausgestiegen, so daß man höher aufschauen muß. Ein Bilderpaar, dessen Geheimnis sich vielleicht nie mehr wird lüften lassen. Daß Dürer mit seiner Stiftung gegen politisierende, aufrührerische und sektiererische Protestanten habe mahnen wollen, soll nicht ausgeschlossen werden. Aber bei dieser Auslegung von Ernst Heidrich vor über sechzig Jahren sollten wir nicht stehen bleiben. In den Unterschriften nur wortgetreue Texte aus Luthers Septemberbibel (1522), der Text zu Dürers Markus war bereits drei Jahre zuvor in Hans Sachs' Meistergesang ›Die wittembergisch nachtigall, die man iez höret überal‹, ein Preislied auf den Reformator (Vers 292-

303), vorweggenommen gewesen, auch Dürers weitere Auswahl kommt mehreren Stellen des Dichters ganz nahe. Ein allgemeineres Bekenntnis, nach dem 1525 im Rathaus veranstalteten Religionsgespräch, das den Evangelischen die Oberhand brachte, drückt sich aus und zwar im Zeichen Melanchthons. Trägt nämlich Johannes wirklich dessen Züge - er weilte im Herbst 1525, länger im Mai 1526 in Nürnberg, richtete das evangelische Egidiengymnasium ein -, soll seine Gegenwart ein Einvernehmen, um nicht zu sagen eine gewisse Mitautorschaft bezeugen, ähnlich Melanchthons gelegentlichem Einfluß auf Lucas Cranach? Auch sollten wir nicht einzig und allein die ›Vier Apostel‹, sondern die Bildausstattung des Rathauses insgesamt bedenken. Dürers Doppeltafel mit ›Adam und Eva‹ (Madrid, Prado) schon von 1507 befand sich im Rathaus: ebenso groß wie die ›Vier Apostel‹, Ausnahmeformate, die größten in unseres Meisters Malwerk; waren diese beiden übergroßen Diptychen zusammen und im Hinblick aufeinander zu betrachten: der Sündenfall gegenüber den Wortführern der Erlösung und der Kirche? Nach gültiger Überlieferung verkörpern die ›Vier Apostel‹ die vier Temperamente - Johannes den Sanguiniker, Petrus den Phlegmatiker, Markus den Choleriker, Paulus den Melancholiker -, und als solche korrespondieren sie dem Sündenfall, der die Sonderung der Menschheit nach Temperamenten zur Folge gehabt hatte. Aus Ehrerbietung gegenüber dem Rat gestiftet, warnen die ›Apostel‹ mit ihren Unterschriften vor Verführungen, falschen Propheten und Lehrern, verderblichen Sekten. Nehmen wir die ›Apostel‹ mit ›Adam und Eva‹ zusammen, waren sie als geistliche Gegenbilder zu ›kaiserlichem Triumphwagen‹ und ›Apellesverleumdung‹, d.h. zu dem tugendreichen und dem von Lastern verleiteten Regenten gedacht, Themen der Wandbilder im Rathaussaal nach Dürerentwürfen von 1521/22? Benachbart hing ein Jüngstes Gericht. Jedes Apostelpaar mit einem Buch, hier forschende Diener des Worts, ehrfürchtig und Ehrfurcht gebietend, dort fordernde Hüter des Worts, unangreifbar, unum-

stößlich, beide zueinander gestellt, wie Maria und Johannes in dem frühen Straßburger Kanonblatt um 1493 und wieder 1510 (B.55). Groß in den Maßen, groß in der Gesinnung, beidemal eigentlich nur eine Gestalt, zusammengehalten und doch bilderfüllend, jeder Mantel aus einem Stück in ununterbrochenem Umriß, bei gespannter Ruhe die ganze Figur, Gebärde und Gewandung auf ein schlichtes Motiv eingestimmt, der eine auf den andern hin, Johannes ganz im Rot der Caritas, Paulus ganz im Weiß der Fides. Eine Gabe aus eigener Initiative Dürers, persönliches Bekenntnis zu den religiösen Bewegungen in Nürnberg - nach Luther die ›Sonne‹ unter evangelischen Städten -, Bekenntnis auch zur der Unterstellung der Stadthoheit unter das Bibelwort, vollends gegenüber dem anschwellenden, von Dürer seit fünfzehn Jahren befürchteten Bildersturm sein Bekenntnis zu der Faszinationskraft der Bildkunst, ihrer monumentalen Präsenz gemessen an dem Schriftwort; ihrem Anruf kann keiner ausweichen.

Was ihn trug, war das Bewußtsein seines Künstlertums. Die frühe Selbstdarstellung des dreizehnjährigen Knaben (W.1; Wien) beweist, wie ursprünglich naiv in ihm angelegt war, das eigene Wesen als bedeutsam zu empfinden, bis die Münchner Darstellung von 1500 - auch zeitweise im Rathaus - das Bekenntnis zu seinem Künstleramt ausspricht. Kunst bedeutete ihm ein in der Natur ausgebreitetes objektives Sein, in der Schöpfung mitgegeben und dauernd sich erneuernd. Den Künstler sah er als einen Menschen an, in dem diese gestaltende Kraft Person geworden ist, ein Mensch also, der sich »der göttlichen Gebildnus« vergleicht. Daraus wird verständlich, daß dies Selbstbildnis, in Deutschland das erste Facebildnis, in einen Bezirk des Heiligen versetzt erscheint. Wir sehen Dürer vor uns als einen Mann der Sendung, selbstverantwortlich, mit dem Auftrag, die Menschen durch die Kunst zu Selbstbesinnung und Ehrfurcht zu führen: »Darum gemel mehr besserung dann ergernus bringt, so das erberlich, kunstlich und woll gemacht ist.«

DIE REISEN ALBRECHT DÜRERS

Dürers Reisen beginnen mit seiner Wanderfahrt als Geselle von Ostern 1490 bis Pfingsten 1494 nach dem Oberrhein. Er hatte die Absicht, in Kolmar Martin Schongauer aufzusuchen, der aber vor Eintreffen Dürers am 2. Februar 1491 starb. In seiner Familienchronik schreibt Dürer: ›Und da ich ausgelernt hatte, schickte mich mein Vater hinweg und ich blieb vier Jahre aus, bis daß mich mein Vater wieder forderte. Und nach dem ich im Jahre 1490 nach Ostern (Ostersamstag am 11. April) hinweggezogen war, kam ich darnach wieder, als man zählte 1494 nach Pfingsten (Pfingstsonntag am 18. Mai)‹. Das einzige literarische Zeugnis über Dürers Wanderschaft ist eine kurze Bemerkung in Christoph Scheurls Vita Anthonii Kressen (1515): ›tandem peragrata Germania cum anno nonagesimo secundo Colmariam venisset...‹ (als er endlich im Jahre 92 nach Kolmar kam, nachdem er Deutschland durchwandert hatte). In Kolmar wurde der junge Wandergeselle nach der gleichen Quelle von den Brüdern Schongauer, Caspar und Paul, den Goldschmieden, und dem Maler Ludwig freundlich empfangen (Kat. Nr. 41). Über den Weg Dürers und sein Verbleiben während der zwei Jahre bis zu seiner Ankunft in Kolmar kann aus der Mitteilung Scheurls nichts erschlossen werden. In der Öffentlichen Kunstsammlung Basel befindet sich ein Holzstock mit der bereits geschnittenen Darstellung des Hl. Hieronymus in der Zelle. Er trägt auf der Rückseite den eigenhändigen Namenszug ›Albrecht Dürer von nörmergk‹ und wurde für die ›Epistolae beati Hieronymi‹ des Basler Druckers Nikolaus Kessler, die am 8. 8. 1492 erschienen, verwendet. Für die Feststellung der üblichen Reiserouten kann die nur wenig später erschienene Landstraßenkarte von 1501 des Nürnberger Sonnenuhren- und Kompaßmachers Erhard Etzlaub dienlich sein. Dieser von Georg Glockendon gedruckte Kartenholzschnitt wurde 1533 unverändert von Albrecht Glockendon, dem Sohn des vorigen, wiederholt. Nach älterer Meinung war Dürer über Nördlingen, Ulm, Konstanz direkt nach Basel gelangt, nach neuerer erst nach einem Aufenthalt in den Niederlanden (O. Schürer) oder am Mittelrhein (E. Panofsky). Zu Schiff rheinaufwärts bis Mainz und dann auf dem Landweg ins Elsaß wäre dann der vorteilhafteste Reiseweg gewesen. Weitere Zeugnisse für Dürers Tätigkeit am Oberrhein sind der alemannische Dialekt der Aufschrift eines Selbstbildnisses aus dem Jahre 1493 (Kat. Nr. 66) und die im Inventar des Willibald Imhoff von 1573/74 genannten, seither verschollenen Bildnisse seines im übrigen unbekannten Straßburger Lehrherrn und dessen Frau. Dagegen lassen sich auf den gleichzeitigen und den unmittelbar nach der Rückkehr nach Nürnberg angefertigten Zeichnungen keine benennbaren oberrheinischen Örtlichkeiten feststellen, abgesehen von dem erst um 1496 entstandenen Kupferstich Mißgeburt eines Schweines mit Ansicht von Landsee. Im übrigen haben die Landschaftswiedergaben lediglich allgemein oberrheinischen Charakter angenommen. Auf dem Heimweg von Straßburg wird Dürer den kürzesten Weg, die Handelsstraße über Schwäbisch Hall nach Nürnberg, benützt haben.

Über den Weg, den Dürer auf seiner Italienfahrt in der ersten Hälfte des Oktober 1494 genommen hat, sind wir über die Kenntnis der üblichen Reisewege aus den Karten des Erhard Etzlaub hinaus durch die Örtlichkeiten, die Dürer auf der Reise aquarelliert hat, unterrichtet. Der Weg ging über Augsburg-Mittenwald-Innsbruck, das im Spätherbst erreicht wurde; drei erhaltene Aquarelle, eine Gesamtansicht der Stadt über dem Inn und zwei Ansichten des Burghofs (Kat. Nr. 559), machen dort einen etwas längeren Aufenthalt wahrscheinlich. Auf der Brennerstraße aquarelliert der Maler den Rabenstein vor Waidbruck (Kat. Nr. 563). Da, wie aus der Bozener Chronik (Handschrift in Innsbruck) für den Oktober 1494 bekannt ist, große Überschwemmungen die Straße bei Trient unterbrachen, wich er wahrscheinlich auf den Gebirgsweg durch das Cembratal aus, was durch das Aquarell mit der Inschrift ›wehlsch pirg‹ (Kat. Nr. 564), auf dem das Cembratal mit der Burg Segonzano wiedergegeben ist, nahegelegt wird. Die Rückreise im Mai 1495 führte wohl über den Gardasee. Von Arco und Trient haben sich vier Aquarelle erhalten. Sollte ›wehlsch pirg‹ ebenfalls erst auf dem Rückweg entstanden sein, was aus stilistischen Gründen vermutet wird, müßte Dürer den Weg durch das Cembratal ein zweites Mal genommen haben. Auf der Brennerstraße entstand damals die verschollene Ansicht von Klausen (vgl. Kat. Nr. 481).

Auf der zweiten Italienreise vom Spätsommer 1505 bis Januar oder Februar 1507 dürfte Dürer wieder den Weg über den Brenner nach Venedig genommen haben. Der Versuch, von der Zeichnung einer von Dürer selbst als ›Vilana Windisch‹ bezeichneten Bäuerin ausgehend (vgl. Kat. Nr. 530), einen Reiseweg durch Kärnten und die windischen Siedlungen des Kanaltales zu rekonstruieren (K. Ginhart), überzeugt nicht restlos, da Dürer die ebenfalls als Winden bezeichneten Bewohner des nördlichen dalmatinischen Küstengebietes jederzeit in Venedig gesehen haben kann. Um den 13. Oktober 1506 schrieb Dürer an Willibald Pirckheimer, daß er in zehn Tagen nach Bologna reiten werde. Christoph Scheurl bestätigt in der Vita Anthonii Kressen Dürers Aufenthalt in der Stadt und nennt in der zweiten Auflage des Libellus de laudibus Germaniae einen Besuch von Ferrara. Eine Weiterreise nach Rom wird durch eine spätere Zeichnung nach Dürers Gemälde des zwölfjährigen Jesus im Tempel nahegelegt, das die erhaltene Inschrift des Bildes um die Bezeichnung F. Romae vermehrt. F. Winzinger sah Reste einer entfernten Inschrift auch auf dem Original. Abgesehen aber von anderen Gründen, die eine Entstehung des Bildes in Venedig wahrscheinlich machen, und der kurzen Zeitspanne, die für einen Besuch Roms zur Verfügung stünde, wird die Ortsangabe unter Benützung des lateinischen Lokativs erst gegen Ende des 16. Jahrhunderts üblich und findet sich sonst bei Dürer nicht. Anfang 1507 kauft Dürer in Venedig eine Ausgabe von Euklids Elementen, muß aber schon vor dem 12. oder 16. Februar Augsburg passiert haben.

Eine Reise Dürers nach Bamberg im Oktober 1517 erbrachte einen Porträtauftrag des Bischofs Georg III. Schenk von Limburg; Dürer wohnte dort bei Kanonikus Lorenz Behaim, wie aus dessen Brief an Willibald Pirckheimer in Nürnberg vom 11. Oktober 1517 hervorgeht; auch ein Besuch bei dem Astronomen Johann Schöner liegt im Bereich des Möglichen.

Eine Reise zum Reichstag in Augsburg im Juni 1518 zusammen mit der Nürnberger Delegation, dem Patrizier Kaspar

Nützel und dem Ratsschreiber Lazarus Spengler, gab die Möglichkeit, den Kaiser am 28. Juni in der Augsburger Pfalz zu zeichnen.

1519 begleitete Dürer seinen Freund Willibald Pirckheimer, der im Auftrag der Stadt Nürnberg zusammen mit Martin Tucher nach Zürich reiste, in die Schweiz. Für den Weg, den die Gruppe genommen hat, gibt Dürers Zeichnung der Belagerung des von Hans Leonhard von Reischach verteidigten Hohenasperg durch den Schwäbischen Bund im Krieg gegen Herzog Ulrich von Württemberg Kunde; auf die Belagerungsvorhut unter dem Hauptmann Löffelholz von Nürnberg folgte Jörg von Frundsberg, der nach erfolgreichem Beschuß am 21.-24. Mai 1519 die Festung einnahm. Ein weiteres Dokument, das auf die Teilnahme Dürers bei dieser diplomatischen Mission schließen läßt, ist ein Brief des Lorenz Behaim aus Bamberg vom 7. Juli 1519, in dem dieser Pirckheimer und Dürer zur glücklichen Heimkehr gratuliert; des weiteren ein Brief Dürers vom 6. Dezember 1523 (Kat. Nr. 394), in dem er durch den Empfänger Felix Frey in Zürich Ulrich Zwingli, den Maler Hans Leu d. J. und andere Persönlichkeiten der Stadt grüßen läßt.

Die Reise in die Niederlande vom 12. Juli 1520 bis in die zweite Julihälfte 1521 wurde zunächst mit dem Zweck angetreten, von dem im Juni 1519 neugewählten Kaiser Karl V. die Bestätigung einer von Kaiser Maximilian I. ausgesetzten Leibrente zu erhalten. Dürer wurde unter dem 12. November 1520 in Köln die Weiterzahlung des Jahrgeldes verbrieft, nachdem er sich in Antwerpen, Brüssel und Mecheln aufgehalten und an der Kaiserkrönung in Aachen teilgenommen hatte. Obwohl damit der äußere Zweck der Reise erfüllt war, kehrte Dürer noch einmal nach Antwerpen zurück, wo er mit Unterbrechungen bis zum 2. Juli 1521 blieb. Über die Hinreise nach Antwerpen, wo sein Standquartier in Jobst Planckfelts Herberge zwischen Hafen und Markt war, sowie die Rückreise bis Köln sind wir durch Dürers Tagebuch, das in Abschriften erhalten ist, bis in die Details der Ausgaben unterrichtet. ›In keiner Periode seines Lebens uns Dürer sichtbarer als während der niederländischen Reise, die er als Fünfzigjähriger gemacht hat‹ (H. Wölfflin). Dürer reiste in Begleitung seiner Frau Agnes und seiner Magd. Die Route führte über Bamberg, von wo aus Vierzehnheiligen besucht wurde, zu Schiff den Main und Rhein hinab bis Köln, und von dort auf dem Landweg über Sittard östlich der Maas nach Antwerpen. Von seinem Standquartier Antwerpen besuchte Dürer, neben den bereits genannten Orten, Brügge und Gent, um die Werke der großen niederländischen Maler des 15. Jahrhunderts kennenzulernen. Er unternahm ferner eine Reise zu Schiff nach Seeland, wobei er in Seenot geriet, um in Zierikzee auf der Insel Schouwen einen angeschwemmten Walfisch zu sehen, der aber bei Dürers Ankunft bereits wieder abgetrieben war. Die Rückfahrt von Antwerpen ging, mit einem erneuten Aufenthalt in Brüssel, über Löwen-Maastricht-Aachen nach Köln, wo das Tagebuch mit dem 15. Juli 1521 abbricht. Für die Weiterreise auf dem Rhein geben einige von Dürer ge-

zeichnete Örtlichkeiten und Eintragungen auf den Blättern eines Skizzenbuchs Aufschluß: der Krahnenberg bei Andernach, Boppard, die Burg Rheinfels bei St. Goar (Kat. Nr. 585), das sowohl auf der Hin- wie auf der Rückfahrt auf der mittleren Rheinstrecke für Dürer ein Platz des Verweilens war, mitbedingt durch das Vorhandensein renommierter Herbergen.

Bereits mit dem Aufenthalt am Oberrhein wich Dürer von dem üblichen Ziel der Gesellenwanderungen am Ende des 15. Jahrhunderts ab, das in den allermeisten Fällen im Nordwesten, in den Niederlanden, lag. Ob Dürer diesem Weg ebenfalls gefolgt ist, bevor er sich nach Kolmar und Basel wandte, wird sich mit Bestimmtheit kaum feststellen lassen. Auch über Dürers Gründe, sich nach kaum halbjähriger Ehe nach Venedig zu begeben, besteht keine Klarheit. Der Ausbruch der Pest könnte höchstens der Grund für einen beschleunigten Aufbruch gewesen sein. Um der Seuche zu entgehen, war eine Reise bis Italien nicht notwendig. Es müssen künstlerische Gründe gewesen sein, die ihn nach dem Süden führten. Vielleicht war bereits in der humanistischen Atmosphäre von Basel seine Neugier angeregt worden. Die engen Handelsbeziehungen zwischen Nürnberg und Venedig, die einen regelmäßigen Botendienst zur Folge hatten, werden den Entschluß und die Reise erleichtert haben. Gegen Ende des zweiten Aufenthalts in Venedig teilte Dürer Willibald Pirckheimer mit, daß er die Absicht habe, sich nach der Rückkunft aus Bologna für die Heimreise nach Nürnberg dem nächsten Boten anzuschließen. Auch bei der Reise in die Niederlande wird das praktische Motiv, die Verlängerung der Leibrente, vom künstlerischen Interesse überspielt. Es geht nicht mehr um die Wanderschaft des künstlerischen Handwerkers zur Ausbildung, sondern um Bildungsreisen zur Mehrung des theoretischen und praktischen Wissens.

Fritz Zink

Literatur: K. Gerstenberg: Dürer in Arco. In: Monatshefte f. Kunstwiss. 3, 1910, S. 434-35 - J. Meder: Neue Beiträge zur Dürerforschung. In: Jb. d. kunsthist. Slgn. d. allerhöchsten Kaiserhauses 30, 1912, S. 183-227 - A. Rusconi: Per l'identificazione degli acquerelli Tridentini di Alberto Durero. In: D. Graphischen Künste NF 1, 1936, S. 121, 127-30 - K. Th. Hoeniger: Albrecht Dürer im Etschland. Neue Feststellungen zu seiner ersten Italienreise 1494/95. In: D. Schlern 17, 1936, S. 191-96 - O. Schürer: Wohin ging Dürers ›Ledige Wanderfahrt‹? In: Zs. f. Kunstgesch. 6, 1937, S. 171-99 - Rupprich 1 - H. Krüger: Des Nürnberger Meisters Erhard Etzlaub älteste Straßenkarten von Deutschland. In: Jb. f. fränkische Landesforschung 18, 1958, S. 119-257 - K. Ginhart: Albrecht Dürer war in Kärnten. In: Carinthia I, 152, 1962, S. 129-55 - W. Braunfels: Die geschichtliche Bedeutung von Dürers erster Reise durch das Etschland nach Venedig und von Tizians Reise nach Augsburg. In: Jahres- und Tagungsber. d. Görres-Ges. 1963, S. 7-14.

Anthon *Dürer*
Goldschmied
kam von Ajtós nach Gyula
∞ Elisabeth . . .

Katharina

Albrecht *Dürer* d. Ä.
Goldschmied
* 1427 Gyula
1467 Bürger in Nürnberg
† Nürnberg 20. 9. 1502
∞ Nürnberg 8. 6. 1467
Barbara *Holper*,
† Nürnberg 16. 5. 1514

Barbara	Johannes	Albrecht *Dürer*	Sebalt	Hieronymus	Anthon	Agnes	Margaretha	Ursula	Hans
* 12. 7. 1468	* 7. 4. 1470	* 21. 5. 1471	* 14. 1. 1472	* 27. 3. 1473	* 24. 5. 1474	* 21. 1. 1476	* 21. 1. 1476	* 2. 7. 1477	* 30.
	früh †	† 6. 4. 1528	früh †			früh †	früh †		früh †
		∞ 7. 7. 1494					(? identisch mit:		
		Agnes *Frey*					Margret *Durerin*		
		* 1475, † 1539					† zw. 1. 5. u. 24. 8. 1514)		

Die schriftlichen und gedruckten Dokumente zur Geschichte der Familie, über Vater und Mutter, die Geschwister, die Frau und über Dürer selbst zeigen in eindringlicher Form, in welchem Umfang das Wissen von Leben und Werk des Künstlers durch sie erweitert und ergänzt werden kann.

Dabei ermöglichen verständlicherweise die Dokumente aus dem privaten Bereich einen intensiveren Einblick in Charakter und Wesensart und damit auch in die verborgenen Quellen des Werkes als die zahlreichen amtlichen Dokumente, die, von vornherein für die Öffentlichkeit bestimmt, sich auf rechtserhebliche Fakten beschränken und die persönlichen Hintergründe in vielen Fällen nur ahnen lassen.

Über die Geschichte der Familie vor ihrem Auftreten in Nürnberg, die Herkunft aus Ungarn, den Großvater Antoni Dürer, einen Goldschmied, gibt nur die von Dürer selbst abgefaßte Familienchronik (Kat. Nr. 1) Auskunft, eine z. T. auf Aufzeichnungen des Vaters zurückgehende genealogische Niederschrift, von der allerdings nur Kopien aus späterer Zeit existieren. Leben und Werk des Vaters werden durch eine größere Zahl amtlicher Quellen dokumentiert: Einträge in Bürgerbücher, Meisterbücher, ›Verlässe‹ des reichsstädtischen Regiments. Albrecht Dürer d. Ä. ist in Nürnberg erstmalig 1444 erwähnt, und zwar in einer Liste von Armbrustschützen anläßlich der Fehde der Reichsstadt mit den Waldenfelsern (Kat. Nr. 7). Belegt sind ferner die Bürgerrechtsaufnahme 1467 (Kat. Nr. 8), die Erwerbung des Meisterrechts als Goldschmied 1468 (Kat. Nr. 9),

STAMMTAFEL ALBRECHT DÜRERS

Aus: G. Hirschmann, Albrecht Dürers Abstammung und Familienkreis. In: Nürnberger Forschungen 15, 1971, Beilage II

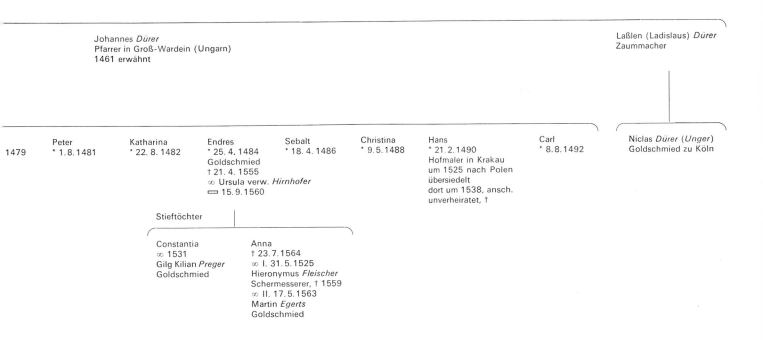

Johannes *Dürer*
Pfarrer in Groß-Wardein (Ungarn)
1461 erwähnt

Laßlen (Ladislaus) *Dürer*
Zaummacher

1479

Peter
* 1.8.1481

Katharina
* 22.8.1482

Endres
* 25.4.1484
Goldschmied
† 21.4.1555
∞ Ursula verw. *Hirnhofer*
⚭ 15.9.1560

Sebalt
* 18.4.1486

Christina
* 9.5.1488

Hans
* 21.2.1490
Hofmaler in Krakau
um 1525 nach Polen
übersiedelt
dort um 1538, ansch.
unverheiratet, †

Carl
* 8.8.1492

Niclas *Dürer* (*Unger*)
Goldschmied zu Köln

Stieftöchter

Constantia
∞ 1531
Gilg Kilian *Preger*
Goldschmied

Anna
† 23.7.1564
∞ I. 31.5.1525
Hieronymus *Fleischer*
Schermesserer, † 1559
∞ II. 17.5.1563
Martin *Egerts*
Goldschmied

Aufträge für Kaiser Friedrich III. (Kat. Nr. 12/13), die Tätigkeit für die Nürnberger Münzstätte, eine der bedeutendsten der Zeit, schließlich Hausbesitz und Bergwerksanteile (Kat. Nr. 10/11). Von Dürers Vater existiert nur ein einziges eigenhändiges Dokument, ein Brief von einem Aufenthalt am kaiserlichen Hof in Linz an seine Frau Barbara 1492 (Kat. Nr. 13).

Albrecht Dürer d. Ä. heiratete die Tochter des Goldschmieds Hieronymus Holper, bei dem er in die Lehre ging. Über Holper berichten nur amtliche Dokumente, wobei die Korrespondenz des Nürnberger Rats mit König Ladislaus von Böhmen 1455/56 wegen der von diesem bestellten Stempel für ein Majestätssiegel einige persönlich gefärbte Einzelheiten bringt. Als einziges nachweisbares Werk Holpers ist es erhalten (Kat. Nr. 15/16).

Die Schwiegermutter Dürers, Anna Rummel, Frau des Hans Frey (Kat. Nr. 17), kommt aus dem Nürnberger Patriziat. Die Heiratspapiere und die Belege für die Tätigkeit des Hans Frey als Kupferschmied, ›Mechanicus‹, Musiker, Genannter des Größeren Rats, weisen den Schwiegervater als einen vermögenden Mann aus, ›der in allen Dingen erfahren war‹, wie sein Biograph Johannes Neudörffer hervorhebt (Kat. Nr. 18).

Nur wenige Dokumente gibt es über die Brüder Albrecht Dürers, den Maler Hans und den Goldschmied Endres (Ratsverlässe über Raufhändel des Hans, Urkunden über den Hausbesitz des Endres aus dem elterlichen Erbe; Kat. Nr. 20/21).

Dürer gehört zu den wenigen Künstlern der Zeit um 1500, die eine umfangreiche literarische Tätigkeit entfaltet haben. Eigen-

AHNENTAFEL DÜRER-FREY

Aus: G. Hirschmann, Albrecht Dürers Abstammung und Familienkreis. In: Nürnberger Forschungen 15, 1971, Beilage I

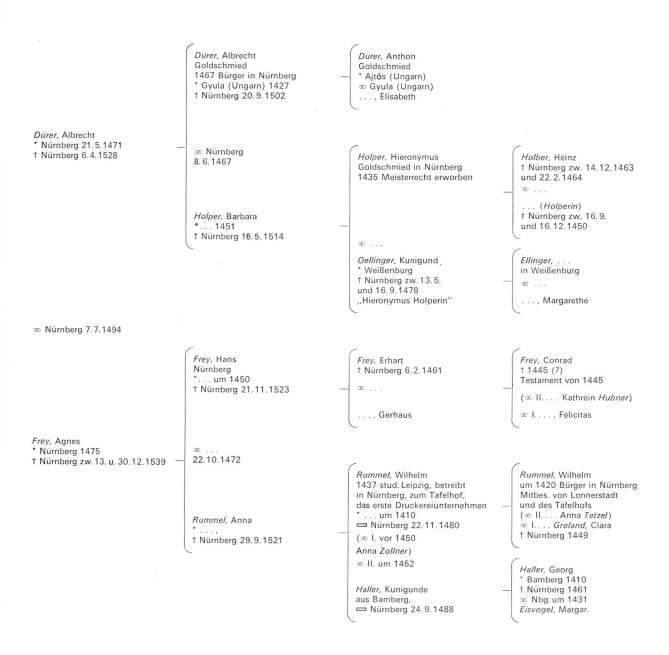

Dürer, Albrecht
Goldschmied
1467 Bürger in Nürnberg
* Gyula (Ungarn) 1427
† Nürnberg 20.9.1502

    Dürer, Anthon
    Goldschmied
    * Ajtós (Ungarn)
    ∞ Gyula (Ungarn)
    . . . , Elisabeth

Dürer, Albrecht
* Nürnberg 21.5.1471
† Nürnberg 6.4.1528

∞ Nürnberg
8.6.1467

Holper, Hieronymus
Goldschmied in Nürnberg
1435 Meisterrecht erworben

    Holber, Heinz
    † Nürnberg zw. 14.12.1463
    und 22.2.1464
    ∞ . . .
    . . . *(Holperin)*
    † Nürnberg zw. 16.9.
    und 16.12.1450

Holper, Barbara
* . . . 1451
† Nürnberg 16.5.1514

∞ . . .

Oellinger, Kunigund
* Weißenburg
† Nürnberg zw. 13.5.
und 16.9.1478
„Hieronymus Holperin"

    Ellinger, . . .
    in Weißenburg
    ∞ . . .
    . . . , Margarethe

∞ Nürnberg 7.7.1494

Frey, Hans
Nürnberg
* . . . um 1450
† Nürnberg 21.11.1523

    Frey, Erhart
    † Nürnberg 6.2.1461
    ∞ . . .
    . . . , Gerhaus

    Frey, Conrad
    † 1445 (?)
    Testament von 1445
    (∞ II. . . . Kathrein *Hubner*)
    ∞ I. . . . , Felicitas

Frey, Agnes
* Nürnberg 1475
† Nürnberg zw. 13. u. 30.12.1539

∞ . . .
22.10.1472

Rummel, Anna
* . . . ,
† Nürnberg 29.9.1521

Rummel, Wilhelm
1437 stud. Leipzig, betreibt
in Nürnberg, zum Tafelhof,
das erste Druckereiunternehmen
* . . . um 1410
⚰ Nürnberg 22.11.1480
(∞ I. vor 1450
Anna *Zollner*)
∞ II. um 1452

    Rummel, Wilhelm
    um 1420 Bürger in Nürnberg
    Mitbes. von Lonnerstadt
    und des Tafelhofs
    (∞ II. . . . Anna *Tetzel*)
    ∞ I. . . . *Groland,* Clara
    † Nürnberg 1449

Haller, Kunigunde
aus Bamberg,
⚰ Nürnberg 24.9.1488

    Haller, Georg
    * Bamberg 1410
    † Nürnberg 1461
    ∞ Nbg. um 1431
    Eisvogel, Margar.

händige Niederschriften sind in großer Zahl auf uns gekommen. Sein eigentlicher Nachlaß ist jedoch nur in Resten erhalten geblieben.

Wie von der Familienchronik so existieren auch vom Tagebuch der Niederländischen Reise (Kat. Nr. 31) nur Abschriften, vom ›Gedenkbuch‹ nur noch ein einziges originales Blatt. Um so reicher ist das, was Dürer an Schriftlichem in fremde Hände gab: eine große Zahl von Briefen an Freunde (allen voran an Willibald Pirckheimer) und Auftraggeber. Dazu kommen die kunsttheoretischen Schriften, von denen sich teilweise die Originalmanuskripte erhalten haben, sowie Aufschriften auf Handzeichnungen und Gemälden.

Die amtlichen Quellen, Ratsverlässe, Ratsbücher und Ratskorrespondenz, bringen über Dürer und sein Werk zahlreiche Aussagen. Dabei tritt vor allem die Tatsache hervor, daß die Vaterstadt den Künstler in seinen privaten Angelegenheiten wie in seiner künstlerischen Tätigkeit vielfältig gefördert hat, wenn auch nicht in der ungewöhnlich großzügigen Form wie etwa Venedig und Antwerpen, worüber Dürer in Eingaben an den Nürnberger Rat bittere Klage führt, ohne Zweifel ungerechtfertigterweise.

Mensch und Werk Albrecht Dürers werden schon zu seinen Lebzeiten in einer Reihe literarischer Arbeiten meist aus dem Kreis der Humanisten eingehend gewürdigt. Dürer wird dabei mit den berühmtesten Malern der Antike verglichen, vor allem mit Apelles. Er gilt als der Wiedererwecker der antiken Kunst in Deutschland. Einzelne Werke werden hoch gerühmt, die Abfassung von theoretisch-literarischen Arbeiten sowie die Verbreitung seiner Druckgraphik über ganz Europa hervorgehoben.

Eine der wichtigsten Quellen für die Wesensart Dürers stellt der Kommentar des Lorenz Behaim zu einem Horoskop des Künstlers (Kat. Nr. 37) dar. In den Veröffentlichungen seiner Freunde Lazarus Spengler, Christoph Scheurl und Willibald Pirckheimer, die mit Dürer intensiven Umgang pflegten, werden ganz persönliche Charakterzüge überliefert. Selbst über Dürers Physiognomie, seinen Bart und seinen Körperbau erfahren wir Einzelheiten.

Die Renaissance sprach dem Künstler einen höheren Rang in der ständischen Ordnung zu als dem Handwerker; doch ist in Deutschland die gesellschaftliche Anerkennung nur wenigen zuteil geworden, dazu zählte Albrecht Dürer, der es verstanden hat, die Klassenschranken der Nürnberger Gesellschaft zu durchbrechen.

Er heiratet die Tochter eines Kaufmanns, der mit dem Patriziat verschwägert war. Er verkehrt mit den Humanisten Pirckheimer, Celtis, Spengler, Scheurl und Schreyer, gehört zur humanistischen Tafelrunde, die seit 1498 in der Herrentrinkstube tagte, ebenso zur Staupitzgesellschaft im Augustinerkloster, einer Vereinigung hauptsächlich von Patriziern mit dem Ziel religiöser Erneuerung. Dürer steht im Briefwechsel mit großen Gelehrten, Verlegern, Buchdruckern, Politikern, auch außerhalb Nürnbergs (Johann Amerbach, Georg Spalatin, Nikolaus Kratzer, Ulrich Varnbühler).

Die Einnahmen aus seiner künstlerischen Tätigkeit waren bedeutend. Er beschäftigte vertraglich gebundene Agenten (Handelsvertreter), die seine Kupferstiche und Holzschnitte vertrieben (Kat. Nr. 55). Dürer war so zu einem ansehnlichen Besitzstand gelangt, dessen Wert bei seinem Tod auf etwa 6800 Gulden geschätzt wurde. Er besaß zu freiem Eigen zwei Häuser (das väterliche Haus in der Schmiedgasse und das von ihm selbst erworbene in der Zistelgasse, das heutige Dürerhaus) sowie einen Garten vor dem Tiergärtnertor.

Der Tod Albrecht Dürers löste tiefe Trauer aus. Pirckheimer widmet dem Freund, ›dem größeren Teil meiner Seele‹, eine bewegende Elegie (Kat. Nr. 61), die noch im Todesjahr im Druck erschienen ist. Trauergedichte, so von Eobanus Hessus und Thomas Venatorius (Kat. Nr. 64), beklagen den unersetzlichen Verlust. Die Nürnberger Künstler nehmen seine Totenmaske ab (Kat. Nr. 63), was allerdings nur wie zufällig in einem Nürnberger Geschlechterbuch überliefert ist. Der bedeutendste Nürnberger Medailleur der Zeit, Matthes Gebel, gießt eine Sterbemedaille (Kat. Nr. 62). An unmittelbaren amtlichen Nachrichten über den Tod Dürers gibt es nur eine einzige: das ›Großtotengeläutbuch‹, das Dürer in einer Liste von Toten eines längeren Zeitraumes aufführt (Kat. Nr. 60), so daß der genaue Todestag selbst aus sekundären Quellen entnommen werden muß.

Ludwig Veit

1 DIE FAMILIENCHRONIK

Albrecht Dürer

A° 1524. Nach Weihnachten in Nürmberg. Ich, Albrecht Dürer der jünger, hab zusammen tragen aus meines vatters schriften, von wannen er gewesen sej, wie er herkumen und blieben und geendet seeliglich. Gott sei jhm und uns gnädig. Amen.

Papier-Libell, 3 Bll. Abschrift: 2. Hälfte 17. Jahrh.

Nürnberg, Stadtbibliothek (WILL III 916 fol.)

Der von Albrecht Dürer d. Ä. übernommene Teil der Familienchronik, die nur in Abschriften aus dem 17. Jahrh. überliefert ist, schließt mit dem Jahr 1492. Albrecht Dürer d. J. setzt die Chronik fort bis zum Jahr 1523, in dem die vorliegende Fassung entstanden ist. Er zeichnet dabei ein ausführliches Charakterbild seines Vaters, berichtet über dessen Tod (1502), den Tod der Mutter (1514) sowie seiner Schwiegereltern (1521 bzw. 1523).

Literatur: Rupprich 1, S. 27-34; 3, S. 434 - Hirschmann, S. 36.

2 GYULA, DIE HEIMAT DER FAMILIE DÜRER

Matthias Zündt

Unten auf einer Tafel: Ware Conterfeit der Statt Giula mit sampt der Befestigung, deß Schloß vn(d) aller seiner zugehörung. Darinn der Oberst General war Keretzhini Lassa, diß 1566 vom Türck mit großer macht belegert wirdt. Zu Prag.

Radierung; Wz.: Wappen mit Doppelturm; Abdruck wohl vom Anfang des 17. Jahrhs.; 22,5 : 32,5

Aus Slg. v. Aufseß

Nürnberg, Germanisches Nationalmuseum (HB 229)

Dürer berichtet in der Familienchronik (Kat. Nr. 1) über die Herkunft seiner Vorfahren aus dem in der Nähe von Gyula, der Hauptstadt des Komitats Bécéc, liegenden Dörfchen Ajtós, das bei der Belagerung von Gyula durch die Türken 1566 zerstört und nicht wieder aufgebaut wurde. Ungarisch ajtó bedeutet Tür; ›Thürer‹ ist der aus Ajtós Gebürtige. Der Familienname ist ein ins Deutsche übertragener reiner Herkunftsname (vgl. Kat. Nr. 41).

Literatur: Th. B. 36, S. 585 - Hirschmann, S. 37-40.

3   DAS GROSSE FAMILIENWAPPEN
Albrecht Dürer   *Abb.*

Oben Spruchband mit dem Monogramm des Künstlers und der Jahreszahl 1523

Holzschnitt; Wz.: Papierdrache; 35,5 : 26,6

Nürnberg, Germanisches Nationalmuseum (St. Nbg. 12859; Leihgabe der Stadt Nürnberg)

Im vorliegenden Wappenholzschnitt ist das vollständige Wappen mit Schild, Helm, Helmzier und Decken wiedergegeben, und zwar in der Form, wie es bereits 1490 auf der Rückseite des Bildnisses Albrecht Dürers d. Ä. (Kat. Nr. 82) erscheint. Der Schild zeigt eine auf einem Dreiberg stehende offene Tür (›redendes Wappen‹). Als Helm ist der damals bei bürgerlichen Wappenträgern übliche Stechhelm verwendet, als Helmzier ein Mohrenrumpf mit Stulphut in offenem Flug. Den Übergang zwischen Helm und Helmzier bildet ein ›Wulst‹ aus gedrehten Tüchern, die Zindelbinde, von Haus aus ein von der Dame dem im Turnier Siegreichen übergebener Ehrenpreis. Die Frage nach Herkunft und Bedeutung der Dürerschen Helmzier ist von der Forschung erst in jüngster Zeit gestellt worden. Der Mohrenrumpf, meist ohne Hut, kommt in zeitgenössischen Nürnberger Wappen vor, auch der offene Flug ist in der Heraldik der Zeit beliebt. Die Frage, ob das Wappen auf eine kaiserliche Verleihung zurückgeht, läßt sich nicht beantworten. Auffällig ist, daß der Wappenholzschnitt im gleichen Jahr entsteht, in dem Dürer die väterliche Familienchronik redigiert und ergänzt.

4   DAS KLEINE WAPPENSIEGEL
Albrecht Dürer d. Ä. (?)

Das Siegel ist einer eigenhändigen Quittung Dürers für den Nürnberger Rat über die Auszahlung von 100 fl. jährlichen Leibgedings vom 12. November 1522 aufgedrückt.

Wachs unter Papierdeckblatt; Dm. 1,5

Nürnberg, Staatsarchiv (S I L 79 Nr. 15 Prod. 7)

Das kleine unscheinbare Siegel (in einem Wulstreif über dem Wappenschild mit der offenen Tür die Buchstaben AT) hat Dürer bereits 1506 als Verschlußsiegel seiner Briefe an W. Pirckheimer aus Venedig (Kat. Nr. 24-30) verwendet. Da zu dieser Zeit Albrecht Dürer d. Ä. bereits tot war, ist die Vermutung, Dürer habe das Petschaft vom Vater übernommen, nicht ganz abwegig.

Literatur: Rupprich 1, S. 93/94, 106, vgl. 41-60; 3, S. 430 - Kohlhaussen, S. 508/09.

5   DAS GROSSE WAPPENSIEGEL
Nach Entwurf Albrecht Dürers

Der Wappenschild mit Helm, Helmzier und Helmdecken ist beseitet von Spruchbändern mit der Aufschrift (in Minuskeln): Albrecht - Dürer.

Wachs unter Papierdeckblatt; Dm. 2,85

Nürnberg, Staatsarchiv (S I L 79 Nr. 15 Prod. 10)

Der vorliegende Abdruck findet sich auf einer eigenhändigen Quittung Dürers für den Nürnberger Rat über die Auszahlung von 100 fl. jährlichen Leibgedings vom 12. November 1524. Dürer verwendet diese Form des Siegels nachweisbar seit 1524, also unmittelbar im Anschluß an den 1523 entstandenen Wappenholzschnitt (Kat. Nr. 3). Die Benennung dieses Siegels als Genanntensiegel erscheint nicht gerechtfertigt. Dürer wurde bereits 1509 Genannter des Größeren Rats (Kat. Nr. 234). Zudem konnte die Verwendung dieses Siegels bisher nur in eigenen Rechtsgeschäften nachgewiesen werden. Es sind insgesamt vier Abdrücke bekannt.

Literatur: Rupprich 1, S. 112, 114, 118, 121 - Kohlhaussen, S. 508/09.

6   DAS WAPPEN ALBRECHT DÜRERS
AUF DER RÜCKSEITE SEINER PORTRÄTMEDAILLE
Matthes Gebel

Legende: INCLITA . VIRTVS . M. D. XXVII (1527)

Bronze, gegossen; Dm. 4,1

Nürnberg, Germanisches Nationalmuseum (Med. 8987; Depositum Friedrich von Praun'sche Familienstiftung)

Es ist zu vermuten, daß dem Medailleur der Dürersche Wappenholzschnitt von 1523 (Kat. Nr. 3) als Vorlage diente; denn das Wappenarrangement hält sich hier noch in völlig konventionellen heraldischen Formen, während Gebel bei den meisten seiner Porträtmedaillen mit Wappenrückseite die Bestandteile des Wappens ohne den konventionellen heraldischen Konnex über das Medaillenfeld verteilt. Es fällt auf, daß der bartlose Mohrenrumpf der Helmzier hier in ein bärtiges ›Heidenmännlein‹ umgewandelt erscheint.

Literatur: Habich I, 2, Nr. 959.

7   ALBRECHT DÜRER DER ÄLTERE ALS BÜCHSEN- ODER
ARMBRUSTSCHÜTZE

Eintrag im Verzeichnis von Büchsen- und Armbrustschützen der Reichsstadt Nürnberg, die während der Fehde der Stadt mit den Rittern Hans und Fritz von Waldenfels 1444 gegen die Veste Lichtenburg aufgeboten worden waren: Dise hernach geschriben puchßen schutzen vnd armprust schutzen sindt bestellet worden am sunttag Reminiscere in der vasten (8. März)... Albrecht dürer...

Papier, Schmalfolio

Nürnberg, Staatsarchiv (Siebenfarbiges Alphabet, Akten Nr. 28)

Mit diesem Verzeichnis ist Albrecht Dürer d. Ä. zum erstenmal in Nürnberg urkundlich belegt. Er stand damals im 17. Lebensjahr.

Literatur: A. Gümbel: Zur Biographie Albrecht Dürers des Älteren. In: Rep. f. Kunstwiss. 37, 1915, S. 210-13.

8   ALBRECHT DÜRER DER ÄLTERE WIRD ALS SILBER-
UND GOLDPROBIERER IN DER SCHAU BESTELLT

Eintrag im Ratsbuch ›quarta pasche A° ect. LXVII‹ (1. April 1467): Item des Holpers ayden Albr(echt) genant, sol mit demselben seinen sweyer sweren, von des silberzeiche(n)s vnd goltstreiche(n)s ampt getrewlich zü warten vnd sol bürger werden...

Nürnberg, Staatsarchiv (Ratsbücher 1 c fol. 128 r)

Albrecht Dürer:
Selbstbildnis
mit Eryngium
(Kat. Nr. 66)

Sicher ist es dem Ansehen des Schwiegervaters Hieronymus Holper zuzuschreiben, daß Albrecht Dürer, noch bevor er Meister wurde (Kat. Nr. 9), in der städtischen Beschau für die Kontrolle von Silber und Gold herangezogen wurde. Dieses Amt hatte in Nürnberg besondere Bedeutung im Hinblick auf die große Zahl von Goldschmieden. Zugleich erwirbt Albrecht Dürer d. Ä. das Nürnberger Bürgerrecht.

Literatur: A. Gümbel: Zur Biographie Albrecht Dürers des Älteren. In: Rep. f. Kunstwiss. 37, 1915, S. 312.

9 ALBRECHT DÜRER DER ÄLTERE ERWIRBT DAS MEISTERRECHT

Eintrag im Neubürger- und Meisterbuch der Reichsstadt Nürnberg 1468: Goltsmid... Albrecht Tuerer ist meister woerden feria sexta post visitationis Marie Anno etc. 68 (7. Juli) et dedit 10 fl. statwerung.

Nürnberg, Staatsarchiv (Amts- und Standbücher 305 fol. 55 r)

Wie aus einer dem Eintrag vorausgehenden Vorbemerkung hervorgeht, mußte jeder, der Meister werden wollte, ein Vermögen von einhundert Gulden nachweisen. Zehn Gulden davon waren für die Erwerbung des Meisterrechts zu bezahlen.

Literatur: A. Gümbel: Zur Biographie Albrecht Dürers des Älteren. In: Rep. f. Kunstwiss. 37, 1915, S. 312.

10 ALBRECHT DÜRER DER ÄLTERE ERWIRBT DAS HAUS ›UNTER DER VESTEN‹ IN NÜRNBERG

Gerichtsbrief des Schultheißen Sigmund von Egloffstein und der Schöffen der Stadt Nürnberg vom 12. Mai 1475. Contz Lintner verkauft um 200 Gulden an den Goldschmied Albrecht Dürer das Erbrecht an dem Eckhaus unter der Vesten. Der Vorbesitzer Peter Crafft, ein Goldschmied, hatte das Erbrecht schuldenhalber an Contz Lintner abgetreten. Eigenherr des Hauses ist Anna, die Ehewirtin des Sebald Pfinzing. Jährlicher Eigenzins vier Gulden. Siegel des Stadtgerichts Nürnberg.

Original-Pergament; Siegel aus naturfarbenem Wachs

Nürnberg, Germanisches Nationalmuseum (Sammelbestand Pergamenturkunden)

Es handelt sich um das Eckhaus Obere Schmiedgasse/Burgstraße. Das Obereigentum (Eigenrecht) wurde von Albrecht Dürer d. J. mit Urkunde vom 8. Mai 1507 erworben (Kat. Nr. 56).

Literatur: Rupprich 1, S. 225/26.

11 ALBRECHT DÜRER DER ÄLTERE INHABER EINER KUXE (BERGWERKSANTEIL) IN GOLDKRONACH

Eintrag in einem Abrechnungsbuch für die Gewerken (Inhaber) verschiedener Zechen in Goldkronach aus den Jahren 1481 bis 1483.

Bamberg, Staatsarchiv (C 2, Nr. 1359, fol. 157 r)

Das Bergwerk selbst war im Besitz der Burggrafen von Nürnberg bzw. der Markgrafen von Ansbach-Kulmbach, von denen kapitalkräftige Interessenten gegen Leistung der üblichen Bergzehnten mit den Schürfrechten belehnt wurden. Auffällig ist das Eindringen Nürnberger Kapitals, das sich damals auch in anderen Bergbaugebieten breitmachte. Daß sich neben den einflußreichen Geschlechtern auch Albrecht Dürer d. Ä. befindet, weist auf sein ansehnliches Vermögen.

Literatur: W. G. Neukam: Ein Gewerkenbuch von Goldkronach aus den Jahren 1481/83. In: Mitt. d. Ver. f. Gesch. d. Stadt Nürnberg 44, 1953, S. 25-57.

12 ALBRECHT DÜRER DER ÄLTERE FERTIGT ZUSAMMEN MIT DEM GOLDSCHMIED HANS KRUG FÜR KAISER FRIEDRICH III. TRINKGEFÄSSE

Verlaß des Nürnberger Rats vom 24. März 1489: Item dem Krug vnd Albr(echt) Türer fleiß zethun, daz sie der k(öniglichen) M(ajestä)t seine angedingte trinckgefäß fürderlich verfertigen.

Papier; Schmalfolio

Nürnberg, Staatsarchiv (Ratsverlässe 235 fol. 11 v)

Drei Jahre später ist Dürer in Linz bei Kaiser Friedrich III. und führt ihm Erzeugnisse seiner Goldschmiedekunst vor (Kat. Nr. 13).

Literatur: Hampe, Nr. 391 - Rupprich 1, S. 252 Anm. 3.

13 ALBRECHT DÜRER DER ÄLTERE AM HOF KAISER FRIEDRICHS III. IN LINZ

Eigenhändiger Brief an seine Frau Barbara, Linz 24. August 1492: Teilt mit, daß er ›mit mü vnd arbet‹ am 19. August nach Linz gekommen sei. Schon am nächsten Tag habe er dem Kaiser ›pilder auf pinden‹ müssen, d. h. vorgeführt, ›do het sein genad fast ain gefalen dar an vnd sein genad het zu mal vil mit mir zu reden... geben zu Lincz an sant Barthalameus tag 92 jar Albrecht Türer‹

Papier; 14 : 21,5

Nürnberg, Germanisches Nationalmuseum (ABK, DÜRER, Albrecht d. Ä.)

Schwierigkeiten bereitete die Deutung des Ausdrucks ›pilder auf pinden‹. In diesen ›pildern‹ sind wohl Erzeugnisse der Goldschmiedekunst zu sehen. Der Ausdruck ›auf pinden‹ meint das Aufbinden des Ballens, in dem das Goldschmiedegerät verpackt war.

Literatur: Rupprich 1, S. 252; 3, S. 455.

14 DER GOLDSCHMIED HIERONYMUS HOLPER ERWIRBT DAS MEISTERRECHT

Eintrag im Neubürger- und Meisterbuch der Stadt Nürnberg 1435: Goltsmid... Jeronimus Holpir Anno ect. XXXV^to...

Nürnberg, Staatsarchiv (Amts- und Standbuch Nr. 304 fol. 63 v)

Hieronymus Holper war der Schwiegervater Albrecht Dürers d. Ä., möglicherweise auch sein Lehrer. 1444 ist er geschworener Meister des Goldschmiedehandwerks.

Literatur: Hirschmann, S. 40.

15 HIERONYMUS HOLPER UND SEITZ HERDEGEN ALS VERFERTIGER DES GROSSEN MAJESTÄTSSIEGELS KÖNIG LADISLAUS' VON BÖHMEN UND UNGARN

Brief des Nürnberger Rats an König Ladislaus von Böhmen vom 4. Dezember 1455. Teilt mit, daß die Goldschmiede Seitz Herdegen und Jeronimus Hölper beim Rat vorstellig geworden seien, weil die Entlohnung für das Siegel im Hinblick auf ›vil kostlicher swerer arbeit‹ zu gering erschiene. Trotzdem hätten die Goldschmiede das Siegel ›mit allem fliß, scharpff vnd

1523

Albrecht Dürer:
Das große Familienwappen
(Kat. Nr. 3)

wercklichen gemacht‹. Sie lassen den König bitten, über die ausgedingte Entlohnung hinaus ›mit eyner gnedigen stewr‹ entgegenzukommen, damit sie nicht ›zu uerdürplichen schaden kümen‹.

Papier, 290 Bll.; 31,5 : ca. 22,3

Nürnberg, Staatsarchiv (Briefbücher 26, fol. XLV)

An König Ladislaus waren 1454 Muster verschiedener Siegel zur Ansicht übersandt worden. Holper sollte zunächst den Siegelstempel allein fertigen. Da ein zweiseitiges Siegel, ein sogenanntes Münzsiegel, vorgesehen war, wurde schließlich Seitz Herdegen mit der Herstellung des Stempels für die Rückseite betraut. Die Arbeiten wurden 1456 beendet.

Literatur: Kohlhaussen, S. 38.

16 DAS GROSSE MAJESTÄTSSIEGEL KÖNIG LADISLAUS' VON BÖHMEN UND UNGARN

Hieronymus Holper und Seitz Herdegen

Wachs, naturfarben; Dm. 14,5

Pilsen, Stadtarchiv

Hieronymus Holper fertigte den Siegelstempel für die Vorderseite mit dem thronenden König, Seitz Herdegen den für die Wappenrückseite. Die Datierung des Siegelstempels auf das Jahr 1456 ergibt sich aus der am Ende der Siegellegende befindlichen Jahreszahl. Der vorliegende Abdruck hängt an einer Urkunde des Königs Ladislaus vom 27. Juni 1457, ausgefertigt in Wien, in der der König den Busko Hresihlav als Erbrichter von Pilsen bestätigt.

Literatur: Kohlhaussen, Nr. 133.

17 HEIRAT HANS FREY - ANNA RUMMEL

Urkunde vom 28. August 1475. Wilhelm Rummel d. Ä. verpfändet zur Sicherung von 800 Gulden Heiratsgut seiner Tochter Anna, die gemäß Heiratsbrief vom 22. Oktober 1472 den Hans Frey geheiratet hat, Grundbesitz. Siegel der Wilhelm Rummel, Gabriel Nützel, Franz Rummel.

Pergament; Siegel aus naturfarbenem Wachs

Nürnberg, Staatsarchiv (Urkunden des Heiliggeistspitals 492)

Die Tochter des Ehepaares Frey-Rummel ist Agnes, die Frau Albrecht Dürers d. J. Dieser bekommt damit Verbindung zu einer Familie, die mit dem Patriziat verschwägert ist. Kunigunde, die Mutter der Anna Frey, stammt aus dem Patriziergeschlecht Haller. Als Wappen führte die Familie Frey einen von Schwarz und Silber gevierten Schild; das heraldisch höchst einfache Wappen dürfte der Frühzeit der Heraldik angehören. Es drängt sich die Vermutung auf, daß die Frey einst im Dienste der Burggrafen von Nürnberg aus dem Hause Zollern standen, die das gleiche Wappen führten.

Literatur: Hirschmann, S. 45.

18 DER KUNSTREICHE HANS FREY

In: Johann Neudörffer: Kurtze Verzeichnis der Werckleute und Künstler, so in wenig Jahrn in dieser Statt Nürnberg gewohnt vnd burger gewesen sind ... Anno Christi M. D. IIIL. [Abschrift des 17. Jahrhs.]

Nürnberg, Germanisches Nationalmuseum (2° Hs 4355, fol. 18v)

Neudörffer hebt die geistige und handwerkliche Beweglichkeit des Hans Frey, ›der in allen dingen erfahren war‹, hervor. ›Der Music hatte er verstandt, für einen Harpffenschlager ward er berühmbt, hatte einen guten verstandt, das wasser mit lufft in die Höhe zu bringen‹. Im Totengeläutbuch (vgl. Kat. Nr. 60) ist dem Eintrag über seinen Tod beigefügt: citharcius in pompa corporis Christi (Harfenspieler bei der Fronleichnamsprozession). Hans Frey war offenbar vor allem bekannt als Verfertiger von Tischbrunnen (vgl. Kat. Nr. 688-90).

Literatur: Kohlhaussen, S. 255-57, 262, 264, 525 - Hirschmann, S. 43/44.

19 VÄTERLICHES ERBE DER AGNES DÜRERIN UND IHRER SCHWESTER KATHARINA ZINNER

Niederschrift einer Urkunde vom 14. Dezember 1523 im Schuldverbriefungsbuch der Stadt Nürnberg 1523-1524. Agnes, Albrecht Dürers Ehewirtin, und Katharina, Martin Zinners Ehewirtin, Töchter des verstorbenen Hans Frey, treffen eine Vereinbarung über die Teilung des von ihrem Vater hinterlassenen Vermögens: Hausrat im Wert von 60 Gulden, vier Silberbecher ohne Fuß, 475 Gulden in bar, 600 Gulden Ewiggeld in der Losungsstube mit einer jährlichen Verzinsung von 24 Gulden, nicht näher beschriebene Bergwerksanteile.

Nürnberg, Stadtarchiv (Lib. Cons. 19, fol. 113 v / 114 r)

Hans Frey war am 21. November 1523 gestorben gemäß Eintrag im Totengeläutbuch von St. Sebald (vgl. Kat. Nr. 60). Alleinige Erben waren seine beiden Töchter Agnes und Katharina.

Literatur: Rupprich 1, S. 233/34 - Hirschmann, S. 48.

20 ENDRES DÜRER ALS MITERBE AM HAUS UNTER DER VESTEN

Urkunde vom 24. November 1518. Endres Thurer bestätigt, daß ihm sein Bruder Albrecht Thurer den zustehenden Anteil am Erbrecht des Hauses unter der Veste am Eck, das ihre Eltern Albrecht Thurer und Barbara, seine Hausfrau, hinterlassen haben, bar ausbezahlt hat. Siegler: Willibald Pirckheimer und Lazarus Spengler.

Pergament; Siegel braunes Wachs in naturfarbenen Wachsschüsseln

Nürnberg, Germanisches Nationalmuseum (Sammelbestand Pergamenturkunden)

Es handelt sich um das Eckhaus Schmiedgasse/Burgstraße. Gemeinsames Erbe war das Erbrecht an dem Haus. Das Eigenrecht (Obereigentum) stand Albrecht Dürer allein zu. Er hatte es 1507 erworben. Vgl. Kat. Nr. 10 und 56.

Literatur: Rupprich 1, S. 232/33.

21 DER GOLDSCHMIED ENDRES DÜRER VERKAUFT SEIN HAUS UNTER DER VESTEN IN NÜRNBERG

Urkunde des Schultheißen und der Schöffen der Stadt Nürnberg vom 15. November 1538. Enndres Duerer, Goldschmied, Bürger zu Nürnberg, und seine eheliche Hausfrau Ursula haben am Mittwoch ›nechst vor Dato‹ (13. November) um 360 Gulden rheinisch an Quintinus Werthamer, Apotheker, und dessen Ehewirtin Ursula die Erbgerechtigkeit an der Behausung unter der Vesten, gelegen gegenüber dem Haus des Rechenmeisters

Johann Neudörffer, verkauft. Endres hatte das Erbrecht von seinem Bruder Albrecht geerbt. Zustimmung des Eigenherrn. Eigenzins 30 Gulden rheinisch. Stadtgerichtssiegel.

Original-Pergament; Siegel naturfarbenes Wachs

Nürnberg, Germanisches Nationalmuseum (Sammelbestand Pergamenturkunden)

Vgl. Kat. Nr. 10 und 56. Das Eigenrecht hatten Endres und seine Frau unter dem 3. Mai 1537 an den Tuchscherer Heinrich Breuning verkauft. Mögliche Erbansprüche des Malers Hans Dürer, des Bruders von Endres, sind hier wie dort mit keiner Silbe erwähnt. Hans ist um 1525 nach Polen übergesiedelt. Albrecht Dürer hatte ihm wohl sein Erbe ausbezahlt.

Literatur: Rupprich 1, S. 240 (das vorliegende Original nicht aufgeführt).

22   ALBRECHT DÜRER AN WILLIBALD PIRCKHEIMER

Abb.

Eigenhändiger Brief, Venedig, 6. Januar 1506: Wünscht ein gutes neues Jahr. Berichtet von seinen Bemühungen um Perlen und Edelsteine. Die bestellten Bücher seien von den Imhoff besorgt worden. Will das geborgte Geld so bald wie möglich zurückzahlen. Er habe von den Deutschen Auftrag für eine Tafel (Rosenkranzfest), dafür bekomme er 110 Gulden rheinisch. Der Kreidegrund werde in acht Tagen fertig sein, die Tafel selbst einen Monat nach Ostern. Seine Mutter und sein Weib seien finanziell versorgt. Mangle Geld, so solle der Schwager (Martin Zinner) aushelfen. ›Tatum Fenedich an der Heilling 3 kung dag jm 1506 jor... Albrecht Dürer‹

Papier; 30,5 : 22. Verschlußsiegel naturfarbenes Wachs unter Papier; Dm. 1,5

Nürnberg, Stadtbibliothek (Pirckheimer-Papiere 394/1)

Von den Briefen Dürers an Pirckheimer aus Venedig sind nur zehn auf uns gekommen. Deren acht entstammen jenem Nachlaßrest, der durch einen glücklichen Zufall von dem bereits Ende des 16. Jahrhs. einsetzenden Ausverkauf des Nürnberger Kultur- und Kunstgutes bewahrt worden ist. Mit anderen Nachlaßteilen wurden diese Briefe 1748 hinter einer Vertäfelung eines ehemaligen Hauses der Familie Imhoff am Egidienberg in Nürnberg gefunden. Ein Brief wurde 1861 in Nürnberg versteigert und wird heute in Paris verwahrt. Zwei Briefe aus Venedig sind seit dem 17. Jahrh. in England.

Literatur: Reicke 1, Nr. 91 - Rupprich 1, S. 39-60; 3, S. 434/35 - H. Rupprich: Dürer und Pirckheimer. Geschichte einer Freundschaft. In: Albrecht Dürers Umwelt, S. 78-109, bes. 82/83.

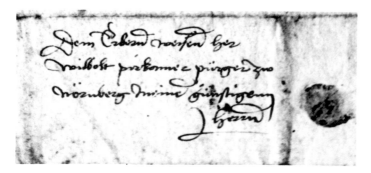

Albrecht Dürer: Briefadresse an Willibald Pirckheimer (Kat. Nr. 22)

23   ALBRECHT DÜRER AN WILLIBALD PIRCKHEIMER

Eigenhändiger Brief, Venedig, 28. Februar 1506: Er arbeite ›flux‹ (am Rosenkranzfest), werde jedoch vor Pfingsten nicht fertig. Die (aus Nürnberg mitgebrachten) Tafelbilder habe er alle verkauft. Schickt an Stelle der bestellten Edelsteine durch Franz Imhoff Ringe, die Pirckheimer wieder zurückschicken solle, wenn sie sein Gefallen nicht finden. Er genieße bei den Vornehmen (czentillamen = gentils hommes/gentlemen) großes Ansehen. Die Maler hingegen seien ihm feindlich gesinnt. Klagt, daß Mutter und Weib nicht schreiben: ›Ich mein, jch habs verloren‹. Legt zwei Briefe für die Mutter bei. Bittet wegen der Rückzahlung der Schuld um Geduld. ›Geben [zu F] enedich am samstag vor dem Weissen Sundag jm 1506 jor... Albrecht Dürer‹

Papier; 29,5 : 22. Verschlußsiegel naturfarbenes Wachs unter Papier; Dm. 1,5

Nürnberg, Stadtbibliothek (Pirckheimer-Papiere 394,5)

Literatur: Reicke 1, Nr. 101 - Rupprich 1, S. 45/46.

24   ALBRECHT DÜRER AN WILLIBALD PIRCKHEIMER

Eigenhändiger Brief, Venedig, 8. März 1506: Schickt den dringend gewünschten Ring mit einem Saphir zum Preis von 18 Dukaten und 4 Marcelli (venezianische Silbermünze). In Deutschland könne man Edelsteine wohlfeiler einkaufen, besonders in Frankfurt. Weitere Einzelheiten über den Edelsteinhandel. Vermutet, Pirckheimer habe ›ein weib genumen‹ (eine neue Liebschaft angefangen). ›Schawt nun, daz jr nit ein meister vber kumt. Doch seyt jr weis genug, wen jrs prawcht‹. Empfiehlt, den Stein auf eine neue Folie legen zu lassen, da der Ring alt und die Folie verdorben sei. Er läßt seine Mutter bitten, ihm zu schreiben. ›Geben czw Venedich am anderen sundag jn der Fasten jm 1506 jor... Albrecht Dwrer‹

Papier, 2 Bll.; 29,6 : 21,6. Verschlußsiegel naturfarbenes Wachs unter Papier; Dm. 1,5

Nürnberg, Stadtbibliothek (Pirckheimer-Papiere 394,3)

Literatur: Reicke 1, Nr. 104 - Rupprich 1, S. 47/48.

25   ALBRECHT DÜRER AN WILLIBALD PIRCKHEIMER

Eigenhändiger Brief, Venedig, 2. April 1506: Den von Pirckheimer zurückgesandten Smaragdring habe er dem Verkäufer zurückgegeben. Einzelheiten über den Edelsteinhandel in Venedig, im besonderen über die Aufträge Pirckheimers. Die Maler in Venedig seien ihm sehr feindlich gesinnt (fast abholt). Sie hätten ihn dreimal vor die Signoria bestellt und er habe in ihre Zunftkasse vier Gulden zahlen müssen. Er hätte viel Geld ›gewunen‹, wenn ihn die Arbeit an der Tafel für die Deutschen (Rosenkranzfest) nicht so sehr in Anspruch nehmen würde. Erst an Pfingsten sei sie fertig. Er bekomme dafür nur 85 Dukaten, die er für den Lebensunterhalt benötige. Über seine angespannten finanziellen Verhältnisse. Seine Mutter solle für seinen Bruder (Hans) bei (Michael) Wolgemut oder bei anderen Arbeit besorgen. Er hätte seinen Bruder gern mit nach Venedig genommen, was ihnen beiden von Nutzen gewesen wäre. ›Aber sy (die Mutter) forcht, der hymell vill awff jnn etc. Nun jch pit ewch, habt selber awffsehen, es jst verloren mit den weibernn‹. Die Mutter solle anläßlich der Heiltumsmesse (um den 24. April) seine Erzeugnisse verkaufen, doch erwarte er, daß bis dahin seine Frau (von der Frankfurter Ostermesse) zurückkehre. Vor

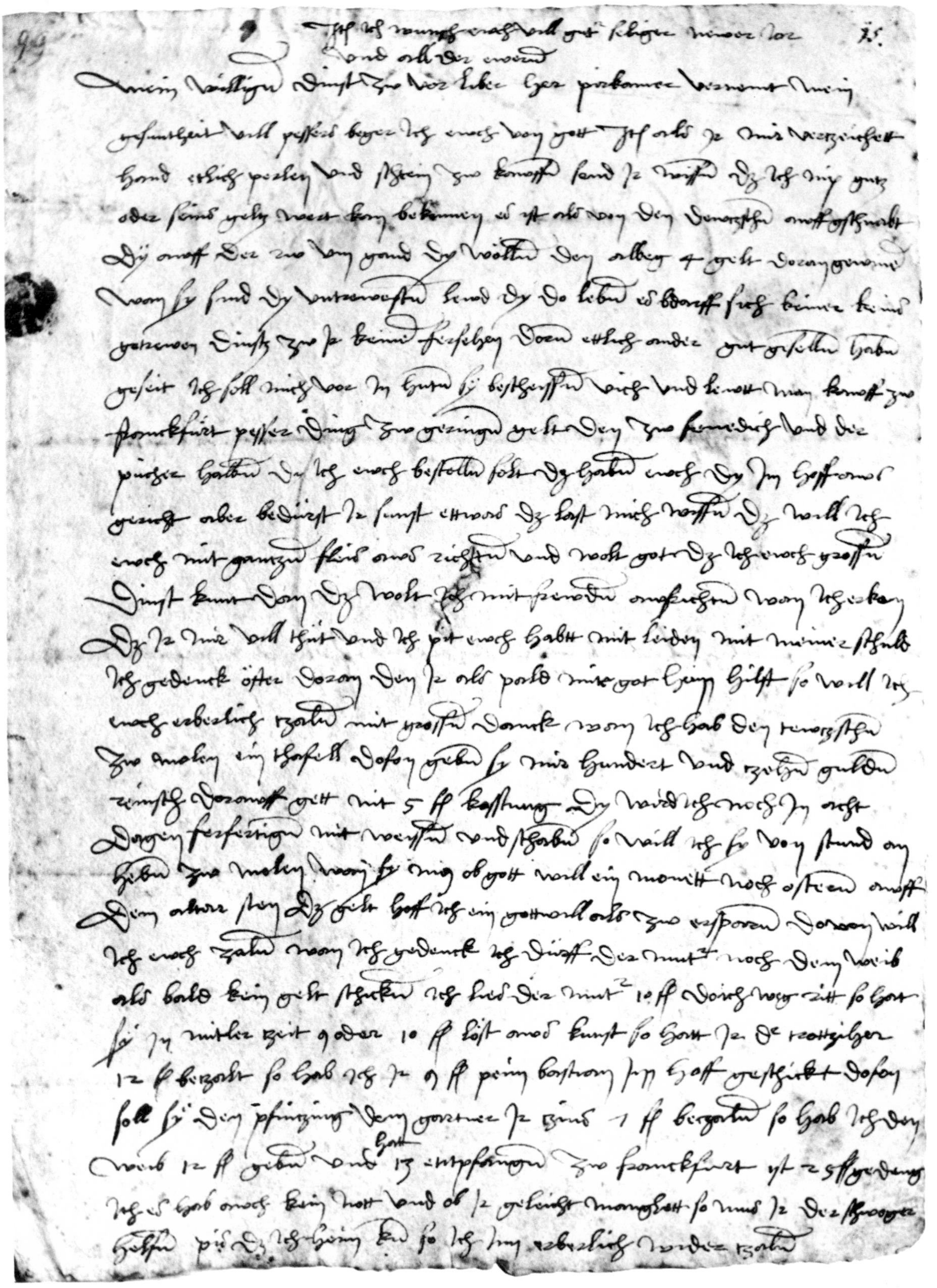

Albrecht Dürer:
Brief an
Willibald Pirckheimer
aus Venedig
(Kat. Nr. 22)

Herbst komme er wohl nicht heim. ›Tatum am pfinczdag vor dem Palmen dag jm 1506 jor... Albrecht Dürer ewer diener‹.

Papier; 29,9 : 22,1. Verschlußsiegel naturfarbenes Wachs unter Papier; Dm.1,5

Nürnberg, Stadtbibliothek (Pirckheimer-Papiere 394,4)

Literatur: Reicke 1, Nr.108 - Rupprich 1, S.48-50.

26 ALBRECHT DÜRER AN WILLIBALD PIRCKHEIMER

Eigenhändiger Brief, Venedig, 18. August 1506: Verwendet einleitend in scherzhafter Weise ein schwulstiges italienisch-deutsches Kauderwelsch (Grandissimo primo homo de mundo. Woster serfitor...). Neckt Pirckheimer wegen dessen Eitelkeit und Hang zum anderen Geschlecht (Jr wolt awch ein erchter seidenschwantz [Modegeck] werden vnd meint, wen jr nun den hurn woll gefalt, so sey es aws gericht). Dürer steht ihm aber offenbar hier nicht nach (Jch pynn ein zentilam zw Fenedig worden). Er könne erst in zwei Monaten nach Deutschland kommen. Seiner Mutter solle Pirckheimer, wenn nötig, zehn Gulden leihen, er könne derzeit kein Geld schicken. Das Glas (vitrum ustum = gebranntes Glas, wohl Murano-Glas) sende er mit dem nächsten Boten. Beim Kauf der zwei Teppiche helfe ihm Anton Kolb. Bücher mit griechischem Text seien in letzter Zeit nicht herausgekommen. Was das Papier betrifft, so wisse er hier kein ›subtillers‹ zu finden als daheim. Gemalte ›Historien‹ von Interesse habe er keine aufgetrieben. Der Prior (des Augustinerklosters, Eucharius Carl) möge für ihn beten, vor allem daß er ›vor den franczosen‹ (Syphilis) bewahrt werde, ›wan schir jder man hat sy, vil lewtt fressen sy gar hin weg, daz sy also sterben... Tatum Fenedig 1506 am 18. Awgustj Albertus Durer Norikorius Cibus‹ (= Noricus civis).

Papier; 29,7 : 22

Nürnberg, Stadtbibliothek (Pirckheimer-Papiere 394, 6)

Literatur: Reicke 1, Nr.118 - Rupprich 1, S.52-54; 3, S.435.

27 ALBRECHT DÜRER AN WILLIBALD PIRCKHEIMER

Eigenhändiger Brief, Venedig, 8. September 1506: Äußert sich belustigt über das ungewöhnliche Gedächtnis und die rednerische Begabung Pirckheimers. Er wolle sich weiterhin zusammen mit Anton Kolb um breite Teppiche bemühen; er habe bisher nur schmale aufftreiben können. Erwähnt Kriegsvorbereitungen gegen König Maximilian (Den unsers künix spott man ser). Läßt Stephan Paumgartner, der eben geheiratet hat, (Niklas) Porsch und Lorenz (Behaim) grüßen; verwahrt sich gegen unflätige Äußerungen aus dem Bekanntenkreis in Nürnberg. Über seine Tafel (Rosenkranzfest), die ihm zwar wenig Nutzen gebracht, doch großes Lob. Der Doge und der Patriarch von Venedig hätten sie gesehen. Er habe damit die hiesigen Maler überzeugt, ›dy do sagten, jm stechen wer jch gut, aber jm molen west jch nit mit farben vm zw gen. Jtz spricht jder man, sy haben schoner farben nie gesehen‹. Zieht Pirckheimer wegen dessen Buhlschaften auf, wobei dieser sich als junger Mann von 25 Jahren ausgebe: ›Ocha, multiplizirzt, so hab ich glawben tran... Geben zw Fenedig ann Vnser Frawen dag jm September. Item jr dürft meinem weib vnd müter nix leihen, sy haben jtz geltz genug. Albrecht Dürer‹.

Papier; 29,8 : 22,2. Verschlußsiegel grünes Wachs unter Papier; Dm.1,5

Nürnberg, Stadtbibliothek (Pirckheimer-Papiere 394,7)

Literatur: Reicke 1, Nr.122 - Rupprich 1, S.54-56.

28 ALBRECHT DÜRER AN WILLIBALD PIRCKHEIMER

Eigenhändiger Brief, Venedig, um den 13. Oktober 1506: Äußert sich in scherzhafter Weise über die Weisheit und die Beredsamkeit Pirckheimers sowie die eigene Kunstfertigkeit. Verspottet den Freund wegen seiner vielen Liebschaften im Hinblick auf sein fortgeschrittenes Alter. Berichtet über ein Schadenfeuer bei Peter Pender (Besitzer eines Gasthauses, in dem die Deutschen gerne verkehrten); dabei sei ihm ein Tuch verbrannt. Hat Teppiche für Pirckheimer gekauft. Derbe Reden bezüglich der Frau Dürers. Er lerne tanzen. Hat für Pirckheimer Gläser (vitrum ustum), Papier und Federn besorgt. Neue griechische Veröffentlichungen seien nicht erschienen. Kauft für Stephan Paumgartner fünfzig Karneol-Perlen für einen Rosenkranz. Will in zehn Tagen in Venedig fertig sein, danach nach Bologna reiten ›vnder (um der) kunst willen jn heimlicher perspectiua‹, sodann wieder nach Venedig zurückkehren und sofort heimkommen. ›O wy wirt mich noch der sunen friren. Hy pin jch ein her, doheim ein schmarotzer etc... Geben zw Fenedich, jch weis nit an was dag des monetz, aber vngefer 14 dag noch Michahelis jm 1506 jor. Albrecht Dürer...‹

Papier; 32,5 : 21,6

Nürnberg, Stadtbibliothek (Pirckheimer-Papiere 394,8)

Literatur: Reicke 1, Nr.129 - Rupprich 1, S.58-60; 3, S.435.

29 ALBRECHT DÜRER AN JOHANNES AMERBACH IN BASEL

Eigenhändiger Brief, Nürnberg, 20. Oktober 1507: ›Dem erberdenn weisen meister Hannsen puchtrucker in der kleinen stadt zw Pasell...‹ Wünscht ihm und seiner ›Hawsfrawen‹ alles Gute. Bittet um Mitteilung, welche Bücher er derzeit drucke (was jr gutz jcz macht). ›Tatum Nörnberg 1507/20. Octobris. Albrecht Dürer.‹

Papier; 22 : 23

Basel, Öffentliche Bibliothek der Universität (Mscr. G II 29, Bl. 96)

Literatur: Die Amerbachkorrespondenz 1. Hrsg. v. A. Hartmann. Basel 1942, Nr.360 - Rupprich 1, S.61.

30 ALBRECHT DÜRER AN MICHAEL BEHAIM

Eigenhändiger Brief auf der Rückseite des Holzstockes mit der Zeichnung des Behaimschen Wappens, ohne Datum (Nürnberg 1518/20): ›Liber her Michell Beheim.‹ Schickt den Holzstock (die waben) wieder zurück und bittet, nichts mehr ändern zu lassen, ›dan ich habs mit fleis künstlich gemacht‹. Wenn man das Laubwerk (dy lewble = laubwerkförmige Helmdecken) auf dem Helm übereinander werfe, so werde ›die pinden‹ (die Zindelbinde, gewundene Binde als Bekrönung des Helms; vgl. Kat. Nr.3) verdeckt. ›E(wer) vndertan Albrecht Dürer‹.

Feder auf Birnbaumholz

New York, Pierpont Morgan Library

Literatur: Rupprich 1, S.84

31 TAGEBUCH DER REISE IN DIE NIEDERLANDE
Albrecht Dürer

Anno 1520 Am Pfingstag nach Kiliani (12. Juli) habe Ich Albrecht Dürer auff mein Vnkost vnnd außgebenn mich mit meim weib von Nürnberg hinweg Inn das Niederlanndt gemacht...

Papier, 44 Bll.; 32,7 : 20

Nürnberg, Staatsarchiv (S I L 79 Nr. 15 Prod. 18)

Die Originalhandschrift des Tagebuches ist verschollen. Eingehende Überprüfung ergab, daß die vorliegende Abschrift aus der Mitte des 17. Jahrhs. stammt.

Literatur: Rupprich 1, S. 146-202; 3, S. 441/42.

32 DER SCHULMEISTER
Albrecht Dürer

Oben die Jahreszahl 1510. Über der Darstellung zwei Textzeilen: Wer recht bescheyden wol werden / Der pit got trum hye auff erden. Darunter zwei achtzeilige Strophen: Welcher nit von meiner ler weicht... Vnd treybt von dir all Haß vnd neyd (es fehlen die anschließenden zwei vierundzwanzigzeiligen Kolumnen mit dem Dürer-Monogramm am Schluß)

Holzschnitt, der Text in Typendruck; Wz.: Ochsenkopf mit Kreuz und Blume (Piccard, Ochsenkopfwasserzeichen, XI, 353); 12,8 : 9,8 (Bl. 21,2 : 15,2)

Aus den Slgn. Hausmann und Blasius

Nürnberg, Germanisches Nationalmuseum (H 7580; Depositum Frau Irmgard Petersen geb. Blasius)

Flugblatt. Die von Dürer verfaßten Verse erteilen Verhaltensregeln für ein friedfertiges, bescheidenes und gerechtes Leben. Eine mit der Druckfassung nicht wörtlich übereinstimmende Abschrift des 17. Jahrhs. (Nürnberg, German. Nationalmus., in Hs. 81 634) nach Dürers verlorener Urschrift endet mit dem zusätzlichen Hinweis: Spricht Albrecht Dürer in gueten: Hüett euch all vor bösen wütten. - Der Typus des Lehrers erscheint noch einmal im Dresdner Skizzenbuch sowie in den Randzeichnungen zum Gebetbuch Maximilians I. (dort als Arzt).

Literatur: Dodgson, Dürer-Society 4, S. 16, Taf. 25 - Bruck, Taf. 141 - K. Giehlow: Kaiser Maximilians I. Gebetbuch mit Zeichnungen von Albrecht Dürer und anderen Künstlern. Wien 1907, Bl. 9v - Geisberg, Einblattholzschnitt, Nr. 750 (als Meister der Celtis-Illustrationen) - Rupprich 1, S. 128, 140/41.

33 EPIGRAMME DES CONRAD CELTIS AUF ALBRECHT DÜRER

In: Conrad Celtis:...libri qvinqve epigrammatvm.

Pergament, 76 Bll.; 28 : 18,5

Kassel, Murhardsche Bibliothek der Stadt und Landesbibliothek (2° Ms. poet. 7, fol. 69v/70r)

In einer Pergamenthandschrift aus der Zeit um 1500 fand D. Wuttke vier bisher unbekannte Epigramme auf Albrecht Dürer. Celtis stellt Dürer an die Seite von Phidias und Apelles. Kein Künstler in Italien, Frankreich und Spanien sei ihm gleich. Celtis fordert Dürer auf, ›unsere Philosophie‹ zu zeichnen, ein Kompendium aller Dinge auf Erden (Holzschnitt in seinen ›Quatuor libri amorum‹, 1502). Erwähnung der Anekdote mit dem Hund, der ein Selbstbildnis Dürers liebkoste. In einem weiteren Epigramm wird Dürer mit Albertus Magnus verglichen, der wegen seines großen Verstandes der Große genannt worden sei; für Dürer gelte dies bezüglich seiner Kunstfertigkeit.

Literatur: D. Wuttke: Unbekannte Celtis-Epigramme zum Lobe Dürers. In: Zs. f. Kunstgesch. 30, 1967, S. 321-25 - Rupprich 3, S. 460/61.

34 DIE PHILOSOPHIE
Albrecht Dürer

Fol. A 12v in: Conrad Celtis: Quatuor libri amorum. Nürnberg: Drucker d. Sodalitas Celtica, 5.4.1502. 4°

Unten Mitte über dem Medaillon das Monogramm des Künstlers

Holzschnitt; 21,7 : 14,7

Aus Slg. D. Carnerius, Ingolstadt

Augsburg, Staats- und Stadtbibliothek (4° NL Celtes 1502)

Conrad Celtis erwähnt in einem Epigramm auf Dürer (Kat. Nr. 33), daß dieser ihm ›seine Philosophie‹ zeichnen solle. Die Darstellung folgt dem klassischen Schema des thronenden Christus, umgeben von den Evangelistensymbolen, das auch die Grundlage der didaktischen Bilder der Spätscholastiker abgegeben hatte. In der Mitte sitzt die weibliche Personifikation der Weisheitsliebe, bekrönt und - in Übereinstimmung mit Boetius - versehen mit der gleichsam wie eine Krawatte herabhängenden ›scala artium‹, die in griechischen Buchstaben von (oben) Phi bis Theta geht, womit vielleicht der Weg von der Philosophie zur Theologie angedeutet werden soll. Umgeben ist das Sitzbild von einer Girlande aus vier verschiedenen Pflanzen, welche durch Medaillons zusammengehalten wird, in denen sich Philosophenbüsten finden, während in den Ecken die vier Winde erscheinen. Jeder Wind unterscheidet sich deutlich in Charakter und Alter vom anderen, und jeder verbildlicht zugleich auch eines der Elemente, der Jahreszeiten und der Temperamente (wie Beischriften lehren). So verkörpert Boreas (unten links) sowohl die Erde als auch den Winter und die Melancholie. In der Unterschrift des Blattes wird alles Wissbare als Gegenstand der Philosophie bezeichnet, entsprechend einer Definition des Albertus Magnus. Sein Bild erscheint im linken Philosophenmedaillon; nach einer Vermutung D. Wuttkes handelt es sich dabei um ein durch einen Vergleich von Celtis angeregtes Selbstbildnis Dürers.

Literatur: vgl. Kat. Nr. 33 u. 289.

35 JAKOB WIMPFELING ÜBER ALBRECHT DÜRER

Jakob Wimpfeling: Epithoma rerum Germanicarum vsque ad nostra tempora. In: Cornelius Nepos: Vita M. Catonis... Straßburg: Matthias Schürer, 11.3.1505. 4°

Martin Schongauers Schüler Albrecht Dürer (vgl. Kat. Nr. 41) gelte derzeit als hervorragendster Künstler. Er fertige Bilder von höchster Vollendung. Sie würden von Kaufleuten nach Italien geführt und dort von den erfahrensten Künstlern nicht weniger geschätzt als die Gemälde des Parasius und Apelles.

Nürnberg, Germanisches Nationalmuseum (Postinc. 8° G. 2766p, fol. 40)

Literatur: Panzer VI, S. 32 Nr. 51 - Rupprich, Literarisches Bild, S. 220/21 - Rupprich 1, S. 290.

36 LORENZ BEHAIM ÜBER DÜRERS BART

Eigenhändiger Brief an Willibald Pirckheimer, Bamberg, 19. März 1507: Wünscht von Dürer eine Zeichnung antiken Inhalts. Dieser werde durch seinen Bart am Arbeiten verhindert, zumal er ihn ohne Zweifel täglich drehe und kräusele (Sed sua barba becchina impeditur, quam sine dubio torquendo crispat quottidie...).

Papier; 32 : 22

Nürnberg, Stadtbibliothek (Pirckheimer-Papiere 375, 18)

Literatur: Reicke 1, Nr. 161 - Rupprich 1, S. 254.

37 DAS HOROSKOP ALBRECHT DÜRERS

Eigenhändiger Brief des Lorenz Behaim an Willibald Pirckheimer (Bamberg), 23. Mai 1507: Er habe die Nativität (Horoskop) Dürers berechnet und diesem zugeleitet. Erklärt aus diesem Horoskop Dürers menschliche Wesenszüge, den äußeren Habitus, seinen Charakter, seine künstlerischen Fähigkeiten, seine Lebensumstände. Dürer sei mager (macer), gewinne Geld (lucratur), habe außerordentliches Talent zur Malerei (ex ingenio picturae), sei ein eleganter Maler (delicatus pictor) und talentvoller Liebhaber (ingeniosus amator), begehre viele Frauen (multas appetit). Er sei offen und ehrlich (facta eius et opera sunt manifesta), freue sich besonders an Waffen (armis plurimum delectatur) und gehe gern auf Reisen (libenter vagatur peregrinando). Er werde niemals verarmen, jedoch auch keine großen Reichtümer ansammeln (nunquam erit pauper; tamen nil supererit). Er werde nur eine Frau haben (habebit nisi unam uxorem). Auf Grund der besonderen Konstellation werde er Pirckheimer beherrschen.

Papier, 1 Bl.; 32,8 : 21,5. Verschlußsiegel grünes Wachs unter Papier

Nürnberg, Stadtbibliothek (Pirckheimer-Papiere ad 375,8)

Literatur: Rupprich, Literarisches Bild, S. 221 - Rupprich 1, S. 254; 3, S. 455.

38 CHRISTOPH SCHEURL ÜBER ALBRECHT DÜRER

Christoph Scheurl: Libellus de laudibus Germanie et ducum Saxonie. Leipzig: Martin Landsberg, Juni 1508. 4°

Ceterum quid dicam de Alberto Durero Nurimbergensi? Cui consensu omnium et in pictura et in fictura aetate nostra principatus defertur. Qui quum nuper in Italiam rediisset, tum a Venetis, tum a Bononiensibus artificibus, me saepe interprete, consalutatus est alter Apelles. (Was soll ich über Albrecht Dürer aus Nürnberg sagen? Nach Meinung der ganzen Welt ist er sowohl in der Malerei wie in der Bildnerei in unserer Zeit der hervorragendste Künstler. Als er kürzlich wiederum nach Italien reiste, wurde er von den Künstlern Venedigs und Bolognas als zweiter Apelles begrüßt, was ich mit eigenen Ohren hörte.) Scheurl dokumentiert in der Folge die überragende Malkunst Dürers mit den beiden bekannten Anekdoten: vom Haushund, der Dürers Selbstbildnis liebkoste, und den Mägden, die Dürer durch gemalte Spinnweben täuschte. Von den bereits damals bekannten Werken rühmt Scheurl das Rosenkranzfest für die deutsche Kolonie in Venedig und die Altarbilder in Wittenberg. Wegen seiner hervorragenden Wesensart (humanus, officiosus et totus probus = menschlich, zuvorkommend, durchaus ehrenwert) werde er von vielen geliebt, allen voran von dem großen Gelehrten Willibald Pirckheimer. In Nürnberg sei mit Dürer die viele Jahrhunderte darniederliegende Malerei zu neuem Leben erweckt worden.

Augsburg, Staats- und Stadtbibliothek (4° NL Christoph Scheurl 1508, fol. 43)

Literatur: Panzer VIII, S. 161 Nr. 229; IX, S. 487 Nr. 229 - Rupprich, Literarisches Bild, S. 223/24 - Rupprich 1, S. 290-92.

39 CHRISTOPH SCHEURL ÜBER ALBRECHT DÜRER

Christoph Scheurl: Oratio attingens litterarum prestantiam necnon laudem Ecclesie Collegiate Vittenburgensis. Leipzig: Martin Landsberg, Dezember 1509. 4°

Im Widmungsbrief an Lucas Cranach, vor der Druckausgabe der Rede, die Scheurl am 16. November 1508 in der Allerheiligenkirche zu Wittenberg in Anwesenheit des Kurfürsten Friedrich d. Weisen gehalten hat, wird Albrecht Dürer als der hervorragendste Künstler der Zeit, als deutscher Apelles gerühmt. Pirckheimer und Scheurl hätten Dürer aufgefordert, seine Werke in gleicher Form wie Apelles zu signieren (Apelles faciebat). Dürer hat das Imperfekt zum erstenmal beim Münchner Selbstbildnis (Kat. Nr. 70) angewendet. In der Rede selbst rühmt Scheurl die Schönheit der Altäre. Einer rage besonders hervor, der Dürers Gemälde mit der ›Marter der 10000 Christen‹ trage. Hier habe Dürer sich selbst übertroffen (ut se ipse vicisse credatur). So hervorragende Malerei könne man weder in Venedig noch Rom und Neapel sehen.

Fischbach bei Nürnberg, Freiherrlich von Scheurl'sche Familienstiftung (128, fol. 21)

Literatur: Panzer VII, S. 164 Nr. 263; IX, S. 483 Nr. 263 - Rupprich, Literarisches Bild, S. 224 - Rupprich 1, S. 292/93; 3, S. 461.

40 JOHANN COCHLÄUS ÜBER DIE HOLZSCHNITTE ALBRECHT DÜRERS

Johannes Cochläus: Breuis Germanie descriptio... In: Pomponius Mela: Cosmographia. [Nürnberg: Johann Weissenburger] 1512. 4°

Im Kapitel über Nürnberg, den Mittelpunkt Deutschlands (De Nornberga Germanie centro), bemängelt Cochläus, daß man den wahren künstlerischen Genius bisher keineswegs in Deutschland, vielmehr in Italien, Frankreich und Spanien gesucht habe. Doch die Werke belegen, was man bisher übersehen: Es gebe Bilder vom Leiden des Herrn, die kürzlich Albrecht Dürer entworfen, in Kupfer gestochen und gedruckt hat, von solcher Feinheit und vollkommener Perspektive, daß Kaufleute aus ganz Europa sie als Vorlagen für ihre Maler kaufen.

Nürnberg, Germanisches Nationalmuseum (Postinc. 8° H. 2050)

Literatur: Rupprich, Literarisches Bild, S. 226 - Rupprich 1, S. 293; 3, S. 462.

41 CHRISTOPH SCHEURL ÜBER ALBRECHT DÜRER

Christoph Scheurl: Vita Reuerendi patris Domini Anthonii Kressen... Nürnberg: Friedrich Peypus, 24.7.1515. 4°. Dazu zeitgenössische Übersetzung in einer Handschrift des 17. Jahrhs.

Anton Kreß habe Albrecht Dürer sehr verehrt. Scheurl hebt die Schrift Dürers ›von der kunst und ursach der malerei‹ (De ratione pingendi) hervor, preist seine ›angeborne frumigkait, liebliche redbarkait, holtselikait, glimpflikeit, geschicklikait‹, berichtigt die Äußerung Jakob Wimpfelings, wonach Dürer ein Schüler von Martin Schongauer gewesen sei (Kat. Nr. 35). Dürer selbst habe Scheurl gegenüber mehrfach geäußert, daß sein Vater Albrecht (der was aus einem dorff Cüla genannt, nit vern von Wardein inn Vngern geborn) zwar die Absicht hatte, ihn mit dreizehn Jahren zu Martin Schongauer in die Lehre zu geben, doch sei dieser plötzlich gestorben. Deshalb habe er drei Jahre bei Michael Wolgemut gelernt. 1492 sei er nach Kolmar bzw. Basel gekommen, dort habe er die Brüder Martin Schongauers kennengelernt. Diesen selbst habe er nie gesehen, ›jedoch zu sehen hochlich begert‹.

Nürnberg, Germanisches Nationalmuseum (Frhr. v. Kress'sche Vorschickungadministration, Archiv XXVII D Nr. 29, fol. 4 bzw. 10/11).

Literatur: Panzer VII, S. 456 Nr. 116 - Rupprich, Literarisches Bild, S. 225/26 - Rupprich 1, S. 294/95.

42   ULRICH VON HUTTEN ÜBER ALBRECHT DÜRER

In seinem Brief ›Ad Bilibaldum Pirckheymer Patricium Norimbergensem... vitae suae rationem exponens‹ (Augsburg: Sigmund Grimm u. Marx Wirsung, 6.11.1518. 4°) vom 25. Okt.1518 schreibt Hutten, daß man in Italien die Ansicht habe, alle deutschen Städte seien blind, Nürnberg sehe wenigstens auf dem einen Auge; dort zeichneten sich die Bewohner durch Einfallsreichtum (ingeniorum acumine) und Fleiß in bewundernswerter Weise aus; dies zeige sich besonders bei den Erzeugnissen des Handwerks. Zu dieser Überzeugung habe in Italien vor allem Albrecht Dürer (Apelles Albertus) durch seine Malkunst beigetragen. Ihn würden die Italiener so sehr bewundern, daß einige eigene Werke, um sie leichter verkaufen zu können, unter Dürers Namen anbieten. Dabei falle es den Italienern nicht leicht, Deutsches zu loben, sei es aus Neid, an dem jenes Volk besonders leide, oder aus der vorgefaßten Meinung, daß wir zu allem was Geist (ingenium) verlangt, zu schwerfällig und ungeschickt seien.

Nürnberg, Germanisches Nationalmuseum (Postinc. 8° Bg. 5009)

Literatur: Panzer VI, S. 151 Nr. 123 - Rupprich, Literarisches Bild, S. 226/27 - Rupprich 1, S. 262.

43   WILLIBALD PIRCKHEIMER ÜBER ALBRECHT DÜRER

Lucianus Samosatensis: Navis sev vota... Bilibaldo Pirckheymero Interprete. Nürnberg: Friedrich Peypus, 1522. 4°

Nürnberg, Germanisches Nationalmuseum (Postinc. 8° L. 2476)

In der Widmung an Ulrich Varnbüler vergleicht Pirckheimer die Vorstellungswelt Dürers, ihres gemeinsamen Freundes, mit der Einbildungskraft des Dichters Lukian.

Literatur: Panzer VII, S. 165 Nr. 463 - Rupprich, Literarisches Bild, S. 227/28.

44   ERASMUS VON ROTTERDAM ÜBER ALBRECHT DÜRER

Erasmus von Rotterdam: De recta latini graecique sermonis pronuntiatione... Dialogus. Basel: Johann Froben, März 1528. 8°

Im Laufe des Gesprächs zwischen dem Bären und dem Löwen über die richtige Aussprache des Griechischen und Lateinischen wird als Grundlage für das Zeichnen von Schriften ein Buch Albrecht Dürers empfohlen (Unterweisung der Messung), das auf größter Erfahrung beruhe. Dürer ahme antike Vorbilder nach, den Mathematiker Pamphilus vor allem und Apelles, der an seinen Schüler Perseus ausführlich über die Geheimnisse der graphischen Künste geschrieben und dabei auf die Mathematik als eine ihrer Grundlagen verwiesen habe. Der Löwe sagt dazu, er kenne Dürer, den Apelles unserer Zeit, der in der Malerei höchsten Ruhm genieße, seit langem. Die Behauptung, daß Apelles, falls er jetzt lebte, Dürer die Palme des Sieges zuerkennen würde, begründet der Bär damit, daß Apelles seine Werke mit Farben gemalt habe, Dürer hingegen könne

einfarbig und zwar mit schwarzen Linien alles ausdrücken: Schatten, Licht, Glanz, Erhöhung und Vertiefung und nicht nur das Äußere der Dinge, das dem Auge sichtbar ist. Dazu beobachte er auf das sorgfältigste Symmetrie und Harmonie. Selbst das, was man nicht malen kann, bringe Dürer zum Leben: Feuer, Strahlen, Donner und Blitz, Nebel, ja selbst die Seele und die Sprache. Die Bilder würden leiden, wenn man sie mit Farben überginge.

Nürnberg, Germanisches Nationalmuseum (N. 441, S. 68-70)

Im Gegensatz zu den Zeugnissen der übrigen Zeitgenossen, die zum Preise Dürers zumeist nur die bekannten antiken Anekdoten wiedergeben, ist in den Äußerungen des Erasmus eine wirkliche Einsicht in das Wesen der Kunst Dürers erkennbar.

Literatur: Panzer V, S. 263 Nr. 689 - Rupprich, Literarisches Bild, S. 229/30 - Rupprich 1, S. 296/97.

45   SEBASTIAN FRANCK ÜBER ALBRECHT DÜRER

Sebastian Franck: Chronica, Zeytbuoch vnd geschycht bibel von anbegyn biß inn diß gegenwertig M. D. xxxj. jar... Straßburg: Balthasar Beck, 5.9.1531. 2°

Sebastian Franck rühmt die umfassende Kunstfertigkeit Dürers. Er übersteigert sich in der Behauptung, die antiken Maler Zeuxis, Apelles und Parrhasios ›seyen ein schertz gegen jm gewesen‹. Die Kunstfertigkeit Dürers zeige sich auf jedwedem Gebiet. Dürer wisse alle Dinge ›für die augen...zuo stellen, als sehe mans lebendig‹. Er sei ein ›Meister des circkels‹ gewesen und habe ein ›wunderbarlichs buoch‹ (über die Proportionen des Menschen und aller Dinge), wenn auch unvollendet, hinterlassen. Mit Recht könne er selbst ein Meister der Geometrie und Arithmetik genannt werden.

Nürnberg, Germanisches Nationalmuseum (Postinc. 4° G. 556, fol. 243 r)

Literatur: Rupprich, Literarisches Bild, S. 233/34 - Rupprich 1, S. 305/06.

46   GEDICHT DES HANS SACHS MIT BILDNIS ALBRECHT DÜRERS

Erhard Schön

In der linken oberen Ecke das Wappen Dürers. Als Titel: Albrecht Dürer Conterfeyt in seinem alter / des LVI Jares. Unten Nachruf des Hans Sachs auf den verstorbenen Dürer in dreispaltigem Typendruck zu je vier Reimpaaren

Holzschnitt; 29,9 : 25,9

Nürnberg, Germanisches Nationalmuseum (St. Nbg. 13181; Leihgabe der Stadt Nürnberg)

Das Gedicht des Hans Sachs entstand aus Anlaß des Todes Albrecht Dürers 1528 (das Todesdatum vom 6. Mai ist in das des 6. April zu berichtigen) und wurde damals zusammen mit dem Bildnis bei Hans Wolff Glaser als Flugblatt veröffentlicht. Der vorliegende Druck um 1580 bei Wolf Drechsel in Nürnberg gibt dieses erste literarische Denkmal Dürers in deutscher Sprache ebenso wieder. Hans Sachs preist die Kunstfertigkeit Dürers. Seine Werke seien Vorbild und Vorlage für alle anderen Künstler. Er verweist auch auf Dürers erste kunsttheoretischen Bücher. Die noch 1527 ›ad vivum‹ gearbeitete Medaille des Matthes Gebel (Kat. Nr. 77) ist das Vorbild für Erhard Schön, der den Kopf bereits idealisierte. Damit konnte der Holzschnitt auf die über einhundert Jahre späteren Dürermedaillons Schweiggers (Kat. Nr. 79/80) einwirken.

Literatur: H. Röttinger: Erhard Schön und Niklas Stör, der Pseudo-Schön. Straßburg 1925, Nr. 280 - Ders.: Die Bilderbogen des Hans Sachs. Straßburg 1927, Nr. 243 - Geisberg, Einblattholzschnitt, Nr. 1295 - Rupprich, Literarisches Bild, S. 233 - Rupprich 1, S. 305 - Von der Freiheit eines Christenmenschen. Ausst. Berlin 1967, Nr. 48.

47   DER NÜRNBERGER RAT GEHT GEGEN FÄLSCHUNG DÜRERSCHER GRAPHIK VOR

Ratsverlaß vom 3. Januar 1512: Dem frembden, so vnder dem rathaws kunst brief (Graphik) fayl hat vnd vnnder denselben etlich, so Albrecht Durers hanndzaichen haben, so im betrieglich nachgemacht sind, soll man in pflicht nemen, dieselben zaichen alle abzethun vnd der kaine hie fail ze haben oder, wo er sich des widere, soll man im dieselben brief alle als ain falsch auffheben (beschlagnahmen) vnd zu ains rats hannden nemen.

Nürnberg, Staatsarchiv (Ratsverlässe 539, fol. 2 v)

Literatur: Hampe, Nr. 905 - Rupprich 1, S. 241.

48   DER NÜRNBERGER RAT AHNDET TÄTLICHE BEDROHUNG UND BELEIDIGUNG ALBRECHT DÜRERS

Eintrag in einem Strafbuch unterm 11. Mai 1515: Ein Jorg Vierlin von Kleinreuth hatte sich ›vnnterstannden, Albrechten Dürer zu hohmuten und zu schlahen‹. Er wurde daraufhin ins Loch gelegt, mit der Folter bedroht, doch auf Fürbitte Dürers und unter Bürgschaft anderer, ›das er mit worten und werckhen von disem Jorg Vierlin unbelaidigt und sicher bleiben soll‹, nach vier Wochen Haft wieder frei gelassen.

Nürnberg, Staatsarchiv (Differentialakten Nr. 33 c, fol. 202 r - Sammlung von Strafen, aus den Strafbüchern des 16. Jahrhs.)

Literatur: F. Ruf: Eine Straftat an Albrecht Dürer. In: Mitt. d. Ver. f. Gesch. d. Stadt Nürnberg 42, 1951, S. 358 - Rupprich 1, S. 241.

49   EIN GEVATTER ALBRECHT DÜRERS TRÄGT DAS BETTLERZEICHEN

Verlaß des Nürnberger Rats vom 27. Februar 1522: Dem armen burger, Albrecht Dürers geuatter, so durch die pettelrichter von hynnen geweist ist, die stat widerumb vergonnen, doch das er nicht mer on ain zeichen pettel.

Nürnberg, Staatsarchiv (Ratsverlässe 673, fol. 16 v / 17 r)

Der fragliche, offensichtlich verarmte Gevatter Dürers, der als Bettler ein Erkennungszeichen tragen mußte, gehört wohl zu der langen Reihe von Paten und Patinnen, welche die achtzehn Kinder Albrecht Dürers d. Ä. aus der Taufe gehoben haben. Eine Identifizierung mit den sechzehn uns namentlich bekannten ist jedoch nicht möglich.

Literatur: Hampe, Nr. 1338 - Rupprich 1, S. 242; vgl. S. 29-33 - Hirschmann, S. 42/43.

50   ALBRECHT DÜRER VEREHRT DEM NÜRNBERGER RAT DIE VIER APOSTEL

Eigenhändiges Schreiben an den Rat, vor dem 6. Oktober 1526:

Er habe seit längerem beabsichtigt, dem Rat eines seiner Werke ›zu einer gedechtnus zu fereren‹, doch habe er es bisher nicht gewagt in der Überzeugung, daß er damit ›for ewer weisheit‹ nicht hätte bestehen können. ›Nach dem jch aber diese vergangen zeit ein thafel gemalt vnd darauf mer fleis dan ander gemel gelegt hab, acht jch nyemant wirdiger, die zu einer gedechtnus zu behalten, dan ewer weisheit‹. Dürer bittet darum, ›diese mein kleine schenck‹ anzunehmen. ›Euer weisheit vndertheniger Albrecht Dürer.‹

Papier; 30 : 21,3

Nürnberg, Staatsarchiv (S I L 79 Nr. 15 Prod. 12)

Literatur: Rupprich 1, S. 117, 242/43.

51   EIN VERSTOSS ALBRECHT DÜRERS GEGEN DIE BAUORDNUNG

Verlaß des Nürnberger Rats vom 18. Juni 1527: Albrecht Durern sagen, man sey jme mit guetem willen geneigt, aber seyns heymlichen gemachs (Abort) halb konn man es nit anders gegen jme halten denn andern. Aber so pald er die straff entricht, sol man jme dj widergeben.

Nürnberg, Staatsarchiv (Ratsverlässe 744, fol 33 v)

Um die Form zu wahren, wird Albrecht Dürer zur Bezahlung einer Geldbuße verurteilt, doch wird sie ihm zurückerstattet.

Literatur: Hampe, Nr. 1572 - Rupprich 1, S. 243.

52   URHEBERRECHTSSCHUTZ FÜR DIE DÜRERSCHE PROPORTIONSLEHRE

Verlaß des Nürnberger Rats vom 22. Juli 1528: Jheronimus, formschneidern, vnd Sebald Behem, malern, soll man verpieten, nichts der proporcionen halben ausgeen zu laßen, pis das exemplar, vom Durer gemacht, ausganngen vnnd gefertigt ist, bey straff eins erbern rats, die man gegen iren leib vnd gutern furnemen wird.

Nürnberg, Staatsarchiv (Ratsverlässe 759, fol. 14 v / 15 r)

Hieronymus Andreae und Sebald Beham hatten unmittelbar nach Dürers Tod sich mit der Absicht getragen, ein eigenes Werk über die Proportion des menschlichen Körpers herauszugeben: ›das ... Büchlein von der Proportion, das aus Dürers Kunst vnd Büchern abhändig gemacht worden‹. Da griff der Rat zugunsten des Dürerschen Werkes ein, wobei der Vorwurf des Plagiats erhoben wurde (vgl. Kat. Nr. 504).

Literatur: Hampe, Nr. 1621 - Rupprich 1, S. 243, 311/12 Anm. 4-6.

53   DER NÜRNBERGER RAT SCHÜTZT DIE DÜRERSCHEN WERKE VOR DEM NACHDRUCK

Verlaß vom 1. Oktober 1532: Die puchfurer alhie zubeschicken vnd sie zu warrnen, Albrechten Thurers gemachte vnd nachgedruckte puocher nie fayl zu haben oder ain rate muß der Thurerin vergönnen, in krafft irer freihait gegen inen zu hanndeln.

Nürnberg, Staatsarchiv (Ratsverlässe 815, fol. 10 r)

Agnes Dürerin hatte von Kaiser Karl V. unterm 14. August 1528 ein Privileg erhalten, gemäß dem die Proportionslehre und offenbar auch andere Veröffentlichungen Albrecht Dürers innerhalb der nächsten zehn Jahre nicht nachgedruckt werden durften; denn auf Grund eines Schreibens des Nürnberger Rats an die Stadt Straßburg vom 2. Oktober 1532 war es verboten: das jme solliche sein selbs erfundene püecher vnd künsten jn zehen jaren nit nachgedruckt oder jm reich fayl gehabt werden sollen.

Literatur: Hampe, Nr. 1947 - Rupprich 1, S. 244; vgl. S. 236/37, 239.

54 DIE MALEREI IST EINE FREIE KUNST

Verlaß des Nürnberger Rates vom 25. Juni 1509: Den malern ablainen, so ainer hie arbaiten vnd nidersiczen woll, das er 10 f. in die losungstuben gebe. Auß vrsachen, das es ain freye kunst sey.

Nürnberg, Staatsarchiv (Ratsverlässe 505, fol. 15 r)

Die Malerei gehörte zu den freien Künsten und damit nicht zu den im Rahmen der Organisation der Handwerke gebundenen Tätigkeiten. Dies brachte Vor- und Nachteile. Der Freiheit von jedem zünftischen Zwang stand die Tatsache gegenüber, daß keine Organisation die Rechte des einzelnen Malers vertrat. Die Bezahlung von zehn Gulden in die Losungstube (Stadtkammer) hätte die Gewährung des Meisterrechts zur Folge gehabt. Offenbar hatten einzelne auf diesem Wege versucht, der Vorteile eines Handwerksmeisters teilhaft zu werden. Die zu Anfang des 16. Jahrhs. bereits erkennbaren Bestrebungen zu einem handwerklichen Zusammenschluß der Maler führt erst Ende des Jahrhs. zum Erfolg (Ordnung der Maler von 1596).

Literatur: E. Mummenhoff: Handwerk und freie Kunst in Nürnberg. In: Bayer. Gewerbezeitung 4, 1891, S. 553-56 - Hampe, Nr. 816; vgl. 815, 856.

55 VERTRAG ZWISCHEN ALBRECHT DÜRER UND CONTZ SWEYTZER WEGEN DES VERTRIEBS VON KUPFERSTICHEN UND HOLZSCHNITTEN

Eintrag im Verbriefungsbuch der Stadt Nürnberg vom 8. Juli 1497: Contz Sweytzer verpflichtet sich, dem Maler Albrecht Dürer das kommende Jahr zu dienen. ›Nemlich er woll jme die abtruck von kupffer vnd holtzwerck ye von einem lannd zu dem anndern vnd von einer stat zu der anndern tragen, veil haben vnd nach allem seinem vermügen, vnd yeden truck in dem werd vnd vmb das gelt, jn maß als in einer zettel verzeichent hat, verkauffen...‹ Dabei soll er einen möglichst hohen Preis zu erzielen versuchen, an Orten, an denen kein Geschäft zu machen ist, ›nit still liegen‹ und das erlöste Geld von Zeit zu Zeit an Dürer senden. Wochenlohn ein halber Gulden rheinisch und drei Pfund für Kost und Zehrung.

Nürnberg, Stadtarchiv (Lib. Cons. K, fol. 132 v)

Einen weiteren gleichartigen Vertrag schloß Dürer unterm 26. Juli 1497 mit Stephan Kober ab.

Literatur: Rupprich 3, S. 448 - K. Goldmann: Dürerfunde im Stadtarchiv Nürnberg. In: Amtsbl. d. Stadt Nürnberg 1962, Nr. 34, S. 4 - W. Schultheiß: Ein Vertrag Albrecht Dürers über den Vertrieb seiner graphischen Kunstwerke. In: Scripta Mercaturae 1/2, 1969, S. 77/80.

56 ALBRECHT DÜRER ERWIRBT DAS EIGENRECHT AM HAUS SEINES VATERS

Urkunde vom 8. Mai 1507. Sebald Pfinzing d. Ä. verkauft um 116 Gulden Landswährung an Albrecht Dürer die Eigenschaft mit vier Gulden Stadtwährung Eigenzins am Haus unter der Veste am Eck, gegenüber dem Haus des Sebald von Lochheim. Siegler: Sebald Pfinzing, Sebald von Lochheim, Sebald Tucher.

Pergament. Siegel grünes Wachs in naturfarbenen Wachsschüsseln

Nürnberg, Germanisches Nationalmuseum (Sammelbestand Pergamenturkunden)

Dürer erwirbt damit das volle Eigentum am väterlichen Haus. Bisher war er nur im Besitz des Erbrechts (vgl. Kat. Nr. 10).

Literatur: Rupprich 1, S. 226/27.

57 ALBRECHT DÜRER ERWIRBT DAS ERBRECHT DES HAUSES AM TIERGÄRTNER TOR

Urkunde vom 14. Juni 1509: Marcus Pfister und Jörg Kötzler verkaufen am 5. Juni als Testamentsexekutoren des verstorbenen Bernhard Walther um 275 Gulden rheinisch an Albrecht Dürer die Erbgerechtigkeit an der Eckbehausung beim Tiergärtner Tor, zwischen den Häusern des Eberhart Kadmer (Dr. Theol.) und Hans Kifhaber. Zustimmung des Eigenherrn Sebald Tucher, an den ein Eigenzins von acht Gulden Stadtwährung zu zahlen ist. Siegel des Stadtgerichts Nürnberg.

Original-Pergament. Siegel aus naturfarbenem Wachs

Nürnberg, Albrecht-Dürer-Haus-Stiftung

Auf dem Haus lasteten neben dem Eigenzins 22 Pfund Ewiggeld zu Gunsten des St. Erhards-Altars in St. Sebald, die Albrecht Dürer unterm 25. August 1509 bzw. 15. Januar 1510 mit 78 Gulden 1 Pfund neu und 4 Schillingen ablöst. Mit Urkunde vom 29. Mai 1526 erwirbt Dürer um 216 Gulden rheinisch das volle Eigentum an dem Haus.

Literatur: Rupprich 1, S. 227-31, 235/36.

58 ALBRECHT DÜRER LEGT IN DER NÜRNBERGER LOSUNGSSTUBE 1000 GULDEN EWIGGELD AN

Eigenhändiges Schreiben Dürers an den Nürnberger Rat (vor 17. Oktober 1524): Er bittet, eintausend Gulden als Ewiggeld anzunehmen und ihm hierfür einen Jahreszins von fünfzig Gulden zu gewähren, obwohl derzeit nur ein geringerer Zins bezahlt werde und ein gleiches Gesuch anderen abgeschlagen worden sei. ›Jch...hab awch, wy jch mit worheit schreiben mag, dy treissig jor, so jch zw haws gesessen bin, jn diser stat nit vmb funfhundert gulden arbait, das je ein gerings vnd schimpflichs... gemacht‹. Erwähnt, daß ihm der Rat von Venedig vor neunzehn Jahren 200 Dukaten Provision habe geben wollen, der Rat von Antwerpen jährlich 300 Philippsgulden Besoldung, Steuerfreiheit und ein wohlerbautes Haus, dazu reguläre Bezahlung von Aufträgen, wenn er geblieben wäre. Doch aus Liebe zur Stadt ›als meinem vatterlant‹ habe er diese Angebote abgelehnt.

Papier, 2 Bll.; 30 : 22

Nürnberg, Staatsarchiv (S I L 79 Nr. 15 Prod. 9)

Literatur: Rupprich 1, S. 109/10, 234/35 - L. Grote: Vom Handwerker zum Künstler. Das gesellschaftliche Ansehen Albrecht Dürers. In: Festschrift für Hans Liermann. Erlanger Forschungen A 16. Erlangen 1964, S. 40.

59 AGNES DÜRERIN VERKAUFT IHREN GARTEN VOR DEM TIERGÄRTNER TOR

Urkunde vom 9. März 1532. Agnes, Albrecht Dürers Witwe, verkauft um 160 Gulden rheinisch an Peter Paur und dessen Hausfrau Dorothea die Erbschaft ›an dem garttenn sampt dem haus‹ vor dem Tiergärtner Tor bei den Sieben Kreuzen. Das Eigenrecht ist in den Händen der Söhne des verstorbenen Sebald Paumgartner zu Augsburg; Eigenzins drei Pfund Geld (je Pfund 32 Pfennig), zwei Fastnachtshennen. Siegler: Linhart Bemer, Hans Belck.

Pergament; Siegel grünes Wachs in naturfarbenen Wachsschüsseln

Nürnberg, Germanisches Nationalmuseum (Sammelbestand Pergamenturkunden)

Der Garten war 1512 durch Albrecht Dürer erworben worden. Bei den ›Sieben Kreuzen‹ ist ein Flurname, der auf ein sog. Steinkreuznest zurückgeht, eine Ansammlung von Sühnekreuzen, die vor allem durch verurteilte Mörder und Totschläger zur Sühne an öffentlichen Straßen oder am Tatort gesetzt werden mußten.

Literatur: Rupprich 1, S. 231/32 (die Urkunde selbst fehlt).

60   TOTENGELÄUT FÜR ALBRECHT DÜRER

Eintrag im Nürnberger Großtotengeläutbuch 1517-1572; in der Totenliste 1528 ›von mitwoch nach invocavit bis vff mitwoch nach Pfingsten‹ (4. März-4. Juni): ›Albrecht Dürer maler an der Zystlgassen‹. Nachtrag von anderer aber gleichzeitiger Hand: ›der treflich künstler‹

Nürnberg, Germanisches Nationalmuseum (Hs. 6277, fol. 28)

Im Schrifttum wird als Todesdatum Dürers der 6. April 1528 überliefert (Neue Deutsche Biographie 4. Berlin 1959, S. 164). Seine Sterbemedaille von dem Nürnberger Medailleur Matthes Gebel (Kat. Nr. 62) und andere Quellen nennen jedoch den 8. April. Hierbei handelt es sich wohl um das Datum des Begräbnisses. Dürer wurde im Familiengrab seiner Schwiegereltern, in ›Der Freien Begrebtnus‹ bestattet. Das noch vorhandene Bronzeepitaph auf dem Grabstein trägt das Allianzwappen Frey - Rummel. Das gleiche Totengeläutbuch enthält auch den Eintrag über das Totengeläut für Hans Frey.

Literatur: G. Hirschmann: Die Nürnberger Totengeläutbücher und Ratstotenbücher. In: Bll. f. Fränk. Familienkunde 7, 1957-60, S. 98-109.

61   ELEGIE WILLIBALD PIRKHEIMERS AUF DEN TOD ALBRECHT DÜRERS

Willibald Pirckheimer: Elegia... in obitum Alberti Düreri. In: Albrecht Dürer: Vier bücher von menschlicher Proportion. Nürnberg: Hieronymus Andreae, 31. 10. 1528. 2°

Klage über den plötzlichen Tod des Freundes, ›des größeren Teils meiner Seele‹ (meae maxima pars animae). Alles habe der Tod dahingerafft, nicht aber den Ruhm, der dauern werde, so lange die Erde besteht. Im himmlischen Reich, zu dem Christus ihn führen möge, werde er ewige Ehren und den verdienten Lohn genießen. ›Du aber ruhe nun glücklich in seligem Schlafe geborgen, denn in Christo schläft, aber es stirbt nicht, wer gut.‹

Nürnberg, Germanisches Nationalmuseum (Dürer 4° Ct 153/4, fol. Z 5 r)

Literatur: Rupprich, Literarisches Bild, S. 223 - Rupprich 1,

S. 303/04; 3, S. 463 - H. C. Schnur: Lateinische Gedichte deutscher Humanisten. Stuttgart 1966, S. 323-25.

62   MEDAILLE AUF DEN TOD ALBRECHT DÜRERS
Matthes Gebel

Inschrift auf der Rückseite: .BE(atis) . MA(nibus) / .OBDORMIVIT . / .IN . XP (ist) 0 / . VI (sexto die ante) IDVS . / .APRILIS . M (illesimo) . D (quingentesimo) / .XXVIII (vicesimo octavo) / .VI (r tute) . C (andida) . VI (ixit) . (Er entschlief zu den seligen Ahnen in Christo am 8. April 1528. Sein Leben erstrahlte in hellem Glanz)

Silber, gegossen; Dm. 4,1

Nürnberg, Germanisches Nationalmuseum (K 665; Leihgabe der Stadt Nürnberg)

Die Vorderseite zeigt das Porträt Dürers in der Form der Porträtmedaille von 1527 (Kat. Nr. 77). Bezüglich des Sterbetages vgl. Kat. Nr. 60.

Literatur: Habich, Nr. 968.

63   DIE TOTENMASKE ALBRECHT DÜRERS

In der ›Beschreibung des Erbern geschlechts der Zingel, Irer geburt, heuraten, sterbens vnnd Begrebnussen‹ von 1542 erwähnt Christoph Scheurl in einem seinem Neffen Albrecht Scheurl, dessen Mutter eine geborene Zingel war und den Dürer aus der Taufe gehoben hatte, gewidmeten Abschnitt den Tod Dürers am 6. April 1528 und fährt fort: ›auff sant Johans gotzacker ehrlich zur erden bestattet vnnd von kunstnern widerumb ausgraben, sein angesicht abtzugiessen.‹ Als Todestag der Agnes Dürerin wird der 28. Dezember 1539 genannt.

Nürnberg, Germanisches Nationalmuseum (Hs 6976a, fol. 31)

Literatur: Rupprich 1, S. 297/98.

64   TRAUERGEDICHTE ZU ALBRECHT DÜRERS TOD

Helius Eobanus Hessus-Thomas Venatorius: Epicedion in fvnere Alberti Dvreri Nurenbergensis... De eodem monodia... et Epithaphia duo. [Nürnberg: Friedrich Peypus, nach 6. 4. 1528] 8°

Nürnberg, Germanisches Nationalmuseum (N. 429)

Die Trauer um den Verstorbenen ist gekleidet in die Formen humanistischer Dichtung. Albrecht Dürer, größer als Apelles, der Ruhm des Jahrhunderts, den niemand mehr erreichen wird, ist tot. Ausführlich wird die alles überragende Kunstfertigkeit Dürers charakterisiert, die Sicherheit der Linienführung und die volles Leben suggerierende Malweise. Hervorgehoben wird die Fähigkeit, das Weltall, Wind, Meer, Nebel und Flammen und selbst die Regungen der menschlichen Seele zeichnerisch wiederzugeben. Dürer wird gepriesen als Mathematiker und Erbauer von Befestigungswerken. Seinen Tod beweinen und betrauern die Kunstgenossen der Zeit und der folgenden Jahrhunderte, das Vaterland, der Herzynische Wald und die Städte Noricums, Jünglinge und Greise, die ganze Stadt, die durch sein Werk geadelt wurde, die Wogen der Pegnitz.

Literatur: Rupprich, Literarisches Bild, S. 231-33 - Rupprich 1, S. 298-303.

ALBRECHT DÜRER UND SEINE FAMILIE: BILDNISSE

Die stärkste Aussage über die Persönlichkeit Dürers ergeht von seinen Selbstbildnissen. In den Jahren der Entwicklung und Reife gibt Dürer vor dem Spiegel über sich selbst Rechenschaft, wobei in der Zeichnung die intime, nur für den Künstler selbst bestimmte Bildaussage über die eigene geistige Situation entsteht. Die erhaltene Folge von gezeichneten Selbstbildnissen, die bereits vor der Heimkehr von der Wanderschaft und der Hochzeit abschließt, ist in der abendländischen Kunst - so weit der erhaltene Bestand ein Urteil erlaubt - ohne Vorbild. Schon der Dreizehnjährige hat den Wunsch, sich selbst zu betrachten und das Geschaute zu fixieren. Dies geschieht in der in Wien aufbewahrten Zeichnung zunächst noch in einer spielerischen Freude am eigenen guten Aussehen und am eigenen Können. Die äußere Anlage dieses frühesten der Selbstbildnisse zeigt eine so enge Verwandtschaft mit Werkstattgewohnheiten, wie sie auch einige der von Michael Wolgemut geschaffenen Bildnisse verbindet, daß angenommen werden muß, Dürer habe bereits als Goldschmiedelehrling seines Vaters, vor seinem Eintritt in Wolgemuts Werkstatt am 30. November 1486, genauere Kenntnis von dessen Arbeitsweise gehabt. Zweifelhaft ist dagegen, ob Dürer die Anregung zum Selbstbildnis an sich der gleichen Quelle verdankt. Begnügt man sich nicht mit der Annahme, Dürer habe hier aus eigenem Bedürfnis einen Anfang gesetzt, so kann die Wiener Zeichnung des Vaters (Kat. Nr. 81) einen Hinweis geben, wenn man in ihr nicht eine Zeichnung des Sohnes, sondern ein Selbstbildnis des Goldschmiedes sieht. Daß Dürer selbst in seiner Zeichnung etwas Besonderes sah, beweist die Sorgsamkeit, mit der er sie aufgehoben und in späteren Jahren als ein Dokument beschriftet hat. Als Dürer das nächste uns erhaltene Selbstbildnis zeichnet, ist er mit 21 Jahren in einem Alter, in dem kritisches Bewußtsein der eigenen Person gegenüber für den Erfolg des Lebens von höchster Bedeutung sein kann. In den Jahren 1492 (Kat. Nr. 65) und 1493 (W. 27; New York) entstanden die beiden aus dieser Zeit überlieferten Zeichnungen. Die ältere zeigt Dürer in einer vielleicht durch physischen Schmerz mitbedingten kritischen Situation, die aber 1493 bereits überwunden scheint.

Die gemalten Selbstbildnisse, die ersten selbständigen der abendländischen Kunst, drücken zunächst Dürers Wunschvorstellungen über seine Erscheinung in der Umwelt des Gegenübers aus. Hinter dieser vordergründigen Bestimmung, die auch aus einer gewissen Eitelkeit Dürers resultiert, steht aber die Wandlung des Porträts zu ganz neuen Bedeutungsgehalten. Das 1493 datierte Selbstbildnis im Louvre zeigt durch die Aufschrift ›My sach die gat Als es oben schtat‹ die Unterwerfung unter Gottes Willen und in der Aufnahme dieses religiösen Motivs einen inneren Zusammenhang mit den beweglichen Doppeltafeln, auf denen das Porträt einer Darstellung Christi oder eines Heiligen gegenübergestellt ist. Im Selbstporträt von 1498 (Kat. Nr. 69) scheint die Freude am eigenen guten Aussehen wieder eindeutig zu dominieren, doch dürfte mit diesem Bild, das nach dem Tod des Meisters zu einer nicht bekannten Zeit einen Platz im Nürnberger Rathaus gefunden hatte, in der Hervorhebung des aufwendigen Gewandes auch eine ausdrückliche Manifestation des Standesbewußtseins verbunden sein. Dürer fühlt sich nicht erst 1506 der sozialen Bindung an das Handwerkertum entwachsen, als er schreibt: Hier bin ich ein Herr. Im Münchner Selbstbildnis im Pelzrock (Kat. Nr. 70), das die frontale Ansicht übernimmt, die bis dorthin als künstlerischer Ausdruck letzter Hoheit dem Christusbild vorbehalten war, vertritt Dürer in der eigenen Person seine Überzeugung von der Rangordnung und der göttlichen Herkunft der Kunst. Der Text der Inschrift, der auf die Unvergänglichkeit der Farben verweist, mit denen das Bild gemalt ist, läßt erkennen, daß Dürer mit diesem Bild an die Öffentlichkeit treten und sich selbst ein beständiges Denkmal setzen wollte. Mit diesem Bildnis hören die isolierten Selbstdarstellungen Dürers auf, noch ehe dieser das 30. Lebensjahr vollendet hatte: Von einer Gelegenheitsarbeit anläßlich der Darstellung eines Krankheitssymptoms in der Gegend der Milz (Kat. Nr. 72) kann in diesem Zusammenhang abgesehen werden.

Als Übergang zur Verwendung des eigenen Bildnisses in der Graphik ist eine Zeichnung der Wanderjahre anzusprechen, die einen jungen Mann mit den Zügen Dürers als Begleiter eines jungen Mädchens zeigt (Kat. Nr. 68). Eine überzeugendere Darstellung jungen Liebesglücks ist kaum denkbar. Bloßer Modellcharakter ist auch bei den Figuren auszuschließen, die innerhalb religiöser oder profaner erzählender Darstellungen mehr oder minder getreu Dürers Züge tragen. Es handelt sich stets um eine besondere Situation, in der sich Dürer mit einem der Teilnehmer einer Handlung identifiziert.

1519 läßt Dürer durch den in Augsburg tätigen Hans Schwarz eine Medaille von sich selbst anfertigen und schickt dem Meister über den Fuggerschen Faktor in Antwerpen dafür zwei Gulden. Eine weitere Medaille wurde im letzten Lebensjahre Dürers von Matthes Gebel in Nürnberg geschaffen, die nach dem Tode des Malers eine neue Rückseite erhielt. Auf sie beziehen sich wahrscheinlich die Verse, die Eobanus Hesse in seinem Nachruf auf Dürer schrieb: Bewahren will eine diensteifrige Hand deine Züge im Bilde, dankbar für deine Verdienste. Und wenn sie einst einer erblickt, wird er sagen: es lebt dein Ruhm und ewig wird er andauern.

Diese Bildnisse von fremder Hand und keine der Selbstdeutungen sind die Vorlagen für die posthumen Bildnisse von Erhard Schön (Kat. Nr. 36), Melchior Lorch und Georg Schweigger (Kat. Nr. 79/80).

Familienchronik und Gedenkbuch zeigen deutlich Dürers Interesse an der Tradierung der privaten Sphäre der eigenen Familie. Dem gleichen Zweck dient auch die wiederholte dokumentarische Festlegung der Familienmitglieder im Bildnis, wobei die Porträtaufnahmen häufig an besonderen Gedenktagen entstehen. Auch für eine solche Verbindung des künstlerischen Schaffens mit der Familientradition hatte Dürer keine Vorbilder und findet auch in den Künstlern seiner und der folgenden Generation keine Nachfolge. Hans Holbeins d. J. ergreifendes Familienbildnis (Basel) steht in einer anderen Tradition. Außer den gemalten Porträts des Vaters (Kat. Nr. 82 u. 83) und der Kohlezeichnung der Mutter in ihrem Todesjahr (W. 558; Berlin), sind durch entsprechende Aufschriften eindeutig identifiziert Zeichnungen von Dürers Frau Agnes (Kat. Nr. 84-86) und den Brüdern Andreas (Endres) (Kat. Nr. 89) und dem 1490 geborenen Hans (Kat. Nr. 88). Die traditionelle Bestimmung des männlichen Bildnisses in München (Kat. Nr. 87) als Porträt eines bereits 1478 geborenen Bruders Hans konnte nicht gesichert werden, wenn auch nachzuweisen ist, daß die Gleichnamigkeit gleichzeitig lebender Geschwister in Nürnberg nicht ganz ungewöhnlich war.

Gegenüber der Vielzahl von selbständigen Bildnissen der Familienangehörigen fällt auf, daß Dürer lediglich seine Frau Agnes einmal als Modell für ein Werk benützt hat, das dafür bestimmt war, den Familienkreis zu verlassen: er macht sie zur Mutter Anna auf der heute in New York befindlichen Anna selbdritt (vgl. Kat. Nr. 86). Während er sich selbst mehrmals mit den dargestellten Personen identifiziert, indem er ihnen seine Züge verleiht, ändert er den Kopf seines Bruders Endres vollständig, als er sein Bildnis in der Radierung des Verzweifelnden (Kat. Nr. 471) benützt.

Peter Strieder

Albrecht Dürer:
Selbstbildnis
mit Binde
(Kat. Nr. 65)

65 SELBSTBILDNIS MIT BINDE

Albrecht Dürer   *Abb.*

Unten mit Tinte: Martin Schön Conterfait, rechts davon mit schwarzer Kreide 1455; beides von späteren Händen

Federzeichnung; 20,4 : 20,8

Erlangen, Graphische Sammlung der Universitätsbibliothek Erlangen-Nürnberg (B 155v)

Weder das Selbstbildnis noch die Hl. Familie auf der Rückseite des Blattes (Kat. Nr. 141) ist datiert. Die Zeichnung entstand während der Zeit von Dürers Wanderschaft, vor den beiden Selbstbildnissen von 1493 (Kat. Nr. 66; W. 27, New York), und wird allgemein um 1492 datiert. Sie ist das erste Selbstbildnis Dürers, das auch eine Selbstprüfung bedeutet. Der Deutung auf einen erregten seelischen Ausnahmezustand, in dem sich der Künstler befunden hätte, wurde von F. Winkler die Beobachtung entgegengestellt, daß die Binde um die Stirn auf physischen, nicht auf Weltschmerz hinweise. Dies würde auch der Meinung von J. Pope-Hennessy entsprechen, der betonte, daß Dürer einen Konvexspiegel benützt habe und die Hand möglichst nahe an den Kopf bringen mußte, wenn er zu große Verzerrungen vermeiden wollte. Es ist trotzdem anzunehmen, und ein Vergleich mit den Selbstbildnissen von 1493 macht es ganz deutlich, daß Dürer in seinem seelischen Gleichgewicht gestört war, möglicherweise bedingt durch eine Krankheit.

Literatur: Flechsig 2, S. 351-53 - Bock, Erlangen, Nr. 155 - Kehrer, S. 30/31 - Panofsky 1, S. 24 - Musper, S. 14/15 - Winkler, Dürer 1957, S. 36/37 - Pope-Hennessy, S. 126.

66 SELBSTBILDNIS MIT ERYNGIUM

Albrecht Dürer   *F. nach S. 32*

Oben die Jahreszahl 1493, daneben die Inschrift: My sach die gat/Als es oben schtat

Gemälde, von Pergament auf Leinwand übertragen; 56,5 : 44,5

1840 im Besitz des Arztes Habel in Baden bei Wien. Später in den Slgn. Felix, Goldschmidt und de Villeroy

Paris, Musée National du Louvre

Das ursprüngliche Fehlen der linken, in Wahrheit der rechten, arbeitenden Hand beweist, daß Dürer das Bildnis vor dem Spiegel sitzend gemalt oder wenigstens entworfen hat. Die Verwendung und damit auch vorausgehende Entstehung des Selbstbildnisses in New York und der Zeichnung des Jungen Paares in Hamburg, die von E. Panofsky betont wurde, ist damit nicht zwingend gegeben. Das Bild war ursprünglich auf Pergament gemalt, ebenso wie die in der Sammlung Willibald Imhoffs erwähnten Bildnisse, die Dürer von seinem Straßburger Lehrer und dessen Frau gemalt hat. Die Verwendung des für Bilder solcher Größe durchaus ungebräuchlichen Materials läßt den Schluß zu, daß Dürer in einer Werkstatt tätig war, die auch zum Buchdruck Verbindung hatte. Das Ungewöhnliche dieses ersten autonomen Selbstbildnisses der abendländischen Kunst wurde damit erklärt, daß es sich um ein Brautwerbungsbild handle, das Dürer im Hinblick auf die Absprache seines Vaters mit Hans Frey, die nach Dürers Eintragung in die Familienchronik allerdings erst nach der Rückkehr stattfand, nach Nürnberg geschickt habe. Eine Bestätigung dieser Annahme wurde in dem Eryngium in der Hand des jungen Mannes gesehen, das bereits von Goethe, der eine Kopie des Bildes bei Hofrat Bareis in Helmstedt gesehen hatte, als Mannestreu bezeichnet wurde. Da das Eryngium vieldeutig ist - L. Grote sah in dem Distelgewächs zusammen mit der Inschrift ein Zeichen christlicher Demut -, das Material wahrscheinlich durch die Werkstatt nahegelegt wurde, erscheint die konstruierte Verbindung zu Agnes Frey als romantische Spekulation. Der Schritt vom gezeichneten zum gemalten Selbstbildnis bedurfte bei einem Mann, der sich zeit seines Lebens in erster Linie als Maler empfunden hat, eines äußeren Anlasses nicht. J. Pope-Hennessys Meinung, daß es sich um ein Verlobungsbild mit Agnes Frey als verschollenem Gegenstück handeln müsse, läßt sich kaum mit dem echten Datum und der Heimkehr Dürers nach Pfingsten 1494 in Einklang bringen.

Literatur: Flechsig 1, S. 337-39 - Kehrer, S. 33-35 - H. Möhle: Dürer-Bildnisse. Bremen-Berlin [1936] - Panofsky 1, S. 25 - Buchner, S. 147/48, 213 Nr. 168 (dort weit. Lit.) - Rupprich 1, S. 205, 211 Anm. 6 - Winkler, Dürer 1957, S. 39 - L. Behling: Die Pflanze in der mittelalterlichen Tafelmalerei. Weimar 1957, S. 118 - L. Grote: Dürer-Studien. In: Zs. d. dt. Ver. f. Kunstwiss. 19, 1965, S. 162 - Anzelewsky, Nr. 10.

67 THRONENDER GREIS UND JÜNGLING

Albrecht Dürer   *Abb.*

Unten von fremder Hand das Monogramm des Künstlers in einer frühen Form. Rechts daneben der Besitzervermerk: Robt Sutton 1754

Federzeichnung; 25,2 : 18,9

Aus den Slgn. Sutton, Craddock; erworben 1934

Oxford, The Visitors of the Ashmolean Museum (P. I. 283.)

Diese Zeichnung gehört zu den erstaunlichsten Leistungen des jungen Dürer auf der Wanderschaft und ist um 1492 zu datieren. Der Zusammenhang mit den Basler Holzschnitten (Kat. Nr. 151-54) und der Coburger Zeichnung der Geburt Christi (Kat. Nr. 135) ist evident. Das allgemeine Raumschema mit dem Ausblick durch das Fenster und den interessierten Zuschauern dürfte direkt oder indirekt einem niederländischen Vorbild entnommen sein. Es ist bisher noch nicht gelungen, das Thema der Zeichnung und ihre Bestimmung überzeugend zu klären, da auch die von C. Dodgson übermittelte Deutung W. Weisbachs als Rückkehr des Verlorenen Sohns dem Sinn des Gleichnisses widerspricht. Auch G. F. Hartlaub, der in dem Blatt den Entwurf für einen Holzschnitt zu einem Wahrsagebuch sah, konnte seinen Vorschlag nicht genügend belegen. Der kniende Jüngling wird durch Tasche und Messer am Gürtel als Hirt ausgewiesen und trägt nach der Meinung der Mehrzahl der Forscher, die sich mit dem Blatt oder dem in Berlin aufbewahrten und bereits vor dem Original bekannten Abklatsch beschäftigt haben, die Züge Dürers, ohne daß hier im gleichen Sinn von einer Selbstdarstellung gesprochen werden könnte wie bei den isolierten Bildnissen. Eine Identifizierung des jungen Künstlers mit der Figur des Knienden, deren Grund ohne Deutung der Szene nicht erkannt werden kann, dürfte in der physiognomischen Angleichung ausgedrückt sein.

Literatur: Flechsig 2, S. 400/01 - C. Dodgson: A newly discovered Dürer. In: Old master drawings 9, 1934/35, S. 37-39 - K. T. Parker: Catalogue of the collection of drawings in the Ashmolean Museum. Oxford 1938, Nr. 283 - C. Dodgson nach W. Weisbach: Two versions of the prodigal son by Dürer. In: Burlington Magazine 74, 1939, S. 228-33 - G. F. Hartlaub: Albrecht Dürers Aberglaube. In: Zs. d. dt. Ver. f. Kunstwiss. 7, 1940, S. 186-89 - Winkler, Dürer 1957, S. 34.

68   EIN JUNGES PAAR

Albrecht Dürer   *Abb.*

Federzeichnung, auf alten, ergänzenden Unterlagebogen geklebt; 25,7 : 19,1 (unterer Rand)

Hamburg, Hamburger Kunsthalle (23918)

Der junge Realismus Dürers macht in der Lebendigkeit und Prägnanz der Wiedergabe der Situation die Zeichnung zu einem Meisterwerk ersten Ranges. Mit vollem Recht spricht F. Winkler von einer ›der allerschönsten Zeichnungen des Malers‹. Bei dem Jüngling kann, wie auch bei dem Knienden des Blattes in Oxford, nicht im gleichen Sinn von einem Selbstbildnis gesprochen werden, wie bei den isolierten, direkt vor dem Spiegel gezeichneten Selbstporträts. Es ist aber doch ersichtlich, daß Dürer in der Figur des jungen Liebhabers sich selbst darstellen wollte. Auch das Mädchen trägt so individuelle Züge, daß Dürer es entweder für dieses Blatt nach dem Leben gezeichnet oder wenigstens eine bereits vorhandene Bildnisstudie benützt haben muß. Für die Datierung in die Wanderjahre sind Anklänge an die Tracht auf den Basler Holzschnitten Dürers und die enge Verwandtschaft zu einer Frauenfigur in dem 1493 erschienenen Ritter vom Turn (Kat. Nr. 153) ein Hinweis.

Literatur: Flechsig 2, S. 401 - Kehrer, S. 62 - Panofsky 1, S. 24; A. Neumeyer: Rez. d. 1. Aufl. in: College Art Journal 3, 1944, S. 117 - Musper, S. 20 - Winkler, Dürer 1957, S. 34, 39 - G. Fiensch: Bemerkungen zu den Zwei-Figuren-Blättern d. Hausbuchmeisters. In: Kunst in Hessen u. am Mittelrhein 9, 1969, S. 47-53.

69   SELBSTBILDNIS MIT LANDSCHAFT

Albrecht Dürer   *F. gegenüber*

Rechts unter dem Fenster die Jahreszahl 1498, darunter das Monogramm des Künstlers und die Inschrift: Das malt ich nach meiner gestalt/Ich war sex und zwenzig Jor alt/Albrecht Dürer

Gemälde auf Holz; 52 : 41

1636 aus dem Rathaus als Geschenk der Stadt Nürnberg über Thomas Howard Earl of Arundel in den Besitz Karls I. von England. Nach der Versteigerung von dessen Kunstbesitz 1650 vom spanischen Gesandten für Philipp IV. erworben

Madrid, Museo Nacional del Prado (2179)

Das Schema des Porträts in der Verbindung des Dargestellten mit der Landschaft ist in den Niederlanden durch D. Bouts und H. Memling ausgebildet worden, war aber, wie das Jugendbildnis Friedrichs d. Weisen in Frankfurt zeigt (Buchner, Nr. 145), schon vor Dürers Selbstbildnis in Nürnberg bekannt geworden. Die Form der Landschaftswiedergabe schließt sich an die Aquarelle der ersten Reise nach Italien an. Die feste Struktur der Komposition ist das Ergebnis einer intensiven Beschäftigung mit den Prinzipien der italienischen Renaissancekunst. Noch ehe die erste der großen Holzschnittfolgen, die seinen Ruhm begründen sollten, erschienen war, zeigt das Selbstbildnis Dürer als einen Mann, der Erfolg hat. Die Form der Kleidung ist zu seiner Zeit bereits ein vom gesellschaftlichen Rang bestimmtes Standeszeichen, wie die zahlreich erlassenen Kleiderordnungen beweisen. Dürers noble und mit Stolz getragene Tracht muß als Zeichen eines neuartigen Standesbewußtseins als Künstler angesehen werden, das sich in dem zwei Jahre später entstandenen Selbstbildnis im Pelzrock als Sendungsbewußtsein manifestiert.

Literatur: Flechsig 1, S. 357/58 - Kehrer, S. 35-37 - Panofsky

1, S. 41 - Musper, S. 54, 58, 60 - Buchner, S. 152, 214 Nr. 17? (dort weitere Lit.) - Winkler, Dürer 1957, S. 79 - Pope-Hennessy, S. 128/29 - Anzelewsky, Nr. 49.

70   SELBSTBILDNIS IM PELZROCK

Albrecht Dürer   *F. nach S. 1?*

Links das Monogramm des Künstlers, darüber die Jahreszah? 1500; rechts die Inschrift: Albertus Durerus Noricus / ipsum m? propriis sic effin/gebam coloribus aetatis / anno XXVIII. (S? malte ich, Albrecht Dürer aus Nürnberg, mich selbst mit unvergänglichen Farben im Alter von 28 Jahren)

Gemälde auf Lindenholz; 67 : 49

1577 im Nürnberger Rathaus von C. van Mander gesehen; 1805 in Nürnberg gekauft

München, Bayerische Staatsgemäldesammlungen (537)

Dürers bekanntestes und am häufigsten diskutiertes Selbstbildnis. F. Winzinger hat bereits ausgeführt, daß entgegen älteren Urteilen der Zustand des Bildes vorzüglich ist und lediglich der Grund übergangen wurde. Dabei wurden Datum und Inschrift, deren Untermalung auch im Röntgenbild ohne jede Veränderung erscheint, ausgespart, wie das unterschiedliche Niveau beweist, und zeigen die ursprüngliche Form. Bei der Übermalung des Grundes bedeckte der Restaurator die Inschrift mit einer ausgeschnittenen Folie, die wegen des Ton- und Niveauunterschiedes zwischen dem an dieser Stelle noch sichtbaren alten und dem neuen Grund in ihrer Form erkennbar geblieben ist und bisher für eine von Dürer ursprünglich vorgesehene Inschriftkartusche gehalten wurde. Der Leiter der Restaurierungsabteilung des Dörnerinstituts, Bruno Heimberg, gab (mündlich) einen Hinweis auf diese Möglichkeit, das Zustandekommen des scheinbaren Pentiments zu erklären, das schon wegen der Ornamentform seines schmetterlingsartigen Umrisses nicht das Ergebnis einer Änderung Dürers sein kann. Die Datierung des Bildes und der Text der Inschrift sind damit als ursprünglich festgelegt. Die Erklärung des Inhalts der Beischrift machte bisher ebenfalls Schwierigkeiten, da nicht erkannt wurde, daß der Verfasser der Inschrift, wahrscheinlich W. Pirckheimer, ›proprius‹ nicht für ›eigen‹, sondern, in der weniger gebräuchlichen Bedeutung, für ›unvergänglich‹ benützte. Aus der Inschrift gewinnt jetzt auch das Bild eine neue Bedeutung. Dürer will sich hier ein Denkmal für die Ewigkeit setzen. Er benützt dafür die reine Frontalansicht und wahrscheinlich auch ein Proportionsschema (F. Winzinger), die beide als Zeichen letzter Hoheit bisher dem Christusbilde vorbehalten waren.

Literatur: F. Winzinger: Albrecht Dürers Münchner Selbstbildnis. In: Zs. f. Kunstwiss. 8, 1954, S. 43-64 - Katalog München, S. 67-69 (mit ausführlichen Literaturangaben) - J. Pope-Hennessy, S. 129-30 - Anzelewsky, Nr. 66.

71   PFEIFER UND TROMMLER

Albrecht Dürer   *F. nach S. 80*

Gemälde auf Lindenholz; 94 : 51,2

Aus der Schloßkirche Wittenberg (?), der Hauskapelle des Jabachschen Hofes, Köln, und Slg. Wallraf

Köln, Wallraf-Richartz-Museum (WRM 369)

Die Tafel bildete zusammen mit einer zweiten, die Job auf dem Misthaufen sitzend zeigt, während seine Frau ihn mit Wasser übergießt (Frankfurt, Städel), die Außenseite eines Flügelpaares

Albrecht Dürer:
Selbstbildnis
mit Landschaft
(Kat. Nr. 69)

mit den Hll. Joseph, Joachim und Simeon, Lazarus auf den Innenseiten. Der ursprüngliche Aufstellungsort und die Mitteltafel des ehemaligen Altares sind nicht gesichert. Die Darstellung der Musikanten in Zusammenhang mit Job ist mehrdeutig. So wurden, wahrscheinlich in Anlehnung an den biblischen Text, die Frevler ›spielen froh zu Pauken und zu Zithern und freuen sich beim Flötenschalle‹ (Job 21,12), die festfrohen Musikanten als Hohn auf den Dulder empfunden. Auch auf Dürers Zeichnung der ›Freuden dieser Welt‹ (W.163) stehen neben der Festtafel Flötist und Trommler. Luther schrieb in einem schriftlichen Eintrag in das Alte Testament: wie man denn malet, das die pfeifer sein (Job) spotten (Die Deutsche Bibel 4. Kritische Gesamtausgabe 3. Weimar 1923, S.90). Andererseits wurden die Spieler als Tröster des Job gedeutet, da die Musik als Heilmittel gegen die Melancholie angesehen wurde. Für diese Erklärung spricht wenigstens im Falle des Kölner Flügelbildes die Ähnlichkeit des Trommlers neben dem Pfeifer - genaugenommen dem Schalmeibläser - mit Dürer selbst. Auch hier wird man, ähnlich wie bei den Zeichnungen des thronenden Greises und des Spaziergangs (Kat. Nr. 67/68), von einem Selbstbildnis im vollen Sinn nicht sprechen können. Die allgemeine Verwandtschaft in Gesicht und Haartracht ist jedoch so groß, daß man annehmen muß, Dürer wollte in der Szene präsent sein, eine innere Beziehung zu dem leidenden Melancholiker andeuten.
Literatur: Kehrer, S.59-61 - H. Kauffmann: Albrecht Dürers Dreikönig-Altar. In: Wallraf-Richartz Jb.10, 1938, S.166-78 - Panofsky 1, S.92-94 - G. Bandmann: Melancholie und Musik. Köln-Opladen 1960, S.55-62 - Katalog München, S.75-78 - J. Hiller-H. Vey: Katalog der deutschen und niederländischen Gemälde bis 1550. Kataloge d. Wallraf-Richartz-Museums 5. Köln 1969, S. 47-53 (mit vollständiger Lit.) - Anzelewsky, Nr.73.

72   DER KRANKE DÜRER
Albrecht Dürer

Oben die Aufschrift: Do der gelb fleck ist vnd mit dem/finger drawff dewt do ist mir we

Federzeichnung, leicht mit Wasserfarben ausgetuscht; 11,8 : 10,8

Aus den Slgn. Roscoe, Esdaile, Klugkist

Bremen, Kunsthalle Bremen (29)

Die stilistisch kaum einzuordnende Zeichnung wird nach der Form der Handschrift und dem Alter Dürers um 1512/13 angesetzt. Wie weit die Vermutung, die Zeichnung sei zur Konsultation eines auswärtigen Arztes bestimmt gewesen, zutrifft, wird fraglich bleiben. Dürer deutet auf die Milz, den Sitz der Melancholie, worauf schon E. Panofsky hingewiesen hat. So mag sich das Schmerzgefühl an diesem Organ auch um die Umschreibung eines psychischen Zustandes handeln. Daß ähnliche Hinweise nicht ungebräuchlich waren, beweist eine Venusstatuette (Florenz, Museo Nazionale), die von H. R. Weihrauch (Europäische Bronzestatuetten. Braunschweig 1967, S.286) einem Nürnberger Meister um 1520/30 zugeschrieben wurde. Die kleine Brunnenfigur aus Bronze steht, nach dem Typus der Venus pudica, Brust und Schoß mit den Händen bedeckend, auf einer Kugel mit der Aufschrift: VBI MANVS IBI DOLOR (wo die Hand, da der Schmerz).
Literatur: Kehrer, S.58 - Flechsig 2, S.296-98 - Panofsky 1, S.171 - Rupprich 1, S.206 Nr.35 - R. Klibansky - E. Panofsky - F. Saxl: Saturn and Melancholy. Studies in the history of natural philosophy, religion and art. London 1964, S.363 Anm.271.

73   DER BÜSSENDE
Albrecht Dürer

Links oben das Monogramm des Künstlers, darüber die Jahreszahl 1510

Holzschnitt; 19,4 : 13,2

Nürnberg, Germanisches Nationalmuseum (St. Nbg. 16628; Leihgabe der Stadt Nürnberg)

Das Thema des Blattes ist noch nicht eindeutig geklärt. E. Panofsky bekräftigt J. Meders Deutung als ›Buße König Davids‹ und sieht in dem Raum, der teilweise durch einen Vorhang abgeschlossen ist, das Innere des Tempels in Jerusalem, in dem Schrein, der dem Nürnberger Heiltumsschrein (Kat. Nr. 248) nachgebildet ist, die Bundeslade. ›Der Büßende‹ wurde aber auch als den gleich großen, 1510 und 1511 datierten Holzschnitten mit der Enthauptung Johannes' d. T. und der Weisung des Hauptes vor Herodes zugehörig betrachtet und in dem Knienden Johannes d. T. erkannt. Es bleibt fraglich, ob in dem Büßer überhaupt eine bestimmte Persönlichkeit gesehen werden muß oder eher eine Personifizierung der von Johannes geforderten Buße und Umkehr, die in den Zügen Dürers selbst Beziehung gewinnt zur Bußaufforderung und Endzeiterwartung der Laienfrömmigkeit und Volksreligiosität in der Vorreformationszeit.
Literatur: Flechsig 1, S.317 - Panofsky 1, S.135 - Winkler, Dürer 1957, S.229.

74   DAS SCHWEISSTUCH DER HL. VERONIKA, GEHALTEN VON ZWEI ENGELN
Albrecht Dürer

Unten auf einem rechteckigen Schild das Monogramm des Künstlers, darüber die Jahreszahl 1513

Kupferstich; 10 : 13,7

Aus altem königlichen Besitz

Kopenhagen, Den kgl. Kobberstiksamling, Statens Museum for Kunst (VI.2)

Im Gegensatz zur Vorarbeit zu dem Kopf (Federzeichnung, Wien; W.608) sind bei dem ausgeführten Kupferstich in dem Antlitz Christi Dürers Züge zu erkennen. Hatte Dürer bei dem Selbstbildnis im Pelzrock (Kat. Nr.70) die aus dem Vera Ikon abgeleitete Frontalansicht benützt, der eigenen Persönlichkeit Würde zu verleihen, haben ihn jetzt wohl Gedanken der Nachfolge Christi zu dieser Gleichsetzung des Abdrucks des Gesichtes des leidenden Heilands auf dem Sudarium mit dem eigenen Bild geführt.
Literatur: Panofsky 1, S.150 - Winkler, Dürer 1957, S.237.

75   BILDNIS EINES JUNGEN MANNES (ALBRECHT DÜRER?)
Anton Neubauer?   *F. nach S. 96*

Auf der Rückseite in einer Schrift des 16. oder 17. Jahrhs.: Antho(n) Neypaurer Handt/Soll Albrecht Dürer Sein/Wie er Jung ist gewest. Auf einem aufgeklebten Zettel in einer Schrift des 17. Jahrhs.: die Handt vom Newpauer. Auf dem Siegelring Spuren eines Wappens, darüber nicht mehr deutlich erkennbare Buchstaben

Gemälde auf Fichtenholz; 46 : 33

Bis 1801 im Praun'schen Kabinett in Nürnberg; danach Prinz Wilhelm von Preußen, 1851 Großherzogin Elisabeth, 1885 Großherzog Ernst Ludwig von Hessen in Schloß Fischbach b. Hirschberg/Schlesien (Nr. 1709), Schloßmuseum Darmstadt (Inv. Nr. 24/18)

Ihre Königliche Hoheit Prinzessin Ludwig von Hessen und bei Rhein

Im Inventar des Praun'schen Kabinetts von 1616 ist das Bild wie folgt beschrieben: Albrecht Dürers Conterfect in seiner Jugendt von ölfarb in einem Rämblein anderthalb schuch lang vom Anthon(ius) Neubaurer. Ein Maler dieses Namens ist sonst weder in Werken noch aus Urkunden nachweisbar, die Identifizierung des Dargestellten mit Dürer kaum haltbar, ebensowenig die von A. Peltzer versuchte mit Pfalzgraf Friedrich II. Da auch bei dem Porträt des Hans Dürer (Kat. Nr. 87) vom Praun'schen Inventar Dargestellter und ausführender Künstler verwechselt wurden, konnte die Frage nach einer Autorschaft Albrecht Dürers zu Recht gestellt werden. Zuletzt hat E. Buchner die Möglichkeit vertreten, das Bildnis als ein Werk Dürers während seiner Wanderschaft anzusehen. F. Winkler (1957) hat diese Zuschreibung nicht abgelehnt. Die Einordnung des Bildes wird durch den Mangel äußerer Kennzeichen, die eine zeitliche Fixierung zuließen, erschwert. Die einheitlich gesehene Landschaft läßt sich schwer bereits um 1490/93 ansetzen, auch ist kein Bildnis von der Hand Dürers bekannt, das auf der ganzen Breite des Bildes eine Landschaft zeigt. In der gesamten deutschen Kunst des 15. Jahrhs. findet sich diese von Hans Memling und Dieric Bouts gern verwendete Form nur in dem Mailänder Porträt eines jungen Mannes von Hermen Rode. Dagegen stellt Lucas Cranach seine Wiener Porträts um 1503 unmittelbar vor eine Landschaft, die den gesamten Hintergrund einnimmt. Es wäre deshalb zu prüfen, ob das Bild nicht in dieser Zeit und in unmittelbarer Verbindung mit Cranach geschaffen zu denken ist, wobei die Formen der Landschaft, wie die Herkunft aus dem Praun'schen Kabinett eine Entstehung in Nürnberg, wo eine Familie Neubauer ansässig war, nahelegen.
Literatur: C. Th. de Murr: Description du Cabinet de Monsieur Paul de Praun à Nuremberg. Nürnberg 1797, S. 19 Nr. 135 - A. Peltzer: Albrecht Dürer und Friedrich II. von der Pfalz. Straßburg 1905 - F. Bock: Der sogenannte Dürer in Darmstadt. In: Hessen-Kunst, Kalender für alte und neue Kunst 3, 1908, S. 27-34 - Flechsig 1, S. 363-66 - A. Giesecke: Ein Bildnis Degenhart Pfeffingers von Albrecht Dürer. In: Fränk. Monatshefte 11, 1932, S. 247-51 - Buchner, S. 146, 213 Nr. 167 - Winkler, Dürer 1957, S. 39.

76 PORTRÄTMEDAILLE ALBRECHT DÜRERS
Hans Schwarz

Buchsbaum; Dm. 5,8

Braunschweig, Herzog Anton Ulrich-Museum (Slg. Modelle für Medaillen 1)

Die Datierung für das vorliegende Holzmodell ergibt sich aus dem Eintrag Dürers in seinem Tagebuch der Reise in die Niederlande im September 1520: Ich hab 2 gulden an gold dem Hans Schwarczen für mein angesicht... in einem brief geng Augspurg geschickt. Die nach diesem Modell gegossenen Medaillen tragen die Umschrift: ALBERTVS DVRER PICTOR GERMANICVS (mit Varianten) und links im Feld die Signatur: .H. S. - Dürer

befaßte sich 1519 mit dem Projekt eines Medaillenselbstbildnisses (Habich I, 1, Nr. 22). Sicher ist, daß die noch vorhandenen Vorzeichnungen (W. 720; London), die er möglicherweise selbst zu einem Modell umsetzen wollte, nicht bis zum Guß gediehen sind. Der Annahme, daß Dürer mit den Visierungen von 1519 lediglich die zeichnerischen Vorlagen für die Porträtmedaille des Hans Schwarz von 1520 liefern wollte, widerspricht die Formulierung der projektierten Schriftrückseite von 1519 (IMAGO ALBERTI DVRER ALEMANI QVAM SVIS METIPSE EFFINXIT MANIBVS...). Schwarz wohnte während seines Nürnberger Aufenthalts im Haus des Melchior Pfintzing, von wo aus er sicherlich die Beziehungen zu Dürer aufnahm. Es ist möglich, daß dieser ein Selbstbildnis als Vorlage für das Modell zur Verfügung gestellt hat, womit die Medaille als mittelbares Selbstzeugnis erhöhte Bedeutung bekäme. Sie zeigt als einziges Bildnis Dürers das physiognomisch hervortretende Merkmal einer ausgeprägten Adlernase, das uns von den Selbstbildnissen vorenthalten wird. Diese Form des Porträts hat schon bei den Zeitgenossen Anklang gefunden und ist in der Folge vielfach kopiert worden, noch zu Lebzeiten Dürers wohl von dem Nürnberger Goldschmied Ludwig Krug. Es erscheint auf dem Hans Daucher zugeschriebenen, doch eher aus der Zeit des Manierismus stammenden Zweikampf-Relief in Berlin. Anläßlich des 90. Geburtstags Dürers 1561 wurde die Schwarzsche Medaille mehrfach nachgeahmt, u. a. von dem Nürnberger Medailleur Valentin Maler.
Literatur: Winkler, Dürer 1928, S. 404 - Habich I, 1, Nr. 201/02; II, 1, S. XCV - M. Bernhart: Kunst und Künstler der Nürnberger Schaumünze des 16. Jahrhunderts. In: Mitt. d. Bayer. Numismat. Ges. 54, 1936, S. 11, Nr. 10/11.

77 PORTRÄTMEDAILLE ALBRECHT DÜRERS
Matthes Gebel

Umschrift: IMAGO ALBERTI DVRERI ETATIS SVAE LVI (Bildnis Albrecht Dürers in seinem 56. Lebensjahr). Die Rückseite bringt in der Umschrift neben der Devise INCLITA VIRTVS die Jahreszahl 1527

Bronze, gegossen; Dm. 3,9

Nürnberg, Germanisches Nationalmuseum (Med. 6827)

Es ist nicht ausgeschlossen, daß der Medaille eine Dürersche Vorzeichnung zugrunde liegt. Das gleiche Modell wurde 1528 für die Sterbemedaille Dürers verwendet, wobei Gebel das Wappen auf der Rückseite durch eine mehrzeilige Sterbeinschrift ersetzte (Kat. Nr. 62). Auch diese Porträtmedaille wurde vielfältig kopiert. Der große Holzschnitt von Erhard Schön (Kat. Nr. 46) greift das Medaillenbildnis als erster auf. Als Nachbildungen unmittelbar nach Dürers Tod entstanden 1529 ein Holzmedaillon von dem Ulmer Maler Martin Schaffner, 1537 eine Bronzemedaille des Hans Schenck. Auf dem Höhepunkt der Dürer-Renaissance in der ersten Hälfte des 17. Jahrhs. schuf Georg Schweigger in einer Serie von Medaillen mit Porträts berühmter Persönlichkeiten der Renaissance auch ein Dürer-Porträt, das wieder auf diese Gebel-Medaille zurückgeht (Kat. Nr. 79/80).
Literatur: Habich I, 1, Nr. 829; I, 2, Nr. 959, 968; II, 1, Nr. 2228; II, 2, S. 548 (zu Nr. 829) - M. Bernhart: Kunst und Künstler der Nürnberger Schaumünze des 16. Jahrhunderts. In: Mitt. d. Bayer. Numismat. Ges. 54, 1936, S. 11, Nr. 12-14.

Albrecht Dürer: Thronender Greis und Jüngling (Kat. Nr. 67)

Albrecht Dürer: Ein junges Paar (Kat. Nr. 68)

78 PORTRÄTMEDAILLE ZUM 100. TODESTAG ALBRECHT DÜRERS

Hans Petzolt nach Hans Schwarz

Die Vorderseite mit der Umschrift: ALBERTI DURERI PICTORIS GERMANI APELLIS EFFIGIES. Die Rückseite mit Preisgedicht auf Albrecht Dürer und Hans Petzolt von dem Nürnberger Christoph Höflich

Silber, gegossen, ziseliert, teilvergoldet, Rückseite dunkelbraun emailliert; Dm. 7,7

Nürnberg, Germanisches Nationalmuseum (Med. 7742)

Das auf einer vergoldeten, mit mehrfach profiliertem Rahmen versehenen Silberplatte befestigte, hohlgegossene Brustbild geht auf die von Hans Schwarz 1519/20 im Auftrag Dürers gefertigte Porträtmedaille (Kat. Nr. 76) zurück. Anlaß für die Entstehung der vorliegenden Medaille ist ohne Zweifel der 100. Todestag Dürers 1628: Die Rückseite nennt das genaue Todesdatum.

Literatur: Habich I, 1, Nr. 201; II, 1, S. XCV - E. Böhm: Hans Petzolt. Ein deutscher Goldschmied. München 1939, S. 57-61, Nr. 40.

79 MEDAILLON MIT DEM BILDNIS ALBRECHT DÜRERS

Georg Schweigger

Auf der profilierten Rahmung in eingeschnittener Antiqua: IMAGO ALBERTI DURERI AETATIS SUAE LVI. Auf der Rückseite abnehmbarer Deckel, außen mit Dürermonogramm, innen mit Signatur: GEORG SCHWEIGGER

Buchsbaumholz; Dm. 7,2

Nürnberg, Germanisches Nationalmuseum (Pl 2884)

In vielen motivisch an die Graphik Dürers angelehnten Kleinreliefs aus Stein hat sich Georg Schweigger um eine Reform des barocken Zeitstils bemüht: sein Resultat ist als Klassizismus zu kennzeichnen. Das Dürer-Medaillon gehört zu einer Serie berühmter Männer der Reformationszeit, die von 1636 an entstand und vornehmlich in Bronzeexemplaren erhalten ist. Direktes Vorbild für Schweigger ist die 1527 entstandene Dürermedaille von Matthes Gebel (Kat. Nr. 77). Zusätzlich ist der Holzschnitt des Erhard Schön mit dem idealisierten Kopf Dürers (Kat. Nr. 46) ausgewertet.

Literatur: Barock in Nürnberg. Ausst. Nürnberg 1962, Nr. C 37 - M. Schuster: Georg Schweigger, ein Nürnberger Bildhauer des 17. Jahrhunderts. Diss. Wien 1965 (Masch. Schr.), S. 44-47, Nr. 4.

80 MEDAILLON MIT DEM BILDNIS ALBRECHT DÜRERS

Georg Schweigger

Bronze, gegossen und ziseliert, dunkelbraune Lackpatina; Dm. 8,4

Aus Wiener Privatbesitz

Nürnberg, Germanisches Nationalmuseum (Pl 3042)

Sind die Bildnismedaillons aus Holz Unica, so können Güsse aus Bronze oder Blei in beliebiger Vielzahl nach demselben Modell hergestellt werden. Diese auch von Schweigger genutzte Möglichkeit kam der für das 17. Jahrhundert typischen Sammelleidenschaft entgegen, die sich mit historischem Interesse verband, hier mit der Verehrung für den größten Repräsentanten der künstlerischen Vergangenheit Nürnbergs.

Literatur: Neuerwerbungen des Germanischen Nationalmuseums 1969. In: Anz. d. Germ. Nationalmus. 1970, S. 150.

81 SELBSTBILDNIS DES VATERS

Albrecht Dürer d. Ä.

Silberstiftzeichnung; 28,4 : 21,2

Wien, Graphische Sammlung Albertina (4846)

Eine Kopie des Blattes auf Schloß Rheinstein zeigt neben dem späteren Monogramm Albrecht Dürers d. J. die Jahreszahl 1486 und die Aufschrift: Das ist Alb. Dürers Vater. Der Dargestellte hat sich durch die Statuette in seiner Hand als Goldschmied gekennzeichnet. Der lange, der Befestigung dienende Stiel des Figürchens zeigt die Zugehörigkeit zu einer größeren Arbeit. Die Haltung der Arme und die Stellung der Augen machen deutlich, daß hier ein Selbstbildnis des Vaters und nicht eine Zeichnung des Sohnes vorliegt. J. Pope-Hennessy hat darauf hingewiesen, daß die Betonung der freien Beweglichkeit der für den Beschauer rechten Hand durch Geste oder Gegenstand beim Selbstbildnis dazu beitragen soll, die Umkehr der Hände durch den Spiegel und die Notwendigkeit, die arbeitende Rechte zu verstecken, zu verschleiern. Wenn die auf der Kopie überlieferte Jahreszahl nicht verbindlich ist, könnte diese Zeichnung des Vaters den Sohn zu seinem eigenen Selbstbildnis in Silberstift von 1484 (Wien, Albertina; W. 1) angeregt haben. Obwohl die Zeichnung alle Merkmale eines Selbstbildnisses aufweist, hielt F. Winkler auch 1957 an der Zuschreibung an Albrecht Dürer d. J. fest.

Literatur: M. J. Friedländer: Dürers Bildnisse seines Vaters. In: Rep. f. Kunstwiss. 19, 1896, S. 15-19 - Die Sammlung auf Burg Rheinstein. Kiel 1903 - R. Wustmann: Albrecht Dürer. Leipzig 1906, S. 12 Anm. - Flechsig 2, S. 379/80 - K. Bauch: Dürers Lehrjahre. In: Städel-Jb. 7/8, 1932, S. 80-84 - Tietze, Albertina 4, Nr. 23 - Panofsky 1, S. 16 - Winkler, Dürer 1957, S. 10 - Pope-Hennessy, S. 127/28 - Kohlhaussen, S. 270-77.

82 BILDNIS ALBRECHT DÜRERS D. Ä.

Albrecht Dürer

Links von fremder Hand das Monogramm des Künstlers, darüber die Jahreszahl 1490

Rückseite: Allianzwappen Dürer-Holper, darunter die Jahreszahl 1490

Gemälde auf Holz; 47,5 : 39,5

Aus den Slgn. Endres Dürer (?), W. Imhoff, Kaiser Rudolf II. 1675 in der Hinterlassenschaft des Kardinals Leopold de' Medici

Florenz, Galleria degli Uffizi (1086)

Das Bild entstand, ehe Dürer, nach dem Ausscheiden aus der Werkstatt Wolgemuts, das Vaterhaus verließ, um die Gesellenwanderung anzutreten. Aus der halb seitlichen Stellung, der Verwendung des Rosenkranzes als Zeichen der Frömmigkeit wie auch dem aufschauenden Blick wird die Herkunft aus dem Stifterporträt deutlich erkennbar. In der äußeren Form als Brustbild im Dreiviertelprofil mit Angabe der Hände und der graphischen Umschreibung der Organe des Gesichts steht das Bild in der Nürnberger, im besonderen in der Wolgemut-Tradition. Mit der eindringlichen Versenkung in die Einmaligkeit der in steter, lebendiger Veränderung begriffenen Physiognomie bedeutet Dürers Werk etwas grundsätzlich Neues innerhalb der deutschen Porträtkunst. Das Allianzwappen auf der Rückseite hat auf ein verschollenes Porträt der Barbara Holper als Gegenflügel schließen lassen. Ein gemaltes Bildnis der Mutter Dürers wird 1573 in der Sammlung des Willibald Imhoff unter einer Nummer mit dem Bildnis des Vaters als von ›Endres Durerin geschafft‹ erwähnt. Kaiser Rudolf II., dem beide Tafeln 1588 angeboten wurden, erwarb nur das Männerporträt. Ebenso lehnte Kurfürst Maximilian I. von Bayern 1628 den Erwerb des weiblichen Bildnisses ab, das 1633 als Werk Dürers bezweifelt und nach Amsterdam abgegeben wurde. Es ist seitdem verschollen. Das Urteil der beiden sachverständigen fürstlichen Dürersammler erweckt Skepsis an der zuerst von E. Flechsig vorgenommenen Rekonstruktion eines Diptychons mit den Bildnissen von Albrecht Dürer d. Ä. und der Barbara Holper auf den Flügeln. Es erscheint als möglich und würde die geistige Situation des Vaterporträts verständlicher machen, daß der zweite Flügel nach niederländischem Vorbild, ähnlich wie bei dem Diptychon des Grafen Löwenstein (Kat. Nr. 91), ein religiöses Motiv gezeigt hat, wodurch auch die geistige Situation des Vaterporträts verständlicher würde.

Literatur: Flechsig 1, S. 336/37 - K. Bauch: Dürers Lehrjahre. In: Städel Jb. 7/8, 1932, S. 89 - Panofsky 1, S. 39 - Buchner, S. 144-46, 212 Nr. 166 - Winkler, Dürer 1957, S. 13/14 - Anzelewsky, Nr. 2.

83 BILDNIS ALBRECHT DÜRERS D. Ä.

Albrecht Dürer   *Abb.*

Oben die Inschrift: 1497. ALBRECHT. THVRER. DER. ELTER. VND. ALT. 70 IOR

Gemälde auf Lindenholz; 51 : 39,7

Wahrscheinlich 1636 aus dem Nürnberger Rathaus an Karl I. von England und mit der Slg. des Königs 1650 versteigert. Slg. Louisa Lady Ashburton (gest. 1903), Marquess of Northampton; von dort 1904 erworben

London, Trustees of the National Gallery (1938)

Mit größter Wahrscheinlichkeit ist dieses Bild, das sich gegen 1900 im Besitz von Louisa Lady Ashburton befand, mit dem Bildnis von Albrecht Dürers Vater, das die Stadt Nürnberg 1636 über den Earl of Arundel Karl I. von England zum Geschenk machte, identisch. Obwohl den bekannten Wiederholungen weit überlegen und in der Ausführung des Gesichtes von hoher Qualität, als Original meistens, zuletzt auch von M. Levey, abgelehnt. Nur F. Winkler hat sich 1957 und brieflich für die Ausführung durch Dürer ausgesprochen. Möglicherweise wurde nur das Gesicht von Dürer selbst ausgeführt, Körper und Hintergrund aber von fremder Hand in den jetzigen Zustand gebracht. Die damit gleichzeitige Inschrift verrät Kenntnis von der Schreibweise des Namens durch den Vater, der auch in den Akten stets als Thurer oder Thürer auftritt (s. Kat. Nr. 9, 12).

Literatur: Flechsig 1, S. 358-62 - H. Tietze: Dürerliteratur und Dürerprobleme im Jubiläumsjahr. In: Wiener Jb. f. Kunstgesch. 7, 1930, S. 241 - C. S. Zilva: Albrecht Dürers portrait of his father. In: Apollo 20, 1935, S. 238 - Wölfflin, S. 152-54 - Panofsky 1, S. 40/41, 211 - Buchner, S. 149/50, 213 Nr. 170 - Musper, S. 63 - Winkler, Dürer 1957, S. 78 - M. Levey: The German School. National Gallery Catalogues. London 1959, S. 26-32 (mit ausführlicher Lit. u. Darstellung d. Gesch. d. Bildes) - Anzelewsky, Nr. 48.

84 STUDIENKOPF EINER FRAU (AGNES DÜRER?)

Albrecht Dürer

Studie auf Leinwand; 25,6 : 21,7

Aus Slg. Abbé de Marolles

Paris, Bibliothèque nationale, Cabinet des estampes (B. 13 rés.)

Die Datierung der Studie scheint durch W. L. Strauß (mündl. Mitt.) geklärt worden zu sein, der im schwarzen Grund das Monogramm Dürers und die Jahreszahl 1503 oder 1505 erkennen konnte. Diese Entstehungszeit ermöglicht entgegen der von P. du Colombier und E. Panofsky angenommenen von 1520 die vorgeschlagene Identifizierung der Dargestellten mit Agnes Dürer. Ein Vergleich mit der Silberstiftzeichnung von 1504 (Kat. Nr. 85) wird durch deren Erhaltungszustand, der die Mundpartie unklar läßt, und den besonderen Modellcharakter der vielleicht für eine Maria bestimmten Studie erschwert.

Literatur: G. Pauli: Die Bildnisse von Dürers Gattin. In: Zs. f. bild. Kunst NF 26, 1915, S. 69-76 - P. du Colombier: Albert Dürer. Paris 1927, S. 132/33 - Ders.: Die ›Unbekannte‹ in der Pariser Nationalbibliothek. In: Albrecht Dürer. Festschrift der internationalen Dürerforschung. Hrsg. v. G. Biermann. Leipzig-Berlin 1928, S. 59 - Flechsig 1, S. 348/49 - Lugt, Bibl. Nationale, Nr. 5 - Anzelewsky, Nr. 77 - W. L. Strauss: Albrecht Dürer's Portrait of a Lady. In: Gaz. des Beaux-Arts VI 113, 1971.

85 BILDNIS DER AGNES DÜRER

Albrecht Dürer

Oben das Monogramm des Künstlers, darüber die Jahreszahl 1504, darunter die Inschrift: Albrecht Durerin

Silberstiftzeichnung mit Spuren von Weißhöhung; 30,4 : 19,9

1588 Kaiser Rudolf II. aus dem Nachlaß W. Imhoffs angeboten

Aus den Slgn. Lawrence, Hausmann, Blasius

Nürnberg, Germanisches Nationalmuseum (Hz 5134)

1504 waren Agnes Frey und Albrecht Dürer zehn Jahre verheiratet. Die große Zeichnung mit der betonten Beschriftung dürfte im Hinblick auf diesen Termin, vielleicht am Hochzeitstage selbst, dem 7. Juli, entstanden sein. Die dominierende Haube, das Zeichen der verheirateten Frau, bekommt damit Symbolwert. Durch den gerichteten, leicht nach oben geführten Blick ist eine enge Beziehung zwischen dem Zeichner und seinem Modell hergestellt. Der Zustand des Blattes ist besser als die meisten Urteile der Literatur befürchten lassen.

Literatur: Flechsig 2, S. 299 - Musper, S. 256 - Winkler, Dürer 1957, S. 256 - Zink, GNM, Nr. 49.

86 AGNES DÜRER ALS HL. ANNA

Albrecht Dürer   *Abb.*

Rechts oben auf einem ausgeschnittenen und neuerdings aufgeklebten Schild das Monogramm des Künstlers, darüber die Jahreszahl 1519

Pinselzeichnung in Grau auf steingrau grundiertem Papier, Hintergrund nachträglich (?) schwarz abgedeckt; 39,5 : 29,2

Wien, Graphische Sammlung Albertina (3160)

Vorzeichnung für das Gemälde der Hl. Anna Selbdritt (New York, Metropolitan Museum) und, wie die meisten Vorzeichnungen Dürers für Gemälde, sehr sorgfältig ausgeführt. Daß die

Albrecht Dürer: Bildnis Albrecht Dürers d. Ä. (Kat. Nr. 83)

Albrecht Dürer: Agnes Dürer als Hl. Anna (Kat. Nr. 86)

Albrecht Dürer: Bildnis eines jungen Mannes (Hans Dürer?) (Kat. Nr. 87)

kinderlose Frau Agnes hier als Modell für die Mutter Anna, die selbst erst im Alter ein Kind empfing, gedient hat, wird nur von Th. Musper bestritten. Mit einer neuen Technik, mit dem Pinsel grau in grau malend und weiß höhend, versucht der Künstler eine Steigerung des plastischen Eindruckes.

Literatur: G. Pauli: Die Bildnisse von Dürers Gattin. In: Zs. f. bild. Kunst NF 26, 1915, S. 69-76 - Flechsig 2, S. 376 - Panofsky 1, S. 204 - Musper, S. 337 Anm. 127 - L. Grote: Albrecht Dürers Anna Selbdritt ein Auftrag von Linhart Tucher. In: Anz. d. German. Nationalmuseums 1969, S. 83.

87   BILDNIS EINES JUNGEN MANNES (HANS DÜRER?)
Albrecht Dürer   *Abb.*

Oben links die Jahreszahl 1500

Gemälde auf Lindenholz; die Originaltafel 29,1 : 20,9 bestehend aus drei Brettern 2,1 cm, 7,3 cm, 11,5 cm breit; auf beiden Seiten, heute unter dem Rahmen verborgen, 2,3 cm angestückt

Aus dem Praun'schen Kabinett, Nürnberg; wohl 1809 durch Kronprinz Ludwig von Bayern von dem Kunsthändler Frauenholz in Nürnberg erworben

München, Bayerische Staatsgemäldesammlungen (694)

Die erste Anstückung auf der linken Seite gehört zweifellos zum alten Bestand. Die Abbildung bei E. Buchner, bei der auf diesen schmalen Streifen bewußt verzichtet wurde, verfälscht also die Absicht des Künstlers. Aus welchem Grund Dürer den zwei Brettern dieses dritte, sehr schmale zufügte, läßt sich nicht mehr erkennen. Vielleicht sollte eine bereits vorhandene Tafel auf ein bestimmtes Format gebracht werden. Eine eindeutige Identifizierung des jungen Mannes, dessen eckiges, energisches Kinn Dürer herausfordernd vor den dunklen Grund stellt, war bisher noch nicht möglich. Das Bild wird erstmals im Inventar der Sammlung des Paulus Praun aus dem Jahre 1616 mit folgender Eintragung erwähnt: Conterfect eines Manns Kopf von oelfarb ein schu hoch, von Albrecht Dürers Bruders Hanns Dürers Handt. Daraus macht C. Th. Murr in beiden Auflagen seiner ›Beschreibung der vornehmsten Merkwürdigkeiten‹ ein Werk Albrecht Dürers, darstellend seinen Bruder Johann, und gibt in der ›Description du Cabinet de Monsieur Paul de Praun‹ noch zusätzlich als Geburtsdatum des Dargestellten 1478 an. Von den drei Brüdern Dürers, die Hans hießen, ist nur vom jüngsten, 1490 geborenen bekannt, daß er Maler wurde. Er kann schon aus Gründen des Alters als Autor des Bildes nicht in Frage kommen, die Mitteilung des Inventariums ist also sicher falsch. Über diese Feststellungen hinaus können nur Mutmaßungen getroffen werden. Vielleicht ist der Verfasser des Inventars das Opfer einer Verwechslung des Dargestellten mit dem ausführenden Künstler geworden. Da es öfter vorkommt, daß lebende Brüder den gleichen Vornamen tragen, wie sich in J. G. Biedermanns Geschlechtsregister des Hochadlichen Patriciats zu Nürnberg unschwer feststellen läßt, könnte dann der 1478 geborene Hans dargestellt und mit dem 1507 in die Schneiderzunft aufgenommenen Hans Dürer identisch sein, auch wenn er aussieht, als könne er besser mit dem Degen als mit der Nadel umgehen.

Literatur: Chr. G. von Murr: Beschreibung der vornehmsten Merkwürdigkeiten in des H. R. Reiches freyen Stadt Nürnberg. 1. Aufl. Nürnberg 1778, S. 470 Nr. 89; 2. Aufl. 1801, S. 455 Nr. 89 - Ders.: Description du Cabinet de Monsieur Paul de Praun à Nuremberg. Nürnberg 1797, S. 11 Nr. 89 - Katalog München, S. 69/70 (mit ausführlichen Literaturangaben).

Albrecht Dürer: Bildnis des Hans Dürer (?) (Kat. Nr. 88)

88   BILDNIS DES HANS DÜRER (?)
Albrecht Dürer   *Abb.*

Silberstiftzeichnung auf dünner weißer Grundierung, weiß gehöht. Nach F. Winkler Mund und Nasenlöcher nachgezogen; 27,2 : 21,6

Aus Slg. Sloane

London, The Trustees of the British Museum (5218-41)

Nach einem überzeugenden mündlichen Hinweis von K. Oettinger ist der Dargestellte durch die von Dürer selbst ›Hanns Durer‹ beschriftete Zeichnung in Jenkintown, Pennsylvania, Alverthorpe Gallery (W. 280) identifizierbar, obwohl ein Vergleich wegen der Veränderungen dieser Zeichnung durch die nachträgliche Ergänzung mit Schnurr- und Backenbart erschwert wird. Da nur der 1490 geborene Hans, der spätere Maler, in Frage kommt, müßte die Londoner Aufnahme gegen 1500 entstanden sein. Die Zeichnung, die eine liebevolle Verbundenheit mit dem Modell erkennen läßt und an die besten Bleistiftzeichnungen deutscher Romantiker erinnert, ist schwer mit anderen Werken Dürers vergleichbar und wurde von E. Panofsky aus dem Werk gestrichen. H. Wölfflin sah sie bis zur 5. Auflage seines Buches als eine Vorzeichnung für den Engel unter Christus auf der Mitteltafel des Helleraltares an, war aber nicht ohne Zweifel an der Eigenhändigkeit.

Literatur: H. Wölfflin: Die Kunst Albrecht Dürers. 2. Aufl. München 1908, S. 187 - Dodgson, Guide 1928, Nr. 231 - Flechsig 2, S. 326 - Winkler, Dürer 1957, S. 180. Zum Dargestellten siehe auch: E. Panofsky: An unpublished portrait drawing by Albrecht Dürer. In: Master Drawings 1, 1963, S. 35-43.

89 BILDNIS DES ENDRES DÜRER

Albrecht Dürer   *Abb.*

Oben die Jahreszahl 1514, daneben von fremder Hand das Monogramm des Künstlers

Federzeichnung; 28,0 : 21,8

Wien, Graphische Sammlung Albertina (3138)

Das Bildnis wird durch eine beschriftete Porträtaufnahme, die ebenfalls das Datum 1514 trägt, als Dürers Bruder Endres (Andreas) identifiziert (W. 558). Der Dargestellte trägt beidemal das gleiche Gewand, hat bei der vorliegenden Zeichnung lediglich noch eine Mütze über die Haube gesetzt. Was Dürer dazu brachte, den Bruder in der ungewöhnlichen Stellung, mit verlorenem Profil hinter einem Tisch sitzend, zu zeichnen, läßt sich nicht erkennen. Jedenfalls hat er den Körper für seine Eisenradierung des sog. Verzweifelnden (Kat. Nr. 471) benützt. Endres Dürer wurde 1514 als Meister in die Nürnberger Goldschmiedezunft aufgenommen.

Literatur: Flechsig 2, S. 273 - Tietze, Albertina 4, Nr. 109 - Winkler, Dürer 1957, S. 267.

90 BILDNIS DES ENDRES DÜRER (?)

Hans Baldung Grien zugeschrieben

Gemälde auf Fichtenholz; 43 : 29 (bemalte Fläche 40,4 : 28,2)

Slg. Erzherzog Leopold Wilhelm in Brüssel. Aus den Wiener Hofsammlungen 1770 in das Schloß von Preßburg, von dort in das Hofkammerpräsidium nach Buda (Ofen), 1848 in das Ungarische Nationalmuseum

Budapest, Museum der Bildenden Künste (142)

Bis zum Erscheinen des Aufsatzes von E. Holzinger wurde das Porträt einhellig Albrecht Dürer zugeschrieben, wobei die mangelnde Präzision der Form mit der Behauptung erklärt wurde, das Gesicht sei stark verputzt. In jüngerer Zeit wurde dagegen mehrfach ein einwandfreier Erhaltungszustand festgestellt. Der Mangel an Anhaltspunkten für die Datierung erschwert auch die Einordnung in das Werk eines bestimmten Meisters. E. Holzinger hat eine allgemeine Stilverwandtschaft mit den Arbeiten Hans von Kulmbachs festgestellt, ohne im Zusammenhang seines der Kunst Dürers gewidmeten Aufsatzes spezielle Vergleiche mit den übrigen Bildnissen des Malers anzustellen oder einen genaueren Ansatz im Werk des Meisters zu versuchen. Obwohl E. Panofsky (1963) die Zuschreibung an Kulmbach übernommen hat, bleiben doch Zweifel, sobald der Versuch gemacht wird, das Bild in das Frühwerk des seit ca. 1500 bei Dürer tätigen Meisters einzuordnen. Eine von K. Oettinger zunächst mündlich vorgetragene Zuschreibung an Hans Baldung, der das Bildnis 1505 in Dürers Werkstatt geschaffen habe, ist einleuchtend. Eine genauere Beweisführung wäre abzuwarten. Gleichermaßen umstritten ist die Identifizierung mit Endres Dürer. Sie ist nur dann möglich, wenn die von E. Panofsky und E. Buchner vorgeschlagene Datierung vor der zweiten italienischen Reise zutrifft. Die Zuschreibungen an Kulmbach und Baldung würden die gleiche

Entstehungszeit voraussetzen. Auch eine von E. Panofsky 1963 als Bildnis des Endres veröffentlichte Kohlezeichnung Albrecht Dürers (Alexander P. Morgan) aus der Zeit um 1518 bringt keine endgültige Klärung. Es sind nicht in erster Linie phsyiognomische Unterschiede zu der durch die Aufschrift gesicherten Bildniszeichnung von 1514 (W. 558; Wien), die an der Identität der beiden Dargestellten zweifeln lassen, sondern die Verschiedenartigkeit der Persönlichkeiten, die man den Bildnissen entnehmen zu können glaubt.

Literatur: Ausst. GNM 1928, Nr. 67 - Winkler, Dürer 1928, S. 90, 420 - Ders., Dürer 1957, S. 267 - Panofsky 1, S. 91 - Ders.: An unpublished portrait drawing by Albrecht Dürer. In: Master Drawings 1, 1963, S. 35-41 - Musper, S. 260 - Buchner, S. 162, S. 216 Nr. 182 - E. Holzinger: Vom Körper und Raum bei Dürer und Grünewald. In: De artibus opuscula XL. Essays in honor of Erwin Panofsky. Hrsg. von Millard Meiss. New York 1961, S. 245-49 - A. Pigler: Museum der Bildenden Künste Budapest. Katalog der Galerie alter Meister. Tübingen 1968, S. 200/01 (mit vollständiger Lit.).

Albrecht Dürer: Bildnis des Endres Dürer (Kat. Nr. 89)

BEGEGNUNGEN: NÜRNBERG

So wie Albrecht Dürer d. Ä., der Vater, bei den ›großen Künstlern‹ in den Niederlanden gewesen ist, bevor er sich 1455 in Nürnberg niederließ, hat sich auch der Bamberger Maler Hans Pleydenwurff dort aufgehalten, ehe er zwei Jahre später, 1457, Nürnberger Bürger wurde. Der von ihm übermittelte niederländische Einfluß - von Werken des Rogier van der Weyden und des Dieric Bouts - brachte der einheimischen Nürnberger, konservativ befangenen, Malerei - war doch dort selbst der neue Realismus in den vierziger Jahren vom Meister des Tucheraltares in mittelalterlicher Gebundenheit vorgetragen worden - erst um 1460 in die Zukunft weisende Impulse. In gradweisen Varianten bestimmte dieser plötzliche und starke niederländische Einfluß darstellende Art und ausführenden Stil bei den verschiedenen Nürnberger Malern der sechziger Jahre. Nach dem Tode von Hans Pleydenwurff zu Beginn des Jahres 1472 übernahm seine Werkstatt und damit ihren Fundus an vorbildlichen Zeichnungen und sonstigem Modellgut durch die Heirat der Witwe der Maler Michael Wolgemut, der zuvor schon zeitweise, z. B. beim Hofer Altar, mit Pleydenwurff zusammengearbeitet hatte. Mit Wolgemut gewann wieder das Nürnberger Element die Oberhand. Er hat es verstanden, die Werkstatt zu einem für Nürnberg tonangebenden Unternehmen auszubauen, das nicht nur für benachbarte Orte wie Feuchtwangen oder Schwabach große Aufträge ausführte, sondern auch für weiterentfernte. In den achtziger Jahren gelang es Wolgemut, die neue realistische Raumdarstellung, die Wirklichkeitsbezogenheit ins Nürnbergische zu übersetzen; sein nüchtern schildernder Erzählstil eignete sich vorzüglich zur Erfüllung der neuen Bildbedürfnisse. Wolgemuts erstes bedeutendes Werk als Inhaber der Werkstatt ist der mächtige, 1479 datierte Hochaltar der Zwickauer Marienkirche mit großen Heiligenfiguren im Schrein und auf der Innenseite der gemalten doppelten Flügel. Dank der umfangreichen Fensterstiftungen für den neuen Chor der Lorenzkirche wurde die Werkstatt zur gleichen Zeit führend für die Nürnberger Glasmalerei. Mit den beiden Holzschnitten von 1484, der Reformation der Stadt Nürnberg (Kat. Nr. 231) und dem Kanonbild des Striegauer Missale (Kat. Nr. 106; dessen Einfluß lange im Nürnberger Buchholzschnitt wirksam blieb), für den Verlag von Anton Koberger begann die graphische Tätigkeit zur Illustration des gedruckten Buches. Um die Mitte der achtziger Jahre muß Wolgemuts Stiefsohn, Wilhelm Pleydenwurff, als möglicherweise gleichberechtigter Meister in die Werkstatt gekommen sein; vielleicht war er auf der Wanderschaft zuvor in den Niederlanden gewesen. Nach dem Auslaufen der Lorenzer und Fürther Fensteraufträge scheint nun von ihm vor allem der Buchholzschnitt bis zu seinem Tode 1494 gefördert worden zu sein.

In dieser Werkstatt mit ihren mannigfaltigen, entwerfenden und ausführenden Tätigkeiten der zahlreichen Mitarbeiter muß der junge Dürer als Nachbarssohn schon ein- und ausgegangen sein, als er noch Goldschmiedelehrling beim Vater war. Die 1485 datierte Berliner Zeichnung der zwischen zwei musizierenden Engeln thronenden Muttergottes (W. 4) nach einem niederländischen Exemplum bezeugt seinen mit weit geöffneten Augen der eigenen Wißbegier folgenden jugendlichen Eifer. Als Dürer dann endlich am 30. November 1486 als Lehrling in die Wolgemut-Werkstatt eintrat, wird er während der nachfolgenden drei Jahre an allen laufenden Arbeiten beteiligt worden sein, sei es anfangs auch nur als lernende, ausführende Kraft. Im Zusammenhang mit dem Buchholzschnitt muß auf das gewiß dabei besonders fördernde Interesse des Paten Anton Koberger, des bedeutenden Buchdruckers und Verlegers, hingewiesen werden. Bei der außerordentlichen Begabung des Lehrlings scheint es fast selbstverständlich, daß er an den Holzschnitten zu Kobergers am 5. Dezember 1488 erschienenem Heiligenleben (Kat. Nr. 108) mit einigen nun bereits höchst eindrucksvollen Rissen beteiligt wurde. Als Haupttreißer hatte sich Koberger für dieses Werk einen in Ulm geschulten Meister, der dort an den 1485 und 1486 erschienenen Illustrationen der Lirarchronik und des Terenz mitgearbeitet hatte, wenn er nicht sogar für sie verantwortlich gewesen war, verschrieben. Den noch im gleichen Jahr 1488 bei Marx Ayrer erschienenen Bruder Claus (Kat. Nr. 107) und die lateinische Ausgabe von 1489 des Horologium devotionis, des Zeitglöckleins von Bertholdus, bei Friedrich Creussner (Kat. Nr. 109), versah der junge Dürer offenbar fast allein mit durch jugendliche Frische und wohl beobachtete, plastisch körperhafte Gestaltung auffallende Holzschnitte. Der Vergleich von Dürers Zeichnung von 1489 der drei jugendlichen Kriegsleute (Kat. Nr. 105) mit Wolgemuts fünf Männern unter dem Kreuz (Kat. Nr. 104) vermag vor Augen zu führen, wie weit sich der achtzehnjährige Lehrling bereits vom Meister entfernt hat. Wo dieser ein kleinteiliges, in sich ausgewogenes flächenbezogenes Bild geschaffen hat, gibt der Jüngere eine Gruppe individuell aufgefaßter, körperhaft modellierter Figuren, die sich ihren Aktionsraum bildet und die in großen Zügen, doch fest und plastisch geformte Landschaft einbezieht. Auch an der seit 1487/88 in Arbeit befindlichen Illustrierung der Schedelschen Weltchronik, der am reichsten mit Bildern versehenen deutschen Inkunabel (Kat. Nr. 117), kann der junge Dürer noch mitgewirkt haben, bevor er die Werkstatt verließ und Wilhelm Pleydenwurff die Mehrzahl der Holzschnitte übernahm. Dürers Zeichnung der Kreuzigung im Louvre (W. 19), die in einen engen Zusammenhang mit Wolgemuts sog. Rayll'schen Kreuzigung (Kat. Nr. 118) gebracht wurde, zeigt das Vorbild des Lehrers, doch noch nachdrücklicher die darüber hinausweisende, eigene Wege gehende Gestaltungskraft des Schülers. Da das Rayll'sche Epitaph kaum vor 1495 entstanden sein kann, muß die Zeichnung, sich an früheren Holzschnitten Wolgemuts orientierend, vorangehen und die Tafel bereits die befruchtende Einwirkung des Schülers bezeugen. Auch Wolgemuts Bildnisse der achtziger Jahre verfehlten ihren Eindruck auf Dürer nicht, dessen frühes Bildnis des Vaters von 1490 (Kat. Nr. 82) und auch noch das Pariser Selbstbildnis von 1493 (Kat. Nr. 66) ihre Anordnung übernehmen: die Halbfigur im strengen Dreiviertelprofil, die vordere Brüstung als unterer Abschluß, auf die sich ein Arm waagerecht legt, zu dessen Hand die andere greift. Um so mehr ließe sich annehmen, daß Wolgemut das Porträt des Levinus Memminger (Kat. Nr. 101) ca. 1490 gemalt habe, nach Dürers Fortgang, denn dieser greift die weite Landschaftsöffnung erst viel später bei seinen Bildnissen auf.

Leonie von Wilckens

91 DIPTYCHON DES GRAFEN GEORG VON LÖWENSTEIN
Hans Pleydenwurff *Abb.*

1 Der Schmerzensmann

In den Ecken des originalen Rahmens die Wappenschilde der Familien Löwenstein, Wertheim, Werdenberg, Kirchberg; Rückseite: Wappen Löwenstein

Basel, Öffentliche Kunstsammlung (1651)

2 Bildnis des Grafen Georg von Löwenstein

Nürnberg, Germanisches Nationalmuseum (Gm 128)

Gemälde auf Lindenholz; je 34 : 25

Da der gelehrte und welterfahrene Bamberger Domherr 1456 im Alter von rund achtzig Jahren sein Testament machte und Pleydenwurff 1457 nach Nürnberg übersiedelte, wurde das Diptychon, dessen linker Flügel erst vor 35 Jahren in Privatbesitz auftauchte, meist um 1456 datiert. Als eines der frühesten erhaltenen deutschen verbindet das Bildnis mit der Vorbildlichkeit der niederländischen Porträts eine erst wieder von Dürer erreichte eindringliche Ausdruckskraft im physiognomischen Gestalten.

Literatur: H. Buchheit: Das Bildnis des sog. Kanonikus Schönborn im Germanischen Museum in Nürnberg. In: Jb. d. Ver. f. christl. Kunst in München 4, 1919, S. 26-29 - Buchner, S. 123-125, 207/08 Nr. 137 - Stange 9, S. 42/43.

92 BEFESTIGTE STADT AM MEER
Werkstatt des Hans Pleydenwurff

Federzeichnung in Braun, mit Wasser- und Deckfarben; Wz.: Dreiberg mit Stern (ähnlich Briquet 11759); 16,3 : 27,6

Erlangen, Graphische Sammlung der Universitätsbibliothek Erlangen-Nürnberg (B 139)

Die Stadtansicht findet sich seitenverkehrt im Landschaftshintergrund von der Kreuzigung des Hofer Altares (München, Bayer. Staatsgemäldeslgn.) von 1465, der unter der Oberleitung von Hans Pleydenwurff geschaffen wurde; um 1462-64 zeigt sie bereits mit leichten Varianten der Georgskampf vom Löffelholzaltar der Nürnberger Sebalduskirche, der einem nach ihm benannten Meister des Pleydenwurff-Kreises zugeschrieben wird. Architektonische Einzelheiten des Blattes kehren noch lange in der Pleydenwurff-Wolgemut-Werkstatt wieder, so daß es als vorbildliches Werkstattgut gedient haben muß. Wegen der teilweise typisch niederdeutschen bzw. niederländischen Architekturen entstand die Zeichnung entweder direkt in deren Bereich oder geht auf ein dortiges Vorbild zurück.

Literatur: Bock, Erlangen, Nr. 139 - P. Halm: Deutsche Zeichnungen 1400-1900. Ausst. München etc. 1956, Nr. 7.

93 DER HL. SEBASTIAN
Hans Traut d. Ä.

Unterschrift von der Hand Albrecht Dürers: Dz hatt Hans trawt zu normerchgk gemacht

Federzeichnung in Braun, aquarelliert und weiß gehöht; Wz.: Ochsenkopf mit Stange und Blume sowie drei Strahlen (Piccard, Ochsenkopfwasserzeichen, XIII 671); 55,7 : 30,4

Erlangen, Graphische Sammlung der Universitätsbibliothek Erlangen-Nürnberg (B 148)

Der Hl. Sebastian des Nürnberger Augustineraltares von 1487 stimmt bis auf die Haltung des linken Armes und die Schlingung des Tuches mit diesem überein, ist aber von einem etwas veränderten Blickpunkt aus gesehen. Deshalb wurde vermutet, daß beide auf die gleiche Skulptur (eine Reliquienstatuette?) zurückgingen. Dem Nürnberger Sebastian (und seinen Schützen) ist in der Haltung auch nah verwandt der dem Hausbuchmeister zugeschriebene eines Glasgemäldes im Württemb. Landesmuseum, Stuttgart (H. Wentzel: Meisterwerke der Glasmalerei. 3. Aufl. Berlin 1954, Abb. 116); außerdem sei eine Sebastiansstatue in Schweizer Privatbesitz genannt, die aus dem Oberelsaß stammen soll (Spätgotik am Oberrhein. Ausst. Karlsruhe 1970, Nr. 75). Für alle ließe sich auf ein mittel- oder oberrheinisches Urbild schließen. Auf Hans Traut d. Ä. dürfte auch das Wasserzeichen des 1480 in Nürnberg verwendeten oberitalienischen Papiers verweisen. Wahrscheinlich hat er am Augustineraltar zumindest mitgearbeitet. Kam Dürer schon damals während seiner Lehrzeit in den Besitz der Zeichnung, um sie erst um 1500-05 zu beschriften? War sie vielleicht der Karton für ein Glasfenster, worauf die Kolorierung schließen ließe, und hat Traut etwa auch die Risse für das Rieterfenster von 1479 in der Nürnberger Lorenzkirche geschaffen, das, zwar in der Wolgemut-Werkstatt ausgeführt, sich im Entwurf von Wolgemuts Fenstern entschieden trennt?

Literatur: H. Huth: Künstler und Werkstatt der Spätgotik. Augsburg 1923, S. 38 - Bock, Erlangen, Nr. 148 - Flechsig 2, S. 494/95 - F. Lahusen: Der Hochaltar der ehem. Augustinerkirche St. Veit in Nürnberg. Diss. Freiburg i. Br. 1957 (Masch. Schr.), S. 207-11 - Stange 9, S. 74/75.

94 MUSTERBLATT MIT NEUNZEHN FRAUENKÖPFEN
Michael Wolgemut

Feder in Braun auf rötlich getöntem Papier; 29,4 : 20,1

München, Staatliche Graphische Sammlung (10986)

In der sorglosen Anordnung und dem unterschiedlichen Maßstab der Köpfe mit den vielfältigsten Haubenformen präsentiert sich die Zeichnung als typisches spätgotisches Musterblatt für den Werkstattbetrieb. Bei einigen der Kopfbedeckungen stellte E. Baumeister modische Formen fest, die sich mit gewissen Abwandlungen verschiedentlich in Bildern von Pleydenwurff und seiner später von Wolgemut übernommenen Werkstatt finden. Nur die Haube der Frau oben rechts weist aus dem gesamten süddeutschen Bereich hinaus nach Westfalen (z. B. Darstellung im Tempel des Iserlohner Altars, jetzt in Münster, Landesmuseum) und müßte auf eine vorhandene, etwa auf der Wanderung als Geselle aufgenommene Skizze zurückgehen. Baumeisters Datierung in den Anfang der siebziger Jahre wird durch die modischen Details bestätigt.

Literatur: E. Baumeister: Das Blatt eines Musterbuches von Michael Wolgemut. In: Zs. f. Kunstwiss. 8, 1954, S. 169-76 - P. Halm-B. Degenhart-W. Wegner: Hundert Meisterzeichnungen aus der Staatlichen Graphischen Sammlung München. München 1958, Nr. 7.

95 LANDSCHAFT MIT BURGHÜGEL
Werkstatt des Michael Wolgemut

Federzeichnung in Schwarzbraun; 15,1 : 21,8

Erlangen, Graphische Sammlung der Universitätsbibliothek Erlangen-Nürnberg (B 142)

Der Schmerzensmann

Hans Pleydenwurff: Diptychon des Grafen Georg von Löwenstein (Kat. Nr. 91)   Bildnis des Grafen Georg von Löwenstein

Die Bäume der mit vielfältigen Schraffuren gearbeiteten Landschaft sind für die Wolgemut-Werkstatt typisch. Im Hintergrund von Dürers graphischen Arbeiten der neunziger Jahre finden sich mehrmals derartige Burganlagen; zu vergleichen wäre z. B. der Kupferstich mit der Bekehrung Pauli (Passavant 110).

Literatur: Bock, Erlangen, Nr. 142.

96 LANDSCHAFT MIT WANDERER, STADT UND BURG IM HINTERGRUND
Bamberger oder Nürnberger Meister

Federzeichnung in Schwarzbraun, rechts angestückt; 21,1 : 31,2

Erlangen, Graphische Sammlung der Universitätsbibliothek Erlangen-Nürnberg (B 140)

Die Landschaft steht in offenbarem Zusammenhang mit der des Apostelabschiedes in Bamberg (Staatsgalerie), die dem Meister des dortigen Klarenaltares zugeschrieben wird. K. Gerstenberg erkannte, daß der Abschied der Apostel, nicht zuletzt seine Landschaft, auf das verlorene Bild dieses Themas von Ouwater in der Haarlemer Groote Kerk zurückgeht. Diese Zeichnung dürfte als wenigstens in Details noch anderweitig vorbildliches Werkstattgut zu bezeichnen sein.

Literatur: Bock, Erlangen, Nr. 140 - K. Gerstenberg: Über ein verschollenes Gemälde von Ouwater. In: Zs. f. Kunstgesch. 5, 1936, S. 133-38 - Stange 9, S. 91.

97 BILDNIS DER URSULA TUCHER GEB. HARSDORFER
Michael Wolgemut

Am oberen Rand: VRSVLA.HANS.TVCHERIN; rechts unten die Jahreszahl 1478

Gemälde auf Lindenholz; 29,2 : 22,7

Vielleicht schon Anfang des 17. Jahrhs. im Besitz der Landgrafen von Hessen-Kassel; 1749 im Suppl. des Inventars von Landgraf Wilhelm VII.

Kassel, Staatliche Kunstsammlungen (4)

Die obere Aufschrift wurde 1481 nach der Vermählung mit Hans VI Tucher angebracht und zugleich, wie eine Röntgenaufnahme erwiesen hat, als Zeichen der verheirateten Frau die Form der Haube verändert. In diesem Jahr entstand auch als Gegenstück das Bildnis des Ehemannes (Kat. Nr. 98). Die bis dahin nur vermutete Zuschreibung der strengen Halbfigurenbildnisse an Wolgemut bestätigte E. Buchner.

Literatur: W. Wenke: Das Bildnis bei Michael Wolgemut. In: Anz. d. German. Nationalmus. 1932/33, S. 69 - Buchner, S. 125, 208 Nr. 138 - H. Vogel: Katalog der Staatlichen Gemäldegalerie zu Kassel. Kassel 1958, S. 176/77 - G. Betz: Der Nürnberger Maler Michael Wolgemut (1434-1519) und seine Werkstatt. Diss. Freiburg i. Br. 1955 (Masch. Schr.), S. 263/64, Kat. S. 25/26 - E. Herzog: Die Gemäldegalerie der Staatlichen Kunstsammlungen Kassel. Hanau 1969, S. 12, Nr. 4.

98 BILDNIS DES HANS VI TUCHER
Michael Wolgemut

Am oberen Rand in Gold: 1481 / HANS.TVCHER. dER. GESTALT. 53. IAR. ALT; unten rechts auf dem Brüstungsstreifen nochmals die Jahreszahl 1481

Gemälde auf Lindenholz; 28,5 : 21

Nürnberg, Dr. Lorenz Tucher-Stiftung

Gegenstück zu Kat. Nr. 97.

Literatur: W. Wenke: Das Bildnis bei Michael Wolgemut. In: Anz. d. German. Nationalmuseums 1932/33, S. 68/69 - Buchner, S. 125/26, 208 Nr. 139 - G. Betz: Der Nürnberger Maler Michael Wolgemut (1434-1519) und seine Werkstatt. Diss. Freiburg i. Br. 1955 (Masch. Schr.), S. 265/66, Kat. S. 59/60.

99 PROPST LORENZ TUCHER AM BETSTUHL
Michael Wolgemut

Unten dreizeilige Inschrifttafel: Laurencius Tucher Decretorum Doctor / Canonicus Ratisponensis Sancti Laurencii / in Nurmberg Plebanus 1485

Farbige Hüttengläser mit Schwarzlotbemalung; Modellierung durch aus den Halbtönen herausradierte Glanzlichter und Schwarzlotschraffuren; 83 : 50

1815 aus St. Michael, Fürth, entfernt; später in Slg. Hearst, zuletzt in Slg. Bremen, Krefeld

Nürnberg, Germanisches Nationalmuseum (Mm 811)

Die Bedeutung der sehr gut erhaltenen Stifterscheibe aus dem zweiten südlichen Chorfenster der Fürther Hauptkirche St. Michael gegenüber den gleichzeitigen Glasfenstern der Nürnberger Lorenzkirche hat U. Frenzel dargelegt und sie als ein bezeichnendes Werk der seit Mitte der siebziger Jahre für letztere tätigen Glasmalerwerkstatt Wolgemuts charakterisiert. Sie weist nach, daß die Scheibe auch im Entwurf von Wolgemut stammt und seinen graphischen Gestaltungsstil - früher als die großen Holzschnittwerke - ausgezeichnet dokumentiert.

Literatur: P. Strieder: Eine Scheibe mit dem Bildnis Lorenz Tuchers. In: Zs. f. Kunstgesch. 21, 1958, S. 175-82 - L. Grote: Die Tucher. München 1961, S. 66 - W. Bremen: Die alten Glasgemälde und Hohlgläser der Sammlung Bremen in Krefeld. Köln-Graz 1964, Nr. 17 - U. Frenzel: Michael Wolgemuts Tätigkeit für die Nürnberger Glasmalerei. In: Anz. d. German. Nationalmus. 1970, S. 27-46.

100 BILDNIS EINES JUNGEN MANNES
Michael Wolgemut   *Abb.*

Oben in der Mitte die Jahreszahl 1486, seitlich: L / Km(?) (Hm? Kz? Hz? M?)

Gemälde auf Holz; 33,4 : 23

Detroit, Institute of Arts (41.1)

Aus dem streng gebauten Halbfigurenbildnis vor dunkelgrünem Grund leuchtet blickfangend die rote Nelke heraus, die den modisch gekleideten jungen Mann als Hochzeiter auszeichnen mag. Entgegen den sonst in gleicher Weise angeordneten Tucherbildnissen (Kat. Nr. 97/98) fehlt die untere Brüstung, auf die sich der rechte Arm auflegen könnte. E. Buchner dachte, die rechte Buchstabengruppe als Cz lesend, an ein Verlobungsbild des Meisters Lcz; neuerdings stellte F. Anzelewsky fest, daß bei dessen Monogramm der Endbuchstabe ein m ist und der Meister also Lcm heißen müsse; er wurde mit dem Bamberger Maler Lorenz Katzheimer identifiziert; Kontakte von ihm und den übrigen Gliedern seiner Familie zur Wolgemutwerkstatt lassen sich annehmen. Dagegen wollte A. Stange die rechte Buchstabengruppe eher als Hz entziffern, während W. H. Va-

Albrecht Dürer: Bildnis des Michael Wolgemut (Kat. Nr. 536)

entiner ein schönschriftliches M und damit ein zweites, früheres Bildnis des Levinus Memminger (Kat. Nr. 101) in Betracht zog. Dieser Jüngling ist ihm nicht unähnlich, doch könnten die verwandtschaftlichen Züge auch zu Lasten Wolgemuts gehen. Vielleicht bringt die Konfrontierung in der Ausstellung näheren Aufschluß; das Bildnis in Lugano wäre dann kaum vor 1490 denkbar.

Literatur: W. R. Valentiner: A portrait by Dürer's master Michael Wolgemut. In: The Detroit Institute of Arts Bull. 20, 1941, S. 58 ff.; The Art Quarterly 4, 1941, S. 74, 78-80 - E. Buchner: Zum Malwerk des Lcz. In: Festgabe für SKH Kronprinz Rupprecht von Bayern. München 1953, S. 88 - Stange 9, S. 59/60.

101 BILDNIS DES LEVINUS MEMMINGER
Michael Wolgemut

Links oben zu seiten der Helmzier des Memminger-Wappens: L M; unter dem Wappen: H.M.H; diese Buchstaben (einer Devise?) am Himmel rechts wiederholt

Gemälde auf Tannenholz; 33,5 : 23

Aus Slg. Comtesse Sala

Lugano-Castagnola, Sammlung Thyssen-Bornemisza (331)

Unter den vierzehn Nothelfern des Katharinen-Altars der Nürnberger Lorenzkirche erkannte W. Wenke im Hl. Veit den Dargestellten dieses Bildnisses und identifizierte ihn nunmehr mit Hilfe von Wappen und Monogramm. Daraufhin ließen sich beide Werke Wolgemut zuschreiben. Stellung und Haltung des Porträtierten weichen kaum von denen der Kat. Nr. 97/98 und 100 ab, doch nimmt die Landschaft auf keinem anderen deutschen Bildnis dieser Jahre so viel Raum ein; nur durch eine niedrige Balustrade von dem Dargestellten abgetrennt, ist sie doch durch die vier Vögel augenfällig mit ihm verbunden. Nirgends sonst bildet einen Teil des Hintergrundes ein flandrischer Blütenteppich, den hier zudem Wappen und Devise als Besitz Memmingers ausweisen. Einzelne Berge und Felsen erscheinen zwar häufig im Hintergrund von Bildern Wolgemuts und seines Kreises, hier erhebt sich jedoch in der Ferne ein richtiges Gebirge, das wohl an die steiermärkische Heimat der Memminger erinnert. Möglicherweise besaß das Bildnis des Mannes ein Gegenstück in dem seiner Frau, Katharina Armauer. Daß Levinus Memminger angeblich Stadtrichter in Nürnberg war, geht nicht aus den zeitgenössischen Dokumenten hervor, sondern wird erstmals in einer Nürnberger Handschrift von 1671 berichtet.

Literatur: W. Wenke: Das Bildnis bei Michael Wolgemut. In: Anz. d. German. Nationalmus. 1932/33, S. 61-68 - Buchner, S. 126/27, 208 Nr. 140 - G. Betz: Der Nürnberger Maler Michael Wolgemut (1434-1519) und seine Werkstatt. Diss. Freiburg i. Br. (Masch. Schr.), S. 280/81, Kat. S. 26/27 - (Ch. Altgraf zu Salm:) Sammlung Thyssen-Bornemisza. Castagnola 1970, Nr. 331.

102 BILDNIS MICHAEL WOLGEMUTS
Nürnberger Meister

Gemälde auf Papier, auf Fichtenholz aufgeklebt; 20,8 : 16,1

Kreuzlingen, Sammlung Heinz Kisters

Mit Hilfe von Dürers Bildnis des Achtzig(?)jährigen (Kat. Nr. 536) erkannte E. Buchner in dem Dargestellten Wolgemut. A. Stange schreibt das um 1490 wahrscheinlich in seiner Werkstatt ent-

standene Porträt dem Maler der Außenbilder des 1484 datierten, urkundlich von Wolgemut geschaffenen Feuchtwanger Altares zu.

Literatur: Buchner, S. 143, 212 Nr. 162 - Stange 9, S. 61 - P. Strieder: Sammlung Heinz Kisters. Altdeutsche und altniederländische Malerei. Ausst. Nürnberg 1963, Nr. 44.

103 DIE KREUZIGUNG
Nürnberger Meister

Federzeichnung in Braun; 37 : 28,2

Aus dem Praun'schen Kabinett und der Slg. Esterhazy

Budapest, Museum der Bildenden Künste (4)

Die Komposition geht auf Kreuzigungstafeln von Hans Pleydenwurff und seiner Werkstatt zurück (vgl. diejenigen mit dem knienden Bamberger Domherrn Löwenstein und aus Ebern, oder für die linke Gruppe die des Landauer Altares, alle im German. Nationalmus.). Die Gruppe des Johannes mit der zusammensinkenden Maria und der Frau dahinter, die ihr Gesicht halb mit einem Tuch bedeckt hat, findet sich 1485 auf der von Hans VI Tucher gestifteten Kreuztragung in St. Sebald, dem sog. Meister Lcz als Jugendwerk zugeschrieben (Lorenz Katzheimer); bei dessen Kreuztragung des Strache-Altares hat die links im Hintergrund Maria stützende Frau den gleichen Kopfputz wie die hier Maria von rechts umfassende. Auch die räumliche Anordnung und die tiefenräumlich skizzierte Landschaft weisen auf eine Datierung in die spätere achtziger Jahre, die von den langen Parallelschraffuren des linken Hügels noch bestätigt wird (um 1488/90 ebenso bei Nürnberger Holzschnitten wie beim jungen Dürer als Landschaftsangabe, z. B. bei den drei Kriegsleuten von 1489, Kat. Nr. 105). Die hebräische Hutaufschrift bezeichnet den Gepanzerten auf der rechten Seite als Absalom (Friedensvater); er dürfte hier als Vertreter der Juden und damit des Alten Testamentes unter dem Kreuz stehen (freundl. Mitt. von G. Bán-Volkmar); im Heilsspiegel entspricht der Verhöhnung des Gekreuzigten u. a. der Tod des Absalom.

Literatur: Schilling, Nr. 2 - L. Vayer: Meisterzeichnungen aus der Sammlung des Museums der Bildenden Künste in Budapest. Berlin-Budapest 1956, Nr. 10 - W. Schade: Altdeutsche Zeichnungen. Ausst. Dresden 1963, Nr. 12 - I. Fenyö: Meisterzeichnungen aus dem Museum der Schönen Künste in Budapest. Ausst. Wien 1967, Nr. 42.

104 GRUPPE VON FÜNF STEHENDEN MÄNNERN
Michael Wolgemut   *Abb.*

Federzeichnung in dunklem Braun auf rot getöntem Papier; 25,7 : 18,7

Aus Slg. v. Nagler

Berlin, Kupferstichkabinett, Staatliche Museen Preußischer Kulturbesitz (KdZ. 1027)

Die Bestimmung als rechte Gruppe unter dem Kreuz bestätigt der hintere im Profil gegebene Mann, der an seiner Stange den Essigschwamm befestigt hat. Wenn auch nicht nur eine Anzahl der Erlanger Werkstattzeichnungen und das Münchner Musterblatt (Kat. Nr. 94) rötlich getöntes Papier verwenden, so weist doch nicht zuletzt die Landschaft mit den steil ansteigenden, geklüfteten Felsen auf den Wolgemut-Kreis. Die durch die neueren Forschungen von R. Bellm (vgl. Kat. Nr. 115) und G. Betz (vgl. Kat. Nr. 97) gewonnenen Erkenntnisse sichern die-

Michael Wolgemut: Bildnis eines jungen Mannes (Kat. Nr. 100)

ses Blatt als eigenhändige Arbeit Wolgemuts der achtziger Jahre kurz vor dessen malerisch prägnantem Flächenstil, der durch graphische Mittel im Schatzbehalter und in der Weltchronik erreicht wird.

Literatur: Stadler, S. 86 - Ausst. Berlin 1967, Nr. 10.

105 DREI KRIEGSLEUTE

Albrecht Dürer *Abb.*

Oben Mitte von fremder Hand: AD; darüber Kreuz und die eigenhändige Jahreszahl 1489

Federzeichnung in dunklem Braun; 22:16

Berlin, Kupferstichkabinett, Staatliche Museen Stiftung Preußischer Kulturbesitz (KdZ. 2)

Der Vergleich mit Wolgemuts Männergruppe unter dem Kreuz (Kat. Nr. 104) zeigt, wie stark Dürer sich bereits im letzten Lehrjahr mit lebendig anschaulicher Darstellungsweise, plastischer Körpermodellierung, raumumfassender Gebärdung und Zueinanderordnung der Männer entfernt von der streng ansichtsbezogenen Komposition des Lehrers. Gegenüber der Alterslosigkeit von Wolgemuts Männern differenziert Dürer die seinen in Ausdruck und Temperament.

Literatur: Ausst. Berlin 1967, Nr. 18.

106 CHRISTUS AM KREUZ

Michael Wolgemut

Kanonblatt aus: Missale Strigoniense. Nürnberg: Anton Koberger, 31. 8. 1484. 2°

Holzschnitt auf Pergament, koloriert, mit Gold gehöht; 29,3:18,4

Nürnberg, Germanisches Nationalmuseum (H 7458)

Neben der Reformation der Stadt Nürnberg (Kat. Nr. 231), die im gleichen Jahr entstand, ist das Kanonblatt der früheste bekannte Holzschnitt Wolgemuts. Wahrscheinlich wandte er sich dem Holzschnitt und der Buchillustration erst zu, nachdem die großen Glasgemäldeaufträge der späteren siebziger Jahre vollendet waren. In welchem Maße Wolgemut bei der Glasmalerei (vgl. Kat. Nr. 99) das graphische Element hervorgehoben hat, stellte U. Frenzel fest. Die ›kernigen Gestalten‹ der Kreuzigung sind nach F. Winkler den beiden Hll. Sebald und Lorenz der Nürnberger Reformation überlegen.

Literatur: Hain 11429 - Schramm 17, Abb. 45 - Winkler, Narrenschiff, S. 93/94.

107 NIKOLAUS VON DER FLÜHE

Reißer in der Werkstatt des Michael Wolgemut

Bruder Claus. Nürnberg: Marx Ayrer, [14] 88. 4°

Zehn Holzschnitte

Bamberg, Staatsbibliothek (8 in :Inc. typ. Ic. II.5)

Trotz Unterschieden im einzelnen verband E. Holzinger die Holzschnitte, die ›mehr frischen Federzeichnungen ähnlich sind‹ (F. Winkler), möglicherweise als früheste Arbeiten dem sog. Horologium-Meister F. J. Stadlers (Kat. Nr. 109), den er mit dem jungen Dürer in der Wolgemut-Werkstatt identifizierte. Nur den letzten, von mehr als doppelter Größe, gab Holzinger zusammen mit zwei fast gleich großen aus der Allerheilsamsten Warnung (Kat. Nr. 111) dem Reißer der Kahlenberger Geschichte.

Literatur: Hain 5380 - Stadler, S. 121-23 - E. Holzinger: Der Meister des Nürnberger Horologiums von 1489. In: Mitt. d. Ges. f. vervielf. Kunst 1927, S. 13 - Schramm 18, Abb. 600-09 - Winkler, Narrenschiff, S. 94.

108 DAS PROSAPASSIONAL

Reißer in der Werkstatt des Michael Wolgemut

Der Heiligen Leben, P. 1. 2. Nürnberg: Anton Koberger, 5. 12. 1488. 2°

259 Holzschnitte

1 Frankfurt a. M., Stadt- und Universitätsbibliothek (Inc. fol. 348)

2 Aus Kloster Michelsberg in Bamberg und Slg. v. Aufsess

Nürnberg, Germanisches Nationalmuseum (Inc. 2262)

Diese verbreitetste deutsche Legendensammlung des Mittelalters ist nicht identisch mit der Legenda aurea des italienischen Dominikaners Jacobus von Voragine und wahrscheinlich im letzten Jahrzehnt des 14. Jahrhs. in Nürnberg entstanden. Ihre erste Nürnberger Ausgabe im Druck erschien bereits 1475 (Kat. Nr. 363). Koberger hat für seine Publikation, bei der zum ersten Male die Holzschnitte zwei Textkolumnen zusammenfassen, einen aus Ulm kommenden Reißer beschäftigt, der dort bei der Illustrierung des Terenz von 1486 mitgearbeitet haben muß. Auch im Hinblick auf die notwendige Arbeitsteilung bei dem umfangreichen Auftrag, dürfte er in einen bereits bestehenden Nürnberger Werkstattverband aufgenommen worden sein, wobei nur der Wolgemutsche in Betracht zu kommen scheint. F. Winkler beobachtete, ›wie sich die feine ulmische Art zu der spröderen, doch auch unternehmenderen, realistischeren der kommenden Nürnberger Illustration entwickelt‹. Am Beginn des Winterteils fällt der einzige halbseitige, quadratische Holzschnitt mit dem Hl. Michael heraus; er könnte von Wolgemut selbst gerissen sein und ließe sich vergleichen mit den Engeln der dritten Figur des Schatzbehalters (Kat. Nr. 115). Darüber hinaus stehen wenigstens dreizehn Holzschnitte ganz für sich, die F. J. Stadler seinem Horologium-Meister zuschrieb und in denen E. Holzinger Arbeiten des jungen Dürer erkannte: fol. 1r, 55r, 94v, 211v, 312r, 370r, 371r, 373r, 375v, 376v, 377r, 381v, 382v. Die energische, Aktivität und Charakter einfangende Bildung der Figuren, deren Verhältnis zu der mit ausdrucksvoller Linie geschaffenen Landschaftsangabe und zu den nicht kastenartig verengten Innenräumen die Bilder mitbestimmt, stellt sie gleichberechtigt neben Dürers Zeichnung der drei Männer von 1489 (Kat. Nr. 105).

Literatur: Hain 9981 - Stadler, S. 87-105 - E. Holzinger: Der Meister des Nürnberger Horologiums von 1489. In: Mitt. d. Ges. f. vervielf. Kunst 1927, S. 11-13, 15-19 - Schramm 17, Abb. 56-314 - Winkler, Narrenschiff, S. 94 - Hellwig, GNM, Nr. 543.

109 DAS ZEITGLÖCKLEIN

Reißer in der Werkstatt des Michael Wolgemut

Bertholdus: Horologium deuotionis. Nürnberg: Friedrich Creussner, 11. 5. 1489. 8°

24 Holzschnitte

Augsburg, Staats- und Stadtbibliothek (8° Inc. 43)

Zum Inhalt des 1493 in deutscher Sprache als Zeitglöcklein mit den gleichen Holzschnitten herausgekommenen Werkes

Michael Wolgemut: Gruppe von fünf stehenden Männern (Kat. Nr. 104)

vgl. Kat. Nr. 367. Die drei letzten Holzschnitte, die von einem älteren Meister stammen, schied bereits F. J. Stadler aus und gab die übrigen seinem Horologium-Meister. Doch wertete er sie gegenüber denen des Kahlenberger Meisters ab, erst E. Holzinger hob ihre zwar jugendlich kecke, doch ›weit vorausgreifende Fortschrittlichkeit‹ hervor. Wenn auch noch nicht vollkommen bewältigt, kündigt sich bei ihnen eine neue, direkte Erfassung der Natur an, ganz ausdrucksstark und intensiv; die Figuren erlangen Körperlichkeit, der Raum öffnet sich, die Figuren werden räumlich zueinander gruppiert und agieren in einem für die Darstellung ausschlaggebenden Verhältnis zur Örtlichkeit. Eine neue Konzentration des in sich realistischen, ausdruckserfüllten Bildes und die Abkehr vom mittelalterlichen Ablesen des Bildinhaltes bahnen sich an. Deshalb identifiziert E. Holzinger den Horologium-Meister mit dem jungen Dürer.
Literatur: Hain 2999 - Stadler, S. 119-21 - E. Holzinger: Der Meister des Nürnberger Horologiums von 1489. In: Mitt. d. Ges. f. vervielf. Kunst 1927, S. 9-19 - Schramm 18, Abb. 297-320 - Winkler, Narrenschiff, S. 94.

110   DIE VERSEHUNG LEIB, SEEL, EHR UND GUT
Nürnberger Reißer

Versehung leib sel er vnnd gutt. Nürnberg: [Peter Wagner, 14] 89. 4°

Zwei Holzschnitte

Aus dem Pütrichkloster München

München, Bayerische Staatsbibliothek (4° Inc. c. a. 701)

Der Holzschnitt mit dem Mann auf dem Totenbett besitzt zwar naturalistische Details, ist aber im Strich so unentschieden wie die Figuren unkörperlich und das Ganze flach ist.
Literatur: Hain 16019 - Stadler, S. 123/24 - E. Holzinger: Der Meister des Nürnberger Horologiums von 1489. In: Mitt. d. Ges. f. vervielf. Kunst 1927, S. 13 - Schramm 18, Abb. 400/01.

111   DIE WARNUNG VOR FALSCHER LIEBE
Reißer der Kahlenberg-Geschichte u. a.

Ein Allerhailsamste warnung vor der falschenn lieb diser werlt. [Nürnberg: Peter Wagner, um 1490] 4°

Drei Holzschnitte

Nürnberg, Stadtbibliothek (Theol. 922. 4° (18))

Von den drei großen Holzschnitten stammen zwei von dem gleichen Reißer wie der letzte im Nikolaus von der Flühe (Kat. Nr. 107) und sind nach E. Holzinger zur Gruppe des Kahlenberger Meisters (Kat. Nr. 112) zu zählen. Der dritte, zuletzt noch von E. Panofsky im Entwurf dem jungen Dürer zugeschriebene Holzschnitt mit dem Jüngsten Gericht verbirgt hinter aufgeregter Unruhe so viel Unentschiedenheit, die nicht allein der Holzschneider verursacht haben kann.
Literatur: Hain 16150 - Stadler, S. 112/13, 126/27 - E. Holzinger: Der Meister des Nürnberger Horologiums von 1489. In: Mitt. d. Ges. f. vervielf. Kunst 1927, S. 11, 14 - Schramm 18, Abb. 590-92.

112   DER PFARRER VOM KAHLENBERG
Reißer der Kahlenberg-Geschichte

Philipp Frankfurter: Die geschicht des pfarrers vom Kalenberg. [Nürnberg: Peter Wagner, vor 1490?] 8°

36 Holzschnitte

Hamburg, Staats- und Universitätsbibliothek (Cod. Scrin. 229 b)

Philipp Frankfurters Schwanksammlung in Reimpaaren entstand um 1460-70 und erschien ein erstes Mal um 1475 bei Jodocus Pflanzmann in Augsburg (nur Fragment erhalten in München, Bayer. Staatsbibliothek). Die ebenfalls undatierte Nürnberger Ausgabe wird kopiert von einer 1490 datierten bei Heinrich Knoblochtzer in Heidelberg. Die höchst reizvolle Erzählweise der kleinen Holzschnittblätter läuft ab wie ein graphischer Bilderbogen, dabei werden die Formen abgeflacht und harmonisiert, den Landschaftsangaben alle Raumtiefe genommen und sie zu Kulissen gemacht. Während F. J. Stadler den Kahlenberger Meister als dem des Horologiums überlegen vorstellte, erkannte E. Holzinger die Abhängigkeit des ersteren von dem ihm überlegenen letzteren. Neuerdings schrieb R. Fuchs dem Kahlenberger Meister die Münchner Zeichnung mit dem Ecce Homo (nach P. Halm vom Hausbuchmeister) und das Erlanger Skizzenblatt (Bock 120) mit Hinrichtungsszenen zu.

Deren Zusammenhang mit der Bamberger Katzheimer-Werkstatt sah F. Anzelewsky; die Verbindungen von dieser zur Wolgemut-Werkstatt dürften nicht nur über Pleydenwurff gehen.

Literatur: K. Schorbach: Die Geschichte des Pfaffen vom Kalenberg. Seltene Drucke in Nachbildungen 5. Halle a. S. 1905 - Stadler, S. 105-09 - E. Holzinger: Der Meister des Nürnberger Horologiums von 1489. In: Mitt. d. Ges. f. vervielf. Kunst 1927, S. 14/15 - Schramm 18, Abb. 552-587 - H. Maschek: Pfarrer vom Kalenberg. In: W. Stammler-K. Langosch: Die deutsche Literatur des Mittelalters. Verfasserlexikon 3. Berlin 1943, Sp. 872-75 - R. Fuchs: Eine fränkische Zeichnung der Spätgotik. In: Philobiblon 6, 1962, S. 170-81 - F. Anzelewsky: Eine spätmittelalterliche Malerwerkstatt. Studien über die Malerfamilie Katzheimer in Bamberg. In: Zs. d. dt. Ver. f. Kunstwiss. 19, 1965, S. 135/36.

113 GERSON ALS PILGER

Reißer der Kahlenberg-Geschichte

In: Johannes Gerson: Secunda pars operum... Nürnberg: Georg Stuchs, 1. 8. 1489. 4°

Holzschnitt; 16,7 : 11,7

Aus dem Benediktinerkloster Bregenz

Nürnberg, Germanisches Nationalmuseum (Inc. 8° 160855)

E. Holzinger betonte die künstlerische Qualität des Gerson-Holzschnittes, setzte ihn aber in seiner Feinheit, seiner Stilisierung und Spannungslosigkeit ab von dem Werk des Horologium-Meisters, in dem er den jungen Dürer sieht (Kat. Nr. 109). Den Pilger vor der weiten, ihn überragenden Landschaft, die ihn nur bildmäßig umgibt, aber nicht aufgenommen hat, schrieb er vielmehr dem Kahlenberger Meister (Kat. Nr. 112) zu, während E. Panofsky Dürer als Reißer für möglich hielt.

Literatur: Hain 7623 - Stadler, S. 124 - E. Holzinger: Der Meister des Nürnberger Horologiums von 1489. In: Mitt. d. Ges. f. vervielf. Kunst 1927, S. 14 - Schramm 18, Abb. 612 - Hellwig, GNM, Nr. 413.

114 BISCHOF HEINRICH VON ABSBERG VOR DEM HL. PETRUS

Michael Wolgemut

Titelholzschnitt aus: Obsequiale Ratisbonense. Nürnberg: Georg Stuchs, 12. 2. 1491. 4°

Holzschnitt, koloriert; 14,6 : 10,9

Aus Slg. v. Nagler

Berlin, Kupferstichkabinett, Staatliche Museen Preußischer Kulturbesitz (215-10)

Die Anordnung der beiden großen, schweren Figuren - des knienden Bischofs und des thronenden Heiligen - im Vordergrund vor einer niedrigen Mauerbrüstung mit Blick in die Landschaft besitzt ihre Parallelen sowohl bei Wolgemuts Holzschnitten im Schatzbehalter (Kat. Nr. 115; z. B. die 1., 6. und 28. Figur) als auch in seinem Bildnis des Levinus Memminger (Kat. Nr. 101).

Literatur: Hain 11931 - C. Dodgson: Some rare woodcuts by Wolgemut. In: Burlington Mag. 4, 1904, S. 245/46 - Stadler, S. 70 - Schramm 18, Abb. 614.

115 SECHS HOLZSCHNITTE AUS DEM SCHATZBEHALTER

Michael Wolgemut und Wilhelm Pleydenwurff

Aus: Stephan Fridolin: Schatzbehalter oder schrein der waren reichtuemer des hails vnnd ewyger seligkeit. Nürnberg: Anton Koberger, 8. 11. 1491. 2°

1 Die erst figur: Christus vor Gottvater (Wolgemut)
2 Die vierd figur: Der Sündenfall (Wolgemut)   *Abb.*
3 Die neuntzehend figur: Jephta empfängt ihren Vater (Pleydenwurff)   *Abb.*
4 Die zwuvnduyertzigist figur: Die Versuchung Christi und Christus am Brunnen (Pleydenwurff)
5 Die zwuvnfunfftzigist figur: Christus in Gethsemane (Wolgemut)
6 Die einvndsechsztzigist figur: Christus wird Pilatus vorgeführt (Pleydenwurff)

Je ca. 25 : 17

Albrecht Dürer: Drei Kriegsleute (Kat. Nr. 105)

Die vierd figur.

Michael Wolgemut: Der Sündenfall; aus dem Schatzbehalter (Kat. Nr. 115)

Die neuntzehend figur

Wilhelm Pleydenwurff: Jephta empfängt ihren Vater; aus dem Schatzbehalter (Kat. Nr. 115)

München, Staatliche Graphische Sammlung (158022 [1, 4, 5, 6], 118363, 160805)

Auf Bitten der Schwestern des Nürnberger Klarenklosters und seiner Äbtissin Caritas Pirckheimer faßte der Franziskanerpater Stephan Fridolin seine erweiterten, bildhaften Predigten zu dem auch für Laien bestimmten Erbauungsbuch über ›das menschliche Heil an dem Leiden Christi‹ zusammen; der Inhalt des Textes und die ihn veranschaulichenden 91 blattgroßen Holzschnitte gehören eng zusammen. Wenn auch die Schlußschrift nicht wie bei der Weltchronik (Kat. Nr. 117) die Reißer nennt, so sind es doch eindeutig die gleichen wie dort. Gegenüber der ruhigen Ausgewogenheit, ja Nüchternheit bei Wolgemut läßt Pleydenwurff dramatisierende Kraft des Ausdruckes und eine verlebendigende Anteilnahme spüren. Zwar können nur einige der Holzschnitte eindeutig für den einen oder den anderen festgelegt werden, bei mehreren erkannte R. Bellm Wolgemuts Hand im Entwurf und Pleydenwurffs bei der Übertragung auf den Stock, bei weiteren die Mitarbeit von Gesellen. Durch die neuartige Mannigfaltigkeit der malerischen Schraffuren bedarf diese großformatige Schwarz-Weiß-Kunst nicht mehr der Kolorierung, die beim Heiligenleben (Kat. Nr. 108) noch durchaus zur Intensivierung der Linearität angebracht sein konnte. Ungeachtet der Inanspruchnahme zahlreicher Exempla und mancher Entlehnung von dem Basler Heilsspiegel des Berhard Richel von 1476 über Kupferstiche Schongauers oder die von W. Stammler und R. Bellm benannte Bamberger Bildertafel (deren ursprüngliche Bestimmung und Herkunft noch nicht untersucht sind) hat diese Holzschnittfolge mit ihrer bis dahin unbekannten Größe zukunftsweisende Bedeutung. Mit ihrer Fülle des bildhaft Dargebotenen bildet sie Vorstufe und Ausgang zu Dürers monumentalen Holzschnitten.

Literatur: Hain 14507 = 6236 - Stadler, S. 2-28 - Schramm 17, Abb. 315-406 - W. Stammler: Allegorische Studien. In: Dt. Vierteljahresschr. f. Literaturwiss. 17, 1939, S. 19-22 - R. Bellm: Wolgemuts Skizzenbuch im Berliner Kupferstichkabinett. Ein Beitrag zur Erforschung des graphischen Werkes von Michael Wolgemut und Wilhelm Pleydenwurff. Baden-Baden-Straßburg 1959 - (Ders.:) P. Stephan Fridolin: Der Schatzbehalter... Nach der Originalausgabe von Anton Koberger. 2 Bde. Wiesbaden 1962.

116 DIE MUTTERGOTTES ALS HIMMELSKÖNIGIN
Michael Wolgemut

[Nürnberg: Anton Koberger] 1492. 2°

Holzschnitt, teilweise koloriert; mit Typendruck

München, Staatliche Graphische Sammlung (1911 : 1191)

Das Flugblatt sollte dienen für: ein andechtig bescheulich betrachtung dy ein ytlich andechtig mensch mag haben, so er den rosenkrantz betten ist... Die wie angehaltene Bewegung, die leblos in der Luft stehenden Faltenbäusche, die sich isolierenden Einzelbildungen stellen den Holzschnitt neben Wolgemuts Anteil im Schatzbehalter und der Weltchronik (Kat. Nr. 115 u. 117). Einen zweiten Zustand des Druckes, bei dem die Gottesmutter ihre, teilweise von Engeln gehaltenen, Symbole umgeben,

Schedelsche Weltchronik:
Circe und Odysseus (Kat. Nr. 117)

ist in das Exemplar der Weltchronik aus Schedels eigenem Besitz eingebunden (München, Bayer. Staatsbibliothek).

Literatur: C. Dodgson: Some rare woodcuts by Wolgemut. In: Burlington Mag. 4, 1904, S. 246-49 - Stadler, S. 71/72 - Schramm 17, Abb. 407.

117 DIE WELTCHRONIK
Michael Wolgemut, Wilhelm Pleydenwurff und Werkstatt
Abb.

Hartmann Schedel: Liber chronicarum, deutsch. Übersetzung: Georg Alt. Nürnberg: Anton Koberger für Sebald Schreyer und Sebastian Kammermeister, 23.12.1493. 2°

652 Holzschnitte verschiedener Größe

Aus dem Augustinerchorherrenstift Diessen

München, Bayerische Staatsbibliothek (2° Inc.c.a.2921)

Die lateinische Ausgabe der Weltchronik war bereits am 12. Juli 1493 erschienen (Kat. Nr. 291). Mit über achtzehnhundert Illustrationen verschiedener Größe, wobei zwar zahlreiche Holzschnitte des öfteren abgedruckt sind, ist sie die am reichsten illustrierte Inkunabel. Es handelt sich um eine Bearbeitung des Supplementum chronicarum des Jacobus von Bergamo, ergänzt aus Schriften des Vinzenz von Beauvais, aber auch des Enea Silvio u. a. ›Die Darstellung des Weltgeschehens ist eingerahmt von der Erschaffung der Welt und dem Gericht Gottes über seine Schöpfung am Jüngsten Tag; Krankheiten, Hungersnot, Kuriosa, Monstra und dergleichen werden mit Vorliebe verzeichnet‹ (H. Rupprich). Bereits 1487/88 waren Wolgemut und sein Stiefsohn Pleydenwurff von Sebald Schreyer und Sebastian Kammermeister aufgefordert worden, die Illustration zu übernehmen; im Gegensatz zum Hauptvertrag von 1491, der erhalten blieb, läßt sich dieser Vorvertrag nur noch erschließen. Es muß also in der Wolgemut-Werkstatt schon an den Holzschnitten gearbeitet worden sein, während Dürer dort weilte. Bei den Hunderten von Abbildungen ist von vornherein eine starke Beteiligung von Hilfskräften vorauszusetzen. Wolgemuts Zeichnung für das Titelblatt - nach dem Vorbild des Titelblattes in Breydenbachs Reise in das Heilige Land von 1486 (Kat. Nr. 136) - ist 1490 datiert (London, British Mus.), womit ein Hinweis gegeben ist, wie weit man in diesem Jahr bereits mit den Vorbereitungen war. Für die großen Städtebilder wurden die verschiedensten Vorlagen benutzt, so daß auch von weit entfernten Städten wie z. B. Krakau oder Florenz teilweise höchst wahrheitsgetreue Ansichten entstanden. E. Panofsky dachte bei der kleinen Gruppe der Geschichten von Kain und Abel, von Tubalcain, Naamah sowie der einzigen mythologischen Szene mit Circe und Odysseus an die Mitwirkung des jungen Dürer. Nachdem W. Pleydenwurff offenbar auch höhere Zahlungen erhielt, stellte R. Bellm für ihn einen größeren gesicherten Anteil als

für Wolgemut fest. W. Pleydenwurff dürfte während seiner kaum ein Jahrzehnt dauernden Zugehörigkeit zur Wolgemut-Werkstatt die treibende Kraft bei den großen graphischen Aufträgen gewesen sein. - In der Nürnberger Stadtbibliothek werden die Handschriften sowohl der deutschen als auch der lateinischen Ausgabe der Weltchronik mit schematischen Federskizzen nach den bereits vorhandenen Holzstöcken - also eine Art Umbruchexemplar - aufbewahrt.

Literatur: Hain 14510 - Stadler, S. 28-66 - H. Rupprich: Humanismus und Renaissance in den deutschen Städten und an den Universitäten. Leipzig 1935, S. 22 - Schramm 17, Abb. 408-576 - L. Sladeczek: Albrecht Dürer und die Illustrationen zur Schedelchronik. Baden-Baden-Straßburg 1955 - R. Bellm: Wolgemuts Skizzenbuch im Berliner Kupferstichkabinett. Ein Beitrag zur Erforschung des graphischen Werkes von Michael Wolgemut und Wilhelm Pleydenwurff. Baden-Baden-Straßburg 1959, S. 44-61.

118 DIE KREUZIGUNG CHRISTI
Michael Wolgemut

Gemälde auf Holz; 126 : 94

Nürnberg, Evang.-Luth. Pfarramt St. Lorenz

A. Würfel führt als Vikar des Kiliansaltares der Lorenzkirche fälschlich einen Georg Kayl auf. Ch. G. Murr spricht im Zusammenhang mit diesem Kiliansaltar von der Kreuzigung, die er eine mittelmäßige Arbeit Dürers von 1494 nennt, doch verbindet er sie nicht mit dem Vikar. Erst J. W. Hilpert zitiert die Kreuzigung richtig als Epitaph für (den Vikar) Georg Rayll. Dessen Name geht aus verschiedenen Urkunden eindeutig hervor, und er darf nicht mit einem gebürtigen Bamberger namens Keyll verwechselt werden. Da Georg Rayll am 26. September 1494 starb, sollte sein Epitaph wenig später, aber doch wohl erst nach der Bestellung der Testamentsvollstrecker am 8. April 1495, entstanden sein. E. Flechsig sah in der Kreuzigungstafel, die er um 1490 datierte, das Vorbild für Dürers große Zeichnung der Kreuzigung (W. 19; Paris, Louvre), doch kann sich diese u. a. an Wolgemuts Kanonbild im Striegauer Missale von 1484 (Kat. Nr. 106) halten. Eher hat Wolgemut die Rayllsche Kreuzigung unter einem gewissen Einfluß seines großen Schülers gemalt und auf diese Weise im sechzigsten Lebensjahr eine ihm in der Malerei bis dahin nicht mögliche gestalterische Reife gewonnen.

Literatur: A. Würfel: Diptycha Ecclesiae Laurentianae. Nürnberg 1756, S. 12, 38 - Ch. G. v. Murr: Beschreibung der vornehmsten Merkwürdigkeiten in Nürnberg. Nürnberg 1778, S. 311; 2. Aufl. 1801, S. 135 - J. W. Hilpert: Die Kirche des heiligen Laurentius. Nürnberg 1831, S. 22 - Ausst. GNM 1928, Nr. 102 - K. Bauch: Dürers Lehrjahre. In: Städel-Jb. 7/8, 1932, S. 88 - Flechsig 2, S. 384 - Stange 9, S. 85 - G. Betz: Der Nürnberger Maler Michael Wolgemut (1434-1519) und seine Werkstatt. Diss. Freiburg i. Br. 1955 (Masch. Schr.), S. 313, Kat. S. 61-63.

BEGEGNUNGEN: SCHONGAUER UND DER HAUSBUCHMEISTER

Spätestens 1486/87, im ersten Lehrjahr bei Michael Wolgemut, begann Dürers schöpferische Auseinandersetzung mit Kunst, Stil und Technik Martin Schongauers und des Hausbuchmeisters, nachdem er erste Eindrücke der druckgraphischen Vorlageblätter dieser bedeutendsten deutschen Stecher der Spätgotik bereits in der Goldschmiedewerkstatt des Vaters erhalten hatte. Die zwischen 1486 und dem Frühjahr 1490 entstandenen Zeichnungen zeigen den Lehrling bei der Nachbildung der kalligraphischen und präzisen Figuren Schongauers wie bei der Erprobung der nervösen und raschen Handschrift des Hausbuchmeisters.

Ostern 1490 wurde der Neunzehnjährige auf die Wanderfahrt geschickt. Im Herbst 1491 traf Dürer in Kolmar, wenig später in Basel ein. Über die ersten anderthalb Jahre der Wanderschaft Dürers unterrichten nur die Zeichnungen und eine Überlieferung durch Karel van Mander, die von einem Besuch Dürers in Haarlem spricht, der 1490/91 stattgefunden haben müßte. Auch wenn die Schulung Dürers am Werk Schongauers zugleich Vermittlung niederländischer Malerei war, so zeigt doch die Prüfung der Zeichnungen mehr niederländische Elemente als Dürer sie indirekt durch Schongauer zugänglich wurden. Dies gilt besonders für den Landschaftsraum der Berliner Heiligen Familie (Kat. Nr. 142) und die Geburt Christi in Coburg (Kat. Nr. 135). Nach allem scheint Dürer dem Brauch gefolgt zu sein, auf der Gesellenfahrt die großen Zentren der niederländischen Malerei zu besuchen. Der Weg von Nürnberg dorthin führte Dürer auf dem Main und Rhein in den mittelrheinischen Wirkungsbereich des Hausbuchmeisters. Hier mag Dürer ihn aufgesucht und Druckgraphik oder Zeichnungen dieses Lehrers erworben haben; manches spricht dafür, daß die Begegnung erst am Ende der Wanderfahrt stattfand. Dürers erster Stich der ›Heiligen Familie‹ (Kat. Nr. 144) ist nicht denkbar ohne die Auseinandersetzung mit dem Werk des Hausbuchmeisters und ohne die Anregung seiner ›Heiligen Familie in der Landschaft‹ (Kat. Nr. 138); bei der ›Himmelfahrt der Hl. Magdalena‹ (Kat. Nr. 139) ist in der Strichführung und der Fortentwicklung des Motivs das anspornende Vorbild des Hausbuchmeisters unmittelbar zu spüren.

Die Technik des Holzschnittes hatte Dürer in der Lehre Wolgemuts gelernt, nicht aber die des Kupferstichs, sie muß Dürer beim Hausbuchmeister und bei Schongauer gesucht haben. Stilistisch oder motivisch stehen die ersten Stiche nach der Rückkehr von der Wanderschaft im Zeichen des Hausbuchmeisters (Kat. Nr. 144). Heißt dieser nicht Erhard Reuwich, wie der bedeutendste Holzschnitt-Illustrator vor Dürer (Kat. Nr. 136), sondern Wolfgang Peurer, wie W. Strocka jüngst vorgeschlagen hat, dann hat Dürer seinen ersten Stich nach einer Zeichnung des Hausbuchmeisters angefertigt, nach einem Blatt, das dieser Dürer zum Geschenk machte (W. 9; Danzig).

Der Schüler Schongauers ist Dürer nicht mehr geworden, am 2. Februar 1491 starb Martin Schongauer, um so intensiver jedoch hat Dürer sich künstlerisch und thematisch mit dessen Werk beschäftigt. Aus dem Nachlaß erwarb er mindestens vier Zeichnungen, sein Besitz an Schongauer-Stichen wird beträchtlich gewesen sein. Der Zeichenstil der oberrheinischen Wanderjahre versucht, die darstellerische Unmittelbarkeit des Hausbuchmeisters mit der Formdisziplin von Schongauers Stecherkunst zu verbinden (Kat. Nr. 141). Auf der Suche nach der eigenen zeichnerischen Handschrift kehrt Dürer immer erneut zu den Zeichenmitteln, zur Formerfassung und Liniendisziplin Schongauers zurück (Kat. Nr. 134). Das stecherische Werk Schongauers setzte für den jungen Dürer nach der Rückkehr den technischen und künstlerischen Maßstab, an dem die eigene graphische Produktion zu messen war. Die Apokalypse hatte nur in der Peinigung des Hl. Antonius einen adäquaten künstlerischen Vorgänger (Kat. Nr. 122), die Entwicklung des Dürerschen Marienideals setzte bei Schongauers Marienblättern ein. Die Fortwirkung Schongauerscher Formen und Motive ist besonders bis zur zweiten Italienreise zu verfolgen. Die Passionszyklen und zumal das Marienleben zitieren Motive oder Elemente der Graphik Schongauers. Dürers Holzschnitt der ›Flucht nach Ägypten‹ (Kat. Nr. 601 [14]) ist in seiner motivischen Variation von Schongauers berühmtestem Blatt (Kat. Nr. 127) eine Ehrung des Stechers, dem Dürer die Idee des monumentalen graphischen Marienzyklus entlehnte. Die späte und ausdrückliche Berufung auf den Hausbuchmeister erfolgte um 1512, als Dürer in einer der ersten Kaltnadelarbeiten nochmals das Thema der Hl. Familie aufgriff (B. 43), wie es ihm vom Hausbuchmeister an die Hand gegeben worden war.

Wulf Schadendorf

---

119 CHRISTUS ALS WELTENRICHTER
Martin Schongauer

Links das Monogramm Schongauers, darüber die Jahreszahl 1469, beides in hellerer Tinte von der Hand Albrecht Dürers

Federzeichnung; 26 : 18,5

Aus der Slg. der französischen Könige

Paris, Musée National du Louvre, Cabinet des dessins (18.785)

Die Zeichnung wiederholt wenig verändert den Weltenrichter aus dem Altar Rogier van der Weydens in Beaune. Die Zuschreibung an Schongauer hat sich durchgesetzt, so daß das Blatt zu den Zeichnungen Schongauers zählt, die durch die Beschriftungen Dürers als dessen Besitz nachgewiesen sind (Winzinger, Nr. 2-4; Rupprich 1, S. 208/09 Nr. 58/59). Winzinger bestätigt die Dürersche Datierung und erwägt, daß das Blatt Schongauer als Vorlage für den Weltenrichter des Freskos im Breisacher Münster gedient haben könnte (1489-91). Sollte dieses zutreffen, könnte Dürer die Zeichnung frühestens 1492 aus dem Nachlaß erhalten haben.

Literatur: Flechsig 2, S. 382 - W. 15 - Demonts, Louvre 2, Nr. 287 - Baum, S. 47, Nr. 117 - Winzinger, Nr. 4.

120 DER KOPF EINES SCHERGEN
Martin Schongauer

Federzeichnung; Wz. fragmentiert; 11,7 : 8,5

Aus Slg. M. M. Richter

Nürnberg, Germanisches Nationalmuseum (St. Nbg. 12068; Leihgabe der Stadt Nürnberg)

Der nach links oben gewandte Kopf ist verkürzt in Untersicht gegeben, der Oberkörper schräg im Blatt zu denken. Winzinger plädiert eindringlich für eine eigenhändige Naturstudie Schongauers, entstanden wahrscheinlich auf der vermuteten Spanienreise (um 1470). Auf der großen Kreuztragung taucht der Kopf bei dem Schergen vor dem Kreuz auf (Baum 13), ähnliche Typen nach niederländischem Vorbild (Rogier van der Weyden) finden sich auch auf der Gefangennahme (Baum 30). Die Eigenhändigkeit der Zeichnung wird von F. Zink bezweifelt, von J. Rosenberg bestritten.

Literatur: Winzinger, Nr. 10 - J. Rosenberg: Rezension von Winzinger. In: Master Drawings 3, 1965, S. 399 - F. Winzinger: Entgegnung. Ebda 4, 1966, S. 315 - Zink, GNM, Nr. 13.

121 DIE SITZENDE HL. DOROTHEA
Martin Schongauer   *Abb.*

Federzeichnung in Graubraun; 17,6 : 16,5

Berlin, Kupferstichkabinett, Staatliche Museen Preußischer Kulturbesitz (KdZ. 1015)

Wie Winzinger darlegte, gehört die Zeichnung zu den reifen Arbeiten der Spätzeit und ist noch nach der Berliner Nelkenmadonna einzureihen. Wie wenige zeigt das Blatt den Entstehungsprozeß der Zeichnung und den Zeichenstil Schongauers. Deutlich sind die feinen Haarlinien zu erkennen, mit denen die Figur angelegt wurde, ebenso die Folge der weiteren Arbeitsgänge bis hin zu den abschließenden Verstärkungen im Gesicht und in den mittleren Gewandpartien. Der Vergleich mit Dürers sitzender Verkündigungsmaria (Kat. Nr. 134) erweist den engen Zusammenhang der Zeichenweise Dürers um 1492 mit dem Spätstil Schongauers. Motivisch gehen beide Blätter auf die gleiche niederländische Quelle zurück.

Literatur: Bock, Berlin, S. 77 - Winzinger, Nr. 37 - Ausst. Berlin 1967, Nr. 1.

122 DIE PEINIGUNG DES HL. ANTONIUS EREMITA
Martin Schongauer

Unten Mitte steilschenkliges Monogramm

Kupferstich; 31,4 : 23,1

München, Staatliche Graphische Sammlung (10975)

Dargestellt ist die Peinigung des Heiligen, wie sie in der Legenda aurea mehrfach und in der Vita des Heiligen erwähnt wird. Der Versuch des frühen Blattes, die Schilderung eines dramatischen Vorganges zu geben, steht isoliert im Werk Schongauers und scheint ohne echten Vergleich in der Druckgraphik vor

Dürers Apokalypse, deren Kampf Michaels mit dem Drachen (Kat. Nr. 596 [12]) dem Antoniusstich verpflichtet ist. L. Fischel hat wahrscheinlich gemacht, daß Schongauers Blatt auf ein niederländisches Vorbild ›Eyckschen Charakters‹ mit dem Michaelskampf zurückgeht, das auch der Hl. Michael des Hausbuchmeisters widerspiegelt (L. 40). Nach Vasaris Zeugnis fertigte der junge Michelangelo 1488 im Atelier Ghirlandaios eine Gemäldekopie des Stiches an. Eine entsprechende, 1960 im Kunsthandel aufgetauchte Tafel (47 : 35) scheint ein Beleg für diese Überlieferung zu sein und beweist zumindest die Wirkung des Blattes auf die Florentiner Malerei des ausgehenden 15. Jahrhs.

Literatur: B. 47 - Lehrs, Nr. 54 - Baum, Nr. 4 - Panofsky 1, S. 55 - L. Fischel: Zu Schongauers ›Heiligem Antonius‹. In: Studien zur Kunst des Oberrheins. Festschrift für Werner Noack. Konstanz-Freiburg 1958, S. 92-98 - H. Haug: Schongauer et Michel-Ange. In: Cahiers alsaciens d'archéologie, d'art et d'histoire 4, 1960, S. 71-77.

123 DIE MARIA MIT DEM PAPAGEI
Martin Schongauer

Unten Mitte steilschenkliges Monogramm

Kupferstich; 15,8 : 10,9

Berlin, Kupferstichkabinett, Staatliche Museen Preußischer Kulturbesitz (10-1885)

Das auch ›Maria in der Mauer‹ genannte Blatt zählt zur Gruppe der frühesten Stiche Schongauers; nur von diesem hat sich ein 1. Zustand erhalten (A. Shestack, 1969, Nr. 6a). Thematisch lehnt sich Schongauer an niederländische Vorbilder an (Dieric Bouts), abgewandelt greift er die Formulierung der Halbfigur im Fenster später nochmals in zwei kleinen Tafeln auf (E. Buchner: Martin Schongauer als Maler. Berlin 1941, Nr. 6, 10). Der Madonnentyp, wie ihn die Maria mit dem Papagei gibt, blieb nicht ohne Eindruck auf Dürers Hl. Familie mit der Heuschrecke sowie die vorangehenden Zeichnungen (Kat. Nr. 140-42, 144) und auf die Madonna mit der Meerkatze (Kat. Nr. 594). Dürers Madonna vor dem Mauerbogen (Kat. Nr. 588) folgt dem gleichen niederländischen Bildschema. - Der 1. Zustand (ohne Kissenmuster und Frucht) ist in einem Exemplar erhalten.

Literatur: B. 29 - Lehrs, Nr. 37 - Baum, Nr. 3 - A. Shestack: Fifteenth century engravings of Northern Europe from the National Gallery of Art Washington, D.C. Washington 1967, Nr. 36 - Ders.: The complete engravings of Martin Schongauer. New York 1969, Nr. 6 b.

124 DIE GROSSE KREUZTRAGUNG
Martin Schongauer

Unten Mitte schrägschenkliges Monogramm

Kupferstich; 28,6 : 43

Aus der M. Kade-Foundation

München, Staatliche Graphische Sammlung (1964 : 416 D)

Die große Kreuztragung ist mit der fast ebenso großen Schlacht von Clarijo (Baum, Nr. 11) der größte Kupferstich Schongauers und damit von einem Format, das im Stich des 15. Jahrhs. bislang unbekannt war. Das Blatt schließt die Reihe der frühen Stiche der siebziger Jahre ab. Die Komposition geht zurück auf ein toskanisches Bildschema, das Schongauer in der Redaktion Jan van Eycks oder seines Kreises kennenlernte. Das Vorbild läßt

Martin Schongauer: Die sitzende Hl. Dorothea (Kat. Nr. 121)

sich anhand einer Wiederholung des 16. Jahrhs. (Budapest, Mus. der Bildenden Künste, Inv. Nr. 2531) und mehrerer anderer Überlieferungen, die A. Pigler (Katalog der Galerie alter Meister. Museum der Bildenden Künste Budapest. Tübingen 1968, S. 214) zusammenstellte, erschließen. Schongauer verzichtet auf die Stadt- und Landschaftsdarstellung der Vorlage, stellt den Zug in den Vordergrund und ändert das Hauptmotiv: An die Stelle der Begegnung Christi mit Veronika tritt das Zusammenbrechen unter dem Kreuz. - Dürer übernimmt in den Holzschnittpassionen Motive des Schongauerschen Blattes, so etwa 1498 (Kat. Nr. 597 [7]) die beiden im Gespräch begriffenen Berittenen und den Kriegsknecht vor Christus, 1509 erneut die beiden Reiter (Kat. Nr. 603 [22]). Die späten Kreuztragungen Dürers von 1520 (Kat. Nr. 219/20) und die verlorene Wiener Kreuztragung von 1527 (Panofsky, Nr. 13) greifen zurück auf die niederländische Redaktion, auch wenn einzelne Motive (Kat. Nr. 220) weiterhin an Schongauer erinnern.

Literatur: B. 21 - Lehrs, Nr. 9 - Baum, Nr. 13 - Panofsky 1, S. 60/61, 220/21 - R. A. Koch: Martin Schongauer's ›Christ Bearing the Cross‹. In: Record of the Art Mus. Princeton University 14, 1955, S. 22-30.

125 DIE GEBURT CHRISTI
Martin Schongauer

Unten Mitte steilschenkliges Monogramm

Kupferstich; 25,8 : 17

Aus dem Berliner Kupferstichkabinett (Dublette)

Nürnberg, Germanisches Nationalmuseum (K 12 115 a)

Die Geburt Christi ist das erste Blatt des unvollendeten Marienlebens Schongauers. Die vier Stiche konnten auch noch als Torso des Zyklus für Dürer Vorbild und Maßstab seines Marienlebens sein. Die Abhängigkeit der Schongauerschen Anbetung von niederländischen Vorbildern ist evident, an erster Stelle ist der Middelburger Bladelin-Altar Rogier van der Weydens zu nennen (Berlin), dessen Maria Schongauer im Gegensinn abwandelt. Die große Leistung des Blattes liegt in der kunstvollen Verknüpfung von architektonischer Rahmung und Raumdarstellung. ›Ein Tiefenraum, wie die kreuzgewölbte Stallruine, ist am Oberrhein seit den Tagen des Konrad Witz nicht mehr gezeichnet worden‹ (J. Baum, S. 37). In der Geburt Christi des Marienlebens (Kat. Nr. 601 [5]) greift Dürer weniger auf Schongauers spätgotisch-romantische Szenerie als auf eigene ältere Vorstellungen zurück. Die Öffnung des Raumes mit rahmender Mauer und Bogen jedoch wandelt Dürer im Marienleben auf mehreren Blättern verschiedenartig ab.

Literatur: B. 4 - Lehrs, Nr. 5 - E. Flechsig: Martin Schongauer. Straßburg 1946, S. 115, 317 Nr. 4 - Baum, Nr. 5 - A. Shestack: Fifteenth century engravings of Northern Europe from the National Gallery of Art Washington, D. C. Washington 1967, Nr. 38.

126 DIE ANBETUNG DER KÖNIGE
Martin Schongauer

Unten Mitte steilschenkliges Monogramm

Kupferstich; Wz.: Gotisches p mit Blume (nicht bei Briquet); 25,6 : 16,9

Privatbesitz

Von dem Blatt sind Abdrucke späterer Überarbeitungen bekannt, die eine bereits 1482 datiert. Details wie Komposition stehen unter dem Eindruck von Rogier van der Weydens Columba-Altar, der sich ehemals in St. Columba in Köln befand (München, Alte Pinakothek), von Hugo van der Goes' Montforte-Altar (Berlin) und Dieric Bouts' Anbetung (München). A. Shestack bringt auch den bei Schongauer seltenen Gesichtstyp der Maria mit Bouts'schen Madonnen in Verbindung. M. Wolgemut benutzte das Blatt für den 1478/79 entstandenen Zwickauer Altar; Dürer also konnte das Blatt bei Wolgemut kennenlernen. Auch dieser Stich hat für die gegenseitige Anbetung des Dürerschen Marienlebens Anregungen geliefert, dies gilt insbesondere für die Gruppe des knienden Königs und der Maria. Die breit entfalteten niederländischen Anbetungen schiebt Schongauer in reicher räumlicher Differenzierung zum Hochformat zusammen, das durch Dürer aus solcher spätgotischen Steilheit wieder in breitere Ausdehnung umgeformt wurde. Der bei Schongauer rechts am Boden hockende Begleiter findet sich mit ähnlicher Beschäftigung auf Dürers Florentiner Anbetung von 1504.

Literatur: B. 6 - Lehrs, Nr. 6 - Baum, S. 38, Nr. 6 - E. Flechsig: Martin Schongauer. Straßburg 1946, S. 115/16, 195/6, 317 Nr. 5 - A. Shestack: Fifteenth century engravings of Northern Europe from the National Gallery of Art Washington, D. C. Washington 1967, Nr. 39 - Ders.: The complete engravings of Martin Schongauer. New York 1969, S. XII.

127 DER HALT AUF DER FLUCHT NACH ÄGYPTEN
Martin Schongauer

Unten Mitte steilschenkliges Monogramm

Kupferstich; 25,5 : 16,5

Basel, Öffentliche Kunstsammlung, Kupferstichkabinett (aus K. 7. 8.)

Das Blatt nimmt durch seinen romantischen Charakter eine Sonderstellung nicht nur im Marienleben, sondern im gesamten druckgraphischen Werk Schongauers ein. Das Thema der Ruhe unter der Dattelpalme, die von Engeln geneigt wird, geht zurück auf die Erzählung des Pseudo-Matthäusevangeliums (E. Hennecke: Neutestamentliche Apokryphen 1. 4. Aufl. Tübingen 1968, S. 307). Eine derartige historisierende Verlegung der Flucht in orientalische Umgebung, angedeutet durch Dattelpalme und Drachenbaum, die Schongauer auf seiner für etwa 1470 vermuteten Spanienreise gesehen haben könnte, war neuartig. Dürer hat das Blatt als Vorlage für den Holzschnitt der Flucht nach Ägypten im Marienleben (Kat. Nr. 601 [14]) benutzt. Ein solch direktes Zurückgreifen Dürers auf ein graphisches Blatt Schongauers findet sich kein zweites Mal. Übernommen werden allerdings nur Bäume und Tiere, den Feigenbaum (?) links hinten deutet Dürer zum Weinstock um. Vom wohl symbolisch zu verstehenden Geschehen bleibt bei ihm nur der Blick Josephs zurück zur Dattelpalme (Lebensbaum), während die hilfreichen Engel sich zu einer beschützenden Engelwolke gewandelt haben.

Literatur: B. 7 - Lehrs, Nr. 7 - E. Flechsig: Martin Schongauer. Straßburg 1946, S. 195, 317 Nr. 6 - Baum, S. 38, Nr. 7 - M. Wenzel-Albrecht: Frühe Kupferstiche Albrecht Dürers in ihrer Beziehung zu Martin Schongauer und dem Meister des Hausbuches. Diss. Marburg 1949 (Masch. Schr.), S. 113 - Panofsky 1, S. 38, 100 - Winzinger, S. 15.

128   DER TOD MARIÄ

Martin Schongauer

Unten Mitte steilschenkliges Monogramm

Kupferstich; 25,5 : 16,8

Privatbesitz

Das Blatt ist in drei Zuständen bekannt, die sich in der Schraffur der Vorhänge unterscheiden. Es mag sein, daß der Stich Anlaß für die Komposition des späten Marientodes des Hugo van der Goes (Brügge, Stedelijke Mus.) wurde. Die Darstellung als Ganzes blieb ohne Eindruck auf Dürer, nicht jedoch die Gruppe der beiden vorn links knienden Apostel. Für den Marientod des Marienlebens (Kat. Nr. 601 [18]) übernimmt Dürer die beiden Repoussoirfiguren und arbeitet die entscheidenden, bei Schongauer angelegten Elemente heraus: die Diagonalstellung der Rückenfigur und die Senkrechte des Kreuzstabes. Das Motiv der nackten, dem Beschauer zugekehrten Fußsohlen scheint eine gewisse Faszination für Dürer gehabt zu haben: Erstmals entlehnt er es dem Schongauerblatt für die Johannesfigur des Holzschnittes mit den Sieben Leuchtern der Apokalypse (Kat. Nr. 596 [3]), das auch wegen der reichen Goldschmiedearbeit der Leuchter mit dem großen Leuchter des Schongauerschen Marientodes in Verbindung gebracht wurde. Späterhin taucht das Motiv mehrfach in der Kleinen Passion (Kat. Nr. 603 [35, 37]) und nochmals im Marienleben (W. 471; Wien) auf, am eindrucksvollsten aber in der Studie für den Heller-Altar (W. 464). Die profane, wenn nicht mythologische Szene auf dem Fuß des Schongauerschen Leuchters ist bislang ungedeutet. Einen Vorschlag gibt A. Shestack im Anschluß an A. Goldschmidt.

Literatur: B. 33 - Lehrs, Nr. 16 - E. Flechsig: Martin Schongauer. Straßburg 1946, S. 195, 306, 317 Nr. 7 - Baum, Nr. 8 - Panofsky 1, S. 55 - Winzinger, S. 67/68, Abb. A 15 - F. Winkler: Das Werk des Hugo van der Goes. Berlin 1964, S. 80 - A. Shestack: Fifteenth century engravings of Northern Europe from the National Gallery of Art Washington. Washington 1967, Nr. 41.

129   MARIA AUF DER RASENBANK

Martin Schongauer

Unten Mitte schrägschenkliges Monogramm

Kupferstich; 12 : 8,3 (Bl. 12,3 : 8,6)

Aus Museum Faesch

Basel, Öffentliche Kunstsammlung, Kupferstichkabinett (Aus K. 7. 25 [F. M.])

Die Maria auf der Rasenbank ist mit der Maria im Hofe (B. 32), der sie sicher zeitlich vorangeht, der stehenden Muttergottes mit dem Apfel (B. 28) u. a. in eine mittlere Gruppe der reifen Stiche einzureihen, die vor der Passion entstand (B. 9-20). Das Blatt geht weniger auf niederländische als auf rheinische Quellen zurück (A. Shestack). Nicht nur thematisch zählt es zu den Ausgangspunkten von Dürers Hl. Familie mit der Heuschrecke (Kat. Nr. 144) und erweist den engen Zusammenhang des reifen Figurenstils Schongauers im Figurenaufbau und im Verhältnis von Körper und Gewand mit Dürers Erlanger wie Berliner Hl. Familie (Kat. Nr. 141/42) und der sitzenden Verkündigungsmadonna von 1492 (Kat. Nr. 134).

Literatur: B. 30 - Lehrs, Nr. 36 - E. Flechsig: Martin Schongauer. Straßburg 1946, S. 228/29, 319 Nr. 65 - Baum, S. 41, Nr. 19 - A. Shestack: Fifteenth century engravings of Northern Europe from the National Gallery of Art, Washington, D. C. Washington 1967, Nr. 44.

130   DIE VERKÜNDIGUNG:
DER ERZENGEL GABRIEL UND MARIA

Martin Schongauer

Beide Blätter mit schrägschenkligem Monogramm unten in der Mitte.

Kupferstiche; Gabriel 16,9 : 11,8 (Bl. 17,3 : 12,4); Maria 16,9 : 11,7 (Bl. 17,2 : 12,2)

Basel, Öffentliche Kunstsammlung, Kupferstichkabinett (Aus K. 7. 1. /2.)

Die große Verkündigung bietet die künstlerische Vollendung des Schongauerschen Spätstils. Die Szenerie ist bis auf die Attribute gestrichen. Die in der Binnenform voller ornamentalen Lebens groß ausgebreiteten Figuren sind im Umriß von straffer, aber reicher Form; der von links kommende Lichteinfall dient ausschließlich der körperlichen Klärung der Gewandfiguren. Die diptychonartige Verteilung der beiden Figuren auf zwei Blätter erlaubt Schongauer, die das ganze Spätwerk beherrschende Monumentalisierung der Einzelfigur auch im Szenischen durchzuhalten, das auf den abstrakten Raum und die beiden Attribute reduziert ist. A. Shestacks Vermutung, daß die Trennung der beiden Figuren durch einzelstehende Portalskulpturen angeregt sei, scheint abwegig, eher bleibt an die Gegenüberstellung auf getrennten Altarflügeln zu denken. Über eine große zeitliche Spanne hinweg leben auch hier die Kopf- und Gesichtstypen Rogier van der Weydens weiter. Trotz ihrer Monumentalität finden im Dürerschen Werk die beiden Figuren keine Nachfolge.

Literatur: B. 1/2 - Lehrs, Nr. 2/3 - E. Flechsig: Martin Schongauer. Straßburg 1946, S. 321 Nr. 110/11 - Baum, Nr. 94/95 - A. Shestack: Fifteenth century engravings of Northern Europe from the National Gallery of Art Washington, D. C. Washington 1967, Nr. 114/15 - Ders.: The complete engravings of Martin Schongauer. New York 1969, S. XIV.

131   DER BISCHOFSSTAB

Martin Schongauer

In der Mitte des unteren Endes des Stabes steilschenkliges Monogramm

Kupferstich; 27,4 : 12,7

München, Staatliche Graphische Sammlung (10945)

Bei diesem Vorlageblatt, vornehmlich für den Goldschmied, handelt es sich um eine Erfindung Martin Schongauers, wie die thronende Maria beweist, die auch - ebenso das kleine steilschenklige Monogramm - Grund zur frühen Datierung des Blattes ist. Die Verbindung des fialenbesetzten Marienthrones mit der Krümme zeigt die Kenntnis des Goldschmiedehandwerks. Die Krümme in Vorderansicht und die leichte Drehung des Stabes lassen alle Details erkennen, nur das Figurenprogramm des Stabes bleibt offen. Zu sehen sind die Hl. Margarete, ein König und die Hl. Barbara. Die Georg Schongauer zugeschriebene Münch-Monstranz des Basler Münsterschatzes (Spätgotik am Oberrhein. Ausst. Karlsruhe 1970, Nr. 194) ist wahrscheinlich vom Stich des Pedums beeinflußt.

Literatur: B. 106 - Lehrs, Nr. 105 - E. Flechsig: Martin Schongauer. Straßburg 1946, S. 82/83, 318 Nr. 33 - Baum, S. 32, Nr. 97 - A. Shestack: Fifteenth century engravings of Northern Europe from the National Gallery of Art Washington, D. C. Washington 1967, Nr. 111.

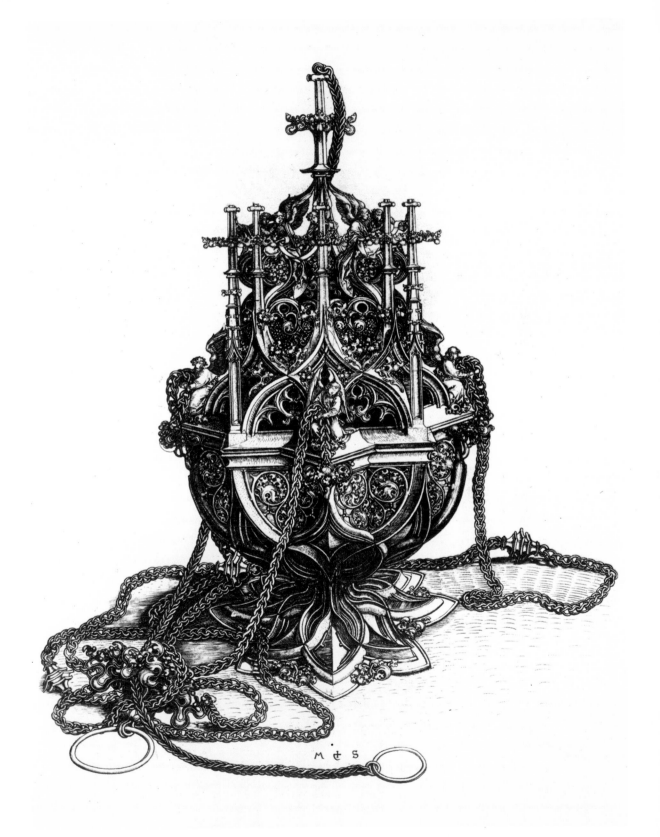

Martin Schongauer: Das Rauchfaß (Kat. Nr. 132)

132 DAS RAUCHFASS
Martin Schongauer   *Abb.*

Unten Mitte steilschenkliges Monogramm

Kupferstich; Wz.: Gotisches p mit Blume und Querstrich (ähnlich Briquet 8675); 26,7 : 21,1

Aus Slg. Parthey

Privatbesitz

Das Rauchfaß steht um 1480 am Anfang des Spätwerkes. Das mit stecherischer Meisterschaft gearbeitete Blatt gewinnt durch die plastische Durcharbeitung, die Verschattung und den Lichteinfall von rechts einen malerischen Charakter. Dieses und die bildmäßig drapierten Ketten geben dem Blatt den Charakter des eigenständigen Kunstwerks, die Frontalität macht es zur vervielfältigenden Werkzeichnung, deren Maßstab auf die Ausführung Rücksicht nimmt. Das Blatt muß in der Tradition der ursprünglich wesentlich zahlreicheren silbernen Rauchfässer gesehen werden, wie sie mit dem silbernen Rauchfaß aus Horb faßbar wird (Mitte (?) 15. Jahrh. Spätgotik am Oberrhein. Ausst. Karlsruhe 1970, Nr. 200), andererseits ist an das Werk des Bruders Georg Schongauer zu erinnern (ebda, Nr. 193-95, 213). - Die zahlreichen silhouettierten Exemplare und die späteren Abdrucke lassen auf längere Verwendung in Goldschmiedewerkstätten schließen, die auch durch das nach dem Stich vereinfacht ausgeführte Rauchfaß des frühen 16. Jahrhs. in Haarlem belegt wird (Middeleeuwse kunst der Noordelijke Nederlanden. Ausst. Amsterdam 1958, Nr. 386). Der Durchmesser dieses Rauchfasses ist nur 1,5 cm größer als der des Schongauerschen. - Dürers Entwürfe für Goldschmiedekunst beschäftigen sich nicht mit sakralem Gerät. Rauchfässer tauchen in seiner Druckgraphik nur an untergeordneter Stelle und in sehr einfacher Form auf. Den spätgotischen architektonischen Formapparat verwendet er allein beim Entwurf zum großen Tischbrunnen (W. 233, London; vgl. Kat. Nr. 691-93).

Literatur: B. 107 - Lehrs, Nr. 106 - E. Flechsig: Martin Schongauer. Straßburg 1946, S. 83/84, 319 Nr. 48 - Baum, S. 32, Nr. 96 - A. Shestack: Fifteenth century engravings of Northern Europe from the National Gallery of Art Washington, D. C. Washington 1967, Nr. 110.

133 DER WAPPENSCHILD MIT DEM LÖWENKOPF
Martin Schongauer

Unten Mitte schrägschenkliges Monogramm

Kupferstich; Dm. 7,8

Nürnberg, Germanisches Nationalmuseum (K 20677)

Die zehn Wappenschilde zählen mit den Evangelistensymbolen, den einzelnen stehenden Heiligen sowie den klugen und törichten Jungfrauen zur Gruppe der späten Stiche Schongauers. Die nicht bestimmten und wohl auch nicht bestimmbaren Wappen werden von Frauen, einem Engel, einem Mauren (?), einem Bauern (Kat. Nr. 418) und von wilden Leuten gehalten. Wilde Leute als Wappenträger finden sich nicht nur bei Schongauer, Dürer verwendet sie beim Wappen des Todes. M. Lehrs' Meinung, daß die Wappenschilde als Vorlagen für den Goldschmied bestimmt waren, ist gegenüber E. Flechsigs Vorschlag - echte Wappen des bislang wappenlosen reichen Bürgertums - vorzuziehen. Die Wildfrau Schongauers sowie die felsige Landschaft sind offenbar der Tierdame des kleineren Kartenspiels des Meisters E. S. (Lehrs, Nr. 229) entlehnt (M. Lehrs).

Literatur: B. 100 - Lehrs, Nr. 99 - E. Flechsig: Martin Schongauer. Straßburg 1946, S. 318 Nr. 38 - Baum, Nr. 102 - A. Shestack: Fifteenth century engravings of Northern Europe from the National Gallery of Art Washington, D. C. Washington 1967, Nr. 94.

134 SITZENDE MARIA EINER VERKÜNDIGUNG
Albrecht Dürer   *Abb.*

Unten rechts in blaugrauer Tusche wenig späteres Monogramm (von fremder Hand?)

Federzeichnung in Hellbraun; Wz.: Hohe Krone (ähnlich Piccard, Kronenwasserzeichen, XII, 5; Kreuz fragmentiert oder einfache Spitze); 16,3 : 14,3

Aus den Slgn. Desperet, Paravey, Baron de Beurnonville, Le Roy und Marquet de Vasselot

Privatbesitz

Die hier erstmals ausgestellte Zeichnung ist beschnitten, doch bis auf eine Fehlstelle im Gewand vorzüglich erhalten. Die Binnenzeichnung zeigt feinste Haarlinien, die letzte Überarbeitung an der rechten Seite, in Gesicht und linker Hand kräftige Tiefen. Die Modellierung erfolgte mit Parallelen, Kreuzlagen, Häkchen und frei geführten Schraffen. Die Zeichnung ist in allen Teilen eigenhändig, einschließlich der Überarbeitungen und des links angefügten Gewandzipfels. Das Monogramm verdeckt nicht, wie F. Winkler annahm, eine gleichzeitige Monogrammierung. Die Zeichnung ist in Strich, Zeichenstil, Kopf und Haltung von größter Schongauernähe (vgl. Kat. Nr. 121; Winzinger, Nr. 1, 33; Baum, Nr. 19, 97, 183), der Zusammenhang mit der Pariser Muttergottes mit musizierenden Engeln (Kat. Nr. 163; vgl. W. 22/23) sehr eng. Der Typ der Verkündigung, bei dem die Maria dem Engel zugewandt sitzt, hat am Oberrhein eine längere Tradition (G. Schmidt - A. M. Cetto: Schweizer Malerei und Zeichnung im 15. und 16. Jahrhundert. 3. Aufl. Basel o. J., Taf. I, Abb. 28 - J. Gantner: Kunstgeschichte der Schweiz 2. Frauenfeld 1947, Abb. 305), doch ist die Anregung Dürers in einer Vorlage Schongauers zu suchen, die auf dieser Tradition fußt (?), oder in einer Darstellung, die ähnlich einer oberrheinischen sitzenden Maria in Basel (W. 1, Taf. VIII), auf die niedrig sitzenden Heiligen niederländischer Provenienz zurückgeht, etwa in der Formulierung der Hl. Magdalena Rogier van der Weydens in London (M. J. Friedländer: Early Netherlandish painting 2. Leyden-Brüssel 1967, Nr. 12).

Literatur: P. Leprieur - A. Pératé - A. Lemoisne: Catalogue raisonné de la collection Martin Le Roy 5. Paris 1909, S. 177/78 - Winkler, Dürer 1957, S. 35 - Vente Palais Galliéra. Paris 9. 3. 1967, Nr. 57 - W. Schadendorf: Eine Zeichnung Dürers von 1492/93. Privatdruck (1969).

135 DIE GEBURT CHRISTI
Albrecht Dürer   *Abb.*

In der rechten unteren Ecke das geschleuderte Dürermonogramm in hellerer Tinte

Federzeichnung; 28 : 21,2

Coburg, Kupferstichkabinett der Kunstsammlungen Veste Coburg (Coburger Landesstiftung) (Z 98)

Das allseitig beschnittene Blatt zeichnet sich durch zügige und rasche Niederschrift wie durch Überzeichnungen und Korrekturen der ersten Skizzierung aus, besonders bei der nach vorn geneigten Maria. Ihre Haltung und der Aufbau der Szene machen

Albrecht Dürer:
Pfeifer und Trommler (Kat. Nr. 71)

die Zeichnung zu einem Hauptbeispiel der Abhängigkeit Dürers auf der Wanderfahrt von niederländischen Vorbildern, die um den Bladelin-Altar Rogier van der Weydens (Friedländer, Nr. 38) und bei Hugo van der Goes zu suchen sind. Die Schongauerschen Elemente treten demgegenüber zurück; so steht das Blatt eher in einem ähnlichen Abhängigkeitsverhältnis zur niederländischen Malerei wie Schongauers Geburt Christi (Kat. Nr. 125), als daß Dürers Blatt von einer Geburt Schongauers abhängig sei (F. Winzinger). Der von F. Winkler betonte Zusammenhang mit der Verkündigungsmaria (Kat. Nr. 134) kann dadurch nur bestätigt werden. Bei der Neufassung des Geburtsthemas im Marienleben (Kat. Nr. 601 [10]) geht Dürer von seiner zehn Jahre älteren Zeichnung und nicht von Schongauers Stich aus.

Literatur: O. Schürer: Wohin ging Dürers ›ledige Wanderfahrt‹? In: Zs. f. Kunstgesch. 6, 1937, S. 193/94 - Oehler, S. 254-57 - Winkler, Dürer 1957, S. 35 - Ausgewählte Handzeichnungen von 100 Künstlern aus fünf Jahrhunderten, 15.-19. Jahrhundert, aus dem Kupferstichkabinett der Kunstsammlungen der Veste Coburg. Coburg 1970, Nr. 20 - F. Winzinger: Studien zur Kunst Albrecht Dürers. In: Jb. d. Berliner Museen 10, 1968, S. 151-80.

136 BERNHARD VON BREIDENBACHS REISE IN DAS HEILIGE LAND
Erhard Reuwich

Bernhard von Breidenbach: Peregrinatio in terram sanctam. Mainz: Erhard Reuwich [m. d. Typen Peter Schöffers], 11.2.1486. 2°

Pergament; 25 (statt 26) Holzschnitte, koloriert (17. Jahrh.?), Initialen vereinzelt mit breiter Feder ausgeführt

Aus den Bibl. Christ. Limpach, Hartmann v. Cronberg, Hartmueth v. Leonberg, F. C. v. Stadion u. Warthausen

Nürnberg, Germanisches Nationalmuseum (Inc. 15024)

Die Beschreibung der Pilgerfahrt, die Bernhard v. Breidenbach mit dem Grafen Solms und Philipp von Bicken, begleitet von dem Mainzer Maler Erhard Reuwich 1483/84, in das Heilige Land unternommen hatte, wurde nach Umfang und Qualität das überragende Werk des Mainzer Buchholzschnitts. Die unterwegs aufgenommenen Zeichnungen Reuwichs wurden unter seiner Anleitung geschnitten und gedruckt. Die 26 Holzschnitte sind nicht nur Textillustrationen, sondern ›eigenständige, den Text ergänzende Bildausstattung‹ (R. W. Fuchs), die Elemente italienischer Kunst enthalten (Venedig, Padua). Die Peregrinatio ist das bedeutendste Werk des Buchholzschnitts im Jahrzehnt vor Dürers Apokalypse (W. Paatz). - Reuwichs Holzschnitte waren in Wolgemuts Werkstatt vorhanden, als Dürer dort lernte. Der großartige Titelholzschnitt und andere dienten als Anregung und Vorlage für Illustrationen der Schedelschen Weltchronik (Kat. Nr. 117). Dürer kannte Reuwichs Holzschnitte, er mag frühzeitig den künstlerischen und handwerklichen Abstand der druckgraphischen Arbeit in Nürnberg zu der Mainzer Leistung ermessen haben. Daß Dürer später einzelne Holzschnitte Reuwichs benutzt hat, ist nur für den Titelholzschnitt der quatuor libri amorum (1502) zweifelsfrei nachgewiesen. - Die neueren Forschungen von E. Graf Solms, L. Behling, R. W. Fuchs u. a. haben die 1936 von ersterem vorgetragene These, daß der Hausbuchmeister (Kat. Nr. 137/38) mit E. Reuwich zu identifizieren sei, einer Bestätigung nahe gebracht. Zum Inhalt vgl. Kat. Nr. 377.

Literatur: Hain-Copinger 3956 - GW 5075 - Schramm 15, Abb. 1-18, 20-24 - E. Graf zu Solms: Der Hausbuchmeister. In: Städel-Jb. 9, 1935/36, S. 70-95 - I. Ramsegger: Die Städtebilder der Schedelschen Weltchronik. Diss. Berlin 1943 (Masch. Schr.), S. 29-36 - L. Behling: Der Hausbuchmeister - Erhard Reuwich. In: Zs. f. Kunstwiss. 5, 1951, S. 179-90 - E. Graf zu Solms: Nachtrag zu Erhard Reuwich. In: Zs. f. Kunstwiss. 10, 1956, S. 187-92 - J. Graf Waldburg-Wolfegg: Das mittelalterliche Hausbuch. München 1957, S. 48/49 - A. Stange: Der Hausbuchmeister. Baden-Baden-Straßburg 1958, S. 7 - R. W. Fuchs: Die Mainzer Frühdrucke mit Buchholzschnitten 1480-1500. In: Archiv f. Gesch. d. Buchwesens 2, 1958-60, S. 31-71, bes. S. 51 ff. - F. Winkler: Ein Titelblatt und seine Wandlungen. In: Zs. f. Kunstwiss. 15, 1961, S. 149-63 - W. Paatz: Das Aufkommen des Astwerkbaldachins in der deutschen spätgotischen Skulptur und Erhard Reuwichs Titelholzschnitt in Breidenbachs ›Peregrinationes in terram sanctam‹. In: Bibliotheca docet. Festschrift f. W. Wehmer. Amsterdam 1963, S. 355-67 - Hellwig, GNM, Nr. 248.

137 DIE DREI TOTEN UND DIE DREI LEBENDEN KÖNIGE
Hausbuchmeister

Kaltnadelstich; 12,4 : 19

Stuttgart, Staatsgalerie, Kupferstichkabinett

Die Legende wird erstmals in der französischen Literatur des 13. Jahrhunderts faßbar, ihr Kern liegt im Anruf der Toten an die Lebenden: ›Was ihr seid, das waren wir. Was wir sind, das werdet ihr.‹ Die Fassung des Hausbuchmeisters schließt sich an das ikonographische Schema französischer Miniaturen an, die Lebenden, Herzog, König und Kaiser, wenden sich vor den feindlich gesonnenen Standesgenossen zur Flucht. Das in zwei Exemplaren bekannte Blatt ist, zuletzt von E. Panofsky, zur Erklärung des komplizierten Bildaufbaues von Dürers 1489 datierter Gesellschaft zu Pferde (W. 16) herangezogen worden. Daß in der Wolgemut-Werkstatt Stiche des Hausbuchmeisters ausgewertet wurden, scheint erwiesen. Die Verwendung dieses dem Spätwerk des Hausbuchmeisters um 1490 zugewiesenen Blattes durch Dürer vor 1490 zwingt jedoch zu früherer zeitlicher Ansetzung als allgemein angenommen. Dürers spätere Fassung des Themas zeigt einen völlig anderen Bildaufbau, einzelne Motive lassen an Zusammenhänge denken (W. 162; Wien).

Literatur: Lehrs, Nr. 52 - E. Graf zu Solms: Der Hausbuchmeister. In: Städel-Jb. 9, 1935/36, S. 32 - J. C. J. Bierens de Haan: De Meester van het Amsterdamsch Kabinet. Amsterdam 1947, Nr. 52 - K. Oettinger: Zu Dürers Beginn. In: Zs. f. Kunstwiss. 8, 1954, S. 153 - Panofsky 1, S. 21 - A. Stange: Der Hausbuchmeister. Baden-Baden-Straßburg 1958, S. 16 - W. Rotzler: Die Begegnung der drei Lebenden und der drei Toten. Winterthur 1961, S. 216-18.

138 DIE HEILIGE FAMILIE IN DER LANDSCHAFT
Hausbuchmeister   *Abb.*

Kaltnadelstich; 14,3 : 11,5

1807 aus Slg. Baron van Leyden erworben

Amsterdam, Rijksprentenkabinett (OB 889)

Der nur in einem Exemplar erhaltene Stich gehört in der strichelnden Zeichenweise, der souveränen Beherrschung von Figur und Raum und seinem malerischen Charakter zum nach 1490 anzusetzenden Spätwerk des Hausbuchmeisters. Das Entstehungsdatum muß vor Dürers Hl. Familie mit der Heuschrecke liegen

Albrecht Dürer: Sitzende Maria einer Verkündigung (Kat. Nr. 134)

←
Albrecht Dürer: Die Geburt Christi (Kat. Nr. 135)

(Kat. Nr. 144), die, ähnlich wie ihre zeichnerischen Vorstufen (Kat. Nr. 140-42), ohne das Blatt nicht vorstellbar ist. Nicht das Genremotiv des kauernden Joseph, der dem Kind Äpfel vor die Füße rollt, um es zu ersten Schritten aufzumuntern, sondern Figurenanordnung und Bildaufbau in der eigenwilligen Stellung zwischen Marien- und Familiendarstellung werden von Dürer übernommen. Die humoristische Heiterkeit des Blattes wandelt Dürer zu größerem Ernst, den niederländisch gestuften Landschaftsaufbau schiebt er zum einheitlichen Landschaftsraum zusammen. Dürer mag das Blatt besessen haben; um 1512 greift er mit einem seiner ersten Kaltnadelblätter die Gruppierung des Hausbuchmeisters erneut auf (B. 43).

Meister des Hausbuchs: Die Heilige Familie in der Landschaft (Kat. Nr. 138)

Literatur: Lehrs, Nr. 27 - E. Graf zu Solms: Der Hausbuchmeister. In: Städel-Jb. 9, 1935/36, S. 69, 73/74 - J. C. J. Bierens de Haan: De Meester van het Amsterdamsch Kabinet. Amsterdam 1947, Nr. 27 - Panofsky 1, S. 22/23 - A. Stange: Der Hausbuchmeister. Baden-Baden-Straßburg 1958, S. 17 - V. M. Strocka: Albrecht Dürer und Wolfgang Peurer. In: Argo. Festschrift für Kurt Badt. Köln 1970, S. 249-60.

139   DIE HIMMELFAHRT DER HL. MAGDALENA
Albrecht Dürer

Links unten das geschleuderte Dürermonogramm

Federzeichnung; Wz.: Gotisches P mit nach oben gebogenem Haken und vierblättriger Blume; 24,3 : 17,8

Coburg, Kupferstichkabinett der Kunstsammlungen Veste Coburg (Coburger Landesstiftung) (Z 97)

Das Blatt ist allseitig beschnitten, am unteren Rand sind Reste einer Landschaft zu erkennen, links oben der Rest einer Wolke (?). Die Zeichnung ist eines der Hauptzeugnisse für den Kontakt des jungen Dürer mit dem Werk des Hausbuchmeisters (L. 48 u. 49). Seiner Himmelfahrt der Hl. Magdalena folgt Dürer in der erregten und ausfahrenden Bewegung der Engelsgewänder, übernimmt z. T. die Haltung der Engel im Raum und zur Heiligen. Diese hingegen bildet er mit tastender Strichführung zur Aktfigur um. Während der Hausbuchmeister den unbehaarten Körper mit dem Haupthaar verdeckt und die Hände vor der Brust überkreuzt, legt Dürer den Körper frei, ordnet die Hände locker unterhalb der Brüste und gibt somit eine bedeutsame Vorstufe des weiblichen Aktes von 1493 (W. 28; Bayonne). - Das flott, wenn nicht eilig gezeichnete Blatt könnte in zwei Stadien entstanden sein: Auffällig ist der energische Strich am Mantelende des rechten oberen Engels sowie beim ganzen Engel links oben.

Literatur: Panofsky 1, S. 23/24 - Oehler, S. 257/58 - Kunstsammlungen der Veste Coburg. Ausgewählte Werke. Coburg 1969, Nr. 105 - Ausgewählte Handzeichnungen von 100 Künstlern aus fünf Jahrhunderten, 15.-19. Jahrhundert, aus dem Kupferstichkabinett der Kunstsammlungen der Veste Coburg. Coburg 1970, Nr. 19.

140   DIE HEILIGE FAMILIE UNTER DEM BAUM
Albrecht Dürer

Am linken Rand das Monogramm des Künstlers von späterer Hand

Federzeichnung; 22,7 : 14,5

Aus den Slgn. Rogers, Robinson und Malcolm

Donington Priory, Sammlung G. M. Gathorne-Hardy

Die nur zum Teil ausgeführte Skizze steht in engem Zusammenhang mit den beiden sitzenden Marien des Blattes der ehem. Slg. Oppenheimer (W. 22/23). Die Studie einer Hand auf der Vorderseite dieses Blattes ist möglicherweise eine Vorarbeit für die linke Hand des Joseph. Der Aufbau der Maria ist Schongauer durchaus verpflichtet (vgl. B. 32). Die Strichführung an Kopf und Oberkörper erinnert an die Coburger Geburt Christi (Kat. Nr. 135). In der Entwicklung der Darstellung, die auf die Hl. Familie mit der Heuschrecke und von diesem Blatt insbesondere zur Hl. Familie mit den Hasen hinführt (Kat. Nr. 144, 593), steht das Blatt als ›Ruhe auf der Flucht‹ am Anfang und bietet durch das Spiel Josephs mit dem Kind die Schilderung eines Vorgangs ähnlich dem anregenden Blatt des Hausbuchmeisters (Kat. Nr. 138).

Literatur: E. Roemer: Dürers ledige Wanderjahre. In: Jb. d. Preuß. Kunstslgn. 47, 1926, S. 127 Nr. 3 - Winkler, Dürer 1957, S. 35.

141   DIE HEILIGE FAMILIE
Albrecht Dürer

Federzeichnung; 20,4 : 20,8

Albrecht Dürer: Die Heilige Familie (Kat. Nr. 142)

Erlangen, Graphische Sammlung der Universitätsbibliothek Erlangen-Nürnberg (B 155 r)

Die Zeichnung ist die erste eingehendere Ausführung einer von Dürer geplanten Hl. Familie ›in der Landschaft‹ oder bei der Ruhe auf der Flucht, die aufgrund der vorangegangenen Marienstudien und Skizzen entstand (W. 22/23; Kat. Nr. 140). Über die Berliner Hl. Familie mit dem schlafenden Joseph führt die Entwicklung des Themas zum Stich der Hl. Familie mit der Heuschrecke (Kat. Nr. 142, 144). Die engen Zusammenhänge der Zeichnung mit dem Stichwerk Schongauers sind vielfältig betont worden (vgl. Kat. Nr. 129 u. B. 54, 57, 71), andererseits ist der Zusammenhang mit dem Werk des Hausbuchmeisters im Kopf des Joseph, im kleinteiligen Faltenwerk der Ärmel und im Motiv des heraneilenden und tiefer gesetzten Joseph nicht zu übersehen. Auf der Rückseite des Blattes befindet sich das Selbstbildnis des Zwanzigjährigen von 1491 (Kat. Nr. 65), im gleichen Jahr wird die Hl. Familie entstanden sein.

Literatur: J. Meder: Neue Beiträge zur Dürer-Forschung. In: Jb. d. kunsthist. Slgn. d. Allerhöchsten Kaiserhauses 30, 1912, S. 189 - E. Roemer: Dürers ledige Wanderjahre. In: Jb. d. Preuß. Kunstslgn. 47, 1926, S. 127 Nr. 1b - Flechsig 2, S. 351 - Bock, Erlangen, Nr. 155 - Panofsky 1, S. 23/24 - Winkler, Dürer 1957, S. 35 - F. Winzinger: Studien zur Kunst Albrecht Dürers. In: Jb. d. Berliner Museen 10, 1968, S. 160.

142   DIE HEILIGE FAMILIE

Albrecht Dürer   *Abb.*

Federzeichnung; 29 : 21,4

Aus den Slgn. Esdaile, Galichon und Rodriguez

Berlin, Kupferstichkabinett, Staatliche Museen Preußischer Kulturbesitz (KdZ. 4174)

Die Hl. Familie mit dem schlafenden Joseph ist die ›erste große bildmäßig durchgeführte Mariendarstellung‹ Dürers (F. Winkler). Der Schongauersche Charakter ist an zahlreichen Zügen zu belegen, ›freie Umsetzung Schongauerscher Vorbilder‹ (F. Winzinger) möchte man allein für die Maria mit dem Kind annehmen. Zu denken ist an ein Vorbild, das etwa hinter der Tafel mit Maria auf der Rasenbank des Basler Kunstmuseums steht (Baum, Nr. 194). Mit dem Aufbau des Blattes und der weiteren Zurückdrängung des Joseph folgt Dürer enger als in der Erlanger Hl. Familie der gleichsinnigen Darstellung des Hausbuchmeisters (Kat. Nr. 138). Die landschaftliche Erschließung des Bildraumes ist die eigentliche Leistung des Blattes. Wohl auf eine Naturstudie vom Oberrhein zurückgehend, verrät sie die Kenntnis niederländischer Landschaftshintergründe (Geertgen tot Sint Jans). Gegenüber der Madonna mit der Heuschrecke zeigt das Blatt einen fast bruchlosen Übergang zwischen Vorder-, Mittel- und Hintergrund durch das beherrschende Motiv der Baumreihe.

Literatur: E. Roemer: Dürers ledige Wanderjahre. In: Jb. d. Preuß. Kunstslgn. 47, 1926, S. 127 Nr. 2 - O. Schürer: Wohin ging Dürers ›ledige Wanderfahrt‹? In: Zs. f. Kunstgesch. 6, 1937, S. 173-82 - M. Wenzel-Albrecht: Frühe Kupferstiche Albrecht Dürers in ihrer Beziehung zu Martin Schongauer und dem Meister des Hausbuchs. Diss. Marburg 1949 (Masch. Schr.), S. 18, 30 - Panofsky 1, S. 23 - Winkler, Dürer 1957, S. 35 - F. Winzinger: Studien zur Kunst Albrecht Dürers. In: Jb. d. Berliner Museen 10, 1968, S. 160.

143   DER GEWALTTÄTIGE

Albrecht Dürer

Kupferstich; 11,4 : 11,2

Aus Slg. Davidsohn

München, Staatliche Graphische Sammlung (1920:157)

Über Thema und Bezeichnung des Blattes besteht keine Einigkeit. Es handelt sich eher um die Vergewaltigung durch einen teuflischen Unhold als durch den Tod. Das Blatt ist in dem fast quadratischen Format, im strichelnden und nervösen Zeichnungsstil, in der erregten Formensprache und dem tief liegenden Horizont mit der Freistellung der Formen gegen das unabgegrenzte Weiß des Himmels den Blättern des Hausbuchmeisters verpflichtet. Mit dem Liebesantrag (Kat. Nr. 463), dem Spaziergang (Kat. Nr. 464) und weiteren Stichen der Zeit um 1496 bildet dieser eine Gruppe, mit der Dürer die allegorische Zweifigurenthematik des Hausbuchmeisters in die realistisch-anschauliche Bildsprache Frankens übersetzt.

Literatur: M. Wenzel-Albrecht: Frühe Kupferstiche Albrecht Dürers in ihrer Beziehung zu Martin Schongauer und dem Meister des Hausbuchs. Diss. Marburg 1949 (Masch. Schr.), S. 54 ff. - Panofsky 1, S. 65/66 - Knappe, S. 11 - G. Fiensch: Bemerkungen zu den Zwei-Figuren-Blättern des Hausbuchmeisters. In: Kunst in Hessen und am Mittelrhein 9, 1969, S. 47-53 - V. M. Strocka: Albrecht Dürer und Wolfgang Peurer. In: Argo. Festschrift für Kurt Badt. Köln 1970, S. 249-60.

144   DIE HEILIGE FAMILIE MIT DER HEUSCHRECKE

Albrecht Dürer   *Abb.*

Unten Mitte das Monogramm des Künstlers mit kleinem d

Kupferstich; 23,6 : 18,7

Wien, Graphische Sammlung Albertina (1930/1494)

Seine erste große Mariendarstellung, zugleich der erste künstlerisch voll ausgereifte Kupferstich, wird von Dürer auch erstmalig monogrammiert. Das Blatt faßt die bisherige, von Schongauer und dem Hausbuchmeister beeinflußte Arbeit am Marienthema zusammen (vgl. Kat. Nr. 135, 140-42). Komposition, Herausarbeitung der Diagonalen wie der zentralen Senkrechten, Körperlichkeit unter dem Gewand und die Meerlandschaft sind Ergebnisse der ersten Italienreise. Im Motiv des den Oberkörper rahmenden Mantels ist zugleich eines der bestimmenden Elemente von Schongauers Maria im Rosenhag enthalten. Gegenüber dem Marienthema mit stärkerer Heraushebung Josephs (Ruhe auf der Flucht, Hl. Familie) macht Dürer nunmehr Maria zur Zentralfigur; der hortus conclusus, Gottvater mit der Taube und die Heuschrecke (nach E. Panofsky eine Gottesanbeterin) als Symbol der vom Irdischen befreiten Seele sind Attribute Mariens und verstärken den marianischen Charakter des Blattes. Es liegt nahe, beim schlafenden Joseph nicht an ein freies oder aus der Ruhe auf der Flucht abgeleitetes Genremotiv zu denken, sondern an die Darstellung des Traums Josephs, in dem er die Weisung zur Flucht empfängt.

Literatur: M. Wenzel-Albrecht: Frühe Kupferstiche Albrecht Dürers in ihrer Beziehung zu Martin Schongauer und dem Meister des Hausbuchs. Diss. Marburg 1949 (Masch. Schr.), S. 36 ff. - Panofsky 1, S. 66/67 - Winkler, Dürer 1957, S. 56 - Knappe, S. 10 - V. M. Strocka: Albrecht Dürer und Wolfgang Peurer. In: Argo. Festschrift für Kurt Badt. Köln 1970, S. 257.

Albrecht Dürer: Die Heilige Familie mit der Heuschrecke (Kat. Nr. 144)

BEGEGNUNGEN: BASEL UND STRASSBURG

Auf der großformatigen Sebastianszeichnung (Kat. Nr. 93) aus seinem Besitz hat Dürer handschriftlich vermerkt, daß sie Hans Traut in Nürnberg ›gemacht‹ habe. Dieser Hans Traut d. Ä. war aus Speyer nach Nürnberg gekommen, hier 1477 Bürger geworden und am 1. September 1487 gestorben. Als Sohn des nördlichen Oberrheingebietes hat er offenbar in Nürnberg den oberrheinischen, teilweise mit mittelrheinischen Elementen vermischten Einfluß vermittelt, der sich bei einigen Kunstwerken aus dem Jahrzehnt seines Aufenthaltes bemerkbar macht, wenn diese nicht direkt mit ihm in Verbindung zu bringen sind: dem Rieterfenster von 1479 im Chor der Lorenzkirche, dem Augustineraltar von 1487. Wie die Kontakte des jungen Dürer mit Hans Traut d. Ä. beschaffen waren, ist nicht bekannt: Er könnte zeitweise mit der Wolgemut-Werkstatt zusammengearbeitet haben, in der auch das Rieterfenster ausgeführt worden ist. Gewiß wurde Dürer auf die oberrheinische Kunstlandschaft nicht in erster Linie von Traut hingewiesen, er kannte bereits in Nürnberg das graphische Werk Martin Schongauers, ebenso die Stiche des mittelrheinischen Hausbuchmeisters; doch hat er wahrscheinlich erstmals bei Hans Traut originale Arbeiten eines dort Geborenen sehen können.

Dürer wanderte an den Oberrhein, um bei Martin Schongauer in Kolmar zu lernen. Doch war dieser bei seiner Ankunft bereits verstorben, seine Kolmarer Brüder nahmen den jungen Nürnberger freundlich auf. Anschließend zog Dürer nach Basel und traf dort den vierten Bruder, den hier seit 1482 ansässigen Goldschmied Georg Schongauer. In diesem Zentrum wissenschaftlicher Gelehrsamkeit konnten sich aber auch Empfehlungen von Dürers Paten Anton Koberger auswirken. Er wird ihn an den studierten Drucker und Verleger Johann Amerbach gewiesen haben, mit dem Koberger später nachweislich in Verbindung stand. Dürers erster, durch die Signatur des erhaltenen Stockes (Kat. Nr. 150), bezeugter Holzschnitt, der Hl. Hieronymus von 1492 (Kat. Nr. 151), wurde zwar für Nikolaus Kessler gearbeitet, doch scheint der Stock so rasch in den Besitz Amerbachs gelangt zu sein, daß Kessler für seine Hieronymus-Ausgabe von 1497 sich einer Kopie des Holzschnittes bedienen mußte. Noch war 1492 der ausführende Basler Holzschneider nicht in der Lage gewesen, den neuartigen und besonderen Intentionen des jungen Dürer zu folgen, er hat manches falsch verstanden und Dürers Körperhaftigkeit verunklärt. Wir sind jedoch der Meinung, daß der Hieronymus nicht am Anfang jeder Tätigkeit Dürers für den Holzschnitt steht, er sich vielmehr bereits während seiner Nürnberger Lehrzeit als Reißer betätigt hat. So war er genügend ausgewiesen, um bald von Amerbach selbst einen Auftrag, die Illustrierung der Komödien des Terenz, zu übernehmen. Die Anweisungen für die Bildkonzeption erteilte Sebastian Brant, Hilfskräfte traten hinzu, die teilweise die Entwürfe auf die Stöcke übertrugen, einzelne Figuren zu weiteren Szenen auf anderen Stöcken kombinierten (Kat. Nr. 152).

Albrecht Dürer:
Terenz dichtend (Kat. Nr. 152)

Wenn die Ausführung im Druck schließlich nicht vorgenommen wurde, so mag eher die Lyoner Ausgabe der Komödien von 1493 die Ursache gewesen sein, gegenüber deren moderneren, bühnengemäßen Illustrationen das Basler Projekt im Prinzip veraltet erschien, als daß der Holzschneider versagt und nicht den gezeichneten Angaben Dürers mit dem Schnitzmesser hätte folgen können. Angesichts der kleinen Tafel mit der eindringlich geschilderten Bergung eines ertrunkenen Kindes (Kat. Nr. 155), die eindeutig dem Kreis der Illustratoren des Terenz entstammt, ist es nicht ausgeschlossen, daß Dürer in Basel auch als Maler tätig war. Dieses erstaunliche Bild verbindet genaue Beobachtung mit anteilnehmender Berichterstattung eines offenbar zeitgenössischen Ereignisses. Fruchtbarer wurde Dürers Tätigkeit für den Drucker Johann Bergmann. Für ihn schuf er zumindest den größeren Teil der Bilder zu den Erzählungen des Ritters vom Turn. Fast gleichzeitig dürfte als noch umfangreicheres Unternehmen die Bebilderung des Narrenschiffes von Sebastian Brant in Angriff genommen worden sein. Bei diesem konnte auf kein vorbildliches Exemplum zurückgegriffen werden. Dank seiner einzigartigen Gabe der Bildvorstellung hat Dürer es verstanden, eine Reihe von fast achtzig bildschöpferischen und den Betrachter fesselnden Holzschnitten zu schaffen mit leicht ironisierender, im Brantschen Sinn moralisierender und anschaulich überzeugender Einsicht, die jeweils der thematischen Variante aufmerksam folgte. Möglicherweise war die Übersiedlung Georg Schongauers nach Straßburg, der dort zwar erst am 30. Juli 1494 das Bürgerrecht erwarb, der Anlaß, daß Dürer 1493 Basel verließ und nach Straßburg ging, bevor die Illustrierung des Narrenschiffes fertiggestellt war. Sie wurde von einheimischen Meistern vollendet, von denen der begabteste, der sog. Haintz-Narr-Meister, schon vor Dürers Kommen in Basel gewirkt hatte (Kat. Nr. 156-59) und seit 1492 dessen überlegenen Einfluß nicht verleugnen konnte. Für den Straßburger Buchdruck hat Dürer nur wenige Holzschnitte gerissen (Kat. Nr. 160).

Er scheint dort in einer Malerwerkstatt tätig gewesen zu sein, die vermutlich Beziehungen zum Buchdruck (vgl. Kat. Nr. 66) besaß. Die wahrscheinlich in Straßburg entstandene Tafel mit dem Schmerzensmann (Kat. Nr. 165) führt vor Augen, wie Dürer das alte Thema des schmerzvollen Andachtsbildes mit seiner stets den Kern packenden Eigenwilligkeit zu vermenschlichen und im geistigen Ausdruck zu intensivieren vermocht hat. Wo sonst setzt der ganz von Qualen überwältigte Schmerzensmann - wie Christus in der Rast vor der Kreuzigung - den Ellenbogen auf das angezogene Knie, um mit der Hand das Haupt zu stützen? Wo sonst umgibt den Schmerzensmann die Grabeshöhle seines erlösenden Ganges in die Vorhölle wie eine dunkle, aber mit schmalem Streif nach innen hin als Gloriole leuchtend aufgehellte Folie? Als einziges der uns bekannten Dürerbilder besitzt dieses einen mit dem Geschick des ehemaligen Goldschmiedelehrlings beziehungsreich gepunzten Goldgrund. Punziert ist auch der Goldgrund der Darmstadter Dominikuslegende (Kat. Nr. 166), an deren Ausführung Dürer beteiligt gewesen sein dürfte, eben wohl als Mitarbeiter einer Straßburger Werkstatt. Pfingsten 1494 kehrte er nach Nürnberg zurück als einer, der aus der deutschen Tradition nicht mehr viel erlernen konnte.

Man gewinnt den Eindruck, daß sich Dürer am Oberrhein gewissermaßen freigeschwommen hat, daß er dort den ganzen Umfang seiner künstlerischen Möglichkeiten hat erproben und klären können. Diese damals in Deutschland führende Kunstlandschaft vermittelte ihm viele, künstlerisch stilistische und bildschöpferische, Impulse. Mit der ihm eigenen großartigen Kraft des sich Anverwandelns konnte er zugleich ganz zu sich selbst kommen. Unablässige Studien nach der Natur, zu denen damals der menschliche Akt kam, bezeugen auch für diese Jahre die sein Leben lang fortgesetzte bildnerische Auseinandersetzung mit der ihn umgebenden Welt.

Leonie von Wilckens

145 DEUTSCHES PLENARIUM

Straßburger Reißer

Ewangelj mit der glos vnnd Epistel teutsch ... Straßburg: Thomas Anshelm, 10.1.1488. 2°

Zahlreiche Holzschnitte aus zwei zusammengesetzt, etliche wiederholt

Aus der Bibliothek J. N. Weislinger und der Mannheimer des Kurfürsten Karl Theodor

München, Bayerische Staatsbibliothek (2° Inc. c. a. 2046)

Zu einer eigentümlich Straßburger Art haben Schongauers Kupferstiche auf diese Holzschnitte zum Neuen Testament eingewirkt. Trotz einförmiger Reihung der Figuren sind die Illustrationen knapp, aber treffsicher charakterisiert. Durch Gebärden teilen sie sich in einer intimen Selbstverständlichkeit mit. Alles ist nur angedeutet und doch überzeugend gegenwärtig. Von diesem den Kupferstich Schongauers nachahmenden ›Feinlinienstil‹ ging seit 1493 die Straßburger Buchillustration des Verlegers Grüninger mit ihren ›metallschnittmäßigen, krausen Bildern‹ (F. Winkler) aus.

Literatur: Hain 6736 - Schramm 20, Abb. 1697-1752 - Winkler, Narrenschiff, S. 51/52, 92/93.

146 GERSON ALS PILGER

Straßburger Reißer

Titelholzschnitt aus: Johannes Gerson: Tertia pars operum. [Straßburg: Johannes Grüninger] 6.9.1488. 2°

Holzschnitt, koloriert; 25 : 14,6

Nürnberg, Germanisches Nationalmuseum (H 7084)

Auf beiden Seiten faßt die Landschaft kulissenhaft den gebeugten Pilger ein. In der rechten Hand hält er einen Schild mit dem ihn kennzeichnenden mystischen Wappen, das er 1416 in einem, von einem eigenen Gedicht begleiteten, Brief vom Konstanzer Konzil an seinen Bruder erklärt hat. Die durch den Schnitt erst recht spröde Darstellung des Titelbildes, bei der die Kolorierung eine die Teile verbindende Funktion hat, steht für sich neben der Beschaulichkeit und der ›feinen, runden Bildung‹ der Illustrationen des Plenars (Kat. Nr. 145).

Literatur: Hain 7622 - Schramm 20, Abb. 1232 - Winkler, Narrenschiff, S. 83.

Albrecht Dürer: Der HI. Hieronymus in der Studierstube (Kat. Nr. 151)

47 GERSON ALS PILGER
Basler Reißer

n: Johannes Gerson: Prima pars operum. Basel: Nikolaus
Kessler, 12.3.1489. 2°

Holzschnitt

Aus dem Franziskanerkloster Kelheim

München, Bayerische Staatsbibliothek (2° Inc. c. a. 2258 a)

Die Darstellung ist eine Kopie nach dem Titelholzschnitt der
Straßburger Ausgabe von 1488 (Kat. Nr. 146).

Literatur: Hain 7624 - Schramm 21, Abb. 721 - Winkler, Narrenschiff, S. 83.

148 GEBET AN DEN HL. CHRISTOPHORUS
Basler Reißer

Oratio a S. Christophorum. [Basel: Lienhart Ysenhut, um 1490] 2°

Holzschnitt, leicht aquarelliert; 17,8 : 12,9; mit Typendruck

Nürnberg, Germanisches Nationalmuseum (H 84)

Der Hl. Christophorus kennzeichnet - kurz vor der Ankunft des
jungen Dürer - den volkstümlichen Basler Holzschnitt.

Literatur: Schramm 22, Abb. 326.

149 DIE MEERFAHRT DES HL. BRANDAN
Basler Reißer

Ein hübsch lieblich lesen von sant Brandon. was wunders er vff
dem mör erfaren hat. Basel: [Michael Furter] 19.2.1491. 4°

21 Holzschnitte, zwei wiederholt

Bamberg, Staatsbibliothek (Inc. typ. Ic. II. 7)

Die seit dem 9. Jahrh. bezeugte und mehrfach übersetzte Navi-
gatio Brendani erzählt, reich an mythischen und visionären Elementen, eine Reise in das Heilige Land. Wahrscheinlich geht
sie ursprünglich auf Berichte von irischen Seefahrten nach nördlichen Inseln zurück. Brendan starb 577 oder 583 als Abt des
irischen Klosters Cluain-Ferta. Die Illustrierung dieser Basler
Ausgabe folgt der Augsburger des Anton Sorg um 1476, wobei
bei der oberrheinischen Übertragung anschauliche Erzählfreude
und geschickte Inszenierung hervorzuheben sind.

Literatur: Hain 3720 - Schramm 22, 505-23 - Winkler, Narrenschiff, S. 91.

**150 HOLZSTOCK ZUM HL. HIERONYMUS IN DER
STUDIERSTUBE**
Basler Holzschneider nach Riß Albrecht Dürers

Auf der Rückseite von Dürer beschriftet: Albrecht Dürer von
nörmergk

Birnbaumholz; 19,5 : 13,8 : 2,2

Aus dem Amerbach-Kabinett

Basel, Öffentliche Kunstsammlung, Kupferstichkabinett

Gleich nach seiner Ankunft in Basel, spätestens im Frühjahr
1492, muß Dürer den Hieronymus-Holzschnitt gerissen haben,
da er in der am 8. August des Jahres bei Nikolaus Kessler erschienenen Ausgabe der Briefe als Titel erscheint. Nach der
Vorzeichnung Dürers auf dem Holz ist dieses von einem einheimischen Holzschneider geschnitten worden, um als Druck-

stock verwendet zu werden. Wahrscheinlich war Dürer von
seinem Paten Anton Koberger an Johannes Amerbach in Basel
empfohlen worden, der den Holzstock nach dem ersten Ausdruck übernommen haben dürfte. Die Hieronymus-Ausgabe
Kesslers von 1497 setzte nämlich an seine Stelle eine Kopie.
Jedenfalls ist der Holzstock im Inventar vom Kabinett des
Basilius Amerbach verzeichnet.

Literatur: D. Burckhardt: Albrecht Dürers Aufenthalt in Basel
1492-1494. München-Leipzig 1892, S. 4-8 - Winkler, Narrenschiff, S. 6/7.

151 DER HL. HIERONYMUS IN DER STUDIERSTUBE
Albrecht Dürer   *Abb.*

Titelholzschnitt aus: St. Hieronymus: Epistolae, P. 1. Basel: Nikolaus Kessler, 8.8.1492. 2°

19,2 : 13,4

Aus Slg. Birmann

Basel, Öffentliche Kunstsammlung, Kupferstichkabinett (Bi. H. 1.
IV. 37)

Der dank der Signierung des Holzstockes (Kat. Nr. 150) früheste
für Dürer gesicherte Holzschnitt folgt in der Gegenüberordnung
des Heiligen und des Löwen, wie G. Ring und F. Anzelewsky
nachwiesen, einem seit dem ersten Jahrhundertviertel wirksamen
Exemplum; höchst erfindungsreich und mit geschickt zueinan-
dergefügten Details hat Dürer es neu formuliert. E. Holzinger hat
den Holzschnitt ausführlich analysiert und festgestellt, daß der
Holzschneider die Körperhaftigkeit der Dürerschen Konzeption
in das Gegenteil abgewandelt habe, nämlich ins Unplastisch-
Räumliche. Während bei Dürer die einzelnen Körper durch
ihren voluminösen, plastischen Anspruch eine Raumbestim-
mung schaffen, sei hier ein Raumbild entstanden, das sich die
Figuren unterwirft und eine undürerische flimmernde Bewegung
erzeugt.

Literatur: Hain 8561 - D. Burckhardt: Albrecht Dürers Aufent-
halt in Basel 1492-1494. München-Leipzig 1892, S. 4-8. - E.
Holzinger: Hat Dürer den Basler Hieronymus selbst geschnitten?
In: Mitt. d. Ges. f. vervielf. Kunst 1928, S. 17-20 - G. Ring: St.
Jerome extracting the thorn from the lion's foot. In: Art Bull.
27, 1945, S. 188-94 - Winkler, Narrenschiff, S. 70-73 - F.
Anzelewsky: Motiv und Exemplum im frühen Holzschnittwerk
Dürers. Diss. F. U. Berlin (Masch. Schr.) 1955, S. 13-28 - E.
Holzinger: Von Körper und Raum bei Dürer und Grünewald.
In: De artibus opuscula XL. Essays in honor of Erwin Panofsky.
New York 1961, S. 242.

152 ILLUSTRATIONEN ZU DEN KOMÖDIEN DES TERENZ
Albrecht Dürer u. a.   *Abb.*

1 Terenz dichtend
2 Andria XXIV
3 Eunuch XVIII
4 Das Theater des Terenz, Titelbild
5 Adelphoe IV und Heautontimorumenos XII
6 Andria XV und Heautontimorumenos XIV
7 Eunuch XII und Heautontimorumenos XVIII

1-3 Holzstöcke, gerissen; Birnbaumholz; je ca. 9,3 : 14,7 : 2,4
4-7 Holzschnitte, Abzüge des 19. Jahrhs.

Aus dem Amerbach-Kabinett bzw. der Basler Universitätsbibl.

Basel, Öffentliche Kunstsammlung, Kupferstichkabinett (Z. 425,
446, 463)

Zu den Lustspielen des römischen Dichters Terenz - Andria, Eunuchus, Heautontimorumenos, Adelphoe, Phormio und Hecyra - sind 126 nur gerissene und sechs geschnittene Holzstöcke sowie sieben Holzschnitte von verschollenen Stöcken erhalten. Alte rückseitige Beschriftungen der Stöcke geben jeweils Komödie, Akt und Szene an. Der Basler Drucker Johann Amerbach hatte den gelehrten Dichter Sebastian Brant mit der Herausgabe beauftragt. Dieser muß den Reißer angewiesen haben, sich an das Exemplum einer frühmittelalterlichen, in der antiken Tradition stehenden Handschrift zu halten. Außerdem konnte sich der Reißer die Ulmer Ausgabe des Eunuchus von 1486 als Vorbild für szenische Anordnung nehmen. Zur Vereinfachung und Beschleunigung der Arbeit sind nur wenige Zeichnungen auf den Stöcken von dem Hauptreißer selbst angelegt worden, vielfach haben Gehilfen Teile oder das Ganze mit Pausen übertragen. So gewähren die zufällig erhaltenen Terenzstöcke Einblick in die Gepflogenheiten eines damaligen Werkstattbetriebes und seine Arbeitsteilung. Vorgeführt werden nicht die eigentlichen Szenenbilder, sondern die Personen einer Szene, auch wenn sie nicht zusammen auftreten, im Gespräch vereint mit einer dazupassenden Landschaft. Der geschriebene Text wurde also illustriert, nicht wie bei dem Lyoner Terenz vom 29. August 1493 das gespielte Theaterstück wiedergegeben. Deshalb hat wahrscheinlich diese in ihrer Illustrierung neuartige Lyoner Ausgabe die Arbeit in Basel zum Stillstand gebracht. Seit 1892 setzt sich die Forschung mit der Identifizierung des maßgeblichen Reißers mit dem jungen Dürer auseinander. Die stilistische Zuschreibung an ihn können die freundschaftlichen Beziehungen seines Paten Anton Koberger zu Johann Amerbach bekräftigen. Ganz eigenhändig gerissen ist der Holzstock für das Titelbild mit dem in einer weiten Landschaft sitzenden Dichter, den Schongauers Stich des Johannes auf Patmos inspiriert hat (1). Von den ausgestellten Beispielen zeichnen sich in entsprechender Weise aus: Andria XV (6) und XXIV (2), Eunuchus XII (7) und das zweite Titelbild von doppelter Größe mit der Darstellung eines antiken Theaters (4), während die übrigen nicht vom Hauptmeister selbst gerissen sind und auch Pausen verwenden. Vgl. auch Kat. Nr. 420.

Literatur: D. Burckhardt: Albrecht Dürers Aufenthalt in Basel 1492-1494. München-Leipzig 1892, S. 18-22, 46-48 - E. Roemer: Dürers ledige Wanderjahre. In: Jb. d. Preuß. Kunstslgn. 47, 1926, S. 118-36; 48, 1927, S. 77-119, 156-82 - Winkler, Narrenschiff, S. 67/68 - F. Anzelewsky: Motiv und Exemplum im frühen Holzschnittwerk Dürers. Diss. F. U. Berlin (Masch. Schr.) 1955, S. 29-44.

153   DER RITTER VOM TURN

Albrecht Dürer   *Abb.*

Geoffrey de La Tour-Landry: Der Ritter vom Turn / von den Exempeln der / gotsforcht vnd erberkeit. Basel: Michael Furter für Johann Bergmann, 1493. 2°

Von den 45 Holzschnitten einer wiederholt; je 10,9 : 10,6

München, Bayerische Staatsbibliothek (Rar. 631)

Wahrscheinlich um 1487 bis 1490 übersetzte Marquart vom Steyn die vom Chevalier de La Tour-Landry 1371/72 für seine beiden Töchter verfaßten moralischen Geschichten. Diese freie Übersetzung erschien zum ersten Male in der vorliegenden Ausgabe, die als schönstes illustriertes Buch des 15. Jahrhs. gilt. Die 45 bildmäßigen, fast quadratischen Holzschnitte wurden seitlich von schmalen Zierleisten eingefaßt, wie solche schon seit langem französische gemalte Gebetbücher schmückten.

Illustrationen und zugehöriger Text ergeben ausgewogene Bildseiten. Bei den im Freien spielenden Szenen, vor allem bei den dreien mit dem Ritter selbst, wird die teilweise bis an den oberen Bildrand reichende Landschaft gleichsam zur harmonischen Einbettung einbezogen. Die zahlreichen Innenraumbilder variieren stetig die Schauplätze, ohne sie je zu einem Kastenraum wie bei dem Hl. Ambrosius (Kat. Nr. 157) einzuzwängen. Viele der erstaunlichen, in ihrer Haltung, Gestik und Bewegung anschaulich sich mitteilenden, plastisch modellierten Figuren scheinen geschwisterlich verwandt denen im Narrenschiff und im Terenz (Kat. Nr. 154 und 152). Die ungleiche Qualität der Holzschnitte, die zumindest teilweise auf Kosten der verschiedenen Holzschneider geht, war Anlaß, einige Dürer abzusprechen; so hielt E. Panofsky acht für nicht von Dürer gerissen.

Literatur: Hain 15514 - R. Kautzsch: Die Holzschnitte zum Ritter vom Turn. Straßburg 1903 - Schramm 22, Abb. 998-1042, 1267 - Winkler, Narrenschiff, S. 56-62.

154   DAS NARRENSCHIFF

Albrecht Dürer, Meister des Haintz Narr u. a.   *Abb.*

Sebastian Brant: Das Narrenschiff. Basel: Johann Bergmann, 11. 2. 1494. 4°

Holzschnitte

Nürnberg, Germanisches Nationalmuseum (Inc. 627)

Fast auf jeder zweiten Seite des Narrenschiffs steht ein hochformatiges Bild zwischen drei bis vier oberen und fünf bis sechs unteren Zeilen; seitlich rahmen in ganzer Länge phantasievoll variierte Rankenborten. Schrift und Bild sind zum ersten Male nachdrücklich gleichberechtigte Partner. Nach den langjährigen erregten Kontroversen, seit 1892, um Dürers Anteil an der Basler Buchillustration ist man von seiner maßgeblichen Autorschaft spätestens seit der zusammenfassenden Publikation F. Winklers (1951) überzeugt. Er fand als gemeinsames Attribut fast aller Narrenschiffsillustrationen des Hauptmeisters die Narrenkappe mit den Schellen. Diesen, mit Dürer identifizierten Meister charakterisiert, wenn auch nicht überall durch die Holzschnittechnik vollkommen gleichmäßig ausgedrückt: der bewegte, formumschreibende Strich, die plastische Modellierung, das spannungsreich ausgewogene Bildgefüge. Die neue Schwarzweißkunst verzichtet auf die Farbe, weil sie in der Lage ist, allein mit graphischen Mitteln bildmäßig zu gestalten. Dürer verstand es nunmehr, mit sicherem Ingenium für den Holzschneider und die Möglichkeiten seines Mediums zu zeichnen, wobei er ihm ein hohes Maß an technischem Können abforderte. Das Schongauersche Kupferstichwerk hatte seinem Lehrer Wolgemut Vorbilder für naturnahe Einzelheiten gegeben, er empfängt von ihm den Ansatz zum graphischen Bilden, zunächst in der Sprache des Holzschnittes. Für das Narrenschiff von 1494 gelingt es Dürer, holzgeschnittene Bilder von einer solchen Dichte, Prägnanz und Überzeugungskraft zu schaffen, wie es sie bis dahin nicht gab. Brants Dichtung war das persönliche Werk eines Stubengelehrten, für dessen Veranschaulichung der Illustrator auf kein Exemplum zurückgreifen konnte. Um so stärker hebt sich die bildschöpferische Begabung des Hauptmeisters heraus, der allein es vollbracht hat, die trockenen Verse zu eindringlichen Bildern zu verdichten. Sie sind nicht mehr wie mittelalterliche Bilder Stück um Stück abzulesen, sondern ein Ganzes, zugleich in jedem Detail lebendig gegenwärtig und ausdrucksvoll realistisch, daß es sich wahrhaft verlohnt, sich in sie zu vertiefen. Die Gegenprobe erlauben die viel weniger zahlreichen Schnitte des einheimischen Basler Reißers, benannt

Der Ritter vom Turn von dn Exempeln dr gottsforchta vnn erberkeit

Albrecht Dürer: Der Ritter vom Turn, Titelblatt (Kat. Nr. 153)

Wer on verdienst / will han den lon
Und uffeym schwachen ror will ston
Des anschlag / wurt uff krebsen gon

Furwissenheyt gottes

Man fyndt gar manchen narren ouch
Der ferbet uß der gschrifft den gouch
Und dunckt sich stryffecht vnd gelert
So er die bücher hat vmb kert

Albrecht Dürer: Der Narr im Krebsgang; aus dem Narrenschiff (Kat. Nr. 154)

Albrecht Dürer: Die Schiffe der Narren; aus dem Narrenschiff (Kat. Nr. 154)

nach der Beschriftung ›Haintz Narr‹ einer seiner ersten Darstellungen. Ihn zeichnet meist eine Narrenkappe mit hahnenkammartigem Putz aus. Seine reizvollen dekorativen Arbeiten lassen das wandernde Auge sich das Bild zusammenlesen. Dürer muß vor der Vollendung Basel verlassen haben, so daß zur Fertigstellung noch ein dritter und sogar ein vierter wenig talentierter Reißer herangezogen wurden. Zum Riesenerfolg des Narrenschiffes, der zugleich ein Erfolg für Sebastian Brant war und noch im gleichen Jahr zwei Nachdrucke mit Kopien der Holzschnitte in Nürnberg und Reutlingen zeitigte, dürften zu einem wesentlichen Teil die Illustrationen beigetragen haben.

Literatur: Hain 3736 - W. Weisbach: Der Meister der Bergmannschen Offizin und Albrecht Dürers Beziehungen zur Basler Buchillustration. Straßburg 1896, S. 23-38 - Schramm 22, Abb. 1109-1215 - Winkler, Narrenschiff - Hellwig, GNM, Nr. 242.

155   DIE BERGUNG EINES TOTEN KINDES
Albrecht Dürer zugeschrieben

Gemälde auf Fichtenholz; 42 : 50

Aus Slg. Wilczek, Kreuzenstein

Kreuzlingen, Sammlung Heinz Kisters

Wie bereits O. Benesch schrieb A. Stange das um 1490-95 zu datierende Bild dem Kreis zu, mit dem Dürer in Basel in Verbindung gestanden ist. Zu vergleichen sind die Seefahrtsszenen aus der Legende des Hl. Brandan (Kat. Nr. 149), aber auch der Basler Terenz (Kat. Nr. 152) und Figuren wie hier der Vater links vorn mit dem biederen Bürger beim Feiertagsnarr des Narrenschiffs (Kat. Nr. 154), der vom Hauptmeister (Dürer) gerissen ist. So läßt sich eine Zuschreibung an den jungen Dürer während seines Basler Aufenthalts nicht ausschließen.

Literatur: O. Benesch: Meisterzeichnungen 2. Aus dem oberdeutschen Kunstkreis. In: Mitt. d. Ges. f. vervielf. Kunst 1932, S. 11 Anm. - A. Stange: Ein Gemälde aus Dürers Wanderzeit. In: Studien zur Kunst des Oberrheins. Festschrift für Werner Noack. Konstanz-Freiburg i. Br. 1958, S. 113-17 - P. Strieder: Sammlung Heinz Kisters. Altdeutsche und altniederländische Gemälde. Ausst. Nürnberg 1963, Nr. 2 - Anzelewsky, Nr. 5.

156   DER HL. AUGUSTINUS
Meister des Haintz Narr

Titelholzschnitt in: Aurelius Augustinus: De Civitate dei cum commento. Basel: Johann Amerbach, 13. 2. 1489. 2°

Holzschnitt, koloriert; 19,6 : 14

Nürnberg, Germanisches Nationalmuseum (N. 10)

Unter dem an seinem Pult arbeitenden Kirchenvater steht links neben der Gottesstadt Abel, der aus dem rechten Blut geboren ist und zum Staat Gottes gehört; gegenüber steht neben dem Sitz des Satans Kain, der diesen Staat der Menschen gegründet hat. Das Schriftband darüber sagt, daß Babylon sich selbst rühmt, aber Zion rühmt den Herrn. Mit diesem rein illustrativen, ablesbaren Titelbild läßt sich offenbar der Meister des Haintz Narr (vgl. Kat. Nr. 154) zum ersten Male fassen. Obgleich das allein bekannte Vorbild für die Anlage des Holzschnittes in der venezianischen Ausgabe vom 18. Februar 1489 fünf Tage später erschien, dürfte dieser auf eine ältere verlorene italienische Darstellung zurückgehen und damit das exemplum aus dem Süden nach Basel gekommen sein.

Literatur: Hain 2064 - Schramm 21, Abb. 589 - Winkler, Narrenschiff, S. 91.

157   DER HL. AMBROSIUS IN DER STUDIERSTUBE
Meister des Haintz Narr

Titelholzschnitt in: St. Ambrosius: Opera, P. 1. Basel: Johann Amerbach, 1492. 2°

Holzschnitt

Nürnberg, Stadtbibliothek (Solg. 587.2°)

Der Vergleich mit Dürers Hl. Hieronymus in der Studierstube aus dem gleichen Jahr (Kat. Nr. 151) hebt dessen einzigartige körperhafte Gestaltungsweise erst recht hervor. Während Dürer, trotz aller Mißverständnisse durch den ausführenden Holzschneider, mit der Vielfalt der Möglichkeiten graphischer Mittel modellierte, vermittelt der Hl. Ambrosius eine ›elegante, dekorativ wirksame Repräsentation‹ ohne größere Kontraste. F. Winkler verwies als Vorbild des engen Kastenraumes auf eine verschollene Schongauer-Vorlage. Trotz aller bereits möglichen Anregungen durch den jungen Dürer gelingt es diesem Basler Hauptreißer nicht, dessen packende Wirkung und Ausdruckskraft zu erreichen.

Literatur: Hain 896 - Schramm 21, Abb. 600 - Winkler, Narrenschiff, S. 72/73, 90/91.

158   PHILALETHES UND DIE WAHRHEIT
Meister des Haintz Narr

In: Maffeus Vegius: Philalethes. Basel: [Michael Furter, nicht nach 1492] 4°

Holzschnitt

1492 vom Kloster Tegernsee erworben

München, Bayerische Staatsbibliothek (4° Inc. s. a. 1912)

Im Dialog des oberitalienischen Humanisten Maffeo Vegio spricht der Wahrheitssucher (philalethes) mit der geflügelten und mit Wunden übersäten Wahrheit (veritas). Die anmutige Darstellung vermag die illustrativen Möglichkeiten des einheimischen Holzschnittes in Basel, der ›Stätte gelehrter Arbeit‹, auf das Schönste zu veranschaulichen.

Litertur: Hain 15927 - Schramm 22, Abb. 1066 - Winkler, Narrenschiff, S. 90.

159   DAS SCHIFF DES COLUMBUS
Meister des Haintz Narr

In: Christophorus Columbus: Epistola de insulis nuper inventis. [Basel: Michael Furter für Johann Bergmann, nach 29. 4. 1493] 4°

Holzschnitt (und 6 weitere)

München, Bayerische Staatsbibliothek (4° Rar. 6b)

Offenbar nach dem Fortgang Dürers von Basel hat hier der Haintz-Narr-Meister den Bericht des Columbus über die neueste Weltnachricht, die Entdeckung Amerikas, illustriert.

Literatur: Hain 5491 - Schramm 21, Abb. 1043-49 - Winkler, Narrenschiff, S. 90/91.

160   CHRISTUS AM KREUZ
Albrecht Dürer

Kanonblatt aus: Speciale opus missarum… [Straßburg: Johannes Grüninger] 13. 11. 1493. 2°

Holzschnitt auf Pergament; 22 : 13,3 (Bl. 23,8 : 15,1)

Anton Neubauer(?)
Bildnis eines jungen Mannes
(Albrecht Dürer?)
(Kat. Nr. 75)

Basel, Öffentliche Kunstsammlung, Kupferstichkabinett (Aus K.19.59.)

Gegenüber Dürers Basler Erstlingsarbeit im Holzschnitt, dem Hl. Hieronymus (Kat.Nr.151), ist dieser bereits ein erstaunlich fortgeschrittenes Werk; die lange umstrittene Kreuzigung wird heute allgemein als sein Werk anerkannt. F. Winkler, der sie ausführlich interpretierte und würdigte, hob nachdrücklich hervor, daß Dürer in Basel und Straßburg nicht nur zum Brotverdienst für den Buchholzschnitt gearbeitet, sondern daß er sich konsequent und systematisch seiner angenommen, alle seine Möglichkeiten erprobt und sie ausgebaut habe. Gegenüber der summierenden Vielfalt beim Hieronymus hat er bei der Kreuzigung die einzelnen Gestalten derartig zusammengefaßt, die Landschaft als Partner einbezogen (man beachte das wesentliche Element der wenig unterhalb des Augenpunktes quer durchgezogenen Horizontallinie) und sie doch von den Köpfen von Maria und Johannes, als den krönenden Trägern des inneren Ausdruckes, überragen lassen. Von dem Johannes ist der Jünger der Kreuzigung von 1510 (Kat.Nr.369) abhängig.

Literatur: Hain 11250 - S.M.Peartree in: Dürer Society 9, 1906, Nr.31 - Schramm 20, Abb.165 - Winkler, Narrenschiff, S.73-81, 114-19.

161 DIE MUTTERGOTTES ALS HIMMELSKÖNIGIN THRONEND
Albrecht Dürer

Holzschnitt; 14,7 : 10,1

Nürnberg, Germanisches Nationalmuseum (H 102)

Der erst von E.Schilling Dürer zugesprochene Holzschnitt ist nur aus späteren Abdrucken in Schriften von 1524 bei dem Freiburger Drucker Johann Wörlin bekannt. Ein Vergleich mit der Pariser Muttergottes mit musizierenden Engeln (Kat.Nr.163) erweist ihn als Werk der Wanderschaft, zumal er um 1500 bereits kopiert worden ist. Wie bei der Kreuzigung von 1493 (Kat. Nr.160) hat der Holzschnitt den gezeichneten Strich verfestigt. Schilling entdeckte die Ableitung der Maria als Königin aus dem alten Straßburger Stadtsiegel, wobei eine Zeichnung, angeblich vom Meister E.S., in einem Straßburger Kopialbuch die einzige heute noch bekannte Zwischenstufe bildet. Wahrscheinlich handelt es sich ursprünglich um einen als Andachtsbild vorgesehenen Einblattholzschnitt.

Literatur: E.Schilling: Ein Holzschnitt aus Dürers Wanderjahren. In: Zs.f.Kunstwiss. 6, 1952, S.57-64.

162 GERSON ALS PILGER
Albrecht Dürer   *Abb.*

Titelholzschnitt aus: Johannes Gerson: Quarta pars operum... Straßburg: Martin Flach für Matthias Schürer, 27.2.1502. 2°

Holzschnitt; 22,3 : 14,9

Nürnberg, Germanisches Nationalmuseum (H 7486)

Der kurz nacheinander von A.Giesecke und Th.Musper veröffentlichte Holzschnitt gehört zum vierten Teil von Wimpfelings Gersonausgabe, der mit den hier zum ersten Mal gedruckten Schriften wohl gleichzeitig mit den drei ersten gegen 1494 geplant war, aber erst acht Jahre später im Druck vollendet werden konnte. Deshalb ist der Holzschnitt auch um 1494 zu datieren, er entstand also in der letzten Zeit von Dürers oberrheinischer Wanderschaft. Als ein ganz neuer Typ des Gerson schreitet

dieser Wandersmann von kräftiger, sich rundender Figur rüstig aus im Vordergrund der sich weit in die Tiefe erstreckenden, bewegten Landschaft, deren Anhöhen auf beiden Seiten ebenso körperhaft mächtig gebildet sind. Der voluminöse Anspruch des Menschen könnte das Bild sprengen, wenn er nicht von der Landschaft aufgenommen und mit in die Tiefe projiziert würde. Wie eine visionäre Erscheinung erhebt sich vor dem in die Ferne gerichteten Blick des Pilgers ein schlanker Engel, den seine lang geschwungenen Flügel weiter in die Höhe ziehen; allerdings hat gerade bei ihm der Holzschneider manches verschnitten. Schon Musper stellte bei seinem Fund fest, wie nahe dieser Holzschnitt der Apokalypse kommt.

Literatur: Panzer VI, S.28 Nr.13 - A.Giesecke: Albrecht Dürers Leistung für den Holzschnitt. In: Das Zelt, Bll.f.gestaltendes Schaffen 1935, Nr.3/4 - Th.Musper: Ein Straßburger Holzschnitt Dürers. In: Jb.d.Preuß.Kunstslgn. 58, 1937, S.124 - Winkler, Narrenschiff, S.83-85.

163 THRONENDE MUTTERGOTTES MIT MUSIZIERENDEN ENGELN
Albrecht Dürer

Federzeichnung, laviert in Braun und Rot; 21,8 : 15,2

Paris, Musée National du Louvre, Cabinet des Dessins (18.647)

Die minuziös, ›mit denkbar großem Aufwand an Strichen‹ (Winkler), bildmäßig ausgeführte Zeichnung zeigt neben allgemeinen oberrheinischen Anregungen solche aus Schongauers Werk. Dessen bewundertes graphisches Linienbild wird verwandelt in bewegte Formationen aus Höhlungen und Wölbungen, mit relieffartig durchfurchten plastischen Formen; man folge etwa nur den sich auf dem Boden bauschenden Gewandsäumen. Genau beobachtet und lebendig gestaltet, hat hier Dürer ein sich in der Tiefe rundendes Raumbild geschaffen, in dem das Auge zugleich auf Entdeckungen im Detail ausgehen kann. Gegenüber dem im Thema verwandten Berliner Frühwerk von 1485 (W.4) ist nun rund sechs Jahre später eine Liebenswürdigkeit und Beschwingtheit zu spüren, die die Heimat in dem eher verschlossenen und spröde zurückhaltenden Nürnberger kaum geweckt hätte. Die Marienmajestät dürfte auf ursprünglich profane burgundische Darstellungen zurückgehen; zu vergleichen wäre auch das Straßburger Relief um 1470 mit der Halbfigur der Muttergottes unter einem Zeltbaldachin in der Slg. J.Böhler, München (Spätgotik am Oberrhein. Ausst. Karlsruhe 1970, Nr.57). Eine Skizze in Erlangen, nach E.Bock (Nr.54) am Oberrhein um 1470 entstanden, bezieht bei gleicher Ikonographie ebenso die Taube des Hl.Geistes ein.

Literatur: Demonts, Louvre 1, Nr.100.

164 SKIZZENBLATT MIT ACHT KÖPFEN
Albrecht Dürer zugeschrieben

Federzeichnung in Braun, aquarelliert; 13,2 : 20,6

Aus den Slgn. Biegeleben und Lanna

Nürnberg, Germanisches Nationalmuseum (Hz 3309)

Nach Beobachtung F.Winklers gehört das Blatt als obere Hälfte mit einer Zeichnung mit weiteren Köpfen in Berlin zusammen. Beide Teile setzte er wegen der Kolorierung in enge Beziehung zu Dürers Pariser Muttergottes mit musizierenden Engeln (Kat. Nr.163) und war schließlich, ebenso wie F.Winzinger, davon

Albrecht Dürer:
Gerson als Pilger
(Kat. Nr. 162)

überzeugt, daß es sich um Skizzen des jungen Dürer handele. Dagegen läßt die gewisse Schematik des Striches, besonders bei den ornamentalisierten Locken, einige Vorbehalte zu; jedenfalls wird die Vorbildlichkeit Schongauers deutlich.

Literatur: Winkler, Zeichnungen 1, S.29 (Nr.35); Nachtrag, S.83/84 - Zink, GNM, Nr.36 - F.Winzinger: Studien zur Kunst Albrecht Dürers. In: Jb.d. Berliner Museen 10, 1968, S.163.

165   CHRISTUS ALS SCHMERZENSMANN

Albrecht Dürer   *Abb.*

Gemälde auf Tannenholz; 30 : 19

Aus Aschaffenburger Slg. der Nachkommen des Malers Ph. Röth

Karlsruhe, Staatliche Kunsthalle (2183)

Dieser Schmerzensmann mit seiner ›Grausamkeit des Realismus‹ (F.Winkler) steht in der mittelalterlichen Tradition; jedoch ersetzt Dürer ein Motiv wie den von Pleydenwurff verwendeten Strahlenkranz (Kat. Nr.91) durch eine dunkle, in ihrer Tiefe hellblau leuchtende Höhle. Zeichnungen wie die Badefrau in Bayonne (W.28) und der Jüngling mit Henker in London (W.29) zeigen, daß Dürer um 1493 Aktstudien betrieben hat, die als Vorstufe zu der Karlsruher Tafel angesehen werden müssen. Obgleich L.Grote die Vorbildlichkeit von Dürers eigener Haltung beim Erlanger Selbstbildnis um 1492 (Kat. Nr.65) erkannte, wollte er den Schmerzensmann erst nach der ersten italienischen Reise datieren. Doch sind die ganze Anlage und auch der Akt noch so gar nicht renaissancemässig, um unter italienischem Eindruck entstanden zu sein. Die beziehungsvolle Punzierung des Goldgrundes mit Eryngiumranken, einer Eule und anderen Vögeln, auf die Grote ausführlich einging, knüpft an Dürers frühe Goldschmiedelehre beim Vater an. Die Darmstädter Dominikustafeln (Kat. Nr.166), bei denen Dürer zur gleichen Zeit in Kolmar oder Straßburg mitgearbeitet haben dürfte, besitzen ebenfalls gepunzten Goldgrund. W. Köhler beobachtete, daß auch die gleiche, flüssige, zarte, farbig reich modulierende Malweise beide Werke verbindet. Weil Dürer später viel strichelnder, zeichnerischer malte, erhob er Vorbehalte gegen die Zuschreibung an ihn. Nun ist aber bekannt, daß sich Dürer jeweils die Technik, die er am fremden Ort antraf, dort zu eigen machte, in Venedig die Pinselzeichnung, in den Niederlanden die Arbeit mit dem Silberstift: Wieviel eher dürfte er als Geselle auf der Wanderschaft die Technik seines Lehrmeisters auch bei ganz eigenhändigen Arbeiten verwendet haben.

Literatur: G. Pauli: Der kniende Schmerzensmann. In: Pantheon 8, 1935, S.347/48 - Winkler, Dürer 1957, S.40/41 - L.Grote: Dürer-Studien. In: Zs.d.dt.Ver.f.Kunstwiss.19, 1965, S.151-169 - J. Lauts: Katalog alte Meister. Staatliche Kunsthalle Karlsruhe. Karlsruhe 1966, S.108 - W.H.Köhler: Die Tafeln des Dominikus-Altares in Darmstadt. In: Kunst in Hessen und am Mittelrhein 10, 1970, S.44 - Anzelewsky, Nr.9.

166   TAFELN VON EINEM DOMINIKUS- UND PASSIONSALTAR

Meister der Dominikuslegende   *Abb.*

1 Die Gefangennahme Christi
2 Die Geißelung Christi
3 Die Beweinung Christi
4 Der Tod des Hl. Dominikus
5 Die Himmelfahrt des Hl. Dominikus

6 Die Krönung des Hl. Dominikus
    Darmstadt, Hessisches Landesmuseum (GK 17-21)
7 Fragment eines Kruzifixes
    München, Bayerische Staatsgemäldesammlungen (10448)

Gemälde auf Kiefernholz (1-3), auf mit Leinwand überzogenem Kiefernholz; 1. 79,5 : 112,5; 2. 113 : 78 (79); 3. 113 : 78,5; 4. 94,5 : 78,5; 5. 79,5 : 112,5; 6. 57,5 (58,5) : 112; 7. 22,3 : 88

W. Köhler gelang die überzeugende Rekonstruktion eines Altares, bei dem die Szenen der Dominikuslegende auf den Innenseiten der Innenflügel, die Passionsszenen auf deren Außenseiten bzw. den Standflügeln zu sehen waren. Er stützte sich dabei auf genaue maltechnische und Zustandsbefunde und auf die ikonographische Interpretation. Demnach gehörte der Tod des Hl. Dominikus ursprünglich mit dessen Himmelfahrt - analog der Darstellung von Marientod und -himmelfahrt - zu einer Tafel zusammen und erhob sich die Krönung des Heiligen über der Kreuzigung. Trotz mancherlei Anklängen an Dürers graphisches Werk aus der Wanderzeit und seinen ersten Jahren in Nürnberg, die vor allem F.Winkler dazu bewogen, die Tafeln Dürer zuzuschreiben, kann dieser nicht hauptverantwortlich für den Altar gewesen sein. Doch dürfte seine Mitarbeit als Geselle in einem in der Schongauer-Tradition stehenden Werkstattverband in Kolmar oder eventuell in Straßburg zutreffen, wie es für die Passionsszenen E. Panofsky vermutete; damit ist eine Datierung um 1493/94 gegeben. Daß die im ursprünglichen Altarzusammenhang unteren Teile in der Ausführung qualitätvoller sind, erklärt Köhler nicht mit der Verteilung auf verschiedene Hände innerhalb der Werkstatt, sondern als das an mittelalterlichen Altären häufig zu beobachtende ›Ergebnis einer Ökonomie der Mittel, die die optischen Gegebenheiten des aufgestellten Retabels berücksichtigt‹. Die am Sterbelager des Hl. Dominikus kniende Dominikanerin deutet auf die Herkunft des Altares aus einer Dominikanerinnenkirche, wobei vielleicht an die des Kolmarer Klosters zu denken wäre.

Literatur: G. Pauli: Eine Naturstudie Albrecht Dürers. In: Zs.f. bild. Kunst NF 23, 1912, S. 116-20 - F. Back: Verzeichnis der Gemälde des Großherzogl. Museums in Darmstadt. Darmstadt 1914, Nr.17-21 - Winkler, Dürer 1928, S.4-8, 408 - E. Buchner: Rezension von Th.B.37, 1950. In: Zs.f.Kunst 4, 1950, S.311 - Winkler, Dürer 1957, S.41/42 - W.H.Köhler: Die Tafeln des Dominikus-Altares in Darmstadt. In: Kunst in Hessen und am Mittelrhein 10, 1970, S.35-45.

167   BILDNIS EINES JUNGEN MANNES

Oberrheinischer Meister   *Abb.*

Oben Jahreszahl 1491, darunter: H.H

Gemälde auf Lindenholz; 47,6 : 33

Aus den Slgn. Frizzoni, Nardus, Onnes van Nijenrode

New York, The Metropolitan Museum of Art, Fletcher Fund 1923 (23.255)

Die Buchstaben unter der Jahreszahl, deren Originalität angezweifelt wird, lassen weder auf den Künstler noch auf den Dargestellten schließen. Das Bildnis des den Beschauer ruhig anblickenden Mannes wurde früher dem Meister des Nürnberger Augustineraltares von 1487 zugeschrieben, bei dem in der Tat mittel- und oberrheinische Elemente wirksam werden, vermutlich durch die Mitarbeit des gebürtigen Speyrer Hans Traut d. Ä. (vgl. Kat. Nr.93). Hier gesellt aber sich zu dem Einfluß

niederländischer Bildniskunst, etwa des 1462 datierten männlichen Porträts von Dieric Bouts in London (National Gall.), dessen Aufwachsen ebenso nur eine kurze Waagerechte links in Schulterhöhe unterbricht, eine eher aus dem Süden inspirierte wache Aufmerksamkeit und Gegenwärtigkeit. Die Zusammenhänge mit dem Meister der Dominikuslegende müssen noch geklärt werden.

Literatur: H. B. Wehle - M. Salinger: Catalogue of early Flemish, Dutch and German paintings. The Metropolitan Museum of Art. New York 1947, S. 173-75 - Buchner, S. 133/34, 210 Nr. 148 - Stange 7, S. 27.

168 EIN JÄGER ZU PFERDE

Oberrheinischer Meister

Unten Mitte gleichzeitige Jahreszahl 1496

Federzeichnung in Braunschwarz auf hellrötlich getöntem Papier; Wz.: Ochsenkopf mit Schlangenstab (ähnlich Piccard, Ochsenkopfwasserzeichen, XVI, 31); 18,2 : 25,4

Aus Slg. v. Aufseß

Nürnberg, Germanisches Nationalmuseum (Hz 53)

Nach F. Winzinger, der die Zeichnung Dürer zuschreibt, ging es dem Zeichner darum, ›eine Bildvorstellung, vielleicht sogar einen flüchtigen Augeneindruck möglichst rasch festzulegen‹. Dürer hätte also den Jäger nach seiner ersten italienischen Reise gezeichnet, was nicht einzuleuchten vermag, auch nicht mit Hilfe der von Winzinger herangezogenen Vergleichsbeispiele. Zudem gibt F. Winkler an, daß die von Winzinger zur Bekräftigung angeführte Jahreszahl 1496 bei dem Berliner Paar zu Pferde (W. 54) von fremder Hand hinzugefügt ist, und datiert das Blatt bereits um 1492-94. Bei aller zugegebenen Schnelligkeit der Niederschrift lassen sich Überschneidungen wie des hinteren Hundes mit den Vorderbeinen des Pferdes für Dürer nicht vorstellen. Die sein Werk, wie E. Holzinger beobachtete, auszeichnende konzentrische Körperhaftigkeit ist beim Jäger ins Gegenteil gewendet.

Literatur: Zink, GNM, Nr. 21 - F. Winzinger: Studien zur Kunst Albrecht Dürers. In: Jb. d. Berliner Museen 10, 1968, S. 174-80

Albrecht Dürer:
Christus als Schmerzensmann
(Kat. Nr. 165)

Oberrheinischer Meister:
Bildnis
eines jungen Mannes
(Kat. Nr. 167)

BEGEGNUNGEN: ITALIEN

Es gibt Momente in der Kunstgeschichte, in denen es scheint, als wolle die Vorsehung einen besonderen Impuls durch die Entsendung eines genial begabten Menschen geben, damit er mit einer persönlichen Leistung zur Entwicklung von Sinn und Form der Kunst beitrage. Dies scheint uns bei Albrecht Dürer der Fall zu sein, wenn wir seinen Anteil an der Entwicklung der norditalienischen Kunst und vor allem an der Anknüpfung von höchst bedeutenden Beziehungen zwischen der deutschen und venezianischen Malerei am Ende des 15. und am Beginn des 16. Jahrhs. betrachten.

Um ein derartiges Ereignis richtig zu beurteilen und zu begreifen, ist es nötig, die Begleitumstände und die kulturelle Gesamtsituation von Deutschland und Venedig, die durch Dürer in nutzbringende Beziehungen treten, sehr genau zu untersuchen. Es ist deshalb besonders nützlich, daß die Ausstellung eine Abteilung enthält, die der ersten und der zweiten Venedigreise Dürers (1494/95 und 1505-07) gewidmet ist. In der Tat verbinden sich in jenen Jahren die an sich grundverschiedenen, aber doch nicht unvereinbaren künstlerischen Welten von zwei der bedeutenden Städte Europas, Nürnberg und Venedig, durch einen fruchtbaren Austausch. Die Aufgabe wird erleichtert, wenn es möglich ist, mit Hilfe einer Untersuchung der Beziehungen zwischen den verschiedenen Künstlern das ›deutsche Element‹ herauszukristallisieren, das sich immer mehr als bedeutender Faktor in der Geschichte der Renaissancemalerei Norditaliens erweist. Zu diesem Zwecke zeigt die Ausstellung zahlreiche Dokumente, die mit Nutzen Werken von Künstlern, die gleichzeitig mit Dürer lebten, gegenübergestellt werden können und geeignet sind, zwei wesentliche Merkmale der deutschen und der venezianischen Kultur zu erhellen: die Jugendentwicklung Dürers - soweit sie seine Berührung mit der Renaissance betrifft - und seinen Einfluß auf einige der bedeutendsten venezianischen Persönlichkeiten, die zwischen den beiden Jahrhunderten tätig waren, darunter Giorgione, Lorenzo Lotto und Tizian. Schließlich bemüht sich diese Abteilung der Ausstellung um eine endgültige Klärung der Stellung des Jacopo de' Barbari, der von den einen als Dürers Wegweiser bei dessen Annäherung an die Renaissance angesehen, von anderen aber als unbedeutender Reisegefährte oder geradezu als Nachfolger abgewertet wurde. Tatsächlich aber hatte Jacopo - wie wir beweisen zu haben glauben - beide Funktionen, einmal aufgrund seiner deutschen Schulung, die ihn zunächst dem Ausgangspunkt Dürers nähert, und zum anderen aufgrund seiner Veranlagung als Italiener (die ihn zu einer künstlerischen Entwicklungsphase bringt, in der er sich eng an Mantegna anlehnt, was auch Dürer zeitweilig tut).

Eine der Hauptaufgaben der Ausstellung wird also die Klärung der Frage sein, welche Bedeutung dem ›deutschen Element‹ für die venezianische Kunst wirklich zugemessen werden kann. Dies ist schon Gegenstand grundsätzlicher Bemühungen von besonderer Bedeutung gewesen, die Wissenschaftler wie Th. Hetzer und H. Wölfflin unternommen haben und die durch einen Vergleich der deutschen und venezianischen Werke, die sich am Berührungspunkt treffen, fruchtbar ergänzt werden. Uns scheint es zweifellos, daß Dürer einen entscheidenden Einfluß auf die Aktivierung des ›deutschen Elementes‹ und auf die Auslösung einer besonderen Reaktion in der künstlerischen Kultur Italiens gehabt hat. Und sicher ist es kein Zufall, daß dieser revolutionäre Vorgang in einem auch den heterogensten Einflüssen offenen Gebiet stattfindet, an einem Ort der Berührung verschiedener Kulturen, wie ihn das Venedig des 15. Jahrhunderts darstellt.

Wie dieses ›deutsche Element‹ in seinen wesentlichen Zügen zu definieren ist, wird man am besten Fall zu Fall an den Reaktionen der venezianischen Künstler sehen müssen. Aber es wird gut sein, schon jetzt wenigstens seine einzelnen Grundzüge aufzuzeigen: Realismus in der Darstellung der Natur, Ausdrucksintensität durch graphische Mittel, Dynamik der räumlichen und plastischen Gestaltung. So wird zum ersten Male die Landschaft als organische Einheit gefühlt (Giorgione, Tizian), entwickelt sich das Porträt vom einfach psychologischen oder dekorativen Aspekt (so in der Nachfolge von Pisanello) oder vom analytisch-deskriptiven (wie in der flämisch-bellinesken Tradition) zu Formen von realistischer Unmittelbarkeit (Giorgione, Lotto und Tizian). Auf dem Gebiet der Zeichnung und der Druckgraphik verschiebt sich die für Mantegna und seine Nachfolger bis hinauf zu Bellini kennzeichnende Betonung des Plastischen zu einer größeren Gespanntheit und Eindringlichkeit, wie sie für die deutsche Graphik charakteristisch ist: z. B. im Werk von Tizian. Die ehrwürdige Tradition der bellinesken ›Harmonie‹ lädt sich schließlich unversehens mit einer dialektischen Spannung in der gegenseitigen Abhängigkeit der räumlichen Verhältnisse auf, so daß ein Dialog eingeleitet wird, der im ganz frühen Tizian seine eigene, beeindruckende und anders unerklärliche Verwirklichung findet (Fresken der Scuola del Santo in Padua, 1511).

Daß auf Dürer der überwiegende Anteil an dem ›deutschen Element‹ zurückzuführen sei und daß dieses während seiner beiden Reisen in die Lagunenstadt sich mit der venezianischen Malerei auseinanderzusetzen beginnt, scheint selbstverständliche Überzeugung von Wissenschaftlern wie H. und E. Tietze, E. Panofsky und F. Winkler zu sein, die sich mit dem Problem detailliert beschäftigt haben. Das durch die schicksalhaften Reisen des Meisters aufgeworfene künstlerische Problem erhält also auch aus venezianischer Sicht eine organische Geschichtsdimension und bestätigt die Schlußfolgerungen über die Wirkungen des ›deutschen Elementes‹, als dessen Hauptfaktor wir Dürer erkannt haben.

Terisio Pignatti

169 VICTORIA UND FAMA
Jacopo de' Barbari

Rechts unten mit dem Schlangenstab signiert

Kupferstich; 18,1 : 12,3

Aus der M. Kade-Foundation

München, Staatliche Graphische Sammlung (1964 : 450)

Trotz intensiver Beschäftigung ist es der Forschung bisher nicht gelungen, das Stichwerk des Jacopo de' Barbari einleuchtend zu datieren. Folglich blieb auch die Frage, ob Dürer oder Jacopo den größeren Nutzen aus ihrer Freundschaft gezogen habe, Gegenstand heftiger Diskussionen. Einen neuen Vorschlag macht T. Pignatti, indem er die Hauptgruppen des Stichwerkes, nämlich Priapus-Gruppe und Mars-Venus-Gruppe, in ihrer zeitlichen, bisher angenommenen Abfolge umdreht. So wäre die Mars-Venus-Gruppe mit ihren deutschen Einflüssen ca. 1490-1495, die Priapus-Gruppe mit den venezianisch-paduanischen um 1498-1500 zu datieren. - ›Victoria und Fama‹ zeigt deutlich Einflüsse der Graphik Schongauers in der Modellierungstechnik der Körper, in der Behandlung von Gewand und Flügeln. Durch diese Einflüsse ist die Mars-Venus-Gruppe, der das Blatt angehört, insgesamt gekennzeichnet. Für Dürer war es aber vor allem interessant durch seine italienischen Elemente, die für ihn etwas völlig Neues darstellten: nackter Körper, Proportionen, Standmotiv und statisches Verhalten des Körpers. Er sah darin die Verkörperung der entscheidenden Neuerungen der italienischen Renaissancekunst. Die Intensität von Dürers Beschäftigung mit diesem Blatt zeigt sich in einigen seiner Werke, z. B. in den Stichen, die nach der Rückkehr aus Venedig geschaffen wurden, wie dem ›Traum des Doktors‹ (Kat. Nr. 459), den ›Vier Hexen: Discordia‹ von 1497 (Kat. Nr. 514) oder der Zeichnung ›Adam und Eva‹ (Kat. Nr. 483).

Literatur: E. Brauer: Jacopo de' Barbaris graphische Kunst. Diss. Hamburg 1933, Teildruck, S. 7 - L. Servolini. Jacopo de' Barbari. Padua 1944, S. 193 Nr. 24 - Panofsky 1, S. 70 - Hind 5, S. 157 Nr. 26 - T. Pignatti: Relations between German and Venetian painting in the early Renaissance. In: Venetian Studies. London 1971.

170 CLEOPATRA
Jacopo de' Barbari

Kupferstich; 17,6 : 11

Aus Slg. Schulthess-von Meiss

Zürich, Graphische Sammlung der Eigenössischen Technischen Hochschule (S 125 E)

Die traditionelle Bezeichnung Cleopatra für das Blatt ist sicher falsch, da die Szene sonst in einem Innenraum spielen und Cleopatra die Schlange an ihre Brust legen oder zumindest von ihr gebissen werden müßte. E. Panofsky schlägt statt dessen vor, darin Alexanders d. Gr. Mutter Olympia zu sehen, die im Schlaf von einer Schlange besucht wurde. Das in die Mars-Venus-Gruppe gehörende Werk (vgl. Kat. Nr. 169) hat nach E. Panofsky und A. M. Hind Dürer dazu angeregt, in seinem Kupferstich ›Die Buße des Hl. Chrysostomus‹, um 1497 (Kat. Nr. 351), die Frau in eine grottenartige Felsnische zu setzen.

Literatur: L. Servolini: Jacopo de' Barbari. Padua 1944, S. 174, 194 Nr. 28 - Panofsky 2, Nr. 170 - Hind 5, S. 157 Nr. 27 - T. Pignatti: Relations between German and Venetian painting in the early Renaissance. In: Venetian Studies. London 1971.

171 TRITON UND NEREIDE
Jacopo de' Barbari

Kupferstich; 13,4 : 19,5

München, Staatliche Graphische Sammlung (14 799)

Auch dieser Stich wird von T. Pignatti in seine Mars-Venus-Gruppe eingereiht und um 1490-95 datiert. Auf Dürer hat der Stich mit Sicherheit gewirkt. In seinem Kupferstich ›Das Meerwunder‹, um 1497/98 (Kat. Nr. 516), entwickelt sich der Körper der Frau ganz ähnlich aus dem Sitzmotiv wie bei dem Triton, auch die Verbindung der Geraubten mit ihrem Partner zu einer Dreiecksgruppe folgt dem Vorbild von de' Barbari. Gerade hier wird aber deutlich, mit welch enormer Kraft der Gestaltung Dürer die Anregungen zu etwas Neuem und Eigenem umformt.

Literatur: E. Brauer: Jacopo de' Barbaris graphische Kunst. Diss. Hamburg 1933, Teildruck, S. 7 - H. Tietze-E. Tietze-Conrat: Dürer or Barbari? In: The Print Collector's Quarterly 28, 1941, S. 111-16 - L. Servolini: Jacopo de' Barbari. Padua 1944, S. 195 Nr. 30 - Panofsky 2, Nr. 178 - Hind 5, S. 155 Nr. 21 - T. Pignatti: La pianta di Venezia di Jacopo de' Barbari. In: Boll. dei Musei Civici Veneziani 9, 1964, S. 9-49 - Ders.: Relations between German and Venetian painting in the early Renaissance. In: Venetian Studies. London 1971.

172 VICTORIA MIT TROPHÄEN
Jacopo de' Barbari

Oben in der Mitte mit dem Schlangenstab signiert

Kupferstich; 14 : 19,3

Berlin, Kupferstichkabinett, Staatliche Museen Preußischer Kulturbesitz

Das von T. Pignatti zwischen 1498 und 1500 datierte Blatt wird von der bequem sich lagernden Figur der Victoria beherrscht, einem Motiv, das im venezianischen Kunstkreis häufig erscheint. Mit Abwandlungen hat es in Dürers Kupferstich ›Das Meerwunder‹ (Kat. Nr. 516) ebenfalls eine zentrale Stelle inne.

Literatur: K. Lange: Dürer's ›Meerwunder‹. In: Z. f. bild. Kunst NF 11, 1900, S. 204 - L. Servolini: Jacopo de' Barbari. Padua 1944, S. 188 Nr. 5 - Hind 5, S. 155 Nr. 22 - T. Pignatti: Relations between German and Venetian painting in the early Renaissance. In: Venetian Studies. London 1971.

173 APOLLO UND DIANA
Jacopo de' Barbari

Abb.

Links oben mit dem Schlangenstab signiert

Kupferstich; 15,7 : 9,7

Berlin, Kupferstichkabinett, Staatliche Museen Preußischer Kulturbesitz (132-24)

174 APOLLO UND DIANA
Albrecht Dürer

Kupferstich; 11,6 : 7,3

Nürnberg, Germanisches Nationalmuseum (St. Nbg. 1663; Leihgabe der Stadt Nürnberg)

Das in die Priapus-Gruppe gehörende Blatt des de' Barbari wird von T. Pignatti um 1498-1500, jedenfalls aber vor 1501 datiert. Die verschwommenen Konturen der unteren Figurenteile von

Schedelsche Weltchronik: Ansicht von Venedig (Kat. Nr. 117)

Diana und der ihr heiligen Hirschkuh deuten darauf hin, daß diese, auf der Weltkugel stehend, im Verlauf von deren Drehung nach hinten untergehen wird, während der Lichtgott Apoll im Zenit erscheint. Dadurch und durch das Standmotiv des Apoll, auch durch seine leichte, schlanke Körperform, entsteht der Eindruck einer Bewegung, die wie ein zarter Hauch durch die ganze Szene geht. - Um 1503 gibt Dürer einen Kupferstich des gleichen Themas heraus, der von dem Werk des de' Barbari beeinflußt ist, sich aber in wesentlichen Punkten von ihm unterscheidet, nämlich in dem dynamischeren, gleichzeitig festeren Apoll, in der Vorderansicht der kindlichen, stumpf-versonnen blickenden Diana und vor allem in der viel realeren Bodenfläche. Die Verbindung zwischen den Darstellungen des Apoll in den beiden Stichen bildet Dürers Zeichnung des Apoll im Britischen Museum, die um 1500 entstanden ist (W. 261). Die ruhige Standfigur von de' Barbari wirkte schließlich 1504 noch einmal auf Dürer bei dessen Stich ›Adam und Eva‹ (Kat. Nr. 484).

Literatur: E. Panofsky: Dürers Darstellungen des Apollo und ihr Verhältnis zu Barbari. In: Jb. d. Preuß. Kunstslgn. 41, 1920, S. 359-77 - A. Wolf: Jacopo de' Barbari's Apollo and Dürer's early male proportion figures. In: Art Bull. 25, 1943, S. 363-65 - L. Servolini: Jacopo de' Barbari. Padua 1944, S. 92, 191 Nr. 16 - Panofsky 1, S. 86/87 - Hind 5, S. 153 Nr. 14 - T. Pignatti: Relations between German and Venetian painting in the early Renaissance. In: Venetian Studies. London 1971.

175   PERSPEKTIVPLAN VON VENEDIG
Jacopo de' Barbari

Beschriftung: VENETIE MD (Venedig 1500); Mercurius preceteris huic fauste emporiis illustro, Aequora tuens portu resideo hic Neptunus (Beischriften für Merkur und Neptun); T (Tramontana), Septentrio, Aquilo, G (Grecale), Fulturnus, L (Levante), Subsolanus, Eurus, S (Scirocco), Eurauster, Auster, O (Ostro), Auster Affricus, A (Affrico), Affricus, P (Ponente), Favonius, Corus, M (Maestro), Circius (Namen von Winden verschiedener Richtungen); dazu topographische Namen wie Inseln, Ortschaften und Bezeichnungen einzelner Gebäude.

Holzschnitt aus 6 Stöcken; 139 : 285

Nürnberg, Germanisches Nationalmuseum (SP 5903)

Höchste topographische und meßtechnische Perfektion kennzeichnet diesen ersten kartographisch exakten Stadtplan. Er zeigt die Stadt in der Vogelschau, aus einer gedachten Höhe von ca. 500 m und von einem genau festgelegten Blickpunkt aus, nämlich der Insel San Clemente, wie Luftaufnahmen aus dem Flugzeug bewiesen haben. Drei Jahre lang, von 1498 bis 1500, arbeitete ein wahrscheinlich großes Team von Fachleuten für die geometrische Vermessung und Aufnahme des Grundrisses, für die zeichnerische Projektion der Aufrisse, für die künstlerische Gestaltung, für Holzschnitt und Druck unter dem Herausgeber Anton Kolb, einem Kaufmann aus Nürnberg, der mit Dürer befreundet war und de' Barbari in höchstem Maße bewunderte. Ob Anton Kolb die Idee für das große Unternehmen hatte, die der Genialität eines Leonardo würdig gewesen wäre, ob er oder einer der in Venedig ansässigen bedeutenden Kartographen die Leitung innehatte, entzieht sich unserer Kenntnis, da keine Urkunde den Namen auch nur eines Mitarbeiters nennt. Jedenfalls verfügte nur Venedig damals über genügend Fachleute für das Werk, da es eines der Hauptzentren der Holzschneide- und Druckkunst und der Kartographie bildete. Aus dem engeren Verhältnis des de' Barbari zu Kolb, aus dem Schlangenstab in der Hand des Merkur, der das Signum des de' Barbari bildet, und aus anderen Indizien geht aber hervor, daß er den künstlerischen und vielleicht auch den Holzschneide-Anteil an dem Werk hatte. Darauf weisen ebenso stilistische Merkmale hin.

Literatur: G. Mazzariol - T. Pignatti: La pianta prospettica di Venezia del 1500 disegnata da Jacopo de' Barbari. Venedig 1963 - T. Pignatti: La pianta di Venezia di Jacopo de' Barbari. In: Boll. dei Musei Civici Veneziani 9, 1964, S. 9-49.

176 SOG. TAROCCHI
Schule von Ferrara
1 Calliope
Kupferstich; 20,1 : 14,1
2 Temperantia
Kupferstich; 20,2 : 14,9
3 Prudentia
Kupferstich; 20,2 : 13,5
Hamburg, Hamburger Kunsthalle (14 242, 49 265, 49 266)

177 DEUTSCHE KOPIEN DER TAROCCHI
Michael Wolgemut
1 Calliope
Holzschnitt; 21,4 : 13,3
2 Prudentia
Holzschnitt; 21,2 : 13,2
Aus Slg. v. Nagler
Berlin, Kupferstichkabinett, Staatliche Museen Preußischer Kulturbesitz (654-115, 659-115)

178 PRUDENTIA
Albrecht Dürer
Federzeichnung; Wz.: Waage im Kreis mit Stern (ähnlich Briquet 2536); 17,2 : 10,3
Aus Slg. Jabach, Köln
Paris, Musée National du Louvre, Cabinet des Dessins (18.958)

179 SPES
Albrecht Dürer
Federzeichnung; 19,8 : 9,7
Aus der Slg. der französischen Könige
Paris, Musée National du Louvre, Cabinet des Dessins (18.641)

180 COSMOS
Albrecht Dürer
Federzeichnung; 18,2 : 9,7
Paris, Musée National du Louvre, Cabinet des Dessins (18.981)

Die fünfzig einzelnen Blätter der sog. Tarocchi sind in den 1460er Jahren, aber nicht nach 1467 von einem Künstler der Schule von Ferrara geschaffen worden, der wahrscheinlich zum Kreis des Francesco Cossa gehört. Sie lassen sich in fünf Hauptgruppen einteilen, die durch Buchstaben und Zahlen gekennzeichnet sind: E 1-10 Die Rangfolge der Menschen; D 11-20 Apoll und die neun Musen; C 21-30 Die Künste und Wissenschaften; B 31-40 Die Tugenden und kosmischen Prinzipien; A 41-50 Die Planeten und Himmelssphären. Obwohl einige Darstellungen thematisch mit echten Tarockkarten übereinstimmen, geht doch die ganze Serie weit darüber hinaus. Eine beweisbare Deutung gibt es bisher nicht, am ehesten kann man die von H. Brockhaus für sinnvoll halten, es handle sich um ein Geduldspiel, die Stufen der Vollendung darstellend. Die dem Spiel zugrunde liegende Idee des Johannes Klimakos sei möglicherweise während eines Kongresses in Mantua dem Papst Pius II. (identisch mit dem Humanisten Enea Silvio Piccolomini) vermittelt worden, als er mit dem Kardinal Bessarion aus Griechenland zusammentraf. J. Seznec betont, daß es sich hier um eine Mischung von heidnischem und christlichem Gedankengut handelt, die im Humanismus der Renaissance häufig auftritt. - Nach einem Teil dieser Serie wurden durch Wolgemut und seine Werkstatt Holzschnittkopien hergestellt, welche die Vorbilder im Sinne der Nürnberger Spätgotik umwandeln und damit beweisen, wie entfernt von einem Verständnis der Renaissancekunst man in Nürnberg vor Dürers Eingreifen war. Zusammen mit einer großen Anzahl weiterer Holzschnitte sollten die Kopien ein nie gedrucktes Werk des Peter Danhauser

Jacopo de' Barbari: Apollo und Diana (Kat. Nr. 173)

illustrieren, den ›Archetypus triumphantis Romae‹, wofür Sebald Schreyer Herausgabe und Finanzierung übernommen hatte. Aus dessen Abrechnungen ist zu schließen, daß die Arbeit an den Druckstöcken von 1493 bis 1497 dauerte. Es gibt davon jedoch nur Abzüge des späten 17. oder frühen 18. Jahrhs. Dürer hat die sog. Tarocchi sicher in Wolgemuts Werkstatt zur Hand bekommen und davon aus einem unbekannten Grund zwanzig Zeichnungs-Kopien hergestellt. Acht von ihnen sind sehr sorgfältig mit spitzer Feder und allen Beischriften gezeichnet, die übrigen, zu denen unsere Beispiele gehören, wurden freier gestaltet und mit breiterer Feder angelegt. Über die Zuschreibung der zweiten Gruppe an Dürer oder einen Nachfolger herrscht keine Einigkeit in der Forschung, daß sie aber etwas später zu datieren ist, wird allgemein angenommen. Dürer muß die Zeichnungen kurz vor und nach seiner ersten Venedig-Reise angefertigt haben, also im Zeitraum von 1494 bis 1495/96. Obwohl auch er die Vorlagen gotisiert, bleibt bei ihm doch wesentlich mehr von der Substanz der Renaissance-Kunst erhalten; das heißt, er war Neuem und Ungewohntem gegenüber viel aufgeschlossener als ein anderer Künstler in Nürnberg.

Literatur: H. Brockhaus: Ein edles Geduldspiel: ›Die Leitung der Welt oder die Himmelsleiter‹, die sog. Taroks Mantegnas vom Jahre 1459-60. In: Miscellanea di storia dell'arte in onore di J. B. Supino. Florenz 1933, S. 397 ff. - Hind 1, S. 221-40 Nr. 1-50 - J. Seznec: The survival of the pagan gods. The mythological tradition and its place in Renaissance humanism and art. New York 1953, S. 137-40 - G. Betz: Der Nürnberger Maler Michael Wolgemut (1434-1519) und seine Werkstatt. Diss. Freiburg i. Br. 1955 (Masch. Schr.), Kat. S. 102-05 - E. Ruhmer: Francesco del Cossa. München 1959, S. 47.

181 KAMPF NACKTER MÄNNER
Antonio Pollaiuolo

Rechts auf einer Tafel signiert: .OPUS..ANTONII.POLLAIOLI.FLORENTINI.

Kupferstich; zweiter Zustand; 40,4 : 59

Aus Slg. Schulthess-von Meiss

Zürich, Graphische Sammlung der Eidgenössischen Technischen Hochschule (S 150)

Das bald nach 1470 entstandene Blatt gehört zu den bedeutendsten Meisterwerken des Kupferstichs. Wahrscheinlich zum ersten Male in Italien führte hier der entwerfende Künstler selbst den Stich aus und signierte ihn mit seinem vollen Namen. Neu ist auch die Verwendung von sich durchkreuzenden Schattenschraffuren. Pollaiuolo stellt die anatomische Studien verratenden Kämpfer bewußt reliefhaft vor den wandartig aus schwingenden Linien gebildeten Hintergrund und kommt damit der monumentalen Ausdruckskraft klassischer Reliefs nahe, die für dieses Kompositionsprinzip sicher als Vorbilder dienten. Die Szene wird heute als Kampf des Titus Manlius Torquatus mit einem Gallierfürsten um dessen Halskette gedeutet und als Teil einer Serie von Darstellungen legendärer und historischer Ereignisse aus der Geschichte Roms angesehen. Dürer hat wohl mehr von dieser Folge gekannt als wir, da seine Zeichnung des ›Frauenraubes‹ von 1495 in Bayonne (W. 82) eine Teilkopie aus einem ›Raub der Sabinerinnen‹ darstellt, der zu ihr gehört hat. Gerade in Oberitalien konnte Dürer diese Werke des Pollaiuolo zur Hand bekommen, denn hier wurden sehr bald, vor allem im Kreise von Mantegna, Kopien nach Drucken oder Zeichnungen des Florentiners angefertigt. Dessen Kunst muß Dürer sehr

beeindruckt haben, da es einige Werke gibt, in denen sein Einfluß deutlich wird (W. 79, W. 82, W. 927); Dürer übernimmt vor allem die dynamischen Bewegungsmotive des Pollaiuolo, vielleicht hat auch die starke antikische Komponente sein Interesse geweckt.

Literatur: Hind 1, S. 191 Nr. 1 - Panofsky 1, S. 33-35; 2, Nr. 931 - L. S. Richards: Antonio Pollaiuolo, battle of naked men. In: Bull. of the Cleveland Mus. of Art 55, 1968, S. 63-70 - L. Armstrong Anderson: Copies of Pollaiuolo's battling nudes. In: Art Quarterly 31, 1968, S. 155-67 - A. Busignani: Pollaiolo. Florenz 1970, S. XC.

182 GRUPPE VON DREI MÄNNERN
Gentile Bellini
Abb.

Tuschpinselzeichnung auf blauem Papier, weiß gehöht; 21,2 : 16,8

Turin, Biblioteca Reale (15905)

Dürer hat Giovanni Bellini hoch geschätzt und starke Anregungen aus seiner Kunst erhalten. Auch seinen Bruder Gentile muß er persönlich gekannt haben, wie Zeichnungen nach dessen Werken bestätigen. So wiederholt ein Blatt mit drei Orientalen (W. 78) eine entsprechende Gruppe aus Gentiles ›Prozession auf dem Markusplatz in Venedig‹ in der Galleria dell'Accademia in Venedig. Dürer hatte wohl Zutritt zur Werkstatt des Gentile, denn das Gemälde ist 1496 datiert und sicher vor seiner Vollendung nur dort zu sehen gewesen. - Wie Carpaccio (vgl. Kat. Nr. 193) hat auch Gentile Bellini ein Bild großen Formats durch Zeichnungen sorgfältig vorbereitet, um den Mitarbeitern eine sichere Grundlage für ihren Anteil am Werk zu geben. Ein Beispiel dafür ist die Zeichnung in Turin, deren Gruppe von drei Männern wörtlich genau in dem Prozessionsbild von 1496 wiederkehrt. Ob das Blatt von Gentile selbst oder von einem Gehilfen stammt, ist noch ungeklärt. Auch die Ansichten über die Datierung schwanken. B. Degenhart glaubt an eine Entstehung in der Spanne von 1465-75; demnach wäre die Zeichnung aus dem Skizzenvorrat der Werkstatt ausgewählt worden, um in der Komposition verwendet zu werden. H. und E. Tietze halten eine Entstehung während der Arbeit am Gemälde für einleuchtender. Fest steht jedenfalls, daß ein großes Bild in einem additiven Verfahren aus den zeichnerisch vorbereiteten Teilen zusammengesetzt wurde, wenn auch nach einem vorher verfertigten Gesamtkonzept. Wie B. Degenhart bemerkt, ist eine Folge dieser Arbeitsweise, daß die Skizzenmotive zwar einen bildhaft geschlossenen Charakter haben, aber im fertigen Gemälde bisweilen etwas isoliert wirken.

Literatur: B. Degenhart: Ein Beitrag zu den Zeichnungen Gentile und Giovanni Bellinis und Dürers erstem Aufenthalt in Venedig. In: Jb. d. Preuß. Kunstslgn. 61, 1940, S. 37-42 - H. Tietze-E. Tietze-Conrat: The drawings of the Venetian painters in the 15th and 16th centuries. New York 1944, Nr. 282 - Panofsky 1, S. 36 - S. Moschini Marconi: Galleria dell'Accademia di Venezia. Opere d'arte dei secoli 14 e 15. Rom 1955, Nr. 62 - A. Bertini: I disegni italiani della Biblioteca Reale di Torino. Rom 1958, Nr. 1.

183 ORIENTALE ZU PFERD
Albrecht Dürer

Oben Mitte das Monogramm des Künstlers und die Jahreszahl 1509, beides von fremder Hand. Auf der Rückseite die begonnene Zeichnung eines Turbans

Federzeichnung, leicht aquarelliert, Vorzeichnung stellenweise sichtbar; Wz.: Ochsenkopf mit Kreuz; 30,5 : 21

Eine der letzten Erwerbungen des Herzogs Albert von Sachsen-Teschen

Wien, Graphische Sammlung Albertina (3196)

Die Echtheit der Zeichnung ist angezweifelt worden, so von E. Flechsig und von H. u. E. Tietze, dagegen erkennen F. Winkler und E. Panofsky sie an, wobei F. Winkler mit Recht die hohe Qualität des Kopfes hervorhebt. Mit dem noch sichtbaren Umriß der Vorzeichnung hat Dürer die Proportionen festgelegt, dann wurden die Details ausgeführt; diese Technik weist darauf hin, daß es sich um eine Kopie nach einer Vorlage handelt, dafür sprechen auch die ungewöhnlichen Proportionen. Als Vorbild wird eine Zeichnung des Gentile Bellini gedient haben (vgl. Kat.Nr.182). Damit läßt sich das Blatt um 1494/95 datieren.

Literatur: Flechsig 2, S.74.

184 DIE MYSTISCHE VERMÄHLUNG DER HL. KATHARINA VON ALEXANDRIEN
Albrecht Dürer

Federzeichnung in Graubraun und Braun, einige Schattenpartien der Gewänder graubraun laviert; 23,4 : 20,1

Aus Slg. Wallraf

Köln, Wallraf-Richartz-Museum (Z 129)

Die nur in Umrissen ausgeführten Teile der um 1494/95 entstandenen Zeichnung können als Maria, Kind und ein Engel (?) gedeutet werden. Ob es sich um eine Kopie nach einem venezianischen Gemälde handelt oder um eine Entwurfszeichnung, läßt sich nicht klären, letzteres dürfte jedoch wahrscheinlicher sein. Sicher ist Dürer von den zu seiner Zeit in Italien häufigen Darstellungen aus dem Leben der Heiligen angeregt worden, unter denen die Vermählung, welche die Heilige der Legende nach in einer Vision erlebte, in Oberitalien besonders beliebt war. Im Detail interessierte sich Dürer vor allem für das venezianische Renaissancekostüm, das den Körper architektonisch gliedert.

Literatur: Flechsig 2, S.404, 547 Nr.52 - H. Robels: Katalog ausgewählter Handzeichnungen und Aquarelle im Wallraf-Richartz-Museum. Köln 1967, S.44/45.

185 DIE HL. KATHARINA VON ALEXANDRIEN
Albrecht Dürer

Rechts unten das Monogramm des Künstlers von fremder Hand. Umrandung spätere Zutat

Federzeichnung in Schwarz; 23,4 : 16,7

Aus den Slgn. Basan, Desperet, Firmin-Didot, Heyl

Berlin, Kupferstichkabinett, Staatliche Museen Preußischer Kulturbesitz (KdZ 11 765)

Bei einem Vergleich des um 1494/95 wohl als Studie nach einem Modell entstandenen Blattes mit dem ›Jungen Paar‹ in Hamburg (Kat.Nr.68) wird der Unterschied zwischen dem spätgotischen und dem Renaissancekostüm deutlich: In Deutschland umziehen die Falten den Körper in schwingenden Linien von unten nach oben, betonen so das Aufwachsen und bilden durch Häufungen schwerere Partien heraus. In Venedig dagegen stützen frei fallende Linien den Körper, betonen gesimsartige Bäusche die Rundheit der Figur und gliedern Gürtel,

Borten und Schlitze den Körper horizontal und machen aus ihm ein architektonisch strukturiertes Gebilde.

Literatur: E. Schilling: Beitrag zu Dürers Handzeichnungen. In: Städel-Jb. 1, 1921, S.128 - Ausst. Berlin 1967, Nr.20.

186 STUDIENBLATT
Albrecht Dürer

Federzeichnung; Wz.: Säule (Briquet 4412); 37 : 25,5

Florenz, Galleria degli Uffizi, Gabinetto Disegni e Stampe

Alle Motive dieses Blattes deuten auf eine Entstehung in Italien hin: Der nackte Schildhalter geht auf den Mann mit dem Füllhorn im Bacchanal des Andrea Mantegna zurück (Kat. Nr.508), das Kind und der Reiter weisen auf Einflüsse aus dem Leonardo-Kreis, der Türke auf Dürers Aufenthalt in Venedig. Man wird die Zeichnung also in die Zeit um 1495 datieren können. E. Flechsigs Behauptung, die Harnische von Roß und Reiter seien nürnbergischen Ursprungs, ist unbewiesen, vielmehr dürfte die Rüstung in Oberitalien, wahrscheinlich in Mailand, entstanden sein. Den Orientalenkopf verwendet Dürer in den Holzschnitten mit der Marter des Evangelisten Johannes (Kat. Nr.596 [2]) und der Marter der Hl. Katharina (Kat. Nr.354) wieder.

Literatur: Flechsig 2, S.405.

187 DIE KREUZIGUNG
Albrecht Dürer

Holzschnitt mit zwei Druckstöcken; 59 : 39,4

Aus Slg. Vincent Mayer

Berlin, Kupferstichkabinett, Staatliche Museen Preußischer Kulturbesitz (12-1919)

188 DIE KREUZIGUNG
Lorenzo di Credi

Gemälde auf Pappelholz, unvollendet; 77,5 : 62

1880 aus Slg. Baum, Göttingen

Göttingen, Kunstsammlungen der Universität (220)

Der für seine Entstehungszeit um 1494-96 ungewöhnlich große Holzschnitt Dürers setzt sich deutlich erkennbar aus zwei Stöcken zusammen. Davon zeigt der obere die Hand Dürers, der untere dagegen Merkmale einer anderen Hand. An der Trennungslinie beider ergeben sich Unstimmigkeiten. Die ikonographische Komposition der unteren Hälfte mit der Aufstellung des gläubigen Hauptmanns auf der linken und des Johannes auf der rechten Seite ist so ungewöhnlich, daß angenommen werden kann, der Reißer sei sich bei der Zeichnung auf den Stock der Umkehr im Druck nicht bewußt gewesen. Die obere Hälfte läßt sich dagegen, ebenfalls aus ikonographischen Gründen, nicht umdrehen. Außerdem unterscheiden sich die beiden Hälften auch in der Durchführung. Für die Erklärung dieses Phänomens wurden verschiedene Theorien aufgestellt, von denen sich aber keine schlüssig beweisen ließ. - Der Göttinger Altar des Lorenzo di Credi, der um 1500 datiert wird, zeigt in der Gesamtanlage der Figuren und in einigen Einzelmotiven größte Nähe zu dem Holzschnitt, jedoch ohne daß man daraus auf eine direkte Abhängigkeit schließen könnte. Vorerst scheint die glaubwürdigste Erklärung ein gemeinsames Vorbild zu sein. Da die Mariengruppe und der aufschauende Schächer auf

Gentile Bellini: Gruppe von drei Männern (Kat. Nr. 182)

Leonardo weisen, kann man bei ihm die Quelle für die gesamte Bildidee vermuten. Abgesehen von der Ausgewogenheit der Komposition spiegelt sich nur in einzelnen Motiven des Holzschnittes (z. B. in den Pferden oder in einzelnen Gebäuden) Dürers Kontakt mit Italien, wobei neben Leonardo auch Mantegna zu nennen wäre.

Literatur: F. Anzelewsky: Albrecht Dürers großer Kreuzigungsholzschnitt von 1494/95. In: Zs. d. Ver. f. Kunstwiss. 9, 1955, S. 137-50 - G. Passavant: Andrea del Verrocchio als Maler. Düsseldorf 1959, S. 133 - G. dalli Regoli: Lorenzo di Credi. Mailand 1966, S. 44 Anm. 8, 56, 66 Nr. 150.

189   DIE MARTER DES HL. SEBASTIAN
Albrecht Dürer

Holzschnitt; 39,5 : 29

Berlin, Kupferstichkabinett, Staatliche Museen Preußischer Kulturbesitz (309-2)

Die Forschung hat lange geschwankt, ob dieses unsignierte Blatt Dürer zuzuschreiben sei oder nicht. Heute zweifelt man nicht daran, daß Dürer dieses Werk entworfen hat, und zwar um 1495/96 in Venedig, worauf die von italienischer Renaissancekunst geprägte Sebastiansfigur weist. Geschnitten jedoch wurde der Druckstock ohne Dürers Aufsicht von einem deutschen Formschneider, wahrscheinlich in Venedig, wodurch einige für den Meister ungewöhnliche technische und künstlerische Details zu erklären sind. Bei dem vorderen Kriegsknecht und in den Hauptzügen der Komposition griff Dürer auf ein Werk Nürnberger Kunst zurück, die Sebastiansmarter aus dem Altar von 1487 aus dem Augustinerkloster (German. Nationalmus.; Gm 145). Die Anordnung der Figuren und ihre Haltung hat er jedoch wesentlich klarer und den Gesetzen der Renaissancekunst gemäßer gestaltet. Die Umrisse der Personen wurden im Vergleich zu dem mehr malerischen Stil der Albertina-Passion durch kalligraphische Linienführung stärker betont. In seinem etwas späteren Sebastiansstich B. 56 wiederholte Dürer die Figur des Heiligen in ihren Hauptzügen.

Literatur: Winkler, Narrenschiff, S. 97-101 - F. Anzelewsky: Motiv und Exemplum im frühen Holzschnittwerk Dürers. Diss. Berlin 1955 (Masch. Schr.), S. 112, 113.

190   LANDSCHAFT
Marco Basaiti

Auf der Rückseite die Inschrift des späten 16. oder des 17. Jahrhs.: Marco Basaiti

Aquarell; 20,2 : 27,3

Florenz, Galleria degli Uffizi, Gabinetto Disegni e Stampe (N. 1700 F.)

B. Degenhart datiert das Blatt in die Zeit von Dürers erster Reise nach Venedig, also 1494/95. Aus der großen Nähe zum Farbcharakter von Dürers Aquarellen schließt er auf einen Einfluß des Deutschen auf Basaiti. Wie bei Mantegna oder dem frühen Giovanni Bellini zeigen die Felsen harte Formen und sind streng strukturiert, auch das spricht für eine frühe Datierung; darin liegt aber auch ein Unterschied zu den Landschaften Dürers, bei denen das Tektonische nie additiven, sondern organischen Charakter hat. In der Komposition erweist sich Basaiti ebenso als venezianischer Künstler, da er nicht wie Dürer auch in der Detailskizze eine in sich geschlossene künstlerische Einheit an-

strebt, sondern den Landschaftsausschnitt entwirft, ohne auf eine Bildwirkung zu achten. Die graphische Struktur Dürers beruht auf langgezogenen, ausdrucksvollen Linien des Kontur, Basaiti verwendet kurze, in Venedig übliche Schraffierungsstriche. In diesem ersten erhaltenen Aquarell einer reinen Landschaft in der venezianischen Kunst verbinden sich also typische eigenständige Merkmale mit Einflüssen von Dürers Aquarellen, von denen die Idee zu dieser Kunstgattung überhaupt und der besondere Farbcharakter abgeleitet werden können.

Literatur: B. Degenhart: Dürer oder Basaiti? Zu einer Handzeichnung der Uffizien. In: Mitt. d. Kunsthist. Institutes in Florenz 5, 1937-40, S. 423-28 - H. Tietze-E. Tietze-Conrat: The drawings of the Venetian painters in the 15th and 16th centuries. New York 1944, Nr. A 76 - Panofsky 2, Nr. 1418 - F. Heinemann: Bellini e i Belliniani 2. Venedig 1962, Nr. M B. 112.

191   DER APOLL VOM BELVEDERE
Pier Jacopo Alari Bonacolsi gen. Antico

Auf dem Köcherband signiert: ANT

Bronzestatuette, Hohlguß, teilweise vergoldet, Augen in Silber eingelegt, dunkelbraune, stellenweise schwarze Patina; Höhe 41,3

Aus Slg. Goldschmidt-Rothschild

Frankfurt am Main, Städtische Galerie Liebieghaus (I. N. 1286)

In der zweiten Hälfte der 1480er Jahre wurde in Rom die Marmorskulptur eines Apoll gefunden, eine römische Kopie nach einem verlorengegangenen griechischen Bronzeoriginal, die nach ihrer späteren Aufstellung im Belvederehof des Vatikans benannt wurde. Antico sah die Skulptur wahrscheinlich bald nach der Entdeckung, mit Sicherheit aber 1497, und formte nach ihr 1498 ein Wachsmodell, das im Dezember 1501 zum Guß einer Bronzestatuette, heute Cà d'Oro in Venedig, diente. Die bedeutende Statuette in Frankfurt konnte unlängst nach der Abnahme eines schwarzen Lackes als ein Werk des Antico erkannt werden, das sich enger an das antike Original anlehnt als die Version in Venedig. A. Legner datiert deshalb das Frankfurter Werk bald nach der Entdeckung der Marmorskulptur. Wenn Dürer sein Interesse an dem ›nacketen Bild der Walchen‹ bekundet, so ist auch an ähnliche Plastiken zu denken. Dürer hat einige Apollo-Figuren gezeichnet (W. 261-263 und Kat. Nr. 482), die dem Apoll vom Belvedere in vielem gleichen; später griff er in den Zeichnungen der Kat. Nr. 480, 485 und 487 wieder darauf zurück, zeigte sich also von dem Motiv sehr beeindruckt. Obwohl F. Winkler den Apoll vom Belvedere als Vorbild für die Zeichnungen ablehnte und statt dessen auf den Mann mit dem Füllhorn im Bacchanal bei der Kufe von Andrea Mantegna (Kat. Nr. 508) hinwies, macht doch die Ähnlichkeit zwischen dem Motiv der Plastik und den Zeichnungen wahrscheinlich, daß Dürer vom Aussehen der zu seiner Zeit schon berühmten Figur Kenntnis erlangt hat.

Literatur: Meesters van het brons der Italiaanse Renaissance. Ausst. Amsterdam 1961/62, Nr. 28 - A. Legner: Anticos Apoll vom Belvedere. In: Städel-Jb. NF 1, 1967, S. 102-18 - Ders.: Kleinplastik der Gotik und Renaissance aus dem Liebieghaus. Frankfurt 1967, Nr. 40/41 - H. H. Brummer: The statue court in the Vatican Belvedere. Stockholm 1970, S. 44-71.

192   DER SALVATOR MUNDI
Albrecht Dürer

Gemälde auf Holz; 58,1 : 47

Albrecht Dürer: Der Christusknabe mit einer Blumenkrone (Kat. Nr. 195)

Aus den Slgn. Imhoff und Haller von Hallerstein, Nürnberg, Reichardt, Posonyi, Felix, Fairfax Murray und Friedsam

New York, The Metropolitan Museum of Art, The Michael Friedsam Collection 1931 (32.100.64)

Dürer griff für Haltung und Gestus der Figur auf einen Kupferstich des gleichen Themas vom Meister E. S. zurück, der in einer Überarbeitung des Israhel van Meckenem von ca. 1465 überliefert ist. Darüber hinaus ist jedoch ein starker stilistischer Einfluß von Gemälden des Jacopo de' Barbari zu erkennen, die dieser um 1503 geschaffen hat. Das Bild läßt sich somit um 1503/04 datieren. Die Annahme, daß es das Mittelstück eines Triptychons bildete, dessen Flügel in den Tafeln mit den Hll. Onuphrius und Johannes d. T. in der Bremer Kunsthalle zu sehen wären, wird von E. Panofsky mit Hinweis auf die verschiedenen Hintergründe abgelehnt. Das Gemälde ist, wahrscheinlich wegen Dürers zweiter Reise nach Italien, unvollendet geblieben. In Gesicht, Hals und Händen erkennt man deutlich die sehr ausführliche Vorzeichnung auf dem Kreidegrund, während der Mantel und merkwürdigerweise die Haare bis ins Feinste ausgeführt wurden. Die Tafel stellt somit ein interessantes Beispiel für die eigentümlich additive Arbeitsweise Dürers dar.

Literatur: H. B. Wehle-M. Salinger: Catalogue of early Flemish, Dutch and German paintings. The Metropolitan Museum of Art. New York 1947, S. 180-82 - A. Shestack: Master E. S. Ausst. Philadelphia 1967, Nr. 79 - Anzelewsky, Nr. 92.

193   DIE EXEQUIEN DES HL. HIERONYMUS
Vittore Carpaccio

Unten rechts die Jahreszahl 1495

Federzeichnung, laviert; 27 : 42

Uppsala, Universitätsbibliothek (Ital. St. form. 14)

Die Zeichnung stimmt im wesentlichen genau mit dem nach ihr ausgeführten Gemälde der Scuola di San Giorgio degli Schiavoni in Venedig überein, das 1502 datiert ist. Wie ein weiteres Blatt mit einem der knienden Mönche im Museum Boymansvan Beuningen in Rotterdam und eine Reihe anderer Beispiele zu anderen Gemälden zeigen, bereitete Carpaccio seine Bilder sehr oft auf eine so sorgfältige Weise vor. Dieser Entstehungsprozeß stimmt mit der konstruktiven Struktur der italienischen Renaissancekunst überein, die in Venedig vor allem bei Carpaccio deutlich wird. Kennzeichnend dafür ist die außerordentliche räumliche Klarheit, die durch die Umbauung des Raumes mit perspektivisch richtig konstruierten Gebäuden und Figuren entsteht. Dazu kommt, daß das warme Sonnenlicht die graphischlineare Struktur der Zeichnung mildert und dadurch deren additiven Charakter vereinheitlichend überspielt. Der so entstandene Szenenraum wird Träger einer Stimmung, in die sich die stille Handlung der Totenfeier im Vordergrund bruchlos einfügt. Von venezianischen Kunstwerken dieser Art ist Dürer entscheidend beeinflußt worden. Wie seine Vorzeichnungen zum ›Rosenkranzfest‹ (Kat. Nr. 195/96) zeigen, bereitet auch er seit seinem zweiten Aufenthalt in Venedig seine Gemälde sehr sorgfältig vor. Durch die Berührung mit der italienischen Kunst ist eine weitere konsequente Entwicklung eingeleitet worden, die auf eine Klärung und Vereinfachung perspektivisch konstruierter Räume hinführt. Diese Entwicklung verläuft etwa von dem noch sehr gefüllten, zeitlich stark eingezwängten Raum im Paumgartner-Altar (Kat. Nr. 590) über den bereits viel klareren und

einfacheren im Kupferstich der Geburt Christi von 1504 (Kat. Nr. 600) bis zu den späteren Blättern des Marienlebens von ca. 1505, etwa der Darstellung im Tempel (Kat. Nr. 601 [13], 633). Die Vollendung findet Dürer 1514 in seinem Stich des Hieronymus in der Zelle (Kat. Nr. 273); dieses Blatt zeigt auch unmittelbare strukturelle Verwandtschaften mit der Carpaccio-Zeichnung.

Literatur: R. Pallucchini: I teleri del Carpaccio in San Giorgio degli Schiavoni. Mailand 1961, S. 38, 43, 70 - J. Lauts: Carpaccio. Gemälde und Zeichnungen. Köln 1962, S. 39, Nr. Z 50 - Vittore Carpaccio. 2. Aufl. Ausst. Venedig 1963, Nr. 7 - G. Perocco: Carpaccio nella Scuola di S. Giorgio degli Schiavoni. Venedig 1964, S. 119 ff.

194   BILDNIS KAISER MAXIMILIANS I.
Ambrogio de Predis

In der rechten unteren Ecke: 1507/ maximilian/ AD (Monogramm), als Besitzvermerk (von Dürers Hand?)

Kreidezeichnung, stark verblaßt; 37,1 : 25,2

Aus Slg. Posonyi-Hulot

Berlin, Kupferstichkabinett, Staatliche Museen Preußischer Kulturbesitz (KdZ. 10)

Über die Zuschreibung der Zeichnung an Ambrogio de Predis herrscht keine Einigkeit. So hält L. v. Baldass sie für eine Kopie eines Originalentwurfes von de Predis, E. Flechsig für sehr fragwürdig und E. Panofsky für das Werk eines Mailänder Malers, wahrscheinlich des de Predis. Offenbar entstand das Blatt im Zusammenhang mit der Hochzeit von Kaiser Maximilian I. mit Bianca Maria Sforza, der Tochter des Mailänder Herzogs, im Jahre 1494. Als Dürer bei seinem zweiten Aufenthalt in Venedig den Auftrag für ›Das Rosenkranzfest‹ ausführte, verschaffte er sich die Zeichnung als Vorlage für das Porträt des ihm persönlich noch unbekannten Kaisers. Da das Gemälde 1506 vollendet wurde, kann die Inschrift nicht das Jahr der Erwerbung bezeichnen, sondern müßte von Dürer erst kurz vor dem Heimtransport seiner Habe nach Nürnberg auf die Zeichnung gesetzt worden sein. Allerdings ist es höchst unsicher, ob die Schrift von Dürers Hand stammt, zumindest der Name ›maximilian‹ hat keine Ähnlichkeit mit den bei H. Rupprich abgebildeten Proben von 1507. Reine Profilbildnisse sind kennzeichnend für die italienische Porträtkunst, während sie in Deutschland fast vollständig fehlen. Ihre Verwendung im Rosenkranzbild zeigt das Interesse, das Dürer dieser für ihn neuen Darstellungsform entgegenbrachte. Beispiele dafür sind die gezeichneten Köpfe W. 372, 374 und 380.

Literatur: Lippmann 1, Nr. 17 - L. v. Baldass: Die Bildnisse Kaiser Maximilians I. In: Jb. d. kunsthist. Slgn. d. allerhöchsten Kaiserhauses 31, 1913, S. 262-66 - Flechsig 2, S. 271/72 - Winkler, Zeichnungen 2, Nr. 380 - Panofsky 1, S. 111; 2, Nr. 1031 - Maximilian I. Ausst. Innsbruck 1969, Nr. 564.

195   DER CHRISTUSKNABE MIT EINER BLUMENKRONE
Albrecht Dürer   *Abb.*

Unten Mitte Monogramm des Künstlers und Jahreszahl 1506

Pinselzeichnung, weiß gehöht, auf blauem venezianischen Papier; Wz.: Hut (Briquet 3388); 27,4 : 38,4

Aus Slg. de Marolles

Paris, Bibliothèque nationale (L. 408)

Albrecht Dürer:
Bildnis
einer Venezianerin
(Kat. Nr. 531)

196 KINDERKOPF
Albrecht Dürer

Links unten von fremder Hand: Albrecht durer F.

Pinselzeichnung, weiß gehöht, auf blauem venezianischen Papier; 13 : 10,1

Aus der Slg. der französischen Könige

Paris, Musée National du Louvre, Cabinet des Dessins (18.602)

Von der deutschen Rosenkranzbruderschaft in Venedig erhielt Dürer den Auftrag, für eine Kapelle der Kirche S. Bartolommeo ein Altargemälde zu schaffen, das nach seiner Vollendung 1506 die Bewunderung der ganzen Stadt und sogar seiner Künstler-Konkurrenten erregte. Die Vorzeichnungen zu den einzelnen Motiven des Bildes sind von gleicher Qualität und Bedeutung. Dürer übertrug hier die Technik der von ihm für den Kupferstich entwickelten Linienführung auf den Pinsel, mit dem er in dunkler und heller Tusche auf blaugetöntes venezianisches Papier zeichnete. Der an- und abschwellende Strich ermöglichte etne der venezianischen Malerei angenäherte Modellierung der Oberfläche. Diese Technik wiederholte er auch in späteren Arbeiten. Den Körper des halb liegenden Christuskindes hat Dürer mit veränderter Beinhaltung im Gemälde verwendet, den Kopf erst später im Helleraltar von 1509. Es wurden also mehr Studien gemacht, als für den unmittelbaren Anlaß nötig waren. Dürer wählte unter vielen Möglichkeiten für die endgültige Werkidee aus.

Literatur: Demonts, Louvre 1, Nr. 133 - Lugt, Bibl. Nationale, Nr. 9 - Winkler, Zeichnungen 2, S. 89/90 - Panofsky 1, S. 107-113.

197 ZWEI HÄNDEPAARE MIT BÜCHERN
Albrecht Dürer

Unten Mitte mit schwarzer Feder von fremder Hand das Monogramm des Künstlers und die Jahreszahl 1506

Pinselzeichnung, grau und ocker laviert, weiß gehöht, auf blauem venezianischen Papier; Wz.-Fragment: stilisiertes A; 24,9 : 41,5

Aus den Slgn. Andreossy, Lawrence, Hausmann und Blasius

Nürnberg, Germanisches Nationalmuseum (Hz 5481; Depositum Frau Irmgard Petersen geb. Blasius)

198 DIE HÄNDE DES ZWÖLFJÄHRIGEN CHRISTUS
Albrecht Dürer   *Abb.*

Links Mitte mit schwarzer Feder von fremder Hand das Monogramm des Künstlers und die Jahreszahl 1506, querstehend

Pinselzeichnung, grau und ocker laviert, weiß gehöht, auf blauem venezianischen Papier; 20,7 : 18,5

Aus den Slgn. Andreossy, Lawrence, Hausmann und Blasius

Nürnberg, Germanisches Nationalmuseum (Hz 5482; Depositum Frau Irmgard Petersen geb. Blasius)

Die beiden Studien sind in der gleichen Technik gearbeitet wie die Blätter der Kat. Nr. 195/96 und wie diese während Dürers zweitem Aufenthalt in Venedig entstanden. Verwendet wurden sie in dem Gemälde der Slg. Thyssen, Lugano-Castagnola, ›Christus unter den Schriftgelehrten‹, das 1506 datiert ist und den Zusatz trägt: opus quinque dierum. Angesichts der sorg-

fältigen Vorstudien kann man letzeres nur auf den Zeitraum des reinen Malvorganges beziehen, während die Konzeption des Bildes sicher mehr zeitlichen Aufwand erfordert hat. Von dem Blatt mit den Büchern nahm Dürer nur die linke Studie für den Schriftgelehrten links vorn, die Hände der anderen Zeichnung bereiteten die des Christusknaben vor. Erst seit seinem zweiten Aufenthalt in Venedig fertigte Dürer für seine Werke derartige Detailstudien an.

Literatur: Zink, GNM, Nr. 50/51 (mit weit. Lit.).

199 DIE SECHS KNOTEN
Nach Leonardo da Vinci

Inschriften: 1 .ACADEMIA./ LEONARDI / VIN /·; 2 .ACHDIA·/ ·LRDI·/·VICI·; 3 ACADEMIA·LEONARDI / VI·CI; 4 ACA / DE / MIA / LEO / NAR / DI / VICI; 5 ACADEMIA / LEON·AR DI / VIN; 6 ACA / DE / MIA / LEO / NAR / DI / VICI; bei 1, 2, 3, 5 auf Schilden im Zentrum, bei 4 u. 6 im Zentrum der Rosetten.

Kupferstiche; ca. 29,3 : 20,4; 25 : 19; 29 : 21; 29,2 : 20,7; 29,8 : 21,2; 29,2 : 20,8

Mailand, Biblioteca Ambrosiana

200 DIE SECHS KNOTEN
Albrecht Dürer

Holzschnitte, 1. Zustand (ohne Monogramm); Wz.: Kardinalshut; 27,2 : 21,1; 27,8 : 20,9; 27,3 : 21,1; 27 : 21,1; 27,4 : 23,3; 27 : 20,9

Schweinfurt, Sammlung Otto Schäfer (D 274-279)

Dürer muß die Holzschnitte in Venedig um 1506/07 entworfen haben, da sie auf Papier mit venezianischen Wasserzeichen gedruckt sind. Ihre Abhängigkeit von den in den 1490er Jahren entstandenen Stichen nach Zeichnungen des Leonardo weist auch darauf hin, daß Dürer die Vorlagen in Italien erhalten und dort etwas` über ihre Bedeutung erfahren hat, wodurch sein Interesse an dem Motiv geweckt wurde. Durch die blattförmige Gestaltung der Eckmotive und deren Verbindung mit dem Zentrum erhalten Dürers Blätter einen mehr organischen und bildmäßigen Charakter, wenn auch die schwarzen Mittelschilde mit dem weißlinigen Ornament davor abstrakt wirken. Die drei ersten Knoten des Leonardo sitzen, zusammen mit ihrer schwarzen Füllung, auf dem hellen Plattengrund, sie sind offen, nicht wie die letzten drei von einem außen umlaufenden Kreisband eingeschlossen. Dürer hat also auch hier nicht sklavisch kopiert, sondern ist eigene künstlerische Wege gegangen. - Die Bezeichnung Knoten für die Ornamente stammt von Dürer, der während seiner niederländischen Reise in Antwerpen notierte: Ich hab meister Dietrich (der Glasmaler Dirk Vellert), glasser, ein Apocalypsin und die 6 Knodn geschenkt. Das deutsche Wort Knoten entspricht dem lateinischen vincoli, welches wiederum Anklänge an Vinci, den Geburtsort des Leonardo hat; also sei eine Art Rätselwappen des Leonardo in den Mustern zu sehen, lautet einer der sehr zahlreichen Deutungsversuche für den Sinn der Blätter. Das Motiv der dekorativ verschlungenen Linie kehrt in einem anderen Werk des Leonardo wieder, der Sala delle Asse im Mailänder Castello Sforzesco, wo eine Goldschnur das illusionistische Blätterdach der auf Wände und Decke gemalten Bäume durchzieht. Für Festdekorationen entwarf Leonardo mit Laub geschmückte Gerüste. Bei den verschlungenen Ornamenten habe er auf ihm bekannte Vorbilder in der Lombardei zurückgegriffen, sei von Bramante beeinflußt worden (weshalb er sie auch ›gruppi di Bramante‹, Gruppen des Bramante, genannt habe) und wurzle in einer uralten Tradition, die bis in den Alten Orient, in Islamisches, Antik-Dädalisches und endlich Mittelalterliches zurückreiche. Daraus wurde gefolgert, daß Leonardo auch die Bedeutungen der Vorbilder gekannt und gemeint habe, es handle sich um Motive einer Universumssymbolik, einer Vereinigung des Verschiedenen, mithin eventuell um Zeichen einer geheimen Loge usw. (A. K. Coomaraswamy). Bei einer Untersuchung der Grundelemente der Musterkonstruktion kommt G. Egger zu ähnlichen Schlüssen, aber stellt heraus, daß keine unendliche Linie zu ›einem komplizierten Verknüpfungs- und Überschneidungssystem verschiedenster Elemente‹ verarbeitet wurde, sondern daß ein periodisches, in Zahlen ausdrückbares System die Struktur bestimme. Andere Autoren sehen wesentlich Realeres: L. H. Heydenreich glaubt die Knoten aus ›mathematischer Formenphantasie‹, erwachsen, J. Meder erkennt Stickereimuster, E. Panofsky schließt sich ihm an und äußert starke Bedenken gegen die Schlüsse von A. K. Coomaraswamy. Das Problem der Deutung ist bis heute ungelöst, wir können aber vermuten, daß Dürer nicht nur ornamentale Absichten hatte, als er die Stiche kopierte, sondern darüber hinaus bestimmte Inhalte mit den Mustern verband, so wie er ihnen einen bestimmten Namen gab: Knoten.

Literatur: A. K. Coomaraswamy: The iconography of Dürer's ›Knots‹ and Leonardo's ›Concatenation‹. In: Art Quarterly 7, 1944, S. 109-28 - Hind 5, S. 93-95 Nr. 19-24 - Panofsky 1, S. 121 - G. Egger: Zur Analyse der sechs Knoten von Albrecht Dürer. In: D. Antiquariat 8, 1952, S. 28-30 - L. H. Heydenreich: Leonardo da Vinci. Basel 1953, S. 67/68, 124 - M. Brion: Les ›Noeuds‹ de Léonarde de Vinci et leur signification. In: L'art et la pensée de Léonarde de Vinci. 1953/54, S. 71 ff. - G. Fumagalli: Leonardo: Ieri e oggi. In: Leonardo, saggi e ricerche. Rom 1954, S. 412.

201 DIE GRABLEGUNG CHRISTI
Andrea Mantegna
Kupferstich; 33,2 : 46,8

Aus der M. Kade-Foundation

München, Staatliche Graphische Sammlung (1964: 449 D)

In diesem Kupferstich verbinden sich Einflüsse von römischen Sarkophagen mit Darstellungen von dem Tode des Meleager und von Werken des Donatello, den Mantegna in seiner Paduaner Jugendzeit kennengelernt hatte, zu einer Szene von großer dramatischer Kraft. Dürer hat das von der Forschung in die Zeit um 1475 datierte Blatt mit Sicherheit gekannt, er war von seiner Ausdrucksstärke beeindruckt, wie die Übernahme der Johannesfigur in seinen Stich ›Christus am Kreuz‹ (B. 24) von 1508 zeigt. Allerdings verwandelte Dürer die Härte und Festigkeit der mantegnesken Ausdrucksform in eine stärkere Bewegung von Körper und Linienspiel gemäß den Stilgesetzen der deutschen Gotik. Die ins gleiche Jahr datierten Blätter der Kleinen Passion, nämlich Christus am Ölberg und die Gefangennahme Christi (Kat. Nr. 603 [11/12]) zeigen ebenfalls pathetische Figuren und Kompositionselemente, die darauf hindeuten, daß Dürer das Werk des Mantegna wohl gerade zu diesem Zeitpunkt zur Hand hatte. Noch 1512 verwendete Dürer ein mantegneskes Gesicht in dem Knienden der Dornenkrönung (Kat. Nr. 604 [7]).

Literatur: Andrea Mantegna: Ausst. Mantua 1961, Nr. 143.

202 BRUSTBILD EINES BARTLOSEN MANNES IM PROFIL NACH RECHTS
Albrecht Dürer
Rechts oben das Monogramm des Künstlers von fremder Hand

Federzeichnung; 10 : 7,5

Florenz, Galleria degli Uffizi, Gabinetto Disegni e Stampe (1059 E)

Die Zeichnung entstand wahrscheinlich als Gegenstück zu dem kleineren Brustbild nach links (W. 659), dessen Blattmaße gleich sind. Der gerade untere Abschlußstrich gibt den Brustbildern den Charakter von Büsten. Ob Dürer dabei von deutschen Reliquienköpfen oder italienischen Bildnisbüsten inspiriert wurde und für welchen Zweck er die Blätter zeichnete, ist ungeklärt. Sicherlich stehen aber die verkrüppelte Form des Ohres und die Disharmonie des gesamten Gesichtes in Zusammenhang mit ähnlichen Köpfen der Zeichnungen W. 656/57, 661. Bei diesen wandelte Dürer bestimmte Normaltypen von Gesichtern ins Anormale ab und folgte damit ähnlichen physiognomischen Studien des Leonardo. Beide Künstler haben sich in zeichnerischen Versuchsserien darum bemüht, die Variationsbreite menschlicher Köpfe und Körper darzustellen. Auf der Suche nach dem Idealtypus, nach der idealen Proportion, die das ideale Schöne sein sollte, und nach den Gesetzen der Natur. Wegen seines Zusammenhanges mit den erwähnten Zeichnungen wird das Blatt ebenfalls um 1513 datiert.

→
Albrecht Dürer: Die Hände des zwölfjährigen Christus (Kat. Nr. 198)

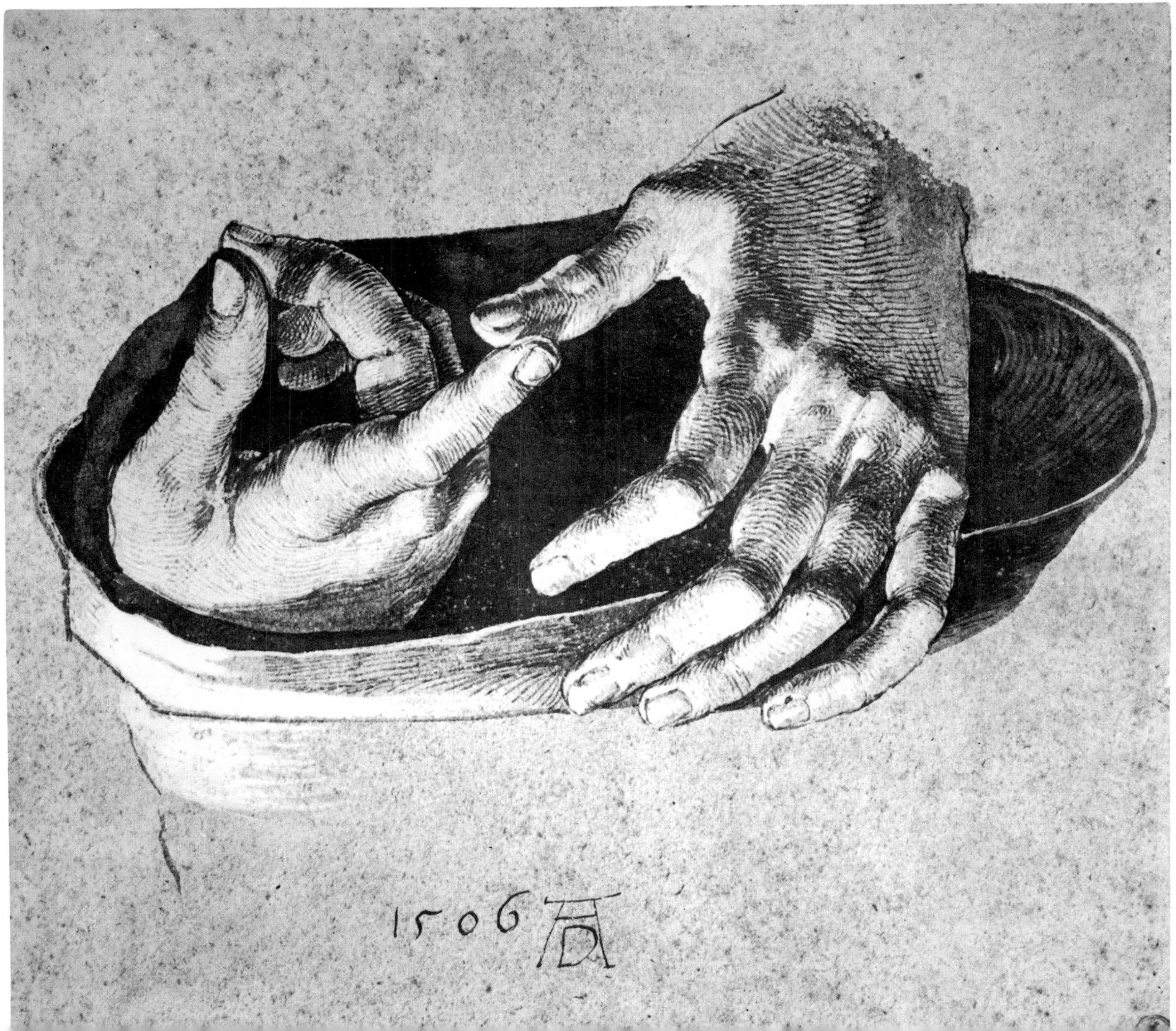
1506

BEGEGNUNGEN: DIE NIEDERLANDE

Die Niederlande waren in der zweiten Hälfte des 15. Jahrhs. das bevorzugte Ziel auch der oberdeutschen Malergesellen. Dürers Vater, der Goldschmied, hat sich ebenfalls dort aufgehalten, so daß der Sohn gewiß zuerst von ihm die niederländische Kunst hat rühmen hören. Schon damals haben sich in Nürnberg Werke der niederländischen Kunst befunden; Konrad Konhofer, der 1452 verstorbene Pfarrer von St. Lorenz, hatte testamentarisch fünf große brabantische Teppiche in seine Kirche gestiftet, die als augenfällige Boten, nicht nur für die Nürnberger Teppichwirkerei, angesehen werden sollten. Die 1485 datierte Zeichnung des jungen Dürer mit der thronenden Muttergottes zwischen zwei musizierenden Engeln (W. 4) geht augenscheinlich auf ein niederländisches Vorbild zurück, die Engel hängen eng mit denen der Madonna in der Apsis nach dem Meister von Flémalle zusammen, von der eine Replik, möglicherweise aus altem Nürnberger Besitz, ehemals das Germanische Nationalmuseum aufbewahrte. Jedenfalls dürften bereits zu dieser Zeit Repliken der Tafeln der großen niederländischen Meister nach Süddeutschland geliefert worden sein. So ließe sich argumentieren, daß die Münchner Kreuzabnahme (Kat. Nr. 203), die aus Freising stammt, von Anfang an hierzulande gewesen sein könnte und daß die ihre rechte Gruppe kopierende Nürnberger Zeichnung (Kat. Nr. 204) durchaus nicht in den Niederlanden angefertigt zu sein braucht. In der Wolgemut-Werkstatt hat Dürer dann, also spätestens seit 1486, eine Reihe von Exempla der niederländischen Malerei kennengelernt; zum Werkstattgut gehörten nachweislich an ihr geschulte, wenn nicht gar kopierte Skizzen (Kat. Nr. 92). So konnte der Malerlehrling durchaus auf mancherlei Weise die Errungenschaften der niederländischen Malerei aus zweiter Hand in Nürnberg kennenlernen, nicht zuletzt auch durch die Vermittlung des graphischen Werkes von Martin Schongauer. Immer wieder ist gefragt worden, wo sich Dürer 1490 im ersten Jahr seiner Wanderschaft durch die deutschen Lande aufgehalten habe, ob er damals in den Niederlanden gewesen sei. Die Frage läßt sich nicht eindeutig entscheiden, denn sein künstlerischer Werdegang bedurfte in jenen Jahren nicht der Begegnung mit der gesamten niederländischen Kunst.

So wurde erst für den reifen, den fast fünfzigjährigen Maler, die Reise in die Niederlande von Juli 1520 bis Juli 1521 zum großen künstlerischen Erlebnis. Im Tagebuch der Reise erwähnt er ausdrücklich, daß er, von den Malern des 15. Jahrhs., Werke von Jan van Eyck, Rogier van der Weyden und Hugo van der Goes gesehen habe. Aber er stand sicher auch, vor allem in Brügge, vor Altären von Hans Memling, Gerhard David und Dieric Bouts. Von den zeitgenössischen Malern ist er vielen freundschaftlich begegnet, Lucas van Leyden, Jan Provost, Joachim Patinir, ebenso den Goldschmieden; von Jan Gossaert und Quinten Massys lernte er Gemälde kennen; von dem letzteren, dem Haupt der Maler von Antwerpen, erwähnt er seltsamerweise nur kurz, daß er in seinem Hause gewesen sei, ohne ihn offenbar selbst zu treffen. Die außerordentliche Maltechnik und die große Gestaltungskraft der niederländischen Malerei übten ihren Eindruck auf Dürer aus. Gegenüber der vielfältigen Fülle der oberdeutschen Flügelaltäre beschränkt sich die niederländische Malerei auf eine recht geringe Zahl von originalen Werken, die aber auf das feinste und erfindungsreichste ausgeführt sind und an die sich Serien von zeitgenössischen Repliken anschließen.

Der Lissaboner Hl. Hieronymus (Kat. Nr. 208), den Dürer für den portugiesischen Faktor Rodrigo Fernandez d'Almada gemalt hat, zeigt in der Auffassung des Heiligen und in der farbigen Anlage den künstlerischen Einfluß der Antwerpner Umgebung; diese Darstellung des Einsiedler-Gelehrten ist trotzdem Dürers eigentliche Erfindung; sie entsprach jedoch niederländischen Intentionen in solch einer Weise, daß das Bild eine unendliche Zahl an Repliken zeitigte, unmittelbar danach und noch durch viele Jahre hindurch.

Im Mai 1521 vermerkte Dürer in seinem Tagebuch, daß er auf fünf halben Bogen drei Ausführungen und zwei Gethsemane gerissen habe. Hier werden die Ausführungen - nicht wie bisher üblich mit Kreuztragungen, sondern - mit den zuvor in der deutschen Kunst nicht bekannten Grabtragungen identifiziert. Nur von diesen sind drei, die eine zwar als Kopie erhalten. Mit den beiden Kreuztragungen, die bereits 1520 datiert sind, und den zwei Gethsemane-Darstellungen von 1520 und 1521 bilden sie einen neuen Passionszyklus. Dabei dürfte Dürer mit Bedacht für jedes Thema mindestens zwei parallele Darstellungen entworfen haben, eine mit dem Schwergewicht auf dem ausdrucksvoll ergreifenden, den Vollzug festhaltenden, dramatischen Bericht und eine zweite, monumentale, architektonisch gebaute, die den Vorgang auf seinem Höhepunkt zusammenfaßt. Vor allem bei der ersten der figurenreichen Kreuztragungen (Kat. Nr. 219) folgte Dürer einem im Norden seit den Brüdern van Eyck gültigen Schema, das auch Schongauer mit seinem Kupferstich (Kat. Nr. 124) verbreitet hat. Dagegen gehen die für den Norden neuen Grabtragungen auf Mantegna zurück, von dem sie Raffael, wenn auch begrenzt auf die Figurengruppe, gleichfalls übernommen hat. Dürer mag jedoch im Stadium der Reife dieses Thema aufgegriffen haben, weil es ihm die Möglichkeit bot, die Teilnehmer des Vorganges und die weite Landschaft zu einem stillen, von Trauer erfüllten Zug zu vereinen im Gegensatz zu dem lauten mit dem von den Stadtmauerschranken widerhallenden Gedränge der brodelnden Volksmenge bei den Kreuztragungen. Zu den Breitformaten dieser Blätter treten, vielleicht auch noch in den Niederlanden entstanden, eine Kreuzigung und eine Beweinung (W. 880/81) von 1521 im Hochformat, doch von gleicher Blattgröße, bei denen der Nachdruck auf dem erregten und ergreifenden Geschehen liegt.

Auch Dürers umfangreiche Entwurfsarbeiten für ein großes und dann doch nicht ausgeführtes Marienbild mit vielen Heiligen aus den Jahren 1521 und 1522 stehen unter dem Eindruck der niederländischen Reise. Die breitformatige Komposition der ersten Entwürfe kann generell als Sacra Conversazione angesprochen werden, Dürer plante aber keine Heiligenversammlung im italienischen Stil, sondern in der flandrischen Übersetzung, wie sie sich seit den frühen Werken Memlings bis hin zu Bernard van Orley, dem Hofmaler der Statthalterin Margarethe von Österreich in Mecheln, entwickelt hatte. Bezeichnenderweise wandelte Dürer das 1521 konzipierte - niederländische - Breitformat 1522 mit der größeren Entfernung von der Reise um in ein Hochformat, das die einzelnen Heiligen stärker monumentalisiert. Er hat für das Marienbild sowohl Gesamtskizzen als auch Detailzeichnungen angefertigt; Heilige wie die zugehörige Berliner Apollonia (Kat. Nr. 225) gehen in ihrer Verhaltenheit, ihrer ganz nach innen gekehrten Kraft des Ausdrucks weit über eine bloße Skizze hinaus. - In gleicher Weise hat Dürer mit einer Anzahl von Detailskizzen und Zeichnungen eine großformatige Kreuzigung vorbereitet, die wohl von vornherein als Kupferstich vorgesehen war; fast alle Einzelheiten waren für die Umkehrung im Stich angelegt. Anscheinend erlitt dann die Kupferplatte bereits bei der Gravierung der Umrisse Schäden, so daß

nicht weiter daran gearbeitet wurde und die wenigen erhaltenen Abdrucke erst über vierzig Jahre später hergestellt worden sind, bevor die Platte endgültig zerbrach. Einige Zeichnungen, die noch während der Reise entstanden, verwendete Dürer später bei dieser Kreuzigung. Der Stich und die zugehörigen großen Figurenzeichnungen äußern die Sprache einer pathetischen Klassik, wie sie Dürer in den Niederlanden seiner Tage verspürt haben muß, wo viele Künstler unter dem Eindruck von Raffaels Kartons für die Teppiche der Sixtinischen Kapelle standen, die in Brüssel seit 1517 ausgeführt wurden.

Leonie von Wilckens

203   DIE KREUZABNAHME CHRISTI

Vrancke van der Stockt

Gemälde auf Eichenholz; 57 : 52

1803 aus dem bischöflichen Palais in Freising

München, Bayerische Staatsgemäldesammlungen (1398)

Im Anschluß an G. Hulin de Loo schrieb M. J. Friedländer die Tafel dem Nachahmer des Rogier van der Weyden zu und datierte sie um 1460. Sie muß auf Arbeiten Rogiers aus den fünfziger Jahren, möglicherweise auf den verlorenen Cambrai-Altar, zurückgehen. Mit diesem wurde Rogier 1455 von Abt Jean Robert von St. Aubert beauftragt, 1459 lieferte er das aus elf Szenen sich zusammensetzende Werk ab. Die Herkunft der Kreuzabnahme aus Freising läßt die Möglichkeit zu, daß sie gleich nach ihrer Entstehung nach Süddeutschland gekommen wäre und die Nürnberger Nachzeichnung (Kat. Nr. 204) hierzulande entstanden sein könnte. Jedenfalls hat vor allem die rechte Gruppe als Exemplum für zahlreiche, nicht nur fränkische Darstellungen gedient. Augenfällig ist dies Vorbild z. B. bei der Wolgemut zugeschriebenen Kreuzabnahme mit unbekanntem Stifter um 1485 in der Nürnberger Lorenzkirche.

Literatur: F. Winkler: Der Meister von Flémalle und Rogier van der Weyden. Straßburg 1913, S. 89-94 - G. Hulin de Loo: Vrancke van der Stockt. In: Biographie nationale de Belgique 24. Brüssel 1926-29, S. 66 ff. - M. J. Friedländer: Rogier van der Weyden and the Master of Flémalle. Leyden-Brüssel 1967, S. 57, Nr. 95.

204   FÜNF MÄNNER VON EINER KREUZABNAHME

Fränkischer (Nürnberger ?) Meister

Auf der Rückseite Aufschrift: Item Hansen Hackenn Dratzieher / schuldig 7

Federzeichnung in Schwarz, teilweise blau laviert; Wz.: Ochsenkopf mit einkonturiger Stange mit Blume (Piccard, Ochsenkopfwasserzeichen, XII, 856); 38,5 : 28,5

Aus Slg. v. Aufseß

Nürnberg, Germanisches Nationalmuseum (Hz 36)

F. Winkler erkannte die fast genaue Übereinstimmung der Männer mit der rechten Gruppe der Münchner Kreuzabnahme (Kat. Nr. 203). Ihre Stellung und Gebärdung ist sowohl in der Pleydenwurff-Wolgemut-Werkstatt als auch in der gleichzeitigen Bamberger Malerei oft übernommen oder leicht abgewandelt

worden, so daß die - ebenso auf Grund des Wasserzeichens - in die späten sechziger Jahre anzusetzende Nachzeichnung zum Bestand der Nürnberger Werkstatt gehört haben könnte. Die rückseitige Notiz betrifft den aus Nürnberger Briefbüchern von 1530 und 1560 bekannten Drahtzieher Hans Hack: Das Blatt muß sich also wenigstens damals schon in Nürnberg befunden haben.

Literatur: F. Winkler: Der Meister von Flémalle und Rogier van der Weyden. Straßburg 1913, S. 89 - Zink, GNM, Nr. 35 - M. Sonkes: Dessins du XVe siècle. Groupe van der Weyden. Brüssel 1969, Nr. C 22.

205   BILDNIS DES PETRUS AEGIDIUS

Quinten Massys

Gemälde auf Eichenholz; 33 : 28

1804 in der Gemäldegalerie des Oldenburger Schlosses

Oldenburg, Landesmuseum (42 A)

L. J. van Wachem konnte den Dargestellten als den Antwerpner Stadtschreiber und Humanisten Petrus Aegidius (Pieter Gillis) identifizieren; diesem hatte Dürer gleich nach seiner Ankunft seine Stiche mit dem Hl. Eustachius und der Nemesis geschenkt; im Februar 1521 speiste er mit ihm und Erasmus von Rotterdam zusammen. Im Haus von Massys, damals der bedeutendste Antwerpner Maler, war Dürer bereits am 5. August 1520. - Dieses Bildnis mit dem nachdenklich-intelligenten, wachen Blick dürfte im gleichen Jahr entstanden sein. Obwohl sich Massys in seinem Streben nach Schönheit von Dürers ›markiger und fester geprägten‹ (F. Winkler) Porträts der niederländischen Reise abhebt, blieb der Stil seiner Bildnisse doch nicht ohne Einfluß auf den Nürnberger.

Literatur: M. J. Friedländer: Die altniederländische Malerei 7. Berlin 1929, Nr. 49 - L. J. van Wachem: Quinten Massys. Männerbildnis. In: Westermanns Monatshefte 95, 1954, H. 4, S. 71 - Rupprich 1, S. 151, 154, 166 - H. W. Keiser: Gemäldegalerie Oldenburg. München 1966, S. 42.

206   BILDNIS DER MARIA DENIS

Quinten Massys

Gemälde auf Eichenholz; 33 : 28

1804 in der Gemäldegalerie des Oldenburger Schlosses

Oldenburg, Landesmuseum (42 B)

Das Bildnis der zweiten Frau des Petrus Aegidius ist das Gegenstück zu Kat. Nr. 204.

Literatur: M. J. Friedländer: Die altniederländische Malerei 7. Berlin 1929, Nr. 50 - H. W. Keiser: Gemäldegalerie Oldenburg. München 1966, S. 42.

207 BILDNIS EINES MANNES
Jan Provost

Gemälde auf Eichenholz; 31,5 : 25

Kreuzlingen, Sammlung Heinz Kisters

Dürer hatte ›maister Jan Prost von Prück‹ bereits im September 1520 in Antwerpen kennengelernt und mit Kohle gezeichnet. Am 6. April 1521 kam Dürer in Provosts Begleitung in dessen Stadt Brügge und war dort für zwei Tage sein Gast; in diesen Tagen zeichnete er ihn ein zweites Mal, jetzt mit dem Silberstift. Dieses von Provost gemalte Bildnis dürfte um die gleiche Zeit entstanden sein.

Literatur: M. J. Friedländer: Die altniederländische Malerei 9. Berlin 1931, Nr. 183 - Rupprich 1, S. 157, 167/68.

208 DER HL. HIERONYMUS
Albrecht Dürer   *Abb.*

In der linken unteren Ecke das Monogramm des Künstlers, darüber die Jahreszahl 1521

Gemälde auf Holz; 60 : 48

Durch Rodrigo Fernandez d'Almada, 1521 bis um 1550 auch portugiesischer Faktor (Gesandter) in den Niederlanden, nach Portugal verbracht und bis 1880 im Besitz der Nachkommen

Lissabon, Museo de Arte Antigua

Ich hab ein Hieronymus mit fleiß gemahlt von öllfarben und geschenckt dem Ruderigo von Portugal, vermerkt Dürer in der zweiten Märzhälfte 1521 in sein Tagebuch. In diesem wird der reiche portugiesische Kaufmann Rodrigo Fernandez d'Almada von Anfang an am häufigsten genannt. Im April 1521 porträtierte Dürer ihn mit der Pinselzeichnung, die sich heute in Berlin befindet (W. 813). Den Hl. Hieronymus hatte der Maler durch eine Reihe von Zeichnungen (W. 788-92) sorgfältig vorbereitet. Als Modell diente ihm ein dreiundneunzigjähriger Mann. H. Wölfflin hat die Bedeutung der berühmten Wiener Pinselzeichnung des Alten (W. 788) umrissen: ›In diesem Blatt liegt so viel Hingabe an das Kleinwerk der bildenden Natur und so viel Kraft des zusammenfassenden Sehens, daß man wohl von dem Beginn eines neuen Stils bei Dürer sprechen darf.‹ Das Gemälde des Hl. Hieronymus ist in seiner kompositionellen Anlage und seiner Farbigkeit ohne den Einfluß der zeitgenössischen niederländischen Malerei und besonders von Massys (vgl. Kat. Nr. 205/206) nicht denkbar. Mit ihrer Einheit von größtem Realismus und eindringlichster Ausdeutung erregte die Halbfigur des gelehrten, greisen Büßers solch Aufsehen, daß sie als ein in die Zukunft weisendes Werk Dürers alsbald und unzählige Male vor allem in der niederländischen Malerei nachgebildet wurde.

Literatur: Ausst. GNM 1928, Nr. 69 - J. Held: Dürers Wirkung auf die niederländische Kunst seiner Zeit. Den Haag 1931, S. 83 - Wölfflin, S. 304 - Panofsky 1, S. 211-13 - Rupprich 1, S. 166 - Winkler, Dürer 1957, S. 306-08 - Anzelewsky, Nr. 162.

209 BILDNIS DES LUCAS VAN LEYDEN
Albrecht Dürer   *Abb.*

Oben Mitte das Monogramm des Künstlers

Silberstiftzeichnung; 24,4 : 17,1

Aus Slg. Wicar

Lille, Musée des Beaux-Arts (Pl. 918)

Im Juni 1521 notierte Dürer in Antwerpen in sein Tagebuch: Ich hab Maister Lucas von Leyden mit dem stefft conterfet. Er erwarb damals das gesamte Stichwerk des jungen Malers, dessen Kunst schon früh den Eindruck von Dürers Graphik zeigte. Das Bildnis läßt sich einwandfrei identifizieren, da es 1572 von Wierix in H. Cocks Serie ›Pictorum aliquot celebrium Germaniae inferioris effigies‹ als Porträt des Malers reproduziert wurde.

Literatur: Rupprich 1, S. 174 - Winkler, Dürer 1957, S. 299, 305.

210 DIE MILCHMAGD
Lucas van Leyden

Unten Mitte das Namenszeichen L und die Jahreszahl 1510

Kupferstich; 11,8 : 15,6

Aus Slg. Hertel

Nürnberg, Germanisches Nationalmuseum (St. Nbg. 7849; Leihgabe der Stadt Nürnberg)

Bereits dieser frühe Stich des holländischen Malers zeigt in der Art des Sehens, der bildparallelen Ordnung, der Bodenbehandlung den starken Eindruck Dürerscher Graphik, wobei direkt auf den Holzschnitt der Ruhe auf der Flucht aus dem Marienleben (Kat. Nr. 601 [14]) hingewiesen wurde. In ihrem von herber Sachlichkeit getragenen Realismus ist die Milchmagd eine der frühesten Genredarstellungen der niederländischen Graphik.

Literatur: B. 158 - N. Beets: Lucas van Leyden. In: Oud Holland 51, 1934, S. 54/55 - F. W. H. Hollstein: Dutch and Flemish etchings, engravings and woodcuts ca. 1450-1700. 10. Amsterdam 1954, S. 177 - Fünf Jahrhunderte europäische Graphik. Ausst. München-Paris-Amsterdam 1966, Nr. 86.

211 ECCE HOMO
Lucas van Leyden

Oben fast in der Mitte das Namenszeichen L

Kupferstich; 11,4 : 8,5

Nürnberg, Germanisches Nationalmuseum (K 13435)

Die Schaustellung Christi, um 1513, bei der das Volk nur durch die von oben gesehenen Köpfe und gestikulierenden Arme von zwei Männern links unten angedeutet ist, folgt Dürers Holzschnitt von 1497/98 aus der Großen Passion (Kat. Nr. 597 [6]); dessen Komposition wurde durch äußerste Reduktion in die knappe Sprache des Jüngeren übersetzt.

Literatur: B. 70 - J. Held: Dürers Wirkung auf die niederländische Kunst seiner Zeit. Den Haag 1931, S. 27, 33 - F. W. H. Hollstein: Dutch and Flemish etchings, engravings and woodcuts ca. 1450-1700. 10. Amsterdam 1954, S. 105.

212 DAS WAPPEN DER FAMILIE ROGENDORF
Albrecht Dürer

Holzschnitt, koloriert; zwei Blätter aneinandergeklebt; Wz.: großer Reichsadler mit freistehender Krone; 62,3 : 44

Albrecht Dürer: Der Hl. Hieronymus (Kat. Nr. 208)

Nürnberg, Germanisches Nationalmuseum (H 349)

Im Tagebuch der Reise in die Niederlande vermerkt Dürer unter dem 3. September 1520: Item die zween herrn von Rogendorff haben mich geladen ... und ich hab jhn ein wappen groß auff ein holcz geriessen, das mans schneiden mag. Bald darauf schreibt er: Item hab dem von Roggendorff sein wappen auff holcz geriessen, davon hat er mir geschenckt 7 ellen samet. Der Holzschnitt ist nur in diesem einen Exemplar erhalten. - Wilhelm Rogendorf (1481-1541) war Mitglied des niederländischen Staatsrates und bis 20. Oktober 1520 Generalstatthalter von Friesland. Sein Bruder Wolfgang (1483-1543) wurde 1527 Landmarschall in Österreich unter der Enns.

Literatur: Rupprich 1, S. 156, 157, 164, 185.

213 GESATTELTES PFERD UND ANDERE STUDIEN
Albrecht Dürer

Links Kopf eines ähnlichen Pferdes. Auf der Rückseite fünf verschiedene Muster eines mit Fliesen belegten Bodens und das Vorderteil eines von zwei Händen gehaltenen Hundes

Silberstiftzeichnung; 12,5 : 18

Aus den Slgn. Fries, Böhm, Hausmann und Blasius

Nürnberg, Germanisches Nationalmuseum (Hz 5488; Depositum Frau Irmgard Petersen geb. Blasius)

Auf der niederländischen Reise hat Dürer zwei Skizzenbücher mit sich geführt und darin Personen, Landschaften, Tiere und alles, was sonst seine Aufmerksamkeit und sein Interesse erregte, festgehalten; in dem einen zeichnete er mit dem Silberstift, in dem anderen mit der Feder. Das geschmückte Pferd aus dem Silberstiftskizzenbuch muß er bei einem Festzug gesehen haben. In Frage kommen der Einzug Karls V. in Aachen am 22. Oktober 1520, wo Dürer bereits seit dem 7. Oktober weilte, oder aber der Empfang des dänischen Königs durch den Kaiser in Brüssel am 3. Juli 1521. Während F. Winkler die Vorbilder für die rückseitigen Fliesenmuster auf niederländischen Gemälden suchte, verwies H. Christ auf den Marmorfußboden unter dem Kaisersitz im Aachener Münster.

Literatur: G. Pauli: Ein neues Blatt aus Dürers Skizzenbuch der niederländischen Reise. In: D. graph. Künste 34, 1911, S. 6 - Flechsig 2, S. 223 - H. Christ: Neue Untersuchungen zu Dürers Aufenthalt in Aachen. In: Wallraf-Richartz-Jb. 9, 1938, S. 179, 192-94 - Zink, GNM, Nr. 64.

214 THRONENDER BISCHOF UND BRUSTBILD EINES MANNES
Albrecht Dürer

Auf der Rückseite liegender Hund, daneben in Umrissen die Köpfe eines Hundes und eines Löwen. Über dem Hund von Dürer geschrieben: zw antorff

Silberstiftzeichnung; 12,7 : 18,4

Aus den Slgn. Woodburn, Lawrence, Posonyi-Hulot

Berlin, Kupferstichkabinett, Staatliche Museen Preußischer Kulturbesitz (KdZ. 34)

Das Blatt stammt aus Dürers mit dem Silberstift gezeichneten Skizzenbuch (vgl. Kat. Nr. 213). Es wurde vorgeschlagen, den Bischof seinem Tagebucheintrag vom Februar 1521 zu verbinden: Ich hab der grösten reichsten kauffleuth zunfft zu Antorff

ein siczenden S. Niclas verehrt, do für haben sie mir geschenckt 3 Philippsgulden. Zahlungsbelege erläutern den Hl. Nikolaus als Stickvorlage für ein Meßgewand der Meersche Zunft (gilde de merciers, Kaufleutezunft) für ihren Nikolausaltar in der Antwerpner Liebfrauenkirche, also wahrscheinlich für den Schild des Chormantels. Es ist dies die einzige Nachricht, daß Dürer auch Stickereien entworfen hat. - Der Bischof, dem zudem die drei goldenen Kugeln als Attribut des Hl. Nikolaus fehlen, ist jedoch als Nachzeichnung nach einer Antwerpner Figur anzusprechen. Dürer hat das Skizzenbuch nur für Zeichnungen nach der Natur verwendet und keine Entwürfe aufgenommen. Wenn nun eine Bischofsfigur seine Aufmerksamkeit so erregt hatte, daß er sie abzeichnete, dachte er gewiß an eine weitere Verwendung.

Literatur: Flechsig 2, S. 221/22 - Rupprich 1, S. 166, 193.

215 HALBFIGUR EINES BÄRTIGEN GREISES
Albrecht Dürer

Federzeichnung; 9,4 : 8

Aus Slg. Sloane

London, The Trustees of the British Museum (5218-16)

F. Winkler bezeichnete den von vorn gesehenen Greis als Gegenstück zu einem wohl als Hl. Sebastian aufgefaßten Jüngling (W. 755). Beide Blätter stammen wahrscheinlich aus Dürers mit der Feder gezeichnetem Skizzenbuch der niederländischen Reise und dürften stets zusammen aufbewahrt worden sein. Möglicherweise wurde die Studie nach dem gleichen Mann gemacht wie die des Mannes im Halbprofil nach rechts, die sich im 18. Jahrh. in der Düsseldorfer Akademie befand und nur in einer Stichkopie von 1781 erhalten ist (W. 758).

216 EINE FRAU MIT KNAUFHAUBE
Albrecht Dürer

Links Wiederholung des Kopfes mit variierter Bedeckung. Oben von Dürer die Aufschrift: ein türgin. Rechts daneben von fremder Hand das Monogramm des Künstlers

Federzeichnung in Grauschwarz und Braun; 18,1 : 10,6

Mailand, Biblioteca Ambrosiana (F. 264 inf. 5)

Wegen der sonst bei einer Türkin unbekannten Kleidung befremdete die übliche Identifizierung schon seit langem. Nun stellte U. Mende die gleiche Knaufhaube und einen entsprechenden Mantel bei der Wienerin unter Christoph Weiditz' seit 1529 angefertigten Trachtenaquarellen (German. Nationalmus.: Hs. 22474, fol. 90 r) fest, außerdem in der zweiten Jahrhunderthälfte bei Frauen aus Böhmen in den Trachtenbüchern von Weigel, Vecellio, Bruyn, Grassi u. a., schließlich auch noch 1643 mit leichter Abwandlung bei Wenzel Hollar. Dürer kann also nicht eine Türkin im Sinn gehabt haben, sondern mit noch nicht ergründeter Verballhornung eine Frau aus dem böhmisch-österreichischen Gebiet, wo eine Reihe von Orten mit ›tur‹ beginnt. Er zeichnete die Frau auch in sein Silberstiftskizzenbuch (W. 766), wobei sich kaum entscheiden läßt, ob tatsächlich, wie F. Winkler meint, die aus dem zweiten Skizzenbuch stammende Mailänder Zeichnung nur eine verbesserte Wiederholung davon ist. Da Dürer mit seinem Interesse an fremden Kleidungen bereits auf der ersten italienischen Reise Trachten aus Gemälden kopiert hat, dürfte er auch bei dieser wohl von einer Vorlage ausgegangen sein. Die Kopfstudie verwendete er seitengleich 1523 beim

Albrecht Dürer:
Bildnis
des Lucas van Leyden
(Kat. Nr. 209)

Albrecht Dürer: Halbfigur einer als schmerzhafte Maria drapierten Frau
(Kat. Nr. 217)

Stich der Großen Kreuzigung (Kat. Nr. 223) im Hintergrund der linken Gruppe.

Literatur: Ausst. Ambrosiana - München 1968, Nr. 32 - U. Mende: Dürers Zeichnungen livländischer Frauentrachten und seine sogenannte Türkin. In: Kunstgeschichtliche Aufsätze… Heinz Ladendorf zum 29. Juni 1969 gewidmet. Köln 1969 (Vervielfält.), S. 33-36.

217 HALBFIGUR EINER ALS SCHMERZHAFTE MARIA DRAPIERTEN FRAU
Albrecht Dürer   *Abb.*

Oben Mitte Inschrift von Dürer: Awff dem rein gemacht. Rechts oben von fremder Hand das Monogramm des Künstlers, links daneben die eigenhändige Jahreszahl 1521

Federzeichnung in Braun; 15,2 : 10,3

Aus den Slgn. Andreossy, Lawrence, Gigoux, Beurnonville, Oppenheimer

Nürnberg, Germanisches Nationalmuseum (Hz 5820)

Nach der Aufschrift hat Dürer die Federzeichnung in seinem zweiten Skizzenbuch auf der Rückreise aus den Niederlanden gemacht, nachdem er am 15. Juli 1521 Köln mit dem Schiff verlassen hatte. Er mag die Frau in dieser Pose im Hinblick auf die geplante Große Kreuzigung (Kat. Nr. 223) festgehalten haben, zumal sie wie fast alle Vorzeichnungen dazu gegenüber der üblichen Stellung der Maria unter dem Kreuz seitenverkehrt erscheint.

Literatur: C. Dodgson: The Virgin Mary 1521. In: The Dürer Society 12, 1911, S. 23 - Flechsig 2, S. 208, 211 - Neuerwerbungen des Germanischen Nationalmuseums 1969. In: Anz. d. German. Nationalmus. 1970, S. 177/78.

218 BRUSTBILD EINES WEINENDEN ENGELKNABEN
Albrecht Dürer

Mitte links das Monogramm des Künstlers, darüber die Jahreszahl 1521

Zeichnung mit Bleizinngriffel (oder Kreide), weiß gehöht, auf blaugrau grundiertem Papier; 21,1 : 16,7

Bis 1588 in Slg. Imhoff, Nürnberg; seit dem 19. Jahrh. in den Slgn. Flügge, Hausmann und Blasius

Nürnberg, Germanisches Nationalmuseum (Hz 5490; Depositum Frau Irmgard Petersen geb. Blasius)

Der schon von J. Heller erwähnte Engelknabe wurde mit zwei in der gleichen Technik gezeichneten in Paris (W. 863) und Berlin (W. 864) auf Dürers Antwerpner Tagebuchnotiz von Ende Mai 1521 bezogen: Ich hab 3 angesicht mit Schwarcz und weis auf graw papir conterfet. Dürer verwendete sie zusammen mit weiteren Zeichnungen von Engelköpfen, auf grün grundiertem Papier, für die Große Kreuzigung von 1523 (Kat. Nr. 223). Der Kopf dieses so eindringlich weinenden Engels findet sich dort seitengleich rechts oben. Bei den sehr sorgfältig ausgeführten, vorbereitenden Zeichnungen für die Kreuzigung arbeitete Dürer mit einem bisher nicht gebrauchten weicheren Metallstift, der einen spiegelnden Glanz gibt, auf verschieden farbig grundierten Papieren. J. Meder nannte den Stift Bleizinngriffel, den von Kreide zu unterscheiden bisweilen kaum möglich ist.

Literatur: J. Heller: Das Leben und die Werke Albrecht Dürers 2. Bamberg 1827, Nr. 46 - Rupprich 1, S. 173 - Zink, GNM, Nr. 66.

219 DIE KREUZTRAGUNG CHRISTI
Albrecht Dürer   *Abb.*

Unten Mitte das Monogramm des Künstlers, darüber die Jahreszahl 1520

Federzeichnung; 21 : 28,5

Florenz, Galleria degli Uffizi, Gabinetto Disegni e Stampe (1077 E)

Anregungen zur vielfigurigen, in allen Einzelheiten ergreifend geschilderten Massenszene der Kreuztragung empfing Dürer aus der niederländischen Malerei, die ihrerseits auf das italienische Trecento zurückgegriffen hatte; doch muß gleichfalls auf Schongauers Stich (Kat. Nr. 124) verwiesen werden. Dürer läßt den dicht gedrängten Zug aus dem Stadttor herauskommen und

Albrecht Dürer: Die Kreuztragung Christi (Kat. Nr. 219)

Albrecht Dürer: Die Grabtragung Christi (Kat. Nr. 222)

Albrecht Dürer:
Die große Kreuzigung
(Kat. Nr. 223)

sich nach links wenden; alle überragend und sich auf das riesige Kreuz stützend, hält Christus am Wendepunkt inne und dreht sich Maria Magdalena zu.

Literatur: Panofsky 1, S. 220/21.

220   DIE KREUZTRAGUNG CHRISTI

Albrecht Dürer

Unten Mitte das Monogramm des Künstlers, darüber die Jahres-.zahl 1520

Federzeichnung; 21 : 28,5

Florenz, Galleria degli Uffizi, Gabinetto Disegni e Stampe (1078 E)

Bei dieser dramatisch bewegten und rascher gezeichneten Kreuztragung zieht der Zug fast bildparallel mit Gedränge vorn und hinten, Abstand nehmend von der kläglichen und doch lichten Gestalt des in der Mitte breit hingestürzten Christus.

Literatur: Panofsky 1, S. 221.

221   DIE GRABTRAGUNG CHRISTI

Albrecht Dürer

In der linken unteren Ecke das Monogramm des Künstlers, darüber die Jahreszahl 1521

Federzeichnung; 20,5 : 29

Florenz, Galleria degli Uffizi, Gabinetto Disegni e Stampe (1069 E)

In durch die Trauergebärde der mittleren Frau und die von Schmerz erschütterte Haltung des hinteren Trägers gesteigerter innerer Erregung führt der Trauerzug nach links in die Tiefe, wo der Felsenbau des Grabes den Blick absperrt, während sich die Landschaft entgegengesetzt nach rechts über den umfriedeten Bezirk hinaus weitet. - Mit den Grabtragungen der Kat. Nr. 222 und W. 799, die nur in Kopie erhalten ist, und den Gethsemane-Zeichnungen von 1520 in der Slg. von Hirsch, Basel (W. 797) und von 1521 in Frankfurt (W. 798) muß diese auf Dürers Tagebucheintrag vom 26. Mai 1521 bezogen werden: Ich hab 3 ausführung und 2 ölberg auf 5 halb pogen gerissen. Bisher wurde ›ausführung‹ nur mit Kreuztragung gleichgesetzt und auf die beiden Florentiner Zeichnungen (Kat. Nr. 219/20) verwiesen. Doch läßt sich bei Dürers fast täglich vorgenommenen Aufzeichnungen kaum denken, daß er erst im Mai 1521 die beiden 1520 datierten Kreuztragungen aufführt, zumal es sich auch nur um zwei handelt. Da nun die Darstellung der Grabtragung bis dahin in der mitteleuropäischen Kunst unbekannt war - H. Wölfflin nannte als Dürers Vorbild für die Grabtragung der Kat. Nr. 222 Mantegnas Stich (Kat. Nr. 201) -, kann vermutet werden, daß er den alten Begriff auf das neue Thema übertragen hat. - Alle diese eindringlich verbildlichenden Zeichnungen gehören zu einem neuen Passionszyklus, zu dem möglicherweise - trotz ihrer Hochformate - auch die Wiener Kreuzigung (W. 880) und die Beweinung in Cambridge Mass. (W. 881) von 1521 zu zählen sind.

222   DIE GRABTRAGUNG CHRISTI

Albrecht Dürer   *Abb.*

Unten links das Monogramm des Künstlers, darüber die Jahreszahl 1521

Federzeichnung in Braun; Wz.: Einhorn (ähnlich Briquet 10225); 21,1 : 28,9

Aus den Slgn. Andreossy, Schickler und Mitchell

Nürnberg, Germanisches Nationalmuseum (St. Nbg. 12589; Leihgabe der Stadt Nürnberg)

Wie bei der einen Kreuztragung (Kat. Nr. 219) der durch die hoch aufragenden Mauern noch dichter gedrängt erscheinende Zug statuarischer menschlicher Gestalten den zuständlichen Bildeindruck bestimmt gegenüber der erregten Bewegung des tiefenräumlich weniger begrenzten anderen Blattes (Kat. Nr. 220), wirkt auch diese bildparallele Grabtragung fester gefügt und stärker zusammengeschlossen, zuständlicher und monumentaler gegenüber der Florentiner (Kat. Nr. 221). Ebenso lassen sich die beiden Zeichnungen des Ölbergs in den dramatisch hochgespannten von 1520 (W. 797) und in den von ergreifender, sich hingebender Gelassenheit - gleich dem in Kreuzform flach ausgestreckten Christus - erfüllten von 1521 (W. 798) unterscheiden.

Literatur: Zink, GNM, Nr. 65.

223   DIE GROSSE KREUZIGUNG

Albrecht Dürer   *Abb.*

Kupferstich; 32 : 23

1807 aus Slg. Baron van Leyden erworben

Amsterdam, Rijksprentenkabinet (OB 1283)

Nach seiner Rückkehr aus den Niederlanden beschäftigte sich Dürer während längerer Zeit bis 1523 mit den sorgfältigen zeichnerischen Entwürfen für eine große gestochene Kreuzigung, bei der er auch drei Zeichnungen aus den Skizzenbüchern (vgl. Kat. Nr. 216 und 217) und die von ihm Ende Mai 1521 im Tagebuch erwähnten Engel (vgl. Kat. Nr. 218) verwendete. Bis auf zwei Ausnahmen erscheinen alle Vorzeichnungen im Stich seitenverkehrt, sie sind also für diese Umkehrung, wie besonders auch die Maria (W. 858) und der Johannes (W. 859) beweisen, von vornherein vorgesehen. - Der 1679 von Sandrart gepriesene Stich war bis 1923 nur aus Kopien bekannt, so daß vielfach bis dahin an ein Pasticcio der Dürer-Renaissance um 1600 mit Hilfe von Dürers vorbereitenden Zeichnungen geglaubt wurde. Damals entdeckte C. Dodgson Abdrucke einer anderen, offenbar der originalen Platte, die aber nach den Wasserzeichen auch erst frühestens gegen 1570 hergestellt sein können. Daraus läßt sich schließen, daß die Kupferplatte schon während der Herstellung beschädigt wurde und Dürer sie deshalb nicht verwandte und das ganze Vorhaben aufgab. Dies dürfte auch der Grund sein, daß der Stich nicht über die Umrisse hinaus gediehen ist. Erst lange nach Dürers Tode wurden einige Abzüge gemacht, bei denen die Platte endgültig zerbrochen zu sein

→
Albrecht Dürer: Die Hl. Apollonia (Kat. Nr. 225)

scheint (vgl. Berliner Abzug). In ihrer monumentalen Schlichtheit und mit ihrem klassischen Pathos hätte die Kreuzigung die Meisterstiche von 1513/14 (Kat. Nr. 270, 273, 503) noch übertroffen.

Literatur: C. Dodgson: Albrecht Dürer. London-Boston 1926, Nr. 107 - Flechsig 1, S. 250; 2, S. 256-62 - Winkler, Zeichnungen 4, S. 56-58 - Panofsky 1, S. 223-25.

224 GEWANDSTUDIE

Albrecht Dürer

Unten rechts auf einem wiederangefügten Abschnitt das Monogramm des Künstlers, links daneben die Jahreszahl 1521

Kreidezeichnung, weiß gehöht, auf blaugrün grundiertem Papier; 27,4 : 30,3

Aus den Slgn. Böhm, Hausmann und Blasius

Nürnberg, Germanisches Nationalmuseum (Hz 5489; Depositum Frau Irmgard Petersen geb. Blasius)

Nach der niederländischen Reise hat Dürer ein großes Marienbild mit Heiligen als Sacra Conversazione geplant, zu dem in Paris (Louvre), in Chantilly und Bayonne vier Gesamtentwürfe in Umrissen (W. 838, 839, 855 und 856) erhalten sind; doch kam die Ausführung des Bildes nicht zustande, obgleich sich Dürer bis 1522 mit Entwürfen und Skizzen dazu beschäftigt hat. Die kniende Stifterin weist auf einen Auftrag; zur Bestimmung von dessen Initiatoren könnten wohl die immer anwesenden Hll. Jacobus major, Katharina, Joachim, Barbara und Joseph führen. Neben der vorliegenden Gewandstudie für die Muttergottes gibt es aus dem gleichen Jahr und in der gleichen Technik andere zugehörige in Bremen (ehem.), Hamburg und Berlin (W. 840, 841, 843 und 844).

Literatur: Zink, GNM, Nr. 68.

225 DIE HL. APOLLONIA

Albrecht Dürer   *Abb.*

Rechts das Monogramm des Künstlers mit der Jahreszahl 1521

Kreidezeichnung in Schwarz auf grün grundiertem Papier; Wz.: Hohe Krone (ähnlich Briquet 4895); 41,4 : 28,8

Aus Slg. Robinson

Berlin, Kupferstichkabinett, Staatliche Museen Preußischer Kulturbesitz (KdZ. 1527)

Die Büste eines jungen Mädchens folgt genau der entsprechenden Heiligen auf dem breitformatigen Gesamtentwurf für das Marienbild in Bayonne von 1521 (W. 839), wo die Heilige auf der rechten Seite - als Gegenstück zur Hl. Barbara auf der linken - durch das Attribut der Zange mit dem Zahn identifiziert werden kann. Die hochformatigen Entwürfe für das Marienbild von 1522 schieden diese Heilige ebenso aus wie die kniende Stifterin: Hatte sich der Auftrag geändert oder sollte Apollonia als direkte Namensheilige mit der Auftraggeberin auf einem Flügel des Altares erscheinen? Demgegenüber wurde jedoch mit dem hochformatigen Marienbild als Mitte ein Altar rekonstruiert, dessen Flügel die Aposteltafeln gebildet hätten: ›Von Inhalt und Format her möglich, kann dies weder mit Sicherheit behauptet noch ausgeschlossen werden‹ (K. Martin).

Literatur: Ausst. Berlin 1967, Nr. 53 - K. Martin: Albrecht Dürer. Die vier Apostel. Stuttgart 1963, S. 21.

226 DIE HL. ANNA

Albrecht Dürer

Rechts das Monogramm des Künstlers, darüber die Jahreszahl 1522

Pinselzeichnung in Grau, weiß gehöht; 39,9 : 28,7

Venedig, Museo Civico

Die Figur entspricht nicht der Hl. Anna des breitformatigen Gesamtentwurfes in Bayonne für das große Marienbild (vgl. Kat. Nr. 224); mit ihm hängt vielmehr die gleichfalls 1522 datierte ehem. Bremer Zeichnung (W. 854) zusammen. Ob die Venezianer Hl. Anna als Alternative oder für ein zweites Gemälde mit der Hl. Sippe gedacht war, läßt sich kaum entscheiden. Die Technik der Pinselzeichnung Grau in Grau hat Dürer ab 1519 nur kurze Zeit verwendet, zum ersten Mal bei Kat. Nr. 86; sie unterscheidet die Annenzeichnungen von den Entwürfen mit den Hll. Barbara (W. 845) und Apollonia (Kat. Nr. 225). Wie bei der Vorzeichnung (Kat. Nr. 86) für das New Yorker Bild der Hl. Anna Selbdritt von 1519 nahm Dürer auch für diese Hl. Anna seine Frau als Modell, was die aus Dürers Zeit stammende, schlecht leserliche Aufschrift der Rückseite wohl bestätigt: Agnes in schwarz(?).

Albrecht Dürer:
Eine Nürnberger Jungfrau im Tanzkleid
(Kat. Nr. 466)

Der Reichsgedanke im hochmittelalterlichen Sinn, die Idee von der Einheit von Kaiser und Reich, findet im ausgehenden Mittelalter gegenüber den von den fürstlichen Territorien getragenen partikularistischen Tendenzen in den Reichsstädten ein letztes Refugium. Die Reichs-und-Kaiseridee stärkt sich an einem neuen Nationalbewußtsein, das sich in den Städten, insbesondere in den Kreisen der Humanisten, herausbildet. Es geht dabei vor allem darum, die Überlegenheit deutscher Wesensart gegenüber der romanischen darzutun. Man nimmt den Kampf um Karl den Großen als deutsche Persönlichkeit wieder auf. Man feiert die deutsche Heimat in Lied und Chronik. So wächst auch ein neues städtisches Selbstverständnis heran, das sich auf den Glanz und den Reichtum der eigenen Vaterstadt und auf das Bewußtsein stützt, ein hervorragendes Glied des Reichs zu sein.

Dies gilt vor allem für Nürnberg, den kulturellen und politischen ›Mittelpunkt des Reichs‹ (Enea Silvio Piccolomini), das ›Auge und Ohr Deutschlands‹ (Luther), den ›Mittelpunkt Europas‹ (Regiomontan, Celtis).

Die ältesten topographischen Ansichten Nürnbergs bietet die Tafelmalerei (Altar Michael Wolgemuts in Straubing und Krellsches Altärchen in der Nürnberger Lorenzkirche). Der älteste druckgraphische Stadtprospekt findet sich in der Schedelschen Weltchronik von 1493 (Kat. Nr. 227), von einzelnen hervorragenden Bauwerken abgesehen eine sehr summarische Wiedergabe der Stadt. Auf diesem Prospekt fußt die von Hans Wurm vor 1520 in Aquarelltechnik gefertigte Stadtansicht (Kat. Nr. 228).

Die Geschichte der Stadt bildet den Ausgangspunkt großer, damals entstehender Weltchroniken (Hartmann Schedel, 1493). Schon um die Jahrhundertmitte feiert der Meistersinger Hans Rosenpluet, genannt Schnepperer, die Stadt in einem umfänglichen Preisgedicht, das zu Ende des Jahrhunderts in mehreren Drucken veröffentlicht wird (Kat. Nr. 236). Auf ihm fußt die ›Norimberga‹ (Kat. Nr. 237), ein Vorspiel (praeludium) und schließlich auch ein Ersatz für die von Konrad Celtis projektierte und von Kaiser Maximilian I. geförderte ›Germania illustrata‹, für welche die Werke des Flavio Biondo (Italia illustrata, Kat. Nr. 280) und des Enea Silvio Piccolomini (Theutonie descriptio, Kat. Nr. 281) sowie die wiederentdeckte ›Germania‹ des Tacitus (Kat. Nr. 283) in mehrfacher Hinsicht Vorläufer und Vorbild gewesen sind.

Die wenigen Familien, aus deren Vertretern sich ausschließlich das Nürnberger Stadtregiment rekrutierte, standen zum Teil ehemals als Angehörige der Reichsministerialität im Dienst des Königtums. Die Erinnerung freilich daran war vorübergehend verschüttet. Erst zur Zeit Dürers besann man sich wieder auf die adelige Herkunft, auch wenn nunmehr die Ratsfähigkeit allein auf der sozialen Machtstellung beruhte, weshalb durch wachsenden Reichtum und persönliche Verbindungen zu Macht und Ansehen emporsteigende Familien in den Kreis der ratsfähigen Familien aufgenommen werden konnten, während der wirtschaftliche Verfall den Verlust der Ratsfähigkeit zur Folge haben konnte.

Das Handwerk hatte nur geringen Anteil am Stadtregiment. Im Anschluß an den Handwerkeraufstand von 1348 beseitigte der Rat das Koalitionsrecht der Handwerker zwar nicht vollständig, doch behielt er sich eine weitgehende Aufsicht vor, so daß die Verbände oder ›Ämter‹ der einzelnen Handwerke jedes politischen Einflusses entkleidet waren und als untergeordnete Verwaltungsorgane des Stadtregiments fungierten. Jeweils ein Angehöriger der acht angesehensten Handwerke erhielt Sitz und Stimme im Rat. Die Vertreter des Handwerks waren jedoch nicht als Korporation bei den Ratssitzungen stimmberechtigt, sondern nur als einzelne Personen. Dazu kommt, daß sie nur aufgrund besonderer Ladung an den Sitzungen teilnehmen konnten.

Albrecht Dürer war Mitglied einer anderen regierenden Körperschaft der Stadt, er war ›Genannter des Größeren Rats‹. Es sind dies Vertreter der Bürgerschaft, die dem öffentlichen Gericht als glaubwürdige Personen benannt und als solche vereidigt wurden. Ihre Zahl betrug etwa zweihundert, lauter Persönlichkeiten in geachteter Lebensstellung, Angehörige der ehrbaren Geschlechter, vermögende Kaufleute, Handwerker und auch Künstler. Die ›Genannten‹ fungierten als öffentliche Urkundspersonen und als Zeugen bei Rechtshandlungen. Ferner wirkten sie bei der Wahl des Kleinen Rates mit.

Die intensive Verknüpfung Nürnbergs mit Krone und Reich, die seit dem ausgehenden Mittelalter für die Reichsstädte geradezu eine Existenzfrage bedeutete, wird allenthalben evident. Das Stadtbild wird beherrscht von der Kaiserburg. Seit Gründung der Stadt durch Kaiser Heinrich III. um 1040 weilen die deutschen Kaiser häufig in ihren Mauern. Stadt und Bürgerschaft werden vielfältig mit wichtigen Privilegien ausgezeichnet, vor allem auf wirtschaftlichem und rechtlichem Gebiet. Die ›Goldene Bulle‹ von 1356 legt als Reichsgesetz fest, daß jeder neugewählte römische König seinen ersten Hoftag in Nürnberg abzuhalten habe (Kat. Nr. 239). 1424 werden der Stadt die Reichsinsignien und Reichsheiltümer zur Verwahrung auf ewige Zeiten anvertraut (Kat. Nr. 240). Im Auftrag des Rates fertigt Dürer die lebensgroßen Bilder von Karl dem Großen und Kaiser Sigismund (Kat. Nr. 251/52) für die Heiltumsweisung. Im Anschluß an die Reichsreformbestrebungen des 15. Jahrhs. tagt das ›Reichsregiment‹ vorübergehend in Nürnberg.

Das Nürnberg der Dürerzeit erfährt Kaisertum in den Persönlichkeiten Maximilians I. und seines Enkels Karl V. Maximilian weilt fünfmal in der Stadt und bei seinem letzten Besuch vom 4. Februar bis 21. April 1512 findet er in Albrecht Dürer den Künstler, dem er die wichtigsten der Werke anvertraut, die seinen und seines Geschlechtes Ruhm der Nachwelt überliefern sollten. Es ist auch heute noch schwierig, den vollen Umfang von Dürers Tätigkeit und Einflußnahme zu erkennen. Jedenfalls erhält er als einziger der zahlreichen Künstler, die Maximilians Aufträge vorbereiten und ausführen, eine feste jährliche Leibrente (Kat. Nr. 266), die auch von Karl V. bestätigt wird, der aber die Dienste Dürers nicht in Anspruch nimmt und auch kein Interesse an der Vollendung der beim Tode seines Vorgängers unvollendeten Werke zeigt. Von Dürer ersonnen und eigenhändig ausgeführt ist sein Part unter den Randzeichnungen des Gebetbuches für Maximilian (Kat. Nr. 260). Seine Phantasie und Zeichenkunst sind bestimmend für die übrigen Mitarbeiter, die bedeutendsten unter den gleichzeitigen oberdeutschen Malern. Bei dem umfangreichen Holzschnittwerk der Ehrenpforte (Kat. Nr. 261) setzt er auch die eigene Werkstatt ein und überläßt beim Triumphzug (Kat. Nr. 262) den größten Teil der Holzschnitte dem Augsburger Hans Burgkmair. Er selbst behält sich nur den Wagen des Kaisers vor, den er Jahre nach Maximilians Tod vollkommen verändert und vergrößert selbst noch einmal herausgibt. Auch an dem Holzschnittschmuck der autobiographischen Romane Maximilians, dem Teuerdank, dem Weißkunig und dem Freydal (Kat. Nr. 265), ist Dürer oder seine

Werkstatt beteiligt und für einige der Bronzefiguren des Innsbrucker Grabmals zeichnet er dem Kaiser die Visierung für die Holzmodelle (Kat. Nr. 707). Am 28. Juni 1518 anläßlich eines Reichstages, im letzten Lebensjahr des Kaisers, zeichnet ihn Dürer in Augsburg und schafft nach dieser Porträtaufnahme die beiden Gemälde und den Holzschnitt (Kat. Nr. 258/59) die für die Vorstellung von Aussehen und Wesen Maximilians bis heute bestimmend geblieben sind.

Ludwig Veit

227   ANSICHT NÜRNBERGS VON SÜDEN
Wilhelm Pleydenwurff und Michael Wolgemut

Aus: Hartmann Schedel: Liber chronicarum. Nürnberg: Anton Koberger für Sebald Schreyer und Sebastian Kammermeister, 12.7.1493. 2°

Holzschnitt, koloriert; 39,1 : 56

Nürnberg, Germanisches Nationalmuseum (H 7416)

Das 1493 in lateinischer und deutscher Ausgabe erschienene Buch der Chroniken des Hartmann Schedel (Kat. Nr. 117, 241) bringt eine gedrängte Schilderung des Gemeinwesens im Rahmen einer großen Weltchronik, rühmt die kaiserliche Burg und die Befestigungsanlagen, die Kunstfertigkeit des Handwerks und das Ausgreifen des Handels. Auch die lokalgeschichtlich bedeutsame Dichterkrönung des Konrad Celtis wird erwähnt. Eingehend wird die patrizische Verwaltung beschrieben, ebenso die beiden Hauptkirchen St. Sebald und St. Lorenz sowie die Reichsheiltümer.

Literatur: C. G. Müller: Verzeichnis von Nürnbergischen topographisch-historischen Kupferstichen und Holzschnitten. Nürnberg 1791, S. 70 Nr. 3 - Hain 14508 - P. Joachimsen: Geschichtsauffassung und Geschichtsschreibung in Deutschland unter dem Einfluß des Humanismus. Leipzig-Berlin 1910, S. 87-91 - A. Werminghoff: Conrad Celtis und sein Buch über Nürnberg. Freiburg/Br. 1921, S. 64/65 - Schramm 17, Abb. 479 - F. Schnelbögl: Das Nürnberg Albrecht Dürers. In: Albrecht Dürers Umwelt, S. 61-64.

228   ANSICHT NÜRNBERGS VON SÜDOSTEN
Hans Wurm

Rechts oben Beschriftung: . DAS . IST . NVRENBERCK. Unten Mitte signiert: . HANS . WVRM. Über der Stadt auf Schriftbändern die Bezeichnungen einzelner Gebäude

Zeichnung mit Pinsel und Feder, aquarelliert; drei Blätter aneinandergeklebt; 45,6 : 160,7

Nürnberg, Germanisches Nationalmuseum (St. Nbg. 12851; Leihgabe der Stadt Nürnberg)

Der vor 1520 geschaffene Prospekt ist die früheste autonome Ansicht der Reichsstadt. Die zugrunde liegende Darstellung Nürnbergs in der Schedelschen Weltchronik (Kat. Nr. 227) wird friesartig in die Länge gezogen. Die Datierung ergibt sich aus der Wiedergabe der Ecktürmchen des Heidenturms der Burg, die 1520 abgebrochen wurden.

Literatur: Zink, GNM, Nr. 107 - F. Schnelbögl: Das Nürnberg Albrecht Dürers. In: Albrecht Dürers Umwelt, S. 64/65.

229   ABRISS ÜBER DAS AMT LAUF, ALTDORF, REICHENECK UND HAIMBURG
Erhard Etzlaub

Deckfarbenmalerei auf Pergament; zwei Teile aneinandergeklebt und schmale Anstückung links; 94 : 84

Aus dem Besitz der Stadt Nürnberg

Nürnberg, Germanisches Nationalmuseum (La 1217)

Die amtliche Karte der Gerichts- und Wildbannbezirke des Nürnberger Landgebiets östlich der Stadt ist nach Süden ausgerichtet. Aus einer längeren Inschrift auf der Rückseite kann entnommen werden, daß der vorliegende Plan die Wiederholung eines bereits 1516 ausgeführten ist, der nicht mehr existiert. Zwischen dem 6. und dem 27. April 1519 erhielt der Kompaßmacher E. Etzlaub zwölf Gulden, der Briefmaler Michel Graf dreizehn. Die Zahlungen dürften sich auf den vorliegenden Plan beziehen.

Literatur: L. Wittmann: Landkarten von Franken 2. Lauf 1941, S. 3. - F. Schnelbögl: Zur Geschichte der älteren Nürnberger Kartographie. In: Mitt. d. Ver. f. Gesch. d. Stadt Nürnberg 49, 1959, S. 172-76 - Ders.: Dokumente zur Nürnberger Kartographie. Nürnberg 1966, S. 58 - Ders.: Leben und Werk des Nürnberger Kartographen Erhard Etzlaub. In: Mitt. d. Ver. f. Gesch. d. Stadt Nürnberg 57, 1970, S. 224.

230   NÜRNBERGER WALDPLAN
Erhard Etzlaub

Auf der Rückseite zweimal die Jahreszahl 1516

Malerei in Deckfarben, Feder in Schwarz und Siena, sienarot umrandet, auf Pergament; 61 : 71,5

Aus dem Besitz der Stadt Nürnberg

Nürnberg, Germanisches Nationalmuseum (SP 10419)

Diese amtliche Darstellung der Forsthufen der Stadt Nürnberg im Sebalder und Lorenzer Reichswald wurde zum Zweck der forstlichen Bewirtschaftung entsprechend der Waldordnung des Nürnberger Rats von 1516 angelegt. Die von Norden gesehene Stadt ist unter Hervorhebung ihrer markanten Bauwerke im Vergleich zu den Waldgebieten vergrößert wiedergegeben. Für die Vermessung der Waldgebiete kommt nur Erhard Etzlaub in Frage, der für die verwandte Wildbannkarte (Kat. Nr. 229) Bezahlung erhielt. Der ausführende Briefmaler ist unbekannt.

Literatur: F. Schnelbögl: Dokumente zur Nürnberger Kartographie. Nürnberg 1966, S. 56 - A. Ortegel: Zum Nürnberger Waldplan 1516. In: Mitt. d. Ver. f. Gesch. d. Stadt Nürnberg 57, 1970, S. 232-41.

231 DIE WAPPENDREIHEIT DER REICHSSTADT NÜRNBERG

Michael Wolgemut

Titelholzschnitt in: Reformation der Stadt Nürnberg. Nürnberg: Anton Koberger, 5.6.1484. 2°

Holzschnitt, koloriert

Aus Bibliothek L. Müntzer, Amberg, und der Kurfürstlichen Hofbibliothek

München, Bayerische Staatsbibliothek (2° Inc. c. a. 1496)

Die Kombination des kaiserlichen Wappens (doppelköpfiger Reichsadler) mit dem ›großen‹ und ›kleinen‹ Nürnberger Stadtwappen (Königskopf- bzw. Jungfrauenadler und gespaltener Schild mit halbem Adler am Spalt und fünfmal schräg geteiltem linken Feld), die bis zum Ende der Reichsstadt im Jahre 1806 unter der Bezeichnung ›Wappendreiheit‹ oder ›Wappendreiverein‹ vielfältig als repräsentatives heraldisches Emblem Verwendung gefunden hat, tritt erstmalig in einem Steinrelief von 1481 (Peststadel in der Tetzelgasse) auf, dem 1484 dieser erste Holzschnitt folgt. Die dargestellten geistlichen Repräsentanten der Stadt, die Patrone der beiden Hauptkirchen St. Sebald und St. Lorenz, werden bald abgelöst durch die aus Renaissance und Humanismus geborenen Genien (Kat. Nr. 232). Mit der ersten gedruckten Kodifikation des Stadtrechts tritt die Rezeption des römischen Rechts in Nürnberg zum ersten Mal deutlich in Erscheinung. So ist z. B. nunmehr der gesamte römisch-kanonische Prozeß übernommen, nachdem Einzelformen des Prozeßrechts schon lange vorher Anwendung gefunden hatten. Dafür sorgte der Einfluß römisch-rechtlich geschulter Juristen, die seit der zweiten Hälfte des 14. Jahrhs. als Notare und Consulenten tätig waren, sowie die intensive Verbindung der Reichsstadt zur Reichsgerichtsbarkeit, insbesondere zum Reichskammergericht. Römisches Recht war Kaiserrecht. Als solches drang es schon im hohen Mittelalter in die kaiserliche Rechtsprechung ein.

Literatur: Hain 13716 - Stadler, S.67 - R.Schaffer: Die Siegel und Wappen der Reichsstadt Nürnberg. In: Zs. f. bayer. Landesgesch. 10, 1937, S.157-203, bes. 179/80, 183/84 - Schramm 17, Abb.46 - L.Veit: Nürnberg und die Feme. Nürnberg 1955, S.107-10.

232 DIE WAPPENDREIHEIT DER REICHSSTADT NÜRNBERG

Albrecht Dürer   *Abb.*

Oben auf einer Tafel: SANCTA IVSTICIA 1521

Titelholzschnitt aus: Reformacion der Stat Nüremberg... Nürnberg: Friedrich Peypus, 1522. 2°

24,5 : 17

München, Staatliche Graphische Sammlung (14120)

Die Wappendreiheit selbst ist gegenüber älteren Vorbildern (Kat. Nr. 231) im heraldischen Bestand nur unwesentlich verändert. Der Doppeladler trägt nun als Brustschild das österreichisch-burgundische Wappen, der Königskopfadler ist zum ›Jungfrauenadler‹ geworden, der halbe Adler seines Nimbus' beraubt. Als Wappenhalter dienen zwei große Engel. Über dem abschließenden Wolkenband schweben zwei geflügelte Genien mit den Attributen der Kardinaltugenden Justitia, Temperantia, Liberalitas und Caritas.

Literatur: Panzer DA 2, S.116 Nr.1553 - R.Schaffer: Die Siegel und Wappen der Reichsstadt Nürnberg. In: Zs.f.bayer. Landesgesch. 10, 1937, S.157-203, bes. 180/81.

233 DER KLEINE RAT DER REICHSSTADT NÜRNBERG

Sog. ›Ratsgang‹ (Anschlag im Rathaus) von 1514 mit der Liste der Angehörigen des Kleinen Rats, unter ihnen Willibald Pirckheimer, Jakob Muffel und Hieronymus Holzschuher

Schwarze, blaue und rote Tusche auf Pergament: 64,5 : 45,5

Nürnberg, Staatsarchiv (Nürnberger Karten, Pläne und Bilder 481)

Der gesetzgebenden Körperschaft der Reichsstadt Nürnberg, dem Kleinen Rat, gehörten ausschließlich Mitglieder der angesehensten Familien, der sog. ratsfähigen Geschlechter, an. Die Ratsfähigkeit beruhte auf der sozialen Machtstellung, weshalb durch wachsenden Reichtum und persönliche Beziehungen zu Macht und Ansehen emporsteigende Familien in den Kreis der ratsfähigen Familien aufgenommen werden konnten, während der wirtschaftliche Verfall den Verlust der Ratsfähigkeit zur Folge hatte.

Literatur: P.Sander: Die reichsstädtische Haushaltung Nürnbergs. Dargestellt aufgrund ihres Zustandes von 1431-1440. Leipzig 1902, S.48-53.

234 ALBRECHT DÜRER GENANNTER DES GRÖSSEREN RATS

In: ›Beschreibung und bericht von Uhrsprung und Anordnung der Genanden deß Größern Raths alhie in Nürnberg‹, angelegt um 1700 auf Grund älterer Unterlagen. Unter den ›Genanden Ao 1509 erwöhlt‹ erscheint ›Albrecht Dürer‹. Ein zeitlich nicht fixierbarer Randvermerk preist Dürer als den größten Künstler Deutschlands; am linken Rand: ›Kaiser Maximilianus Ius, Wilibald Pirckhamer und Albrecht Dürer haben einen Planeten gehabt‹.

Nürnberg, Staatsarchiv (Amts- und Standbücher Nr. 28, fol. 61)

Die Genannten des Größeren Rats rekrutierten sich aus der ›gemeinen‹ Bürgerschaft. Ihre Wahl war wesentlich durch den Kleinen Rat, die eigentliche regierende Körperschaft der Stadt (Kat. Nr. 233), bestimmt. Die Genannten wurden den Gerichten als glaubwürdige Personen benannt und als solche vereidigt. Sie fungierten als öffentliche Urkundspersonen und als Zeugen bei Rechtshandlungen. Ihre Zahl betrug gegen zweihundert: Persönlichkeiten in geachteter Lebensstellung, Angehörige der ehrbaren Geschlechter, vermögende Kaufleute, Handwerker und auch Künstler.

Literatur: P.Sander: Die reichsstädtische Haushaltung Nürnbergs. Dargestellt aufgrund ihres Zustandes von 1431-1440. Leipzig 1902, S.54-62 - Rupprich 3, S.451.

235 ALBRECHT DÜRER ALS ZEUGE BEI EINEM RECHTSGESCHÄFT

Der Schultheiß Hans von Obernitz und die Schöffen der Stadt Nürnberg beurkunden unterm 12. Mai 1519, daß Margreth, die Witwe des Becken Heinrich Rech, am 9. Mai 1519 vor Jorg Winckler und Albrecht Dürer als Zeugen um 335 Gulden Rheinisch an den Beck Cuntz Süßner und dessen Ehewirtin Marga-

rethe die Erbgerechtigkeit an ihrer Behausung in St. Sebalds Pfarr beim Tiergärtner Tor verkauft hat

Pergament; Siegel des Stadtgerichts aus naturfarbenem Wachs

Nürnberg, Germanisches Nationalmuseum (Sammelbestand Pergamenturkunden)

Literatur: L. Grote: Vom Handwerker zum Künstler. In: Festschrift für Hans Liermann. Erlangen 1964, S. 35 - Nicht bei Rupprich.

236 EIN LOBLICHER SPRUCH VON DER EHRENTREICHEN STAT NURMBERG

Hans Rosenplüt: ... ein loblichen spruch von der erentreichen stat nurmberg ... Nürnberg: Hans Hofmann, 10.8.1490. 4°

München, Bayerische Staatsbibliothek (4° Inc. c. a. 788)

Dieser erste literarische Lobpreis der Reichsstadt ist 1447 niedergeschrieben worden. Rosenpluet rühmt die Almosenstiftungen, beschreibt die ›Kleinode‹ der Stadt. Die Wissenschaften seien hier ebenso zu Hause wie in den berühmten Wissenschaftszentren der damaligen Welt. Der Nürnberger Handel werde nach allen Seiten betrieben. Der Verfasser stellt Nürnberg an die Seite der fünf heiligen Städte und nennt zum Schluß als ›allerweislichstes werk‹ seine Gesetze und Ordnungen. Das Lobgedicht steht in engem Verhältnis zu der ›Norimberga‹ des Konrad Celtis, vor deren Erscheinen (1502) es bereits durch einen Bamberger und zwei Nürnberger Drucke bekannt war. Unmittelbarer Vorgänger und Vorbild des vorliegenden Druckes war der eines gewissen Seetesbald (Serteßwalt) in der Offizin des Max Ayrer in Nürnberg, in der die Rosenpluetsche Fassung von 1447 in einer das Wesentliche übernehmenden Nachdichtung erscheint.

Literatur: Hain 13985 - G. W. K. Lochner: Der Spruch von Nürnberg, beschreibendes Gedicht des Hans Rosenplüt, genannt der Schnepperer. Nürnberg 1854 - J. Neff: Helius Eobanus Hessus. Norimberga Illustrata und andere Städtegedichte. Berlin 1896, S. XXI - A. Werminghoff: Conrad Celtis und sein Buch über Nürnberg. Freiburg/Br. 1921, S. 75-79.

237 NORIMBERGA

Conrad Celtis: Beschreibung ... Von Vrsprung, Gelegennhait Sitten vnndt anschicklichkaiten Der Statt Nürnberg. Übers.: Georg Alt

Papierhandschrift, 376 Bll.: Bl. 1 v mit kolorierter Federzeichnung: Celtis übergibt sein Buch den beiden Losungern der Stadt Nürnberg; 29,5 : 20,5

München, Bayerische Staatsbibliothek (Cgm. 4995)

In der dem Nürnberger Rat gewidmeten ›Norimberga‹ setzt sich Celtis eingehend mit der Frage der Herkunft der Stadt auseinander, beschreibt in aller Ausführlichkeit den Hercynischen Wald, die Umgebung der Stadt, die hervorragenden profanen und kirchlichen Gebäude, die Burg und die beiden Hauptkirchen, die Eigenarten der Bevölkerung. Er hebt die metallverarbeitenden Berufe, insbesondere die Rotgießer hervor, lobt die sozia-

len Einrichtungen, vor allem die Almosen-Stiftungen, erörtert die Organisation des Stadtregiments, von Rat und Gericht, und schließlich die Gesetze und Ordnungen der Stadt, die Grundlage ihres Gedeihens. - Celtis plante ursprünglich eine ›Germania illustrata‹, eine umfassende Weltchronik mit eingehender Beschreibung Europas, für die Enea Silvio Piccolomini mit seiner ›Historia de Europa‹ das Vorbild geschaffen hatte. Das sicher schon weit geförderte Werk wurde jedoch nie vollendet. Vorarbeiten und Bruchstücke dürften in der Norimberga aufgegangen sein, die ursprünglich wohl als Teil der Germania illustrata projektiert war. 1502 erschien sie im Rahmen der ›Quatuor libri amorum‹, der vier Bücher von der Liebe mit ihrer merkwürdigen Mischung von Geographie und Liebesdichtung (vgl. dazu Kat. Nr. 289) im Druck. In der Widmung an Kaiser Maximilian ist auch die ›Norimberga‹ ausdrücklich einbezogen. Georg Alt hatte bereits die Weltchronik Schedels ins Deutsche übertragen (Kat. Nr. 117).

Literatur: A. Werminghoff: Conrad Celtis und sein Buch über Nürnberg. Freiburg/Br. 1921 - Meister um Albrecht Dürer. Ausst. Nürnberg 1961, vgl. Nr. 226.

238 DER QUATERNIONEN-REICHSADLER Hans Burgkmair (?)

Rechts unten im Stock monogrammiert und datiert: .H. 1511. Inschrift: Das hailig Römisch reich mit seinen gelidern

Holzschnitt, koloriert; 28,9 : 39,4; Stock 28,3 : 39

Aus Slg. v. Aufseß

Nürnberg, Germanisches Nationalmuseum (H 1549)

Der kaiserliche Doppeladler und das Kreuz Christi symbolisieren das weltliche und christliche Imperium, die namentlich benannten Wappen der Kurfürsten, des Podestà von Rom, der Fürsten, Reichsstände und Reichsstädte die Säulen des Heiligen Römischen Reiches. Das auf der Historiographie des 15. Jahrhs. fußende Thema taucht gegen dessen Ende in der Wandmalerei und Graphik auf. Vorbild für den 1510 datierten Holzschnitt Hans Burgkmairs, den der (von einem anderen Stock gedruckte) ausgestellte Holzschnitt mit dem unaufgelösten Monogramm H und dem Datum 1511 wiederholt, war wahrscheinlich der Reichsadler in der Cronica van der hilliger Stat van Coellen (Köln, Johannes Koelhoff d. J. 1499).

Literatur: K. P. Lepsius: Die Quaternionen der deutschen Reichsverfassung. In: Kleine Schriften 3. Magdeburg 1855, S. 197-217 - G. K. Nagler: Die Monogrammisten 3. München 1863, Nr. 506 - H. Rupé: Beiträge zum Werk Hans Burgkmairs des Älteren. Diss. Freiburg i. Br. 1912, S. 17/18, Anm. 13 - Geisberg, Einblattholzschnitt, Nr. 520 - A. Burkhard: Hans Burgkmair d. Ä. Berlin 1932, Nr. 19 a - K. Fischnaler: Der Blutbann-Adler des Deutschen Reiches an alten Stadtrichterhaus zu Innsbruck. In: Ausgewählte Schriften 2. Innsbruck 1936, S. 7-21 - Hollstein 2, 829 (Burkhard a) - F. H. Hye: Die heraldischen Denkmale Maximilians I. in Tirol. In: D. Schlern 43, 1969, S. 59 - Maximilian I. Ausst. Innsbruck 1969, Nr. 103.

Albrecht Dürer: Die Wappendreiheit der Reichsstadt Nürnberg (Kat. Nr. 232)

239   DIE DEUTSCHEN KÖNIGE HALTEN IHREN ERSTEN REICHSTAG IN NÜRNBERG

Die Goldene Bulle von 1356

Pergament-Libell, 24 Bll.; Goldbulle an gelber Seidenschnur
München, Bayerisches Hauptstaatsarchiv (Abt. II Geheimes Staatsarchiv; Kurpfalz Urk. Nr. 1)

Im Reichsgrundgesetz Kaiser Karls IV. von 1356, der sog. Goldenen Bulle, wird in Kapitel XXIX als Reichsherkommen anerkannt und zum Gesetz erhoben, daß die Wahl der Könige in Frankfurt, die Krönung in Aachen und der erste Hof- bzw. Reichstag in Nürnberg stattfinden sollen: ut regis Romanorum futuri imperatoris ... in opido Nuremberg prima sua regalis curia haberetur. Diese Bestimmung der Goldenen Bulle, die zum Teil auf einem Reichstag in Nürnberg behandelt wurde, zeigt die Wertschätzung, die Nürnberg bei Kaiser Karl IV. genoß, der sich insgesamt 39mal hier aufgehalten hat. Sie ist zugleich ein Beweis für die zentrale politische Bedeutung dieser ›baß gelegensten Stadt des Reiches‹, wie sie von Karl IV. selbst bezeichnet worden ist. Viele Reichs- und Hoftage wurden seitdem in Nürnberg abgehalten. Einen Höhepunkt der intensiven Verbindung der Stadt zu Kaiser und Reich bedeutete die Übergabe der Reichskleinodien durch Kaiser Sigismund im Jahre 1424.

Literatur: K. Zeumer: Die Goldene Bulle Kaiser Karls IV. Weimar 1908; 1, S. 93; 2, S. 45 - Ders.: Quellensammlung zur Geschichte der deutschen Reichsverfassung in Mittelalter und Neuzeit. 2. Aufl. Tübingen 1913, Nr. 148 - Der Kaiser in Nürnberg. Ausst. Staatsarchiv Nürnberg 1962, Nr. 7 - K. Müller: Die Goldene Bulle Kaiser Karls IV. 1356. 2. Aufl. Bern 1964, S. 92.

240   KÖNIG SIGISMUND ÜBERGIBT DER STADT NÜRNBERG DIE REICHSHEILTÜMER

Privileg vom 9. Februar 1424, ausgestellt in Ofen (Budapest): König Sigismund befiehlt dem Rat und der Stadt Nürnberg des Reiches Heiltum und verordnet, daß dieses dortselbst unwiderruflich und ewig verbleiben soll. Außer der Zeit der öffentlichen Weisung soll kein Angehöriger des Klerus damit etwas zu schicken haben. Vom Tage der Heiltumsweisung ab solle vierzehn Tage lang Messe und Jahrmarkt in Nürnberg gehalten werden, wozu alle die, die mit Kaufmannschaft, Hab und Gut dorthin kommen, freies Geleit haben.

Pergament; 58 : 28,5; Majestätssiegel aus naturfarbenem Wachs an gelbschwarzen Seidenschnüren

Nürnberg, Staatsarchiv (Kaiser-Privilegien Nr. 284)

Die Reichskleinodien (weltliche Herrschaftszeichen, Krönungsornat und Reichsreliquien) wurden ursprünglich von den Herrschern fast ständig mitgeführt und bei Gefahr in einer festen Reichsburg oder Königspfalz aufbewahrt. Nachdem sie unter Karl IV. auf dem Karlstein Zuflucht gefunden hatten, wurden sie, veranlaßt durch ihre Gefährdung in den Hussitenkriegen, schließlich von Sigismund der Stadt Nürnberg übergeben. Das Selbstbewußtsein von Stadt und Stadtregiment wurde dadurch wesentlich gesteigert, zumal der Nürnberger Rat bei jeder Kaiserkrönung fortan Reichsinsignien und Reichsornat an den Ort der Krönung, meist Frankfurt, zu überführen hatte. Auch als die ›Heiltümer‹ im Zuge der Reformation nicht mehr als Reliquien verehrt wurden, genossen sie doch als Symbole des Reichs nach wie vor hohes Ansehen. Anläßlich der Überführung erhob Kaiser Sigismund den auf ältere Privilegien zurückgehenden Nürnberger Markt zu einer Reichsmesse, der sog. Heiltumsmesse. Freilich hat diese Messe, die zugleich mit der Weisung der Reichsheiltümer verbunden war, niemals die Weltgeltung der großen deutschen Messen, etwa von Frankfurt und Leipzig, erreicht.

Literatur: Der Kaiser in Nürnberg. Ausst. Staatsarchiv Nürnberg 1962, Nr. 17-22a - J. Schnelbögl: Die Reichskleinodien in Nürnberg 1424-1523. In: Mitt. d. Ver. f. Gesch. d. Stadt Nürnberg 51, 1962, S. 77-159, bes. 88-95.

241   DER BISCHOF VON BAMBERG GENEHMIGT DIE WEISUNG DER REICHSHEILTÜMER

Urkunde vom 13. April 1424: Bischof Friedrich von Bamberg verleiht der Stadt Nürnberg im Hinblick auf die Heilskraft der heiligen Lanze, der Kreuzreliquie und des heiligen Nagels das Recht, am Fest der heiligen Lanze, Freitag nach Quasimodogeniti (Freitag nach der Oktav des Osterfestes), einen Tabernakel (Heiltumsstuhl) zu errichten, die Reliquien zu weisen, eine Festmesse zu singen und öffentlich zu predigen. Er gewährt dazu vierzig Tage Ablaß

Pergament; 45,5 : 24; Sekret-Siegel aus rotem Wachs in naturfarbener Wachsschüssel

Nürnberg, Staatsarchiv (Siebenfarbiges Alphabet, Urk. Nr. 679)

Literatur: J. Schnelbögl: Die Reichskleinodien in Nürnberg 1424-1523. In: Mitt. d. Ver. f. Gesch. d. Stadt Nürnberg 51, 1962, S. 92-94.

242   PÄPSTLICHE BESTÄTIGUNG FÜR DIE VERWAHRUNG DER REICHSHEILTÜMER

Bulle vom 31. Dezember 1424: Papst Martin V. genehmigt die von König Sigismund verfügte Überführung der Insignien und Reliquien des Reiches von Böhmen nach Nürnberg, deren dauernde Aufbewahrung in der Kirche des Heiliggeistspitals, ihre alljährliche Weisung am Freitag nach der Oktav des Osterfestes auf einem Heiltumsstuhl (tabernaculum) mitten in der Stadt sowie außerordentliche Weisungen in der Spitalkirche. Er bestätigt ferner den 1350 durch Clemens VI. gewährten Ablaß von sieben Jahren und sieben Quadragenen; dies alles unter der Voraussetzung, daß die Stadt beim katholischen Glauben bleibt

Pergament; 65 : 40; Bleibulle an gelb-roten Seidenfäden

Nürnberg, Staatsarchiv (Päpstliche und Fürstliche Privilegien Nr. 189)

Literatur: J. Schnelbögl: Die Reichskleinodien in Nürnberg 1424-1523. In: Mitt. d. Ver. f. Gesch. d. Stadt Nürnberg 51, 1962, S. 94/95.

243   SCHREIZETTEL FÜR DIE HEILTUMSWEISUNG

Pergament-Bahn an Vorzeigstab aus Holz, rote und schwarze Tinte; 111 : 37,5

Nürnberg, Staatsarchiv (S I L 133 Nr. 1/3)

Die Kaisertitulatur bezieht sich auf Karl V. Der vorliegende Schreizettel ist demnach zwischen 1519 und 1523 verwendet worden. Sein Text wurde vom Heiltumsstuhl während der Heiltumsweisung verlesen. Die Heiltümer wurden dabei in drei Umgängen (transitus) vorgeführt. Im ersten Umgang von den Reliquien der Span der Krippe des Herrn, der Armknochen der Hl. Anna, der Zahn des Hl. Johannes d. T., das Stück vom Kleid Johannes' Ev., etliche Glieder von den Ketten, mit denen

Petrus, Paulus und Johannes im Gefängnis angekettet waren; im zweiten Umgang Stücke, ›die kaiserlich tugent vnd wirdigkeit‹ betreffend: die Krone Karls d. Gr., Dalmatica, Chormantel, Stola, Zepter und Reichsapfel sowie das Schwert Kaiser Karls und das Schwert des Hl. Mauritius, dazu viele andere einem Kaiser zugehörige ›Ding‹ gegen zwanzig Stück oder mehr. Die Objekte des dritten Umgangs betrafen des Leiden Christi: ein Stück des Tischtuches und des Schurztuches vom Ostermahl, ein großer Partikel vom Hl. Kreuz, das heilige Eisen des Speers, in dem ein Nagel angeheftet, ein großes Kreuz, in dem die vorgenannten Stücke sowie die päpstlichen Briefe und Bullen, die über das Heiligtum gegeben sind, beschlossen und behalten werden.

Literatur: J. Schnelbögl: Die Reichskleinodien in Nürnberg 1424-1523. In: Mitt. d. Ver. f. Gesch. d. Stadt Nürnberg 51, 1962, S. 123/24, 154-59.

244 DER HEILTUMSSTUHL

In: Wie das hochwirdigst Auch kaiserlich heiligthum... Alle Jaer außgerüfft vnd geweist wirdt. In der löblichen Statt. Nüremberg. Nürnberg: Peter Vischer, 1487. 4°

Holzschnitt, koloriert, auf Pergament

Nürnberg, Staatsarchiv (Handschriftenslg. Nr. 399a)

Die Erstausgabe des Nürnberger Heiltumsbüchleins übernahm den Text weitgehend von dem sog. Schreizettel (Kat. Nr. 243) und illustrierte ihn mit kolorierten Holzschnitten. Es wurde wohl als Wallfahrtsführer an die Teilnehmer der Heiltumsweisung vertrieben. - Der Heiltumsstuhl war vor dem Schopperschen Haus am Hauptmarkt (Nr. 17) aufgebaut. Die öffentlichen Weisungen wurden 1524 mit Einführung der Reformation eingestellt.

Literatur: Hain 8415 - Schramm 18, Abb. 635-40 - A. Weixlgärtner: Weisung der Heiltümer zu Nürnberg. In: Konsthistorisk Tidskrift 4, 1955, S. 79-84 - J. Schnelbögl: Die Reichskleinodien in Nürnberg 1424-1523. In: Mitt. d. Ver. f. Gesch. d. Stadt Nürnberg 51, 1962, S. 107/08, 116-29.

245 KAISERLICHE KLEIDUNG UND KLEINODIEN

In: Wie das hochwirdigst Auch kaiserlich heiligthum... dar zu geben ist vnd Alle Jare auß gerufft vnd geweist wirt In der loblichen Stat Nuremberg. Nürnberg: Hans Mayr, 1493. 4°

Nürnberg, Germanisches Nationalmuseum (Inc. 2268)

Zweite Ausgabe des Nürnberger Heiltumsbüchleins. Die hier beschriebenen und im Holzschnitt vorgeführten ›Kaiserliche Cleidung vnd Cleinet‹ gehören zu den im Rahmen der Heiltumsweisung beim zweiten bzw. dritten Umgang gezeigten Stücken (Kat. Nr. 243).

Literatur: Hain 8416 - Schramm 18, Abb. 636-40, 743.

246 DIE REICHSHEILTÜMER
Nürnberger Meister

Holzschnitt; Wz.: Zwei Türme auf Konsole mit Buchstaben D° (ähnlich Briquet 15929); 40,6 : 28,9

Nürnberg, Germanisches Nationalmuseum (HB 24755)

In der Mitte des 16. Jahrhs. wurden Abdrucke von einem älteren, nicht vor der Mitte des 15. Jahrhs. entstandenen Holzstock angefertigt, dem damals bereits ein breiter Streifen auf der linken Seite fehlte. Alte Abzüge vom unbeschädigten Stock sind nicht nachgewiesen. Dargestellt ist in der Mitte die heilige Lanze, links davon oben ein Reliquienschrein, darunter die ›kron keiser karels‹, dann ein Gewand ›karels‹, endlich ein Gehäuse mit der ›kron Jhu xpi‹ (Jesu Christi), rechts oben zwei Reliquiare und ein Wappenrock, darunter drei ›keiserlichen maies tat/opfel‹ und die ›kaiserlichen scepter‹; dann folgen ›Die albin des grossen/keiser karels‹ und ›Die stol‹, darunter ›Die keiserlich wat (Kleidung) des grossen/keiser karels‹, ganz unten ›Ein kostlich kreus‹ neben dem großen Kreuzpartikel.

Literatur: W. L. Schreiber: Handbuch der Holz- und Metallschnitte des 15. Jahrhunderts 4. Leipzig 1927, Nr. 1942 - Der Kaiser in Nürnberg. Ausst. Staatsarchiv Nürnberg 1962, S. 11/12.

247 NVRNBERG... EIN MORGENSTERN OB DEM GANCZEN REMISCHEN REICH
Gedicht über die Heiltümer zu Nürnberg

München, Bayerische Staatsbibliothek (Cgm. 466)

Das Gedicht von Hans Rosenpluet(?) über die Heiltümer zu Nürnberg findet sich auf Bll. 110-15 in einer Sammelhandschrift des 15. Jahrhs. Mit den Heiltümern verwahre die Stadt ›den hochsten Schacz... aller Chrisstenhaeit‹. Mit ihm in seinen Mauern trete Nürnberg in den Kreis der berühmtesten heiligen Städte ein: Bethlehem, Jerusalem, Rom, Aachen, Köln und Bamberg. ›Der well lernen Zucht und Eren, soll sich gen Nürnberg kehren.‹

Literatur: Fastnachtsspiele aus dem 15. Jahrhundert 3. Stuttgart 1853, S. 1168-71.

248 DER HEILTUMSSCHREIN
Peter Ratzko und Hans Schesslitzer (Goldschmiede), Hans Nürnberger (Schreiner), Meister Lucas (Maler)

Die Nürnberger Beschau (N spiegelverkehrt) in der oberen Spitze von vier Feldern mit dem Jungfrauenadler

Eichenholzkasten, beschlagen mit gestanzten Silberplatten und silbervergoldeten Bändern; Kanten und Sockelrahmen, Sonnenmasken und Blattkrabben aus vergoldetem Kupfer. Auf der Unterseite Gemälde: Hl. Lanze und Kreuzpartikel von zwei Engeln gehalten. Gesamthöhe 99,5; L. 174,5; T. 50,5

Aus der Heiliggeistkirche, Nürnberg

Nürnberg, Germanisches Nationalmuseum (KG 187; Depositum der Kirchenstiftung Heilig-Geist)

Im Heiltumsschrein wurden die Reliquien des Reichskleinodienschatzes verwahrt. Er war nach den erhaltenen Zahlungsbelegen 1440 vollendet und hing an zwei Ketten im Chor über dem Altar der Heiliggeistkirche, geschützt durch einen unten offenen bemalten Holzbehälter, den ›Schutzhut‹. - In Form und Dekor schließt sich der Heiltumsschrein wohl absichtsvoll dem Sebaldusschrein (1391-97) in der Sebalduskirche an, wahrscheinlich auch dem verschollenen Deokarusschrein (1437 gestiftet) in St. Lorenz. - Die Kosten für den ›sarch‹, insgesamt 900 rheinische Gulden, wurden vom Heiliggeistspital durch Verkauf eigener Wertgegenstände und durch Schmuckspenden Nürnberger Bürger aufgebracht. Eine komplizierte Schlüsselmechanik mit drei Schlössern sicherte den Inhalt. - Das große und kleine Stadtwappen als beherrschender Schmuck des Schreins bekunden den Stolz der Freien Reichsstadt auf das ihr von Kaiser Sigismund 1424 verliehene Privileg (Kat. Nr. 240), die Reichskleinodien ›auf ewige Zeiten, unwiderruflich und unanfechtbar‹

Albrecht Dürer:
Kaiser Karl der Große
(Kat. Nr. 251)

Albrecht Dürer:
Kaiser Sigismund
(Kat. Nr. 252)

in ihren Mauern zu verwahren. Heute befinden sie sich in der Weltlichen Schatzkammer der Wiener Hofburg.

Literatur: A. von Eye: Der Schrein der sog. Reichsreliquien in Nürnberg. In: Anz. f. Kunde der dt. Vorzeit NF 8, 1861, Sp. 437-440 - A. Gümbel: Hans Schesslitzer genannt Schnitzer und Peter Ratzko, die Goldschmiede der Nürnberger Heiltumsruhe. In: Rep. f. Kunstwiss. 45, 1925, S. 90-97 - Kohlhaussen, S. 95-97, Nr. 169.

249   FUTTERAL FÜR EINEN REICHSAPFEL

Auf der Fußfläche die Jahreszahl 1457

Holzspan, bezogen mit geschnittenem und gepunztem Leder, innen mit rotem Leder gefüttert; H. 28, Br. 10,2

Nürnberg, Germanisches Nationalmuseum (HG 3592; Depositum der Kirchenstiftung Heilig-Geist)

Das in Nürnberg gearbeitete Futteral gehört zu einem von zwei Reichsäpfeln, die auf der Flucht der Reichskleinodien von Nürnberg über Regensburg und Passau nach Wien zwischen 1796 und 1800 verlorengingen. Auf Dürers Kaiserbildern trägt keiner der beiden Herrscher den prunkvollen Reichsapfel des 12. Jahrhs. (Wien, Weltliche Schatzkammer), sondern einfachere und spätere Exemplare, von denen eines wohl zum ausgestellten Futteral gehörte (Kat. Nr. 251/52).

Literatur: A. Essenwein: Zwei zu den deutschen Reichskleinodien gehörige Futterale. In: Anz. f. Kunde d. dt. Vorzeit NF 20, 1873, Sp. 1-6 - H. Fillitz: Die Insignien und Kleinodien des Heiligen Römischen Reiches. Wien-München 1954, S. 44, 56.

250   FRAGMENT EINES FUTTERALS FÜR TEILE DER REICHSKLEINODIEN
Prager Meister des Lederschnittes

Eine lange, sechszeilige lateinische Inschrift in Majuskeln auf der Oberseite nimmt Bezug auf den Kreuzestod Christi

Holzbrettchen, mit geschnittenem, gepunztem und bemaltem Leder bezogen, innen mit rotem Kalbsleder gefüttert; H. 62, Br. 45, T. 18

Erworben aus Münchner Privatbesitz

Nürnberg, Germanisches Nationalmuseum (HG 3591)

Da der obere Abschluß des Behältnisses fehlt, lassen die jetzigen Maße keinen sicheren Schluß zu, für welches der Reichskleinodien es einst bestimmt war. G. Gall rekonstruierte eine ursprüngliche Gesamtlänge von etwa 120 cm und vermutete, daß der Koffer der Aufbewahrung eines Krönungsgewandes diente und durch den 1495 datierten, heute in der Wiener Schatzkammer befindlichen ersetzt wurde. So würde sich auch die Absonderung des nunmehr überflüssigen Fragments erklären. - Stilistische Eigenheiten in Technik und Ornament, der Typ der Buchstaben und Wappen sowie die Anbringungsart der Inschrift zeigen deutliche Verwandtschaft zu den etwa gleichzeitigen Behältnissen für die Reichskrone und das Zeremonienschwert (Wien, Schatzkammer) sowie zum 1347 datierten Futteral der Wenzelskrone in Prag. Alle Arbeiten sind in Prag entstanden. Da die Reichskleinodien 1350 nach Prag überführt worden waren und für das Reichskreuz ein neuer, 1352 datierter Fuß angefertigt wurde, setzte G. Gall das Futteral in die gleiche Zeit.

Literatur: A. Essenwein: Zwei zu den deutschen Reichskleinodien gehörige Futterale. In: Anz. f. Kunde d. dt. Vorzeit NF 20,

1873, Sp. 1-6 - G. Gall: Leder im europäischen Kunsthandwerk. Braunschweig 1965. S. 56-58.

251   KAISER KARL DER GROSSE
Albrecht Dürer   *Abb.*

Auf dem Bild die Aufschrift: Karolus magnus/imp(er)avit Annis. 14. Auf dem alten Rahmen die Umschrift: Dis ist der gstalt vnd biltnus gleich./ Kaiser Karlus der das Remisch reich./ Den teitschen under tenig macht./ Sein Kron vnd Klaidung hoch geacht/ Zaigt man zv Nürenberg alle Jar. Mit andern haltum offenbar. Über dem Haupt des Kaisers das deutsche Adler- und das französische Lilienwappen
Rückseite: Gleiche Wappen wie vorn. Darunter die Inschrift: Dis.jst.keiser.Karlus.gstalt/sein.kran.vnd. kleidung.manigfalt.zu. nurenberg.offenlich.zeige(n).wirt. mit. anderm. heiltum.wie.sich. gepirt./kung.pippinus.sun. auß.franckreich./vnd Remischer keiser.auch.geleich.

Gemälde auf Lindenholz; ohne Rahmen 188 : 87,6; mit Rahmen 215 : 115,3

Nürnberg, Germanisches Nationalmuseum (Gm 167; Leihgabe der Stadt Nürnberg)

252   KAISER SIGISMUND
Albrecht Dürer   *Abb.*

Auf dem Bild die Aufschrift: Sigismund(us) imp(er)avit/Annis. 28. Auf dem alten Rahmen die Umschrift: Dis bildt ist kaiser Sigmunds gstalt/Der diser stat so manig falt. Mit sundern gnaden was genaigt./fil haltums das man Jarlich zaigt./Das bracht er her gar offenbar. Der klain zal.fyer vn(d) zwraintzig Jar.M.CCCC. Über dem Haupt des Kaisers die Wappen des Reichs, Böhmens, die beiden Schilde Ungarns, das Wappen Luxemburgs
Rückseite: Gleiche Wappen wie vorn. Darunter die Inschrift: Dis.bildung.ist.kaiser sigmund./Der.niernberg.zu.aller.stund./zu. sunder. gnade(n). was. genaigt./fil. heiltums. des. man. jaerlich. zaigt. / Prach(t).Er.vo(n).praug.auß.pehemer.lant. / Mit.sunder. gnaden.fil.bekant.

Gemälde auf Lindenholz; ohne Rahmen 187,7 : 87,5; mit Rahmen 214,6 : 115

Nürnberg, Germanisches Nationalmuseum (Gm 168; Leihgabe der Stadt Nürnberg)

253   ORNAT KARLS DES GROSSEN
Albrecht Dürer

Rechts oben das Monogramm des Künstlers, darüber die Inschrift, Das ist des heiligen großen Keiser/Karels habitus, und die Jahreszahl 1510

Federzeichnung in Blau, aquarelliert; 41,5 : 28,5

Aus der Slg. J. Ch. Harsdörfer

Wien, Graphische Sammlung Albertina (3125)

254   DIE REICHSKRONE
Albrecht Dürer

Federzeichnung in Blau, aquarelliert; Wz.: Dreizack mit Ring rechts unten; 23,7 : 28,7

Aus den Slgn. Grünling und v. Franck

Nürnberg, Germanisches Nationalmuseum (Hz 2574)

255 REICHSAPFEL
Albrecht Dürer

Federzeichnung in Blau, laviert; 27,3 : 21

Aus den Slgn. Grünling und v. Franck

Nürnberg, Germanisches Nationalmuseum (Hz 2576)

256 DAS KAISERLICHE ZEREMONIENSCHWERT
Albrecht Dürer

Im unteren Drittel rechts am Rand von Dürers Hand: Dz ist
Keiser Karls schwert / awch dy recht gros und ist dy / Kling
eben als lang als der strick / Do mit dz papirs awssen pundn ist

Federzeichnung in Blau, aquarelliert; Wz.: Dreizack mit Ring
rechts unten; 42,8 : 28,5

Aus den Slgn. Grünling und v. Franck

Nürnberg, Germanisches Nationalmuseum (Hz 2575)

257 HANDSCHUH DES KRÖNUNGSORNATES
Nach Albrecht Dürer

Federzeichnung, aquarelliert; 30,5 : 19,8

Aus Slg. Esterhazy

Budapest, Museum der Bildenden Künste (373)

Die Bilder Kaiser Karls, als des Gründers des Reiches, von dem
man annahm, daß er die in Nürnberg aufbewahrten Regalien
selbst getragen habe, und Kaiser Sigismunds, der die Aufbewahrung der Reichskleinodien in Nürnberg festgelegt hatte,
waren vom Nürnberger Rat für die Heiltumskammer in Auftrag
gegeben worden und wurden dort bis zur Aufhebung der jährlichen Heiltumsweisung aufbewahrt. Im Oktober 1526 wurden
die Tafeln in das Rathaus überführt. Die Bezahlung war in Höhe
von 85 Gulden, 1 Pfund Pfennige neu, 10 Schillingen am 16.
Februar 1513 erfolgt. Ob eine Entschädigung von 60 Gulden
›für 2 pild‹ im Juli 1511 als Vorauszahlung anzusehen ist, bleibt
zweifelhaft. 1532 erhielt Jörg Pencz die Genehmigung, beide
Bilder für die ›fürsten von Sachsen abzuconterfetten‹. Die Anbringung der Tafeln in der Heiltumskammer und ihre Verwendung bei der Weisung ist nicht überliefert. Jedenfalls verweisen
die Inschriften auf den engen Zusammenhang der dargestellten
Kaiser mit den in Nürnberg aufbewahrten Regalien und deren
Weisung. Dürer hat diese als historische Gegenstände, nicht
allein als Kaisersymbole angesehen und deshalb genaue, vorbereitende Studien nach den Originalen angefertigt. Auch die
Inschrift des Gesamtentwurfs, in dem sich Dürer, vielleicht mit
Hilfe eines Modells, über die Art, wie die Regalien getragen
wurden, Klarheit verschaffte, betont, daß es sich um das Habit,
d. h. das geistliche Gewand des heiligen Kaisers handelt. Ein
Entwurf (W. 503; London, Graf Seilern), der wahrscheinlich die
erste Stufe der Beschäftigung Dürers mit dem Thema darstellt,
zeigt die beiden Kaiserbilder als Diptychon mit beweglichen
Flügeln. Die doppelseitige Bemalung der ausgeführten Tafeln
macht eine entsprechende Anbringung in der Heiltumskammer
unwahrscheinlich, da nur eine der Rückseiten sichtbar gewesen
wäre. Es ist deshalb anzunehmen, daß die Tafeln einzeln, dreh-
bar an der Wand hingen und die Kaiser allein am Weisungstag,
dem zweiten Freitag nach Ostern, und am Tage vorher, an dem
die Heiltümer in das Schoppersche Haus verbracht wurden,
sichtbar waren, den Rest des Jahres nur die der Vorderseite entsprechenden Wappen und Inschriften der Rückseiten. Während

Dürer für Sigismund auf ein Porträt des Kaisers zurückgriff,
schuf er für Karl d. Gr. unter Anlehnung an den Gottvatertypus,
beeinflußt vielleicht auch durch das Aussehen des Historikers
Stabius (Kat. Nr. 694), ein Idealbild, das bis in das 19. Jahrh.
hinein die Vorstellung vom Aussehen des Kaisers bestimmt hat.
Ob die beiden Kaiser bereits auf einem Bild dargestellt waren,
das der Rat 1430 für die Heiltumskammer hatte anfertigen lassen,
wird sich kaum noch nachweisen lassen. Es besteht aber die
Möglichkeit, daß auf diesem Weg das individuelle Aussehen
Sigismunds tradiert wurde und auch ältere Vorstellungen von
Karl d. Gr., wie sie sich in der Aachener Karlsbüste (um 1349)
niedergeschlagen haben, in Dürers Bild eingeflossen sind.
Mehrere Kopien der beiden Kaiserbilder als Brustbilder zeigen,
daß das Interesse an dem Thema mit der Aufhebung der Heiltumsweisung nicht erloschen war.

Literatur: P. Clemen: Die Porträtdarstellungen Karls des Großen.
In: Zs. d. Aachener Geschichtsvereins 12, 1890, S. 92-94 - Lutze-
Wiegand, GNM, S. 52/53 - Panofsky 1, S. 132/33 - A. Stange:
Zwei neu entdeckte Kaiserbilder Albrecht Dürers. In: Zs. f. Kunst-
gesch. 20, 1957, S. 1-24 - Winkler, Dürer 1957, S. 211/12 -
Rupprich 1, S. 207 Nr. 45-47, 243 Nr. 24, 244 Nr. 33, 247 Nr. 6 -
Lord Twining: A history of the Crown Jewels of Europe. London
1960, S. 8, 67/68 (Kaiser Sigismund) - D. Kuhrmann: Über das
Verhältnis von Vorzeichnung und ausgeführtem Werk bei Al-
brecht Dürer. Diss. Berlin 1964, S. 67-86 - Karl der Große. Werk
und Wirkung. Ausst. Aachen 1965, Nr. 763/64 (dort weitere
Lit.) - P. Schoenen: Das Karlsbild der Neuzeit. In: W. Braunfels
u. a.: Karl der Große. Lebenswerk und Nachleben 4. Das Nach-
leben. Düsseldorf 1967, S. 274-76 - Zink, GNM, Nr. 53-55 -
H. Th. Musper: Dürers Kaiserbildnisse. Köln 1969 - Anzelewsky,
Nr. 123/24.

258 BILDNIS KAISER MAXIMILIANS I.
Albrecht Dürer
F. nach S. 144

Links Wappen: Doppeladler mit Habsburger Bindenschild als
Herzschild, umrahmt von der Kollane des Ordens vom Goldenen
Vlies, gekrönt von der Kaiserkrone. Oben auf einem aufgeklebten
Pergamentstreifen die Inschrift: Der Allergrosmechtigist vnuber-
windlichist Kayser Maximilian der in vernunfft schicklicheit
Weisheit vnd manheit/ bey seinen Zeiten menigklich vbertroffen
Auch merckliche grosse sachen vnd getatten geubt hat. Ist
geborn den xix tag/ Des monats marcy Im MCCCCLviiij. Jar.
hat gelebt Lviiij. Jar. ix monat vnnd xxv tag. Vnnd ist mit tod
ver/schiden Zu Welß seiner Mayestat erblannd Den. xij. tag des
monats January in dem MCCCCC.xix Jar./ Der Allmechtig
geruche der Seele sein gotliche Barmhertzigkeit gnedigklichen
mitzuteylen.

Gemälde auf Leinwand; Grund unter Verwendung älterer Farb-
substanz erneuert, Ornamente der Ordenskette nachgezogen;
83 : 65

Aus Slg. Willibald Imhoff. Erworben 1860 aus der Erbschaft des
Reichsfreiherrn Haller von Hallerstein

Nürnberg, Germanisches Nationalmuseum (Gm 169)

Für das Gemälde verwendete Dürer die Naturstudie, die er am
28. Juni 1518 während des Reichstages in Augsburg von dem
Kaiser anfertigen konnte. Eine Studie für die Hände mit dem
Granatapfel, dem persönlichen Symbol Maximilians, in Wien
(W. 635) trägt das Datum 1519. Damit kann als sicher ange-
nommen werden, daß das Gemälde erst nach dem Tode des
Kaisers begonnen wurde. V. Oberhammer vermutet, daß die aus-

Imperator Cæsar Diuus Maximilianus
Pius Felix Augustus

Albrecht Dürer: Bildnis Kaiser Maximilians I. (Kat. Nr. 259)

gestellte, auf Leinwand, möglicherweise unter der Mitarbeit von Hilfskräften gemalte Fassung eine vorbereitende Funktion für die endgültige, die Repräsentation noch steigernde Fassung (Wien, Kunsthist. Mus.) hatte. Leider ist nicht mehr erkennbar, welche Bestimmung die mit Temperafarben bemalten ›Tüchlein‹ hatten. Daß es Dürer auch um die besonderen Möglichkeiten dieser Technik ging, dürfte außer Zweifel sein. Am 6. Juni 1521 bot Dürer der Tochter Maximilians, Margarethe, Statthalterin der Niederlande, ein Bildnis des Kaisers an, das aber von ihr abgelehnt wurde. Am Ende des Monats, als er sich zur Heimreise anschickte, tauschte er es in Antwerpen dem Schwiegersohn Jacob des Genuesischen Seidenhändlers Tommaso Bombelli, in dessen Haus er sehr häufig zu Gast gewesen war, gegen weißes englisches Tuch ein. Ob es sich dabei um eines der Bilder in Nürnberg oder Wien gehandelt hat oder um einen der kolorierten Holzschnitte mit Goldunterdruck (Kat. Nr. 259), dessen ungewohnte Technik die Statthalterin befremdet haben könnte, wird sich nicht mehr feststellen lassen.

Literatur: H. Stegmann: Albrecht Dürers Maximiliansbildnisse. In: Mitt. d. German. Mus. 1901, S. 132 - L. v. Baldaß: Die Bildnisse Kaiser Maximilians I. In: Jb. d. kunsthist. Sgn. d. allerhöchsten Kaiserhauses 31, 1913/14, S. 282 - Lutze-Wiegand, GNM, S. 53/54 - Panofsky 1, S. 205 - Musper, S. 262 - Rupprich 1, S. 173, 176, 209 Nr. 68 - Winkler, Dürer 1957, S. 269 - V. Oberhammer: Die vier Bildnisse Kaiser Maximilians I. von Albrecht Dürer. In: Alte und moderne Kunst 14, 1969, Nr. 105, S. 2-14 - Anzelewsky, Nr. 145.

259 BILDNIS KAISER MAXIMILIANS I.

Albrecht Dürer   *Abb.*

Oben die Inschrift: Imperator Caesar Diuus Maximilianus/Pius Felix Augustus (Maximilian, in den Himmel erhoben, oberster Feldherr und Kaiser, der Milde, Erfolgreiche und Erhabene) Holzschnitt mit Goldunterdruck für Medaille am Hut, Brokatmantel, Kette und Saum des Kragens; 42,6 : 32,1

Bamberg, Staatsbibliothek (I. G. 55)

Dem Holzschnitt liegt eine von Dürer am 28. Juni 1518 während des Reichstags in Augsburg angefertigte Kohlezeichnung zugrunde. Die Ehrentitel sind die üblichen der antiken römischen Münzbilder. Der Titel ›Divus‹, schon den römischen Caesaren erst nach dem Tode verliehen, was ebenfalls in Münzprägungen festgehalten wurde, beweist, daß der Holzschnitt erst nach dem Ableben des Kaisers im Januar 1519, wahrscheinlich sogar aus Anlaß des Todes angefertigt wurde. Es sind Abdrucke von mindestens drei verschiedenen Holzstöcken bekannt, doch ist nur einer, von dem auch der ausgestellte Abdruck stammt, unmittelbar nach einem Riß Dürers geschnitten worden, wie Th. Musper nachgewiesen hat. In den vier erhaltenen Abzügen ist noch ein weiterer Stock zur Herstellung eines Goldunterdruckes für Teile der Figur verwendet. Die übrige Kolorierung wurde aufgetragen. Der Holzschnitt erhält auf diese Weise die Wirkung und Repräsentation eines Gemäldes und ist das erste druckgraphische Bildnis Dürers.

Literatur: M. Geisberg: Holzschnittbildnisse des Kaisers Maximilian. In: Jb. d. Preuß. Kunstslgn. 32, 1911, S. 236-48 - Flechsig 1, S. 326/27 - Dodgson, Brit. Mus. 2, S. 74 - Th. Musper: Das Original von Dürers Maximiliansholzschnitt. In: Gutenberg Jb. 17/18, 1942/43, S. 214-18 - Musper, S. 290 - Winkler, Dürer 1957, S. 269 - V. Oberhammer: Die vier Bildnisse Kaiser Maximilians I. von Albrecht Dürer. In: Alte und moderne Kunst 14, 1969, Nr. 105, S. 2-14.

260 RANDZEICHNUNGEN ZUM GEBETBUCH KAISER MAXIMILIANS I.

Albrecht Dürer und Lucas Cranach   *Abb.*

Federzeichnungen in Rot, Grün und Violett auf Pergament. Textdruck: Augsburg: Johann Schönsperger d. Ä., 30.12.1513; 27,5 : 19,5

Aus der Slg. Perrenot-Granvella; seit Ende 16. Jahrh. in der Herzogl. Hofbibliothek, München

München, Bayerische Staatsbibliothek (2° L. impr. membr. 64)

Die farbigen Federzeichnungen Dürers zu dem Gebetbuch Kaiser Maximilians gehören zum Schönsten und Kostbarsten, was die Buchillustration aller Zeiten hervorgebracht hat. Von dem Textbuch wurden wahrscheinlich nur zehn Pergamentexemplare gedruckt, von denen fünf, untereinander etwas differierende, erhalten sind. Vermutlich war es als Gabe für ausgewählte Mitglieder des 1469 von Friedrich III. gegründeten und von Papst Paul II. bestätigten, von Maximilian zur Türkenabwehr besonders geförderten St. Georgs-Ritterordens bestimmt; die darin enthaltenen Gebete, Hymnen und Psalter wurden eigens für den Kaiser zusammengestellt. Trotz Schönspergers Imprimatur ist der Text unvollendet, vor allem fehlen Titel und Kalendarium. Als Schöpfer der prachtvollen gotischen Type gilt Maximilians Sekretär Vinzenz Rockner; sie entspricht der Schrift ›Clipalicana maior‹ in der Schriftprobensammlung ›Proba centum scripturarum‹ des Augsburger Benediktinermönches und Kalligraphen Leonhard Wagner (1454-1522), deren Datierung 1507 jedoch fraglich ist. Bei dem schwierigen Stempelschnitt für den Druck mit versetzbaren Schnörkeln war der niederländische Formschneider Jost de Negker beteiligt. Der Druck erfolgte in Schwarz und Rot, die rote Lineatur wurde von Hand hinzugefügt. Die Lagen eines Exemplares wurden unter Vermittlung Konrad Peutingers zur Illustrierung an verschiedene hervorragende Zeichner verteilt, von denen Albrecht Dürer, Lucas Cranach d. Ä., Hans Baldung Grien, Hans Burgkmair, Jörg Breu d. Ä. und Albrecht Altdorfer identifizierbar sind. Offenbar war kein festes Bildprogramm vorgegeben, doch scheint Dürer als Hauptmeister das gesamte Dekorationsprinzip bestimmt zu haben. Ob Kaiser Maximilian ursprünglich eine Vervielfältigung beabsichtigte, ist nicht nachweisbar; als direkte Vorlagen für den Holzschnitt - wie noch E. Panofsky und F. Winkler im Gegensatz zu G. Leidinger und H. Ch. v. Tavel annahmen - sind die kostbaren Pergamentblätter schwer vorstellbar. Ende 1515 wurden die Arbeiten am Gebetbuch eingestellt, vielleicht weil sich die Hofgenealogen über die Heiligen der Habsburger für das Kalendarium nicht einigen konnten. Schließlich verhinderte der Tod des Kaisers die Fertigstellung. Die illustrierten Lagen mit nachträglich aufgemalten Initialen befanden sich 1586 im Nachlaß des Kardinals Granvella, des Ministers Karls V. und Philipps II. von Spanien, mit dem sie nach Besançon gelangten. Dort wurde der Teil mit den Randzeichnungen Dürers und Cranachs kurz vor 1600 wohl durch Herzog Maximilian I. von Bayern für München erworben, bald darauf gebunden und mit zwei Titeln versehen, deren erster lautet: Albrechten Dürers weitberühembten Malers Handrüß. Anno 1515. Der übrige Teil befindet sich heute in der Stadtbibliothek von Besançon. Beide zusammen ergeben kein vollständiges Textexemplar. - Mit fünfzig Seiten, von denen fünf nur Federschnörkel zeigen, hat Dürer auch zahlenmäßig den größten Illustrationsanteil. Obwohl Monogramm und Jahreszahl 1515 (wie mit geringen Ausnahmen auch auf den übrigen Zeichnungen) nachträgliche Zutat sind, wurde seine Autorschaft kaum ernsthaft bestritten. Im

tre et spiritu sancto glorie viuit
et regnat in secula seculorum.
Amen.

Hore intemerate virginis Ma
rie secundum vsum Romane
curie. Ad matutinas.
Domine labia mea ape
ries. Et os meum an
nunciabit laudem tuã. De
us in adiutorium meum intẽ
de. Domine ad adiuuãdum
me festina. Gloria patri et fi
lio: et spiritui sactõ. Sicut erat

Albrecht Dürer:
Randzeichnung
zum Gebetbuch
Kaiser Maximilians I.
(Kat. Nr. 260)

in principio z nunc z semper:
et in secula seculorum Amen.
Alleluia · Et d̄: Alleluia a pa
scha vsc₂ ad septuagesimam:
et a septuagesima vsc₂ ad pa
scha dicitur · Laus tibi domi
ne: rer eterne glorie · Inuitato
rium · Aue maria gratia ple
na · Dominus tecū · Aue ma
ria ·   Psalmus ·
Uenite erultemus domi
no: iubilemus deo salu
tari nostro: preoccupemus fa
tiem eius in confessione: et in

Gegensatz zu den übrigen Zeichnern hat Dürer fast ausschließlich die Seiten mit Textanfängen mit Randzeichnungen versehen und dabei aus den Anregungen heimischer, spätgotischer Buchmalerei (z. B. von Jakob Elsner) und italienischer Renaissancekunst einen eigenen Illustrationsstil entwickelt. Leitmotiv ist lebhaft geschwungenes Rankenwerk mit Pflanzen, Tieren und Grotesken, das zu reinen Linienarabesken überleitet. Christliche Bildvorstellungen verschmelzen mit mythologischen und profanen, Heilige stehen neben typologischen Vertretern menschlicher Gesellschaft, Fabelwesen neben emblematisch oder hieroglyphisch gemeinten Tieren (vgl. Kat. Nr. 297). Bei aller spielerischen Heiterkeit, Phantastik und Neigung zu komischen Paradoxien spiegelt sich in den Randzeichnungen eine ›zwischen Naturdämonie und Naturerkenntnis, Lebensangst und Glaube an christliche Erlösung hin und her gerissene Zeit‹ (H. Ch. v. Tavel). Nicht zufällig hat Dürer in einer der Illustrationen mit dem von Tod und Teufel bedrängten Reiter das Thema seines Meisterstichs von 1513 wieder aufgenommen.

Literatur: E. Chmelarz: Das Diurnale oder Gebetbuch des Kaisers Maximilian I. In: Jb. d. Kunsthist. Slgn. d. Allerhöchsten Kaiserhauses 3, 1885, S. 88-102 - K. Giehlow: Beiträge zur Entstehungsgeschichte des Gebetbuches Kaiser Maximilians I. Ebda 20, 1899, S. 30-112 - Ders.: Kaiser Maximilians I. Gebetbuch mit Zeichnungen von Albrecht Dürer und anderen Künstlern. Wien 1907 - Ders.: Dürers Hieroglyphen im Gebetbuch Kaiser Maximilians. In: Sitzungsber. Kunstgeschichtl. Ges. Berlin 1908, S. 21-24 - E. Ehlers: Bemerkungen zu den Tierabbildungen im Gebetbuch Kaiser Maximilians. In: Jb. d. Preuß. Kunstslgn. 38, 1917, S. 151-76 - G. Leidinger: Albrecht Dürers und Lucas Cranachs Randzeichnungen zum Gebetbuch Kaiser Maximilians I. in der Bayerischen Staatsbibliothek zu München. München 1922 - F. Eichler: Ist das Gebetbuch Kaiser Maximilians I. für den St. Georgs-Ritterorden bestimmt gewesen? In: Zentralbl. f. Bibliothekswesen 53, 1936, S. 190-96 - C. Wehmer: Leonhard Wagners Proba centum scripturarum. Leipzig 1963, S. 12-15 - H. Ch. v. Tavel: Die Randzeichnungen Albrecht Dürers zum Gebetbuch Kaiser Maximilians. In: Münchner Jb. 3. F. 16, 1965, S. 55-120 - J. Bellot: Konrad Peutinger und die literarisch-künstlerischen Unternehmungen Kaiser Maximilians. In: Philobiblon 11, 1967, S. 182/83 - Ausst. Ambrosiana-München 1968, Nr. 30 (dort weitere Lit.) - F. Dreßler: Cimelia Monacensia. Wiesbaden 1970, Nr. 52.

261   DIE EHRENPFORTE KAISER MAXIMILIANS I.

Albrecht Dürer, Hans Springinklee, Wolf Traut,
Albrecht Altdorfer   *Abb.*

Am Fuß der beiden Ecktürme jeweils das Datum 1515. Mit zahlreichen, in Holz geschnittenen Titeln und Legenden, im Kuppeltambour die Widmungstafel: Dem Allerdurchleuchtigsten grosmechtigsten Furstn vnd Herren, Herren Maximilian erwelte(n) Romischen Kaiser vnd Haubt der cristennhait... Ist dise porten der eere(n) mit seinen etlichen thatten getziert Auffgericht. Unten der gleichfalls in Holz geschnittene erläuternde Text in 5 Kolonnen zu je 25 Zeilen: Die Porten der eeren des Allerdurchleuchtigsten grosmechtigsten Kaiser vnd Kunig Maximilian ist in der gestalt wie vor alten zeitenn die Arcus Triumphales den Romischen Kaisern in der stat Rom der etlich zerbrochen sein vnd etlich noch gesehen werden, durch mich Johann Stabius derselben Romischen Kaiserlichen Maiestat hystoriographen vnd Poeten gemacht auffgericht vnd in syben tail getailt wie hie bey gemalet vnd in diser Schrifft klerlichen an-

getzaigt ist... Auch sein noch in diser eren porten vill annder getzierden, dauon vil zu schreiben were, die ein yeder beseher selbs auslegen vnnd interpretiren mag, die ich vonn kurtz wegen ytz vnnderlasse. Im Mittelbau mit der ›Portenn der Eeren vnnd Macht‹ thront erhöht über dem Stammbaum der Kaiser im Kreise zahlreicher Victorien. Zu seiner Rechten sitzt seine erste Gemahlin Maria von Burgund, zu seiner Linken Johanna von Kastilien, die Gattin seines unter ihm stehenden Sohnes Philipp, der von seinen Kindern Karl und Ferdinand sowie Eleonore, Isabella, Maria und Katharina umgeben ist. Die Kaisertochter Margarethe, Statthalterin der Niederlande, erscheint links über den Prinzen. Wappen der deutsch-habsburgischen Besitzungen und der Erwerbungen durch die Burgundische und Spanische Heirat rahmen das Mittelfeld. Über den seitlichen Portalen des Lobes und des Adels sind 24 historisch bedeutsame Ereignisse aus der Regierungszeit des Kaisers und in den äußeren Rundtürmen Szenen aus seinem Leben dargestellt. Die zu Dreiergruppen geordneten Halbfiguren zeigen links seine Vorgänger in der Herrschaft über Italien, rechts die durch Schwägerschaft mit Habsburg verbundenen Fürsten. Das gesamte Beiwerk trägt allegorisch-symbolischen Charakter, zusammengefaßt im sogenannten Mysterienbild, der von Hieroglyphen umgebenen Kaiserfigur in der Mittelkuppel. Auf der Stufe rechts lehnen die Wappen von Johannes Stabius, Jörg Kölderer und Albrecht Dürer

4. Ausgabe von 1799

Holzschnitt, gedruckt von 174 (statt 192) Stöcken; Wz.: Wortmarke J. Brielmaier; 293 (351) : 304,3

Nürnberg, Germanisches Nationalmuseum (H 7432)

1512 wurde Albrecht Dürer mit der Holzschnittausführung der Ehrenpforte beauftragt, in der sich Vorstellungen römischer Triumphbögen mit denen gotischer Wappenwände (Innsbrucker Wappenturm) vereinen. Das literarische, während der Arbeit durch die Aufnahme neuer Ereignisse aktualisierte Programm verfaßte Johannes Stabius. Es wurde von Willibald Pirckheimer durch horapollinische Bildsymbole bereichert. Mit dem Gesamtentwurf war der Innsbrucker Hofmaler Jörg Kölderer betraut; eine wohl ähnlich wie beim Triumphzug vorzustellende farbige ›Reinschrift‹, die der Kaiser seiner Tochter Margarethe zur Begutachtung schickte, ist nicht erhalten. Der 1517 Maximilian übersandte Probeabzug von den Holzstöcken fand nicht dessen Beifall, doch wurde der unterbrochene Druck 1518 fortgesetzt. Trotz ihres überdimensionalen Formates ist die Ehrenpforte nicht auf Gesamtschau konzipiert, sondern jeder der minuziösen Holzschnitte, an denen neben Dürer Hans Springinklee, Wolf Traut und Albrecht Altdorfer entscheidend beteiligt waren, soll für sich betrachtet werden. Die Zuweisung einiger Darstellungen an Hans Dürer durch K. Giehlow ist nicht gesichert. Peter Flötner und Erhard Schön treten erst in Ersatzstöcken für die Separatausgaben der 24 Historischen Darstellungen auf. Vermutlich gehen einige Risse Hans Springinklees, wie z. B. das Mysterienbild, auf Dürer zurück, von dessen Hand sich nur drei Vorzeichnungen erhalten haben (W. 673-75). Den Formschnitt besorgte Hieronymus Andreae mit Gehilfen. - Nach der neueren, auf E. Chmelarz, W. Schmidt und C. Dodgson fußenden Forschung verteilt sich der Anteil der Künstler im wesentlichen wie folgt:

Albrecht Dürer: Hauptteil des ornamentalen Schmuckes. Obere Partie der Mittelpforte mit Kronenträgerin. Innere und äußere Säulenpaare einschließlich der Greifen und Trommler, der vier Herrscherstatuen in Tabernakeln (Rudolf der Streitbare ist seit

Albrecht Dürer:
Bildnis Kaiser
Maximilians I.
(Kat. Nr. 258)

1559 von einem Ersatzstock gedruckt) und die Hll. Arnulf und Leopold. Die Tierfelle mit Versen über den Seitenwänden. Das vierte Feld von oben mit Theodosius, Archadius und Honorius im linken Halbfiguren-Hochfries. Die fünfte Szene von oben mit der Verehrung des Hl. Rockes in Trier im linken Rundturm. Die Historienbilder 2: Burgundische Verlobung (Abdruck im ausgestellten Exemplar von einem Ersatzstock Springinklees), 15: Verlobung Philipps mit Johanna von Kastilien, 22: Begegnung Maximilians mit Heinrich VIII. von England, 23: Wiener Kongreß und Doppelverlobung.

Hans Springinklee: Ornamentale Details. Stammbaum mit Wappenbordüren. Hoch- und Querfriese mit Halbfiguren. Kuppelbekrönung. Die Historienbilder 3: Krieg im Hennegau, 10: 2. flämischer Aufstand, 13: Vertreibung der Ungarn aus Niederösterreich, 14: Feldzug in Ungarn, 19: 2. Krieg in Geldern, 20: Mailänder Belehnung, 21: Krieg mit Venedig.

Wolf Traut: Die Historienbilder 1: Maximilian allein, stehend, 4: Schlacht bei Guingate, 5: 1. Krieg in Geldern, 6: Sieg von Utrecht, 7: 1. flämischer Aufstand, 8: Kampf mit Lüttich, 9: Krönung Maximilians, 11: Maximilian und Heinrich VII., 12: Maximilian rächt die Beleidigung seiner Tochter Margarethe (Übergabe einer französischen Stadt), 16: Schweizer Krieg, 17: Eroberung Neapels, 18: Bayerischer Krieg.

Albrecht Altdorfer: Rundtürme der Ecken mit Szenen aus Maximilians Leben mit Ausnahme der Dürer zugewiesenen Darstellung.

Der ersten Gesamtausgabe der Ehrenpforte von 1517/18 folgten 1526-28 und 1559 zwei weitere. Separatausgaben der historischen Darstellungen erschienen nebenher. Das ausgestellte Exemplar wurde aus Abdrucken der 4. Gesamtausgabe von A. Bartsch, die T. Mollo 1799 in Wien druckte, zusammengefügt. Anstelle der achtzehn Ersatzradierungen von der Hand Adam Bartschs für verlorene Stöcke sind Reproduktionen nach den Originalen eingeklebt. Das 24. Feld der Historischen Darstellungen, das in der ersten Ausgabe leer geblieben und in der zweiten mit dem Gruftblatt Maximilians aus dem Weißkunig überklebt worden war, enthält wie seit der dritten Gesamtausgabe den Holzschnitt der Schlacht bei Pavia (geschlagen 1525 von Karl V.) nach einem unbekannten Reißer.

Literatur: E. Chmelarz: Die Ehrenpforte des Kaisers Maximilian I. In: Jb. d. kunsthist. Slgn. d. Allerhöchsten Kaiserhauses 4, 1886, S. 289-319 - W. Schmidt: Über den Anteil Wolf Trauts, H. Springinklees und A. Altdorfers an der Ehrenpforte Kaiser Maximilian's I. In: Chronik f. vervielf. Kunst 4, 1891, S. 9-13 - K. Giehlow: Urkundenexegese zur Ehrenpforte Maximilians I. In: Beiträge zur Kunstgeschichte Franz Wickhoff gewidmet. Wien 1903, S. 91-110 - Dodgson, Brit. Mus. 1, S. 311-21 Nr. 130, 396-98 Nr. 53, 521/22 Nr. 14-17; 2, S. 230/31 Nr. 64 - K. Giehlow: Die Hieroglyphenkunde des Humanismus in der Allegorie der Renaissance, besonders der der Ehrenpforte Kaisers Maximilian I. In: Jb. d. kunsthist. Slgn. d. Allerhöchsten Kaiserhauses 32, 1915, S. 1-232 - K. Fischnaler: Jörg Kölderer und die Ehrenpforte Kaiser Maximilians. In: Ausgewählte Schriften 2. Innsbruck 1936, S. 22-41 - Panofsky 1, S. 175-79 - Winkler, Dürer 1957, S. 273-78 - P. Strieder: Zur Entstehungsgeschichte von Dürers Ehrenpforte für Kaiser Maximilian. In: Anz. d. German. Nationalmus. 1954-59, S. 128-42 - Ausst. Maximilian 1959, S. 69-78, Nr. 350-77 - Meister um Albrecht Dürer. Ausst. Nürnberg 1961, Nr. 341 - F. Winzinger: Albrecht Altdorfer. Graphik. München 1963, S. 22-27, Nr. 66-75 - K. Haupt: Die Renaissance-Hieroglyphik in Kaiser Maximilians Ehrenpforte. In: Philobiblon 11, 1967, S. 253-67 - Maximilian I. Ausst. Innsbruck 1969, Nr. 521.

262 DER KLEINE TRIUMPHWAGEN AUS DEM TRIUMPHZUG KAISER MAXIMILIANS I.

Albrecht Dürer

1 Das von Victoria gelenkte Viergespann
3. Ausgabe von 1796
Holzschnitt; Wz.: Bekröntes Lilienwappen; 41,5 : ca. 52
Nürnberg, Germanisches Nationalmuseum (aus K 1147 2°)

2 Der Wagen mit Maria von Burgund und Maximilian
1. Ausgabe von 1526
Holzschnitt; Wz.: Adler mit Sichel (Meder S. 224 Wz. 239a); 40,5 : 43,4
Aus der Wiener Hofbibliothek
Wien, Graphische Sammlung Albertina (aus Cim. K. I. 6/135)

Der um 1516-18 entstandene, von Hieronymus Andreae in Holz geschnittene Kleine Triumphwagen, der Maximilians Verlobung mit der Erbtochter Karls des Kühnen am 31.1.1476 oder die am 19.8.1477 geschlossene Heirat darstellt, ist Dürers einziger Beitrag innerhalb der Holzschnittfolge des Triumphzuges. Zugehörige Entwurfszeichnungen von Standarten- und Trophäenträgern (W. 690-700; Wien) blieben aus unbekannten Gründen unberücksichtigt, der Große Triumphwagen wurde nur als Separatdruck publiziert (vgl. Kat. Nr. 264). Ehrenpforte und Triumphzug, in zeitgenössischen Quellen auch kurz Triumph genannt, sollten in monumentaler Weise noch einmal Abkunft, Leben und geschichtliche Taten des Kaisers verherrlichen. Ein von ihm selbst in Anlehnung an italienische Trionfi inventiertes, von Marx Treitzsaurwein redigiertes Zugprogramm findet sich in den Diktatnotierungen des letzteren von 1512 (Wien, Österr. Nat. Bibl., Cod. Vindob. 2835). Für die historischen Einzelheiten war Johannes Stabius verantwortlich, mit dem bildlichen Vorform wurde wie bei der Ehrenpforte Jörg Kölderer beauftragt. Von den 137 Holzschnitten gehen 67 auf Risse Hans Burgkmairs zurück. Daneben waren außer Dürer Albrecht Altdorfer und Hans Springinklee (vgl. Kat. Nr. 263), Leonhard Beck, Hans Schäufelein und die Donauschule (Wolf Huber) beteiligt. Nachdem der Tod des Kaisers 1519 die Arbeiten unterbrochen hatte, ließ sein Enkel Ferdinand I. 1526 von den vorliegenden Stöcken eine Erstausgabe herstellen. Die mit geringen Ausnahmen in Wien (Albertina) erhaltenen Stöcke tragen größtenteils auf der Rückseite die Namen der Holzschneider und z.T. die Ablieferungsdaten.

Literatur: B. VII, S. 229-40 Nr. 81 (Burgkmair) - F. Schestag: Kaiser Maximilians I. Triumph. In: Jb. d. kunsthist. Slgn. d. Allerhöchsten Kaiserhauses 1, 1883, S. 154-81 - K. Giehlow: Urkundenexegese zur Ehrenpforte Maximilians I. In: Beiträge zur Kunstgeschichte Franz Wickhoff gewidmet. Wien 1903, S. 91-110 - Ders.: Dürers Entwürfe für das Triumphrelief Kaiser Maximilians I. im Louvre. Eine Studie zur Entwicklungsgeschichte des Triumphzuges. In: Jb. d. kunsthist. Slgn. d. Allerhöchsten Kaiserhauses 29, 1910, S. 14-84 - Dodgson, Brit. Mus. 1, S. 332/33 Nr. 136 - Ausst. Maximilian 1959, S. 69-78, Nr. 339/40.

263 DIE KRIEGERISCHEN TATEN MAXIMILIANS UND DIE ERZBILDER DER KAISERLICHEN AHNEN AUS DEM TRIUMPHZUG KAISER MAXIMILIANS I.

Hans Springinklee

1 Der Krieg mit Venedig
Auf der Wagenplattform sitzt die Stadtpersonifikation mit dem Markuslöwen. - Den Holzstock schnitt Hieronymus Andreae

Albrecht Dürer:
Ausschnitt aus
der Ehrenpforte Kaiser Maximilians I.
(Kat. Nr. 261)

2 Einer der Kriege in Flandern
Vor dem thronenden Kaiser kniet oben die allegorische Figur der eroberten flandrischen Provinz. - Den Stock schnitt Klaus Semann

3 Eine Eroberung
Vor dem thronenden Maximilian stehen zwei Frauen als Verkörperung der eroberten Stadt bzw. der Provinz. - Den Stock schnitt Wolfgang Resch

4 Der Krieg mit Neapel
Auf der Plattform reichen sich die Vertreterinnen des Königreichs Neapel links und des Erzherzogtums Österreich rechts die Hand. - Den Stock schnitt Wilhelm Liefrinck

5 Der Krieg in Österreich
Vor dem thronenden Kaiser steht eine Frau mit dem österreichischen Banner. - Den Stock schnitt Hieronymus Andreae

6 Ein Krieg
Auf dem Wagen sitzt hinten die Fortitudo mit einer Säule. - Den Stock schnitt Cornelius Liefrinck

7 Ein Krieg
Auf der Plattform sprengt Maximilian zu Pferd über Gefallene. - Den Stock schnitt Hans Frank

8 Eine Übergabe
Vor dem von einem Bischof (von Utrecht?) begleiteten Kaiser kniet oben eine Bürgergruppe. - Den Stock schnitt Hans Frank

9 Eine Übergabe
Dem stehenden Kaiser wird von Männern mit Lorbeerzweigen gehuldigt. - Den Stock schnitt Hieronymus Andreae

10 Die Eroberung einer Stadt
Die kämpfenden Soldaten führen das burgundische Banner. - Den Stock schnitt Cornelius Liefrinck

11 Wagenziehende Männer mit Anführer zu Pferd
Den Stock schnitt Hans Frank

12 Der Trophäenwagen
Er ist beladen mit niederländischen und französischen Beutestücken. - Den Stock schnitt Jan de Bonn (Bom)

13 Die Spanische Heirat
Neben Maximilian stehen sein Sohn Philipp der Schöne und dessen Braut Johanna von Kastilien mit ihren Wappen. - Den Stock schnitt Hans Frank

14 Das Standbild Kaiser Friedrichs III.
Den Stock schnitt Hieronymus Andreae

15 Die Standbilder von Karl dem Großen, Chlodwig, Stephan von Ungarn und Rudolf I.
Die drei ersten (von rechts nach links) tragen einen Nimbus. - Den Stock schnitt Hieronymus Andreae

16 Die Standbilder von Odobert, König der Provence; Arthur, König von England; Johann, König von Portugal; Gottfried von Bouillon, König von Jerusalem
Der Formschneider ist unbekannt

17 Die Standbilder von Albrecht I., Römischer König; Albrecht II., Römischer König und König von Ungarn und Böhmen; Ladislaus, König von Ungarn und Böhmen; Ferdinand, König von Spanien
Den Stock schnitt Hans Franck

2. Ausgabe von 1777

Holzschnitt; Wz.: Bekrönter Schild und Nebenmarke IVS (2, 4-7, 9, 11-13, 15), Tafel mit Buchstaben CINIF (Carl Joseph & Ignaz Falger, (3, 17), Täfelchen mit IS (8), Herz mit Buchstaben CINIF und Zahl 4 mit zwei Querbalken (abweichend von Meder, S. 225 Wz. 297a) (14); je ca. 40 : 49

Aus Slg. Bossi und einer unbekannten Slg.

Nürnberg, Germanisches Nationalmuseum (H 5844-58, 5864, 5868)

Nach Hans Burgkmair und Albrecht Altdorfer hatte Hans Springinklee den größten Anteil an dem von 137 Einzelstöcken gedruckten Triumphzug Kaiser Maximilians I. (vgl. Kat. Nr. 262). Von den 22 ihm zugeschriebenen, unter Dürers Einfluß entstandenen Holzschnitten trägt jedoch keiner sein Zeichen. Ihm oblag im wesentlichen die Verherrlichung der kriegerischen Taten des Kaisers und die Darstellung seiner Ahnen als Erzbilder für das geplante Grabmal. - Bei der ausgestellten zweiten Ausgabe sind Tafeln und Spruchbänder wie bei der ersten Ausgabe von 1526 schwarz gedruckt; für die dritte Ausgabe von 1796 wurden sie großenteils im Stock ausgeschnitten und erscheinen im Abdruck deshalb weiß.

Literatur: B. VII, S. 229-40 Nr. 81 - Dodgson, Brit. Mus. 1, S. 398-403 Nr. 54-71 - Meder, S. 223-25 - Ausst. Maximilian 1959, Nr. 305-17 - Kaiser Maximilian I. (1459-1519) und die Reichsstadt Nürnberg. Ausst. Nürnberg 1959, Nr. 33-48.

264 DER GROSSE TRIUMPHWAGEN
Albrecht Dürer

A Die linke Wagenhälfte mit dem von Victoria gekrönten Kaiser

B Die rechte Wagenhälfte mit den Tugenden Fidentia und Ratio

C Providentia und Moderatio als Rosselenkerinnen. Oben 14 Zeilen deutscher Text in 4 Absätzen: Diser nacheurzeychenter Eren / oder Triumphwagen/ ist dem allerdurchleuchtigisten Großmechtigisten herrn ... fürsichtigkeyt seinen gang haben mag.

D Alacritas und Oportunitas. Oben 13 Zeilen deutscher Text in 3 Absätzen: Dieweyl auch dise vier tugendt aneynander hangen ... frölich vnnd mit eyner frecheyt bescheche.

E Velocitas und Firmitudo. Oben 13 Zeilen deutscher Text in 4 Absätzen: Deß gleychen greyfft Fortitudo mit der lincken handt in den khrantz ... vnd mit vestigkeyt gezogen werde.

F Acrimonia und Virilitas. Oben 12 Zeilen deutscher Text in 4 Absätzen: Gegen der Messikeyt vber steet Prudentia ... vnnd mit einer tapfferkayt gefürt werde.

G Audatia und Magnanimitas. Oben 13 Zeilen deutscher Text in 4 Absätzen: Vnd damit diser wagen recht vnd wol gefürt werd ... durch Magnanimitatem vnnd Audaciam regiert.

H Experientia und Solertia. Oben 23 Zeilen deutscher Text in mehreren Absätzen und in 2 Kolumnen; links: Dieweyl auch mit warheyt gesagt werden mag ... die Keckheyt vnd Großmütigkeyt leycht schade(n) bringen; rechts: Diser wagen ist zu Nürmberg erfunde(n) gerissen vnnd gedruckt durch Albrechten Thürer / im jar. M.D.xxjj. Cum Gratia et Priuilegio Cesaree Maiestatis.

1. Ausgabe von 1522

Holzschnitt, von acht Stöcken mit den Buchstaben A bis H auf acht Bögen gedruckt; Wz.: Kreuz auf Dreifuß mit 2 Ringen (Meder 146); A 46,2 : 30,1; B 45 : 30,5; C 43,5 : 24,7; D 43,5 : 27,4; E 43,5 : 27,6; F 43,5 : 27,6; G 43,5 : 27,5; H 43,1 : 32,3

Aus den Slgn. Drugulin, Hausmann und Blasius

Nürnberg, Germanisches Nationalmuseum (H 7766-7773; Depositum Frau Irmgard Petersen geb. Blasius)

Ursprünglich für die Verwendung im Triumphzug geplant, ist der Holzschnitt darin jedoch nie erschienen (vgl. Kat. Nr. 262). Eine erste Wagenskizze mit dem thronenden Kaiser und seiner Familie entstand wahrscheinlich bereits um 1512/13. Die 1518 datierte, kolorierte Reinzeichnung des ›durch Pirckheimer neu erfundenen‹, vor allem durch die allegorischen Gestalten der Tugenden bereicherten Wagens lag im gleichen Jahr dem Kaiser vor (W. 671, 685; Wien). Bei Verzicht auf die Darstellung der kaiserlichen Familie folgt die durch Maximilians Tod unterbrochene, von Dürer in eigener Regie vollendete Holzschnittausführung im wesentlichen der Zeichnung von 1518, erweitert durch zahlreiche in den Stock geschnittene Beischriften sowie den von beweglichen Lettern gedruckten, erklärenden Text W. Pirckheimers. Im Original des am Schluß gekürzt wiedergegebenen kaiserlichen Schreibens vom 29. 3. 1518 ist der - von Pirckheimer eingeflochtene - Passus ›Auch durch Albrecht Thürer auffreyssen lassen‹ nicht enthalten. Bei der Übertragung des Risses auf den Holzstock waren wohl Schüler beteiligt. Der Erstausgabe von 1522 folgten bis um 1600 sechs weitere mit deutschem oder lateinischem Text.

Literatur: K. Giehlow: Dürers Entwürfe für das Triumphrelief Kaiser Maximilians I. im Louvre. Eine Studie zur Entwicklungsgeschichte des Triumphzuges. In: Jb. d. kunsthist. Slgn. d. Allerhöchsten Kaiserhauses 29, 1910, S. 14-84 - Dodgson, Brit. Mus. 1, S. 338/39 Nr. 145 - Winkler, Dürer 1957, S. 282/83 - Ausst. Maximilian 1959, S. 69-78, Nr. 343.

265 DIE FÜNF ILLUSTRATIONEN ZUM FREYDAL
Albrecht Dürer

1 Das Anzogen-Rennen (Das deutsche Turnier)
Freydal (Maximilian) hat Niclas von Firmian aus dem Sattel gehoben
Unten Mitte auf anhängendem Papierstreifen gedruckte Adresse: Hanns Glaser Brieffmaler zu Nürmberg am Panersberg

2 Das Scharfrennen
Freydal rechts kämpft gegen Antonio de Caldonazo

3 Das welsche Gestech (Der italienische Tjost)
Freydal hinter der Schranke wirft Jacob de Neri in den Sand

4 Der Zweikampf zu Fuß
Freydal links kämpft gegen Jörg von Weispriach

5 Der Fackeltanz (Die Maskerade)
Freydal mit Kette und Fackel steht links vor dem Eingang

Holzschnitte, koloriert; 1. 22,6 (23,6) : 24,3; 2. 22 : 24; 3. 22,5 : 24; 4. 22,4 : 23,8; 5. 22,4 : 23,8

Aus Slg. v. Aufseß

Nürnberg, Germanisches Nationalmuseum (H 367, 370, 368, 371, 375)

Im autobiographischen Zyklus Kaiser Maximilians I. war der Freydal als Vorspiel zum Theuerdank geplant. Schilderte jener die romantische Brautfahrt zu Maria von Burgund, so sollten - eingeflochten in die romanhafte Handlung - im Versepos Freydal alle Turniere und Mummereien verewigt werden, an denen er auf ritterlicher Minnefahrt an 64 Turnierhöfen teilgenommen hatte. Das erstmals im Memorabile von 1502 erwähnte Werk blieb Fragment. Diktatnotierungen Marx Treitzsaurweins von 1512 und ein Textmanuskript mit eigenhändigen Korrekturen des

Kaisers befinden sich in der Österr. Staatsbibl. (Cod. Vindob. 2835, 2831*), ein wohl als Handexemplar für Maximilian geschaffener textloser Codex mit 255 Miniaturen (von denen eine 1515 datiert ist) im Kunsthist. Museum (Waffenslg.), Wien. Auf seinen Darstellungen oder den ihnen zugrunde liegenden, nicht erhaltenen Entwürfen fußen die Holzschnittillustrationen, an denen 1516 laut Briefwechsel zwischen dem Kaiser und Konrad Peutinger gearbeitet wurde. Überliefert sind nur fünf Holzschnitte (nach den Miniaturen 97, 101, 82, 159, 88), die durch C. Dodgson Dürer zugewiesen wurden. Nach der bei Bl. 5 vorkommenden Adresse wird Hieronymus Andreae als Formschneider angenommen; die Adresse von Hanns Glaser bei Bl. 1 läßt vermuten, daß sich der zugehörige Holzstock, vielleicht zusammen mit den übrigen, zeitweise in dessen Besitz befand.

Literatur: Q. v. Leitner: Freydal. Des Kaisers Maximilian I. Turniere und Mummereien. Wien 1880-82 - C. Dodgson: Die Freydal-Holzschnitte Dürers. In: Rep. f. Kunstwiss. 25, 1902, S. 447-450 - Ausst. Maximilian 1959, S. 21, Nr. 391-93 - H. Rupprich: Das literarische Werk Kaiser Maximilians I. In: Maximilian I. Ausst. Innsbruck 1969, Beiträge S. 47-55.

266 KAISERLICHES LEIBGEDING FÜR ALBRECHT DÜRER

1 Eigenhändiger Brief Dürers an Christoph Kreß, Nürnberg, 30. Juli 1515 oder kurz davor: Bittet darum, sich für ihn beim Kaiser zu verwenden, falls (Johannes) Stabius wegen eines kaiserlichen Leibgedings von 100 Gulden jährlich nichts unternommen habe. Er sei für den Kaiser drei Jahre lang tätig gewesen und ohne seinen Einsatz wäre ›daz tzirlich werck‹ (Ehrenpforte und Triumphzug, Kat. Nr. 261-64) zu keinem so erfolgreichen Ende gekommen. Für den Kaiser habe er ›awsserhalb des Trympfs sunst vill mencherley fisyrung (Entwürfe) gemacht‹

Papier; 15 : 22

Aus Slg. v. Nagler

Berlin, Kupferstichkabinett, Staatliche Museen Preußischer Kulturbesitz

Durch Privileg vom 6. Sept. 1515 bewilligte Kaiser Maximilian auf Lebenszeit ein jährliches Leibgeding von 100 Gulden aus der Nürnberger Stadtsteuer.

2 Mandat Kaiser Maximilians I. an die Stadt Nürnberg, Augsburg, 8. September 1518: Weist den Rat an, eine Restschuld von 200 Gulden Rheinisch aus der Stadtsteuer ›vnnserm vnnd des reichs lieben getrewen Albrechten Thurer, vnnserm maler, vmb seiner getrewen dinst willen, vnns auff vnnsern beuelch an vnnserm triumphswagen vnnd in annder weg williglichen gethann‹ auszuzahlen. Eigenhändige Unterschrift des Kaisers (per regem pro se); Kanzleivermerke

Papier; rückseitig Adresse und Verschlußsiegel unter Papierdeckblatt

Nürnberg, Staatsarchiv (S I L 79 Nr. 15 Prod. 3)

3 Eigenhändiges Schreiben Albrecht Dürers an den Nürnberger Rat, 27. April 1519: Bittet, ihm ›als Iren gehorsamen purger, der vill czeit in K(aiserlicher) M(ajestät) als vnser aller rechten hern dinst vnd arbeit vnd doch an grosse belonung zw pracht vnd do mit andern seinen nutz vnd forteill merklich fersawmt hat‹, die durch kaiserliches Mandat angewiesenen 200 Gulden auszuzahlen. Er setzt sein Haus unter den Vesten als Pfand für den Fall, daß durch spätere Könige und Kaiser an den Rat deswegen Ansprüche gestellt werden

Albrecht Dürer: Ausschnitt aus der Ehrenpforte Kaiser Maximilians I. (Kat. Nr. 261)

Papier, 2 Bll.; 22 : 32,5

Nürnberg, Staatsarchiv (S I L 79 Nr. 15 Prod. 4)

4 Mandat Kaiser Karls V. an die Stadt Nürnberg, Köln, 4. November 1520: Gibt den Auftrag, an Dürer das mit Privileg Maximilians I. vom 5. September 1515 bewilligte Leibgeding von 100 Gulden auszuzahlen. Eigenhändige Unterschrift des Kaisers; Kanzleivermerke

Papier; Verschlußsiegel, rückseitig aufgedrückt unter Papierdeckblatt

Nürnberg, Staatsarchiv (S I L 79 Nr. 15 Prod. 5)

5-7 Drei eigenhändige Schreiben Albrecht Dürers an den Nürnberger Rat, 12. November 1521, 25. November 1525, 12. November 1527: Quittiert die Bezahlung von 100 Gulden Leibgeding aus der Nürnberger Stadtsteuer, die ihm durch kaiserliches Privileg bewilligt wurden (vgl. Kat. Nr. 4/5)

Papier, Siegel unter Papierdeckblatt (z. T. abgefallen); 30,3: 27,5 bzw. 21,9 : 15,3 bzw. 21 : 29

Nürnberg, Staatsarchiv (S I L 79 Nr. 15 Prod. 6, 11, 15)

Literatur: Rupprich 1, S. 77-80, 82, 84/85, 91-93, 114, 121.

267   EHRENMEDAILLE DER STADT NÜRNBERG FÜR KAISER KARL V.

Hans Krafft d. Ä. nach Entwurf Albrecht Dürers   *Abb.*

Umschrift der Vorderseite: CAROLVS V.-RO(manorum) : IMPER(ator) :. Im Wappenkranz oben die Säulen des Herkules mit der kaiserlichen Devise PLV(S) VLTR(A). Rückseite: Im Feld die Jahreszahl 15-21; im Wappenkranz unten: N(ürnberg)

Silber, gegossen und geprägt; Dm. 7,15

Nürnberg, Germanisches Nationalmuseum (K 6; Leihgabe der Stadt Nürnberg. Med. 8008)

Die Medaille ist das früheste Beispiel des ›Ehrpfennigs‹ einer deutschen Stadt für den Kaiser. Hundert Exemplare sollten Karl V. bei seinem Einzug in Nürnberg zu dem für 1521 geplanten Reichstag gegen die Lehren Luthers ›verehrt‹ werden. Wegen des Ausbruchs der Pest tagten jedoch die Reichsstände in Worms. Zur offiziellen Übergabe der Medaille scheint es deshalb nicht gekommen zu sein. Albrecht Dürer hat ›ein sauber und werklich Visir gestellt‹, d. h. die Vorzeichnung geliefert. Für das Porträt diente offensichtlich eine Medaille Karls V. von Hans Schwarz als Vorlage, für die Adlerseite Reichsstatthaltertaler bzw. -medaillen Friedrichs des Weisen von Sachsen (Kat. Nr. 268). Willibald Pirckheimer, Lazarus Spengler sowie Johannes Stabius wurden zur Überprüfung der Inschriften und der Wappen herangezogen, um vor allem heraldische Irrtümer zu vermeiden. Zur Schonung der Prägestempel und zur Erzielung einer möglichst scharfen Prägung wurden die ›Schrötlinge‹ mit Hilfe eines Steinmodells und einer Negativform vorgegossen und sodann mit den negativ geschnittenen Prägestempeln überprägt, entsprechend den Reichsstatthalterprägungen Friedrichs des Weisen. Bei deren Herstellung war der Nürnberger Hans Krafft maßgeblich beteiligt, dem neuerdings auch Modelle und Prägestempel für die Ehrenmedaille von 1521 zugeschrieben werden. Für die Rückseite sind zwei verschiedene Prägestempel verwendet worden, wobei eine Variante mit abweichender feinerer Zeichnung nur in einem Exemplar in Nürnberg vorhanden ist, während die gröbere Variante in zahlreichen Stücken existiert. Möglicherweise ist der Stempel trotz der oben dargelegten

Hans Krafft d. Ä. nach Entwurf Albrecht Dürers: Ehrenmedaille der Stadt Nürnberg für Kaiser Karl V. (Kat. Nr. 267)

technischen Vorkehrungen schon kurz nach den ersten Prägungen zersprungen und durch einen weniger qualifizierten Stempelschneider ein zweiter hergestellt worden.

Literatur: Habich I, 1, Nr. 18 - P. Grotemeyer in: Kunstwerke der

Welt aus dem öffentlichen bayerischen Kunstbesitz 4. München 1964, Nr. 125 - Kohlhaussen, S. 431, Nr. 453.

268 KURFÜRST FRIEDRICH DER WEISE ALS
GENERALSTATTHALTER DES REICHES

Hans Krug d. Ä. bzw. Hans Krafft d. Ä. nach Bildnissen und Modellen von Lucas Cranach d. Ä.

1 Medaille ohne Jahr (1509)

Umschrift der Vorderseite: FRID(ericus) DVX SAX(oniae) ELECT(or) IMPER(ii) - QVE LOCVM TE - NE(n)S GENE-RAL(is); auf dem Brustpanzer: IHS MARI(A). Umschrift der Rückseite: MAXIMILIANVS ROMANORUM REX SEMPER AVGVSTVS

Silber, gegossen; Dm. 5

Nürnberg, Germanisches Nationalmuseum (Med. 461)

2 Variante von 1

Links im Feld der Vorderseite eingeschlagene Jahreszahl 1519

Silber, gegossen und geprägt; Dm. 4,8

Aus Slg. Kahlbaum

Nürnberg, Germanisches Nationalmuseum (Med. 8186)

3 Medaille 1513

Umschrift der Vorderseite: - FRID(ericus) ELECT(or) IMP(erii) Q(ue) - LOCVM TE(nen)S GEN(era)LIA [!]. Umschrift der Rückseite: MAXIMILIANVS RO(manorum) REX SEMPER AVGVST(us). Oben im Feld: 15 - 13

Silber, gegossen; Dm. 2,3

Nürnberg, Germanisches Nationalmuseum (Med. 6212)

4 Doppeltalerförmige Statthalter-Medaille

Umschrift der Vorderseite: FRID(ericus) DVX SAX(oniae) - ELECT(or) IMPER(ii) - QVE LOCUM TEN -E(n)S GENERA(lis); auf dem Harnisch: IHS MARIA. Umschrift der Rückseite: MAXIMILIANVS ROMANORVM REX SEMPER AVGVST(us)

Silber, geprägt; Dm. 4,95

Aus Slg. Kahlbaum

Nürnberg, Germanisches Nationalmuseum (Med. 8186)

5 Talerförmige Statthalter-Medaille

Variante zu 4

Silber, geprägt; Dm. 5

Aus Slg. Kahlbaum

Nürnberg, Germanisches Nationalmuseum (Med. 8187)

6 Statthalter-Taler

Umschrift der Vorderseite: FRID(ericus) DV(x) SAX(o)N(iae) - E-LECT(or) I(m)PERI(i) QVE L-OC(um) TENE(n)S GENE(ralis) - Umschrift der Rückseite: MAXIMILIANVS ROM(a)NORVM REX AVGVSTVS

Silber, geprägt; Dm. 4,45; gehenkelt

Nürnberg, Germanisches Nationalmuseum (Mü 1500)

7 Sterbemedaille (nach 1525)

Umschrift der Vorderseite: FRIDERICVS DVS SAX(oniae)·

ELECT(or)·I(m)PERIQU(e) LOCVMTEN(ens). Aufschrift der Rückseite in neun Zeilen: PIETATE/ET CHRISTIAN(o)/ZELO IOSIAE REGI/ COMPARAND(o) ANIMI/ CANDORE IVSTITIA/ ET TEMPERAN(tia) VERE / GERMANICO/ PRINCIPI/ P(atri) P(atriae)

Blei, gegossen; Dm. 3,8

Nürnberg, Germanisches Nationalmuseum (Med. 462)

Kurfürst Friedrich der Weise war 1500 zum Generalstatthalter des Kaisers ernannt worden. Seit 1507 verhandelte er mit Anton Tucher von Nürnberg, in der Absicht, von der reichen Ausbeute seiner erzgebirgischen Silbergruben in Nürnberg Bildnismünzen ausprägen zu lassen, um ›bei männiklich ein ere, rum und gedechtnuss zu erlangen‹. Die Prägestempel sollten durch den Goldschmied Hans Krug d. Ä. hergestellt werden auf der Grundlage von Bildnissen des Lucas Cranach d. Ä. Zusätzlich schickte der Kurfürst ein Modell mit seinem Bildnis nach Nürnberg, das von Cranach ›sehr künstlich in Stein geschnitten war‹. Krug lehnte zunächst ab, wegen des zu hohen Reliefs dieses Modell der projektierten Prägung zugrunde zu legen. Die Ausführung verzögerte sich deshalb bis 1509, als Hans Krafft d. Ä. als neuer ›Eisengraber‹ an die Stelle des Hans Krug trat. In den folgenden Jahren entstanden Prägungen und Güsse der verschiedensten Größe und Form, z. T. mit sehr hohem Relief. Der Briefwechsel zwischen Anton Tucher und dem Kurfürsten belegt die prägetechnische Besonderheit, daß Stücke mit besonders hohem Relief zunächst in der konventionellen Form gegossen und sodann mit ›Münzeisen‹ überprägt worden sind. Auch Albrecht Dürer wurde zur Klärung technischer Probleme herangezogen.

Literatur: H. Ehrenberg: Nachricht über Nürnberger Münz- und Medaillenprägungen. In: Mitt. d. Bayer. Numismat. Ges. 8, 1889, S. 97 - A. Gümbel: Der kursächsische Kämmerer Degenhart von Pfeffingen. Straßburg 1926, S. 48, Beil. IV, VII, XIII - Habich I, 2, S. LVI-IX - Kohlhaussen, S. 430-32, Nr. 448.

269 PFALZGRAF FRIEDRICH II.
ALS REICHSSTATTHALTER

Doppelguldener und Guldener

Ludwig Krug(?) nach Vorzeichnung Albrecht Dürers

Umschrift der Vorderseite: FRIDERICVS·D(ei)·G(ratia)·CO(mes) · PALA(tinus) · RHE(ni) · BAV(ariae) · DVX; Rückseite: CAES(areae) · MAI(estatis) · IN - IMPERIO · LOCVM · TENENS · MCCCCCXXII.

Silber, geprägt; Dm. 4,9 bzw. 4,16

Wien, Bundessammlung von Medaillen, Münzen und Geldzeichen (1880 ba) und München, Staatliche Münzsammlung

Pfalzgraf Friedrich II. wurde 1522 als Nachfolger des Kurfürsten Friedrich des Weisen kaiserlicher Generalstatthalter; 1522 und 1523 befand er sich anläßlich der Tagungen des Reichsregiments häufig in Nürnberg. Das auf den Münzen angegebene Jahr bezieht sich auf seine Ernennung. Die Münzen selbst sind erst 1523 entstanden, wie die Londoner Silberstiftzeichnung Dürers mit dem Profilbildnis des Pfalzgrafen (W. 903), eine Visierung für die vorliegenden Münzen und damit für die Herstellung der Prägestempel, ausweist.

Literatur: Habich I, 1, Nr. 19/20 - K. H. Goldmann: Pfalzgraf Friedrich II. Reichsstatthalter Karls V. und die Nürnberger Fastnacht 1522. In: Mitt. d. Ver. f. Gesch. d. Stadt Nürnberg 49, 1959, S. 177-84.

UMWELT: DER HUMANISMUS

Unter dem Einfluß von Plato, Seneca, Boetius und Petrarca war es am böhmischen Hof Karls IV. zu einer ersten humanistischen Blüte gekommen, aus der 1348 die Universität Prag hervorging. - Danach erreichte in einer zweiten Phase, an deren Beginn die Reformkonzilien von Konstanz und Basel standen, der Enthusiasmus für Italien mit den Besuchen von Gian Francesco Poggio Bracciolini und Enea Silvio in Deutschland einen Höhepunkt. - Schließlich wuchs die Generation der Reformatoren heran, deren gelehrte Bildung die religiöse Erneuerung artikulieren half. Das Schaffen Albrecht Dürers fällt in diese dritte (und letzte) Epoche des Humanismus.

Der deutsche Humanismus hat sich aus mehreren Wurzeln entwickelt. Als erste wäre die Antike zu nennen. Man suchte nach Denkmälern des Altertums. Der fürstliche Sekretär Degenhart Pfeffinger gehörte zu den ersten Deutschen, die antike Münzen sammelten. Konrad Peutinger besaß eine aus Rom stammende antike Statue, und auch Konrad Celtis und Willibald Pirckheimer hatten dergleichen. Zur Hauptsache aber ergriff man die Antike mittels der klassischen Sprachen. Am Studium der alten Literatur bildeten sich neue Lebensformen. Rudolf Agricola, der ›Vater des deutschen Humanismus‹, ein 1444 geborener Friese, hatte mehrere Jahre in Italien verbracht und sich zum uomo universale erzogen: Er lebte in neuartiger Weise, von keinem Amt bedrückt, als freier Mann. Aber seine Belesenheit diente ihm nicht nur zur Gestaltung des persönlichen Diesseits, in erster Linie strebte er zum Verständnis des Jenseits, denn Agricola war ein frommer Christ, dem der Glauben über allem stand.

Hier zeigt sich die zweite Wurzel des deutschen Humanismus, die Theologie. In Erfurt, der Universität Martin Luthers, hatte Mutianus Rufus ein Zentrum begründet. Auch er war in Italien gewesen und kannte die neuplatonischen Zirkel. Obwohl er kaum etwas schrieb und wenig lehrte, wurde er Haupt einer Gruppe, welche die bloß äußerlichen Akte der Kirche anzweifelte. In seinem Gefolge standen Crotus Rubeanus, Eoban Hesse und Ulrich von Hutten. - An Jakob Wimpfeling, der in erster Linie Geistlicher war, zeigte sich, wie der nordische Humanismus (im Gegensatz zu dem des Südens) die Religion zu verinnerlichen strebte. Dabei war die Philologie unentbehrlich. Erasmus von Rotterdam galt als der unbestrittene Meister der griechischen Sprache; Philipp Melanchthon verankerte das Griechisch-Studium an Universitäten und Gymnasien. Pirckheimer übersetzte aus dem Griechischen ins Latein, auch an Dürer hat er auf einer von dessen Zeichnungen einige griechische Worte gerichtet. Zum Meister des Hebräischen wurde Johannes Reuchlin, ein Großonkel Melanchthons, der 1482 in Florenz mit Marsilio Ficino zusammengetroffen war.

Die Begegnung der christlichen Ziele mit den in den klassischen Studien gewonnenen Einsichten in die heidnisch-antike Welt führte zu einer Reihe von Mischformen. Indem sie das alte Rom, seine Helden und Philosophen zu Bundesgenossen der Christen im Kampf gegen die Ungeistigkeit aufriefen, waren die Humanisten überzeugt, einen echten Beitrag zur Verteidigung des Glaubens zu leisten (G. Toffanin).

Daß dabei der Humanismus eher der protestantischen Version des Christentums zuneigte als der katholischen, hatte verschiedene Gründe. Zunächst neigte er eo ipso ebenso zur Kritik an Zeremonien und Riten wie zur Verschmelzung von Religion und persönlicher Moral. Hierin wirkten noch Tendenzen des 15. Jahrhs. nach. Richtet man den Blick auf die nach Erneuerung von Kirche und Gesellschaft strebenden älteren Reformbewegungen, so zeigt sich, daß auch sie in sich nicht homogen gewesen sind. Auf der einen Seite hatte sich die mystische Richtung, z. B. der Brüder vom Gemeinsamen Leben erhalten, der alle diejenigen Humanisten nachfolgten, welche zur Ekstase, zur verhüllten Wahrheit neigten. Hauptmeister einer christlichen Interpretation der Kabbala war Reuchlin. Der ›Rabbi Capnion‹ - so nannte man ihn später nach der Figur des Christen im Dreiergespräch De verbo mirifico - hatte sich im Kontakt mit Pico della Mirandola und jüdischen Philologen, insbesondere aber hebräischen Schriften des Mittelalters, z. B. der Werke des Joseph ben Abraham Gikatilia (um 1247-1305), gebildet. Was Christen wie ihn oder seinen Nachfolger Agrippa von Nettesheim an der Kabbala interessierte, war neben der Geheimnislehre auch die Technik der Schriftauslegung (Kat. Nr. 276/77). Freilich verharrte dieses Studium auf einer vorwissenschaftlichen Stufe (H. Baron). Die christliche Interpretation der Kabbala war nicht von Dauer; das durch Nikolaus Kopernikus, Johannes Kepler und Giordano Bruno begründete wissenschaftliche System hat sich als beständiger erwiesen.

Die ältere kirchliche Reformbewegung entwickelte unter dem Einfluß Italiens aber auf der anderen Seite auch schon die herausgehobene Rolle einer intellektuellen Aristokratie, welche mehr Gewicht legte auf Natur als auf Gnade, auf Ethik mehr als auf Gottesfurcht, auf Aktion mehr als auf Kontemplation. In Deutschland machte sich die Trennung derartiger von der Klarheit der Antike geprägter Geister von der alten scholastischen Überlieferung besonders bemerkbar. Was in Spanien, Frankreich und England in eine allgemeine Kirchenreform mündete, polarisierte sich im Norden zur pointierten Gegenposition eines Anti-Rom.

Luther, als Universitätsprofessor vom Humanismus tief berührt, war durch die eine wie die andere Strömung geformt worden, durch den intellektuellen Humanismus italienischer Prägung ebenso wie durch den Mystizismus des Nordens. In dieser Mischung lag offenbar ein Anreiz. Viele junge Humanisten studierten schließlich Theologie. Im Jahr der Augsburger Confession (1530) waren etwa zwei Dutzend Humanisten, von Melanchthon an, zu geistlichen Führern der neuen Kirche herangewachsen.

Die das ganze kultivierte Europa dominierende Figur des Erasmus - vielleicht hat später nur noch Voltaire eine ähnliche Faszination ausgeübt - wirkte vor allem durch die lateinischen und griechischen Ausgaben der Kirchenväter. Seit dem Besuch in England 1498 ging es Erasmus um die Schriftquellen der Christenheit. Während die Texte der heidnischen Antike von Italienern ediert wurden, brachte der Norden die ›christlichen Klassiker‹ heraus. Bahnbrechend war die von Erasmus am

1. Februar 1516 Papst Leo X. gewidmete Ausgabe des Neuen Testamentes (Kat. Nr. 279). 1513-15 hatte Luther exegetische Vorlesungen über den Psalter gehalten, 1515/16 über den Römer- und dann über den Galatherbrief. Das Erscheinen der Erasmusausgabe ist sofort in seinen Kollegs spürbar.

Neben dem Altertum als der einen und dem Christentum als der anderen Säule stützte sich der Humanismus aber noch auf eine dritte tragende Kraft, auf das Nationalbewußtsein. Mit Vorliebe hatten sich die Humanisten auf die Antike berufen, also auf eine den Deutschen fremde nationale Vergangenheit. Daher rührt die gewisse Schwierigkeit, die universale Sendung des Humanismus mit seiner nationalen Funktion in Einklang zu bringen. Das deutsche Nationalbewußtsein war aber durchaus nicht nur Sache der Deutschen selbst. Wenn man damals gelegentlich z. B. mit Deutschland nicht nur das Reichsgebiet, sondern auch England meinte, so leitete sich dies von Enea Silvio her, der die Deutschen im übrigen höher eingeschätzt hatte als die eigenen Vorfahren und sich diese Meinung aus Caesars Bellum Gallicum oder mit Hilfe der Lektüre von Tacitus gebildet hatte. 1455 war das Manuskript der Germania des Tacitus durch einen Bücheragenten Nicolaus' V. (Albert Enoch d'Ascoli) wieder entdeckt worden, als erster Deutscher erwähnte der Augsburger Mönch Sigismund Meisterlin den Text in seiner Descriptio Suevae (unter dem Namen De situ Europae), und ganz nach der Art des Enea Silvio schilderte Meisterlin 1456 das alte Deutschland an Hand von Sueton, Sallust, Lukan, Claudian und den Etymologien des Isidor von Sevilla. So hatten die wichtigsten Gedanken der Humanisten über ihr Vaterland keinen deutschen Ursprung, und dies mag erklären, weshalb ihr Nationalbewußtsein weder von Dauer noch eigentlich volkstümlich war. Das deutsche Volkslied blieb von nationalen Tönen weitgehend frei (U. Paul).

Bei Celtis, dem ersten, der seine gelehrte Bildung schon vor der Italienreise in der Heimat erhalten hatte, zeigte sich ein Wandel vom italienisch geformten Nationalgefühl zu einem eigenständigen romantisch-heroischen Kult des Volkstums hin. Seine Geschichtsschreibung hatte die Richtung auf nationale Poesie eingeschlagen. 1487 wurde er durch Kaiser Friedrich III. auf der Burg von Nürnberg als erster Deutscher zum ›poeta laureatus‹ gekrönt. Celtis faßte den Plan zu einem Epos über den Goten Theoderich von Ravenna. Die Hochschätzung von Tacitus' Germania ließ in ihm den Gedanken einer Germania illustrata reifen, auf der Suche nach Material entdeckte er in St. Emmeram in Regensburg die Werke der Hroswitha von Gandersheim, die er (mit Dürers Illustrationen) ebenso edierte (Kat. Nr. 288) wie den Ligurinus des Gunther von Pairis, das Heldengedicht zu Ehren Kaiser Barbarossas (Kat. Nr. 287). Dabei wendete Celtis die gleiche Sorgfalt an, die er auch antiken Autoren angedeihen ließ.

Bei ihren Bemühungen um die nationale Vergangenheit schufen sich die Humanisten ein Ersatzaltertum: Im Reiche Karls des Großen, mit dem sich Johann Trithemius zu befassen begann, glaubte man das römische Imperium wiederzufinden. Insofern bildete die karolingische Epoche für die Deutschen schon früh ein wichtiges geschichtliches Bindeglied. Obwohl später Herder, Wieland und Goethe den Humanisten Ulrich von Hutten zum Volkshelden steigerten, möge nicht übersehen werden, wie unsicher man im Grunde war. Im frühen 16. Jahrhundert schwankte die Namengebung für das eigene Volk noch zwischen Germanen und Franken. - Als erstes kritisches Geschichtswerk Deutschlands gilt Johannes Nauklers Weltchronik. Zum frühen, an mittelalterliche Tradition gebundenen, geschichtsbetonten Humanismus gehören die Chroniken von Felix Fabri und Trithemius sowie Hartmann Schedels Weltchronik (Kat. Nr. 291). Johannes Cuspinian gab 1515 die Staufergeschichte des Otto von Freising heraus (Kat. Nr. 285). An Peutingers Fragment gebliebenem Kaiserbuch (Kat. Nr. 286) sollte Dürer beteiligt werden. Mehr auf die Gegenwart bezogen wurde das Lob Hermann des Cheruskers durch Ulrich von Hutten sowie Werke wie Theuerdank und Weisskunig.

Der Hof spielte auch in anderer Hinsicht für die Humanisten eine nicht unerhebliche Rolle. Peutinger und Pirckheimer sorgten dafür, daß die Avantgarde der deutschen Künstlerschaft durch die Beziehungen zu den Höfen zu sicherem Brot kam (M. Warnke); ähnlich hatten sich in Italien Pietro Bembo und Baldassare Castiglione zugunsten von Raffael, Erasmus in England zugunsten von Holbein verwendet. Für die Künstler erweiterte der Kontakt mit dem Hof den Gesichtskreis. Hier bildeten sie eine Kunst der Gleichnisse aus, während sie in der Bürgersphäre zunehmend die Alltagsmalerei des Genre zu üben hatten, d. h. es trat - dem Manierismus vorarbeitend - der ehemals einheitliche Bildbegriff der klassischen Kunst auseinander in die getrennten Bezirke von Sinnenbild und Sittenbild. So findet man auch Dürer gleichsam wie in Korrespondenz zu der bei Hofe geforderten emblematischen Verschlüsselung simultan einen den Bürger ansprechenden ›Realismus‹ hervorkehren. Entsprechend zeigte der Humanismus ein doppeltes Gesicht: In der höfischen Sphäre blühte er mit derselben Leichtigkeit wie in den freien Städten.

Unter den bürgerlichen Humanisten um Dürer spielte Pirckheimer die wichtigste Rolle. Der Patrizier war erfahren in allen Geschäften, und man sieht an ihm, wie ein Gelehrter durchaus nicht der Welt abhanden zu kommen braucht. Pirckheimer war vielseitig interessiert, mit Numismatik befaßte er sich ebenso wie mit Astrologie, sein Übersetzertalent widmete er antiker wie christlicher Literatur. Dürer verewigte ihn in einem Bildnis, er dagegen hat Dürers unvergängliche Grabschrift entworfen. Pirckheimer interessierte sich auch für Reisen, insbesondere nach Amerika. Auch Peutinger sammelte Reiseliteratur, hatte z. B. eine Descriptio Indiae, die an das denkwürdige Eintreffen des ersten Nashorns in Portugal 1515 anknüpfte. Peutingers Interesse für überseeische Entdeckungen und vor allem an der portugiesischen Indienfahrt war aus komplexen Quellen gespeist. Die kosmographischen Neigungen des Humanisten sind dabei schwer vom geschäftlichen Interesse des Teilhabers der Welser-Gesellschaft oder von den Hoffnungen des Politikers zu trennen (H. Lutz).

Im Gegensatz zu den Theologen waren Humanisten keine Freunde des Absoluten. Celtis, der ›Erz-Humanist‹, führte sein Leben auf vielen Ebenen, so daß man ihm Bedenkenlosigkeit nachsagen konnte. Der fundamentale Beitrag des Erasmus zur Bibelexegese oder das größte Dokument seines theologisch orientierten Geistes, das Enchiridion militis christiani von 1502, hinderten ihn nicht, zum Christentum wie zur Antike oder zum Nationalen innerlich Distanz zu wahren. Er erkannte nur diejenige Heimat an, die ihm die Umgebung geistvoller Persönlichkeiten zu bereiten verstand. 1522 äußerte er Ulrich Zwingli gegenüber, der ihn eingeladen hatte, sich in Zürich niederzulassen, er wolle Weltbürger sein, jemand der ›überall oder vielmehr nirgends zu Hause ist‹.

Das ›Ego mundi civis esse cupio‹, schon Losung Petrarcas, hat auch Dürer berührt und ihm Entscheidungen abgefordert. Seine Reisen waren bald keine Wanderschaften mehr, sondern glichen Expeditionen zu fremden Kulturen. Ein Höhepunkt wurde am Ende des Lebens die Fahrt in die Niederlande, auf der schließlich alles von Bedeutung wurde, was über Art und Kenntnis der Menschen und ihrer Geschichte Auskunft geben konnte, gleichgültig, unter welchem religiösen, nationalen oder bildungspolitischen Vorzeichen sie lebten.

Der Humanismus hatte die Grenzen durchlässig werden lassen. Entsprechend funktionierte auf dem Felde der bildenden Kunst der Austausch über die Länder hinweg. Ebenso wie Raffael allerorts verfügbar wurde, war alsbald auch Dürer in ganz Europa gegenwärtig, und es darf nicht übersehen werden, in welchem Maße er selbst sich als ein vom Humanismus Getragener diesen Austausch zunutze machte. Nehmen wir den Profilstich des Kardinals Albrecht von Brandenburg (Der große Kardinal, Kat. Nr. 548). Dürer überhöhte den Dargestellten mit Reminiszenzen an ein Männerporträt von Massys (Paris), das seinerseits einen Prototyp Leonardos aus dem Bereich der sog. grotesken Köpfe voraussetzt, der, vom Norden inspiriert, außerdem zum Vorläufer von Pontormos Cosimo Medici in den Uffizien geworden war, so daß es zu typenmäßiger Ähnlichkeit zwischen Dürers und Pontormos Porträts kommen konnte.

Die Gemeinschaft der Künstler war ebenso wie die Gelehrtenrepublik in gewisser Weise Fortsetzung der alten Respublica christiana. Mit der Feststellung, er sei ›überall zu Hause‹, wollte sich Erasmus letzten Endes noch als Bürger des Gottesstaates bezeichnen. Es lebten die Ausdrucksformen der übernationalen Kirche und des übernationalen Imperiums fort, nur änderte sich der Charakter einer auf gemeinsamem Glauben begründeten Gemeinschaft zu dem der in einer Zivilisation verbundenen Gesellschaft. Die Entwicklung der kapitalistischen Industrien -

z. B. in Bergbau und Geldverkehr der Fugger - blieb nicht ohne Einfluß auf das Bildungswesen, und wenn man die durch den Buchdruck gesteigerten Möglichkeiten der Kommunikation hervorhebt, sollte bedacht sein, daß Bücher zu den frühesten Objekten der Massenproduktion gehörten (W. Kaegi, M. P. Gilmore).

Georg Kauffmann

Literatur: F. X. v. Wegele: Geschichte der deutschen Historiographie seit dem Auftreten des Humanismus. München-Leipzig 1885 - J. Knepper: Nationaler Gedanke und Kaiseridee bei den elsässischen Humanisten. Freiburg/Br. 1898 - P. Joachimsen: Geschichtsauffassung und Geschichtsschreibung in Deutschland unter dem Einfluß des Humanismus. Leipzig-Berlin 1910 - U. Paul: Studien zur Geschichte des deutschen Nationalbewußtseins im Zeitalter des Humanismus und der Reformation. Berlin 1936 - H. Ritter v. Srbik: Geist und Geschichte vom deutschen Humanismus bis zur Gegenwart 1. München-Salzburg 1950 - M. P. Gilmore: The world of Humanism 1453-1517. New York 1952 - O. Herding: Probleme des frühen Humanismus in Deutschland. In: Archiv f. Kulturgesch. 38, 1956, S. 344-89 - Geschichte der Textüberlieferung der antiken und mittelalterlichen Literatur 1. Zürich 1961 - A. Chastel - R. Klein: Die Welt des Humanismus. München 1963 - L. W. Spitz: The religious Renaissance of the German humanists. Cambridge Mass. 1963 - St. Skalweit: Reich und Reformation. Berlin 1967 - E. Panofsky in: Symbols in transformation. Ausst. Princeton 1969, S. 9-14.

270   DIE MELANCHOLIE

Albrecht Dürer   *Abb.*

Rechts unten an der Stufe das Monogramm des Künstlers, darüber die Jahreszahl 1514

Kupferstich; 24 : 18,6

Aus Slg. Moon

Schweinfurt, Sammlung Otto Schäfer (D-75/I)

Die Melancholie gehört zu den Werken, die eine bis zur Gegenwart anhaltende tiefgreifende Wirkung entfaltet haben. Auf einem Stein in der Nähe eines offenbar unfertigen Bauwerkes hockt, an einer Gebäudeecke kauernd, auf der Höhe über dem Meer ein Genius im fahlen Lichte, am Himmel stehen kosmische Erscheinungen. Schwer ist das Haupt in die Faust gestützt, sich auf ein Buch legend, faßt seine Rechte den Zirkel. An der Mauer sieht man eine Waage, eine Sanduhr, eine Glocke und ein magisches Quadrat, in dessen unterer Zeile sich das Datum 1514 findet; hinten lehnt eine Leiter. Auf dem Boden ist Handwerkszeug verstreut, und man sieht auch Dinge, die weniger als Gegenstände, denn als Symbole eines wissenschaftlichen Prinzips anzusehen sind: eine Kugel und einen Rhomboid. Die Melancholie (der Ausdruck kommt aus dem Griechischen und bedeutet: schwarze Galle) taucht in der mittelalterlichen Bildüberlieferung in medizinischen Traktaten, in der Kalender- und Volksillustration auf. Dürer übernahm aus dieser Tradition das hockende Brüten und die schwermütige Untätigkeit seiner Figuration; doch hat er das niedrige Niveau des Menschlichen in den frühen Darstellungen angehoben, nicht nur seinem Wesen

Flügel verliehen, sondern es auch mit Symbolen der Intelligenz und Imagination umgeben. Diese Gegenstände leiten sich aus einer anderen Überlieferung her, von der Personifikation der ›Kunst‹, insbesondere ihrer Version im ›Typus Geometriae‹. Das Ergebnis der Synthese war einerseits eine Intellektualisierung der Melancholie, andererseits die Vermenschlichung der Geometrie. In diesen Rahmen wurden weitere verdeutlichende Züge eingearbeitet. Der magere Hund, der Kranz auf dem Haupt des Genius, bestehend aus Pflanzen (z. B. Wasserkresse), welche heilend gegen die trockene Komplexion der Melancholie wirken, die sorglose Befestigung von Schlüsselbund und Börse (Symbolen für Verfügungsgewalt und Besitzstand) am Gürtel zeigen Konsequenzen der melancholischen Lähmung, deren freilich nicht nur unproduktiver Charakter auch durch den kritzelnden Putto verdeutlicht wird, der auf dem Mühlstein hockt. Die kindische Tätigkeit ist als eine pure Aktivität mit Betonung entgegengesetzt der im Vergleich zu ihr großartigen Ruhe des höheren Rätseln nachsinnenden Geistes. Auf dem Spruchband, das die am Nachthimmel flatternde, geschwänzte ›Fledermaus‹ vor sich hält, steht: MELENCHOLIA I. Die Zahl I scheint durch Agrippa von Nettesheim angeregt, der in De occulta philosophia der Melancholie unter den bewegenden Kräften des Geistes den ersten Platz anweist (vgl. Kat. Nr. 276). Etwas von innerer Selbstdarstellung Dürers ist in diesen Meisterstich eingegangen.

Literatur: E. Panofsky-F. Saxl: Dürers ›Melencolia I‹. Eine quellen- und typengeschichtliche Untersuchung. Leipzig 1923 - Panofsky 1, S. 156-71 - R. W. Horst: Dürers ›Melencolia I.‹ In: Wandlungen christlicher Kunst im Mittelalter. Baden-Baden

Albrecht Dürer: Die Melancholie (Kat. Nr. 270)

Albrecht Dürer: Der Hl. Hieronymus in der Zelle (Kat. Nr. 273)

1952, S. 411-31 - R. Klibansky-E. Panofsky-F. Saxl: Saturn and Melancholy. Studies in the history of natural philosophy, religion and art. London 1964, S. 284-365 - M. Calvesi: A noir (Melencolia I). In: Storia dell'Arte 1/2, 1969, S. 37-96.

271 PETRARCA IN DER GELEHRTENSTUBE
Umkreis des Altichiero (Schule von Verona)
Miniatur auf fol. 1 v in: Petrarca: De viris illustribus, ital. Übers.: Donato degli Albanzani

Pergamenthandschrift, 245 Bll.; 34,1 : 23

Aus der Slg. des Baron Hüpsch, Köln

Darmstadt, Hessische Landes- u. Hochschulbibliothek (Hs. 101)

De viris illustribus von Petrarca hat eine komplexe Entstehungsgeschichte. Zunächst war das Werk als Serie von Biographien alter Helden konzipiert, vornehmlich Römern, beginnend mit Romulus und endend mit dem ersten Kaiser (Trajan?). Dieser 1338/39 gefaßte Plan wurde 1351-53 wesentlich erweitert und sollte alle bedeutenden Männer von Adam an nunmehr umfassen. Petrarca konnte das Werk nicht mehr selbst vollenden. Nach 1367 entwickelte sich unter Anstoß des Grafen Francesco d. Ä. von Carrara der Plan, entsprechend den 36 Biographien von De viris illustribus ebensoviele Wandbilder in der Sala virorum illustrium (heute Sala dei Giganti) in dessen Palast zu Padua zu malen. An der Westseite des Raumes entstand kurz nach Petrarcas Tod sein Bildnis in der Studierstube, das die unmittelbare Anregung zur Miniatur in dem Darmstädter Codex gegeben hat. Sie weist in den stilistischen Umkreis von Altichiero bzw. der Veroneser Schule. In der Bildkunst hat das Humanistenheim schon ebenso früh seinen Platz wie der Humanist selber: Den ersten schreibenden Gelehrten in seinem Zimmer finden wir 1352 bei Tomaso da Modena im Dom von Treviso. Zahlreiche Verbindungen verlaufen von der Miniatur zu Dürers Stich des Hieronymus in der Zelle (Kat. Nr. 273): Auch die Zelle ist links zu übereck gesehen, auch hier finden sich die Deckenbalken, der gemauerte Rundbogen mit eingesetzten Butzenscheibenfenstern sowie für das Ganze die Rahmenarchitektur eines anderen, hier inkrustierten Stiles, jenseits derselben sich die holzverkleidete Zelle wie ein Einbau erstreckt. Das hängt mit dem italienischen Bildkonzept des 14. Jahrhs. zusammen, mit dem von außen her in den Innenraum geführten Blick.

Literatur: E. Mommsen: Petrarch and the decoration of the Sala Virorum illustrium in Padua. In: Art Bull. 34, 1952, S. 96/97, 107 - E. Panofsky: Early Netherlandish painting 1. Cambridge Mass. 1953, S. 58 Anm. 1 - F. Petrarca: Prose. Hrsg. v. G. Martelotti-P. G. Ricci-E. Carrara-E. Bianchi. Mailand-Neapel (1958), S. 1163-66 - Europäische Kunst um 1400. Ausst. Wien 1962, Nr. 162 - G. L. Mellini: Disegni di Altichiero e della sua scuola. In: Critica d'Arte 9, 1962, S. 1-24 - A. Sottili: I codici del Petrarca nella Germania occidentale. In: Italia medioevale e umanistica 10, 1967, S. 411-91, bes. 458-60.

272 DER HL. HIERONYMUS IN DER ZELLE
Albrecht Dürer
Unten in den Boden eingeschnitten das Monogramm des Künstlers, rechts daneben im Sockel der Truhe die Jahreszahl 1511

Holzschnitt; 23,5 : 16

Aus den Slgn. Hausmann und Blasius

Nürnberg, Germanisches Nationalmuseum (H 7566; Depositum Frau Irmgard Petersen geb. Blasius)

J. Meder vermutete, daß der Holzschnitt zusammen mit zwei weiteren aus den Jahren 1510 und 1511 (Kat. Nr. 73, 339) eine um 1505 entstandene, von Dürer selbst ›schlechtes‹ (schlichtes) Holzwerk‹ genannte Serie ergänzen sollte, die als Illustration eines nicht zustandegekommenen, Salus animae genannten Andachtsbuches bestimmt waren (vgl. Kat. Nr. 371). Während sich der Heilige auf dem frühen Basler Holzschnitt Dürers (Kat. Nr. 151) der Legende gemäß um die verletzte Pfote des Löwen bemüht, ist er hier bereits, wie auf dem Meisterstich des gleichen Themas (Kat. Nr. 273), konzentriert der geistigen Tätigkeit der Schriftübersetzung hingegeben. - Eine Vorzeichnung in der Mailänder Ambrosiana (W. 590) ist im leichteren ›italienischen‹ Stil gehalten: Dort fehlt der Vorhang, und für das Gewölbe sind Varianten eingetragen.

Literatur: A. Stümpel: Hieronymus im Gehäuse. In: Marburger Jb. 2, 1925/26, S. 222-32 - Meder, S. 39/40 - Ausst. Ambrosiana-München 1968, Nr. 26.

273 DER HL. HIERONYMUS IN DER ZELLE
Albrecht Dürer *Abb.*
Rechts am Boden auf Täfelchen das Monogramm des Künstlers und die Jahreszahl 1514

Kupferstich; 24,7 : 18,8

Aus altem königlichen Besitz

Kopenhagen, Den kgl. Kobberstiksamling, Statens Museum for Kunst (VI.5)

Der Kupferstich mit dem Hl. Hieronymus in der Zelle gehört zu den sog. Meisterstichen (vgl. Kat. Nr. 270 und 503). Zunächst zeigt Dürer in ›Ritter, Tod und Teufel‹ den aufrechten Christen als Tatmenschen, dann in der ›Melancholie‹ die inneren Probleme zwischen Glauben und Wissen, schließlich im ›Hieronymus‹ die vita contemplativa des christlichen Gelehrten und Denkers. Während sich der Ritter durch die Gefahr der Welt bewegt, die Melancholie inmitten ihres verschobenen Geräts kauert, lebt Hieronymus in warmer, heller und friedlicher Absonderung eines behaglichen Studierzimmers. Der Raum ist voller Stimmung, in gleichsam perfekter Balance stehen zitternd Licht und Schatten, und an den Fensterlaibungen spielen die Reflexe der Butzenscheiben: ein malerisch subtil erfaßtes Phänomen, realisiert mit schlichtesten graphischen Mitteln. Die ikonographische Genese des Stiches ist kompliziert. Zu den Vorstufen gehören so unterschiedliche Konzepte wie die Skizze der Hl. Familie (Kat. Nr. 606) und die Humanistenstube nach Art derjenigen Petrarcas auf der Darmstädter Miniatur (Kat. Nr. 271), die sowohl Butzenscheiben zeigt wie auch das Hündchen, das bei Dürer neben dem Löwen des Heiligen schläft. Die Raumkonzeption suggeriert einen von außen her in den Innenraum geführten Blick. Ausläufer einer italienischen Bildformel erreichen insofern Dürers Stich, als der vordere Pfeiler mit dem ornamentierten Deckenbalken (vorgebildet beim Meister E. S.) zusammen mit der gegenständlich schwer erklärbaren Stufe im Vordergrund eine Rahmenarchitektur bildet, durch die hindurch man in die Zelle blickt, die ihrerseits durch die halbverbaute Öffnung des zweiten Rundbogens als Einbau in einem größeren Haus verstanden wird, wie schon bei Antonello da Messina.

Literatur: Panofsky 1, S. 154/55 - G. Kauffmann: Albrecht Dürer. In: Meilensteine europäischer Kunst. München 1965, S. 269/70.

274 KARDINAL ALBRECHT VON BRANDENBURG ALS HL. HIERONYMUS

Lucas Cranach d. Ä.

Auf der Truhe links vorn das Cranachzeichen und die Jahreszahl 1525

Gemälde auf Lindenholz; 117 : 78

Wahrscheinlich aus altem hessisch-landgräflichen Besitz

Darmstadt, Hessisches Landesmuseum (GK 71)

Albrecht von Brandenburg (vgl. Kat. Nr. 539) war ein entschiedener Förderer des Humanismus. Er hatte sich schon von Grünewald als Hl. Erasmus (im Gespräch mit dem Hl. Mauritius) malen lassen (München), hier wird er von Cranach im Bilde des Humanisten-Heiligen - Hieronymus - dargestellt. Die Überschneidung von mittelalterlichen und modernen Vorstellungen ist kennzeichnend für die frühe Stufe der Reformations-Ikonographie, sie findet sich entsprechend in Hans Baldung Griens Holzschnitt Luthers mit dem Heiligenschein (Kat. Nr. 385), der gleichfalls auf Cranach zurückgeht. Die Anlehnung an Dürers Stich des Hieronymus in der Zelle (Kat. Nr. 273), der um sinnbildlich zu verstehende Tiere erweitert wurde, ist offenkundig.

Literatur: E. Flechsig: Cranachstudien. Leipzig 1900, S. 263 - M. J. Friedländer-J. Rosenberg: Die Gemälde von Lucas Cranach. Berlin 1932, S. 59 Nr. 157 - E. Wind: Studies in allegorical portraiture 1. In: Journal of the Warburg Institute 1, 1937/38, S. 150-53 - G. Bott: Die Gemäldegalerie des Hessischen Landesmuseums in Darmstadt. Hanau 1968, Nr. II.

275 MARTIN LUTHER ALS HL. HIERONYMUS IN DER ZELLE

Monogrammist W. S. (Wolfgang Stuber?)

Unten die Inschrift: pestis eram vivus, moriens tua mors ero papa (im Leben war ich für dich, o Papst, eine Pest, im Sterben werde ich dein Tod sein)

Kupferstich; Wz.: Zwei Türme auf Konsole mit Buchstaben DO; 13,8 : 12,6

Nürnberg, Germanisches Nationalmuseum (St. Nbg. 4493; Leihgabe der Stadt Nürnberg)

Dürers Meisterstich wurde offenbar bereits zu seiner Zeit als die kaum übertreffbare Verkörperung des in geistiger Konzentration schaffenden Menschen angesehen. So wird er auch von der Reformation, wahrscheinlich unter Anspielung auf die Bibelübersetzung, übernommen und Luther als zweiter Hieronymus dargestellt. Der Monogrammist W. S., ein oberdeutscher Formschneider des ersten Drittels des 16. Jahrhs., ist vielleicht mit Wolfgang Stuber identisch.

Literatur: Erasmus en zijn tijd. Ausst. Rotterdam 1969, Nr. 207.

276 AGRIPPA VON NETTESHEIM

Agrippa von Nettesheim: De occulta philosophia

Papierhandschrift, 138 Bll.; 23 : 14

Aus dem Schottenkloster St. Jacob, Würzburg

Würzburg, Universitätsbibliothek (M. ch. q. 50).

Heinrich Cornelius Agrippa von Nettesheim, der in paracelsischer Manier ein unstetes Leben führte, war einer der Hauptvertreter der magischen Richtung des deutschen Humanismus. Sein Interesse an der Kabbala war durch Reuchlin angeregt worden (vgl. Kat. Nr. 277). De occulta philosophia, sein Hauptwerk vollendete der Vierundzwanzigjährige 1510 und legte es Trithemius vor. Unmittelbar nach der Lektüre plädierte dieser am 8. April 1510 für Fortsetzung der Studien, riet aber von einer Veröffentlichung ab, da diese Geheimlehre nur wenigen zugänglich sei. So wurde der Text des ersten Buches erst 1531 gedruckt, das Ganze 1533. Beim vorliegenden Manuskript handelt es sich um das Exemplar für Trithemius, der den charakteristischen Einband anfertigen ließ, als er die Leitung des Schottenklosters innehatte. - Eine erste Transkription (nicht veröffentlicht; Druckfahnen im Warburg Institute, London) stellte 1937 Hans Mayer her; Faksimile-Ausgabe bei K. A. Nowotny. - Als es zur Drucklegung kam, war bereits Reuchlins De arte cabalistica (Kat. Nr. 277) erschienen, und Agrippa revidierte seinen Text, um dessen Material aufzunehmen, wobei der ursprüngliche Umfang um etwa das Dreifache vermehrt wurde. Die in drei Teile gegliederte Druckfassung beginnt mit der Darstellung dreier Welten, der elementarischen, der intellektuellen und der himmlischen, ein Schema, das schon Pico della Mirandola von dem Kabbalisten Menahem ben Benjamin Recanati übernommen hatte. Als eine Quelle ist außerdem das arabische Handbuch der hellenistischen Magie anzusehen, das seit dem 13. Jahrh. in lateinischer Sprache unter dem Titel Picatrix in Umlauf war. Getragen wird das Buch vom Erbe der cusanischen Lehre vom Nichtwissen: Die Selbstgerechtigkeit der Wissenschaft scheint unbegründet, denn ihre angebliche Voraussetzungslosigkeit hält einer kritischen Prüfung nicht stand. Der faustische Ansatz wird dann freilich vom intellektuellen und sittlichen Pessimismus einer Zeit überschattet, die den geistigen Zusammenbruch nahen fühlte. - Agrippa wurde für Dürer insbesondere bei der Konzeption des Stiches der Melancholie wichtig. Im Gegensatz zu Marsilio Ficino, der die Kräfte, welche das Universum beleben, in der ›Inspiration‹ nur den Gelehrten und Literaten wirksam glaubte, bezog Agrippa in den Kreis der Begnadeten auch die Künstler ein und lieferte damit ein Fundament für Dürers Idee vom ›melancholischen Künstler‹.

Literatur: R. Stadelmann: Vom Geist des ausgehenden Mittelalters. In: Dt. Vierteljahresschr. 15, 1929, S. 79-86 - J. Bielmann: Zu einer Handschrift der ›Occulta philosophia‹ des Agrippa von Nettesheim. In: Archiv f. Kulturgesch. 27, 1937, S. 318-24 - Panofsky 1, S. 168-70 - W. Maurer: Agrippa. In: Religion in Gesch. u. Gegenwart 1. 3. Aufl. 1957, Sp. 77-86 - K. G. Fellerer: Agrippa von Nettesheim und die Musik. In: Archiv f. Musikwiss. 16, 1959, S. 77-86 - J. L. Blau: The Christian interpretation of the Cabala in the Renaissance. 2. Aufl. New York 1965, S. 79/80 - Ch. G. Nauert jr.: Agrippa and the crisis of Renaissance thought. Urbana 1965 - H. Cornelius Agrippa ab Nettesheim: De occulta philosophia. Hrsg. v. K. A. Nowotny (nach Ausg. von [Köln] 1533). Graz 1967 - P. Zambelli: Agrippa von Nettesheim in den neueren kritischen Studien und in den Handschriften. In: Archiv f. Kulturgesch. 51, 1969, S. 164-95.

277 REUCHLINS KABBALISTIK

Johannes Reuchlin: De arte cabalistica libri tres Leoni X. dicati. Hagenau: Thomas Anshelm, März 1517. 2°

Nürnberg, Germanisches Nationalmuseum (Postinc. 4° Nw. 3162)

Das merkwürdige Buch über die Kabbala, das über Jahrhunderte hin kein angemessenes Echo gefunden hat, ist eines der denkwürdigen Zeugnisse der humanistischen Wendung nach innen,

Albrecht Dürer: Bildnis des Erasmus von Rotterdam (Kat. Nr. 278)

ein Werk der Ruhe, der Einsichten und einsamer Kontemplation über den geistigen Zusammenhang der Schöpfung und ihrer Rätsel. Dieser zweite der sogenannten kabbalistischen Dialoge plädiert in Form eines Dreiergespräches, an dem Philolaus Junior (ein Pythagoräer), Marrhanus (ein Mohammedaner) und Simon von Frankfurt (ein Jude) teilnehmen, u. a. für Bewahrung und Schutz jüdischer Bücher auch ihres ›christlichen Inhaltes‹ wegen.

Literatur: Panzer VII, S. 83 Nr. 126 - Festgabe Johannes Reuchlin. Hrsg. v. M. Krebs. Pforzheim 1955 - W. Maurer: Johannes Reuchlin. In: Religion in Gesch. u. Gegenwart 5. 3. Aufl. 1961, Sp. 1074/75 - K. Hannemann: Johannes Reuchlin. In: Lexikon f. Theologie u. Kirche 8. 2. Aufl. 1963, Sp. 1261/62 - J. L. Blau: The Christian interpretation of the Cabala in the Renaissance. 2. Aufl. New York 1965, S. 79/80 - M. Brod: Johannes Reuchlin und sein Kampf. Stuttgart 1965, S. 271-311.

278   BILDNIS DES ERASMUS VON ROTTERDAM

Albrecht Dürer   *Abb.*

Auf einer Tafel im Hintergrund die Inschrift: IMAGO. ERASMI. ROTERODA = /MI. AB. ALBERTO.DVRERO. AD/VIVAM. EFFIGIEM.DELINIATA. (Bildnis des Erasmus von Rotterdam gezeichnet von Albrecht Dürer entsprechend einem Bildnis nach dem Leben). ΤΗΝ. ΚΡΕΙΤΤΩ. ΤΑ. ΣΥΓΓΡΑΜ/ΜΑΤΑ. ΔΕΙΞΕΙ (besser zeigen ihn seine Bücher). Darunter die Jahreszahl 1526 und das Monogramm des Künstlers

Kupferstich; 24,9 : 19,3

Aus altem königlichen Besitz

Kopenhagen, Den kgl. Kobberstiksamling, Statens Museum for Kunst (VIII. 13)

Der Bemerkung der Inschrift entsprechend sind die Bücher in den Vordergrund gerückt. Als einzigen unter den von ihm Porträtierten zeigt Dürer Erasmus in einer Tätigkeit und geht in der Figur des Dargestellten über den Ausschnitt des Brustbildes hinaus. Über die Entstehung des Porträts unterrichten Eintragungen in Dürers Tagebuch der Niederländischen Reise und Bemerkungen des Erasmus in Briefen an Pirckheimer. Danach hat Dürer den Gelehrten zweimal gezeichnet, zuletzt zwischen dem 27. August und 2. September 1520 in Brüssel. Das Ergebnis dürfte die Kohlezeichnung in Paris (W. 805) gewesen sein. Am 6. Juni 1526 erwartete Erasmus den Kupferstich, soll aber nach einer Überlieferung durch Luther mit dem Porträt nicht zufrieden gewesen sein: sehe ich also, so bin ich der größeste Bube. Bei der Falschmeldung von Luthers Tod am 17. Mai 1521 rief Dürer Erasmus auf, das Werk fortzusetzen: ›erlang der martärer cron! Du bist doch sonst ein altes meniken.‹ Die Hauptquelle für die Anlage des Bildnisses war das Erasmus-Porträt von Quinten Massys (Rom, Galleria Nazionale), bei dem sich bereits die asymmetrische Anordnung und die Darstellung in der Tätigkeit findet. Dürers Bildnis fehlt es am geistvollen Witz des Dargestellten, zu dem er offenbar kein näheres Verhältnis hat gewinnen können.

Literatur: Panofsky 1, S. 239/40 - Rupprich 1, bes. S. 171, 268 Nr. 68, 272 Nr. 83, 275 Nr. 97, 320 Nr. 30 - Erasmus en zijn tijd. Ausst. Rotterdam 1969, Nr. 277, 351.

279   DIE ERSTE GRIECHISCHE AUSGABE DES NEUEN TESTAMENTES

Erasmus von Rotterdam: Novum instrumentum omne, . . . [Neues Testament griech.-lat.] Basel: Johann Froben, Februar 1516. 2° Nürnberg, Stadtbibliothek (Solg. 152)

In der Mitte des 15. Jahrhs. hatte als erster Lorenzo Valla in den Annotationes philologische Techniken auf biblische Texte angewendet, wobei in der Vulgata Irrtümer und zweifelhafte Übersetzungen aus dem Griechischen des Neuen Testamentes nachgewiesen wurden. Vallas Werk war Manuskript geblieben, wurde aber 1504 von Erasmus in der Bibliothek des Prämonstratenserklosters Parc bei Löwen aufgefunden und 1505 herausgegeben. Bis zur Englandreise war Erasmus vorwiegend Literat; erst John Colet hatte ihn zur Beschäftigung mit der Heiligen Schrift angeregt. Obwohl er weder eine perfekte Kenntnis des Griechischen noch eine hinreichende Zahl von Manuskripten zur Verfügung hatte, wurde seine Ausgabe ein Markstein der Neuzeit mit großer Wirkung auf Luther und Robert Estienne. Als erster hatte Erasmus die Frage der Legitimität der Vulgata aufgeworfen, humanistische Technik hatte sich auf Bibelkritik verlegt, und dies bestärkte die Hoffnung aller an einer Reinigung der christlichen Kirche Interessierten. Dabei erklärte Erasmus ausdrücklich, er wolle sich dem kirchlichen Urteil unterwerfen, wenn es der eigenen Meinung widerspräche: Seine Arbeit war also nicht von einem umstürzlerischen Impuls getragen. - Die Ausgabe des Erasmus ist in zwei Kolumnen gedruckt, links der überprüfte griechische Text, rechts die lateinische Übersetzung. Die 1200 Stück umfassende Auflage wurde auf zwei Pressen in der größten Eile hergestellt, woraus sich zahlreiche Setzfehler und Unordnung in der Paginierung erklären. Man begann den Druck am 2. Oktober 1515 und beendete ihn am 1. März 1516; somit wurde diese Ausgabe die erste eines griechischen Neuen Testamentes für die westliche Welt. Die architektonische Umrahmung und die mit allegorischen Darstellungen versehenen Titelbordüren, Kopfleisten und Initialen gehören zum Besten der Buchdekoration des 16. Jahrhs. Froben, der in der Folge zum Hauptdrucker von Erasmus wurde - und ihn durch die Ausgabe der Adagia nach Basel zog -, zeigt sich hier als Meister.

Literatur: Panzer VI, S. 196 Nr. 159 - M. P. Gilmore: The world of Humanism 1453-1517. New York 1952, S. 199-201 - F. G. Kenyon: Der Text der griechischen Bibel. 2. Aufl. v. A. W. Adams. Göttingen 1961, S. 121/22 - W. P. Eckert: Erasmus von Rotterdam. Köln 1967; 1, S. 213-32; 2, S. 532 ff. - Erasmus en zijn tijd. Ausst. Rotterdam 1969, Nr. 192 - W. G. Kümmel: Das Neue Testament. Geschichte der Erforschung seiner Probleme. 2. Aufl. München 1970, S. 11.

280   BIONDOS ITALIA ILLUSTRATA

Flavius Blondus: Italia illustrata. Hrsg.: Gaspar Blondus. Rom: Johannes Philippus de Lignamine, 5. [bzw. nicht vor 10.] 12. 1474. 2° Bamberg, Staatsbibliothek (Inc. typ. M. III. 21)

Der Cremonese Giovanni Balistario (oder Balestreri) gehörte zu denen, die im jungen Biondo die Liebe zur Größe Roms förderten. Als Vater von zehn Kindern zu einträglicher Berufstätigkeit genötigt, arbeitete Biondo als Sekretär von vier Päpsten (von Eugen IV. bis Pius II.). Die Italia illustrata stammt aus dem Jahrzehnt zwischen 1444 und 1454, aus einer der aktivsten Schaffensperioden des Verfassers. Man weiß aus einem Brief des Bracelli, daß Biondo Frühjahr 1448 das Material für die Beschreibung Liguriens zusammenstellte, mit der das Werk beginnt. Als Patriot knüpfte er an Leonardo Brunis Florentiner Geschichte (nach 1440) an, den entscheidenden Anstoß erhielt er von

Albrecht Dürer:
Bücherzeichen in Pirckheimers Ausgabe
des Theocrit
(Kat. Nr. 296[1])

Alfons von Aragon, dem König von Neapel. Die Italia illustrata legte den Grund einer historischen Geographie der Appenin-Halbinsel. Zunächst werden verschiedene Probleme der Namensgebung der Orte behandelt, wobei sich die Schwierigkeit zeigt, alte römische Ortsbezeichnungen mit den modernen in Beziehung zu setzen. Es folgen geographische Beschreibungen, danach die Behandlung derjenigen Personen, die eine Stadt oder einen Landstrich berühmt gemacht haben. Schließlich werden historische Ereignisse erörtert. Eine moderne Gesinnung zeigt sich an manchen Stellen, wenn z. B. Naturphänomene oder landschaftliche Schönheiten behandelt werden, Bodenschätze, Früchte, Metalle, Mineralquellen oder auch Naturkatastrophen (Erdbeben) Erwähnung finden. Biondos Quellen waren vornehmlich Plinius, Strabo, Tolomeo für die Antike, für das Mittelalter ein ravennatischer Anonymus, der stets ›Guido da Ravenna, imitatore e seguace di Igino‹ genannt wird. Es werden aber auch zeitgenössische Briefe oder Kunstdenkmäler benutzt, womit Biondo den Begriff der historischen Quellen erweiterte. Die Italia illustrata wurde Vorbild für die Norimberga des Celtis, die dieser 1495 dem Nürnberger Rat verehrte (Kat. Nr. 237).

Literatur: Hain 3246 - GW 4421 - J. C. Husslein: Fl. Biondi als Geograph des Frühhumanismus. Würzburg 1901 - P. Joachimsen: Geschichtsauffassung und Geschichtsschreibung in Deutschland unter dem Einfluß des Humanismus. Leipzig-Berlin 1910, S. 24/25 - B. Nogara: Scritti inediti di Biondo Flavio. Rom 1927, S. XXIX, CXXII, CXXVI-XXIX - U. Paul: Studien zur Geschichte des deutschen Nationalbewußtseins im Zeitalter des Humanismus und der Reformation. Berlin 1936, S. 20/21 - L. Mohler: Flavio Biondo. In: Lexikon f. Theologie u. Kirche 2. 2. Aufl. 1958, Sp. 534.

281 ENEA SILVIOS GERMANIA

Pius II. (Enea Silvio de' Piccolomini): De Ritu. Situ. Moribus et Condicione theutonie descriptio. Leipzig: Wolfgang Stöckel, 9. 4. 1496. 4°

Aus Bibl. S. Schönherr und der Hofbibliothek, München

München, Bayerische Staatsbibliothek (4° Inc. c. a. 1338 m)

Bereits der Titel verrät die Abhängigkeit von der Germania des Tacitus, die zunächst in Anlehnung an Handschriften in Leyden und im Vatikan ›De origine, situ, moribus ac populis Germanorum‹ (oder auch nur ›Teutonia‹) hieß. Den Titel ›Germania‹ erhielt die Schrift des Tacitus erst in den Drucken von 1496 und 1515.- Enea Silvios Niederschrift seiner Germania war in erster Linie kirchenpolitischer Natur. Papst Calixt III. hatte ihm das Recht zugestanden, in den Diözesen Köln, Mainz und Trier freiwerdende Pfründen zu erheben. Die Antwort des Kardinals auf Klagen wegen der Ausbeutung war die Germania, in der er den jammernden Deutschen nicht nur ihren materiellen Wohlstand, sondern auch ihre geistigen Talente vor Augen führte. Er legte dar, wie das einst barbarische Land durch die Gaben des Christentums Erfolg und Glanz gewonnen hatte. Dabei zeigte er sich gut unterrichtet. Er wußte z. B., daß man in Köln die Häuser mit Blei deckt und daß in Forchheim das beste Weißbrot gebacken würde. Enea Silvios Germania hat ein definierbares deutsches Nationalbewußtsein erst eigentlich ins Leben gerufen. Vorher ging das Empfinden vom Volkstum entweder in der Vorstellung von der Gemeinschaft aller christlichen Nationen oder im engen Heimatsinn innerhalb einer umgrenzten Stadt auf.

Literatur: Hain 249 - A. Berg: Enea Silvio de' Piccolomini (Papst Pius II.) und seine Bedeutung als Geograph. Diss. Halle-Wittenberg 1901. Halle 1901, S. 37/38 - P. Joachimsen: Geschichtsauffassung und Geschichtsschreibung in Deutschland unter dem Einfluß des Humanismus 1. Leipzig-Berlin 1910, S. 27-36 - (B. Widmer:) Enea Silvio Piccolomini, Papst Pius II. Basel-Stuttgart 1960, S. 91-96.

282 DER TRAUMLIEBESSTREIT DES POLIPHILO

Fra Francesco Colonna: Hypnerotomachia Poliphili, .. Venedig: Aldus Manutius, Dezember 1499. 2°

Auf dem Titelblatt: Emptus ex bibliotheca Alberti Dyreri mar[cis] Rh[enensibus] 7 Anno domini 1555. 13 die Augusti./ Eras[mus] Hock`D

Von Erasmus Hock 1555 aus der nachgelassenen Bibliothek Albrecht Dürers erworben

München, Bayerische Staatsbibliothek (Rar. 515)

Vom ehemaligen Besitzer des Buches E. Hock ist Näheres nicht bekannt. Durch die zahlreichen, erst gegen Ende des Textes schematischer werdenden Holzschnitte oberitalienischer Künstler wurde der Roman des Fra Colonna zu einem der berühmtesten und schönsten Bücher der Renaissance. Der Titel des Werkes ist aus den griechischen Worten für Traum, Liebe und Kampf zusammengesetzt. Es handelt sich um einen Liebesroman nach Art des Roman de la Rose, aber eher auf der Amorosa Visione des Boccaccio basierend. Geschildert wird der Traum einer Wanderung des liebenden Poliphilo auf der Suche nach Polia. Das Hauptthema verbirgt sich unter zahllosen allegorischen Verschlüsselungen. Die Erzählung ist von langen Passagen unterbrochen, in denen der Wanderer verschiedene Bauten beschreibt, an denen er vorbeikommt: die Utopie einer idealen, von der antiken Überlieferung (Vitruv) bestimmten Kultur. Mit den beschriebenen Kunstwerken werden zahlreiche Hieroglyphen nachahmende Inschriften in Verbindung gebracht, die abgebildet und angeblich entziffert werden. In einer künstlichen griechisch-lateinisch-italienischen Mischsprache breitet der (anonyme) Autor, der zuerst von Rabelais als der Dominikanermönch Francesco Colonna identifiziert worden ist, eine für die Zeit typische Antikenkenntnis aus. Dürer dürfte das Werk schon um 1500 benutzt haben. Die Zeichnung eines Tischbrunnens in Oxford (Kat. Nr. 692) ist durch J. M. Whitfield (Old master drawings 13, 1938, S. 33) mit der Hypnerotomachia in Verbindung gebracht worden. Mit der Hieroglyphenkunde der Renaissance wurde Dürer durch die Illustrierung von W. Pirckheimers Übersetzung der Hieroglyphica des Horus Apollon (Kat. Nr. 297) und die Ausführungen in Albertis Libri de re aedificatoria (Kat. Nr. 647) vertraut.

Literatur: Hain 5501 - J. Schlosser: Die Kunstliteratur. Wien 1924, S. 117-20 - G. Leidinger: Albrecht Dürer und die Hypnerotomachia Poliphili. In: Sitzungsber. d. Bayer. Akademie d. Wissenschaften, phil.-hist. Klasse 1929; H. 3, S. 3-35 - A. Blunt: The Hypnerotomachia in 17th century France. In: Journal of the Warburg and Courtauld Institutes 1, 1937/38, S. 117-37 - L. Fierz-David: Der Liebestraum des Poliphilo. Zürich 1947 - Rupprich 1, S. 221 Nr. 4 - Fr. Colonna: Hypnerotomachia Poliphili. Hrsg. v. G. Pozzi-L. A. Ciapponi. 2 Bde. Padua 1963 - Kindlers Literaturlexikon 3. Zürich 1965, Sp. 2323/24.

283 DIE ERSTE DEUTSCHE AUSGABE DER GERMANIA

C. Cornelius Tacitus: Germania. [Nürnberg: Friedrich Creussner, um 1473/74] 2°

Bamberg, Staatsbibliothek (Inc. typ M. III. 14)

284 CELTIS' AUSGABE DER GERMANIA

C. Cornelius Tacitus: De origine et situ Germanorum. Hrsg.: Konrad Celtis. [Wien: Johannes Winterburger, ca. 1498] 4°

Aus dem Zisterzienserkloster Neukloster in Wiener Neustadt

Lüttich, Bibliothèque générale de l'Université (XV° C 4 (2))

Der in Nürnberg um 1473/74 erschienene Druck ist die erste Ausgabe der Germania in Deutschland. Wie die anderen bekannten Texte des Werkes von Tacitus geht er auf einen wohl im 9. Jahrh. in Fulda niedergeschriebenen Codex der Hersfelder Bibliothek zurück. Dieser wurde im Auftrage des italienischen Humanisten Gian Francesco Poggio Bracciolini dort entdeckt und gelangte gegen 1455 nach Rom. Die erste Veröffentlichung im Druck erfolgte 1470 in Venedig. Durch Enea Silvios Germania wurde die Aufmerksamkeit der Humanisten auf den Text gelenkt. In ihrem historischen Denken ist überall der Einfluß von Tacitus spürbar geworden, mehr als andere aber hat Celtis, der Herausgeber dieses Druckes, die bei Tacitus angelegten geschichtsphilosophischen Möglichkeiten ausgeschöpft. Hatte er z. B. von Tacitus gelernt, daß die Germanen Ureinwohner ihres Landes seien (Germani sunt indigenae) - während man vorher der Meinung sein konnte, sie stammten von den Trojanern ab -, so war dies geeignet, seinen fast Rousseauschen Enthusiasmus für das Naturvölkische zu bestärken. Auf solche Art förderte die Wirkung von Tacitus eine gewisse Form der humanistischen Utopie.

Literatur: Hain 15224/25 - M.-L. Polain: Catalogue des livres imprimés au quinzième siècle des bibliothèques de Belgique 4. Brüssel 1932, Nr. 3655 - R. Füllner: Natur und Antike. Untersuchungen zu Dichtung, Religion und Bildungsprogramm des Conrad Celtis. Diss. Göttingen 1956 (Masch. Schr.) - L. W. Spitz: Conrad Celtis. The German arch-humanist. Cambridge Mass. 1957, S. 99 - G. Strauss: Sixteenth-Century Germany. Madison 1959, S. 30/31.

285 OTTO VON FREISING

Otto I., Bischof von Freising: Rerum ab origine mundi ad ipsius vsque tempora gestarum, Libri octo. Straßburg: Matthias Schürer für Leonardus u. Lucas Alantsee, März 1515. 2°

Aus dem Besitz von Konrad Peutinger

Augsburg, Staats- und Stadtbibliothek (2° Gs. Jordanes, De rebus...1515, Beiband)

1146-47 in einer ersten Fassung vollendet, steht die ›Weltchronik‹ des Otto von Freising am Anfang der mittellateinisch verfaßten Geschichtswerke. Vom ›Urerlebnis christlichen Geschichtsdenkens‹ getrieben, baute der Bischof die Historia de duabus civitatibus - wie er selbst sie betitelte - auf der von ihm umgestalteten Lehre Augustins von den beiden Staaten auf und erkannte die Verschmelzung des himmlischen und des irdischen Reiches im christlichen Imperium Romanum, welches das Abendland umspannt und in Kaiser und Papst repräsentiert wird. Er lieferte damit eine abschließende Systematik des frühmittelalterlichen Weltbildes. Daß die Bedeutung seines Werkes im Mittelalter erkannt worden war, drückt sich in einer erheblichen Zahl von Handschriften aus. Allerdings liegt die erste Fassung in keinem Manuskript vor, sondern nur die zweite, mit Nachträgen versehene, die Otto für seinen Neffen, Kaiser Friedrich I., 1157 anfertigen ließ (von dieser sind nur Kopien erhalten).

Literatur: Panzer VI, S. 74 Nr. 395 - W. Scheidig: Der Miniaturenzyklus zur Weltchronik Ottos von Freising im Codex Jenensis Bose q. 6. Straßburg 1928 - Otto Bischof von Freising: Chronik oder die Geschichte der zwei Staaten. Hrsg. v. W. Lammers. Darmstadt 1961 - K. Langosch in: Geschichte der Textüberlieferung der antiken und mittelalterlichen Literatur 2. Zürich 1964, S. 123/24.

286 PEUTINGERS KAISERBUCH

Konrad Peutinger: Kaiserbuch. Augsburg zwischen 1504 und 1511

Pergamenthandschrift, 91 Bll.; 30,5 : 21

Aus den Slgn. des Augsburger Jesuitenkollegs, von G. W. Zapf und seit 1790(?) von Abt Wietorp des Klosters St. Ulrich und Afra

Augsburg, Staats- und Stadtbibliothek (2° Cod. 26)

Peutingers Kaiserbuch setzt sich aus Biographien, Genealogien, Regestenwerk und mancherlei Entwürfen zusammen, sein unfertiger Zustand zeigt sich in zahllosen Korrekturen. Beabsichtigt war eine Reihe von Kaiserporträts von Caesar bis Maximilian I., insgesamt 185, die in geraffter Kürze eine Gedenkschrift anstrebten. Das vorliegende, als Reinschrift gedachte Manuskript enthält die Kaiser von Caesar bis Basilius und von Karl d. Gr. bis Lothar II. - Das älteste Zeugnis für Peutingers Arbeit am Kaiserbuch liefert ein Brief an Reuchlin vom 22. April 1503, in dem Peutinger um Unterstützung bittet. In einem vor dem 17. September 1505 verfaßten Schreiben von Celtis an Peutinger kommt zum Ausdruck, daß eine Sammlung von Münzbildern zur Illustration dienen sollte, dabei schlägt Celtis auch vor, Peutingers Werk in den Zusammenhang der Germania illustrata aufzunehmen. Zum Druck ist es nie gekommen. Der Plan des Werkes entwickelte sich in größeren Zusammenhängen. Schon Thomas Ebendorfer hatte im Auftrag Friedrichs III. eine Chronica regum Romanorum verfaßt. Der Ausgabe von Wimpfelings Epitome (1505) sind zwei Schriften mit Kaiserreihen beigegeben, die eine von Augustus bis Theodosius, die andere von Caesar bis Maximilian reichend. 1517 ließ der Venezianer Giovanni Battista Egnatius seine drei Bücher De Caesaribus erscheinen, noch im gleichen Jahr wurden sie durch Ulrich von Hutten in Deutschland bekannt gemacht. Ein Peutinger ähnliches Unternehmen, Cuspinians Caesares, erschien (verzögert) 1540. Maximilian I. hatte ein Kaiserbuch in seinem vierten Gedenkbüchl, das in die Jahre 1508 bis 1515 gesetzt wird, beabsichtigt. Obwohl Peutinger im weiteren Sinne dem Kreis der maximilianischen Hofgeschichtsschreibung zugerechnet werden muß, stand er doch nicht im Bannkreis des Hofes; wie der Augsburger Humanismus war auch er klassischer, antikischer als der Kaiser orientiert. Dennoch mochte Maximilian für Peutinger die unmittelbare Anregung geliefert haben, in diesem Unternehmen der Idee eines universalen, die ganze Menschheit regierenden Kaisertums zu huldigen. Den entscheidenden Einschnitt für das Projekt bedeutete wahrscheinlich der Tod von Celtis. Auch die Illustrationen kamen nicht ganz zustande. Peutinger hatte sie bei Hans Burgkmair bestellt, sie galten lange als verschollen. C. Dodgson machte in einer Sueton-Inkunabel aus Peutingers Bibliothek siebzehn kleinformatige Holzschnitte mit Köpfen antiker Herrscher ausfindig und fand später noch drei weitere Stücke (ohne Beschriftung) in Paris, womit aber nur ein Bruchteil der um 1506 entstandenen Serie wieder aufgetaucht war. Wäre das Buch vollendet worden und hätten sich die Bildnisdrucke erhalten, besäßen wir im Kaiserbuch die ersten Porträt-Viten Deutschlands.

Literatur: P. Joachimsen: Geschichtsauffassung und Geschichtsschreibung in Deutschland unter dem Einfluß des Humanismus. Leipzig-Berlin 1910, S. 205 - E. König: Peutingerstudien. Freiburg/Br. 1914, S. 43-60, bes. 44/45 - Ders.: Konrad Peutingers Briefwechsel. München 1923, S. 25, 60 - H. Lutz: Conrad Peutinger. Augsburg (1958), S. 43, 142/43 - T. Falk: Hans Burgkmair. München 1968, S. 45-47.

287   DER LIGURINUS

Guntherus (Cisterciensis): Ligvrini de gestis Imp. Caesaris Friderici primi Augusti libri decem carmine Heroico conscripti... [Hrsg.: Konrad Peutinger]. [Augsburg:] Erhard Oeglin, April 1507. 2°

Aus der Bibliothek v. Halder und der von St. Ulrich und Afra in Augsburg

Augsburg, Staats- und Stadtbibliothek (2° H. Guntherus)

Der Ligurinus, um dessen Editio princeps es sich handelt, ist ein großes Lobgedicht auf das Reich und die Deutschen, ein eher patriotisches als historisches Werk, wenngleich als Geschichtsquelle brauchbar. Deutschland erscheint unter dem Namen Teutonia oder Alamannia, nur selten wird der Ausdruck Germania benutzt. 6577 Hexameter sind in zehn Bücher eingeteilt, die im Anschluß an Buch II-IV der Gesta Friderici I. imperatoris des Otto von Freising und Rahewins von den großen Taten Friedrichs I. Barbarossa bis zum Jahr 1160 berichten. Der Dichter stellte sich indessen seiner Quelle bewußt entgegen, er beschnitt den Stoff und brachte eine andere Auffassung über Politik und Staatstheorie zur Geltung. Auch richtete er die ganze Dichtung auf den staufischen Ruhm hin aus. - Das Werk berichtet vor allem von den Kämpfen mit den Langobarden, die in dem Epos Ligures genannt werden (urbs Ligurina = Mailand; die Namensform Mediolanum begegnet nur einmal: II 97). Deshalb trägt das Gedicht auch den ihm vom Verfasser gegebenen Titel Ligurinus (X 616, 622). In der Einleitung ist das Werk Friedrich selbst sowie seinen fünf Söhnen gewidmet. Es entstand zwischen Herbst 1186 und Herbst 1187, in der kurzen Zeit von nur fünf Monaten. Nachdem noch F. Raby Bedenken angemeldet hatte, identifiziert man heute den Verfasser durchweg mit Gunther von Pairis (bei Sigolsheim in der Gegend von Basel). Sein Urteil über Kaiser und Papst sowie Kritik an kirchlichen Mißständen mußten den Humanisten des 16. Jahrhs. lesenswert erscheinen. Bis in die Art der Vergleichsausmalung oder die Sprachfigur hinein verrät die Diktion antike Schulung an Autoren wie Vergil, Ovid oder Statius. Mit einigem Recht rühmte sich der Autor, daß er die Dichtkunst der Alten zu neuem Leben geweckt habe (X 587 ff.); auch diese, für einen vor 1200 schreibenden Autor nicht gewöhnliche Haltung mußte den Renaissancehumanisten angenehm sein, weshalb sein Werk nach der Wiederentdeckung sofort gerühmt und mehrfach gedruckt wurde; außer dieser brachte das 16. Jahrh. noch fünf weitere Ausgaben hervor. Aufgefunden wurde die inzwischen wieder verlorene Handschrift vor März 1504 - vielleicht schon vor 1499 - durch Konrad Celtis im Kloster Ebrach. - Zur Illustrierung der Ausgabe von 1507 wurden zwei bereits für die Quatuor libri amorum des Celtis (Kat. Nr. 289) geschaffene Holzschnitte verwendet: die Philosophie nach einem Entwurf Albrecht Dürers und Apoll auf dem Parnaß von Hans von Kulmbach.

Literatur: Panzer VI, S. 136 Nr. 41; IX, S. 379 Nr. 41 - F. J. E. Raby: A history of secular Latin poetry in the middle ages 2. Oxford 1934, S. 149/50 - O. Schumann in: W. Stammler: Verfasserlexikon zur deutschen Literatur des Mittelalters 2, 1936, Sp.

117-26 (mit d. vorangehenden Lit.) - Meister um Albrecht Dürer. Ausst. Nürnberg 1961, Nr. 228 - K. Langosch in: Geschichte der Textüberlieferung der antiken und mittelalterlichen Literatur 2. Zürich 1964, S. 18, 86, 146.

288   HROSWITHA VON GANDERSHEIM

Hroswitha von Gandersheim: Opera. Hrsg.: Konrad Celtis. Nürnberg: Drucker d. Sodalitas Celtica, 1501. 2°

Nürnberg, Germanisches Nationalmuseum
(Postinc. 4° L. 1153 s)

Hroswitha lebte im Frauenkloster Gandersheim, dessen Äbtissinnen meist nahe Angehörige des Herrscherhauses gewesen sind. Wie zwei Jahrhunderte später Gunther von Pairis im Ligurinus mit Hexametern für Barbarossa und sein Reich focht, verteidigte das adelige Stiftsfräulein mit der Feder Otto den Großen und sein Haus. Ihr Werk ist eine Art Familiengeschichte und wird vom Herrscherlob bestimmt. Es handelt sich um drei Bücher: Im ersten stehen acht Legenden, von denen die Dichterin die ersten fünf nach 955 und die letzten drei nach 962 herausgab. Sie werden in leoninischen (gereimten) Hexametern bzw. Distichen (Gongolfus) vorgetragen. - Den zweiten Teil machen sechs Dramen aus. Frisch und originell sind sie in schlagfertigen Wechselreden abgefaßt, es handelt sich genaugenommen um dramatisierte Dialoge. Der eigentliche Zweck der Dichterin war, in den Dramen ein geistlich orientiertes Gegenstück zu den weltlichen Komödien des Terenz zu liefern. Es werden fromme Jungfrauen geschildert, die einen Heiden bekehren oder durch ihn den Märtyrertod erleiden, oder es werden Sünderinnen durch fromme Männer zur Keuschheit geführt. Die beiden historischen Gedichte des dritten, vor 968 gedichteten Buches, die Gesta Ottonis und die Primordia coenobii Gandershemensis, sind wohl erst nach Legenden und Dramen entstanden und (abgesehen von der gereimten Prosavorrede der Gesta) wieder in leoninischen Hexametern abgefaßt. Die Gesta zeichnen ein typisiertes Bild der Taten Ottos I. bis zur Kaiserkrönung. Leider ist das Stück nur lückenhaft erhalten, es fehlen 678 der 1551 Hexameter. Die Geschichte Gandersheims knüpft inhaltlich unmittelbar an die Gesta an. Auch hier überwiegt Legendarisches das Geschichtliche. - Erst der Humanismus hat den Text im eigentlichen Sinne wiederentdeckt. Bald nach 1490 erhielt Konrad Celtis Einblick in den Codex von St. Emmeram, der das Werk zwar nicht ganz komplett enthält, aber von allen bekannten Handschriften die vollständigste ist, und wahrscheinlich durch Celtis' Vermittlung auch Trithemius. Celtis ist auch die erste Drucklegung mit Illustrationen Dürers und seiner Werkstatt zu danken (1501). Seine editorische Arbeit freilich aber war flüchtig und wenig philologisch. Er korrigierte, nahm Umstellungen vor, schob kommentierende Inhaltsangaben ein und nahm von der Lückenhaftigkeit der Handschrift keine Notiz. Auch der irrige Titel ›Komödien‹ für die Dichtungen des zweiten Teiles geht auf ihn zurück. Trithemius bleibt das Verdienst, ein zweites Exemplar der Handschrift veranlaßt zu haben (Pommersfelden, cod. 2883). - Von den Holzschnitten des Druckes gehen die beiden Widmungsblätter von Celtis an Kurfürst Friedrich den Weisen und von Hroswitha an Kaiser Otto I. auf Dürer zurück, die sechs Titelblätter zu den Komödien auf Hans von Kulmbach.

Literatur: Panzer VII, S. 439 Nr. 5 - F. J. E. Raby: A history of secular Latin poetry in the middle ages 1. Oxford 1934, S. 277/78 - H. Borck in: W. Stammler: Verfasserlexikon zur deutschen Literatur des Mittelalters 2, 1936, Sp. 506-14 (mit d. vorangehenden Lit.) - K. Langosch ebda 5, 1955, Sp. 424/25 (mit weiter. Lit.) - Ders.: in Geschichte der Textüberlieferung der antiken und mittelalterlichen Literatur 2. Zürich 1964, S. 62/63, 101, 146, 164 Anm. 155 - Ders.: Profile des lateinischen Mittelalters. Darmstadt 1965, S. 189-225 - Meister um Albrecht Dürer. Ausst. Nürnberg 1961, Nr. 225 - J. Szöverffy: Weltliche Dichtungen des lateinischen Mittelalters 1. Berlin 1970, S. 80, passim.

289 VIER BÜCHER LIEBESABENTEUER

Konrad Celtis: Quatuor libri amorum (u. a. Schriften). Nürnberg: Drucker d. Sodalitas Celtica, 5. 4. 1502. 4°

Nürnberg, Stadtbibliothek (Solg. 2084.4°)

Die Amores des Celtis mischen in merkwürdiger Weise Geographie und Liebesdichtung. Sie sind gedacht als Vorspiel zur nie erschienenen Germania illustrata und Kaiser Maximilian I. gewidmet. Die vier Bücher sind nach den vier Geliebten des Celtis benannt, der Hasilina Sarmatica, der Elsula Norica, der Ursula Gallica und der Barbara Codonea. Celtis wählte seine Freundinnen also aus Deutschlands vier Himmelsrichtungen und beschrieb nach ihnen die Eigenschaften der deutschen Landschaft. Die Illustrationen wurden von Celtis selbst spezifiziert, seine Anregungen finden sich in einer Kopie Hartmann Schedels (München, Bayer. Staatsbibl., Clm. 434). Von den elf Holzschnitten wurden drei Dürer zugeschrieben (vgl. Kat. Nr. 34), die übrigen Hans von Kulmbach. Den Amores zugehörig sind die Norimberga des Celtis (Kat. Nr. 237) und dessen Ode auf den Hl. Sebald (Kat. Nr. 359). Das von Dürer entworfene Titelblatt zeigt die Übergabe des Buches an Kaiser Maximilian I.

Literatur: Panzer VII, S. 441 Nr. 17; IX, S. 542 Nr. 17 - P. Joachimsen: Geschichtsauffassung und Geschichtsschreibung in Deutschland unter dem Einfluß des Humanismus 1. Leipzig-Berlin 1910, S. 150 - Winkler, Dürer 1928, S. 248-50 - F. Winkler: Die Holzschnitte des Hans Suess von Kulmbach. In: Jb. d. Preuß. Kunstslgn. 62, 1941, S. 13-16 - G. Strauß: Sixteenth-Century Germany. Madison 1959, S. 23 - Meister um Albrecht Dürer. Ausst. Nürnberg 1961, Nr. 226 (dort weitere Lit.) - R. Klibansky-E. Panofsky-F. Saxl: Saturn and Melancholy. Studies in the history of natural philosophy, religion and art. London 1964, S. 277-83.

290 DAS STERBEBILD DES CELTIS

Hans Burgkmair

Unten das Monogramm des Künstlers; in der Inschrift die Jahreszahl 1507

Holzschnitt; 22 : 14,4

Germanisches Nationalmuseum Nürnberg (H 7491; Depositum der Paul Wolfgang Merkel'schen Familienstiftung)

Das Bildnis mit Barett und dem ›laurum sertum‹ geht auf einen Medaillen-Holzschnitt von 1507 zurück. Celtis erscheint, in rundbogigem Rahmen aus Girlanden und Spruchbändern, im Talar und mit Insignien, die Hände über seinen Büchern zusammengelegt und auf sein (zerbrochenes) Wappen niederblickend. Er wird von Putten beklagt sowie von Apoll und Merkur als den Vertretern von Poesie und Rhetorik. Die Inschrift in klassischer Antiqua nimmt auf einem als vertieft gedachten Fel-

de das untere Drittel der Darstellung ein. Es handelt sich bei diesem Blatt, das Celtis noch zu Lebzeiten an einige Freunde verschickte, wahrscheinlich um das früheste Beispiel eines im Porträtdruck nachgeahmten römischen Epitaphs. Nachfolge fand das singuläre Stück im Grabmal des Johann Aventin (gest. 1534) in St. Emmeram zu Regensburg.

Literatur: C. Dodgson: Die drei Zustände von Burgkmairs Porträt des Konrad Celtis. In: Mitt. d. Ges. f. vervielf. Kunst 1908, S. 24/25 - A. Burkhard: Hans Burgkmair d. Ä. Berlin 1932, Nr. 9, 2. Zustand (mit Lesung von allen Inschriften) - K. Gerstenberg: Das Bücherstilleben in der Plastik. In: Festschrift Wilhelm Waetzoldt. Berlin 1941, S. 144 - E. Panofsky: Two problems in portrait identification. In: Art Bull. 24, 1942, S. 39-54, 382/83 - T. Falk: Hans Burgkmair. Studien zu Leben und Werk des Augsburger Malers. München 1968, S. 47-52.

291 DIE SCHEDELSCHE WELTCHRONIK

Michael Wolgemut und Wilhelm Pleydenwurff

Hartmann Schedel: Liber chronicarum. Nürnberg: Anton Koberger für Sebald Schreyer und Sebastian Kammermeister, 12. 7. 1493. 2°

Nürnberg, Germanisches Nationalmuseum (Inc. 117013a)

Kurz nach Publikation dieser im Inhalt noch wesentlich mittelalterlichen lateinischen Weltchronik mit humanistischem Beiwerk nach italienischem Muster erschien am 23. Dezember 1493 eine (leicht gekürzte) deutsche Ausgabe des Werkes (Kat. Nr. 117). Der Stoff ist nach den sieben Zeitaltern geordnet, deren Dauer nach alttestamentlicher Auslegung oder nach Angabe antiker Autoren errechnet wurde. In buntem Wechsel folgen einander Geschichten aus dem Trojanischen Krieg und aus dem Alten Testament, Beschreibungen von Aposteln und Märtyrern, Konzilsvätern und Fürsten, Humanisten und Philosophen; dazwischen werden Berichte über Hexen, Revolutionen, Naturereignisse sowie über Städte und Länder eingestreut. Nach dem Erscheinen dieser zu den größten Prachtausgaben des 15. Jahrhs. zählenden Publikation dauerte es ein halbes Jahrhundert, bis ein Werk geschaffen wurde, das den hier erstmalig durchgeführten Gedanken einer topographisch genauen Wiedergabe deutscher Städte wieder aufnahm: die Kosmographie des Sebastian Münster von 1544. - Der Druck der Weltchronik war ausgegangen von dem Nürnberger Sebald Schreyer und seinem Schwager Sebastian Kammermeister; der Text wurde hauptsächlich von Dr. Hartmann Schedel zusammengestellt, dem Martin Behaim, der Schöpfer des Erdglobus (Kat. Nr. 301), und der aus Feldkirchen stammende Arzt Hieronymus Münzer zur Seite standen. Obwohl Schedel eine der reichsten Bibliotheken der damaligen Zeit besaß (sie kam 1552 an J. Fugger und 1571 an die neugegründete Münchner Hofbibliothek), ist seine Arbeit doch Kompilation aus verhältnismäßig wenig Texten. - Zu den Holzschnittillustrationen vgl. Kat. Nr. 117.

Literatur: Hain 14508 - P. Joachimsen: Geschichtsauffassung und Geschichtsschreibung in Deutschland unter dem Einfluß des Humanismus 1. Leipzig-Berlin 1910, S. 87-91 - W. Höpfner: Die Nürnberger Ärzte des 15. Jahrhunderts DDr. Hermann und Hartmann Schedel und zwei Konsilien des letzteren für die Paralyse. Diss. Leipzig 1915 - D. C. Duniway: A study of the Nuremberg Chronicle. In: Papers of the Bibliographical Society of America 35, 1941, S. 17ff. - Panofsky 1, S. 19 - vgl. auch Kat. Nr. 117.

292 BILDNIS WILLIBALD PIRCKHEIMERS ALS ›CAPUT PHYSICUM‹

Albrecht Dürer

Oben: Caput phisicum. Auf der Kopfbedeckung die Buchstaben A–F. Rechts die Erklärung: A/Cerebrum per totum/ B/Se(n)= sus co(mun)is/ C/imaginatio/ D/Fantasia/ E/Estimatiua/ F/ Memoria

In: Ludovicus de Prussia: Trilogium anime… Nürnberg: Anton Koberger, 6.3.1498. 4°

Holzschnitt; 7,3 : 5,2

Nürnberg, Germanisches Nationalmuseum (Inc.160856, Bl. E, Capitulum XXIII)

Das Porträt in dem psychologischen Traktat ist das erste Bildnis, das Dürer von Pirckheimer gezeichnet hat. Die Buchstaben geben, entsprechend der damaligen Anschauung, den Sitz der wichtigsten Geisteskräfte innerhalb des Gehirns an. Es ist also eine Art Phrenologie versucht.

Literatur: Hain 103315 – Winkler, Dürer 1928, S.255, 430 – Schramm 17, Abb.581-83.

293 BILDNIS DES WILLIBALD PIRCKHEIMER

Albrecht Dürer
Abb.

Unten auf einer Schrifttafel: BILIBALDI . PIRKEYMHERI. EFFIGIES/AETATIS. SVAE . ANNO . L.III./VIVITVR . INGENIO. CAETERA . MORTIS . ERVNT . M.D.XXIV. (Bildnis des Willibald Pirckheimer im 53. Jahr seines Lebensalters. Der schöpferische Geist wird leben, das Übrige wird dem Tod anheimfallen); daneben das Monogramm des Künstlers

Kupferstich; 18,8 : 12

Hamburg, Hamburger Kunsthalle (10669)

In diesem Bildnis schuf Dürer das dauernd wirksame Wesensbild Pirckheimers, eine aus äußerer wie innerer Kenntnis des Menschen hervorgegangene Darstellung. Im Typus des Dreiviertelprofils, das Dürer bei den Bildnissen der Spätzeit bevorzugte, ist der mächtige Kopf des Mannes auf dem Höhepunkt seines geistigen Schaffens unvergeßlich gezeigt: Die Masse scheint in Energie transformiert, der Wille zu Gedächtnis und Verewigung drückt sich auch in der epitaphartigen Schrifttafel aus. E. Panofsky hat auf das Fortleben des Spruches bei Vesalius und Tycho Brahe hingewiesen.

Literatur: Panofsky 1, S.239 – H. Rupprich: Willibald Pirckheimer. Beiträge zu einer Wesenserfassung. In: Schweiz. Beiträge z. allg. Gesch. 15, 1957, S.100.

294 DAS WAPPEN WILLIBALD PIRCKHEIMERS IM LORBEERKRANZ

Werkstatt Albrecht Dürers

Über dem Schild: Pirckhamer

Federzeichnung in Braun, aquarelliert; Wz.: zwei gekreuzte Pfeile (ähnlich Briquet 6281); 20,7 : 18,6

Aus Slg. H. L. Petersen

Nürnberg, Germanisches Nationalmuseum (St. Nbg. 9639; Leihgabe der Stadt Nürnberg)

Der Lorbeerkranz weist Pirckheimer nach dem Gebrauch der Humanisten als Schriftsteller und Dichter aus. Da die Beschriftung ›Pirckhamer‹ nicht von Dürer stammt und sich die Farbe des Namenszuges nicht vom Braun der Zeichnung unterscheiden läßt, wurden mehrfach Zweifel an der Ausführung durch Dürer erhoben (E. Tietze-Conrat, E. Panofsky, F. Zink). Zuletzt hat F. Winzinger energisch für die Eigenhändigkeit des Blattes plädiert. Die sorgfältige Durchführung und farbige Behandlung machen wahrscheinlich, daß die Zeichnung nicht allein als Vorlage für die Medaille W. Pirckheimers (Kat. Nr. 695) dienen sollte, sondern als endgültige Fassung für einen heute nicht mehr erkennbaren Zweck.

Literatur: Habich I, 1, Nr.22 – Zink, GNM, Nr.73; Rezens. v. F. Winzinger in: Kunstchronik 23, 1970, S.80.

Albrecht Dürer: Bildnis des Willibald Pirckheimer (Kat. Nr. 293)

295   PIRCKHEIMERS BÜCHERZEICHEN

Albrecht Dürer   *Abb.*

Oben dreizeiliger Text in hebräischer, griechischer und lateinischer Sprache: INICIUM SAPIENTIAE TIMOR DOMINI; zuseiten der Helmzier: SIBI ET / AMICIS.P.; unten: LIBER BILIBALDI PIRCKHEIMER

Holzschnitt; 15,2 : 11,8

Nürnberg, Germanisches Nationalmuseum (H 5947)

Der um 1501 geschaffene Holzschnitt ist in zwei Zuständen bekannt; bei dem zweiten fehlt der obere Schriftblock. Füllhörner, Girlanden, Putten und Tierschädel evozieren den antikischen Stilbereich. Das ornamentale Astwerk ist dem auf Dürers Dedikationsbild der Hroswitha von Gandersheim (Kat. Nr. 288) ähnlich, die sich balgenden Putten erinnern an die lebhaft tätigen Engelchen bei der Geburt Christi des Marienlebens (Kat. Nr. 601[10]).

Literatur: Winkler, Dürer 1928, S. 251 - K. Pilz: Willibald Pirckheimers Kunstsammlung und Bibliothek. In: Willibald Pirckheimer. Dokumente, Studien, Perspektiven. Nürnberg 1970, S. 109.

Albrecht Dürer: Pirckheimers Bücherzeichen (Kat. Nr. 295)

296   BÜCHERZEICHEN FÜR WILLIBALD PIRCKHEIMERS BIBLIOTHEK

Albrecht Dürer

Miniaturen in Deckfarben mit Weiß- und Goldhöhungen

1 Theocrit: Idyllia, griech. Venedig: Aldus Manutius, Februar 1495/96. 2°   *F. nach S. 160*

Auf dem Vorsatz Pirckheimers Exlibris von Dürer (vgl. Kat. Nr. 295), dazu in Handschrift des 17. Jahrhs.: Albertus Durerus Noricus fecit in honorem Bilibaldi pirkeijmerii amici sui optimi. 1524

Aus der Sunderland Library, den Slgn. Howell Wills und H. Yates Thompson sowie der London Library

Privatbesitz

Bei dem ersten bedruckten Blatt füllt die bedeutendste aller erhaltenen Miniaturen aus Pirckheimers Bibliothek den Fußsteg sowie die Hälfte des schmaleren Bund- und breiteren Außensteges der Vorderseite. Thematisch nimmt sie als einzige auf den Buchinhalt Bezug. Ihr für die deutsche Malerei neuer bukolischer Stimmungsgehalt der Landschaft entspringt der Geisteshaltung der Renaissance. - Links das Pirckheimer-Wappen, rechts das seiner Frau Caritas Rieter. Im Antlitz des sitzenden Mannes werden die Züge Albrecht Dürers vermutet.

2 Aristoteles: Opera, griech. P. I. Venedig: Aldus Manutius, 1.11.1495. 2°

1749 in Kopenhagen aus dem Nachlaß von H. Gram erworben

Hannover, Niedersächsische Landesbibliothek (Ink. 153)

Die Miniatur auf dem Fußsteg von fol. 3 r zeigt zwei Putten mit phantastischen Helmen, die auf Delphinen ähnlichen Schuppentieren reiten und sich mit Windrädern bekämpfen; in der Mitte Pirckheimer-Wappen.

3 Aristoteles: Opera, griech. P. 3. Venedig: Aldus Manutius, 29.1.1497. 2°

Aus den Slgn. Arundel, Duke of Norfolk, der Royal Society London und Koenigs

Rotterdam, Museum Boymans-van Beuningen (MB 1940/B1)

In der Miniatur auf dem Fußsteg von fol. 2 r bekämpfen sich zwei Putten, die auf einem Bär und einem Einhorn reiten. An Baumstümpfen hängen die Wappen Pirckheimer und Rieter. Pirckheimer-Exlibris.

Nach dem Tode Willibald Pirckheimers ging seine Bibliothek, die eine bedeutende Zahl von Handschriften und Drucken antiker griechischer Autoren enthielt, teils in den Besitz seiner Schwester Barbara Straub, teils in die Hände seiner ältesten Tochter Felicitas Imhoff über. Nachdem die Schwester verstorben war, wurde die Bibliothek durch den Enkel Willibald Imhoff d. J. (gest. 1580) wieder vereint. Über sie berichtet das Geheimbüchlein des Hans Hieronymus Imhoff (Nürnberg, Stadtbibl., Amb. 63. 4°), als 1634 vierzehn Bücher mit Miniaturen Dürers an den Holländer Matthäus van Overbeck für 300 Reichstaler verkauft wurden. Darunter befanden sich der Theocrit (1) und der 1. (2) und der 5. Band der griechischen Gesamtausgabe der Werke des Aristoteles; seltsamerweise war die Ausgabe getrennt worden. Band 2 und 3 (3) wurden 1636 - beim zweiten großen Verkauf - von Lord Arundel erworben, der sie H. Howard Duke of Norfolk vermachte. - Dürers Eigenhändigkeit bei den Miniaturen wurde von E. Rosenthal aufgrund seiner Quellenauslegung und der engen freundschaftlichen Verbindung von Dürer zu Pirckheimer als sicher angenommen, doch von der späteren Forschung unterschiedlich beurteilt. Ph. Hofer hebt bei den Miniaturen intime Anspielungen hervor, die nur einem guten Freund bekannt gewesen sein konnten, aber besonders streicht er sie als Gelegenheitsarbeiten Dürers heraus und betont dessen finanzielle Verpflichtung Pirckheimer gegenüber zur Zeit der zweiten italienischen Reise. Ph. Hofer datiert alle Miniaturen in das Jahrzehnt nach 1500, wobei der Tod von Pirckheimers Frau am 17. April 1504 je nach Vorhandensein oder Fehlen des Rieter-Wappens einen Terminus setzt. Nachdem jedoch in der Maltechnik im Werk Dürers Vergleichbares nicht mehr vorhanden ist, schreibt Ph. Hofer nur die Vorzeichnungen zu den Miniaturen Dürer mit Sicherheit zu, während er die malerische Ausführung einer unbekannten Nürnberger Miniatorenwerkstatt zuweisen möchte, weil in Dürers unmittelbarer Umgebung niemand für die Arbeit in Frage käme. Auch E. Panofsky kann sich nicht für Eigenhändigkeit der Ausführung entscheiden. Im 17. Jahrh. trennte man offenbar eigenhändige von Werkstattarbeiten, da Overbeck nur Werke von Dürer sammelte, aber keine Bücher generell kaufte. Er zahlte für vierzehn Bände mit Malereien Dürers fast soviel wie zwei Jahre später Lord Arundel für einen beachtlichen Teil der ganzen Bibliothek mit zahlreichen Handschriften und Frühdrucken.

Literatur: Hain 15477, 1657 - E. Bodemann: Xylographische und typographische Incunabeln der Königlichen öffentlichen Bibliothek zu Hannover. Hannover 1866, S.91 - Early German Art. Ausst. Burlington Fine Arts Club. London 1906, Nr.23 - E. Rosenthal: Dürers Buchmalereien für Pirckheimers Bibliothek. In: Jb. d. Preuß. Kunstslgn. 49, Beiheft, 1929, S.1-54; 51, 1930, S.175-78 - E. Offenbacher: La bibliothèque de Wilibald Pirckheimer. In: La Bibliophilia 40, 1938, S.241-63 - Ph. Hofer: A newly discovered book with painted decorations from Willibald Pirckheimer's library. In: Harvard Library Bull. 1, 1947, S.66-75 - H. Rupprich: Willibald Pirckheimer. In: Schweiz. Beiträge z. allg. Gesch. 15, 1957, S.64-110, bes.73/74 - Ib. Magnussen-V. Thorlacius-Ussing: Willibald Pirckheimer og Albrecht Dürer. In: Fund og forskning i det kongelige Biblioteks Samlinger 5/6, 1958/59, S.110-28 - Catalogue of important printed books of the fifteenth century. Sotheby & Co. London 14.6.1966, Nr.66 - K. Pilz: Pirckheimers Bibliothek und Kunstsammlung. In: Willibald Pirckheimer. Dokumente, Studien, Perspektiven. Nürnberg 1970, S.93-110.

297 DIE HIEROGLYPHEN DES HORUS APOLLON

Albrecht Dürer

1 Ein Frosch
Federzeichnung; 3,5 : 4,5

2 Ein schreitender Löwe vor zwei Krügen   *Abb.*
Federzeichnung; 5,9 : 8,2

3 Ein stehender Hund
Federzeichnung; 6,6 : 10,2

4 Eine Ziege   *Abb.*
Federzeichnung; 8 : 7,7

Nürnberg, Germanisches Nationalmuseum (Hz 5494-97; Depositum Frau Irmgard Petersen geb. Blasius)

Im 2. oder 4. Jahrh. n. Chr. hatte ein Ägypter, der sich Horus Apollon nannte und dessen wirklicher Name unbekannt ist, eine Deutung der Hieroglyphen als Bilderschrift gegeben. Sein Werk mit dem Titel Hieroglyphica wurde von einem gewissen

Albrecht Dürer: Hieroglyphe des Horus Apollon (Ziege) (Kat. Nr. 297)

Philippus ins Griechische übersetzt. 1419 in Italien bekannt geworden und von den Humanisten begeistert begrüßt, erfuhr es dort erst 1517 durch Filippo Fasanini eine Übersetzung ins Lateinische. Vorher schon, 1512/13, hatte Pirckheimer für Kaiser Maximilian eine Übersetzung angefertigt, zu der Dürer die Illustrationen beisteuerte und dem Kaiser 1514 in Linz persönlich überreichte. Einige Seiten des Originalmanuskriptes sind in London vorhanden, eine Abschrift des Ganzen ist in Wien (Österr. Nationalbibl., Cod. 3255). Der Löwe mit drei Krügen (nur zwei erhalten) bedeutet Ägypten als das Geschenk des Nils, der Frosch den unordentlichen, häßlichen Menschen, der Hund die Weissagung und die Ziege die Unreinheit. Im ganzen haben sich vierzehn Figuren Dürers zur Horus Apollon-Übersetzung (in London, British Museum [3], Privatbesitz [1], Berlin [4] sowie Mailand, Ambrosiana [2]) erhalten.

Literatur: K. Giehlow: Hieroglyphenkunde des Humanismus in der Allegorie der Renaissance, besonders der Ehrenpforte Kaiser Maximilian I. In: Jb. d. kunsthist. Slgn. d. allerhöchsten Kaiserhauses 32, 1915, S.1-229 - G. Leidinger: Albrecht Dürer und die Hypnerotomachia Poliphili. In: Sitzungsber. d. Bayer. Akademie d. Wissenschaften, phil.-hist. Klasse 1929; H.3, S.3-35 - Panofsky 1, S.173/74, 177 - Winkler, Dürer 1957, S.275 - Zink, GNM, Nr.60-63.

298 PLUTARCHS SCHRIFT GEGEN DEN WUCHER

Plutarch: De vitanda usura ex greco in latinam traductus [Übers.: Willibald Pirckheimer]. Nürnberg: Friedrich Peypus, 26.1.1515. 4°

Aus dem Besitz W. Pirckheimers laut Vermerk auf dem Titelblatt

Frankfurt a. M., Stadt- und Universitätsbibliothek (Ausst. 206)

Es handelt sich um Plutarchs Schrift Περὶ τοῦ μὴ δεῖν δανείξεσθαι = De vitando aere alieno (Pirckheimers ›usura‹ gibt das Medium nicht korrekt wieder) -, die gelegentlich als unecht bezweifelt worden ist, eine kynische Predigt gegen den Luxus mit besonderer Wendung gegen das Schuldenmachen. Die zu den ersten Übersetzungen Pirckheimers gehörende Übertragung kam auf Anregung des Augsburger Domherrn Bernhard Adelmann von Adelmannsfelden zustande. Adelmann - auch mit K. Peutinger in dessen Sodalitas Augustana verbunden - war ein entschiedener Gegner der Ausbeutung. Die Widmung der Schrift an ihn gibt zu erkennen, wie gleich anderen auch diese Übersetzung Pirckheimers in den Dienst einer polemisch geschärften Idee gestellt wurde. Die Einstimmung auf das Tagesproblem wird in einer Vorrede geleistet. Eine Arbeit über den Wucher war gerade damals aktuell. Herbst 1514 hatte Dr. Johannes Eck in Augsburg im Rahmen der vieldiskutierten Frage über das Zinsverbot entgegen der allgemeinen kirchlichen Haltung das Zinsnehmen von produktivem Kapital bis zur Höhe von fünf Prozent verteidigt. Pirckheimer jedoch sprach sich mit Plutarch gegen Zinsen aus. - Die Titelillustration von Dürer mit dem von Putten gehaltenen Wappenschild wurde mehrfach benutzt, zuerst für die an der Spitze der veröffentlichten Übersetzungen Pirckheimers stehende Plutarchübertragung ›De his qui tarde a numine corripiuntur‹ (Nürnberg 1513).

Albrecht Dürer: Hieroglyphe des Horus Apollon (Löwe vor zwei Krügen)
(Kat. Nr. 297)

Literatur: Panzer VII, S. 456 Nr. 114 - K. Schottenloher: Die Entwicklung der Buchdruckerkunst in Franken bis 1530. Würzburg 1910, S. 61, 64 - K. Ziegler: Plutarch. In: Pauly-Wissowa: Real-Encyclopädie d. class. Altertumswiss. 21, 1 (41), 1951, Sp. 790 - H. Rupprich: Willibald Pirckheimer. Beiträge zu einer Wesenserfassung. In: Schweiz. Beiträge z. allg. Gesch. 15, 1957, bes. S. 85 - H. Lutz: Konrad Peutinger. Augsburg (1958), S. 108 - W. P. Eckert - Ch. v. Imhoff: Willibald Pirckheimer, Dürers Freund. Köln 1970.

299   DAS WAPPEN DES STABIUS MIT DEM LORBEERKRANZ

Werkstatt Albrecht Dürers (Wolf Traut?)

Über der Helmzier: STABIUS

Holzschnitt; Wz.: ICP mit Doppelkreuz auf verziertem Fuß (Druck von 1781); 29,6 : 19

Nürnberg, Germanisches Nationalmuseum (St. Nbg. 12369; Leihgabe der Stadt Nürnberg)

Die Zuschreibung des Holzschnittes an Albrecht Dürer oder einen Werkstattgenossen ist umstritten. Das Wappen dürfte zwischen 1512 und 1517 entstanden sein, als Dürer durch die Arbeit an der Ehrenpforte in sehr enger Beziehung zu dem Humanisten und dessen genealogischen Forschungen stand. Eine Fassung ohne Lorbeerkranz (B. 165) ging wahrscheinlich voraus.

Literatur: E. Weiss: Albrecht Dürers geographische, astronomische und astrologische Tafeln. In: Jb. d. kunsthist. Slgn. d. allerhöchsten Kaiserhauses 7, 1888, S. 213 - Winkler, Dürer 1928, S. 359, 433 - Ausst. Maximilian 1959, Nr. 444.

300   BILDNIS DES EOBANUS HESSE

Nach Albrecht Dürer

Holzschnitt, koloriert; 12,9 : 9,5

Aus Slg. v. Aufseß

Nürnberg, Germanisches Nationalmuseum (H 341)

Dürer hat Helius Eobanus Hesse (Koch) während seiner kurzen Tätigkeit an dem von Melanchthon gegründeten Gymnasium in Nürnberg 1526 mit dem Silberstift gezeichnet (W. 905; London). Nach der Zeichnung wurde ohne weitere persönliche Mitwirkung Dürers der Holzschnitt als Illustration für die Elegienausgabe geschaffen. Bei späteren Drucken wurde der Text entfernt.

Literatur: Rupprich, S. 296 Nr. 11.

UMWELT: NEUE VORSTELLUNGEN VON HIMMEL UND ERDE

In Albrecht Dürers Lebenszeit fallen zwei entscheidende Vorgänge in den Bemühungen um die Erkenntnis des Aussehens der Erde und des Baues des Weltalls. Am Anfang des Zeitraums steht die Rezeption des Wissens und der Vorstellungen der Antike durch die Übersetzung und Drucklegung der beiden großen Werke des Ptolemaeus, des Almagest 1496 durch Regiomontan bearbeitet und der Cosmographia oder Geographia in der Bearbeitung von Nicolaus Germanus 1477 in Bologna und 1482 wie 1486 in Ulm. Am Ende des Zeitraums ist das ptolemaeische Weltbild grundlegend verändert, wenn das Wissen um diesen Umsturz auch noch nicht Allgemeingut geworden ist. 1530 war das Buch des Nikolaus Kopernikus ›De Revolutionibus Orbium‹ vollendet, in dem er zur besseren Erklärung der Bewegungen der Planeten ein Denkmodell vorführt, in dem nicht mehr die Erde, sondern die Sonne den Mittelpunkt des Alls bildet. Erst 1543 wurde das Werk durch Johannes Petreius in Nürnberg gedruckt. Die Erforschung der Küste Afrikas, Christoph Kolumbus' Fahrt nach Westen und schließlich die Weltumseglung des Magalhães 1519-22 eröffneten nach und nach ein neues Bild von der Wirklichkeit der Erde, an der schließlich die Autorität des Ptolemaeus ebenso in den geographischen wie in den astronomischen Vorstellungen zerbrach. Nürnberg und die Nürnberger haben an dieser Entwicklung wesentlichen Anteil. Ein bedeutendes Metallhandwerk, geeignet für die Herstellung von Präzisionsinstrumenten, leistungsfähige Druckereien, ein wohlhabendes, interessiertes Bürgertum waren die Voraussetzung für das Wirken der Mathematiker, Astronomen und Geographen, die sich in Nürnberg niedergelassen hatten, an ihrer Spitze Johannes Müller aus Königsberg in Franken, gen. Regiomontanus, der vom Geburtsjahr Dürers, 1471, bis zu seinem frühen Tod, 1476, in Nürnberg wirkte (Kat. Nr. 321, 323). In Regiomontans Übersetzung ins Lateinische erschien 1496 der Almagest des Ptolemaeus zum ersten Mal im Druck, seine Erfindung des Jakobsstabes (Kat. Nr. 328), seine gedruckten Tafeln mit den Berechnungen der täglichen Phasen des Mondes und der Planeten (Ephemeriden 1474-1506) erlauben die Ortung auf hoher See und machten dadurch die Entdeckungsreisen erst möglich. Seine hinterlassene und von seinem Mitarbeiter und Nachfolger Bernhard Walther verwaltete und wohl noch erweiterte Bibliothek bot eine in Deutschland einzigartige Möglichkeit des Studiums der Erd- und Himmelskunde und verwandter Wissenschaften. Nicht zufällig entstanden hier 1492 nach Angaben von Martin Behaim zum ersten Mal seit der Antike eine plastische Darstellung der Erde in Kugelform (Kat. Nr. 301) und ein Vierteljahrhundert später der erste Globus, der - wenn auch noch in sehr unvollkommener Form - die von Kolumbus und seinen Nachfolgern entdeckte neue Welt zeigt. Albrecht Dürer war mit diesem Kreis von Gelehrten, den Bernhard Walther, Konrad Heinfogel, Martin Behaim, Erhard Etzlaub, Georg Hartmann, Johannes Stabius, Willibald Pirckheimer persönlich eng verbunden. Er selbst war an den Fragen der Geometrie höchst interessiert, seine Werkstatt, in der während der Ausführung der Ehrenpforte für Kaiser Maximilian (Kat. Nr. 261) auch seine Schüler Hans Springinklee und Wolf Traut arbeiteten, bot die Möglichkeit, Holzschnitte für selbständige Tafeln oder Illustrationen zu reißen. Es ist vor allem Johannes Stabius, mit dem er bereits 1504 (Kat. Nr. 304/05), besonders eng aber in der Zeit der Ehrenpforte (Kat. Nr. 309/10, 315) zusammenarbeitete. Wieweit es Stabius den Kenntnissen Dürers in der darstellenden Geometrie verdankte, daß seine Weltkarte (Kat. Nr. 315) erstmals von der Kugel auf die Karte projiziert werden konnte, wird sich allerdings kaum noch eindeutig feststellen lassen. Über die Konstruktion von Sonnenuhren (Kat. Nr. 325) hat Dürer in der Unterweisung der Messung gehandelt. Es ist die erste ausführliche in deutscher Sprache gedruckte Abhandlung zu diesem Thema, wobei es Dürer auf den praktischen Wert für Steinmetzen, Maler und Schreiner ankam, auch hier seiner mit der Veröffentlichung des Buches verbundenen Absicht treu, Kenntnisse zu überliefern und für den praktischen Gebrauch nutzbar zu machen.

Adolf Kirchvogel - Peter Strieder

301 DER ERDAPFEL DES MARTIN BEHAIM

Außer zahlreichen Inschriften im Südpolargebiet die Legende:
Aus furbitt (und) beger der fürsichtigen erbarn und weisen als der obersten Haubtleut der löblichen Reichstat Nurnberg Die dann zu dieser Zeiten geRegiert haben Mit namen Hern Gabriel Nutzel Hern Paulus folckmen Vnd Hrn Niclaß Grola(ndt) ist dise figur des appfels / gebracktizirt (und ?) gemacht worden aus kunst angebung vnd ubung durch den gestrengen vnd erbern Hern Martin peheim Ritter der sich dann jn dieser Kunstt kosmografia vil erfarn hat Vnd bey einen drittel der welt vmbfarn(.) Solchs a(lle)s m(it Fl)eiß aus(gezo)gen aus den / püchern tholomei pliny straboni und marcko polo vnd also zusamen gefücht alles Meer und ertrich yttlichs(?) nach seiner gestalt vnd furm(.) Solches alles dem erbern georgen holtzschuer von Ratswegen durch die gemelt(en Haubtleut ?) befollen worden ist / darzu er dan geraten und geholffen hat Mit meglichem fleys(.) Solche kunst vnd appfel ist gepracktizirt und gemacht worden Nach cristi gepurt 1492 jar der dan durch den gedachten Her: Martin pehem gemei (...) nürnberg zu ern vnd / letz hinter jn gelassen hat Sein (in ?) allen zeiten in gut zu gedenken Nach den er von H(is)p(a)n(i)A wider heim wendet zu seinem gemahel(?) das dan ob 700 Meil von hinn ist da er

haus helt vnd sein tag in seiner Insel(?) zu (besc)hleissen do er daheim ist

Pappmasse mit Gipsoberfläche, darüber Pergament, bemalt; Metalldreifuß (mit Jahreszahl 1510); Dm. 50,7, Gesamthöhe 133

Bis 1531 im Nürnberger Rathaus, danach bis 1937 im Besitz der Frhrn. v. Behaim, Nürnberg

Nürnberg, Germanisches Nationalmuseum (WI 1826)

Bei dem für den Nürnberger Rat auf Veranlassung der Patrizier Paulus Volckamer, Nicolaus Groland und Gabriel Nützel hergestellten Globus fertigte der Handwerker Kalberger die Kugel, der Briefmaler Georg Glockendon d. Ä. die Bemalung und Beschriftung. Diese älteste erhaltene Erdkugel - noch ohne Amerika und Australien - beseitigte die naive Vorstellung von einer flachen Erdscheibe. Im Jahr der Entdeckung Amerikas vollendet, zeigt sie das Erdbild noch mit der auf Ptolemaeus zurückgehenden irrigen Vorstellung des Indischen Ozeans als eines im Süden von einem Inselkranz abgeschlossenen Binnenmeeres. Die damals noch unbekannten Polarzonen sind reine Phantasieprodukte, die südliche füllt der Nürnberger Adler.

Literatur: O. Muris: Der ›Erdapfel‹ des Martin Behaim. In: Ibero-Amerikanisches Archiv 17, 1943, S. 1-64 - Martin Behaim und die Nürnberger Kosmographen. Ausst. Nürnberg 1957, S. 6, Nr. 1 - O. Muris-G. Saarmann: Der Globus im Wandel der Zeiten. Berlin-Beutelsbach 1961, S. 47-62 - A. Fauser: Ältere Erd- und Himmelsgloben in Bayern. Stuttgart 1964, S. 14, 52/53 - Bagrow, S. 217, 491 - H. Michel: Messen über Zeit und Raum. Stuttgart 1965, S. 82/83.

302 ERDGLOBUS
Johann Schöner

Lange Inschrift, die neben Johann Schöner dessen Auftraggeber, den Bamberger Bürger Johannes Seyler, nennt und mit der Jahreszahl schließt: ... annos Mille et quingentos et quattuor lustra 1520

Die mit Holzschnitten bedruckten Globensegmente aufgezogen auf Kugel aus Pappe und koloriert; Dm. 86,6; in Gestell aus Fichten- und Lindenholz mit Meridianring aus Messing; Gesamthöhe 129

Nach J. Seyler im Besitz von J. Eck, Nürnberg, der den Globus 1531 der Stadt Nürnberg schenkte, Aufstellung im Rathaus anstelle des Behaim-Globus, später in der Stadtbibliothek

Nürnberg, Germanisches Nationalmuseum (WI 1; Leihgabe der Stadt Nürnberg)

J. Schöner hat den Globus in Bamberg hergestellt, wo er eine eigene Hausdruckerei betrieb. Nach den Weltkarten des Martin Waldseemüller sind die neuentdeckten Länder als mehr oder minder große Inselgruppen eingezeichnet, wobei die noch vorhandene Enge des Raumes zwischen Asien und Europa auffällt. Die Beziehung zu Waldseemüller wird auch durch eine Meeresstraße deutlich, nach der - zwischen der südlichen und der nördlichen Landmasse - Columbus und seine Nachfolger vergeblich gesucht haben. Auffallend ist die, einer erst 1522 bekannt gewordenen Entdeckung durch Magalhães vorauseilende, Darstellung der Südspitze Amerikas und der Wasserstraße zwischen dieser und dem hypothetischen Südkontinent.

Literatur: Zinner, Sternkunde, S. 99-103 - O. Muris-G. Saarmann: Der Globus im Wandel der Zeiten. Berlin-Beutelsbach 1961, S. 81/82 - W. Bonacker: Der Erdglobus von Johannes Schöner aus dem Jahre 1520. In: Mitt. d. Ver. f. Gesch. d. Stadt Nürnberg 51, 1962, S. 441/42 (m. weiter. Lit.) - A. Fauser: Ältere Erd- und Himmelsgloben in Bayern. Stuttgart 1964, S. 123 Nr. 197.

303 DER HIMMELSGLOBUS DES JOHANNES STÖFFLER

Am Gestell aufgemaltes Wappen und die Inschrift: SPHERAM HANC SOLIDAM IOANNES STÖFFLER IUSTINGENSIS ANNO CHRISTI MAXIMI 1493 FOELICISSIMO SYDERE FABREFECIT; über einer weiteren Inschrift Gelehrtenbildnis

Holz, bemalt; Dm. 48. Meridianring Eisen. Stundenkreis und Stundenzeiger Messing, vergoldet. Horizont Holz, bemalt. Gestell Holz mit Eisenbeschlag. Gesamthöhe 106

Aus dem Besitz des Auftraggebers, des Konstanzer Weihbischofs Daniel Zehender, an die dortige Domschule, später in der Lyceumsbibliothek

Nürnberg, Germanisches Nationalmuseum (WI 1261; Depositum des Gymnasiums in Konstanz)

Der Meridianring trägt die Himmelsachse und damit die Himmelskugel, die mit einer Kurbel am Nordpol gedreht werden kann, woraufhin der Stundenwinkel auf der Stundenscheibe mit einem Zeiger abzulesen ist. Bei den Sternen sind die ersten vier Helligkeitsgrade durch goldene, die schwächeren durch silberne Knöpfe gekennzeichnet. Neben den Figuren der Sternbilder stehen ihre antiken und mittelalterlichen Namen, neben den hellen Sternen deren griechische und arabische. Der Horizontring zeigt die Sternbilder des Tierkreises, die Namen der Feste und Heiligen, die Sonntagsbuchstaben, die Monate und Winde; beim ›October‹ das Wappen des Auftraggebers.

Literatur: Zinner, Instrumente, S. 543-45 - O. Muris-G. Saarmann: Der Globus im Wandel der Zeiten. Berlin-Beutelsbach 1961, S. 69 - A. Fauser: Ältere Erd- und Himmelsgloben in Bayern. Stuttgart 1964, S. 131/32 Nr. 213 - H. Michel: Messen über Zeit und Raum. Stuttgart 1965, S. 128/29.

304 DER ASTRONOM AUF DEM WELTALLTHRON
Hans von Kulmbach

Titelholzschnitt zu Messahala: De scientia motus orbis. Hrsg.: Johannes Stabius. Nürnberg: Johann Weissenburger, 3. 4. 1504. 4°

Bamberg, Staatsbibliothek (1 an: Inc. typ. H. V. 13)

Bereits mehrere Jahre bevor durch die gemeinsame Arbeit an den Holzschnittwerken für Kaiser Maximilian eine enge Verbindung zwischen J. Stabius und Dürer entstand, wurde dieses frühe Werk des damals in Wien lehrenden Mathematikers durch ein Titelbild aus der Dürerwerkstatt geschmückt, wobei die Ausführung wahrscheinlich durch H. v. Kulmbach erfolgte. Ma-sa-allah war jüdischer Astronom und Mathematiker in der Zeit um 820 n. Chr.

Literatur: Panzer VII, S. 443 Nr. 28 - Winkler, Dürer 1928, S. 253 - Meister um Albrecht Dürer. Ausst. Nürnberg 1961, Nr. 227.

305 URANIA (?), DAS UNIVERSUM HALTEND
Werkstatt Albrecht Dürers

Johannes Stabius: Pro(g)nosticon ... ad annos domini: M:D: iii & iiii: Nürnberg: Johann Weissenburger [1503]. 2°

München, Bayerische Staatsbibliothek (Einbl.-Drucke IV/7)

Astronomie und Astrologie sind in der Renaissance unlöslich miteinander verbunden. Der Holzschnitt zeigt den Einfluß der Stellung der Planeten im Tierkreis auf die Erde. Das Prognosticum (Prognosticon), ursprünglich meist Practica genannt, enthielt Voraussagen über das Wetter, eintretende Naturkatastrophen, politische Ereignisse, Auftreten von Kometen. Zwischen 1501 und 1506 wurden in Deutschland 26 solcher Vorhersagen getroffen.

Literatur: Winkler, Dürer 1928, S. 253 - E. Zinner: Geschichte und Bibliographie der astronomischen Literatur in Deutschland zur Zeit der Renaissance. Leipzig 1941, S. 22, 55, 110, 137 Nr. 834a.

306 DIE ARMILLARSPHÄRE
Albrecht Dürer

In: Claudius Ptolemaeus: Geographicae enarrationis libri octo Bililbaldo Pirckeymhero interprete ... Straßburg: Johann Grüninger für Anton Koberger, 30.3.1525. 2°

Holzschnitt; 26,7 : 26,1

Wahrscheinlich aus der Hofbibliothek Eichstätt

Augsburg, Staats- und Stadtbibliothek (2° LG 310a)

W. Pirckheimer redigierte die Straßburger Ausgabe der ›Geographia Ptolemaei‹ von 1522 des Laurentius Fries. Er fügte den Dürerholzschnitt mit der Armillarsphäre hinzu. Dies ist eine schematische Idealkonstruktion der am Himmel gedachten Kreise, wie Horizont, Meridian, Ekliptik usw., nach ptolemaeischer Anschauung mit der Erde in der Mitte, umgeben von den Darstellungen der Winde.

Literatur: Panzer 6, S. 107 Nr. 698 - Winkler, Dürer 1928, S. 376.

307 DIE KARTE DES NÖRDLICHEN STERNENHIMMELS
Nürnberger Astronom mit Beizeichnungen von Albrecht Dürer
Abb.

Auf dem Kreis der Ekliptik die zwölf Sternbilder des Tierkreises, denen weitere Sternbilder zum Pol hin folgen; in den Ecken die vier Elemente, neben dem Feuer Apoll und Mars, neben der Luft Saturn und Venus, neben der Erde Jupiter und Pluto nebst Cerberus und den Erinnyen, neben dem Wasser Merkur und Luna

Federzeichnung in Braun auf Pergament, z. T. mit Silber und Gold gehöht, Beschriftungen in roter Antiqua, die ptolemaeischen Nummern je nach Lage in Schwarz oder Rot; der Rabe bei Apoll und der Adler bei Jupiter mit Feder in Schwarz (von A. Dürer hinzugefügt); 67,4 : 67,2

308 DIE KARTE DES SÜDLICHEN STERNENHIMMELS
Nürnberger Astronom
Abb.

Sechzehn Masken der Winde umgeben die Sternbilder, dazwischen die vier Himmelsrichtungen. In der linken oberen Ecke hält ein Jüngling das Wappen der Stadt Nürnberg, in der oberen rechten das Wappen des Konrad Heinfogel, dazwischen: ANNO.DO.MDIII; links oben außerdem die Parzen, rechts Vanitas; in der linken unteren Ecke latein. Sinngedicht auf die Winde von Dietrich Ulsenius, rechts unten der Astronom Sebastian Sperantius; rechts oben latein. Lobspruch auf Heinfogel und Nürnberg, rechts unten vier latein. Hexameter

Federzeichnung in Braun auf Pergament, Beschriftungen in roter Antiqua, die ptolemaeischen Nummern je nach Lage in

Schwarz oder Rot, Verse in Braun mit roten Anfangsbuchstaben, Wappen in Deckfarben; 66,9 : 67

Nürnberg, Germanisches Nationalmuseum (Hz 5576/77)

Diese Karten sind wesentliche, aber noch weiterer Deutung harrende Zeugnisse des Nürnberger Frühhumanismus, als deren astronomischer Urheber Konrad Heinfogel anzusehen ist. Die Nordkarte mit den Wahrzeichen des 1502 von Maximilian I. gegründeten Wiener Collegium poetarum et mathematicorum, Merkur mit Flöte und Apollo mit Pfeilbogen als Schlangentöter, stellt den Sternhimmel für die Frühlingsequinox des Jahres 1424 dar. Beide Karten stehen in engem Zusammenhang mit Dürers Holzschnittkarten von 1515 (Kat. Nr. 309/10) und gehen wahrscheinlich auf das Sternverzeichnis Regiomontans von 1424 zurück, wobei eine Verbindung zu dessen verschollener Himmelskarte vermuten läßt. Die gleichen Sternbilder finden sich, weniger stilisiert und den orientalischen Vorbildern näher, auf einer um 1440 entstandenen und einem in Süddeutschland tätigen Italiener zugeschriebenen Sternkarte des cod. Vind. 5415 der Österr. Nationalbibl., Wien. - E. Panofsky möchte als den Urheber der allegorischen und mythologischen Dekoration der Karte, die im Gegensatz zu dem Vorbild humanistische Züge aufweist, den Illustrator der Quatuor libri amorum sehen, der heute mit Hans von Kulmbach identifiziert wird. Seiner Meinung nach ist der später eingezeichnete Rabe des Apoll und der Adler des Jupiter nicht von Dürer selbst, sondern von einem Gehilfen, der auch die Abschrift des Horus-Apollon-Manuskriptes in Wien (vgl. auch Kat. Nr. 297) illustrierte. Als Vermittler zwischen Wien und Nürnberg, wo die Zeichnungen ausgeführt wurden, kann an Konrad Celtis, eher noch an Johann Stabius gedacht werden, der ein Jahr später das Traktat des Messahala ›De scientia motus orbis‹ mit einem eigenen Vorwort versehen herausgibt und bei Johann Weissenburger in Nürnberg drucken läßt (Kat. Nr. 305).

Literatur: W. Voss: Eine Himmelskarte vom Jahre 1503 mit dem Wahrzeichen des Wiener Poetenkollegiums als Vorlage Albrecht Dürers. In: Jb. d. Preuß. Kunstslgn. 64, 1943, S. 89-150 - S. G. Barton: Dürer and early starmaps. In: Sky and Telescope 6, 1947; Nr. 11, S. 6-8; Nr. 12, S. 12/13 - Zink, GNM, Nr. 99/100 (m. weit. Lit. u. Angabe sämtlicher Inschriften) - D. Wuttke: Unbekannte Celtis-Epigramme zum Lobe Dürers. In: Zs. f. Kunstgesch. 30, 1967, S. 324.

309 DIE NÖRDLICHE HIMMELSKARTE
Albrecht Dürer

Oben: Imagines coeli septentrionales cum duodecim imaginibus zodiaci. Auf den oberen Kartenecken Bildnisse und Namen der Astronomen Aratus Cilix und Ptolemaeus Aegyptus, links unten M. Manilius Romanus (Marcus Manilius, römischer Dichter, Verfasser von 5 Büchern über Astrologie), rechts unten Azophi Arabus (Addorrhaman Al-Suphi)

Holzschnitt, koloriert; 43 : 43

Um 1835 überwiesen von der Bayer. Staatsbibliothek

München, Staatliche Graphische Sammlung (118931)

310 DIE SÜDLICHE HIMMELSKARTE
Albrecht Dürer

Oben: Imagines coeli Meridionales. Links oben Wappen des Kardinals Lang von Wellenburg, rechts oben Widmung an diesen. Links unten: Ioann Stabius ordinavit/Conradus Heinfogel

Nürnberger Astronom, 1503: Die Karte des nördlichen Sternenhimmels (Kat. Nr. 307)

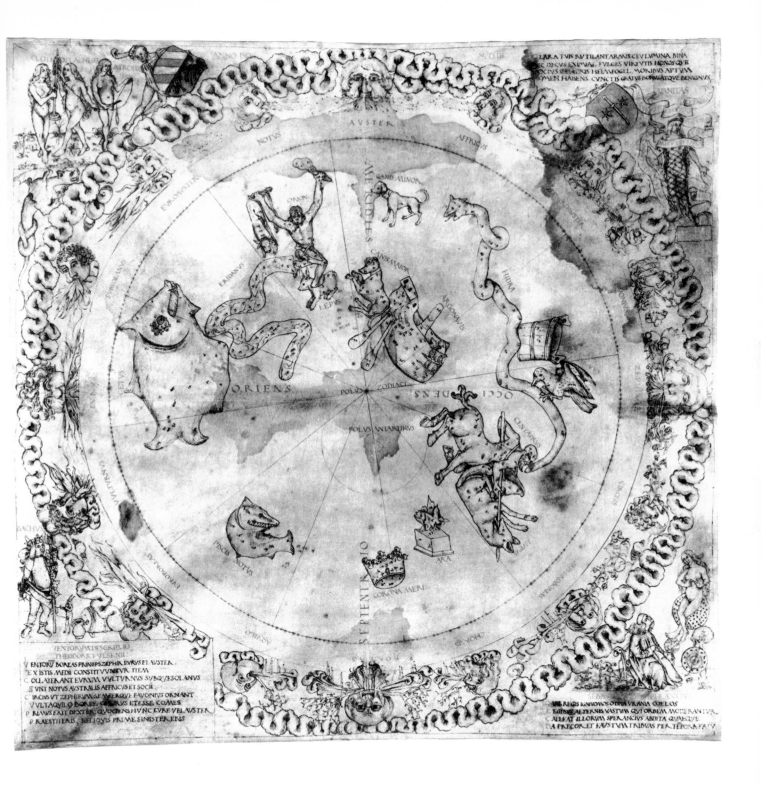

Nürnberger Astronom, 1503: Die Karte des südlichen Sternenhimmels (Kat. Nr. 308)

stellas/posuit/ Albertus Durer imaginibus/circumscripsit. Darunter die Wappen der Genannten. Rechts kaiserliches Schutzprivileg und Jahreszahl 1515

Holzschnitt, koloriert; 42,7 : 43,1

Um 1835 überwiesen von der Bayer. Staatsbibliothek

München, Staatliche Graphische Sammlung (118 930)

Die gezeichneten Sternkarten von 1503 (Kat. Nr. 307/08) haben als direktes Vorbild für die beiden im Auftrag von Johann Stabius von Dürer gerissenen Sternkarten gedient. Für die gegenüber den Vorlagen veränderte Sternstellung hat Heinfogel ein Sternverzeichnis des Klosters Reichenbach für das Jahr 1499 oder ein solches für das Jahr 1500, das Regiomontanus seinem Sternverzeichnis für 1424 angehängt hat, benutzt. - Vermutlich waren die Karten schon 1512 für den kaiserlichen Sekretär Jacob de Pannissis bestimmt, wurden dann aber erst 1515 veröffentlicht und Kardinal Lang von Wellenburg gewidmet. Wie die Vorbilder sind diese sehr frühen Himmelskarten in stereographischer Polarprojektion entworfen, bei welcher der Pol der Ekliptik das Projektionszentrum bildet; es sind also nicht die Halbkugeln beiderseits des Äquators, sondern der Ekliptik erfaßt.

Literatur: E. Weiss: Albrecht Dürers geographische, astronomische und astrologische Tafeln. In: Jb. d. kunsthist. Slgn. d. allerhöchsten Kaiserhauses 7, 1888, S. 209-213 - Ausst. Maximilian 1959, Nr. 446/47.

311 HOROSKOPION FÜR KAISER MAXIMILIAN I.

Hans Springinklee

Oben in den Ecken geflügelte Genien mit Fahnen, die den kaiserlichen Doppeladler und die Farben von Österreich und Burgund zeigen, unten links Wappenschild mit kaiserlichem Adler, daneben leerer Wappenschild, rechts Wappenschild des Stabius und Wappen Österreich-Burgund

Holzschnitt, koloriert; 46,3 : 46,1

Wien, Graphische Sammlung Albertina (1950/219)

1512, als Hans Springinklee Dürer in der Ausführung der Ehrenpforte unterstützte, ließ der Historiker und Mathematiker Johannes Stabius drei Horoscopion genannte Berechnungen des Sonnenstandes als Holzschnitte mit erläuterndem Text, bei dem vorliegenden in Handschrift, den übrigen in Typendruck, anfertigen. Der Holzschnittschmuck steht der Ehrenpforte nahe. Der Auftrag dürfte an Dürer ergangen sein. Das in Form des ›Erdkreises‹ angelegte Horoskopion war dem Kaiser, ein zweites in Form zweier Lilien Kardinal Lang von Wellenburg (Heller, Nr. 2107; Passavant, Nr. 296), ein drittes dem kaiserlichen Rat und Sekretär Jacob de Pannissis gewidmet (Heller, Nr. 2106; Passavant, Nr. 295). - Das Horoskopion diente als Rechentafel zur Umwandlung der gewöhnlichen Stunden in die Planetenstunden und in die Stunden seit Aufgang und Untergang der Sonne (vgl. auch Kat. Nr. 312).

Literatur: J. Heller: Das Leben und die Werke Albrecht Dürers 2, II. Bamberg 1827, S. 800/01 Nr. 2106-08 - E. Weiss: Albrecht Dürers geographische, astronomische und astrologische Tafeln. In: Jb. d. kunsthist. Slgn. d. allerhöchsten Kaiserhauses 7, 1888, S. 213-18 - C. Dodgson: Drei Studien. III. Zu den Horoskopen des Stabius. Ebda 29, 1910, S. 7-13 - Ausst. Maximilian 1959, Nr. 448.

312 HOROSKOPION FÜR JACOB DE PANNISSIS

Hans Springinklee

Oben: horoscopion omni generaliter congruens climati; darunter: Scala latitudinum und die Namen der Tierkreiszeichen. Rechts: Signa meridiei und die Namen der Tierkreiszeichen. Unten: Veteri huic invento lineamenta horarum temporalium atque inter duos solis/exortus duosque occasus Joann Stabius nuper annexuit.1.5.1.2. Zwei geflügelte Genien mit Fahnen, die den kaiserlichen Doppeladler und die Farben von Österreich und Burgund zeigen

Holzschnitt, koloriert; 32,5 : 20,2; mit Typendruck

Nürnberg, Germanisches Nationalmuseum (HB 25805)

Die rechte Hälfte des Horoskopions mit einer ausführlichen Erklärung in Typendruck ist nur bei dem Exemplar im Kupferstichkabinett des Britischen Museums erhalten. Regiomontan machte 1412 sein Quadratum horarium generale, das Allgemeine Uhrtäfelchen, bekannt. Johannes Stabius ergänzte diese Zeitrechentafel, indem er die Linien für die Polhöhen auf 0 bis 67 Grad zur Errechnung der gewöhnlichen Stunden und der Stunden seit Aufgang und Untergang der Sonne erweiterte. Die Zeichnung, die man als Entwurf für ein metallenes Instrument ansehen kann, zeigt unten die senkrechten Linien der gleichlangen Stunden, rechts begrenzt von den Signa meridiei. Darüber gibt ein schiefwinkliges Koordinatennetz mit seinen querliegenden Koordinaten die Polhöhen von 0 bis 67 Grad an, die spitzzulaufenden Koordinaten die Tierkreiszeichen; es ist eine sich verjüngende Skala, die als Scala latitudinum bezeichnet ist. Über der Mittellinie hat man sich (hier nicht wiedergegeben) einen Hebel zu denken, der in einen Winkelarm mit einem Lotfaden endet. Der Winkelarm wird so eingestellt, daß seine Spitze auf die betreffende Polhöhe und die Sonnenstellung im Tierkreis weist. In der Skala Signa meridiei wird mit dem Lotfaden der Sonnenort bedeckt und die Stelle mit einem Knoten fixiert. Dann wird ein Visierkorn der oberen Kante so zur Sonne gerichtet, daß der Kornschatten entlang der Kante fällt. Aus der Knotenstellung zwischen den Stundenlinien wird die betreffende Stunde ermittelt.

Literatur: vgl. Kat. Nr. 311 - Ausst. Maximilian 1959, Nr. 449 (dort irrtümlich als Horoskopion für Kaiser Maximilian I. bezeichnet).

313 DIE COSMOGRAPHIA DES CLAUDIUS PTOLEMAEUS

Claudius Ptolemaeus: Cosmographia. Übers.: Jacobus Angelus. Hrsg.: Nicolaus Germanus. Ulm: Leonhard Holl, 16.7.1482. 2°

Nürnberg, Stadtbibliothek (Math. 550. 2°)

Das Werk des Ptolemaeus mit der Erfassung von ca. 8000 Orten der damals bekannten Welt nach Längen- und Breitengraden fand seit dem Ende des 13. Jahrhs. erneutes Interesse. Aber erst seit dem 15. Jahrh. wurde das Abendland wieder in größerem Umfang mit den kartographischen Kenntnissen des Altertums konfrontiert, was sich zuerst sowohl in einer fast unumschränkten Herrschaft der ptolemaeischen Lehre als auch in zahlreichen Ausgaben der ›Geographie‹ erwies. Der Druck der vorliegenden ersten in Deutschland erschienenen Ausgabe erfolgte nach einer Handschrift, die Nicolaus Donus Germanus mit neuen Karten von Spanien, Italien und den nordischen Ländern ergänzt hatte.

Literatur: Hain 13539 - Schramm 7, Abb. 1-38 - Bagrow, S. 117, 518.

314 DIE WELTKARTE IN DER SCHEDELSCHEN WELTCHRONIK

Wilhelm Pleydenwurff

Aus: Hartmann Schedel: Liber chronicarum. Nürnberg: Anton Koberger für Sebald Schreyer und Sebastian Kammermaister, 12.7.1493. 2°

Holzschnitt, koloriert; 30,6 : 43,1

Nürnberg, Germanisches Nationalmuseum (La 3359)

Als Vorläufer der von Dürer entworfenen Mappa mundi (vgl. Kat. Nr. 315) ist die 1493 in der Schedelschen Weltchronik erschienene Weltkarte (fol. 12 v-13 r) zugleich ein frühes Zeugnis für die Sonderstellung Nürnbergs in der Geschichte der Kartographie. Diese Karte gilt als Kopie eines Planes, der sich als Titelholzschnitt in der 1482 von Erhard Ratdolt in Venedig gedruckten Ausgabe der ›Cosmographia‹ des Pomponius Mela findet; Entwurf und Formzeichnung des Holzschnittes werden Wilhelm Pleydenwurff zugeschrieben. Letzteres trifft auch für die zweite Karte im gleichen Werk (fol. 299 v-300 r) zu, deren besondere Bedeutung darin besteht, daß ihr Autor, Hieronymus Müntzer, damit in Anschluß an Nicolaus von Cues die erste gedruckte Karte von Deutschland schuf.

Literatur: L. Baer: Die illustrierten Historienbücher des 15. Jahrhunderts. Straßburg 1903, S. 172-84, bes. S. 176 - Stadler, S. 42/43, 48 - Schramm 17, Abb. 421 - Bagrow, S. 511, 523.

315 DIE WELTKARTE DES STABIUS (ÖSTLICHE HALBKUGEL)

Albrecht Dürer

Links oben Wappen des Kardinals M. Lang von Wellenburg, unten Wappen des J. Stabius, rechts oben Widmung des Stabius an den Kardinal, unten kaiserliches Druckprivileg und Erscheinungsjahr 1515. Um die Kugel zwölf geflügelte Köpfe mit den Namen der Winde

Vier zusammensetzbare Holzstöcke; 1. 54,1 : 43,3; 2. 11,7 : 43,3; 3. 55 : 43,6; 4. 11,2 : 43,6

Aus der Wiener Hofbibliothek

Wien, Graphische Sammlung Albertina (Holzstock 719-22)

Die von Stabius entworfene und von Dürer gerissene Karte, von der sich alte Abdrucke nicht erhalten haben, ist der erste Versuch der perspektivischen Darstellung einer Erdhälfte in orthogonaler Horizontalprojektion, bei der als Mittelpunkt eine 90 Grad von den Kanarischen Inseln (Insulae fortunatae) abstehende Länge und die Breite des Wendekreises des Krebses oder nach antiker Annahme die von Syene in Oberägypten angenommen wurde. Auf der östlichen Halbkugel erscheint daher die ganze nördliche Hälfte mit Einschluß des Nordpoles, die südliche nur bis zu einer Breite von 50 Grad.

Literatur: E. Weiss: Albrecht Dürers geographische, astronomische und astrologische Tafeln: In: Jb. d. kunsthist. Slgn. d. allerhöchsten Kaiserhauses 7, 1888, S. 208/09 - Maximilian I. Ausst. Innsbruck 1969, vgl. Nr. 369.

316 WELTKARTE IN HERZFÖRMIGER PROJEKTION

Orontius Finaeus

Oben die Inschrift: RECENS ET INTEGRA ORBIS DESCRIPTIO; in der Mitte das französische Wappen; unten: ORONTIUS F. DELPH. REGI 'MATHEMATHIC' FACIEBAT.

Holzschnitt; 45,2 : 58,6

Nürnberg, Germanisches Nationalmuseum (La 209)

Die Neuentdeckungen um die Wende des 15. zum 16. Jahrh. beflügelten die Kartenzeichner, auch diesen nun größer gewordenen Erdkreis auf einem Blatt darzustellen. Das führte zum Teil zu phantastischen Projektionsmethoden nach dem Vorgang von Bernardus Sylvanus, der 1511, in Abänderung der ptolemaeischen Kegelprojektion, eine schon von Johann Stabius theoretisch erdachte herzförmige Karte entwarf. Konzentrisch gleich weit abstehende Parallelkreise haben den Nordpol als Mittelpunkt; Meridiankurven führen durch die Parallelkreise vom Nordpol zu dem in gleicher Entfernung vom Äquator angesetzten Südpol. Von Johannes Werner in Nürnberg in seinem Traktat über vier Projektionen 1514 erneut beschrieben, von Peter Apian 1530 und von Orontius Finaeus praktisch übernommen, erwies sich diese Projektionsmethode besonders geeignet für den damaligen Wissensstand. So sieht man auf der vorliegenden, 1536 in Paris durch Hieronymus Gormontius gedruckten Karte die Lage des schon bekannten Territoriums an hervorragender Stelle, während die wenig bekannte südliche Hälfte unten ihren Platz findet.

Literatur: Bagrow, S. 186, 487.

317 KARTE VON MITTELEUROPA

Oben unter längerer Inschrift (QVOD PICTAS EST PARVA... IVSSIT IN ERE): EYSTAT ANNO SALVTIS 1491. XII KALENDIS AVGVSTI PERFECTVM

Kupferstich; 44 : 58,3

Nürnberg, Germanisches Nationalmuseum (La 214)

Konrad Peutinger erwarb die 1491 gestochene Kupferplatte mit der Karte von Mitteleuropa; sie ging angeblich auf ein verlorenes Original zurück, das von Kardinal Nicolaus von Cues vielleicht schon 1439 zusammengestellt sein soll. Peutinger ließ mehrere Abdrucke anfertigen. Die Karte ist noch ganz der ptolemaeischen Überlieferung verhaftet, mit der Trapezform und den seitlichen Angaben von Parallelen, Klimaten und Tageslängen, mit der Krümmung von Jütland nach Osten, der übertriebene Schräglage von Italien, der Sackform der Ostsee.

Literatur: L. Bagrow: A Ortelii Catalogus cartographorum. Ergänz.-H. 210 z. Petermanns Mitt. 1930, S. 29-33 - E. Wolter: Die ersten Generalkarten von Deutschland. Ein Beitrag zur Geschichte der Karten des Cusa- und Etzlaub-Typus. Diss. Göttingen 1922 (Masch. Schr.) - A. Herrmann: Die ältesten Karten von Deutschland bis Gerhard Mercator. Leipzig 1940, S. 10/11 - Bagrow, S. 215/16.

318 DIE ROMWEGKARTE

Erhard Etzlaub

Oben: Das ist der Rom Weg von meylen zu meylen mit puncten verzeychnet von eyner stat zu der andern durch deutzsche lantt

Holzschnitt; 41 : 29

Nürnberg, Germanisches Nationalmuseum (La 142)

Diese für die Rompilger des Heiligen Jahres 1500 von E. Etzlaub entworfene und von Georg Glockendon d. Ä. gedruckte Karte ist die erste größere Reisekarte von Deutschland. Sie zeigt den Süden oben und Nürnberg im Mittelpunkt. Die Benutzung des Maßstabes wird am linken unteren Rand und der Gebrauch des Kompasses als Wanderinstrument unten rechts erklärt.

Literatur: H. Krüger: Das Hl. Jahr 1500 und Erhard Etzlaubs Romwegkarte. In: Erdkunde 4. Bonn 1950, S. 137-44 - Bagrow, S. 216-19, 486 - F. Schnelbögl: Leben und Werk des Nürnberger Kartographen Erhard Etzlaub, gest. 1532. In: Mitt. d. Ver. f. Gesch. d. Stadt 57, 1970, S. 216-231, bes. 223.

319 STRASSENKARTE VON MITTELEUROPA
Erhard Etzlaub

Oben die Inschrift: Das seyn dy lantstrassen durch das Romisch reych von einem Kunigreich zw dem andern dy an Tewtsche land stossen von meiln zw meiln mit puncten verzaichet. Unten: Albrecht Glockendon Illuminist 1533

Holzschnitt, koloriert; 56,8 : 42

Nürnberg, Germanisches Nationalmuseum (La 217)

Diese Karte ist - abgesehen von Legende und Signatur - ein unveränderter Abdruck eines von Georg Glockendon d. Ä. gedruckten Holzschnittes aus dem Jahr 1501. Dabei handelt es sich um das einzige bekannte Exemplar des anastatischen Neudrucks Albrecht Glockendons nach dem 1532 erfolgten Tode von Erhard Etzlaub.

Literatur: H. Krüger: Des Nürnberger Meisters Erhard Etzlaub älteste Straßenkarten von Deutschland. In: Jb. f. fränk. Landesforschung 18, 1958, S. 26/27 - Bagrow, S. 104 - F. Schnelbögl: Leben und Werk des Nürnberger Kartographen Erhard Etzlaub. In: Mitt. d. Ver. f. Gesch. d. Stadt Nürnberg 57, 1970, S. 223/24.

320 KOPIE DER DEUTSCHLANDKARTE DES SEBASTIAN MÜNSTER

Auf: Astrolabium. Bezeichnet: J. H. (Josua Habermel?) 1575

Messing, vergoldet; Dm. 39,3

Nürnberg, Germanisches Nationalmuseum (WI 138)

Von Sebastian Münsters ›Eyn New lustig und kurzweilig Instrument der Sonnen, mit yngesetzter Landtafel Teutscher nation‹ aus dem Jahr 1525 ist nur ein Exemplar in Basel (Universitätsbibl.) erhalten. Wenn die auf dem Astrolab in Originalgröße gravierte Kopie dieses ›Instrument der Sonnen‹ nach fünfzig Jahren noch reproduziert ist, wird seine anerkannte Bedeutung deutlich. Es bildete in der Tat die Grundlage von Münsters späteren Deutschlandkarten in seiner Cosmographie. Münsters kreisrunde Deutschlandkarte von 1525 ist ein Ausschnitt aus E. Etzlaubs Straßenkarte von 1501 (Kat. Nr. 319) mit geringfügigen Abänderungen aufgrund der Karten von M. Waldseemüller (1511 ff.) und G. Erlinger (1515, 1524).

Literatur: A. Wolkenhauer: Sebastian Münsters verschollene Karte von Deutschland von 1525. In: Globus 94, 1908, S. 1-6 - E. Wolter: Die ersten Generalkarten von Deutschland. Ein Beitrag zur Geschichte der Karten des Cusa- und Etzlaub-Typus. Diss. Göttingen 1922 (Masch. Schr.) - W. Matthey: Sebastian Münsters Deutschlandkarte von 1525 auf einem Messingastrolabium. In: German. Nationalmus. Nürnberg. 96. Jahresber. 1951, S. 42-51.

321 ASTROLABIUM DES REGIOMONTANUS

Eingraviert die Jahreszahl 1468

Kupfer; Dm. 28

Nürnberg, Germanisches Nationalmuseum (WI 5; Leihgabe der Stadt Nürnberg)

Nach alter Tradition wurde das Instrument von Regiomontan hergestellt und von ihm benutzt. Das Astrolab diente im Altertum, vor allem aber im Mittelalter, zur unmittelbaren Bestimmung der Sterne in ihren Hauptpositionen, aber auch zur astronomischen Zeitmessung. Hier ist bemerkenswert das über der Mater liegende Netz, das einem Baum mit Zweigen gleicht, an dem die Sterne die Knospen bilden.

Literatur: Zinner, Instrumente, S. 480.

322 ASTROLABIUM DES JOHANNES WERNER (?)

Auf der Rückseite eingraviert die Jahreszahl 1516

Messing, vergoldet; Dm. 16,6

Nürnberg, Germanisches Nationalmuseum (WI 22; Leihgabe der Stadt Nürnberg)

Das Instrument diente offenbar zur Umwandlung der Planetenstunden, d. h. der ungleichlangen Stunden in die gleichlangen. Seine Häuserkurven waren seit dem 15. Jahrh. für astrologische Zwecke gebräuchlich.

Literatur: Zinner, Sternkunde, S. 111-13 - Ders., Instrumente, S. 148, 151, 584.

323 KLAPPSONNENUHR DES REGIOMONTANUS

Auf dem Klappdeckelsteg ein Brustbild Papst Pauls II. mit der Umschrift: PAULO VENETO PAPE II ITALICE PACIS FUNDATORI. ROMA

Messing, vergoldet; L. 6,2, Br. 4,4

Aus dem Nachlaß Regiomontans

Nürnberg, Germanisches Nationalmuseum (WI 7; Leihgabe der Stadt Nürnberg)

Es handelt sich vermutlich um das Modell für eine, Papst Paul II. während seiner Regierungszeit (1464-71) überreichte, vergoldete Uhr, die Regiomontan bei seinem Italienaufenthalt um 1464-67 herstellte.

Literatur: Zinner, Instrumente, S. 93, 481.

324 KLAPPSONNENUHR
Erhard Etzlaub zugeschrieben

Mit der Jahreszahl 1511

Holz; 8 : 10,8 : 1,9

Nürnberg, Germanisches Nationalmuseum (WI 28; Leihgabe der Stadt Nürnberg)

Die Karte auf dem Deckel benutzt wachsende Breitengrade an den Rändern und stellt Europa und Nordafrika vom Äquator bis zum 67. Grad dar. Sie nimmt damit ein erst fünfzig Jahre später von Gerhard Mercator eingeführtes Projektionsverfahren vorweg. Das obere Zifferblatt gibt die Stunden seit Aufgang der Sonne an; die Süduhr unten verschafft die Möglichkeit, den Schattenfaden wahlweise auf die Polhöhe 24, 30, 36 und 49 Grad einzustellen. Um den Kompaß sind waagerechte Zifferblätter für die Polhöhen 42, 49,5 und 54,5 Grad angeordnet. Ein Sonnenquadrant für die ungleichlangen Stunden mit metallenen Dioptern vervollständigt das Instrument, mit dem Etzlaub zum Vorbild anderer Instrumentenmacher wurde.

Literatur: Zinner, Instrumente, S. 94, 310 - Bagrow, S. 169, 217, 486.

Albrecht Dürer:
Der Hof der Burg
zu Innsbruck
(Kat. Nr. 559)

325 KONSTRUKTIONSENTWÜRFE FÜR EINE SONNENUHR
Albrecht Dürer

Aus: Albrecht Dürer: Vnderweysung der messung, mit dem zirckel vnd richtscheyt,... Nürnberg: [Hieronymus Andreae] 1525. 2°

Holzschnitte

Nürnberg, Germanisches Nationalmuseum (St. N. 73; Leihgabe der Stadt Nürnberg)

Dürer erläutert in der Unterweisung der Messung (vgl. Kat. Nr. 640, Bl. J4r bis K1r) ausführlich die Herstellung von Horizontal-, Vertikal- und Universalsonnenuhren. Es ist dies die erste in deutscher Sprache gedruckte Abhandlung über Sonnenuhren. Anhand mehrerer Holzschnitte demonstriert er für ›steinmetzen, maleren vnd schreyneren nutz‹ die Konstruktion einer Sonnenuhr.

Literatur: Bohatta 1 - E. v. Bassermann-Jordan: Alte Uhren und ihre Meister. Leipzig 1926, S. 31-36.

326 KREUZFÖRMIGE REISESONNENUHR
Georg Hartmann

Bezeichnet: G. Hartman 1544

Elfenbein; 4,3 : 9,6

Nürnberg, Germanisches Nationalmuseum (WI 133)

Bei diesem Beispiel einer aus der antiken Skaphe entwickelten Krummflächensonnenuhr läßt sich das Mittelstück herausklappen, um die Uhr parallel zur Ebene des Äquators richten zu können. Die Kanten werfen ihre Schatten auf sechs Zifferblätter für eine Polhöhe von 56 Grad.

Literatur: Zinner, Sternkunde, S. 89/90 - Zinner, Instrumente, S. 365 - E. v. Bassermann-Jordan: Uhren. 5. Aufl. v. H. v. Bertele. Braunschweig 1969, S. 113.

327 STERNUHR

Buchsbaumholz, bezogen mit Papier, bemalt; Dm. 11,2

Nürnberg, Germanisches Nationalmuseum (WI 1255)

Um 1500. Als Meßpunkte bei diesem Noctilabium oder Nocturnal - zur Zeitbestimmung während der Nacht - dienen der durch das Mittelloch anvisierte Polarstern und der letzte Deichselstern des Großen Bären, auf den das Lineal der Drehscheibe eingestellt wird. Nach Fixierung des Zwölf-Uhr-Zackens auf den Monatstag kann man am Lineal die jeweilige Stunde ablesen.

Literatur: J. Drecker: Zeitmessung und Sterndeutung. Berlin 1925, S. 138-47 - Zinner, Instrumente, S. 164-66 - E. v. Bassermann-Jordan: Uhren. 5. Aufl. v. H. v. Bertele. Braunschweig 1969, S. 46, 141.

328 JAKOBSSTAB

Holz; L. 83, Br. 38,9, L. der drei Querhölzer 8,8 bzw. 16,3 bzw. 38,9

Aus der Kunstkammer der Herzöge von Württemberg

Stuttgart, Württembergisches Landesmuseum (KK 80)

Der Jakobsstab geht auf eine Erfindung des Levi ben Gerson von 1342 zurück. Er wurde u.a. 1471 von Regiomontanus zum Messen von Sternabständen benutzt. 1514 beschrieb Johannes Werner in Nürnberg seinen Stab mit acht verschieden großen Querhölzern, die eine solche Länge hatten, daß das doppelt so große dem doppelten Winkel entsprach, bis zum Achtfachen.

Literatur: Zinner, Instrumente, S. 207-10.

329 DIE MESSUNG MIT DEM JAKOBSSTAB
Hans von Kulmbach

Auf der linken Blatthälfte Beschreibung mit Jahreszahl 1502 und Monogramm G. L. (xylographisch)

Holzschnitt; 19,2 : 27,6

Bamberg, Staatsbibliothek (VI. Aa. 43)

Mit dem vom späten 15. bis zur Mitte des 18. Jahrhs. benutzten nautischen Hauptinstrument ließen sich Zeit und Breite bestimmen.

Literatur: F. Winkler: Hans von Kulmbach. Kulmbach 1959, S. 46 Anm. 5 - Meister um Albrecht Dürer. Ausst. Nürnberg 1961, Nr. 219.

330 DÜRERS ELLIPSENZIRKEL

Gleichzeitige Beschriftung zwischen der 2. und 3. Zirkelspitze: Circinus, cum quo ovalis figura formabitur, ab Alberto Durero inventus

Federzeichnung in Braun, mit z. T. weggeputztem Rötel unterzeichnet; Wz.: gotisches p mit vierteiliger Blume (ähnlich Briquet 8675); 30 : 20,1

Aus der Wiener Hofbibliothek

Wien, Graphische Sammlung Albertina (22 448)

Die Kopie, vielleicht noch zu Lebzeiten Dürers nach seiner Zeichnung angefertigt, stammt von einer zeichnerisch nicht sehr geübten Hand, die jedoch technisch mit dem Instrument vertraut war. Die drei stützenden Zirkelspitzen stehen in einem gleichschenkligen Dreieck, der rechte Zirkelschenkel gibt die Achse eines schiefgestellten Kegels, dessen Umriß durch den beweglich aufgesteckten Stift beschrieben wird. Da die Achse auch zum Papier schräg steht, ergibt deren Umschreibung einen ellipsenförmigen Kegelschnitt. Konstruktion und mangelhafte Mechanik des Zirkels ermöglichen nur relativ ungenaue Figuren. - Das Prinzip dieses Ellipsenzirkels wurde bereits von arabischen Mathematikern des 10./11. Jahrhs. beschrieben, in Italien war er vor Dürer bekannt. Dieser kann jedoch den Zirkel erst nach 1525 kennengelernt haben, da er ihn in der Unterweisung nicht anwendet. Andere Zirkelentwürfe Dürers finden sich im Dresdner Skizzenbuch (Bruck, Taf. 134). Nicht auszuschließen ist, daß Dürer den Zirkel für einen Nürnberger Zirkelmacher entwarf (Hans Eemann?).

Literatur: Katalog mathematischer und mathematisch-physikalischer Modelle, Apparate und Instrumente. Hrsg. v. W. Dyck. München 1892, S. 229 - J. Meder: Dürers Ellipsenzirkel. In: Zs. d. dt. Ver. f. Kunstwiss. 3, 1936, S. 4-6 - Tietze, Albertina 4, Nr. 164 - Rupprich 3, S. 326 Nr. 10.

331 ELLIPSENZIRKEL
Christoph Schissler d. Ä.

Aufschrift: CHRISTOPHORUS SCHISSLER D. ALT HAT IN GEMACHT IN AVGSPVRG AN DER WERTHA ANNO 1580.

DVRCH DIE BEWEGVNG DISER SCHEIBEN SO MÖGEN MIT DISSEM CIRCKEL ALLERLAY AB LANNGE CIRCKEL LINAE GEZOGEN WER

Messing, vergoldet; L. 25,4

Nürnberg, Germanisches Nationalmuseum (WI 1801)

Nach dem Aufsetzen der drei Fußplattenspitzen auf das Papier können mit der an den beiden halbkreisförmigen Scheiben entlanggleitenden Feder Ellipsen gezeichnet werden. Der Entwurf eines Ellipsenzirkels durch Albrecht Dürer hat sich in einer Kopie erhalten (Kat. Nr. 330).

Literatur: Zinner, Instrumente, S. 514.

332 BEHÄLTER FÜR SCHREIBGERÄT

Messing, vergoldet; 11 : 2,3 : 2,3

Aus Slg. J. Findlay

Nürnberg, Germanisches Nationalmuseum (WI 1966)

Dieses in Süddeutschland, vielleicht in Nürnberg, am Anfang des 16. Jahrhs. geschaffene Mehrzweckinstrument muß zum Gebrauch eines reisenden Kaufmanns bestimmt gewesen sein. Auf den Seitenflächen des vierkantigen Behälters ist das Kalendarium mit Monaten, Tagesdaten und Heiligennamen eingraviert; Merkstifte ließen sich in die zugehörigen Löcher stecken. Aus dem Boden kann ein Einsatz mit Tintenfaß und Streusandbüchse herausgezogen werden. Auf den Deckelseiten Multiplikationstabelle, unter dem Sprungdeckel Kompaß mit Horizontal- und Vertikalsonnenuhr.

Literatur: The Sir John Findlay Collection. Versteig. Sotheby & Co. London 26. 2. 1962, Nr. 227 - Neuerwerbungen. In: Anz. d. German. Nationalmus. 1963, S. 229.

333 DOSENUHR

Peter Henlein (?)

Werk aus Eisen, Dose aus Messing, vergoldet; Dm. 5, H. 4,5

Aus Slg. Möst

Nürnberg, Germanisches Nationalmuseum (WI 1265)

Johannes Cochläus vermerkt in seiner 1512 in Nürnberg erschienenen Ausgabe der Erdbeschreibung ›Cosmographia Pomponii Melae‹, daß dort Peter Hele eiserne Uhren mit Rädern baut, die ohne Gewicht die Stunden anzeigen. Wahrscheinlich geht die Erfindung der Federbremse, die Amplitudenregulierung der Unruhe durch Schweinsborsten und die Korrektur des Trägheitsmomentes der Unruhe durch unsymmetrisch verschwenkbare Löffelenden auf Henlein zurück. Die Inschrift der Dosenuhr ›Petrus Hele me f. Norimb. 1510‹ wird als spätere Zutat angesehen, diese trotzdem in das erste Viertel des 16. Jahrhs. datiert.

Literatur: E. Zinner: Aus der Frühzeit der Räderuhr. In: Deutsches Museum, Abhandlungen u. Berichte 22, 1954, S. 22 - E. v. Bassermann-Jordan: Uhren. 5. Aufl. v. H. v. Bertele. Braunschweig 1969, S. 268, 361.

UMWELT: SPÄTMITTELALTERLICHE FRÖMMIGKEIT

Die Vielfalt der Erscheinungsformen spätmittelalterlicher Frömmigkeit läßt sich schwer auf einige übergreifende Merkmale festlegen. Immerhin hat sich bei der Charakterisierung der einzelnen Manifestationen ein Katalog von Stichworten ergeben, durch die Leitmotive gekennzeichnet werden. Demnach wird religiöse Erregtheit und Übersteigerung mit einer Tendenz zur Kumulierung der Äußerungen bezogen auf die allgemeine Heilssehnsucht und Hilfsbedürftigkeit, auf Sünden- und Todesangst. Gegenüber der gängigen negativen Beurteilung ist neuerlich das geordnete, geschlossene kirchliche Leben mit Nachdruck hervorgehoben worden (H. Heimpel, B. Moeller). Als 1512 Johannes Cochläus in der brevis Germanie descriptio reichsstädtische Pietas am Beispiel Nürnbergs würdigt, nennt er die bewährten Institutionen des Heils und der Heiligung, die Kirchen, die den großen Zustrom zur Verkündigung des Gotteswortes aufnehmen, und die Klöster. Auf die zentrale Bedeutung des Gottesdienstes weist die Statistik. Allein in St. Lorenz fanden nach einer Vorschrift des Rates täglich drei gesungene und neun gesprochene Messen statt. Dabei sind Meßstiftungen nicht berücksichtigt. Cochläus verspürte in Nürnberg etwas von einer gewaltigen Liebe zum Überirdischen und zum Nächsten. Nirgends schien ihm die Bevölkerung zu Opfern geneigter als hier. In solchem Streben, durch Stiftungen zur Ehre Gottes, Mariens und der Heiligen, zur Ausgestaltung von Gottesdienst und Kirche beizutragen, fanden Repräsentationsbedürfnis und Sorge um das Seelenheil ihren adäquaten Ausdruck. Das Heilsverlangen wird in den Bildgestaltungen dort besonders sinnfällig, wo der Mensch in Kommunikation mit der Überwelt erscheint, also auf den Stifter-, Gedächtnis- und Votivbildern.

Außerhalb der Liturgie waren seit dem Hochmittelalter eine Fülle von Devotionsformen und Andachten entstanden, deren Ausbreitung sich mit dem Aufkommen des Buchdrucks intensivierte. Sie hatten ihren Mittelpunkt im Kult des leidenden Heilands und seiner Mutter, deren besondere Stellung im Heilsplane Gottes den Gläubigen in vielen Darstellungen und Meditationen vergegenwärtigt wurde. Die Auslegung des Alten und des Neuen Testaments, theologische Spekulationen und Offenbarungen hatten das durch die Evangelien vermittelte Marienbild erweitert, doch war die Entwicklung der beliebtesten Bildvorstellungen im 13. Jahrh. zu einem gewissen Abschluß gelangt. So knüpft der Rosenkranz als marianischer Gebetszyklus an hochmittelalterliche Gedanken an, auch wenn es zur Ausprägung eines eigenen Darstellungstypus, den Rosenkranzbildern, erst in der zweiten Hälfte des 15. Jahrhs. unter dem Vorzeichen der Aktualisierung und Propagierung des Gebets gekommen ist. Ebenfalls im Hinblick auf den Christus der Passion wurden die Bilder vergangener Jahrhunderte im späten Mittelalter weiter verwendet. Ein Beispiel sind solche mit dem die Leiden der Passion summierenden Schmerzensmann. Dürer war, wie die Titelblätter zeigen, die imago pietatis ein Inbegriff der Thematik seiner Holzschnittfolgen zur Passion (Kat. Nr. 374/75). Der mannigfaltig sich manifestierenden Konstanz der Motive entspricht, daß die Dichtungen, von denen die Kleine Passion und das Marienleben (Kat. Nr. 376) begleitet wurden, in ihrem Inhalt der literarischen Tradition verbunden sind. Dennoch aber dürfen bei generalisierenden Feststellungen Neuerungen nicht übersehen werden. So entstand im Bezugsfeld der Nachfolge Christi und der Pilgerschaft zu den Erinnerungsstätten an sein Leiden im Heiligen Land der Kreuzweg, zu dessen frühen Zeugnissen die sieben Stationen Adam Krafts am Weg zum Johannisfriedhof in Nürnberg gehören.

Von den das Heil wirkenden Waffen Christi bewahrte Nürnberg über die allenthalben verbreiteten Darstellungen hinaus originale Urkunden in den zum Reichsschatz gehörenden Leidenswerkzeugen. Aus dem Besitz einer solchen Hinterlassenschaft ergaben sich Ablässe. Sie wurden in einem Gnadenbrief, der die Kreuzesreliquie, die Hl. Lanze und der Hl. Nagel hervorhebt, den Besuchern der alljährlich veranstalteten Heiltumsschauen am Fest der Heiligen Lanze zugedacht. Besonders in der Wertschätzung der Reliquien ist die Tendenz zur Massenhaftigkeit ablesbar. Analog zu den in das Uferlose gehenden Sammlungen, wie sie von Kardinal Albrecht von Brandenburg und Friedrich dem Weisen angelegt worden sind, entstanden die kleineren privater Liebhaber der Heilsmaterie. In Nürnberg besaß nach der Mitte des 15. Jahrs. Nikolaus Muffel über dreihundert dieser Heiligtümer, und sein Wunsch ging dahin, für jeden Tag des Jahres ein solches zu haben.

Dieser Reliquienkult deutet auf die Heiligenverehrung, die sich in voller Entfaltung darbietet und zu zahllosen Sonderpatronaten mit der Regelung der Zuständigkeiten für die einzelnen Anlässe und Bevölkerungsgruppen geführt hatte. Zu der großen Schar erprobter Helfer traten ständig neue, deren Kult unter den verschiedenartigsten Konstellationen entstand oder intensiviert wurde. Beispielsweise steigerte sich das Ansehen der Hl. Anna, die zur Modeheiligen der Jahrzehnte vor der Reformation wurde, unter dem Einfluß der Kreuzzüge, während die Hieronymusverehrung durch die Ausbreitung humanistischer Gelehrsamkeit Förderung erfuhr. Das Bedürfnis nach allseitiger Heilssicherheit verlangte nach Gruppierungen, wie sie mit den vierzehn Nothelfern gegeben war. Tafelbilder aus Nürnberger Kirchen zeugen von der Rezeption des Kultes, und Dürer dürfte, als er vor Antritt seiner Reise nach den Niederlanden um den Schutz der vierzehn Heiligen an deren Wallfahrtsort bei Staffelstein nachsuchte, dem Weg anderer Bürger der Reichsstadt gefolgt sein.

Im ganzen gesehen war die Kultträgerschaft von dem Adel und der Geistlichkeit an die Bürger der Städte übergegangen. Nürnberg bietet im Hinblick auf den Hl. Sebald dafür ein Beispiel. Der vom Rat betriebenen Kanonisation war 1425 Erfolg beschieden, doch enthob die damit ausgesprochene Approbation die Stadt nicht der Aufgabe, die Geltung der mit ihrem Ansehen verbundenen problematischen Gestalt zu stützen und von ihren Qualitäten zu überzeugen (Kat. Nr. 359/60). Als ein allenthalben verfügbares Instrument bediente man sich der Legende, deren Wunderberichte die göttliche Begnadung sichtbar machen.

Dem Ansehen der Legende entspricht die Vielzahl der Frühdrucke, die vornehmlich auf ältere Kompendien, die aus dem 13. Jahrh. überkommene Legenda aurea des Jacobus von Voragine und das deutschsprachige Prosapassional (Kat. Nr. 363), zurückgriffen. Neben der Heiligenvita war eine andere Kategorie der Mirakelerzählung verbreitet, deren Motivik und Ausdeutung einen stark moralisierenden Akzent hat: das Exemplum. Der in Nürnberg als Prior und Lektor wirkende Dominikaner Johannes Herolt stellte aus dem wuchernden Material eine übersichtliche, für den Prediger bestimmte Kompilation her. Noch protestantische Autoren des 16. Jahrhs., die zu den alten ›Lügen‹ neue ersannen, haben von seinem Werk profitiert. In Dürers Oeuvre ist der Bereich der beispielhaften Erzählung vor allem durch die Illustrationen zum Ritter vom Turn (Kat. Nr. 153) und die sog. Engelmesse vertreten (Kat. Nr. 378).

Wie bei der Legende wurde vielfach das Zubereitete, das in seiner Gültigkeit gesicherte religiöse Schrifttum, von dem frühen Buchdruck aufgenommen. So ist das Verlagsprogramm Anton Kobergers als konservativ bezeichnet worden (I. Höss). Jedoch erschloß sich mit den Ausgaben der Werke der Kirchenväter, der Traktate der Scholastik und Mystik dem des Lesens Kundigen die wesentliche Literatur der Vergangenheit. Einen recht beträchtlichen Anteil am Büchermarkt hatte die Bibel, von der vor der Veröffentlichung von Luthers Übersetzung des Neuen Testaments 22 deutschsprachige Gesamtausgaben erschienen, dazu Teildrucke wie die Psalterien und Plenarien. Gleichfalls verfügbar wurden Anschauungen der devotio moderna, die sich in der Nachfolge Christi des Thomas von Kempen kristallisierten. Damit konnte die auf die Heilige Schrift hinweisende religiöse Erneuerungsbewegung mit ihren den Rahmen der üblichen Praxis sprengenden Gedanken über eigene Erstarrung hinaus wirksam werden. Es scheint, als sei mit den Merkmalen der Popularisie-

rung und Verflachung nur die eine Seite der Bücherproduktion gekennzeichnet, die andere heißt Aktualisierung allen Heilswissens. Dem Frommen bot sich mit den Büchern ein breites Instrumentarium der Belehrung, der Andacht, des Gebets, der Erbauung, und wer nicht lesen konnte, wurde gemahnt wie in einem Basler Plenar von 1514: Schem dich du mensch, der ietzund in vnsern zeyten nit kanst lesen, ioch zu den minsten in schlechten (einfachen) büchern vnd verseumest die seligkeit deiner sel… Manchmal wandten sich, eingedenk der Richtlinien Papst Gregors I., die Holzschnitte an diese Unwissenden, in anderen Fällen dienten Illustrationen der Vertiefung andächtiger Betrachtung. Immer waren die religiösen Qualitäten des Bildes unbestritten, ihr Gebrauch theologisch abgesichert.

Bernward Deneke

Literatur: A. Stahl: Nürnberg vor der Reformation. Eine Studie zur religiös-geistigen Entwicklung der Reichsstadt. Diss. Erlangen 1949 (Masch. Schr.) - H. Heimpel: Das Wesen des deutschen Spätmittelalters. In: Der Mensch in seiner Gegenwart. 2. Aufl. Göttingen 1957, S. 109-135 - W. Andreas: Deutschland vor der Reformation. 6. Aufl. Stuttgart 1959 - B. Moeller: Frömmigkeit in Deutschland um 1500. In: Archiv f. Reformationsgesch. 56, 1965, S. 5-31 - W.-E. Peuckert: Die große Wende. Nachdruck. Darmstadt 1966 - I. Höss: Das religiös-geistige Leben in Nürnberg am Ende des 15. und am Ausgang des 16. Jahrhunderts. In: Miscellanea Historiae Ecclestiaticae 2, 1967, S. 17-36.

334 DER SEBASTIANSALTAR AUS DEM DOM IN HALLE/SAALE

Hans Baldung Grien

1 Das Martyrium des Hl. Sebastian
Links unten bezeichnet HG (ligiert) und 1507 datiert
Mitteltafel. Tannenholz; 125,5 : 79,2

2 Die Hl. Apollonia
Außenseite des linken Flügels

3 Der Hl. Stephanus
Innenseite des linken Flügels

4 Die Hl. Dorothea
Außenseite des rechten Flügels

5 Der Hl. Christophorus
Innenseite des rechten Flügels

2-5 Tannenholz; je 121 : 31,5

Aus den Slgn. Wilcke, Lippmann und Goldschmidt-Przybram

Nürnberg, Germanisches Nationalmuseum (Gm 1079; Leihgabe der Stadt Nürnberg)

Durch die Ausstattung mit Flügeln bot der Altar die Möglichkeit, einzelne Feste des Kirchenjahres, in diesem Fall wohl besonders auch Heiligenfeste, zu akzentuieren. Der Sebastiansaltar soll wie der gleichzeitige Dreikönigsaltar Baldungs (Berlin) ursprünglich für die von Erzbischof Ernst von Wettin erbaute Magdalenenkapelle auf der Moritzburg in Halle bestimmt gewesen und von dort in die 1523 von Kardinal Albrecht von Brandenburg

geweihte Kollegiatkirche gelangt sein, für die er urkundlich bezeugt ist. Die Vermutung C. Kochs (Hans Baldung Grien. Ausst. Karlsruhe 1959, S. 17), der wahrscheinlich von Ernst von Wettin gegebene Auftrag sei Baldung durch das Nürnberger Patriziat vermittelt worden, ergänzt K. Oettinger dahingehend, daß Dürer, der damals durch die Arbeit an der Marter der Zehntausend beschäftigt war, seinen Schüler empfohlen habe.

Literatur: Lutze-Wiegand, GNM, S. 18/19 - Meister um Albrecht Dürer. Ausst. Nürnberg 1961, Nr. 3 (mit umfass. Lit.) - K. Oettinger - K.-A. Knappe: Hans Baldung Grien und Albrecht Dürer in Nürnberg. Nürnberg 1963, S. 32-35 Nr. 3.

335 CHRISTUS AM KREUZ MIT DEM HL. JOHANNES D.T. UND KÖNIG DAVID

Hans Schäufelein

Rechts unten auf einer Tafel die Jahreszahl 1508

Gemälde auf Tannenholz; 102 : 51 (seitlich etwas beschnitten)

Aus Maihingen? Dann in den Slgn. Rechberg und Wallerstein

Nürnberg, Germanisches Nationalmuseum (Gm 292; Wittelsbacher Ausgleichsfonds HG 931)

Die Darstellung bietet eine Zusammenschau von Altem und Neuem Testament, ohne daß die Beziehungen im Einzelnen bisher geklärt sind. Ein Mißverständnis der Ausführungen H. Feursteins konnte zu der Annahme führen, das Gemälde sei von den Offenbarungen der Hl. Birgitta von Schweden (vgl. Kat. Nr.

365) abhängig, doch hat dieser nur allgemein auf das von L. Cranach d. Ä. entwickelte Thema Sündenfall und Erlösung hingewiesen, dessen ›Vorfeld‹ das Bild auch von O. Thulin zugeordnet wird. Während das Mittelalter David stets als ›figura quae Christum praesignat‹ aufgefaßt hat (vgl. H. Steger: David. Rex et Propheta. Nürnberg 1961, S. 2), wäre nach typologischer Deutung, wie sie in den Armenbibeln sinnfällig gegeben wird, als Entsprechung zu dem im Hintergrund die Gesetzestafeln empfangenden Moses eine Ausgießung des Hl. Geistes zu erwarten gewesen (vgl. H. Engelhardt: Der theologische Gehalt der Biblia pauperum. Straßburg 1927, S. 39).

Literatur: H. Feurstein: Zur Deutung des Bildgehaltes bei Grünewald. In: Beiträge zur Geschichte der deutschen Kunst 1. Hrsg. v. E. Buchner-K. Feuchtmayr. Augsburg 1924, S. 137-63, bes. 160 Anm. 6 (recte 5) - Lutze-Wiegand, GNM, S. 160 - O. Thulin: Cranach-Altäre der Reformation. Berlin 1955, S. 146 - Meister um Albrecht Dürer. Ausst. Nürnberg 1961, Nr. 297 (mit weiterer Lit.) - E. Vetter: Die Kreuzigungstafel des Isenheimer Altars. Heidelberg 1968, S. 10.

336 DER SCHMERZENSMANN MIT GEBUNDENEN HÄNDEN
Albrecht Dürer

Oben links das Monogramm des Künstlers, darüber die Jahreszahl 1512

Kaltnadelradierung; 11,6 : 7,4 (Bl. 11,8 : 7,5)

Aus Slg. Lanna

Privatbesitz

Im engeren Sinne ist die Darstellung unter die des Ecce homo zu subsumieren, wobei die Gestalt Christi von der ostentatio, der Vorstellung durch Pilatus (Joh. 19, 4-5), dem historischen Vorgang, aus dem der Begriff entnommen ist, isoliert wurde.

Literatur: R. Berliner: Bemerkungen zu einigen Darstellungen des Erlösers als Schmerzensmann. In: D. Münster 9, 1956, S. 97-117, bes. 115.

337 DER SCHMERZENSMANN MIT AUSGEBREITETEN ARMEN
Albrecht Dürer

Unten rechts das Monogramm des Künstlers

Kupferstich; 11,5 : 7

Berlin, Kupferstichkabinett, Staatliche Museen Preußischer Kulturbesitz (394-2)

Im Bild des Schmerzensmannes sind die Leiden Christi während der Passion als Inbegriff des Heilsgeschehens summiert. E. Panofsky sieht in der Haltung der Arme eine solche der ostentatio vulnerum, der Weisung der Wundmale. Trotz der Überzeitlichkeit des Themas stellt R. Berliner für Schmerzensmänner aus dem Oeuvre Dürers einen Zusammenhang mit historischen Stationen her, für den vorliegenden, um 1500 entstandenen Stich, mit der Anheftung an das Kreuz. Dabei scheinen die auf dem Boden liegenden Arma (Leidenswerkzeuge) diesem Bezug nicht zu widersprechen. Später wird von R. Berliner besonders die Überrationalität der Darstellung akzentuiert.

Literatur: R. Berliner: Arma Christi. In: Münchner Jb. 3. F. 6, 1955, S. 35-152, bes. 83 - Ders.: Bemerkungen zu einigen Darstellungen des Erlösers als Schmerzensmann. In: D. Münster 9, 1956, S. 97-117, bes. 100, 114/15.

338 DIE HEILIGE DREIFALTIGKEIT
Albrecht Dürer

Unten Mitte Tafel mit dem Monogramm des Künstlers zwischen der Jahreszahl 15/11

Holzschnitt; 39,2 : 28,4

Aus Slg. Davidsohn

München, Staatliche Graphische Sammlung (1920 : 165)

Den Zusammenhang des Holzschnitts mit den Schmerzensmann-Darstellungen hat R. Berliner erörtert. Er formulierte seine Auffassung 1967 dahin, daß es sich nicht um eine repräsentative Verbildlichung der Dreieinigkeit als Gnadenstuhl handelt, sondern gleichsam im ›Augenblick‹, in dem Gottvater das Opfer des für die Anschauung toten Jesu annimmt (Hinweis auf Luk. 23, 46: Vater ich befehle meinen Geist... wie Joh. 19, 30: Es ist vollbracht). Der Moment der Annahme verbindet sich mit dem Vorzeigen der Leidenswerkzeuge als ›Belege‹ durch die Engel, entsprechend einem von R. Berliner 1955 zur Erhellung der von Dürer aufgenommenen Figuration herangezogenen provenzalischen Meßtraktat des 14. Jahrhs., nach dem Christus durch den Dienst der Engel Tod, Leiden, Blut, Kreuz, Nägel usw. übergibt, um zu zeigen, daß der Wille erfüllt, die Erlösung erfolgt ist.

Literatur: R. Berliner: Arma Christi. In: Münchner Jb. 3. F. 6, 1955, S. 35-152, bes. 84 - Ders.: Die Rechtfertigung des Menschen. In: D. Münster 20, 1967, S. 227-38, bes. 230/31.

339 DIE MESSE DES HL. GREGOR
Albrecht Dürer   *Abb.*

An einem Stein seitlich des Altars das Monogramm des Künstlers, auf dem Stein die Jahreszahl 1511

Holzschnitt; 29,5 : 20,5

München, Staatliche Graphische Sammlung (1920 : 577)

In enger Beziehung zu den Darstellungen des Schmerzensmannes stehen diejenigen mit der Messe des Hl. Papstes Gregor I. Mit dem Urbild von S. Croce in Gerusalemme zu Rom verband sich die Erinnerung an eine Vision, die Gregor zuteil wurde. Obwohl die angeblich auf Gregor zurückgehende Darstellung durch einen Kupferstich von Israel van Meckenem, um 1495 (vgl. W. Mersmann: Der Schmerzensmann. Düsseldorf 1952, S. VI), zu allgemeiner Kenntnis gelangt sein dürfte, bleibt die im wesentlichen im 15. Jahrh. ausgebildete Figuration mit dem aus einem Sarkophag aufsteigenden Schmerzensmann und den Waffen (Leidenswerkzeugen) Christi weiter verbindlich, ohne daß sich vom Typus des Passionschristus her die Frage nach der Authentizität stellte. Bei Dürers Holzschnitt scheint es bemerkenswert, daß die sonst vielfach mit dem Bild auftretende Gebetsinstruktion, die Ablaß verspricht, fehlt.

Literatur: J. A. Endres: Die Darstellung der Gregoriusmesse im Mittelalter. In: Zs. f. christl. Kunst 30, 1917, S. 146-56, bes. 146/147 - J. de Borchgrave d'Altena: La messe de Saint Gregoire. In: Bull. des Musées Royaux des Beaux-Arts (Bruxelles) 8, 1959, S. 3-34, bes. 10.

340 DAS SCHWEISSTUCH DER VERONIKA, VON EINEM ENGEL GEHALTEN
Albrecht Dürer

Rechts ›Zettel‹ mit Monogramm des Künstlers u. Jahreszahl 1516

Albrecht Dürer: Die Messe des Hl. Gregor (Kat. Nr. 339)

Eisenradierung; 18,5 : 13,5

Aus den Slgn. de Kouriss und Scheikevitch

Privatbesitz

Mit dem Flattern des Schweißtuches, dem auch die Darstellung des Antlitzes Christi angepaßt ist, hat sich Dürer hier (vgl. dagegen Kat. Nr. 74) von hieratischer oder heraldischer Wiedergabe gelöst. Auch wenn die Verbindung mit den Waffen (Leidenswerkzeugen) Christi, denen das Vera Ikon aufgrund der Legendenbildung um das Sudarium Christi mannigfach zugeordnet wird, bewahrt bleibt, scheint sich das Bildthema seiner Aufgabe zu entziehen, der andächtigen Betrachtung zu dienen, wie sie in dem Hymnus Salve sancta facies ihren Ausdruck findet, den Papst Johannes XXII. mit Ablässen verbunden hatte.

Literatur: A. Katzenellenbogen: Heiliges Antlitz. In: RDK 1, 1937, Sp. 732-42, bes. 739.

341 CHRISTUS IN DER KELTER

Gedächtnisbild für Matthias von Gulpen (gest. 1475)

Meister des Ansbacher Kelterbildes

Auf den Schriftbändern in gotischer Minuskel Zitate von Jer. Klagelieder 1, 15; Jes. 8, 8; 63, 3; 63, 2; Apok. 5, 9; Jes. 63, 2; Augustinus, Tract. CXX in Johannem: torcular calcavit dominus virgi(ni) filie iuda trenorum/I°C - Propter scelus populi mei/ percussi eum isaie liiiC - Torcular calcavi solus et de gentibus non/ est vir mecu(m) ysaie lxiii C - Quare o fili rubrum est indumentum tuum - Redemisti nos deus in sanguine tuo/Apo. V. miserere mei - Qua re rubrum est indumentu(m) tuu(m) et vestimenta tua/ sicut calcantium in torculari ysay lxmc - Hic vite ostium posuit unde/ sacramenta emanant

Gemälde auf Holz; 172 : 120 (255 : 144 mit Rahmen)

Ansbach, Evang.-Luth. Kirchenstiftung St. Gumbertus (Leihgabe aus der St. Gumbertuskirche - Schwanenritter-Kapelle)

Zu dem Gemälde hat sich neben einer Skizze Dürers mit den Hauptfiguren außer Gottvater im Gegensinne (W. 184; Berlin) eine eigenhändige Aufzeichnung des Künstlers zur Disposition der Gestalten (Rupprich 1, S. 216 Nr. 2) erhalten. Dieser Notiz, die auch eine Skizze des Wappenschildes enthält, sind von anderer Hand die für das Thema weniger typischen Zitate Jer. Klagelieder 1, 15, und eine Abwandlung von Apok. 5, 9, die sich auch auf den Schriftbändern finden, beigefügt. Für das möglicherweise im Anschluß an ein älteres Gemälde entstandene Bild wird neuerlich von F. Winkler und K.-A. Knappe wiederum eine Beteiligung Hans Baldung Griens geltend gemacht. Die Grundlage der Darstellung ist mit den Beischriften genannt. Jes. 63, 1-6 ist schon von den Exegeten der Alten Kirche auf Christus bezogen worden. Unter dem Einfluß des Passionskultes wird im 14. Jahrh. aus dem aktiven Keltertreter des Jesaiaskapitels die Veranschaulichung des Leidens Christi, der unter der Last des Kelterbalkens gezeigt wird. Damit tritt die Beziehung zur Eucharistie stärker hervor. Das Unterfangen, einzelne Bilder mit Christus in der Kelter theologischen Auseinandersetzungen um das Abendmahl im späteren Mittelalter zu parallelisieren, scheint trotz A. Weckwerths Versuch (Christus in der Kelter. In: Beiträge zur Kunstgeschichte. Festschrift für H. R. Rosemann. München-Berlin 1960, S. 95-108) problematisch. Zu den ikonographischen Besonderheiten des Ansbacher Bildes gehört, daß die Eucharistie nicht durch das Blut, sondern durch Hostien vertreten ist. Für die Beteiligung der schmerzhaften Gottes-

mutter ist von A. Thomas auf das Speculum humanae salvationis hingewiesen worden.

Literatur: A. Thomas: Die Darstellung Christi in der Kelter. Düsseldorf 1936, S. 142/43 - Meister um Albrecht Dürer. Ausst. Nürnberg 1961, Nr. 241 (mit weit. Lit.) - F. Winkler: Meister um Albrecht Dürer. In: Kunstchronik 14, 1961, S. 265-72, bes. 268/ 69 - K. Oettinger - K.-A. Knappe: Hans Baldung Grien und Albrecht Dürer in Nürnberg. Nürnberg 1963, S. 82/83.

342 DER HL. FRANZISKUS, DIE WUNDMALE EMPFANGEND

Albrecht Dürer   *Abb.*

Rechts auf einem Täfelchen das Monogramm des Künstlers; unter dem Holzschnitt: VVLNERA QVAE PROPTER CHRISTVM FRANCISCE TVLISTI ILLA ROGO NOSTRIS SINT MEDICINA MALIS (O Franziskus, die Wunden, die du um Christi willen trägst, rufe ich, damit sie ein Heilmittel für unsere Sünden sein mögen)

Holzschnitt; 22,1 : 14,8

Coburg, Kupferstichkabinett der Kunstsammlungen Veste Coburg (Coburger Landesstiftung) (I, 23, 261)

Der Holzschnitt von etwa 1505 gibt die Begebenheit aus dem Leben des Hl. Franziskus wieder, in der seine imitatio des Leidens Christi kulminiert. Als er am Abhang des Berges Alverna betete, erschien ihm ein Seraph mit sechs Flügeln, zwischen denen sich das Bild des Gekreuzigten befand. Davon trägt Franziskus die Wundmale des Heilands. Die Beischrift hebt die Stigmata des Ordensgründers als Quelle des Heils für den Menschen hervor und übergeht die Bedeutung, die das Ereignis für den Passionskult frömmigkeitsgeschichtlich und in ständiger Vergegenwärtigung als Andachtsform hatte: In Franziskus war den Zeitgenossen wie den Nachkommen sichtbar geworden, daß Nachempfinden des Leidens Christi zu einer Gleichförmigkeit mit dem Erlöser führen konnte.

Literatur: B. Kleinschmidt: Sankt Franziskus von Assisi in Kunst und Legende. 1. Aufl. M. Gladbach 1911, S. 94, 99.

343 MARIA AUF DER MONDSICHEL

Albrecht Dürer

Unten das Monogramm des Künstlers

Kupferstich; 10,7 : 7,75 (Bl. 11,1 : 8,1)

Privatbesitz

Wie sehr die Gestalt der auf der Mondsichel stehenden Maria, die auf diesem Kupferstich von etwa 1500 ohne die auf anderen Blättern Dürers vorhandene Sternenkrone wiedergegeben ist, für ihn zum Inbegriff der Hoheit der Gottesmutter wurde, zeigt sich darin, daß er das Thema für das Titelblatt des Marienlebens abgewandelt aufgegriffen hat. Der Bezug zur Apokalypse, aus der die Figuration des von der Sonne umkleideten, durch einen Kranz von zwölf Sternen gekrönten Weibes mit dem Mond unter den Füßen (Apok. 12, 1) in einer im 12. Jahrh. erneuerten Interpretation (umfassende Lit. bei E. Guldan: Eva und Maria. Graz-Köln 1966, S. 103 Anm. 2) auf die Gottesmutter übertragen ist, manifestiert sich im Werk Dürers sinnfällig auf dem Titelblatt der Ausgabe der geheimen Offenbarung von 1511: Vor Johannes erscheint Maria mit den Attributen des signum magnum.

344   DIE HL. ANNA UND MARIA
Albrecht Dürer

Unter Anna das Monogramm des Künstlers

Kupferstich; 11,4 : 7

Aus Slg. v. Lanna

München, Staatliche Graphische Sammlung (1909 : 299)

Die Annahme L. Grotes, daß der Kult der Hl. Anna von Konrad Celtis in Nürnberg eingeführt worden ist, dürfte sich mit Rücksicht auf die allgemeine Hochschätzung der Mutter Mariens in der Zeit kurz vor und in den beiden ersten Jahrzehnten nach 1500 kaum verifizieren lassen. Gegenüber dem verbreiteten Darstellungstyp, bei dem Maria und Jesus Attribute der Hl. Anna sind und so deren hoher Rang in der Heilsgeschichte sichtbar gemacht ist, werden zu Ausgang des Mittelalters Maria und Anna häufiger gleich groß wiedergegeben. Als Grund ist sowohl an das Streben nach einer der Dignität Mariens entsprechenden Lösung (L. Grote) wie auch an eine mit der Kulmination der Annendevotion in Zusammenhang stehende Gleichstellung (H. Aurenhammer: Lexikon der christlichen Ikonographie 1. Wien 1959-67, S.148) gedacht worden. Dürers ungewöhnliche Wiedergabe zeigt in Übereinstimmung mit älteren Verbildlichungen oberhalb der Gruppierung Gottvater und den Hl. Geist in Gestalt einer Taube.

Literatur: B. Kleinschmidt: Die Heilige Anna. Ihre Verehrung in Geschichte, Kunst und Volkstum. Düsseldorf 1930, S.369 - L. Grote: Albrecht Dürers Anna Selbdritt. Ein Auftrag von Linhart Tucher. In: Anz. d. Germ. Nationalmus. 1969, S. 75-88, bes. 80.

345   DIE MADONNA MIT DEN KARTÄUSERN
Albrecht Dürer?

Im Scheitel der Bogenumrahmung die Jahreszahl 1515

Holzschnitt; 25,4 : 18,4

München, Staatliche Graphische Sammlung (1960/492)

Neben den Patronen der Kartäuser, Maria und Johannes der Täufer, ist der Ordensgründer, der Hl. Bruno, dargestellt, auf den wegen des ausgeschlagenen Bischofssitzes in Reggio auch die liegenden Insignien hinweisen. Mit der Darbietung der für den Orden bedeutenden Gestalten verbindet sich das Schutzmantelmotiv (vgl. Gemälde mit gleicher Figuration vor 1500, Pesio; St. Beissel: Geschichte der Verehrung Marias im 16. und 17. Jahrhundert. Freiburg/Br. 1910, S. 407/08). Die von Caesarius von Heisterbach im Dialogus miraculorum 1219-23 (hrsg. v. J. Strange. Köln-Bonn-Brüssel 1851; 7, 59) erzählte Vision eines Mönches, der im Himmel keine Zisterzienser erblickte, bis er sie unter Marias Mantel fand, wurde alsbald auch von anderen Orden, namentlich den Dominikanern (vgl. V. Sussmann, S. 306/307), für sich reklamiert. Die Rivalität findet besonders ihren Ausdruck in des Thomas von Cantimpré Bonum universale de apibus 1256-61 (hrsg. v. G. Colvenerius. Douai 1597; 2, 10, 16). Der Möglichkeit, daß die Kartäuser die Legende aufgriffen und durch einen Holzschnitt veranschaulichen ließen, widerspricht der die überkommenen Blätter begleitende Gebetstext, in dem Maria angerufen wird, die Kartäuser unter ihren Mantel zu nehmen. Immerhin dürfte zu erwägen sein, ob mit dem unter der Madonna liegenden Mönch nicht auf eine der auch den Kartäusern zuteil gewordenen Marien-Visionen hingewiesen werden soll (z. B. Offenbarung eines Rosenkranzgebetes; H. Rüthing: Der Kartäuser Heinrich Egher von Kalkar. Göttingen 1967, S.233).

Literatur: V. Sussmann: Maria mit dem Schutzmantel. In: Marburger Jb. 5, 1929, S. 285-351, bes. 322.

346   DER ROSENKRANZ

Jacob Sprenger: Erneuerte Rosenkranz-Bruderschaft. Augsburg: Johannes Bämler, 1477. 4°

Schweinfurt, Sammlung Otto Schäfer (O. S. Nr. 573)

Neben Alanus von Rupe (um 1428-75) gehört Jacob Sprenger, Mitverfasser des Hexenhammers, zu den wesentlichen Förderern des Rosenkranzgebetes. Die Schrift enthält die Statuten der von Sprenger gegründeten Rosenkranzbruderschaft, das Rosenkranzgebet wie Legenden, die dessen Propagierung dienen. Von den Holzschnitten hat derjenige, auf dem Maria von Verehrern Rosenkränze entgegennimmt, besondere Aufmerksamkeit gefunden, weil er zu einer Gruppe von Darstellungen gehört, die mit Dürers Gemälde ›Das Rosenkranzfest‹ von 1506 in Zusammenhang stehen. Die Beziehung zwischen der Gebetsform und dem Rosenkranz, der zugleich Bezeichnung dieser Gebetsform ist, wird von der Forschung in der Weise hergestellt, daß der Kranz, mit dem man, einer Sitte ritterlichen Minnedienstes entsprechend, Maria schmückte, in einen Zyklus von Gebeten, der an die Gottesmutter gerichtet wurde, transponiert ist (G. Ritz: Die christliche Gebetszählschnur. Ihre Geschichte. Ihre Erscheinung. Ihre Funktion. Diss. München 1955 (Masch. Schr.), S.78-80).

Literatur: Hain 14962 - Schramm 3, Abb. 467, 518, 520 - A. v. Oertzen: Maria, die Königin des Rosenkranzes. Augsburg 1925, S.30 - F. H. A. van den Oudendijk Pieterse: Dürers Rosenkranzfest en de ikonografie der duitse rozenkransgroepen van de 15e en het begin van de 16e eeuw. Amsterdam 1939, S. 2, 254 Nr.157/158.

347   DER ROSENKRANZ
Erhard Schön

Auf einem Felsen links vom Fegfeuer das Monogramm des Künstlers. Über dem Holzschnitt: Gegenwurff Christenlichs gebets des hymelischen Rosenkrantz…mit Hinweis auf Ablässe und Gebetsinstruktion; unter dem Holzschnitt: Kurtz bericht diser figur…

Holzschnitt mit Text; 49,5 : 34,8

Nürnberg, Germanisches Nationalmuseum (H 577)

Es handelt sich bei der umfassenden Figuration, die als Allerheiligenrosenkranz (vgl. Zusammenstellung bei F. H. A. van den Oudendijk Pieterse, S. 276-81) bezeichnet worden ist, um eine Darstellung, der Gebetsbetrachtungen entsprechen. St. Beissel (Geschichte der Verehrung Marias in Deutschland während des Mittelalters. Freiburg/Br. 1909, S. 564/65) verweist auf das auch in Deutschland verbreitete, 1521 in Venedig gedruckte Rosenkranzbuch des P. Alberto da Castello mit Betrachtung der Herrlichkeit der Dreifaltigkeit, der Mutter Gottes, der Engel und seligen Geister des Himmels, der Patriarchen des Alten Bundes, Propheten, Apostel, Märtyrer, Kirchenlehrer, Bekenner, Jungfrauen sowie aller Heiligen.

Literatur: F. H. A. van den Oudendijk Pieterse: Dürers Rosenkranzfest en de ikonografie der duitse rozenkransgroepen van de 15e en het begin van de 16e eeuw. Amsterdam 1939, S. 279 Nr. 216.

VVLNERA QVAE PROPTER CHRISTVM FRANCSCE TVLISTI
ILLA ROGO NOSTRIS SINT MEDCINA MALIS :~

Albrecht Dürer: Der Hl. Franziskus, die Wundmale empfangend (Kat. Nr. 342)

Albrecht Dürer: Die Buße des Hl. Johannes Chrysostomus (Kat. Nr. 351)

348 DER HL. ANTONIUS
Albrecht Dürer

Unten halblinks auf ›Zettel‹ das Monogramm des Künstlers und die Jahreszahl 1519

Kupferstich; 10 : 14,3

Aus altem königlichen Besitz

Kopenhagen, Den kgl. Kobberstiksamling, Statens Museum for Kunst (VII.11)

Daß zu den von Dürer am häufigsten dargestellten Heiligen aus der Frühzeit des Christentums der Hl. Antonius gehört, ist vielleicht auf die Vielfältigkeit des Patronats des Eremiten zurückzuführen. Gemeinsam mit Paulus erscheint Antonius auf dem Holzschnitt der gleichen Serie (Täfelchen-Serie), der das Blatt mit Johannes d. T. und Onuphrios (vgl. Kat. Nr. 350) zugehört. Während hier durch die wunderbare Speisung eucharistischer Bezug gegeben ist, unterstreicht der Kupferstich mit der Plazierung des Heiligen vor einer Stadt mit Motiven verschiedener Provenienz (benennbar der ›fünfeckige Turm‹ der Nürnberger Burg und in Hinblick auf die Torpartie Trient) dessen Einsiedlerdasein. Wieweit den Eremiten im Rahmen spätmittelalterlicher Heiligendevotion Bedeutung insofern zukommt, als sich in ihnen das Ideal einer Simplicitas christlichen Lebens, von der Erasmus von Rotterdam im Enchiridion militis christiani spricht, verkörpert, scheint ungeklärt. In gleicher Weise ist zu berücksichtigen, daß in einigen Orden das Idealbild des Einsiedlerlebens fortbestand, so in Nürnberg bei den Kartäusern und Augustinereremiten, deren Kloster bis 1265 am Neutor vor der Stadt lag.

Literatur: F. Dreßler: Nürnbergisch-fränkische Landschaften bei Albrecht Dürer. In: Mitt. d. Ver. f. Gesch. d. Stadt Nürnberg 50, 1960, S. 258-70, bes. 262.

349 DER HL. ANTONIUS
Albrecht Dürer

Oben von fremder Hand Dürers Namenszeichen

Federzeichnung; 13,9 : 8,3

Aus Slg. Sloane

London, The Trustees of the British Museum (5218-206)

F. Winkler stellt die von ihm als bildmäßig bezeichnete Darstellung des Hl. Antonius in den Zusammenhang mit den ersten Apostelstichen und datiert um 1514/15. Das dem Hl. Antonius (vgl. Kat. Nr. 348) beigegebene Schwein weist auf das Privileg der Antoniter, im Zusammenhang mit ihrer Armenpflege, Schweine, die sie hielten, frei weiden lassen zu dürfen. Daraus ergab sich das Patronat des Heiligen über die Haustiere.

Literatur: Dodgson, Guide 1928, Nr. 248.

350 DIE HLL. JOHANNES DER TÄUFER UND ONUPHRIOS
Albrecht Dürer

Unten Mitte Täfelchen mit dem Monogramm des Künstlers

Holzschnitt; 21,3 : 14,1

Nürnberg, Germanisches Nationalmuseum (St. Nbg. 16519; Leihgabe der Stadt Nürnberg)

Um die gleiche Zeit wie der Holzschnitt mit Johannes dem Täufer und Onuphrios entstand ein solcher mit den Hll. Einsied-

lern Antonius und Paulus. Bei Onuphrios ist zu berücksichtigen, daß Sebastian Brant ihn besonders hochschätzte. Er nannte einen seiner Söhne nach ihm und widmete Onuphrios Dichtungen (Varia carmina. Kat. Nr. 364; E. H. Zeydel: Sebastian Brant. New York 1967, S. 69/70). Die Zusammenstellung mit Johannes dem Täufer ergibt sich zwanglos aus der Legende des Onuphrios: Das von Sensenschmidt in Nürnberg veröffentlichte Heiligenleben (Kat. Nr. 363) berichtet von der vorbildhaften Bedeutung des Wandels Johannes des Täufers für das Einsiedlerdasein.

351 DIE BUSSE DES HL. JOHANNES CHRYSOSTOMUS
Albrecht Dürer
Abb.

Unten Mitte das Monogramm des Künstlers

Kupferstich; 18,1 : 11,7

Aus altem königlichen Besitz

Kopenhagen, Den kgl. Kobberstiksamling, Statens Museum for Kunst (I.10)

In dem Kupferstich mit der Buße des Johannes Chrysostomus nimmt Dürer um 1497 ein Motiv auf, das sich nach weit zurückreichender Vorgeschichte (Ch. A. Williams: Oriental affinities of the legend of the hairy Anchorite. University of Illinois studies in language and literature 10,2 u. 11,4. Urbana 1925-27) in dem Augsburger Druck des Heiligenlebens von 1471/72 des Günther Zainer und den sich anschließenden Legendeneditionen (vgl. Nürnberg, Sensenschmidt, Kat. Nr. 363, fol. 338 v-341 r) mit diesem Heiligen verbunden hat. Für die Überlieferung um die von Dürer in den Vordergrund gestellte Prinzessin, die von Chrysostomus geschwängert wurde, verweist Ch. A. Williams (1935) auf ein von ihm ediertes und in das 3. Viertel des 15. Jahrhs. datiertes Meisterlied. Zwar ist damit gegenüber der früheren Forschung eine weiterreichende Erklärung gegeben, jedoch bleibt die Frage, wieweit Dürers Kupferstich eine bestimmte Situation eines Berichtes exakt wiedergeben wollte. Die Eigentümlichkeit, Johannes Chrysostomus ohne das übliche Haarkleid darzustellen, findet sich auch in der Legendensammlung von Sensenschmidt.

Literatur: P. Schubring: Die Chrysostomus-Legende. In: Zs. f. bild. Kunst NF 24, 1913, S. 109-12 - Ch. A. Williams: The german legends of the hairy Anchorite. University of Illinois studies in language and literature 18,1/2. Urbana 1935, bes. S. 44/45 - E. Wind: The saint as monster. In: Journal of the Warburg Institute 1, 1937/38, S. 183 - Die wilden Leute des Mittelalters. Ausst. Hamburg 1963, Nr. 73.

352 DER HL. HIERONYMUS IN DER WÜSTE
Albrecht Dürer

Unten Mitte das Monogramm des Dünstlers

Kupferstich; 30,5 : 22,4

Aus Slg. R. H. S.

Schweinfurt, Sammlung Otto Schäfer (D-57)

Die Verehrung des Hl. Hieronymus im Bereich nördlich der Alpen wurde durch das literarische Wirken des Johannes von Neumarkt (um 1310-80), dem Kanzler Kaiser Karls IV., wesentlich gefördert und intensivierte sich mit der Zunahme des Interesses an humanistischen Studien (vgl. Kat. Nr. 271/72). Für die Bilder blieb der Einfluß der Legende, so der Legenda aurea, vielfach verbindlich (vgl. A. Strümpell: ›Hieronymus im Gehäuse‹. In: Marburger Jb. 2, 1925/26, S. 173-252, bes. 177). In dem Werk des Jacobus von Voragine wird die Buße ausführlich behandelt und z. B. in der deutschen Legendensammlung Kobergers von 1488 (fol. 174r) illustriert. Jedoch weist E. Panofsky (1, S. 77) darauf hin, daß Darstellungen mit dem Thema auf italienische Ursprünge zurückgehen. Einflüssen Norditaliens sei Dürers Kupferstich von etwa 1497 besonders verbunden.

353   DIE MARTER DER ZEHNTAUSEND
Albrecht Dürer

Unten Mitte das Monogramm des Künstlers

Holzschnitt; 38,6 : 28,3

Hamburg, Hamburger Kunsthalle (1919/233)

Nach K. Künstle ist die Tradition von den zehntausend Märtyrern (Ikonographie der christlichen Kunst 2. Freiburg/Br. 1926, S. 25-27) wahrscheinlich im 12. Jahrh. zur Ermutigung der Kreuzfahrer erfunden worden. Dürer hat das Thema zweimal beschäftigt. Außer dem Holzschnitt um 1498, der das Martyrium des Anführers, des unter die Nothelfer aufgenommenen Hl. Achatius, besonders hervorhebt, vollendete er 1508 ein Gemälde im Auftrage des Kurfürsten Friedrich des Weisen. Der bei dessen Behandlung von E. Panofsky als imitatio Christi erwähnte Charakter des Martyriums wird von der Legenda aurea des Jacobus von Voragine in einer Ergänzung (Ausg. v. Th. Graesse. 3. Aufl. Breslau 1890, Cap. 178) herausgestellt. Auf Dürers Holzschnitt ist das bestätigende Zeugnis des Himmels - es geschehen die gleichen Zeichen wie beim Kreuzestod Christi - nicht wiedergegeben. Die Legende mag bildlicher Darstellung insofern förderlich gewesen sein, als sich mit dem Gedächtnis der Märtyrer entsprechend ihrer Bitten an Gott besondere Gnaden für die Gläubigen verbanden. Von dorther könnte sich auch das Interesse Friedrichs des Weisen am Thema erklären, dokumentiert sich doch vor allem in seiner Reliquiensammlung die Tendenz, an der Heilsmaterie der Überwelt reichlich Anteil zu gewinnen.

Literatur: A. Gümbel: Der kursächsische Kämmerer Degenhart von Pfeffingen, der Begleiter Dürers auf der ›Marter der zehntausend Christen‹. Straßburg 1926, S. 10 - E. Panofsky: Conrad Celtes und Kunz von der Rosen. Two problems in portrait identification. In: Art Bull. 24, 1942, S. 39-54, bes. 39.

354   DAS MARTYRIUM DER HL. KATHARINA
Albrecht Dürer

Unten Mitte das Monogramm des Künstlers

Holzschnitt; 39,4 : 28,9

Aus Slg. R. H. S.

Schweinfurt, Sammlung Otto Schäfer (D-236)

In der graphischen Produktion Dürers spiegelt sich die spätmittelalterliche Heiligendevotion im speziellen insofern, als relativ häufig die Gestalten begegnen, denen allgemeine Verehrung sich zugewendet hatte. Neben Sebastian (Kat. Nr. 357 [2]), Christophorus (Kat. Nr. 356), Eustachius (Kat. Nr. 496) und Achatius (Kat. Nr. 353) gehört auch Katharina zu den Heiligen, die in der Gruppierung der vierzehn Nothelfer in Erscheinung treten. Der Holzschnitt sollte etwa zehn Jahre nach seiner Entstehung bei der Katharinenmarter des von Dürer 1508/09 im Auftrag des Kaufmanns Jakob Heller aus Frankfurt/M. für die dortige Dominikanerkirche geschaffenen Altares Bedeutung erlangen (vgl. Meister um Albrecht Dürer. Ausst. Nürnberg 1961, Nr. 252; Zuweisung der Innenflügel mit dem Martyrium Katharinens an den Meister des Schreyer-Altares).

355   DER HL. GEORG ZU PFERD
Albrecht Dürer

Unten Mitte ›Zettel‹ mit dem Monogramm des Künstlers und der aus 1505 korrigierten Jahreszahl 1508

Kupferstich; 11 : 8

Aus Album Ortelius

Amsterdam, Rijksprentenkabinet (OB 1214)

Was die Legenda aurea des Jacobus von Voragine für die bildliche Vorstellung der Heiligen bedeutet, zeigt sich besonders beim Hl. Georg. Das im Spätmittelalter allgemein verbreitete Motiv des Drachenkampfes, das in älterer Überlieferung nicht vorhanden ist, erlangt durch sie universale Verbreitung. Dürers Kupferstich ist in einer Zeit entstanden, in der sich der Heilige durch die Verehrung, die ihm von Kaiser Maximilian entgegengebracht wurde (z. B. F. Zoepfl: Dürers Stich ›Heiliger Georg zu Fuß‹. In: Christl. Kunstbl. 80, 1939, S. 17-19 mit weit. Lit.), besonderer Wertschätzung erfreute. Die Darstellung ist dem erst zu Anfang des 16. Jahrhs. aufkommenden Typ des triumphierenden Hl. Georg zugeordnet worden.

Literatur: W. F. Volbach: Der heilige Georg. Straßburg 1917, bes. S. 79.

356   DER HL. CHRISTOPHORUS
Albrecht Dürer?

Oben Mitte die Jahreszahl 1511

Holzschnitt; 21,5 : 21,5

Hamburg, Hamburger Kunsthalle (10832)

Zu den im Spätmittelalter am häufigsten dargestellten Heiligen gehört der in die Gruppierung der Nothelfer aufgenommene Christophorus. Die Verbildlichungen haben ihre Grundlage im Namen; in die Legende, so in des Jacobus von Voragine Legenda aurea, findet das Motiv von der Christusträgerschaft im 13. Jahrh. Eingang. Ein Anschauen des Bildes sollte nach verbreiteter Auffassung den besonderen Schutz des Heiligen bewirken und vor allem vor unvorbereitetem Tod bewahren. Als der Holzschnitt entstand, war die Christophorus-Überlieferung bereits Zweifeln ausgesetzt. Im Lob der Torheit hat Erasmus von Rotterdam nicht nur den mit dem Heiligen verbundenen Bilderaberglauben angeführt, sondern - humanistischer Tendenz der Legendenkritik folgend - Christophorus mit Polyphem zusammengesehen.

357   HOLZSCHNITTE MIT VERSGEBETEN DÜRERS
Hans Baldung Grien

1 Die Hl. Katharina sitzend   *Abb.*

Unter der Heiligen in zwei Kolumnen: Vicisti fautore Deo Catarina tyrannos / Armatasque rotas Costia progenies. / Iamque immortales animosa Virago triumphos / Coelicolas inter ducis et astra colis. / Hostibus a cunctis igitur nos Diua

Vicisti fautore Deo Catarina tyrannos
Armatasq; rotas:Cosſta progenies.
Iamq; immortales animoſa Virago triumphos
Coelicolas inter ducis:& astra colis.
Hostibus a cunctis igitur nos Diua tuere.
Postq; obitum nobis poſce perenne bonum.

O Katherina edle frucht
Erwürb mir war götliche zucht
Bit mir Jeſum das er mich kleyd
Mit rechter demüt vnd weyßheyt
Auch soltu mir gnad erwerben
Von chriſto so ich müß ſterben

Hans Baldung Grien: Die Hl. Katharina sitzend; mit Versgebet von Albrecht Dürer (Kat. Nr. 357[1])

tuere. / Postque obitum nobis posce perenne bonum - O Katherina edle frucht / Erwürb mir war götliche zucht / Bit mir Jesum das er mich kleyd / Mit rechter demüt vnd weyßheyt / Auch soltu mir gnad erwerben / Von christo so ich muß sterben

23,3 : 16 ; mit Text 26,7 : 16

Wien, Graphische Sammlung Albertina (1931/146)

2 Das Martyrium des Hl. Sebastian

Darunter in zwei Kolumnen: Iambicum senarium. / Non te sagitte non spatarius minax / Non traxit ipsa mors ad aras daemonum. / Victor Tyranni fasciumque laureo / Splendens

honore caelitum per atria. / Nobis tibi fidis opem fer quesumus/ Dei Sebastiane miles inclyte. - O Heylger sant Sebastian / Wie fast groß ist bey got dein lon / Erwürb mir hilff fur jehen todt / Vnd erlöß mich von pestlentz not / Auch kum mir zu hilff in der stund / So sich mein sel scheydt von meim mund

23,1 : 16,1 ; mit Text 26,7 : 16,1

Bamberg, Staatsbibliothek (1. H. 52)

Die beiden Holzschnitte sind während Baldungs Nürnberger Gesellenzeit um 1505 entstanden. Für die deutschen Verszeilen unter der Hl. Katharina besteht die Möglichkeit einer Autorschaft Dürers, da der Text mit kleinen Abweichungen auch in der Nürnberger Handschrift des 17. Jahrhs. mit Reimen des Künstlers (German. Nationalmus., Hs. 81634) enthalten ist. H. Rupprich, der auf die Beliebtheit der Heiligenblätter mit Versen hinweist, vermutet wie bei dem Hl. Sebastian als Verfasser der lateinischen Dichtung Benedictus Chelidonius. Aufgrund formaler und sprachlicher Kriterien nimmt er versuchsweise die deutschen Verse unter Sebastian wie unter den gleichfalls von Baldung geschaffenen Holzschnitten mit den HII. Paulus und Laurentius (Hans Baldung Grien. Ausst. Karlsruhe 1959, Nr. II H 58, 56) für Dürer in Anspruch. Er versäumt es jedoch, bei seiner Ausgabe der Dichtungen Dürers für seine Nr. 8 Baldungs Hl. Barbara (ebda, Nr. II H 67), seine Nr. 20 eine Kreuzigung Baldungs (ebda, Nr. II H 8), seine Nr. 21 eine Beweinung von diesem (ebda, Nr. II H 11) heranzuziehen. Nach der stereotyp in der erwähnten Handschrift den Dichtungen voranstehenden Wendung ›Darnach macht ich…‹ sind die Verse unter dem Holzschnitt mit der Hl. Katharina 1510, also nach Baldungs Aufenthalt in Nürnberg, entstanden. Wieweit die handschriftlich überlieferte Sammlung von Dichtungen Dürers in dieser Zusammenstellung Authentizität besitzt, ist von H. Rupprich unerörtert geblieben. Immerhin wird eine wenn auch nur teilweise Zusammenstellung aufgrund des Textdruckes der Holzschnitte nicht ganz außer Betracht zu lassen sein. M. Geisberg hat das Verhältnis zu den um die gleiche Zeit entstandenen von Dürer als ›schlechtes Holzwerk‹ bezeichneten Holzschnitten geprüft und festgestellt, daß sich die Folgen gegenseitig ergänzen.

Literatur: M. Geisberg: ›Des Grünhansen Ding‹. In: Westfalen 26, 1941, S. 193/94 - Rupprich 1, S. 138/39 Nr. 16, 144 Nr. 31 - Hans Baldung Grien. Ausst. Karlsruhe 1959, Nr. II H 68, 64 (mit umfassender Lit.).

358   DIE SCHUTZHEILIGEN VON ÖSTERREICH

Albrecht Dürer

Unter den Heiligen deren Benennung: S. Quirinus Archiepiscopus Lauriacensis Deinde Patriarcha Aquilegiensis Martyr; S. Maximilianus Archiepiscopus Lauriacensis Martyr - S. Florianus Tribunus militum martyr Lauriaci passus - S. Seuerinus post Attilam regem hunorum Defunctum secundarius Austrie apostolus - S. Colomanus Martyr apud Stokharau passus; S. Leopoldus Princeps pius Marchio austrie.

Holzschnitt; 17,2 : 27,1

Coburg, Kupferstichkabinett der Kunstsammlungen Veste Coburg (Coburger Landesstiftung) (I, 24, 269)

Der um 1515 entstandene Holzschnitt war von einem Gedicht in Hexametern des Johannes Stabius begleitet (Unikum; Meder, Nr. 219, 1 a). Es scheint, als handele es sich bei den Schutzheiligen nicht um eine feste Gruppierung (vgl. S. Laschitzer: Die Heiligen aus der Sipp-, Mag- und Schwägerschaft des Kaisers

Egię stirpis soboles Sebalde
  Norica multū veneratus vrbe
Da tuam nobis memorare sanctam
    Carmine vitam.
Te sacris votis generant parentes:
Cum diu lecto sterili vacassent.
Teqȝ suscepto: statuere castam
    Ducere vitam.
Natus his sanctis puer ergo votis:
Gallię claram properas in vrbem:
Artibus sacris/ animūqȝ cultis
    Moribus ornans.
Hauseras sanctas vbi mente leges:
Patriam doctor rediens in aulam:
Regiam quęrunt tibi mox venustam
    Iungere sponsam.
Vt dies lętis fuerat peracta
Nuptiis: virgo verecunda vultu:
Ducitur celso tibi copulanda
    Candida lecto.
Cūqȝ iam clausum fuerat cubile.
Et quies cunctis foret alta rebus.
Tu tuę sponsę loqueris pudice
    Talia verba.
Nata de magno mea sponsa rege:
Non tuū castum violabo corpus:
Si placet mecū pia vota castę
    Iungere vitę.
Annuit virgo tenero pudore:
Et deo magnas dedit ore grates:
Integram seruans generosa casto
    Corpore vitam.
Ipse mox celsam genitoris aulam
Spiritu sancto monitus relinquens:
Horridas siluas/ heremūqȝ/vastis
    Saltibus intras.
Et per exesę caua saxa rupis
Stratus: orabas manibus supinis:
Feruidum solem: boream: niuesqȝ
    Passus & imbres.
Et feras inter medius quiescens:
Sępe montanis saciatus herbis:
Hauseras puram liquidis fluentem
    Fontibus vndam.
His vbi corpus dapibus foueres:
Mentis in puram tenuatus auram.
Sępe diuinos nitido videbas
    Pectore vultus.
Sic tribus lustris tacito peractis.
Inde Romanā properas ad vrbem.
Qua dei verbū monuit per orbem
    Spargere pastor.
Ipse mandatū recipis paternū:
Et vagus terras varias pererras:
Donec imensum peregre venires
    Lętus ad Istrum.

Sanctus Sebaldus:

Is vbi cymbis tumidus careret:
Prębuit tutam pater alme nauem
Palliū: quo tunc fueras pudico
    Corpore tectus.
Moxqȝ per vastas nemoris latebras
Noricam lętus veniens in vrbem.
Hanc docēs sacro monitu prophanos
    Linquere cultus.
Et deum celso residere cęlo
Pędicas: poenas vitiis daturū:
Quiqȝ virtuti tribuat beatę
    Pręmia vitę.
Ille de casta genitrice natus:
Corporis morte tulerat cruentam.
Tercio phœbo rediens sepultis
    Victor ab oris.
Approbas multis tua verba signis:
Scripta quę libro reperi fideli:
Nec minus claris hodie coruscas
    Inclyte signis.
Cunqȝ iam longo fueras labore
Fessus: & sedes meritus beatas
Te senem nostras deus imperabat
    Linquere terras.
Spiritus sanctos vbi liquit artus:
Mox boues corpus tulerāt agrestes:
Qua tuas sanctas modo personamus
    Carmine laudes.
Ergo iam cęlo merito locatus:
Hanc velis vrbem mediis arenis
Conditam: sanctis p̄cibus iuuare.
    Sedulus orans.
Terra fecundo madeat liquore.
Et salutares habeat calores.
Spiceam gestans cereris coronam
    Fœnore multo.
Spumet & plenis rubicundus vuis
Bacchus: & frontes tetricas relaxet.
Et pecus lętis nemorosa carpet
    Pascua pratis.
Prosperos seruent radiosa cursus
Astra: nec morbos subitos minent.
Paxqȝ per nostras maneat penni
    Tempore terras.
Fata Germanis faueant triūphis:
Dum petet turcus: gladiis cruentis
Principis nostri iuuenile robur
    Maxmiliani.
Hinc vbi nostras animas solutis
Corporum vinclis/ deus euocabit:
Confer: vt tecum capiamus alti
    Gaudia cęli.
Hęc vbi nobis pater impetrabis
Ante supremi faciem tonantis:
Hic tuas semper cumulemus aras
    Thure benigno.

Maximilian I. In: Jb. d. kunsthist. Slgn. d. Allerhöchsten Kaiserhauses 4, 1886, S. 70-288; 5, 1887, S. 117-262). Carmina von Konrad Celtis galten den HII. Martin, Leopold, Florian, Koloman als Australium patroni (D. Wuttke: Ein unbekannter Einblattdruck mit Celtis-Epigrammen zu Ehren der Schutzheiligen von Österreich. In: Arcadia 3, 1968, S. 195-200). Die ursprüngliche Zusammenstellung des Holzschnittes wurde in einem zweiten Zustand um die HII. Bischöfe Poppo und Otto erweitert. Das Bedürfnis der Territorien und Dynasten, sich durch den Besitz von speziellen Schutzheiligen himmlische Protektion zu verschaffen sowie zur Erhöhung des eigenen Ansehens beizutragen, manifestiert sich unter den Dargestellten besonders in der Gestalt des Markgrafen Leopold III., der in der Regierungszeit Friedrichs III. 1485 kanonisiert wurde (F. Röhrig: Die Heiligsprechung Markgraf Leopolds III. In: Friedrich III. Kaiserresidenz Wiener Neustadt. Ausst. Wiener Neustadt 1966, S. 226-230 mit weit. Lit.).

359 DER SEBALDUSKULT

Konrad Celtis: In vitam divi Sebaldi carmen (Od. III 10). *Abb.*
[Basel: Johann Bergmann, um 1494] 2°

Holzschnitt, koloriert; 28,2 : 9,7; mit Typendruck

Nürnberg, Germanisches Nationalmuseum (In: Hs. Merkel 1122; Depositum der P. W. Merkelschen Familienstiftung)

Die sapphische Ode zum Preis des Hl. Sebald ist auf Veranlassung eines bedeutenden Förderers des Kultes, Sebald Schreyer (vgl. Kat. Nr. 360), entstanden. Außer dieser Mitteilung ist einem Vermerk in der Handschrift zu entnehmen, daß die Ode 1493 zum Sebaldusfest vorgetragen wurde und dann vom Dichter in Basel mitsamt der ›pildung Sancti Sebaldi‹ zum Druck gegeben worden ist. Die Darbietung der Vita in der Ode schließt mit der Bitte, daß Sebald Nürnberg fördern möge. Der Michael Wolgemut zugeschriebene Holzschnitt wurde von Dürer für eine Ausgabe der Dichtung um 1501 wiederholt.

Literatur: C. Dodgson: Die illustrierten Ausgaben der sapphischen Ode des Konrad Celtis an St. Sebald. In: Jb. d. kunsthistor. Slgn. d. allerhöchsten Kaiserhauses 23, 1902, S. 45-52 - GW 6464 - Schramm 22, Abb. 1266 - L. W. Spitz: Conrad Celtis. The German arch-humanist. Cambridge 1957, S. 41 - A. Borst: Die Sebaldslegenden in der mittelalterlichen Geschichte Nürnbergs. In: Jb. f. fränk. Landesforsch. 26, 1966, S. 19-178, bes. 133-36 - E. Caesar: Sebald Schreyer. Ein Lebensbild aus dem vorreformatorischen Nürnberg. In: Mitt. d. Ver. f. Gesch. d. Stadt Nürnberg 56, 1969, S. 1-213, bes. 133/34.

360 DER SEBALDUSKULT

Die hystori des lebens: sterbens vnd wunderwerck des heyligen Peichtigers vnd grossen nothelffers Sant Sebalds, ... Nürnberg: Hieronymus Höltzel, 1514. 4°

Nürnberg, Germanisches Nationalmuseum (Postinc. 8° Bg. 8476)

Die von einem unbekannten Verfasser in der vorliegenden Fassung vielleicht kurz nach 1451 niedergeschriebene Vita basiert auf einer älteren Quelle. Sie berücksichtigt gegenüber der Vorlage die Heiligsprechung, die 1425 auf Betreiben der Reichsstadt Nürnberg erfolgt war und den Kult mit päpstlicher Approbation ausstattete. Die Vita wurde auch zur Grundlage für die Wiedergabe der Legende auf dem von Sebald Schreyer gestifteten Altar seines Namenspatrons in der Kirche zu Schwäbisch Gmünd (Teile der ehem. Standflügel im German. Nationalmus. Nürnberg; Meister um Albrecht Dürer. Ausst.

Nürnberg 1961, Nr. 251). Der vorliegende Druck ist Zeugnis einer Intensivierung der Verehrung des Nürnberger Lokalpatrons, in dessen Zeichen auch der Beginn des Grabmonuments durch P. Vischer und seine Söhne steht. Von seiner Zuschreibung des Holzschnittes mit Sebald auf der Rückseite des Titelblattes an Dürer ist F. Winkler 1957 abgerückt, die Gründe für die Urheberschaft Springinklees wurden 1961 dargelegt.

Literatur: Panzer DA Zus., Nr. 777 - Meister um Albrecht Dürer. Ausst. Nürnberg 1961, Nr. 350 - A. Borst: Die Sebaldslegenden in der mittelalterlichen Geschichte Nürnbergs. In: Jb. f. fränk. Landesforsch. 26, 1966, S. 19-178, bes. 90-95, 143, 152.

361 DIE BIBEL

Biblia, deutsch. Nürnberg: Anton Koberger, 17. 2. 1483. 2°

Nürnberg, Germanisches Nationalmuseum (Inc. 28046)

In der Folge der hochdeutschen Bibeln, an deren Anfang der Straßburger Druck von Johannes Mentelin (vor dem 27. Juni 1466) steht, ist Kobergers Ausgabe die neunte. Gegenüber ihren Vorgängerinnen wurde zuerst das Alte Testament bis auf die Propheten vollständig illustriert, von den Teilen des Neuen Testaments weisen die Evangelien Eingangsbilder und die Apokalypse Holzschnitte auf. Koberger hat für die Bilder seiner Bibel die Druckstöcke der Kölner (um 1478) in westniederdeutscher und niedersächsischer Sprache übernommen. Die entsprechenden Holzschnitte der Koberger-Bibel haben für Dürers Apokalypse Bedeutung erlangt (vgl. Kat. Nr. 595/96).

Literatur: Hain 3137 - Schramm 8, S. 3 - Zu den Holzschnitten: H. Reitz: Die Illustrationen der ›Kölner Bibel‹. Düsseldorf 1959 - P. H. Vogel: Europäische Bibeldrucke des 15. und 16. Jahrhunderts in den Volkssprachen. Baden-Baden 1962, Nr. 9 - Hellwig, GNM, Nr. 210.

362 DAS MISSALE

Missale des Anton Kress

Pergamenthandschrift, 233 Bll.; 35,5 : 24,8; Einband unter Verwendung der alten Beschläge (Werkstatt Paul Möller) erneuert, auf der Rückseite Wappen der Kress mit Jahreszahl 1513

Nürnberg, Germanisches Nationalmuseum (Hs. 113264; Depositum Frhr. von Kress'sche Vorschickungsadministration)

Nach einem Vermerk im unpaginierten Textteil stiftete Anton Kress 1513 das Buch der Kirche des Hl. Laurentius in Nürnberg, deren Propst er war, zur Zierde des Gottesdienstes (pro decore cultus diuini), zum Preis Gottes, der Hl. Jungfrau Maria und des Hl. Märtyrers Laurentius. Das Missale enthielt gewöhnlich die veränderlichen und unveränderlichen Gebete und Lesungen der Meßfeier. Das vorliegende war für besondere, aus dem Ablauf des Kirchenjahrs herausragende Offizien bestimmt, es fehlen mit den Offizien des Hl. Laurentius als Patron der Lorenzkirche und des Hl. Sebald sind die im Ablauf des Nürnberger Kirchenjahrs bedeutenden Heiligen hervorgehoben. Zwischen fol. 92r und 99v finden sich die unveränderlichen Teile der Messe, angefangen mit dem Gloria, endend mit dem Gebet Placeat tibi, dazu die Präfationen. 1524 wurde die Messe nach römischem Ritus in Nürnberg abgeschafft. Während der Schreiber nicht vermerkt ist (L. Grote nimmt an, daß es der Vikar von St. Lorenz, Friedrich Rosendorn, ist, der ein weiteres zweibändiges 1507 bzw. 1510 fertiggestelltes liturgisches Buch im Auftrage von Kress ausführte), nennt sich auf dem Blatt, das dem Kanon vorangeht, Jacob Elsner als der Illuminator. Er stattete es mit vier ganzseitigen Miniaturen, acht Initialen und einer Schlußvignette aus. Zwei dem Text vorausgehende Blätter zeigen die als drei gleichgebildete Männer personifizierte Trinität, der Anton Kress als Stifter vom Hl. Laurentius empfohlen wird.

Literatur: T. Raspe: Die Nürnberger Miniaturmalerei bis 1515. Straßburg 1905, S. 63-68 - K. F. v. Frank zu Döfering: Die Kressen. Eine Familiengeschichte. Privatdruck [Schloß Senftenegg, Post Ferschnitz] 1936, Sp. 248-54 (mit Lit.) - L. Grote: Anton Kress als Mäzen. In: Studies in the History of Art. Festschrift für William E. Suida. London 1959, S. 154-70, 159-67, 169.

363   DIE LEGENDENSAMMLUNG

Das Prosapassional. P. 1. 2. Nürnberg: Johann Sensenschmidt, 28. 7. 1475. 2°

Nürnberg, Germanisches Nationalmuseum (Inc. 151206)

Entgegen der in den Katalogen der Inkunabelbestände geläufigen Bezeichnung als Legenda aurea des Jacobus von Voragine handelt es sich weder bei der Ausgabe deutscher Legenden durch Sensenschmidt noch bei derjenigen durch Koberger (1488; Kat. Nr. 108) um Übersetzungen der genannten Vorlage, sondern um eine eigenständige deutschsprachige Sammlung von ca. 260 Heiligenleben. F. Wilhelm (Deutsche Legenden und Legendare. Leipzig 1907, S. 174-93) nimmt wegen der einbezogenen Sebaldus- und Wenzellegenden eine Entstehung zwischen 1391 und 1400 in Nürnberg an. Die Vielzahl der Handschriften und Drucke (zuerst Günther Zainer, Augsburg 1471/1472) zeigt, daß es sich um das verbreitetste deutsche Legendar des Spätmittelalters handelt. Die Herkunft und Entstehung der Texte ist, obwohl diese gelegentlich für Monographien über einzelne Heilige herangezogen worden sind, ungeklärt. Gegenüber der von F. Wilhelm für die Sammlung gewählten Bezeichnung als Wenzelpassional hat G. Eis (Kritik der Bezeichnung ›Wenzelpassional‹, in: Zs. f. dt. Philologie 75, 1956, S. 274-78) Bedenken geäußert und die Benennung ›Der Heiligen Leben Sommer- und Winterteil‹ vorgeschlagen. J. Dünninger (vgl. B. Schemmel: Sankt Gertrud in Franken. In: Würzburger Diözesangeschichtsbl. 30, 1968, S. 7-153, bes. 33 Anm. 45) tritt entsprechend dem schon in handschriftlicher Überlieferung geläufigen Begriff Passional für den Titel ›Prosapassional‹ ein. Die Holzschnitte der zu den bedeutendsten deutschsprachigen Drucken Sensenschmidts gehörenden Legendensammlung sind nach denen der erwähnten Augsburger Ausgabe geschnitten.

Literatur: Hain 9969 - Schramm 18, Abb. 12-237 - Hellwig, GNM, Nr. 542.

364   HEILIGENDICHTUNG EINES HUMANISTEN

Sebastian Brant: In laudem gloriose virginis Marie multorumque sanctorum. varij generis carmina. [Basel: Johann Bergmann, nicht vor 1494] 4°

Nürnberg, Stadtbibliothek (4° 1 an Phil. 600)

Die varia carmina sind eine zusammenfassende Ausgabe von Heiligendichtungen aus der Frühzeit selbständiger literarischer Tätigkeit S. Brants. Die Themen sind: Maria, von den Heiligen Sebastian, Onuphrios, Valentinus, Ivo, Laurentius, Bruno, Apollinaris von Ravenna, Nikolaus, Hieronymus, das Grab der Hl. Christana, Reliquien in Aachen, das Geburtsfest Christi, die Eucharistie, schließlich auf Christus bezogen eine Elegia christi collaphis cesi. Künstlichkeit, Dominanz poetischer Technik, die

Vielzahl der Reminiszenzen an antike Autoren sind als Charakteristika dieses humanistischen Heiligenpreises herausgestellt worden. Von den Illustrationen, die am Anfang einzelner Dichtungen sich befinden, gehören vier, die Geburt Christi (Koegler C), die Gregorsmesse (Koegler F), Onuphrios (Koegler M), Sebastian (Koegler N), zu den Holzschnitten, für die eine Autorschaft Dürers diskutiert worden ist. Andere der insgesamt achtzehn Holzschnitte für ein von Bergmann, Basel, vorbereitetes, jedoch nicht ausgeführtes Gebetbuch haben in weiterer Publikationen Verwendung gefunden (vgl. H. Koegler: Die Basler Gebetbuchholzschnitte vom Illustrator des Narrenschiffs und Ritters vom Turn. In: Gutenberg-Jb. 1, 1926, S. 117-31 - Winkler, Narrenschiff, S. 57, 62-64).

Literatur: Hain 3733 - Schramm 22, Abb. 1230-40 - O. Stegmüller: Brant. In: Lexikon der Marienkunde 1. Regensburg 1967, Sp. 888-90, bes. 888 - E. H. Zeydel: Sebastian Brant. New York 1967, bes. S. 64-71.

365   DIE OFFENBARUNG

Birgitta: Revelationes. Hrsg.: Florian Waldauf. Nürnberg: Anton Koberger, auf Veranlassung des Kaisers Maximilian I., 21. 9. 1500. 2°

Frankfurt a. M., Stadt- und Universitätsbibliothek (Inc. qu. 506 = Ausst. 198)

Die Offenbarungen der Birgitta von Schweden wurden in der Landessprache aufgezeichnet und von Personen aus ihrem Umkreis in das Lateinische übersetzt. Es wird angenommen, daß dabei der Text einer Redaktion unterzogen wurde. Von der ursprünglichen schwedischen Version haben sich nur geringe Reste erhalten. Inkarnation, Geburt und Kreuzestod Christi wie das Leben Mariens gehören zu den zentralen Themen der Revelationes, daneben betreffen Offenbarungen Botschaften an einzelne Personen und Gruppen, das Gericht Gottes über Verstorbene (wie auch gelegentlich Lebende) und deren Strafe in Fegefeuer und Hölle, Gebete und schließlich die von Birgitta gegebene Klosterregel. Dabei sind Motive aus der mittelalterlichen Visionsliteratur allenthalben wirksam geworden. Die Abhängigkeit von anderen Texten hat B. Klockars (Birgitta och Böckerna. En Undersökning av den Heliga Birgittas Källor. Lund 1966) eingehend analysiert. Sie stellte auch die Frage nach der Einwirkung der kirchlichen Kunst und wies darauf hin, daß ein Verweilen an Gedächtnisstätten mit Reliquiencharakter den speziellen Gegenstand der Vision bestimmen konnte. Die Offenbarungen sind der Theologie und Frömmigkeit der Zeit Birgittens verbunden, intensiv andererseits ihre Ausstrahlungen auf Dichtung und bildende Kunst. Für letztere ist besonders die Erscheinung, die Birgitta beim Besuch der Geburtsgrotte in Bethlehem zuteil wurde, zu nennen (H. Cornell: The iconography of the Nativity of Christ. Uppsala 1924). - Die Holzschnitte der 1492 bei Bartholomäus Gothan, Lübeck, veröffentlichten Ausgabe schließen sich an die Ende des 14. Jahrhs. entstandenen Miniaturen zu den Revelationes an. Auf diesem Lübecker Druck beruht die Nürnberger Edition. Kaiser Maximilian ließ Anton Koberger durch seinen Sekretär Florian Waldauf von Waldenstein ein Exemplar der Lübecker Ausgabe mit der Aufforderung zugehen, sie ›mitsambt den figuren darinne begriffen am ersten auf Latein vnd nachmals Teutsch‹ drucken zu lassen (O. Hase: Die Koberger. 2. Aufl. Leipzig 1885, S. CLIII/IV). Die Erörterungen über die Urheberschaft der Holzschnitte in dem Kobergerdruck sind nicht abgeschlossen. Der Katalog der Ausstellung ›Meister um Albrecht Dürer‹ vertrat die Auffassung, daß für sie Entwürfe oder Skizzen Dürers vorlagen.

Albrecht Dürer:
die Muttergottes
mit der Nelke
(Kat. Nr. 591)

Literatur: Hain 3205 - Schramm 17, Abb. 600-17 - Meister um Albrecht Dürer. Ausst. Nürnberg 1961, Nr. 397 (mit umfass. Lit. zu den Holzschnitten) - U. Montag: Das Werk der heiligen Birgitta von Schweden in oberdeutscher Überlieferung. München 1968, bes. S. 103-23.

366 DAS ERBAUUNGSBUCH

Stephan Fridolin: Schatzbehalter der wahren Reichtümer des Heils. Nürnberg: Anton Koberger, 8.11.1491. 2°

Nürnberg, Stadtbibliothek (Inc. 385. 2°)

Das franziskanische Erbauungsbuch ist der Betrachtung des Lebens und Leidens Christi gewidmet. Die drei Teile haben als Gegenstand: 1. Begründung des Titels, Nutzbarkeit und Früchte des Leidens Christi wie seiner Betrachtung, Anweisung für die Betrachtung, 2. hundert ›gegenwürff‹ (Betrachtungen) zur Passion Christi, 3. Einzelthemen wie die letzten Worte des Herrn, Kreuzestod und Glaubenswahrheiten. Von R. Bellm ist, ohne dies Thema zu erschöpfen, der Zusammenhang von Text und Illustrationen, die dem zweiten, dem Hauptteil zugehören, hervorgehoben worden. Er weist darauf hin, daß etliche der ›gegenwürff‹ ›von pildwerck figuren‹ erhalten haben wegen der Laien, an die sich das Buch besonders wendet, und deren Verständnis wie Gedächtnis sich mit dieser Stütze besser behelfen kann. Vgl. Kat. Nr. 115 für die Holzschnitte von Michael Wolgemut und Wilhelm Pleydenwurff.

Literatur: Hain 14507 - U. Schmidt: P. Stephan Fridolin. Ein Franziskanerpater des ausgehenden Mittelalters. München 1911 - Schramm 17, Abb. 315-406 - (R. Bellm:) P. Stephan Fridolin: Der Schatzbehalter... Nach der Originalausgabe von Anton Koberger. 2 Bde. Wiesbaden 1962 - W. Brückner: Hand und Heil im ›Schatzbehalter‹ und auf volkstümlicher Graphik. In: Anz. d. German. Nationalmus. 1965, S. 60-109, bes. 60-74.

367 DAS ERBAUUNGSBUCH

Bertholdus: Das andechtig zeitglocklein des lebens vnd leidens Christi. Nach den viervndzweinzig stunden außgeteilt. Nürnberg: Friedrich Creussner, 6.4.1493. 8°

München, Bayerische Staatsbibliothek (8° Inc. c. a. 159m)

Die Wertschätzung von Bertholds Zeitglöcklein, das seine Prägung durch die Mystik erfahren hat, dokumentiert sich in einer Reihe von Drucken der Zeit vor 1500. Das Andachtsbuch, dessen Titel Seuses Horologium sapientiae angeglichen ist, enthält zu jeder Tagesstunde eine Station des Lebens- und Leidenswegs des Heilands, an die sich Betrachtungen über Nachfolge, Nutzen wie Gebete knüpfen. Der Vortext bringt eine Anleitung, wie das Werkchen zu gebrauchen ist, und nennt Hilfen, Emotionen zu bewirken. Dabei ist auf die den einzelnen Stunden zugeordneten Bilder Christi hingewiesen. Diese wenden sich also nicht, wie die Illustrationen des Schatzbehalters (Kat. Nr. 115, 366) an die Laien, sondern bieten sich zur Betrachtung als Bestandteil der Frömmigkeitsübung an. Vgl. Kat. Nr. 109 zum Stil der Holzschnitte.

Literatur: Hain 16279 - Schramm 18, Abb. 297-320, 323/24.

368 DAS GEBET- UND ANDACHTSBUCH

Hortulus animae. Straßburg: Wilhelm Schaffner, 13.3.1498. 8°

Frankfurt a. M., Stadt- u. Universitätsbibliothek (Ausst. 157 Nr. 4)

Der Hortulus animae war im Spätmittelalter ein verbreitetes Gebet- und Andachtsbuch, das im Anschluß an diese erste Ausgabe des öfteren gedruckt wurde. Wieweit die Texte der einzelnen Editionen miteinander übereinstimmen, ist nicht untersucht, ebensowenig liegt ihre Herkunft fest (einzelne Angaben bei F. X. Haimerl: Mittelalterliche Frömmigkeit im Spiegel der Gebetbuchliteratur Süddeutschlands. München 1952, S. 123-32, 139-48). Die Gebete und Andachten, denen manchmal die Namen bedeutender Theologen Autorität verleihen, gelten allen Anlässen. Eine beträchtliche Anzahl ist dem leidenden Heiland gewidmet, so finden sich die Tageszeiten vom Leiden Christi (vgl. Kat. Nr. 369) ebenso wie Texte, in denen sich das Gedächtnis des Jesus der Passion mit Ablässen verbindet (vgl. Kat. Nr. 370). Eine wesentliche Rolle spielt auch die mitleidende Gottesmutter. Ferner sind viele der im Spätmittelalter besondes verehrten Heiligen und die Hauptfeste des Kirchenjahrs mit Gebeten bedacht, dazu Anliegen, die der Tageslauf und die Frömmigkeitsübung bieten. In einzelnen Bestandteilen, wie z. B. einer Auslegung der Messe, ist auf die Liturgie Bezug genommen.

Literatur: Hain 8936 - Schramm 20, Abb. 2211-84 - H. Koegler: Hans Holbein d. J. Die Bilder zum Gebetbuch Hortulus animae. Basel 1943; Text S. 18, 26-37 u. öfter.

369 ANDACHTSFLUGBLATT MIT DEN SIEBEN TAGESZEITEN

Christus am Kreuz mit Maria und Johannes sowie Verstext

Albrecht Dürer

Unten, auf schräg gelegtem Täfelchen, die Jahreszahl 1510, zum Abschluß des vierspaltigen Textes das Monogramm Dürers. Titel zum Text: Das sind die syben tagezeyt Darin christus auff erden leyt.

Holzschnitt u. Text auf 2 Bll.; 22,2 : 14,4 bzw. 23,9 : 14,4

Coburg, Kupferstichkabinett der Kunstsammlungen Veste Coburg (Coburger Landesstiftung) (I, 20, 172)

Die Verse, die sich auch in der aus dem 17. Jahrh. stammenden Handschrift mit Reimen Dürers befinden (Nürnberg, German. Nationalmus. Hs. 81634), bieten die Tageszeiten dar in einer in der Gebetsliteratur verbreiteten Fassung, die sich auf die Passion Christi bezieht. Sie lehnen sich, wie H. Rupprich festgestellt hat, inhaltlich an den vermutlich aus dem 14. Jahrh. stammenden Hymnus ›Patris sapientia veritas divina‹ an und sind im Zusammenhang mit den verbreiteten Übersetzungen in die deutsche Sprache zu sehen (vgl. Ph. Wackernagel: Das deutsche Kirchenlied von der ältesten Zeit bis zu Anfang des 17. Jahrhunderts; 1. Leipzig 1864, Nr. 267/68; 2, Leipzig 1867, Nr. 929-33). In der genannten Handschrift schließt sich an die Verse, die auf dem Flugblatt nicht wiedergegebene Reim: O Herr, Albrecht Durer begert, Das er deiner gnad werd gewehrt.

Literatur: Geisberg, Einblattholzschnitt, Nr. 749 - Rupprich 1, S. 135-37 Nr. 12 - M. Kisser: Die Gedichte des Benedictus Chelidonius zu Dürers Kleiner Holzschnittpassion. Ein Beitrag zur Geschichte der spätmittelalterlichen Passionsliteratur. Diss. Wien 1964 (Masch. Schr.), S. 112.

370 CHRISTUS AM KREUZ MIT DREI ENGELN

Albrecht Dürer (?)

Unter der Darstellung linke Spalte: WEr dyß nach geschryben gebett andechtiglich spricht vor eynem Crucifix... Ich bitte dich aller liebster herre Jesu christe... Der du mit got dem vater vnd dem heyligen geyst lebest vnd regnirest in ewigkeyt Amen. Rechte Spalte: Dyß nachuolgendt gebett sprich der marter christi... O Du vrsprungklicher brunne aller weyßheyt... hilff vns lieber herr zu der ewigen seligkeyt Amen.

Holzschnitt; 62,7 : 45,5

Coburg, Kupferstichkabinett der Kunstsammlungen Veste Coburg (Coburger Landesstiftung) (I, 20, 176)

Das Blatt ist in der vorliegenden Form ein zweiter, nach J. Meder bald nach 1513 entstandener Zustand, bei dem mit einem von anderer Hand herrührenden Stock der dritte Engel ergänzt ist. Gegenüber dem ersten Zustand ist auch der Text abgeändert. Dort enthält er die von R. Berliner (Arma Christi. In: Münchner Jb. 3. F. 6, 1955, S. 131) als Worterklärung einer entwickelten Arma Christi-Darstellung bezeichnete Oratio ante imaginem pietatis dicenda mit dem Anfang: In mei sint memoria... mitsamt der Kollekte: Domine iesu christe fili dei viui... Dieses Gebet findet sich in dem 1503 in Straßburg gedruckten Hortulus animae (F. X. Haimerl: Mittelalterliche Frömmigkeit im Spiegel der Gebetbuchliteratur Süddeutschlands. München 1952, S. 124 mit Anm. 733), in dem auch das Gebet der linken Spalte - die von Papst Gregor III. einer englischen Königin gegebene Oratio, die soviel Tage Ablaß verheißt, als Jesus Wunden hatte (F. X. Haimerl, S. 124 mit Anm. 735) - enthalten ist. Gleichfalls dem Bereich der Hortulus-Überlieferung gehört das Gebet der rechten Spalte zu (F. X. Haimerl, S. 140 mit Anm. 861). Die Bezeichnung des Blattes als Ablaßzettel (Winkler, Dürer 1928, zu S. 350) ist nicht gerechtfertigt.

371   DAS GEBETBUCH

Salus animae. Nürnberg: Hieronymus Höltzel, 18. 10. 1503. 16°

Pergamentdruck mit Holzschnitten, koloriert

Wien, Österreichische Nationalbibliothek (C. P. 1. E. 33)

Der Unterschied zum Hortulus animae ist die Salus animae, das früheste in Nürnberg gedruckte, mit Holzschnitten ausgestattete Gebetbuch, im Hinblick auf den Inhalt und den Charakter als Textsammlung bisher nicht gewürdigt. Der Titel wird in dem Band als ›der selen hayl‹ übersetzt und zu seiner Begründung angegeben, daß er so heiße, wegen ›vil andechtiger gebet vnd ler‹, die in ihm enthalten sei. Die Zuschreibung der meisten der 63 verwendeten Holzschnitte an Dürer wird weithin als gesichert angesehen.

Literatur: Panzer DA 1, Nr. 536 - C. Dogson: Holzschnitte zu zwei Nürnberger Andachtsbüchern aus dem Anfange des 16. Jahrhunderts. Graphische Gesellschaft 11. Veröffentlichung. Berlin 1909. - K. H. Jürgens: Zu einigen Holzschnitten im ›Salus animae‹ von 1503. In: Anz. d. German. Nationalmus. 1969, S. 67-74.

372   HOLZSCHNITTE ZU EINEM PLENAR

Albrecht Dürer zugeschrieben

6,3 : 5

Hamburg, Hamburger Kunsthalle (12838, 12838a-z, 12838A-R)

Nach C. Dodgson waren die Holzschnitte zu einem Typ des deutschsprachigen religiösen Buches bestimmt, das in den Jahrzehnten um 1500 zu den verbreitetsten gehörte. Es handelt sich bei den Plenarien um Perikopenbücher, die Übersetzungen des im Missale enthaltenen Lesegottesdienstes, also vor allem von Episteln und Evangelien, dazu Glossen enthalten. Zwischen 1473 und 1523 wurden von P. Pietsch (Ewangely und Epistel Teutsch. Die gedruckten hochdeutschen Perikopenbücher [Plenarien] 1473-1523. Göttingen 1927, S. 7-58) 57 hochdeutsche Plenardrucke verzeichnet. Nach seiner Aufstellung beträgt die Anzahl der Illustrationen durchweg zwischen fünfzig und sechzig, manchmal darüber. Ein Plenar, in dem die Folge der Dürer nicht unwidersprochen zugeschriebenen Holzschnitte Verwendung fand, hat sich als ausgedrucktes Buch nicht nachweisen lassen.

Literatur: C. Dodgson: Holzschnitte zu zwei Nürnberger Andachtsbüchern aus dem Anfange des 16. Jahrhunderts. Graphische Gesellschaft 11. Veröffentlichung. Berlin 1909.

373   DAS ERBAUUNGSBUCH

Ulrich Pinder: Speculum passionis domini nostri Ihesu christi... Nürnberg: [Friedrich Peypus für Ulrich Pinder] 30. 8. 1507. 2°

Nürnberg, Germanisches Nationalmuseum (Postinc. 4° Rl. 2841m)

Nach der von M. Kisser vorgenommenen Einordnung in die Folge der spätmittelalterlichen Passionstraktate wird in dem Speculum Gedankengut von Bernhard von Clairvaux und Bonaventura, mit deren Lehren das Leiden Christi stark hervortritt, in der Art der Vergegenwärtigung des Geschehens erneut wirksam. Diese vollzieht sich in Anlehnung an Bonaventuras Stufenfolge mit der contemplatio, compassio, imitatio, admiratio, exultatio, resolutio, quies. Die These, daß Ulrich Pinder mit dem Speculum der Leidensgeschichte einen neuen Typ des Erbauungsbuches schuf, in dem die Bilder - 76 Holzschnitte von Hans Baldung Grien und Hans Schäufelein sowie Hans von Kulmbach - dem Text mindestens gleichwertig sind (Ausst. Meister um Albrecht Dürer), wird, ohne daß die Rolle des Bildes in den Drucken dieser Gattung aus der Zeit vor der Reformation generell geklärt ist, ihre Problematik haben. Dürer könnte das Werk zur Edition seiner Holzschnittfolgen in Buchform angeregt haben. Darüber hinaus wies F. Winkler darauf hin, daß Dürer in der Auswahl der Themen und der Abfolge der Holzschnitte der Kleinen Passion von Pinders Speculum beeinflußt ist.

Literatur: Panzer VII, S. 446 Nr. 48 - F. Winkler: Dürers kleine Holzschnittpassion und Schäufeleins Speculum-Holzschnitte. In: Zs. d. dt. Ver. f. Kunstwiss. 8, 1941, S. 197-208 - Meister um Albrecht Dürer. Ausst. Nürnberg 1961, Nr. 27 (mit weit. Lit.) - M. Kisser: Die Gedichte des Benedictus Chelidonius zu Dürers Kleiner Holzschnittpassion. Ein Beitrag zur Geschichte der spätmittelalterlichen Passionsliteratur. Diss. Wien 1964 (Masch. Schr.), S. 84/85, 122-24.

374   DIE KLEINE PASSION ALS BUCHAUSGABE

Albrecht Dürer: Passio Christi... cum varij generis carminibus Fratris Benedicti Chelidonij Musophili. Nürnberg: [Hieronymus Höltzel für] Albrecht Dürer, 1511. 4°

Nürnberg, Germanisches Nationalmuseum (St. N. 14)

Während im Speculum passionis von 1507, das die Buchausgabe der Kleinen Passion (Kat. Nr. 603) wahrscheinlich angeregt hat, die Illustration der Leidensgeschichte mit dem Einzug in Jerusalem einsetzt, greift Dürers Folge thematisch weiter aus und zeigt durch die Hinzufügung des Sündenfalls, der Vertreibung aus dem Paradies, der Verkündigung an Maria und der Geburt Christi sowie des abschließenden Bildes mit dem Weltenrichter die Stellung der Passion in der Heilsgeschichte. Diese universale Konzeption beruht auf der mittelalterlichen Behandlung der Erlösung des Menschen. Die diesem Programm entsprechenden Dichtungen des Benedictus Chelidonius werden jeweils spiegelbildlich zu dem Holzschnitt des gleichen Themas gegeben. Sie haben Titel, die neben dem Inhalt die Vers- oder Strophenform benennen, die im Unterschied zur Großen Passion und zum Marienleben (Kat. Nr. 375/76) vielgestaltig angelegt ist. Dabei dienten vor allem die Oden des Horaz als Vorbild. Nach M. Kisser sind die Texte vorwiegend von der mittellateinischen geistlichen Literatur, Traktaten wie Hymnen, bestimmt; demgegenüber habe die Schicht humanistischer Gelehrsamkeit, wie sie in die Dichtungen einging, im Gesamten eine mehr schmückende Funktion. Die Anlehnungen an antike Vorstellungen wirken sich im Vokabular aus: z. B. wird der Himmel zum Elysium oder auch zum Olymp, in dem Maria ein Platz versprochen wird, die Hölle erscheint als der Styx oder Orcus, Gott wird wie Zeus das Attribut des Donners verliehen - für den Engel der Verkündigung findet Chelidonius die Worte: Tonantem concipe -, Ceres und Iacchus (Dionysos) bezeichnen Brot und Wein im Carmen heroicum, das dem Abendmahl gewidmet ist. Von den antiken Autoren hat besonders Virgil auf Chelidonius eingewirkt. - Bild und Dichtung stehen in keinem engeren Zusammenhang. Wenn der Mittelpunkt der Verse und der Holzschnitt einander korrespondieren, ist dies auf den Bericht der Bibel und die von der Tradition abhängige Prädisposition für bestimmte Stoffe zurückzuführen. In einzelnen Fällen ergeben sich jedoch beträchtliche Unterschiede zwischen den Holzschnitten und der Darstellung, die in den Dichtungen enthalten ist. Diese beschließt eine Widmung an Willibald Pirckheimer, die von ihm erwidert wird, und eine Empfehlung an den Leser durch Johannes Cochläus. Dabei wird das Werk nicht als ein Ganzes aufgefaßt: Dedikation und Replik beziehen sich ausschließlich auf die Verse, die nach dem Impressum angebrachte Warnung an Plagiatoren hat nur die Bilder zum Gegenstand.

Literatur: Panzer VII, S. 450 Nr. 75 - Vgl. Kat. Nr. 604 - M. Kisser: Die Gedichte des Benedictus Chelidonius zu Dürers Kleiner Holzschnittpassion. Ein Beitrag zur Geschichte der spätmittelalterlichen Passionsliteratur. Diss. Wien 1964 (Masch. Schr.).

375   DIE GROSSE PASSION ALS BUCHAUSGABE

Albrecht Dürer: Passio domini nostri Jesu ... per fratrem Chelidonium collecta ... Nürnberg: [Hieronymus Höltzel für] Albrecht Dürer, 1511. 2°

Außerdem sind in dem Lederband (mit zehn Beschlägen und zwei Schließen; 49,5 : 32,6) enthalten: das Marienleben und die Apokalypse

Von A. Dürer an Georg Behaim (Propst an St. Lorenz; gest. 1521) geschenkt (im Deckel Vermerk von 1513: liber Georgij Beham licntiati Teoloe Ex donatione alb. durer.). Später in der Bibl. von St. Lorenz, Nürnberg

Nürnberg, Landeskirchliches Archiv der Evang.-Luth. Kirche in Bayern (Fenitzer Bibliothek) (Fen. 2 140 2°)

Mit der Apokalypse und dem Marienleben gehört die Große Holzschnittpassion (Kat. Nr. 597) zu den von Dürer so genannten ›drei großen Büchern‹ (Rupprich 1, S. 162). Während die Dichtungen des Chelidonius zur Kleinen Passion eine Neuschöpfung sind, wurden die Texte zur Großen Passion aus dem Oeuvre von vier Autoren zusammengestellt. Chelidonius benutzte von den

neulateinischen Dichtungen Italiens die Passio domini nostri Jesu Christi des Dominicus Mancinus, das Carmen de Jesu Christi passione des Hieronymus Paduanus, dazu Stellen aus dem Werk des in Deutschland geschätzten Karmeliters Baptista Mantuanus, dessen Texte von Sebastian Brant kommentiert wurden. Weitere Verse entnahm der Kompilator dem aus dem 5. Jahrh. stammenden Paschale carmen des Caelius Sedulius. In der Ausgabe wurden die Quellen den einzelnen Passagen, die gegenüber der Vorlage häufig abgeändert sind, jeweils vorangestellt. Bei der Kombination schuf Chelidonius verbindende Stücke, als deren Verfasser er in gleicher Weise wie die anderen Autoren genannt ist. Die Verse bieten einen epischen Bericht über die gesamte Passion, wobei, entsprechend der selektiven Folge der Holzschnitte, Bild und Dichtung nur wenig korrespondieren. Im Unterschied zur Kleinen Passion und zum Marienleben stehen den Holzschnitten keine abgeschlossenen Dichtungen gegenüber. Bei einer strengen Aufteilung, die jeder Seite dreißig Verse gibt, inklusive der Überschrift, die Dürers Thema benennt, finden die Sätze oft erst auf dem nächsten Blatt ihren Abschluß.

Literatur: Panzer IX, S. 544 Nr. 75b - Vgl. Kat. Nr. 597 - M. Kisser: Die Gedichte des Benedictus Chelidonius zu Dürers Kleiner Holzschnittpassion. Ein Beitrag zur Geschichte der spätmittelalterlichen Passionsliteratur. Diss. Wien 1964 (Masch. Schr.), S. 372-99.

376   DAS MARIENLEBEN ALS BUCHAUSGABE

Albrecht Dürer: Epitome in divae parthenices Mariae historiam ... cvm versibvs annexis Chelidonii. Nürnberg: [Hieronymus Höltzel für] Albrecht Dürer, 1511. 2°

In dem Band sind außerdem enthalten: die Große Passion und die Apokalypse. Einband mit Initialen IWR und Datum 1546; ca. 47,5 : 33. Bl. 46 : 31,5. Wz. des Marienlebens: Blume auf Dreieck, bekrönter Turm ohne Wz.

Privatbesitz

Die Buchausgabe des Marienlebens faßt die ungefähr ab 1502 entstandenen Holzschnitte (vgl. Kat. Nr. 601) zusammen. Die auf die Rückseiten der Blätter gedruckten Gedichte des Benedictus Chelidonius, dessen Mariologie von der Gnadenvermittlung durch Maria und ihrer fürbittenden Macht (B. G. Winkler, S. 171) bestimmt ist, wurden für die Ausgabe geschaffen und verbinden die einzelnen Bilder durch überleitende Eingangsformeln miteinander. Wie bei den anderen Buchausgaben, an denen Chelidonius beteiligt war (vgl. Kat. Nr. 374/75), begeben sich die Verse nicht in eine allzu enge Abhängigkeit zu den Bildern. Obwohl vereinzelt auf Details hingewiesen wurde, an denen ablesbar sein soll, daß der Dichter sich möglicherweise von Eigentümlichkeiten der Darstellung leiten ließ, so kann diese Übereinstimmung auch aus der Gemeinsamkeit der Quellen resultieren. Der Einfluß antiker Schriftsteller spiegelt sich außer in der Sprache in Anspielungen auf Mythologie und Geschichte des Altertums. Wenn nach B. G. Winkler außer dem Neuen Testament und der Liturgie das zu Anfang des 14. Jahrhs. entstandene Marienleben des Kartäusers Philipp auf die Mariendichtungen des Chelidonius eingewirkt hat, so zeigt sich, wie bei seinen Versen zur Kleinen Passion, die Kontinuität der geistlichen Literatur des Mittelalters in der religiösen Dichtung des Humanismus. Den Abschluß bildet ein aus acht Zeilen bestehendes Widmungsgedicht an Caritas Pirckheimer.

Literatur: Panzer IX, S. 544 Nr. 77 - Vgl. Kat. Nr. 601 - B. G. Wink-

ler: Die Sonette des B. Chelidonius zu A. Dürers Marienleben und ihr Verhältnis zum Marienleben des Kartäusers Philipp. Diss. Wien 1960 (Masch. Schr.).

377 DIE WALLFAHRT

Bernhard von Breidenbach: Peregrinatio in terram sanctam. Mainz: Erhard Reuwich [mit den Typen Peter Schöffers], 11.2.1486. 2°

Frankfurt/M., Stadt- und Universitätsbibliothek (Inc. fol. 132 = Ausst. 139)

Trotz aller Beschwernisse und Gefahren war das Heilige Land das berühmteste unter den Wallfahrtszielen der abendländischen Christenheit geblieben. Breidenbachs Reiseschilderung ist nicht die einzige, die vor 1500 zum Druck gelangte. Die Autorschaft des Mainzer Domdekans ist durch die Benennung von Mitarbeitern eingeschränkt worden, die ihr Wissen über verschiedene Völkerschaften und Religionen in das Werk eingebracht und den Stil vervollkommnet haben. Die maßgebenden Gesichtspunkte für eine solche Pilgerreise werden in der Einleitung aufgeführt, wobei für deren Verfasser die mit der Wallfahrt verbundenen Ablässe zurücktreten. Der Pilger empfängt an den Gedenkstätten für die Begebenheiten des Alten Testaments und die Fakten der Heilsgeschichte des Neuen Testaments Impulse zu andächtiger Betrachtung und dem Willen, das eigene Leben zu verbessern, vor allem auch weil dort die Gnade stärker wirkt als an anderen Stellen. Zugleich wird es nach solch augenfälliger Begegnung möglich, die Themen, die täglich in der Kirche behandelt werden, besser zu verstehen. Zu den Holzschnitten vgl. Kat. Nr. 136.

Literatur: Hain 3956 - T. Tobler: Bibliographia geographica Palaestinae. Leipzig 1867, S. 55-57 - R. Röhricht: Deutsche Pilgerreisen nach dem Heiligen Lande. Neue Ausg. Innsbruck 1900, S. 164/65 - F. Uhlhorn: Zur Geschichte der Breidenbachschen Pilgerfahrt. In: Gutenberg.-Jb. 9, 1934, S. 107-11 - Schramm 15, Abb. 1-24 - R. Oehme: Die Palästinakarte aus Breitenbachs Reise in das Heilige Land. In: Zentralbl. f. Bibliothekswesen Beih. 75, 1950, S. 71-83 - R. W. Fuchs: Die Mainzer Frühdrucke mit Buchholzschnitten 1480-1500. In: Archiv f. Gesch. d. Buchwesens 2, 1960, S. 1-129, bes. 31-71.

378 DIE AUFZEICHNUNG DER FROMMEN UND SÜNDIGEN GEDANKEN WÄHREND DES CHORGEBETS
Albrecht Dürer   *Abb*.

Auf der von Engeln gehaltenen Tafel von Dürer beschriftet: Do schreibt hrein was ir wollt. Darunter links in einer Schrift des 18. oder frühen 19. Jahrhs.: A. Durer.

Federzeichnung, mit Wasserfarben leicht ausgetuscht; 30,5:21,9

Aus den Slgn. Crozat und Marquis de Robien

Rennes, Musée des Beaux-Arts (C 110-1)

Die um 1500 entstandene Zeichnung ist im Zusammenhang mit der mittelalterlichen Exempelliteratur zu sehen. Aus dem Neuen Testament, vor allem aus Apok. 20, 12, entwickelte sich die Überlieferung, daß das Gute von Engeln, die Sünden von Teufeln aufgezeichnet würden, um beim Gericht Argumente zu haben. Diese Vorstellung konkretisierte sich zu Erzählungen. Eine verbreitete Version, die unter dem Titel ›Das Sündenregister auf der Kuhhaut‹ bekannt geworden ist, fand Aufnahme in die Beispielsammlung des französischen Ritters Geoffroy de la Tour-Landry und ist in der deutschen Ausgabe des Ritter vom Turn, Basel 1493, durch einen Holzschnitt illustriert (vgl. Kat. Nr. 153. L. Röhrich: Erzählungen des späten Mittelalters und ihr Weiterleben in Literatur und Volksdichtung bis zur Gegenwart 1. Bern-München 1962, Nr. VI, 7; S. 274 umfassende Lit. zum Thema). Zusammen mit der Überlieferung über den schreibenden Teufel ist Dürers Zeichnung von P. Halm gewürdigt worden, während die neueren Angaben von H. Dornik-Eger hinter den damit erreichten Stand der Interpretation zurückfallen. Als ein weiteres Element, das für das Blatt Bedeutung erlangte, sind Exempel von der Anwesenheit des Teufels beim Gottesdienst, wie sie von Caesarius von Heisterbach überliefert worden sind (E. Beitz: Caesarius von Heisterbach und die bildende Kunst. Augsburg 1926, S. 53), zu nennen. Halm modifiziert die Bezeichnung Engelmesse und legt den Akzent darauf, daß die teils frommen, teils sündigen Gedanken von zum Chorgebet versammelten Geistlichen wiedergegeben werden. Zwei Teufel nehmen sich der unandächtigen Beter an, während ein Engel die Frommen aufschreibt. Das Moment des Visionären wird dadurch betont, daß entsprechend anderer Legendenüberlieferung der Dienst am Altar von Engeln versehen wird. F. Winklers Ansicht, es handele sich um einen Entwurf für Glasmalerei, ist widersprochen worden.

Literatur: P. Halm: Der schreibende Teufel. In: L'umanesimo e il demoniaco nell' arte. Atti del II Congresso internazionale di studi umanistici. Rom 1952. Rom-Mailand (1953), S. 235-249, bes. 245-47 - Le XVIe siècle européen. Peintures et dessins dans les collections publiques françaises. Ausst. Paris 1965, Nr. 128 (mit Lit.) - H. Dornik-Eger: Albrecht Dürer und die Graphik der Reformationszeit. Schriften der Bibliothek des Österreichischen Museums für angewandte Kunst 2. Wien 1969, Leihgaben Nr. II.

379 DAS MEMENTO MORI
Der Tod und der Landsknecht sowie Verstext
Albrecht Dürer   *Abb*.

Der Holzschnitt mit dem Monogramm des Künstlers und der Jahreszahl 1510; zum Abschluß des vierspaltigen Textes das Monogramm Dürers; über dem Holzschnitt: Keyn ding hilfft fur

←

Albrecht Dürer: Die Aufzeichnungen der frommen und sündigen Gedanken während des Chorgebets (Die Engelmesse) (Kat. Nr. 378)

Reyn ding hilfft für den zeytling todt
Darumb dienent got frwe vnd spot

1510

Albrecht Dürer: Der Tod und der Landsknecht (Kat. Nr. 379)

den zeytling Todt Darumb dienent got frrwe (später frwe) vnd spot.

Holzschnitt u. Text auf 2 Bll.; 20 : 14,5 bzw. 20,7 : 14,4

Coburg, Kupferstichkabinett der Kunstsammlungen Veste Coburg (Coburger Landesstiftung) (I, 25, 296)

Der Holzschnitt gehört in den Zusammenhang einer Reihe von Darstellungen eines Lebenden und eines Toten bzw. des Todes, an deren Anfang W. Rotzler (Die Begegnung der drei Lebenden und der drei Toten. Winterthur 1961, S. 233/34), den Kupferstich ›Der Jüngling und der Tod‹ des Hausbuchmeisters stellt. Rotzler hält einen Bezug zu dem Thema Totentanz sowie zu der Legende von den drei Lebenden und drei Toten für möglich. Das Gedicht weist in der Nürnberger Handschrift mit Reimen Dürers (German. Nationalmus., Hs. 81634) am Ende zwei zusätzliche Zeilen auf, in denen Dürer den Wunsch äußert, so leben zu können, wie es die Verse empfehlen. Für die in ihrer Beziehung zu den Vergänglichkeitsvorstellungen des Spätmittelalters kaum gewürdigte Dichtung verweist P. Weber auf einen Text in den Carmina varia des Sebastian Brant (1498) mit dem Titel: Martialis hominis tumultuariique militis et mortem contemnentis jactatio. Beachtung verdient, wie im Sinne einer humanistisch orientierten Frömmigkeit die Heilsmittel der Kirche gegenüber rechter Lebensführung zurücktreten (vgl. die Verse um das Sich-Verlassen auf die Seelenmessen). Die sich 1510 zeigende Tendenz zur Verbindung von Bild und gereimtem Text könnte in Zusammenhang stehen mit den Ausgaben der Großen und Kleinen Passion sowie des Marienlebens, in denen die Holzschnitte Dichtungen des Benedictus Chelidonius beigegeben sind.

Literatur: P. Weber: Beiträge zu Dürers Weltanschauung. Straßburg 1900, S. 37-39 - W. Rehm: Der Todesgedanke in der deutschen Dichtung vom Mittelalter bis zur Romantik. Halle/S. 1928, S. 164 - Rupprich 1, S. 137/38 Nr. 13.

UMWELT: DIE REFORMATION

Seit dem Jahre 1522 wurden in Nürnberg Veränderungen in der Ausübung der Religion vorgenommen und damit Entwicklungen sichtbar, die, nach abwartender Haltung während der Zeit von Reichsregiment und Reichstagen, im Anschluß an eine Disputation der Parteien im März 1525 zur Annahme der Reformation durch den Rat führten. Als Folge wurde Nürnberg eine evangelische Stadt, die sich zugleich auf den Boden des Territorialkirchenrechts stellte (G. Pfeiffer). Die Umgestaltung des Kirchenwesens war nicht zuletzt durch die evangelisch gesinnten Prediger Andreas Osiander, Dominikus Schleupner und Thomas Venatorius bei der Bevölkerung vorbereitet worden. Als Bollwerke der alten Religion erwiesen sich die Klöster, die manchen Zwängen ausgesetzt waren. Willibald Pirckheimer, der Verwandte in den Ordensgemeinschaften hatte, wurde in seinem Urteil über die Reformation nicht zuletzt von Zwistigkeiten, die hier entstanden, bestimmt. In einem Briefkonzept an Johann Tscherte von Ende 1529 oder Anfang 1530 identifizierte der Humanist eigene Enttäuschung mit derjenigen Dürers und berichtete von anfänglicher gemeinsamer Anhängerschaft an Luther wie späterer Abkehr (Kat. Nr. 416). Jedoch galt die Kritik primär der Lebensführung von Vertretern der neuen Lehre und nicht den zentralen Aussagen. Damit scheint eine mögliche Einstellung auch Dürers gekennzeichnet, doch ergeben sich bündige Folgerungen ebensowenig wie aus der hohen Wertschätzung, die Luther und besonders der Kreis um Melanchthon dem Künstler über den Tod hinaus bewahrten. Dürers Beziehungen nach Wittenberg bestanden unabhängig von der Neuordnung des Kirchenwesens in Nürnberg bereits frühzeitig. Er gehörte zu einem Freundeskreis, der sich in der Reichsstadt gebildet hatte um den Augustiner Johann von Staupitz, der Erlangung des Heils aus Gottes Barmherzigkeit predigte und Luther förderte. Auf diese Weise kam es zu einer Verbindung mit Luther; die Kommunikation ging allerdings durchweg über die Vermittlung Dritter. Dürer hatte Interesse an Luthers Schriften und bekannte, daß ihm von diesem aus großen Ängsten geholfen worden sei. In der Klage um den vermeintlich Toten, die im Tagebuch der Reise in die Niederlande enthalten ist (Kat. Nr. 384), wurde gängige Polemik gegen die spätmittelalterliche Kirche aufgegriffen. Die überkommene Lehre wurde als erdichtet, die Auslegung des göttlichen Wortes, soweit überhaupt geübt, als vielmals falsch bezeichnet. Mit dem Hinweis auf Gottes Wort ist ein Argument angeführt, auf das Dürer wiederholt zurückkommen sollte. 1523 ist die Heilige Schrift ihm Norm bei der Beurteilung der Wallfahrt zur Schönen Maria in Regensburg (Kat. Nr. 393), und Ende 1524 erbittet er in einem Brief an den englischen Hofastronomen Nikolaus Kratzer von Gott Gnade und Bestärkung in seinem Wort, damit dem Anspruch, ihm mehr zu gehorchen als den Menschen, Genüge getan werden könne. Dürer spricht dabei im Plural und dürfte an die Nürnberger Bürgerschaft als Ganzes gedacht haben. Es ist dies das Jahr, in dem Pirckheimer sich von den Gegebenheiten in der Reichsstadt zu distanzieren beginnt.

Von Dürer hat sich für die folgende Zeit kein Zeugnis erhalten, das für eine Übereinstimmung mit dem Fortgang der Reformation spricht. Darin ein Indiz für eine Entfremdung zu sehen (H. Lutz), heißt den ohnehin spärlichen Bestand an authentischen Quellen überinterpretieren. Im Gegenteil: Es läßt sich in gleicher Weise folgern, daß die Entwicklung keinen Anlaß zu neuem Engagement im Sinne des Briefes an Kratzer bot. Das an sich naheliegende Eingeständnis, daß beweisbare Aussagen nicht möglich sind, mag angesichts der aus dem 19. Jahrh. überkommenen, ständig fortwirkenden Konfessionalisierung der Fragestellung einmal ausgesprochen sein.

Im Jahre 1525 nutzte Dürer erneut das Material an Beispielen, das in der Unterweisung der Messung ausgebreitet wird, um auf die Bedeutung der Heiligen Schrift hinzuweisen. Vielleicht hat die Berufung auf das Wort Gottes hier schon einen anderen Akzent, weil nun der linke Flügel der Reformation stärker in den Gesichtskreis getreten war.

Die Radikalisierung der Wittenberger Bewegung zielte durch das Wirken des Andreas Bodenstein von Karlstadt (Kat. Nr. 391) auf einen Bereich, der Dürer unmittelbar betraf. Jener wandte sich, kurz nachdem er Dürers Anerkennung für die Auseinandersetzung mit der alten Theologie gefunden und ihm eine Schrift gewidmet hatte, in einem für die Erörterung der folgenden Jahre grundlegenden Traktat von 1522 gegen die Bilder in den Kirchen und den Bilderdienst. Ikonoklastische Vorstellungen kursierten in Nürnberg und waren, was die materielle Substanz anbelangt, von einigen peripheren Folgen begleitet. Die Verwirrung unter den Künstlern war groß. Aufgrund ihrer vermutlich durch die Problematisierung bildnerischen Gestaltens mitbedingten Anschauungen wurden die Nürnberger Maler Barthel und Sebald Beham dazu Georg Pencz in einen damals vielbeachteten Prozeß unter dem Vorzeichen der ›Gottlosigkeit‹ verwickelt (Kat. Nr. 405/06). In der Vorrede der Unterweisung der Messung äußerte Dürer sich zu den aktuellen Fragen und trat der Auffassung, Bilder dienten der Abgötterei, entgegen. In der Tendenz, mit Vergleichen zu argumentieren, nahm er ein Motiv aus Luthers Schriften zur Bilderfrage (Kat. Nr. 399) auf. Des Reformators gemäßigter Standpunkt ist für die Bewahrung der Kirchenausstattungen von erheblicher Bedeutung gewesen. Auch für die Nürnberger 23 Lehrartikel von 1528 gehören die Bilder zu den Adiaphora, zu den indifferenten Dingen. So bestand für Dürer kaum Anlaß, von der lutherisch gesinnten Richtung eine Gefahr für die ›künst der malerey‹ zu erwarten. Im Streit der Meinungen schuf er mit den ›Vier Aposteln‹ eine Apologie der Malerei (H. Rupprich) und stellte Gottes Wort, dessen rechtes Verständnis bezeichnenderweise in die Hand der weltlichen Regenten gegeben wird, in den Mittelpunkt der in den Unterschriften enthaltenen Aussagen (Kat. Nr. 414).

Generell ist das Einwirken der Reformation auf die bildende Kunst nicht durch die auf Erasmus von Rotterdam zurückgehende Prägung von der Lutherana tragoedia zu kennzeichnen. Auch wenn die neue Einstellung zu Maria und den Heiligen nicht ohne Folgen blieb, ist Kontinuität mannigfach greifbar. Selbst im Hinblick auf die für die Reformation als zentral empfundene, auf Lucas Cranach zurückgehende Darstellung von Sündenfall und Erlösung konnte ein mittelalterliches Vorfeld umrissen werden. Dürers Holzschnitte zur Apokalypse wurden zur Vorlage der entsprechenden Illustrationen in Luthers Übersetzung des Neuen Testaments von 1522 (Kat. Nr. 386). Änderungen sind in einem Falle auf den durch Bemühungen um authentische

Quellen revidierten Text zurückzuführen, zudem erhielten die visionären Gestalten vereinzelt Attribute, die auf das Papsttum deuten. Diese Tendenz, das Bild für Polemiken zu nutzen oder eigene religiöse Anschauungen zu propagieren, fand Fortsetzung (Kat. Nr. 404). Im Unterschied zu anderen Nürnberger Künstlern hat sich Dürer solcher Bekundungen enthalten. Eine Affinität zu reformatorischen Bestrebungen dürfte im Spätwerk vornehmlich in dem 1523 entstandenen Holzschnitt mit dem Abendmahl (Kat. Nr. 396) anzutreffen sein. Hier weist die Akzentuierung der beiden Gestalten - Brot und Wein - auf die Forderung nach dem Kelch, wie sie mit Hinweis auf die Bibel damals erhoben und verwirklicht worden ist.

Bernward Deneke

Literatur: E. Heidrich: Dürer und die Reformation. Leipzig [1909] - G. Pfeiffer: Die Einführung der Reformation in Nürnberg als kirchenrechtliches und bekenntniskundliches Problem. In: Bll. f. dt. Landesgesch. 89, 1952, S. 112-33 - H. Rupprich: Dürers Stellung zu den agnoetischen und kunstfeindlichen Strömungen seiner Zeit. München 1959 - H. Lutz: Albrecht Dürer und die Reformation. Offene Fragen. In: Miscellanea Bibliothecae Hertzianae. München 1961, S. 175-83 - G. Seebaß: Das reformatorische Werk des Andreas Osiander. Nürnberg 1967 - H. Lutz: Albrecht Dürer in der Geschichte der Reformation. In: Hist. Zs. 206, 1968, S. 22-44 - C. C. Christensen: Iconoclasm and the preservation of ecclesiastical art in Reformation Nuernberg. In: Archiv f. Reformationsgesch. 61, 1970, S. 205-21.

380 LUTHER ÜBER EIN GESCHENK DÜRERS

Alte Abschrift eines Briefes Luthers an Christoph Scheurl, Wittenberg 5. März 1518: Luther dankt unter anderem für ein Geschenk Dürers (donum insignis viri Alberti Durer). Er bittet darum, ihn Dürer zu empfehlen und ihm Dankbarkeit und Gedenken mitzuteilen. Luther möchte von Scheurl und Dürer nur seinen Möglichkeiten entsprechend eingeschätzt werden.

Fischbach bei Nürnberg, Freiherrlich von Scheurl'sche Familienstiftung

Literatur: D. Martin Luthers Werke. Briefwechsel 1. Weimar 1930, Nr. 62 - Rupprich 1, S. 260/61 Nr. 39.

381 DÜRER ÜBER LUTHER

Eigenhändiger Brief Dürers an Spalatin, Nürnberg Januar oder Februar 1520: Unter anderem bittet Dürer darum, für ein ihm von Friedrich dem Weisen von Sachsen übersandtes Büchlein Luthers dem Kurfürsten zu danken. Von wegen der christlichen Wahrheit möge Spalatin Luther dem Kurfürsten empfehlen. Wenn er, wozu Gott helfen möge, zu Luther kommen sollte, will er ihn ›mit fleis kunterfeten vnd jn kupfer stechen zw einer langen gedechtnus des kristlichen mans‹, der ihm aus großen Ängsten geholfen hat. Dürer bittet ferner, ihm neu erscheinende, in deutscher Sprache geschriebene Publikationen Luthers gegen Entgelt zuzuschicken, und verspricht seinerseits, Exemplare der vorbereiteten Neuauflage von Spenglers ›Schutzred‹ (Kat. Nr. 390) zu übersenden.

Papier; ca. 41 : 26 (mit Passepartout)

Aus Briefslg. Huber (1700-55)

Basel, Öffentliche Bibliothek der Universität (Mscr. G I 33, Bl. 41)

Literatur: Rupprich 1, S. 85-87 Nr. 32.

382 LUTHER ALS JUNKER JÖRG

Sebald Beham

Oben rechts die Jahreszahl 1522

Holzschnitt; 39,4 : 27,9

Berlin, Kupferstichkabinett, Staatliche Museen Preußischer Kulturbesitz (857-2)

Während für Dürer die Begegnung mit Luther die Voraussetzung für die Herstellung eines Bildnisses ist (Kat. Nr. 381), entstand in seinem Umkreis der unselbständige Holzschnitt Sebald Behams. Dieser beruht auf der Darstellung Lucas Cranachs d. Ä. (vgl. Geisberg, Einblattholzschnitt, Nr. 639; J. Vogel, Abb. S. 59), die den vom 4. Mai 1521 bis 1. März 1522 als Junker Jörg auf der Wartburg lebenden Reformator im Aufzug eines Ritters zeigte.

Literatur: J. Vogel: Luther als Junker Georg. In: Zs. f. bild. Kunst 53, 1918, S. 57-64 - Geisberg, Einblattholzschnitt, Nr. 302.

383 BEISPIELE FÜR LUTHERSCHRIFTEN AUS DÜRERS VERZEICHNIS BZW. BESITZ

1 Martin Luther: Sermo de poenitentia. Wittenberg: Johann Rhau-Grunenberg, 1518. 4°

Frankfurt a. M., Stadt- und Universitätsbibliothek (Freytag XV, 5)

2 Martin Luther: Eyn gutte trostliche predig von der wirdigen bereytung zu dem hochwirdigen sacrament... [Nürnberg: Jobst Gutknecht, 1519] 4°

Nürnberg, Germanisches Nationalmuseum (Postinc. 8° Rl. 2724)

3 Martin Luther: Von der Babylonischen gefengknuß der Kirchen. [Straßburg: Johann Schott, 1520] 4°

Augsburg, Staats- und Stadtbibliothek (4° Th. H. 139 Luther, Gefängniß [1520])

Es handelt sich um Beispiele für Schriften Luthers, die bis auf ›De captivitate Babylonica...‹ in einem von Dürer angelegten Verzeichnis (London, British Museum, Add. 5231, fol. 115 a) genannt werden. Das Verzeichnis ist nicht datiert, wird jedoch, wohl wegen des im Tagebuch der Reise in die Niederlande erwähnten Kaufs von Traktätlein (bei vierfachem Bericht über die Erwerbung solcher Traktate wird einmal Luther als Autor genannt), um 1520/21 angesetzt (Rupprich 1, S. 221). Die Abhandlung De captivitate Babylonica ecclesiae praeludium 1520 erhielt Dürer im Juni 1521 von Cornelius Grapheus während des sechsten Aufenthaltes in Antwerpen geschenkt (Rupprich 1, S. 175). Für das Interesse von Dürer an dem Sermo de poenitentia findet sich als weiteres Zeugnis ein Brief Christoph Scheurls an den Wittenberger Professor und Kanonikus Nikolaus von Amsdorf von 1519. Dort heißt es, Dürer bäte um Erläuterung (petit...interpretari sibi) dieses Traktats (Rupprich 1, S. 263 Nr. 51). Im einzelnen werden in dem Verzeichnis sechzehn Schriften aufgeführt, wobei die Identifikation dadurch, daß Dürer Titel kürzte und aus dem Lateinischen übersetzte, nicht immer gesichert ist. Die folgende Aufstellung modifiziert in einigen Fällen die von Rupprich nach Lange und Fuhse zitierte: Die sieben Bußpsalmen, 1517 (Benzing, Nr. 74 ff.) - Disputatio pro declaratione virtutis indulgentiarum (Die 95 Thesen. Evtl. in der verschollenen Übersetzung durch Kaspar Nützel), 1517 oder: Resolutiones disputationum de indulgentiarum virtute, 1518 (Benzing, Nr. 87 ff. bzw. 205 ff.) - Ein Sermon von Ablaß und Gnade, 1518 (Benzing, Nr. 90 ff.) - Eine kurze Erklärung der 10 Gebote, 1518 oder: Decem praecepta Wittenbergensi praedicata populo, 1518 (Benzing, Nr. 115 ff. bzw. 192 ff.) - Sermo de poenitentia, 1518 (Benzing, Nr. 127 ff.) - Sermo de digna praeparatione cordis pro suscipiendo sacramento eucharistiae, 1518 (Benzing, Nr. 135 ff.) - Auslegung des 109. (110.) Psalms, 1518 (Benzing, Nr. 227 ff.) - Sermo de triplici iustitia, 1518 (Benzing, Nr. 249 ff.) - Auslegung deutsch des Vaterunsers für die einfältigen Laien, 1519 (Benzing, Nr. 260 ff.) - Eine kurze Unterweisung, wie man beichten soll, 1519 (Benzing, Nr. 284 ff.) - Luthers Unterricht auf etliche Artikel etc., 1519 oder: Ein Sermon gepredigt...mit entschuldigung etzlicher artickel, 1519 oder: Ein Sendbrief an die Gemeinde der Stadt Eßlingen, 1523 (Benzing, Nr. 293 ff., 398 ff. bzw. 1686 f.) - Ein Sermon von der Betrachtung des heiligen Leidens Christi, 1519 (Benzing, Nr. 312 ff.) - Disputatio D. Johannis Eccii et P. Martini Lutheri in studio Lipsensi futura, 1519 oder: Disputatio et excusatio adversus criminationis D. Johannis Eccii 1519 oder: Resolutiones Lutherianae super propositionibus suis Lipsiae disputatis, 1519 (Benzing, Nr. 347 ff., 351 ff. bzw. 408 ff.) - Ein Sermon von dem ehelichen Stand, 1519 (Benzing, Nr. 358 ff.) - Ein Sermon von dem Sakrament der Buße, 1519 (Benzing, Nr. 462 ff.) - Ein Sermon von dem Bann, 1520 (Benzing, Nr. 570 ff.). - Die Aufstellung enthält einen beträchtlichen Teil von Luthers Schriften der Jahre 1517-19.

Literatur: Rupprich 1, S. 221/22; 3, S. 447 - Benzing, Nr. 127, 151, 712.

384 DÜRERS KLAGE UM LUTHER

In: Albrecht Dürer: Tagebuch der Reise in die Niederlande Abschrift des Tagebuchs aus der 1. Hälfte des 17. Jahrhs. nach einer Abschrift von Dürers verlorenem Autograph (vgl. auch Kat. Nr. 31)

Papier, 67 S.; 30 : 20,5

Aus den Slgn. Familie Ebner, Nürnberg, H. A. v. Derschau, J. Heller

Bamberg, Staatsbibliothek (I. H. Msc. art. 1)

Am 17. Mai 1521, während seines fünften Aufenthalts in Antwerpen, erfährt Dürer von Luthers Gefangennahme. Seine Klage um den vom Hl. Geist erleuchteten Mann wendet sich in Form von Gebetsanrufungen an Gott. Dabei gilt die Sorge primär der Gesamtheit der Christen. Gegen Rom werden Anschuldigungen erhoben. In der Meinung, Luther sei tot, wird von Gott ein Nachfolger erbeten. Dürer fordert Erasmus auf, die Wahrheit zu beschützen, die Krone des Martyriums zu erlangen. Die Möglichkeit einer späteren Interpolation der Klage in das Tagebuch ist zuletzt, ohne die Frage nach Zweck und Zeit zu stellen, von H. Lutz erörtert worden. Diese Annahme würde sich mit der

Rolle, die Erasmus zugedacht ist (vgl. Kat. Nr. 433), in gleicher Weise auseinanderzusetzen haben wie mit anderen Motiven (so Beziehungen zu Luthers Von dem Papsttum zu Rom wider den hochberühmten Romanisten zu Leipzig, 1520), die auf eine Niederschrift der Grundgedanken 1521 schließen lassen. Anlage und Überlieferungsgeschichte des Tagebuchs dürften es kaum erlauben, aus der fehlenden Revokation nach besserer Unterrichtung über das Schicksal Luthers weitreichende Schlüsse zu ziehen.

Literatur: Albrecht Dürer's Tagebuch der Reise in die Niederlande. Erste vollständige Ausgabe nach der Handschrift Johann Hauer's mit Einleitung und Anmerkungen. Hrsg. v. F. Leitschuh. Leipzig 1884, bes. S. 82-84 - F. Leitschuh: Katalog der Handschriften der königlichen Bibliothek zu Bamberg 2. Leipzig 1887, Nr. 246 - Rupprich 1, S. 146-202, bes. 170-72, 196-99 - H. Lutz: Albrecht Dürer in der Geschichte der Reformation. In: Histor. Zs. 206, 1968, S. 22-44, bes. 32-34.

385 MARTIN LUTHER MIT HEILIGENSCHEIN UND TAUBE
Hans Baldung Grien   *Abb.*

Holzschnitt (15,4 : 11,5) auf der Rückseite des Titelblatts von Martin Luther: Acta et res gestae,...in Comitijs Principum Vuormaciae, Anno M. D. XXI. [Straßburg: Johann Schott] 1521. 4°

Stuttgart, Württembergische Landesbibliothek (R 16 Lut 3)

Das Porträt des Reformators geht zurück auf einen Kupferstich von 1520 aus dem Umkreis von Lucas Cranach. Der Nuntius Hieronymus Aleander erwähnt in einer seiner Depeschen vom Wormser Reichstag, einige hätten in öffentlicher Disputation gesagt, daß Luther ohne Sünde und Irrtum sei und deshalb über Augustinus stehe. In diesem Zusammenhang verweist er auf Darstellungen Luthers mit der Taube über dem Kopf sowie der Strahlenkrone. Zu vergleichen ist die Apostrophierung Luthers durch Dürer in dem Tagebuch der Reise in die Niederlande als ›frommen, mit dem heyligen geist erleuchteten mahn...der do war ein nachfolger Christj‹, sowie die Bitte, daß Gott seinen ›heyligen geist‹ wiederum einem anderen mitteile.

Literatur: K. Schottenloher: Denkwürdige Reformationsdrucke mit dem Bilde Luthers. In: Zs. f. Bücherfreunde NF 4, 1913, S. 221-31, bes. 223/24 - Hans Baldung Grien. Ausst. Karlsruhe 1959, Nr. II B XXXVII 1 - M. C. Oldenbourg: Die Buchholzschnitte des Hans Baldung Grien. Baden-Baden-Straßburg 1962, Nr. 358 L. 191 - Benzing, Nr. 909.

386 LUTHERS ÜBERSETZUNG DES NEUEN TESTAMENTS

Martin Luther [Übers.]: Das Newe Testament Deutzsch. Wittenberg: [Melchior Lotter d. J., Sept. 1522] 2°

Nürnberg, Germanisches Nationalmuseum (4° N. 271)

Luthers Übersetzung des Neuen Testamentes, nach dem Monat ihrer Veröffentlichung Septembertestament genannt, steht am Anfang der bis 1534 vervollständigten Bibelübertragung des Reformators. Sie ist während des Wartburgaufenthalts als Manuskript erstellt und später gemeinsam mit Melanchthon, der das Werk anregte, überarbeitet worden. Im Unterschied zu älteren Übertragungen, denen die Vulgata zugrunde liegt, beruht Luthers Version auf dem griechischen Urtext, dessen Edition Erasmus von Rotterdam 1516 besorgt hatte; Luther lag die Ausgabe von 1519 vor. In Übereinstimmung mit der Koberger-Bibel und deren Nachfolgerinnen wurde von den Bestandteilen

Hans Baldung Grien: Martin Luther mit Heiligenschein und Taube (Kat. Nr. 385)

des Neuen Testaments nur die geheime Offenbarung illustriert. Die Holzschnitte aus der Werkstatt von Lucas Cranach d. Ä. beruhen zumeist auf Dürers Apokalypse, von deren Blättern einige zerlegt dargeboten werden. Änderungen berücksichtigen in einem Fall die Lutherische Textversion (Engel statt Adler zu Kap. 8), berühren im übrigen, wenn die Babylonische Buhlerin (zu Kap. 17) mit einer Tiara präsentiert wird, auch die Deutung. Die päpstliche Krone wurde hier, wie in zwei weiteren Fällen, wo sie als Attribut Anwendung fand, beim Neudruck, dem Dezembertestament, entfernt.

Literatur: Panzer DA 2, Nr. 1254 - A. Schramm: Die Illustration der Lutherbibel. Leipzig 1923, S. 1-5 - D. Martin Luthers Werke. Die Deutsche Bibel 6. Weimar 1929, bes. S. XLI-L, 595-635; 7. Weimar 1931, S. 479-528 - L. H. Heydenreich: Der Apokalypsen-Zyklus im Athosgebiet und seine Beziehungen zur deutschen Bibelillustration der Reformation. In: Zs. f. Kunstgesch. 8, 1939, S. 1-40 - H. Volz: Hundert Jahre Wittenberger Bibeldruck 1522-1626. Göttingen 1954, S. 16-19 - Ph. Schmidt: Die Illustration der Lutherbibel 1522-1700. Basel 1962, S. 93-112.

387 DÜRER UND STAUPITZ

Christoph Scheurl: Epistel über die Verfassung der Stadt Nürnberg. 1516

Papier-Handschrift; Folio

Nürnberg, Staatsarchiv (Nürnberger Amts- u. Standbücher, Nr. 1)

Am Ende der für Staupitz erstellten ursprünglich lateinisch abgefaßten, hier in einer kurze Zeit später entstandenen Übersetzung vorliegenden Epistel entschuldigt sich ihr Autor für die Eile der Niederschrift und verweist in diesem Zusammenhang auf die Vollkommenheit der Schöpfungen Dürers, die Staupitz als Geschenk vorliegen: ›... darumb wunndert mich nit, ob du schon die geschenck vnnsers Albrecht Düerers, die er dir teglich auff das raynist unnd zyrlichst außgeputzt vberantwort, angenem heltest...‹ Von Dürer ginge nichts aus, was nicht Apelles mit Ehren zugerechnet werden könne. Dies Zeugnis Scheurls wird ergänzt durch ein späteres über die Verbindung Dürers zu Staupitz. Als Scheurl Anfang 1518 an den Generalvikar der deutschen Augustinerkongregation im Auftrag der Nürnberger sodalitas Staupiciana schreibt, befindet sich der als Germanus Apelles bezeichnete Künstler in der Aufstellung der namentlich genannten Anhänger (Rupprich 1, S. 260 Nr. 38).

Literatur: Die Chroniken der fränkischen Städte. Nürnberg 5. Leipzig 1874, S. 779-804, bes. 804 - W. Graf: Doktor Christoph Scheurl von Nürnberg. Leipzig-Berlin 1930, S. 57, 65-68 - M. Grossmann: Bibliographie der Werke Christoph Scheurls. In: Archiv f. Gesch. d. Buchwesens 10, 1969, Sp. 658-69 Nr. 40.

388 STAUPITZ' NÜRNBERGER ADVENTSPREDIGT

Johann von Staupitz: Ein nutzbarliches büchlein, von der entlichen volziehung ewiger fürsehung,... Nürnberg: Friedrich Peypus, 19. 1. 1517. 4°

München, Bayerische Staatsbibliothek (4° Asc. 1056d)

Die von Christoph Scheurl verfaßte deutsche Übersetzung erschien kurz vor der lateinischen Version mit dem Titel ›Libellus de Executione eterne predestinationis‹. Staupitz hält sich wohl kaum an die Art des Vortrags bei den Nürnberger Adventspredigten gleichen Themas von 1516, sondern entwickelt seine Auffassung über die Prädestination in vielfach nur locker miteinander verknüpften Sätzen. Er behandelt die Erwählung als Voraussetzung allen Heils und Gabe Gottes. Dieser ersten Gnade folgt notwendig als zweite die Gerechtmachung. Es gehört zu den Eigentümlichkeiten seiner Lehre, daß dem durch die Erwählung Gott wohlgefälligen Menschen Gott angenehm wird. Ziel der Erwählung ist letztlich die Glorifizierung. Der Hans von Kulmbach zugeschriebene Titelholzschnitt weist auf das Thema des Buchs hin: Zwischen der durch drei gleichgebildete Männer verkörperten Dreifaltigkeit und den Seligen beziehungsweise Verdammten befinden sich zwei Bandstreifen mit dem Text von Röm. 9, 18: Cuius vult miseretur/Quem vult indurat.

Literatur: Panzer DA 1, Nr. 873 - Iohannis Staupitii... Opera 1. Hrsg. v. I. K. F. Knaake. Potsdam 1867, S. 136-84 - E. Wolf: Staupitz und Luther. Leipzig 1927, S. 13 Nr. 4 - Meister um Albrecht Dürer. Ausst. Nürnberg 1961, Nr. 232.

389 SPENGLER UND DÜRER

Lazarus Spengler: Ermahnung und Unterweisung zu einem tugendhaften Wandel. [Nürnberg: Friedrich Peypus, um 1510/1512] 4°

Nürnberg, Germanisches Nationalmuseum (8° Rl. 3061)

Die Schrift ist Dürer gewidmet, den der Verfasser aus ›täglicher vnser beder vertrewlichen beywonung‹ kennt und den er als besonders vertrauten und brüderlichen Freund anspricht. Der Inhalt besteht aus Morallehren, aufgrund deren Formulierung der Traktat als reichsstädtische Bürgerethik charakterisiert worden ist. Die 25 Abschnitte begleiten lateinische Sentenzen und Randbemerkungen, während die deutschen Betrachtungen jeweils mit einem Merkvers beschlossen werden. Ein Exemplar aus dem Besitz des Bibliographen G. W. Panzer mit einem Herkunftsvermerk und der Jahreszahl 1520 von der Hand Dürers ist lange zur Datierung der Spenglerschen Abhandlung herangezogen worden. H. v. Schubert datierte mit Hinweis auf Spenglers gelegentliche Hilfe bei der Abfassung von Dürers Dichtungen und Berührungen zwischen diesen und den Merkversen der ›Ermahnung‹ diese 1509/10. Die oben angegebenen Jahreszahlen beruhen auf einem Typenvergleich (Prof. Benzing, Budenheim).

Literatur: Panzer DA Zus., Nr. 971 d - H. v. Schubert: Lazarus Spengler und die Reformation in Nürnberg. Leipzig 1934, S. 114-123 - Widmung: Rupprich 1, S. 74/75 Nr. 21 - G. Pfeiffer: Albrecht Dürer und Lazarus Spengler. In: Festschrift für Max Spindler zum 75. Geburtstag. München 1969. S. 379-400, bes. 381/82.

390   SPENGLERS RECHTFERTIGUNG LUTHERS

Lazarus Spengler: Schützred vnd christenliche antwurt ains erbarn liebhabers götlicher warhait der hailigen geschrifft,... [Augsburg: Silvan Otmar] 1519. 4°

Nürnberg, Landeskirchliches Archiv der Evangelisch-Lutherischen Kirche in Bayern (B. K. G. 1326 8°)

Spengler rechtfertigt in dieser Schrift, die an den Anfang der Reformation in Nürnberg gestellt wird, Luthers Ansatz aus der Perspektive von sechs Gesichtspunkten. Von seinem Amt her steht es diesem zu, die christliche Lehre zu verkünden. Dies geschieht - Hinweis auf die Ablaßprediger - nicht aus Eigennutz. Die Erkenntnisse sind der Überprüfung - so durch die Universitäten - anheimgegeben. Luthers und seiner Anhänger Predigt befreit von Irrungen und Zweifeln, in die der Mensch bisher durch Unterweisungen verwickelt wurde. Sie ist anders als die der ›fabel oder merlein prediger‹ christlicher Ordnung und der ›Vernunft‹ gemäß. Der Hinweis auf die Qualität der älteren Lehrer verfängt nicht. Die Theologie der Vergangenheit war nicht einheitlich, wie sich in den Divergenzen der Lehrmeinungen und Konzilsbeschlüsse zeigt; biblische Texte wurden willkürlich ausgelegt. Spenglers Schrift, die an den Anfang der Reformation in Nürnberg gestellt wird, wurde einer in Basel 1520 (Andreas Cratander) veranstalteten Sammelausgabe deutscher Lutherschriften als ›schöne, warhafftige, dapffere grundfestigung der leer Martini Luthers‹ beigegeben.

Literatur: A. Kuczynski: Verzeichnis einer Sammlung von nahezu 3000 Flugschriften Luthers und seiner Zeitgenossen. Leipzig 1870, Nr. 2528 - H. v. Schubert: Lazarus Spengler und die Reformation in Nürnberg. Leipzig 1934, S. 189-95.

391   DER HIMMELWAGEN UND DER HÖLLENWAGEN DES ANDREAS BODENSTEIN VON KARLSTADT

Lucas Cranach d. Ä.

Über den beiden Wagen: Will Gott. Szo wurt vortewtschte erklerung. beder wagen. mit yren anhengigen spruchen. kurtzlich gedruckt außgen. Auß welcher. yeglicher wol ermessen

mag. was yedenn Christglaubigen zu wisszen. not ist... Dazu Texte, überwiegend auf Spruchbändern

Holzschnitt mit Text; 30 : 40,7 (Bl. 30,9 : 41,8)

Hamburg, Hamburger Kunsthalle (12794)

In dem angekündigten Traktat (Auszlegung...etzlicher heyligenn geschrifften, So dem menschen dienstlich vnd erschlieszlich seint zu Christlichem leben... [Leipzig: Melchior Lotter, 1519]) hat Karlstadt die Darstellung, die er als eine ›clare parabel‹ bezeichnet, erläutert. ›Spruchlein‹ des unteren Wagens - er fährt den falschen Weg der scholastischen Lehrer zur Hölle (H. Barge) - sind ein Nachteil und Hindernis christlichen Lebens, während die Schriften des oberen Wagens ›tzu gots lob, reichtumb, ehr und glorien‹ ermahnen und damit an menschliche Gebrechen, Torheiten und Sünden erinnern. In einem Brief vom 3. (?) August 1519 (Rupprich 1, S. 264/65 Nr. 56) dankt Christoph Scheurl für Dürer und sich für die Überlassung der Wagen und Kommentare. Daß der Brief einen Gruß an Cranach enthält, ist zur Erhärtung von dessen Urheberschaft des Holzschnitts herangezogen worden.

Literatur: H. Barge: Andreas Bodenstein von Karlstadt 1. Leipzig 1905, S. 146-48, 464/65 - Geisberg, Einblattholzschnitt, Nr. 612.

392   KARLSTADT WIDMET DÜRER EINE SCHRIFT

Andreas Bodenstein von Karlstadt: Von anbetung vnd eer erbietung der zaychen des newen Testaments. [Augsburg: Melchior Ramminger, 1521] 4°

Augsburg, Staats- und Stadtbibliothek (4° Th. H. Carlstadt [1521])

Die zweite der von Karlstadt 1521 veröffentlichten Schriften über das Abendmahl ist Dürer zugeeignet. Die Widmung möchte falsche Gerüchte zerstreuen, die möglicherweise über die Radikalität der Entwicklung in Wittenberg nach Nürnberg gelangt wären. Etliche behaupten, in Wittenberg würde gepredigt und darüber disputiert, daß dem hochwürdigen Sakrament keine Ehre, kein Lob und Vorzug zuteil werden solle. Der Text lehnt bisherige Formen der Adoration ab. Der Glaube sei Voraussetzung für die Anbetung der Zeichen im Abendmahl. Die Vorstellung von einer leiblichen Gegenwart in Brot und Wein ist gegenüber späteren Schriften Karlstadts nicht aufgegeben.

Literatur: Panzer DA 2, Nr. 1110 - E. Freys-H. Barge: Verzeichnis der gedruckten Schriften des Andreas Bodenstein von Karlstadt. In: Zentralbl. f. Bibliothekswesen 21, 1904, S. 153-79, 209-43, 305-23, Nr. 69 - H. Barge: Andreas Bodenstein von Karlstadt 1. Leipzig 1905, S. 328-32 - Rupprich 1, S. 92/93 Nr. 37.

393   DIE PILGERFAHRT ZUR ›SCHÖNEN MARIA‹ IN REGENSBURG

Michael Ostendorfer

An der Wand des links an die Kirche angebauten Schuppens das Namenszeichen des Künstlers. Beischrift: O. insignem. et. benignam. dexterae... Aufschrift Dürers: 1523/ dis gespenst hat sich widr dy heilig geschrift erhebst zw regenspurg/ vnd ist vom bischoff ferhengt worden czeitlichs/ nucz halben nit abgestelt/ gott helff vns das wir/ sein werde muter nit/ also vnern sundr/ in Cristo Jesu/ amen/; dazu Dürers Monogramm

Holzschnitt; 63,5 : 39,1

Coburg, Kupferstichkabinett der Kunstsammlungen Veste Coburg (Coburger Landesstiftung) (I, 100, 147)

Albrecht Dürer: Brief an Felix Frey in Zürich (Kat. Nr. 394)

In Regensburg wurde nach Vertreibung der Juden 1519 anstelle der Synagoge eine provisorische Kapelle errichtet, in der das wundertätige Gnadenbild der ›Schönen Maria‹ Aufstellung fand. Ostendorfers um 1520 entstandener Holzschnitt vermittelt ein eindringliches Bild spätmittelalterlichen Wallfahrtswesens. Es scheint, als nähme der Text Dürers bezug auf eine Äußerung Luthers in der Schrift ›An den christlichen Adel deutscher Nation‹ von 1520. Dort heißt es von einer Anzahl neu entstandener Wallfahrten, darunter auch der nach Regensburg: ›O wie schwer, elend rechenschafft werden die Bischoff mussen geben, die solchs teuffels gespenst zulassen und geniesz davon empfangen‹. Auch Luther verweist in diesem Zusammenhang auf die fehlende Übereinstimmung mit der Bibel (D. Martin Luthers Werke 6. Weimar 1888, S. 447).

Literatur: F. Winzinger: Albrecht Altdorfer. Graphik. München 1963, Nr. 245 - Rupprich 1, S. 210 - Kunstsammlungen der Veste Coburg. Ausgewählte Werke. Coburg 1969, Nr. 108 (mit weit. Lit.).

394 DÜRER UND ZWINGLI *Abb.*

Eigenhändiger Brief Dürers an Felix Frey in Zürich, Nürnberg 6. Dezember 1523 (Rückseite von der Zeichnung ›Der Affentanz‹, Kat. Nr. 586): Unter anderem läßt Dürer Zwingli, den er vielleicht auf der gemeinsam mit Pirckheimer unternommenen Reise in die Schweiz 1519 kennengelernt hatte, grüßen. Dieses Indiz für eine Verbindung zu dem Schweizer Reformator ist einbezogen worden in die Annahme einer Anhängerschaft Dürers an dessen Abendmahlslehre, doch läßt eine kritische Sichtung der Quellen eine solche Konstruktion (vgl. Kat. Nr. 395) nicht zu. In einem in dem Brief erwähnten, von Dürer zur Lektüre vorgesehenen Büchlein, vermutet H. Rupprich eventuell Hätzers Polemik gegen die Bilder (Kat. Nr. 401).

Papier; 29,8 : 22,5

Basel, Öffentliche Kunstsammlung, Kupferstichkabinett (1662.168)

Literatur: Rupprich 1, S. 106-08 Nr. 51.

395 DÜRERS ÄUSSERUNG ZUR ABENDMAHLSFRAGE

Kaspar Peucer: Tractatus historicus de claris. viri Philip. Melanthonis sententia, De Controversia Coenae Domini:... Amberg: Michael Forster, 1596. 4°

Nürnberg, Stadtbibliothek (Strob. 1076a. 8°)

Der Band breitet Zeugnisse zum Abendmahlsstreit aus. Unter Berufung auf Melanchthon, der sich damals in Nürnberg aufhielt, wird von Kontroversen über das Abendmahl zwischen Pirckheimer und Dürer berichtet (S. 11/12). Während Pirckheimer Dürer vorwirft, seine Ansicht ließe sich nicht malen (non... pingi ista possunt), bringt Dürer vor, des Gelehrten Auffassung entziehe sich Wort und Vorstellung (... nec dici quidem, nec animo concipi possunt). Aus dem Melanchthonkreis findet sich eine ähnliche Überlieferung ohne Namen mit dem Hinweis auf Grenzen der Malerei in des Johannes Manlius »Locorum communium collectanea« (Basel 1563; Rupprich 1, S. 328). Dürers Ansicht wird durch den Bericht Peucers nicht ausreichend präzisiert. Für Melanchthon war ein Anstoß, das durch Manlius und Peucer übermittelte Thema zu erörtern, durch einen Vorfall während seiner Ausbildung gegeben: Sein Tübinger Lehrer Jakob Lemp demonstrierte die Transsubstantiation durch ein Schaubild an der Tafel (Corpus Reformatorum 4, Sp. 718). Nach Peucer berichtet über die Kontroverse Rudolf Hospinian (Historiae sacramentariae... 2. Zürich 1602, fol. 45v).

Literatur: Rupprich 1, S. 306/07 - W. Hammer: Die Melanchthonforschung im Wandel der Jahrhunderte 1. Gütersloh 1967, Nr. 671.

396 DAS ABENDMAHL

Albrecht Dürer   *Abb.*

Unten rechts auf perspektivisch gelegtem Täfelchen das Monogramm des Künstlers und die Jahreszahl 1523

Holzschnitt; 21,3 : 30,1

Schweinfurt, Sammlung Otto Schäfer (D-184)

Der Bezug zur Bibel ist mit dem Hinweis auf Joh. 13, 38 (O. Lenz), Joh. 13, 34/35 (E. Panofsky) und, weniger überzeugend, auf Luk. 22, 25-38 (Ausst. Von der Freiheit eines Christenmenschen) beantwortet worden. Nach H. Dornik-Eger ist die Szene ihres historischen Inhalts entkleidet. In der Darbietung von Kelch und Brotteller, Brotkorb und Weinkanne, die auf einer Zeichnung (Kat. Nr. 621) zum gleichen Thema desselben Jahres bis auf den Kelch fehlen, sieht sie die Realisierung eines theologisch-reformatorischen Programms. Auch für E. Panofsky, der überinterpretiert, ist die Anhängerschaft zu Luther manifest. Luther hat sich in der Dürer von C. Grapheus geschenkten Schrift De captivitate Babylonica... (vgl. Kat. Nr. 383) ausführlich zum allgemeinen Gebrauch des Kelches geäußert. In der Karwoche des gleichen Jahres wie die Zeichnung und der Holzschnitt baten die Pröpste der beiden Nürnberger Pfarrkirchen beim Rat um Erlaubnis, das Abendmahl sub utraque halten zu dürfen.

Literatur: O. Lenz: Der Dürersche Holzschnitt ›Das Abendmahl‹ von 1523. In: D. christl. Kunst 21, 1924/25, S. 232-36 - Panofsky 1, S. 222/23 - Von der Freiheit eines Christenmenschen. Ausst. Berlin 1967, Nr. 138 - H. Dornik-Eger: Albrecht Dürer und die Graphik der Reformationszeit. Schriften der Bibliothek des Österreichischen Museums für angewandte Kunst 2. Wien 1969, Nr. 43.

397 EINE ERÖRTERUNG DER BILDERFRAGE VOR DER REFORMATION

Daniel Zangenried: Sermo de Imaginibus et Picturis Ecclesiarum vulgaris... [Heidelberg: Jakob Stadelberger, 1502] 4°

Erlangen, Graphische Sammlung der Universitätsbibliothek Erlangen-Nürnberg (4° Theol. V 90 o)

Zangenried, der vielfach auf Thomas von Aquin verweist, erwähnt anfangs die falsche Ansicht der Juden über den Bilderdienst der Christen. Die adoratio der Christusbilder und der Gebrauch der Bilder gehören zu den Traditionen, deren Bewahrung Paulus in 2. Thess. 2, 15 verlangt. Lukas malte Bilder von Christus und Maria. Gott war vor der Inkarnation nicht darstellbar, infigurabilis, deshalb bestand das Bilderverbot des Alten Testaments. In einem Abschnitt über die Einrichtung, de imaginum institutione, werden drei Aspekte für die Anwendung der Bilder genannt: die memoria, die Unterrichtung der Laien, schließlich das Erwecken der devotio. Das Motiv der translatio Imperii gehört schon zum Bestand dessen, was im Zusammenhang mit den Bildern behandelt wird, so daß die Frage nach dem Einfluß auf den späteren Traktat von Eck bzw. nach den von beiden benutzten Quellen sich stellt.

Literatur: H. Preuß: Martin Luther. Der Künstler. Gütersloh 1931, S. 66 - J. Benzing: Zum Heidelberger Buchdruck des 16. Jahrhunderts (eine Ergänzung). In: Antiquariat 18, 1968, S. 101/02.

398 KARLSTADT ZUR FRAGE DER BILDER

Andreas Bodenstein von Karlstadt: Von abtuhung der Bylder, Vnd das keyn Betdler vnther den Christen seyn soll. Wittenberg: Nickel Schirlentz, 1522. 4°

Nürnberg, Stadtbibliothek (5 bei Theol. 410. 4°)

Der wenig systematisch angelegte, für die Behandlung der Bilderfrage in der Reformationszeit grundlegende Text vergegenwärtigt, basierend auf Stellen der Bibel, das Bilderverbot. An seinem Anfang stehen drei Leitsätze: 1. Bilder in Kirchen und Gotteshäusern zu haben, verstößt gegen das erste Gebot; 2. Noch schädlicher und teuflischer ist, daß geschnitzte und gemalte ›Ölgötzen‹ auf den Altären stehen; 3. Konsequenz: Es ist gut, nötig, löblich und göttlich, daß wir die Bilder abtun. Für einen bestehenden Bilderdienst zeugen z. B. die Bräuche, wächserne Votivgaben darzubringen und sich vor Bildern zu verbeugen. Die Lehre Papst Gregors I., die Bilder seien Bücher der Laien, wird verworfen: Christus hat auf sein Wort, nicht auf seine Bilder verwiesen. Gegenüber dem lebendigen Geist des Evangeliums deuten Bilder auf ›lauter und blos fleisch‹ und sind deshalb zu nichts nutze. Die Bedeutung der Bilder als Erinnerung an den Gottessohn und als Movens für Affekte, die im Betrachter erweckt werden, widerspricht dem geistbezogenen Charakter christlicher Religiosität (Hinweis auf Joh. 4, 24).

Literatur: Panzer DA 2, Nr. 1452 - E. Freys-H. Barge: Verzeichnis der gedruckten Schriften des Andreas Bodenstein von Karlstadt. In: Zentralbl. f. Bibliothekswesen 21, 1904, S. 153-79, 209-43, 305-23, Nr. 87 - H. Barge: Andreas Bodenstein von Karlstadt 1. Leipzig 1905, S. 386-94 - Andreas Karlstadt: Von Abtuhung der Bilder... Hrsg. v. H. Lietzmann. Bonn 1911.

399 LUTHER ZUR BILDERFRAGE

1 Martin Luther: Ain sermon... Gepredigt von den Bildtnussen. Im Iar. M. D. XXij. Witenberg. [Augsburg: Melchior Ramminger, 1522] 4°

Nürnberg, Stadtbibliothek (Theol. 899. 4° [6])

2 Martin Luther: Wider die hymelischen propheten von den Bildern vnd Sacrament, etc. [Nürnberg: Hans Hergot, 1525] 4°

Nürnberg, Germanisches Nationalmuseum
(Postinc. 8° K. 1703)

Luther polemisiert in der Bilderfrage gegen Karlstadt. Die Argumentation, zu der auch ein Gedenken, etwa an die Passion, in Bildern gehört, ist breit gefächert. Es ist ein Ziel, daß die Bilder aus dem Herzen gerissen werden, demgegenüber ist die Frage der Beseitigung sekundär. Die ›bilderey‹ erscheint als ein ›eusserlich geringe ding‹. Luther wendet sich ausdrücklich gegen die Praxis der Bilderstürmerei, sie ist für ihn ›ein Gesetzwerk ohne Geist und Glauben‹. Zur Exemplifikation des Verhältnisses zum Bild wird auf die im Neuen Testament bezeugten Münzen mit Bildern hingewiesen. Wenn die Juden und Christus Bilder des heidnischen Kaisers besaßen, ist es keine Sünde, ein Kruzifix oder Heiligenbilder zum Ansehen, Zeugnis, Gedächtnis oder Zeichen zu haben. Vergleiche finden sich bereits in einer Predigt Luthers zu den Bildern vom 12. März 1522. Sie sollen demonstrieren, daß es unmöglich ist, alles zu entfernen, was zum Mißbrauch Anlaß gibt. Dürer setzt, vielleicht nicht unabhängig, diese Tendenz, durch einen Vergleich die Neutralität der Bilder zu bezeugen, fort. In der Vorrede der Unterweisung der Messung führt er aus, daß Bilder so wenig zum ›afterglauben‹ ziehen, wie ein frommer Mann durch den Besitz einer Waffe zum Mord veranlaßt wird.

Literatur: D. Martin Luthers Werke 10, 3. Weimar 1905, S. 30-40; 18. Weimar 1908, S. 37-125 - H. Preuß: Martin Luther. Der Künstler. Gütersloh 1931, S. 51-60 - Benzing, Nr. 1320, 2093.

400   ECK ZUR BILDERFRAGE

Johann Eck: De non tollendis Christi et sanctorum Imaginibus, contra haeresim Faelicianam...decisio. [Ingolstadt: Andreas Lutz, 1522] 4°

Albrecht Dürer: Das Abendmahl (Kat. Nr. 396)

Frankfurt a. M., Stadt- und Universitätsbibliothek (Freytag XVII, 692)

Eck geht davon aus, daß durch die Inkarnation das Unsichtbare sichtbar wurde. Christus war, wie Überlieferungen um Veronika und Abgar von Edessa, der durch einen Maler ein Christusbild herstellen ließ, zeigen, der erste Urheber von Bildern in der Kirche. Daß der Gebrauch des Bildes in der Kirche alt ist, bezeugen Eusebius, Augustinus, Hieronymus, Ambrosius. Die autoritative Geltung der Kirchenväter, Fakten der Kirchengeschichte wie die Legende (Bestrafung von Bilderfrevel) legitimieren das Bild in gleicher Weise. Ein systematischer Teil kennzeichnet ihre Bedeutung als Instrument der Laienunterweisung, der Erinnerung (memoria, recordatio), als Promotor der imitatio und der devotio. Mißbrauch kann kein Anlaß für Verbote sein. Durch das Bilderverbot des Alten Testaments soll Idolatrie vermieden werden, eine Gefahr, die unter dem Gesetz der Gnade nicht gegeben ist.

Literatur: Hohenemser, Nr. 2911.

401   HÄTZER ZUR BILDERFRAGE

Ludwig Hätzer: Ein vrteil gottes vnsers eegemahels, wie man sich mit allen götzen vnd bildnussen halten sol,... Zürich: Christoph Froschauer, 24.9.1523. 4°

Frankfurt a. M., Stadt- und Universitätsbibliothek (Freytag XVII, 568)

Die Schrift hat Karlstadts Traktat zur Voraussetzung. Sie folgt dem Schema der akademischen Disputation. Es werden drei Thesen aus dem Alten Testament belegt: 1. ›Gott vnser vatter vnd Egmahel verbüt vns die bilder zemachen‹; 2. ›Gott heißt die bild zerbrechen, vnnd von der straff deren die sy habend vnd eerend‹; 3. ›Die that deren die bild vnd götzen abgethon hand wirt gerümpt vnd prisen‹. Diesem Textteil schließt sich die Widerlegung von vier Einwänden an: 1. Verbote des Alten Testamentes betreffen den Christen nicht; 2. Nicht die Bilder, sondern die Heiligen, auf die sie hinweisen, werden verehrt; 3. Die Bilder sind Bücher der Laien; 4. Bilder bewegen den Menschen zu Andacht und Besserung.

Literatur: Hohenemser, Nr. 2998 - J. F. G. Goeters: Ludwig Hätzer (ca. 1500 bis 1529). Spiritualist und Antitrinitarier. Gütersloh 1957, S. 17-23 - Ch. Garside: Zwingli and the arts. New Haven-London 1966, S. 109-15.

402   FLUGBLATT ZUR BILDERFRAGE
Erhard Schön   *Abb.*

Klagrede der armen verfolgten Götzen vnd Tempelpilder, über so vngleich vrtayl vnd straffe

Holzschnitt; 12,9 : 35

Nürnberg, Germanisches Nationalmuseum (H 7404)

Bei dem vorliegenden, von M. Geisberg um 1530 datierten, möglicherweise aber früher entstandenen Flugblatt, fehlt die in gebundener Rede gehaltene Klage der Bilder darüber, daß sie die Schuld an einer falschen Einstellung des Menschen zu ihnen büßen müssen. Die Textpartie, in der die Bilder die Aufmerksamkeit auf das moralische Versagen lenken, hat Schoen rechts durch Luk. 6, 42 (Balken im Auge) illustriert.

Literatur: Geisberg, Einblattholzschnitt, Nr. 1145.

403   DER KÜNSTLER ZUR WAHL
DER BILDTHEMEN

Hans Greiffenberger: Die Weltt sagt sy sehe kain besserung von den, die sy Lutherisch nennet... [Augsburg: Melchior Ramminger] 1523. 4°

Frankfurt a. M., Stadt- und Universitätsbibliothek (Freytag XVII, 252)

Greiffenberger fordert dazu auf, alles zu ändern, was dem Wort Gottes zuwider ist, und kommt dabei auf die Themenwahl der Bildschnitzer, Maler und Formschneider zu sprechen. Er wendet sich gegen diejenigen, die sagen, wenn die Heiligen nicht mehr gelten, würden sie ›huren und buben machen‹.

Literatur: Th. Kolde: Hans Denck und die gottlosen Maler von Nürnberg. In: Beitr. z. bayer. Kirchengesch. 8, 1902, S. 1-31, 49-72, bes. 12-16, 19/20 - Hohenemser, Nr. 2989 - Th. E. Philoon: Hans Greiffenberger and the Reformation in Nuernberg. In: Mennonite Quarterly Review 36, 1962, S. 61-75.

404   DIE HÖLLENFAHRT DES PAPSTES
Sebald Beham

Auf dem Gebäude rechts die Jahreszahl 1524; unter der Darstellung Verse sowie der Text von Jesaja 14, 1-27

Holzschnitt; 38,5 : 50,2

Nürnberg, Germanisches Nationalmuseum (HB 26537)

Zu den Themen, denen sich die Künstler in den Jahren nach 1520 zuwandten, gehört die Bilderpolemik gegen die römische Kirche. In solchen Graphiken zeichnet sich die Haltung zur Reformation eindeutig ab. Der Nürnberger Rat billigte Darstellungen dieser Art nicht. Greiffenberger (vgl. Kat. Nr. 403) wurden 1524 ›schenndgemelen, die er wider babstliche heiligkeit gemacht‹ vorgehalten. Christoph Scheurl konnte im Zusammenhang mit dem Regensburger Konvent gegenüber dem päpstlichen Legaten Lorenzo Campeggio auf dem Nürnberger Reichstag von 1524 das Vorgehen des Rates gegen Schmähgedichte und -bilder geltend machen.

Literatur: Geisberg, Einblattholzschnitt, Nr. 224.

405   DIE DREI GOTTLOSEN MALER

Acta, Vernehmung der drei gottlosen Maler betr. 1525

Papier-Handschrift, 17 Bll.; Schmalfolio

Nürnberg, Staatsarchiv (A-Laden S I L 78 Nr. ad No 14)

Den ›gottlosen‹ Malern, Barthel und Sebald Beham sowie Georg Pencz, werden auf Anordnung des Rats sechs ›fragstuck‹ vorgelegt. Alle drei äußern, sie hielten nichts von Christus (Frage 2), vom Sakrament des Altares (Frage 4), von der Taufe (Frage 5). Die Behams antworten auf Frage nach dem Glauben an Gott (Frage 1) mit ja, Pencz sagt, er empfinde zum Teil, wisse aber nicht, was er wahrhaftig für Gott halten soll. Pencz glaubt der Schrift nicht, die Behams ziehen deren Heiligkeit in Frage (Frage 3). Pencz erkennt keine Obrigkeit außer Gott, die Brüder wissen von keiner weltlichen Obrigkeit und erkennen den Nürnberger Rat nicht als solche an (Frage 6). Barthel Beham sagt unter anderem, ›man soll nit arbeitten vnd man musz ein mal teylen‹. Die Auffassung der Maler ist mit dem Wirksamwerden der von Andreas Bodenstein von Karlstadt und Thomas Müntzer vertretenen Richtung in Nürnberg wie mit der Krise der Kunst als Folge der Reformation in Verbindung gebracht worden. Die drei Maler mußten nach vergeblicher Unterrichtung die Stadt verlassen.

Literatur: Th. Kolde: Zum Prozeß des Johann Denk und der ›drei gottlosen Maler‹ von Nürnberg. In: Kirchengeschichtliche Studien. Hermann Reuter zum 70. Geburtstag gewidmet. 2. Aufl. Leipzig 1890, S. 228-50, bes. 243-50 - Ders.: Hans Denck und die gottlosen Maler von Nürnberg. In: Beitr. z. bayer. Kirchengesch. 8, 1902, S. 1-31, 49-72, bes. 49-72 - G. Seebaß: Das reformatorische Werk des Andreas Osiander. Nürnberg 1967, S. 112-14.

406 ZUM EINFLUSS DER TÄUFER AUF DIE DREI GOTTLOSEN MALER

Hans Denck: Wer die warhait warlich lieb hat, ... [Augsburg: Philipp Ulhart d. Ä., 1528] 8°

München, Bayerische Staatsbibliothek (Asc. 1868 e/4)

Denck greift den Gedanken Müntzers auf, daß Widersprüche in der Bibel die Ursache für Glaubensspaltungen sind. Gegensätze lassen sich für ihn bei Achtung auf den Hl. Geist von denen, ›so es vom gayst Gottes ... selbs versiglet ist‹, auflösen. Wenn im Verhör der gottlosen Maler das Argument, daß in der Schrift vieles ›wider einander‹ sei, gebracht wird, zeigt sich der Einfluß von Müntzers bzw. Dencks Gedanken. Durch einen Hinweis Sebald Behams wird Denck in den Prozeß verwickelt und muß Nürnberg verlassen.

Literatur: H. Denck: Schriften 1. Bibliographie v. G. Baring. Gütersloh 1955, S. 30 (A III. c) - Ders.: Schriften 2. Religiöse Schriften. Hrsg. v. W. Fellmann. Gütersloh 1956, S. 67-74 - G. Baring: Hans Denck und Thomas Müntzer in Nürnberg 1524. In: Archiv f. Reformationsgesch. 50, 1959, S. 145-81.

407 STREITSCHRIFTEN PIRCKHEIMERS ZUM ABENDMAHL

1 Willibald Pirckheimer: De vera Christi carne et uero eius sanguine, ad. Ioan. Oecolampadium responsio. Nürnberg: Johann Petreius, 1526. 8°

Nürnberg, Stadtbibliothek (1 an Theol. 228. 8°)

2 Willibald Pirckheimer: De uera Christi carne et uero eius sanguine, aduersus conuicia Joannis, qui sibi Oecolampadij nomen indidit, responsio secunda. Nürnberg: [Johann Petreius] Januar 1527. 8°

Augsburg, Staats- und Stadtbibliothek (8° Th. H. Pirckheimer [1527])

Durch die Abfassung der Schrift über das Abendmahl möchte Pirckheimer den Verdacht, mit den radikalen religiös-sozialen Neuerern in Verbindung zu stehen, entkräften. Seine Abhandlung setzt sich auseinander mit dem 1525 in Straßburg veröffentlichten Werk des Reformators von Basel, Johannes Ökolampad: De genuina verborum Domini ›Hoc est corpus meum‹ iuxta vetustissimos authores expositio liber, und versucht, die Lehre von einer Realpräsenz Christi in Brot und Wein gegenüber einer Deutung der Einsetzungsworte als Tropus zu stützen. Es handele sich im Abendmahl um das natürliche Fleisch Christi, das aber geistig, nicht etwa fleischlich genossen, d. h. mit den Zähnen zerbissen wird (W. Köhler). Die reichlich mit Polemiken durchsetzte Untersuchung findet ihre Fortsetzung in zwei weiteren Abhandlungen, bei denen Pirckheimer nicht über die Argumentation seines ersten Buchs hinausgelangt, jedoch eine Distanzierung von Luther nicht zu übersehen ist. Pirckheimer widmet die 2. Schrift ›omnibus pie in Christo vivere cupientibus‹ und spricht diese Zuhörerschaft am Ende mit Wendungen an, deren Nähe zum Einleitungstext wie zur Gesamtaussage der Unterschriften unter Dürers Gemälden der ›Vier Apostel‹ (Kat. Nr. 414) manifest ist: ›hortor vos patres ac fratres in domino honorandi, nolite verbis credere fucatis, nolite sub specie boni seduci, nolite vos falsis abutendos praebere prophetis, sed observatores estote mandatorum Christi ac verborum eius sanctissimorum clarissimorumque, non ut illis abutamini ad quaestum, sed ut ea cum omni custodiatis pietate‹ (Ich bitte euch, ehrwürdige Väter und Brüder im Herrn, glaubt nicht den aufgeputzten Worten, laßt euch nicht unter dem Vorwand des Guten verführen, laßt euch nicht durch falsche Propheten mißbrauchen, sondern beachtet die Gebote Christi und seine so heiligen und leuchtenden Worte, damit ihr sie nicht aus Gewinnsucht mißbraucht, sondern sie in aller Frömmigkeit hütet).

Literatur: Panzer VII, S. 471 Nr. 227, 472 Nr. 240 - P. Drews: Willibald Pirckheimers Stellung zur Reformation. Leipzig 1887, S. 89-101, 104-06 - W. Köhler: Zwingli und Luther. Ihr Streit über das Abendmahl nach seinen politischen und religiösen Beziehungen 1. Leipzig 1924, S. 234-39 - G. Krodel: Nürnberger Humanisten am Anfang des Abendmahlsstreites. In: Zs. f. bayer. Kirchengesch. 25, 1956, S. 40-50.

Erhard Schön:
Klagrede der armen verfolgten
Götzen vnd Tempelpilder
(Kat. Nr. 402)

408 ALTHAMER ZUM SEKTENWESEN

Andreas Althamer: Anzeygung warumb Got die wellt so lang hab lassen jrrhen. [Nürnberg: Friedrich Peypus, 1526] 4°

Nürnberg, Stadtbibliothek (12 in Theol. 907. 4°)

Althamer trat 1526 mit drei Schriften hervor, die im Streit der Meinungen die Ansichten Luthers propagierten. Hier wendet er sich gegen die ›gemein red‹ derjenigen, die die neue Lehre nicht annehmen wollen und fragen, wie es möglich sei, daß Gott die Welt so lang hat irren lassen. Aber Spaltung und Ärgernis sind von Christus und den Aposteln vorhergesagt worden, Irrtümer, wie Seelenmessen, Jahrtage, Opfer, Fegefeuer, Rosenkranz, sind manifest. Im Zusammenhang seiner Erörterung der Sekten und Ketzerei zitiert Althamer 2. Petr. 2, 1 über die falschen Propheten und verweist auf 1. Joh. 2 (richtig: 4) als Zeugnis dafür, daß schon zu des Evangelisten Zeiten viele ›widerchristen oder Antichristen seyen erstanden‹. Ohne daß ein unmittelbarer Einfluß auf Dürer angenommen werden darf, zeigt die Übereinstimmung mit den Bibeltexten auf den Gemälden der ›Vier Apostel‹ (Kat. Nr. 414) eine Konvergenz in der Argumentation gegenüber denen, die das Evangelium verschmähen.

Literatur: Panzer DA 2, Nr. 3029 - Th. Kolde: Andreas Althamer der Humanist und Reformator in Brandenburg-Ansbach. Erlangen 1895, S. 21/22, Bibliographie S. 129 Nr. 2a - E. Heidrich: Dürer und die Reformation. Leipzig [1909], S. 30-34.

409 BILDNIS DES PHILIPP MELANCHTHON

Albrecht Dürer   *Abb.*

Unter dem Bildnis Tafel mit Inschrift: 1526 VIVENTIS POTVIT DVRERIVS ORA PHILIPPI MENTEM NON POTVIT PINGERE DOCTA MANVS und dem Monogramm des Künstlers (Dürer konnte die Züge des Philipp nach dem Leben zeichnen, doch die kundige Hand nicht den Geist)

Kupferstich; 17,2 : 12,6

Aus altem königlichen Besitz

Kopenhagen, Den kgl. Kobberstiksamling, Statens Museum for Kunst (VIII. 11)

Melanchthon hielt sich im November 1525 und im Mai 1526 in Nürnberg auf, um dem Rat bei der Gründung und Einrichtung einer oberen Schule zu helfen. Die Bekanntschaft mit Dürer, die vielleicht schon in das Jahr 1518 zurückreichte, dürfte Pirckheimer vermittelt haben. Dürers Stich, zu dem sich eine vorbereitende Zeichnung erhalten hat (W. 901), ist das erste überkommene Porträt des Humanisten und Reformators. Das Epigramm ist abhängig von Erörterungen über Grenzen der Darstellbarkeit, wie sie von Melanchthon und anderen Humanisten überliefert sind. Die von H. Rupprich (1, S. 275 Nr. 98) erwogene Autorschaft des Eobanus Hesse läßt sich vielleicht durch den Hinweis auf ein Gedicht auf ein Bildnis Ulrichs von Württemberg (Opera 1. Schwäbisch Hall 1539, fol. 338 v) stützen.

Literatur: G. Pfeiffer: Die Vorbilder zu Albrecht Dürers ›Vier Aposteln‹. Wiss. Beilage zum Jahresbericht über das Melanchthon-Gymnasium in Nürnberg f. d. Schuljahr 1959/60. [Nürnberg 1960], S. 12-16, 20/21 - W. Zimmermann: Melanchthon im Bildnis. In: Philipp Melanchthon 1497-1560. Bretten 1960, S. 127-58, bes. 128 - O. Thulin: Melanchthons Bildnis und Werk in zeitgenössischer Kunst. In: Philipp Melanchthon. Göttingen 1961, S. 180-93, bes. 180/81 - S. Harksen: Bildnisse Philipp Melanchthons. In: Philipp Melanchthon. Humanist. Reformator. Praeceptor Germaniae. Berlin 1963, S. 271/72.

410 DIE APOSTEL

Albrecht Dürer

1 Der Apostel Thomas

Auf einem links an die Mauer gehefteten Blatt das Monogramm des Künstlers, darüber die Jahreszahl 1514

Kupferstich; 11,7 : 7,5

Privatbesitz

2 Der Apostel Paulus

Rechts an der Mauer das Monogramm des Künstlers, darüber die Jahreszahl 1514

Kupferstich; 11,6 : 7,4 (Bl. 12,4 : 8)

Aus der Kunsthalle Bremen (Dublette) und Slg. Jancsy

Schweinfurt, Sammlung Otto Schäfer (D-47)

3 Der Apostel Bartholomäus

Links auf angelehnter Tafel das Monogramm des Künstlers, darüber die Jahreszahl 1523

Kupferstich; 12,2 : 7,6 (Bl. 14,5 : 9,2)

Berlin, Kupferstichkabinett, Staatliche Museen Preußischer Kulturbesitz (4515-1817)

4 Der Apostel Simon

Unten rechts das Monogramm des Künstlers, darüber die Jahreszahl 1523

Kupferstich; 11,8 : 7,5

Nürnberg, Germanisches Nationalmuseum (St. Nbg. 2108; Leihgabe der Stadt Nürnberg)

5 Der Apostel Philippus

Links unten auf perspektivisch gelegtem Täfelchen das Monogramm des Künstlers, darüber die Jahreszahl 1526 (korrigiert aus 1523)

Kupferstich; 12,2 : 7,7

Aus den Slgn. v. Nagler, Kupferstichkabinett Berlin, Johnson, Jancsy

Schweinfurt, Sammlung Otto Schäfer (D-48)

Die Wiedergabe der Apostel hat Dürer zuerst im Zusammenhang seiner 1509 vollendeten Himmelfahrt und Krönung Mariens, der nur in Kopie (Jobst Harrich kurz vor 1614) überkommenen Mitteltafel des Helleraltares, beschäftigt. Ob die Arbeit an diesem Gemälde, zu dem sich eine Reihe von Zeichnungen erhalten haben, auf die Planung einer Folge von Einfluß gewesen ist, läßt sich nicht feststellen. Jedenfalls bezeugen Kupferstiche Martin Schongauers, Holzschnitte Lucas Cranachs d. Ä. und Hans Baldung Griens, daß das Thema sich zu zyklischer Darstellung in Form von Einzelgestalten anbot. Dürer greift es 1514 mit Thomas und Paulus und erneut 1523 mit Bartholomäus und Simon auf. Der Stich mit Philippus wurde im gleichen Jahr erheblich gefördert. Die Korrektur der Jahreszahl 1523 in 1526 hat E. Panofsky in seine Spekulationen über eine Verwandlung des Philippus in einen Paulus auf dem Gemälde der ›Vier Apostel‹ einbezogen: Dadurch, daß hier die Gestalt eine Änderung erfährt, kann der Stich später zur Auslieferung gelangen, weil von einer Selbstwiederholung nicht mehr die Rede ist. Diese Annahme, die mit einer hypothetischen Rekonstruktion der ursprünglichen Konzeption eng verbunden ist, läßt sich aufgrund neuerer technologischer Untersuchung nicht mehr aufrecht halten (vgl. Kat. Nr. 414).

1526

VIVENTIS·POTVIT·DVRERIVS·ORA·PHILIPPI
MENTEM·NON·POTVIT·PINGERE·DOCTA
MANVS

Albrecht Dürer: Bildnis des Philipp Melanchthon (Kat. Nr. 409)

Literatur: F.Haack: Die künstlerischen Vorstufen von Dürers Vier Aposteln. In: Mitt. d. Ver. f. Gesch. d. Stadt Nürnberg 28, 1928, S.313-19 - E.Panofsky: Zwei Dürerprobleme. In: Münchner Jb. NF 8, 1931, S.1-48, bes.35-38.

411 APOSTEL

Albrecht Dürer

Zeichnung mit Bleizinngriffel auf grün grundiertem Papier, weiß gehöht; 30 : 17,8

Aus den Slgn. Lawrence und Gatteaux

Paris, Ecole des Beaux-Arts (1657)

Die Zeichnung wird von E.Panofsky als Vorstudie zum Gegenstück des Kupferstichs mit Philippus aufgefaßt und als Jacobus minor angesehen. Diese Benennung ergibt sich daraus, daß die beiden Heiligen von ihrem gemeinsamen Kirchenfest her eng zusammengehören. Aber da Dürer eine solche Vergesellschaftung für den Paulus-Stich von 1514 nicht berücksichtigt hat, scheint es fraglich, ob hier eine Präzisierung des Themas möglich ist.

Literatur: E.Panofsky: Zwei Dürerprobleme. In: Münchner Jb. NF 8, 1931, S.1-48, bes.35-38, Anm.54 - Le XVIe siècle européen. Peintures et dessins dans les collections publiques françaises. Ausst. Paris 1965, Nr.135 (mit weit. Lit.).

412 APOSTEL

Albrecht Dürer

Unten Mitte mit Tinte das Monogramm des Künstlers, darüber die Jahreszahl 1523

Zeichnung mit Bleizinngriffel auf grün grundiertem Papier, weiß gehöht; 41,6 : 30,5

Wien, Graphische Sammlung Albertina (3181)

Die von Dürer für den Apostel Simon (Kat. Nr.410[4]) verwendete Zeichnung wird von F.Winkler als ein ausgeschiedener Entwurf zum unvollendeten Stich der großen Kreuzigung von 1523 (Kat. Nr.223) angesehen. F.Winkler stellt die Verwandtschaft zwischen dem Kopf der Zeichnung und dem eines trauernden Johannes (W.859; Wien) fest, dessen Züge nach einer schon 1850 vertretenen, von H.von Einem (Dürers ›Vier Apostel‹. In: Anz. d. German. Nationalmus. 1969, S.94) wieder aufgenommenen Ansicht diejenigen Luthers zu tragen scheinen.

Literatur: Tietze, Albertina 4, Nr.155.

413 DER KOPF DES PAULUS

Albrecht Dürer   *Abb.*

Oben links das Monogramm des Künstlers, darüber die Jahreszahl 1526

Zeichnung mit Bleizinngriffel auf braun-blau grundiertem Papier, rosa gehöht; 38 : 29,1

Aus den Slgn. Andreossy und Lawrence

Berlin, Kupferstichkabinett, Staatliche Museen Preußischer Kulturbesitz (KdZ.3875)

Kopfstudien zu Dürers Tafeln der ›Vier Apostel‹ sind für Paulus, Markus und Petrus, sämtlich 1526 datiert, nachweisbar. E.Panofsky hat, als Resultat der damals diskutierten Echtheit, der Kopfstudie des Paulus die Funktion beigemessen, die Verwandlung des Philippus in einen Paulus mitsamt der Drehung des Kopfes vorzubereiten.

Literatur: Bock, Berlin, S.34 Nr.3875 - H.Wölfflin: Die Kopfzeichnungen zu Dürers Apostelbild. In: Jb. f. Kunstsammler 2, 1922, S.9-12 - E.Bock: Dürers Zeichnungen zu den Münchener Aposteln. In: Kunstchronik u. Kunstmarkt 1923, S.278-84 - H.Wölfflin: Zur Beurteilung von Dürers großen Apostelköpfen L.72, L.89 und L.369. Ebda. S.284/85 - E.Panofsky: Zwei Dürerprobleme. In: Münchner Jb. NF 8, 1931, S.1-48, bes.34.

414 DIE VIER APOSTEL
(KOPIEN NACH DEN GEMÄLDEN DÜRERS)

Johann Georg Fischer zugeschrieben

Beischriften: S. JOHANNES, S.MARCVS, S.PAVLVS, neben dem Kopf des Paulus Dürermonogramm und die Jahreszahl 1526

Auf den originalen Tafeln (Katalog München, S.80/81): Linke Tafel: Die Apostel Johannes der Evangelist und Petrus. In der oberen durchlaufenden Zeile: ›Alle weltliche regenten jn disen ferlichen zeitten Nemen billich acht, das sie nit fur das göttlich wort menschliche verfuerung annemen. Dann Gott wil nit Zu seinem wort gethon, noch dannen genomen haben. Darauf horent dise trefflich vier menner Petrum Johannem Paulum vnd Marcum Ire warnung‹. Unter der Figur des Johannes: ›Petrus spricht in seiner andern Epistel Jm andern Capitel also/ Es waren aber auch falsche prophetten vnter dem volck, Wie auch vnter euch sein werden falsche lerer, die neben einfuren werden verderbliche seckten Unnd / verleucken den herren der sie erkauft hat Vnnd werden vber sich furen ein schnel verdamnus Vnd vile werden nachuolgenn Irem verderben, Durch / welche wird der weg der warhait verlestert werden, Vnd durch geitz mit erdichten wortten, werden sie an euch hantieren. Vber welche das vrtail von / lannger here nit saumig ist Vnnd ir verdamnus schlefft nicht‹. Unter der Gestalt des Petrus: ›Johannes in seiner ersten Epistel Jm vierdten Capitel schreibt also / Jr lieben, glaubt nicht einem yetlichen geist Sonndern prüffen die geister, ob sie von gott sind Denn es sind vil falscher propheten ausgangnen in die / wellt Daran erkennet den geist gottis, Ein yetlicher geist, der da bekennet, das Jhesus Christus ist komen in das flaisch, der ist von gott Vnnd ein / yetlicher geist, der da nicht bekennett das Jhesus Christus ist komen in das flaisch, der ist nicht von gott Vnnd das ist der geist des widerchristis, von/ welchem ir habt gehöret, das er kompt Vnnd ist yetzt schon in der wellt‹. - Rechte Tafel: Der Evangelist Markus und der Apostel Paulus. Unter Markus: ›Jn der anndern Epistel zum Timotheo Jn dem dritten Capitel Schreibt S: Paulus also / Das soltu aber wissen, das zu den letzten zeitten werden grewliche zeittung eintretten Denn es werden mennschen sein die von sich selbß halten, Geitzig, stoltz, / Hofferttig, Lesterer, den Eltern vngehorsam, vndanckpar, vngeistlich, vnfreunntlich Storrig, schender, vnkeusch vnguttig, wild, verrether, freueller, auff / geplasen, die mer lieben die wollust denn gott, die da haben das geperde eines gotseligen wanndels Aber seine Krafft verleucken sie Vnnd von solchen wende / dich, Auss denselben sind die, die heuser durchlauffen, vnd furen die weiblin gefangen, die mit sunden beladen sind, vnd faren mit mancherlei lusten / Lernnen ymerdar, vnd kunden nymer Zur erkentnus der warhait komen‹. Unter der Gestalt des Paulus: ›Sant Marcus schreibt in seinem Euangelium Jm 12 Capitel also / Vnnd er leret sie vnd sprach Zu Jnen habt acht auff die schrifftgelertten, Die gehen gern Jn lanngen kleidern. Vnnd lassen sie gern grussen auff / dem marckt, Vnnd sitzen gern obenan in den schulen vnd vber tisch, Sie fressen der wittwen heuser, vnnd wenden langs gepet fur / Dieselben werden dester mer verdambnus empfahen‹

Gemälde auf Lindenholz; 208 : 77 (ohne Beischriften)

Nürnberg, Germanisches Nationalmuseum (Gm 170, 171; Leihgaben der Stadt Nürnberg)

Die Kopien entstanden im Zusammenhang mit der Übergabe der Originale 1627 an den Kurfürsten Maximilian I. von Bayern. Die Ansicht, der Kurfürst würde die Originale wegen der Beischriften nicht behalten, trog. Nürnberg erhielt diese, die abgeschnitten worden waren, mitsamt den Kopien zurück. 1922 wurden die Beischriften, die mit den Kopien vereinigt worden waren, sowie die Rahmen als Leihgaben der Stadt Nürnberg nach München gegeben. Gegenüber E. Panofskys Thesen über eine Genesis der beiden Tafeln gelangt K. Martin zu dem Ergebnis einer Einheitlichkeit von Plan und Ausführung. Die auf Luthers Übersetzung des Neuen Testaments basierenden Beischriften zitieren: Einleitung: Beziehung zu Apok. 22, 18-19, (vgl. Kat. Nr. 407); Tafel mit Johannes und Petrus: 2. Petr. 2, 1-3, 1. Joh. 4, 1-3; Tafel mit Markus und Paulus: 2. Tim. 3, 1-7, Mark. 12, 38-40. Die lange allgemein angenommene, von den Texten ausgehende Interpretation sah mit E. Heidrich in den Gemälden eine aus lutherischer Gesinnung entstandene Abwehr radikaler Strömungen wie der Schwärmer, wobei das Markuszitat mit Denck (vgl. Kat. Nr. 406) in Verbindung gebracht wurde. Neuerlich wird bestritten, daß alle Aussagen in die gleiche Richtung gehen. Unabhängig voneinander beziehen G. Seebaß und H. Lutz das Markuszitat, ersterer auch den Paulustext, auf die evangelischen Prediger (G. Seebaß besonders auf Osiander). Bei dieser Deutung wird Pirckheimers Brief an Tschertte (Kat. Nr. 416) ausgewertet, ohne Rücksicht darauf, daß es sich um heterogene Quellen handelt. Es dürfte davon auszugehen sein, daß Dürers zu einer ›gedechtnus‹ übergebenen und vom Rat zu des Künstlers ›gedechtnus‹ angenommenen Tafeln in ihrer Aussage eine andere Abstraktionsebene besitzen als Pirckheimers Konzept. Es ist - ohne das verfügbare Material auszuschöpfen - zur Diskussion zu stellen: 1. Die Beziehung zu der von den Nürnberger Predigern verfaßten Schrift ›Ein gut vnterricht vnd getreuer Rathschlag...‹ (1525); auch dort wird im Abschnitt über Menschenwort und -lehren zur Frage der Zertrennung und Sekten auf 2. Petr. 2, 2 Bezug genommen; der Hinweis auf moralische Implikate durch das Paulus- und Markuszitat auf den Tafeln ist dem angeführten Traktat zu parallelisieren, nur daß dort das Petruszitat fortgeführt wird. 2. Die Übereinstimmung der in den aneinandergereihten Schriftzitaten enthaltenen Aussage mit Luthers 1525 im Druck erschienenen ›Eyn predigt vnd warnung sich zu hüten für falschen propheten‹, in der unter Einbeziehung von 2. Petr. 2, 1-2 und 1. Joh. 4, 1-2 gleichfalls die ethische Seite falscher Lehrer berücksichtigt wird. Beide Abhandlungen geben einen Rahmen, der von Dürer aufgenommen wird und die Einheitlichkeit außer Frage stellen dürfte.

Literatur: E. Heidrich: Dürer und die Reformation. Leipzig [1909] - Ausst. GNM 1928, Nr. 76 - W. Schwemmer: Aus der Geschichte der Kunstsammlungen der Stadt Nürnberg. In: Mitt. d. Vereins f. Gesch. d. Stadt Nürnberg 40, 1949, S. 97-206, bes. 118/19 - A. Ernstberger: Kurfürst Maximilian I. und Al-

brecht Dürer. In: Anz. d. German. Nationalmus. 1940-53, S. 143-196, bes. 150-52 - Katalog München, S. 80-86 (mit vollständ. Lit.) - K. Martin: Albrecht Dürer. Die vier Apostel. Stuttgart 1963 - G. Seebaß: Das reformatorische Werk des Andreas Osiander. Nürnberg 1967, S. 210/11 - H. Lutz: Albrecht Dürer in der Geschichte der Reformation. In: Hist. Zs. 206, 1968, S. 22-44, bes. 40-43 - H. v. Einem: Dürers ›Vier Apostel‹. In: Anz. d. German. Nationalmus. 1969, S. 89-103 (mit weit. Lit.).

415 PIRCKHEIMER UND DIE KLÖSTER

Noricus Philadelphus: Wie alle Closter vnd sonderlich Junckfrawen Clöster in ain Christlichs wesen möchten durch gottes gnaden gebracht werden. [Augsburg: Philipp Ulhart d. Ä., 1524] 4°

Nürnberg, Germanisches Nationalmuseum (Postinc. 8° Rl. 1214)

Die Schrift entwickelt ein Reformprogramm für das Klosterwesen aus der Perspektive von Luthers Lehre. Obwohl die Zuweisung an Pirckheimer noch in der Bibliographie der Gedächtnisschrift (Willibald Pirckheimer. Dokumente, Studien, Perspektiven. Nürnberg 1970, S. 113) aufrechtgehalten wird, ist die Autorschaft Osianders schon lange erwogen worden (H. v. Schubert [1896/97]; vgl. G. Seebaß: Das reformatorische Werk des Andreas Osiander. Nürnberg 1967, S. 91). Die Annahme, Pirckheimer sei der Verfasser, ist insofern problematisch, als dieser Schwestern und Töchter im Kloster hatte und diese gegen Übergriff stützte. Für das Klarakloster in Nürnberg, dessen Äbtissin seine Schwester Caritas war, verfaßte er 1529 eine Schutzschrift, mit der er sich an den Rat von Nürnberg wandte.

Literatur: Panzer DA 2, Nr. 2430.

416 PIRCKHEIMER ÜBER DÜRERS HALTUNG ZUR REFORMATION

Eigenhändiges Konzept eines Briefes Pirckheimers an Johann Tschertte, Nürnberg Ende 1529/Anfang 1530: In dem Brief, der unter anderem die Beschuldigungen gegen Dürers Frau Agnes enthält, bewahrt sich Pirckheimer zwar seinen Standpunkt zwischen den Parteien, doch ist die Hinneigung zur altkirchlichen Seite deutlich (H. Rupprich). Er wie Dürer seien anfänglich gut lutherisch gewesen, weil sie hofften, römische Büberei und Schalkheit der Mönche und Pfaffen würde gebessert. Außerdem wird eine Entfremdung der Freunde zu Lazarus Spengler erwähnt.

Nürnberg, Stadtbibliothek (Pirckheimer-Papiere 396)

Es ist zu bezweifeln, ob sich aus der Polemik gegen die Partei der Reformatoren unter dem Gesichtspunkt ihrer ›Werke‹ weitreichende Rückschlüsse auf Dürers Einstellung ziehen lassen. Es scheint, als sei schon der Grund für eine Zuwendung zu Luther (vgl. Kat. Nr. 381) nicht korrekt oder nur unvollständig wiedergegeben.

Literatur: Rupprich 1, S. 283-88 Nr. 137; 3, 459 - Ders.: Willibald Pirckheimer. Beiträge zu einer Wesenserfassung. In: Schweiz. Beitr. zur Allg. Gesch. 15, 1957, S. 64-110, bes. 107/08.

→

Albrecht Dürer: Der Kopf des Paulus (Kat. Nr. 413)

UMWELT: SOZIALE GEGEBENHEITEN - PRODIGIENGLAUBE

Von seinem Aufenthalt in Basel an bis um die Zeit des Bauern-krieges sind von Dürer Landleute dargestellt worden. Indessen ist die Beschäftigung mit diesem Thema, das erst im Oeuvre der sogenannten Kleinmeister stärker in den Vordergrund tritt, sporadisch. Sie ist zunächst bedingt durch Quellen, die ein bestimmtes soziales Milieu vorzeichneten. Hier sind neben den Illustrationen zum Heautontimorumenos (Kat. Nr. 420) für die nicht ausgeführte Basler Terenzausgabe die Scheibenrisse zum Benediktzyklus (Kat. Nr. 712-17) zu nennen. Einzelblätter, die seit um 1500 entstanden, wenden sich von der graphischen Technik her an die gehobenen Schichten. Schon Schongauer und der Hausbuchmeister haben sich für ihre Bauerndarstellungen des Kupferstichs bedient. Besonders bei dem letzteren äußert sich, der Auffassung zeitgenössischer Dichtung entsprechend, der Hang zur Burleske, zu Drastik und Spott, um der Literaturgeschichte geläufige Kennworte zu nennen. Schongauers Auszug zum Markt (Kat. Nr. 417) hat eine Gestaltung gefunden, die von Verbildlichungen der Flucht nach Ägypten geprägt ist, doch darf wegen seiner Vereinzelung das Blatt kaum als Markstein in einer Entwicklungsgeschichte zum Profanbild hin angesehen werden. Dürers Graphik ist von solcher Determinierung durch ein Vorbild aus religiösem Bereich unabhängig. In der Charakterisierung, die sich der Verständigung mit dem Konsumenten nicht entziehen konnte, bleiben Stereotype erhalten, ohne daß diese sich als Elemente einer Verzerrung aufdrängen. Auch wenn Dürer nicht durch ein Thema wie das des Totentanzes veranlaßt worden ist, ein Panorama der Stände unter einem einheitlichen Leitgedanken darzubieten, werden doch die Bauernbilder von Graphiken begleitet, auf denen Personen aus anderen Schichten unter annähernd gleichem Aspekt wie der Landmann gesehen werden. Von diesem Spektrum sozialer Gruppierungen her dürfen die Bauerndarstellungen kaum als Exemplifikation eines Theorems, das in der Proportionslehre enthalten ist, aufzufassen sein. Dort steht, daß ein verständiger und geübter Künstler ›in grober bewrischer gestalt sein grossen gwalt vnd kunst‹ mehr aufweisen könne als mancher in einem großen Werk. Obwohl Dürers Bilder für Publikationen zur Sozialgeschichte des Bauern herangezogen worden sind, ist ihr Quellenwert als Objektivationen von Gegebenheiten einer Gruppe nicht so eindeutig fixierbar, wie das manche Interpretation, ohne sich über ihre Voraussetzungen Rechenschaft zu geben, lehren möchte.

Die Darstellung des Bauern vollzieht sich zunächst scheinbar unabhängig davon, daß soziale Problematik im letzten Viertel des 15. Jahrhs. mit dem Auftreten des Pfeifers von Niklashausen (Kat. Nr. 430) und den Anfängen der Bundschuhbewegung (Kat. Nr. 431) vor aller Augen stand. Jedoch ist es der Erwägung wert, wieweit der Landmann, der seine Forderungen artikulierte, dadurch mit der Aufmerksamkeit der Allgemeinheit auch die des Künstlers auf seinen Stand lenkte. Ein erheblicher Wandel in der Auffassung vollzog sich in den ersten Jahren nach der Reformation: Der Bauer wird in der Publizistik zum Künder und Verteidiger des Schriftprinzips, der sich die Ansicht angeeignet hatte, daß alle Christen geistlichen Standes seien. Auch soziale Folgerungen wurden gezogen, wie der Satz der Gegenpartei, daß Luthers Lehre ein Bundschuh sei, bezeugt. Die neue Wer-

tung des Bauern, die sich in der Gestalt des Karsthans verdichtete, findet in den Texten der Flugschriften wie in deren Titelholzschnitten Ausdruck. Da erscheint der Bauer in seiner Frömmigkeit, als Partner gelehrter Disputation, als Prediger, schließlich auch als ein zu handgreiflicher Verteidigung religiöser Neuerung gerüsteter Streiter. Das alles sollte nur kurze Zeit dauern. Zu eindeutig legitimierte Luther die Verrichtungen der Henker. Vielleicht darf Dürers Entwurf zu einem Siegesmal in der Unterweisung der Messung (Kat. Nr. 440) trotz aller Zwiespältigkeiten, die sich der Erklärung darbieten, in seinem Zusammenhang mit dem Schmerzensmann des Titelblattes der Kleinen Passion (Kat. Nr. 603[1]) als eines der wenigen Dokumente angesehen werden, die von einer humanen Gesinnung zeugen.

Für Bauernkrieg und Reformation wurde die Frage gestellt, wieweit diese durch das astrologische Schrifttum insofern vorbereitet wurden, als hier die Notwendigkeit einer umfassenden Änderung bestehender Verhältnisse in das allgemeine Bewußtsein gehoben wurde. Auch wenn die Astrologie und der Glauben an den vorbedeutenden Charakter bestimmter Erscheinungen, wie Kometen, Meteoritenfall, merkwürdige Niederschläge, Mißgeburten, einen nicht unwesentlichen Faktor in der Gesamtkonstellation des späten 15. wie des 16. Jahrhs. darstellen, lassen sich Kausalitäten schwer nachweisen. Die Publizistik des Kaisers Maximilian I. wußte die Phänomene zu nutzen, um Verhaltungsweisen des einzelnen und der Allgemeinheit zu steuern, und diejenigen, die wie z. B. Sebastian Brant und Martin Luther ihren politischen oder religiösen Ansichten Geltung zu verschaffen versuchten, bezogen die Vorzeichen, die nach den lateinischen Texten Prodigien genannt wurden, in ihren Kalkül ein. Bei aller Variation im Detail blieben diese allenthalben auftretenden Zeichen relativ konstant, ihre Wiederholung bot die Möglichkeit der Reihung; mit Hilfe der alten, aufgrund eines eingetretenen Ereignisses vorgenommenen Auslegung wurde die neue Diagnose für Gegenwart und Zukunft bekräftigt.

Zu Dürers Lebenszeit haben die Planetenkonjunktionen der Jahre 1484 und 1524 eine breite Resonanz gefunden. An die erste knüpfte die durch zahlreiche Drucke verbreitete Prognosticatio des Johannes Lichtenberger (Kat. Nr. 444) an. Die spätere beschäftigte viele Autoren, die in ihren Traktaten das Für und Wider einer Flutkatastrophe erörterten. Dürers Zeitgenossenschaft mit einer Generation, in der diese Wunderzeichen registriert und ausgedeutet wurden, spiegelt sich außer in Darstellungen, die für ein breiteres Publikum bestimmt waren, in Zeichnungen, unter denen neben dem Blatt mit den Zwillingen von Ertingen (Kat. Nr. 450) als ein individuelles Zeugnis das Traumgesicht von 1525 hervorzuheben ist. Dieses letzere ist in seiner Ausprägung mit der erwähnten, für das Vorjahr erwarteten Sintflut in Verbindung gebracht worden. Der Künstler hat im Gedenkbuch als das ›grost wunderwerck‹, das er sah, hervorgehoben, daß 1503 Kreuze vom Himmel fielen, deren eines von ihm in einer Skizze festgehalten wurde. Diese Aufzeichnung verzichtet auf eine Auslegung, jedoch wird entsprechend den Gepflogenheiten der Chronisten, die Gewichtigkeit einzelner Phänomene durch Häufung einschlägiger Fakten zu steigern, erwähnt, daß ein Komet erschien.

Die Intensivierung des Interesses an diesen Wunderzeichen

vollzieht sich unter dem Einfluß antiken Prodigienglaubens. Als symptomatisch darf angesehen werden, daß das fragmentarisch erhaltene, im 4. Jahrh. abgefaßte Werk über Prodigien des Julius Obsequens mannigfach gedruckt wurde (Kat. Nr. 442). Dennoch aber verengt die Einordnung unter einen Begriff wie heidnisch-antike Weissagung, die seit A. Warburgs Publikation fast kanonische Geltung hat, das Blickfeld. Schließlich boten Hinweise der Bibel auf Zeichen und Vorzeichen eine Grundlage, aktuelle Ereignisse zu bewerten und ihnen eine Stelle im Heilsplane Gottes zuzuweisen. Mit diesen in der Bibel fundierten Anschauungen verbanden sich Einsichten antiker Autoren dahingehend, daß über Jahrzehnte hin immer neue Konkretisierungen mit zeichenhafter Bedeutung sanktioniert werden konnten.

Bernward Deneke

Literatur: A. Warburg: Heidnisch-antike Weissagung in Wort und Bild zu Luthers Zeiten. Heidelberg 1920 - K. Uhrig: Der Bauer in der Publizistik der Reformation bis zum Ausgang des Bauernkrieges. In: Archiv f. Reformationsgesch. 33, 1936, S. 70-125, 165-225 - P. Böckmann: Der gemeine Mann in den Flugschriften der Reformation. In: Dt. Vierteljahrsschr. f. Literaturwiss. u. Geistesgesch. 22, 1944, S. 186-230 - D. Kurze: Johannes Lichtenberger (gest. 1503). Eine Studie zur Geschichte der Prophetie und Astrologie. Lübeck-Hamburg 1960 - R. M. Radbruch-G. Radbruch: Der deutsche Bauernstand zwischen Mittelalter und Neuzeit. 2. Aufl. Göttingen 1961 - R. Schenda: Die deutschen Prodigiensammlungen des 16. und 17. Jahrhunderts. In: Archiv f. Gesch. d. Buchwesens 4, 1963, Sp. 637-710 - G. Franz: Der deutsche Bauernkrieg. 7. Aufl. Bad Homburg v. d. H. 1965.

Albrecht Dürer:
Illustration zur
Terenz-Komödie
Heautontimorumenos
(Kat. Nr. 420)

417   DER AUSZUG ZUM MARKT
   Martin Schongauer

In der Mitte unten das Monogramm des Künstlers

Kupferstich; 16,1 : 16,1

Aus Slg. v. Nagler

Berlin, Kupferstichkabinett, Staatliche Museen Preußischer Kulturbesitz (602-1)

Der Stich, der zu den frühen Werken Schongauers gehört, also 1471-73 datiert wird, ist als paradigmatisch dafür genannt worden, daß die profanen Bildvorstellungen aus den überkommenen religiösen hervorwachsen. Die Beziehungen zu einer Flucht nach Ägypten liegen auf der Hand, indessen wird eher mit einer Variation der Charakterisierung durch R. M. und G. Radbruch von einer Prägung durch das religiöse Vorbild zu sprechen sein. Verallgemeinernde Schlüsse für die Entwicklung der Bauerndarstellung lassen sich aus diesem vereinzelt dastehenden Blatt ohnehin nicht ziehen, zumal es nicht in Bezug zu dem möglichen Kontext einer Neuwertung bäuerlichen Daseins unter religiösem Gesichtspunkt zu betrachten ist.

Literatur: B. 88 - Lehrs, Nr. 90 - Baum, Nr. 2 - R. M. Radbruch-G. Radbruch: Der deutsche Bauernstand zwischen Mittelalter und Neuzeit. 2. Aufl. Göttingen 1961, S. 74.

418   DER BAUER ALS SCHILDHALTER
   Martin Schongauer

Unten Mitte das Monogramm des Künstlers

Kupferstich; Dm. 7,8

Nürnberg, Germanisches Nationalmuseum (K 20052)

Das der Spätphase des Künstlers zugehörende Blatt deutet wie gleichartige des Hausbuchmeisters dekorative Verwendung des Bauernthemas an. Wenn die männlichen Schildhalter in der Folge Schongauers in Betracht gezogen werden, teilt der Landmann seine Rolle mit den Wilden Leuten. Unter den Haltungen, die zum Bauern eingenommen worden sind, tendiert der Stich am ehesten zu dem von J. Huizinga als ein Faktor spätmittelalterlicher Kultur herausgearbeiteten idyllischen Lebensbild.

Literatur: B. 102 - Lehrs, Nr. 101 - Baum, Nr. 104.

419   DER BAUER IM TOTENTANZ

Des dodes dantz. Lübeck: [Mohnkopfdruckerei] 1489. 4°

Nürnberg, Germanisches Nationalmuseum (Inc. 8° 28260)

Wie die Planetenbilder zeigen die Totentänze den Bauern innerhalb der ständischen Gliederung der Gesellschaft. Mit der Darstellung dieser Ordnung verbindet sich der Gedanke einer Aufhebung durch den Tod. In dem Lübecker Totentanz, der in Anlehnung an den Titel von Erbauungsbüchern besser Spiegel des Todes heißen würde, stehen jeweils Einzelfiguren als Vertreter ihres Standes und der Tod einander gegenüber. Ebenso isoliert, ohne Zwiegespräch, voneinander sind die Texte: Der Bauer zählt auf, was er vor dem Sterben noch zu tun beabsichtigt, während der Tod die Seligkeit verspricht, wenn der Landmann sich vor bestimmten Lastern seines Standes bewahrt hat. Die Zuweisung der Entwürfe für die Holzschnitte an Bernt Notke durch C. G. Heise und W. Paatz wird von H. Rosenfeld aufgrund biographischer Daten wie der Art der Ausführung bestritten.

Literatur: Des Dodes Dantz. Lübeck 1489. Hrsg. v. M. J. Friedländer. Graphische Gesellschaft. Veröffentlichung 12. Berlin 1910 - Schramm 12, Abb. 64-96 - H. Rosenfeld: Der mittelalterliche Totentanz. Münster-Köln 1954, S. 216-20 (mit weit. Lit.) - Hellwig, GNM, Nr. 907.

420   ILLUSTRATIONEN ZU DER TERENZ-KOMÖDIE HEAUTONTIMORUMENOS
   Albrecht Dürer u. a.   *Abb.*

1 Menedemus und Chremes im Gespräch auf dem Felde
2 Chremes im Gespräch mit Clitipho
3 Menedemus und Chremes bereden sich am Waldrand
4 Clitipho, Menedemus, Chremes und Syrus vor dem Dorf
5 Chremes und seine Frau Sostrata vor dem Haus
   Holzstöcke; 1-3, 5 gerissen; 4 geschnitten; Birnbaumholz; je ca. 9,1 : 14,6 : 2,3
6 Clitipho, Menedemus, Chremes und Syrus vor dem Dorf
   Holzschnitt, Abzug des 19. Jahrhs.

Aus dem Amerbach-Kabinett bzw. der Basler Universitätsbibl.

Basel, Öffentliche Kunstsammlung, Kupferstichkabinett (Z. 472, 473, 487, 488, 489)

Von den 1492/93 entstandenen Holzstöcken der geplanten, jedoch nicht abgeschlossenen Illustrierung einer unausgeführt gebliebenen Basler Ausgabe der Komödien des Terenz (vgl. Kat. Nr. 152) weisen die für den Heautontimorumenos bestimmten mannigfach auf das ländliche Milieu hin, in dem das Stück (Der Selbstquäler) spielt. Bei der also von einer literarischen Vorlage abhängigen Darstellung des bäuerlichen Bereichs versucht der Zeichner über die spärlichen Andeutungen der Komödie hinaus ein realistisches Bild vom Leben auf dem Lande zu bieten; auch werden Gebäude und Gerätschaften mit einbezogen. In dieser Erfassung des bäuerlichen Daseins sind die Risse ohne Vorbild. Zur Beteiligung des jungen Dürer vgl. Kat. Nr. 152.

Literatur: Vgl. Kat. Nr. 152.

421   DER VERLORENE SOHN
   Albrecht Dürer   *Abb.*

Unten Mitte das Monogramm des Künstlers

Kupferstich; 24,8 : 19

Privatbesitz

Der Hauptentwurf zu dem nach E. Panofsky kurze Zeit später als das mit der Sau von Landser (Kat. Nr. 448) entstandenen Blatt befindet sich im Britischen Museum (W. 145). Im Unterschied zum Gleichnis Lukas 15, 11-32 und zu den Illustrationen in den Ausgaben des Speculum humanae salvationis von Bernhard Richel, Basel 1476, und des Spiegels menschlicher Behaltnis von Peter Drach, Speyer 1478 (Schramm 21, Abb. 224; 16, Abb. 503), auf die E. Panofsky als Quellen Dürers hinweist, ist der die Schweine hütende Sohn nicht auf dem Felde, sondern auf einem Bauernhof dargestellt. Dürer schafft eine Atmosphäre, die E. Panofsky als poetic rusticity charakterisiert hat. Schon in Vasaris Würdigung des Stichs wurden die sehr schönen Hütten, wie man sie in Deutschland auf dem Lande findet, hervorgehoben. Über die Identifikation mit einer bestimmten Lokalität (F. Zink) hinaus ist die Frage nach der Bedeutung dieser Anlage gestellt und dabei der Lukaskommentar des

Albrecht Dürer: Der Verlorene Sohn (Kat. Nr. 421)

Albrecht Dürer:
Das verliebte Bauernpaar (Kat. Nr. 424)

Ambrosius genannt worden. Hier wurde der Verlorene Sohn auf den Meierhof (Vulgata: villa) gewiesen, den derjenige ankaufte, der sich nach Lukas vom Reiche entschuldigt. Demnach würde der Hof die Welt bedeuten. Im Vergleich zu den erwähnten Inkunabeldrucken, die den Sohn stehend vorstellen, erscheint dieser bei Dürer kniend und die Hände ringend.

Literatur: Panofsky 1, S. 76/7 - E. Vetter: Der Verlorene Sohn. Düsseldorf 1955, S. 26/27 - F. Zink: Albrecht Dürer in Nürnberg-Himpfelshof. In: Jb. f. fränk. Landesforschung 29, 1969, S. 289-93.

422   DREI BAUERN IM GESPRÄCH
Albrecht Dürer

Unten Mitte das Monogramm des Künstlers

Kupferstich; 10,7 : 7,6

Aus altem königlichen Besitz

Kopenhagen, Den kgl. Kobberstiksamling, Statens Museum for Kunst (II. 5)

423   DER BAUER UND SEINE FRAU
Albrecht Dürer

Unten Mitte das Monogramm des Künstlers

Kupferstich; 10,9 : 7,7

Privatbesitz

Die beiden frühesten, um 1497 entstandenen Stiche Dürers mit Bauerndarstellungen stehen ihrem Inhalt nach in keinem Zusammenhang miteinander. Für den Stich mit dem Bauern und seiner Frau wird von E. Panofsky Beziehung zu den Tänzern von Kölbigk in der Schedelschen Weltchronik und dem Anhänger der Astrologie in Sebastian Brants Narrenschiff (Schramm 17, Abb. 529 bzw. 22, Abb. 1174) registriert. Ein Vergleich zeigt die konventionelle Art der Charakterisierung der von ihrem Lebensbezirk isolierten Menschen durch Gesichtsausdruck, Haltung, Kleidung. Da der Nürnberger Bauer das Recht hatte, Waffen zu tragen, fehlen diese nicht unter den Requisiten der Ausstattung. In einer für die Stiche verwendeten Federzeichnung in Berlin mit beiden Gruppen (W. 164) sieht F. Winkler für die Gruppe der drei Bauern eine unmittelbare Studie nach der Natur.

424   DAS VERLIEBTE BAUERNPAAR
Albrecht Dürer zugeschrieben   *Abb.*

Federzeichnung, aquarelliert; 20,4 : 14,2

Mailand, Biblioteca Ambrosiana (F. 264 inf. 3)

Der Entwurf für eine Kleinplastik hat eine nahe Parallele in einem früher in Bremen verwahrten Blatt (W. 229), das das Paar auf einem Rasenstück zeigt. Außerdem ist in Berlin eine Detailstudie für das Mädchen überkommen (W. 230). Die Urheberschaft Dürers wird außer von E. Flechsig und F. Winkler, die 1502/03 datieren, abgelehnt, jedoch auch, von der Ordnung des Materials her, im Katalog der Münchner Ausstellung angenommen. F. Winkler dachte, daß die Zeichnung ein Sprichwort oder Wortspiel illustriere. Der Wiener Entwurf einer Brunnenfigur, die einen Bauern mit Gans vorstellt (W. 236) bezeugt, daß Dürer sich um 1500 mit dem Thema einer plastischen Verbildlichung des Bauern beschäftigte.

Literatur: Flechsig 2, S. 89-91 - Ausst. Ambrosiana-München 1968, Nr. 21 (dort vollständige Lit.).

425   DAS TANZENDE BAUERNPAAR
Albrecht Dürer

Oben Mitte das Monogramm des Künstlers und die Jahreszahl 1514

Kupferstich; 11,8 : 7,5 (Bl. 12 : 7,6)

Aus den Slgn. F. B. 1602, Geißler, Nürnberg 1792, Hausmann und Jancsy

Schweinfurt, Sammlung Otto Schäfer (D - 88)

Dürers Interesse an dem Thema, das er nicht als erster zur Darstellung gebracht hat (z. B. Zeichnung der Schule des Hausbuchmeisters [?], um 1500, Bock, Erlangen, Nr. 44), bezeugt außer dem Stich eine Zeichnung zum Gebetbuch Kaiser Maximilians. Die Frage, wieweit das Blatt Eigenheiten bäuerlichen Tanzes - etwa im Unterschied zum Reigen - zeigt, entzieht sich schlüssiger Beantwortung, jedoch ist nicht zu übersehen, daß sich das Motiv von einer moralisierenden, in der Predigtliteratur üblichen Betrachtung emanzipiert hat.

426   DER DUDELSACKPFEIFFER
Albrecht Dürer

Unten links Monogramm des Künstlers und Jahreszahl 1514

Kupferstich; 10,5 : 7,4 (Bl. 11,8 : 7,6)

Aus Slg. Jancsy

Schweinfurt, Sammlung Otto Schäfer (D-90)

427   DIE MARKTBAUERN
Albrecht Dürer

Unten auf einem Stein das Monogramm des Künstlers, oben in der Mitte die Jahreszahl 1519

Kupferstich; 11,6 : 7,3

Privatbesitz

Mit formalen Kriterien wurde in die Nähe des Kupferstichs eine neuentdeckte Dürerzeichnung in der Hamburger Kunsthalle mit der eigenhändigen Inschrift ›Dz ist der pawer der die priff gert‹ gerückt. Von dieser aus ergab sich die Frage nach einer Revision der Benennung des Stiches, der demnach ein Abgaben leistendes Bauernpaar darstellt, wobei der Mann wie auf der erwähnten Zeichnung mit ausgestreckter Hand einen ›Brief‹, die Bestätigung, verlange. Zwar gehören Hühner und Eier zu den häufigsten Naturalabgaben, doch ist die Bezeichnung Brief vieldeutig und die Verwendung einer Quittung bei der Leistung von Abgaben ungeklärt. Aus diesen Gründen scheint es nicht möglich, von der Zeichnung aus zu einer Präzisierung des Darstellungsinhalts des Stiches zu gelangen. Vielleicht ist bei der Zeichnung am ehesten an einen die Rückgabe des Schuldbriefes heischenden Bauern zu denken. Dürer benennt den Stich im Tagebuch der Reise in die Niederlande als ›neuen bauren‹ (Rupprich 1, S. 157).

Literatur: W. Stubbe: Unbekannte Zeichnungen altdeutscher Meister. In: Museum und Kunst. Beiträge für Alfred Hentzen. Hamburg (1970), S. 237-59, bes. 250/51.

428   DIE BÄUERIN MIT ZWEI KRÜGEN

Barthel Beham

Oben links die Jahreszahl 1524 (überstochen)

Kupferstich; 4,3 : 4

Nürnberg, Germanisches Nationalmuseum (St. Nbg. 481 a; Leihgabe der Stadt Nürnberg)

429   DER BAUER MIT MISTGABEL

Barthel Beham

Kupferstich; 4,2 : 2,9

Nürnberg, Germanisches Nationalmuseum (St. Nbg. 480; Leihgabe der Stadt Nürnberg)

Als Grund dafür, daß der Bauer bei den sog. Kleinmeistern zu einem der Hauptgegenstände wird, ist auf das Erlöschen der Heiligenbilderproduktion wie auf den Bauernkrieg hingewiesen worden (R. M. und G. Radbruch). Es entstanden nun jedoch nicht nur Darstellungen von Einzelfiguren, sondern solche des Milieus, wie die Spinnstube oder die Bauernkirchweih, um weitere Themen Barthel Behams zu nennen. In diesem Zusammenhang verdient Berücksichtigung, daß mit dem Deutschlandkapitel der Omnium gentium mores, leges et ritus des Joannes Boemus von 1520, im Rahmen der humanistischen Landes- und Stadtdarstellungen, zuerst Verhältnisse des Landmannes, so auch das Brauchtum beschrieben werden.

Literatur: R. M. Radbruch-G. Radbruch: Der deutsche Bauernstand zwischen Mittelalter und Neuzeit. 2. Aufl. Göttingen 1961, S. 84.

430   DICHTUNG ZUR WALLFAHRT NACH NIKLASHAUSEN

Die nicklas hausser fart. [Nürnberg: Hans Hoffmann, um 1490] 8°

Berlin, Staatsbibliothek Preußischer Kulturbesitz (Inc. 1932)

In der Dichtung werden die Vorfälle in Niklashausen im Taubertal 1476 aus der Sicht der um Bewahrung der bestehenden Ordnung Sorge Tragenden geschildert. Der Hirt, Paukenschläger und Pfeifer Hans Böhm trat an dem Marienwallfahrtsort als Bußprediger auf und berief sich auf Maria, die ihm, als er das Vieh weidete, erschienen war. Sein Programm, so die Gleichheit der Stände und des Besitzes, die Abschaffung der Abgaben, der Anteil der Allgemeinheit an Weide, Holz, Jagd, Fischfang, wie auch der große Zulauf, den der Pfeifer hatte, werden in den fast fünfhundert Zeilen nicht ausführlich behandelt. Die Aufmerksamkeit des Verfassers gilt der Abwehr, in deren Verlauf Böhm in Würzburg verbrannt wurde. Der Holzschnitt zeigt den Hirten zu Füßen der Maria kniend.

Literatur: R. v. Liliencron: Die historischen Volkslieder der Deutschen vom 13. bis 16. Jahrhundert 2. Leipzig 1866, Nr. 148 - E. Voulliéme: Die Inkunabeln der Königlichen Bibliothek und der anderen Berliner Sammlungen. Leipzig 1906, Nr. 1932 - Schramm 18, Abb. 663 - W.-E. Peuckert: Die große Wende. Nachdruck. Darmstadt 1966, S. 263-96.

431   FLUGSCHRIFT MIT DER GESCHICHTE DES BUNDSCHUHS VON 1513

Pamphilus Gengenbach: Der Bundtschu Diß biechlein sagt von dem bösen fürnemen der Bundtschuher, wye es sich angefengt geendet vnd aus kumen ist. [Augsburg: Erhard Oeglin, 1514] 4°

München, Bayerische Staatsbibliothek (4° Germ. sp. 380/6)

Gengenbach beschreibt den Bundschuh zu Lehen im Breisgau von 1513 und stellt der Schilderung ein Gedicht voran, in dem zum Gehorsam gegenüber der von Gott eingesetzten Gewalt aufgefordert wird. Auf die Fahne wurde von dem Anführer, Joß Fritz, besonderer Wert gelegt. Nach den in ihren Aussagen nicht ganz übereinstimmenden Quellen zeigte sie wie der Titelholzschnitt von Gengenbachs Flugschrift die Kreuzigung mit Maria und Johannes, zu deren Füßen aber einen knienden Bauern, Kaiser und Papst, möglicherweise durch Embleme vertreten, als die irdischen Mächte, denen die Anerkennung durch die Aufständischen erhalten bleibt, schließlich den Bundschuh als Zeichen der Aktivität zur Befreiung des unterdrückten Volkes.

Literatur: Pamphilus Gengenbach. Hrsg. v. K. Goedeke. Hannover 1856, S. 23-31, 438-41, 546-56 - Weller Suppl. 1, Nr. 104 - A. Rosenkranz: Der Bundschuh 1, 2. Schriften d. Wiss. Instituts d. Elsaß-Lothringer im Reich. Heidelberg 1927, S. 253-393 bzw. 125-128 - U. Steinmann: Der Bundschuh - Fahnen des Joss Fritz. In: Dt. Jb. f. Volkskunde 6, 1960, S. 243-84.

432   FLUGSCHRIFT MIT DISPUTIERENDEM BAUERN

Joachim Vadianus (von Watt): Karsthans. [Straßburg: Johann Prüss d. J., 1521] 4°

Frankfurt a. M., Stadt- und Universitätsbibliothek (Freytag XVIII, 31)

Die Flugschrift zerfällt in zwei Teile. Der erste beschäftigt sich unter Ausnutzung des onomatopoetischen Katzennamens satirisch mit Thomas Murner, im zweiten Abschnitt setzt sich Karsthans mit Veröffentlichungen von Murner aus dem Spätjahr 1520, besonders mit dem Traktat ›Von dem babstenthum das ist von der höchsten oberkeyt Christlichs glauben wyder doctor Martinum Luther‹ auseinander und weist mangelnde Übereinstimmung von dessen Aussagen mit der Bibel nach. Im Anschluß an diese Schrift wird der Name Karsthans häufig für die Anhänger der Reformation in den unteren Schichten der Bevölkerung verwendet. Luther schrieb am 26. Mai 1521 an Melanchthon: ›Habet Germania multos Karsthansen.‹

Literatur: Hohenemser, Nr. 3897 - Flugschriften aus den ersten Jahren der Reformation 4, Heft 1: Karsthans (1521). Hrsg. v. H. Burckhardt. Leipzig 1910, bes. S. 53 (Druck B).

433   ANGEBLICH VON BAUERN AUSGEHENDE FLUGSCHRIFT

Hans Füeßli: Die göttliche Mühle. [Nürnberg: Jobst Gutknecht, 1521] 4°

Augsburg, Staats- und Stadtbibliothek (4° LD: Utz Eckstein 1521)

In dem kurzen Traktat, der unter Anleitung von Zwingli entstanden ist, verkündet einer der zwei als Verfasser auftretenden Bauern, daß die Mühle, die lange leer stand ›Als ob der Müler gestorben wer‹, durch Gottes Gnade wieder geht. Erasmus hat den Weg erschlossen, auf dem die Christen sicher zur Heiligen Schrift gelangen. Im Text wie auf dem Titelholzschnitt erscheint er als der Heiligen Schrift Müllerknecht, während Luther als Bäcker hantiert. Auf der Darstellung, die auf das seit dem 12. Jahrh. bezeugte Motiv der mystischen Mühle zurückgreift, schüttet Christus die durch ihre Symbole vertretenen Evangelisten und Paulus in den Mahlkasten. In späteren Ausgaben des

Nürnberger Druckes von 1521 erscheinen Liebe, Stärke, Glauben und Hoffnung als Produkte. Von Karsthans heißt es im Text, dieser verstünde jetzt auch die Heilige Schrift und wenn man ihn wie vordem betrügen wolle, werde er dreinschlagen. Die Annahme von P. Hegg, der Druckstock des Titelholzschnittes für die Nürnberger und Zürcher Ausgabe (B) seien identisch, läßt sich nicht verifizieren.

Literatur: O. Schade: Satiren und Pasquille aus der Reformationszeit 1. Hannover 1856, S. 19-26 - Weller, Nr. 1742 - E. Egli-W. K.: Die ›göttliche Mühle‹. In: Zwingliana 2, 1905-12, S. 363-70 - H. Schulz: Die mittelalterliche Sakramentsmühle. In: Zs. f. bild. Kunst 63, 1929/30, S. 207-16, bes. 212/13 - P. Hegg: Die Drucke der ›Göttlichen Mühle‹ von 1521. In: Schweiz. Gutenbergmus. 40, 1954, S. 135-50, bes. 138, Abb. 1.

434 FLUGSCHRIFT MIT DISPUTIERENDEM BAUERN

Gesprech büchlein, von eynem Bawern, Belial, Erasmo Roterodam, vnd doctor Johann Fabri, kürtzlich die warheyt anzeygend, was Erasmum vnd Fabrum zu verleugnung des gots worts beweget hat. [Speyer: Jakob Schmidt (Fabri), 1522] 4°

Frankfurt a. M., Stadt- und Universitätsbibliothek (Freytag XVIII, 92)

Wiederum erscheint der Bauer als Anhänger der Lehre Luthers. Das Gesprächbüchlein legt dar, warum Erasmus von Rotterdam, der zur ›erhebung des götlichen worts vnd zu anreytzung vnd erweckung aller gelerten erstlich gschriben hat‹, wie auch Johannes Fabri auf der Gegenseite sind. Wesentliche Gründe nennt ihr Promotor, der Teufel, der hier gemäß 2. Kor. 6, 15 unter dem Namen Belial erscheint. Als Anhänger des Papstes hält Erasmus auf dem Titelholzschnitt einen Fuchsschwanz mit Tiara, während Fabri wegen seines Namens durch einen Blasebalg charakterisiert ist. Gegenüber den Argumenten Fabris - so seiner Betonung der Lehren der Väter, von Päpsten und Konzilien - beruft sich der Bauer auf das Wort Gottes, das er sich nicht nehmen lassen wird.

Literatur: Gesprächbüchlein von einem Bauern, Belial, Erasmo Rotterodam und Doctor Johann Fabri (1524). Hrsg. v. O. Clemen. In: Flugschriften aus den ersten Jahren der Reformation 1. Leipzig 1907, S. 313-37 - Hohenemser, Nr. 3932.

435 FLUGSCHRIFT ZUR ›SÜNDFLUT‹ VON 1524 MIT BEZUG AUF BAUERNUNRUHEN

Leonhard Reinmann: Practica vber die grossen vnd manigfeltigen Coniunction der Planeten, die imm jar M.D.XXiiij. erscheinen, vnd vngezweiffelt vil wunderparlicher ding geperen werden. Nürnberg: Hieronymus Höltzel, 1523. 4°

Nürnberg, Germanisches Nationalmuseum
(Postinc. 8° Nw. 2858)

Die Schrift steht im Zusammenhang mit den Publikationen zur Vielzahl der Konjunktionen der Planeten im Zeichen der Fische (vgl. Kat. Nr. 452). Der Titelholzschnitt von Erhard Schön wie der Text folgern aus dem Phänomen soziale Umwälzung. Die Bauern und das gemeine Volk, das auf der Darstellung von Saturn angeführt wird, werden sich nach Reinmanns Befürchtung zusammentun und gegen ihre Obrigkeit erheben. Sie werden sich den Besitz der Wohlhabenden aneignen, so daß der Unterschied zwischen arm und reich verschwindet.

Literatur: Panzer DA 2, Nr. 2093 - G. Hellmann: Beiträge zur

Geschichte der Meteorologie 1-5. Berlin 1914, S. 48 - H. Röttinger: Erhard Schön und Niklas Stör, der Pseudo-Schön. Straßburg 1925, Nr. 24 - H. Buszello: Der deutsche Bauernkrieg von 1525 als politische Bewegung. Berlin 1969, S. 54/55.

436 PREDIGT DES ALS BAUER AUFTRETENDEN DIEPOLD PERINGER

Diepold Peringer: Ain Sermon gepredigt vom Pawren zu Werdt, bey Nürnberg, ... [Augsburg: Silvan Otmar, 1524] 4°

Nürnberg, Germanisches Nationalmuseum
(Postinc. 8° Rl. 3517 b)

Diepold Peringer nutzte die Ansicht von den minderprivilegierten Schichten als Träger des Evangeliums und trat als predigender Bauer auf. Sein Sermon besteht im wesentlichen aus einer Aneinanderreihung von Bibelzitaten. Ein sozialer Bezug fehlt. Vereinzelt findet sich der Hinweis, daß der Bauer durch Bilder, die zur Vortäuschung von Mirakeln zugerichtet waren, betrogen worden sei. Peringer hat diese Predigt später in vervollständigter Form drucken lassen. Der Titelholzschnitt ist eine Kopie nach dem von Erhard Schön für die Nürnberger Ausgabe des Sermons gefertigten.

Literatur: Panzer DA 2, Nr. 2417 - O. Clemen: Beiträge zur Reformationsgeschichte aus Büchern und Handschriften der Zwickauer Ratsschulbibliothek 2. Berlin 1902, S. 85-96 - H. Zimmermann: Beiträge zur Nürnberger Buchillustration. In: Mitt. d. Ges. f. vervielf. Kunst 1926, S. 67-74, bes. 68.

437 FLUGBLATT MIT WIDERLEGUNG VON ANKLAGEN GEGEN LUTHER

Sebald Beham

Hans Sachs: Ein neuwer Spruch. Wie die Geystlichkeit vnd etlich Handtwerker vber den Luther clagen

Holzschnitt koloriert; 35 : 26; mit Typendruck

Nürnberg, Germanisches Nationalmuseum (HB 26)

In den drei Spalten unter dem Holzschnitt treten als Parteien die Gottlosen und Luther, sodann der das Urteil sprechende Christus auf. Unter den Gottlosen erscheinen eine Vielzahl von Berufen, die durch das Wirken des Reformators benachteiligt sind, so Glockengießer, Organisten, Illuministen, Maler (Handtmaler), Goldschmiede, Bildschnitzer, Glasmaler, Paternoster- und Kerzenmacher. Christus urteilt im Sinne Luthers gegen den das Gotteswort verachtenden Eigennutz der Geistlichen und Handwerker. Der Holzschnitt konfrontiert die Parteien, als Gefolgsleute Luthers sind Bauern hervorgehoben, während der Maler, an Wappen und Gerät erkennbar - es ist an eine Selbstdarstellung des Künstlers gedacht worden -, in die Schar der Gottlosen eingereiht ist. Nach M. Geisberg ist das Gedicht um 1525 entstanden.

Literatur: Hans Sachs. Hrsg. v. M. Geisberg. München 1928, Nr. 3 - H. Zschelletzschky: Drei Sozialsatiren der ›gottlosen Maler‹ von Nürnberg. In: Dt. Jb. f. Volkskunde 7, 1961, S. 46-74.

438 FLUGSCHRIFT MIT DER MEMMINGER BUNDESORDNUNG

Handlung, Artickel, vnnd Instruction, so fürgenommen worden sein vonn allen Rottenn vnnd hauffen der Pauren, so sich zesamen verpflicht haben: M:D:xxv:. [Augsburg: Heinrich Steiner, 1525] 4°

München, Bayerische Staatsbibliothek (4° Eur. 332/33)

Die ›Christliche Vereinigung‹ der Bauern machte sichtbar, daß sich die Forderungen nicht mehr auf einzelne Dörfer und Talschaften beschränkten. Ihr Ziel war die Durchsetzung des ›Göttlichen Rechts‹. Die der Obrigkeit geschuldeten Leistungen bleiben aufrecht erhalten, doch wird diese durch bestimmte Forderungen zur Ohnmacht verurteilt. Als Richter werden neben Fürsten ›Christliche Lehrer‹ vorgestellt. Unter den mit Namen aufgeführten erscheinen neben Luther und Melanchton auch Osiander. Der Titelholzschnitt zeigt eine bewaffnete Bauernschar.

Literatur: Panzer DA 2, Nr. 2700 - Vgl. Urkunden zur Geschichte des Bauernkrieges und der Wiedertäufer. Hrsg. v. H. Böhmer. Bonn 1910, S. 22-24.

439   FLUGSCHRIFT LUTHERS ZUM AUFRUHR DER BAUERN

Martin Luther: Wider die mordischen vnd reubischen Rotten der Pawren. [Nürnberg: Friedrich Peypus, 1525] 4°

Nürnberg, Germanisches Nationalmuseum (Postinc. 8° G. 3116)

Es sind drei Sünden, die Luther den Bauern vorhält: 1. die Verletzung der Pflicht gegenüber der Obrigkeit, 2. Aufruhr in Verbindung mit Raub und Plünderung, 3. die Berufung auf das Evangelium für ihr Vorgehen. Der Hinweis auf das Alte Testament, nach dem ›alle ding frey und gemeyne geschaffen‹, wie das Argument, daß alle in gleicher Weise getauft sind, verfängt nicht gegenüber dem Gebot Christi im Hinblick auf die Obrigkeit. Es ist deren gutes Recht, die Bauern zu strafen, denn sie bewegen sich im Bannkreis des Teufels. Diejenigen, die sich ihnen gezwungen anschließen, gilt es zu retten: ›Steche, schlahe, würge hie, wer da kan, bleybstu drüber tod, wol dyr, seliglichern tod kanstu nymer mehr uberkomen‹. Nach neuerer Wertung ist die Flugschrift unter den Zwängen christlicher Apokalyptik geschrieben.

Literatur: D. Martin Luthers Werke 18. Weimar 1908, S. 344-61 - P. Althaus: Luthers Haltung im Bauernkrieg. Basel (1952) - M. Greschat: Luthers Haltung im Bauernkrieg. In: Archiv f. Reformationsgesch. 56, 1965, S. 31-47 - Benzing, Nr. 2153.

440   GEDÄCHTNISSÄULE FÜR DEN BAUERNKRIEG

Albrecht Dürer   *Abb.*

In: Albrecht Dürer: Vnderweysung der messung, ... Nürnberg: (Hieronymus Andreae) 1525. 2°

Nürnberg, Germanisches Nationalmuseum (Dürer 4° Ct 152/2)

Erläuterung im Text: WElicher ein victoria auf richten wolt darumb das er die aufrürischen bauren vberwunden het der moecht sich eins solichen gezeugs darzuo gebrauchen, wie jch hernach leren wil... - Das Denkmal ist zerlegt dargestellt. Der Sockel befindet sich wie die Erläuterung auf der dem Aufriß der Säule vorangehenden Seite. Die ›victoria‹ erscheint innerhalb eines Abschnittes des Werkes, der mit Darlegungen über eine besondere Art Säule, die der Zierde wie der Aufstellung eines Bildes ›zu gedechtnuß‹ dient, beginnt. Mit der auch sonst gebrauchten Wendung ›Es begybt sich oft...‹ werden drei Beispiele angeführt: 1. ein Denkmal für den Sieg über einen mächtigen Gegner, 2. die ›victoria‹ aus Anlaß der Überwindung der Bauern, 3. das ›gedechtnuß‹ eines Trunkenboldes, bei dem die Wollust mit Gespött gelobt wird. Alle drei Aufrisse sind 1525 datiert,

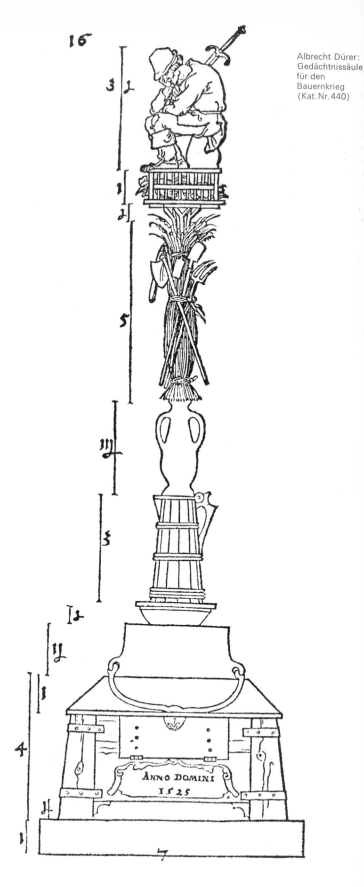

Albrecht Dürer:
Gedächtnissäule
für den
Bauernkrieg
(Kat. Nr. 440)

tragen also die Jahreszahl des Erscheinens der ›Unterweisung‹ und, die Aktualität der ›victoria‹ unterstreichend, der Niederwerfung der Bauern. Gemeinsam dienen die Aufrisse der Exemplifikation eines Denkmals, das sich aus charakterisierenden Requisiten zusammensetzt. Dürer polarisiert die Möglichkeiten, denn den ›Mächtigen‹ von Entwurf 1 - wegen der Jahreszahl wäre an die Schlacht von Pavia zu denken - steht der Bauer von Entwurf 2 gegenüber. Er enthält sich der durch die Holzschnitte von Flugschriften geläufigen Kennzeichnungen des wehrhaften Landmannes (vgl. Kat. Nr. 433, 436, 438). Wenn das ›gedechtnuß‹ nach Dürers Vorstellungen festhalten soll, ›was das für leut sind gewesenn die man vberwunden hat‹, spricht, auch wenn die Bekundung nicht eindeutig ist, vieles für das auf ausführlicher Analyse beruhende Ergebnis von W. Fraenger und J. Bialostocki, daß die ›victoria‹ im Gegensinn eine Parteinahme zugunsten der Bauern gegen den Sieger darstellt. - Zur Unterweisung der Messung vgl. Kat. Nr. 639/40.

Literatur: W. Fraenger: Dürers Gedächtnis-Säule für den Bauernkrieg. In: Beiträge zur sprachlichen Volksüberlieferung. Berlin 1953, S. 126-40 - J. Bialostocki: La ›mélancolie paysanne‹ d'Albrecht Dürer. In: Gazette des Beaux-Arts VI 50, 1957, S. 195-202.

441 DER TEPPICH VON MICHELFELD

Albrecht Dürer zugeschrieben

Beischrift: Diese Figuren mit jhren darzugehoerigen Reimen, die von einem alten Tebich, vor Hundert jaren vngefehrlich gewirkt, vnd in dem Schloss Michelfeldt am Rhein, zu Mitfasten im Tausent Fünffhundert vnd vier vnd zwentzig Jar gefunden, abgemalet vnd abgemacht sindt. Zeigen an, was die alten der jetzigen leufft halben, So sich teglich ereygenen, In jhren verstandt gehabt, vnd heimlich bey sich behalten haben. Dazu Texte zur Kennzeichnung der Figuren und auf Spruchbändern.

Holzschnitt, restauriertes Exemplar; 16,7 : 88,6

Nürnberg, Germanisches Nationalmuseum (St. Nbg. 12373; Leihgabe der Stadt Nürnberg)

Die Annahme, daß die Beischrift eine fiktive Vorlage nenne, wird widerlegt von der Veröffentlichung zweier Fragmente des Teppichs, den B. Kurth als süddeutsch um 1490-1500 bezeichnete. W. Fraenger identifizierte den Ort der Auffindung mit der Gemmingenschen Tiefburg bei Wiesloch, Krs. Heidelberg. Die Verwendung eines solchen Zeugnisses der Vergangenheit, um eine aktuelle Situation zu deuten, dürfte im Zusammenhang stehen mit der Nutzung visueller Phänomene zur Prophetie (vgl. z. B. Lichtenberger, Kat. Nr. 444). Das vorliegende, erst um 1560 auf einem Bogen gedruckte Exemplar wurde auseinandergeschnitten und dem Inhalt entsprechend friesartig zusammengesetzt. Die Mitte bildet die ›Betrugnus‹ mit den in einen Block eingeschlossenen Gestalten von Gerechtigkeit, Wahrheit und Vernunft. Der den Vertretern der Stände beigegebene Text deutet auf die ›Frumkait‹ - das Wort bedeutet umfassend Gutheit -, die zu Füßen der ›Betrugnus‹ in einer Wiege liegt. Als Adepten der ›Betrugnus‹ geben sich der Jurist und ein Geistlicher, nach W. Fraenger der Vertreter des geistlichen Rechts. Dem Anfang mit dem von Fuchs und Zeit bedienten Lebensrad, eine Allegorie auf die schlechten Zustände, entspricht die ewige Vorsehung am Abschluß. Die Schrift auf dem Spruchband zur Vorsehung ›Ein yetlich sach gat aus die nit wider eingat In den vrsprung von dem sy geflossen ist‹ weist auf einen Mystikertext, vielleicht auf Meister Ekkehart.

Literatur: B. Kurth: Zwei unbekannte Fragmente des Michelfeldter Bildteppichs. In: D. graph. Künste 2, 1937, S. 27-31 - W. Fraenger: Der Teppich von Michelfeld. In: Dt. Jb. f. Volkskunde 1, 1955, S. 183-211.

442 AUSGABE DES ANTIKEN PRODIGIENWERKS VON OBSEQUENS

Julius Obsequens: Prodigiorum liber. An: Gaius Plinius Caecilius Secundus: Epistolarum libri decem. Venedig: Aldus Manutius, November 1508. 8°

Nürnberg, Stadtbibliothek (an: Solg. 1837. 8°)

Im Zusammenhang mit einer Intensivierung der Rezeption ›heidnisch-antiker Weissagung‹ (A. Warburg) in der Renaissance wurde das aus dem 4. Jahrh. stammende, fragmentarisch erhaltene Werk des Obsequens seit 1508 vielfach gedruckt, weil es diesen Themenkreis betreffendes Material enthält. Schon Sebastian Brant hatte seine Auslegung der auch von Dürer dargestellten Sau von Landser (Kat. Nr. 448) durch den Hinweis auf ein antikes Prodigium mit dem gleichen Tier bekräftigt.

Literatur: Panzer VI, S. 68 Nr. 342 - R. Schenda: Die deutschen Prodigiensammlungen des 16. und 17. Jahrhunderts. In: Archiv f. Gesch. d. Buchwesens 4, 1963, Sp. 637-710, bes. 640/41.

443 DAS PROGNOSTICON DES PAULUS VON MIDDELBURG

Paulus de Middelburgo: Prognostica ad viginti annos durata. Köln: Johannes Koelhoff, 7.12.1484. 4°

Köln, Universitäts- und Stadtbibliothek (ADs 698)

Albrecht Dürer: Die wunderbare Sau von Landser (Kat. Nr. 448)

Die Abhandlung beschäftigt sich mit der Konjunktion von Jupiter und Saturn im Zeichen des Skorpions, die für Ende November 1484 vorausgesagt war und von Dürer in der Darstellung der Himmelssphäre des Blattes mit der Weissagung des Ulsenius (Kat. Nr. 447) illustriert worden ist, sowie der Sonnenfinsternis des folgenden Jahres. Sie legt den Einfluß dieser Konstellation auf die irdischen Zustände der folgenden zwanzig Jahre dar. Seine eigentliche Wirksamkeit entfaltete das Werk in dem Prognosticon von Lichtenberger (Kat. Nr. 444), der seine Vorlage teilweise wörtlich ausschrieb. Dieser wurde von Paulus von Middelburg in einer der ersten im Druck veröffentlichten Schriften zum Thema Plagiat (Invectiva... in supersticiosum quendam astrologum 1492) zur Rechenschaft gezogen und des Mißbrauchs der Astrologie und der Nutzung untauglicher Schriften beschuldigt.

Literatur: Hain 11142 – D. J. Struik: Paulus van Middelburg (1445-1533). In: Mededeelingen van het Nederlandsch Historisch Instituut te Rome 5, 1925, S. 79-118, bes. 109.

444   DAS PROGNOSTICON LICHTENBERGERS

Johannes Lichtenberger: Pronosticatio in Latino... [Heidelberg: Heinrich Knoblochtzer, nach 1.4.1488] 2°

München, Bayerische Staatsbibliothek (2° Inc. s. a. 789)

Die Schrift beschäftigt sich in der Einleitung mit der Möglichkeit der Prophetie, die auf drei Wegen möglich ist: 1. durch Lebenserfahrung, 2. durch Astrologie, weil die obere Welt mit der unteren verbunden ist, 3. durch Offenbarung, die von Gott gegeben ist, durch den Geist, durch Gesichte, Botschaften von Engeln. Zwanghafte Wirkung wird mit dem Satz des Ptolemaeus, daß die Sterne nur neigen, nicht nötigen, in Abrede gestellt, auch bleiben Gottes Ratschlüsse und die Willensfreiheit unberührt. Wie eine seiner Hauptquellen, Paulus von Middelburg (Kat. Nr. 443), geht Lichtenberger von der Konstellation von 1484 aus. Er gliedert seine Ausführungen in drei Teile, die der Ordnung der Menschen entsprechen, und behandelt das Schifflein Petri, das heilige Reich sowie den Laienstand. Die Bilder werden von D. Kurze in drei Gruppen geteilt. Sie dienen 1. zur Illustration des geschriebenen Wortes, 2. der Wiedergabe der in Gestalt von Bild und Gleichnis vermittelten Prophetie und 3. als astrologische Illustrationen. Die Wirkung des Prognosticons manifestiert sich in vielen Nachdrucken und Entlehnungen. Luther hat sich mit ihm 1527 in einer Vorrede auseinandergesetzt.

Literatur: Hain 10080 – D. Kurze: Johannes Lichtenberger. Eine Studie zur Geschichte der Prophetie und Astrologie. Lübeck-Hamburg 1960.

445   FLUGBLATT MIT DEM METEORSTEIN VON ENSISHEIM

Sebastian Brant: Von dem Donnerstein gefallen vor Ensisheim 1492, deutsch und lateinisch. [Reutlingen:] Michael Greyff, 1492 [nach 7.11.] 2°

Holzschnitte, koloriert; 21,3 : 36,2; mit Typendruck

Nürnberg, Germanisches Nationalmuseum (HB 14584)

Sebastian Brant bietet eine summarische Aufzählung aller möglichen Wunderzeichen und gelangt dann zum Meteor von Ensisheim 1492. Dieser wird zum Hinweis auf eine für Maximilian I. günstige Lösung der politischen Konstellation, in der eine kriegerische Auseinandersetzung mit Karl VIII. von Frankreich be-

vorstand. Maximilian gedenkt dieses Steins, den er nach eigener Angabe in der Kirche zu Ensisheim aufhängen ließ, in einem Mandat von 1503. Er faßt ihn auf als eine ihm geltende Ermahnung, die Christenheit von schwerer Sünde und Unordnung abzubringen und um Mehrung und Bewahrung des Glaubens besorgt zu sein. Das Blatt ist ein Nachdruck der Basler Ausgabe (Johann Bergmann).

Literatur: Einbl. 460 – P. Heitz: Flugblätter des Sebastian Brant. Straßburg 1915, zu Nr. 1-4 – GW 5021 – Schramm 9, Abb. 445.

446   FLUGSCHRIFT ZUR WUNDERBAREN GEBURT VON WORMS

Sebastian Brant: Von der wunderbaren Geburt des Kindes bei Worms, deutsch. [Augsburg: Johann Froschauer, nach 10.9. 1495] 4°

München, Bayerische Staatsbibliothek (4° Inc. s. a. 389 m)

Zur Darstellung der wunderbaren Geburt zu Worms 1495 ist von medizinhistorischer Seite die damals ungewöhnliche Autopsie durch den Autor der Vorlage erwogen worden. Der Text von Sebastian Brant bietet Beispiele dafür, daß solche Begebenheiten als Zeichen aufzufassen sind, und stützt dadurch seine Auslegung der Mißgeburt, mit der er sich an Maximilian I. wendet. Wie eine Geburt, die sich vom Nabel her aufspaltete, unter Otto III. angeblich auf eine Teilung des Reichs hindeutete, weist bei dem Wormser Kind das eine Hirn, der eine Verstand auf Vereinigung des Reichs, auf Verbindung des geistlichen mit dem weltlichen Schwert und des römischen Reiches mit Byzanz. Die Eigenart des Prodigiums wird also zur Grundlage politischer Analyse, in der sich Vorhaben Kaiser Maximilians spiegeln.

Literatur: Hain 3759 – P. Heitz: Flugblätter des Sebastian Brant. Straßburg 1915, zu Nr. 7 – GW 5030 – R. Herrlinger: Geschichte der medizinischen Abbildung 1. München 1967, S. 56.

447   FLUGBLATT ZUR SYPHILIS
Albrecht Dürer

Theodoricus Ulsenius: In epidemicam scabiem vaticinium. [Augsburg: Johann Froschauer, um 1498] 2°

Holzschnitt, koloriert; 38,3 : 26,8; mit Typendruck

Wien, Graphische Sammlung Albertina (1930/212)

Gedicht und Illustration des von der Nürnberger Ausgabe vom 1.6.1496 (Hans Mair) abweichenden Nachdrucks greifen die medizinischen Folgen auf, die im Prognosticon des Paulus von Middelburg aus der Konstellation von 1484 (vgl. Sternbild Skorpion und Jahreszahl) gezogen ist. Nach seinen Versen wird Ulsenius die sternbedingte Ursache der Syphilis im Traum offenbart. Dürers Holzschnitt bedient sich gleicher Kennzeichnung der Symptome wie die damals geläufige Bezeichnung ›böse Blattern‹, die im Gotteslästeredikt Kaiser Maximilians von 1495 vorkommt.

Literatur: K. Sudhoff: Graphische und typographische Erstlinge der Syphilisliteratur aus den Jahren 1495 und 1496. München 1912, S. 8-10 – Ders.: Aus der Frühgeschichte der Syphilis. Leipzig 1912 – Einbl. 1466.

448   DIE WUNDERBARE SAU VON LANDSER
Albrecht Dürer   *Abb.*

Unterhalb des Tieres das Monogramm des Künstlers

Albrecht Dürer: Die Weidenmühle (Kat. Nr. 567)

Kupferstich; 12,1 : 12,7 (Bl. 12 : 12,7)

Aus den Slgn. Lanna und Jancsy

Schweinfurt, Sammlung Otto Schäfer (D 82)

Von der Mißgeburt liegen zwei Flugblätter Sebastian Brants (Basel: Johann Bergmann) vor, die sich wie ähnliche Publikationen dieses Autors an Maximilian I. wenden und eine Auslegung bieten (vgl. Kat. Nr. 446). Dort findet sich als Datum des Ereignisses der 1. März 1496 angegeben. Gegenüber dem Holzschnitt dieses Blattes erscheint bei Dürer die Örtlichkeit, die dort ›lanser‹ bezeichnet ist, spiegelbildlich. Dürer stellt die Sau in der Horizontalen dar, während sie bei Brant aufrecht auf den Hinterbeinen des doppelten, ›nach dem hertzen‹ geteilten Körpers steht. Der Holzschnitt mit der Beschreibung, in der auch das zuerst von Dürers Wiedergabe berücksichtigte Detail, daß das Tier zwei Zungen hatte, Erwähnung findet, dürfte als Quelle ausreichend gewesen sein. Der Stich Dürers wird der Aktualität wegen nicht allzu lange nach der Begebenheit entstanden sein. Die Illustration der Wundergeburt in dem Prodigienkompendium des Konrad Wolffhart (Wunderwerck...1557) folgt dem Flugblatt Brants.

Literatur: E. Major: Dürers Kupferstich ›Die wunderbare Sau von Landser‹ im Elsaß. In: Monatshefte f. Kunstwiss. 6, 1913, S. 327-30 - P. Heitz: Flugblätter des Sebastian Brant. Straßburg 1915, zu Nr. 10/11.

449 FLUGBLATT MIT DEN ZWILLINGEN VON ERTINGEN

Unter der Darstellung: Anno domini MCCCCC° vnd XII uff den XX tag deß hemonets ist diß wunderbarlich geburt geboren In ainem dorff genant ertingen by rudlingen ander thonow gelegen in der loblichen herren land zů° werdenberg Item oberhalb der girtel II hoepter vnd isd Jedes besunder II hend hinderm rucken den sy vor dem gantzen kerppel nit her fir nirgend aber die andern II hend herfornen vnd sind also oberhalb der girtel II menschen vnd vnderhalb dem nabel nit mer dan ain mensch mit II schencken nit me dan I arß vnd I fetzlin etc. M. Siglin. Bei den Köpfen der Kinder deren Namen Elsbeth, Elisabethen. Vermerk: Attinet Tegernsee. Das rechte Wappen ist ungedeutet, das linke das der Grafschaft Werdenberg.

Holzschnitt, koloriert, mit xylographischem Druck; 25,4 : 18

Berlin, Kupferstichkabinett, Staatliche Museen Preußischer Kulturbesitz (328-10)

Das Flugblatt gilt als die Quelle von Dürers später entstandener Zeichnung (Kat. Nr. 450), auf der die Benennung einer der Köpfe abweicht. Auf der Zeichnung hat der Körper eine Nabelschnur erhalten, was für Dürers Tendenz einer ›realistischen‹ Erfassung des Phänomens zeugt. Der Text verzichtet auf jede Ausdeutung, doch sind solche Zeugnisse wohl kaum aus rein anatomischem Interesse (E. Holländer) veröffentlicht worden.

Literatur: E. Holländer: Wunder, Wundergeburt und Wundergestalt in Einblattdrucken des fünfzehnten bis achtzehnten Jahrhunderts. Stuttgart 1921, S. 66-68.

450 DIE ZWILLINGE VON ERTINGEN

Albrecht Dürer   *Abb.*

Oben das Monogramm des Künstlers und die Jahreszahl 1512. Unten die Inschrift von Dürers Hand: Item do manczalt noch Crist gepurt 1512 Jor do ist ein solch frücht Im peyrlant geporen worden wy oben Im gemell anczeigt Ist In der herren

van werdenberg land In eim dorff ertingen genant zw negst pey riedlingen awff denn Zwenczigsten dag des hewmans und sy würden getawft das eine hawbt nant man elspett das ander margrett.

Federzeichnung; 15,7 : 20,8

Aus den Slgn. Imhoff, Denon, Lawrence und Chambers Hall

Oxford, The Visitors of the Ashmolean Museum (P. 1. 291)

Aufgrund der Schriftzüge hat E. Flechsig angenommen, der erläuternde Text sei ›später als 1512 beigefügt. Der Nachweis eines Flugblattes, das den gleichen Gegenstand behandelt, durch K. T. Parker (Kat. Nr. 449) ermöglicht es, die Entstehung von Zeichnung, Text und Signatur zur gleichen Zeit, vor oder nach 1520, festzulegen. Bei einer Datierung nach 1517 stand auch ein Flugblatt mit einer Landshuter Mißgeburt gleicher Art von 1517 zur Verfügung (E. Holländer, S. 65). Dieses zeigt wie Dürers Zeichnung Vorder- und Rückseite der Zwillinge und demonstriert, daß die Arme teilweise zusammengewachsen waren. Dürer mag jedoch seine Kenntnis auch dem Text des Flugblattes von 1512 entnommen haben. So wie Dürer angibt, die Zwillinge seien getauft, die Häupter verschieden benannt worden, beschließt der Verfasser des Begleittextes zur Darstellung der Landshuter Geburt seinen Bericht mit dem Hinweis, es seien nach Auffassung der Gelehrten zwei Seelen vorhanden gewesen.

Literatur: E. Holländer: Wunder, Wundergeburt und Wundergestalt in Einblattdrucken des fünfzehnten bis achtzehnten Jahrhunderts. Stuttgart 1921, S. 66-68 - Flechsig 2, S. 345 - K. T. Parker: Catalogue of the collection of drawings in the Ashmolean Museum 1. Oxford 1938, Nr. 291.

451 LUTHER ÜBER DIE ZEICHEN DES JÜNGSTEN TAGES

Martin Luther: Ain Christlyche vnd vast Wolgegrünte beweysung von dem lungsten tag, vnd von seinen zaichen das er auch nit verr meer sein mag. [Augsburg: Melchior Ramminger, 1522] 4°

Frankfurt a. M., Stadt- und Universitätsbibliothek (Freytag XV, 53)

Von Lukas 21, 25-36 (Es werden Zeichen sein...) ausgehend, lenkt Luther die Aufmerksamkeit auf die Ereignisse, die anzeigen, daß der Jüngste Tag nicht mehr fern ist. Gegenüber einer Auffassung, die mit Aristoteles die Natürlichkeit der Geschehen geltend macht, wird auf das Evangelium verwiesen. Die Intensivierung in der Abfolge, das Zusammentreffen der Erscheinungen bestätigen die Deutung in gleicher Weise wie die Zeichen, unter denen auch die Franzosenkrankheit, das Herabfallen von Kreuzen und das auf den Papst bezogene Monstrum aus dem Tiber mit Eselskopf und einem Frauenkörper genannt werden. Damit bezieht Luther die Prodigien in die religiösen Auseinandersetzungen ein. Es handelt sich um einen Sonderdruck aus der Adventspostille von 1522.

Literatur: D. Martin Luthers Werke 10, 1, 2. Weimar 1925, S. 93-120 - Hohenemser, Nr. 2382 - Benzing, Nr. 1488.

452 SCHRIFTEN ZUR ›SÜNDFLUT‹ VON 1524

1 Augustinus Niphus: De falsa diluuii prognosticatione,... Augsburg: Sigmund Grimm und Marx Wirsung, Dezember 1520. 4°

Augsburg, Staats- und Stadtbibliothek (4° Math. A. Niphus 1520)

2 Johann Carion: Prognosticatio vnd erklerung der großen wesserung, ... [Leipzig: Martin Landsberg, 1521] 4°
Augsburg, Staats- und Stadtbibliothek (4° Kult. Flugschriften Nr. 116)

Niphus bezieht sich in seiner zuerst 1517 gedruckten Schrift auf

eine Prognose, die in dem astronomischen Ephemeridenwerk ›Almanach nova plurimis annis venturis…‹ des Tübinger Astronomen Justus Stöffler und des Jakob Pflaum enthalten ist. Die Voraussage von großer Veränderung im Jahre 1524 als Folge einer Vielzahl von Konjunktionen der Planeten im Zeichen der Fische konkretisierte sich schon vorher in der mündlichen

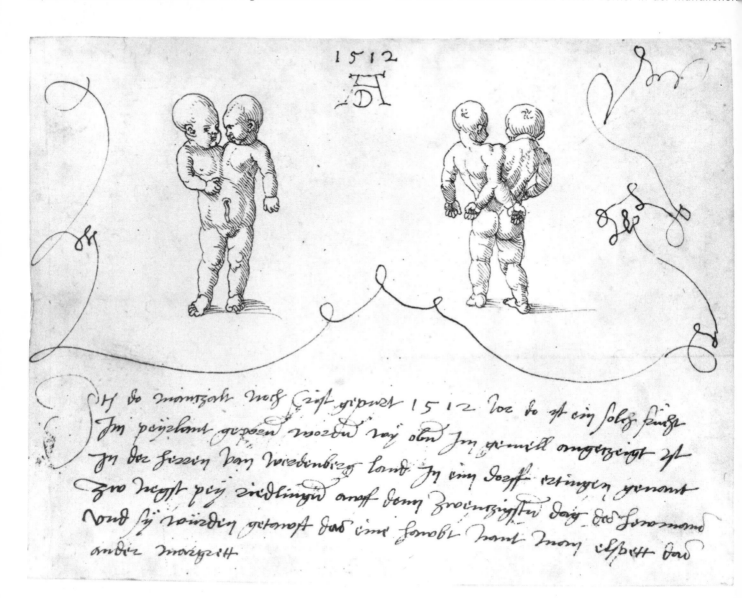

Albrecht Dürer: Die Zwillinge von Ertingen (Kat. Nr. 450)

Behandlung des Phänomens (Niphus:... per ora vulgi divulgata est futuri diluvii praesagitio...) zu einer Sündflut. In seiner Erörterung dieser Sündflut aus der Perspektive von Theologie, Philosophie und Astrologie gelangt Niphus zu dem Schluß, daß eine solche nicht zu befürchten sei. Von dem umfangreichen Schrifttum zu dem Ereignis ist die Schrift von Carion als eine der ersten in deutscher Sprache abgefaßt. Mit dieser Sündflut ist Dürers Aufzeichnung über ein Traumgesicht 1525 (W. 944) in Verbindung gebracht worden. Er sah, wie Wasser vom Himmel fiel und das ganze Erdreich ertränkte. Jedoch reicht die von A. Rosenthal angeführte Übereinstimmung zwischen Dürers Schlußsatz ›Got wende alle ding zu(m) besten‹ und dem Text bei dem Druckvermerk von Johann Virdungs Practica Teutsch von 1522 (G. Hellmann, S. 59 Nr. 5/6), die sich mit der Sündflut beschäftigt, kaum aus, weitreichende Schlüsse zu ziehen. Immerhin bleibt zu erwägen, inwieweit die Vorstellung von der ›wesserung‹ des Jahres 1524 eine Prädisposition für Dürers Traum schuf.

Literatur: 1. Panzer VI, S. 159 Nr. 185 - 2. Weller 1711 - G. Hellmann: Beiträge zur Geschichte der Meteorologie 1-5. Berlin 1914, S. 5-102 - A. Rosenthal: Dürer's dream of 1525. In: Burlington Mag. 69, 1936, S. 82-85.

453   KOPF EINES KNABEN MIT LANGEM BART

Albrecht Dürer   *Abb.*

Oben rechts das Monogramm des Künstlers, darüber die Jahreszahl 1527

Gemälde auf Leinwand; 52,5 : 27,8

Paris, Musée National du Louvre - Cabinet des Dessins (18591)

Von E. Panofsky wird die Möglichkeit der Identifikation mit einem von J. Camerarius in dem Vorwort zur lateinischen Ausgabe der Proportionslehre erwähnten Gemälde erwogen. Jedoch ist diese Annahme insofern in Zweifel zu ziehen, als Camerarius, der sich ausführlich mit Prodigien beschäftigte (z. B. Norica sive de ostentis, 1532), den Gegenstand der Darstellung (er sagt: Nos viri barbatam imaginem... spectavimus) wahrscheinlich präziser benannt hätte. Während sich für andere Wiedergaben von solchen Wunderzeichen durch Dürer weitere Zeugnisse in der zeitgenössischen und der späteren, kompendienhaften Publizistik finden, fehlen solche für das bärtige Kind, das in dieser, die bestimmte Themen wiederholt und variiert, als Motiv keine besondere Rolle spielt. Damit gewinnt eine zuerst von H. und E. Tietze vorgeschlagene, dann von E. Panofsky als Möglichkeit aufgegriffene Deutung, es handle sich um die Darstellung des in der Hieroglyphik erörterten Paedogerons, einer Verkörperung von Vor- und Nachwelt als Kind und Greis, ein neues Argument.

Literatur: H. Tietze-E. Tietze-Conrat: A hieroglyph by Dürer. In: Burlington-Mag. 70, 1937, S. 81/82 - Anzelewsky, Nr. 186.

Albrecht Dürer: Kopf eines Knaben mit langem Bart (Kat. Nr. 453)

DAS WERK: DIE NACH DER NATUR GEZEICHNETE FIGUR

Dürers Zeichnung einer ›Badefrau‹ (W. 28; für die Ausstellung wegen des Ausleihverbotes für die Sammlung Bonnat in Bayonne unerreichbar) ist die erste erhaltene Aktzeichnung eines deutschen Künstlers nach einem Modell. Sie ist 1493 datiert und gehört zu den wenigen Blättern aus den frühen Wanderjahren, denen Dürer offenbar selbst eine große Bedeutung zumaß; er war deshalb um ihre Erhaltung besorgt. Mit dünnen Strichen und dichten Schraffuren umschreibt er Umriß und Binnenformen der Figur, die frontal und mit geschlossenen Knien stehend in einer Haltung wiedergegeben wird, die keine Probleme in der Darstellung des Zusammenspiels der beweglichen Gliedmaßen aufgibt. Die Zeichnung der Sammlung Bonnat bleibt zunächst eine Einzelleistung, die wohl durch die Möglichkeit, ein Modell zu finden, mitausgelöst war. Erst mit dem Aufenthalt in Venedig 1494/95, der auf dem Wege über italienische Kunst die Begegnung mit der Antike bringt, widmet sich Dürer intensiv dem Studium der bekleideten und unbekleideten Figur. Dabei fällt auf, daß Dürer diese Studien nicht allein als Übungen der Anschauung betrachtet, sondern stets eine bildmäßige Ausführung im Auge behält. Besonders einige frühe, in der venezianischen Zeit und kurz danach entstandene Aktzeichnungen haben ausgesprochen malerischen Charakter (Kat. Nr. 455). Dürer war in Venedig von den Aktdarstellungen der Italiener begeistert. Wenn er von den ›nackten Bild der Walchen‹ spricht, so ist darunter nach seinem Sprachgebrauch die Aktfigur zu verstehen, die gemalte wie auch die plastisch ausgeführte. Er braucht die Vorbilder, um auf die entscheidenden Beobachtungen am lebenden Modell hingewiesen zu werden. Von diesen Anregungen ausgehend, studiert er die Anatomie des Körpers in dem Zusammenspiel seiner Teile, das aus der Körperhaltung bedingt und verändert wird. Statt der einfachen Stellung des Bademädchens, bei der beide Beine gleichmäßig belastet werden, wird das komplizierte Gleichgewicht des Kontraposts und die Ansicht in der Bewegung gesucht. Zeugen dieses Ringens um die richtige und konsequente Darstellung des Leibes ist mehr noch als die wenigen erhaltenen Modellzeichnungen die frühe Graphik, in der die Studien benützt und vervielfältigt werden. Es geht Dürer darum, seine eigenen Erkenntnisse bekanntzumachen, auch an die übrigen Künstler weiterzureichen. Kupferstich und Holzschnitt hatten ihre alte Bedeutung als Vorlageblätter für andere Werkstätten noch nicht verloren. Auch eine Schicht humanistisch gebildeter Sammler dürfte interessiert gewesen sein, zumal die Nacktheit meist mit der Darstellung antiker Figuren und Szenen motiviert wurde. E. Panofsky hat betont, daß Dürer den Motiven meist noch eine moralisierende Deutung unterlegt hat, vielleicht ein Versuch, Schwierigkeiten aus dem Wege zu gehen, die aus der freimütigen Nacktheit der Figuren resultieren konnten.

Die Aktstudie nach der Natur verliert nach der zweiten venezianischen Reise an Bedeutung. Der Maler wendet sich energisch der konstruierten Figur zu. Bei einer Reihe von Aktdarstellungen aus späterer Zeit muß damit gerechnet werden, daß keine unmittelbaren Naturstudien, sondern Übungen aus der Erinnerung und dem Wissen um die Form vorliegen.

Wenn Dürer sich eingehend mit der Darstellung der zeitgenössischen Tracht befaßt, so geht es ihm um die Erfassung des Verhältnisses des menschlichen Körpers zu der ihn umgebenden Hülle und um die stilbildende Kraft des Kostüms. Auch die Studien nach der bekleideten Figur hat Dürer unmittelbar nach der Rückkunft aus Italien in einer Reihe von Kupferstichen benützt, wobei er Elemente des Nürnberger und des venezianinischen Kostüms vereinigt (Kat. Nr. 464). Das Interesse an der Tracht verbindet sich häufig mit einer gerichteten, vom Bildthema bestimmten Ausdrucksform. Die nach den Studien am Modell ausgebildete Gewandfigur bestimmt weitgehend Form und Ausdruck der Bildersprache Dürers.

Neben dem künstlerischen Interesse an der Tracht wird bei Dürer auch ein historisches und ethnologisches erkennbar. Schon in Venedig zeichnet er, wohl hauptsächlich nach Gemälden, Männer in orientalischen Kostümen. Um 1501 führt er dann eine Serie von Nürnberger Trachtenbildern aus, die vier verschiedene Kostüme und ihre Bestimmung im Leben der Bürgersfrau dokumentarisch festhält (Kat. Nr. 465/66). Die durch Aquarellierung in der Aussage präzisierten und zum abgeschlossenen Bild erweiterten Kostümstudien finden ihre Nachfolger in den Trachtenbüchern, die wenige Jahre nach dem Tode Dürers einsetzen. Auch als Entwerfer von Kostümen für den Hof Maximilians I. hat Dürer sich betätigt (W. 686-689; Wien), wie sich auch sein Interesse am eigenen Gewand und dessen Ausdrucksmöglichkeiten aus den Variationen auf den drei gemalten Selbstbildnissen deutlich ablesen läßt.

Peter Strieder

---

454 STUDIE NACH EINER REICHGEKLEIDETEN FRAU
Albrecht Dürer   *Abb.*

Rechts unten das Monogramm des Künstlers und die Jahreszahl 1512; beides von fremder Hand

Federzeichnung; 27,3 : 19,5

Aus Slg. Amerbach (?) und Museum Faesch

Basel, Öffentliche Kunstsammlung, Kupferstichkabinett (U. I. 55)

F. Winkler hat 1957 entgegen seiner eigenen älteren Meinung und der von den meisten anderen Forschern die Zeichnung wohl mit Recht von den Kostümstudien Dürers in Venedig getrennt und der Basler Zeit der Wanderjahre zugeordnet. Es wäre damit die erste der erhaltenen Kostümstudien, mit denen sich Dürer über das Verhältnis eines spezifischen Kostüms zum Körper klar zu werden versucht. Die Ausbreitung des Gewandes in der Fläche, die Verschleierung des Standmotivs und die un-

Albrecht Dürer: Studie nach einer reichgekleideten Frau (Kat. Nr. 454)

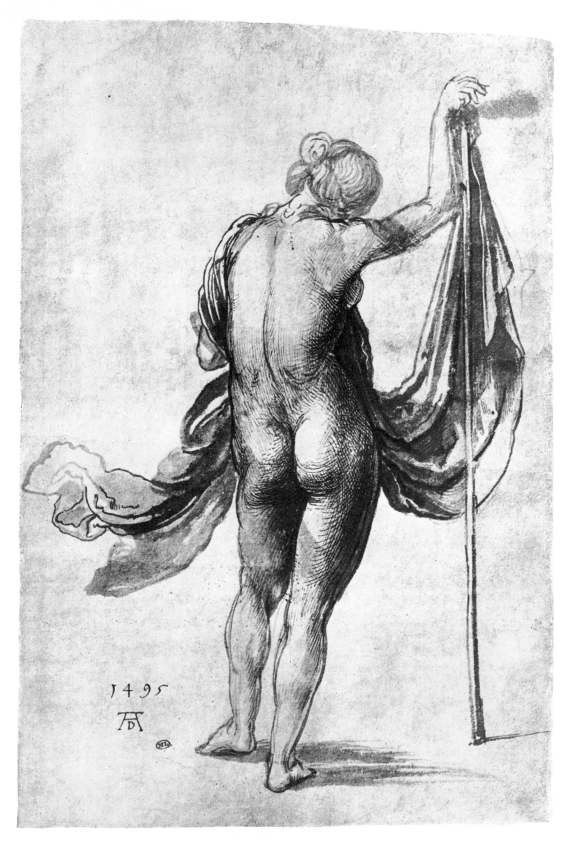

Albrecht Dürer: Nackte Frau mit einem Stab (Kat. Nr. 458)

statische Organisation der Falten bestätigen die frühe Ansetzung des Blattes.

Literatur: E. Roemer: Dürers ledige Wanderjahre. In: Jb. d. Preuß. Kunstslgn. 47, 1926, S. 132 Nr. 25 - Flechsig 2, S. 80-82 - Winkler, Dürer 1957, S. 38.

455 WEIBLICHER AKT VON RÜCKWÄRTS
Albrecht Dürer

Links unten das Monogramm des Künstlers, darüber die Jahreszahl 1495; beides von späterer Hand

Rückseite: Der Akt in Umrissen nach der Vorderseite gepaust. Darüber gezeichnet Liebespaar und Falten. Am linken Rand Schriftprobe von der Hand Dürers: Dem ersamen vnd weysen

Pinselzeichnung; 32 : 21

Aus einem Skizzenbuch, das viele Zeichnungen der Nürnberger Gießhütte der Vischer enthielt

Paris, Musée National du Louvre - Cabinet des Dessins (19.058)

Die auf einen Stab gestützte Frauenfigur wird allgemein als direkt nach der Natur gezeichnet angesehen. Zweifel wurden nur von Th. Musper angemeldet, doch sprechen schon die Stütze und das Tuch dafür, daß hier eine echte Aktstudie vorliegt. Nach dem ›Bademädchen‹ von 1493 (W. 28; Bayonne), der ersten Aktzeichnung Dürers, in der er den Formen des Körpers nachgegangen ist, versucht Dürer hier in der Kontrapoststellung, sich über die aus der Haltung resultierenden Bewegungen der Gliedmaßen klar zu werden. Die Anregung dazu hat er erst in Venedig empfangen, wie auch die Erweiterung der Aktstudie zum Bild weit über die Zeichnung in Bayonne hinausgeht und ohne den Einfluß italienischer Vorbilder, zu denen auch plastische Bildwerke gehört haben dürften, kaum denkbar ist. Das später angebrachte Datum dürfte verbindlich sein.

Literatur: Flechsig 1, S. 59 - Demonts, Louvre 1, Nr. 142 - Panofsky 1, S. 35 - Musper, S. 28 - Winkler, Dürer 1957, S. 47.

456 DAS GLÜCK
Albrecht Dürer

Unten das Monogramm des Künstlers

Kupferstich; 11,4 : 6,6

Aus den Slgn. Ackermann, Weber, König Ferdinand von Portugal und Jancsy

Schweinfurt, Sammlung Otto Schäfer (D-71)

Dürer verwendet die aus Italien mitgebrachten Aktzeichnungen in einer Reihe von Kupferstichen, deren mythologischer Inhalt, wie E. Panofsky nachwies, von ihm moralisierend gedeutet wurde. Das Distelgewächs Eryngium (Männertreu) in der Hand der Glücksgöttin wurde von E. Panofsky als erotisches Symbol für Macht und Wankelmut der Liebe angesehen. Für den Akt ist unter Beibehaltung des Kontrapostmotivs die Pariser Zeichnung (Kat. Nr. 455) benützt, wie E. Bauer annahm, auch die fünfte Muse von Andrea Mantegnas Parnass, die Dürer aus einem Stich von Zoan Andrea kennenlernen konnte. Auffallend ist die rasche Wandlung des Schönheitsideals nach der Rückkunft nach Deutschland.

Literatur: Flechsig 1, S. 224 - E. Bauer: Jacopo de' Barbaris graphische Kunst. Diss. Hamburg 1931, Teildruck, S. 12 - Panofsky 1, S. 70, 86 - Winkler, Dürer 1957, S. 58.

457 ADAM UND EVA
Albrecht Dürer

Unten das Monogramm des Künstlers von fremder Hand

Federzeichnung; 23,3 : 14,4

Aus Slg. Masson

Paris, Ecole des Beaux-Arts (Donation J. Masson Nr. 56)

Die Zeichnung entstand in den ersten Jahren nach der Rückkunft Albrecht Dürers aus Italien, d. h. 1496/97. Der Meister setzt in dieser Zeit das in Venedig begonnene Aktstudium intensiv fort und verwendet es in bildmäßigen Darstellungen. In der kirchlich gebundenen Kunst war das Thema des Sündenfalls die wichtigste der Gelegenheiten gewesen, den Menschen nackt darzustellen. Es lag nahe, daß Dürer in dieser Zeit des Aktstudiums den Vorwurf ergriff und neu gestaltete. In der Figur des Adam gewährt die Zeichnung einen gewissen Ersatz für die offenbar vollständig verlorenen Studien Dürers nach dem männlichen Akt. Der Verzicht auf die übliche Bedeckung durch Laub, von der Dürer in den für die Öffentlichkeit bestimmten Darstellungen des Themas erst in der Kleinen Holzschnittpassion abgeht (Kat. Nr. 603[2]), zeigt noch den engen Zusammenhang der Pariser Zeichnung mit den Studien nach dem Modell. Beide Figuren sind in der Haltung des Kontraposts wiedergegeben. Der Rückenakt der Eva schließt sich trotz der Veränderung der Proportionen noch eng an die in Venedig entstandene Studie der Frau mit dem Stab (Kat. Nr. 458) an.

Literatur: E. Panofsky: Zwei Dürerprobleme. In: Münchner Jb. NF 8, 1931, S. 13 - Musper, S. 110 - Winkler, Dürer 1957, S. 95 - La Renaissance italienne et ses prolongements européens. Ausst. Paris, Ecole des Beaux-Arts, 1958, Nr. 96.

458 NACKTE FRAU MIT EINEM STAB
Albrecht Dürer   *Abb.*

Unten das Monogramm des Künstlers, daneben die Jahreszahl 1498

Federzeichnung; 30,7 : 21,8

Aus Slg. Crocker

Sacramento, E. B. Crocker Art Gallery (3)

Die Zeichnung gehört zu den ganz wenigen überkommenen Blättern, die Dürer unmittelbar nach dem Modell gezeichnet hat. Die Erhaltung wird wohl auch dem bildmäßigen Charakter verdankt, den Dürer der Zeichnung gegeben hat, indem er den Stock, auf den sich das Modell stützte, ornamental ausführte und mit einem Tuch verband. Auf diese Weise wurde die Darstellung einer Fortuna, ähnlich dem Kupferstich des ›Kleinen Glücks‹ (Kat. Nr. 456), suggeriert. In der Art, wie Dürer die plastischen Formen aus feinen, wechselnd dichten Schraffuren bildet, schließt sich das Blatt noch eng an die fünf Jahre ältere Zeichnung in Bayonne (W. 28) an, sucht aber mit der Drehung des Oberkörpers, die beide Schultern in verschiedene Ebenen bringt, eine wesentlich kompliziertere Stellung. Die Jahreszahl, mit der Dürer das Blatt versehen hat, beweist eindeutig die Fortsetzung des Aktstudiums in Nürnberg nach der Rückkunft aus Venedig und gibt eine Stütze für die zeitliche Ansetzung der undatierten frühen Kupferstiche.

Literatur: A. Neumeyer: Albrecht Dürer. Study of a nude female figure. In: Old master drawings 13, 1938, S. 16/17 - Dürer in America: His graphic work. Ausst. Washington 1971, Nr. 5.

459   DER TRAUM DES DOKTORS
       Albrecht Dürer

Unten Mitte das Monogramm des Künstlers

Kupferstich; 18,8 : 11,9

Aus der M. Kade-Foundation

München, Staatliche Graphische Sammlung

Dürer setzt seine Aktstudien nach 1495 in Nürnberg fort. Der gesamte Komplex dieser Zeichnungen scheint verlorengegangen zu sein, doch läßt die Verwendung seiner Studien im Kupferstich die zunehmende Beherrschung der Körperstruktur erkennen. In dem Stich ›Die vier Hexen: Discordia‹ (Kat. Nr. 514) werden verschiedene Ansichten des gleichen Modells zu einer mythologisch-allegorischen Szene komponiert. Auch der um 1498 entstandene ›Traum des Doktors‹ benützt das Gewand einer moralisierenden Allegorie der moralischen Gefahren der Bequemlichkeit und Trägheit, um den Versucher in Gestalt einer nackten Venus in der Haltung des klassischen Kontraposts einzuführen. Wie weit Dürers Aktfiguren in Haltung und Schönheitskanon von Jacopo de' Barbaris Stichen wie Mars und Venus abhängen, bleibt unklar, so lange die Stiche des Italieners nicht datiert sind. In der plastischen Erfassung und klaren Organisation des nackten Körpers bedeutet die Venus des Dürerstiches die Erreichung eines ersten Zieles in Dürers Beschäftigung mit der unbekleideten Figur.

Literatur: Flechsig 1, S. 216/17 - E. Panofsky: Zwei Dürerprobleme. In: Münchner Jb. NF 8, 1931, S. 1-17 - G. F. Hartlaub: Albrecht Dürers ›Aberglaube‹. In: Zs. d. dt. Ver. f. Kunstwiss. 7, 1940, S. 176-78 - Panofsky 1, S. 71 - Winkler, Dürer 1957, S. 94 - E. Panofsky: Studies in iconology. New York-Evanston 1962, S. 1-17.

460   MODELLSTUDIE EINES JÜNGLINGS MIT STAB UND
       WAAGE
       Albrecht Dürer

Unten links von fremder Hand das Monogramm des Künstlers

Federzeichnung; 24,2 : 20,8

Leningrad, Staatliche Eremitage

461   DIE SONNE DER GERECHTIGKEIT
       Albrecht Dürer

Unten das Monogramm des Künstlers

Kupferstich; 10,7 : 7

Aus Slg. Hertel

Nürnberg, Germanisches Nationalmuseum (St. Nbg. 2131; Leihgabe der Stadt Nürnberg)

E. Panofsky hat den Inhalt des Stiches überzeugend gedeutet. Die Verbindung der Sonne mit dem Löwen beruht auf astrologischen Vorstellungen der Verbindung der Planeten mit den Tierkreiszeichen. Dafür konnte Dürer in Venedig Vorbilder sehen. Auch die von Ovid überlieferte ältere Vorstellung, die Göttin der Gerechtigkeit habe im ehernen Zeitalter die Erde verlassen und sich als ›Jungfrau‹ zwischen Löwe und Waage angesiedelt, könnte bei der Verbindung der Symbole mitgesprochen haben. Der weitere Schritt zur Darstellung der Gerechtigkeit erwächst nach E. Panofsky aus einem Vers des Propheten Malachias (3, 20): Euch aber, die ihr meinen Namen fürchtet, strahlt die Sonne der Gerechtigkeit. Die Quelle für Dürer war das Repertorium morale des Petrus Berchorius, das 1489 und 1498 bei Koberger in Nürnberg gedruckt wurde. Der Kupferstich ist durch eine Modellzeichnung sorgfältig vorbereitet, deren Pose bereits durch die Bildvorstellung bestimmt wurde und nicht wie die Kostümfiguren bei günstiger Gelegenheit Wiederverwendung fand. Verdeutlicht wird der Modellcharakter der Zeichnung durch die Verwendung des Stabes, der auch bei den Aktmodellen und dem ›Kleinen Glück‹ benützt (Kat. Nr. 455, 456, 458) und im Kupferstich durch das Schwert ersetzt ist. Er ermöglichte dem Modell, mit ausgestrecktem Arm längere Zeit ruhig zu posieren. Die enge Verbindung zwischen Zeichnung und Kupferstich macht einen größeren zeitlichen Abstand unwahrscheinlich, beide sind wohl um 1497/98 entstanden. Einen weiteren Schritt auf den Kupferstich zu bedeutet die Dresdner Zeichnung (W. 173) mit dem Löwen als Sitz des Jünglings, die von F. Winkler allerdings mit einigen Zweifeln bedacht wird.

Literatur: N. Beets: Zu Albrecht Dürer. In: Zs. f. bild. Kunst NF 24, 1913, S. 89-92 (Erstveröffentl. d. Zeichnung) - E. Panofsky: Dürers Stellung zur Antike. In: Wiener Jb. f. Kunstgesch. 15, 1921/22, S. 61 - Flechsig 1, S. 444; 2, S. 412/13 - Panofsky 1, S. 78 - Lexikon der christlichen Ikonographie 2. Freiburg 1970, Sp. 466-71: Justitia (R. Kahsnitz).

462   DAS MÄNNERBAD   *Abb.*
       Albrecht Dürer

Unten Mitte das Monogramm des Künstlers

Holzschnitt; 39,2 : 28,2

Aus Slg. Jancsy

Schweinfurt, Sammlung Otto Schäfer (D-266)

Studien, die direkt nach dem männlichen Akt gezeichnet sind, haben sich aus den frühen Schaffensjahren Dürers nicht erhalten. Ihr einstiges Vorhandensein wird durch die Verwendung im graphischen Werk bestätigt. Die entscheidenden Anregungen sind Dürer auch hier durch die italienische Kunst und die hinter dieser stehende Antike zuteil geworden. Bald nach seiner Rückkehr aus Italien verwendet er eine Reihe von Aktstudien in verschiedenen Ansichten und Haltungen für einen Holzschnitt mit sechs nackten Männern, die sich nach dem Bad in einer Laube versammelt haben und denen sich, über einen Zaun blickend, ein Zuschauer beigesellt hat. Mit diesem Motiv verbunden ist die Darstellung der fünf Sinne in den Tätigkeiten und der vier Temperamente im Habitus der Figuren, wobei der Melancholiker den Zügen Dürers angenähert ist. Der Entwurf für ein Frauenbad als Gegenstück befand sich bis 1945 in Bremen (W. 152).

Literatur: Flechsig 1, S. 262-64, 446 - E. Wind: Dürer's ›Männerbad‹ a Dionysian mystery. In: Journal of the Warburg Institute 2, 1938/39, S. 269-71 - Panofsky 1, S. 49; 2, S. 166 Zusatz zu Nr. 1245 - Winkler, Dürer 1957, S. 66.

463   DER LIEBESANTRAG
       Albrecht Dürer

Unten Mitte das Monogramm des Künstlers

Kupferstich; 14,9 : 13,7

Aus altem königlichen Besitz

Kopenhagen, Den kgl. Kobberstiksamling, Statens Museum for Kunst (I. 3)

Albrecht Dürer: Das Männerbad (Kat. Nr. 462)

Trotz einiger Abweichungen vom biblischen Text dürfte die Begegnung von Juda und Tamar (Genesis 38, 14-18) dargestellt sein. Der wahrscheinlich noch 1495 geschaffene Stich verwendet ein Frauengewand, das Dürer in späteren Kostümzeichnungen als Nürnberger Tanzkleid bezeichnet (Kat. Nr. 466). Dem dargestellten Stoff gemäß, ist das Brusttuch weggelassen. Der Stich zeigt, daß Dürer spätestens unmittelbar nach seiner Rückkunft aus Venedig, entsprechend den dortigen Kostümstudien, auch in Nürnberg Modelle in der einheimischen Tracht zeichnete.

Literatur: Flechsig 1, S.190 - Panofsky 1, S.68 - Winkler, Dürer 1957, S.57.

464   DER SPAZIERGANG
Albrecht Dürer

Unten Mitte das Monogramm des Künstlers

Kupferstich; 19,5 : 12,1

Aus Slg. Jancsy

Schweinfurt, Sammlung Otto Schäfer (D-83)

Neben dem Akt studiert Dürer die Figur in der spezifischen Zeittracht, wobei es ihm besonders auf die Verdeutlichung des dialektischen Verhältnisses zwischen dem Körper und dem verdeckenden, aber doch von Körperstruktur und Haltung bestimmten Gewand ankommt. Es haben sich einige Trachtenstudien nach der Natur und nach Gemälden aus der Zeit des ersten Aufenthaltes in Venedig (Kat. Nr. 454) und eine Serie von Studien nach der Nürnberger Tracht (Kat. Nr. 465/66) erhalten. Für das Paar, dem während des Spaziergangs vor den Toren der Stadt der Tod auflauert, hat Dürer die Zeichnung des jungen Paares von 1492/93, für die Frau auch venezianische und Nürnberger Trachtenstudien benützt. Die durchgezogenen Falten des langschleppenden Gewandes bestimmen das Standmotiv der Frau. Zur absoluten Datierung der frühen Stiche steht nur die Jahreszahl 1497 auf Kat. Nr. 514 zur Verfügung. Der Spaziergang dürfte einer etwas früheren Stufe angehören und eher 1496 als 1498 (E. Panofsky) entstanden sein.

Literatur: Flechsig 1, S.192, 203, 443 - H. W. Janson: A Memento Mori among early Italian prints. In: Journal of the Warburg Institute 3, 1939/40, S.243 - Winkler, Dürer 1957, S.58.

465   EINE NÜRNBERGERIN IM HAUSKLEID
Albrecht Dürer   *Abb.*

Federzeichnung, mit Wasserfarben getönt, über flüchtiger Kohle(?)vorzeichnung; Wz.: Großer Ochsenkopf mit Kreuz und Schlange; 28,4 : 13

Mailand, Biblioteca Ambrosiana (F. 264 inf. 2)

Literatur: Ausst. Ambrosiana-München 1968, Nr. 20 (dort vollständige Lit.).

466   EINE NÜRNBERGER JUNGFRAU IM TANZKLEID
Albrecht Dürer   *F. nach S. 128*

Oben die Aufschrift: Also gand dy Junckfrawen zum dantz In Nörmerck. 15(0)1

Federzeichnung, mit Wasserfarbe getönt; 32,4 : 21,1

Albrecht Dürer: Eine Nürnbergerin im Hauskleid (Kat. Nr. 465)

→
Albrecht Dürer:
Frau in ganzer Figur
in niederländischer Tracht
(Kat. Nr. 473)

Aus den Sgn. Albertina (?), Vivant-Denon, Angst, Engel-Gros, Paravicino, Rosenthal und Le Roy M. Backus

Basel, Öffentliche Kunstsammlung, Kupferstichkabinett (1959. 105. Geschenk der CIBA-AG)

Dürer hat um 1501 eine Serie von aquarellierten Federzeichnungen ausgeführt und ausführlich beschriftet, mit denen die Nürnbergerin in der unterschiedlichen Kleidung für Haus und Kirche und - als Frau und Jungfrau - für den Tanzsaal geschildert wird. Über das allgemeine Interesse hinaus, das er schon in den Wanderjahren und anschließend in Venedig an der exakten Wiedergabe der Tracht und ihrem Verhältnis zum Körper zeigte, zeugen diese als selbständige und abgeschlossene Kunstwerke ausgeführten und durch Beischriften erläuterten Zeichnungen für Dürers Absicht der dokumentarischen Festlegung eines historischen Tatbestandes. Es sind erstmals Trachtenbilder im Sinne der zahlreichen Nachfolger. Drei Zeichnungen in der Albertina (W. 224-226), von denen zwei auf 1500 datiert sind, bilden den Ausgangspunkt zur Behandlung der ganzen Gruppe, zu der außer den beiden ausgestellten Blättern noch eine weitere Nürnbergerin im Kirchkleid in London (W. 232) gehört. Die neueste Forschung sieht in allen Zeichnungen originale Arbeiten Dürers, D. Kuhrmann (Ausst. Ambrosiana-München 1968) in den Blättern in Mailand und London erste Fassungen der entsprechenden Wiener. Bei dem Basler Fräulein scheint es sich um eine Erweiterung der in der Albertina befindlichen Trias zu handeln, die ein Jahr später zugefügt wurde.

Literatur: G. Schmidt: Fünfzehn Handzeichnungen deutscher und schweizerischer Meister des 15. und 16. Jahrhunderts. Basel 1959, S. 20 (dort vollständige Lit.).

467   DAS WAPPEN DES TODES
Albrecht Dürer   *Abb.*

Unten auf einem Schild mit Aufhänger das Monogramm des Künstlers; auf der Vorderseite des Steines die Jahreszahl 1503

Kupferstich; 22 : 15,9 (Bl. 22,4 : 16,2)

Aus den Sgn. v. Lanna, v. Gutmann und Jancsy

Schweinfurt, Sammlung Otto Schäfer (D-98)

Bereits Martin Schongauer und der Hausbuchmeister haben unter freier Verwendung der heraldischen Formen symbolische und satirische Wappen geschaffen (Kat. Nr. 133). Dürer verarbeitet die Anregungen in seinem Wappen des Todes zu einem Blatt von höchster dekorativer Schönheit. Für den zum Wappenschild gehörenden Helm ist ganz exakt die Seitenansicht des von Dürer in drei Ansichten gezeichneten Stechhelms übertragen (W. 177; Paris). Die Wappendame wiederholt, lediglich mit einer veränderten Handhaltung, genau die Kostümstudie der Nürnberger Jungfrau im Tanzkleid (Kat. Nr. 466), womit das Motiv des Totentanzes in einer besonderen, realistischen Form angesprochen ist. Als Wappenhalter fungiert ein zottig behaarter Wilder Mann, der sich an das Mädchen heranmacht. Für die Ökonomie Dürerischer Bildgestaltung ist aufschlußreich die Umdeutung der vorgegebenen Kopfneigung der Trachtenfigur in eine Abwehrbewegung gegen die Zudringlichkeit des Mannes.

Literatur: Flechsig 1, S. 222, 449 - Panofsky 1, S. 83, 90 - Winkler, Dürer 1957, S. 162/63.

468   NACKTE FRAU VON RÜCKWÄRTS
Albrecht Dürer

Federzeichnung; 21,5 : 13,5

Donaueschingen, Fürstlich Fürstenbergische Sammlungen

Der nach der Natur gezeichnete Akt dürfte eine Bewegungsstudie für einen bestimmten, heute nicht mehr eindeutig feststellbaren Zusammenhang sein. Auch für die Zeit der Entstehung der Zeichnung sind wenig stilistische Merkmale zu finden. Die Ansetzung schwankt zwischen 1500 und 1512/13, wobei die Zeit zwischen 1500 und 1503 wohl am ehesten in Frage kommt.

Literatur: E. Baumeister: Eine Zeichnung von Dürer. In: Jb. d. Preuß. Kunstslgn. 35, 1914, S. 224 - Flechsig 2, S. 421 - K. Oettinger-K.-A. Knappe: Hans Baldung Grien und Albrecht Dürer in Nürnberg. Nürnberg 1963, S. 93 Anm. 22, 55 Anm. 50.

469   ADAM UND EVA
Albrecht Dürer

Auf dem Stamm des Baumes in der Mitte das Monogramm des Künstlers, darüber die Jahreszahl 1510

Federzeichnung; 29,5 : 22

Wien, Graphische Sammlung Albertina (3124)

Die Zeichnung steht in Zusammenhang mit den Darstellungen des Sündenfalls und der Vertreibung aus dem Paradies, die der Kleinen Passion vorangestellt sind (Kat. Nr. 603[2/3]). Benützt sind Aktstudien, die eine neue Klarheit und Transparenz gewonnen haben. E. Panofsky schreibt diesen neuen Zeichenstil dem Einfluß von Zeichnungen Raffaels aus der Zeit um 1504/08 zu. Nach dem Stich mit der Darstellung der Stammeltern von 1504, in dem sich Dürer bemüht, durch Konstruktion einen Figurenkanon zu gewinnen, greift er hier auf Studien zurück, die unmittelbar nach der Natur gewonnen wurden.

Literatur: Flechsig 1, S. 371 - Tietze, Albertina 4, Nr. 98 - Panofsky 1, S. 144, 191.

470   FRAU AUF EINER BANK SITZEND
Albrecht Dürer

Oben die Jahreszahl 1514, daneben das Monogramm des Künstlers

Federzeichnung; 21,8 : 16,1

Aus den Sgn. Vallardi und Mitchell

Berlin, Kupferstichkabinett, Staatliche Museen Preußischer Kulturbesitz (KdZ. 3876)

Die Zeichnung ist zu sorgfältig ausgeführt, um eine zufällige Momentaufnahme sein zu können. Modell und Haltung sind vom Künstler bestimmt. Zweifelhaft bleibt allerdings, ob, wie E. Panofsky meint, ein direkter Zusammenhang mit dem Stich der Melancholie (Kat. Nr. 270) besteht.

Literatur: Bock, Berlin, S. 29 Nr. 3876 - Flechsig 1, S. 287/88 - Ausst. Berlin 1967, Nr. 43.

471   DER VERZWEIFELNDE
Albrecht Dürer

Radierung; 18,9 : 13,8

Aus altem königlichen Besitz

Albrecht Dürer: Das Wappen des Todes (Kat. Nr. 467)

Kopenhagen, Den kgl. Kobberstiksamling, Statens Museum for Kunst (VI.11)

Das Studienblatt, dessen Titel durch die Figur des im Vordergrund knienden Mannes bestimmt wurde, ist einer der frühesten Versuche Dürers in der neuen Technik der Radierung, die vom Verfahren her Möglichkeiten anbietet, die denen der Handzeichnung verwandt sind. Versuche, in dem Dargestellten ein einheitliches Thema zu erkennen, können nicht überzeugen. Es ist vielmehr anzunehmen, daß Dürer bei der ersten Beschäftigung mit dem Verfahren, vorhandene, nach der Natur gezeichnete Studien bildmäßig komponierte. Dabei könnten, wie E. Panofsky meint, bei Dürer stets latent vorhandene Überlegungen zur Temperamentlehre bei der Auswahl mitgesprochen haben. Das Vorbild für den Oberkörper der einzigen bekleideten Figur ist eine Zeichnung nach Dürers Bruder Endres (Kat. Nr. 89). Der Kopf, den Dürer nicht dem Porträt entnommen hat, zeigt eine gewisse Ähnlichkeit mit den Zügen Michelangelos. Während sich die Radierung auf das Jahr 1515 festlegen läßt, könnte die Aktzeichnung des Verzweifelnden selbst in ihrer komplizierten Bewegung bereits einige Jahre älter sein, wie ein Vergleich mit dem 1511 datierten Holzschnitt Kain erschlägt Abel (B.1) zeigt.

Literatur: Flechsig 1, S.249/50 - J.Byam Shaw: Ein dürerisches Motiv und sein Ursprung. In: Jb.d.Preuß.Kunstslgn.53, 1932, S.198-203 - E.Tietze-Conrat: A lost Michelangelo reconstructed. In: Burlington Mag.68, 1936, S.163-70 - G.F. Hartlaub: Albrecht Dürers ›Aberglaube‹. In: Zs.d.dt.Ver.f. Kunstwiss.7, 1940, S.171/72 - Panofsky 1, S.194 - Musper, S.212 - Winkler, Dürer 1957, S.194 - R.Klibansky-E.Panofsky-F.Saxl: Saturn and Melancholy. Studies in the history of natural philosophy, religion and art. London 1964, S.349 Anm.217, 403/04.

472 EIN FRAUENBAD

Albrecht Dürer   *Abb.*

Oben das Monogramm des Künstlers, darüber die Jahreszahl 1516

Federzeichnung; 28,5 : 21,5

Aus Slg. W. Duke of Devonshire

Chatsworth, Devonshire Collection. Lent by the Trustees of the Chatsworth Settlement (931)

Eine Reihe von Aktstudien sind zu einer sittenbildlichen Darstellung zusammengefaßt. Zwei Männer bringen Erfrischungen in den Baderaum der Frauen und werden dabei von einer Alten durch einen Wasserguß abgewehrt, von den Jüngeren aber freundlich begrüßt. Gegenüber der frühen, 1496 datierten Darstellung eines Frauenbades (W.152; bis 1945 in Bremen) wird deutlich, wie Dürer in dem späteren Blatt von der akademischen Gegenüberstellung der Akte in verschiedenen Posen zu einer einheitlichen Bildkomposition fortschreitet, wobei der Eindruck einer Reihung von Modellaufnahmen weitgehend überwunden ist.

Literatur: Winkler, Dürer 1957, S.256 - Drawings from Chatsworth. Ausst. USA/Canada 1962/63, Nr.104.

473 FRAU IN GANZER FIGUR
IN NIEDERLÄNDISCHER TRACHT

Albrecht Dürer   *Abb*

Rechts oben das Monogramm des Künstlers und die Jahreszah 1521

Lavierte Pinselzeichnung auf dunkelviolett grundiertem Papier weiß gehöht; 28,3 : 19,5

Aus den Slgn. Andreossy, Graf Pourtalès, Baron Schickler und Widener

Washington, National Gallery of Art, Widener Collection (B-493)

Die von der nürnbergischen abweichende niederländische Tracht trifft auf Dürers stets waches Interesse am Außergewöhnlichen. In einer Tagebucheintragung vom 26. Mai 1521, in der er die Arbeiten seit dem 21. Mai kurz zusammenfaßt, erwähnt er auch: auf graw papir mit weiß und schwarcz zwo niederlandisch klaidung. Die Arbeiten lassen sich nicht mehr mit Sicherheit identifizieren. Die Beschreibung trifft am ehesten auf eine Gewandstudie wie die von 1521 in Wien zu (W.835), deren Pathos darauf hinweist, daß sie bereits im Hinblick auf die Möglichkeit einer Verwendung in anderem Rahmen geschaffen wurde. Die Kostümfigur der jungen Antwerpnerin nimmt dagegen die Trachtenstudien an den Nürnbergerinnen (Kat. Nr.465/66) unmittelbar wieder auf. F. Winkler wies darauf hin, daß die niederländische Tracht, da unauffälliger, moderner gewesen sei, weltläufiger als die der Binnenstadt Nürnberg.

Literatur: Winkler, Dürer 1957, S.310 - Rupprich 1, S.173 - Dürer in America: His graphic work. Ausst. Washington 1971, Nr.27.

474 FÜNF MÄNNERAKTE

Albrecht Dürer

Unten in der Mitte das Monogramm des Künstlers, darüber die Jahreszahl 1526

Federzeichnung; 18,8 : 20,6

Berlin, Kupferstichkabinett, Staatliche Museen Preußischer Kulturbesitz (KdZ.4444)

Bei den Akten handelt es sich nicht um Aufnahmen unmittelbar nach dem lebenden Modell. Während A. Weixlgärtner die Verwendung von Gliederpuppen vermutete, konnte E. Tietze-Conrat den Nachweis erbringen, daß die Figuren bis auf eine einem italienischen Stich (Hind 1, S.136 Nr.1, 137 Nr.3) entnommen, teilweise weitgehend abgewandelt und entkleidet sind. Es kam Dürer also darauf an, die Körpervorstellung des italienischen Künstlers zu rekonstruieren.

Literatur: A. Weixlgärtner: Dürer und die Gliederpuppe. In: Beiträge zur Kunstgeschichte - Franz Wickhoff gewidmet. Wien 1903, S. 89 - H. Kauffmann: Albrecht Dürers rhythmische Kunst. Leipzig 1924, S.60/61 - Flechsig 1, S.875 - Winkler, Dürer 1957, S.344.

$\longrightarrow$

Albrecht Dürer: Ein Frauenbad (Kat. Nr. 472)

DAS WERK: DIE KONSTRUIERTE UND PROPORTIONIERTE FIGUR

Zwischen der Vollendung der Apokalypse und dem Münchner Selbstbildnis von 1500 lag eine der wichtigsten künstlerischen Entscheidungen Dürers. Dürer muß seine aus schöpferischer Vorstellungskraft und spätgotischer Formüberlieferung geschaffene Kunst wohl als ›gewaltiglich, aber unbesonnen‹ empfunden haben. Zur Befreiung vom künstlerischen Vorbild sollte das erneute Studium der Natur führen, zur Zügelung der künstlerischen Phantasie das Studium der Gesetze, die ihr innewohnen: Die Schönheit des menschlichen Körpers beruht auf rational erfaßbaren und meßbaren Größen, deren Ergründung und Anwendung den ungenauen und überlieferten ›Brauch‹ zu wissenschaftlich fundierter Kunst führten.

Ausgangspunkt der Arbeit war das antike Vorbild, wie es im Proportionskanon Vitruvs überliefert und in den Bildwerken der ›Alten‹ gefunden wurde (Kat. Nr. 457). In der ersten Phase der Proportionsstudien suchte Dürer aufgrund der Proportionsangaben des Vitruv auf dem Weg der geometrischen Konstruktion ›mit Zirkel und Richtscheit‹ (Lineal) nach einem allgemeingültigen Schönheitsideal. Von gleicher Bedeutung wie die antike Überlieferung in Schrift und Zeichnungskopie wurden die Mitteilungen, Andeutungen und die Vorweisung von zwei konstruierten Figuren durch Jacopo de' Barbari. Von 1500 bis 1504 arbeitete Dürer auf diesen Grundlagen. Die antike Idealfigur des Apoll wurde Vorbild des neuen schönen Menschen in der Figur des Adam. - Der Umgang mit Zirkel und Richtscheit war Dürer aus der spätgotischen Überlieferung bekannt. Die Konstruktion der menschlichen Figur mit Hilfe der herkömmlichen Hilfsmittel wurde nunmehr aufgrund des Proportionskanons Vitruvs ausgedehnt auf die Gewinnung von Proportion, Ponderierung und Kontur der gesamten menschlichen Figur. Bis zur zweiten Italienreise wandelten sich die Konstruktionsschemata für Mann und Frau nur unwesentlich, das einmal gefundene System wurde geometrisch bis zu größtmöglicher Vollkommenheit entwickelt und mit dem ›wissenschaftlichen Beispiel‹ des Kupferstiches von Adam und Eva abgeschlossen (1504). Die Dürer bis 1504 neu aus italienischen Quellen zugetragenen Kenntnisse dürften die Fragen der Konstruktion der menschlichen Figur kaum berührt haben, die entscheidende Wandlung brachte erst der zweite Aufenthalt in Venedig.

Die neuen Erkenntnisse der Jahre 1506/07 betrafen die Proportionsmethoden und das angestrebte Ziel. Unter dem Eindruck der italienischen Kunsttheorie verließ Dürer die geometrische Konstruktion und entwickelte ein arithmetisches Verfahren, das erlaubte, nahezu alle Maße des menschlichen Körpers in Bruchzahlen auszudrücken, die ohne Rest in der ganzen Körpergröße aufgingen, die gleich Eins gesetzt wurde (aliquote Brüche). Das Ziel war nicht mehr die eine absolute Idealschönheit, sondern die Entwicklung von zahlreichen Figurentypen, denen aufgrund ihrer Beschaffenheit (kurz, lang, breit, dick) bestimmte Körperproportionen eigen sind. Empirie und die Ermittlung von gültigen Durchschnittswerten traten an die Stelle von Theorie und Ideal. Aus welchen Quellen Dürer die Kenntnis der Proportionierung im arithmetischen System zufloß, läßt sich nicht exakt bestimmen. Von den theoretischen Arbeiten Leonardos und seiner Akademie hatte Dürer bereits seit etwa

1502 Kenntnis, jedoch weicht das von Leonardo genutzte System aus Maß- und Analogiebestimmungen zu stark von Dürers Methode ab, als daß es bestimmend für ihn werden konnte.

Sehr wahrscheinlich ist jedoch das Konzept des nunmehr geplanten Lehrbuchs der Malerei nicht ohne Kenntnis ähnlicher Pläne Leonardos denkbar. Die Proportionsarbeit sollte ein Teil dieses Lehrbuches werden, gewann jedoch bis 1512/13 derartig an Umfang und Gewicht, daß Dürer sich entschloß, den großen Plan des umfassenden Lehrbuchs zurückzustellen und sich zunächst allein der Ausarbeitung der Proportionslehre zu widmen. Neu hinzugekommen war zu diesem Zeitpunkt die Kenntnis des Exempeda-Verfahrens nach L. B. Alberti (Kat. Nr. 477), bei dem die Höhe des menschlichen Körpers in sechs gleichlange, mehrfach unterteilte Einheiten zerlegt wird, die als Maßstab aller weiteren Längen-, Breiten- und Tiefenbestimmungen benutzt werden. Die Hauptarbeit der kommenden Jahre konzentrierte sich auf die Ausarbeitung des berühmten 3. Buches der Proportionslehre, den Unterricht, alle Maß zu ändern. Mit Hilfe von Strahlenfiguren entwickelte Dürer mehrere Hilfskonstruktionen, um einen proportionierten Typ nach Länge, Breite und Dicke zu verändern. Die auf arithmetischem Wege gewonnenen Figuren wurden im geometrischen Verfahren umkonstruiert (Kat. Nr. 493). In der Druckfassung von 1528 folgt am Ende des 3. Buches der sogenannte ästhetische Excurs. Die ersten, bis in die Zeit um 1513-15 zurückreichenden Entwürfe beschäftigten sich vornehmlich mit der Frage nach der Schönheit des Menschen, im Verlauf der Arbeit jedoch erhielt dieser Abschnitt eine Fassung, die ihn zu einer konzentrierten Darstellung der Ästhetik Dürers werden ließ.

Unbekannt ist, wie weit die Ausarbeitung der Bewegungslehre, die Dürer vornehmlich an der Gliederpuppe und nicht an den Bewegungen des lebenden Modells demonstriert, vorangekommen war, als er sich 1523, nach Fertigstellung des größten Teils der Reinschrift für den beabsichtigten Druck, entschloß, die Veröffentlichung aufzuschieben. Dürer hatte sich seit 1507 ein mathematisches Wissen angeeignet, das es ihm nicht mehr erlaubte, eine Teilanwendung im Rahmen der Proportionslehre herauszugeben, ohne die mathematischen Grundlagen vorab dargelegt zu haben. Bevor der Künstler anhand der Proportionslehre Aufbau und Verhältnisse des menschlichen Körpers erlernte, sollte er die Voraussetzungen dafür erarbeiten: die ›Unterweisung der Messung‹, die Dürer 1525 erscheinen ließ (Kat. Nr. 640).

Die Veröffentlichung der Proportionslehre Dürers ist ein Markstein der Kunstliteratur. Dürer war der erste abendländische Künstler, dem es gelang, eine Proportionslehre nicht nur schriftlich und bildlich zu systematisieren und niederzulegen, sondern sie auch zu veröffentlichen. Alle vorangegangenen Arbeiten italienischer Künstler waren ungedruckt geblieben, erst Dürer selbst half dem von ihm lebhaft beklagten Mangel an Lehrbüchern ab. Die Erarbeitung der Proportionslehre hatte für Dürer als künstlerische Fragestellung begonnen und war in der Durchführung zu einem wissenschaftlich fundierten System geworden. Die Publizierung hatte immer unter pädagogischen Vor-

Albrecht Dürer:
Ein welsch Schloß
(Kat. Nr. 563)

zeichen gestanden; war der rechte Grund vorhanden, dann war die Kunst der rechten Verhältnisse des menschlichen Körpers auch lehrbar. Die Entwicklungsgeschichte der Proportionslehre Dürers spiegelt zugleich den Weg der Kunsttheorie vom Ideal zur Typenlehre, von der Einmaligkeit der Schöpfung zur lehrbaren Wiederholbarkeit, von der Renaissance zum Manierismus.

Die Wirkungsgeschichte der Dürerschen Proportionslehre ist bislang kaum erforscht. 1532 und 1534 erschien die lateinische Übertragung des Joachim Camerarius, die dem Werk Eingang in die wissenschaftliche europäische Literatur verschaffte, 1557 die 2. lateinische Ausgabe. Im gleichen Jahr kam die erste französische, 1591 die italienische, 1622 die erste holländische Übertragung heraus. Im Zeichen der Dürer-Renaissance legte Janssen 1604 die Proportionslehre im Rahmen der Opera completa in der deutschen Fassung neu auf.

Gleichwohl sollte die tatsächliche Wirkung der Proportionslehre nicht überschätzt werden. Dürer konzipierte ein Lehrbuch. Er wollte dem angehenden Maler Hilfsmittel und Vorbilder an die Hand geben, um die menschliche Figur im rechten Maß in sein Bild zu bringen. Seine Typenlehre ist damit Teil der kunsttheoretischen Literatur, die das Vorbild der Renaissance lehrhaft zu verarbeiten suchte, als ›maniera‹ die schöpferische Aneignung wohl oft mehr verhinderte als ermöglichte. Es mag sein, daß Dürers theoretische Arbeit mehr bestochen hat, als daß sie praktischer Lehrgang zur Erarbeitung der schönen Figur wurde.

Die erneute Wertschätzung, die Dürers theoretische Arbeit heute wieder findet, ist ein Zeichen dafür, daß Kunst, die nicht im schöpferischen Prozeß, im ›gewaltiglich werk‹, Gegenwart gestaltet, sich verbal und in wissenschaftlicher Anleihe um erneute Standortbestimmung bemühen muß, auch um des Preises des Verlustes der Kunst selbst.

Die Proportionslehre ist ein Teil der Kunstgeschichte geworden, nicht ein Teil der Kunst, die Unterweisung der Messung hat Eingang in die Kunst nicht finden können - wer vermochte Dürer zu folgen! -, aber sie hat Dürer einen Platz in der Geschichte der Mathematik gesichert. Beide Werke haben Dürer als einen Mann des Wortes erwiesen, dessen sprachschöpferische Kraft neben der Luthers genannt werden kann.

Wulf Schadendorf

475 VITRUV

1 Marcus Vitruvius Pollio: De architectura. Hrsg.: Frater Jucundus (Fra Giocondo). Venedig: Joannes Tacuinus da Trino, 22.5.1511. 2°

2 Marcus Vitruvius Pollio: De architectura, ital. Hrsg.: Cesare di Lorenzo (Cesarino). Como: Gotardo da Ponte, 15.7.1521. 2°

Nürnberg, Stadtbibliothek (Var. 15.20; Var. 11. 2°)

Nach Dürers Worten in den Entwürfen der Widmung zur 1523 geplanten Ausgabe der Proportionslehre stand die Lektüre Vitruvs am Beginn seiner eigenen Studien zur Proportion: ›... nam ich mein eygen ding für mych vnd las den Fitrufium, der beschreibt ein wenig van der glidmas eines mans‹. - Vitruvs De architectura wurde zwischen 14 und 22 v. Chr. geschrieben und behandelt das gesamte Gebiet der römischen Baukunst; die Überlieferung des antiken Proportionskanons steht im 3. Buch, Kap. 1, Ziffer 1 und 2, am Beginn der Behandlung der Symmetrie des Tempels. Unter Ziffer 2 gibt Vitruv Angaben zur Proportion des menschlichen Körpers in aliquoten Bruchteilen, die vornehmlich Kopf, Brust, Hand und Fuß betreffen. Unter Ziffer 3 werden die Umschreibung der Figur durch Kreis und Quadrat erläutert. Das wichtigste Maß betrifft den Kopf, der $^1/_8$ der gesamten Körperhöhe einnimmt. Der überlieferte und Dürer vorliegende Text wies mit der Formulierung, die Entfernung vom oberen Rande der Brust bis zum Scheitel solle $^1/_4$ betragen, eine Ungenauigkeit auf. Einzuschalten ist ›a medio pectore‹, denn nur auf diese Weise lassen sich die Proportionsangaben mit den anatomischen Verhältnissen in Einklang bringen. Diese Emendation wird erstmals 1521 von Cesarino gebracht. - Es ist unbekannt, welche Ausgabe oder Handschrift Dürer benutzte. Man möchte einen der frühen Drucke (Ed. princeps o. O. 1487; Florenz 1495/96, Venedig 1497) in Pirckheimers Bibliothek vermuten. Der Zeitpunkt der ersten Berührung mit Vitruv liegt 1500 oder 1501 nach dem Gespräch mit Jacopo de' Barbari, der ihm zwei Proportionsstudien zeigte. - Die Ausgabe des Jucundus bringt bereits einen stark verbesserten Text, der auf Korrekturen und erneutem Handschriftstudium beruht. Kommentare rückte Jucundus ohne Absetzung in den Text ein. Die Holzschnitte gehen wahrscheinlich auf Zeichnungen des Herausgebers zurück. Es ist anzunehmen, daß Dürer sich um den Text dieser verbesserten Ausgabe bemühte. - Die erste italienische Übersetzung des Cesarino bringt die obengenannte Korrektur. Die Kommentierung erreicht größere Tiefe, zur Bearbeitung werden die 1. Ausgabe des Sulpicius und antike Autoren herangezogen, zur Illustration zeitgenössische Bauwerke. Vollendet wurde die Übersetzung von B. Mauro und B. Jovius.

Literatur: Panzer VIII, S.404 Nr.548; VI, S.440/41 Nr.1 - Justi, S.60-63 - E. Panofsky: Dürers Kunsttheorie. Berlin 1915, S.78-84, Nr.137 - Olschki, S.83-86 - B. Ebhardt: Die zehn Bücher der Architektur des Vitruv und ihre Herausgeber seit 1484. Berlin (1919), S.67/68 - H. Koch: Vom Nachleben des Vitruv. Baden-Baden 1951, S.30-33, 36-38 - Panofsky 1, S. 261-64 - J. Schlosser Magnino: Le letteratura artistica. Florenz-Wien 1956, S.251-58, 267 - N. Speich: Die Proportionslehre des menschlichen Körpers. Diss. Zürich 1957, S.171-77 - Vitruv: Zehn Bücher über Architektur. Hrsg., übers. u. mit Anm. versehen von C. Fensterbusch. Darmstadt 1964, bes. S.10-13, 136-39 - Rupprich 2, S.27-35.

476 EIN SKIZZENBUCH MIT ZEICHNUNGEN VON ANTIKEN
Werkstatt des Domenico Ghirlandaio

82 Bll., pag. 1-82, mit 136 z. T. lavierten Federzeichnungen; Wz.: Kreis mit dreizackiger Krone; Blattgröße durchschnittlich 33 : 23

Aus der Bibliothek des Kardinals de Mendoza

El Escorial, Biblioteca del Monasterio de San Lorenzo el Real (28-II-12)

Das als Codex Excurialensis bekannte Skizzenbuch ist eines der ursprünglich zahlreichen Muster- und Vorlagenbücher des Quattro- und Cinquecento, in denen antike Architekturteile, Bauten, Ornamente, Reliefs und Figuren, vornehmlich Roms, für den Gebrauch in den Malerwerkstätten festgehalten wurden.

Der Codex enthält fast ausschließlich Kopien nach anderen Skizzenbüchern und ist wahrscheinlich nicht in Rom, sondern in Florenz um 1491 entstanden. Fol. 37 r zeigt den Herkules Borghese-Piccolomini, fol. 53 r und 64 r den Apoll von Belvedere in zwei verschiedenen Ansichten des Zustandes vor 1503. - Kopien von zeichnerischen Aufnahmen dieser Art müssen Dürer um 1500 oder bald danach bekannt gewesen sein. Die Zeichnung des Mannes mit dem Löwen und der Sonnenscheibe (Kat. Nr. 480) sowie die Apollo-Gruppe (W. 261-63) sind kaum denkbar ohne solche zeichnerischen Vorlagen. Für den Londoner Apoll (W. 261) ist eine Vorlage ähnlich fol. 64 r anzunehmen oder aber eine Vorlage ähnlich einer toskanischen Zeichnung um 1500 (M. Winner, Abb. 6), die bereits den Profilkopf und den frontalen Leib aufweist.

Literatur: H. Egger: Codex Escurialensis. Wien 1906, bes. S. 106/107, 130/31, 154/55 - E. Panofsky: Dürers Stellung zur Antike. Wien 1922, S. 11-16 - Flechsig 2, S. 167-77 - Panofsky 1, S. 85/86, 262/63 - H. Ladendorf: Antikenstudium und Antikenkopie. Berlin 1953, S. 33-35 - M. Winner: Zum Apoll von Belvedere. In: Jb. d. Berliner Museen NF 10, 1968, S. 188/89 - H. H. Brummer: The Statue Court in the Vatican Belvedere. Stockholm 1970, S. 44-71.

477   LEONE BATTISTA ALBERTI: DE STATUA

Papierhandschrift, Sammelband: Vita Potiti, De Musca von der Hand Albertis; De Cifris, De Pictura, De Statua in Handschrift von Anfang 16. Jahrh. 2°

Florenz, Biblioteca Riccardiana (Cod. Ricc. 767)

1464 vollendete Alberti mit ›De statua‹ seinen vierten kunsttheoretischen Traktat. Nach der Würdigung von Ursprung und Ordnung der Kunst werden die Technik der Bildhauerei, Nachbildung und Messung sowie deren Werkzeuge und Verfahren behandelt. Um die Proportionen eines Menschen zu messen, entwickelt Alberti die Exempeda (6-Fuß), einen Maßstab von der Größe des zu messenden Menschen, der aufgrund der Angabe von Vitruv in sechs Füße eingeteilt ist, die wiederum in unceolae und minutae unterteilt sind. Für das 2. Buch der Proportionslehre übernahm Dürer das Exempeda-Verfahren Albertis, jedoch hat sein ›mostab‹ nur die Länge eines Fußes. Verfahren und Terminologie sind denen Albertis unmittelbar verwandt, lediglich daß Dürer das komplizierte Verfahren vereinfacht und handlicher macht. Das Albertische Winkelmaß zur Breiten- und Tiefenmessung entfällt. Es bleibt jedoch ein arithmetisches Modulverfahren, das, bezogen auf die Größe des Menschen, die Proportionen in festen Brüchen bis hinunter zur kleinsten Strecke auszudrücken vermag. Dürer kann eine derart genaue Kenntnis von Albertis Verfahren nur über eine Handschrift erhalten haben, die ihm direkt zugänglich war. Wahrscheinlich enthielt die Bibliothek des Regiomontan, die Bernhard Walther 1476 übernahm, ein Exemplar oder Dürer kopierte den Text 1506 in Venedig aus einer dort zugänglichen Fassung. Diese muß nach H. Rupprich den Wortlaut des Cod. Ott. 1424 der Vaticana oder der hier gezeigten gehabt haben. Faßbar werden die Albertischen Exempeda im theoretischen Werk Dürers etwa 1512/13. Fol. 72 und 92 der Handschrift der Nürnberger Stadtbibliothek (Kat. Nr. 492) enthalten zwei der frühesten Entwürfe zum Exempeda-Verfahren. - Erstmals im Druck erschien Albertis De statua im Rahmen der italienischen Übersetzungen des Cosimo Bartoli (München, Bayer. Staatsbibliothek).

Literatur: H. Janitschek: L. B. Alberti's kleinere kunsttheoretische Schriften. Wien 1888, S. XXXII-XXXX, 165-205, 263/64 - E.

Panofsky: Dürers Kunsttheorie. Berlin 1915, S. 119-21 - J. Giesen: Dürers Proportionsstudien im Rahmen der allgemeinen Proportionsentwicklung. Bonn 1930, S. 18-20, 73-75 - Panofsky 1, S. 264/65, 268 - J. Schlosser Magnino: La letteratura artistica. Florenz-Wien 1956, S. 125-27 - N. Speich: Die Proportionslehre des menschlichen Körpers. Diss. Zürich 1957, S. 158-160 - H. Rupprich: Die kunsttheoretischen Schriften L. B. Albertis und ihre Nachwirkung bei Dürer. In: Schweiz. Beiträge z. allg Gesch. 18/19, 1960/61, S. 219-28, 238/39 - Rupprich 2, S. 47-55 - Index Aureliensis I, 1. Genf 1965, Nr. 102.395.

478   DER TRAKTAT DES GAURICUS

Pomponius Gauricus: De sculptura. Nürnberg: Johann Petreius [1542]. 4°

Nürnberg, Stadtbibliothek (an: Solg. 1816. 4°)

Gauricus schrieb seinen Traktat 1503 in Padua, Ende 1504 erschien die 1. Auflage in Florenz. Der Nürnberger Neudruck wurde wahrscheinlich anhand eines Exemplars aus Pirckheimers Bibliothek veranstaltet, das Dürer kannte und benutzte. In Gesprächsform behandelt der Traktat Symmetrie, Proportion, Physiognomik und Perspektive und bleibt dabei weithin im Rahmen des theoretischen Schulgutes Oberitaliens, insonderheit Mailands. Auffällig ist das physiognomische Interesse des Gauricus, das ihn auch Hände und Finger als Ausdruck des Charakters behandeln läßt. Um 1513 finden sich bei Dürer entsprechende Gedanken und Formulierungen, die auf Gauricus zurückgehen dürften. Das später von Dürer für das 4. Buch der Proportionslehre ausgearbeitete Kubenverfahren hat in den Tiefen- und Umfangproportionen des Gauricus einen dilettantischen Vorgänger.

Literatur: De sculptura von Pomponius Gauricus. Mit Einleitung u. Übersetzung hrsg. v. F. A. Brockhaus. Leipzig 1886 - E. Panofsky: Dürers Kunsttheorie. Berlin 1915, S. 23 - J. Giesen: Dürers Proportionsstudien im Rahmen der allgemeinen Proportionsentwicklung. Bonn 1930, S. 12, 42, 91-93 - A. Kahler: Albrecht Dürers Schrift ›Von menschlicher Proportion‹ (1528). Diss. Wien 1947 (Masch. Schr.), S. 25/26, 56 - Panofsky 1, S. 251, 265 - J. Schlosser Magnino: La letteratura artistica. Florenz-Wien 1956, S. 235-39, 248 - N. Speich: Die Proportionslehre des menschlichen Körpers. Diss. Zürich 1957, S. 166-68 - R. Klein: Pomponius Gauricus on perspective. In: Art Bull. 43, 1961, S. 211-30 - Rupprich 2, S. 154-57, 169, 341, 442, 459.

479   DER CODEX HUYGENS

Mailänder Meister zwischen 1560 und 1580 (Aurelio Luini?)

Papierhandschrift, 128 lose Bll.; 19 : 13/13,5; eingelegt zwischen gebundene 140 Bll. zahlreiche Federzeichnungen, alt paginiert 1-128; Wz.: vornehmlich gekrönte Schlange mit B/M (Briquet 13691 = Bergamo 1573; außerdem Briquet 13678, 13683, 14472)

1 Fol. 3: Die 3. Figur des 1. Buches zeigt die männliche Proportionsfigur nach dem Gauricus-Typ (neun Kopflängen), die Teilung von Gesicht und Kopf nach Vitruv

2 Fol. 7: Die letzte Figur des 1. Buches zeigt den ›homo bene figuratus‹ des Vitruv, umschrieben von Quadrat, Kreis und Polygonen und bereichert durch einen Teil des Bewegungsablaufs

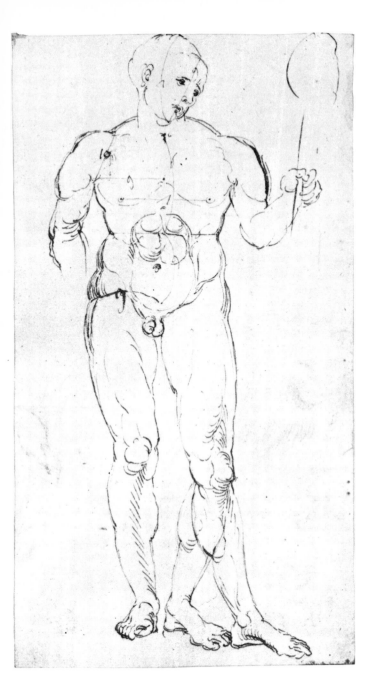

Albrecht Dürer: Der Mann mit der Sonnenscheibe; Der Mann mit dem Löwen (Kat. Nr. 480)

Albrecht Dürer: Das Große Glück (Nemesis) (Kat. 481)

3 Fol. 8: Die Profilfigur mit der schematischen Darstellung verschiedener Körperhaltungen geht auf die Bewegungslehre Leonardos zurück

4 Fol. 54: Das Blatt bringt eine Kopie der Zeichnung Leonardos mit den Gesichtsproportionen im Profil (Venedig). Auf der Rückseite ist eine Kopfproportion entsprechend den Verfahren Piero della Francescas und Dürers aufgeklebt

5 Fol. 82: Die Profilansicht des Pferdes geht auf eine verlorene Leonardo-Zeichnung zurück. Die Proportionsangaben sind in Sechzehntel der Kopflänge gegeben

6 Fol. 102: Das Blatt aus dem 2. Teil des 5. Buches lehrt die perspektivische Ansicht einer gebückt gehenden Person, bei der der Standpunkt des Betrachters auf der gleichen Ebene wie der des Objekts liegt. Die Distanz beträgt sechs bzw. drei Einheiten

Aus den Slgn. van Leemput und Huygens

New York, Pierpont Morgan Library (M.A.1139)

Der Codex Huygens behandelt in fünf Büchern Form und Aufbau des menschlichen Körpers, dessen Bewegungen, die Umformung der Figur mit Hilfe der Parallelprojektion, Proportionslehre und Perspektive. Angelegt wurde der Band für den praktischen Gebrauch, die theoretischen Interessen des Autors sind begrenzt. Er kannte Dürers Proportionslehre, deren lateinische Fassung seit 1532/34 in Italien verbreitet war. Dürers Einfluß ist in der Proportionslehre wie auch in der Parallelprojektion zu erkennen. In beiden Teilen wird ebenso deutlich, daß Dürer wie der Autor aus den gleichen Mailänder Quellen, dem theoretischen Werk Leonardos und seines Kreises, schöpften. Der Codex Huygens ist einer der Nachweise des Kontaktes von Dürer mit Leonardo und der Mailänder Schule, gleichviel auf welchem Wege dieser erfolgt sein mag. - Der in der Bewegungslehre Dürer diametral entgegengesetzte Ansatz des Autors geht direkt auf Leonardo zurück.

Literatur: E. Panofsky: The Codex Huygens and Leonardo da Vinci's art theory. London 1940, bes. S.21-25, 31, 44/45, 57, 71, 102, 112, 122/23, 144-47 - Panofsky 1, S.268.

480 DER MANN MIT DER SONNENSCHEIBE - DER MANN MIT DEM LÖWEN

Albrecht Dürer   *Abb.*

Auf der Vorderseite in der Konstruktion Ziffern (7-9-10-6), auf der Rückseite links unten das Monogramm des Künstlers

Federzeichnung, Blindrillen; 26,8 : 14,3

Aus den Slgn. Lubomirski und Bloch

Privatbesitz

Die Vorderseite des Blattes zeigt die Konstruktion der Figur in Blindrillen. Die Proportionen sind mit dem Stechzirkel abgegriffen und geschlagen, einige wenige Teile mit der Feder ausgeführt (Konturen am Oberkörper). Nachträglich wurden die bezifferten Bögen und Geraden freihändig zur Verdeutlichung der Proportionen eingetragen. Die Proportionierung des Leibes, der Glieder und der Armhaltung wird über dem Grundmaß von $^1/_6$ der Körpergröße vorgenommen. Die Kopfhöhe beträgt näherungsweise nur $^1/_7$ und spielt für die Körperkonstruktion keine bestimmende Rolle. Die Umzeichnung von A. M. Friend, der eine Konstruktion nach $^1/_7$-Kopfgröße annimmt, entspricht nicht dem Befund. Nach Ausweis der Blindrillen über der

Scham und durch den Mittelpunkt der unteren Geraden des Brustquadrates sollte das Becken ursprünglich schräger stehen. Dürer änderte im Verlauf der Arbeit die Ponderierung und korrigierte die Konturen. Für die Stellung des linken Beins gibt Dürer zwei Varianten. Das Ergebnis der Arbeit ist ein sehr gedrungener Körper mit überlangen Beinen ($^3/_6$!). Die eigenwillige Konstruktion ist die einzige, die vor 1504 nicht nach dem Vitruvianischen Kanon angelegt wurde. Bei der auf die Rückseite durchgepausten Reinzeichnung ändert Dürer das Attribut und die Haltung der rechten Hand, die statt der Sonnen- oder Spiegelscheibe dem freihändig gezeichneten Löwen in die Mähne greift. Das um 1500 entstandene Blatt ist die erste erhaltene männliche Proportionsfigur. - Vorbild für Ponderierung und Haltung war eine Nachzeichnung des Herkules Borghese-Piccolomini, ähnlich der im Codex Escurialensis erhaltenen (Kat. Nr. 476, fol. 37 r). Die Unsicherheiten in der Konstruktion deuten darauf hin, daß Dürer versuchte, Stellung, Ponderierung und Proportion der antiken Herkules-Überlieferung mit den ersten von de' Barbari und aus Vitruv erhaltenen Kenntnissen in Einklang zu bringen. Die Umdeutung des Herkules führt Dürer auf der Vorderseite mit der Sonnenscheibe in den Vorstellungskreis des Sol (vgl. B. 79), bei der Durchzeichnung zu Simson mit dem Löwen, dem biblischen Antityp des antiken Herkules. Wie das abgestellte Bein auf der Rückseite zeigt, erfolgte die Abkehr vom Vorbild absichtsvoll und deutet mit der stärkeren Frontalhaltung des Leibes gegenüber dem Vorbild die Entwicklung an, die in der Apollo-Gruppe vollzogen wird (Kat. Nr. 482; W. 261-63).

Literatur: Flechsig 2, S.144-60, 195/96 - A. M. Friend jr.: Dürer and the Hercules Borghese-Piccolomini. In: Art Bull. 25, 1943, S.40-49 - Panofsky 1, S.86, 266 - Winkler, Dürer 1957, S.146 - W. Schadendorf: Eine Proportionsstudie Dürers aus dem Jahre 1500. Privatdruck 1964.

481 DAS GROSSE GLÜCK (NEMESIS)

Albrecht Dürer   *Abb.*

In der rechten unteren Ecke Tafel mit dem Monogramm des Künstlers

Kupferstich; 32,5 : 23,2 (Bl. 33,8 : 23,4)

Schweinfurt, Sammlung Otto Schäfer (D-72)

In der Darstellung der obersten griechischen Schicksalsgöttin wendet Dürer um 1501-03 erstmals die mit Zirkel und Richtscheit gewonnenen Proportionen der menschlichen Figur im Kupferstich an. Die Proportionierung entspricht der Vitruvs: die Kopflänge ist $^1/_8$ der Körperhöhe, das Gesicht $^1/_{10}$, der Fuß $^1/_7$. Auch das Gesicht ist in exakter Dreiteilung ($^3/_{30}$) proportioniert. Teile des Umrisses sind mit dem Zirkel gewonnen, sicher die Bauchlinie, die Gesäßlinien und der Oberschenkelkontur. Von den Vorarbeiten hat sich eine Zeichnung gedrückterer Proportion ($^1/_7$) erhalten, die die Nemesis von einem regelmäßigen Rechtecknetz in Blindrillen überdeckt zeigt (W. 266; London). Höhen- wie Breitenproportionierung scheinen dabei aus dem gleichen Grundmaß entwickelt. - Das Thema war Dürer durch W. Pirckheimer zugänglich geworden; die literarische Anregung stammt aus Polizians ›Manto‹ (Mailand 1499) und di Sudas Lexicon graecum, das Dürer in Pirckheimers Bibliothek hat finden können. Der Figurenkreis, dem die Nemesis entstammt, lag seit der Zeit um 1500 mit Apoll und ›Sonne der Gerechtigkeit‹ (Kat. Nr. 461) im Betrachtungsfeld Dürers. Die figuralen Vorstufen reichen mit dem ›Kleinen Glück‹ (Kat. Nr. 456) in die

Zeit nach der ersten italienischen Reise zurück und setzen sich im stehenden Akt in der Nische (W. 154) und der Venus auf dem Delphin (Kat. Nr. 522) fort. - Die Ansicht von Klausen im Eisacktal ist nach einem verlorenen Aquarell der ersten italienischen Reise kopiert. Durch das bereits dem Aquarell eigene Fernbild aus der Vogelschau wird die topographisch festgelegte Landschaft zur Weltlandschaft, über die die Göttin gebietet. Die perspektivisch ausgebreitete Landschaft ist der aperspektivischen, doch ideal proportionierten Figur unterworfen. Nach dem christlich-endzeitlichen Gericht der Apokalypse formuliert Dürer Ordnung und Herrschaft antikischer Weltordnung. - E. Panofsky macht auf die Ähnlichkeit der Gesichtszüge mit Crescentia Pirckheimer aufmerksam (W. 279).

Literatur: Justi, S. 32/33, 40 - H. Kauffmann: Dürers Nemesis. In: Tymbos für Wilhelm Ahlmann. Berlin 1951, S. 135-59 - Panofsky 2, S. 80-82 - E. Panofsky: ›Virgo et Victrix‹. A note on Dürer's Nemesis. In: Prints. Ausgewählt v. C. Zigrosser. New York 1962, S. 15-38, bes. 15 - Rupprich 2, S. 37/38.

482   APOLLO

Albrecht Dürer   *Abb.*

Zwischen den Füßen der Figur geschleudertes Dürermonogramm

Federzeichnung; 31,5 : 22,3 (unregelmäßig beschnitten, aufgelegt)

Zürich, Kunsthaus (N 40)

Der Zürcher Apoll hat seit seiner Entdeckung durch K. T. Parker 1925 wegen des gut erhaltenen und von diesem rekonstruierten Konstruktionsschemas eine wichtige Stellung inne unter den frühen konstruierten männlichen Akten, die den Adam des Stiches von 1504 vorbereiten. Das Konstruktionsschema entspricht genau dem der Apollo-Gruppe, der die männlichen Akte zwischen 1500 und 1504 angehören, ebenso die exakte Gegenüberstellung von Frontalansicht des Körpers und Gesichtsprofil. Die Körper- und die Armhaltung entsprechen, im Gegensinn, dem wenig früher entstandenen Berliner Aeskulap (W. 263). Auffällig ist die sorgfältige Durchkonstruktion des Kopfes, dessen umschreibendes Quadrat in je sieben Seitenteilungen alle Gesichts- und Kopfmaße enthält. Unsicherheiten zeigen sich in der Führung des Konturs, dessen Reuezüge z. T. durch die Hintergrundsschraffen gemildert sind, in zahlreichen Korrekturen und zumal in der Ansetzung des Fußpunktes der Konstruktion. Der Einreihung des Zürcher Apoll unter die Blätter, die mit hoher Wahrscheinlichkeit auf eine oberitalienische Nachzeichnung nach dem Apoll von Belvedere zurückgehen, braucht nicht wegen der Übernahme des herabhängenden Armes vom Mann mit dem Füllhorn aus dem Bacchanal bei der Kufe (Kat. Nr. 508) widersprochen zu werden. - Dennoch haben sich die Zweifel an der Eigenhändigkeit des Blattes verdichtet. A. Wolf, der sich E. Panofsky und L. Oehler anschloss, hat das Blatt wegen seiner künstlerischen Problematik Dürer abgesprochen; es handle sich um die Kopie einer verlorenen Dürerzeichnung von 1512/13, die in Konstruktion und Körperhaltung den Adam des Stiches von 1504 zum Vorbild habe. Die anders proportionierte Umrißkopie im ehemaligen Vischerschen Skizzenbuch des Louvre geht nach A. Wolf nicht auf das Zürcher Blatt, sondern mit weiteren Proportionsfiguren des Dresdner Skizzenbuchs (Panofsky, Nr. 1616-21), auf das verlorene Original zurück.

Literatur: K. T. Parker: Eine neuaufgefundene Apollozeichnung Albrecht Dürers. In: Jb. d. Preuß. Kunstslgn. 46, 1925, S. 248-258 - Flechsig 2, S. 165 - A. Wolf: The Apollo drawing L. 741 and its relationship with Dürer. In: Art in America 29, 1941, S. 23-33 - Oehler, S. 285-87.

483   ADAM UND EVA

Albrecht Dürer

Links unten das Monogramm des Künstlers, darunter die Jahreszahl 1504

Federzeichnung, der Hintergrund mit dem Pinsel abgedeckt, Korrekturen mit Deckweiß; 20,4 : 20,1

Aus den Slgn. Imhoff, Andreossy, Gsell und v. Lanna

New York, Pierpont Morgan Library

Das Blatt ist die wichtigste Vorzeichnung zum Stich von 1504 (Kat. Nr. 484). Aus zwei Teilen zusammengeklebt, fixiert es den Punkt der Entwicklung, an dem Dürer die bislang einzeln gezeichneten Figuren zur Gruppe fügte; stärkere Änderungen waren daher an den einander zugewandten Händen erforderlich. Der Grund deckt eine Korrektur des linken Arms der Eva, der ursprünglich tiefer lag. Datum und Monogramm betreffen nur sie, doch kann die gleichzeitige Entstehung des Adam nicht bezweifelt werden. Die Konstruktion führte Dürer auf gesonderten Blätter aus und übertrug die Umrisse, die nach der Lavierung des Grundes mit Deckweiß z. T. wieder verbreitert wurden. - Der Stich weist zahlreiche Veränderungen auf, die bei Adam so gravierend sind, daß sie nicht während der Übertragung auf die Platte auszuführen waren. Zwischen Zeichnung und Stich müssen weitere Studien stehen. Um seine Vorstellung von der Hoheit des ersten Menschenpaares zu verwirklichen, weicht Dürer von der konstruierten Figur ab und erreicht das richtige Verhältnis der Größe von Mann und Weib durch Streckung der Unterschenkel des Adam. Die Hilfsmittel zur Vergrößerung der Figur bei gleichbleibender Proportion standen ihm 1504 noch nicht zur Verfügung (der ›Verkehrer‹, vgl. Kat. Nr. 489). Die größere Länge des Adam warf perspektivische Probleme auf, weil sie die Stellung der Figuren im Raum und zueinander berührte. - Die Entwicklungsreihe des Adam führt zurück zum Typ des Apoll von Belvedere (vgl. Kat. Nr. 191), dessen statuarische Haltung, angeregt auch durch den Apoll des Jacopo de' Barbari, in eine bewegtere Haltung überführt wurde. Wichtige Zwischenglieder sind der Zürcher Apoll (Kat. Nr. 482), der Berliner Aesculap, der Londoner Apoll und der Apollo Poynter (W. 261-63). Konstruktionsschema und Proportionen werden kaum verändert, Hauptprobleme sind die Ponderierung, die Stellung des Spielbeins und die Kopfdrehung. - Die Entwicklungsreihe der Eva setzt mit einer Gruppe von Konstruktionen ein, die um 1500 und bald danach entstanden und in die Anregungen aus dem Figurenideal der Venus Medici eingingen (W. 410-18; Panofsky, Nr. 1630, 1637); aus dem Entwicklungsstadium des Jahres 1504 stammt die Oxforder Eva (W. 334). Zwischen ihr und dem Blatt der Morgan Library müssen weitere Blätter entstanden sein.

Literatur: Justi, S. 9/10 - E. Panofsky: Dürers Darstellungen des Apollo und ihr Verhältnis zu Barbari. In: Jb. d. Preuß. Kunstslgn. 41, 1920, S. 359-77 - Tietze, Dürer 1, S. 399/400 - Flechsig 2, S. 181-88 - Panofsky 1, S. 85-87 - The Pierpont Morgan Library. Drawings and prints by Albrecht Dürer. New York 1955, S. 10 - Winkler, Dürer 1957, S. 164 - Dürer in America: His graphic work. Ausst. Washington 1971, Nr. 12.

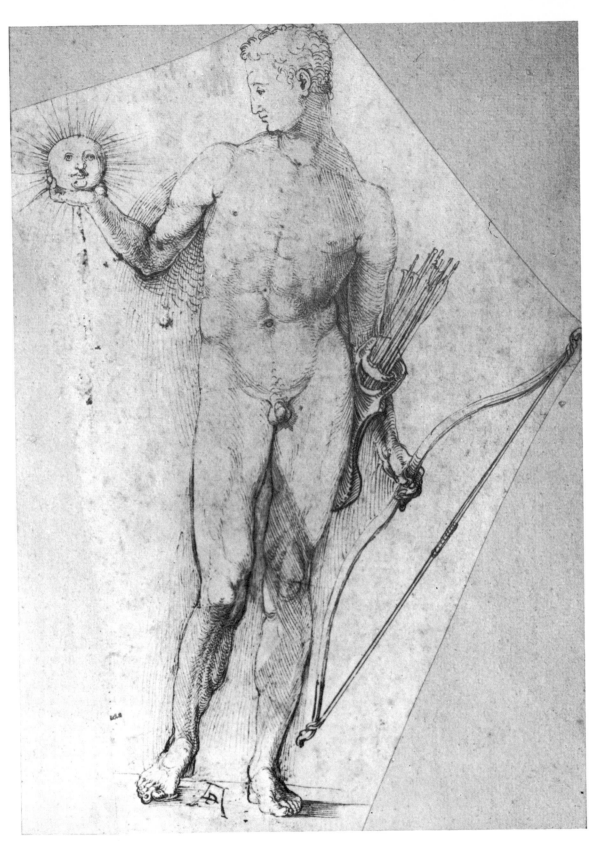

Albrecht Dürer: Apollo (Kat. Nr. 482)

Albrecht Dürer: Adam und Eva (Kat. 484)

484 ADAM UND EVA

Albrecht Dürer   *Abb.*

Auf der Schrifttafel links am Baum: ALBERTUS DVRER
NORICVS FACIEBAT 1504, dazu das Monogramm des Künstlers

Kupferstich; 25,2 : 19,5

Aus Slg. Hertel

Nürnberg, Germanisches Nationalmuseum (St. Nbg. 2067; Leihgabe der Stadt Nürnberg)

Im Stich des ersten Menschenpaares faßt Dürer die über vier Jahre gegangene Arbeit an der Konstruktion des schönen menschlichen Körpers zusammen. Das klassische Schönheitsideal der erstrebten antikischen Körpermaße wird im christlich-alttestamentlichen Thema vorgestellt. Die ikonographische und formale Entstehung des Blattes enthält zugleich die antiken Vorbilder, Sol-Apollo für Adam, Venus für Eva. In der Anordnung der hellen Körper vor dem Dunkel des Waldes griff Dürer einen Gedanken Pollaiuolos auf, dem er auch in der Formulierung der (zweiten!) lateinischen Inschrift verpflichtet ist. Die Konstruktionsarbeit diente einmal der Gewinnung der idealen Proportion des Körpers, zum anderen der weitgehenden Bestimmung der Körperkonturen und schließlich der Fixierung des Kontrapostes. Alle drei Ziele sind für den statuarisch ruhig gestellten idealen Körper in dem Blatt fixiert. - In die paradiesische Umgebung stellt Dürer die Verkörperungen der vier Temperamente, die von der scholastischen Lehre mit dem Sündenfall verbunden werden. Der Elch steht für das melancholische Temperament, der Hase für das sanguinische, die Katze für das cholerische und der Ochse für das phlegmatische. - Unmittelbar Adam und Eva zugeordnet sind die Bäume. Adam umgreift einen Ast des Lebensbaums (hier eine Bergesche), auf dem der Papagei sitzt, ein Symbol für Maria als Überwinderin der Sünde. Eva ist der Baum der Erkenntnis (Feigenbaum) mit der Schlange zugeordnet. - Dürer bereitete das Blatt durch die Konstruktion der Figuren (vgl. Kat. Nr. 483) und durch Detailstudien für die Tiere und einzelne Körperteile vor (vgl. Kat. Nr. 575/76 und W. 336, 242; London). - Die fünf Zustände, darunter zwei zur Überprüfung der Konturen und der Beinstellung Adams, sind bei C. Dodgson abgebildet, sämtliche Studien verzeichnet E. Panofsky (Nr. 108).

Literatur: Justi, S. 10 - C. Dodgson: Albrecht Dürer. London-Boston 1926, S. 51-55 - Panofsky 1, S. 84-87 - Rupprich 1, S. 206 Nr. 27 - Winkler, Dürer 1957, S. 164/65.

485 PROPORTIONSFIGUR UND REINZEICHNUNG DES ADAM

Albrecht Dürer

Am Standbein zahlreiche Proportionsangaben, auf der Rückseite rechts unten das Monogramm des Künstlers von fremder Hand

Federzeichnung, der Hintergrund der Rückseite mit dem Pinsel abgedeckt, Konstruktion z. T. in Blindrillen; 26,5 : 16,7

Aus den Slgn. Bianconi und Fries

Wien, Graphische Sammlung Albertina (3081)

Ausgehend vom Adam-und-Eva-Stich und den zugehörigen Studien (Kat. Nr. 484, 483; W. 333/34), beschäftigte sich Dürer seit 1506 erneut mit der Darstellung des ersten Menschenpaares. Schwierigkeiten bereitet die Einordnung der beiden Wiener Blätter (vgl. Kat. Nr. 486), da das Adam-Blatt sowohl Elemente

des Stiches wie auch der Vorzeichnung der Morgan Library (Kat. Nr. 483) enthält, auch wenn die Datierung des Adam seit E. Panofskys Nachweis des Zusammenhangs mit der 1507 datierten und zugehörigen Zeichnung der Eva gesichert ist (W. 335; London). Es läßt sich nicht sicher entscheiden, ob - wie üblich - die Konstruktion vor der Figurenzeichnung entstand oder umgekehrt. In der Konstruktion ist das geometrische Schema der Jahre vor 1504 unverändert übernommen, die Linien sind oberhalb der Hüften mit der Feder ausgezogen, unterhalb nur geritzt. Die wichtigsten Elemente der vitruvianischen Konstruktion des männlichen Körpers sind am Wiener Adam gut zu erkennen bzw. zu rekonstruieren. $1/8$ der Körperlänge ergibt den Kopf, $1/10$ die Gesichtshöhe, $1/6$ vom Scheitel den Schnittpunkt Körperachse-Brustquadrat. Dessen Seitenlänge beträgt ebenfalls $1/6$, der umschreibende Kreis deutet die Schulterkonturen an, sein Schnittpunkt mit der Körperachse bezeichnet den Mittelpunkt des oberen Hüftkreises zur Gewinnung der Hüftkonturen. $1/6$ abgetragen vom Schnittpunkt der Körperachse mit der unteren Seite des Brustquadrates ergibt die Schamhöhe, die im Winkel der Körperneigung angetragen wird. Die Oberschenkelbreite ergibt sich aus Abtragen von $1/10$ auf der untersten Senkrechten, die auf der Körperschräge zur Scham hin errichtet wird. Vom Schnittpunkt des unteren Hüftkreises mit der untersten Senkrechten auf der schrägen Rumpfachse wird eine Schräge zum Fußpunkt gezogen, die Hälfte dieser Strecke ergibt eine Kniehöhe. - Die auf dem Standbein eingetragenen Maße entstammen der Zeit um 1513. Sie sind auf der fertigen Zeichnung mit dem Zirkel abgegriffen, die gewonnenen Ergebnisse sind in arithmetischen Bruchteilen von $1/14$-$1/40$ beigeschrieben.

Literatur: Justi, S. 7-9 - Flechsig 2, S. 196-98 - J. Giesen: Dürers Proportionsstudien im Rahmen der allgemeinen Proportionsentwicklung. Bonn 1930, S. 33-36 - Tietze, Albertina 4, Nr. 80 - Rupprich 2, S. 37.

486 PROPORTIONSFIGUR UND REINZEICHNUNG DER EVA

Albrecht Dürer

Auf der Rückseite das Monogramm des Künstlers von fremder Hand

Federzeichnung, der Hintergrund der Rückseite mit dem Pinsel abgedeckt; 26,2 : 16,5

Aus Slg. Fries

Wien, Graphische Sammlung Albertina (3080)

Das Wiener Blatt mit der apfelpflückenden Eva ist nach den eingehenden Untersuchungen E. Panofskys und im Gegensatz zu E. Flechsig nicht das Pendant zum Wiener Adam (Kat. Nr. 485), sondern gehört zu einer 1506 datierten Gruppe von Studien (W. 425-28; London), die das statuarische Ideal der Eva von 1504 verlassen, auf Streckung, Bewegung und Drehung der weiblichen Figur hinarbeiten und die Gemälde des ersten Menschenpaares im Prado, Madrid, vorbereiten. Das zuerst gezeichnete geometrische Konstruktionsschema beschränkt sich auf das Thoraxquadrat und -rechteck, das Hüfttrapez im Neigungswinkel und wenige wesentliche Proportionen. Die Kniehöhe des Standbeins liegt auf der Hälfte zwischen Sohle und unterer Seite des Brustrechtecks. Das ursprünglich nach rechts abwärts gerichtete Gesicht wurde überzeichnet, so daß der Kopf nach links oben gewandt ist. Diese Haltung hat die Durchzeichnung der Rückseite übernommen.

Literatur: Justi, S. 17-19 - Flechsig 2, S. 196-98 - J. Giesen:

Dürers Proportionsstudien im Rahmen der allgemeinen Proportionsentwicklung. Bonn 1930, S.38 - Tietze, Albertina 4, Nr.81 - Panofsky 1, S.119/20; 2, S.58 zu Nr.460 - Rupprich 2, S.38.

487   MÄNNLICHE PROPORTIONSFIGUR
Albrecht Dürer

Auf der Vorderseite Proportionsangaben; auf der Rückseite: Der hat zw lange schynpein; darunter das Monogramm des Künstlers, über dem Kopf die Jahreszahl 1513

Federzeichnung, alte Korrekturen mit Deckweiß; Wz.: Dreizack; 27,9 : 20,6

Aus Slg. Klugkist

Bremen, Kunsthalle Bremen (20)

Die Studie eines Mannes von acht Kopflängen stammt aus den Anfängen der Arbeit am geplanten Lehrbuch der Malerei. Das bisherige System der Teilung des Körpers in drei gleiche Teile ist noch Ausgangspunkt der Proportionierung, die jedoch bereits nach der ›regell‹, dem Gesetz der stetigen Proportion, vorgenommen und am rechten Rand notiert wurde: Die trey leng sind nach der regell gemacht. Bei dieser Proportionierung verhält sich der Rumpf (bis Hüftende) zum Oberschenkel wie dieser zum Unterschenkel. Die eigenhändige Datierung auf 1513 legt den Übergang Dürers zum Gesetz der stetigen Proportion chronologisch fest. Beschrieben wird das neue Verfahren etwa gleichzeitig (London, British Mus., Add. 5230, fol. 192r). Eine Zeichnung des so proportionierten Mannes ohne Konstruktionsangaben findet sich gleichfalls (ebda, fol. 99v). Die Rückseite zeigt die durchgezeichnete Reinzeichnung der Figur ohne Hilfslinien.

Literatur: Justi, S.3, 21/22 - Rupprich 2, S.191 Nr.19 (1), 140 zu Nr.12.

488   MÄNNLICHE PROPORTIONSFIGUR IM PROFIL
Albrecht Dürer

Auf der Vorderseite Proportionsangaben

Federzeichnung in Braun; 24 : 9,4

Erlangen, Graphische Sammlung der Universitätsbibliothek Erlangen-Nürnberg (B 157)

Die Studie scheint ohne entsprechende Frontalansicht geblieben zu sein und ist in erster Linie zur Durcharbeitung der Tiefenproportionen des männlichen Körpers bei acht Kopflängen angefertigt worden. Hierauf weisen die zweifachen Umrißlinien wie die Eintragung des Schädelquadrats. Das System weicht nicht von der stetigen Proportion ab und geht in der Ausarbeitung, die nicht zu Ende geführt wurde, eng mit der Proportionsfigur des Dresdner Skizzenbuches auf Bl.124r (Bruck, Taf.43) zusammen. Entstanden ist das Blatt zwischen 1513 und 1515. Die Rückseite zeigt die reingezeichnete Durchzeichnung.

Literatur: Bock, Erlangen, Nr.157 - Winkler, Dürerzeichnungen 3, bei Nr.648 - Rupprich 2, S.224 Nr.38 (2).

489   MÄNNLICHE PROPORTIONSFIGUR
Albrecht Dürer

Über der Figur: Diser man ist $^1/_7$ dünner und schmeler dan der erst man awff der linij aa bb; an der linken Seite Bezeichnung

der Körperteile, die vertikalen Achsen oben mit J, unten mit k bezeichnet, sämtlich von der Hand Dürers; rechts unten das Monogramm des Künstlers von fremder Hand

Federzeichnung; 25 : 18

Aus Slg. Harzen (?)

Hamburg, Hamburger Kunsthalle (23009)

Im 3. Buch der Proportionslehre behandelt Dürer die Vergrößerung und Verkleinerung der menschlichen Figur nach Höhe, Breite und Dicke unter Beibehaltung der einmal gewählten Proportion. Die Hilfsfiguren für die Umkonstruktionen werden von Dürer ›Zwilling‹, ›Verkehrer‹, ›Wähler‹, ›Zeiger‹, ›Fälscher‹ genannt und beruhen bis auf die erste auf den Strahlensätzen. Die Verfahren entwickelte Dürer seit 1512/13 für einen selbständigen Teil des Malerbuches, das er als ›Unterricht alle Maß zu ändern‹ zusammenfaßt. Die mit Hilfe des Verkehrers gewonnene Hamburger Proportionsfigur setzt eine Figur voraus, die auf einer um $^1/_7$ längeren Strecke aa bb um $^1/_7$ breiter und dicker gezeichnet war. - Die Profilfigur weist mehrere während des Zeichnens vorgenommene Veränderungen auf.

Literatur: E. Panofsky: Albrecht Dürers rhythmische Kunst. In: Jb. f. Kunstwiss. 3, 1926, S.175-80 - Rupprich 2, S.397/98, 427 Nr.8 (3).

490   STUDIENBLATT ZUR BEWEGUNGSLEHRE
Albrecht Dürer

Federzeichnung; 17,3 : 14

Aus Slg. Sloane

London, The Trustees of the British Museum (5218-115)

Das 4. Buch der Proportionslehre enthält die Lehre vom Biegen der Körper und seiner Glieder. Die ersten Zeugnisse der Beschäftigung Dürers mit dem Thema stammen wahrscheinlich von 1508. Wenn er nicht bereits auf der zweiten Italienreise den entsprechenden Abschnitt aus Albertis De pictura (Kat. Nr. 627) kennen lernte, so war dieser ihm spätestens 1513 bekannt. Um die Stellungen des gebogenen Körpers zeichnerisch darzustellen, umschließt Dürer die Körperteile mit Kuben, deren Grundflächen den Körper an zehn Stellen durchschneiden. Das relativ spät entwickelte Kubenverfahren steht in engem Zusammenhang mit dem Gebrauch der Gliederpuppe, deren sich Dürer für die Vorarbeiten zum 4. Buch bediente. - Die Vorderseite des um 1519/20 entstandenen Blattes zeigt die schreitende Frauengestalt, möglicherweise zum Nachvollzug einer bei Alberti beschriebenen Schreitstellung. Die skizzierten Kuben entsprechen den Körperteilen. Die Rückseite zeigt eine Schreitstudie im Kubusverfahren, links sind die Brustkuben wiederholt, Stechhelm und Köpfe (physiognomische Studien?) auf der unteren Hälfte des Blattes scheinen nicht konstruiert zu sein.

Literatur: E. Panofsky: Dürers Kunsttheorie. Berlin 1915, S.56-63, 69-72 - Dodgson, Guide 1928, Nr.291 - J. Giesen: Dürers Proportionslehre im Rahmen der allgemeinen Proportionsentwicklung. Bonn 1930, S.51 - Flechsig 2, S.331 - Rupprich 3, S.158 Nr.14.

491   SKIZZENBLATT MIT ACHT KOPFSTUDIEN
Sebald Beham

In der Mitte der rechten Hälfte das Monogramm HSP (ligiert) und die Jahreszahl 1518

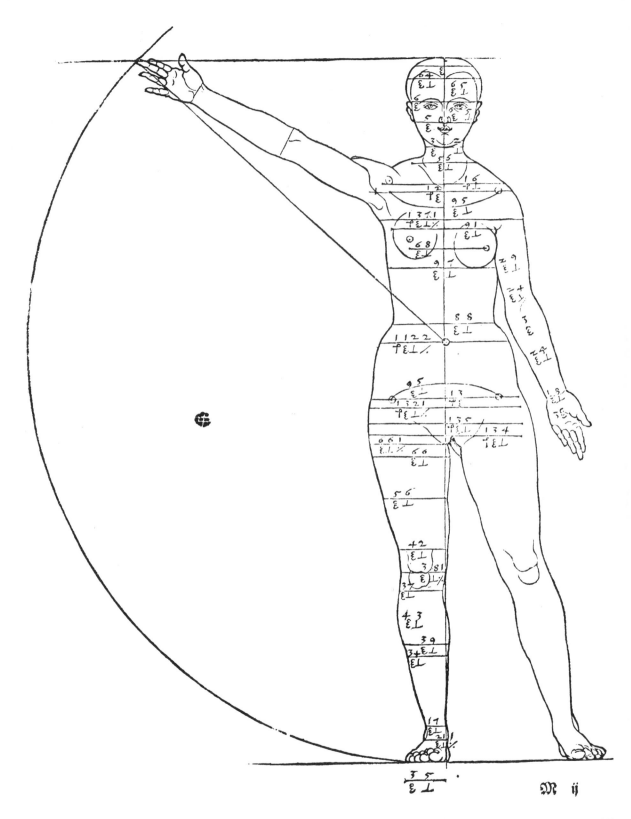

Albrecht Dürer: Figur aus der Proportionslehre (Kat. Nr. 494)

Federzeichnung in Braun auf rötlich getöntem Papier; 9,9 : 12,4

Braunschweig, Herzog Anton Ulrich-Museum (9)

Bei dem kleinen Blatt handelt es sich um die früheste erhaltene Zeichnung Sebald Behams. Künstlerisch wie technisch nimmt der Achtzehnjährige seine Mittel von Dürer. Sicherlich gilt dies auch thematisch. Die obere Reihe der Gesichter erinnert in Zusammenstellung und Reihung an physiognomische Studien Dürers (W. 656-59, 661), die vornehmlich seit 1513 entstanden.

Literatur: E. Schilling: Nürnberger Handzeichnungen des 15. und 16. Jahrhunderts. Freiburg/Br. 1929, Nr. 48 - H. W. Schmidt: Die deutschen Handzeichnungen bis zur Mitte des 16. Jahrhunderts. Kunsthefte des Herzog-Anton-Ulrich-Museums 9. Braunschweig 1955, Nr. 9 - Meister um Albrecht Dürer. Ausst. Nürnberg 1961, Nr. 72.

492 ENTWÜRFE, STUDIEN UND REINSCHRIFTEN ZUR PROPORTIONSLEHRE

Albrecht Dürer

Folio-Handschrift auf verschiedenartigem Papier mit Federzeichnungen, 148 Bll. (mit eingeschossenen Bll. 288). Teil 1: Ms. autographum 59 foliorum Alberti Düreri, Libri III^{tii} et IV^{ti} von menschlicher Proportion s. Symmetriae (von der Hand Ch. G. Murrs; 59 Bll.); Teil 2: Folia autographa Alberti Düreri ad opus Symmetriae, s. Von menschlicher Proportion etc. Inliegend fol. 1-69 (Murr); Teil 3: Folia 29 autographa Alb. Düreri ad opus geometricum, Underweysung der messung etc. fol. 1-29 (Murr)

Aus den Bibliotheken Nägelein, Murr und Colmar

Nürnberg, Stadtbibliothek (Cent. V. App. 34aa)

Die Titelblätter bezeichnen den Inhalt der ursprünglichen, von Ch. G. Murr angelegten Mappen, die erst nach dem Erwerb durch die Stadt Nürnberg (1835) zu einem Band zusammengebunden wurden. - Der erste Teil der Handschrift enthält ausschließlich Teile des Manuskriptes der Proportionslehre in der endgültigen Fassung für den Druck von 1528. Dürers Reinschrift zeigt an zahlreichen Stellen die korrigierende Hand Pirckheimers, der den Text auf Dürers Wunsch vor der Drucklegung durchsah. Die Benutzung des Manuskriptes in der Druckerei ist an den Umbruchzeichen des Metteurs am Unterrand der Blätter zu erkennen. Erhalten hat sich die Reinschrift für die Seiten H2r-H3v (2. Buch), O1r-S4r (3. Buch), V1r-Z3r (4. Buch). Von den Zeichnungen sind nur die der Hilfskonstruktionen des 3. Buches sowie die der sechs Linien und vier Blätter mit den stereometrischen Darstellungen einzelner Körperteile erhalten. - Der zweite Teil der Handschrift umfaßt vornehmlich Entwürfe und Proportionsstudien zum Malerbuch und zur Proportionslehre. Einige Blätter gehören in die Jahre 1506-09, der größere Teil entstand 1513-15. Zahlreiche Proportionsfiguren und Bewegungsstudien stammen nicht von Dürer, 35r zeigt unter einer dieser Zeichnungen das Monogramm des Erhard Schön. Mit einer männlichen Proportionsfigur (von Dürers Hand?) auf 81r wird die Längenveränderung von der Proportion des Gauricus (Kat. Nr. 478) mit 9 Kopflängen auf 10 versucht. Auf demselben Blatt finden sich drei Entwürfe zur Proportion des Pferdes aus der Zeit um 1507, wenn nicht früher. Die Proportionsskizze des Pferdes im Profil variiert das Schema des Kleinen Pferdes, die des verkürzten (oben) das Große Pferd (Kat. Nr. 500/01. 79r bringt die Seitenansicht einer Figur zur Bewegungslehre. Zum ästhetischen Excurs des 3. Buches findet sich ein längerer Entwurf von 1513 (Bl. 64). - Der dritte Teil des

Bandes enthält geometrische Zeichnungen, deren größter Teil wahrscheinlich nicht von Dürer stammt (Monogramme Lorenz Stör und Meister IAR). Inwieweit unter diesem Material Arbeiten der Schüler Dürers verborgen sind, bleibt zu prüfen.

Literatur: K. Lange u. F. Fuhse: Dürers schriftlicher Nachlaß. Halle 1893, S. 238-51 - E. Panofsky: Dürers Kunsttheorie. Berlin 1915, S. 201/02 - J. Kurthen: Zum Problem der Dürerschen Pferdekonstruktion. In: Rep. f. Kunstwiss. 44, 1924, S. 89 - Panofsky 1, S. 153, 272 - Rupprich 2, S. 52 Nr. 9, 108 Nr. 5 (2) 117 Nr. 7 (3c), 169 Nr. 7, 171 Nr. 9 (1), 196 Nr. 22, 211 Nr. 23 265 Nr. 17 (3), 279 Nr. 1 (2), 286 Nr. 4 (3), 313 Nr. 4 (1), 336 Nr. 5, 352 Nr. 1, 403 Nr. 2 (4), 427 Nr. 8 (4), 435 Nr. 1, 438 Nr. 1 (1), 441 Nr. 1, 444 Nr. 1, 455 Nr. 4 (1,2), 460 Nr. 5 (1), 474 Nr. 1 (1), 479 Nr. 2 (2); Rupprich 3, S. 62 Nr. 7, 64 Nr. 8, 126 Nr. 1 (9), 141 Nr. 4 (2), 220 Nr. 1, 224-64 Nr. 1-6b u. 1-7, 276 Nr. 8, 331 Nr. 1, 341 Nr. 14 (2), 353 Nr. 5 (1) - F. Winzinger: Dürer und Leonardo. In: Pantheon 29, 1971, S. 17/18.

493 WIDMUNG, VORREDE UND TEXTE ZUR PROPORTIONSLEHRE

Albrecht Dürer

Abschriften Ende 16./Anfang 17. Jahrh., 185 Bll.; 30,8 : 20,5; mit zahlreichen Federzeichnungen und einigen Gouachen. Fol. 1r Monogramm des Künstlers, fol. 2r-3v Vorrede und Widmung zur Proportionslehre (Entwürfe), fol. 4r-110r Text und Zeichnungen des 1. Buches der Proportionslehre sowie Zeichnungen zu Buch 2 und 3, fol. 111r Dürermonogramm, fol. 111v-133r Text und Zeichnungen aus der Unterweisung der Messung (A6v-E2r)

Wien, Österreichische Nationalbibliothek (Cod. Vindob. 12643)

Die umfängliche Handschrift entstand wahrscheinlich nicht nach den Drucken von Proportionslehre und Unterweisung der Messung (vgl. Kat. Nr. 494, 640), sondern nach verlorenen Druckmanuskripten Dürers. Die Texte zeigen Orthographie und Vokabular des Kopisten. Einige Proportionszeichnungen überliefern verlorene Original-Reinzeichnungen Dürers. - Die Fassungen von Vorrede und Widmung zur Proportionslehre sind in dieser Form an keiner anderen Stelle erhalten: Die kurze Vorrede entstand etwa 1527 ›unter Verwendung älterer Aufzeichnungen‹ (H. Rupprich), die Widmung an Pirckheimer wohl wenig später. Gegenüber der Druckfassung ist der Entwurf inhaltsreicher und nimmt dadurch wie durch seine Datierung gegenüber den bis 1523 entstandenen sechzehn Entwürfen zur Einleitung in das Malerbuch und die 1. Fassung der Proportionslehre eine besondere Stellung ein.

Literatur: F. Unterkircher: Inventar der illuminierten Handschriften, Inkunabeln und Frühdrucke der Österreichischen Nationalbibliothek 1. Wien 1957, S. 153 - H. Rupprich: Dürers Stellung zu den agnoetischen und kunstfeindlichen Strömungen seiner Zeit. In: Sitzungsber. d. Bayer. Akad. d. Wiss. Phil.-hist. Klasse 1959; 1, S. 19-31 - Rupprich 2, S. 14/15, 150 Nr. 16, 327 Nr. 2; 3, S. 31 Nr. 6, 198 Nr. 7, 438 Nr. 68a.

494 DIE PROPORTIONSLEHRE

Albrecht Dürer: Hierinn sind begriffen vier bücher von menschlicher Proportion... Nürnberg: Hieronymus Andreae, 31. 10. 1528. 2°   *Abb.*

Bamberg, Staatsbibliothek (2 an: L. art. 8a)

Nürnberg, Germanisches Nationalmuseum
(DÜRER 4° Ct 152/6)

Am 6. April 1528 war Dürer gestorben, am 31. Oktober erschien ›auff verlegung Albrecht Dürers verlassen witib‹ die Proportionslehre. Dreißig Jahre hatte Dürer sich mit der Proportion des menschlichen Körpers beschäftigt, die Drucklegung des Werkes, das den Ruhm des Theoretikers Dürer begründete, erlebte er nicht mehr. Der Plan geht zurück auf die Anfänge des Malerbuchs um 1507/08, eine erste Reinschrift war 1523 weitgehend fertiggestellt, die endgültige Fassung wurde 1527/28 an den Setzer geliefert, nachdem Pirckheimer sie durchgesehen hatte. Das 1. Buch beschreibt die Konstruktion der Figur und einiger Glieder mit dem Teiler, einem Richtscheit von der Höhe des zu konstruierenden Menschen (=1) mit aufgetragenen Brüchen. Gemessen wird in aliquoten Brüchen von festgelegten Körperpunkten aus. Stetige Proportionen werden mit dem Vergleicher erreicht, der eine Näherungskonstruktion der mittleren Proportionale ermöglicht. Bei Kopfkonstruktionen gibt Dürer drei Ansichten, die Untersicht wird mit dem ›Übertrag‹, einem gleichschenkligen Dreieck, um 45° in die Frontalansicht gedreht. Das 2. Buch behandelt die Proportion des Menschen nach dem System der Albertischen Exempeda (Kat. Nr. 477). Dürer mißt mit dem ›Meßstab‹ acht Männer und zehn Frauen von fünf festliegenden Punkten aus und faßt die Ergebnisse in

Tabellen zusammen. Praktisch liegt hier ein Musterbuch bestimmter Körpertypen und ihrer Proportionen vor. Im 3. Buch werden die Veränderungen der vorab gewonnenen Figuren bei gleichbleibender Proportion gezeigt. Dürer stellt die Umkonstruktionen der Gesichter, einen Teil seiner physiognomischen Studien, an den Anfang. Den Verkehrer benutzt Dürer, um Figuren nach Höhe, Breite und Tiefe zu verkleinern und zu vergrößern. Mit Hilfe des Zwillings und des Zeigers werden nur die Breitenmaße der Figur verändert, mit dem Fälscher nur die Höhen. Am Ende des 3. Buches schiebt Dürer den berühmten ästhetischen Excurs, eine Rechtfertigung der Proportionslehre, ein. Mit der Einleitung in die Unterweisung der Messung (Kat. Nr. 640) gibt der Excurs die Substanz der Kunsttheorie Dürers. Das letzte Buch ›zeygt an, wie vnd wo man die forbeschrybnen bilder biegen sol‹. Dürer behandelt sechs Arten des Biegens, konstruiert in Frontal- und Profilansicht. Der 2. Teil erläutert das Kubenverfahren (vgl. Kat. Nr. 490), bei dem der menschliche Körper in Kuben eingeschlossen wird, daraus der Grundriß des Menschen gewonnen und schließlich die Kuben zu sphärischen Körpern gebogen werden. Die Biegung des gesamten Körpers im Kubenverfahren fehlt. - Beigegeben sind dem Druck das Privileg Kaiser Karls V. für Agnes Dürer und die ›Elegia Bilibaldi Pirckeymheri‹ auf den Tod Dürers samt seiner Schlußschrift zum Lob des ›besten Freundes‹ (Kat. Nr. 61).

Literatur: Bohatta 17 - E. Panofsky: Dürers Kunsttheorie. Berlin 1915, bes. S. 45-62, 114-121 - H. Kauffmann: Albrecht Dürers rhythmische Kunst. Leipzig 1924, S. 99-130 - E. Panofsky: Albrecht Dürers rhythmische Kunst. In: Jb. f. Kunstwiss. 3, 1926, S. 158-80 - J. Giesen: Dürers Proportionsstudien im Rahmen der allgemeinen Proportionsentwicklung. Bonn 1930, S. 42-52, 94-102 - A. Kahler: Albrecht Dürers Schrift ›Von menschlicher Proportion‹. Diss. Wien 1947 (Masch. Schr.) - Panofsky 1, S. 266-70 - J. Schlosser Magnino: La letteratura artistica. Florenz-Wien 1956, S. 270-74 - Rupprich 1, S. 97-106, 125 Nr. 69, 303 Nr. 15, 236 Nr. 12; 3, S. 7-20, 47-49, 118-25, 163-66, 218-19, 267-69 - Albrecht Dürer: Hierinn sind begriffen vier bücher von menschlicher Proportion... Faksimile-Ausgabe. Unterschneidheim 1969 - Albrecht Dürer. Vier Bücher von menschlicher Proportion. 1. Faksimiledruck. 2. Max Steck: Albrecht Dürer als Kunsttheoretiker. Dietikon-Zürich 1969.

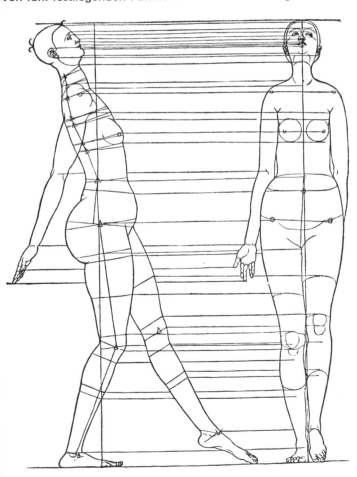

Albrecht Dürer: Figuren aus der Proportionslehre (Kat. Nr. 494)

495 DIE LATEINISCHE AUSGABE DER PROPORTIONSLEHRE

1 Albrecht Dürer: De Symmetria partium in rectis formis humanorum corporum, Libri in latinum conuersi [Übers.: Joachim Camerarius]. Nürnberg: [Hieronymus Andreae] 1532. 2°

Nürnberg, Germanisches Nationalmuseum
(DÜRER 4°Ct 153/1)

2 Albrecht Dürer: De varietate figurarum et flexuris partium ac gestibus imaginum libri duo, ...in latinum conuersi... [Übers.: Joachim Camerarius]. Nürnberg: Hieronymus Andreae, 23.11.1534. 2°

Aus der Biblioth. von Herzog Ludwig Rudolf von Braunschweig-Lüneburg

Wolfenbüttel, Herzog August Bibliothek (25 Geom. 2°, 3a)

Bald nach Dürers Tod, wenn nicht schon vorher, begann J. Camerarius das kunsttheoretische Werk Dürers zu übersetzen, nachdem Pirckheimer seine Übersetzungsversuche bald aufgegeben hatte. Mathematisches und philologisches Studium, Freundschaft und Umgang mit Dürer seit 1526 und der Zugang zu Dürers Nachlaß befähigten Camerarius zu dieser Arbeit. Die Übersetzung der Proportionslehre erschien 1532 und 1534 in zwei Teilen (1. u. 2. bzw. 3. u. 4. Buch). Ohne die Übersetzungsarbeit des Camerarius wäre den Schriften Dürers ihre außerordentliche Verbreitung und Wirkung in Europa versagt geblieben. Dürers Schriftsprache war in ihrer sprachschöpferischen Eigenwilligkeit und ihren fränkischen Eigenheiten ungewohnt und für die der deutschen Sprache nicht mächtigen Gelehrten schwer verständlich. Durch die Übertragung wurde die Proportionslehre aus der Sprache der Künstler herausgenommen und in die Sprache der Gelehrten Teil der europäischen wissenschaftlichen Literatur. Ohne die Arbeit von Camerarius hätte Michelangelo die Proportionslehre nicht zu Gesicht bekommen. Eine erneute lateinische Ausgabe erschien 1557 in Paris, gleichzeitig eine französische. Die erste italienische Übersetzung erschien 1591, die niederländische 1622. Die lateinischen Ausgaben Nürnberg 1528 und 1534 (Bohatta 19, 21) sind nicht nachweisbar, ebenso nicht die Ausgaben Paris 1535 und 1537 (Bohatta 22, 23). Die Übersetzung des Camerarius hat einen hohen Grad sprachlicher Präzision, hängt nicht sklavisch am Text, zeigt sich vertraut mit der Fachterminologie und scheut nicht vor Veränderungen zurück (Rupprich 3, S. 444/45). Zum Verständnis Dürerschen Sprachgebrauchs bleibt der Text des Camerarius unentbehrlich. - Den Bänden der Ausgabe von 1532/34 hat Camerarius erklärende Vorreden an die Leser und Widmungen an C. Koler vorangesetzt, darauf folgen zwei Gedichte des Eobanus Hesse auf Dürer (vgl. Kat. Nr. 64).

Literatur: Bohatta 20, 21 - Panofsky 1, S. 270-79 - Rupprich 1, S. 116 Nr. 58a, 307 Nr. 22a-h; 3, S. 219, 290 Nr. 23 (3) - Weitere Lit. vgl. Kat. Nr. 494.

DIE PROPORTION DES PFERDES

Aus den Entwürfen zum Lehrbuch der Malerei geht hervor, daß Dürer zwischen den Maßen des Menschen und denen der Gebäude auch die Proportionen des Pferdes behandeln wollte. Eine eingehendere Begründung für die Aufnahme des Pferdes in die Maßuntersuchungen hat sich nicht erhalten, sie wird ebenso wie fast das gesamte übrige Material dem Diebstahl durch Sebald Beham zum Opfer gefallen sein. Die im schriftlichen Nachlaß enthaltene Begründung stammt nicht aus Dürers Feder und ist zu simpel, als daß sie ihm angelastet werden dürfte. Welche Bedeutung die Proportionen des Pferdes für Dürer hatten, wird am Meisterstich ›Ritter, Tod und Teufel‹ sichtbar. Das Pferd ist konstruiert, die Zusammenhänge mit den Entwürfen Leonardos zum Denkmal für Francesco Sforza sind evident. Dürer stellte zur spätgotisch-deutschen Figur des Ritters die monumentale italienische Renaissancefigur des Pferdes. Aus der antiken Tradition war das Standbild des ledigen und berittenen Pferdes von der italienischen Renaissance aufgenommen worden und erhielt im Reiterstandbild des Quattrocento und Cinquecento erneut den Platz einer triumphalen Figur. Diese übernahm Dürer und stellte sie mit den Mitteln des Stichs in einen neuen allegorischen Zusammenhang. - Über wenige Blätter führte der Weg zum Paar des Großen und Kleinen Pferdes. Beide waren nicht möglich ohne schriftliche und zeichnerische Hilfen und Vorlagen, die mit einiger Sicherheit aus Mailand und dem Atelier

oder Kreis Leonardos kamen. Dürer wird derartige Vorlagen besessen haben, noch 1517 konnte er sie benutzen. Wahrscheinlich war der mit Pirckheimer befreundete Galeazzo di San Severino der Übermittler, im Sommer 1502 hielt er sich in Nürnberg auf. Aus seinem Stall kamen die Pferde, die Leonardo als Modelle benutzte.

496   DER HL. EUSTACHIUS
Albrecht Dürer   *Abb*

Unten Mitte das Monogramm des Künstlers

Kupferstich; 35,7 : 26

Aus den Slgn. Strölin und Jancsy

Schweinfurt, Sammlung Otto Schäfer (D-60)

Der Stich mit dem Hl. Eustachius entstand im ersten oder zweiten Jahr nach der Jahrhundertwende; dieser in den Abmessungen größte Dürers ist ein erster Höhepunkt im Kupferstichwerk. Sorgfältigste Zeichnung und feinste Tonwerte kennzeichnen besonders die vielgestaltige Landschaft, deren Detailreichtum, Stufung und Räumlichkeit gegenüber der wenig späteren Nemesis (Kat. Nr. 481) der Überlieferung des 15. Jahrhs. verpflichtet sind. Möglicherweise ist in der Landschaft die Nachbildung eines Landschaftsaquarells enthalten (Segonzano?) Dem bildparallelen Landschaftsaufbau entsprechen die im exakten Profil aufgebauten Pferd, Hirsch und zwei Hunde. Dürer nimmt eine gewisse Kühle und Trennung zwischen Raum und Tier in Kauf, um die regelmäßige Schönheit des Tierkörpers in voller Entfaltung zu zeigen. Dem Pferd liegt noch keine Proportion zugrunde, jedoch sind erste Konstruktionselemente vorhanden. Der Rumpf des Pferdes ist einem Quadrat eingefügt (rechter Vorderhuf - Kruppe, Brustschild - Keule), der Kontur von Bauch, Brust und Hals mit dem Zirkel gewonnen, der Radius des so beschriebenen Kreises ergibt von der Bauchhöhe aus die Fessellinie. Ähnliche Elemente sind in den im Profil oder en face angeordneten Hunden bzw. im Hirsch anzunehmen. Beim Übergang von Maß und Zahl der spätmittelalterlichen Bau- und Handwerksüberlieferung (Kat. Nr. 622-25) zur um 1500 einsetzenden Konstruktion aufgrund aliquoter Körperbruchteile kommt dem Eustachius-Stich eine ähnliche Stellung zu wie dem Maßschema des Münchner Selbstbildnisses (Kat. Nr. 70). - Zu dem aufblickenden Windhund hat sich eine Studie erhalten (Kat. Nr. 574). - Das ausgestellte Exemplar des Stiches stammt nach Angabe von A. Strölin aus einer italienischen Sammlung, so daß die Vermutung naheliegt, Dürer habe das Blatt selbst nach Italien geschenkt.

Literatur: H. David: Zum Problem der Dürerschen Pferdekonstruktion. In: Rep. f. Kunstwiss. 33, 1910, S. 316/17 - J. Kurthen: Zum Problem der Dürerschen Pferdekonstruktion. Ebda 44, 1924, S. 87/88 - E. Panofsky: Dürer's ›St. Eustace‹. In: Record of the Art Museum, Princeton Univ. 9, 1950, S. 1-10 - Panofsky 1, S. 81.

497   DER REITER MIT DER LANZE
Albrecht Dürer

Unter dem Pferd das Monogramm des Künstlers, oben die Jahreszahl 1502

Federzeichnung; 27,2 : 21,5

Aus Slg. Esterhazy

Albrecht Dürer: Der Hl. Eustachius (Kat. Nr. 496)

Budapest, Museum der bildenden Künste (75)

Zwischen dem Pferd des Hl. Eustachius (Kat. Nr. 496) und den Vorarbeiten zum Kleinen Pferd (Kat. Nr. 498-500) vermitteln der Budapester Lanzenreiter und der Falkner zu Pferd in Florenz (W. 256). Beide Zeichnungen machen den Eindruck von Naturstudien, besonders der Lanzenreiter. Das antikische, streng im Profil genommene Florentiner Pferd hingegen weist auf vorangegangene Konstruktionsversuche. Wahrscheinlich haben wir es mit zwei Zeichnungen zu tun, deren Konstruktionen sich auf anderen Blättern befanden. Grundlage ist bei beiden Pferden die Kopflänge, die beim Lanzenreiter zur Konstruktion mit sech-

zehn, beim Falkner zu neun Quadraten führt. Wie die Korrekturen an der Kruppe des Lanzenreiters zeigen, hat Dürer offenbar versucht, mit Hilfe des Zirkels Teile des Konturs festzulegen. Das lange Pferd des Lanzenreiters gehört in eine Reihe mit der Vorstudie zum Kölner Pferd (Kat. Nr. 499), zugleich jedoch stehen beide Blätter von 1502 zueinander in einem ähnlichen Verhältnis wie Großes und Kleines Pferd (Kat. Nr. 500/01).

Literatur: J. Kurthen: Zum Problem der Dürerschen Pferdekonstruktion. In: Rep. f. Kunstwiss. 44, 1924, S. 88 - K. Oettinger-K.-A. Knappe: Hans Baldung Grien und Albrecht Dürer in Nürnberg. Nürnberg 1963, S. 3 - Rupprich 2, S. 56.

Albrecht Dürer:
Das Kleine Pferd (Kat. Nr. 500)

498 STUDIE EINES TRABENDEN HENGSTES
Albrecht Dürer

Unten Mitte die Jahreszahl 1503

Federzeichnung; 18,4 : 19,2

Venedig, Accademia

Die flott gezeichnete Studie bereitet die Proportionszeichnung des trabenden Hengstes vor (Kat. Nr. 499). Beide sind Vorzeichnungen für das Kleine Pferd (Kat. Nr. 500). Die nachträglich am Gelenk der linken Hand angebrachte Korrektur wurde am Kölner Pferd berücksichtigt, so daß das Verhältnis der im gleichen Jahr entstandenen Zeichnungen nicht umgekehrt werden kann. Obwohl nicht konstruiert, ist die Zeichnung in ähnlicher Weise wie das Kölner Pferd abhängig von den Pferdeproportionen Leonardos. Das Ineinanderspielen von freien und konstruierten Entwürfen ist öfters zu beobachten. Die Proportionen sind zudem nicht wesentlich vom Kölner Pferd verschieden, wie die Anwendung des Konstruktionsschemas von J. Kurthen ergibt. Daß Dürer damals allerdings nur schriftliche und keine zeichnerischen Vorlagen des Leonardokreises zugänglich waren, muß bezweifelt werden.

Literatur: J. Kurthen: Zum Problem der Dürerschen Pferdekonstruktion. In: Rep. f. Kunstwiss. 44, 1924, S. 93-99 - Rupprich 2, S. 56/57 - F. Winzinger: Dürer und Leonardo. In: Pantheon 29, 1971, S. 17/18.

499 TRABENDER HENGST
Albrecht Dürer

Unten Mitte das Monogramm des Künstlers, davor die Jahreszahl 1503

Pinselzeichnung in Grau, mit der Feder schwarz überzeichnet, Hintergrund dunkelgrau laviert, Erdreich stellenweise lichtgrün; 21,5 : 26

Aus Slg. Wallraf

Köln, Wallraf-Richartz-Museum (Z 131)

Durch die sorgfältige Ausführung mit Pinsel und Feder hebt sich das Blatt von den vorausgehenden Pferdezeichnungen ab (Kat. Nr. 497/98. W. 256; Florenz). Die dunkle Lavierung des Hintergrunds läßt den Körper hervortreten, ähnlich wie bei den Vorarbeiten zu Adam und Eva (Kat. Nr. 483/84) bereitet Dürer das Motiv für den Kupferstich vor. Das Proportionsschema - ein das Tier umschreibendes großes Quadrat, aufgeteilt in sechzehn kleine Quadrate, deren Seitenlänge aus der Kopflänge abgeleitet ist - muß sich auf einem anderen Blatt befunden haben, von dem der Umriß und wesentliche Punkte gepaust wurden. Teile des Konturs sind mit dem Zirkel gewonnen. Die Rückseite des aufgelegten Blattes zeigt nach H. Robels eine Zeichnung anderer Hand. Die große Länge, die der Hengst mit dem kurz zuvor entstandenen trabenden Pferd der Accademia in Venedig gemeinsam hat (Kat. Nr. 498), ergibt sich daraus, daß Dürer die Proportionen des idealen Pferdes in der vollständigen Ausfüllung des idealen Quadrates durch das Tier sucht. Das Maul tangiert die linke Quadratseite, der hinterste Punkt des Körpers die rechte. Die Länge des Rumpfes erstreckt sich auf diese Weise über drei ¹/₃ Teilungs-Quadrate. In den folgenden Pferdeproportionierungen geht Dürer von diesem Prinzip ab und verkürzt den Körper auf drei Quadrate. - Die Nähe zu den proportionierten Pferdestudien Leonardos ist hier so dicht wie kein zweites Mal. Die anderen Maßverhältnisse der Leonardoschen Pferde können angesichts des Versuchs der Vereinigung von Quadrat und Idealkörper nicht gegen diese Beeinflussung sprechen.

Literatur: G. Pauli: Dürers früheste Proportionsstudie eines Pferdes. In: Zs. f. bild. Kunst NF 25, 1914, S. 105-08 - J. Kurthen: Zum Problem der Dürerschen Pferdekonstruktion. In: Rep. f. Kunstwiss. 44, 1924, S. 87-89, 93-98 - Winkler, Dürer 1957, S. 148, 165, 181 - Rupprich 2, S. 56/57, 153 - H. Robels: Katalog ausgewählter Handzeichnungen und Aquarelle im Wallraf-Richartz-Museum. Köln 1967, S. 46/47 - F. Winzinger: Dürer und Leonardo. In: Pantheon 29, 1971, S. 17/18.

500 DAS KLEINE PFERD
Albrecht Dürer   *Abb.*

Monogramm auf dem am Boden liegenden Quader, Jahreszahl 1505 unter dem Bogenscheitel

Kupferstich; 16,4 : 10,9

Schweinfurt, Sammlung Otto Schäfer (D-93)

Ein Jahr nach Vollendung der ideal proportionierten menschlichen Figur im Stich des ersten Menschenpaares (Kat. Nr. 484) führt Dürer mit dem Kleinen Pferd das ideal proportionierte Pferd vor. Sinn und Bedeutung des Blattes liegen in der Vorstellung des idealen, des antikischen Pferdes. Die Variabilität der Absichten Dürers zeigt sich in der Zusammenstellung mit dem perspektivisch angelegten Großen Pferd (Kat. Nr. 501). - Die Proportionierung gewinnt Dürer aus der Kopflänge. Drei Kopflängen ergeben die Körperlänge, drei die Höhe der Kruppe, ein ¹/₃ die Höhe des Pferdekörpers von der Bauchlinie zur Kruppe. Der Körper mit Beinen, ohne Hals und Kopf, kann einem Quadrat, das in neun Quadrate unterteilt ist, eingeschrieben werden, dessen Seitenlänge drei Kopflängen entspricht. Ein Teil der Konturen ist mit Zirkelschlägen gewonnen. Der antikische Charakter des mit Flügelschuhen ausgerüsteten Begleiters, dessen mit gefleckten Schmetterlingsflügeln besetzter Helm (vgl. den sog. >Hannibal< Leonardos, London), die >Schweineschnauze< des Pferdes und die Architektur bestätigen den Rückgriff auf Leonardos Anregungen, bei denen Dürer das Maß der Antike unterstellt. Der Pferdeknecht ist durch Schuhe und Helm als Perseus oder Merkur ausgewiesen, die brennende Vase weist auf die Kräfte der erleuchtenden Vernunft. Der Gott und die Vernunft bändigen die animalische Kraft des Tieres (vgl. S. 263). Die Idealität der Darstellung wird durch die akzentuierte Zentralperspektive unterstrichen. Der Fluchtpunkt liegt in der geometrischen Mitte des Pferdekörpers, die horizontale und die vertikale Halbierungslinie des Blattes treffen sich in der Mitte des Pferderückens.

Literatur: H. David: Zum Problem der Dürerschen Pferdekonstruktion. In: Rep. f. Kunstwiss. 33, 1910, S. 310-12 - H. Beenken: Zu Dürers Italienreise im Jahre 1505. In: Zs. d. dt. Ver. f. Kunstwiss. 3, 1936, S. 114/15 - Panofsky 1, S. 88/89 - Rupprich 2, S. 56 - F. Winzinger: Dürer und Leonardo. In: Pantheon 29, 1971, S. 17/18.

501 DAS GROSSE PFERD
Albrecht Dürer

Oben Mitte die Jahreszahl 1505

Kupferstich; 16,7 : 11,9

Aus der M. Kade-Foundation

Rückseite

Albrecht Dürer: Proportionsstudie zu Ritter, Tod und Teufel (Kat. Nr. 502)

München, Staatliche Graphische Sammlung (1964 : 430)

Das Große Pferd ist in formaler wie ikonographischer Hinsicht das Gegenstück zum konstruierten, antikischen und gegen die perspektivische Kulisse gesetzten Kleinen Pferd im Profil (Kat. Nr. 500): Das Pferd steht als kräftig durchmodellierte Naturstudie in starker Verkürzung im Bild, die Kulisse blieb plan. Gleichwohl darf das Blatt nicht allein als Abbild des ungeschlachten Tieres verstanden werden. Vielmehr liegt in der perspektivischen Verkürzung gegenüber der Profilansicht des konstruierten Kleinen Pferdes der theoretische Gegensatz von Perspektive und Proportionierung, wie er für Dürer um diese Zeit noch bestand. Die Konstruktionsskizze eines Pferdes in starker Verkürzung in der Dürer-Handschrift der Nürnberger Stadtbibliothek (Kat. Nr. 492) gibt Anlaß zur Überprüfung der Frage, ob auch hinter dem Großen Pferd der Versuch einer quadrierten Proportionsfigur steht. - H. und E. Tietze verweisen für die Vorbilder auf eine Zeichnung des Jacopo Bellini, für den fast gewaltsamen ›Ausschnitt‹ auf ähnliche Versuche Mantegnas (Rossebändiger im Triumph Cäsars).

Literatur: H. Beenken: Zu Dürers Italienreise im Jahre 1505. In: Zs. d. dt. Ver. f. Kunstwiss. 3, 1936, S. 114/15 - Panofsky 1, S. 87-89.

502   PROPORTIONSSTUDIE ZU RITTER, TOD UND TEUFEL

Albrecht Dürer   *Abb.*

Auf der Vorderseite Teile des Proportionsnetzes mit einer 3 am rechten Rand für die Kruppenhöhe

Federzeichnung, Spuren der Stiftvorzeichnung, Hintergrund der Rückseite mit dem Pinsel ausgetuscht; 24,6 : 18,5

Aus Slg. Fagnani (?)

Mailand, Biblioteca Ambrosiana (F. 264 inf. 25)

Das beidseitig bezeichnete Blatt zeigt auf der Vorderseite den im Quadratnetz proportionierten und frei gezeichneten Reiter, auf der Rückseite die um den Hund ergänzte Pause. Die Studie bereitet den Stich ›Ritter, Tod und Teufel‹ vor (Kat. Nr. 503), sie entstand mit hoher Wahrscheinlichkeit 1513. Das Pferd ist die letzte und reifste Proportionsstudie, die Dürer dem Tier gewidmet hat. Die engen Zusammenhänge mit den Pferdestudien von 1502-05 machen eine Vorlage aus diesem Zeitraum sehr wahrscheinlich. Für den Ritter war die Zeichnung des geharnischten Reiters von 1498 (W. 176; Wien) die Vorlage, von der der Ritter fast unverändert übernommen wurde. Eine Studie zum Hund entdeckte Ch. White in London. - Die Proportionierung wird aus der eingezeichneten Kopflänge des Pferdes entwickelt, über der ein stumpfwinkliges (?) Dreieck errichtet wird. Ein Netz von neun Quadraten (Quadratseite = Kopflänge) bestimmt Länge und Höhe des Rumpfes. Die Fessel ist links mit $1/3$ der untersten Quadratseite abgetragen, die Bauchhöhe und das Gelenk des Hinterbeins ergeben sich aus der Drittelung der mittleren Quadratreihe. - Die Höhe des Halses und die Stellung des Kopfes sind wie im Proportionsschema des Kölner Pferdes (Kat. Nr. 499) aus dem Quadratschema entwickelt, ebenso der Reiter, dessen Höhe über der oberen Quadratseite zwei Kopflängen des Pferdes beträgt. Diese Proportionierungen müssen in vorangehenden Zeichnungen erarbeitet sein. - Unklar blieb bis zur Umsetzung des Stichs auf die Platte die Haltung der linken Hinterhand, die auf beiden Seiten mehrfach korrigiert wurde.

Literatur: E. Panofsky: Dürers Kunsttheorie. Berlin 1915, S. 210 - J. Kurthen: Zum Problem der Dürerschen Pferdekonstruktion.

In: Rep. f. Kunstwiss. 44, 1924, S. 81-87, 90 - Flechsig 2, S. 458/59. - H. Rox: On Dürer's Knight, death and devil. In: Art Bull. 30, 1948, S. 68/69 - Panofsky 1, S. 151, 272 - Winkler, Dürer 1957, S. 148, 238 - Ch. White: A recently discovered drawing by Dürer. In: Burlington Mag. 103, 1961, S. 20-23 - Rupprich 2, S. 353 Nr. 2 - Ausst. Ambrosiana-München 1968, Nr. 29 - F. Winzinger: Dürer und Leonardo. In: Pantheon 29, 1971, S. 10-13.

503   RITTER, TOD UND TEUFEL

Albrecht Dürer   *Abb.*

In der linken unteren Ecke auf der Tafel das Monogramm des Künstlers und die Jahreszahl 1513 mit vorgesetztem S(alus)

Kupferstich; 24,4 : 18,9

Aus den Slgn. FB (1602) und Mariette

Schweinfurt, Sammlung Otto Schäfer (D-74)

›Der Reuter‹, wie Dürer das Blatt im Tagebuch der niederländischen Reise nannte, ist nach Entstehungszeit, Thema und Sinn eng mit der Melancholie und dem Hieronymus in der Zelle verbunden (Kat. Nr. 270, 273). Die ›Meisterstiche‹ zeigen, gemäß scholastischer Lehre, den moralischen, theologischen und intellektuellen Weg der Tugend. Das erste Blatt dieser Gruppe ist der Reiter, mit dem Dürer seine Studien zu Proportion, Bewegung und Anatomie des Pferdes aufgrund der Vorbilder Leonardos in einem ›wissenschaftlichen Beispiel‹ (E. Panofsky) abschloß. Werkgeschichtlich nimmt der Stich damit für die Proportion des Pferdes die gleiche Stellung ein wie ›Adam und Eva‹ für die erste Phase der Proportionszeichnungen menschlicher Figuren. - Dürer hat noch auf der Platte den linken Unterschenkel des Pferdes korrigiert und der gestochene erste Kontur in eine Pflanze verwandelt. - Die bildliche Darstellung des Themas hat eine längere Tradition. Der Holzschnitt des 15. Jahrhs. stellte den christlichen Soldaten dar, wie ihn Paulus forderte, die Graphik des 16. Jahrhs. verband dieses Bild mit dem des Pilgers auf dem Wege zu Gott, der sich nicht von Tod, Völlerei, Krankheit und Armut anfechten läßt. Literarisch hatte Erasmus von Rotterdam in seinem ›Enchiridion militis Christiani‹ (1503) das Thema formuliert. Der ungelernte Kriegsmann wird angeleitet, gegen Fleisch, Teufel und Welt zu kämpfen. Daß Dürer 1512 das Enchiridion aus der Sammelschrift von 1503 kannte, ist unwahrscheinlich. Verbreitung erlangte die Schrift erst in der Separatveröffentlichung der 2. Auflage (1518). Daher blieb auch für ihn die Beschreibung der Glaubensrüstung nach Epheser 6, 10-18 die entscheidende literarische Vorlage, aufgrund derer er den christlichen Soldaten (miles) zum Ritter (eques) wandelte. Dürer stellt die klassisch-statuarische Gruppe von Pferd, Ritter und Hund gegen die naturalistisch-spätgotische von Tod, Teufel und lebloser Landschaft. Die Gangart des Pferdes ist ruhig, der erhobene Kopf steht im Gegensatz zum gesenkten des Pferdes des Todes, das sich nach dem Totenschädel beugt. Die Untersicht gibt den Blick auf das geradeaus gerichtete Gesicht des Ritters frei. Der begleitende Hund verstärkt als Verkörperung von Eifer, Wißbegierde und Verständigkeit die christlichen Tugenden der Gruppe. Tod, Teufel und Welt haben den gleichen Realitätsgrad wie der Reiter, der Verkörperung der Tugenden des gläubigen Christen ist, wie sie Paulus beschreibt. - Diesem Verständnis braucht nicht der Versuch einer Gleichsetzung des Ritters mit dem florentinischen Bußprediger Savonarola zu widersprechen sowie die dabei herangezogene Hieroglyphik des Horapoll (Hund, Schwein, Salamander). Aktuelle und bi-

Albrecht Dürer: Ritter, Tod und Teufel (Kat. Nr. 503)

blische Deutung können einander ergänzende Sinnschichten des Werkes sein. Widersprochen wird der erneut von S. Karling aufgegriffenen Interpretation des Blattes als eines Protestes gegen das Raubrittertum. Strukturell setzt diese Deutung die Darstellung des Ritters als realistisches Abbild voraus. Angesichts der oben geschilderten Zusammenhänge mit den anderen Meisterstichen und dem Stich des ersten Menschenpaares ist solches Verständnis des Reiters selbst kaum möglich. Die bisherigen Fehlinterpretationen sollten nicht dazu verführen, das Blatt durch Festlegung einer einschichtigen Deutung aus der Diskussion zu ziehen, weil diese weiterhin Ansätze zu Fehlinterpretationen bietet. Zu diskutieren bleibt, ob Dürer der Symbolfigur des eques christianus auch die Verkörperung eines Rittertums einfügte, dem trotz christlicher Tugend ihr Ende angezeigt wird.

Literatur: J. Kurthen: Zum Problem der Dürerschen Pferdekonstruktion. In: Rep. f. Kunstwiss. 44, 1924, S. 84-87 - H. Schrade: Ritter, Tod und Teufel. In: D. Werk d. Künstlers 2, 1941/42, S. 281-372 - H. Rox: On Dürer's Knight, death and devil. In: Art Bull. 30, 1948, S. 67-70 - O. Gamber: Harnischstudien 6. In: Jb. d. kunsthist. Slgn. in Wien 51, 1955, S. 62 - Panofsky 1, S. 151-54, 156, 190, 231, 272; 2, S. 170 - Rupprich 1, S. 171 - D. H. Richter: Perspektive und Proportionen in Albrecht Dürers ›Melancholie‹. In: Zs. f. Vermessungswesen 82, 1957, S. 284-88, 350-57 - A. Leinz-v. Dessauer: Savonarola und Albrecht Dürer. In: D. Münster 14, 1961, S. 1-45 - H. Schwerte: Faust und das Faustische. Stuttgart 1962, S. 243-78, 345-54 - Erasmus en zijn tijd. Ausst. Rotterdam 1969, Nr. 93-95 - S. Karling: Riddaren, döden och djävulen. In: Konsthistorisk Tidskrift 39, 1970, S. 1-13.

504   DIE PROPORTION DES PFERDES

Sebald Beham: Dieses buchlein zeyget an vnd lernet ein maß oder proporcion der Ross, ... Nürnberg: [Friedrich Peypus] 1528. 4°

München, Bayerische Staatsbibliothek (Rar. 691)

Am 22. Juli 1528 beschließt der Rat der Stadt Nürnberg (vgl. Kat. Nr. 52), daß S. Beham und der Drucker H. Andreae ihr Buch zur Proportion, ›das aus Dürers Kunst und Büchern abhändig gemacht worden‹, nicht veröffentlichen dürfen, bevor nicht Dürers Proportionslehre (Kat. Nr. 494) herausgekommen sei. Ende August 1528 erscheint die Pferdeproportion S. Behams, der Rat beschlagnahmt die Auflage und versucht Beham zu verhaften. 1532 berichtet J. Camerarius in der Vorrede zur lateinischen Übertragung der Proportionslehre, daß Dürer sein Material zur Pferdeproportion entwendet worden sei und daß eine vor einigen Jahren zu diesem Thema ›zusammengebettelte und kaum zusammenpassende Regeln‹ enthalte; Dürer selbst habe nach dem Diebstahl keine Neigung gehabt, die Proportion des Pferdes nochmals zu erarbeiten. Camerarius meint S. Beham und dessen Proportion des Pferdes. Der Zusammenhang der wenigen erhaltenen Pferdeproportionsfiguren Dürers mit denen S. Behams, die Auseinandersetzung von 1528 und die Nachricht von 1532 machen sicher, daß S. Beham zu einem relativ frühen Zeitpunkt Dürer nahezu das gesamte Material zur Proportion des Pferdes entwendete und es vereinfacht und leicht abgeändert mit acht Holzschnitten veröffentlichte. Das Behamsche Roßbüchlein ist der Nachklang der Dürerschen Studien zur Proportion des Pferdes. Beham zeichnet das Pferd in 9, statt in 16 Quadrate, deren Seitenlänge er aus der Bauchtiefe bestimmt. Er entwickelt einen ›antikischen‹ Pferdetyp, dessen Zusammenhang mit Dürers Kleinem Pferd (Kat. Nr. 500) enger ist als der zur Studie von 1513 (Kat. Nr. 502). Die Entwicklung des Konturs aus Zirkelschlägen weist ebenfalls auf Studien aus der Zeit vor 1506. 1546 ließ S. Beham seine kleine Lehre der menschlichen Proportion erscheinen, der er das Roßbuch und die Holzschnitte von 1528 erneut anfügte (weitere Auflagen vgl. F. W. Hollstein).

Literatur: B. 157/58 - J. Kurthen: Zum Problem der Dürerschen Pferdekonstruktion. In: Rep. f. Kunstwiss. 44, 1924, S. 77-79, 92/93 - Panofsky 2, Nr. 1262-69 - Rupprich 1, S. 310/11; 2, S. 55-57; 3, S. 11/12, 450 - P. Strieder: Meister um Albrecht Dürer: In: Meister um Albrecht Dürer. Ausst. Nürnberg 1961, S. 28-30 - Hollstein 3, Nr. 1262-69 - Index Aureliensis 1, 3. Genf 1968, Nr. 115.756 - F. Winzinger: Dürer und Leonardo. In: Pantheon 29, 1971, S. 9/10.

DAS WERK: DIE REZEPTION DER ANTIKE

Dürers Weg zur antiken Kunst führt, wie heute niemand mehr bezweifelt, über Italien. Zwar lernt er bereits in Basel bei der Mitarbeit an der Terenzillustration antike Bildtradition kennen. Das ihm zugeschriebene ›Theater des Terenz‹ (Kat. Nr. 152[4]) verrät in seiner Perspektive ein spätantikes Vorbild, dessen Einwirkung auf Dürer jedoch nicht sehr intensiv ist, da er in dem spätrömischen Bau rein mittelalterliche Menschen zuschauen und agieren läßt. In der Kunst des Mittelalters pflegten Szenen aus dem antiken Theater oder der Mythologie im Zeitkostüm dargestellt zu werden, Apollo erschien als Ritter, Jupiter als König oder gar als Mönch. Diese naive Gleichsetzung wurde durch die Dichter und Humanisten der italienischen Frührenaissance, vor allem durch Petrarca, gesprengt. Sie sahen zwischen ihrer eigenen Zeit und der großen Vergangenheit eine tiefe Kluft und riefen zur Wiedergeburt der Antike auf. Es sollte aber noch über ein Jahrhundert dauern, bis um die Mitte des Quattrocento die ersten italienischen Künstler antike Themen all'antica (in antiker Weise) stilisierten, das heißt Figuren und Motive verwendeten, die man von antiken Kunstwerken kannte. Das Zeichnen solcher Werke, vor allem der nie unter der Erde gewesenen Triumphalreliefs und Kolossalstatuen Roms, in Form von Skizzen war vorangegangen. Es läßt sich seit dem frühen 15. Jahrh. im Kreis des Gentile da Fabriano nachweisen, zu dem auch der Venezianer Jacopo Bellini gehörte, dessen Skizzenbücher erhalten sind. Er war der Schwiegervater des Mantegna und Vater der Brüder Bellini, zu denen Dürer auf seiner ersten Reise in Venedig (1494/95) Beziehungen anknüpft. Neben dem vielen anderen Neuen, das ihm bei diesem Aufenthalt zuströmt, holt er eine Entwicklung nach, welche die italienische Kunst seit einem Jahrhundert in Richtung auf die Antike durchmessen hat. Dabei kommt ihm seine große graphische Begabung zu Hilfe, wenn sie auch an anderen Gegenständen und in anderem Stil geschult war. Es ist nämlich kein Zufall, daß sich der junge Dürer auf seinem Weg zur antiken Kunst an zwei Meister hält, die als erste Italiener zur Publikation ihrer Werke gelegentlich die im Norden entwickelte Technik des Kupferstichs benutzen: Andrea Mantegna und Antonio Pollaiuolo. Er beginnt damit, Mantegnas Kupferstiche mit antiken Themen zu pausen und zu zeichnen, dringt also über das ihm vom Norden her vertraute Medium des Stiches zur Antike vor (Kat. Nr. 509). Der Stich bleibt für Dürer während seiner ganzen Laufbahn das Mittel zur Verbreitung mythologischer und allegorischer, antik stilisierter Themen. Wie die Kopien Dürers zeigen, geht es ihm vor allem um die Erfassung des menschlichen Körpers, besonders der nackten Figur, in den verschiedensten Bewegungen. Ferner fesselt ihn an den Gestalten Mantegnas das Pathos in Mienen und Gebärden, das damals, wie A. Warburg zeigte, in der Vorstellung von der Antike eine wichtige Rolle spielt. Daneben interessieren Dürer die antiken Mischwesen wie Satyrn, Kentauren, Tritone, die sich durch ihre teilweise menschliche Gestalt von den ihm vertrauten phantastischen Tierdämonen des Nordens unterscheiden. Zu den antiken Fabelwesen gehört bei ihm auch der Delphin, den er als mythisches Tier von italienischen Vorlagen übernimmt, während er von anderen Seetieren genaue Naturstudien anfertigt.

In die fünf Jahre, die auf die Rückkehr aus Venedig folgen, bis 1500, fallen die wichtigsten mythologischen Darstellungen Dürers. Er geht dazu über, aus dem, was er in Italien aufgenommen hat, eigene Kompositionen zu bilden. So entstehen die ursprünglich zum Stich bestimmte Pupila-Augusta-Zeichnung und die Kupferstiche Meerwunder und Herkules (Kat. Nr. 515 bis 517). Im Meerwunder gestaltet er im Anschluß an Mantegna sowie an eine Bildbeschreibung des älteren Philostrat einen antiken Meerdämon. Neben die bildliche Tradition tritt hier also die schriftliche Überlieferung aus der Antike, eine Kombination, die für viele Kunstwerke der Renaissance bezeichnend ist. Den Zugang zu den antiken Quellen vermittelten die humanistisch gebildeten Freunde, allen voran Willibald Pirckheimer. Sie suchten für Dürer in der Mythologie nach ausgefallenen Stoffen, da er nicht das Alltägliche bringen wollte, weshalb seine antiken Themen für uns oft schwer zu deuten sind. Nicht zu überbieten ist in dieser Hinsicht Dürers einziger mythologischer Holzschnitt, der ›Ercules‹, der den Helden als Überwinder der Molioniden, eines siamesischen Zwillingspaares, zeigt (Kat. Nr. 512). Dieser Mythos ist in der griechischen Kunst nur in spätgeometrischer Zeit bekannt gewesen, also im 8. und frühen 7. Jahrh. v. Chr. Die Furie, die bei Dürer hinter der Mutter der Zwillinge auftaucht, verkörpert deren bei Pausanias überlieferten Fluch, der wohl die Tat des heidnischen Heros als fluchbeladen von der des biblischen Helden Simson im Pendantschnitt absetzen soll. Die beiden anderen Herkules-Darstellungen aus jenen Jahren, der erwähnte Stich und das Nürnberger Gemälde (Kat. Nr. 518), die Dürers Porträtzüge tragen, verbinden den Heros in allegorischer Weise mit Virtus. In dem Stich entscheidet er sich für sie, in dem Gemälde bekämpft er das Laster der Habsucht. Herkules ist beide Male vom Rücken gesehen, wofür man auf Vorbilder des Pollaiuolo hinwies. Dürer wetteifert aber hier zugleich mit dem berühmten antiken Maler Apelles, der nach Plinius einen Herkules aversus, d. h. in Rückenansicht, gemalt hatte, dessen Gesichtszüge dennoch gut zu erkennen waren (Naturalis Historia 35, 94). Zu dem Thema Dürer und Apelles, das eine eigene Untersuchung erfordert, können hier nur wenige Bemerkungen gebracht werden. Dürer wurde als neuer Apelles nicht nur von Freunden in Nürnberg, sondern bis hin zu Erasmus von Rotterdam gefeiert. In seinen Entwürfen zum Lehrbuch der Malerei beruft sich Dürer mehrmals auf Apelles und dessen Rivalen und Zeitgenossen Protogenes. Die beiden Stiche von 1505 mit einem geharnischten, neben einem Pferd einhergehenden Mann (Kat. Nr. 500/01) sind Variationen zu dem bei Plinius (Naturalis Historia 35, 96) überlieferten Apelles-Bild ›Antigonus im Panzer neben einem Pferd herschreitend‹. In den Themenkreis des Apelles gehört die Geburt der Venus in der Pupila-Augusta-Zeichnung (Kat. Nr. 515), ja dieser Entwurf bezieht sogar die antiken Epigramme, die auf die Venus des Apelles erhalten sind, mit ein. Das ursprünglich als Pendant zu dieser Vorzeichnung geplante Meerwunder dagegen läßt sich mit der antiken Überlieferung von Protogenes verbinden. Dessen vielgerühmtes Hauptwerk war nämlich eine Darstellung des rhodischen Heros Jalysus, desselben, der als Vater des geraubten Mädchens im Hintergrund des Meerwunder-Stiches erscheint (Kat. Nr. 516).

Das Meerwunder bildet unter den mythologischen Darstellungen Dürers nach Form und Inhalt einen Höhepunkt. Gegenüber der im Thema verwandten Europa-Zeichnung (Kat. Nr. 505) mit dem Gewimmel von idyllischem Beiwerk rings um die Geraubte ist die Raubszene hier in klassischer Weise vereinfacht. Mußte Dürer in Venedig ein ganzes Jahrhundert italienischer Kunstentwicklung all'antica nachholen, so läßt er das Quattrocento jetzt hinter sich und nimmt in der Klarheit der Form mythologische Kompositionen des 16. Jahrhs. vorweg. Das Verhalten der Geraubten ist von einer Würde, wie sie Mädchen in ähnlicher Situation in den Darstellungen der klassischen griechischen Kunst, die Dürer nicht kennen konnte, an den Tag legen. Die innere Nähe des Künstlers zur Antike wird hier besonders deutlich, und zwar zu einer Antike, wie wir sie heute verstehen. Sie ist seit den Schriften Winckelmanns nicht mehr die Einheit, die sie für Petrarca und seine Nachfolger war, eine Einheit mit dem Schwerpunkt im kaiserzeitlichen Rom. Die für die Entwicklung der antiken Plastik und Malerei entscheidenden Werke wurden von griechischen Künstlern in den beiden ›klassischen‹ Jahrhunderten, dem 5. und dem 4. vorchristlichen, geschaffen. Was die italienischen Zeichner des Quattrocento skizzierten, waren meist nur schwache Nachklänge griechischer Kunst in römischen Reliefs, bis mit dem Fund des Apollo vom Belvedere ein großes klassisches Werk in eindrucksvoller Kopie auftauchte und sofort zu wirken begann. Es ist aufschlußreich zu beobachten, wie Dürer an der Rombegeisterung seiner italienischen Vorgänger vorbei zu den in ihren Werken enthaltenen klassischen Motiven hinfindet. Der Ruhm des Mantegna waren seine römischen Kompositionen, der Triumph des Caesar oder der Fries mit der Einführung der Magna Mater in Rom. Dürer aber kopiert von diesem Meister einen Orpheus, der als antiker Heros in einer Haltung stirbt, in welcher in der griechischen Klassik Zusammenbrechende und Sterbende dargestellt wurden (Kat. Nr. 506). Auch der Mantel, den Orpheus wie zum Schutz vor das Gesicht

zieht - Dürer wiederholt das Motiv im Herkules-Stich (Kat. Nr. 517) -, stammt von dort. Später verwendet Dürer die Haltung des Orpheus sogar für den unter dem Kreuz zusammenbrechenden Christus der Großen Passion, so weit hat das klassische Urbild in sein Werk ausgestrahlt. Ähnliches gilt für den von Dürers Hand nicht erhaltenen, aber vorauszusetzenden Mann mit dem Füllhorn in Mantegnas Bacchanal (Kat. Nr. 508). Diese kraftvoll-gespannte Gestalt, die in Körperbau und Proportionen von Schöpfungen des Lysipp aus dem 4. Jahrh. v. Chr. abhängt, hat auf Dürers Apollo-Zeichnungen eingewirkt, bis hin zu dem Adam des Stiches von 1504 (Kat. Nr. 484). In seinem Nemesis-Stich gibt er der geflügelten Frau ein Gefäß, das unter den zahlreichen Attributen dieser Göttin sonst sehr selten, aber für eine klassische Statue, die Nemesis des Phidias-Schülers Agorakritos, bezeugt ist (Kat. Nr. 481). Das bedeutendste Beispiel für Dürers innere Nähe zur griechischen Kunst ist die Haltung der Melancholie auf dem Stich von 1514 (Kat. Nr. 270). Das tiefe Sitzen, verbunden mit dem Stützen des Ellbogens auf das Knie und des Kopfes auf die Hand zum Ausdruck der Schwermut, ist eine Schöpfung der frühklassischen Malerei, deren Hauptmeister Polygnot den Beinamen Charaktermaler hatte. Der Melancholie-Stich ist ein Beispiel dafür, daß sich das Thema Dürer und die Antike nicht auf seine mythologischen Darstellungen beschränken läßt. Diese treten in seinen mittleren und späteren Jahren zwar zurück (Kat. Nr. 523/24), nicht aber die Auseinandersetzung des Künstlers mit der bildlichen und schriftlichen Überlieferung der Antike.

Erika Simon

Literatur: H. Ladendorf: Antikenstudium und Antikenkopie. Berlin 1958, S. 161/62 - E. Panofsky: Renaissance and Renascences in Western Art. Uppsala 1960, Index S. 234 (Dürer) - A. Schmitt: Gentile da Fabriano in Rom und die Anfänge des Antikenstudiums. In: Münchner Jb. 3. F. 11, 1960, S. 91-135.

→

Albrecht Dürer: Studienblatt mit dem Raub der Europa (Kat. Nr. 505)

505 STUDIENBLATT MIT DEM RAUB DER EUROPA

Albrecht Dürer   *Abb.*

Links oben von fremder Hand das Monogramm des Künstlers, auf dem Gefäß rechts unten: LVTV. S. (lutum sapientiae, Siegellack der Weisheit, ein Terminus der Alchemistensprache, wie E. Panofsky nachweist)

Federzeichnung in Bister; 29 : 41,5

Wien, Graphische Sammlung Albertina (3062)

Die Skizzen, sämtlich nach italienischen Vorlagen, entstanden auf der ersten Reise nach Venedig (1494). Die drei Löwenköpfe rechts geben dasselbe plastische Vorbild von drei Seiten wieder. Das Motiv des Apollo mit dem Bogen stammt von einer antiken Plastik, dem Eros des Lysipp; wie aber Gewand und Stiefel zeigen, lag Dürer eine italienische Umsetzung der Statue vor. Apollo, als Gott der Sonne und des Goldes, gehört wahrscheinlich wie das Gefäß in inhaltlichen Zusammenhang mit dem orientalisch gekleideten Alchimisten. - Um die Komposition der Europa-Zeichnung zu würdigen, muß man die rechte Seite des Blattes abdecken. Die literarischen Quellen zu dem verlorenen italienischen Gemälde waren Ovids Metamorphosen (2, 871-75) und zwei Stanzen aus Polizians Giostra (1, 105; 106). Das dort nicht beschriebene Gewimmel von Eroten, Nereiden und Fischen ringsum entspricht dem Quattrocento-Geschmack. In dem Paar von Satyr und Satyrfrau - sie reicht Europa einen Kranz - greift Dürer ein Thema auf, das er ein Jahrzehnt später mit großer Meisterschaft gestaltet (Kat. Nr. 521). Die antike Vorlage für Europa war wohl weder eine Victoria beim Stieropfer noch ein Mithrasrelief, sondern das Motiv der beim Bad kauernden Aphrodite, das freiplastisch und in vielen Reliefs überliefert ist. Bei der Verbindung mit dem Stier wurde die Haltung der Arme im Sinne der dichterischen Beschreibung verändert; das Wehen des langen Haares und des Gewandes sind typische Zufügungen des Quattrocento-Künstlers; rein italienisch in Stil und Bewegung sind auch die am Strand zurückgebliebenen Mädchen.

Literatur: E. Panofsky: Dürers Stellung zur Antike. In: Jb. f. Kunstgesch. 1, 1921/22, S. 43-92 - Tietze, Albertina 4, Nr. 41 - Panofsky 1, S. 34/35, 69, 73 - L. Grote: Dürer in Venedig. München 1956, S. 39.

Albrecht Dürer: Der Tod des Orpheus (Kat. Nr. 506)

506 DER TOD DES ORPHEUS

Albrecht Dürer

Unten das Monogramm des Künstlers, links daneben die Jahreszahl 1494; oben in der Baumkrone Spruchband: Orfeus der Erst puseran (von italienisch buggerone, Päderast)

Federzeichnung in Braun; 28,8 : 22,5

Im 16. Jahrh. im Kabinett Ayrer in Nürnberg, dann im Besitz von J. v. Sandrart

Hamburg, Hamburger Kunsthalle (23006)

Das Blatt, ›eine der ersten zeichnerischen Glanzleistungen des jungen Dürer‹ (F. Winkler), ist wahrscheinlich auf der ersten italienischen Reise entstanden. Im Zeichenstil steht es den beiden Kopien nach Mantegna aus demselben Jahr nahe (Kat. Nr. 509, 511). Während dort die Vorlagen erhalten sind, ließ sich hier nur ein künstlerisch unbedeutender oberitalienischer Stich ermitteln (Kat. Nr. 507). Es ist umstritten, ob dieser als Anregung für die Hamburger Zeichnung diente (F. Winkler) oder ob Dürer auch hier unmittelbar ein Werk des Mantegna kopierte (E. Tietze-Conrat), was wahrscheinlicher ist. Als antike Hauptquelle erkannte man die Metamorphosen des Ovid (11, 1-43). Die beiden Thrakerinnen vollziehen das Strafgericht an dem ›puseran‹ mit der Leidenschaft antiker Mänaden, was der Überlieferung entspricht, denn Orpheus wurde anläßlich eines thrakischen Bacchusfestes getötet. Seine Mörderinnen sind in der antiken Literatur als verheiratete Frauen bezeichnet (z. B. Vergil, Georgica 4, 520): Der prächtige Baumwuchs, der die Komposition abschließt, ist mehr als landschaftliches Beiwerk. Es sind die Bäume, die, von der Musik des Orpheus bezaubert, den ursprünglich nur mit Gras bestandenen Hügel, auf dem er sich niedergelassen hatte, bevölkerten (Ovid, Metamorphosen 10, 86-107). Die Baumarten - Eichen und eine Buche - stimmen mit Ovid überein, aber der Feigenbaum links, mit dessen Ästen die Frauen den Sänger erschlagen, ist eine Hinzufügung. Hoch im Baum, dem Horaz Ohren zuspricht (Carmina 1, 12) hängt das Buch der orphischen Gesänge. Es wird Orpheus überleben und seine Kunst der Nachwelt überliefern wie die Lyra im Vordergrund, die nach Ovid weitertönte und nach Hygin (Astronomica 2, 7) als ein Sternbild an den Himmel versetzt wurde.

Literatur: A. Warburg: Gesammelte Schriften 2. Leipzig-Berlin 1932, S. 443-49 - Panofsky 1, S. 32-34, 61; Aufl. Princeton 1955, Nachtrag S. 302 - E. Tietze-Conrat: Mantegna. London 1956, S. 249 - O. Goetz: Der Feigenbaum in der religiösen Kunst des Abendlandes. Berlin 1965, S. 140-43. - E. Simon: Dürer und Mantegna 1494. In: Anz. d. German. Nationalmus. 1972 (in Vorbereitung).

507 DER TOD DES ORPHEUS

Oberitalienischer Stecher

Kupferstich; 14,5 : 21,6

Hamburg, Hamburger Kunsthalle (22)

Der Zusammenhang zwischen der Figurengruppe und der Orpheus-Zeichnung Dürers (Kat. Nr. 506) ist evident. Offenbar hat aber Dürer nicht diesen Stich verwendet, sondern Stich und Zeichnung gehen auf dasselbe Vorbild zurück, das von Mantegna oder aus seiner nächsten Umgebung stammt. Da die Bäume in Dürers Zeichnung unmittelbar zum Orpheus-Mythos gehören, haben sie wohl auch in der Vorlage nicht gefehlt. Der Stecher ersetzte dagegen den Hain durch einen Felsenhügel mit Burg, der sich mit der antiken Überlieferung so wenig vereinen läßt wie die Mandoline im Vordergrund. Wahrscheinlich wollte der Stecher nicht den Mythos, sondern ein zeitgenössisches Drama illustrieren, zumal die Gestalt des Orpheus im italienischen Theater seit dem Quattrocento beliebt war - man denke an den Orfeo des Polizian.

Literatur: Winkler, Zeichnungen 1, S. 44/45 - Panofsky 1, S. 32.

508 DAS BACCHANAL

Andrea Mantegna

1 Bacchanal mit Silen

Kupferstich; 29,2 : 44,8

Hamburg, Hamburger Kunsthalle (66)

2 Bacchanal bei der Kufe

Kupferstich; 33,5 : 45,4

München, Staatliche Graphische Sammlung (11799)

Beide Blätter bilden inhaltlich eine Einheit. In dem Bacchanal fehlen seltsamerweise Mänaden; als einziges weibliches Wesen wird eine dicke Frau links durch ein Wasser getragen. Vorher hatte man einen Gefährten und den Silen hindurchgetragen, der auf die Frau zurückblickt. Bei Diodor (3, 58), dem Mantegna wahrscheinlich folgt, heißt es, Kybele sei nach dem Tod ihres Geliebten mit gelöstem Haar durch die Lande gezogen, in Begleitung des Marsyas, der ihr in alter Freundschaft zugetan war. Die Frau auf dem Stich hat zwar nichts Göttliches, aber dies entspricht Diodors Schilderung, der die Götter im Anschluß an die Lehre des hellenistischen Philosophen Euhemeros als Sterbliche auffaßte. Der dicke Marsyas, im Mythos ein Silen, ist ebenfalls rein menschlich gebildet (die Tierohren fehlen ihm z. B. auch auf einem Gemälde des Perugino im Louvre). Marsyas galt als Erfinder oder Verbesserer von Doppelflöte und Syrinx im Kult der Kybele: Eben diese beiden Instrumente werden am Beginn des Zuges gespielt. Das Paar gelangte nach Diodor schließlich zu Bacchus, der wohl rechts der Mann mit dem Füllhorn ist. Er wird wie Marsyas mit Reben bekränzt. Für den schlafenden Knaben, den ein Satyr umarmt, und für das Treiben der anderen Satyrn dort findet sich die Quelle beim älteren Philostrat. Eines der von ihm beschriebenen Bilder hat als Thema Satyrn, die dem schlafenden Flötenspieler Olympos begehrlich nahen (1, 20). Einer versucht, seine Brust zu umfassen, ein anderer nimmt seine Flöte in den Mund. In dem Stich ist daraus ein Horn geworden, um das sich zwei Satyrn rechts von der Kufe bemühen. Nach der antiken Überlieferung war der Silen Marsyas der Lehrer des Olympos im Flötenspiel. - Wenn die beiden Kupferstiche, wie E. Tietze-Conrat annimmt, eine Wanddekoration Mantegnas wiedergeben, ließe sich ein Freskenzyklus mit den Schicksalen des Marsyas vorstellen. Die Geschichte des berühmten Flötenspielers würde in eines der Schlösser der Gonzaga passen, deren Musikliebe bekannt war. Man denke an Orpheus und Arion in der camera picta in Mantua.

Literatur: Hind 5, S. 12-14 Nr. 3/4 - E. Tietze-Conrat: Mantegna. London 1956, S. 245 - B. Berenson: Die italienischen Maler der Renaissance. London-New York 1966, Taf. 304 (Marsyas des Perugino) - Philostratos: Die Bilder. Griechisch u. deutsch v. O. Schönberger. München 1968, S. 141 - E. Simon: Dürer und Mantegna 1494. In: Anz. d. German. Nationalmus. 1972 (in Vorbereitung).

509   BACCHANAL MIT SILEN
Albrecht Dürer   *Abb.*

Oben das Monogramm des Künstlers, links daneben die Jahreszahl 1494

Federzeichnung in hellem und dunklem Braun; 29,8 : 43,5

Wien, Graphische Sammlung Albertina (3060)

Die Umrisse der sehr sorgfältig ausgeführten Figuren sind, wie sich nachweisen ließ, Pausen nach dem Mantegna-Stich (Kat. Nr. 508). Dagegen setzt Dürer die Binnenzeichnung um, indem er nicht nur die gleichmäßigen parallelen Strichlagen des Vorbildes, sondern auch Kreuzschraffuren verwendet. Er gibt die verschiedene Stofflichkeit von Fell, Haut, Haaren und Pflanzen deutlich an, während die Vorlage mehr an einen Marmorfries erinnert. ›Als zeichnerische Leistung ein Wunderwerk, das den stichmäßigen Charakter der erst danach begonnenen Kupferstiche viel reiner entwickelt zeigt, als es die ersten Stiche vermögen‹ (F. Winkler).

Literatur: Tietze, Albertina 4, Nr. 33.

510   DER KAMPF DER MEERGÖTTER I UND II
Andrea Mantegna

Bei dem ersten Blatt auf dem Täfelchen der Furie: Invid(ia) (= Neid)

Kupferstiche; 31,3 : 43,8 bzw. 30,2 : 42,5

Hamburg, Hamburger Kunsthalle (63 und 61)

Albrecht Dürer: Der Kampf der Meergötter (Kat. Nr. 511)

Albrecht Dürer: Bacchanal mit Silen (Kat. Nr. 509)

Die beiden Blätter bilden einen in sich geschlossenen Fries, der wahrscheinlich von einem antiken Meerwesensarkophag in der Villa Medici in Rom angeregt ist. Dieser zeigt wie alle Sarkophage seiner Gattung jedoch einen friedlichen Zug von Seegöttern als Allegorie des Friedens, den man den Toten wünschte, Mantegna dagegen einen wilden Kampf. Da sich die Deutung auf die bei Diodor (3, 15-17) geschilderten Sitten der Ichthyophagen (Fischesser) nicht halten läßt, sei hier eine neue, an anderer Stelle ausführlich belegte Interpretation referiert. Es scheint sich um den Seesturm im ersten Buch von Vergils Äneis zu handeln, den Juno hinter dem Rücken Neptuns entfesselt, um das invisum genus der Trojaner (Vers 28) von Italien fernzuhalten. Die Furie verkörpert den Neid der Juno gegen Äneas, den Sohn der Venus. In dem großen Venus-Spiegel rechts von der vom Rücken gesehenen Neptun-Statue, auf den die Furie blickt, ist das Ziel dieses Neides angedeutet. Hippokampen (links) und Tritone (rechts), die sich gegenseitig in die Flanken fallen, verkörpern die vom Sturm aufgepeitschten Wogen. Die Winde selbst, als Männer dargestellt, sind wie bei Vergil in der Fünfzahl, neben den vier Hauptwinden wirkt wegen

der afrikanischen Szenerie der Südwestwind Africus mit. Da die von A. Kolb 1500 verlegte, von diesem Stich beeinflußte Venedig-Karte (Kat. Nr. 175) unter acht Windgöttern nur den Aquilo bärtig zeigt, ist der Bärtige links mit dem Fischbündel dieser Nordwind. Gegen ihn kämpft mit einer Fackel der heiße Südwind Notus, während als Nebengruppe rechts der Ostwind Eurus, ein Horn blasend, und Africus erscheinen. Der sich abwendende Reiter auf dem ›Krokodil‹, hinter dem die Furie steht, ist der Westwind Zephyrus. Ihn konnte Juno nicht brauchen, da sein Wehen die Flotte des Äneas von Afrika nach Italien getragen hätte. Vergil vergleicht abschließend diesen Seesturm mit einem Bürgeraufstand (Vers 148 ff.), was Mantegna veranlaßt haben mag, Seegötter im Aufruhr zu zeigen. Möglich, daß er in Mantua, der Heimat Vergils, den Auftrag erhielt. - Die Zahl(?) auf dem Täfelchen wird auf das Entstehungsjahr (14)93 bezogen, das nicht sicher ist. Nach der älteren Verszählung der Äneis entspricht der 93. dem jetzigen 89. Vers, in dem Vergil den Eindruck des Seesturms zusammenfaßt: ponto nox incubat atra, finstere Nacht legt sich aufs Meer; so könnte die verschlüsselte Zahl zugleich zur Entschlüsselung dienen.

Literatur: R. Förster: Die Meergötter des Mantegna. In: Jb. d. Preuß. Kunstslgn. 23, 1902, 205-14 - Hind 5, S. 15/16 Nr. 5/6 - E. Tietze-Conrat: Mantegna. London 1956, S. 244/45 - F. Eichler: Mantegnas Seekentauren und die Antike; ein römischer Fries mit Meerthiasos. In: Festschrift K. M. Swoboda. Wien-Wiesbaden 1959, S. 91-95 - Ph. P. Bober: An antique sea-thiasos in the Renaissance. In: Essays in memory of Karl Lehmann. New York 1964, S. 48 - W. Stubbe: Meisterwerke der Graphik. Ausst. Hamburg 1969, Nr. 13 - E. Simon: Dürer und Mantegna 1494. In: Anz. d. German. Nationalmus. 1972 (in Vorbereitung).

511   DER KAMPF DER MEERGÖTTER
Albrecht Dürer   *Abb.*

Oben das Monogramm des Künstlers, links daneben die Jahreszahl 1494

Federzeichnung; 29,2 : 38,2

Wien, Graphische Sammlung Albertina (3061)

Auch hier hat Dürer, wie beim Bacchanal, die Umrisse nach dem Mantegna-Stich (Kat. Nr. 510) gepaust. Bei dieser spätesten Kopie nach Mantegna ist die Strichführung lockerer, sind landschaftliche Details nur angedeutet. In den zahlreich erhaltenen Meerwesendarstellungen der Antike gibt es keine Kämpfe zwischen Tritonen, da diese Götter zusammen mit den Nereiden die heitere Stille der See verkörpern. Auch die seltsame Bewaffnung der Tritonen - Rippenknochen, Tierschädel, Splitterholz - läßt sich für die Antike nicht belegen. Aber die Überzeugungskraft Mantegnas war so stark, daß Dürer ähnliche Waffen bei antiken Themen auch in eigenen Kompositionen verwendete (Kat. Nr. 512, 516).
Literatur: Tietze, Albertina 4, Nr. 34 - Panofsky 1, S. 31/32.

512   HERKULES TÖTET DIE MOLIONIDEN
Albrecht Dürer   *Abb.*

Unten Mitte das Monogramm des Künstlers; oben auf einer kleinen Schriftrolle: Ercules

Holzschnitt; 39,5 : 28,5

München, Staatliche Graphische Sammlung (1920 : 98)

Der Gegner des seltsamerweise mit einem Eberfell bekleideten Herkules ist, wie E. Panofsky nachweist, ein Doppelwesen, ›dessen eine Hälfte mitfallen muß, wenn die andere fällt‹. Gegen seine Deutung auf Cacus spricht die Küstenlandschaft im Hintergrund mit dem nemeischen Löwen, denn das Cacus-Abenteuer spielt am Aventin in Rom. Herkules tötet vielmehr die Molioniden Eurytus und Kteatus, ›die zwei Zusammengewachsenen, die an Körperstärke alle damaligen Menschen überragten‹ (Apollodor 2, 139). Er lauerte dem zu den isthmischen Spielen ziehenden Paar bei Kleonai auf, einem Ort in der Nähe von Nemea und Korinth. Die verzweifelte Frau ist Molione, die Mutter des Zwillingspaares, die den Mord aufdeckte. Sie sprach einen während der ganzen Antike gefürchteten Fluch über ihre Landsleute aus, falls sie sich weiter an den isthmischen Spielen beteiligten. Dürer kennt diese nur bei Pausanias (5, 2, 2) überlieferte Version, denn Molione wird von einem Fluchgeist, einer Furie, angetrieben. - Der große, um 1496 entstandene Holzschnitt ist der einzige, in dem Dürer ein mythologisches Thema behandelt. Er stellt es aber in einen christlichen Zusammenhang,

denn als Pendant erweist sich der Holzschnitt mit Simson (Kat. Nr. 513).
Literatur: E. Panofsky: Herkules am Scheidewege. Berlin 1930, S. 181-86 - Panofsky 1, S. 50.

513   SIMSON IM LÖWENKAMPF
Albrecht Dürer

Unten Mitte das Monogramm des Künstlers

Holzschnitt; 38,2 : 27,7

Nürnberg, Germanisches Nationalmuseum (H 7310)

In der Einleitung zum Lehrbuch der Malerei sagt Dürer: Vnd aws dem Erculeß woll wir den Somson machen, des geleichen wöll wir mit den andern allen tan. Das heißt, die in der antiken Kunst vorgeprägten Stoffe sollen ins Christliche transponiert werden. Dieses Programm wird durch den 1496 entstandenen Simson-Holzschnitt bereits für Dürers frühere Jahre bezeugt. Das Blatt gehört nach Größe und Komposition rechts neben den ›Ercules‹ (Kat. Nr. 512). Die beiden stärksten Helden ihrer Zeit sind kontrastreich aufeinander bezogen: Der kurzhaarige Herkules trägt ein Eberfell, der langgelockte Simson modisches Gewand, dazu aber an der Schwertseite den Eselskinnbacken. Die gleiche Waffe schwingt die Furie hinter Herkules, durch deren Erscheinen die Szene das für die damalige Vorstellung von der Antike typische Pathos erhält. Mit dem erregten Mienenspiel des schreienden Herkules kontrastiert Simsons bei aller Anstrengung ruhiges Gesicht.
Literatur: Rupprich 2, S. 104, 126 Anm. 17.

514   DIE VIER HEXEN : DISCORDIA
Albrecht Dürer   *Abb.*

Unten Mitte das Monogramm des Künstlers, oben an der aufgehängten Frucht die Jahreszahl 1497 und O.G.H.

Kupferstich; 19 : 13,1

Aus der M. Kade-Foundation

München, Staatliche Graphische Sammlung (11194)

Den Aktfiguren liegen Naturstudien Dürers zugrunde, für die Gesamtkomposition wurde auf die berühmte antike Dreigraziengruppe verwiesen, die Dürer durch italienische Vermittlung gekannt habe. Er variiert die Gruppe und fügt im Hintergrund eine vierte, bis auf Kopf und Beine verdeckte weibliche Figur hinzu. Die vier nackten Frauen stehen um einen auf dem Boden liegenden Totenschädel und eine von oben herabhängende Frucht. Diese beiden zentralen Dinge sowie die verschieden gestalteten Durchgänge an den Seiten sind für die Deutung wichtig. Das linke Tor wird durch Flammen und den Kopf eines Teufels als Eingang zur Hölle, das rechte durch einen Knochen, der mit dem Totenkopf zusammenzusehen ist, als Tor des Todes gekennzeichnet. In den vier Frauen sah man Hexen, Dirnen oder die drei Grazien mit Venus. Zur Deutung hilft die um 1500 datierte Kopie des Nicoletto da Modena, der die hängende Frucht, wie aus der Inschrift hervorgeht, als Apfel des Parisurteils auffaßt. Die Figur im Hintergrund ist, wie schon E. Dutuit sah, Discordia (Zwietracht), die den Zankapfel unter die drei Göttinnen gebracht hat. Bisher wurde nicht erkannt, daß Dürer das gleiche Thema darstellt: Er charakterisiert die Figuren nicht wie Nicoletto durch Attribute, sondern - mit größerer Kunst - durch ihr Verhalten. Kokett en face zeigt sich Venus, die in der Kopie

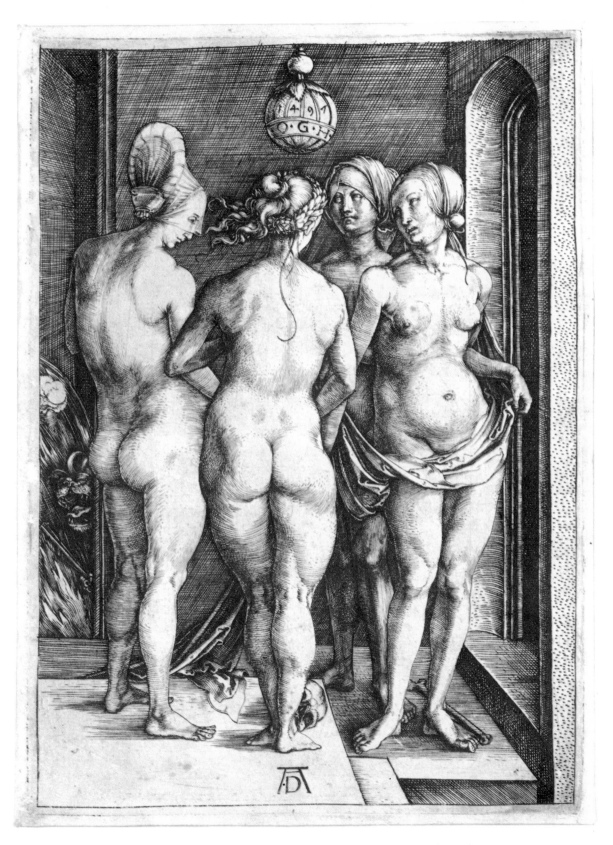

Albrecht Dürer: Die vier Hexen: Discordia (Kat. Nr. 514)

Albrecht Dürer: Pupila Augusta: Die Geburt der Venus Urania (Kat. Nr. 515)

einen Spiegel hat. Minerva trägt den zu ihr gehörenden Oliven-kranz, ihre Gesten sind die der Schamhaftigkeit. Juno, Ehe-göttin und Gemahlin Jupiters, kennzeichnet die Haube der ver-heirateten Frau. Nach Fulgentius, dessen frühchristliche Aus-legung des Parisurteils sich in Pirckheimers Bibliothek befand, ist Juno mit verhülltem Haupt aufgetreten. - Die im 15. Jahrh. vielgelesene Epître d'Othéa der Christine de Pisan faßt den Streit der drei Göttinnen als moralische Fabel auf, die vor den üblen Folgen der Discordia warnt; führte diese doch zum Raub der Helena und zum Untergang Trojas, also zu Sünde und Tod. Dürer deutet die Folgen durch die seitlichen Tore an. Neben das Moralisieren im Sinne des Spätmittelalters tritt bei ihm das Gefühl für die Dämonie des antiken Unholds Discordia, die mit starrem Blick zwischen den lebendig bewegten Göttinnen er-scheint. Römische Dichter schildern sie als höllischen Dämon, der im Vorhof des Orcus haust (z. B. Vergil, Äneis 6, 280). Zu ihr paßt die humanistische Inschrift ›odium generis humani‹ (Abscheu des Menschengeschlechts), wie die Abkürzung auf ihrem Attribut, dem Zankapfel, wohl aufzulösen ist.

Literatur: E. Dutuit: Manuel de l'amateur d'estampes. Paris 1888, S. 197 - Panofsky 1, S. 70/71 - J. Poesch: Sources for two Dürer Enigmas. In: The Art Bull. 46, 1964, S. 78-82 - E. Panofsky: Problems in Titian. London-New York 1969, S. 136/37 Anm. 66. - H. Ladendorf: Antikenstudium und Antikenkopie. Berlin 1958, S. 30 (Dreigraziengruppe im Quattrocento) - M. R. Scherer: The legends of Troy in art and literature. London-New York 1963, S. 8 (Discordia bei Christine de Pisan).

515 PUPILA AUGUSTA: DIE GEBURT DER VENUS URANIA
Albrecht Dürer   *Abb.*

Unten Mitte das Monogramm des Künstlers, darunter links die Jahreszahl 1516 von fremder Hand. In Spiegelschrift wie das Monogramm auch die Inschrift auf der Urne rechts: PVPILA AVGVSTA

Federzeichnung in Schwarz und verblaßtem Braun, über Vor-zeichnung in Kohle, Reste von Kohlenpause. Wz.: Ochsenkopf-Fragment (Briquet 4773); 25,4 : 19,5

H. M. Queen Elizabeth II (12175)

Die Entstehungszeit wird allgemein zwischen 1496 und 1498 angenommen. Die Bergstadt im Hintergrund wurde für den Kupferstich mit dem Hl. Antonius von 1519 (Kat. Nr. 348) ge-paust, woraus sich der ›durchsichtige‹ Baum rechts und die Korrektur an dem Turm im Mittelgrund erklären. Die im Vorder-grund unvollendete Vorzeichnung für einen Stich ist ›ein ricordo der ersten italienischen Reise‹ (E. Schilling). Für die Stadt im Hintergrund sind Motive der Aquarelle von Trient und Inns-bruck (vgl. Kat. Nr. 559) verwendet; als Vorbild für die Venus-gruppe im Mittelgrund wurde ein Nielloabdruck des Peregrino, für die bekleidete Liegende rechts das Blatt eines ferraresischen Stechers ermittelt, das auch die Inschrift Pupila Augusta ent-hält. Sie bedeutet erhabenes Mündel und meint die aus dem Meer geborene Venus Urania, die mutterlose Tochter des Him-melsgottes Uranus. Ihr Name ist auch durch den Baldachin um-schrieben, unter dem sie mit zwei Chariten (?) übers Meer kommt, denn dieser war seit der Antike ein Symbol des Himmels. Bei Peregrino steht sie auf einer Schildkröte wie die Urania des Phidias (Pausanias 6, 25, 1), bei Dürer auf einem großen Fisch. Die berühmteste Urania der Antike war die Aphrodite Anadyo-mene des Apelles, die in mehreren Epigrammen der Anthologia Graeca gefeiert wird (16, 178-82); deren Florentiner Aus-

gabe von 1494 befand sich in Pirckheimers Bibliothek. Es heißt dort mehrmals, daß Hera und Athena mit diesem Wunder an Schönheit nicht vor Paris wetteifern können, weshalb die beiden nackten Frauen im Vordergrund wohl diese Göttinnen sind: links Athena, die überrascht die Ankunft der Urania wahrnimmt, in der Mitte die große, nicht mehr ganz junge Hera, die wie Aphro-dite ein ›Mündel‹ der Meergötter war (Homer, Ilias 14, 202; Lukian, Tragodopodagra 94). Was Athena wirklich sieht, die Ankunft der Urania, erblickt Hera im Spiegelorakel einer Nym-phe, wohl der Oenone, die in einem italienischen Stich den glei-chen Kopfputz trägt (Hind, Taf. 884). Oenone, bis zum Parisur-teil Frau des Paris, war Tochter eines trojanischen Flußgottes, dessen geriefelte Urne neben ihr steht. Sie hat daraus Wasser in den Orakelteller gegossen, denn sie besaß nach den antiken Quellen die Gabe der Weissagung.

Literatur: E. Schilling: Dürers ›Pupila Augusta‹. In: Zs. d. dt. Ver. f. Kunstwiss. 22, 1968, S. 1-9 - German drawings from the collections of H. M. the Queen. Ausst. University College-Cour-tauld Institute. London 1969, Nr. 14.

516 DAS MEERWUNDER
Albrecht Dürer   *Abb.*

Unten Mitte das Monogramm des Künstlers

Kupferstich; 25,3 : 19,1

Aus dem Kupferstichkabinett Waldburg-Wolfegg

Schweinfurt, Sammlung Otto Schäfer (D-66)

Der Titel Meerwunder, wie Dürer im Tagebuch der Niederlän-dischen Reise den um 1497/98 entstandenen Stich nannte, wur-de als Beweis dafür angesehen, daß hier ›der nordische wilde Wassermann‹ als Frauenräuber erscheine (L. L. Möller). Der Name war aber auch für antike Seeungeheuer durchaus ge-bräuchlich (B. Hederich: Gründliches Mythologisches Lexicon. Leipzig 1770, S. 687: Cetus). Daß Dürer eine mythologische Szene meint, ergibt sich schon aus der Stilisierung all' antica, vor allem aus der gelagerten Aktfigur, die Vasari als Nymphe be-zeichnet. Die Gruppe findet sich ähnlich auf antiken Meerwesen-sarkophagen sowie auf einem Mosaik in Aquileia (Hinweis P. Strieder), doch handelt es sich dort immer um die zum Meer ge-hörenden Nereiden, während in Dürers Stich ein Mädchen vom Festland entführt wird. Ihre Gefährtinnen fliehen zum Ufer, der Vater eilt entsetzt herzu, die Mutter trauert. - Der bisher beste Vorschlag zur Deutung auf den Raub der Syme durch Glaucus (J. Heller) läßt sich präzisieren. Glaucus unterschied sich von anderen Meerwesen durch seine Alterszüge, denn er war ein ver-wandelter Sterblicher, weshalb er auch eine Vorliebe für Land-bewohnerinnen hatte. Dürer kannte wahrscheinlich Philostrats Beschreibung eines Glaucus-Gemäldes (2, 15), in dem der weiße Bart, der purpurne Fischleib, aber auch die gewaltige Kraft des Armes und der Brust genannt sind. Im ›Gastmahl der Sophisten‹ des Athenäus (7, 296 c), dessen Manuskript 1423 nach Venedig kam und sich rasch durch Abschriften verbreitete, ist unter den Abenteuern des Meerdämons Glaucus der Raub der Syme erwähnt. Sie war eine Tochter des Jalysus und der Dotis von Rhodus. Von dort entführte Glaucus das Mädchen auf eine kleine, schon in der Ilias erwähnte Insel (2, 671), die er nach ihr Syme nannte. Die Geraubte scheint sich ihrer neuen Würde als namengebende Ortsnymphe schon bewußt zu sein, sie wehrt sich nicht. Was sie den Eltern und Gespielinnen zuruft, geht in dem prächtigen Wellenstrudel unter, den der mit seiner schönen Beute rasch dahinziehende Meerdämon erzeugt.

Albrecht Dürer:
Das Meerwunder
(Kat. Nr. 516)

Albrecht Dürer:
Die Entscheidung des Herkules
(Kat. Nr. 517)

Literatur: J. Heller: Das Leben und die Werke Albrecht Dürers 2. Bamberg 1827, S. 460 - S. R. Köhler: A chronological catalogue of the engravings, dry-points and etchings of Albert Dürer. Ausst. New York 1897, Nr. 16; Rez. v. W. v. Seydlitz in: Rep. f. Kunstwiss. 20, 1897, S. 391 - Panofsky 1, S. 72/73 - L. L. Möller: Die wilden Leute des Mittelalters. Ausst. Hamburg 1963, Nr. 6 - Philostratos: Die Bilder. Griechisch und deutsch von O. Schönberger. München 1968, S. 214/15.

517 DIE ENTSCHEIDUNG DES HERKULES

Albrecht Dürer   *Abb.*

Unten Mitte das Monogramm des Künstlers

Kupferstich: 32,3 : 22,3

Aus Slg. Jancsy und der M. Kade-Foundation

München, Staatliche Graphische Sammlung (1964:428)

Die Deutung des Stiches, den Dürer ›Hercules‹ nannte, steht seit E. Panofsky fest. Dargestellt ist die Entscheidung des Herkules zwischen Virtus (Tugend) und Voluptas (Laster), wenn auch in anderer Form als die übrigen Illustrationen dieser in Humanistenkreisen beliebten Fabel, die in der antiken Bildkunst nicht überliefert ist. Dürer wählt anstelle des Rededuells einen wirklichen Kampf in der Nachfolge mittelalterlicher Psychomachien, trägt ihn aber in antikisierenden, von Mantegna und Pollaiuolo übernommenen Formen vor. Nicht genügend geklärt ist bisher die Aktion des Herkules, der mit dem waagerecht emporgehaltenen Baumstamm nicht die bei einem Satyrn am Boden sitzende Voluptas treffen kann. Der Stamm symbolisiert, ähnlich wie beim Hl. Christophorus, die robuste Körperkraft des Helden, die ihm hier aber nichts nützt. Denn der Angriff der in die Niederung der Voluptas herabstürmenden Virtus spielt sich als eine seelische Erfahrung im Innern des Herkules ab. Die Heftigkeit dieses Kampfes drückt sich in seinem stöhnend geöffneten Mund aus: das hilflos-pathetische Agieren der Arme veranschaulicht darüber hinaus den seelischen Zwiespalt. In keiner anderen Darstellung der Entscheidungsfabel ist Herkules so aktiv und so passiv zugleich. Sein Profil gleicht dem Dürers, weshalb der um 1498/99 entstandene Stich, ähnlich wie die Melancholie von 1514, als persönliches Bekenntnis des Künstlers zu gelten hat.

Literatur: E. Panofsky: Herkules am Scheidewege. Leipzig-Berlin 1930, S. 166-73 - Panofsky 1, S. 73/74.

518 HERKULES UND DIE STYMPHALISCHEN VÖGEL

Albrecht Dürer

Links unten auf einem Stein das Monogramm des Künstlers und die Jahreszahl 1500

Gemälde auf Leinwand; 87 : 110

Aus dem Schloß in Wittenberg(?). 1628 von Kurfürst Maximilian von Bayern erworben

Nürnberg, Germanisches Nationalmuseum (Gm 166; Bayer. Staatsgemäldesammlungen 1855/5379)

Wie bei dem nicht lange zuvor entstandenen Sich (Kat. Nr. 517) haben auch hier auf die Herkules-Figur Vorbilder des Pollaiuolo eingewirkt, der z. B. für den Palazzo Medici in Florenz einen Zyklus von Herkules-Taten geliefert hat. Zeigt der Bogenschütze des Florentiners auf dem Nessus-Gemälde in New Haven ein Übermaß an Bewegung, so verbinden sich an Dürers Figur äußerste Spannung und ruhige Überlegenheit. Trotz des schlechten Erhaltungszustandes ist dies eine der schönsten Darstellungen des Bogenschießens in der nachantiken Kunst. Die Vögel am See von Stymphalos sind mit weiblichem Oberkörper, als Harpyien, wiedergegeben, für die auch die Dreizahl charakteristisch ist. Beim Mythographus Vaticanus (1, 111) sind die stymphalischen Vögel mit den Harpyien gleichgesetzt. E. Panofsky nimmt an, Dürer habe das Bild für das Schloß Friedrichs des Weisen in Wittenberg gemalt, da in dessen Sommersaal nach einer Beschreibung von 1507 (1508) eines von vier Herkules-Gemälden das Thema ›Herkules tötet mit dem Bogen die stymphalischen Harpyien‹ zeigte. Der allegorische Sinn des Bildes liegt in der Bekämpfung der von den Harpyien verkörperten Habsucht durch Herkules, den Paladin der Tugend. Die Züge seines Profils erinnern sicher nicht zufällig an die des Künstlers.

Literatur: A. Meinhard: Dialogus illustrate ac augustissime urbis Albiorene vulgo Vittenberg dicte. Leipzig 1508, fol. G 5v - Lutze-Wiegand, GNM, S. 51 - Panofsky 1, S. 35, 45, 91 - Anzelewsky, Nr. 67.

519 HERKULES UND DIE STYMPHALISCHEN VÖGEL

Albrecht Dürer zugeschrieben

Federzeichnung, laviert; 21,3 : 29,1

Darmstadt, Graphische Sammlung des Hessischen Landesmuseums (AE 383)

F. Winkler erklärt die sehr sorgfältige Zeichnung für den Entwurf Dürers zu dem Nürnberger Gemälde (Kat. Nr. 518), andere, darunter E. Panofsky, halten sie für eine Kopie aus dem Umkreis des Künstlers. Hans von Kulmbach, an den man dachte, ist laut Auskunft von P. Strieder auszuschließen. Nach H. Wölfflin ist die Zeichnung ›im Eindruck des Eiligen womöglich noch besser als das Bild‹. Es fragt sich, ob es Dürer auf diesen Eindruck ankam oder eher auf die Verbindung von zwei Extremen, von Spannung und Ruhe zu einer statuarischen Einheit, wie sie nur bei dem Nürnberger Bogenschützen erreicht ist. Auch trägt nur dieser Porträtzüge Dürers. Das Problem der Zuschreibung muß vorläufig offen bleiben.

Literatur: Wölfflin, S. 129.

520 DIE SÄUGENDE KENTAURIN

Albrecht Dürer

In der linken oberen Ecke, auf dem Kopf stehend, von Dürers Hand die Namen von vier mit ihm befreundeten Nürnbergern, darunter der Pirckheimers

Federzeichnung in Braun; 22,6 : 21,1

Coburg, Kupferstichkabinett der Kunstsammlungen Veste Coburg (Coburger Landesstiftung) (Z 95)

Die Skizze, ›one of Dürer's most enticing drawings‹ (E. Panofsky), gehört in den Motivkreis der Satyrfamilie von 1505 (Kat. Nr. 521). Dürers antike Quelle war nicht die Beschreibung des Kentaurenbildes des Zeuxis bei Lukian, sondern nach E. Panofsky der ältere Philostrat (2, 3). Die Kentaurin des Zeuxis war tierischer, sie nährte ein Junges an der Brust und eines an ihren Pferdezitzen, wie es Botticelli auf dem Sockelrelief der Verleumdung des Apelles darstellt. Bei Philostrat sind die Kentaurinnen vermenschlicht, ebenso in Sarkophagreliefs der römischen Kaiserzeit. Dürers Kentaurin, die ihr Junges kniend säugt, hat auf bacchischen Sarkophagen Vorläuferinnen. Möglich, daß Dürer solche durch italienische Nachzeichnungen kannte.

Literatur: Panofsky 1, S.87. - A.Chastel: Art et Humanisme à Florence au temps de Laurent le Magnifique. Paris 1961, Taf.76 (aus der Verleumdung des Apelles: Kentaurin des Zeuxis) - R. Turcan: Les sarcophages romains à représentations dionysiaques. Paris 1966, S.272, Taf.38 (säugende Kentaurinnen auf römischen Sarkophagen) - Philostratos: Die Bilder. Griechisch und deutsch von O.Schönberger. München 1968, S.178-81.

521 DIE SATYRFAMILIE
   Albrecht Dürer

Auf der Tafel rechts am Ast des Baumes das Monogramm des Künstlers, darüber die Jahreszahl 1505

Kupferstich; 11,6 : 7,1

Aus Slg. Hertel

Nürnberg, Germanisches Nationalmuseum (St.Nbg. 2122; Leihgabe der Stadt Nürnberg)

Von der Beliebtheit dieses kleinen Stiches zeugen zahlreiche Variationen durch italienische Nachahmer. Dürer gibt eine moralische Allegorie in der Form eines Idylls. Der mögliche Pendantstich mit Apollo und Diana (Kat. Nr.174) hat einen lichten Hintergrund, dieser dagegen einen finstern Forst, der an das Dickicht bei Adam und Eva von 1504 erinnert (Kat. Nr.484). Adam greift an den grünenden Zweig des Lebensbaumes, die Satyrfrau dagegen an einen abgestorbenen Ast. Auch sonst wächst hier nichts Grünes, kein Gras oder Blatt. Vertrocknete Zweige allegorisieren in der Kunst jener Zeit häufig das Laster, das mit dem Raubtierfell, auf dem die Frau am Boden sitzt, näher umschrieben wird. Nach Cristoforo Landino und Cesare Ripa (Iconologia: Libidine) ist ein solches Fell Attribut der Libido,

Albrecht Dürer:
Venus als Delphinreiterin
(Kat. Nr. 522)

der schrankenlosen Sinnenlust. Sie ist auch für den Satyrn charakteristisch, der ein primitives Instrument, das Platerspiel (plater = Blase), bläst. Die Musik befreit aber weder ihn noch die Frau von der Melancholie, die hier andere Ursachen als auf dem Kupferstich von 1514 hat. Es ist die dumpfe Hoffnungslosigkeit unerlöster, ganz in Libido verstrickter Wesen. Dennoch gibt Dürer keine Schwarzweißmalerei, sondern in der Mutter mit dem unschuldigen Kind und dem halbtierischen Vater ein idyllisches Stück Natur.

Literatur: Panofsky 1, S. 87; 2, S. 164.

522   VENUS ALS DELPHINREITERIN
Albrecht Dürer   *Abb.*

Oben rechts das Monogramm des Künstlers, darüber die Jahreszahl 1503

Tuschfederzeichnung; 21,5 : 21,2

Wien, Graphische Sammlung Albertina (3074)

Die locker hingeworfene Zeichnung - ›eine der glücklichsten Schöpfungen Dürers aus dieser Zeit‹ (F. Winkler) - ist eine Variation des in die Antike zurückreichenden Motivs des delphinreitenden Amor. Hier ist wie im Hintergrund der Europa-Zeichnung (Kat. Nr. 505) Venus die Reiterin, während Amor, auf dem Füllhorn in ihrem Arm stehend, seinen Pfeil schießt. Er trägt vor seinen Augen die Binde, die er in der mittelalterlichen Kunst erhalten hatte und die Dürer sonst vermeidet (vgl. Kat. Nr. 459). Durch ihren blinden Sohn ist diese Venus trotz des umgebenden Meeres nicht als ›himmlische‹ sondern als ›irdische‹ Liebesgöttin gekennzeichnet, als Venus-Voluptas. Zu ihr paßt als Reittier der Delphin, der in der Renaissance-Kunst Amor und Voluptas symbolisieren kann.

Literatur: Tietze, Albertina 4, Nr. 51 - G. de Tervarent: Attributs et symboles dans l'art profane. Genf 1959, S. 143/44 (Delphin).

523   ARION AUF DEM DELPHIN
Nach Albrecht Dürer vom sog. Kopist der 1520er Jahre(?)

Am unteren Rand die Jahreszahl 1519; oben der Hexameter: pisce super curvo vectus cantabat Arion (auf dem geschwungenen Fischrücken dahinfahrend sang Arion)

Federzeichnung; 24,1 : 33

Hamburg, Hamburger Kunsthalle (23011)

Dürers um 1514 entstandene Zeichnung - im Ambraser Kunstbuch des Kunsthistor. Mus., Wien (W. 662) - gehört zu den nicht zahlreichen Darstellungen antiker Themen aus der Zeit der Meisterschaft. Die bei mehreren antiken Autoren berichtete Legende von dem Sänger Arion, der vor dem Zugriff von Räubern aus einem Schiff ins Meer sprang und von einem Delphin gerettet wurde, ist Thema zweier Szenen an der Decke der camera picta in Mantua. Aber Dürer gestaltet die Szene anders als Mantegna, das genaue Abschreiben italienischer Vorbilder ist längst vorbei. Er läßt Arion nicht wie Mantegna auf dem Delphin sitzen, sondern mitsamt seiner Harfe liegen, wodurch die Situation dramatisch wird. Arion hatte die Räuber gebeten, vor seinem Tode noch einmal singen zu dürfen, was sie ihm gewährten. Dürer zeigt ihn unmittelbar nach dem Sprung, auf dem Rücken des musikliebenden Fisches singend, wie es auch in dem Hexameter heißt. Der Delphin ist als Fabeltier mit großen Hauern gegeben, als wolle er seinen Schützling verteidigen. Arion blickt dankbar zum Himmel, zu seinem Schutzgott Apollo, der den rettenden Fisch gesandt hat. - Dürers Arion geht auf eine Zeichnung im Besitz von Hartmann Schedel (München, Bayer. Staatsbibl., Cod. lat. 716, fol. 54 v) zurück, die eine Antikennachzeichnung des Cyriacus von Ancona kopiert.

Literatur: O. Jahn: Cyriacus von Ancona und Albrecht Dürer. In: Aus der Alterthumswissenschaft. Bonn 1868, S. 333 ff. - J. Dernjac: Die Handzeichnungen im Codex latinus Monacensis 716. In: Rep. f. Kunstwiss. 2, 1879, S. 304-07.

524   DIE ENTFÜHRUNG AUF DEM EINHORN
Albrecht Dürer

Oben in der Wolke das Monogramm des Künstlers, darüber die Jahreszahl 1516

Eisenradierung; 35 : 25,4

Hamburg, Hamburger Kunsthalle (10633)

In dieser düsteren, grell beleuchteten Szene schöpft Dürer die künstlerischen Möglichkeiten der Radierung, zu deren Bahnbrechern er gehört, in genialer Weise aus. Dargestellt ist nicht, wie man annahm, der Raub der Proserpina durch den Unterweltsgott Pluto, denn das Reittier des Räubers sprengt nicht in die Tiefe. Nach der überzeugenden Deutung von L. L. Möller ist der Räuber einer der wilden Jäger aus der deutschen Sage, zu dem auch das Einhorn paßt. Er ist nicht in mittelalterlicher Weise mit Fell und Blättern, sondern wie die entsetzte, schreiende Frau als Aktfigur wiedergegeben: In der Entstehungszeit dieser Radierung waren durch Dürers Einfluß Akte in der deutschen Kunst nicht mehr auf antike Szenen beschränkt. Der kompakte Körperbau der Geraubten erinnert an die Hexenfiguren des Dürer-Schülers Baldung, und als Hexe ist die Frau in einer neueren Untersuchung gedeutet. Zu ihrem Raub durch den wilden Reiter mag die Vorstellung geführt haben, daß beide nach ihrem Tod keine Ruhe in der Erde finden, sondern als Gespenster durch die Luft jagen müssen. Die Radierung ist also keine Todesallegorie, sie stellt vielmehr dar, wie eine Hexe aus der Ruhe des Grabes aufgescheucht wird. In einer vorbereitenden Zeichnung in New York (Morgan Library; W. 669) holt der Räuber die Frau aus einer Schar von Gefährtinnen, die er niederreitet. Durch deren Weglassen, durch Zufügung der unheimlichen Landschaft und Verwandlung des Pferdes in das Einhorn verleiht Dürer dem Geschehen das Gespenstische, das zum Hexenglauben gehört.

Literatur: Panofsky 1, S. 196 - F. Saxl: Lectures. London 1957, S. 270 - L. L. Möller: Die wilden Leute des Mittelalters. Ausst. Hamburg 1963, Nr. 74 - J. Poesch: Sources for two Dürer Enigmas. In: The Art Bull. 46, 1964, S. 82-85 - W. Stubbe: Meisterwerke der Graphik. Ausst. Hamburg 1969, Nr. 28.

DAS WERK: DIE ENTDECKUNG DES INDIVIDUUMS

Albrecht Dürer ist der erste deutsche Künstler, in dessen Gesamtwerk das Porträt den traditionsgebundenen religiösen Themen gleichbedeutend gegenübersteht. Ein solcher Vergleich bezieht sich nicht allein auf den Umfang des Geschaffenen, sondern in gleichem Maß auf das Gewicht der dem Kunstwerk immanenten Aussage.

Dürer hat in der Erfassung der vollen Individualität des Menschen dem Porträt Werte verliehen, die das spätmittelalterliche Bildnis noch nicht oder erst im Keime besaß. Hervorgerufen und ermöglicht wird eine solche Bereicherung der Darstellung eines Menschen durch ein wiedererwachendes Interesse an den Motiven seines persönlichen Handelns, die von seinem Charakter bestimmt werden und ›aus einem menschlichen Wesen ein Individuum machen‹ (J. Pope-Hennessy). Ein solcher Wandel in der Sicht des Menschen fordert vom Künstler den Schritt von der attributartigen Anbringung von Ähnlichkeitsmerkmalen der Physiognomie zur Wiedergabe des Porträtierten aus der gesamten Persönlichkeit. Die Wiedererkennbarkeit aus der Statur und den Gesichtszügen ist nur noch eine Teilleistung innerhalb der gesamten Aufgabenstellung. Die Möglichkeit der Erfassung des Dargestellten als Individuum verleiht aber auch dem Porträt als solchem neue Bedeutungen. Dürer hat sich darüber wenigstens andeutungsweise im Rahmen der Vorbereitungsarbeiten für ein umfassendes Lehrbuch der Malerei ausgesprochen: Es ist auch nit zu verwerffen dar ich etwas beschreib das zum gemell dienstlich ist. Dan durch malen mag angetzeigt werden das leiden Christi vnd würt gepraucht jm dienst der kirchen. Auch behelt das gemell dy gestalt der menschen nach jrem sterben. Eine Quelle dieser Formulierung Dürers, soweit sie die Bildnismalerei betrifft, ist die 1435/36 entstandene Schrift De Pictura des Florentiner Humanisten und Künstlers Leon Battista Alberti, der sich wiederum an die Historia Naturalis des Römers Caius Plinius Secundus aus dem 1. Jahrh. nach Christus anlehnt. Die Darstellung identifizierbarer, lebender oder jüngst verstorbener Personen wird als Stifterbild in die deutsche Malerei eingeführt. Die Kennzeichnung der Dargestellten erfolgt durch eine Widmungsinschrift oder durch das Wappen, von wenigen Ausnahmen abgesehen, durch die Physiognomie erst in der zweiten Hälfte des 15. Jahrhs. Noch Dürers Stifterfamilie des Paumgartner-Altares (Kat. Nr. 590) aus den Jahren 1502/03 folgt diesem Schema. Hier steht die Bedeutung des Porträts und seiner Möglichkeit, die Gestalt des Menschen nach seinem Tode zu überliefern, noch ganz in der Heilsordnung: Der dargestellten Stifter soll zu ihren Lebzeiten wie nach dem Tode an den entsprechenden Stellen des Messkanons gedacht, ihre Reinigungszeit im Fegfeuer durch Gebet und Ablaßzuwendungen abgekürzt werden. Den anderen Pol der Linie, auf der sich das Porträt im frühen 16. Jahrh. bewegt, spricht dann Eobanus Hesse in einem Totengedicht auf Dürer an, wenn er einen Betrachter vor dessen Bildnis sagen läßt: dein Ruhm lebt und hat ewige Dauer. Der Mensch, der sich selbst als Individuum begreift und von anderen als solches erkannt werden will, lebt aus dem Ruhm seiner persönlichen Taten, durch die er sich von anderen unterscheidet, fort. Die Begier nach Ruhm, der das kurze Leben überdauert, ist eines der entscheidenden Kennzeichen des Renaissancemenschen. Das Bildnis hat in Dürers Leben zweimal eine besonders wichtige Rolle gespielt: am Anfang und Ende seines Schaffens. Es sind Porträtaufträge, mit denen er sich nach der Rückkunft aus Venedig beschäftigt. Mit zwei Bildnispaaren für die Familie Tucher (Kat. Nr. 525), für die auch sein Lehrer Wolgemut gemalt hatte (Kat. Nr. 97/98), setzen die Aufträge aus dem städtischen Patriziat ein; ihnen folgt das Bild des jungen Nürnberger Faktors der Großen Ravensburger Handelsgesellschaft Oswolt Krel (Kat. Nr. 526). Es geht Dürer bei diesen frühen Bildnissen, zu denen auch die gemalten Selbstbildnisse zu zählen sind, von der Form her in erster Linie um die plastische Erfassung der Gestalt. Die volle psychische Erfassung des Gegenübers gelingt Dürer noch nicht. Wo das unmittelbare persönliche Interesse an den Dargestellten fehlt, wie bei den Tucher-Bildnissen, macht sich auch ein Mangel an geistiger Spannung bemerkbar. Während seines späteren Aufenthaltes in Venedig war Dürer offenbar ebenfalls als Porträtist gesucht. Seine Klage an Pirckheimer, daß er viel verdienen könne, wenn er nicht durch den Auftrag der deutschen Kaufleute, das Rosenkranzbild, gebunden sei (vgl. Kat. Nr. 195/96), kann kaum anders gedeutet werden. In den Bildnissen, die in Venedig entstehen oder im Jahr der Heimkehr nach Nürnberg, öffnet sich Dürer bereitwillig der venezianischen Malkultur. Daß er nun auch versteht, die Seele eines Menschen zu malen, wie Erasmus von Rotterdam von ihm gesagt hat, zeigt kein Bild deutlicher, als das nicht ganz vollendete, so persönlich wirkende Porträt einer jungen Frau in Wien (Kat. Nr. 531). Größte Bedeutung gewinnt das Porträt im letzten Jahrzehnt von Dürers Schaffen. Die Zeit der großen Altäre ging ganz allgemein zu Ende, die religiöse Spannung der Vorreformationszeit, aus der die Apokalypse und die Passionszyklen der Graphik erwachsen waren, ließ nach. Als wichtigste Aufgabe für den Maler blieb das Porträt. 1518 ist Dürer auf dem Augsburger Reichstag. Er zeichnet dort den Kaiser (vgl. Kat. Nr. 258/59), als mächtige Kirchenpolitiker den Kardinäle Albrecht von Brandenburg und Lang von Wellenburg (Kat. Nr. 538, vgl. 539), den bedeutendsten deutschen Kaufherrn, Jakob Fugger (Kat. Nr. 541). Nur dieser sieht sein nach der Zeichnung gemaltes Porträt. Der Kaiser ist bereits tot, als die beiden Porträtfassungen in Nürnberg (Kat. Nr. 258) und Wien, aber auch die Holzschnitte (Kat. Nr. 259) fertiggestellt waren, die sein Bild und seinen Ruhm den kommenden Jahrhunderten bewahrten. Der Brandenburger aber erhielt sein Bildnis als Kupferstich in einer Auflage von 200 Stück. Der Anfang der Bildnisgraphik, der zugleich ihren künstlerischen Höhepunkt bedeutet, war gemacht. Dürer verstand es nun, im Gesicht eines Mannes zu lesen und wenig von dem, was er sehen wollte, blieb ihm verborgen.

Niemals aber hat Dürer so viel porträtiert als während seines Aufenthaltes in den Niederlanden in den Jahren 1520 und 1521. Dies hat natürlich seinen äußeren Grund. Aufträge für umfangreiche Malwerke konnte er als Fremder weder erwarten noch ohne Werkstatt ausführen. So blieb, um den Lebensunterhalt zu verdienen, nur der Verkauf der reichlich mitgeführten Druckgraphik und die Bildniszeichnung. Dürer macht das mit der Kohle gezeichnete Porträt zum abgeschlossenen Kunstwerk,

Albrecht Dürer: Bildnis eines Jünglings mit Mütze (Kat. Nr. 527)

das der Ausführung als Gemälde oder in einer der graphischen Techniken nicht bedarf. Es sind aber nicht allein die praktischen Erfordernisse, denen die Fülle meisterlicher Bildnisse verdankt wird. Die Niederlande haben maßgeblich an der Formung des selbständigen Porträts mitgewirkt. Bereits der junge Dürer konnte in den Bildnissen von Hans Pleydenwurff und Michael Wolgemut, auch wenn er nicht auf seiner Gesellenfahrt bereits einmal in die Niederlande gekommen sein sollte, das Wesentliche der am burgundischen Hof und in den flandrischen Städten entwickelten Porträtkunst erfahren. Sein Tagebuch gibt darüber Auskunft, daß er 1520/21 die Werke der alten Meister besichtigt und den Kontakt mit den lebenden, unter denen Quinten Massys der bedeutendste Porträtist war, gesucht hat. Die Form des niederländischen Porträts als Büste mit Andeutung der Hände wird von Dürer übernommen, wie auch in den beiden gemalten Porträts, die sich in Boston und Dresden befinden, neue malerische Werte erkennbar sind. Aus der Zeit nach der Rückkunft nach Nürnberg haben sich außer einer Reihe von Porträtzeichnungen und -stichen vier gemalte Porträts erhalten, von denen das krafterfüllte, den Rahmen fast sprengende Bildnis eines Unbekannten (Kat. Nr. 550) sich so eng den in den Niederlanden entstandenen anschließt, daß an der Lesung des angegebenen Entstehungsjahres als 1524 immer wieder gezweifelt wurde. In den 1526 gemalten Bildnissen der beiden Stadtregenten Jakob Muffel (Kat. Nr. 553) und Hieronymus Holzschuher kommen die graphischen Elemente der Zeichnung wieder stärker zur Geltung. In einem letzten Bildnis des gleichen Jahres, dem Porträt des Kaufmanns Johann Kleberger (Kat. Nr. 554), einer etwas undurchsichtigen Erscheinung, hat Dürer heterogene Elemente zusammengefügt. Es erscheint müßig, ein direktes Vorbild für das Ganze zu suchen, da das künstlerische Wagnis in der vollkommenen Freiheit liegt, mit der in der Form gegensätzliche Möglichkeiten aufgerufen werden, sich zu ergänzen. Den damit eingeschlagenen Weg weiterzugehen und dabei seine Absichten deutlicher zu machen, hinderten Dürer Krankheit und Tod.

Peter Strieder

525 BILDNIS DER ELSBETH TUCHER

Albrecht Dürer

Links über den Fingern auf der Brüstung schwer erkennbar das Monogramm des Künstlers, wahrscheinlich von fremder Hand. Darunter Farbspuren, wohl von einer Jahreszahl. Oben rechts von fremder Hand die Inschrift: ELSPET. NICLAS.TVCHERIN (IN ligiert) 26 ALT (ligiert), darunter die Jahreszahl 1499. Auf der Schließe des Gewandes NT (Niclas Tucherin). Auf dem Haubentuch die ungedeuteten Buchstaben MHIMNSK, in das Hemd eingewirkt W W

Gemälde auf Lindenholz; 29 : 23,3

Vielleicht schon zu Beginn des 17. Jahrhs. in der Slg. der Landgrafen von Hessen-Kassel; 1730 im Nachlaßinventar des Landgrafen Carl

Kassel, Staatliche Kunstsammlungen (6)

Rechter Flügel eines Diptychons, dessen linker Flügel mit dem Bildnis des Gatten Niclas (1464-1521) verschollen ist. Die Ehe wurde 1492 geschlossen. Die Form des Bildnisdiptychons wurde von Dürer in die Nürnberger Kunst eingeführt. Noch bei Hans Pleydenwurff steht nach niederländischem Vorbild dem Porträt eine sakrale Darstellung gegenüber (Kat. Nr. 91). Entsprechend dem im gleichen Jahr entstandenen Diptychon des Hans und der Felizitas Tucher (Weimar, Schloßmuseum; z.Z. New York) ist auf dem verschollenen Flügel das Allianzwappen zu denken, das sichtbar wurde, wenn man die Flügel zum Schutz der Bilder schloß. Die Form des Porträts vor einer Landschaft findet sich vor Dürer sowohl in den Niederlanden und in Italien. Um aber die Plastik der Figur zu erhöhen, deckt Dürer den Hintergrund teilweise durch einen Vorhang und eine Balustrade ab, so daß er sich in der Gesamtanordnung wieder dem Porträt mit Fensterausblick (Kat. Nr. 167) nähert.

Literatur: Flechsig 1, S.363 - Buchner, S.157, 215 Nr.178 - Winkler, Dürer 1957, S.82 - H.Vogel: Katalog der Staatlichen Gemäldegalerie zu Kassel. Kassel 1958, S.53 - L.Grote: Die Tucher. München 1961, S.74 - E.Herzog: Die Gemäldegalerie der Staatlichen Kunstsammlungen Kassel. Hanau 1969, S.12, 74 - Anzelewsky, Nr.63.

526 BILDNIS DES OSWOLT KREL

Albrecht Dürer

Rechts oben die Inschrift: OSWOLT.KREL. Darunter die Jahreszahl 1499

Zugehörig: Wilder Mann mit dem Wappen des Oswolt Krel (links); Wilder Mann mit dem Wappen der Agathe Krel geb. von Esendorf (rechts)

Gemälde auf Lindenholz; 49,6 : 39; linke Seitentafel 49,3 : 15,9; rechte Seitentafel 49,7 : 15,7

1812 von dem Bilderhändler Hertel in Liesheim für Slg. Oettingen-Wallerstein erworben. Mit dieser 1828 in den Besitz König Ludwigs I. von Bayern. Die Wappentäfelchen bis 1911 im Germanischen Nationalmuseum

München, Bayerische Staatsgemäldesammlungen (WAF 230, 230 a, 230 b)

Im Gegensatz zu den Tucherbildnissen sieht Dürer hier von der Wiedergabe der Balustrade im Rücken des Dargestellten ab und bringt so unter Verzicht auf die Angabe des Standorts das Bildnis in eine engere Verbindung mit der Landschaft. Bisher noch ungeklärt, für die Wirkung des Bildes aber bedeutsam, ist die ursprüngliche Funktion der gegenwärtig seitlich angebrachten Wappentäfelchen. Bei der ersten Erwähnung des Bildes im Grundbuch der Oettingen-Wallersteinschen Sammlung ist vermerkt: Das Bild hatte einen Deckel, auf welchem zwey von zwey wilden Männern gehaltene Wappen sind. Da die beiden Täfelchen an allen vier Seiten noch den ursprünglichen Malrand und wie das Porträt eine Brettstärke von 0,8 cm haben, kann es sich dabei kaum um einen Schiebedeckel, wie er sich u.a. für Dürers Bildnis des Hieronymus Holzschuher erhalten hat, gehandelt haben. Der Katalog der Alten Pinakothek verweist auf das Bildnistriptychon des Conrat Imhoff von Jakob Elsner im Bayer. Nationalmuseum. Die ebenfalls nur einseitig bemalten Flügel entsprechen dort im alten Rahmen der Breite der Mitte, während die Wappentäfelchen des Krel wesentlich schmäler sind. Da die künstlerische Wirkung des Krelbildnisses durch die Triptychonform gestört zu sein scheint, worauf bereits E. Buchner hinwies, könnte an einen Deckel mit den beiden Wappenhaltern gedacht werden, der einem Flügel der üblichen Diptychonform entsprach, aber abgenommen werden konnte. Eine Bemalung der Innenseite des Deckels war dann nicht notwendig. Einen klappbaren Deckel mit dem Wappen auf der Innen- und einem Ritter zu Pferd auf der Außenseite besitzt das Porträt des Hans Fieger von Melans, 1526, im Innsbrucker Museum Ferdinandeum.

Literatur: H. Braune: Ein Beitrag zu Dürers Porträt des Oswald Krel. In: Münchner Jb. 2, II, 1907, S. 28-33 - A. Schulte: Geschichte der Großen Ravensburger Handelsgesellschaft 1. Stuttgart-Berlin 1923, S. 157/58, 224, 230/31 - H. Möhle: Dürer-Bildnisse. Bremen-Berlin [1936] - Panofsky 1, S. 42 - Buchner, S. 157, 215, Nr. 179 - Musper, S. 62 - Winkler, Dürer 1957, S. 80 - E. Holzinger: Von Körper und Raum bei Dürer und Grünewald. In: De artibus opuscula XL. Essays in honor of Erwin Panofsky. New York 1961, S. 248 - Katalog München, S. 66/67 - J. Pope-Hennessy, S. 124 - Anzelewsky, Nr. 56-58.

527 BILDNIS EINES JÜNGLINGS MIT MÜTZE
Albrecht Dürer   *Abb.*

Rechts das Monogramm des Künstlers, darüber die Jahreszahl 1503

Am oberen Rand des Blattes die eigenhändige Inschrift: Also pin Ich gschtalt in achtzehn Jor alt

Kreidezeichnung, weiß gehöht, auf gebräuntem Papier aufgezogen; Wz.: Ochsenkopf mit Schlangenstab (wahrscheinlich Briquet 15379 oder 15387); 29,8 : 21,5

Aus den Slgn. Mariette, Lagoy, Jäger

Wien, Kupferstichkabinett der Akademie der Bildenden Künste (17.784)

Das Bildnis gehört zu den ersten Blättern, die Dürer mit Kohlestift oder schwarzer Kreide zeichnete. Die Inschrift, im Inhalt und dem Ort der Anbringung den gemalten Porträts entnommen, betont den Charakter der Zeichnung als vollgültiges, abgeschlossenes Kunstwerk. Die Individualität der Züge wird durch die Abstraktion der umschließenden Haare und Gewandstücke hervorgehoben.

Literatur: H. Möhle: Dürer-Bildnisse. Bremen-Berlin [1936] - Winkler, Dürer 1957, S. 180.

528 BILDNIS EINER FRAU (CRESZENTIA PIRCKHEIMER?)
Albrecht Dürer

Oben rechts das Monogramm des Künstlers, davor die Jahreszahl 1503

Kohlezeichnung; Wz: Ochsenkopf mit Schlangenstab (Variante von Briquet 15375-77); 31,4 : 24,2
Aus der Slg. Nagler, ehem. Slg. Imhoff?

Berlin, Kupferstichkabinett, Staatliche Museen Preußischer Kulturbesitz (KdZ. 2380)

Die Dargestellte leidet an einer Lähmung des rechten Augenlides, die kaum nur vorübergehend gewesen sein kann. Schon deshalb ist die von E. Flechsig u. a. vorgeschlagene Identifizierung mit Agnes Dürer kaum aufrechtzuerhalten. Aber auch die Annahme, es handle sich bei der Zeichnung um ein Gegenstück zu dem Porträt W. Pirckheimers (W. 270; 28,1 : 20,8 cm)

und beide Blätter seien mit einem als Besitz der Imhoffs genannten Doppelbild Pirckheimers und seiner Frau Creszentia geb. Rieter identisch, ist bei dem Unterschied der Maße und der Herkunft nicht vollständig überzeugend. Auch zeigt die mit größerer Wahrscheinlichkeit als Bildnis der Creszentia angesprochene Kopie nach einer Zeichnung Dürers weder die Lidlähmung noch sonst eindeutige Ähnlichkeit.

Literatur: G. Pauli: Die Bildnisse von Dürers Gattin. In: Zs. f. bild. Kunst NF 26, 1915, S. 69-76 - Bock, Berlin, S. 25 Nr. 2380 - Flechsig 2, S. 266/67 - E. Rosenthal: Dürers Buchmalereien für Pirckheimers Bibliothek. In: Jb. d. preuß. Kunstslgn. 49, Beiheft, 1929, S. 43-45 - H. Reicke: Crescentia Rieterin, Pirckheimers Frau. In: Fränkische Heimat 14, 1935, S. 237-42 - Winkler, Dürer 1957, S. 179.

529 PROFILBILDNIS DES WILLIBALD PIRCKHEIMER
Albrecht Dürer   *Abb.*

Rechts oben das Monogramm des Künstlers, daneben die griechische Inschrift: Ἄρσενος τῇ ψωλῇ ἐς τὸν πρωκτόν. Beides von fremder Hand, vielleicht von Pirckheimer

Silberstiftzeichnung; 21,1 : 15

1951 aus Slg. Blasius; vorher Slgn. Fries, Böhm, Hausmann

Berlin, Kupferstichkabinett, Staatliche Museen Preußischer Kulturbesitz (KdZ. 24623)

Mit dieser Studie macht Dürer vielleicht im Rückgriff auf das Selbstbildnis des Vaters (Kat. Nr. 81) und das eigene von 1484 den Versuch, den Silberstift auch zu Naturaufnahmen in einem großen Format zu benützen. Die Ausführung in Kohle (W. 270), die das Gesicht strafft und verjüngt, trägt das Datum 1503. Die ungewöhnliche Darstellung im reinen Profil wurde dadurch erklärt, daß die Porträtaufnahme der Anfertigung einer Bildnismedaille gedient habe.

Literatur: E. Reicke: Die Deutung eines Bildnisses von Brosamer in der kaiserlichen Gemäldegalerie in Wien. In: Jb. d. kunsthist. Slgn. d. allerhöchsten Kaiserhauses 30, 1912, S. 236/37 - Bock, Berlin, S. 25 Bemerkung bei Nr. 4230 - Flechsig 2, S. 302 - Winkler, Dürer 1957, S. 179 - Ausst. Berlin 1968, Nr. 29.

530 BILDNIS EINER WINDISCHEN BÄUERIN
Albrecht Dürer   *Abb.*

Rechts oben das Monogramm des Künstlers, darüber die Jahreszahl 1505

Kohlezeichnung; Hintergrund später mit grüner Wasserfarbe laviert, dabei das Beschriftungsfeld ausgespart; 35 : 26,6

Aus Slgn. Campe, Vieweg, Eissler, Koenigs und van Beuningen

Rotterdam, Museum Boymans-van Beuningen (D I 161)

Die Beschreibung der Dargestellten als windische Bäuerin wird durch die Form der Kopfbedeckung und ein verwandtes, im gleichen Jahr entstandenes Frauenbildnis wahrscheinlich gemacht, das die Aufschrift ›Vna Vilana Windisch‹ trägt. H. Rupprich und K. Ginhart sahen in den Zeichnungen den Beweis dafür, daß Dürer Venedig auf der zweiten Reise durch Kärnten erreicht und die Frauen in einem der slowenisch sprechenden Gebiete Kärntens oder Friauls gezeichnet habe. Allerdings werden auf der Europakarte des Martin Waldseemüller (1511 u. 1520) die Bewohner der Küste Dalmatiens ebenfalls als

Albrecht Dürer: Profilbildnis des Willibald Pirckheimer (Kat. Nr. 529)

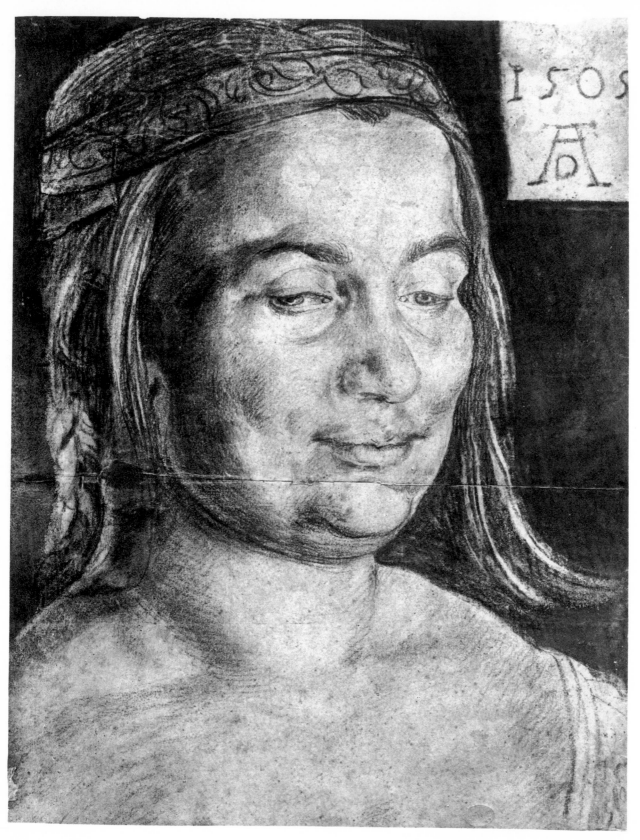

Albrecht Dürer: Bildnis einer windischen Bäuerin (Kat. Nr. 530)

Albrecht Dürer: Kopf eines Negers (Kat. Nr. 534)

›Winden‹ bezeichnet, so daß es sich bei der Dargestellten wahrscheinlich doch um eine ›eschiavonesca‹ handeln dürfte, die Dürer in Venedig gesehen hat. Die Individualität des fremden slawischen Volkstums findet in der Zeichnung eine großartige Steigerung.

Literatur: Rupprich 1, S.211 Anm.16 - E.Haverkamp Begemann: Vijf eeuwen tekenkunst. Rotterdam 1957, Nr.6 - K.Ginhart: Albrecht Dürer war in Kärnten. In: Festschrift Gotbert Moro. Beigabe zu Carinthia I, 152, 1962, S.129-55 - K.Oettinger-K.-A.Knappe: Hans Baldung Grien und Albrecht Dürer in Nürnberg. Nürnberg 1963, S.10, 27.

531   BILDNIS EINER VENEZIANERIN
Albrecht Dürer   *F. nach S. 112*

Oben Mitte das Monogramm des Künstlers, darüber die Jahreszahl 1505

Gemälde auf Ulmenholz; 32,5 : 24,5

Ende des 18. Jahrhs. Slg. Schwartz, Danzig, später in litauischem Privatbesitz; erworben 1923

Wien, Kunsthistorisches Museum (6440)

Das nicht ganz vollendete Bildnis gehört nach Ausweis der Jahreszahl zu den frühesten Arbeiten Dürers während seines zweiten Aufenthalts in Venedig. Wegen der Schleifchen an der Schulter und der Form der bestickten Haube wurde die Tracht als mailändisch bezeichnet. Der besondere Reiz des Bildes beruht auf der unmittelbaren Aufnahme der Individualität der Dargestellten, die aus einem engeren persönlichen Verhältnis Dürers zu der jungen Frau, die er trotz mailändischer Form des Kostüms nur in Venedig gemalt haben kann, erklärt wurde. Die erneute Erfahrung der Kunst Giovanni Bellinis, vielleicht auch die Kenntnis eines frühen Werkes Giorgiones, hat den Porträtstil Dürers geklärt, die farbige Haltung des Bildes entscheidend mitbestimmt.

Literatur: G.Glück: Dürers Bildnis einer Venezianerin aus dem Jahre 1505. In: Jb. d. kunsthist. Slgn. in Wien 36, 1924, S.97-121 - K.F.Suter: Dürer und Giorgione. In: Zs.f.bild.Kunst 63, 1929/30, S.182-87 - H.Möhle: Dürer-Bildnisse. Bremen-Berlin [1936] - Panofsky 1, S.116 - Musper, S.257 - L.Grote: Hier bin ich ein Herr. München 1956, S.63 - Winkler, Dürer 1957, S.189 - K.Oettinger-K.-A.Knappe: Hans Baldung Grien und Albrecht Dürer in Nürnberg. Nürnberg 1963, S.27 - Michael Levey: Minor aspects of Dürer's interest in Venetian art. In: Burlington Mag.103, 1961, S.511-13 - Anzelewsky, Nr.92.

532   PROFILBILD EINES LÄCHELNDEN MÄDCHENS
Albrecht Dürer zugeschrieben

Kreidezeichnung; 27,8 : 19,3

Aus Slg. Sloane

London, The Trustees of the British Museum (5218-53)

Das Befremdliche der Zeichnung im Werke Dürers wurde mit dem Einfluß einer Arbeit von Leonardo da Vinci erklärt. K. Oettinger reihte die Zeichnung in eine Gruppe von Kopfstudien ein, in deren Physiognomien er etwas unruhig Hexenhaftes sieht und die er 1506/07 datiert. Der Zustand der Zeichnung erschwert die Beurteilung. Die richtige Beobachtung Oettingers, daß die feste plastische Form negiert wird, bestätigt die Bedenken, die bei H. und E.Tietze (Dürer, Nr.486) und E.Panofsky (Nr.1114)

ausgesprochen sind. Als Arbeit Dürers entschieden abgelehnt und Hans Baldung zugeschrieben wird die Zeichnung von F. Winzinger in einem in Vorbereitung befindlichen Aufsatz über umstrittene Dürerzeichnungen.

Literatur: Dodgson, Guide 1928, Nr.217 - K.Oettinger - K.-A. Knappe: Hans Baldung Grien u. Albrecht Dürer in Nürnberg. Nürnberg 1963, S.30 - F.Winzinger: Umstrittene Dürerzeichnungen. In: Zs. d. dt. Ver. f. Kunstwiss. (erscheint 1971).

533   BILDNIS EINES JUNGEN MANNES
Albrecht Dürer

Oben die Inschrift: Albertus dürer germanus faciebat post Virginis partu(m) / 8.September / 1506; daneben das Monogramm des Künstlers

Gemälde auf Holz; 46 : 35

Aus der Slg. Brignole Sale

Genua, Galleria di Palazzo Rosso (47)

Erst nach Restaurierungen in den Jahren 1939, 1953 (Prof. Pompeo Rubinacci) und 1962/63 (Prof. Alberto Zampieri) kann das vorher weitgehend übermalte Bild beurteilt werden. Der Bildausschnitt ist identisch mit dem des Porträts eines jungen Mannes von 1507 (Wien, Kunsthist. Museum), die Proportion der Tafel dagegen steiler. Der Blick aus den Augenwinkeln geht am Betrachter vorbei. Dem Typus nach dürfte der Dargestellte im Gegensatz zu den beiden anderen in Venedig gemalten Männern (Windsor, ehem. Hampton Court; Wien) ein Italiener sein. Die ausführliche Inschrift, die mit der Erwähnung des ›germanus‹ den Bezeichnungen des Rosenkranzbildes (Prag) und der Madonna mit dem Zeisig (Berlin) entspricht, zeigt, daß der Künstler sich auch mit diesem Bild der fremden Stadt gegenüber ausweisen wollte. Mit Recht hat K.F.Stuter darauf hingewiesen, daß Dürer trotz seiner zu W. Pirckheimer geäußerten Ablehnung der jüngeren Venezianer Künstlergeneration von Giorgione nicht unbeeinflußt geblieben ist.

Literatur: K.F.Suter: Dürer und Giorgione. In: Zs.f.bild. Kunst 63, 1929/30, S.182-87 - R.Longhi: Una Madonna del Dürer a Bagnacavallo. In: Paragone 139, 1961, S.7 - Anzelewsky, Nr.96.

534   KOPF EINES NEGERS
Albrecht Dürer   *Abb.*

Oben rechts das Monogramm des Künstlers, links die Jahreszahl 1508. Die Echtheit der in braun gefärbter Kohle ausgeführten Beschriftung ist umstritten

Kohlezeichnung; 32 : 21,8

Wien, Graphische Sammlung Albertina (3122)

Dürers Einfühlungsvermögen in die Individualität einer fremden Rasse wird in diesem auch zeichnerisch hervorragenden Blatt überraschend deutlich. Geschickt werden die Möglichkeiten der Technik ausgenützt, um das Erscheinungsbild des dunkelgefärbten Kopfes plastisch wiederzugeben. F. Winkler hat sich E. Flechsig angeschlossen, der annimmt, daß die Inschrift von fremder Hand lediglich aufgefrischt sei, während H. Tietze Datum und Bezeichnung für falsch ansieht und an eine Entstehung um 1515 denkt; ebenso, mit einiger Reserve, E. Panofsky. Das Modell und die außerordentlich malerische Behandlung im Spiel des Lichtes über die dunkle Haut lassen mit Th. Musper an eine Entstehung bereits in Venedig denken.

Albrecht Dürer: Bildnis eines jungen Mädchens (Kat. Nr. 535)

Literatur: Flechsig 2, S. 371 - Tietze, Albertina 4, Nr. 119 - Musper, S. 257 - K. Oettinger-K.-A. Knappe: Hans Baldung Grien und Albrecht Dürer in Nürnberg. Nürnberg 1963, S. 39, 100 Anm. 156.

535   BILDNIS EINES JUNGEN MÄDCHENS
Albrecht Dürer   *Abb.*

Oben das Monogramm des Künstlers, daneben die Jahreszahl 1515

Kohlezeichnung; 42,3 : 29,4

Aus Slg. Tessin

Stockholm, Nationalmuseum (1855/1863)

Die Zeichnung ist mit dem im gleichen Jahr entstandenen, auch in der Anbringung der Beschriftung verwandten Bildnis eines jüngeren Mädchens in Berlin (W. 562) zusammengesehen worden, wobei wohl wegen der Seltenheit von Frauenbildnissen in Dürers Werk und einer gewissen Ähnlichkeit zwischen den Dargestellten an Schwestern aus der weiteren Verwandtschaft des Künstlers gedacht wurde. Ein Nachweis dafür läßt sich nicht führen, ebenso wenig für L. Grotes Annahme, Dürer habe die Mädchen im Auftrag ihrer patrizischen Eltern gezeichnet. Wenn Dürer, wie wohl mit Recht vermutet wurde, das Stockholmer Bildnis noch 1519 für die Maria der Anna Selbdritt in New York benützt hat, bei dem seine Frau Agnes als Modell der Hl. Anna diente (Kat. Nr. 86), so läßt das vermuten, daß die Zeichnung in seiner Hand blieb, also eher ein selbst gewähltes Modell als ein Auftrag anzunehmen ist.

Literatur: Flechsig 2, S. 462 - Winkler, Dürer 1957, S. 267 - L. Grote: Albrecht Dürers Anna Selbdritt. Ein Auftrag von Linhart Tucher. In: Anz. d. Germ. Nationalmus. 1969, S. 84.

536   BILDNIS DES MICHAEL WOLGEMUT
Albrecht Dürer   *F. nach S. 64*

Rechts unten das Monogramm des Künstlers, darüber die Jahreszahl 1516, verbessert aus 1506. Rechts oben von Dürers Hand die Inschrift: Das hat albrecht durer abconterfet noch/ siene Lermeister michel wolgemut jn Jor/ 1516 vnd er was 82 Jor vnd hat gelebt pis das man/ zelet 1519 Jor do ist er ferschide(n)/ an sant endres dag frv ee dy / sun awff gyng

Gemälde auf Lindenholz; im Gegensatz zur Bemerkung bei F. Winkler (Dürer 1957) bis auf einige nachträglich im Gesicht angebrachte Schatten gut erhalten; 29 : 27

Aus dem Praun'schen Kabinett, Nürnberg. 1809 durch Kronprinz Ludwig von Bayern aus dem Besitz des Kunsthändlers Frauenholz erworben

Nürnberg, Germanisches Nationalmuseum (Gm 885; Bayerische Staatsgemäldesammlungen 700)

Die ursprünglich zum Bild gehörende Inschrift umfaßt die ersten zwei Zeilen mit Ausnahme des später nach ›in‹ fälschlich eingesetzten ›Jor‹ und der dritten Jahreszahl 1516. Der Rest wurde von Dürer 1519 eilig in Schreibschrift zugefügt. Bei der Berechnung des Geburtsjahres Wolgemuts ging man davon aus, daß der Maler 1516 ein Alter von 82 Jahren gehabt habe. Da die Altersangabe aber als Mitteilung zu den im Todesjahr zugefügten Angaben gehört und Dürer einen neuen Gedanken häufig mit ›vnd‹ einleitet, besteht auch die Möglichkeit, sie auf das Todesjahr zu beziehen. Wolgemut wäre dann nicht 1434,

sondern 1437 geboren. Das Bild blieb in Dürers Besitz, entstand demnach ohne Auftrag zusammen mit der Inschrift aus dem Willen Dürers zur Dokumentierung und Tradierung der eigenen Lebens- und Entwicklungsstufen.

Literatur: Flechsig 1, S. 411/12 - Lutze-Wiegand, GNM, S. 53 - Panofsky 1, S. 192 - Musper, S. 260 - Rupprich 1, S. 209 Nr 66 - Winkler, Dürer 1957, S. 267 mit Anm. 2 - Anzelewsky Nr. 132.

537   BILDNIS EINES MANNES
Albrecht Dürer

Zeichnung in schwarzer Kreide, von späterer Hand einzelne Konturen nachgezogen; Wz.: Pinienzapfen (ähnlich Briquet 2110); 33,4 : 27,6

Aus dem Praun'schen Kabinett, Nürnberg. 1810 von Kronprinz Ludwig von Bayern erworben

München, Staatliche Graphische Sammlung (13)

Das Inventar der Graphischen Sammlung von 1810 gibt als Entstehungsjahr 1517 an und nennt als Dargestellten fälschlich Jakob Fugger. Das Datum wird bestätigt durch die enge Verwandtschaft mit einer 1517 datierten Porträtzeichnung in der Slg. Rothschild, Paris, Louvre (W. 566). In beiden Fällen ist der Dargestellte unter Steigerung der plastischen Form in der Art einer Bildnisbüste wiedergegeben, was bei dem Münchner Blatt durch den Verlust eines Streifens am unteren Rand, der auch das Datum getragen haben dürfte, nicht mehr so deutlich wird. Im Porträtierten wurde der Augsburger Humanist Konrad Peutinger vermutet, doch dürften beide Zeichnungen eher in Bamberg entstanden sein, wo Dürer im Herbst 1517 längere Zeit als Gast des Bischofs Georg III. von Limburg weilte.

Literatur: Flechsig 2, S. 315 - Musper, S. 260 - Winkler, Dürer 1957, S. 268 - P. Halm-B. Degenhart-W. Wegner: Hundert Meisterzeichnungen aus der Staatlichen Graphischen Sammlung München. München 1958, Nr. 21 - Ausst. Ambrosiana - München 1968, Nr. 31.

538   BILDNIS DES KARDINALS MATTHÄUS LANG VON WELLENBURG
Albrecht Dürer   *Abb.*

Rechts oben das Monogramm des Künstlers von fremder Hand

Zeichnung in schwarzer Kreide; unten wahrscheinlich um ca. 14 cm beschnitten, Umrandung und schwarzer Hintergrund spätere Zutaten; 25,4 : 27,4

Basel, Öffentliche Kunstsammlung, Kupferstichkabinett (1959. 106. Geschenk der CIBA-AG)

Die erst 1951 bekanntgewordene Zeichnung geht der mit höchster Sorgfalt ausgeführten Vorarbeit in großem Format wohl für einen Holzschnitt (W. 911; Wien, Albertina), dessen Ausführung aus unbekannten Gründen unterblieben ist, voraus. Sie ist wahrscheinlich die vor der Person gestaltete Naturaufnahme. Dürer kann den Kardinal, der zu den bedeutendsten deutschen Kirchenfürsten der Reformationszeit zählt, auf dem Augsburger Reichstag 1518 gezeichnet haben, wofür die Verwandtschaft mit der Zeichnung nach Kardinal Albrecht von Brandenburg spricht, die durch den 1519 ausgeführten Kupferstich (Kat. Nr. 539) datiert wird. Eine zweite Möglichkeit bot die Versammlung des Reichsregiments und des Reichstages in

Albrecht Dürer: Bildnis des Kardinals Matthäus Lang von Wellenburg (Kat.Nr. 538)

Albrecht Dürer: Bildnis des Kardinals Albrecht von Brandenburg (Kat. Nr. 539)

Albrecht Dürer: Bildnis des Kurfürsten Friedrich des Weisen (Kat. Nr. 547)

Nürnberg, der auch Kardinal Lang Ende 1521 und September 1522 bis zum Anfang des Jahres 1523 beiwohnte.

Literatur: Ch. Ephrussi: Albert Durer et ses dessins. Paris 1882, S. 260-62 (zu W. 911) - Flechsig 2, S. 374, 601 (zu W. 911) - Meder, S. 43 (zu W. 911) - Winkler, Dürer 1957, S. 337 - G. Schmidt: Handzeichnungen deutscher und schweizerischer Meister des 15. und 16. Jahrhunderts. Basel 1959, S. 24 - F. Winkler: Verzeichnis der seit 1939 aufgefundenen Zeichnungen Dürers. In: Festschrift Dr. h. c. Eduard Trautscholdt. Hamburg 1965, S. 79.

539   BILDNIS DES KARDINALS ALBRECHT VON BRANDENBURG (Der kleine Kardinal)

Albrecht Dürer   *Abb.*

Links auf dem Vorhang das Monogramm des Künstlers, das den Falten im Stoff folgt. Oben links unter dem Kardinalshut das Wappen mit den drei Hirtenstäben der Bistümer Mainz, Magdeburg und Halberstadt. Daneben die Inschrift: ALBERTVS. MI (sericordia). D(e)I. SA(cro) SANC(tae)./ ROMANAE. ECCL (esi)AE. TI(tuli) SAN(cti)./ CHRYSOGONI. P(res)B(ite)R. CARDINA(lis)./ MAGVN(tinensis). AC. MAGDE(burgensis). ARCHI=/EP(iscopu)S. ELECTOR IMPE(rii) PRIMAS/ ADMINI(strator). HALBER(stadensis). MARCHI(o)./ BRANDEN-BURGENSIS (Albrecht, durch Gottes Barmherzigkeit Kardinal-Priester der Heiligen Römischen Kirche mit der Titelkirche des Hl. Chrysogonus, Erzbischof von Mainz und Magdeburg, Kurfürst, Primas des Reiches, Administrator des [Bistums] Halberstadt, Markgraf von Brandenburg). Unter der Hexameter: SIC. OCVLOS.SIC.ILLE.GENAS.SIC./ORA.FEREBAT./ ANNO ETATIS.SVE.XXIX/M.D.XIX. (So trug jener Augen, Wangen und Mund im 29. Jahre seines Lebensalters 1519)

Kupferstich; 14,6 : 9,6 (Bl. 14,8 : 9,9)

Aus Slg. v. Lanna

Basel, Öffentliche Kunstsammlung, Kupferstichkabinett (1909.24)

Dürer hat den Kardinal ebenfalls auf dem Augsburger Reichstag 1518 gezeichnet. Die in Wien erhaltene Kohlezeichnung (W. 568), die dem Kupferstich unmittelbar zugrunde liegt, ist bereits eine sorgfältig ausgeführte Reinzeichnung. Der Porträttyp als Büste ohne Hände mit einer Inschrift auf hellem Grund entspricht den Zeichnungen von 1517 (Kat. Nr. 537). Dürer schickte dem Kardinal die Kupferplatte und 200 Abzüge und wurde mit 200 Gulden und 20 Ellen Damast für ein Gewand fürstlich belohnt.

Literatur: Flechsig 2, S. 478, 591 Nr. 1037 - Winkler, Dürerzeichnungen 3, vgl. Nr. 568, Taf. V - Panofsky 1, S. 193, 200 - Rupprich 1, S. 86 - Winkler, Dürer 1957, S. 269/70.

540   BILDNIS EINES BÄRTIGEN MANNES

Albrecht Dürer

Links das Monogramm des Künstlers, darüber die Jahreszahl 1520

Gemälde auf Leinwand; 40 : 30

Vielleicht aus Slg. Crozat oder identisch mit einem Kopf im Kabinett des Erbstatthalters in Brüssel und 1806 im Musée Napoléon

Paris, Musée National du Louvre, Cabinet des Dessins (18598)

Das vorzüglich erhaltene ›Tüchlein‹ läßt wie kein anderes Leinwandbild Dürers erkennen, welche besonderen Möglichkeiten dieser Technik abzugewinnen waren. Das Bild verbindet das Lebensnahe und Unmittelbare der Zeichnungen mit der Farbigkeit der gemalten Porträts. Das Datum läßt eine Entstehung in Nürnberg oder in den Niederlanden offen, doch erwähnt es Dürer in seinen sonst so genauen Reiseaufzeichnungen nicht. Da das Bild sich stilistisch den Antwerpner Porträtzeichnungen zuordnet, könnte angenommen werden, daß Dürer den Mann wegen seiner absonderlichen Barttracht als Modell benützte, das Bild selbst behielt und deshalb im Tagebuch nicht erwähnte.

Literatur: J. Veth-S. Müller: Albrecht Dürers Niederländische Reise 1. Berlin-Utrecht 1918, S. 37 Nr. XXXV - Flechsig 1, S. 413 - Winkler, Dürer 1957, S. 302 - Anzelewsky, Nr. 148.

541   BILDNIS DES JAKOB FUGGER

Albrecht Dürer

Gemälde auf Leinwand, später aufgeklebt auf eine Nadelholztafel; auf dieser von später Hand das Monogramm des Künstlers und die Jahreszahl 1500; größere Teile des Grundes erneuert; 69,4 : 53

1760 in der kurfürstlichen Galerie zu Schleißheim

Augsburg, Staatsgalerie (Bayerische Staatsgemäldesammlungen) (717)

Jakob Fugger gehört ebenfalls zu den Persönlichkeiten, die Dürer auf dem Augsburger Reichstag von 1518 zeichnen konnte. Eine Kohlezeichnung nach der Natur (Berlin; W. 571) bildete die Grundlage zu dem Porträt, das durch die Wiedergabe einer reichen Pelzschaube anstelle der Alltagskleidung der Zeichnung in der Repräsentation noch gesteigert wurde. Auch von Thoman Burgkmair, Hans Holbein d. Ä., Hans Burgkmair sind Bildnisse Jakob Fuggers überliefert, aber nur Dürer hebt den Kaufmann über die Welt des Bürgertums hinaus. Wahrscheinlich hat eine endgültige Ausführung auf Holz existiert, da zwei Kopien gemeinsam gegenüber dem ›Tüchlein‹ wesentliche Änderungen in der Tracht zeigen. Eine der Wiederholungen (München, Graf Törring) wurde überzeugend Christoph Amberger zugeschrieben und trägt das auf dem Augsburger Bild nicht vorhandene Datum 1520. Die Angabe des linken Arms auf der zweiten Kopie (Leihgabe d. Staatlichen Museen Berlin an Kreisheimatmuseum Osterburg/Altmark) ist wohl eine Zutat des Kopisten.

Literatur: Winkler, Dürer 1957, S. 270 - G. v. Pölnitz: Albrecht Dürer: Jakob Fugger, gen. ›Der Reiche‹. In: Kunstwerke der Welt aus dem öffentlichen bayerischen Kunstbesitz 3. München 1963, Nr. 86 - G. Goldberg - Ch. A. zu Salm - G. Scheffler: Altdeutsche Gemälde. Staatsgalerie Augsburg. Städtische Kunstsammlungen 1. Augsburg 1967, S. 38-40 - Anzelewsky, Nr. 143.

542   BILDNIS DES KÖNIGS CHRISTIAN II. VON DÄNEMARK

Albrecht Dürer

Oben rechts das Monogramm des Künstlers, links die Jahreszahl 1521

Kohlezeichnung; 40 : 28,7

Aus Slg. Sloane

London, The Trustees of the British Museum (5218-48)

Dürer schrieb in das Tagebuch seiner niederländischen Reise:

Albrecht Dürer: Die Mohrin Katherina (Kat. Nr. 543)

An unser Frawen heimsuchung (2.7.1521), da ich gleich weg von Antorff wohlt, do schicket der könig von Dennenmark zu mir, daß ich eylend zu ihm kom und in conterfeyet. Das thet ich mit dem kohln. Am nächsten Tag reiste Dürer mit dem König nach Brüssel und verehrte diesem die besten Blätter seines ganzen graphischen Werks: die besten stuckh aus mein ganczen truck. Zwischen dem 4. und 7. Juli konterfeite er dann den König in Ölfarben. Die Angaben im Tagebuch lassen nicht erkennen, ob ihm der Fürst nochmals gesessen hat oder, wie es der Brauch war, die Kohlezeichnung als Vorbild diente. Das Gemälde, das Dürer in der kurzen Frist auf Holz ausführte, er gibt zwei Gulden ›fürs täffelein zu conterfetten‹ und für das Reiben der Farben, ist verschollen. Es besteht die Vermutung, daß die Drucke, die Dürer dem König schenkte, den Grundstock der königlichen Kupferstichsammlung in Kopenhagen bilden. Zehn Blätter dieses alten Bestandes (Kat. Nr. 74, 273, 275, 348, 351, 409, 422, 463, 471, 547) können in der Ausstellung gezeigt werden. Die Identifizierung des Dargestellten wird durch den Zustand des Blattes erschwert und scheint nicht unbedingt gesichert.

Literatur: Dodgson, Guide 1928, Nr. 279 - Flechsig 2, S. 234 - Rupprich 1, S. 176/77 - Winkler, Dürer 1957, S. 299.

543   DIE MOHRIN KATHERINA
Albrecht Dürer   *Abb.*

Rechts das Monogramm des Künstlers, in der Mitte oben die Jahreszahl 1521, darunter: Katherina alt 20 Jar

Silberstiftzeichnung; 20 : 14

Erstmals 1784 in einem Inventar der Florentiner Slg. nachweisbar

Florenz, Galleria degli Uffizi, Gabinetto Disegni e Stampe (1060 E)

Durch eine Eintragung Dürers in das Tagebuch seiner niederländischen Reise läßt sich die Dargestellte als die Mohrin des Faktors des Königs von Portugal in Antwerpen Joao Brandao näher identifizieren. Neben den mit ›dem kohlen‹ ausgeführten dekorativen Auftragsporträts, mit denen er seinen Aufenthalt in der Hauptsache finanzierte, fertigte Dürer noch eine Anzahl von Bildniszeichnungen für sich selbst, diese meist mit ›dem stefft‹, der traditionellen, in den Niederlanden entwickelten Technik für Naturstudien. Das Bildnis des nach europäischen Begriffen häßlichen Mädchens, das, obgleich sicher getauft, auch in Antwerpen nicht viel anderes als die Mohrensklavin des reichen Portugiesen gewesen sein dürfte, macht deutlich, in welche menschlichen Dimensionen Dürer Modelle erheben konnte, denen sein persönliches Interesse galt.

Literatur: Panofsky 1, S. 214 - Rupprich 1, S. 167 - Winkler, Dürer 1957, S. 305.

544   BILDNIS DES ULRICH VARNBÜLER
Albrecht Dürer

Zeichnung in schwarzer, teilweise in brauner Kohle; 41 : 32

Wien, Graphische Sammlung Albertina (4849)

Die Zeichnung ist durch die Verwendung von Stiften in zweierlei Farbe als selbständiges Kunstwerk ausgewiesen. Ob, wie F. Winkler meint, eine eigene Naturstudie angefertigt oder ob von Dürer an der ersten Aufnahme bis zu dieser Vollendung weitergearbeitet wurde, ist kaum zu entscheiden. In einigen der späten Bildnisse geht Dürer zur Profildarstellung über, ohne daß

eine Benützung der Zeichnung zu einem Medaillenporträt vorgesehen war. Die Profilstellung verstärkt die Abstrahierung von dem auf den Augenblick Bezogenen und betont das unveränderlich Gültige der Persönlichkeit.

Literatur: J. Meder: Die Handzeichnung, ihre Technik und Entwicklung. Wien 1919, S. 106, 116 - Tietze, Albertina 4, Nr. 52 - Panofsky 1, S. 237/38 - Musper, S. 290 - Winkler, Dürer 1957, S. 336/37.

545   BILDNIS DES ULRICH VARNBÜLER
Albrecht Dürer

Oben die Inschrift: VLRICHVS VARNBVLER ETC(etera) M.DXXII. Rechts unten ein Cartellino, dessen Beschriftung durch das Band eines Briefhalters, wie er in Kontoren üblich war, teilweise verdeckt wird; ergänzt lautet die Inschrift: Albertus Durer Noric(u)s/ hac imagine Vlrichum cognom(en)to/Varnbuler, Ro(mani) Caesarei Regimini(s)/in Imperio, a Secretis, simul(ar)chi/gramateum, vt quem amet/vnice, etiam posteritati (vult)t/ cognitum reddere c(olere) que/ conatur. (Albrecht Dürer aus Nürnberg will durch dieses Bild den Geheim- und Hauptschreiber der römischen kaiserlichen Reichsregierung Ulrich mit dem Familiennamen Varnbüler, den er außerordentlich liebt, auch der Nachwelt bekannt machen und versucht ihn zu ehren)

Holzschnitt; 43,7 : 32,6 (Bl. 43,7 : 33,1)

Schweinfurt, Sammlung Otto Schäfer (D-256 (1b))

Die Kohlezeichnung wurde von Dürer ohne wesentliche Änderungen auf den Block übertragen, doch macht die stärker hervortretende Binnenzeichnung das Gesicht energischer und herrischer, ein Eindruck, der durch das helle Aufscheinen des Trägers der Inschrift im hellen Grund noch gesteigert wird.

Literatur: Winkler, Dürer 1928, S. 370, 433 - N. Busch: Untersuchungen zur Lebensgeschichte Dürers. Riga 1931, S. 66-70 - vgl. auch Kat. Nr. 544.

546   BILDNIS DES KURFÜRSTEN FRIEDRICH DES WEISEN
Albrecht Dürer

Silberstiftzeichnung; 17,7 : 13,8

Aus den Slgn. Lawrence, Armand und Valton

Paris, Ecole des Beaux-Arts (1658)

Literatur: La Renaissance italienne et ses prolongements européens. Ausst. Paris, Ecole des Beaux-Arts, 1958, Nr. 99.

547   BILDNIS DES KURFÜRSTEN FRIEDRICH DES WEISEN
Albrecht Dürer   *Abb.*

Links das Monogramm des Künstlers spiegelverkehrt, oben an den beiden Ecken die kursächsischen Wappen, unten auf einer gerahmten Tafel: CHRISTO.SACRVM./ILLE.DEI VERBO. MAGNA PIETATE. FAVEBAT./PERPETVA. DIGNVS. POSTERITATE. COLI./.D(omino). FRID(e)R(ico).DVCI.SAXON (iae). S(acri). R(omani). IMP(erii)./.ARCHIM(areschallus) ELECTORI./.ALBERTVS.DVRER. NVR(imbergensis). FACIEBAT./. B(ene). M(erenti). F(ecit). V(ivus). V(ivo)/M.D.XXIIII (Christus geweiht. Er liebte das Wort Gottes in großer Frömmigkeit, würdig, verehrt zu werden in alle Zukunft. Dem Herrn Friedrich, Herzog von Sachsen, des Heiligen Römischen Reiches Erzmarschall schuf es Albrecht Dürer aus Nürnberg.

Albrecht Dürer: Profilbildnis des Raymund Fugger (Kat. Nr. 552)

Dem Hochverdienten schuf er es als Lebender dem Lebenden 1524)

Kupferstich; 19,2 : 12,7

Aus altem königlichen Besitz

Kopenhagen, Den kgl. Kobberstiksamling, Statens Museum for Kunst (VIII.9)

Der Kurfürst war aus Anlaß des Reichstags vom November 1522 bis Anfang Februar 1523 in Nürnberg. Bei dieser Gelegenheit entstand wahrscheinlich die Silberstiftzeichnung nach dem Leben, die als Vorlage für den Kupferstich diente. Dürer hat das Bild seines alten Gönners mit tiefer innerer Sympathie gestaltet. Die nahezu frontale Ansicht, in der sich das Gesicht voll entfalten kann, ist nicht ohne Absicht gewählt. Im Gegensatz zu den übrigen graphischen Bildnissen ist der Ausdruck in der Ausführung gegenüber der Vorzeichnung nicht ins Kraftvolle und Energische gesteigert, sondern eher der Ausdruck gütiger Menschlichkeit verstärkt. Die gerahmte Inschrifttafel, die Dürer erstmals für das Profilbild des Kardinals Albrecht von Brandenburg verwendete, trägt hier eine Widmung, die den Inschriften römischer Grabdenkmäler nachgebildet ist.

Literatur: Zur Inschrift: C. Peutinger: Inscriptiones vetustae Romanae... Mainz 1520 - Handbuch der klassischen Altertumswissenschaft 1. München 1892, S.682 - F.Vollmer: Inscriptiones Bavariae Romanae. München 1915, u.a. Nr.132, 135, 441 u. S.237/38.

548 PROFILBILDNIS DES KARDINALS ALBRECHT VON BRANDENBURG (Der große Kardinal)
Albrecht Dürer

Links unten das Monogramm des Künstlers, rechts das Wappen des Kardinals. Oben die Inschrift: MDXXIII/SIC.OCVLOS.SIC. ILLE.GENAS.SIC.ORA. FEREBAT/ANNO. ETATIS. SVE. XXXIIII. Unten auf einer vertieften Tafel die Titel im gleichen Wortlaut wie auf der älteren Fassung

Kupferstich; 17,4 : 12

Aus Slg. v. Lanna

Nürnberg, Germanisches Nationalmuseum (St. Nbg. 16572; Leihgabe der Stadt Nürnberg)

Der Kardinal weilte anläßlich eines Reichstags vom 10. bis Ende April 1522 und vom 13. November 1522 bis mindestens 8. Februar 1523 in Nürnberg. Die neue Naturaufnahme im Profil, die Dürer mit dem Silberstift von ihm fertigte, ist nur im Kopf ausgeführt. An Stelle des mächtigen Biretts trägt der Kardinal die bequemere Kalotte (W. 896). Aus einem Brief Dürers vom 4. September 1523 an den Kardinal geht hervor, daß der Meister die Platte im Frühjahr gestochen und mit fünfhundert Abzügen abgeschickt hatte. Eine Bestätigung des Empfangs war aber nicht erfolgt.

Literatur: P. Kalkoff: Zur Lebensgeschichte Albrecht Dürers. In: Rep. f. Kunstwiss. 28, 1905, S.474 Anm.1 - Flechsig 2, S.337/38 - Panofsky 1, S.237 - Rupprich 1, S.95/96 - Winkler, Dürer 1957, S.337.

549 BILDNIS DER ANNA REHLINGER (?)
Albrecht Dürer

Links oben schwer leserlich von fremder Hand das Monogramm des Künstlers, darüber die Jahreszahl 1523. Die Zeichnung war auf eine nicht mehr vorhandene Tafel aufgeklebt, auf deren Rückseite sich die von neuerer Hand geschriebenen Angaben befanden: Anna Kehlingerin 1527 gestorb 1548. Darunter das Monogramm Dürers und die Jahreszahl 1523

Zeichnung mit Kohle (und Kreide); Wz.: Hohe Krone (ähnlich Briquet 4921/22); nach Winkler von Dürer selbst teilweise überarbeitet; im 19. Jahrh. auf Holz aufgezogen; 44 : 31,8

Coburg, Kupferstichkabinett der Kunstsammlungen Veste Coburg (Coburger Landesstiftung) (Z94)

Die Inschrift wurde auf Anna Rehlinger in Augsburg gedeutet, die 1527 Anton Fugger heiratete. Datum und Name standen vielleicht auf einem weißen Streifen am oberen Blattrand, der abgeschnitten wurde. Trotz der nicht einwandfreien Erhaltung erscheint die Zeichnung als eindrucksvolles Werk. Die Autorschaft Dürers wurde von H. Tietze entschieden bestritten, von E. Panofsky bezweifelt.

Literatur: Flechsig 2, S.155 - Winkler, Dürer 1957, S.344.

550 BILDNIS EINES UNBEKANNTEN
Albrecht Dürer

Rechts das Monogramm des Künstlers, darüber die Jahreszahl 1524

Gemälde auf Holz; 50 : 36

1686 im Alcázar von Madrid

Madrid, Museo Nacional del Prado (2180)

Der Dargestellte dieses Porträts, das zu den bedeutendsten Leistungen Dürers gehört, ist bisher nicht identifiziert. Hinfällig sind alle Vorschläge, die nach einer falschen Lesung des Datums von 1521 davon ausgingen, daß das Bild in den Niederlanden entstanden sei. So steht der von R. Wustmann ausgesprochene und von F. Winkler nachdrücklich unterstützte Vorschlag, in dem eine königliche Haltung mit Kraft und Energie im Ausdruck verbindenden Porträt ein Idealbildnis Willibald Pirckheimers zu sehen, bis zum eindeutigen Nachweis einer anderen Persönlichkeit zur Diskussion. Das zusammengerollte Schriftstück in der Hand findet sich häufig bei Fürstenporträts, so bei Dürers frühem Bildnis Friedrichs des Weisen (Berlin) und bei mehreren Bildnissen Maximilians von B. Strigel. Es könnte auch bei diesem Porträt ein Hinweis darauf sein, den Dargestellten unter den fürstlichen Teilnehmern des Nürnberger Reichstags von 1522/23 zu suchen.

Literatur: R. Wustmann: Albrecht Dürer. Leipzig 1906, S.88 - Winkler, Dürer 1928, S.75, 418 - Flechsig 1, S.422-27; 2, S.314 - Panofsky 1, S.240 - Winkler, Dürer 1957, S.341 - Anzelewsky, Nr.165.

551 BILDNIS DER MARGARETHE VON BRANDENBURG-ANSBACH
Albrecht Dürer

Links oben vom Künstler mit Tinte beschriftet: 1525 Casimirs schwest(e)r fraw Margret

Kreide- oder Bleizinngriffelzeichnung auf grün grundiertem Papier; Wz.: Hohe Krone mit Kreuz; 41,9 : 31,4

Aus den Slgn. Andreossy, Lawrence, Coningham

London, The Trustees of the British Museum (1903-7-17-1)

Die nicht abgelieferte Naturstudie für einen Porträtauftrag, der

Albrecht Dürer: Bildnis des Johann Kleberger (Kat. Nr. 554)

wahrscheinlich nicht ausgeführt wurde. Auch in dieser Vorbereitung für ein Staatsporträt resultiert die Würde der Dargestellten aus ihrer Persönlichkeit.

Literatur: Winkler, Dürer 1957, S. 343.

552 PROFILBILDNIS DES RAYMUND FUGGER

Albrecht Dürer   *Abb.*

Links oben das Monogramm des Künstlers, darüber der Rest der Jahreszahl (1)52(5?)

Zeichnung mit schwarzer Kreide; Wz.: Nach Winkler Signet in Wappen (Briquet 9898); Blatt doubliert; 38 : 27,5

Darmstadt, Graphische Sammlung des Hessischen Landesmuseums (AE 318)

Die Jahreszahl wird bestätigt durch die Datierung einer Kopie, die aus der Slg. Ehlers in das Kupferstichkabinett Berlin gelangte. N. Lieb und P. Wescher haben wahrscheinlich gemacht, daß es sich bei dem Dargestellten um den Kaufmann und humanistisch gebildeten Sammler Raymund Fugger, den Neffen Jakob Fuggers des Reichen, handelt. Ein Besuch des Augsburgers in Nürnberg ist für die Jahre 1522/23 belegt.

Literatur: P. Wescher: Dürer und die deutschen Kaufleute. In: Jb. d. Preuß. Kunstslgn. 63, 1942, S. 51 - Musper, S. 284 - Winkler, Dürer 1957, S. 343 - N. Lieb: Die Fugger und die Kunst 2. München 1958, S. 54, 354/55 - Zeichnungen alter und neuer Meister. Ausst. Darmstadt 1964, Nr. 26.

553 BILDNIS DES JAKOB MUFFEL

Albrecht Dürer

Links oben das Monogramm des Künstlers, darüber die Inschrift: EFFIGIES.JACOBI.MVFFEL./AETATIS. SVAE.ANNO. LV./SALVTIS.VERO.M.D.XXVI (Das Bildnis des Jakob Muffel im 55. Jahre seines Lebensalters, des Heiles aber im 1526.)

Gemälde von Holz auf Leinwand übertragen; 48 : 36

Bis 1867 Slg. Schönborn, Pommersfelden, erworben 1883 aus Slg. Narischkine, Paris

Berlin, Gemäldegalerie, Staatliche Museen Preußischer Kulturbesitz (577 D)

In seinen letzten Lebensjahren wandelt Dürer seinen Porträtstil noch einmal entscheidend. Er verläßt die malerische Weichheit der Bildung des Gesichtes vorzüglich als Licht und Schatten, die den Eindruck des Veränderlichen hervorruft, und kehrt zu einer graphisch bestimmten Form zurück. Zugleich gibt er auch den in den Niederlanden ausgebildeten Typus, der einen größeren Teil des Oberkörpers zusammen mit den Händen wiedergibt, zu Gunsten einer reinen, plastisch geformten Büste auf.

Literatur: Wölfflin, S. 286 - Panofsky 1, S. 240 - Musper, S. 289/

290 - Winkler, Dürer 1957, S. 341 - Preußischer Kulturbesitz. Ausst. Düsseldorf 1967, Nr. 214 - Anzelewsky, Nr. 178.

554 BILDNIS DES JOHANN KLEBERGER

Albrecht Dürer   *Abb.*

Rechts oben das Monogramm des Künstlers, links das Tierkreiszeichen des Löwen, unten links das Wappen des Dargestellten, rechts die Helmzier zum Wappen. Umschrift auf dem Rund: . E(ffigies). IOANI. KLEBERGERS. NORICI. AN(no). AETA(tis). SVAE.XXXX. (Bildnis des Johann Kleberger aus Nürnberg im vierzigsten Jahr seines Lebensalters). Anschließend ein kabbalistisches Zeichen

Gemälde auf Lindenholz; 36,7 : 36,6. Allseitig etwas beschnitten (Original 34,1 : 32,6) und wieder angestückt

1564 von den Erben Klebergers durch W. Imhoff erworben, von dessen Erben 1588 an Kaiser Rudolf II.

Wien, Kunsthistorisches Museum (850)

Das Porträt ist so seltsam wie die Lebensgeschichte des Dargestellten. Zur Erklärung und Ableitung seiner ungewöhnlichen Form ist manches herangezogen worden: Burgkmairs Holzschnitte der Cäsarenköpfe, die Büsten Ghibertis, Bildnismedaillons in der Bauplastik, die plastischen und gemalten Johannesschüsseln und das von Plinius geschilderte Rundporträt, die imago clipeata. In der Tat hat Dürer hier vieles und auch sich Widersprechendes vereinigt. Wahrscheinlich doch von der Porträtmedaille, auch von der antiken des Imperators mit nacktem Oberkörper ausgehend, hat er die Elemente der geprägten Medaille durch die Übertragung des Rundes in eine Scheibe aus grünem Marmor und die Verwandlung des flachen Münzbildnisses in eine scheinbar vollplastische und zudem mit einem naturalistisch versehene Porträtbüste manieristisch verfremdet. Nach der zugrundeliegenden oder einer verwandten Porträtaufnahme wurden zwei Medaillen für Kleberger hergestellt. Das Zeichen am Ende der Inschrift ist nicht als Abkürzung für etcetera anzusehen (E. Ploss), sondern als kabbalistische Rune. Verwandte Zeichen finden sich zusammen mit dem Tierkreiszeichen des Löwen, dem sigillum leonis, auf den sog. astralischen Sonnensiegeln (L. Hausmann-L. Kriss-Rettenbeck: Amulett und Talisman. München 1966, S. 176).

Literatur: A. v. Eye: Leben und Wirken Albrecht Dürers. 2. Aufl. Nördlingen 1869, S. 532 - Winkler, Dürer 1928, S. 419 - O. Götz: Holbeins Bildnis des Simon Georg of Quocoute. Ein Beitrag zur Geschichte des Rundbildes. In: Städel-Jb. 7/8, 1932, S. 130 - Panofsky 1, S. 241 - Musper, S. 290 - Winkler, Dürer 1957, S. 342 - Pope-Hennessy, S. 122, 125, 317 Anm. 24 - E. Ploss: Vom königlichen Kaufmann zum Handelsherrn. In: BASF 14, 1964, S. 152-58 - D. de Chapeaurouge: Aktporträts des 16. Jahrhunderts. In: Jb. d. Berliner Museen 11, 1969, S. 164-66 - Anzelewsky, Nr. 182.

DAS WERK: DIE ENTDECKUNG DER NATUR

Ausgangspunkt für Dürers Landschaftsdarstellung, für deren thematische, technische und stilistische Möglichkeiten, bilden die ›Drahtziehmühle‹ (W. 61; Berlin) und der ›Johannisfriedhof‹ (W. 62; bis 1945 Bremen), die ersten autonomen Landschaften im deutschen Raum. Überwiegend werden beide Blätter in den Sommer 1494 datiert. Die Landschaftsgestaltung zerfällt noch in einen real gesehenen Vordergrund und einen darüber gebauten Hintergrund ohne Raumkontinuität, eine Darstellungsweise, die von einer vorgeformten Vorstellung einer Landschaft ausgeht. Das Licht bleibt diffus, eine gewisse luftlose Härte herrscht vor; Differenzierungen ergeben die angewandten Schlagschatten, die beobachteten Spiegelungen im Wasser und die reichen Abstufungen der Farbvaleurs. Die topographischen Charakteristika sind sorgfältig beobachtet, die Landschaft mit Menschen belebt. Die Pinselarbeit wirkt bereits bemerkenswert frei. Die fränkische Malerei konnte Dürer nur Anregungen im Detail geben. Die überkommene ›kläubelnde‹ Einzelgenauigkeit wird von Dürer mit dem realen Gesamtbild verbunden, ein so großer Fortschritt, daß es fraglich erscheint, ob Dürer ohne Anregungen aus den Niederlanden zu solchen Lösungen kommen konnte. Die Nürnberger Malerei läßt in den Landschaftshintergründen der Altartafeln H. Pleydenwurffs Anregungen des jungen Dieric Bouts erkennen (A. Stange). Organische Verbindung von Figur und Landschaft und der einzelnen Landschaftsteile untereinander wird jedoch nicht erreicht. Ein wirklicher Fortschritt wird im 1487 datierten Altar aus dem Nürnberger Augustinerkloster (Nürnberg, German. Nationalmus.) erkennbar, der eine Verbindung von Figur und Landschaft anstrebt und sich um eine kontinuierliche Raumtiefe bemüht. Die Nürnberg-Ansicht vom Meister des Landauer-Altares bei der Auferstehung Christi (Nürnberg, German. Nationalmus.) wie auch noch die Ansichten der Schedelschen Weltchronik von 1493 (Kat. Nr. 227) bleiben, trotz der relativ genauen Darstellungen und Detailfreudigkeit, bei einer beschränkten Raumdeutung und additiven Zusammensetzung. Bemerkenswert ist ein Blatt der Pleydenwurff-Werkstatt in Erlangen (Kat. Nr. 92), das eine befestigte Stadt, in eine weite Landschaft eingebettet, zeigt und in der Technik mit Wasser- und Deckfarben über leichter Vorzeichnung den frühen Landschaftsdarstellungen Dürers nahesteht. Die von Katzheimer oder dessen Umkreis gearbeiteten sechs Ansichten von Bamberg in Berlin (Kat. Nr. 555) sind keine selbständigen Landschaftsaufnahmen, sondern sollten für den Hintergrund von Gemälden verwendet werden. Obwohl in diesen Blättern bereits räumliche Distanzen ablesbar sind und eine gewisse Raumkontinuität erreicht ist, bleiben sie doch noch hinter den frühesten Landschaftsaufnahmen Dürers zurück.

Die ersten, topographisch noch nicht festgelegten Landschaftswiedergaben Dürers stammen aus der Zeit der Wanderschaft. Die um 1491/92 entstandene Berliner Federzeichnung der Hl. Familie (Kat. Nr. 142) spiegelt die Auseinandersetzung mit den Stichen Schongauers, dessen Landschaftsgestaltung des Bildhintergrundes in der Intensität der erreichten Naturnähe, der Verschmelzung der einzelnen Landschaftselemente und dem Versuch zur Verknüpfung der Bildräume den jungen Künstler beeindruckten. Dürer gelingt in der Hl. Familie eine erstaunliche Raumkontinuität, doch bleibt der Abstand zu der reiferen Gestaltung in der Drahtziehmühle unverkennbar.

Die im Anschluß an die beiden ersten Landschaftsaquarelle gearbeiteten Blätter ›Lindenbaum auf einer Bastion‹ (Kat. Nr. 558) und ›Drei Lindenbäume‹ (W. 64; bis 1945 Bremen) bringen eine Begrenzung in der Motivwahl und eine Steigerung der atmosphärischen Gestaltung des Erscheinungsbildes.

In der folgenden intensiven Auseinandersetzung mit der italienischen Kunst 1494/95 nimmt Dürer Anregungen aus den Werken G. Bellinis, V. Carpaccios und eventuell M. Basaitis auf; er löst sich von einer topographischen Schilderung im Sinne einer reinen Bestandsaufnahme. Eine neue Motivwahl, ein Bemühen um in sich geschlossene Bildmotive wird spürbar. Der lyrische Stimmungsgehalt venezianischer Gemäldehintergründe findet sich im Werk Dürers nun ebenso wie erste Versuche einer Benutzung der Farbperspektive. Eine klärende Raumbildung und Perspektivsicht sind bereits in Dürers Aquarellen der Rückreise von seinem ersten Aufenthalt in Venedig sichtbar und führen zu kontinuierlich sich erstreckender Landschaft mit großer Raumweite (Kat. Nr. 562–65). Die großzügigere Zusammenfassung und Verknüpfung der Motive ist verbunden mit einer freien, lockeren Pinselführung. Diese Tendenzen werden in der Gruppe um die ›Weidenmühle‹ (Kat. Nr. 567) um 1496/97 intensiviert und führen in der monumentalen und doch freien, atmosphärischen Darstellung der ›Weidenmühle‹ zum Höhepunkt des frühen Landschaftsporträts.

Vorgänger zu Dürers Pflanzendarstellungen finden sich in der spätmittelalterlichen Malerei in den realistisch gemalten Blumen der Zierleisten von Stundenbüchern, sind auf Spielkarten der Zeit zu sehen und in botanischen Sammelwerken, etwa dem hortus sanitatis des Johannes von Cuba, 1485. Besondere Bedeutung kommt den Pflanzendarstellungen in Werken der religiösen Malerei zu, in denen sie symbolischen Wert besitzen. Mit dem wachsenden Interesse der Renaissance am Bau der Pflanzen häufen sich im 16. Jahrhundert halbwissenschaftliche Darstellungen. Dürers derartige Studien sind umstritten, werden vielfach als Kopien nach verschollenen Originalen bezeichnet oder für Werke der Dürer-Renaissance angesehen. Kaum ein anderes Gebiet des Schaffens von Dürer ist so unbearbeitet geblieben. Das gesicherte Meisterwerk in der Reihe der Pflanzendarstellungen Dürers, das ›Große Rasenstück‹ von 1503 (W. 346; Wien), hat keine Parallelen: Geistesgeschichtlich, stilistisch und technisch finden sich keine Beziehungen zu anderen Künstlern. Innerhalb seines eigenen Schaffens ist durch die Bewältigung der neuen Aufgabe mit neuen Mitteln eine Brücke vom ›Großen Rasenstück‹ zu den Einzelstudien von Blumen nur schwer zu finden.

Dürers Tierstudien setzen um 1494 ein. Bekundete er seit seinen künstlerischen Anfängen ein stetes Interesse für Pferde, von den frühen Reiterdarstellungen (Kat. Nr. 556) über Einzelstudien (Kat. Nr. 580) bis zu den Proportionsüberlegungen (Kat. Nr. 498/99), so finden sich Naturstudien nach anderen Tieren erst während seines venezianischen Aufenthaltes 1494/95 (Kat. Nr. 560/61). Die italienische Tradition für Studien nach lebenden

Tieren läßt sich bis zum Ende des 14.Jahrhunderts zurückverfolgen (Skizzenbuch des Giovanino de'Grassi), erreicht einen ersten Höhepunkt mit den feinfühligen Arbeiten Pisanellos und führt zu Leonardo. In seinem Interesse für die verschiedensten Tierformen rezipierte Dürer während seines venezianischen Aufenthaltes auch Naturaufnahmen italienischer Maler. Seine Tierstudien sind meist ohne sofortigen Verwendungszweck gearbeitet und tragen häufig völlig bildmäßigen Charakter; Dürer benützt sie jedoch als Studienmaterial in späteren Arbeiten (Kat. Nr. 574-76). Durch das Medium seiner Kunst erhob Dürer die Teilstücke der Natur aus dem Individuellen ins Allgemeine.

Rüdiger an der Heiden

Albrecht Dürer: Die Krabbe (Kat. Nr. 561)

555   DER BURGGRAFENHOF IN BAMBERG

Wolfgang Katzheimer d. Ä. zugeschrieben

Federzeichnung in Braun, mit Wasser- und Deckfarben; Wz.: Ochsenkopf; 23,7 : 39,2

Berlin, Kupferstichkabinett, Staatliche Museen Preußischer Kulturbesitz (KdZ. 15343)

Diese präzise Architekturstudie gehört einer Gruppe von sechs Blättern aus gleichem Besitz an. Sie sind zwischen 1480 und 1500 datierbar und werden Wolfgang Katzheimer d. Ä., dem damals bedeutendsten Bamberger Meister, oder dessen Umkreis zugeschrieben. Die Studien waren nicht als eigenständige Blätter gedacht, sondern für den Architekturhintergrund in Gemälden bestimmt. Einen Beweis hierfür bietet die Tuchersche Passionstafel von 1485 (Nürnberg, St. Sebald), deren Hintergrund eine Ansicht Bambergs von Südwesten zeigt, die in allen Einzelheiten auf eines der sechs Berliner Studienblätter zurückgeht (Kloster Michaelsberg von Süden). - Im Vergleich mit Dürers ersten, bildmäßig gestalteten Landschaftsblättern - ›Drahtziehmühle‹ (W. 61; Berlin) und ›Johannisfriedhof‹ (W. 62; ehemals Bremen) von 1494 - zeigen sich Übereinstimmungen im inkohärenten Aufbau und in der harten, diffusen Lichtgebung, aber auch Schwächen des Blattes gegenüber Dürers ersten Versuchen der perspektivischen Bewältigung. Dargestellt ist einer der Domherrenhöfe, der sog. Burggrafenhof, durch das Wappen an der Burgmauer als Besitz der Markgrafen von Brandenburg ausgewiesen, die ihn tatsächlich um 1500 besaßen.

Literatur: M. Müller-F. Winkler: Bamberger Ansichten aus dem 15. Jahrhundert. In: Jb. d. Preuß. Kunstslgn. 58, 1937, S. 241-57, bes. 250/51 - H. Muth: Die Ansichten der Stadt Bamberg vom Ausgang des 15. Jahrhunderts bis zur Mitte des 19. Jahrhunderts. (Diss. Würzburg 1953/54) = 96. Bericht d. Hist. Ver. Bamberg, 1958, S. 20 Nr. 6 - Ausst. Berlin 1967, Nr. 13 (dort weitere Lit.).

556   ZWEI JUGENDLICHE REITER

Albrecht Dürer
Federzeichnung in Braun; 20,4 : 16,9

Aus der Slg. Posonyi

München, Staatliche Graphische Sammlung (28 712)

Das Blatt scheint unmittelbar vor dem Objekt als Naturstudie entstanden zu sein. Die freie und temperamentvolle Federführung beherrscht jedoch nicht die Kompliziertheit der sich überlagernden Formen. Zuerst entstand wohl das vordere Pferd mit dem Knaben, in engem Anschluß daran das zweite, etwas zurückgesetzte Pferd. Mit größerer Lockerheit und zunehmender Großzügigkeit wurde in breiten Strichen der zweite Reiter gestaltet und Formverstärkungen und -verbesserungen vorgenommen. Das Blatt wird überwiegend in die Zeit der Wanderschaft um 1493 eingegliedert. Die Zeichnung zeigt in der Gestaltung des Pferdekopfes Übereinstimmungen und Verwandtschaft mit den Holzschnitten ›Martyrium der Hl. Katharina‹ (Kat. Nr. 354) und der Kreuztragung der Großen Passion (Kat. Nr. 597 [7]) sowie mit dem frühen, Dürer zugeschriebenen Kupferstich der Bekehrung Pauli (Meder, Nr. 46). In jüngster Zeit überraschte F. Winzinger mit der Beobachtung, daß Dürers Zeichnung von Leonardo abhängig sei.

Literatur: Ausst. Ambrosiana-München 1968, Nr. 12 (dort weitere Lit.) - F. Winzinger: Dürer und Leonardo. In: Pantheon 29, 1971, S. 5-8.

557   FELSENSTUDIE MIT WANDERER

Albrecht Dürer

Federzeichnung in Schwarzbraun; 22,5 : 31,6

Aus der Slg. Prince de Ligne

Wien, Graphische Sammlung Albertina (3055)

Motivisch steht diese Zeichnung der Erlanger Landschaft mit Wanderer (Kat. Nr. 96) nahe. Im Vergleich mit Dürers früher Federzeichnung der Kreuzigung Christi (W. 19; Paris, Louvre) ist die Gestaltung der Felsbildung jedoch gelöster und präziser. Die Gesteinsgruppe zeigt bereits Hinweise auf die Kenntnis von Felsbildungen bei Andrea Mantegna. Eine Datierung in die Zeit der ersten italienischen Reise verbietet aber die im Vergleich mit der um 1495 entstandenen Zeichnung ›Ausgang aus dem Steinbruch‹ (W. 106; Bayonne) befangener erscheinende Wiener Studie. Der fortschrittlich wirkende Raumeindruck wird nur durch die skizzenhafte Behandlung des Mittel- und Hintergrundes hervorgerufen. Eine Datierung um 1493/94, wie sie E. Panofsky vorschlägt, scheint deshalb berechtigt. Der Einfluß Mantegnas müßte durch oberitalienische Graphik bereits in den Wanderjahren vermittelt worden sein.

Literatur: Heller, S. 133 Nr. 2 - Thausing 1, S. 118 - L. Klebs: Dürers Landschaften. In: Rep. f. Kunstwiss. 30, 1907, S. 410 - F. Stadler: Dürers Apokalypse und ihr Umkreis. München 1929, S. 15 - Flechsig 2, S. 131, 356 - Tietze, Albertina 4, Nr. 40.

558   LINDENBAUM AUF DER BASTION

Albrecht Dürer

Unten das Monogramm Dürers von der Hand des Hans von Kulmbach (?)

Zeichnung mit Wasser- und Deckfarben auf Pergament; 34,4 : 26,7

Aus den Slgn. Grünling, v. Franck, Habich, de Behague und van Beuningen

Rotterdam, Museum Boymans-van Beuningen (M. B. 1958/T. 28)

Dürers Naturstudien entstanden häufig in Folgen, zumindest in Paaren, die stilistisch und technisch sich eng zusammenschließen lassen. So sind auch die beiden ersten selbständigen Darstellungen von Bäumen, ›Lindenbaum auf der Bastion‹ und ›Die drei Lindenbäume‹ (W. 64; bis 1945 Bremen) gleichzeitig entstanden. Dürer geht hier weniger von der Baumstruktur aus als vom äußeren Erscheinungsbild. Die etwas nüchterne und strenge Darstellung in der ›Drahtziehmühle‹ (W. 61; Berlin) wandelt sich zu einer mehr auf das Atmosphärische angelegten Arbeit, die mit feinsten Pinselstrichen das reiche Blattwerk ausführt. - Als Entstehungsdatum für das Blatt kann der Sommer 1494 angenommen werden.

Literatur: H. Tietze: Dürer als Zeichner und Aquarellist. Wien 1951, S. 38 - Winkler, Dürer 1957, S. 43.

559   DER HOF DER BURG ZU INNSBRUCK

Albrecht Dürer   *F. nach S. 176*

Unten das Monogramm Dürers von fremder Hand

Aquarell; 36,8 : 27

Wien, Graphische Sammlung Albertina (3057)

Diese Architektur konnte von M. Dreger (1934) als die nicht-erhaltene gotische Anlage der Burg zu Innsbruck identifiziert werden, die Dürer aus dem gleichen Hof, in anderer Ansicht bei bewölktem Himmel noch einmal dargestellt hat (W. 68; Wien). Beide Blätter bilden mit der gleichzeitig entstandenen Stadtansicht von Innsbruck (W. 66; Wien) eine Gruppe. Es kam Dürer offensichtlich auf die exakte Wiedergabe aller vier Seiten des Hofes mit den anstoßenden Gebäuden an. Die Bemühung um topographische Genauigkeit, die eigenartige Raumbegrenzung von drei Seiten mit einer unverhältnismäßig großen, leeren Hoffläche, die nüchtern exakte Durchführung verbinden die Zeichnung mit den beiden frühesten Landschaftsaufnahmen Dürers, der ›Drahtziehmühle‹ (W. 61; Berlin) und besonders dem ›Johannisfriedhof‹ (W. 62; bis 1945 Bremen). Die ganze Gruppe muß im Herbst 1494 auf der Hinreise nach Venedig entstanden sein.

Literatur: Heller, S. 117 Nr. 131 - F. Stadler: Dürers Apokalypse. München 1929, S. 6 Anm. 2 - Flechsig 2, S. 133, 357 - Tietze, Albertina 4, Nr. 39 - M. Dreger: Die Schloßhof-Ansichten der Albertina als architekturgeschichtliche Urkunden. In: Jb. d. Preuß. Kunstslgn. 55, 1934, S. 9-26.

560   EIN LÖWE

Albrecht Dürer

Unten rechts die Initialen des Künstlers, links in Goldschrift die Jahreszahl 1494

Zeichnung mit Deckfarben, mit Gold gehöht auf Pergament; 12,5 : 17

Aus Slg. Lawrence

Hamburg, Hamburger Kunsthalle (23005)

Die erste italienische Reise scheint Dürer eine intensivere Kenntnis von Naturformen vermittelt zu haben. Dabei ging er weniger vom direkten Naturstudium aus als von der Rezeption der Naturaufnahmen italienischer Maler. Die Wiedergabe des Löwen ist ›kläubelnd‹ in Deckfarben ausgeführt und steht in der Technik den frühen Landschaftsarbeiten nahe. Wenn auch die Einzelformen ausgeprägt sind, so fehlt doch eine genaue Erfassung des Gesamtorganismus. Während M. Thausing noch eine echte Naturstudie erwog, meinten bereits H. David und G. Pauli, daß Dürer ein unbekannt gebliebenes Bild des Markuslöwen als Vorbild genommen habe und erklärten damit auch die Stellung des Löwen und seiner Vorderpranken, die wohl in der Vorlage das Evangelienbuch hielten. Nachricht von einer Naturstudie nach einem Löwen bringt erst Dürers Tagebuch der Reise in die Niederlande. Zu seinem Genter Aufenthalt am 10. April 1521 ist vermerkt: Dernach sahe ich die löben und conterfeyt einen mit den stefft (Rupprich 1, S. 168). Diese Eintragung bezieht sich wohl auf die Zeichnung W. 781 (Wien), die mit ›zw gent‹ bezeichnet ist. Die Abhängigkeit von der Darstellung eines Markuslöwen läßt vermuten, daß das Blatt 1494 in Venedig entstanden ist. Das kleine Gemälde mit dem büßenden Hl. Hieronymus (Kat. Nr. 569), um 1497/98, zeigt sich in der Darstellung des Löwen noch von diesem venezianischen Blatt abhängig.

Literatur: Thausing 1, S. 117 - H. David: Die Darstellung des Löwen bei Dürer. Diss. Halle. Halle 1909, S. 32 - G. Pauli: Dürer, Italien und die Antike. Vorträge der Bibliothek Warburg 1921/22. Leipzig-Berlin 1923, S. 54 - E. Schilling: Dürers Täfelchen mit dem Heiligen Hieronymus. In: Zs. f. Kunstwiss. 11, 1957, S. 180.

561   DIE KRABBE (ERIPHIA SPINIFRONS)

Albrecht Dürer   *Abb.*

Zeichnung in Wasserfarben und Deckweiß; 26,3 : 35,5

Aus den Slgn. Gawet, v. Festetits, Böhm, de Behague und van Beuningen

Rotterdam, Museum Boymans-van Beuningen (M. B. 1958/T. 30)

Tierstudien Dürers sind aus der Zeit vor 1494 nicht bekannt geworden. Die erste wirklich datierte Naturstudie eines Tieres ist der von Dürer auch bezeichnete ›Hummer‹ (W. 91; Berlin) von 1495. In engen Anschluß daran kann das großartige Blatt mit der Krabbe gesetzt werden, das Winkler 1929 erstmals veröffentlichte. Die in hauptsächlich gelber Pinselarbeit direkt von vorne und in Aufsicht gegebene Krabbe entspricht einer an den Adria-Ufern häufig anzutreffenden Art. Dürers ungemein farbige Wiedergabe - an den Beinen finden sich noch Spuren einer Vorzeichnung mit Griffel - zeigt ein lebendes Tier, wie die Farbe der Schale bestätigt. Die Wucht der strengen Form des ganz realistisch gesehenen Tieres mit seiner nahgerückten, in Aufsicht gegebenen Gegenständlichkeit könnte durch Dürers Begegnung mit Werken Andrea Mantegnas ausgelöst worden sein.

Literatur: F. Winkler: Dürerstudien. In: Jb. d. Preuß. Kunstslgn. 50, 1929, S. 135/36.

562   VERFALLENE BERGHÜTTE

Albrecht Dürer

Oben das Monogramm des Künstlers und die Jahreszahl 1514 von der Hand des Hans von Kulmbach (?)

Aquarell über leichter Stiftvorzeichnung; 37,2 : 26,6

Mailand, Biblioteca Ambrosiana (F. 264 inf. 19)

Literatur: Ausst. Ambrosiana-München 1968, Nr. 15 (dort weitere Lit.).

563   EIN WELSCH SCHLOS

Albrecht Dürer   *F. nach S. 240*

Oben das Monogramm des Künstlers von fremder Hand; links daneben von Dürer beschriftet: ein welsch schlos

Zeichnung in Wasser- und Deckfarben; 19,1 : 13,9

Aus den Slgn. Grünling, Bremer-Halberstadt, Hausmann, Blasius

Berlin, Kupferstichkabinett, Staatliche Museen Preußischer Kulturbesitz (KdZ. 24622)

Literatur: F. Winkler: Dürerstudien. In: Jb. d. Preuß. Kunstslgn. 50, 1929, S. 123-66 - A. Rusconi: Per l'identificazione degli acquarelli Tridentini di Albert Dürer. In: D. graphischen Künste NF 1, 1936, S. 121-37 - K. Th. Hoeniger: Albrecht Dürer im Etschtal. In: D. Schlern 17, 1936, S. 191-96.

564   WEHLSCH PIRG

Albrecht Dürer   *Abb.*

Rechts oben von Dürer beschriftet: wehlsch pirg

Pinselzeichnung in Wasserfarben; 21 : 31,2

Aus den Slgn. Lefevre, Chambers Hall

Oxford, The Visitors of the Ashmolean Museum (P. 1. 284)

Literatur: K. Th. Parker: Catalogue of the collection of drawings in the Ashmolean Museum 1. Oxford 1938, Nr. 284.

565   PASS-STRASSE IN DEN ALPEN
       Albrecht Dürer

Zeichnung in Wasserfarben; 20,5 : 29,5

El Escorial, Biblioteca del Monasterio de San Lorenzo el Real

Literatur: F. Winkler: Dürerstudien. In: Jb. d. Preuß. Kunstslgn. 50, 1929, S. 128-31 - A. Rusconi: Per l'identificazione degli acquarelli Tridentini di Albert Dürer. In: D. graphischen Künste NF 1, 1936, S. 121-37 - K. Th. Hoeniger: Albrecht Dürer im Etschtal. In: D. Schlern 17, 1936, S. 191-96.

Der relativ kurze Zeitabschnitt der ersten Italienreise vom Oktober 1494 bis zum Mai 1495 bildet eine der bedeutsamen Entwicklungsstufen Dürers. Ein großer Teil der erhaltenen Zeichnungen umfaßt Landschaftsdarstellungen der Hin- (Kat. Nr. 559) und Rückreise. Dürer geht - im Gegensatz zu seinen Wander-jahren - völlig neue Wege. Die Gruppierung der Aquarelle ist daher ungleich schwieriger als in anderen Schaffensperioden Dürers. Es besteht jedoch kein Zweifel mehr, daß Dürers Alpenlandschaften nur Eindrücke der ersten Reise widerspiegeln. Von der zweiten Reise 1505-07 sind keine Landschaftsaquarelle überliefert. - Die Landschaft der Rückreise zeigt die Loslösung von einer rein topographischen Schilderung im Sinne der konventionellen Malerei, wie sie Dürer noch in der ›Drahtziehmühle‹ (W. 61; Berlin), dem ›Johannisfriedhof‹ (W. 62; bis 1945 Bremen) und den nüchternen Bestandsaufnahmen der Hinreise, der Ansicht von Innsbruck (W. 66; Wien) und den beiden Aquarellen mit dem Innsbrucker Burghof (Kat. Nr. 559 und W. 68; Wien), vertreten hat. Er bemüht sich nunmehr um ein bildmäßig abgeschlossenes Landschaftsmotiv. Die intensive Beschäftigung und Auseinandersetzung mit Werken Bellinis, Carpaccios und Basaits etwa, nicht zuletzt wohl mit den Zeichnungen Leonardos, führten Dürer zu neuer Auswahl und Sicht der Landschaftsausschnitte (vgl. Kat. Nr. 190), wie auch Mantegnas klärende Raumbildung und Perspektivsicht ihren Niederschlag fanden. Eine freiere Pinselführung, neue Motiverfassung, der

Albrecht Dürer: wehlsch pirg (Kat. Nr. 564)

Gewinn an Raumweite und -konstruktion, die atmosphärische Dichte in Verbindung mit einer langsamen Lösung von der ›kläubelnden‹ Technik bestimmen Dürers Landschaftsaquarelle der Rückreise 1495. Die ausgestellte Gruppe von Landschaftsstudien kann, gemessen an solchen Kriterien, nur auf der Rückreise entstanden sein. ›Wehlsch pirg‹ und ›welsch schloss‹ sind nach A. Rusconi Studien aus dem Val di Cembra, östlich von Trient; ›welsch schlos‹ könnte eine Ansicht der Burg von Segonzano sein. Die ›Paßstraße in den Alpen‹ identifizierte A. Rusconi als die große Brennerstraße mit dem Eisacktal südlich von Klausen. Der Hintergrund wurde von Dürer mit einem etwas südlicher liegenden Motiv in der Ebene von Völs bereichert. Dies führt zu der Annahme, daß Dürer vielleicht auf Grund eines besonders intensiven Landschaftserlebnisses nach dem Besuch von Arco und Trient (W.94-97) nochmals das Cembra-Tal durchwandert hat. Die Ansicht von Klausen auf dem Stich ›Das große Glück‹ (Kat. Nr.481) muß nach einer verlorenen Landschaftsstudie der Rückreise entstanden sein.

566   STEINBRUCH
Albrecht Dürer

Oben in der Mitte das Monogramm des Künstlers von der Hand des Hans von Kulmbach (?); links daneben von Dürer beschriftet: steinpruch

Aquarell; Wz.: Ochsenkopf mit einkonturiger Stange und Buchstabe T (ähnlich Piccard, Ochsenkopfwasserzeichen, X, 284); 23,3 : 19,7

Mailand, Biblioteca Ambrosiana (F.264 inf.20)

In einer Gruppe von Studien beschäftigte sich Dürer mit der Darstellung eines Steinbruches (W.106-11); es ist wahrscheinlich, daß er die in verschiedenen Techniken geschaffenen Blätter in einem Steinbruch nahe bei Nürnberg, am Schmausenbuck, arbeitete. Das Motiv des rasch und temperamentvoll verfertigten Blattes erscheint wieder, von einem veränderten Standpunkt aus gesehen, in der rechten Partie der Londoner Steinbruchstudie (W.110). Dürer verwendete das Blatt der Ambrosiana in seinem Kupferstich des Hl. Chrysostomos (Kat. Nr.351). Die Zeichnungen W.108 und W.109 wurden in der Felspartie des Kupferstiches mit dem Hl. Hieronymus (Kat. Nr.352) verarbeitet. Die Gruppe wird allgemein um 1495 eingeordnet.

Literatur: A.usst Ambrosiana-München 1968, Nr.16 (dort weitere Lit.).

567   DIE WEIDENMÜHLE
Albrecht Dürer   *F. nach S.224*

Links, im Himmel, das Monogramm des Künstlers von fremder Hand; links daneben von Dürer beschriftet: weydenmull

Zeichnung mit Wasser- und Deckfarben; 25,1 : 36,7

Wahrscheinlich aus Slg. Abbé de Marolles

Paris, Bibliothèque nationale, Cabinet des estampes (Cat.1936, 11)

Dürers Bemühungen um eine autonome Landschaftsdarstellung führt von seinen ersten Blättern, die noch Schwierigkeiten in der Verbindung von Vorder-, Mittel- und Hintergrund zeigen (in der Art der ›gewußten‹ traditionellen Landschaft), über die Blätter der italienischen Reise 1494/95 mit einer ersten Bewältigung der räumlichen Weite zur kontinuierlicher durchgestalteten, großgesehenen Landschaft. In der ›Weidenmühle‹,

der ›großartigsten aller Landschaften‹ (F.Winkler), monumentalisiert Dürer bei tiefgelegtem Horizont Vorder- und Mittelgrundsszenerie. Ein Meisterwerk schon allein ist der in subtilster Feinmalerei behandelte hohe Baum, der die rechte Bildhälfte beherrscht. Eng verwandt ist dem Blatt in Technik und geschilderter Stimmung der Weiher im Wald (W.114; London) und das Weiherhäuschen (W.115; London). Durch die Verwendung des Weiherhäuschens im Stich der Madonna mit der Meerkatze (Kat. Nr.594), der um 1497/98 angesetzt werden kann, wird für die Gruppe um die Weidenmühle ein terminus ante quem gesetzt; die Datierung kann um 1496/97 angenommen werden. Der Standort wurde von J. Bier topographisch bestimmt: Dürer schildert die an der Pegnitz einander gegenüberliegenden Klein- (links) und Großweidenmühle (rechts) mit dem gleichnamigen Steg (von Osten nach Westen gesehen im Westteil der Hallerwiese).

Literatur: J. Bier: Die Örtlichkeit von Dürers ›Drahtziehmühle‹. In: Mitt. d. Ver. f. Gesch. d. Stadt Nürnberg 28, 1928, S. 334/35 - Lugt, Bibl. Nationale, Nr.11 - F.Zink: Dreimal die Großweidenmühle in Nürnberg von Jörg Pencz. In: Jb. d. hist. Ver. f. Mittelfranken 79, 1960/61, S.245-52 - F. Dreßler: Nürnbergisch-fränkische Landschaften bei Albrecht Dürer. Ein Verzeichnis sicher bestimmbarer Darstellungen. In: Mitt. d. Ver. f. Gesch. d. Stadt Nürnberg 50, 1960, S.264 Nr.6 a.

568   EIN BAUM
Albrecht Dürer

Oben das Monogramm des Künstlers von der Hand des Hans von Kulmbach (?)

Zeichnung mit Wasser- und Deckfarben; 29,6 : 21,9

Mailand, Biblioteca Ambrosiana (F.264 inf.17)

In der meisterhaften Gestaltung des Baumwerkes und der feinen Behandlung des Waldbodens um den Baum ist das Blatt nur vergleichbar der großartigen Anlage des hohen Baumes der Weidenmühle (Kat. Nr.567). Dürers Arbeitsweise bei dem unvollendeten Blatt läßt sich gut beobachten: Nach einer ersten flächigen Anlage der linken Felspartie und des Bodens legte er, ausgehend von der Baumstruktur, den Stamm des Baumes an, die Äste und den Untergrund für das Laubwerk. In ›kläubelnder‹ Technik wurden das Laub, die Baumflechten und die Rinde aufgesetzt. Die Studie blieb wohl im oberen Drittel des Baumes unvollendet. Die kühne Farbigkeit der Studie und ihre technische Behandlung legen eine Datierung um 1495/97 nahe.

Literatur: Ausst. Ambrosiana-München 1968, Nr.17 (dort weitere Lit.).

569   DER BÜSSENDE HL. HIERONYMUS
Albrecht Dürer   *F. gegenüber*

Rückseite: Roter Stern in Wolken

Gemälde auf Birnenholz; auf der Rückseite undeutlicher Siegelabdruck eines ungedeuteten Wappens; 23,1 : 17,4

Vielleicht aus der Slg. des Herzogs von Lucca; etwa 1845 von J. Staniforth Beckett erworben

Sir Edmund Bacon, Bart., O.B.E., T.D., J.P.; Leihgabe im Fitzwilliam Museum, Cambridge

Die kleine Tafel, miniaturhaft fein ausgearbeitet, wurde von D. Carrit Dürer zugeschrieben. E. Schilling schloß sich in einer

Albrecht Dürer:
er büßende Hl. Hieronymus
(Kat. Nr. 569)

usführlichen Studie dieser Meinung an. Die Darstellung bezieht sich auf den Aufenthalt des Hieronymus als Asket in der Wüste von Chalkis in Ostsyrien. Die Wüstenszenerie wurde in eine nordische Vorgebirgslandschaft mit schneebedeckten Bergen im Hintergrund umgewandelt. Das Bild vereinigt eine Reihe sorgfältig beobachteter Naturstudien (Stieglitz, Dompfaff, Schmetterling, Felsformation, Birkenbaumstumpf). Vergleichbares findet sich bei Dürer in der Madonna mit den vielen Tieren (W. 296/97; Wien, Albertina und Paris, Louvre), der Steinbruchstudie (W. 108; bis 1945 Bremen) und in der Hamburger Miniatur des Löwen (Kat. Nr. 560). In der Gesamtstimmung der Morgendämmerung und des beginnenden Sonnenaufganges können Beziehungen zur Weidenmühle (Kat. Nr. 567) und zum Weiher im Wald (W. 114; London) gesehen werden. In Auffassung und Gestaltung der Hieronymusfigur finden sich Erinnerungen an die Bellini-Basaiti-Schule. Die Skizze der Rückseite bringt in Technik und Thema keine Übereinstimmung zur Vorderseite. Die Himmelserscheinung ist in etwa einem Meteor vergleichbar. Die von Th. Musper zur Erklärung genannte Traumepisode des Hieronymus (epistolae 22, 30) enthält keines der dargestellten Motive. Eher kann eine der Traumvisionen Dürers angenommen werden (vgl. Rupprich 1, S. 268 Nr. 67). - Das Bild muß nach der Hamburger Miniatur von 1494 (Kat. Nr. 560) entstanden sein. E. Schillings Vergleiche mit Zeichnungen und Graphik Dürers um 1497/98 und die visionäre Skizze der Rückseite, die die gleichzeitige Beschäftigung mit der Apokalypse nahegelegt, sprechen für eine Entstehung in den gleichen Jahren wie diese.

Literatur: D. Carrit: Dürer's ›St. Jerome in the Wilderness‹. In: Burlington Mag. 99, 1957, S. 363-66 - E. Schilling: Dürers Täfelchen mit dem heiligen Hieronymus. In: Zs. f. Kunstwiss. 11, 1957, S. 175-84 - Th. Musper: Albrecht Dürer. Köln 1965, S. 64 - German Art 1400-1800. Ausst. Manchester 1961, Nr. 108 (dort weitere Lit.).

570   DER TROCKENSTEG AM HALLERTOR

Albrecht Dürer   *Abb.*

Federzeichnung, leicht koloriert; Wz.: Waage im Kreis; 16 : 32,3

Aus der Imhoff'schen Slg.

Wien, Graphische Sammlung Albertina (3065)

Die Beurteilung des Blattes wird schwierig durch die trockene Art der Behandlung und die äußerst sorgfältige ›akademische‹ Ausarbeitung, die F. Winkler die Benutzung eines Lineals vermuten ließ. Die Befangenheit vor dem Blatt wird verstärkt durch die ›mangelnde Tiefendimension‹ (E. H. Zimmermann). Das Blatt besitzt stilistische und technische Analogien zu der Gruppe von Glasmalereientwürfen, der Benediktlegende um 1496 (Kat. Nr. 712-17) und verwandten Zeichnungen (W. 210, 212, 218). Keinesfalls jedoch war die Studie des Trockensteges als Glasfensterentwurf gedacht. Verwandte Aquarell- und Federstrichtechnik zeigen auch die Trachtenstudien in Wien, Basel und Mailand (Kat. Nr. 454, 465/66). Während H. und E. Tietze das Blatt eine Eigenwiederholung nennen, E. Flechsig an eine Zweitfassung nach einer Vorstudie in Metallstift denkt, sieht F. Winkler darin eine Reinzeichnung Dürers. Die Nähe zu den Entwürfen der Benediktlegende und den Trachtenstudien macht eine Einordnung um 1498/99 wahrscheinlich. Der Trockensteg ist Dürers einziges Nürnbergmotiv innerhalb der Stadtmauern. In dem stillen westlichen Stadtbereich vor dem Pegnitzfluß verband der 1814 abgebrochene Brückenweg die Ufer. Dürer er-

faßte das Motiv von einem erhöhten Standpunkt des linken Ufers aus. Hinter dem überdachten Steg verläuft die Stadtmauer mit den beiden Flußdurchlässen und dem auf einer Insel errichteten Schleierturm; rechts folgen der hinter den Mühlwerken gerade noch erkennbare Turm beim Hallertürlein und der Neutorturm. In der Mitte, jenseits der Mauer, ist das in St. Johannis gelegene Kirchlein zum Hl. Kreuz des Pilgerhospitals sichtbar.

Literatur: Heller, S. 84 Nr. 82 - Thausing 1, S. 126 - Ausst. GNM 1928, Nr. 165 - E. H. Zimmermann: Über einige Dürer zugeschriebene Zeichnungen in der Dürer-Ausstellung. In: Albrecht Dürer. Festschrift der internationalen Dürer-Forschung. Leipzig-Berlin 1928, S. 95 - Flechsig 2, S. 138 - Tietze, Albertina 4, Nr. 43 - F. Dreßler: Nürnbergisch-fränkische Landschaften bei Albrecht Dürer. In: Mitt. d. Ver. f. Gesch. d. Stadt Nürnberg 50, 1960, S. 263 Nr. 3.

571   TAL BEI KALCHREUTH

Albrecht Dürer

Oben das Monogramm des Künstlers von der Hand des Hans von Kulmbach (?)

Zeichnung mit Wasser- und Deckfarben; Wz.: Ochsenkopf mit Stange, Blume und angehängtem Dreieck (Variante von Briquet 14871-74); 10,5 : 31,6

Aus den Slgn. v. Festetits, Böhm und Posonyi-Hulot

Berlin, Kupferstichkabinett, Staatliche Museen Preußischer Kulturbesitz (KdZ. 5)

Zeigen Dürers Blätter von der Rückreise aus Italien Versuche einer klärenden Raumsicht, verbunden mit einer großzügigen, breitflächigen ersten Pinselanlage, die dann in ›kläubelnder‹ Technik weitergeführt wird - ein Beispiel hierfür ›wehlsch pirg‹ (Kat. Nr. 564) -, so beginnt gegen Ende des Jahrhunderts eine Gruppe von Landschaftsdarstellungen, die in ihrer räumlichen Weite und deren sicherer Bewältigung sowie in der meisterlichen Zusammenfassung der Einzelteile alle bisherigen Landschaftsstudien an ›moderner‹ Sicht übertreffen. Exponenten sind das Tal bei Kalchreuth und die Ansicht von Kalchreuth (W. 118; bis 1945 Bremen). Während G. Pauli die beiden Zeichnungen noch zwischen 1494 und 1501 datierte, betonten H. Wölfflin, L. Klebs, E. Bock und H. und E. Tietze die Übereinstimmungen der entwickelten Gestaltung der Räumlichkeit mit den 1510 entstandenen Aufnahmen der Drahtziehmühle und von Heroldsberg (W. 480, 481; Bayonne) und nahmen eine Entstehung um 1514 an. E. Waldmann, F. Winkler und zuletzt E. Panofsky sehen wohl richtiger die beiden Kalchreuth-Blätter als den Beginn der Landschaftsserie um 1500. - Das Blatt erfaßt den Ausblick von der Kalchreuther Höhe gegen die oberfränkischen Juraberge gegen Bamberg. Die Identifizierung gelang O. Mitius.

Literatur: Wölfflin, S. 262 - L. Klebs: Dürers Landschaften. In: Rep. f. Kunstwiss. 30, 1907, S. 417 - Bock, Berlin, S. 48 - O. Mitius: Mit Albrecht Dürer nach Heroldsberg und Kalchreuth. In: Erlanger Heimatbuch 2, 1924, S. 103/4 - E. Waldmann: Albrecht Dürer und die deutsche Landschaft. In: Pantheon 7, 1934, S. 136 - W. Hilpert: Albrecht Dürers ›Kalchreuth‹-Aquarelle. In: Erlanger Bausteine z. fränk. Heimatforschung 5, 1958, S. 106/07 - F. Dreßler: Nürnbergisch-fränkische Landschaften bei Albrecht Dürer. Ein Verzeichnis sicher bestimmbarer Darstellungen. In: Mitt. d. Ver. f. Gesch. d. Stadt Nürnberg 50, 1960, S. 267 Nr. 10.

572 DIE HLL. EINSIEDLER PAULUS UND ANTONIUS AN DER WALDQUELLE

Albrecht Dürer *Abb.*

Unten rechts in brauner Tinte von einer Hand um 1600 oder 1. Viertel 17. Jahrh.: Dz ist die erste fisierung oder seine gedankhen gewest

Federzeichnung in Schwarz; Wz.: Hohe Krone auf Bügel, je drei Perlen (Briquet 4902); 20,7 : 24

Aus den Slgn. Hausmann und Blasius

Nürnberg, Germanisches Nationalmuseum (Hz 5133)

Die Zeichnung ist eine Weiterentwicklung des ersten Entwurfes ›Quelle im Wald mit den Hll. Einsiedlern Paulus und Antonius‹ (W.182; Berlin) für den Holzschnitt ›Die Hll. Paulus und Antonius‹, um 1502 (B. 107). Geht die Berliner Fassung sicherlich auf eine Naturstudie Dürers zurück, wie K. Weissmann erkannte, nämlich das Kehlbrünnlein im Wald westlich von Kalchreuth, so reduziert in dem vorliegenden zweiten Entwurf Dürer die Landschaft zugunsten der in der Legenda aurea beschriebenen Zusammenkunft der beiden Eremiten. Das Kehlbrünnlein steht nur noch als Erinnerungsbild hinter der jetzt gegebenen Szenerie, der Phantasieausblick auf ein bewaldetes Bergmassiv wurde zugefügt. Die endgültige Fassung im Holzschnitt vereinfacht nochmals das Motiv des Brünnleins.

Literatur: K. Weissmann: Neue Forschungen zu Dürers Federzeichnung L 440. In: Fränk. Kurier 100, 11. 4. 1928, S. 11 - Zink, GNM, Nr. 48 (dort weitere Lit.).

573 EIN STORCH

Albrecht Dürer

Oben das Monogramm des Künstlers und die Jahreszahl 1517 von der Hand des Hans von Kulmbach (?)

Federzeichnung; 27,5 : 18 (beschnitten)

Vermutlich aus der Slg. Imhoff; später in den Slgn. Denon, Holford und Willems

Brüssel, Musée d'Ixelles (136)

Literatur: Heller, S. 84 Nr. 90 - Flechsig 1, S. 111; 2, S. 560 Nr. 307.

574 EIN WINDHUND

Albrecht Dürer *Abb.*

Pinselzeichnung in Schwarz; 14,5 : 19,6

Aus den Slgn. Sandby und Lawrence

H. M. Queen Elizabeth II (12177)

Literatur: German drawings from the collections of H. M. the Queen. Ausst. University College-Courtauld Institute. London 1969, Nr. 15.

575 EIN PAPAGEI

Albrecht Dürer

Oben das Monogramm des Künstlers und die Jahreszahl 1513 von der Hand des Hans von Kulmbach (?)

Federzeichnung, aquarelliert; 19,3 : 21,3

Mailand, Biblioteca Ambrosiana (F. 264 inf. 12)

Literatur: Ausst. Ambrosiana-München 1968, Nr. 22.

576   KANINCHENSTUDIE
Albrecht Dürer

Oben das Monogramm des Künstlers von fremder Hand

Federzeichnung; 12,3 : 22

Aus Slg. Sloane

London, The Trustees of the British Museum (5218-157)

Literatur: Dodgson, Guide 1928, Nr. 206 - C. Dodgson: Some of Dürer's studies for Adam and Eve. In: Burlington Mag. 48, 1926, S. 308-11.

577   EIN HIRSCHKOPF
Albrecht Dürer

Oben links das Monogramm des Künstlers, daneben die Jahreszahl 1504

Zeichnung in Wasserfarben, weiß gehöht, mit Feder ergänzt; Wz.: Krone mit Kreuz; 25,2 : 39,2

Aus Slg. Abbé de Marolles

Paris, Bibliothèque nationale, Cabinet des estampes (Cat. 1936, 10)

Literatur: Lugt, Bibl. Nationale, Nr. 10 - F. Winkler: Dürerstudien. In: Jb. d. Preuß. Kunstslgn. 50, 1929, S. 137.

Dürers Entdeckerfreude bezog sich keineswegs nur auf Beobachtung unbekannter oder seltener Erscheinungen der Naturwelt, festgehalten nach Vorlagen oder lebendigen Vorbildern. Gerade die Erfassung der heimischen Tierwelt wurde von ihm mit einer bis dahin unbekannten naturwissenschaftlichen Treue wiedergegeben. Die meisten Tierstudien entstanden in der Zeit zwischen 1500 und 1505. Die technischen Mittel wechseln dabei: Von der flüchtigen Federzeichnung (Kaninchenstudien) über lavierte Federzeichnung (Papagei) bis zur reinen Pinselzeichnung in feiner stechermäßiger Ausarbeitung (Windhund) oder Pinselarbeit mit Federmodellierung (Hirschkopf). Die Studien entstanden wohl meist ohne sofortigen Verwendungszweck, wurden jedoch häufig für Kupferstich, Holzschnitt oder großangelegte Zeichnungen benutzt. So findet sich das von rückwärts gesehene Kaninchen auf dem Stich ›Adam und Eva‹, 1504 (Kat. Nr. 484), ebenso der Papagei. Ein zweites Mal ist der Papagei auf der großen Zeichnung der Madonna mit den vielen Tieren (W. 296; Wien), um 1503, anzutreffen; auf dem gleichen Blatt findet sich auch der Storch. Die zweite Fassung des gleichen Themas (W. 297) in Paris zeigt, nun in den Vordergrund gerückt, wiederum den Storch. Die Windhundstudie verwendete Dürer in dem Stich des Hl. Eustachius (Kat. Nr. 496), um 1500/03. Die Datierung dieser Tierstudien kann durch die enge Verknüpfung mit Stichen und Zeichnungen der Zeit 1500-05 eingegrenzt werden, wobei wohl Storch, Papagei und Windhund kurz nach 1500 anzusetzen sind. Eines der großartigsten Blätter ist der Hirschkopf von 1504. Er wurde in Pinselarbeit angelegt, um dann in sorgfältiger Federzeichnung und mit Weißhöhungen überarbeitet zu werden. Die ursprüngliche Pinselarbeit blieb am nicht vollständig ausgeführten Geweih sichtbar.

578   EINE SCHWERTLILIE
Albrecht Dürer zugeschrieben

Oben das Monogramm des Künstlers und die Jahreszahl 1508, beides von fremder Hand

Zeichnung in Wasser- und Deckfarben; Wz.: Krone mit angehängtem Dreieck; 77 : 31

Aus den Slgn. Grünling und Klugkist

Bremen, Kunsthalle Bremen, Kupferstichkabinett (35)

Literatur: Flechsig 2, S. 411 - F. Winkler: Dürerstudien. In: Jb. d. Preuß. Kunstslgn. 50, 1929, S. 135.

579   EIN TÜRKENBUND (LILIUM MARTAGON)
Albrecht Dürer zugeschrieben

Zeichnung in Wasser- und Deckfarben; Wz.: Krone; 54,6 : 18,1

Aus den Slgn. Grünling und Klugkist

Bremen, Kunsthalle Bremen, Kupferstichkabinett (34)

In der Beurteilung der schwer zu fassenden Gruppe der Blumendarstellungen bei Dürer kann von einem gesicherten Hauptwerk, dem ›Großen Rasenstück‹ von 1503 (W. 346; Wien), ausgegangen werden. Schafgarbe, Wegerich, Löwenzahn und Rispengräser sind hier benennbar; Dürer schildert mit feinsten Farb- und Lichtvaleurs einen kleinen Kosmos. In Technik und Naturaspekt völlig anders sind jedoch eine Reihe von halbwissenschaftlich dargestellten Pflanzenstudien (W. 347-358). Ihre Zugehörigkeit zum Werk Dürers wurde häufig bezweifelt. In der Qualität der Arbeit kann die Schwertlilie am ehesten angegliedert werden; ihre Datierung wird um 1503 angenommen. Die Studie des Türkenbundes zeigt so fremde Züge, daß sie als Werk Dürers bezweifelt werden muß.

580   STEHENDES PFERD
Albrecht Dürer zugeschrieben

Silberstiftzeichnung, mit Feder in Braun wohl von fremder Hand am Kopf übergangen; graublaues präpariertes Papier; 16,4 : 20,2

Aus Slg. Lubomirski

Rotterdam, Museum Boymans-van Beuningen (M. B. 1955/T. 3)

Die Zeichnung ist weder in die Reihe der Naturstudien Dürers noch in den Komplex der konstruierten Pferde einzugliedern. Scheidet eine Pferdekonstruktion schon deshalb aus, weil der von Dürer ständig angewandte Kanon für eine Konstruktion fehlt, so kann auch keine überzeugende Brücke zu Dürers Naturstudien gefunden werden. Die von E. Flechsig und F. Winkler vertretene Meinung, daß die Zeichnung eine Naturstudie zum Kupferstich des Kleinen Pferdes (Kat. Nr. 500) darstellt, muß bezweifelt werden; die Übereinstimmungen sind zu gering. Vertritt man jedoch diese Ansicht, so liegt die Entstehung der Silberstiftzeichnung vor 1505, dem Erscheinungsjahr des Kupferstiches. Die zaghafte Strichführung und das wenig ausgereifte Formvokabular der Pferdezeichnung lassen Zweifel an der Autorschaft Dürers begründet erscheinen.

Literatur: H. u. E. Tietze: Zwischen den Lemberger Dürerzeichnungen. In: Zs. f. bild. Kunst 62, 1928/29, S. 22/23 - Flechsig 2, S. 452 - E. Haverkamp Begemann: Aanwinsten: drie tekeningen van Albrecht Dürer. In: Bull. Mus. Boymans 6, 1955, S. 85.

581   DAS RHINOZEROS
Albrecht Dürer

Auf der rechten Seite das Monogramm des Künstlers, darüber die Jahreszahl 1515; zwischen beiden die Beschriftung: RHINOCERUS.

Oben beschriftet: Nach Christus gepurt. 1513. Jar. Adi. j. May. Hat man dem großmechtigen Kunig von Portugall Emanuell gen Lysabona pracht auß Jndia/ein sollich lebendig Thier. Das nennen sie / / Rhinocerus. Das ist hye mit aller seiner gestalt Abcondertfet. Es hat ein farb wie ein gespreckelte Schildtkrot. Vnd ist vo(n) dicken Schalen vberlegt fast fest. Vnd ist in der groeß als der Helfandt / / Aber nydertrechtiger von paynen/vnd fast werhafftig. Es hat ein scharff starck Horn vorn auff der nasen/ Das begyndt es albeg zu wetzen wo es bey staynen ist. Das dosig Thier ist des Hel- / / fantz todt feyndt. Der Helffandt furcht es fast vbel/dann wo es Jn ankumbt/so laufft Jm das Thier mit dem kopff zwischen dye fordern payn/vnd reyst den Helffandt vnden am pauch auff / / vn(d) erwuergt Jn/des mag er sich nit erwern. Dann das Thier ist also gewapent/das Jm der Helffandt nichts kan thuen. Sie sagen auch das der Rhynocerus Schnell/ Fraydig vnd Listig sey.

Holzschnitt; 21,2 : 30 (24 : 30,1)

Aus Slg. Jancsy

Schweinfurt, Sammlung Otto Schäfer (D-273)

Dem Holzschnitt des Rhinozeros liegt keine direkte Naturstudie Dürers zugrunde. 1515 schrieb der in Lissabon lebende Mähre Valentin Ferdinand an einen befreundeten Kaufmann in Nürnberg (Abschrift in der Bibl. Nazionale, Florenz - Cod. Strozziano 20; Ora C1-XIII 80) von der Ankunft eines Rhinozeros am 20. Mai 1515 in Lissabon, als Geschenk Königs Muzafar von Kambodscha (1511-26). Dem Brief lag eine Skizze und Beschreibung des Tieres bei. Dürer erhielt über Freunde davon Kenntnis und zeichnete nach dieser verlorenen Skizze seine Federstudie (W. 625; London) mit einer eigenhändigen ausführlichen Beschriftung (dabei las er das Datum der Ankunft des Tieres als 1513). Im gleichen Jahr entstand nach der Zeichnung der Holzschnitt. Zur gleichen Zeit erschien auch ein signierter und datierter Holzschnitt Burgkmairs (B. 76, H. 729) vom Rhinozeros. Davon abhängig, in Einzelheiten aber mit Dürers Fassung übereinstimmend, zeichnete der unbekannte Künstler mit der gefälschten Signatur AA das Rhinozeros im Gebetbuch Kaiser Maximilians (Besançon, Biblioth. Munic.). Das Rhinozeros wurde im Dezember 1515 als Geschenk an Papst Leo X. nach Rom per Schiff verfrachtet; in Marseille besichtigte es Franz I. von Frankreich. Bei einem Sturm Ende Januar/ Anfang Februar sank das Schiff vor der italienischen Küste, das Rhinozeros wurde an Land gespült und ausgestopft endlich nach Rom gebracht (P. Giovio: Dialogo dell'Imprese Militari et Amorose. Rom 1557, S. 31/32).

Literatur: A. Fontoura da Costa: Deambulations of the rhinoceros (ganda of Muzafar, King of Cambaia, from 1514-1516). Lissabon 1937.

582   EBERMANNSTADT AN DER WIESENT
Albrecht Dürer

Oben das Monogramm des Künstlers von fremder Hand

Silberstiftzeichnung, mit Feder übergangen, auf präpariertem Papier; 14,5 : 20,6

Aus den Slgn. v. Festetits und Ricketts-Shannon

Cambridge, Fitzwilliam Museum (2042)

Die zarte Silberstiftzeichnung, wahrscheinlich von fremder Hand mit der Feder übergangen, weicht in Formgebung, Aussparung der Details und der Landschaftssicht von den übrigen Landschaftsdarstellungen Dürers ab. Schwer einzuordnen, wird sie meist zwischen 1515 und 1520 datiert, wobei auf die Silberstiftzeichnungen der niederländischen Reise verwiesen wird. E. Flechsigs Datierungsversuch um 1515 erscheint richtig, wenn man die Studie als Fortsetzung und Weiterentwicklung der Bemühungen Dürers um die Erschließung des Tiefenraumes sieht, die die Gruppe der gezeichneten Ansichten von Kirchehrenbach bei Forchheim (W. 479; ehemals Rotterdam), der Drahtziehmühle (W. 480; Bayonne) und von Heroldsberg, datiert 1510 (W. 481; Bayonne), bestimmen. F. Zink ermittelte das Wiesenttal südwestlich von Ebermannstadt unterhalb der Gemarkung Beunth als Standort. Die Landschaftszeichnung entstand wohl auf einer kleinen, uns unbekannten Fahrt um 1515, spätestens auf der Reise Dürers nach Bamberg 1517.

Literatur: L. Klebs: Dürers Landschaften. In: Rep. f. Kunstwiss. 30, 1907, S. 418, 420 - C. Dodgson in: The Dürer Society 6, 1908, Nr. 10 - G. Pauli: Die Kunst Albrecht Dürers. Ausst. Bremen 1911, Nr. 1126 - J. Veth-S. Muller: Albrecht Dürers Niederländische Reise 1. Berlin-Utrecht 1918, S. 46 - Flechsig 2, S. 143, 464 - F. Zink: Die Passions-Landschaft in der oberdeutschen Malerei und Graphik des 15. und 16. Jahrhunderts. München 1941, S. 80-82 - 15th and 16th century drawings. Fitzwilliam Museum. Cambridge 1960, Nr. 6.

583   DIE GROSSE KANONE
Albrecht Dürer

In der oberen linken Ecke das Monogramm des Künstlers, darüber die Jahreszahl 1518

Eisenradierung; Wz.: schmale hohe Krone mit zweikonturigem Bügel mit Stern über Kreuz (ähnlich Piccard, Kronenwasserzeichen, VII, 65); 22,7 : 33

Aus Slg. Cornil-d'Orville

Nürnberg, Germanisches Nationalmuseum (St. Nbg. 1370; Leihgabe der Stadt Nürnberg)

Bei dieser seiner letzten Eisenradierung erreichte Dürer ›die völlige Freiheit in der sicheren Beherrschung der technischen Mittel‹ (G. Pauli). Für den Landschaftshintergrund verwendete er eine Metallstiftzeichnung (W. 479; ehemals Rotterdam), die, nach O. Mitius, von der Straße aus rechts von der Wiesent südlich Unterweilersbach ausgeführt wurde, mit Blick auf das Dorf Kirchehrenbach, den sattelförmigen Bergrücken der Ehrenbürg im Hintergrund und Pretzfeld. Außerdem griff Dürer für die Gestalt des Türken auf eine Zeichnung seiner ersten Italienreise zurück: Die mittlere Figur der drei Orientalen (W. 78; London), nach einer vorbereitenden Zeichnung Gentile Bellinis für dessen ›Prozession der Hl. Kreuzreliquie auf dem Markusplatz‹ kopiert, wurde nun in der Großen Kanone mit den Gesichtszügen Dürers isoliert herausgestellt. Die Verwendung der frühen Figurenstudie läßt vermuten, daß auch die Landschaftszeichnung nicht als Vorstudie für die Eisenradierung angefertigt wurde, so daß deren Datierung auf 1518 für diese nicht verbindlich sein muß. Viel eher läßt sich denken, daß die Zeichnung etwa in die Zeit der Bamberger Reise 1517 datiert werden kann. Die Radierung ist im Zusammenhang mit der Türkengefahr als Zeitdokument zu deuten (1518 Huttens Türkenrede).

Albrecht Dürer: Affentanz (Kat. Nr. 586)

Literatur: G. Pauli: Inkunabeln der deutschen und niederländischen Radierungen. Berlin 1908, S. 5 - O. Mitius: Die Landschaft auf Dürers Eisenradierung ›Die große Kanone‹ vom Jahre 1518. In: Mitt. aus d. German. Nationalmus. 1911, S. 141-49 - M. Friedländer: Albrecht Dürer. Leipzig 1921, S. 210 - A. Bechtold: Zu Dürers Radierung ›Die große Kanone‹. In: Festschrift für Georg Habich. München 1928, S. 112-20 - F. Dreßler: Nürnbergisch-fränkische Landschaften bei Albrecht Dürer. In: Mitt. d. Ver. f. Gesch. d. Stadt Nürnberg 50, 1960, S. 267 Nr. 116.

584 DER TIERGARTEN ZU BRÜSSEL
Albrecht Dürer

Oben das Monogramm des Künstlers und die Jahreszahl 1520; darunter: Dz ist zw prüssell Derdirgartn und die lust hindn aws dem schlos hinab zw sehn

Federzeichnung in Braun; Wz.: Hand mit Kleeblatt (ähnlich Briquet 11418-24); 28,8 : 40,9

Aus Slg. Abbé Neumann

Wien, Kupferstichkabinett der Akademie der Bildenden Künste (2475)

Im niederländischen Tagebuch zwischen dem 27.8. und 2.9. 1520 notierte Dürer: Ich hab gesehen jns königs hauß zu Prüssel hinden hinaus die brunnen, labyrynth, thiergarten, das jch lustiger ding, mir gefälliger, gleich einen paradyß, nie gesehen hab. Die Skizze zeigt den Blick von der Rückseite des Palais Condenberg über Turnierplatz und Hirschpark. Der Vergleich mit anderen zeitgenössischen Darstellungen läßt erkennen, daß Dürers flüchtig gearbeitete Ansicht nicht den vollen Komplex wiedergibt.

Literatur: J. Veth-S. Muller: Albrecht Dürers Niederländische Reise 2. Berlin-Utrecht 1918, S. 99/100 - Rupprich 1, S. 155 - F. Anzelewsky: A propos de la topographie du Parc de Bruxelles et du Quai de l'Escaut à Anvers de Dürer. In: Bull. des musées royaux des beaux-arts 6, 1957, S. 87-107.

585 ZWEI BURGEN
Albrecht Dürer

Silberstiftzeichnung; 11,1 : 17,8

Aus den Slgn. Fries, Böhm, Hausmann und Blasius

Nürnberg, Germanisches Nationalmuseum (Hz 5487; Depositum Frau Irmgard Petersen geb. Blasius)

Das Blatt ist eines der letzten des Skizzenbuches mit Silberstiftzeichnungen von Dürers Reise in die Niederlande (vgl. Kat Nr. 213); die Rückseite wurde nicht benutzt. Die beiden Skizzen sind auf der Rückseite in der zweiten Julihälfte 1521 entstanden. Zuerst zeichnete Dürer die linke Ansicht, die B. Ebhardt mit Hilfe einer Zeichnung von Wilhelm Dilich, 1607 (Kassel, Staatsarchiv), als Burg Rheinfels nordwestlich von St. Goar bestimmte; Dürer hat sie seitenverkehrt auf dem großen Umrißstich der Kreuzigung, um 1523 (Kat. Nr. 223), wiederverwendet. Die auf der Weiterfahrt zugefügte rechte Skizze konnte bisher nicht eindeutig bestimmt werden (E. Schilling: Stolzenfels; B. Ebhardt: Lahneck über Oberlahnstein).

Literatur: E. Schilling: Albrecht Dürer. Niederländisches Reiseskizzenbuch 1520-21. Frankfurt/M. 1928, Taf. XV - B. Ebhardt: Albrecht Dürers Niederländisches Reiseskizzenbuch 1520/21. In: D. Burgwart 29, 1928, S. 48 - Zink, GNM, Nr. 67 (dort weitere Lit.).

586 AFFENTANZ
Albrecht Dürer   *Abb.*

Oben von Dürer beschriftet: 1523 noch andree zw nornberg

Federzeichnung; 31 : 22

Aus dem Amerbach-Kabinett

Basel, Öffentliche Kunstsammlung, Kupferstichkabinett (1662. 168)

Eine Vielzahl von Blättern mit Naturstudien, meist zunächst ohne Hinblick auf eine bestimmte Verwendung gearbeitet, beweisen Dürers intensive Naturbeobachtungen. Im am 6. Dezember 1523 datierten Brief auf der Rückseite dieser Zeichnung an Felix Frey (Kat. Nr. 394), Stiftspropst in Zürich, beklagt sich Dürer: Aber des affen dantz halben, so jr begert zw machen, hab ich den hymit ungeschickt awff gerissen. Dan jch hab lang kein affen gesehen. Wolt also vergut haben. Beweist diese Briefstelle Dürers Bestreben, vor dem Objekt zu arbeiten, so bemerkt er doch in einem Entwurf zum ästhetischen Excurs am Ende des dritten Buches der Lehre von menschlicher Proportion (Kat. Nr. 494): Das ist die vrsach, das ein wolgeuebter kuenstner nit zu einem yetlichen bild darff lebendige bilder ab machen, dann er geust gnugsam herauß, was er lang zeyt von aussen hineyn gesamlet hat (Rupprich 3, S. 296). - Der Affentanz war wahrscheinlich als Entwurf für die Illustration eines Schwankes gedacht.

Literatur: A. Warburg: Gesammelte Schriften. Leipzig 1932, S. 181, 368 - Rupprich 1, S. 106-08.

DAS WERK: BILDVORSTELLUNG UND WANDLUNG DER CHRISTLICHEN STOFFE

Nicht allein in quantitativer Hinsicht hat Dürers Schaffen noch immer seinen Schwerpunkt im religiösen Werk. Wer von hier freilich auf die christliche Bildwelt des 15. Jahrhs. zurückblickt, wird den epochalen Abstand unmittelbar fühlen. Weil aber gerade das Neue in diesem Bereich, obgleich nicht weniger eindringlich und vielfältig als in anderen Gebieten seines Wirkens, stärker traditionsverhaftet zutage tritt, fällt es schwer, in wenigen Worten die Leitlinien des von Dürer in der christlichen Kunst bewirkten, entwicklungsgeschichtlich keineswegs zwangsläufigen Wandels nachzuzeichnen.

Die Neuerung betrifft am wenigsten die Themen. Das vielzitierte Dürerwort ›dan dy kunst des molens würt geprawcht jm dinst der kirchen vnd dordurch angezeigt daz leiden Christi...‹ könnte jeder spätgotische Künstler ebensogut ausgesprochen haben. Hauptthemen bleiben auch für Dürer die Passion Christi und das Leben Mariä, in das die Menschwerdung und Kindheitsgeschichte, die Passion des Erlösers im weiteren Sinn, eingebettet sind. Der dritte zentrale Bildkreis des Spätmittelalters, das Heiligenleben, die Martyrien, rückt allerdings etwas in den Hintergrund. Immerhin fehlen unter den abgeschlossenen, eigenhändigen Arbeiten des Meisters nicht die Martyrien der Hl. Katharina (Kat. Nr. 354), des Hl. Laurentius (Kat. Nr. 728) und des Evangelisten Johannes (Kat. Nr. 596 [2], dazu die Enthauptung von Johannes dem Täufer (Holzschnitt, 1510, B. 125) sowie die Marter der Zehntausend (Kat. Nr. 353; Gemälde, 1508, Wien), in der alle Martyriengreuel spätgotisch-traditioneller Ikonographie wie in einem Brennspiegel auf neue Weise versammelt erscheinen. Die Heiligen der römischen Kirche selbst sind in Dürers Oeuvre reichlich vorhanden. Wenn, von Adam und Eva abgesehen, Themen des Alten Testaments eine nur ganz geringe Rolle spielen, so war das im 15. Jahrh. nicht viel anders; auch da bot einzig die Typologie, die Gegenüberstellung einer neutestamentlichen Szene mit ihren Prototypen, Anlaß zur breiteren Schilderung alttestamentlicher Geschichten. Allenthalben erweisen sich bis zuletzt Dürers religiöse Werke von der Überlieferung durchtränkt.

Was jedoch Dürer schon auf den ersten Blick von den Malern des 15. Jahrhs., von seinem Lehrer Wolgemut, unterscheidet, das ist die Abkehr von spezifisch kirchlichen Aufgaben, vor allem der Altarmalerei. Bereits um 1496 überläßt er einen kursächsischen Auftrag, die ›Sieben Schmerzen Mariä‹-Tafel, offenbar weitgehend einem Gehilfen. Dürers Altargemälde seit Beginn seiner selbständigen Tätigkeit in Nürnberg 1495 sind rasch aufgezählt: neben der genannten Tafel des Paumgartner-Altar für St. Katharina in Nürnberg (nach 1498 bzw. 1502/03; Kat. Nr. 590), der Dreikönigsaltar für die Schloßkirche in Wittenberg (1504; Florenz), zu dem möglicherweise doch auch die sog. Jabach-Flügel (München, Frankfurt, Köln) gehörten, das Rosenkranzfest für San Bartolommeo in Venedig (1506; Prag), der Heller-Altar von 1509 für die Frankfurter Dominikanerkirche (Kopie des Mittelstücks und die von Gehilfen gemalten Flügel in Frankfurt) und die Allerheiligentafel für die Landauersche Zwölfbrüderkapelle in Nürnberg (1511; Wien). Vom sog. Dresdner Altar wissen wir, daß er, ein auf Leinwand gemaltes Triptychon, um 1717 noch über der Sakristeitür der Wittenberger Schloßkirche hing; vielleicht hat er ursprünglich ebenfalls als

Altargemälde gedient. Sicher ist dies nicht, genausowenig bei dem recht kleinen, desgleichen für den sächsischen Kurfürsten bestimmten Gemälde ›Die Marter der Zehntausend‹ von 1508. Die Madonnenbilder scheiden bis auf die ›Madonna mit dem Zeisig‹ (1506; Berlin) schon infolge ihrer geringen Ausmaße als Altargemälde aus. Gewiß ist von Dürers sakralen Schöpfungen manches verlorengegangen; im übrigen bekunden zahlreiche Entwürfe, daß der Künstler noch während der Anfangszeit der Reformation ein großes Marienbild mit Heiligen vorbereitete, das dann allerdings nicht mehr zustandekam. Trotzdem überrascht die geringe Zahl von Altären, denn an Aufträgen fehlte es gerade in Nürnberg keineswegs. Nun ist aber besonders auffällig, daß Dürer, soweit wir sehen, sich gerade nicht an der führenden kirchlichen Aufgabe der Spätgotik, dem Schnitzaltar, beteiligte, der den Malern auf den Flügeln ein reiches Betätigungsfeld eröffnet hatte. Dergleichen Arbeiten überließ Dürer den Künstlern seines Umkreises, Hans von Kulmbach zumal und Wolf Traut. Dürer wendet sich in ganz persönlicher Entscheidung auch im religiösen Bereich von Beginn seiner Selbständigkeit an hauptsächlich der Graphik zu. Darin weicht er nicht nur sehr wesentlich von seinen Vorgängern wie Wolgemut, Schüchlin oder Polack ab, sondern kaum viel weniger von Zeitgenossen: Auch Holbein d. Ä., Cranach, Burgkmair, Breu, Altdorfer, von Grünewald zu schweigen, waren in weit höherem Maße Altarmaler. Selbst Dürers größter Vorläufer im Bereich der Druckgraphik, Martin Schongauer, dürfte mehr noch der reinen Kirchenkunst gedient haben.

Dennoch wird man zunächst auf Dürers Gemälde blicken, wenn der Meister als Erneuerer des religiösen Bildes begriffen werden soll. Hier spüren wir ganz besonders die Vermählung der altdeutschen mit der großen italienischen Form. Schon bei der erst kürzlich Dürer zugeschriebenen Madonna aus Bagnacavallo (Kat. Nr. 588), einem doch wohl frühen Werk, kommt es zu einer, wenngleich noch unvollkommenen Synthese. Mit dem Rosenkranzfest (1506; Prag) erreicht Dürer darin während des zweiten venezianischen Aufenthaltes einen Höhepunkt. Doch bleibt eine gestufte Vielfalt, die über die italienischen Vorbilder hinausweist, eine unerhörte Variationsfreude, die auch das in Farben strahlende Allerheiligenbild von 1511 (Wien) ganz erfaßt. Erst in den Vier Aposteln des Jahres 1526 ist diese letztlich aus spätgotischen Wurzeln genährte Komponente in klassischem Ebenmaß und ganz schlichter Hoheit aufgegangen. Wohl kein Gemälde dürfte für Dürer bezeichnender gewesen sein als die leider nur in schlechten Kopien überlieferte Marienkrönung des Heller-Altars von 1509. Wie sehr dem Künstler gerade dieses Bild am Herzen lag, erfahren wir aus der Korrespondenz mit dem Auftraggeber. Hier bekundet sich ein Vorwalten des technischen Interesses, an kostbaren Farben, sorgfältigster Malweise, wie sie bis dahin beinahe nur in den Niederlanden geübt wurde. Jeder Faltenwurf der zahlreichen Einzelstudien zu diesem Werk (W. 448-65) offenbart einen bedeutsam ›sprechenden‹ Zug, wie umgekehrt aus jedem Apostelgesicht ein handwerkermäßig bürgerlicher, kauziger Ausdruck leuchtet; sogar Maria, die Himmelskönigin, war von diesem bürgerlich ›nahen‹ Wesen geprägt.

Das Neue in Dürers religiöser Kunst liegt primär im Formalen,

Albrecht Dürer: Die Madonna vor dem Mauerbogen (Kat. Nr. 588)

wozu aber auch die neue Auffassung vom Thema, vom Stoff gehört. Bereits ein verhältnismäßig frühes Werk wie der Paumgartner-Altar (Kat. Nr. 590) findet in der deutschen wie italienischen Malerei nichts entfernt Vergleichbares zu seiner Zeit. Hier schon wird angesichts der frei ponderierten Gestalten auf den Flügeln, der perspektivisch konstruierten Raumbühne, der Idylle der Geburtsszene sehr deutlich, worin Dürers Innovation vorzüglich besteht: in der spannungsreichen Kombination von rational meßbaren und von Gemütswerten, von Erhabenem und menschlich Alltäglichem, worin ebenso ein umfassendes vielgliedriges Gleichgewicht erstrebt wird wie in der Verschmelzung der deutschen Tradition mit italienischen Eindrücken.

Die Graphik bietet für Dürer nun die beste Möglichkeit, diese gegensätzlichen Komponenten, von allen Auftraggeberwünschen frei, miteinander in unterschiedlicher Rollenverteilung und Betonung ins Spiel zu bringen. So sehr das hohe Pathos von Apokalypse und Großer Passion sich vom Erzählton des Marienlebens abhebt, sind doch in beiden Darstellungsweisen das Hohe und das Niedrige, die Deklamation wie die beiläufige Rede, verbildlicht. Das Menschliche rückt in den Vordergrund. Zwar war die Vergegenwärtigung des Heilsgeschehens schon Ziel der vordürerischen Kunst; das Heilige wird auch von Wolgemut im damaligen Zeitgewand vorgestellt. Dürer aber hebt die Themen aus ihrer nur andeutend aktualisierenden, ansonsten noch zeichenhaften Bindung heraus, aktualisiert sie von ihrem Zentrum her; die Gestalten sind nicht mehr Figur, Zeichen ihrer selbst, sondern werden in konkret-lebendigen Wirkungszusammenhang gesetzt. Auch das Böse, das Verworfene wird in seiner Tragik verstanden. Sogar den Verdammten der Apokalypse verbleibt ein Abglanz von Gottesebenbildlichkeit. Dürer verzichtet bei Passionsszenen auf Häufung von einzelnen Roheitsakten und legt - darin im Einklang mit den Humanisten und später den Reformatoren - das Gewicht gleichsam auf die Innenseite des Geschehens. Der gegeißelte, der kreuztragende Christus behält männliche Gefaßtheit bei allen, nun doch ganz real geschilderten Leiden. Namentlich mit der Großen und der Kleinen Holzschnittpassion hat Dürer ein für Jahrhunderte gültiges Bild der Leidensgeschichte geschaffen.

Würde, ja religiöse Weihe erhält auch das triviale Leben, wie in der Geburt Mariä oder der Heiligen Familie im Hof des Marienlebens (Kat. Nr. 601). Die Heiligung des Alltags, wie sie ebenfalls dann von den Reformatoren gefordert wird, ist hier schon Wirklichkeit geworden. Sonderlich die Marien auf der Rasenbank, die Maria an der Mauer, in der Wohnstube, auf dem Stuhl, als Nürnberger Bürgersfrau eingekleidet, bezeugen dies.

Unter dem Einfluß einer literarisch gewonnenen Antikenvorstellung trägt Dürer danach Verlangen, bestimmte ideale Proportionen, die er jedem der Götter und Heroen zu eigen glaubte, in die christliche Bildwelt zu überführen. Christus, ›der der schönste aller welt ist‹, sollte die Maße Apollos erhalten, Maria zierlich wie Venus dargestellt werden. In Dürers Werk selbst verklärt sich dann aber doch die Gestalt des Erlösers ebenso wie die Marias nie zu vollkommen reiner Schönheit; menschlich sprechende, individuelle Züge gehen stets ausdeutend in die Idealvorstellung mit ein.

Dürers religiöses Schaffen äußert insgesamt ein Streben hin zum Einzelmenschen. Schon deswegen wird die Graphik als Mitteilung bevorzugt. Bereits vor dem Anbruch der Reformation ist hier ein merklicher Schritt weg von der Kirche und hin zu einer mehr privaten, vom persönlichen Nacherleben geformten, bürgerlichen Frömmigkeit zu sehen. Für Dürer kommt die Kunst von den ›öberen Eingießungen‹. Gott verleiht die rechte Anschauung von der natürlichen wie die Schau der imaginativen Welt. Alle Kunst, auch die profane Thematik, ist kraft dieser Inspiration Gott zugewandt. In seinen christlichen Themen wird der Künstler zum Verkünder der Heilsgeschichte, zum Prediger. In Visionen, die von der Apokalypse (Kat. Nr. 596) oder der Allerheiligentafel (Wien) vermittelt werden, geht das Bild weit über den Charakter einer Illustrierung oder Gedächtnissetzung hinaus und gewinnt die Hoheit der Offenbarung. Hier deutet sich eine in der abendländischen Kunst nur selten gekannte Höhe des Bildanspruchs und Erhabenheit der Bildvorstellung an. Dürer ist nicht allein Vergegenwärtiger christlicher Stoffe, ihr Verwandler zum Menschlich-Nahen hin; er ist kein Verfechter nur subjektiver Religiosität. Sein Schaffen umspannt, wie kaum ein anderes, die Pole des christlichen Bildes.

Karl-Adolf Knappe

587 MARIA ALS SCHMERZENSMUTTER
Albrecht Dürer

Das Dürermonogramm und die Jahreszahl 1515 von späterer Hand, 1935/36 bei Restaurierung entfernt, die zugleich Heiligennimbus, Schwertspitze und Ansatz zu muschelförmigem Nischenabschluß freilegte

Gemälde auf Nadelholz; 109 : 43,3 (oben um ca. 18 cm beschnitten)

Möglicherweise aus der Schloßkirche in Wittenberg, doch eher aus Weimar; 1803/04 Säkularisationsgut aus Kloster Benediktbeuren

München, Bayerische Staatsgemäldesammlungen (709)

Das ikonographische Motiv ist vom sog. Canticum Simeonis (Lukas 2, 31) hergeleitet, in welchem Siméon bei der Darbringung im Tempel zu Maria sagt: Und es wird ein Schwert durch deine Seele dringen, auf daß vieler Herzen Gedanken offenbar werden. E. Buchner ist der Nachweis zu danken, daß dies Bild ursprünglich das Herzstück einer größeren Tafel (188,5 : 136) war; zu dieser gehörten die Darstellungen der ›Sieben Schmerzen Mariä‹ (Dresden), die die Schmerzensmutter auf drei Seiten umgaben (von links oben nach rechts oben: 1. Beschneidung, 2. Flucht nach Ägypten, 3. Zwölfjähriger Jesus im Tempel, 4. Kreuztragung, 5. Kreuzanheftung, 6. Kreuzigung, 7. Beweinung; Montage bei E. Buchner, S. 250). Von sechs Szenen sind Nachzeichnungen der Cranachwerkstatt (2. Viertel 16. Jahrh.) mit dem Dürermonogramm in der Universitätsbibl. Erlangen erhalten; die Themen von gleichartigen Zeichnungen dort - Verkündigung, Geburt, Christus erscheint seiner Mutter, Pfingsten, Krönung Mariä - lassen auf ein Gegenstück bzw. eine Vorderseite mit den ›Sieben Freuden Mariä‹ schließen, in dessen

Zentrum eine ›Maria im Strahlenkranz‹ zu vermuten ist (für die Erlanger Kopien vgl. Bock, Erlangen, S.308-11). - Über die Schicksale der Münchner Maria vor 1803 ist nichts bekannt; die heute in Dresden befindlichen Tafeln kamen wohl 1588 aus dem Nachlaß L. Cranachs d. J. in das dortige Schloß (vgl. das von E. Buchner, S.254, publizierte Dokument im Sächs. Hauptstaatsarchiv [Xa Nr. 19]: 7 Stücke von Oelfarben uf Täfflein gemahlet aus der Paßion Christi, welche Albrecht Dürer... soll gemacht haben...). Mit dieser Nachricht wird zumindest fragwürdig die in der älteren Literatur behauptete Identität mit Darstellungen der Sieben Freuden und der Sieben Schmerzen Mariä, darunter einer ›Schmerzhaften Muttergottes‹, die sich nach Matthaeus Faber, der auf Balthasar Mentzius (1604) fußt, offenbar 1717 in der Schloßkirche zu Wittenberg befanden (wenngleich kaum als Emporenschmuck, wie C. Gurlitt [1895] und noch Ausst. GNM 1928, Nr. 103, annahmen) und durch Inschriften als Stiftung Friedrichs des Weisen von Sachsen und seines Bruders Johann des Beständigen ausgewiesen waren. Der ursprüngliche Standort, der von E. Buchner rekonstruierten Tafel bzw. Tafeln ist also nicht zweifelsfrei gesichert. K. Oettinger (mündl. Mitteilung) bringt mit dem gewöhnlich 1495-98 datierten Werk einen Passus der Haushaltsrechnung des Kurfürsten Friedrich des Weisen von 1496 in Verbindung, der bisher zumeist auf Dürers sog. Dresdner Altar (aus der Wittenberger Schloßkirche) oder das Porträt des Kurfürsten (Berlin) bezogen wurde, was wegen der hohen, hierbei genannten Vergütung unwahrscheinlich ist: 36 Schock an 100 gulden eym maler von Nürnberg für eine neue tafel, die meyn gt. her H. Frid[rich] zu machen bestellt hat. 1 Schock 3 groschen furlon von derselben tafel von Nürnberg gein Leiptzk. 1 Schock furlon von derselben tafel von Leiptzk gein Wymar (Rupprich 1, S.244/45). Folgt man dieser These, dann wäre die Tafel gar nicht für Wittenberg, sondern für Weimar bestimmt gewesen. Auch von dort könnte sie nachmals in Cranachs Besitz gekommen sein, da Cranach d. Ä. hier 1552/53 sein letztes Lebensjahr verbringt. Für die Gesamttafel existiert ein erster unvollständiger Entwurf Dürers (W. 150; Berlin). Die Eigenhändigkeit des ausgeführten Werkes ist jedoch sehr umstritten, wobei aber vor E. Buchner (1936) die Münchner Madonna überhaupt nicht diskutiert wurde. Vor einer endgültigen Stellungnahme muß die Publikation der anläßlich einer kürzlich durchgeführten Restaurierung der Dresdner Bilder ermittelten Ergebnisse abgewartet werden.

Literatur (zugleich für die Dresdner Tafeln): B. Mentzius: Syntagma epitaphiorum 1. Magdeburg 1604, S.57 - M. Faber: Kurzgefaßte historische Nachricht von der Schloß- und Akademischen Stiftskirche zu Aller-Heiligen in Wittenberg. Wittenberg 1717, S.239/40 - C. Gurlitt: Zur Lebensgeschichte Albrecht Dürers. In: Rep.f. Kunstwiss.18, 1895, S.112/13 - H.Thode: Albrecht Dürers Sieben Schmerzen der Maria. In: Jb. d. Preuß. Kunstslgn. 22, 1901, S.90-114 - R. Bruck: Friedrich der Weise als Förderer der Kunst. Straßburg 1903, S.153-56 - G. Pauli: Eine Naturstudie Albrecht Dürers. In: Zs. f. bild. Kunst NF 23, 1912, S.112-16 - Flechsig 1, S.83/84 - E. Buchner: Die Sieben Schmerzen Mariä. Eine Tafel aus der Werkstatt des jungen Dürer. In: Münchner Jb. NF 11, 1934/36, S.250-70 - Panofsky 1, S.39 - Musper, S.42, 48, 50 - F. Anzelewsky: Motiv und Exemplum im frühen Holzschnittwerk Dürers. Diss. Berlin 1955 (Masch.Schr.), S.146 - Winkler, Dürer 1957, S.83/84 - Ders.: Eine Pergamentmalerei von Dürer. In: Pantheon 18, 1960, S.12-16 - Katalog München, S.64-66 - G. Zampa-A. Ottino della Chiesa: L'opera completa di Dürer. Mailand 1968, Nr. 62 - Anzelewsky, Nr. 20.

588   DIE MADONNA VOR DEM MAUERBOGEN
Albrecht Dürer   *Abb.*

Gemälde auf Holz; Übermalungen 1970 entfernt; 47,8 : 36

Aus dem Kloster der Kapuzinerinnen in Bagnacavallo bei Ravenna

Mamiano bei Parma, Sammlung Magnani

Das von R. Longhi 1961 zusammen mit der sog. Alpenmadonna (Slg. Schäfer; H. Th. Musper, 1965, Abb. 7) in die Dürerliteratur eingeführte Bild war seit Gründung des Kapuzinerinnenkonvents von Bagnacavallo im Jahre 1774 dort nachweisbar. Frühere Aufbewahrungsorte sind unbekannt. Doch beweisen zwei Kopien, ein klassizistisches Gemälde und ein Stich von Marabini mit dem Titel ›Madonna del Patrocinio‹, daß man dem Werk Bedeutung beimaß. R. Longhis Zuschreibung wurde ebenso übernommen wie seine Datierung in die Zeit der zweiten italienischen Reise (1505-07). Obwohl der Kopf des Kindes einigen Kinderkopfstudien dieser Periode recht nahe kommt (bes. W. 393, 397; Paris) und Madonna wie Kind ein durchaus italienisches Volumen besitzen, ist das Bild insgesamt doch nicht mit den Kompositionen jener Jahre etwa der Berliner Madonna mit dem Zeisig zu vergleichen. Schon das Gewand der Muttergottes weist auf eine frühere Zeit. Soll das Werk, in dem gotische und italienische Züge im Widerstreit liegen, im Oeuvre Dürers Platz finden, so muß es bereits während des ersten Aufenthaltes in Venedig 1494/95 entstanden sein. Ein Knäblein (nach Lorenzo di Credi?) auf dem Florentiner Studienblatt (Kat. Nr. 186) ist mit dem Jesuskind verwandt. Neuerdings hat sich auch W. H. Köhler für die Frühdatierung des Bildes (Zeit der ersten italienischen Reise) ausgesprochen.

Literatur: R. Longhi: Una madonna del Dürer a Bagnacavallo. In: Paragone 139, 1961, S.3-9 - H. Th. Musper: Albrecht Dürer. Köln 1965, S.22, 98/99 - P. Strieder: Deutsche Malerei der Dürerzeit. Königstein i.Ts. 1966, S.18 - G. Zampa-A. Ottino della Chiesa: L'opera completa di Dürer. Mailand 1968, Nr. 121 - W. H. Köhler: Die Tafeln des Dominikus-Altares im Hessischen Landesmuseum in Darmstadt. In: Kunst in Hessen u. am Mittelrhein 10, 1970, S.44 - Anzelewsky, Nr. 16.

589   DIE BEWEINUNG CHRISTI
Werkstatt Albrecht Dürers

Die Wappentinkturen der Stifterfamilie im Vordergrund getilgt; ursprünglich nach Ausweis der Kopie in St. Sebald, Nürnberg: links das Wappen der Holzschuher und drei mit dem der Holzschuher verschränkte Wappen (Groland, Müntzer, Bühl), rechts das Wappen der Gruber. Die knienden Gestalten dürften demnach Karl Holzschuher (1423-80) und seine Ehefrau Gertraud Gruber sowie deren neun Söhne und drei Töchter sein; das späteste Heiratsdatum der anhand der Wappen identifizierbaren Schwiegertöchter ist 1498

Gemälde auf Tannenholz; 150 : 120

In die Holzschuherkapelle bei St. Johannis in Nürnberg gestiftet; nach 1580 nach St. Sebald überführt; später im Besitz der Familie Peller; 1816 von S. Boisserée aus dem Pellerhaus gekauft; 1828 mit der Wallerstein-Slg. von König Ludwig I. von Bayern erworben

Nürnberg, Germanisches Nationalmuseum (Gm 165; Wittelsbacher Ausgleichsfonds HG 231)

Albrecht Dürer: Die Geburt Christi vom Altar der Familie Paumgartner (Kat. Nr. 590)

Die Szene der Beweinung war zu Dürers Zeit Hauptthema bei Epitaphien; neben dem rememorativen Trostmotiv spielt die demonstrative Darbietung des toten Heilands auch im eucharistisch-sakramentalen Sinn eine Rolle. - Die Eigenhändigkeit Dürers des wohl um 1498/99 entstandenen Bildes ist nicht unbestritten, so sehr seine Komposition, für die ein allerdings ebenfalls nicht einhellig anerkannter Entwurf (W.193; München) existiert, zwischen der Beweinung der Großen Passion (Kat. Nr. 597[10]) und der gewiß eigenhändigen Glimmschen Beweinung (um 1500; München; aus der Nürnberger Dominikanerkirche) verankert ist. Doch erscheint eine Beteiligung der Werkstatt, die von den meisten Forschern angenommen wird, wahrscheinlicher. Röntgenaufnahmen, die 1969 angefertigt wurden, führten zu keinem anderen Ergebnis.

Literatur: E. Schilling: Eine neue Zeichnung Dürers. In: Jb. d. Preuß. Kunstslgn. 41, 1920, S. 25-31 - Flechsig 1, S. 375 - Lutze-Wiegand, GNM, S. 50/51 - Panofsky 1, S. 61/62 - Musper, S. 66, 68 - Winkler, Dürer 1957, S. 84/85 - G. Zampa-A. Ottino della Chiesa: L'opera completa di Dürer. Mailand 1968, Nr. 70 - Anzelewsky, Nr. 55.

590 DER ALTAR DER FAMILIE PAUMGARTNER

Albrecht Dürer   *F. nach S. 320 und Abb.*

1 Mitteltafel: Die Geburt Christi; im Hintergrund die Verkündigung an die Hirten
Auf dem Holzpfosten in der Mitte das Monogramm des Künstlers. Vorn zu beiden Seiten die Stifterfamilie mit ihren Wappen: links Martin Paumgartner (1436-78) mit seinen Söhnen Lukas und Stephan; der alte bärtige Mann am linken Rand mit dem Löwenwappen wohl Hans Schönbach, der zweite Mann der Witwe Martin Paumgartners; rechts die Ehefrau Martin Paumgartners, Barbara Volckamer (gest. 1494), mit ihren Töchtern Maria und Barbara verehelichten Reich
Gemälde auf Lindenholz; 155 : 126

2 Linker Flügel. Innenseite: Der Hl. Georg (Porträt Stephan Paumgartners?)
Außenseite: Maria der Verkündigung (Grisaille)
Rechts unten das Wappen der Paumgartner
Gemälde auf Lindenholz; 157 : 61

3 Rechter Flügel. Innenseite: Der Hl. Eustachius (Porträt Lukas Paumgartners?)
Außenseite: heute ohne Malerei; ehem. mit Verkündigungsengel
Gemälde auf Lindenholz; 157 : 61
Aus St. Katharina in Nürnberg 1613 von Herzog Maximilian I. von Bayern erworben

München, Bayerische Staatsgemäldesammlungen (706, 701, 702)

Der Altar wurde einer von H. Braune publizierten chronikalischen Nachricht aus dem 17. Jahrh. zufolge 1498 gemalt: ›Hernach Ao 1498 sind von A. D. . . . Stephan Baumgärtner samt seinen Bruder Lukas, an dieses Altars Tafel, einer in dem Bildnis S. Georgii, der ander S. Eustachii contrafaicet worden‹ (die Brüder werden danach auch auf dem Holzschnitt mit dem Männerbad [Kat. Nr. 462] identifiziert). Der Altar stand bis 1613 an der Ostwand des südlichen Seitenschiffes der Nürnberger Dominikanerinnenkirche St. Katharina. Zum Altar gehörten nach C. G. v. Murr noch eine verschollene Staffel mit ›uralten Gemälden‹,

innen ›die Beschenkung der Weisen und das Absterben der Hl. Anna‹; außen ›Christus erscheinet Magdalenen im Garten . . .‹ und ›Die Mutter Gottes lieget in Betrübnis versenket über dem Leichname Jesu, zwischen Augustin und St. Sebald‹; ferner waren, wohl als Standflügel, am Altar die Hll. Katharina und Barbara zu sehen, die heute zumeist mit den in der Stadtpfarrkirche in Schwabach befindlichen, Baldung zugeschriebenen Tafeln gleichgesetzt werden. Die erhaltene Verkündigungsmaria der linken Flügelaußenseite und die Kopie des zugehörigen Engels (ehem. Slg. Klinkosch, jetzt New York, Privatbesitz; Oettinger-Knappe, Abb. 148 a, b) weisen jedoch weder auf Baldung noch auf Dürer selbst hin. - Die merkliche kompositionelle Diskrepanz zwischen Mitteltafel und Flügeln führte teilweise zur Annahme eines zeitlichen Abstandes, was zweifellos viel für sich hätte. Die Flügel sind, der apokryphen Quellennachricht halbwegs entsprechend, tatsächlich schon um 1498-1500 zu datieren (und waren ursprünglich vielleicht sogar für einen geschnitzten Schrein bestimmt, der nicht zustande kam), während die Geburt Christi stilistisch nicht vor 1501/02 und nach 1504 (Kupferstich des gleichen Themas, Kat. Nr. 600) entstanden sein kann. D. Kuhrmann sieht in einem Schnörkel auf Josephs Laterne eine 2 und kommt so auf 1502. Das Gesamtkompositionsschema (szenische Mitte, stehende Heilige auf den Flügeln) ist mit E. Panofskys Hinweis auf die Niederlande (z. B. Hugo van der Goes' Portinarialtar) kaum voll zu erklären. Für die als Heilige verkleideten Stephan und Lukas Paumgartner erscheint die Weihnachtsgeschichte gleichsam selbst als Bild, perspektivisch in die Tiefe gerückt (man wird sich wohl die Flügel halbschräg gestellt denken müssen). Auf den Symbolbezug der Sonne zur ›Sonne der Gerechtigkeit‹ (sol iustitiae), die in Christus aufgegangen ist, und der Josephslaterne zum materiellen Glanz (splendor materialis), der vom ›göttlichen Glanz‹ (splendor divinus) überstrahlt wird, hat E. Panofsky hingewiesen.

Literatur: C. G. v. Murr: Beschreibung der vornehmsten Merkwürdigkeiten in des H. R. Reichs freyen Stadt Nürnberg. Nürnberg 1778, S. 291/92 - W. Fries: Kirche und Kloster zu St. Katharinen in Nürnberg. In: Mitt. d. Ver. f. Gesch. d. Stadt Nürnberg 25, 1924, S. 103/04 - Wölfflin, S. 159-61 - Flechsig 1, S. 388-92 - Ausst. GNM 1928, Nr. 53 - W. H. v. Schmelzing: Die unbekannte Stifterfigur des Dürerschen Paumgartner-Altars. In: Münchner Jb. NF 12, 1937/38, Anh. S. I-VI - Panofsky 1, S. 91/92 - Buchner, S. 153/54 Nr. 174/75 - Musper, S. 60, 82 - Winkler, Dürer 1957, S. 164, 168/69 - Meister um Albrecht Dürer. Ausst. Nürnberg 1961, S. 13, 21/22, 24, 47 - Katalog München, S. 72-75 - K. Oettinger-K. A. Knappe: Hans Baldung Grien und Albrecht Dürer in Nürnberg. Nürnberg 1963, S. 3/4, 55/56, 82, 97, 99, 118/19 - D. Kuhrmann: Über das Verhältnis von Vorzeichnung und ausgeführtem Werk bei Albrecht Dürer. Diss. Berlin 1964, S. 105-10 - G. Zampa-A. Ottino della Chiesa: L'opera completa di Dürer. Mailand 1968, Nr. 104 - Anzelewsky, Nr. 50-54 K.

591 DIE MUTTERGOTTES MIT DER NELKE

Albrecht Dürer   *F. nach S. 192*

Rechts oben in Rankenkartusche das Monogramm des Künstlers, darüber die Jahreszahl 1516

Gemälde auf Pergament über Nadelholz; 39 : 29

Um 1630 in Besitz des Kurfürsten Maximilian I. von Bayern, 1802 aus dem Fürstbischöfl. Palais in Freising

München, Bayerische Staatsgemäldesammlungen (4772)

Wie Kat. Nr. 588 eines der ursprünglich gewiß zahlreicheren kleinen Marienbilder Dürers, die der privaten Andacht dienten. Ebenmäßigkeit und Glätte der Gesichtszüge zeigen, daß das frontale, nur leicht aus der Bildmittelachse gerückte Marienantlitz Proportionsstudien voraussetzt. L. Justi hat hierin eine Beziehung zu vitruvianischen Regeln gesehen. Bei allem Formalismus schlägt der religiöse Bildcharakter, der etwa bei den Wiener Madonnen von 1503 und 1512 hinter einer rein diesseitigen Auffassung, Vergegenwärtigung irdischen Mutterglücks, zurückgetreten war, hier in Maßbetontheit und hieratischer Frontalität wieder stärker durch. - Die rote Nelke, die Maria dem Kind reicht, ist ein Passionssymbol; ihre Blätter und Frucht haben Nagelform und deuten damit auf Christi Kreuzestod hin.

Literatur: Justi, S. 42-45 - Th. Hetzer: Dürers Bildhoheit. Frankfurt/M. 1939, S. 114/15 - Musper, S. 224 - Winkler, Dürer 1957, S. 261 - Katalog München, S. 78 - G. Zampa-A. Ottino della Chiesa: L'opera completa di Dürer. Mailand 1968, Nr. 146 - Anzelewsky, Nr. 130.

Albrecht Dürer:
Maria mit dem Kind in einer Nische (Kat. Nr. 592)

592 MARIA MIT DEM KIND IN EINER NISCHE
Albrecht Dürer   *Abb.*

Pinselzeichnung in Braun; 21,7 : 17,2

Aus Slg. Wallraf

Köln, Wallraf-Richartz-Museum (Z 130)

Die Kölner Muttergottes ist eine der wenigen ganz mit dem Pinsel ausgeführten Figurenskizzen Dürers, wahrscheinlich ein Gemäldeentwurf, ohne daß hier schon ein erster Gedanke zur Halbfigurenmadonna des Dresdner Triptychons vorläge. Ein wohl direkt und nicht nur durch Schongauer (vgl. z. B. Kat. Nr. 123) vermitteltes niederländisches Bildmotiv geht in dem Blatt mit italienischen Formreminiszenzen eine Verbindung ein, wobei sich der südliche Einschlag vor allem in der starken Betonung des Körperhaft-Plastischen, aber konkret auch im hochgegürtet venezianischen Kostüm zu erkennen gibt. Die Ableitung von plastischen Vorbildern des Nordens, wie Niclaus Gerhaerts Madonna des Busangepitaphs im Straßburger Münster von 1464, die E. Panofsky vorschlug, erscheint allein nicht ausreichend; die Zeichnung wäre daher eher 1495/96, nach der ersten Italienreise, als 1494 zu datieren. Der Kopftypus Mariens hat kein italienisches, sondern eher niederländisches Gepräge, das an Hugo van der Goes erinnert. - Das Bildmotiv ist nicht nur genrehaft zu verstehen, sondern hat Symbolbezug: Die Muttergottes zeigt in einem Fenster - gleichsam der Schwelle zwischen dem Jenseits und dem Diesseits - Christus als das geoffenbarte Wort Gottes; das Kind öffnet das Buch des Evangeliums.

Literatur: F. Secker: Eine unbekannte Dürerzeichnung im Kölner Kabinett. In: Zs. f. bild. Kunst 59, 1925/26, S. 161 - Flechsig 2, S. 414/15 - Panofsky 1, S. 25 - Musper, S. 216 - Winkler, Dürer 1957, S. 76 - F. Winzinger: Studien zur Kunst Albrecht Dürers. In: Jb. d. Berliner Museen 10, 1968, S. 161/62.

593 DIE HEILIGE FAMILIE MIT DEN HASEN
Albrecht Dürer

Unten Mitte das Monogramm des Künstlers

Holzschnitt; 39 : 28

Nürnberg, Germanisches Nationalmuseum (H 7313)

Das um 1496/97 entstandene Blatt verbindet motivische Einzelheiten aus Schongauers Stichen mit Einflüssen des Hausbuchmeisters. Die stark plastische Wirkung ist dagegen ohne Mantegna nicht zu denken. Es geht dem Künstler darum, das Heilige in der Welt zwar niedrig - Maria auf der Rasenbank -, aber durch himmlische Mächte - die Putten mit der Krone - sichtbar ausgezeichnet erscheinen zu lassen. Die drei Hasen vorn sind zugleich Trinitäts- und Fruchtbarkeitssymbol.

Literatur: Flechsig 1, S. 270 - Winkler, Dürer 1957, S. 100 - Knappe, S. 10/11.

594 DIE MADONNA MIT DER MEERKATZE
Albrecht Dürer

Unten Mitte das Monogramm des Künstlers

Kupferstich; 19,1 : 12,2 (Bl. 19,7 : 12,7)

Aus den Slgn. Theobald und Jancsy

Schweinfurt, Sammlung Otto Schäfer (D-30)

Der um 1498 geschaffene Stich ist mehr noch als der wohl vorangegangene, etwas zerklüftete Holzschnitt der Hl. Familie mit den Hasen (Kat. Nr. 593) Ausdruck einer harmonischen Synthese aus altdeutscher und italienischer Tradition. Für das Nürnberger Weiherhaus im Hintergrund hat Dürer eine Aquarellstudie verwendet (W. 115; London). Für die Maria sind u. a. Anregungen aus dem Umkreis Verrocchios und Leonardos maßgebend, etwa von der Art der Madonna des Lorenzo di Credi im Dom von Pistoia (W. Weisbach, Abb. S. 59). Auch Typen wie die thronende Madonna von Gregorio Schiavone in Paris (Louvre; Tietze, Dürer 1, Abb. S. 320) sind für diesen Kupferstich wichtig. Eine Vorstufe in Dürers eigenem Werk bildet die Kölner Muttergottes in einer Nische (Kat. Nr. 592). Die Meerkatze, hier Symbol des gebundenen Bösen, geht auf die gleiche Vorstudie Dürers zurück, die auch für ›Christus und die Schriftgelehrten‹ (Dresden) des ehem. Altars der ›Sieben Schmerzen Mariä‹ verwendet wurde.

Literatur: Heidrich, Marienbild, S. 59 - W. Weisbach: Der junge Dürer. Leipzig 1906, S. 59 - Wölfflin, S. 115 - Flechsig 1, S. 215/16 - Panofsky 1, S. 67, 82 - Winkler, Dürer 1957, S. 97 - Knappe, S. 11.

595   VIER HOLZSCHNITTE ZUR APOKALYPSE

Einzelblätter aus: Biblia, deutsch. Nürnberg: Anton Koberger, 17.2.1483. 2°

1 Die Marter des Evangelisten Johannes/Johannes auf Patmos/ Johannes und die sieben Leuchter
  Holzschnitt; 11,8 : 19,2

2 Die vier apokalyptischen Reiter
  Holzschnitt; 11,8 : 18,4

3 Der Engel mit den Säulenfüßen
  Holzschnitt; 11,6 : 19

4 Das Apokalyptische Weib
  Holzschnitt; 12 : 18,8

München, Staatliche Graphische Sammlung (aus: 212865 ff.)

Die Bilddruckstöcke wurden von Anton Koberger von der Kölner Bibel übernommen, die gegen 1478 bei Bartholomäus von Unkel (oder, wie früher angenommen, bei Heinrich Quentell) erschienen war. Sie dienten Dürer als Exemplum für seine Apokalypse.

Literatur: Schramm 8, Abb. 464/65, 469/70 - H. Reitz: Die Illustrationen der ›Kölner Bibel‹. Düsseldorf 1959 - F. Juraschek: Das Rätsel in Dürers Gottesschau. Salzburg 1955, S. 15 - L. Grote: Albrecht Dürer. Die Apokalypse. München 1970, S. 4.

596   DIE APOKALYPSE

Albrecht Dürer

Urausgabe von 1498 mit lateinischem Text

1 Titelblatt: Apocalypsis cum figuris
  Holzschnitt; 18,5 : 18

2 Die Marter des Evangelisten Johannes
  Unten Mitte das Monogramm des Künstlers
  Holzschnitt; 39,2 : 28,3

3 Johannes erblickt die sieben Leuchter
  Unten halblinks das Monogramm des Künstlers
  Holzschnitt; 39,5 : 28,4

4 Johannes erhält die Weisung gen Himmel
  Unten Mitte das Monogramm des Künstlers
  Holzschnitt; 39,3 : 28,1

5 Die vier Reiter
  Unten Mitte das Monogramm des Künstlers
  Holzschnitt; 39,4 : 28,1

6 Die Eröffnung des sechsten Siegels
  Unten Mitte das Monogramm des Künstlers
  Holzschnitt; 39,4 : 28,3

7 Die vier Engel, die Winde aufhaltend
  Unten Mitte das Monogramm des Künstlers
  Holzschnitt; 39,5 : 28,2

8 Die sieben Posaunenengel
  Unten Mitte das Monogramm des Künstlers; vom Schnabel des Vogels über dem Wasser ausgehend der Ruf: we ve ve
  Holzschnitt; 39,3 : 28,1

9 Der Engelkampf
  Unten Mitte das Monogramm des Künstlers
  Holzschnitt; 39,4 : 28,3

10 Der Evangelist Johannes, das Buch verschlingend   *Abb.*
  Unten Mitte das Monogramm des Künstlers
  Holzschnitt; 39,1 : 28,4

11 Das Sonnenweib und der siebenköpfige Drache
  Unten Mitte das Monogramm des Künstlers
  Holzschnitt; 39,2 : 27,9

12 Der Kampf Michaels mit dem Drachen
  Unten Mitte das Monogramm des Künstlers
  Holzschnitt; 39,4 : 28,3

13 Das Tier mit den Lammshörnern
  Unten Mitte das Monogramm des Künstlers
  Holzschnitt; 39,1 : 28,1

14 Der Lobgesang der Auserwählten im Himmel
  Unten Mitte das Monogramm des Künstlers
  Holzschnitt; 39,2 : 28,2

15 Die babylonische Buhlerin
  Unten Mitte das Monogramm des Künstlers
  Holzschnitt; 39,2 : 28,2

16 Der Engel mit dem Schlüssel zum Abgrund   *Abb.*
  Unten Mitte das Monogramm des Künstlers
  Holzschnitt; 39,3 : 28,3
  Aus der M. Kade-Foundation

  München, Staatliche Graphische Sammlung
  (1964:432-447 D)

17 Die Jungfrau erscheint Johannes
  Titelblatt der Ausgabe von 1511
  Holzschnitt; Wz.: Turm mit Krone und Blume (Meder 259);
  18,5 : 18,3

→

Albrecht Dürer: Kopf der Muttergottes von der Geburt Christi des Altars der Familie Paumgartner
(Kat. Nr. 590)

Aus den Slgn. Hausmann und Blasius
Nürnberg, Germanisches Nationalmuseum (H 7690; Depositum Frau Irmgard Petersen, geb. Blasius)

Die Holzschnittfolge erschien mit dem zugehörigen, neben die Bildseiten gedruckten Text 1498 gleichzeitig in einer deutschen Ausgabe ›Die heimliche offenbarung ioh(a)nnis‹ und einer lateinischen ›Apocalipsis cum figuris‹ in Dürers eigenem Verlag. 1511 erfolgte eine lateinische Neuauflage, in der das bisher ein typographisch gestaltete Titelblatt durch einen eigens dafür geschaffenen Holzschnitt (17) bereichert wurde. Die fünfzehn Holzschnitte sind zwischen 1497 und 1498 entstanden. Die breite mittelalterliche ikonographische Tradition für die Apokalypse haben im Hinblick auf Dürers Zyklus namentlich C. Schellenberg, W. Neuß, H. F. Schmidt, F. Juraschek und R. Chadraba aufgezeigt. Wichtig im 15. Jahrh. sind dabei die weit verbreiteten, von den Niederlanden ausgehenden Blockbuch-Apokalypsen. Dürer benutzt u. a. neben den Illustrationen der 1485 bei Johann Grüninger in Straßburg erschienenen Bibel vor allem die der Koberger-Bibel (Kat. Nr. 595), die die Druckstöcke der gegen 1478 herausgegebenen Kölner Bibel wiederverwendet. Er erweckt die dort gegebenen graphischen Zeichen zum Leben, versinnlicht die Vorgänge, erfüllt sie mit körperlicher Dynamik und erhebt sie gleichsam zu Visionen zweiten Grades. Das gotische Erbe und die italienische Renaissance gehen hier eine erste Verbindung ein. - Die Beziehung des Werkes zur Situation seiner Zeit ist evident. Die spätmittelalterliche Welt war von Untergangsangst geschüttelt; religiöse Not und soziale Spannungen umdüsterten das Lebensgefühl. Die zeitkritische Tendenz von Dürers Zyklus ist allenthalben zu fühlen, so, wenn der Kaiser des Martyriumsblattes (2) als Türkensultan auftritt oder der Luxus Venedigs im Bild der babylonischen Buhlerin - nach einer Trachtenstudie des ersten Italienaufenthaltes - gegeißelt wird. Doch ist das Werk schwerlich als sozialrevolutionäres Manifest auszulegen, wie R. Chadraba versucht hat. Die Hinweise auf das 1476 verbrannte Pfeiferhänsle von Niklashausen (vgl. Kat. Nr. 430) bleiben wie vieles andere blanke Mutmaßungen. Daß sich Papst, Bischöfe und Mönche unter den Sündenopfern befinden, spielt einen schon im hohen Mittelalter nur zu geläufigen Topos aus, der hier übrigens auch Kaiser und Kaiserin und das ganze Volk umgreift, womit nur die auch in einer ständisch-hierarchisch geordneten Gesellschaft letztlich bestehende Gleichheit aller - vor Gottes Richterstuhl - bezeugt wird. Eher spiegeln sich bürgerlich-humanistische Reformgedanken in Dürers Apokalypse. In diesem Zusammenhang gewinnt R. Chadrabas Deutung des ›Starken Engels‹ des zentralen Blattes mit Johannes und dem Engel auf Säulenfüßen (10) als Anspielung zugleich auf Apollo (Sonnenhaupt, Delphin, Schwan), wie - gemäß chiliastischen Exegeten - auf den endzeitlichen Monarchen Gewicht; doch ist der dritte, von R. Chadraba angeführte Bezug auf Kaiser Maximilian als dem Herrscher der Endzeit, der das in der Bundeslade symbolisierte Gottesgesetz zu Wasser und zu Land verwirklichen soll, mangels überzeugender Porträtähnlichkeit unbeweisbar, wiewohl Gedanken dieser Art der Zeit nicht fremd waren. So wenig F. Jurascheks und namentlich K. Stejskals Versuche, aus den Kompositionen kosmologisch-astrale Motive herauszulesen, im einzelnen überzeugen, ist doch damit ein beachtenswerter Gesichtspunkt eröffnet. Die theologische Interpretation wurde von F. Juraschek besonders weit geführt; die zyklische ›Architektonik‹, die Bildordnung, tritt dabei recht klar heraus; doch ist vor allem der Hinweis auf eine Vaterunser-Predigt des Nikolaus von Cues als Bildquelle nicht nachzuvollziehen. F. Juraschek vermutet in Dr. Johann Pirckheimer, dem Vater Willibalds, den Programmgestalter des Zyklus. Doch ist sehr wohl möglich, daß Dürer selbst, unterstützt von humanistischen Freunden, die Grundgedanken zu seinem ersten großen graphischen Zyklus beisteuerte. Dürer verzichtet auf alle Betonung der Endzeit, des Jüngsten Gerichts. Das letzte Blatt (16) zeigt neben der Verschließung des Satans den Blick auf eine wohlgeordnete irdische Welt. Nicht das himmlische Jerusalem als Vision, sondern eine reale, spätmittelalterliche Stadt erscheint Johannes. Auch darin gibt sich ein bürgerlicher Aspekt zu erkennen.

Literatur: M. Dvorak: Dürers Apokalypse. In: Kunstgeschichte als Geistesgeschichte. München 1924, S. 193-202 - H. Kauffmann: Dürers rhythmische Kunst. Leipzig 1924 - Wölfflin, S. 62-77 - Flechsig 1, S. 272-77 - A. L. Romdahl: Dürer und die Apokalypse. In: Albrecht Dürer-Festschrift. Hrsg. v. G. Biermann. Leipzig-Berlin 1928, S. 15-28 - F. Stadler: Dürers Apokalypse und ihr Umkreis. München 1929 - F. W. Neuß: Die ikonographischen Wurzeln von Dürers Apokalypse. In: Volkstum und Kulturpolitik. Festschrift für Georg Schreiber. Köln 1932, S. 185-97 - W. Waetzoldt: Dürer und seine Zeit. Wien 1935, bes. S. 53-55 - L. H. Heydenreich: Der Apokalypsenzyklus im Athosgebiet und seine Beziehungen zur deutschen Bibelillustration. In: Zs. f. Kunstgesch. 8, 1939, S. 1-40 - H. F. Schmidt: Dürers Apokalypse und die Straßburger Bibel von 1485. In: Zs. d. dt. Ver. f. Kunstwiss. 6, 1939, S. 261-66 - Panofsky 1, bes. S. 51-59 - Musper, S. 87-104 - E. Marx: Die Herkunft von einigen Bildmotiven in Dürers Apokalypse. In: Festschrift für Edwin Redslob. Berlin 1955, S. 301-10 - F. Juraschek: Das Rätsel in Dürers Gottesschau. Die Holzschnittapokalypse und Nicolaus von Cues. Salzburg 1955 - K. Arndt: Dürers Apokalypse. Diss. Göttingen 1956 (Masch. Schr.) - Winkler, Dürer 1957, S. 101-114 - A. Leinz-v. Dessauer: Savonarola und Albrecht Dürer. München 1961, S. 22-24 - R. Chadraba: Dürers Apokalypse. Prag 1964 - G. Kauffmann: Albrecht Dürer. In: Meilensteine europäischer Kunst. München 1965, S. 261/62 - Knappe, S. 13-17 - K. Stejskal: Novy vyklad Dürerovy Apokalypsy. In: Umeni 14, 1966, S. 1-59 - H. Brög: Semiotische und numerische Analyse zweier Holzschnitte von Albrecht Dürer [Johannes, die sieben Leuchter erblickend; Johannes erhält Weisung gen Himmel]. Diss. Stuttgart 1968 - W. Dettmann: Die Vorlage Albrecht Dürers für einen Holzschnitt über das 12. Kapitel der Apokalypse. Memmingen 1968 - L. Grote: Albrecht Dürer. Die Apokalypse. München 1970.

597 DIE GROSSE PASSION
Albrecht Dürer

Vor der Buchausgabe (1511); ohne Text

1 Titelblatt: Der Schmerzensmann
Holzschnitt; 19,8 : 19,5
München, Staatliche Graphische Sammlung (13942)

2 Das Abendmahl
Unten Mitte das Monogramm des Künstlers, am Fuß des Tisches die Jahreszahl 1510
Holzschnitt; 39,6 : 28,5
Amsterdam, Rijksprentenkabinet (OB 1294)

3 Christus am Ölberg
Unten Mitte das Monogramm des Künstlers
Holzschnitt; 39,2 : 27,7
Amsterdam, Rijksprentenkabinet (OB 1296)

Albrecht Dürer: Der Engel mit dem Schlüssel zum Abgrund (Kat. Nr. 596[16])

Albrecht Dürer: Der Evangelist Johannes, das Buch verschlingend (Kat. Nr. 596[10])

4 Die Gefangennahme Christi   *Abb.*
Unten halblinks das Monogramm des Künstlers,
oben die Jahreszahl 1510
Holzschnitt; 39,7 : 27,9
Amsterdam, Rijksprentenkabinet (OB 1299)

5 Die Geißelung Christi
Unten Mitte das Monogramm des Künstlers
Holzschnitt; 38,2 : 27,8 (Bl. 38,7 : 27,6)
Aus den Slgn. Gawet, Klewer und Mannheimer
Schweinfurt, Sammlung Otto Schäfer (D-117 a)

6 Die Schaustellung Christi
Unten Mitte das Monogramm des Künstlers
Holzschnitt; 39,2 : 28,4
Amsterdam, Rijksprentenkabinet (OB 1304)

7 Die Kreuztragung Christi   *Abb.*
Unten Mitte das Monogramm des Künstlers
Holzschnitt; 38,4 : 28,3 (Bl. 38,8 : 28)
Schweinfurt, Sammlung Otto Schäfer (D-119 a)

8 Christus am Kreuz
Unten Mitte das Monogramm des Künstlers
Holzschnitt; 39 : 27,9
Amsterdam, Rijksprentenkabinet (OB 1308)

9 Christus in der Vorhölle   *Abb.*
Unten halbrechts auf einem Stein das Monogramm des Künstlers, über der Höllenpforte die Jahreszahl 1510
Holzschnitt; 39,6 : 28,4
Amsterdam, Rijksprentenkabinet (OB 1315)

10 Die Beweinung Christi
Unten Mitte das Monogramm des Künstlers
Holzschnitt; 39,4 : 28,5
Amsterdam, Rijksprentenkabinet (OB 1310)

11 Die Grablegung Christi
Unten Mitte das Monogramm des Künstlers
Holzschnitt; 38,4 : 27,8
Amsterdam, Rijksprentenkabinet (OB 1312)

12 Die Auferstehung Christi
Unten halbrechts das Monogramm des Künstlers, am Sarkophagdeckel die Jahreszahl 1510
Holzschnitt; 38,9 : 27,6
Wie 2-4, 6, 8-11 aus Slg. Baron van Leyden
Amsterdam, Rijksprentenkabinet (OB 1317)

Die undatierten Schnitte dieser Folge (3, 5-8, 10/11) wurden zwischen 1496 und 1499 geschaffen. 1510 ergänzte Dürer die Serie durch vier Szenen (2, 4, 9, 12) und gab sie 1511 samt einem Titelblatt (1) mit einer lateinischen Dichtung von Benedictus Chelidonius als Buch heraus (Kat. Nr. 375). In altgebundenen Exemplaren ist die Reihenfolge: Kreuzigung, Vorhölle, Beweinung. Nach dem konventionellen Versuch in der sog. Albertina-Passion und in zwei stark italienisierenden Blättern einer Kreuzigung (Kat. Nr. 187) und einer Beweinung setzte der Meister mit der Großen Passion eine verinnerlichte, menschlich nahe und zugleich erhabene Vorstellung der Leidensgeschichte anstelle von spätgotischem Formenspiel oder naturalistischer Roheitshäufung. Trotzdem ist Dürers Werk vor allem der Kupferstichpassion Martin Schongauers (um 1480) zutiefst verpflichtet. E. Panofsky zeigte, daß Dürer das Motiv des unter dem Kreuz zusammenbrechenden Christus (7) dem sterbenden Orpheus seiner Zeichnung von 1494 (Kat. Nr. 506) entnahm. Diesem allerdings wörtlichen Zitat könnte hier auch thematische Bedeutung zukommen, hatten doch gerade die Humanisten den altchristlichen Bezug von Orpheus und Christus wieder aufgegriffen. Dem Auferstandenen (12) gibt Dürer 1510 apollinisches Gepräge, entsprechend der Forderung im Entwurf zum ›Lehrbuch der Malerei‹: Dan zw gleicher weis, wy sy [die Alten] dy schönsten gestalt eines menschen haben zw gemessen jrem abgot Abblo, also wollen wyr dy selb mos prawchen zw Crysto dem herren, der der schönste aller welt ist (Rupprich 1, S. 104).

Literatur: Wölfflin, S. 81-93 - Flechsig 1, S. 277-80 - W. Waetzoldt: Dürer und seine Zeit. Wien 1935, bes. S. 147/48 - R. Moering: Dürers große Zyklen der Leidensgeschichte in ihrem Verhältnis zur Passionsdarstellung der deutschen Spätgotik. Diss. Tübingen 1947 (Masch. Schr.) - Panofsky 1, bes. S. 59 bis 61 - G. Weise: Dürer und die Ideale der Humanisten. Tübingen 1953, passim - E. Plüss: Dürers Darstellungen Christi am Ölberg. Diss. Zürich 1954, S. 9-12 - Winkler, Dürer 1957, bes. S. 114-17 - Knappe, S. 17/18, 24 - C. Gould: On Dürer's graphic and Italian painting. In: Gaz. des Beaux-Arts VI 112, 1970, S. 109/10, 112, 115/16.

598   DIE HL. ANNA SELBDRITT
Albrecht Dürer

Oben halbrechts das Monogramm des Künstlers, davor die Jahreszahl 1514 (von der Hand Hans von Kulmbachs?)

Federzeichnung in Schwarz und Braun, aquarelliert; Wz.: Dreizack mit Ring rechts unten; 24,7 : 19,4

Aus Slg. Mitchell

Nürnberg, Germanisches Nationalmuseum (St. Nbg. 12588; Leihgabe der Stadt Nürnberg)

Das außerordentlich feinlinige, zartfarbige Blatt, mit dem Dürer dem gerade in den letzten Jahrzehnten vor der Reformation aufblühenden Annenkult Tribut zollt, ist eine bildmäßige Reinzeichnung ohne erkennbaren Entwurfscharakter - etwa, wie F. Winkler annimmt, als Glasgemäldevorlage; erst 1518 wurde sie im Holzschnitt von Hans Springinklee kopiert (Meister um Albrecht Dürer. Ausst. Nürnberg 1961, Nr. 344). Die Zeichnung steht in enger stilistischer Beziehung zu einer Reihe von Blättern um 1500-02, den Trachtenstudien (bes. W. 224-26; Wien) oder der Budapester Anna Selbdritt (Kat. Nr. 727). Die Zweifel an der Autorschaft Dürers erscheinen daher unbegründet.

Literatur: Flechsig 2, S. 93 - Oehler, S. 157/58 - Winkler, Dürer 1957, S. 120, 167 - Zink, GNM, Nr. 70; Rezens. v. F. Winzinger in: Kunstchronik 23, 1970, S. 80 - L. Grote: Albrecht Dürers Anna Selbdritt, ein Auftrag Linhart Tuchers. In: Anz. d. German. Nationalmus. 1969, S. 79/80.

599   DIE SÄUGENDE MARIA
Albrecht Dürer

Unten auf dem Stein das Monogramm des Künstlers; auf Täfelchen an einem Zweig die Jahreszahl 1503

Kupferstich; 11,4 : 7,1 (Bl. 11,9 : 7,5)

Schweinfurt, Sammlung Otto Schäfer (D-31)

Albrecht Dürer: Die Gefangennahme Christi (Kat. Nr. 597 [4])

Albrecht Dürer: Die Kreuztragung Christi (Kat. Nr. 597[7])

Albrecht Dürer: Christus in der Vorhölle (Kat. Nr. 597[9])

Albrecht Dürer: Die Flucht nach Ägypten (Kat. Nr. 601 [14])

Der Stich steht in Zusammenhang mit einer ganzen Reihe von Marienzeichnungen, die Dürer seit etwa 1500 als Einleitung und parallel zum Marienleben schuf (Kat. Nr. 601). Doch ist auch die Zeichnung in London von 1503 (W. 190) keine unmittelbare Vorarbeit für den Stich. In all diesen Werken ist das Heilige ganz in irdische Alltäglichkeit eingekleidet.

Literatur: Flechsig 1, S. 449/50 - Musper, S. 140, 216/17, 222 - Winkler, Dürer 1957, S. 162/63 - K. Oettinger-K.-A. Knappe: Hans Baldung Grien und Albrecht Dürer in Nürnberg. Nürnberg 1963, S. 3, 5, 21, 93, 97.

600   DIE GEBURT CHRISTI
Albrecht Dürer

Oben am Gebäude auf hängendem Täfelchen die Jahreszahl 1504 und das Monogramm des Künstlers

Kupferstich; 18,3 : 12,0

München, Staatliche Graphische Sammlung (1964: 429 D)

Die Komposition ist eine Weiterentwicklung des Bildgedankens des Paumgartner-Altars (Kat. Nr. 590). Doch tritt hier das Figürliche völlig zugunsten der perspektivisch durchkonstruierten, aber malerisch verschachtelten Architektur zurück. Trotz Konstruktion des Gefüges vermitteln nun Gestalten und Milieu, darin ähnlich den Blättern des Marienlebens (Kat. Nr. 601), betont gemütshafte Werte. Die heilige Szene ist völlig säkularisiert - einzig der Engel von der Verkündigung an die Hirten ganz im Hintergrund zeugt vom Einbruch des Überirdischen. Dürer selbst nennt den Stich im Tagebuch der niederländischen Reise (20. 8. 1520) schlicht ›die Weynachten‹ (Rupprich 1, S. 154).

Literatur: Wölfflin, S. 147 - Musper, S. 60, 82 - Winkler, Dürer 1957, S. 150, 162-64 - K. Oettinger-K.-A. Knappe: Hans Baldung Grien und Albrecht Dürer in Nürnberg. Nürnberg 1963, S. 4, 9, 12, 56-94 - Knappe, S. 21.

601   DAS MARIENLEBEN
Albrecht Dürer

Ausgabe vor 1511 ohne Text

1 Titelblatt: Maria auf der Mondsichel
Holzschnitt; (ohne Text) 20,2 : 19,5

2 Joachims Opfer wird vom Hohenpriester zurückgewiesen
Unten Mitte auf Täfelchen das Monogramm des Künstlers
Holzschnitt; 29,5 : 21,2

3 Joachim vor dem Engel
Rechts unten auf Täfelchen das Monogramm des Künstlers
Holzschnitt; 29,6 : 21

4 Joachim und Anna unter der Goldenen Pforte
Unten halblinks auf Täfelchen das Monogramm des Künstlers unten links die Jahreszahl 1504
Holzschnitt; 29,8 : 21

5 Die Geburt Mariä
Unten Mitte auf Täfelchen das Monogramm des Künstlers
Holzschnitt; 29,7 : 21

6 Der Tempelgang Mariä
Unten rechts auf Täfelchen das Monogramm des Künstlers
Holzschnitt; 29,6 : 21

7 Die Verlobung Mariä
Unten Mitte auf Täfelchen das Monogramm des Künstlers
Holzschnitt; 29,3 : 20,8

8 Die Verkündigung an Maria
Unten rechts auf Täfelchen das Monogramm des Künstlers
Holzschnitt; 29,8 : 21,1

9 Die Heimsuchung
Unten Mitte auf Täfelchen das Monogramm des Künstlers
Holzschnitt; 30 : 21,1

10 Die Geburt Christi
Unten Mitte auf Stein das Monogramm des Künstlers
Holzschnitt; 29,6 : 20,9

11 Die Beschneidung Christi
Unten halbrechts auf Täfelchen das Monogramm des Künstlers
Holzschnitt; 29,6 : 21

12 Die Anbetung der Könige
Unten halbrechts das Monogramm des Künstlers
Holzschnitt; 29,6 : 20,9

13 Die Darstellung im Tempel
Unten halblinks an der Säule auf Täfelchen das Monogramm des Künstlers
Holzschnitt; 29,3 : 20,9

14 Die Flucht nach Ägypten   *Abb.*
Unten halblinks auf Täfelchen das Monogramm des Künstlers
Holzschnitt; 29,8 : 20,1

15 Die Ruhe auf der Flucht nach Ägypten (Die Hl. Familie im Hof)
Unten rechts auf Täfelchen das Monogramm des Künstlers
Holzschnitt; 29,5 : 20,1

16 Der zwölfjährige Jesus im Tempel
Unten halbrechts auf Täfelchen das Monogramm des Künstlers
Holzschnitt; 30 : 20,8

17 Der Abschied Christi von seiner Mutter
Unten links auf Täfelchen das Monogramm des Künstlers
Holzschnitt; 29,6 : 20,8

18 Der Tod Mariä
Am Fuß des Bettes rechts das Monogramm des Künstlers, links die Jahreszahl 1510
Holzschnitt; 29,3 : 20,6

19 Die Aufnahme Mariä in den Himmel
Halblinks am Sarkophag das Monogramm des Künstlers und die Jahreszahl 1510
Holzschnitt; 29 : 20,7

20 Die Verehrung Mariä
Unten Mitte das Monogramm des Künstlers
Holzschnitt; 29,7 : 21,2

München, Staatliche Graphische Sammlung (1920:131 bis 150, 14043)

Die Serie wurde 1510 - wie die Große Passion - ergänzt durch den Marientod und die Aufnahme Mariä in den Himmel (18/19) und mit einem Titelbild (1) sowie einem lateinischen Text des Benedictus Chelidonius versehen 1511 als Buch publiziert (Kat. Nr.376). Die früheren, bis auf einen Schnitt (4) undatierten Blätter sind zwischen 1501 und 1505 entstanden, wobei die Verehrung Mariä (20) an den Anfang gehört und vielleicht ursprünglich als Titelblatt, wenn nicht als Einzelblatt, konzipiert war. - Das Marienleben zeigt uns kaum ein anderes Werk Dürers die Vereinigung zweier im Grunde ganz gegensätzlicher Bestrebungen: einer mathematisch-rationalen in der Kunst der Perspektive und einer im höchsten Grad erzählerischen in der Kunst der Vergegenwärtigung. - Verschiedene Vorstudien sind erhalten: für die Geburt Mariä (W.292; Berlin), die Verkündigung (1503; W.291; Berlin), die Heimsuchung (W.293; Wien), die Anbetung der Könige (W.294; Bayonne; dagegen ist der häufig als Vorstudie bezeichnete Marienkopf [1503; W.276; Basel] schon seiner Größe wegen keinesfalls unmittelbar in Beziehung zu setzen), den Marientod (W.471; Wien) und die Marienkrönung (Kopie in Mailand, Ambrosiana; Winkler, Dürerzeichnungen 2, Taf.XXIII).

Literatur: Heidrich, Marienbild, S.47, 88, 181 - Ders.: Zur Chronologie des Marienlebens. In: Rep.f. Kunstwiss. 29, 1906, S.227-41 - Wölfflin, S.95-110 - Flechsig 1, S.294-304 - W.Waetzoldt: Dürer und seine Zeit. Wien 1935, S.97, 131/32, 143, 147/48, 201, 222, 256/57, 289, 295, 310 - Th.Hetzer: Dürers Bildhoheit. Frankfurt/M. 1939, S.18-20 - Panofsky 1, bes. S.95-105 - Musper, S.129-40 - Winkler, Dürer 1957, S.150-61, 212, 221 - K.Oettinger-K.-A.Knappe: Hans Baldung Grien und Albrecht Dürer in Nürnberg. Nürnberg 1963, S.3/4, 12, 44, 55, 59/60, 63, 93, 96, 101, 117 - Knappe, S.18-24 - D.Kuhrmann: Über das Verhältnis von Vorzeichnungen und ausgeführtem Werk bei Albrecht Dürer. Diss. Berlin 1965 (Masch. Schr.), S.25ff. - C.Gould: On Dürer's graphic and Italian painting. In: Gaz. des Beaux-Arts VI 112, 1970, S.105/06.

602 DIE HEILIGE FAMILIE IN DER HALLE
Albrecht Dürer

Unten links das Monogramm des Künstlers und die Jahreszahl 1509

Federzeichnung mit Wasserfarben ausgetuscht; 42,2 : 28,3

Aus den Slgn. Erzherzog Leopold Wilhelm (?), v. Mechel, Vischer-Sarasin, Vischer und Passavant

Basel, Öffentliche Kunstsammlung, Kupferstichkabinett (1851.3)

Neben dem Entwurf zum Allerheiligenbild von 1508 (W.445; Chantilly) ist diese Zeichnung ein frühes Zeugnis der konsequenten Hinwendung zu italienischen Renaissanceformen, wobei das Genremotiv des durch einen Baldachin ausgezeichneten, aber über dem Krug eingeschlafenen Joseph in eigentümlichem Gegensatz zu der schmuckhaft festlichen Halle steht. Eine innere Einheit läßt sich trotzdem in der die Szene durchpulsenden, überaus weltlichen Heiterkeit sehen: in der Maria und dem Kind, den musizierenden und spielenden Putten, hüpfenden Hasen, der luftigen, lichten Architektur. Stark wirkt die Erinnerung an die Holzschnitte des Marienlebens (Kat. Nr.601); noch mehr als dort, wie ganz selten sonst, hat Dürer hier das religiöse Thema verweltlicht. Ihm deshalb oder aus formalen Gründen die Zeichnung abzusprechen, besteht kein Anlaß. Das Blatt war wohl von

vornherein als Visierung für ein Gemälde des Augsburger Jörg Breu d. Ä. in Aufhausen (Opf.) bestimmt. Der Vergleich mit diesem Bild schließt eine Zuschreibung auch der Zeichnung an die Breu-Werkstatt, wie sie H. und E. Tietze sowie E. Panofsky vorschlagen, entschieden aus. Für Dürer als Autor des Blattes, das möglicherweise mit seinen Entwürfen für die Fuggerkapelle bei St. Anna in Augsburg in Zusammenhang steht (Kat. Nr. 699 bis 702), sind E. Flechsig, F. Winkler und H. Th. Musper eingetreten.

Literatur: Heidrich, Marienbild, S.68-74 - E.Buchner: Der ältere Breu als Maler. In: Beiträge zur Geschichte der deutschen Kunst 2. Augsburg 1928, S.328-31 - Flechsig 2, S.454 - H. Tietze-E. Tietze-Conrat: Neue Beiträge zur Dürerforschung. In: Jb. d. kunsthist. Slgn. in Wien NF 6, 1932, S.135/36 - N. Lieb: Die Fugger und die Kunst im Zeitalter der Spätgotik und frühen Renaissance. München 1952, S.196, 390, 464 - Musper, S. 222 - Winkler, Dürer 1957, S.210, 244.

603 DIE KLEINE PASSION
Albrecht Dürer

Mit Ausnahme des Titelblattes: vor der Buchausgabe (1511), unzerschnitten, je vier Stöcke auf ein Blatt gedruckt

1 Titelblatt: Der Schmerzensmann
   Holzschnitt; 8,6 : 7,8 (ohne Schrift)
   Nürnberg, Germanisches Nationalmuseum (H 7609)

2 Adam und Eva   *Abb.*
   Unten rechts auf Täfelchen das Monogramm des Künstlers
   Holzschnitt; 12,7 : 9,7

3 Die Vertreibung aus dem Paradies   *Abb.*
   Oben rechts auf Täfelchen das Monogramm des Künstlers und die Jahreszahl 1510
   Holzschnitt; 12,7 : 9,8

4 Die Verkündigung an Maria   *Abb.*
   Oben rechts das Monogramm des Künstlers
   Holzschnitt; 12,8 : 9,8

5 Die Geburt Christi   *Abb.*
   Unten rechts das Monogramm des Künstlers
   Holzschnitt; 12,7 : 9,8

6 Der Abschied Christi von seiner Mutter
   Unten rechts auf Täfelchen das Monogramm des Künstlers
   Holzschnitt; 12,5 : 9,6

7 Der Einzug Christi in Jerusalem
   Oben rechts das Monogramm des Künstlers
   Holzschnitt; 12,8 : 9,8

8 Die Vertreibung der Händler aus dem Tempel
   Unten links das Monogramm des Künstlers
   Holzschnitt; 12,7 : 9,7

9 Das Abendmahl
   Unten halbrechts das Monogramm des Künstlers
   Holzschnitt; 12,7 : 9,8

10 Die Fußwaschung
   Unten rechts das Monogramm des Künstlers
   Holzschnitt; 12,7 : 9,7

Albrecht Dürer: Adam und Eva; die Vertreibung aus dem Paradies; die Verkündigung an Maria; die Geburt Christi
(Kat. Nr. 603 [2-5])

11 Christus am Ölberg
Unten links auf Täfelchen das Monogramm des Künstlers
Holzschnitt; 12,7 : 9,7

12 Die Gefangennahme Christi
Unten rechts das Monogramm des Künstlers
Holzschnitt; 12,7 : 9,7

13 Christus vor Hannas
Unten rechts das Monogramm des Künstlers
Holzschnitt; 12,7 : 9,7

14 Christus vor Kaiphas
Unten links das Monogramm des Künstlers
Holzschnitt; 12,7 : 9,7

15 Die Verspottung Christi
Unten links das Monogramm des Künstlers
Holzschnitt; 12,7 : 9,7

16 Christus vor Pilatus
In der Mitte an der Brüstung das Monogramm des Künstlers
Holzschnitt; 12,8 : 9,7

17 Christus vor Herodes
Unten links das Monogramm des Künstlers und die Jahreszahl 1509
Holzschnitt; 12,7 : 9,7

18 Die Geißelung Christi
Unten Mitte das Monogramm des Künstlers
Holzschnitt; 12,7 : 9,6

19 Die Dornenkrönung Christi
Unten links das Monogramm des Künstlers
Holzschnitt; 12,6 : 9,7

20 Die Schaustellung Christi
Unten Mitte das Monogramm des Künstlers
Holzschnitt; 12,8 : 9,7

21 Die Handwaschung des Pilatus
Unten links das Monogramm des Künstlers
Holzschnitt; 12,8 : 9,7

22 Die Kreuztragung Christi
Unten rechts auf Täfelchen das Monogramm des Künstlers und die Jahreszahl 1509
Holzschnitt; 12,7 : 9,7

23 Die Hl. Veronika mit dem Schweißtuch Christi zwischen den Aposteln Petrus und Paulus
Unten Mitte das Monogramm des Künstlers, oben die Jahreszahl 1510
Holzschnitt; 12,7 : 9,7

24 Die Kreuzannagelung Christi
Rechts unten das Monogramm des Künstlers
Holzschnitt; 12,7 : 9,7

25 Christus am Kreuz
Unten halbrechts auf Stein das Monogramm des Künstlers
Holzschnitt; 12,7 : 9,7

26 Die Höllenfahrt Christi
Unten rechts das Monogramm des Künstlers
Holzschnitt; 12,7 : 9,3

27 Die Kreuzabnahme Christi
Unten links auf Täfelchen das Monogramm des Künstlers
Holzschnitt; 12,8 : 9,7

28 Die Beweinung Christi
Unten Mitte das Monogramm des Künstlers
Holzschnitt; 12,7 : 9,7

29 Die Grablegung Christi
Unten links auf ›Zettel‹ das Monogramm des Künstlers
Holzschnitt; 12,8 : 9,7

30 Die Auferstehung Christi
Unten rechts auf ›Zettel‹ das Monogramm des Künstlers
Holzschnitt; 12,7 : 9,8

31 Christus erscheint seiner Mutter
Unten halbrechts das Monogramm des Künstlers
Holzschnitt; 12,7 : 9,6

32 Christus als Gärtner
Links unten auf ›Zettel‹ das Monogramm des Künstlers
Holzschnitt; 12,7 : 9,7

33 Christus und die Jünger von Emmaus
Unten links auf ›Zettel‹ das Monogramm des Künstlers
Holzschnitt; 12,7 : 9,6

34 Christus und der ungläubige Thomas
Oben rechts das Monogramm des Künstlers
Holzschnitt; 12,7 : 9,7

35 Die Himmelfahrt Christi
Unten links auf Täfelchen das Monogramm des Künstlers
Holzschnitt; 12,6 : 9,7

36 Die Ausgießung des Heiligen Geistes
Unten Mitte das Monogramm des Künstlers
Holzschnitt; 12,7 : 9,7

37 Das Jüngste Gericht
Unten Mitte auf Täfelchen das Monogramm des Künstlers
Holzschnitt; 12,7 : 9,7

2-37 aus Slg. Baron van Leyden

Amsterdam, Rijksprentenkabinet (OB 1357-65)

Der Zyklus wurde 1511 von Dürer in Buchform, gleich der Großen Passion und dem Marienleben mit Versen von Benedictus Chelidonius versehen, unter dem Titel ›Passio Christi ab Alberto Durer Nurenbergensi effigiata cum varij carminibus Fratris Benedicti Chelidonij Musophili‹ herausgegeben. In der Reihenfolge steht die Vorhölle direkt nach der Kreuzigung. Obwohl sich der lateinische Text an ein gebildetes Publikum richtet, gehen die Holzschnitte auf äußerst populäre Wirkung aus. Dürer verschmilzt hier wie in keiner anderen seiner Passionen die spätgotische Tradition mit einem neuen Sinn für szenische Einheit, für die Würde der Gestalt, für die Hoheit des Bildes Christi. Dramatik und Leidenschaftlichkeit der Großen Passion sind hier zugunsten des Erzählerischen zurückgestimmt. - Die Schnitte

entstanden zwischen 1509 und 1511. Den zyklischen Gedanken
in der Ausweitung der Passion zu einer Szenenfolge vom Sündenfall bis zum Weltgericht mit einem Andachtsbild im Zentrum
- das Schweißtuch von 1510 (23) - hat Dürer erst allmählich
voll entwickelt. - F. Winkler wies 1941 nach, daß der Meister bei
einigen der Holzschnitte sich auf Kompositionen seines Mitarbeiters Hans Schäufelein im ›Speculum passionis‹ (Nürnberg
1507) stützte. - Für Adam und Eva (2) wurde die Zeichnung in
Wien (Kat. Nr. 469) verwendet.

Literatur: Wölfflin, S.224-38 - Flechsig 1, S.315/16 - W.
Waetzoldt: Dürer und seine Zeit. Wien 1935, bes. S.154/55 -
Th. Hetzer: Dürers Bildhoheit. Frankfurt/M. 1939, passim - F.
Winkler: Dürers Kleine Holzschnittpassion und Schäufeleins
Speculum-Schnitte. In: Zs. d. dt. Ver. f. Kunstwiss. 8, 1941, S.
197-208 - Panofsky 1, S.105, 139-45 - Musper, S.145, 148,
189, 191, 194, 300 - E.Plüss: Dürers Darstellungen Christi am
Ölberg. Diss. Zürich 1954, S.12-14 - Winkler, Dürer 1957, S.
213-21 - M. Kisser: Die Gedichte des Benedictus Chelidonius
zu Dürers Kleiner Holzschnittpassion. Ein Beitrag zur Geschichte
der spätmittelalterlichen Passionsliteratur. Diss. Wien 1964
(Masch. Schr.) - Knappe, S.22-24 - C. Gould: On Dürer's graphic and Italian painting. In: Gaz. des Beaux-Arts VI 112, 1970,
S.107, 109, 111, 114.

604   DIE KUPFERSTICHPASSION
  Albrecht Dürer
Ungebundene Folge mit breitem Rand

  1 Titelblatt: Der Schmerzensmann an der Säule
    Links oben das Monogramm des Künstlers
    und die Jahreszahl 1509
    11,6 : 7,5

  2 Christus am Ölberg
    Unten rechts auf ›Zettel‹ das Monogramm des Künstlers und
    die Jahreszahl 1508
    11,5 : 7,1

  3 Die Gefangennahme Christi
    Unten Mitte auf ›Zettel‹ das Monogramm des Künstlers und
    die Jahreszahl 1508
    11,8 : 7,5

  4 Christus vor Kaiphas
    Oben Mitte auf Täfelchen das Monogramm des Künstlers und
    die Jahreszahl 1512
    11,7 : 7,4

  5 Christus vor Pilatus
    Unten rechts das Monogramm des Künstlers und die Jahres-
    zahl 1512
    11,8 : 7,4

  6 Die Geißelung Christi
    Oben links auf Täfelchen das Monogramm des Künstlers und
    die Jahreszahl 1512
    11,8 : 7,4

  7 Die Dornenkrönung Christi
    Unten links auf Täfelchen das Monogramm des Künstlers,
    rechts oben die Jahreszahl 1512
    11,8 : 7,4

  8 Die Schaustellung Christi
    Unten halblinks das Monogramm des Künstlers und die
    Jahreszahl 1512
    11,7 : 7,5

  9 Die Handwaschung des Pilatus
    Oben rechts das Monogramm des Künstlers und die Jahres-
    zahl 1512
    11,7 : 7,5

  10 Die Kreuztragung Christi
    Oben rechts auf Täfelchen das Monogramm des Künstlers
    und die Jahreszahl 1512
    11,7 : 7,4

  11 Christus am Kreuz
    Unten rechts auf ›Zettel‹ das Monogramm des Künstlers,
    links die Jahreszahl 1511
    11,8 : 7,4

  12 Die Kreuzabnahme Christi
    Unten links auf Stein das Monogramm des Künstlers und die
    Jahreszahl 1507
    11,5 : 7,1

  13 Die Grablegung Christi   *Abb.*
    Unten rechts das Monogramm des Künstlers und die Jahres-
    zahl 1512
    11,7 : 7,4

  14 Christus in der Vorhölle   *Abb.*
    Unten rechts auf Stein das Monogramm des Künstlers, in
    der Mitte im Bogenstich die Jahreszahl 1512
    11,7 : 7,5

  15 Die Auferstehung Christi   *Abb.*
    Unten halbrechts auf Stein das Monogramm des Künstlers
    und die Jahreszahl 1512
    11,9 : 7,5

  16 Petrus und Johannes heilen den Lahmen   *Abb.*
    Oben Mitte im Fenster das Monogramm des Künstlers, links
    die Jahreszahl 1513
    11,8 : 7,4

Aus dem Fürstl. Waldburg-Wolfeggschen Kupferstichkabinett

Schweinfurt, Sammlung Otto Schäfer (D-3-18)

Auch dieses Werk war vielfach gebunden, doch ohne Text (z.
B. Handexemplar des Kurfürsten Friedrich des Weisen von Sachsen; Princeton, Universitätsbibl.). Das bereits der Apostelge-
schichte zugehörige Blatt mit der Heilung des Lahmen ist in
guten Drucken sehr selten und der Folge meistens nicht beigefügt .- Neben der volkstümlichen Vergegenwärtigung des Geschehens in der Kleinen Holzschnittpassion steht hier, zumindest bei den 1512 geschaffenen Blättern, eine sehr viel stärkere
Formbetontheit, die mitunter ›artistische‹ Züge annimmt. Die
Serie ist Dürers Antwort auf die über dreißig Jahre zuvor entstandene Kupferstichpassion Martin Schongauers. Von Dürers
eigenen Werken haben die Grüne Passion und die zugehörigen
Vorzeichnungen (1504; W.298-314) in den Stichen besonders
nachgewirkt. - Für den Gekreuzigten (11) wurde wohl die Londoner Skizze W.588 verwendet.

Albrecht Dürer:
Die Grablegung Christi
(Kat. Nr. 604[13])

Albrecht Dürer:
Christus in der Vorhölle
(Kat. Nr. 604[14])

Albrecht Dürer:
Die Auferstehung Christi
(Kat. Nr. 604[15])

Albrecht Dürer:
Petrus und Johannes
heilen den Lahmen
(Kat. Nr. 604[16])

Literatur: Wölfflin, S. 225-38 - Flechsig 1, S. 241-45 - W. Waetzoldt: Dürer und seine Zeit. Wien 1935, bes. S. 294/95 - Panofsky 1, bes. S. 139-48 - Musper, bes. S. 149-55 - E. Plüss: Dürers Darstellungen Christi am Ölberg. Diss. Zürich 1954, S. 15-18 - Winkler, Dürer 1957, S. 230-34 - Knappe, S. 22-24.

605 MARIA MIT DEM KIND UND ZWEI ENGELN
Albrecht Dürer

Unten halbrechts das Monogramm des Künstlers und die Jahreszahl 1511

Federzeichnung; Wz.: vermutlich Dreieck; 20,3 : 15

Venedig, Accademia

Auf den Bildgedanken dieser rasch hinskizzierten Zeichnung hat F. Winkler hingewiesen: Ein Kinderengel reicht der erschrocken zurückweichenden Maria einen Zweig, der - nur eben angedeutet - die Form des Kreuzes hat. Dagegen ist eine Anspielung auf die Dornenkrone in dem Gewächs, das ein anderer Engel bringt, kaum nachzufühlen. E. Flechsig hält das Blatt für einen Kupferstichentwurf, weil das Licht von rechts kommt.
Literatur: Flechsig 2, S. 456 - G. Kauffmann: Albrecht Dürer. In: Meilensteine europäischer Kunst. München 1965, S. 269.

606 DIE HEILIGE FAMILIE IM ZIMMER
Albrecht Dürer

Rechts vorn an der Truhe das Monogramm des Künstlers von fremder Hand (von Hans von Kulmbachs?)

Federzeichnung in Braun; Wz.: Hohe Krone (ähnlich Piccard, Kronenwasserzeichen, XII 36); 25,1 : 21,5

Aus den Slgn. Vivant-Denon, Böhm, Hausmann und Blasius

Nürnberg, Germanisches Nationalmuseum (Hz 5484; Depositum Frau Irmgard Petersen geb. Blasius)

Mit der wohl um 1511/12 entstandenen Zeichnung erreicht Dürer ein Höchstmaß an Verbürgerlichung der Weihnachtsgeschichte; Maria mit dem Kind auf dem Bett sitzend, neben sich Wiege und Truhe; rechts hinten ein Kachelofen, Joseph sitzt lesend oder schreibend am Tisch im Hintergrund. Dieses Motiv des Joseph wird 1514 im Kupferstich des Hieronymus in der Zelle (Kat. Nr. 273) wieder aufgegriffen. Die Zeichnung war wohl als Entwurf für ein druckgraphisches Blatt vorgesehen.
Literatur: Heidrich, Marienbild, S. 72/73 - H. Wölfflin: Albrecht Dürer. Handzeichnungen. 10. Aufl. München 1923, S. 17, 39 Nr. 43 - L. Oehler, S. 293 - G. Kauffmann: Albrecht Dürer. In: Meilensteine europäischer Kunst. München 1965, S. 269/70 - Zink, GNM, Nr. 57.

607 MARIA MIT DEM KIND UNTER EINEM BALDACHIN
Albrecht Dürer

Unten Mitte das Monogramm des Künstlers von fremder Hand

Federzeichnung in Braun; 13,1 : 10

Aus den Slgn. Sackville Bale und Mitchell

Nürnberg, Germanisches Nationalmuseum (St. Nbg. 12590; Leihgabe der Stadt Nürnberg)

Diese Entwurfszeichnung, die nur von L. Oehler angezweifelt wird, ist um 1511/12 zu datieren, doch bleibt der behauptete

Zusammenhang mit den Vorarbeiten zu Hans von Kulmbachs Gedächtnistafel für Lorenz Tucher (1513; Nürnberg, St. Sebald; Meister um Albrecht Dürer. Ausst. Nürnberg 1961, Nr. 162) fraglich.
Literatur: L. Oehler, S. 293 - Zink, GNM, Nr. 56.

608 DIE HEILIGE FAMILIE MIT JOACHIM UND ANNA UNTER EINEM BAUM
Albrecht Dürer

Oben links das Monogramm des Künstlers und die Jahreszahl 1511

Holzschnitt; 23,6 : 15,8

Aus den Slgn. Theobald und Jancsy

Schweinfurt, Sammlung Otto Schäfer (D-215)

Die im ausgehenden Mittelalter besonders beliebte Erweiterung der Hl. Familie zur Hl. Sippe soll den ganz im Familiendenken lebenden Gläubigen der Zeit zutraulich stimmen gegenüber dem Heiligen und den letztlich immer mehr empfundenen Abstand überdecken. Die Verweltlichung und Aktualisierung des christlichen Bildthemas, das auch unter dem Titel ›Der erste Schritt‹ bekannt ist, findet in dem Holzschnitt Dürers besonders reinen Ausdruck. Die Gestalt Joachims links mit dem überlängten Oberkörper erinnert an das Kompositionsstadium der Vorzeichnung (W. 519; Wien, Albertina), bei der der Heilige stehend dargestellt ist.
Literatur: Musper, S. 195/96 - Winkler, Dürer 1957, S. 225.

609 MARIA MIT DEM KIND AN DER MAUER
Albrecht Dürer

Rechts am Pfeiler das Monogramm des Künstlers und die Jahreszahl 1514

Kupferstich; 14,7 : 10,2

Aus den Slgn. V. Mayer und Jancsy

Schweinfurt, Sammlung Otto Schäfer (D-36)

Der technisch besonders fein differenzierte Stich zeigt eine reich gekleidete, doch bürgerliche Gottesmutter in stiller Versunkenheit einsam vor der Stadtmauer. Ihre Körperhaftigkeit und das Sitzmotiv gemahnen an die Gestalt der gleichzeitigen Melancholie (Kat. Nr. 270); auch im Ausdruck findet sich Verwandtschaft. In der Vedute des Hintergrundes sind, wie W. Funk nachwies, Motive der Nürnberger Burg verwendet.
Literatur: Wölfflin, S. 273 - W. Funk: Die Landschaft auf Albrecht Dürers Kupferstich ›Die Madonna an der Stadtmauer‹. In: Albrecht-Dürer-Festschrift. Hrsg. v. G. Biermann. Leipzig-Berlin 1928, S. 107-11 - Flechsig 1, S. 245 - Panofsky 1, S. 150/51, 155/56, 163 - Winkler, Dürer 1957, S. 235/36.

610 MARIA MIT DEM KIND AUF EINEM STUHL
Albrecht Dürer

Oben Mitte das Monogramm des Künstlers von fremder Hand und die Jahreszahl 1514 (eigenhändig?)

Federzeichnung; 18,7 : 16,2

Venedig, Accademia

Auch diese, aus einer Draperiestudie entwickelte Zeichnung ist

Albrecht Dürer: Maria mit dem Kind von Engel gekrönt (Kat. Nr. 611)

ein Beleg für die völlig verbürgerlichte Marienvorstellung. Die Eigenhändigkeit des etwas derben Blattes wurde von H. und E. Tietze angezweifelt. E. Flechsig, F. Winkler und E. Panofsky haben sich dafür ausgesprochen.

Literatur: Flechsig 2, S. 460.

611 MARIA MIT DEM KIND VON ENGEL GEKRÖNT

Albrecht Dürer   *Abb.*

Rechts das Monogramm des Künstlers und die Jahreszahl 1515, wohl von fremder Hand

Federzeichnung in Schwarz; 27,6 : 20,5

Aus Slg. Mayor

H. M. Queen Elizabeth II (12176)

Der vollkommenen Profanierung des Marienthemas sucht Dürer dadurch ein Gegengewicht zu geben, daß er den Einbruch transzendenter Mächte zeigt, Engel, die Maria krönen und damit als Himmelskönigin auszeichnen. Die vorliegende Zeichnung verliert damit aber nichts von ihrem intimen Charakter, der schon mit dem altdeutschen Motiv der Rasenbank festgelegt ist und durch das mit einem an eine Schnur gebundenen Vögelchen spielende Kind noch besonders unterstrichen wird.

Literatur: Heidrich, Marienbild, S. 112 - Flechsig 2, S. 345 - Winkler, Dürer 1957, S. 258/59 - German drawings from the collections of H. M. the Queen. Ausst. University College-Courtauld Institute. London 1969, Nr. 16.

612 CHRISTUS AM ÖLBERG

Albrecht Dürer

Unten halbrechts das Monogramm des Künstlers und die Jahreszahl 1515

Eisenradierung; 22,1 : :15,6

Aus Slg. v. Hagen

München, Staatliche Graphische Sammlung (1927 : 71)

Die von durchaus verinnerlichtem Pathos erfüllte Radierung führt wie der 1516 entstandene Engel mit dem Schweißtuch der Hl. Veronika (Kat. Nr. 340) Dürers Versuch vor Augen, vor allem das Überweltliche im Passionsgeschehen zu versinnlichen. Dazu dient die neue Technik der Radierung, die in der Wirkung einer rasch hingeworfenen Federzeichnung nahekommt. Die erzählerische Komponente, im Marienleben und in der Kleinen Holzschnittpassion (Kat. Nr. 601, 603) auf ihrem Höhepunkt, tritt hier ganz zurück. Zeugnisse dieses leidenschaftlichen Stils finden sich auch in den profanen Radierungen des Verzweifelnden (Kat. Nr. 471) und der Entführung auf dem Einhorn (Kat. Nr. 524). Für den Ölberg ist neben der vorbereitenden Zeichnung (W. 584; Paris, Louvre) auch die unmittelbare Vorzeichnung (W. 585; Wien) erhalten. Insgesamt hat Dürer zwischen 1515 und 1518 die Ölbergszene nicht weniger als fünfmal geschaffen. Das Thema entsprach offenbar der Stimmung der letzten Jahre vor Beginn der Reformation.

Literatur: Th. Hetzer: Dürers Bildhoheit. Frankfurt/M. 1939, S. 106/07 - Panofsky 1, S. 196 - E. Plüss: Dürers Darstellungen Christi am Ölberg. Diss. Zürich 1954, S. 20-29 - Winkler, Dürer 1957, S. 256/57 - K. Oettinger: Zur Assunta-Phase in Deutschland. In: Festschrift für P. Metz. Berlin 1965, S. 284/85 - Knappe, S. 29.

613 MARIA MIT DER STERNENKRONE

Albrecht Dürer

Rechts unten das Monogramm des Künstlers, rechts oben die Jahreszahl 1516

Kupferstich; 11,8 : 7,4 (Bl. 11,6 : 7,4)

Privatbesitz

Unmittelbar vor dem Auftakt der Reformation mit dem Thesenanschlag Luthers 1517 wendet sich Dürer bis zu den Jahren 1521/22 noch einmal besonders dem Bild Mariens zu. Dabei geht es ihm darum, die im Marienleben (Kat. Nr. 601) erreichte Bindung an die irdische Realität mit einer neuen Betonung des Sakralen zu verbinden. Die Maria mit der Sternenkrone von 1516 zeigt wie bereits die Kupferstiche der Kat. Nr. 343 und B. 31, 33

Albrecht Dürer: Maria mit dem Wickelkind (Kat. Nr. 619)

die Muttergottes in der traditionellen Gestalt des Apokalyptischen Weibes gemäß Offenbarung 12,1: ein Weib mit der Sonne bekleidet und der Mond unter ihren Füßen und auf ihrem Haupt eine Krone von zwölf Sternen. Während Dürer nun das Strahlen der Sonne nahezu vollkommen zu einer realen Erscheinung macht, schließt er sich bei der Sternenkrone eng der Symbolsprache des Textes an, der Mond bleibt starres Symbol. Der statuarische Charakter der Gestalt Mariens wird in der innigen Zueinanderkehrung von Mutter und Kind aufgehoben. Die hier waltende Intimität ist in gewollten Kontrast zu dem repräsentativen Bildgedanken ›Maria als Himmelskönigin‹ gesetzt. Eine Vorstufe für den Stich bildet die Londoner Zeichnung W. 549.

Literatur: Heidrich, Marienbild, S.118 - Winkler, Dürer 1957, S.235.

614   MARIA ALS KÖNIGIN DER ENGEL
Albrecht Dürer

Links unten das Monogramm des Künstlers, daneben die Jahreszahl 1518

Holzschnitt; 30,1 : 21,4 (Bl.30,2 : 21,6)

Schweinfurt, Sammlung Otto Schäfer (D-211)

Der Holzschnitt bedeutet, im Jahr nach Luthers Thesenanschlag, den Höhepunkt der Marienverherrlichung nicht nur in Dürers graphischem Werk; den Weg, den der Künstler nahm, veranschaulicht der Vergleich mit der Verehrung Mariä des ›Marienlebens‹ (um 1501; Kat. Nr. 601[20]).

Literatur: Heidrich, Marienbild, S.123 - Wölfflin, S.276/77 - Panofsky 1, S.192 - Knappe, S.31.

615   DIE HEILIGE FAMILIE MIT ZWEI KRÖNENDEN ENGELN
Albrecht Dürer

Unten Mitte das Monogramm des Künstlers, darüber die Jahreszahl 1519

Federzeichnung; 28,2 : 21,4

Aus Slg. Mariette

Paris, Musée National du Louvre, Cabinet des Dessins (18.582)

Die Gestalten um Maria mit dem Kind werden als Joseph, Anna und Joachim, der Knabe am Boden mit dem kleinen Johannes dem Täufer identifiziert. Ikonographisch angebrachter wäre die Deutung des Paares rechts von Maria als Elisabeth und Zacharias, den Eltern des Johannes. Doch fehlen überzeugende Kennzeichen (oder sollte die von F. Winkler als Frauengewand bezeichnete Kleidung des lesenden Mannes nicht doch die Priestergewandung des Zacharias sein?); Dürer hat wohl seine Bildvorstellung erst allmählich entwickelt. So fügte er die Frauengestalt neben Maria nachträglich mit jetzt vergilbter Tinte hinzu, ebenso erhielt der Johannesknabe Stab und Andeutungen eines Gewandes.

Literatur: Heidrich, Marienbild, S.124 - Demonts, Louvre 1, Nr.102.

616   MARIA MIT DEM KIND UND GEIGENDEM ENGEL
Albrecht Dürer

Unten (beschnitten) das Monogramm des Künstlers und die Jahreszahl 1519

Federzeichnung in Schwarz und Braun; 30,5 : 21,4

H. M. Queen Elizabeth II (12180)

Die mit Änderungen und Zusätzen in bräunlicher Tinte versehene Zeichnung, mit der Dürer in sehr freier Weise Erinnerungen an das 1506 in Venedig geschaffene Rosenkranzfest aufnahm, gehört bereits in den Kreis der Entwürfe für ein neues großes Marienbild, die 1521/22 in dem Konzept einer thronenden Maria mit Heiligen (vgl. Kat. Nr. 224/25; W. 836 ff.) gipfeln. Maria behält in Dürers Kunst - auch in der Graphik - bemerkenswert lang eine zentrale Stellung. - Der geigende Engel zu Füßen der Gottesmutter ist ein spezifisch venezianisches Motiv, das dort namentlich bei Darstellungen der Sacra Conversazione begegnet.

Literatur: Heidrich, Marienbild, S.130-33 - H. Wölfflin: Albrecht Dürer. Zeichnungen. 10. Aufl. München 1923, S.18, 41 Nr.57 - German drawings from the collections of H. M. the Queen. Ausst. University College-Courtauld Institute. London 1969, Nr.17.

617   DIE SÄUGENDE MARIA
Albrecht Dürer

Links unten auf einem Stein das Monogramm des Künstlers und die Jahreszahl 1519

Kupferstich; 11,6 : 7,4 (Bl.11,8 : 7,55)

Privatbesitz

Vor dunklem Himmel leuchten die Gestalten mit ihren Nimben ›magisch‹ auf. Das Blatt gehört neben den Kat. Nr. 619/20 zu den letzten graphischen Mariendarstellungen Dürers, in denen auch die Mutter Christi Anteil am Numinosen hat. Die Wiener Vorzeichnung (W. 542) zeigt noch nichts von der Verdüsterung, dem dunklen Glanz des Stiches.

Literatur: Heidrich, Marienbild, S.126 - Panofsky 1, S.200 - Winkler, Dürer 1957, S.260.

618   MARIENKOPFSTUDIE
Albrecht Dürer zugeschrieben

Federzeichnung; 4,3 : 4,3

Aus Slg. Mitchell

Hamburg, Hamburger Kunsthalle (29335)

Nach F. Winkler handelt es sich um eine Ergänzungsstudie für die Visierung (W.543; Rotterdam) zum Kupferstich der Maria mit dem Wickelkind (Kat. Nr. 619). Doch machen H. und E. Tietze mit Recht darauf aufmerksam, daß die Zeichnung im Verhältnis zum Kupferstich zwar gegensinnige Lichtführung, aber nicht, was entscheidender wäre, auch gegensinnige Kopfneigung zeigt. Sie trägt zudem stark kopienhafte Züge; die Eigenhändigkeit muß hier bezweifelt werden.

Literatur: Winkler, Dürerzeichnungen 3, Taf. IV.

619   MARIA MIT DEM WICKELKIND
Albrecht Dürer   *Abb.*

Links unten auf einem Täfelchen das Monogramm des Künstlers und die Jahreszahl 1520

Albrecht Dürer: Das Abendmahl Christi (Kat. Nr. 621)

Kupferstich; 14,2 : 9,5

Aus Slg. de Witte van Citters

Amsterdam, Rijksprentenkabinet (OB 1197)

Dürer vereinigt in dem Blatt vollendet Aspekte, die in der Zeit um 1520 seine Vorstellung von Maria mit dem Kind beherrschen: das Heilige im rein Menschlichen, das Menschliche in der plastisch geschlossenen Gestalt. Die genaue Vorzeichnung (W. 543) ist ebenso in Rotterdam erhalten wie eine umstrittene Umrißzeichnung für die Kupferplatte (Panofsky, Nr. 684).

Literatur: Heidrich, Marienbild, S. 136 - Panofsky 1, S. 150, 200 - Musper, S. 222/23 - Winkler, Dürer 1957, S. 260.

620   MARIA VON EINEM ENGEL GEKRÖNT
Albrecht Dürer

Links unten auf einem Täfelchen das Monogramm des Künstlers und die Jahreszahl 1520

Kupferstich; 13,7 : 9,9 (Bl. 14,5 : 10,4)

Aus den Slgn. Mariette und Friedrich August II. von Sachsen

Privatbesitz

Das Blatt stellt der bescheidenen Maria mit dem Wickelkind des Stiches aus dem gleichen Jahre (Kat. Nr. 619) eine betont hoheitsvolle Gestalt gegenüber; so fehlt hier auch nicht der himmlische Bote mit dem Kronreif. Mit Recht wiesen H. und E. Tietze auf die Verwandtschaft dieser klassisch-ebenmäßigen Maria mit der Madonna mit der Nelke (Kat. Nr. 591) hin. Bereichernd tritt zu der irdisch-himmlischen Szene die Landschaft mit der Stadt hinzu. Die Vorzeichnung (W. 544) ist in Melbourne erhalten.

Literatur: Wölfflin, S. 278/79 - Winkler, Dürer 1957, S. 260.

621   DAS ABENDMAHL CHRISTI
Albrecht Dürer   *Abb.*

Links oben das Monogramm des Künstlers und die Jahreszahl 1523, von Dürers Hand, aber mit anderer Tinte

Tuschfederzeichnung; 22,7 : 32

Wien, Graphische Sammlung Albertina (3178)

Das Blatt erinnert an den Holzschnitt des gleichen Jahres (Kat. Nr. 396), für den es wohl eine Vorstudie bildet. Während dort jedoch Christus mit Johannes und Petrus eine betonte Mittelgruppe bilden, ist Christus hier an die linke Schmalseite des Tisches gerückt und kaum auf den ersten Blick zu finden. Als ikonographischer Typus bereits in der frühchristlichen und orientalischen Kunst, aber auch z. B. bei Giotto verankert, wird die Szene doch erst in Dürers Anordnung auf sehr radikale Weise enthieratisiert und entmythisiert. Die Nimben fehlen ebenso wie bereits 1520/21 bei den gleichfalls breitformatigen und großen Zeichnungen der Kreuz- und Grabtragungen (Kat. Nr. 219-22). Wie beim Holzschnitt, doch weniger akzentuiert, steht in dieser Zeichnung der Kelch neben dem Brot im Blickfeld, ein Hinweis auf die für die reformatorische Bewegung bedeutungsvolle Abendmahlsspende in beiderlei Gestalt.

Literatur: Tietze, Albertina 4, Nr. 153 - Panofsky 1, S. 221.

DAS WERK: DIE UNTERWEISUNG DER MESSUNG

In der mathematisch-technischen Entwicklung des 16. Jahrhs. nimmt Dürer eine besondere Stellung ein. Während viele, dem Thema nach ähnliche Arbeiten vergessen sind, haben seine Veröffentlichungen fruchtbar im Bewußtsein der Zeitgenossen gewirkt und intensiv der nachfolgenden Fachwelt neue Impulse geschenkt. Keiner der bildenden Künstler, die sich als Außenseiter mehr oder weniger mit mathematischen Problemen befaßten, ist mit mehr Berechtigung in diesen Zweig der Wissenschaftsgeschichte eingegangen. Zwar schöpfte Dürer aus der Geschlossenheit der Aufgabenstellung eines Piero della Francesca und Alberti, ist ihnen aber in der Originalität des konstruktiven Denkens überlegen.

Der Nürnberger Humanistenkreis um Willibald Pirckheimer, Bernhard Walther, Konrad Heinfogel, Lorenz Beheim, Erhard Etzlaub, Georg Hartmann, Johannes Stabius und andere der astronomischen und mathematischen Forschung verpflichtete Männer waren diejenigen, die Dürer Sicherheit und Geborgenheit im Umbruch des naturwissenschaftlichen Denkens vermittelten. Regiomontan wählte sich im Geburtsjahr Dürers Nürnberg als ›domum perpetuam‹, und zwischen 1471 und Dürers Todesjahr 1528 liegt der Zeitraum, in dem die mathematischen Studien in Nürnberg zur höchsten Blüte gelangten, in dem die Kurve zwischen Regiomontan und Willibald Pirckheimer Dürers Leben mitbestimmte.

Der Beginn von Dürers schriftlicher Arbeit an den geometrischen Grundlagen der Malerei wird faßbar in den ersten Aufzeichnungen zum Lehrbuch der Malerei der Jahre 1507-09. In Anlehnung an L. B. Albertis Einführung in die Grundbegriffe der Malerei (Kat. Nr. 627) konzipierte Dürer ein Verzeichnis geometrischer Begriffe, deren Erläuterung er beabsichtigte. Erste Berührung mit Regeln handwerklicher Geometrie konnte er als Goldschmiedelehrling in der Werkstatt des Vaters, mit angewandter Geometrie dann in der Werkstatt Wolgemuts bekommen, als dort die Vorzeichnungen zu den Holzschnitten der Werke des Regiomontan begonnen wurden. 1523 entschloß sich Dürer zur Ausarbeitung der Unterweisung der Messung und damit zu einer wesentlich breiteren und eingehenderen Darstellung der angewandten Geometrie und Stereometrie, als dies vorher in seiner Absicht gelegen haben kann.

Die Unterweisung der Messung wurde zur reichhaltigsten und wichtigsten Publikation ihrer Art, ein populär gehaltener Lehrgang der angewandten Geometrie. Die darin enthaltene Anleitung zur Konstruktion von Sonnenuhren, die Dürer dem Nutzen der Steinmetzen, Maler und Schreiner widmet, ist noch dadurch besonders bemerkenswert, daß sie die erste ausführliche in deutscher Sprache gedruckte Abhandlung zu diesem Thema ist. Nicht nur in diesem Fall zeigt sich die fruchtbare Berührung von Theorie und Praxis, sondern auch, um ein Beispiel zu nennen, in dem Gedanken, geometrische Näherungskonstruktionen regelmäßiger Polygone zu zeichnen. Es ist ein Problem, dem weder die antike noch die arabische Geometrie ihre Aufmerksamkeit geschenkt hatten, hingegen, wenn auch rein empirisch, die deutschen mittelalterlichen Bauhütten. Allein schon Dürers Konstruktionslehre des regelmäßigen Fünfecks mit unveränderter Zirkelöffnung, ein Spezialkapitel, dem die

besondere Aufmerksamkeit vieler italienischer Mathematiker galt, steht über allen früheren Überlegungen. Das Verfahren ist zwar streng genommen falsch, aber 27 Jahre später lobt es Johannes Kepler, da es ›mechanice causa‹ oder, wie Dürer sagen würde, ›wegen der Behendigkeit‹ noch zu gebrauchen sei.

In knapp zwei Jahren stellte Dürer die Unterweisung der Messung als Lehrbuch für den angehenden Maler zusammen. ›Die Kunst der Messung‹ ist für Dürer ›der recht grundt aller malerey‹. Aus den in sechzehn Jahren zusammengetragenen Exzerpten, Notizen und Studien entstand ein Lehrbuch mathematischer Grundbegriffe für die Hand des Künstlers, dessen Aufbau und Darstellungsform Hinweise enthält auf die durchaus persönlichen Interessen Dürers an bestimmten Problemstellungen und auf die Quellen, aus denen er schöpfen konnte. Ausgangspunkt der Arbeit mit Zirkel und Richtscheit blieben die Baumeisterbücher der deutschen Spätgotik, mit deren Konstruktionsmethoden Dürer vertraut gewesen sein muß. Das ›Aufziehen aus dem Grund‹, Triangulatur und Quadratur waren auch in den Goldschmiedewerkstätten bekannt. Die ›Geometria deutsch‹ ist eines der wenigen Bindeglieder zwischen der mittelalterlichen Tradition und Dürers Arbeit (Kat. Nr. 624). Einerseits gibt der Architekt Matthäus Roriczer Aufgaben der Elementargeometrie in einer separaten Veröffentlichung und tradiert dabei Konstruktionsmethoden, wie sie sich noch 1543 bei Erhard Schön finden, andererseits zeigt die Gegenüberstellung seines Fialenbüchleins (Kat. Nr. 622) mit der ›Geometria deutsch‹, wie in der deutschen spätgotischen Werkstatt das Bedürfnis nach systematischer und separater Darstellung von Geometrie und deren Anwendung vorhanden war. Roriczer nahm mit dem Fialenbüchlein und der Geometria praktisch die Anordnung von Dürers Proportionslehre und Unterweisung voraus, wenn auch noch in umgekehrter Reihenfolge. Die zweite und für die gesamte mathematische Arbeit Dürers entscheidende Quelle wird am Anfang der Unterweisung genannt: ›Der aller scharff sinnigst Euclides hat den grundt der Geometria zusamen gesetzt‹. Von Euklid übernahm Dürer Begriffserklärungen, Aufgaben und Lösungen. Mit Pirckheimers Hilfe fertigte er Übersetzungen der Theoreme an. Die nur zu erschließende Erwerbungsgeschichte des Wolfenbüttler Exemplars (Kat. Nr. 626) dürfte auch das Beispiel sein, dessen sich Dürer entsann, als er 1523 von der Publizierung der Proportionslehre absah.

Auf der zweiten italienischen Reise scheint Dürer die Bestätigung für einige Andeutungen Jacopo de' Barbaris, daß das Schöne auf dem Wege der Messung zu bestimmen und philosophisch zu deuten sei, erhalten zu haben. Daraus resultiert, daß er vom Goldenen Schnitt keinen Gebrauch macht und schließlich gesteht, daß die Schönheit etwas sei, was er nicht wisse - ein Ausspruch, der als Geständnis von Dürers Agnostizismus in ästhetischen Dingen gedeutet wurde. Mit diesem oder einem anderen Verzicht steht er Leonardo da Vinci schroff gegenüber. Während die Zeitgenossen Leonardos Hinterlassenschaft erst von vielem unverständlichen Beiwerk säubern mußten, stand ihnen Dürer als offene klare Quelle mathematischer Erkenntnisse und technischer Fragen zur Verfügung. - Im Herbst 1506 schrieb Dürer an Pirckheimer, daß er ›um geheimer

Perspektive willen‹ nach Bologna reiten wolle und anschließend mit dem nächsten Boten nach Nürnberg heimkehren werde. In Bologna, der ›mathematischen Universität‹ Italiens, wurde Dürer von Luca Pacioli, Scipio Ferreus oder einem anderen Mathematiker unterwiesen (wohl kaum von Donato Bramante). Der Hauptzweck der Unterweisung wird die Einweisung in die ›costruzione leggitima‹, also die exakte Künstlerperspektive gewesen sein, wie sie Pacioli im Anschluß an Piero della Francesca vortrug (Kat. Nr. 628). Aus Pieros Traktat finden sich wörtliche Passagen bei Dürer. Zugleich wurde Dürer mit Ergebnissen der Arbeiten Leonardos bekannt. Seine Kenntnisse von Albertis De pictura (Kat. Nr. 627) wurden erweitert oder bestätigt. Schließlich wurde Dürer mit dem nicht zeichnerischen, sondern primär arithmetischen Vorgehen Paciolis konfrontiert. Ihm wird deutlich geworden sein, daß seine mathematischen Kenntnisse nicht ausreichen konnten, um dem Nachvollzug der Schriften Pieros und Paciolis (Kat. Nr. 629-31) gewachsen zu sein. Ein Ergebnis der Bologneser Reise war der Kauf der Euklid-Ausgabe, die für Dürer in den folgenden Jahren für seine mathematischen Bemühungen die gleiche Rolle spielte, wie sie die Vitruv-Ausgabe für die Proportionsstudien eingenommen hatte (Kat. Nr. 475). Als Mittler zwischen Gelehrsamkeit und Praxis tritt Dürer ebenso bei seiner Arbeit über das Delische Problem hervor, das sich mit der Verdoppelung des Würfels befaßt, wie auch sein Unterricht zur Befestigung der Städte, Schlösser und Flecken weniger einen Traktat über praktische Mechanik, als vielmehr ein Handbuch für die Erneuerung des Festungswesens darstellt. - Schon L. B. Alberti hatte 1435 versucht, die Zentralperspektive instrumental mit dem Schleiernetz zu gewinnen. Über die Glasscheibenquadrierung Leonardo da Vincis kam Dürer zum Rahmen mit durchscheinendem Netzwerk und schließlich zu seinem Apparat mit dem Faden als Punktabtaster, der in der Folge von Jost Bürgi 1604 durch eine Dioptervisur ersetzt wurde.

Dürers Arbeit wäre kaum zu dieser staunenswerten Höhe gelangt, hätten ihm nicht in Nürnberg selbst zwei der bedeutendsten Privatbibliotheken Deutschlands zur Verfügung gestanden, die ihm durch ihre Bestände und durch die mit ihnen arbeitenden Wissenschaftler Quellen und Hilfen geben konnten.

Die Bibliothek Pirckheimers erschloß Dürer weite Bereiche der antiken Überlieferung und der Renaissance; die Bibliothek Regiomontans, im Geburtsjahr Dürers von Rom nach Nürnberg transferiert, war von Bernhard Walther weitergeführt worden und enthielt die klassischen Schriften der Mathematik in seltener Vollständigkeit. Johann Werner, Geistlicher an St. Johannis und Mathematiker (Kat. Nr. 635), war einer aus dem Kreis der Berater Dürers, deren Werk aus der außerordentlichen naturwissenschaftlichen und mathematischen Potenz Nürnbergs und seiner Bibliotheken herauswuchs. Pirckheimer, der den Bücherbestand nach Werners Tod zweimal verzeichnete, wird Dürer den Zugang zu den Beständen verschafft haben. Als es nicht gelang, die Bibliothek beisammenzuhalten, erwarb Dürer aus dem Bestand zehn Werke ›so den malleren dienlich‹ und stellte die Erwerbungen im Haus am Tiergärtnertor auf, das er aus dem Eigentum Bernhard Walthers erworben hatte. Neben Johann Werner sind Andreas Künhofer, Johann Schöner, Johannes Stabius und Johann Tschertte zu nennen, um den Kreis der Gelehrten anzudeuten, denen Dürer auf dem Wege zur Abfassung der Unterweisung der Messung verpflichtet war.

Die erste Wirkung der Unterweisung zeigte sich bei der Künstlerschaft selbst, die das in deutscher Sprache geschriebene Werk lesen konnten. 1531 erschien H. Rodlers Kunst des Messens, nach den Worten der Einleitung für diejenigen bestimmt, die Dürers Werke nicht verstehen können (Rodlers Kopien nach Dürer zeigen, daß auch er ihn nicht verstand), 1543 die Geometria des Augustin Hirschvogel, der die Dürerschen Netzabwicklungen aufnahm, ebenso Michael Stifel 1544, 1567 kopierte Daniele Barbaro für seine Vitruvausgabe die Kegelschnitte und Kurvenkonstruktionen Dürers. Letztere Entlehnung schon wäre nicht möglich gewesen ohne die lateinische Übersetzung des Camerarius, die 1532, ohne Erlaubnis der Agnes Dürer, in Paris erschienen war und 1534 und 1535 neue Auflagen erlebte. Damit war die Unterweisung der Messung bereitgestellt für die mathematische Lehre und Forschung, die noch knapp einhundert Jahre später aus der Darstellung Dürers zitierte.

Paul Adolf Kirchvogel - Wulf Schadendorf

---

622 DAS BÜCHLEIN VON DER FIALEN GERECHTIGKEIT

Matthäus Roriczer: Das Büchlein von der Fialen Gerechtigkeit. [Regensburg:] Matthäus Roriczer, 28.6.1486. 4°

Nürnberg, Stadtbibliothek (3 an Math. 484. 4°)

Mit seinem dem Eichstätter Bischof Wilhelm von Reichenau gewidmeten Lehrbuch schreibt der Regensburger Dombaumeister Roriczer erstmals einen Teil der spätmittelalterlichen Bauhüttenlehre für den Druck nieder. Das schmale Heftchen behandelt die Entwicklung von Grundriß und Aufriß der Fialen über dem Grund der Quadratur. Geometrische Hilfskonstruktion bei der Verbindung der verschiedenen Ebenen ist im wesentlichen die Parallelprojektion, wie sie auch Dürer in der Unterweisung der Messung lehrt und in der Proportionslehre anwendet. Mit der Formulierung ›wie ein steinmetz seinen grund im aufreyssen auf zeucht‹ nimmt Dürer ausdrücklich auf die durch Roriczer und Schmuttermayer veröffentlichte mittelalterliche

Bauhüttentradition Bezug (Unterweisung, Bl. 04 r), deren Kenntnis nunmehr beim Leser vorausgesetzt werden durfte.

Literatur: E. Panofsky: Dürers Kunsttheorie. Berlin 1915, S. 48 - M. Steck: Dürers Gestaltlehre der Mathematik und der bildenden Künste. Halle 1948, S. 83 Nr. 51 - Panofsky 1, S. 242 - J. Schlosser Magnino: La letteratura artistica. Florenz-Wien 1956, S. 34 - Matthäus Roriczer: Das Büchlein von der Fialen Gerechtigkeit. Faksimile. Hrsg. v. F. Geldner. Wiesbaden 1965, S. 65-70.

623 DAS FIALENBÜCHLEIN

Hans Schmuttermayer: Fialenbüchlein. [Nürnberg: Georg Stuchs, 1489] 4°

Aus Bibliothek Philippi

Nürnberg, Germanisches Nationalmuseum (Inc. 36045)

Schmuttermayers Fialenbüchlein ist die zweite didaktische Schrift des 15. Jahrhs. aus dem Bereich der Bauhüttentradition. Gezeigt werden die Konstruktion von Fiale und Wimperg. Die Überlieferung scheint wie bei Roriczer in den Kreis der ›Junker von Prag‹, also der Schüler Peter Parlers d. Ä., hineinzuführen, dennoch ist Schmuttermayer nicht von Roriczer abhängig. Nach F. Geldner hat wahrscheinlich Schmuttermayers Arbeit Roriczer veranlaßt, seinem ersten Lehrbuch die deutsche Geometrie folgen zu lassen. – Dürer wird auch Schmuttermayers Büchlein gekannt haben, zumal es an einigen Stellen exaktere Darstellungen bringt als Roriczer. Es mag sein, daß Schmuttermayer, dessen übrige Arbeit bislang unbekannt blieb, über die Bauhütte von St. Lorenz in Nürnberg mit Konrad Roriczer, dem Vater des Matthäus, bekannt wurde, deren Wissen auf diese Weise nach der Schließung der Hütte am 8. Mai 1480 in die Lehrzeit Dürers hinübergerettet wurde.

Literatur: Hans Schmuttermayer's Fialenbüchlein. In: Anz. d. German. Nationalmus. NF 28, 1881, Sp. 65-78 – Matthäus Roriczer: Das Büchlein von der Fialen Gerechtigkeit. Faksimile. Hrsg. v. F. Geldner. Wiesbaden 1965, S. 73/74 – Rupprich 3, S. 310 – Hellwig, GNM, Nr. 834.

624   DIE GEOMETRIA DEUTSCH

Matthäus Roriczer: Geometria deutsch. [Nürnberg: Peter Wagner, um 1498] 4°

Aus der Königlichen Hofbibliothek

München, Bayerische Staatsbibliothek (4° Inc. s. a. 857d)

Neben den ersten nach 1480 gedruckten Rechenbüchern erschien um 1487/88 in Regensburg die Geometria deutsch, das älteste gedruckte deutsche Lehrbuch zur Geometrie. Roriczer lehrt in Beschreibung und Holzschnitt die Konstruktion des rechten Winkels nach Proklos, die des Fünfecks im Näherungsverfahren wie Leonardo da Vinci, setzt π mit dem archimedischen Näherungswert $3^1/_7$ an und zeigt sich damit durchaus auf der Höhe des Könnens der Zeit. Die teilweise Anwendung der durchgesprochenen Konstruktionen an einem Beispiel wird in der Urausgabe anhand der Konstruktion eines Wimpergs gegeben, in der hier gezeigten 2. Ausgabe von 1498 folgt statt dessen die Konstruktion eines Stechhelms. Das Konstruktionsschema aus Quadrat und buchstabenbezeichnetem Gitternetz entspricht grundsätzlich dem Koordinatensystem, das Dürer für die Konstruktion des menschlichen Kopfes anwendet. Auch die Näherungskonstruktion des regelmäßigen Fünfecks mit einer Zirkelöffnung, wie sie Dürer im 2. Buch der Unterweisung der Messung lehrt, findet sich bereits bei Roriczer. – Auffällig bleibt, daß der Stechhelm der Geometria den Typ der Zeit um 1485 wiedergibt (O. Gamber), so daß auf eine ältere Vorlage geschlossen werden darf, auch wenn zeichnerische Konstruktionsmethoden der Harnischmacher bislang nicht bekannt wurden. Nicht ausgeschlossen werden darf, daß Dürer seinem um 1498 entstandenen Blatt mit einem Stechhelm in drei Ansichten (W. 177; Paris, Louvre) eine Konstruktion nach Roriczer zugrunde legte, die ihm durch die Wagnersche Ausgabe kurz vorher bekannt geworden sein muß.

Literatur: Hain 7576 – E. Panofsky: Dürers Kunsttheorie. Berlin 1915, S. 49/50 – Olschki, S. 417/18 – Schramm 18, Abb. 538-547 – M. Steck: Dürers Gestaltlehre der Mathematik und der bildenden Künste. Halle 1948, S. 48, 112 – Matthäus Roriczer: Das Büchlein von der Fialen Gerechtigkeit. Die Geometria deutsch. Faksimile. Hrsg. v. F. Geldner. Wiesbaden 1965, S. 69-74 – Rupprich 3, S. 309.

625   DAS BAUMEISTERBUCH DES LORENZ LECHLER

Lorenz Lechler: Unterweisung in der Baukunst (1516, Abschrift 1593/96)

Papierhandschrift, 14 Bll.; 36 : 25,5

Köln, Historisches Archiv der Stadt (W. fo 276*, Bll. 43-56)

Das Lehrbuch, das Lorenz Lechler 1516 für seinen Sohn Moritz schrieb, ist nur in der Abschrift des Baumeisters Jacob Facht von Andernach gen. Keull erhalten. Er fügt den Text seinem eigenen Manuskript ein. Zugleich übernimmt er die Abschrift von Roriczers Fialenbuch (Kat. Nr. 622), die sich Lechler selbst angefertigt hatte, ebenso zeichnet er die Nachzeichnungen Lechlers nach Roriczers Holzschnitten mit den Varianten Lechlers sowie dessen hinzugefügte Risse ab. – Der Lechlersche Text beschäftigt sich mit Bauregeln und Anweisungen für bestimmte Bauaufgaben und Bauteile, wie Treppen, Fialen, Wimperge etc., die im Werk eines spätgotischen Zierarchitekten häufig in Frage standen. – Das Baumeisterbuch Lechlers zeigt in seiner ursprünglichen Anlage mit der Abschrift des Roriczerschen Fialenbüchleins wie in seiner Tradierung durch Facht die Fortwirkung spätmittelalterlicher Hüttentradition und der mit ihr verbundenen Gesetze von Quadratur, Triangulatur und des Aufziehens aus dem Grund. Die Kraft dieser Tradition wird sichtbar im 3. Buch der Unterweisung der Messung. Dürer beginnt es mit vieleckigen Säulen und Pyramiden, die in Typ und Darstellungsweise aus der Hüttentradition stammen, und ordnet Gewölbe und Pfeiler der Spätgotik vor die antikischen Bauformen der Renaissance.

Literatur: A. Reichensperger: Vermischte Schriften über christliche Kunst. Leipzig 1856, S. 122-24, 133-55 – A. Seeliger-Zeiss: Lorenz Lechler von Heidelberg und sein Umkreis. Heidelberg 1967, S. 27-29, 187/88 Nr. 7.

626   DÜRERS EXEMPLAR DER WERKE DES EUKLID   *Abb.*

Euklid: Opera, lat. Übers.: Bartolommeo Zamberti. Venedig: Johannes Tacuinus, 25.10.1505. 2°

Am unteren Rand des Titelblattes von Dürers Hand: Daz puch hab ich zw Venedich vm ein Dugaten kawft Im 1507 jor Albrecht Dürer. Links daneben das Monogramm des Künstlers

Aus der Biblioth. von Herzog Ludwig Rudolf von Braunschweig-Lüneburg

Wolfenbüttel, Herzog August Bibliothek (22.5 Geom. 2°)

Für den Kauf der kostbaren lateinischen Euklid-Ausgabe, unmittelbar vor der Abreise aus Venedig, sind sehr wahrscheinlich die Erfahrungen verantwortlich, die Dürer bei seinem vorangegangenen Besuch in Bologna machte, wenn nicht sogar ein spezieller Hinweis L. Paciolis (vgl. Kat. Nr. 629/30). Dürer hat sich in der Folgezeit, offenbar besonders bis 1513, intensiv dem Studium der Euklidschen Elemente gewidmet. Die Unterweisung der Messung ist ohne die mathematischen und geometrischen Kenntnisse, die Dürer aus Euklid schöpfte, nicht denkbar. Ohne fremde Hilfe wird Dürer das Studium nicht durchgängig möglich gewesen sein. Offenbar wurde er bei der Übersetzung der Suppositiones und Theoremata zur Perspektive (fol. AA 6r ff.) von Pirckheimer unterstützt (Rupprich 2, S. 372 ff.) und fertigte sich auf diese Weise für den eigenen Gebrauch den Katalog der Fundamentalsätze der gesamten Künstlerperspektive der Renaissance an (E. Panofsky). Ein Hinweis für Dürers Interesse an einer deutschen Fassung der Elemente findet sich noch 1524 in seiner Erkundigung nach der Übersetzungsarbeit des Nikolaus Katzer. Ungeklärt ist, inwieweit er eine Übersetzung des Johannes Werner benutzen konnte, die dieser, nach der Überlieferung J. Neudörfers, um 1507/09 im Auftrage des Büchsenmeisters Sebald Beham angefertigt haben soll. - Die nachhaltige Wirkung Euklids läßt sich im schriftlichen Nachlaß reichlich belegen, die Würdigung am Beginn der Unterweisung der Messung ›Der aller scharff sinnigst Euclides hat den grundt der Geometria zusamen gesetzt‹ (A 2r) gibt die Einschätzung Dürers selbst. Der direkte Bezug zu Euklid findet sich in der Erläuterung der geometrischen Grundbegriffe der Unterweisung der Messung, bei der Ermittlung der mittleren Proportionale und für eine Lösung des Delischen Problems. Grundlegend in der Proportionslehre wurde Euklid für Dürer bei der Anwendung des Gesetzes der stetigen Proportion auf die menschliche Figur seit 1513. - Teile des Euklidschen Gesamtwerkes kannte Dürer bereits vor 1507 aus Handschriften der Bibliothek Regiomontan-Walther. Ob er neben der hier gezeigten auch spätere Ausgaben benutzte (Venedig 1511), darf vermutet werden.

Literatur: Panzer 8, S. 375/76 Nr. 305 - H. Staigmüller: Dürer als Mathematiker. In: Programm d. Königl. Realgymnasiums in Stuttgart 1890/91, S. 39, 50/51 - M. Cantor: Vorlesungen über Geschichte der Mathematik 2. Leipzig 1900, S. 338-41 - E. Panofsky: Dürers Kunsttheorie. Berlin 1915, S. 15-20 - Panofsky 1, S. 117/18, 249, 267 - Rupprich 1, S. 112/13 Nr. 56, 221; 2, S. 19, 74, 279, 367-78; 3, S. 175, 315, 323, 360-63.

627 LEONE BATTISTA ALBERTI: DE PICTURA

Leone Battista Alberti: De pictura praestantissimae libri tres. Basel: Andreas Cratander, 1540. 8°

Aus Biblioth. Widmannstetter und der Kurfürstl. Hofbiblioth.

München, Bayerische Staatsbibliothek (Alch. 171,2)

Die 1435/36 von Alberti niedergeschriebenen drei Bücher über die Malerei sind der erste große Versuch der italienischen Renaissance, das gesamte Gebiet systematisch zu erfassen. Im 1. Buch behandelt Alberti Begriff und Aufgabe der Malerei und die Linearperspektive, das 2. Buch beschreibt die Würde der Malerei und ihre Elemente, das 3. die Aufgaben des Malers. Die 1512 und 1522 von Pirckheimer angelegten Kataloge der Bibliothek Regiomontan-Walther beweisen, daß Dürer hier eine Handschrift von De pictura zugänglich war, die Regiomontan, der mit Alberti persönlich bekannt war, wohl in Rom erwarb. Es mag sein, daß Dürer diese Handschrift 1522 mit anderen Büchern der Bibliothek Regiomontan-Walther kaufte. Wahrscheinlich hat er die Handschrift bald nach 1507 in die Hände bekommen, wenn nicht schon während der vorangegangenen Arbeit am Marienleben (Kat. Nr. 601, 633). Die Wirkung von De pictura auf Dürer zeigt sich deutlich an seinen Planungen für die ›Speis der Malerknaben‹, in die er zahlreiche Gesichtspunkte aufnimmt, die er bei Alberti gefunden hatte. Ob Dürer die bei Alberti gegebene Anleitung zur perspektivischen ›costruzione leggitima‹ aufgrund des Schnitts durch die Sehpyramide nutzen konnte, hängt in erster Linie davon ab, wann ihm die Handschrift bekannt wurde. Hatte er bereits vor 1505 davon Kenntnis, dann dürfen wir ein vereinfachtes Verfahren dieser Konstruktion beim Entwurf der Bildräume des Marienlebens annehmen. Ähnliches trifft für die Abhängigkeit von Dürers Zeichenapparat mit dem feststehenden Fadengitter zu (Kat. Nr. 641), der im Prinzip dem Albertischen ›velo‹ entspricht, und für den ›Teiler‹, eine der Hilfskonstruktionen zur Umformung der Figur in der Proportionslehre. - Die Handschrift der Bibliothek Regiomontan-

Walther wurde 1540 die Grundlage für die Erstausgabe, die Thomas Venatorius in Basel besorgte.

Literatur: H. Janitschek: L. B. Alberti's kleinere kunsttheoretische Schriften. Wien 1877, S. III-XXXII, 45-163, 262-63 - E. Panofsky: Dürers Kunsttheorie. Berlin 1915, S. 40-42, 142-48 - Olschki, S. 59-72 - L. B. Alberti: Della Pittura. Hrsg. v. L. Mallé. Florenz 1950 - Panofsky 1, S. 242-43, 273-77 - J. Schlosser Magnino: La letteratura artistica. Florenz-Wien 1956, S. 123-25, 127 - D. Gioseffi: Perspectiva artificialis. Triest 1957, S. 84-87 - H. Rupprich: Die kunsttheoretischen Schriften L. B. Albertis und ihre Nachwirkung bei Dürer. In: Schweiz. Beiträge z. allg. Gesch. 18/19, 1960/61, S. 219-21, 228-38 - Rupprich 3, S. 118-22, 268.

628 DER PERSPEKTIVTRAKTAT DES PIERO

Piero della Francesca: De prospectiva pingendi

Papierhandschrift, 91 Bll. mit späterer Zählung; darin 80 Federzeichnungen in Schwarz und Rot; 28,9 : 21,5

Parma, Biblioteca Palatina (Ms. 1576)

Der Traktat Piero della Francescas ist die erste systematische Darstellung der künstlerischen Perspektivlehre. Der Text des Parmenser Codex wurde vor 1482 von Piero eigenhändig geschrieben und mit Zeichnungen versehen. In exaktem schrittweisem Vorgehen wird in die ›costruzione legittima‹ der perspektivischen Ansicht von Körper, Raum und Figur eingeführt, bei der das Bild aus der Darstellung in Grundriß, seitlichem und frontalem Aufriß gewonnen wird. Erstmalig wird der Distanzpunkt in die theoretische Literatur eingeführt (G. N. Fasola). - Dürer muß wesentliche Teile und Verfahren des Traktates gekannt haben. Um 1507-09 konzipierte er acht Einleitungssätze zur Erarbeitung der perspectiva artificialis, die sachlich mit dem Text Pieros nahezu identisch sind. Dürers Kopfkonstruktionen werden - bis auf den von ihm selbst entwickelten ›Übertrag‹ (vgl. Kat. Nr. 494) - ebenso wie bei Piero entwickelt. Voraussetzung zur Konstruktion des Kopfes ist dabei die Anlage eines Grundrisses des Kopfes, d. h. die Eintragung mehrerer Querschnitthöhen in eine Zeichnung. Hier gleicht das Verfahren Dürers dem Pieros selbst in kleinen Details. Ähnliches gilt für die Konstruktion von architektonischen Gliedern bei Piero und in der Unterweisung der Messung, in deren 2. Auflage eine weitere perspektivische Entlehnung Pieros enthalten ist. Es ist anzunehmen, daß Dürer über Pacioli Kenntnis von Pieros Traktat erhielt. Die entscheidende Vermittlung dürfte in Bologna während des Winters 1506/07 stattgefunden haben.

Literatur: C. Winterberg: Petrus Pictor Burgensis de Prospectiva Pingendi 1, 2. Straßburg 1899 - E. Panofsky: Dürers Kunsttheorie. Berlin 1915, S. 32-38, 42-51 - Olschki, S. 145-51 - Piero della Francesca: De prospectiva pingendi. Hrsg. v. G. N. Fasola. Florenz 1942 - Panofsky 1, S. 249-52 - D. Gioseffi: Perspectiva artificialis. Triest 1957, S. 87/88 - Rupprich 2, S. 76-78, 367-69, 372 Nr. 2 (1) - K. Clark: Piero della Francesca. London 1969, S. 73-76.

629 PACIOLIS LEHRBUCH DER MATHEMATIK

Luca Pacioli di Borgo San Sepolcro: Summa de Arithmetica Geometria Proportioni et Proportionalita. Venedig: Paganinus de Paganinis, 10./20. 11. 1494. 2°

Aus der Kurfürstl. Hofbibliothek

München, Bayerische Staatsbibliothek (2° Inc. c. a. 3027p)

Euclidis megaresis philosophi platonici

Mathematicaruz disciplinarū Janitoris: Habent in hoc volumi
ne quicūcȝ ad mathematicā substantiā aspirāt: elemētozum libzos. xiij. cū expositione
Theonis isignis mathematici. quibus multa quae veerāt exlectiōe graeca sumpta
addita sub nec nō plurima subuersa ȝ przepostere: voluta in Cāpani iterp̄tatōe:
ozdinata vigesta ȝ castigata sunt. Quibus etiā nonnulla ab illo venerando.
Socratico philosopho mirādo iudicio structa habentȝ adiūcta. Deputa
tum scilicet Euclidivolumē. xiiȷ. cū expositiōe Hypsi. Alex. Jtidēcȝ
ȝ Phaeno. Specu. ȝ Perspe. cum expositione Theonis. ac miran
dus ille liber Datozȝ cum expositiōe Pappi Mechanici vna cū
Marini vialectici przotheozia. Bar. Zāber. Uene. Interp̄te.
CCum gratia ȝ Przivilegio per vecēnium.

Albrecht Dürer: Die Darstellung im Tempel (Kat. Nr. 633)

630 PACIOLIS PROPORTIONSLEHRE *Abb.*

Luca Pacioli di Borgo San Sepolcro: Divina porportione. Venedig: Paganinus de Paganinis, 1.6.1509. 2°

Aus den Bibliotheken C. Guicciardini und de Marinis

Schweinfurt, Sammlung Otto Schäfer (O.S. Nr. 241)

631 PIEROS TRAKTAT ZUR STEREOMETRIE

Piero della Francesca: Libellus de quinque corporibus regularibus, ital. Übers.: Luca Pacioli. Venedig: Paganinus de Paganinis, 1.6.1509. 2°

Aus Biblioth. Widmannstetter und der Kurfürstl. Hofbiblioth.

München, Bayerische Staatsbibliothek (in: 2° Math. P. 41)

Am Ende des Jahres 1506 ritt Dürer von Venedig nach Bologna, um der ›kunst willen jn heimlicher perspectiua, die mich einer leren will‹. Der Name dieses Lehrers ist unbekannt, wahrscheinlich war es Luca Pacioli oder ein Mathematiker seines Schülerkreises. Pacioli erfüllt die Voraussetzungen, die für den ›Bologneser Lehrer‹ Dürers gegeben sein müssen: Er war mit Leonardo und Piero persönlich gut bekannt, besaß die wissenschaftlichen Kenntnisse der Mailänder Schule, der Perspektivlehre Pieros und der Kunsttheorie Albertis. Sein Verständnis der Mathematik als einer auf die Praxis gerichteten und philosophisch-propädeutischen Wissenschaft kam Dürers Denkansatz entgegen. Dürers Kauf der Euklid-Ausgabe kann direkt auf Paciolis Anregung zurückgehen (Kat. Nr. 626), der zur gleichen Zeit den 2. Ratdolt'schen Euklid vorbereitete. - Die Summa de Arithmetica, die Dürer in Pirckheimers Bibliothek finden konnte, war das reichhaltigste Lehrbuch der gesamten Elementarmathematik und ihrer Anwendung in Handel, Buchführung und Münzwesen. Der aus antiker Tradition hergeleitete Aufbau des Werkes nach dem Zahlenschema 3 - 6 - 12 findet sich ähnlich in Dürers Konzepten zum Malerbuch wieder. - Die 1497 vollendete Divina proportione bringt die Lehre vom Goldenen Schnitt und eingehend die Konstruktion regelmäßiger und durch Abschneiden oder Hinzufügen abgeleiteter halbregelmäßiger Körper, zu deren 59 Abbildungen Leonardo die Zeichnungen geliefert hatte. Ob Dürer seine Netzabwicklungen der Vielflächner (Kat. Nr. 640) den Anregungen Paciolis verdankt, läßt sich nicht beweisen. Das Gewicht, das die Summa wie die Divina proportione den Polyedern beimessen, gehört zur Geometrie der Zeit. Die Divina proportione bietet jedoch eine Erklärung für den Aufbau und die eigenartige Stellung des 3. Buches der Unterweisung der Messung. Pacioli behandelt ähnlich Dürer nach den Polygonen die Architektur (beginnend mit der Säule!) und motiviert ebenso wie Dürer die Behandlung seiner Buchstabenkonstruktionen aus der Notwendigkeit von Bauinschriften. Seine Antiqua bringt erstmals die bei de Fantis (Kat. Nr. 632) und Dürer wieder auftauchenden Konstruktionen mit Hilfe kleiner Kreise, ist aber wahrscheinlich kaum sein geistiges Eigentum. - Der streng mathematisch gearbeitete und ursprünglich lateinisch geschriebene Libellus über die fünf regelmäßigen Körper nimmt das Hauptthema der Divina proportione wieder auf. Verfasser des Libellus ist Piero della Francesca, Pacioli hat ihn übersetzt und ohne Angabe der Autorschaft Pieros als Beiheft der Divina proportione angefügt. - Auf drei Wegen konnte Dürer vom Inhalt der Divina proportione und des Libellus sowie der darin enthaltenen Hinweise auf Piero und Leonardo, auf dessen Sforza-Monument und seine Proportions- und Bewegungslehre Kenntnis erlangen. 1. Direkte mündliche Belehrung in Bologna

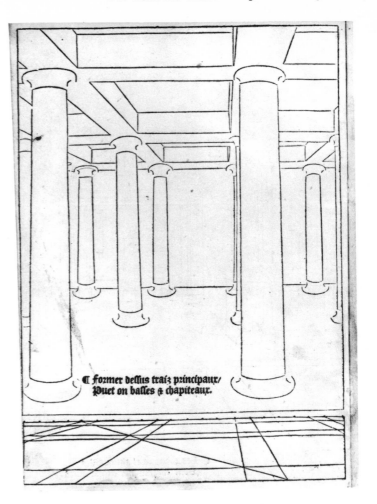

Säulenstellung nach Dürer aus dem Perspektivtraktat des Jean Pèlerin (Kat. Nr. 634)

durch Pacioli oder einen Mathematiker seines Kreises. Daß solch mündliche Belehrung stattgefunden hat, haben H. Rupprich und A. Reinhard aufgrund einer Nachschrift Dürers wahrscheinlich gemacht (Rupprich 3, S. 64/65). 2. In Italien Einweisung an Hand der Divina proportione in der Fassung von 1497. 3. Studium der Divina proportione und des Libellus in der Ausgabe von 1509. Die Kombination von 1. und 3. hat am meisten Wahrscheinlichkeit für sich. Vieles spricht dafür, daß Dürer vor der Abfassung der Unterweisung der Messung die Druckausgabe der Divina proportione vorgelegen hat.

Literatur: Hain 4105 (Summa) - Panzer VIII, S. 396 Nr. 472 (Divina proportione, 2. Ausg.), 473 (Libellus) - Fra Luca Pacioli: Divina proportione. Neu hrsg... v. C. Winterberg. Wien 1889 - M. Cantor: Vorlesungen über Geschichte der Mathematik 2. Leipzig 1900, S. 306-41 - Justi, S. 53-64 - E. Panofsky: Dürers Kunsttheorie. Berlin 1915, S. 6, 20-39 - G. Mancini: L'opera ›De corporibus regularibus‹ di Pietro Franceschi detto della Francesca usurpata da Fra L. Pacioli. Rom 1915. - Olschki, S. 163-218 - W. Stechow: Dürers Bologneser Lehrer. In: Kunstchronik NF 33, 1922, S. 251/52 - E. Crous: Dürer und die Schrift. Berlin 1933, S. 11/12 - S. Morison: Fra Luca de

Pacioli of Borgo S. Sepolcro. New York 1933 - Panofsky 1, S. 252, 258/59 - O. Becker-J. E. Hofmann: Geschichte der Mathematik. Bonn 1951, S. 158 - P. Trevisano: Alcuni disegnatori di caratteri in Italia. In: Gutenberg-Jb. 30, 1955, S. 12/13 - Rupprich 1, S. 58 Nr. 10, 290 Nr. 2, 294 Nr. 7; 2, S. 64 Nr. 4, 77/78, 83, 87, 154/55, 368; 3, S. 315 - K. Clark: Piero della Francesca, London 1969, S. 74-76.

632 DIE BUCHSTABENKONSTRUKTIONEN VON DE FANTIS

Sigismondo Fanti: Theorica et pra[c]tica... de modo scribendi fabricandiqve omnes litterarvm species. Venedig: Johannes Rubeus, 1.12.1514. 4°

München, Bayerische Staatsbibliothek (4° Graph. 17)

Sigismundus de Fantis zählt mit dem in Mailand wirkenden Francesco Torniello zu den ersten, die sich nach dem Vorgang von Feliciano, da Moile und Pacioli (Kat. Nr. 630) speziell der Konstruktion der Buchstaben widmeten. Die Theorica Fantis scheint die erste gedruckte Anleitung zur Konstruktion der Schrift zu sein. De Fantis behandelt nach grundsätzlichen Bemerkungen die Rotunda- und Texturaminuskel, danach, als Krone der Schriften, die römische Kapitale. Der Vergleich der Konstruktion der Dürerschen Antiqua, wie sie am Schluß des 3. Buches der Unterweisung vorgeführt wird, mit der von de Fantis zeigt weitgehende Übereinstimmung. Die Kapitale steht im Quadrat, das diagonal (de Fantis) oder horizontal und vertikal (Dürer) geviertelt wird. Auch in der Anwendung des Zirkels weicht Dürer nicht wesentlich von de Fantis ab. Allerdings arbeitet dieser mit der Proportion 1:8, während Dürer 1:9 bevorzugt.

Literatur: E. Crous: Dürer und die Schrift. Berlin 1933, S. 12 - Panofsky 1, S. 258 - Rupprich 3, S. 315.

633 DIE DARSTELLUNG CHRISTI IM TEMPEL
Albrecht Dürer *Abb.*

Links vorn an der Säule Schrifttafel mit dem Monogramm des Künstlers

Holzschnitt; Wz.: Hohe Krone; 29,3 : 20,9

Aus den Slgn. Hausmann und Blasius

Nürnberg, Germanisches Nationalmuseum (H 7726; Depositum Frau Irmgard Petersen geb. Blasius)

Dürers Aufzeichnungen zur Perspektive beginnen nach der zweiten italienischen Reise, über seine Kenntnisse bis 1507 belehrt allein das Werk, das die intensive Beschäftigung mit der Perspektive seit 1501/02 belegt. Die Hamburger Architekturstudie (W. 259) ist eines der wenigen erhaltenen Zeugnisse dieser Arbeit. Für deren Bewältigung stand Dürer empirisch ein Teil der Mittel der perspectiva artificialis zur Verfügung, jedoch war sie ohne theoretische Fundierung geblieben und konnte konstruktiv nur bedingt angewandt werden. Deutlichsten Niederschlag fanden die Studien im Marienleben (Kat. Nr. 601). - Für die Darstellung Christi im Tempel ist das architektonische Raumgerüst aus einer italienischen Quelle übernommen, E. Panofsky hat die Begegnung Salomos mit der Königin von Saba Piero della Francescas herangezogen (Arezzo). Dürer öffnet die Kassettendecke, stellt die Architektur in einen perspektivisch nicht beschreibbaren Raum, verschiebt den Bildausschnitt nach links, so daß die rechts vorn zu denkende Säule verschwindet

und der Raum sich nach dieser Seite ausdehnt, und legt die Bildebene vor den letzten bildparallelen Architrav, während die Basis der Säule vorn links genau am vorderen Bildrand steht. Er erzeugt auf diese Weise einen Raum, der, ähnlich der Raumanlage bei der Beschneidung Christi (Kat. Nr. 601 [11]), den Betrachter einzuschließen scheint. Zu fragen bleibt, ob und inwieweit die perspektivischen Kenntnisse, die Dürer im Marienleben zeigt, z. T. auf Jacopo de' Barbari zurückgehen.

Literatur: H. Schuritz: Die Perspektive in der Kunst Albrecht Dürers. Frankfurt 1919, S. 30 - E. Panofsky: Dürers Stellung zur Antike. Wien 1922, S. 44-50 - Flechsig 1, S. 450-54 - Panofsky 1, S. 96-104, bes. 101, 104, 248 - Rupprich 2, S. 75-78.

634 PELERINS TRAKTAT VON DER KÜNSTLERPERSPEKTIVE *Abb.*

1 Jean Pèlerin, gen. Viator: De artificiali perspectiva, lat.-franz. Toul: Petrus Jacobi, 12.3.1509. 2°
Wien, Österreichische Nationalbibliothek (11. D. 2)

2 Jean Pèlerin, gen. Viator: Von der Kunst Perspectiua [Übers.: Jörg Glockendon]. [Nürnberg: Jörg Glockendon] 1509. 2°
Aus den Bibliotheken Boerner, Weigel, Hauslab, Liechtenstein Schweinfurt, Sammlung Otto Schäfer (O. S. Nr. 121)

1505 erschien in Toul die erste Auflage von Pèlerins Traktat. Bedeutung gewann diese erste gedruckte und illustrierte, für die Praxis bestimmte Perspektivlehre durch die Vermittlung der perspectiva artificialis und des Distanzpunktverfahrens der italienischen Kunsttheorie nach Frankreich und Deutschland. Die zweite, um elf Holzschnitte erweiterte Ausgabe gab dem lateinischen Text die französische Übersetzung bei, um den Malern den Gebrauch des Werkes zu erleichtern. Die Holzschnitte wurden offenbar neu geschnitten und enthalten (C1v) die Säulenstellung aus Dürers Darstellung im Tempel (Kat. Nr. 633) und (C8r) einen Auszug nach einer Kopie der Marter der Zehntausend (Wien). Pèlerin ändert die Architektur des Holzschnittes an den wesentlichen Punkten ab: Der Fußboden wird nach vorn gezogen, die asymmetrische Säulenstellung und der verschobene Blickpunkt aufgegeben. Der Touler Druck wird Dürer bekannt gewesen sein; im gleichen Jahr bringt J. Glockendon seinen Nachdruck der ersten Ausgabe heraus, nicht ohne den Pilgerstab (Pèlerins Signet) aus einem Holzschnitt zu entfernen.

Literatur: J. Ch. Brunet: Manuel du libraire et de l'amateur de livres 5. Paris 1864, Sp. 1169/70 (Ausgabe Toul) - Panzer DA 1, Nr. 1033 (Ausgabe Nürnberg) - E. Panofsky: Dürers Kunsttheorie. Berlin 1915, S. 13, 24/25, 35/36 - Ders.: Dürers Stellung zur Antike. Wien 1922, S. 44-50 - M. Sondheim: Jörg Glockendons Kunst Perspectiva. In: Gesammelte Schriften. Frankfurt/M. 1927, S. 105-18 - Flechsig 1, S. 450-55 - W. M. Ivins: On the rationalization of sight. New York 1938, S. 30 - J. E. Hofmann: Geschichte der Mathematik 1. Berlin 1953, S. 94 - Panofsky 1, S. 104, 122, 248 - J. Schlosser Magnino: La letteratura artistica. Florenz-Wien 1956, S. 259-64 - A. Kolb: Bibliographia Tullensis. In: Gutenberg-Jb. 37, 1962, S. 198 - Rupprich 2, S. 75.

635 WERNERS SCHRIFT ÜBER DIE 22 KONISCHEN KÖRPER

Johannes Werner: Libellus super vigintiduobus elementis conicis. Nürnberg: Friedrich Peypus für Lukas Alantsee, 1522. 4°

Göttingen, Niedersächsische Staats- und Universitätsbibliothek (8° Math. I, 2352)

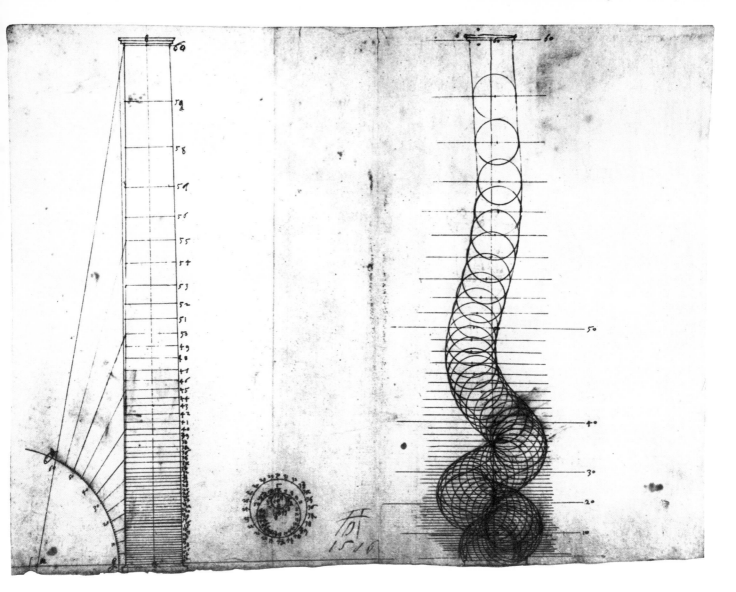

Albrecht Dürer: Konstruktion und Aufriß der gewundenen Säule (Kat. Nr. 637)

Der Libellus des Nürnberger Pfarrers und Mathematikers war um 1514 in einer ersten Fassung ausgearbeitet (De triangulis sphaericis), die zweite erschien 1522 im Druck. Werner konnte für seine Arbeit die Bibliothek Regiomontan-Walther benutzen. Im Libellus gibt er eine systematische ›wesentlich verbesserte und sehr selbständig aufgebaute‹ (J. E. Hofmann) Darstellung der sphärischen Trigonometrie. Werners Arbeit, die Dürer längere Zeit vor Erscheinen des Libellus bekannt gewesen sein wird, bot diesem die Grundlagen für die perspektivische Darstellung räumlicher Gebilde, für Probleme der sphärischen Flächen im 2. Buch der Unterweisung und für die Kubenformungen des 4. Buches der Proportionslehre. - Dürer war Werner persönlich verpflichtet, da er ihm die erste deutschsprachige Fassung der Beweisführung einer Lösung des Delischen Pro-

blems verdankt. Zum Delischen Problem bot Werner nicht weniger als elf Lösungen, darunter die des Archimedes-Kommentars des Eudokius aus der Bibliothek Regiomontan-Walther.

Literatur: H. Staigmüller: Dürer als Mathematiker. In: Programm d. Königl. Realgymnasiums in Stuttgart 1890/91, S. 40 - K. Schottenloher: Der Mathematiker und Astronom Johann Werner in Nürnberg. In: Festgabe Hermann Grauert gewidmet. Freiburg/Br. 1910, S. 147-55 - Olschki, S. 434/35 - Panofsky 1, S. 254, 260 - J. E. Hofmann: Geschichte der Mathematik 1. Berlin 1953, S. 93 - Rupprich 3, S. 314/15, 356, 361-63 Nr. 11 - H. Kressel: Hans Werner. Der gelehrte Pfarrherr von St. Johannis. In: Mitt. d. Ver. f. Gesch. d. Stadt Nürnberg 52, 1963/64, S. 299.

636   DAS INSTRUMENT ZUR ZEICHNUNG DER MUSCHELLINIE

Albrecht Dürer

Unten das Monogramm des Künstlers von fremder Hand

Federzeichnung, zusammen mit den Kat. Nr. 656 [1/2] auf einer Unterlage montiert; 9,5 : 8,7

Erlangen, Graphische Sammlung der Universitätsbibliothek Erlangen-Nürnberg (B 160)

Dürer gibt in der Unterweisung der Messung an zahlreichen Stellen nach der Konstruktion einer Figur auch den Entwurf für das Instrument zur Zeichnung der Figur, ohne weitere Hilfsmittel in Anspruch nehmen zu müssen. Die Muschellinie (1. Buch, Fig. 38) entsteht durch Abtragen einer sich gleich bleibenden Strecke auf einer bewegten Geraden. Das Instrument zum Zeichnen dieser Parabel bildet Dürer aus der Ordinate und Abszisse, auf denen der Zeiger als feststehende Strecke beweglich geführt werden kann. Der Entwurf gibt eine Vorstufe. In der endgültigen Fassung des Holzschnitts (1. Buch, Fig. 39) setzt die Zahlenreihe der Ordinate richtig rechts ein und ist zudem nicht bis zu 15, sondern bis zu 31 bzw. 32 geführt. Das Blatt entstand einige Jahre vor Erscheinen der Unterweisung.

Literatur: H. Staigmüller: Dürer als Mathematiker. In: Programm d. Königl. Realgymnasiums in Stuttgart 1890/91, S. 16-18 - Bock, Erlangen, Nr. 160 - Rupprich 3, S. 322 Nr. 3.

637   KONSTRUKTION UND AUFRISS DER GEWUNDENEN SÄULE

Albrecht Dürer   *Abb.*

Unten Mitte das Monogramm des Künstlers und die (unrichtige) Jahreszahl 1516, beides von fremder Hand

Federzeichnung; Wz.: Bekröntes Wappen mit L, zwei Lilien und angehängtem b (vgl. Briquet 8288/89); 29,1 : 37,1

Erlangen, Graphische Sammlung der Universitätsbibliothek Erlangen-Nürnberg (B 159)

Die mit Richtscheit und Zirkel gewonnenen Zeichnungen sind Vorstudien zu den Abbildungen 9 und 10 des 3. Buches der Unterweisung der Messung. Die linke Zeichnung ermittelte die Schnittfläche durch Antragen von 60° auf der Höhe der geraden Säule. Die rechte Zeichnung gibt die so gewonnenen, plan projizierten Querschnitte verschoben gegeneinander um die gewundene Achse der Säule (Raumkurve); deren Ermittlung dient die Schnittfigur links unten. Bei der endgültigen Ausführung im Holzschnitt hat Dürer die Schnittebenen, die Säulenachse und einen Teil der Kreismittelpunkte aus der rechten Zeichnung herausgenommen und zur übersichtlicheren Darstellung in eine zwischengeschaltete dritte Figur aufgenommen (H 3r links). Anwendungsmöglichkeiten der so gewonnenen Röhrenfläche um die Raumkurve beschränken sich vornehmlich auf Säulen mit konstant gewundener Achse.

Literatur: Bock, Erlangen, Nr. 159 - M. Steck: Dürers Gestaltlehre der Mathematik und die bildenden Künste. Halle 1948, S. 60/61 - Rupprich 3, S. 344 Nr. 2 (2).

638   GEDÄCHTNISSÄULE AUF DEN SIEG ÜBER ›MECHTIG LEUT‹

Albrecht Dürer

Auf der rechten Seite des Blattes Bezeichnung der Teile und Ab-

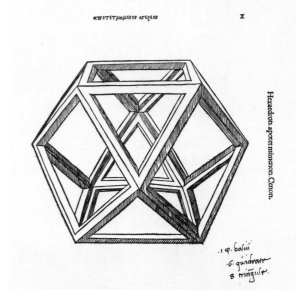

Polyeder aus der Divina proportione des Luca Pacioli (Kat. Nr. 630)

messungen, am oberen Rand das Monogramm des Künstlers und die (unrichtige) Jahreszahl 1513, beides von fremder Hand

Federzeichnung; 26,8 : 21,8

Aus Slg. Heller

Bamberg, Staatsbibliothek (I. A. 13)

Im 3. Buch der Unterweisung der Messung behandelt Dürer unter den Körpern zunächst die Säule und deren Teile. Beispiele für freistehende Säulen sind die Denkmalentwürfe auf den Sieg über ›mechtig Leut‹, über aufständische Bauern (Kat. Nr. 440) und das Grabmal eines Trunkenboldes. Einzig zur ritterlichen Triumphsäule hat sich der Entwurf erhalten (gegen 1525). Die Verwendung des Kanonenrohres gibt dem Denkmal einen klaren und architektonischen Aufbau ›more geometrico‹, der formale Zusammenhang mit der profilierten Säule ist beibehalten. Die Abmessungen sind mit dem Zirkel abgegriffen, Verbesserungen mit heller Tinte eingefügt. Die Beschriftung erläutert den Aufbau: auf der Spitze vier Harnische und zwei Schilde auf einer umgestürzten Glocke, die Säule als zwanzig Schuh langes Büchsenrohr, postiert auf einem Mörser, der seinerseits auf vier Pulverfässern steht. Neben dem architektonischen Unterbau sind links Varianten der Sockelprofile gegeben. Die endgültige Ausführung im Holzschnitt (H 6v) zeigt das Monument vereinfacht und die Maßverhältnisse gestrafft: Schilde und Pulverfässer sind entfallen, der Mörser auf zehn Schuh Länge vergrößert, so daß der kompakte Unterbau sich enger mit dem Säulenaufbau verbindet. ›Für Dürer war die ästhetische Wirkung gewisser Zahl- und Größenverhältnisse so sehr Dogma, daß er fest überzeugt war, dieselben üben die von ihm beabsichtigte Wirkung aus, ganz abgesehen davon, in welcher konkreten Gestalt und Form sie in Erscheinung treten‹ (H. Staigmüller).

Literatur: H. Staigmüller: Dürer als Mathematiker. In: Programm d. Königl. Realgymnasiums in Stuttgart 1890/91, S. 30/31 - Panofsky 1, S. 257 - Rupprich 3, S. 344 Nr. 3

639 ENTWÜRFE UND STUDIEN ZUR UNTERWEISUNG DER MESSUNG, ZUM MALERBUCH UND ZUR PROPORTIONSLEHRE

Albrecht Dürer

Papierhandschrift auf verschiedenartigem Papier mit zahlreichen Federzeichnungen, eine Zeichnung in Rötel; Bll. 3-15 alt paginiert, Bll. 1-2 und 16/17 (unpaginiert) Umschlag. Auf Bl. 1: XIV Folia Autographa Alberti Dureri ad opus geometricum: Unterweysung der messung etc. (von der Hand Ch. G. v. Murrs); rechts unten: Ex museo C. Murrii amicissimo Sen: ROTH D Colmar. Bl. 2: Geometri buch selbst Eigener Hand wie auch allerhand Corpora zu machen; dazu Monogramm Dürers von fremder Hand in Blei (16. Jahrh.?)

Aus den Bibliotheken Oelhafen von Schöllenbach, Murr, Colmar, Roth, P. W. Merkel

Nürnberg, Germanisches Nationalmuseum (2° Hs. Merkel 1 a; Depositum der P. W. Merkelschen Familienstiftung)

Bei der Merkelschen Dürerhandschrift handelt es sich wie beim Dürercodex der Stadtbibliothek Nürnberg um sehr verschiedenartige Fragmente aus dem schriftlichen Nachlaß Dürers, die noch von Ch. G. Murr als Einzelblätter bewahrt wurden und erst seit neuerer Zeit durch die Vereinigung zu einem Band den Eindruck einer Handschrift geschlossenen Charakters hervorrufen. Die zwölf Fragmente des Bandes entstanden zwischen 1508/09 und um 1525, der größere Teil ist Vorarbeit zur Unterweisung der Messung. Die Texte sind nahezu sämtlich durchstrichen, vornehmlich von Dürer selbst, nachdem der entsprechende Inhalt in anderer Form konzipiert worden war. Die Zeichnungen blieben unbeschädigt, es handelt sich um kleinere Varianten des Instruments zum Zeichnen der Schlangenlinie (Unterweisung D 3 r), um Vorarbeiten für die Abbildungen 46 und 48 des 1. Bu-

Albrecht Dürer:
Netzabwicklung
aus der Unterweisung
der Messung
(Kat. Nr. 640)

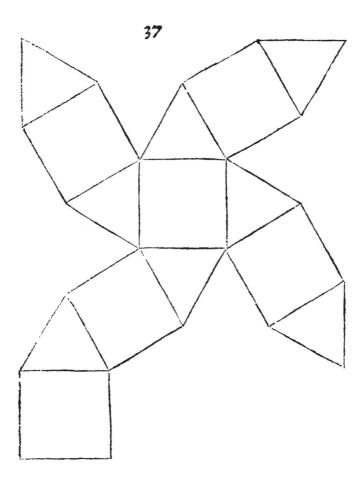

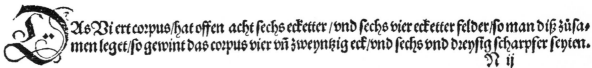

Das Viert corpus/hat offen acht sechs ecketter/vnd sechs vier ecketter felder/so man diß zusamen leget/so gewint das corpus vier vñ zweyntzig eck/vnd sechs vnd dreyssig scharpffer seyten.

N ij

ches der Unterweisung, um einen Entwurf zur Konstruktion des Neunecks, wie er in anderer Form in die Unterweisung aufgenommen wurde (E 3 v, Fig. 18), und um eine sorgfältige Studie für die Vervielfachung des Kubus (O 3 r, Fig. 51).

Literatur: K. Lange-F. Fuhse: Dürers schriftlicher Nachlaß. Halle 1893, S. 248/49 - M. Steck: Dürers Gestaltlehre der Mathematik und der bildenden Künste. Halle 1948, S. 109 - Rupprich 2, S. 117 Nr. 7 (3b), 279 Nr. 1 (1), 324 Nr. 3 (2), 403 Nr. 2 (3); Rupprich 3, S. 126 Nr. 1 (7), 138 Nr. 3 (1), 278 Nr. 9, 322 Nr. 4 (1), 323 Nr. 5, 331 Nr. 2, 336 Nr. 7 (1), 361 Nr. 11 (2), 433 Nr. 1.

640   DIE UNTERWEISUNG DER MESSUNG   *Abb.*

Albrecht Dürer: Vnderweysung der messung, mit dem zirckel vnd richtscheyt in Linien ebnen vnnd gantzen corporen...
Nürnberg: [Hieronymus Andreae] 1525. 2°

Bamberg, Staatsbibliothek (ad L. r. f. 112)

1523 entschließt sich Dürer, die Veröffentlichung der Proportionslehre zurückzustellen, da er für deren Verständnis die Kenntnis der darstellenden Geometrie für notwendig hält. Aus den in nahezu dreißig Jahren erarbeiteten Studien und Exzerpten stellte Dürer in relativ kurzer Zeit sein Lehrbuch der darstellenden Geometrie zusammen. Beabsichtigt ist nicht ein mathematisches Werk, sondern eine Anleitung zur Ermittlung und Konstruktion geometrischer Figuren für den praktischen Gebrauch des Malers und Handwerkers. Dürer ist nicht interessiert am mathematischen Beweis und System, sondern an den wissenschaftlichen Elementen der Kunst; danach richten sich der Aufbau des Werkes, die Auswahl der Probleme und die der Beispiele. - Die Unterweisung der Messung gliedert Dürer in vier Bücher. Im 1. Buch werden die Grundbegriffe von Punkt, Linie, Fläche und Körper nach Euklid (Kat. Nr. 626) behandelt, anschließend die krummen Linien, Schnecke, Spirale, Raumkurven, Kegelschnitte und entsprechende Anwendungen. Das 2. Buch ist den Flächen gewidmet, dem Winkel, den regulären Polygonen, deren Zusammensetzung, Konstruktion und Umwandlung. Dürer ist hier der erste, der mit vollem Bewußtsein Näherungskonstruktionen ausführt, da sie ›mechanice‹ gut durchzuführen sind, auch wenn sie ›demonstrative‹ unzureichend seien. Einmal wird eine Näherungslösung Roriczers übernommen (Kat. Nr. 622). Im 3. Buch läßt Dürer die Körper folgen, jedoch zieht er - in Anwendung der Ergebnisse des 1. und 2. Buches - die künstlerische Anwendung vor die geometrische Darstellung. Behandelt werden zunächst Kegel und Pyramide, die Anwendung der Säule im gotischen System und in dem der Renaissance sowie die freistehende Säule (Kat. Nr. 638 u. 440). Fast unsystematisch und empirisch schreitet die Untersuchung über die Turmkonstruktion fort zur Sonnenuhr (Kat. Nr. 325) und zur Entwicklung der Buchstaben in Antiqua und Fraktur. Das 4. Buch trägt die platonischen und archimedischen Körper nach und bietet schließlich einen strengen mathematischen Beweis zum Delischen Problem (Verdoppelung des Würfels, vgl. Kat. Nr. 635). Originäre Leistung Dürers sind die Netzabwicklungen regulärer und halbregulärer Körper, in denen er nachvollziehbare Modelle bietet, wie sie die bisherigen Euklid-Kommentare und -Editionen nicht kannten und Pacioli sie nur in perspektivischer

Darstellung brachte (Kat. Nr. 630). Am Schluß des 4. Buches behandelt Dürer die Perspektive. Über die Probleme von Licht und Schatten schreitet er zur exakten und approximativen Perspektive voran, die mit zwei Darstellungen des Zeichners bei der Arbeit das Werk beschließt (Kat. Nr. 641/42). - Die Unterweisung der Messung ist das erste, groß angelegte Lehrbuch der exakten Grundlegung der Kunst in deutscher Sprache und zugleich einer der schönsten Drucke der deutschen Renaissance. Die von Johann Neudörffer d. Ä. entworfene Fraktur wurde von H. Andreae geschnitten, Satzbild und Gestaltung des Werkes behielt sich Dürer vor, er überwachte den Druck. - Bekannt sind vier Varianten der ersten Auflage, unter denen sich ein Probedruck ohne Druckvermerk und mit zahlreicheren Druckfehlern befindet. Die übrigen Varianten unterscheiden sich nur geringfügig voneinander.

Literatur: Bohatta 1 - H. Staigmüller: Dürer als Mathematiker. In: Programm d. Königl. Realgymnasiums in Stuttgart 1890/91 S. 5-48 - M. Cantor: Vorlesungen über Geschichte der Mathematik 2. Leipzig 1900, S. 459-68 - E. Panofsky: Dürers Kunsttheorie. Berlin 1915, bes. S. 14-42, 122-80 - G. Lang: Albrecht Dürers Unterweisung der Messung. Vergleich der deutschen und der lateinischen Fassung. Diss. Wien 1946 (Masch. Schr.) - M. Steck: Dürers Gestaltlehre der Mathematik und der bildenden Künste. Halle 1948, bes. S. 10-79 - Panofsky 1, bes. S. 245-60, 270-73 - J. Schlosser Magnino: La letteratura artistica. Florenz-Wien 1956, S. 265-75 - Albrecht Dürer: Unterweisung der Messung... Faksimileausgabe. Appendix v. C. Papesch-A. Joeggli. Zürich 1966 - Rupprich 3, S. 309-17.

641   DER ZEICHNER DES SITZENDEN MANNES
   Albrecht Dürer

Holzschnitt; 13 : 14,8 (Bl. 13,2 : 14,9)

Aus Slg. Klugkist

Bremen, Kunsthalle Bremen (Kl. 1864)

Nachdem Dürer die exakten Verfahren der perspectiva artificialis dargestellt hat, werden am Ende des 4. Buches der Unterweisung der Messung zwei Zeichenapparate beschrieben und abgebildet, die eine näherungsweise perspektivische Darstellung erlauben. In der Ausgabe von 1525 sind dies der Zeichner des sitzenden Mannes und der Zeichner der Laute (Q 2 r, Q 3 r). Der erste Apparat besteht aus einem feststellbaren Visier, um die Spitze der Sehpyramide zu fixieren, und einer hochgestellten Glasplatte, die dem Schnitt durch die Sehpyramide entspricht. Der Zeichner umschreibt das auf der Glasplatte sichtbare Objekt mit Schwarzlot und überträgt es danach auf das Papier. - Wie zwei Entwürfe in Dresden und London zeigen, hatte Dürer die Konstruktion des Apparates bereits 1514/15 beendet. Verfahren wie Apparat sind nicht Dürers Erfindung, sondern offenbar aus oberitalienischen Quellen geschöpft. Lomazzo führt den Apparat auf Bramantino zurück, doch ist er bei Leonardo fast ebenso beschrieben, wie ihn Dürer ausführte. Im Prinzip war er bereits Alberti bekannt.

Literatur: H. Staigmüller: Dürer als Mathematiker. In: Programm d. Königl. Realgymnasiums in Stuttgart 1890/91, S. 48/49 - E. Panofsky: Dürers Kunsttheorie. Berlin 1915, S. 39-41 - J. Me-

→
Albrecht Dürer:
Der Zeichner der Laute (Kat. Nr. 642)

mit einem anderen puncten aber also piß das du die gantzen lauten gar an die tafel punctirst / dann
zeuch all puncten die auf der tafel von der lauten worden sind mit linien zůsamē / so sichst du was dar
auß wirt / also magst du ander ding auch abzeychnen. Dise meynung hab jch hernach aufgerissen.

Vnd damit günstiger lieber Herr will jch meinem schreyben end geben / vnd so mir Got genad ver
leycht die bücher so jch von menschlicher proporcion vñ anderen darzů gehörend geschryben hab mit
der zeyt in druck pringen / vnd darpey meniglich gewarnet haben / ob sich yemand vnder
steen wurd mir diß außgangen büchlein wider nach zů drucken / das jch das
selb auch wider drucken will / vñ auß lassen geen mit meren vnd
grösserem zůsatz dañ ietz beschehen ist / darnach mag
sich ein yetlicher richtē / Got dem Herren
sey lob vnd eer ewigklich.

N iij

Gedruckt zů Nüremberg.
Im. 1525. Jar.

der: Die Handzeichnung. Wien 1919, S. 466-69, 546/47 - Panofsky 1, S. 252/53 - Rupprich 2, S. 369, 383 Nr. 1.

642   DER ZEICHNER DER LAUTE

Albrecht Dürer   *Abb.*

Oben Mitte Monogramm des Künstlers und Jahreszahl 1525

Holzschnitt; 13 : 18,2 (Bl. 14,5 : 19,4)

Aus Slg. Klugkist

Bremen, Kunsthalle Bremen (K¹. 1865)

Der zweite der in der Erstausgabe der Unterweisung der Messung beschriebenen Perspektivapparate ist wesentlich komplizierter als der vorangehende (Q 3 r). Der Sehstrahl wird durch einen Faden vertreten, der von einem Fixpunkt an der Wand zu jedem beliebigen Punkt des zu zeichnenden Objekts geführt werden kann. Zwischen Fixpunkt ind Objekt ist ein Holzrahmen aufgestellt, in dem mit einem horizontalen und einem vertikalen Faden der Schnittpunkt zwischen Sehstrahl und Schnittebene (Rahmen) festgelegt werden kann. Ist dies geschehen, wird eine bewegliche Zeichenfläche in den Rahmen geklappt und der so gewonnene Punkt auf dem Papier eingetragen. Punkt für Punkt wird auf diese Weise das Objekt abgetastet. - Das umständliche Verfahren, zu dem der Künstler einen Helfer benötigt, ist in Italien nicht nachweisbar. Offenbar handelt es sich um eine Erfindung Dürers, mit dem er die Nachteile des Glasplattenapparates und des Keserschen Visierverfahrens (vgl. Kat. Nr. 644) beseitigen wollte. Der Apparat erlaubt gegenüber den anderen die genaueste Transponierung des Objekts auf das Blatt.

Literatur: H. Staigmüller: Dürer als Mathematiker. In: Programm d. Königl. Realgymnasiums in Stuttgart 1890/91, S. 48/49 - E. Panofsky: Dürers Kunsttheorie. Berlin 1915, S. 39-41 - Panofsky 1, S. 252 - Rupprich 2, S. 369, 385 Nr. 2.

643   DIE ERWEITERTE AUSGABE DER UNTERWEISUNG DER MESSUNG

Albrecht Dürer: Vnderweysuug [!] der Messung, mit dem Zirckel vnd richtscheyt... Nürnberg: Hieronymus Andreae, 1538. 2°

Aus den Bibliotheken Collegium Evangelicum Augsburg und Spitzel

Augsburg, Staats- und Stadtbibliothek (2° Stw Dürer 1527, Beiband)

Nachdem vier Jahre nach Dürers Tod die lateinische Ausgabe der Unterweisung der Messung erschienen war, wurde 1538 eine 2. deutsche Ausgabe in Nürnberg veranstaltet. Den Herausgeber kennen wir nicht, einiges spricht dafür, daß es der Theologe und Mathematiker Thomas Venatorius war, der auch 1540 Albertis De pictura nach der Handschrift der Bibliothek Regiomontan-Walther in Basel herausgab. Jedenfalls hatte der Herausgeber Zugang zu Dürers Nachlaß und konnte sich bei der Editionsarbeit offenbar auf ein zwischen 1525 und 1528 korrigiertes und ergänztes Handexemplar Dürers stützen, aus dem er textliche Ergänzungen und 22 für den Druck vorbereitete Abbildungen in die Neuausgabe übernahm. Die Ergänzungen betreffen vornehmlich das 1. (Kreislinie, 3. Proportionale) und das 3. Buch (archimedische Körper, Delisches Problem). Die letzte Ergänzung findet sich auch im Londoner Codex 5229 von Dürers Hand und entspricht dem Text der Ausgabe von 1538 (O 6 r). Ebenfalls neu aufgenommen wurden zwei weitere Apparate zur Perspektive (Kat. Nr. 644/45).

Literatur: Bohatta 4 - H. Staigmüller: Dürer als Mathematiker. In: Programm d. Königl. Realgymnasiums in Stuttgart 1890/91 passim, bes. S. 5 - E. Panofsky: Dürers Kunsttheorie. Berlin 1915, S. 38/39 - Rupprich 3, S. 311, 324 Nr. 6 (2), 325 Nr. 7, 350-67 Nr. 2 (2), 3, 6, 12, 13.

644   DER ZEICHNER DER KANNE

Albrecht Dürer

Holzschnitt; 7,6 : 21,2 (Bl. 8,4 : 21,8)

Aus Slg. Mummy

Bremen, Kunsthalle Bremen (06/391)

Der dritte Zeichenapparat wurde nach Dürers eigener Angabe nicht von ihm, sondern von Jakob Keser erfunden. Das Verfahren war Dürer bereits vor 1525 bekannt, dennoch nahm er es nicht in die Erstausgabe der Unterweisung der Messung auf, es erscheint erst in der Ausgabe von 1538 (Q 2 v-Q 3 r). Da bei dem Glasplattenapparat die Entfernung zwischen Auge und Zeichenfläche nie größer sein konnte als die Länge des zeichnenden Armes, wird hier das Auge wieder durch einen Fixpunkt an der Wand ersetzt, von dem ein Faden (Sehstrahl) zu einem Visier vor dem Auge des Zeichners läuft, mit dem er jeden Punkt des Objekts durch die zu bezeichnende Glasplatte hindurch anvisieren konnte. Der Zeichner steht also in der Sehpyramide. - Das Dresdner Skizzenbuch enthält zwei Entwürfe zum Apparat sowie zum Visier von Dürers Hand, der Londoner Codex 5229 die Reinschrift für die Beschreibung des Verfahrens.

Literatur: E. Panofsky: Dürers Kunsttheorie. Berlin 1915, S. 40-42 - Bruck, Taf. 136/37 - Panofsky 1, S. 253 - Rupprich 2, S. 370, 386 Nr. 3.

645   DER ZEICHNER DES LIEGENDEN WEIBES

Albrecht Dürer

Holzschnitt; 7,6 : 21,2 (Bl. 7,7 : 21,8)

Aus Slg. Mummy

Bremen, Kunsthalle Bremen (06/392)

Den vierten Zeichenapparat mag Dürer wohl deshalb nicht in die Erstauflage der Unterweisung der Messung aufgenommen haben, weil er allgemein bekannt gewesen sein muß. L. B. Alberti beschreibt ihn erstmals im ersten seiner Drei Bücher über die Malerei und nimmt die eigene Erfindung in Anspruch. Als ›velo‹ oder ›graticola‹ ist er auch um die Jahrhundertwende in Oberitalien bekannt und wird von Leonardo zum Zeichnen nach dem nackten Modell empfohlen. Wenn Dürer bei der Darstellung dieses Gitternetzapparates ein weibliches Modell postiert, darf dies als Hinweis darauf gelten, daß er das Verfahren vor oder während der zweiten italienischen Reise aus oberitalienischen Quellen kennenlernte, wenn er nicht den Text Albertis bereits aus der Bibliothek Regiomontan-Walther erhalten hatte. - Bei diesem Gitternetzverfahren ist das Auge durch einen Visierstab fixiert, zwischen Auge und Objekt befindet sich ein Gitternetz. Der Zeichner trägt die in den Netzquadraten erscheinenden Partien des Objekts auf dem vor ihm liegenden quadrierten Papier ein. Anstelle des Gitternetzes empfiehlt Alberti einen dünnen Stoff mit eingewebten stärkeren Fäden.

Literatur: E. Panofsky: Dürers Kunsttheorie. Berlin 1915, S. 40-42 - J. Meder: Die Handzeichnung. Wien 1919, S. 545 - Panofsky 1, S. 253 - Rupprich 2, S. 370, 390 Nr. 4.

1527 erschien in Nürnberg Dürers ›Etliche vnderricht/ zu befestigung der Stett/ Schlosz/ vnd flecken‹, 1535 in Paris eine Übersetzung ins Lateinische, 1603 in Arnheim, im Rahmen der Opera omnia, ein mit den originalen Holzschnitten ausgestatteter Abdruck. Die nächste, doch nur bedingt so zu nennende Edition, 1823, steht schon im Zeichen romantisch inspirierter Rückbesinnung. Die hier einsetzende wissenschaftliche Beschäftigung mit der Befestigungslehre Dürers blieb zumeist geschichtlich interessierten Militärs und Spezialisten der Kriegswissenschaften überlassen. Ich nenne die Abhandlungen der Offiziere C. v. d. Goltz (1867) und G. v. Imhof (1871) und, vor allem, die einschlägigen Kapitel in den grundlegenden kriegswissenschaftlichen Werken von M. Jähns (1880, 1889). Auf diesen ruht auch das kleine, doch vielseitig orientierende, kritisch sondierende Buch W. Waetzoldts, Dürers Befestigungslehre, erschienen nicht zufällig im Marsjahr 1916, des einzigen Kunsthistorikers, der sich, ohne Spezialisten-Kompetenz, in dieses ›Ausland‹ vorgewagt hat. Waren die aus Offiziersfedern geflossenen Würdigungen von einem betonten nationalen Stolz auf den, nach Wissen und Meinen der Autoren, seiner Zeit weit vorauseilenden, erst von den Urhebern des sog. Neupreußischen Systems wieder begriffenen Befestigungstheoretiker Dürer getragen, so konnte der Rückschlag jenseits der deutschen Grenzen nicht ausbleiben. Der französische Übersetzer des Unterrichts, A. F. Ratheau, auch Offizier, sprach ihm (1870) jede Erfinder-Originalität ab.

Angesichts der Riesenmasse kunstgeschichtlicher Dürer-Literatur wird man sich über das sehr schmale Interesse wundern müssen, das einem so unschätzbaren Zeugnis des Dürerschen Denkens, Wissens, Planens, wie es dieser Unterricht fraglos ist, entgegengebracht wurde. Kaum einer der vielen Dürer-Biographen, der nicht das unbequeme und unbehagliche Thema mit einigen wenigen Sätzen übersprungen hätte. Nun ist es aber doch nicht so, daß Dürer mit seiner Teilnahme an den Fragen der Befestigung, ja wirklich brennenden in dieser Wendezeit der Kriegstechnik und der Kriegstaktik, allein stünde, er befindet sich in der erlauchten Gesellschaft der Alberti, Filarete, Francesco di Giorgio Martini, Leonardo, Bramante, Michelangelo. Es leidet auch keinen Zweifel, daß der Befestigungstheoretiker Dürer, wie der Theoretiker Dürer insgemein, die entscheidenden Anstöße, Anregungen nur im Wirkungsbereich dieser Künstler-Denker, Künstler-Techniker gewonnen haben kann, lassen sich die Wege der Vermittlung im einzelnen auch nicht oder noch nicht aufzeigen. Der wandernde, reisende Dürer, aber auch der Bürger eines Stadtstaates, dessen Heil viel mehr in der Defensive als in der Offensive lag, mußte ja, bei der Schlagkraft, die die Feuerwaffe neuerdings in den letzten Jahrzehnten des 15. und den ersten des 16. Jahrhs. gewonnen hatte, immer wieder auf das die schleunigste Lösung fordernde Problem einer diesem Angreifer gewachsenen Befestigung hingewiesen werden. In seinem schriftlichen Nachlaß und auch im Corpus seiner Zeichnungen finden sich freilich nur sehr wenige Hinweise auf bestimmte konkrete Eindrücke, er muß aber reich an solchen Eindrücken gewesen sein, denn ohne sie wäre der Unterricht ungeschrieben geblieben.

Anblicks des nun schon soundso oft an den Tag gebrachten Versagens der mittelalterlichen Mauerwehren hatte der die moderne Feuerwaffe ins Kalkül stellende Festungsbaumeister erstens für eine dem Beschuß gewachsene Mauer-Wall-Grabenwehr, zweitens für die Möglichkeit artilleristischer Gegenschläge durch Geschützpositionen vor, auf und in den Wällen zu sorgen. Eine Hauptsache war nun die Flankierung, Seitenbestreichung des dem Wall vorliegenden Grabens. Sie wurde durch die den Wallinien an ihren Brechungspunkten vorgelegten kurzen breiten Türme, Rundele, ›Basteien‹, wie sie Dürer nennt, Vorläufer der wenig später aufkommenden Bastionen, geleistet.

Der in sechs Abschnitte gegliederte Unterricht handelt die Bastei in dreien dieser Abschnitte ab, deren jeder eine ›Meinung‹, eine Variante des Grundgedankens, vorträgt. Die Bastei (zweiter Manier) stößt mit ihrem halbrunden Kopf in den Graben vor, mit ihrem rechteckigen Rücken hinter den Graben zurück, birgt auf ihrer Plattform etwa zwanzig Geschütze, und zwar in Positionen, die auch eine innere stadtseitige Verteidigung zulassen, nimmt im unteren Teil des sonst massiven Halbrundes ›Streichwehren‹, Defensivkasematten für den rasanten Beschuß der Grabensohle, und im Rechteck eine Anzahl bombensicherer Hohlräume, Unterstände, Kasematten für die Mannschaften, für Proviant etc. auf. Sie ist selbständig genug, um sich auch noch gegen den auf und hinter den Wall gelangten Feind behaupten zu können.

Der vierte Abschnitt befaßt sich mit dem Konzept des von Dürer so genannten ›Schlosses‹, einer weiträumig abgesteckten Viereckfestung, der eine in die Wall-Umfassung einbegriffene (so zu nennende, wenn auch von Dürer nicht so genannte) Stadt zugeordnet ist. Dieser thematisch an die Stadtbaukunst, Sektor Idealstadt, heranführende Abschnitt hat als einziger eine den - hier wenig interessierten - Festungsspezialisten abdrängende breitere Beachtung gefunden. Er sprengt aber keineswegs den Rahmen des Unterrichts, denn die ›Stadt‹ ist nichts anderes als das in eine Vielzahl von ›Stöcken‹ aufgegliederte Existenz-Arsenal der Festung. Das Ganze ist ein von mehreren Gräben und Wällen mit Streichwehren umschlossenes Quadrat, mit einem Herzquadrat in der Mitte, das ist das Schloß im Schloß, das ›königliche Haus‹, das, in Grund- und Aufriß bei aller Symmetrie mittelalterlich, auch noch im Einschluß seines eigenen Grabens liegt. Die dieses monarchische Zentrum allseitig umgebende Untertanen-Stadt ist in Quartiere, Blöcke und ›Stöcke‹ (Gemeinschaftshäuser) abgeteilt, nach dem rechten Winkel schematisiert, die Quartiere geschlossen von Berufsständen bewohnt - Spiegel einer absoluten Herrschaft, auf die deutschen Verhältnisse der Dürerzeit kaum übertragbar, besser auf italienische, die denn auch im Mittel der von Dürer benützten Quellen vorauszusetzen sind. Der neuerlich unternommene Versuch, den Anreger der Dürerschen Konzeption im aztekischen Tenochtitlan aufzuzeigen, sei nur beiläufig angemerkt. Kannte Dürer wahrscheinlich, dank der 1524 in Nürnberg gedruckten Cortés-Briefe, die Viereck-Figur der Aztekenstadt, so bedurfte es doch nicht dieses entlegenen Exempels, um ihm die in der Luft (Mitteleuropas und nicht etwa Mittelamerikas) liegende Idee der ins Viereck geschlossenen Planstadt zu suggerieren.

Der fünfte Abschnitt entwirft eine ›Klause‹, ein Sperrfort in der Paßenge zwischen Berg und Meer: ein Zirkel konzentrischer Kreise um einen Hof in der Mitte, den ein zweigeschossiges Corps radial angeordneter Kasematten umstellt, dieses in eine Folge von Wällen und Gräben mit in die Grabensohle gestellten Streichwehren (Caponnières) eingeschlossen – um auch hier nur kurz eine viel differenziertere Grund- und Aufrißdisposition anzudeuten.

Der letzte Abschnitt bespricht die mögliche Verbesserung bestehender älterer, mittelalterlicher Stadtbefestigungen: Verstärkung des Mauergürtels (er bleibt, wie er ist) durch eine vorgeschobene Wall-Graben-Linie, die zu den schon genannten Elementen der Befestigung die Abböschung der – sonst stets senkrechten oder nur leicht geneigten (nach innen ›hängenden‹) – Wallmauer hinzufügt, eine Behelfsfortifikation, wie sie noch langhin, wenn nicht auf die Dauer, der großen Mehrzahl der Städte genügen mußte.

Die kritische Prüfung der Dürerschen Entwürfe führte zu der Aufstellung, daß so ziemlich jedes der von ihm erläuterten Befestigungselement seine älteren, meist italienischen Vorbezeugungen habe, daß also von Erfinder-Originalität nicht wohl die Rede sein könne. Trifft das zu – träfe es zu, denn so resolut trifft es keinesfalls zu –: Worin liegt (läge) dann die Bedeutung der Dürerschen Befestigungslehre? Nicht nur darin, daß sie die erste im Druck erschienene theoretische Bearbeitung des Themas ist, sondern auch und vor allem darin, daß sie die verschiedenen, verschiedenenorts erdachten, verschiedenenorts auch schon in praxi erprobten fortifikatorischen Elemente in eine differenzierte Lehre, in ein, als solches doch eben Dürer gehöriges ›System‹ zusammenfaßte. Im überlieferten Pläne-Material des Zeitalters liegt nichts vor, was sich in der, durch Sach- und Fachkunde erstaunlichen, Einläßlichkeit des Vortrags und der ihm in den Holzschnitten, Grundrissen, Aufrissen, Schnitten, Ansichten, beigegebenen zeichnerischen Erläuterungen mit den, ins Detail gehenden, Entwürfen Dürers vergleichen ließe. Bewundernswert schon die einfach klare, meist sicher treffende, nur da und dort einmal der Auslegung bedürftige sprachliche Formulierung, von der man sagen darf, daß sie Dürer nicht geschenkt wurde.

Aber die Wirkung seines Unterrichts auf Mit- und Nachwelt reichte nun doch nicht weit. Die Suche nach der Anwendung seiner Ideen in den Fortifikationen des 16. Jahrhs. hat zu so manchen Behauptungen geführt, die sich schwerlich halten lassen. Die Neubefestigung Ingolstadts beispielsweise, 1539 in die Wege geleitet und in die Hände des Grafen Reinhard Solms gelegt, eine der großen Unternehmungen der Zeit, hätte auch ohne Dürer so ausfallen können, in wesentlichen Punkten weicht sie zudem von seinen Lehrsätzen ab. Der kriegsverständige Graf hatte bei den Befestigungen von Lich und Hanau praktische Erfahrung gesammelt, er hatte auch schon seine Experienz in einer 1536 gedruckten Schrift niedergelegt, dem ersten deutschen Traktat dieser Art nach Dürer, dessen Name ungenannt bleibt, was bei den Autorengewohnheiten der Zeit freilich wenig zu besagen hat. Dürer selbst enthält sich jeden Hinweises auf seine Vordermänner, es sei denn der unvermeidliche auf den ›alten Römer Vitruvius‹, und zitiert auch nur einmal ein konkretes Beispiel, die spätmittelalterliche katalonische Grenzfeste Salses im Roussillon, diese im Zusammenhang mit seiner, doch nur in einer allgemeinen Weise (das tertium ist die Paßlage) vergleichbaren Klause. Man hat gesagt, Dürer habe sich durch die Maßlosigkeit der von ihm vorgeschlagenen Dimensionen um den Erfolg gebracht, Abmessungen, die auch das Vermögen der großen und größten Herren, an die er sich ja übrigens ausschließlich wendet – der Adressat der Widmung ist der Habsburger

König Ferdinand, der künftige Kaiser – und die er an die Pharaonen der, wie er meint, zu gar nichts nützlichen und doch so riesigen Pyramiden erinnert, weit überstiegen. Aber seine Entwürfe hätten sich mit Vereinfachungen, Reduktionen, wie er sie selbst (nicht gern, aber doch) anheimstellt, unschwer verwirklichen lassen. Die maßstäbliche Verringerung hätte auch die ohne sie erforderlichen zyklopischen Steinmassen auf das Tragbare begrenzt. Blieb den Dürerschen Ideen die Verwirklichung in der damals doch äußerst angespannten Praxis der defensiven Armierung (seine eigene Stadt baute fast unausgesetzt am Zirkel ihrer vor einem runden Jahrhundert abgeschlossenen Befestigungen) vorenthalten, so lag der nächste Grund wohl darin, daß diese Ideen schon wieder durch die neueste Entwicklung überholt waren: Im Druckjahr des Unterrichts steckte Sanmicheli die Grundlinien der bastionären Polygonalbefestigung, der die nächste Zukunft gehörte und die als die ›neue italienische Manier‹ (an die ›alte‹ knüpfte Dürer an) in die Geschichte einging, beim Bau der Veroneser Fortifikationen ab.

Um noch einmal das Wort ›zyklopische Steinmassen‹ aufzugreifen: Dürer ließ den, selbstverständlich zu erwartenden, Einwand, man ›möchte geringere gepeu mit weniger costung gleich so vest pauen‹, nicht gelten: ›wer für sorg vnd einfallen pauen‹ wolle, der solle ›noch stercker gepeu‹ machen, stärker noch als von ihm angegeben. In dieser bewußt nur auf den Trutz der massiven Mauerwuchten abzielenden, superlativisch übertreibenden Steinanhäufung steckt ja wohl so etwas wie Steinfreude, die Lust am gewachsenen festen schweren Stein, geformt durch die von Dürer zitierten ›kunstreichen steinmezen‹, wie sie das, durch das geologische Fundament des Landes begünstigte, nürnbergische Bauen zu allen Zeiten charakterisiert hat. In seinem, von den Anwälten der Sache, des Zweckes bescholtenen Steinaufwand verhielt sich Dürer durchaus nürnbergisch. Sei es betont: Seine Fortifikationen sind auch Baukunst, will sagen auch der ästhetischen Beurteilung zugänglich, was ja übrigens vom Festungsbau (wie zuvor vom Burgenbau) aller Jahrhunderte, bis ins letzte, gilt. Die Begründung in Maß und Zahl, die Geometrie der zwei, die Stereometrie der drei Dimensionen erhebt die bewußt nur unter dem Antrieb des Zweckes geformten Steinkörper der Festungswerke zum Rang elementarer Architektur.

Nun abschließend noch einige Bemerkungen über die dem Leser auf der Zunge liegende Frage, was denn Dürer zu dieser Exkursion ins Terrain des Festungsbaumeisters geführt oder auch verführt haben kann. Von einem an den Sorgen seiner Kommune aktiv teilnehmenden, gelegentlich mit Offizien wie dem eines Genannten des Größeren Rates bebürdeten Stadtbürger wird man erwarten dürfen oder müssen, daß er den Mauerschutz seiner Stadt, als den Garanten ihrer (mithin auch seiner) Existenz, in seine wachsame Aufmerksamkeit zieht. Bei der Nähe, die die bildende Kunst in ihrer Bemühung um die Konstruktion, Rekonstruktion der jetzt nur mehr durch den Schlüssel der Perspektive aufschließbaren Realität, des dreidimensionalen Realitätsausschnittes, zu den mathematischen Disziplinen, Geometrie an der Spitze, gewonnen hatte, bot sich zudem die nun insbesondere durch ein enges, das engste Verhältnis zu diesen Disziplinen gekennzeichnete Festungsarchitektur als ein ideales Feld für den experimentierenden, Grundregeln, Objektivitäten suchenden Künstler. Gestattete schon die Architektur, insgemein, reine Formen, Grundfiguren zu konkretisieren, so noch einmal mehr die Festungsarchitektur, deren Material die reinen Formen, Figuren der Geometrie und Stereometrie sind, die dazu auch durch die in den Geschoßbahnen ausgedrückten Blicklinien inmitten der Probleme der optischen Perspektive steht. So darf die These gewagt werden: War es zunächst die Aktualität des Festungsbaues, die den Künstler, als Techniker, auf ihn hinführte, so war es dann auch dessen Offenheit für den auf die reinen, will heißen von allen Zusätzen, Zufällen der Empirie gelösten Formen, Grundformen zuhaltenden Künstler dieses Zeitalters der Renaissance.

Alexander von Reitzenstein

Literatur: C. v. d. Goltz: Albrecht Dürers Einfluß auf die Entwick-
lung der deutschen Befestigungskunst. In: Über Künstler und Kunstwerke 2. Hrsg. v. H. Grimm. Berlin 1867, S. 189-203 - A. Dürer: Instruction sur la fortification des villes, bourgs et châteaux ... Traduit par A. F. Ratheau. Paris 1870 - G. v. Imhof: A. Dürer in seiner Bedeutung für die moderne Befestigungskunst. Nördlingen 1871 - M. Jähns: Handbuch einer Geschichte des Kriegswesens. Leipzig 1880, S. 1183-89 - Ders.: Geschichte der Kriegswissenschaften 1. München-Leipzig 1889, S. 783-92 - W. Waetzoldt: Dürers Befestigungslehre. Berlin 1916.

646   DER ARCHITEKTURTRAKTAT DES FILARETE

Antonio di Pietro Averlino gen. Filarete: Trattato dell'architettura

Dedikationsexemplar mit Widmung an Piero de' Medici, von der Hand eines professionellen Schreibers des 15. Jahrhs.; 192 Bll., darin 215 Federzeichnungen, meist aquarelliert; 29 : 40

Florenz, Biblioteca Nazionale (Codex Magliabecchianus; II. I. 140)

Filarete verfaßte seinen wohl um 1460 begonnenen und 1464 vollendeten Architekturtraktat in der Absicht, einen fürstlichen Bauherrn mit den Regeln der Baukunst bekannt zu machen. Er wandte sich vor allem an Francesco Sforza, den Herzog von Mailand, in dessen Diensten er lange Jahre stand. Die über dem Grundriß eines achtstrahligen Sterns errichtete Idealstadt, deren romanhaft dargestellte Gründung und Erbauung das Hauptthema des Traktats bildet, heißt beziehungsreich Sforzinda. Bei der Entwicklung seiner Vorstellungen von Theorie und Praxis des Bauwesens dienten Filarete die Lehren seines Zeitgenossen Alberti und die Regeln des Vitruv als Vorbild. Für das Weiterwirken von Filaretes Ideen gibt es nur geringe Anhaltspunkte, obwohl der Traktat schon bald nach der Abfassung durch Abschriften zugänglich war. Von den heute erhaltenen Handschriften steht der Codex Magliabecchianus dem verschollenen Originalmanuskript am nächsten.

Literatur: P. Tigler: Die Architekturtheorie des Filarete. Berlin 1963 - H. Bauer: Kunst und Utopie. Berlin 1965, S. 70-83, 106-14 - J. R. Spencer: Filarete's treatise on architecture. 2 Bde. (Übersetzung u. Faksimile). New Haven-London 1965 - Rupprich 3, S. 375.

647   ZEHN BÜCHER ÜBER ARCHITEKTUR

Leone Battista Alberti: De re aedificatoria. Hrsg.: Angelus Politianus. Florenz: Nicolaus Laurentii, 29.12.1485. 2°

Nach dem ältesten Besitzeintrag in der Bibliothek des Dr. Hartmann Schedel; mit der Schedelschen Bibliothek 1552 an Johann Jakob Fugger, 1571 an die neu gegründete Münchner Hofbibliothek

München, Bayerische Staatsbibliothek (2° Inc. c. a. 1541)

Alberti schrieb seine zehn Bücher über Architektur um 1450, gedruckt wurden sie erst dreizehn Jahre nach seinem Tode. Der italienische Künstler-Humanist tritt in seinem an Vitruv anknüpfenden Hauptwerk für eine neue Gesetzmäßigkeit in der Kunst nach antikem Vorbild ein. Er entwirft dabei das Idealbild einer Stadt, deren Gestaltung ihren Bewohnern ein glückliches Leben in Familie und Staat sichern soll. Alberti wurde mit seinen Schriften zum Ahnherrn zahlreicher Kunsttheoretiker südlich und nördlich der Alpen. Dürer hat den Architekturtraktat sehr wahrscheinlich gekannt. Nicht überliefert ist, ob er ihn auch besaß wie Hartmann Schedel oder der Augsburger Humanist Konrad Peutinger.

Literatur: Hain 419 - Rupprich 1, S. 221/22 - H. Bauer: Kunst und Utopie. Studien über das Kunst- und Staatsdenken in der Renaissance. Berlin 1965, S. 29-62, 88-94.

648   ZWÖLF BÜCHER ÜBER DAS KRIEGSWESEN

Roberto Valturio: De re militari. Verona: Joannes Nicolai de Verona, 1472. 2°

Im Atlasteil 84 Holzschnitte mit Abbildungen von Belagerungsmaschinen, Geschützen, Fahnen, Wasserfahrzeugen und Schwimmgeräten

München, Bayerische Staatsbibliothek (2° Inc. c. a. 158)

Valturio vollendete seine für Sigismondo Pandolfo Malatesta, Herrn von Rimini, verfaßten zwölf Bücher über das Kriegswesen um 1460. Verbreitung fand das Werk zunächst in einer Reihe von Handschriften mit zum Teil prunkvoll ausgeführten Miniaturen. Der Druck von 1472 gehört zu den ersten Büchern Italiens mit Holzschnittillustrationen, die die Verbindung zu der Zeit des Verfassers herstellten, während Valturios Text fast ausschließlich auf den Schriften antiker Autoren fußt. - Zur Übernahme der Abbildungen in Deutschland vgl. Kat. Nr. 649.

Literatur: Hain 15847 - M. Jähns: Geschichte der Kriegswissenschaften 1. München-Leipzig 1889, S. 358-62 - Rupprich 3, S. 373.

649   KURZE RED VON DER RITTERSCHAFFT

Flavius Vegetius Renatus: De re militari, deutsch. Übers.: Ludwig Hohenwang. [Augsburg: Johann Wiener, um 1475] 2°

Am Schluß des Buches 64 ganzseitige Holzschnitte mit Abbildungen von Belagerungsmaschinen, Geschützen, Wasserfahrzeugen und Schwimmgeräten

Nürnberg, Germanisches Nationalmuseum (Inc. 33491)

Der Abriß des Kriegswesens, den Vegetius im späten 4. Jahrh. unter Verwendung der Schriften älterer Autoren verfaßte, entstand als Aufruf zur Reorganisation des römischen Heeres ange-

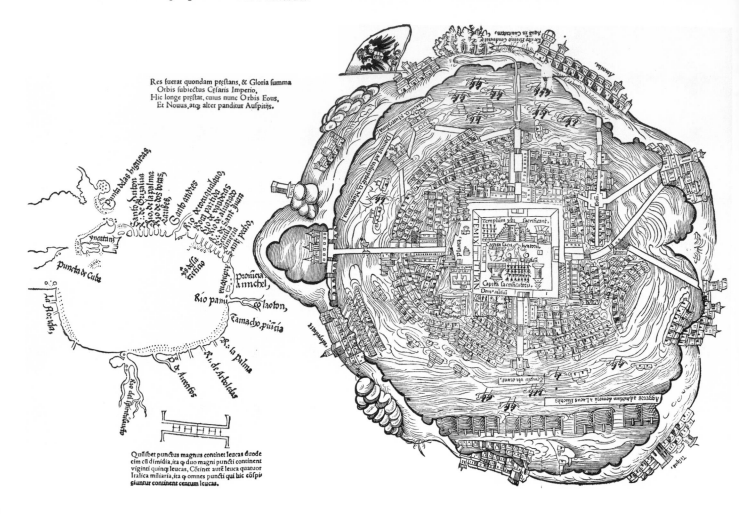

Der Plan der Aztekenstadt Tenochtitlan aus dem Briefbericht des Hernando Cortés (Kat. Nr. 653)

sichts der drohenden Germaneneinfälle. Das im mittelalterlichen Europa überaus geschätzte und in Handschriften weit verbreitete Werk erschien 1473 erstmals im Druck. Wenige Jahre später folgte die deutsche Übersetzung von Ludwig Hohenwang, die dieser dem Grafen Johann von Lupfen, Landgrafen zu Stühlingen, gewidmet hat. Die dem deutschen Vegetius in einem Anhang beigegebenen Holzschnitte sind den Illustrationen der Valturio-Ausgabe von 1472 (Kat. Nr. 648) nachgeschnitten.

Literatur: Hain 15916 - M. Jähns: Geschichte der Kriegswissenschaften 1. München-Leipzig 1889, S.109-25, 244-47, 264-68 - Schramm 23, Abb.414-78 - Rupprich 3, S.372/73.

650   KRIEGSBUCH

Flavius Vegetius Renatus: De re militari. [Erfurt: Hans Knappe d.Ä., um 1512] 2°

195 ganzseitige Holzschnitte mit Darstellungen von Belagerungsmaschinen, Tauch- und Schwimmgeräten, Geschützen. Titelbl. rechts unten signiert PVM (Peter von Mainz), weitere Monogramme auf Taf.10 (MS: Melchior Schwarzenberg), 49 u.90 (HK bzw. HK 1511; Signum des Druckers Hans Knappe)
Nürnberg, Germanisches Nationalmuseum
(Postinc. 2° Kr.302m)

Hans Knappe druckte 1511 eine mit 121 Holzschnitten illustrierte deutsche Ausgabe des Vegetius. Die bald darauf erschienene zweite Ausgabe trägt zwar den Namen des römischen Schriftstellers, enthält aber keinen Text, sondern nur die Illustrationen der ersten Ausgabe, vermehrt um 74 neue Holzschnitte. Ein Teil der Darstellungen geht auf den Valturio-Druck von 1472 bzw. die Vegetius-Übersetzung des Ludwig Hohenwang zurück, in anderen Fällen läßt sich an Miniaturen aus Kriegsbüchern als Vorlagen denken. Gegenstand der durch ein neues Bemühen um bildmäßige Gestaltung gekennzeichneten

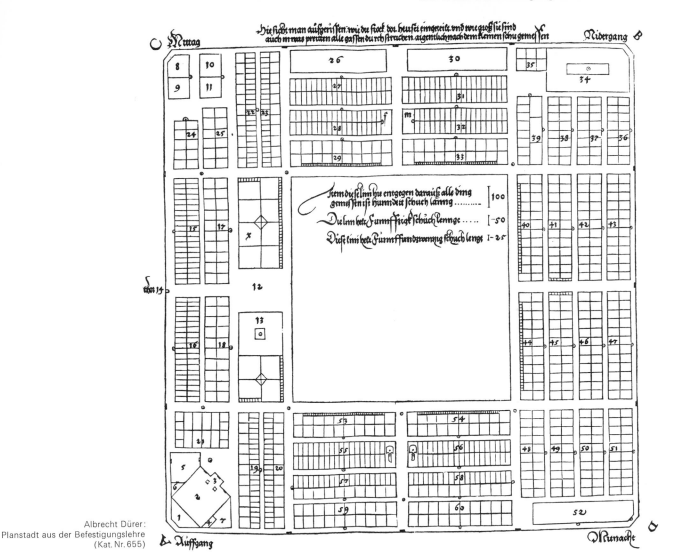

Albrecht Dürer:
Planstadt aus der Befestigungslehre
(Kat. Nr. 655)

Holzschnitte ist das gesamte Arsenal technischer Kampfmittel der Antike und des Mittelalters, damals noch utopische Erfindungen eingeschlossen wie etwa selbstfahrende Wagen oder Ausrüstungen für Wasserläufer und Froschmann-Taucher.

Literatur: M. Jähns: Geschichte der Kriegswissenschaften 1. München-Leipzig 1889, S. 452 - M. v. Hase: Peter von Mainz und die Holzschnitte zu den von Hans Knappe in Erfurt gedruckten Ausgaben des Vegetius (1511). In: Archiv f. Gesch. d. Buchwesens 4, 1963, Sp. 1569-78 - Ders.: Bibliographie der Erfurter Drucke von 1501-1550. Ebda 8, 1967, Sp. 737 Nr. 266, 739 Nr. 271.

651 KRIEGSBUCH AUS FRANKEN

Ludwig von Eyb zum Hartenstein: Kriegsbuch

Am Kopf des Titelblattes Vorrede des Verfassers mit der Jahres-

zahl 1500, darunter Wappenhalterin mit dem Wappen von ihm und seiner Ehefrau, Margarethe Truchseß von Pommersfelden, sowie der Devise ›Bedenckß End‹

Am Anfang 3 Bll. Pergament, sonst Papier; Wz.: Fünffiedriges Blatt, ab fol. 261 auch Krone ohne Bügel mit Lilienaufsatz (ähnlich Piccard, Kronenwasserzeichen, 221); 305 Bll.; Federzeichnungen, aquarelliert, Titelbild in Deckfarben; 43 : 29

Erlangen, Graphische Sammlung der Universitätsbibliothek Erlangen-Nürnberg (Cod. ms. 1390 [gr. fol.])

Die Vorrede zum Kriegsbuch kann, da Eyb seinen elfjährigen Dienst als Vicedom der Oberpfalz anführt (1499-1510), nicht vor 1510 niedergeschrieben sein. Die Jahreszahl 1500 bezeichnet also wohl den Beginn der Arbeiten an der umfangreichen Bilderhandschrift. Ludwig von Eyb trug sein noch ganz in der Tradition mittelalterlicher Kriegsbücher stehendes Sammelwerk aus verschiedensten Quellen zusammen. Im Inhalt wie in vielen

Einzelheiten schließt es sich eng an den 1405 vollendeten Bellifortis des Konrad Kyeser an. Die nur selten von längeren Texten unterbrochene Folge der zum Teil mit Beischriften versehenen Illustrationen enthält Fecht- und Ringdarstellungen, Abbildungen von gerichtlichen Zweikämpfen, Wagenburgen, Belagerungsmaschinen, Schwimm- und Tauchgeräten, Kriegsbrücken, Geschützen und Hebezeugen, Feldbefestigungen und schließlich Planetenbilder, wie sie im Bellifortis und auch im ›Hausbuch‹ vorkommen. Daß Dürer mit der Thematik der Kriegsbücher vertraut war, läßt sich an verschiedenen Beispielen in seinem graphischen Werk ablesen. Interessieren konnten ihn freilich nur Einzelheiten, nicht die gleichförmige Aneinanderreihung verschiedenster Darstellungen.

Literatur: E. Kuphal: Ludwig von Eyb der Jüngere (1450-1521). In: Archiv f. Gesch. u. Altertumskunde v. Oberfranken 30, 1927, S. 6-58 - E. Lutze: Die Bilderhandschriften. Kataloge der Handschriften der Universitätsbibliothek Erlangen. Neubearbeitung 6. Erlangen 1936, S. 104-16 - Rupprich 3, S. 374.

652 GUTACHTEN ZUM DACHSTUHL DER KLOSTERKIRCHE GNADENBERG
Albrecht Dürer

2 Bll. mit Zeichnungen und Beischriften. Auf der Vorderseite von Bl. 1 Ansichten eines hohen Satteldaches und eines flachen Zeltdaches, dazu jeweils ein Schnitt durch die Dachstuhlkonstruktion, auf der Rückseite die Ansicht eines Walmdaches. In den Beischriften erläutert Dürer, ›worum dy gros dachung schedlich sey‹, und schlägt anstelle des vorhandenen Daches eine flachere, selbsttragende Neukonstruktion vor. Auf Bl. 2 als Detail die Bindung eines Gebälks in Ansicht und Horizontalschnitt. Beigegeben ist ein Zettel mit dem von anderer Hand geschriebenen Vermerk: + Jesus 1517 Jar. Albrecht Dürers mußter mit anzaigung der beschwerdt deß thachwergs der der kirchen gnadenperg.

Federzeichnung, aquarelliert, alt montiert in Folioheft

Nürnberg, Stadtarchiv (Familienarchiv Fürer Nr. 20, fol. 18-22)

Das Birgittenkloster Gnadenberg in der Oberpfalz wurde von Nürnberger Patrizierfamilien mit reichen Stiftungen bedacht. Die Brüder Siegmund und Christoph Fürer ließen 1517/18 die Kirche ausbessern und einwölben. Das bei dieser Gelegenheit eingeholte Gutachten ist eines der wenigen Dokumente, die Dürers Beschäftigung mit praktischen Fragen des Bauwesens belegen. Außer der für die Auftraggeber bestimmten Reinschriftfassung in Nürnberg existiert noch ein ausführlicheres Konzept (London, British Museum, Cod. Add. 5229, fol. 165/66). Dürer beruft sich darin für die von ihm gewählten Proportionen auf Vitruv. Verwirklicht wurde das Dachprojekt nicht.

Literatur: E. Reicke: Albrecht Dürer als Architekt und die Klosterkirche in Gnadenberg (Oberpfalz). In: Zs. f. Bauwesen (Hochbauteil) 76, 1926, S. 23-28 - Rupprich 1, S. 218-20.

653 DER PLAN DER AZTEKENSTADT TENOCHTITLAN *Abb.*

In: Hernando Cortés: Praeclara de Noua maris Oceani Hyspania Narratio... [Übers.: Petrus Savorgnanus. Darin:] Petrus Martyr Anglerius: De rebus, et Insulis nouiter Repertis... Nürnberg: Friedrich Peypus, 4.3.1524. 2°

Kolorierter Holzschnitt (Karte des Sees und der Stadt ›Temixtitan‹) auf Pergament; 47,5 : 29,2

Wien, Österreichische Nationalbibliothek, Kartensammlung (394.471 - C. K.)

Der Nürnberger Drucker Friedrich Peypus brachte 1524 ein Buch über die Entdeckung und Eroberung von Mexiko heraus, das eine lateinische Übersetzung des zweiten und dritten Briefberichtes des Hernando Cortés an Kaiser Karl V. über die Ereignisse von 1519-21 sowie eine Schrift des Petrus Martyr Anglerius über die neu entdeckten Länder enthielt. Der beigegebene große Plan der Aztekenhauptstadt Tenochtitlan (Temixtitan), der auf eine zum ersten Cortés-Brief gehörende Zeichnung zurückgeht, zeigt im Zentrum des vom Holzschneider mit typisierten europäischen Hausansichten gefüllten Grundrisses den von einer Mauer umgebenen quadratischen Tempel- und Opferplatz. Nach einer Vermutung von E. W. Palm, die verschiedentlich Zustimmung fand, könnte dieser Grundriß Dürer eine Anregung für das in die Befestigungslehre aufgenommene Schema der quadratisch angelegten Planstadt mit dem befestigten Schloß in der Mitte gegeben haben. Über Pirckheimer hatte Dürer Kontakte zum Übersetzer der Cortés-Briefe, Pietro Savorgnano, und das in Nürnberg gedruckte Buch wird sicher in seine Hände gekommen sein. Den Grad der Anregung sollte man freilich nicht zu hoch bewerten, gemessen am Einfluß der italienischen Architekturtheorie auf Dürers Gedankengänge.

Literatur: Panzer VII, S. 466 Nr. 182 - E. W. Palm: Tenochtitlan y la Ciudad ideal de Dürer. In: Journal de la Société des Américanistes NS 50, 1951, S. 59-66 - Rupprich 1, S. 270/71 - P. Zucker: Town and square. New York 1959, S. 120-23 - H. Bauer: Kunst und Utopie. Berlin 1965, S. 100.

654 DAS TITELBLATT DER BEFESTIGUNGSLEHRE
Albrecht Dürer

Wappen Ferdinands I., Königs von Böhmen und Ungarn, darunter der Buchtitel: Etliche vnderricht/ zu befestigung der Stett/ Schloß/ vnd flecken. Am unteren Rand des allseitig beschnittenen Blattes handschriftliche Widmung für Christoph Koler mit Dürermonogramm (nach Mitt. v. H. Rupprich nicht von Dürers Hand)

Holzschnitt, koloriert; 27,8 : 16,8

Aus den Slgn. Hausmann und Blasius

Nürnberg, Germanisches Nationalmuseum (H 7608; Depositum Frau Irmgard Petersen geb. Blasius)

Die Abbildung des von der Ordenskette des Goldenen Vlieses umrahmten königlichen Wappens auf dem Titel der Befestigungslehre entspricht der Widmung an König Ferdinand auf der Rückseite des Blattes, in der Dürer sich auch zum Zweck seiner Schrift äußert: Dieweil sich nun zudregt das E. M. etlich stett vnnd flecken zu befestigenn verschafft hat/ pin ich verursacht meinen geringen verstandt derhalb an zuzeigen/ ob E. Mt. gefellig sein wolt/ etwas darauß ab zunemen/ Dann ich dar für halt/ ob mein anzaygen nit an allen orten angenomen werd/ müg dannoch zum teil was nutz daraus entspringen/ nit alleyn E. Mt. sonder auch andern Fürsten/ herren/ vnd stetten/ die sich geren vor gewalt vnd vnpillicher bedrangung schützen wolten...

Literatur: Rupprich 3, S. 453.

655 DIE BEFESTIGUNGSLEHRE *Abb.*

Albrecht Dürer: Etliche vnderricht, zu befestigung der Stett, Schloß, vnd flecken. Nürnberg: [Hieronymus Andreae] Okt. 1527. 2°

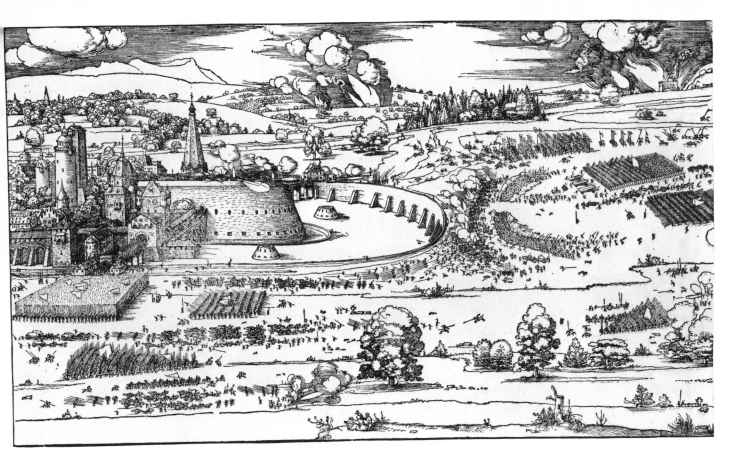

Albrecht Dürer: Die Belagerung einer befestigten Stadt, Ausschnitt (Kat. Nr. 658)

Kolorierter Titelholzschnitt; 21 Holzschnitte im Text, zum Teil auf 10 eingefalteten Doppelblättern: Konstruktionsschemata; verschiedene Basteien (Ansichten, Risse und Schnitte); Grundriß einer aus dem Quadrat entwickelten Schloß- und Stadtbefestigung; Bebauungsplan für die quadratisch angelegte Stadt; ›Klause‹ zwischen Gebirge und Meer (Zirkularbefestigung; Grundriß, Ansicht und Schnitte); Vorschlag zur Verstärkung der Befestigung einer ummauerten Stadt; Lafette und Winde für ein Festungsgeschütz

Nürnberg, Germanisches Nationalmuseum (DÜRER 4° Ct 152/3)

Von der Befestigungslehre erschienen in rascher Folge drei Ausgaben, die sämtlich die Datierung Oktober 1527 enthalten. Die beiden ersten Ausgaben unterscheiden sich voneinander nur durch den Umfang des Druckfehlerverzeichnisses auf dem letzten Blatt, für die dritte wurde ein korrigierter Satz hergestellt. Allem Anschein nach fand die Schrift, deren Drucklegung Dürer selbst kritisch überwachte, lebhafte Beachtung. Die erhaltenen Skizzen und Textentwürfe zur Befestigungslehre sind nach H. Rupprich erst ab 1525 entstanden, nach dem Abschluß der ›Unterweisung der Messung‹. Seit wann Dürer sich mit Fragen des Festungsbaus befaßt und wann er die Idee der ›Planstadt‹ aufgegriffen hat, bleibt ungewiß. - Zu Inhalt und Bedeutung der Befestigungslehre vgl. S. 355-57.

Literatur: W. Waetzoldt: Dürers Befestigungslehre. Berlin 1916 - Bohatta 11 b - H. Bauer: Kunst und Utopie. Berlin 1965, S. 99 - 102 - Rupprich 3, S. 371-423 - A. v. Reitzenstein: Etliche vnderricht/ zu befestigung der Stett/ Schloß/ vnd flecken. A. Dürers Befestigungslehre. In: Albrecht Dürers Umwelt. Nürnberg 1971, S. 178-92.

656   ZWEI ZEICHNUNGEN ZUR BEFESTIGUNGSLEHRE
Albrecht Dürer

1 Frontalansicht einer Bastei
Unten von fremder Hand das Monogramm des Künstlers und die Jahreszahl 1513

2 Grundriß der ›gewelb‹ einer Bastei
Unten, dem Winkel der Bauform folgend, beschnitten

Federzeichnungen, zusammen mit Kat. Nr. 636 auf einer Unterlage montiert; 1. Wz.: Bekröntes Wappen mit L zwischen zwei Lilien und angehängtem b (ähnlich Briquet 8288); 11,3 : 42,5; 2. 4 (oben) : 17,1

Erlangen, Graphische Sammlung der Universitätsbibliothek Erlangen-Nürnberg (B 161, 162)

Die Holzschnitte in der Buchausgabe der Befestigungslehre (fol. C III v und C V v) stimmen in Anlage und Abmessungen weitgehend mit den Zeichnungen überein. Unterschiede zeigen sich in der Behandlung von Einzelheiten. Als Fragment, vielleicht auch als Entwurfsvariante anzusehen ist die Grundrißzeichnung, die nur den rückwärtigen Teil der im Holzschnitt abgebildeten Anlage - die hinter der Stadtmauer liegenden Kasemattengewölbe - wiedergibt. Das für die Zeichnungen benutzte Papier scheint Dürer während der niederländischen Reise erworben zu haben (vgl. Kat. Nr. 657).

Literatur: Bock, Erlangen, Nr. 161, 162.

657   DIE KLAUSE (BEFESTIGUNGSANLAGE ZWISCHEN GEBIRGE UND MEER)
Albrecht Dürer

Am linken Rand, übergreifend auf einen schmalen angesetzten Streifen, das Monogramm des Künstlers von fremder Hand

Federzeichnung in Schwarz; Wz.: Bekröntes Wappen mit L zwischen zwei Lilien und angehängtem b (ähnlich Briquet 8288, Meder 314); 21,3 : 20,2

Mailand, Biblioteca Ambrosiana (F. 264 inf. 18)

In dieser letzten erhaltenen Landschaftszeichnung gibt Dürer die Idealansicht einer kreisförmig angelegten ›Klause‹, wie er sie in der Befestigungslehre beschrieben und in Grundriß, Ansicht und Schnitten abgebildet hat. Das verwendete Papier scheint Dürer während der niederländischen Reise erworben zu haben.

Literatur: Ausst. Ambrosiana-München 1968, Nr. 34.

658   DIE BELAGERUNG EINER BEFESTIGTEN STADT
Albrecht Dürer   *Abb.*

Auf dem rechten Blatt unten Täfelchen mit dem Monogramm des Künstlers und der Jahreszahl 1527

Holzschnitt, 2 Teile; 22,4 : 38,1 bzw. 22,4 : 34,6

Berlin, Kupferstichkabinett, Staatliche Museen Preußischer Kulturbesitz (192-2, 193-2)

Der zweiteilige Holzschnitt steht in engstem Zusammenhang mit der Befestigungslehre, war aber nicht zur Aufnahme in das Buch bestimmt. Dürer demonstriert am Beispiel dieser erdachten Belagerung seine Lehren aus dem 4. Kapitel des ›Unterrichts‹. Die Ummauerung der alten Stadt am linken Bildrand ist durch eine riesige neue ›Bastei‹ mit breitem Graben verstärkt worden, die dem heftigen Geschützfeuer der Belagerer wohl Trotz bieten kann. Die Verteidiger der Stadt setzen eben zu einem Ausfall an, wie Dürer ihn in einem nicht in die Druckausgabe übernommenen handschriftlichen Entwurf (London, British Museum, Cod. Add. 5229, fol. 49 r) beschrieben hat: Item jn der tzeit, so man sich fon dieser schüt heftig wert, darneben sollen die aus der stat auch mit geschos vnd gutem folk auf zweien seiten heraus ziehen jn guter ordnung vnd mandlich fersuchen, ob sie den feinden mügen ab prechen oder auf das wenigst an dem sturm hindern.

Literatur: W. Waetzoldt: Dürers Befestigungslehre. Berlin 1916, S. 27/28 - Rupprich 3, S. 382, 420/21 - A. v. Reitzenstein: Etliche vnderricht/ zu befestigung der Stett/ Schloß/ vnd flecken. A. Dürers Befestigungslehre. In: Albrecht Dürers Umwelt. Nürnberg 1971, S. 178-92.

Das Fechtbuch Dürers steht in einer Tradition, die sich sowohl sachlich wie auch der Vorlage nach bestimmen läßt. Ring- und Fechtbücher wurden in deutscher Sprache seit dem 14. Jahrh. verfaßt. Die darin gelehrten Kampftechniken entstammen nur teilweise der ritterlich-höfischen Zeit. Der Ritter hat sich mit dem Schild abgeschirmt und einhändig mit einem zweischneidigen Schwert gefochten. Dagegen lehrten die Fechtbücher fast immer den schildlosen Kampf mit einem schweren, zweihändig geführten Langschwert. Der gleichfalls schildlose Messerkampf wurde ebenso ausführlich dargestellt. Einmal spiegelt sich darin der Wandel der militärischen Kampftechnik seit dem 13. Jahrh., wie er sich mit dem Aufkommen der Söldnerheere zwangsläufig ergab. Zum anderen sagen die Fechtbücher in aller Deutlichkeit, daß sie auch die Schwertkämpfer für den gerichtlichen Zweikampf, zu dem sich die streitenden Parteien Fechter mieten konnten, in allen Finessen ausbilden wollen. Für diese Art Fechten gab es eine eigene Fachsprache, alle Abwehr- und Angriffspositionen hatten charakteristische Namen. Dies erleichterte die zeichnerische Darstellung. - Fecht- und Ringbücher sind in der handschriftlichen Überlieferung gewöhnlich verbunden. Die Ringbücher wollten möglichst viele Ringfiguren lehren. Welche davon alt waren, läßt sich kaum ausmachen, da das Ringen auch Teil des ritterlichen Kampfes sein konnte, wenn die beiden Gegner ihre Schwerter verloren oder die zum Fechten notwendige doppelte Schwertdistanz unterlaufen hatten. Die Ringfiguren wurden nach Angriff und Abwehr, Ausgangs- und Endstellung unterschieden. Das Ringen spielte eine Rolle bei der Ausbildung der (städtischen?) Fußsoldaten, doch würden die Ringbücher mehr für das Schauringen der auch urkundlich nachweisbaren Berufsringer passen. Auch die Ringkämpfe der Handwerksgesellen bei den bürgerlichen Festen im 15./16. Jahrh. ergäben einen sinnvollen Bezug. Ringen und Fechten als Schaukämpfe sanken rasch in der allgemeinen Achtung, wie der Ausdruck ›fechten gehen‹ für die Bettelei bezeugt. - Die volkssprachigen Ring- und Fechtbücher des 14. Jahrhs. sind in der Regel unbebildert, aber durch Glossen und Merkverse ausgebaut. Im 15. Jahrh. übernahmen allem Anschein nach die Bilder die Aufgabe, die z. T. schwer verständlichen Texte zu erläutern. Die Fürstlich Oettingen-Wallerstein'sche Bibliothek besitzt eine bebilderte Handschrift, die textlich und bildlich ihm so genau entspricht, daß sie in der Forschung als Vorlage des Dürerschen Ring- und Fechtbuches bezeichnet wurde.   Emil Ploss

659 DAS RING- UND FECHTBUCH
Albrecht Dürer

Auf Einband und Titelblatt vom Ende des 16. Jahrhs. die Jahreszahl 1512. Drei jeweils durchnumerierte Folgen von Kampfpositionen: 120 Darstellungen von Ringerpaaren mit erläuternden Texten, 22 von Schwert- und (Ring-)Dolchkämpfen, 58 des Fechtens mit dem ›Messer‹ (einem einschneidigen Kurzschwert)

35 Bll. mit 200 Federzeichnungen, aquarelliert; Wz.: Ochsenkopf mit Kreuz und Schlange (vgl. Briquet 15366-81); 31 : 22

Um 1823 von dem Theologen Vincenz Weintridt in der Steiermark entdeckt und 1833 Kaiser Franz I. zum Geschenk angeboten

Wien, Graphische Sammlung Albertina (Inv. Nr. 26232)

Die undatierten und unsignierten Zeichnungen des Ring- und Fechtbuches sind verschiedentlich nicht als eigenhändige Arbeiten Dürers anerkannt worden, vor allem unter Hinweis auf ihre geringere Qualität gegenüber einigen für Dürer gesicherten Fechterskizzen aus dem Jahre 1512 (London, Brit. Mus., Cod. Add. 5229). Eine Ausführung durch Gehilfen nahm zuletzt E. Panofsky an. Übersehen wurde dabei, daß die Zeichnungen die sehr lebendige Umsetzung der künstlerisch anspruchslosen Vorlage von etwa 1470 darstellen. Die Beischriften zu den Ringkampf-Illustrationen sind, wie H. Rupprich neuerlich bestätigte, überwiegend von Dürer selbst und in einigen Fällen von Pirckheimer geschrieben worden. Das letzte Viertel stammt von einer bisher nicht identifizierten Hand. Die Anregung zu dem unvollendet gebliebenen Werk gab möglicherweise Kaiser Maximilian.

Literatur: F. Dörnhöffer: Albrecht Dürers Fechtbuch. In: Jb. d. kunsthist. Slgn. d. allerhöchsten Kaiserhauses 27/II, 1907-09, S. 1-81 - Tietze, Albertina 4, Nr. 163 - Rupprich 3, S. 427-32. - Allgemein zu Fechtbüchern, mit Bibliographie: M. Wierschin: Meister Johann Liechtenauers Kunst des Fechtens. München 1965.

DAS WERK: DÜRER ALS ENTWERFER FÜR GOLDSCHMIEDEKUNST

Durch seine Herkunft, seine frühe Ausbildung und auch durch die Familie seiner Frau ist Albrecht Dürer besonders eng mit dem Handwerk der Goldschmiede verbunden.

Schon sein Großvater Anton Dürer war Goldschmied. Sein Vater, Albrecht Dürer d. Ä., muß zu den bedeutendsten Meistern Nürnbergs und damit seiner Zeit gehört haben, der urkundlich bezeugte Aufträge für Kaiser Friedrich III., Bischof Uriel von Posen und andere hochgestellte Personen erhielt; die ihm übertragenen Instandsetzungs- und Ergänzungsarbeiten am Reichskleinodienschatz setzen einen Meister voraus, der besonderes Vertrauen genoß. Erhalten haben sich keine gesicherten Werke, lediglich das Schlüsselfelder Schiff (Kat. Nr. 660) wird vermutungsweise ihm zugeschrieben. Im Jahre 1467 heiratete er die sechzehnjährige Tochter Barbara seines Meisters Hieronymus Holper, der ebenfalls ein angesehener Nürnberger Goldschmied war und das Vertrauensamt eines städtischen Silberwägers und Münzprobierers versah. So steht der junge Albrecht Dürer sowohl väterlicher- als mütterlicherseits in der Tradition des Goldschmiedehandwerks, das auch von vielen anderen Mitgliedern seiner Verwandtschaft (Bruder, Vettern, Neffen) noch bis zu Beginn des 17. Jahrhunderts ausgeübt wurde.

In der Werkstatt seines Vaters lernte Albrecht Dürer, bis er ›seuberlich arbeiten kund‹, d. h. also die verschiedenen Techniken beherrschte. Sein erstaunliches Selbstbildnis von 1484 (W 1; Wien) zeigt den damaligen Goldschmiedelehrling. Zwei Jahre später setzte er mit nur zögernder Zustimmung des Vaters seinen Wunsch durch, zu Wolgemut in die Lehre zu gehen, doch sind nahe Beziehungen zu Goldschmiedekunst und verwandten Handwerken in Dürers Werk noch lebenslang festzustellen. Die als Goldschmiedelehrling erworbene Technik des Gravierens konnte er später in seinen Kupferstichen zu höchster Vollendung bringen.

M. Rosenbergs Behauptung (R³ 3747), Dürer habe Goldschmiedearbeiten selbst ausgeführt, konnte bisher nicht belegt werden. Die einzige glaubwürdige Nachricht hierüber liefert Sandrart, der von einem Becher mit den sieben Fällen Christi zu berichten weiß, den Dürer als Lehrling in Silber getrieben haben soll, und in der Tat befand sich ein Deckelgefäß mit dieser Darstellung in der Dürer-Sammlung des Friedrich von Falckenburg, der 1623 in Nürnberg starb. Daß Dürer auch noch nach seiner Lehrzeit Goldschmiedearbeiten eigenhändig ausgeführt hat, ist angesichts der eifersüchtig überwachten Handwerksordnungen kaum denkbar, obwohl Dürer ›ob seiner Kunst willen‹, wie Melchior Pfinzing 1512 schrieb, zweifellos eine Sonderstellung einnahm.

Mit Sicherheit hat Dürer Entwürfe für geschmiedetes Silbergerät angefertigt. Ob er dies im Auftrag oder aus eigener Initiative tat, ist allerdings unklar. Die aufschlußreichsten Beispiele für Dürers Beziehungen zur Goldschmiedekunst sind dem sog. Dresdner Skizzenbuch der Sächsischen Landesbibliothek zu entnehmen. Die darin befindlichen Federzeichnungen von sechs Kühlflaschen und zwei Deckelschalen sind in Abmessungen gehalten, die denen des gedachten Originals entsprechen, so daß es sich offensichtlich um Visierungen für die Ausführung in Edelmetall handelt. Die beiden Entwürfe von Deckelschalen (Bl. 194, 195) gehören zu den großartigsten Beispielen der deutschen Frührenaissance, die vier Alternativvorschläge für den Schaft des einen Pokals beweisen überdies, wie souverän Dürer den Formenschatz des neuen Stils beherrschte. Da die Blätter des Dresdner Skizzenbuchs zwischen 1507 und 1519 datiert werden, dürfen diese Schalenentwürfe zu den frühesten reinen Bekundungen der Renaissance in Deutschland gezählt werden. Alle diese Zeichnungen bestätigen sein unaufhörliches Bemühen um die Bewältigung von Formproblemen, deren wesentlichstes nicht die Zweckmäßigkeit des Gegenstandes, sondern seine wohlgefällige äußere Erscheinung war.

Daß Dürer nicht nur die klassischen Formen der Renaissance beherrschte, sondern auch eine Synthese von alt und modern suchte, bezeugt das Blatt mit sechs Zeichnungen von Deckelpokalen, ebenfalls im Dresdner Skizzenbuch (Abb. S. 365). Hier handelt es sich nicht um Entwürfe, die Goldschmieden an die Hand gegeben werden konnten, sondern um Gedankenskizzen, um Auseinandersetzungen mit Problemen der Form in dem entscheidenden Augenblick der Wende von der Spätgotik zur Renaissance. Wie sehr Dürer die Gestaltung des Deckelpokals beschäftigte, der damals geradezu ein Leitbild des profanen Goldschmiedegeräts war, geht aus seiner Beischrift hervor: morgen willich Ir mer machen. Dieses Blatt bezeugt Dürers Bestreben, die traditionelle Form des spätgotischen Deckelpokals mitsamt seinem Ornament der neuen Sprache der Renaissance dienstbar zu machen. Daß dieses Bemühen bis an sein Lebensende anhielt, zeigt deutlich der 1526 entstandene monumentale Entwurf einer Doppelscheuer, an der die überkommene Buckelung und das krause Blattwerk beruhigt und klar auftreten (W. 933; Wien).

Keinesfalls läßt sich in Dürers Entwürfen für Goldschmiedearbeiten etwa eine geradlinige Entwicklung vom Spätgotiker zum Renaissance-Künstler beobachten, vielmehr gibt sich eine erstaunliche Beweglichkeit zwischen beiden Polen zu erkennen. Auch muß mit der Möglichkeit gerechnet werden, daß Dürer Wünsche der Auftraggeber zu berücksichtigen hatte.

Mit Sicherheit können einige der erhaltenen Entwürfe als Risse für die Ausführung durch einen Goldschmied angesehen werden. Sie verraten die völlige Vertrautheit mit den Möglichkeiten und der Technik des Goldschmieds. Nur ganz selten treten Zweifel auf, ob die Entwürfe des einstigen Goldschmiedelehrlings auch technisch ausführbar sind. Die gleiche Wahrnehmung läßt sich auch an den Entwürfen für Schmuck, Medaillen, Buchbeschläge u. ä. machen.

Andere, oft nur skizzenhaft formulierte Ideen dienten Dürer ohne Zweifel ad usum proprium für seine eigenen künstlerischen Vorhaben. Allenthalben begegnen uns in seinem Oeuvre Erzeugnisse der Goldschmiede und verwandter Handwerke: Pokale, Kronen, Geschmeide, Halsschmuck, Hutagraffen, Zierat an Kleidern und Gürteln, Leuchter, Füllhörner usw. Das eindrucksvollste Beispiel für Dürers Freude an diesen kostbaren Dingen ist wohl der schmucküberladen stehende König bei der ›Anbetung der Hll. Drei Könige‹ von 1504 in Florenz. Auch viele Randzeichnungen im Gebetbuch Kaiser Maximilians lassen sein Wissen um künstlerisch gestaltetes Metall erkennen. Es kann nicht zweifelhaft sein, daß sowohl die auf seinen Gemälden und in seiner Reproduktionsgraphik auftretenden Goldschmiede-arbeiten als auch seine direkten Entwürfe nachhaltig auf das allgemeine Formengut der Goldschmiedekunst seiner Zeit ge-wirkt haben. Aus einem einst riesigen Bestand sind einige Po-kale auf uns gekommen, für die Dürer als Entwerfer, zum min-desten aber als Anreger kraft seiner stilbestimmenden künst-lerischen Ausstrahlung in Anspruch genommen werden darf. Einige wichtige Beispiele Dürerschen Einflusses auf Silbergerät seiner Zeit sind in der Ausstellung vertreten (Kat. Nr. 663-67, 669-71). Zuweisungen an bestimmte Meister sind fast unmög-lich, weil damals die Anbringung einer persönlichen Marke noch nicht vorgeschrieben war. Lediglich die Arbeiten der Krug-Werkstatt und Melchior Baiers konnten bisher zu stilistisch ver-wandten Gruppen zusammengestellt werden. Eine Vorstellung von dem Umfang der Verarbeitung von Edelmetallen zur Zeit Dürers kann die Zahl der damals in Nürnberg tätigen Gold-schmiede vermitteln: 1514 waren es 129 Meister, von denen jeder zwei Gesellen und einen Lehrling halten durfte. Nur ganz selten läßt sich eines der wenigen erhaltenen Werke mit einem Namen aus Dürers oder der ihm folgenden Generation verbinden.

Seine Beziehungen zur Goldschmiedekunst und verwandten Handwerken bekunden sich auch in verhältnismäßig zahlreich erhaltenen Zeichnungen von Schmuck und allerhand dekora-tivem Zierwerk, wie Buchbeschlägen, Gürtelschließen, Waffen- und Rüstungsteilen u.ä. Seine Entwürfe für Verzierung auf Kelchfüßen (W.722) liefern den Beweis, daß die Ausführung einem andern, vielleicht seinem Goldschmiede-Bruder Endres, zugedacht war, wie aus seiner Beischrift neben einem Alter-nativvorschlag hervorgeht: ›Do mach welchs kopfle du wilt‹. Eine Reihe seiner Entwürfe sind nur durch Radierungen Wenzel Hollars überliefert, ein Beweis, wie anhaltend Dürers Stil nach-wirkte.

Der Mode der Tischbrunnen, einst höfisches Requisit, mittler-weile auf die Tafeln reicher Bürger gelangt, verdanken wir eine Reihe von erhaltenen Zeichnungen Dürers (Kat. Nr. 691-93), die, mit einer Ausnahme, alle in die Zeit um 1500 datiert werden. Seine Beschäftigung mit der künstlerischen Gestaltung der-artiger Brunnen in diesen Jahren hat vermutlich mit der Tätig-keit seines Schwiegervaters Hans Frey zu tun, der als Verfertiger von Springbrunnen bekannt war und auf diesem Gebiet später auch mit dem vielseitigen Ludwig Krug zusammenarbeitete. Aber noch 1527 befaßt sich Dürer in seiner letzten erhaltenen Zeichnung mit einem Brunnenentwurf (W.945).

Im Tagebuch seiner niederländischen Reise 1520/21 berich-tet Dürer mehrfach von Zusammenkünften mit Goldschmieden, die ihm ›übermässig grosse ehr‹ erwiesen. Schon in Mainz be-grüßen ihn zwei Goldschmiede, in Brüssel zeichnet er für den Hofgoldschmied Karls V. die Visierung für ein Siegel, in Ant-werpen drei ›degenhefft‹ für einen Genueser Seidenhändler und für die dortigen Goldschmiede Bänder für Frauenhauben. Nächst den Malern sind die Goldschmiede die meistgenannten Künstler, die er in seinem Tagebuch erwähnt.

Daß Dürer auch an der Kunst der Bildnismedaille und der Schaumünze tätigen Anteil nahm, ist nur selbstverständlich. Von Entwürfen für eine eigene Medaille und für die seines Freundes Pirckheimer haben sich wenigstens die Rückseiten erhalten (W.720, 719; Kat. Nr. 695). Die künstlerische Kraft der Stabius-Medaille (Kat. Nr. 694) läßt an einen Entwurf Dürers denken. Für die Ikonographie der großen Schaumedaille, die Kai-ser Karl V. überreicht werden sollte, wurden bedeutende Huma-nisten wie Stabius und Pirckheimer herangezogen; Dürer war die künstlerische Gestaltung anvertraut worden (Kat. Nr. 267). Der städtischen Münze lieferte er 1516 den Entwurf für einen Lorenzer Goldgulden (W.737), der 1517/18 geschlagen wurde; etwa zur gleichen Zeit werden zwei neuernannte Münzmeister

Albrecht Dürer:
Entwurf aus dem
Dresdner Skizzenbuch
(Sächsische Landesbibliothek)

angewiesen, ›das sy die neuen eisen nach rat Albrecht Dürers lassen machen‹.

Dagegen ist Dürers Mitarbeit an einigen datierten und seine Signatur tragenden Bildnismedaillen und Plaketten seit Jahrzehnten umstritten; entschiedenem Eintreten für Dürers Beteiligung, nicht nur als Entwerfer, sondern auch als ausführender Bildhauer, steht ebenso nachdrückliche Ablehnung gegenüber. Sandrarts hohes Lob für Dürers bildnerisches Schaffen darf nicht zu falschen Schlüssen verleiten, denn es stammt aus der Spätphase einer Dürer-Renaissance, die nicht echt von nach-

empfunden zu unterscheiden vermochte. So wenig eigenhändige Goldschmiedearbeiten nachzuweisen sind, ebenso wenig kann bis heute eine Tätigkeit Dürers als ausübender Plastiker überzeugend belegt werden. Vorerst muß sein Anteil auf Entwürfe und Visierungen beschränkt bleiben. Daß er sich mit Problemen der Gußtechnik nicht befaßt hat, geht aus einer Antwort an Kurfürst Friedrich den Weisen hervor, er pflege ›mit diesen Dingen‹ nicht umzugehen.

Günther Schiedlausky

Albrecht Dürer:
Entwurf aus dem
Dresdner Skizzenbuch
(Sächsische Landesbibliothek)

660 TAFELAUFSATZ IN FORM EINES SCHIFFES, SOG. SCHLÜSSELFELDERSCHIFF

Nürnberger Goldschmied

Nürnberger Beschau (N spiegelverkehrt) auf dem Focksegel, R³ 3687

Silber getrieben, Einzelteile gegossen, teilvergoldet; besetzt mit 74 Figürchen mit Resten kalter Bemalung; H. 79

Nürnberg, Germanisches Nationalmuseum (HG 2146; Leihgabe der J. C. von Schlüsselfelderschen Familienstiftung)

Diese umfangreichste und wohl auch bedeutendste deutsche Goldschmiedearbeit der Dürerzeit muß unmittelbar vor 1503 entstanden sein, weil das Lederfutteral diese Jahreszahl trägt. Der überkommene spärliche Bestand an gleichzeitigen Werken der Goldschmiedekunst läßt eine überzeugende Zuschreibung an einen bestimmten Meister um so weniger zu, als die Zahl der damals in Nürnberg tätigen Goldschmiede auf mindestens einhundert geschätzt werden kann (1514 sind 129 Meister nachweisbar). Zu den bedeutendsten unter ihnen müssen Hans Krug d. Ä. und Dürers Vater, Albrecht Dürer d. Ä., gehört haben, denn sie hatten nachweislich 1489 ›trinkgefess‹ für Kaiser Friedrich III. in Arbeit; drei Jahre zuvor erhielt Albrecht Dürer d. Ä. einen umfangreichen Auftrag des Bischofs von Posen, Uriel Gorka, für Tischgerät, auch wurden ihm Wiederherstellungsarbeiten an den in Nürnberg verwahrten Reichskleinodien anvertraut. Die bisherige Zuschreibung des Tafelaufsatzes an Hans Krug d. Ä. auf Grund stilistischer Rückschlüsse von Arbeiten seiner Söhne Hans und Ludwig ist mittlerweile zugunsten von Albrecht Dürer d. Ä. aufgegeben worden; für ihn, der seine Lehrjahre ›bej den großen künstern‹ in den Niederlanden verbracht hatte, wo er gewiß seetüchtige Schiffe gesehen haben wird, spricht die genaue Wiedergabe eines Kauffahrteischiffes im Tafelaufsatz. Allerdings ist von schiffsbauhistorischer Seite noch nicht geklärt, ob das Schlüsselfelder Schiff einen mittelmeerischen oder einen im Atlantik beheimateten Typ darstellt. Albrecht Dürer d. Ä. starb am 20. September 1502, so daß seine Autorschaft zeitlich möglich und durch das 1503 datierte Futeral nicht ausgeschlossen wäre. Die noch überwiegend spätgotische Auffassung läßt an die Arbeit eines bejahrten Meisters denken. Der Tafelaufsatz kommt aus dem Besitz des Wilhelm Schlüsselfelder, der 1503 zwar erst zwanzig Jahre alt, aber recht wohlhabend war, denn er beteiligte sich an der im Jahr zuvor gegründeten Arnstädter Hütte mit 5000 Gulden. Das emaillierte Wappen der Schlüsselfelder wird als einziges und so hervorgehoben auf einer Flagge an der Spitze des Fockmastes gezeigt, daß an dem ursprünglichen Besitz dieser Familie nicht zu zweifeln ist. Denkbar wäre allerdings, daß der Tafelaufsatz keine Auftragsarbeit war, sondern aus dem Vorrat des Goldschmieds erworben wurde, der die eine Seite der Flagge zur Anbringung eines beliebigen Wappens ungraviert belassen hat; auch die beiden noch leeren Wappenschilde unterhalb des Heckaufbaus sprechen dafür. Ein sehr verwandter Tafelaufsatz in Schiffsform wird in der Schatzkammer des Santo von Padua verwahrt; er ist sicher eine Nürnberger Arbeit, entstammt aber nach H. Kohlhaussen einer anderen Werkstatt. Das Schiff als Gerät auf der Tafel steht in einer alten Tradition: Im 14. Jahrh. diente es als Behältnis für die Eßwerkzeuge und giftanzeigenden Mittel, dessen Gebrauch damals nur Personen fürstlichen Geblüts vorbehalten war. Dieses Vorrecht schwand mit dem Ende des Mittelalters, und das Schiff diente als Trinkgefäß der Repräsentation und Belustigung der reichen Handelsherren. - Das Lederfutteral folgt mit seinen Formen denen des Tafelaufsatzes, muß also speziell

für diesen angefertigt worden sein. Die Vorderseite zeigt Ranken in Schnitt-Technik vor gepunztem Grund, die Rückseite Rauten in Blindpressung. Auf dem Boden ist die Jahreszahl 1503 eingeritzt.

Literatur: A. Gümbel: Zur Biographie Albrecht Dürers des Älteren. In: Rep. f. Kunstwiss. 37, 1915, S. 321/22 - Ch. Oman: Medieval silver nefs. London 1963, S. 18/19, 21-24 - Kohlhaussen, S. 266-72, Nr. 338 - J. Ahlborn: Die Familie Landauer. Nürnberg 1969, S. 75, 151 Anm. 429. - Zum Futeral: G. Gall: Leder im europäischen Kunsthandwerk. Braunschweig 1965, S. 132-34.

661 RITTER AUF GALOPPIERENDEM PFERD

Albrecht Dürer d. Ä. (?)

Am oberen Rand das Monogramm Ad, daneben die Jahreszahl 1508, beides von fremder Hand

Silberstiftzeichnung; 15,1 : 16,5

Aus den Slgn. Andreossy, Posonyi-Hulot

Berlin, Kupferstichkabinett, Staatliche Museen Preußischer Kulturbesitz (KdZ. 49)

Die Autorschaft Dürers ist umstritten. Die geringe Zahl erhaltener Silberstiftzeichnungen schränkt die Vergleichsmöglichkeiten ein und erschwert deshalb überzeugende Zuschreibungen. E. Bock gibt das Blatt einem anonymen oberdeutschen Meister gegen 1500, K. Bauch und E. Panofsky schlagen den Vater Dürers vor, während E. Flechsig und F. Winkler entschieden für Albrecht Dürer selbst eintreten, die Zeichnung in dessen früheste Schaffenszeit 1484-89 setzen und glauben, in ihr eine Vorlage für den schwertschwingenden Reiter auf dem Apokalypsen-Holzschnitt der Babylonischen Buhlerin (Kat. Nr. 596 [15]) zu erkennen. Auch E. Panofsky meint, daß Dürer die Zeichnung seines Vaters benützt habe. Der galoppierende Reiter mit wehenden Decken des Pferdes läßt sich mehrfach in seinem Werk nachweisen (z. B. W. 197; Frankfurt/M.). K. Bauch weist darauf hin, daß es sich nicht um einen Turnierritter handeln kann, sondern um einen Wappenritter, wie er auf Typaren - ohne Schild allerdings höchst selten - auftritt. Die altertümlich anmutende, heraldische Darstellung und ihre goldschmiedehaft sorgfältige Ausführung erinnern in der Tat an Siegelschnitte, doch ist die vorliegende Breitenkomposition nur schwer mit der für ein Siegel erforderlichen Rundkomposition vereinbar. Da das Siegelschneiden zu den wesentlichsten Aufgaben des mittelalterlichen Goldschmieds gehörte, ist die Zuschreibung der Zeichnung an den Vater Albrecht Dürer, der ein bekannter Goldschmied war, nicht unbegründet.

Literatur: Bock, Berlin, S. 94, Taf. 130 - Flechsig 2, S. 69/70 - K. Bauch: Dürers Lehrjahre. In: Städel Jb. 7/8, 1932, S. 82.

662 DECKELPOKAL

Nürnberger Goldschmied

Nürnberger Beschau (N spiegelverkehrt), R³ 3687

Silber getrieben, Einzelteile gegossen, vergoldet; der Ring mit Vierpaßfries unterhalb der Kuppa eine spätere Erneuerung; die Bekrönung des Deckels fehlt; H. 35

Laut gravierter Inschrift unter dem Fuß erhielt ein R. Curzon den Pokal 1853 von seiner Frau geschenkt

Karlsruhe, Badisches Landesmuseum (58/36)

Dieser Buckelpokal bereichert die Vielfalt der Gefäßformen durch seine gedrungene Gestalt, die durch das Fehlen der Bekrönung noch verstärkt scheint. Seine untersetzte Form ist vergleichbar dem Doppelpokal, der sich auf Dürers Dresdner Skizzenblatt ganz rechts findet (Abb. S. 365); ähnlich ist auch, wie sich die mächtigen Buckel von der Kuppa in den Deckel fortsetzen. Noch verwandter dürfte ein Deckelpokal sein, der auf einer Kredenz mit vergoldeten Gefäßen bei der Besessenenheilung durch den Hl. Veit des Augustiner-Altares von 1487 (Nürnberg, German. Nationalmus.) zu sehen ist. Obwohl die Buckelung schräg verläuft, sind die gedrungene Form und der kurze Schaft mit dem Karlsruher Pokal durchaus vergleichbar. So erscheint es berechtigt, auch die Entstehung dieses Pokals noch in das 15. Jahrh. zu setzen. Dazu kommt, daß die ungemein klare Gliederung der Buckel, der senkrecht gerippte Schaft und die Betonung der Horizontalen durch Zinnenkranz und breite Profile dem Pokal eine beruhigte Klarheit verleihen, die gotischem Formgefühl widerspricht und in die Zukunft weist.

Literatur: Neuerwerbungen 1952-1965. Badisches Landesmuseum Karlsruhe. Karlsruhe 1966, Nr. 87 - Kohlhaussen, S. 308/09, Nr. 384.

663   DOPPELSCHEUER
Nürnberger Goldschmied

Nürnberger Beschau (N spiegelverkehrt), R³ 3687

Silber getrieben, Teile gegossen, vergoldet; Gesamthöhe 37,2

Nürnberg, Germanisches Nationalmuseum (HG 615)

Obwohl in den Füßen beider Pokale Bildnismedaillen Gustav Adolfs und seiner Gemahlin von 1632 eingelassen sind, muß die Arbeit auf Grund des stilistischen Befunds und der spiegelverkehrten Beschau in den Beginn des 16. Jahrhs. gesetzt werden. Die aus zwei gleichen, übereinandergestülpten Hälften gebildete Doppelscheuer repräsentiert ein in der Dürerzeit beliebtes Trinkgefäß, das wahrscheinlich meist als Hochzeitsgabe angefertigt wurde und deshalb, wie H. Kohlhaussen vermutet, seine traditionelle Form bis in die 1. Hälfte des 17. Jahrhs. bewahrte. Die reiche Buckelung entspricht noch ganz dem gotischen Formgefühl und kam dem Verlangen des Goldschmieds nach bewegter, spiegelnder Oberfläche entgegen. Mit der durch Buckel gestalteten Form hat sich Dürer zeitlebens befaßt: Frühestes Beispiel ist der Pokal, den die Babylonische Buhlerin aus der Holzschnittfolge der Apokalypse in der Hand hält (1497/98; Kat. Nr. 596 [15]), und noch in einer seiner spätesten Zeichnungen, dem Entwurf für einen Doppelpokal von 1526 (W. 993; Wien), bemüht er sich um die Buckelung in der Formensprache der Renaissance.

Literatur: Kohlhaussen, Nr. 357.

664   DECKELPOKAL
Nürnberger Goldschmied

Unter dem Fußrand Inschrift: DEODICATUM PRIN : TRAM : G. RAKOCZI/INVSVM COENAE DNI 1634

Silber getrieben, Einzelteile gegossen, vergoldet mit Ausnahme des freistehenden Blattwerks; Gesamthöhe 38,7

Stiftung des Fürsten Georg I. Rakóczi von Siebenbürgen in die Kirche von Onod (1634), später im Besitz des Grafen Mano Andrassy, seit 1883 in Slg. Karl von Rothschild, 1922 Vermächtnis Salomon de Rothschild

Paris, Musée de Cluny (Cl. 20.578)

Dürers sechs Pokale auf dem Blatt im Dresdner Skizzenbuch (Abb. S. 365) enthalten Teile, die auch an diesem Pokal anzutreffen sind: die dem Akeley-Becher angenäherte Einschnürung des Gefäßkörpers, die senkrechten, straffen Rippen am Schaft das bewegte Blattwerk unterhalb der Kuppa, die aus freistehendem Rankenwerk gebildete Deckelbekrönung. Der Pokal gehört zu der kleinen Gruppe, deren Buckelung nicht schräg sondern senkrecht verläuft, womit eine Formberuhigung im Sinn der Renaissance angestrebt wird. Die birnförmige Buckelung auf ebenfalls birnförmiger Platte kann zeitlich durch einen 1517 datierten Pokalentwurf in Erlangen (Kat. Nr. 672) fixiert werden; um ihn lassen sich weitere Zeichnungen und ausgeführte Arbeiten gruppieren, die H. Kohlhaussen zusammengestellt hat.

Literatur: Kohlhaussen, S. 360/61, Nr. 375.

665   DECKELPOKAL
Nürnberger Goldschmied   *Abb.*

Ein Wildmann auf dem Deckelknauf hält einen Schild mit dem emaillierten Wappen der Grafen von Montfort-Werdenberg. Im Deckelinnern emaillierte Rundscheibe mit Distelblüte

Silber getrieben, Einzelteile gegossen, vergoldet; H. 47,8

1596 im Nachlaßinventar von Erzherzog Ferdinand II. von Tirol auf Schloß Ambras, wahrscheinlich von ihm aus dem Nachlaß der Grafen von Montfort-Werdenberg angekauft

Wien, Kunsthistorisches Museum, Sammlung für Plastik und Kunstgewerbe (109)

Für das komplizierte, gleichwohl ungemein organisch wirkende Buckelsystem der Kuppawandung hat sich kein vergleichbares Beispiel erhalten; dagegen findet sich das charakteristische Motiv der drei ineinander verschränkten Buckel an dem rechten der sechs Pokale in Dürers Skizzenbuch (Abb. S. 365); der daneben gezeichnete Pokal ähnelt im Umriß von Fuß und Kuppa. Die Ausführung des Pokals kann in die Jahre um 1500 gesetzt werden. Keine andere erhaltene Goldschmiedearbeit ist Dürers Skizzen und Entwürfen so verwandt. Der konstruiert und zugleich wie natürlich gewachsen wirkende Aufbau des Pokals legt eine unmittelbare Beteiligung Dürers am Entwurf nahe. H. Kohlhaussen hält das dreiteilige Buckelmotiv für Dürers eigene Erfindung, die eine sehr schnelle Verbreitung gefunden haben müßte, denn sie ist schon auf einem noch ins 15. Jahrh. zu datierenden Pokalentwurf des Wenzel von Olmütz (Paris, Louvre) anzutreffen.

Literatur: E. Kris: Goldschmiedearbeiten des Mittelalters 1. Publikationen aus den kunsthistorischen Sammlungen 5. Wien 1932, Nr. 17 - Renaissance. Katalog der Sammlung für Plastik und Kunstgewerbe 2. Kunsthistorisches Museum, Wien. Wien 1966, Nr. 266 - Kohlhaussen, S. 308, Nr. 381.

666   DECKELPOKAL
Nürnberger Goldschmied

Das Medaillon im Deckelinnern enthält ein von Distelblüten umgebenes f in gotischer Minuskel sowie r und p in kleiner Antiqua. Auf der Fußunterseite eine wohl später eingravierte ungedeutete Buchstabenfolge untereinander: F, M, PH, FF und CA ligiert

Silber getrieben, Einzelteile gegossen, vergoldet; H. 40

1596 im Nachlaßinventar von Erzherzog Ferdinand II. von Tirol auf Schloß Ambras

Wien, Kunsthistorisches Museum, Sammlung für Plastik und Kunstgewerbe (895)

>Ein Werk wie dieses steht in seiner strengen Vermeidung aller Ornamentik an Griff und Wandung isoliert innerhalb der gleichzeitigen Goldschmiedekunst,... ein Beweis für eine bewußt-lehrhafte antigotische Tendenz‹ (E. Kris). Die weitgehende Übereinstimmung von Kuppa und Deckel mit dem Pokal auf Dürers Stich des Großen Glücks (Kat. Nr. 481) ist seit langem erkannt. Der Typus dieses Pokals ist nach E. Kris offenbar von Dürer erfunden worden, und auch für Schaft und Fuß, die vom Pokal auf dem Nemesis-Stich abweichen, nimmt er ›mindestens mittelbaren Einfluß Dürerscher Formen‹ an. In dem Bemühen, die Goldschmiedearbeit weitgehend auf die Wirkung des Umrisses und der glatten Form abzustellen, ist dieser Pokal dem Harsdorfschen (Kat. Nr. 667) vergleichbar, aber auch dem Apfelpokal (Kat. Nr. 671) und dem sog. Widerholt-Pokal (Kat. Nr. 670). Seine Entstehung kann in die ersten Jahre des 16. Jahrhs. gesetzt werden.

Literatur: E. Kris: Goldschmiedearbeiten des Mittelalters 1. Publikationen aus den Kunsthistorischen Sammlungen 5. Wien 1932, Nr. 21 - Renaissance. Katalog der Sammlung für Plastik und Kunstgewerbe 2. Kunsthistorisches Museum, Wien. Wien 1966, Nr. 268 - Kohlhaussen, S. 167/68, Nr. 263.

667 DECKELPOKAL

Nürnberger Goldschmied

Silber getrieben, Einzelteile gegossen, vergoldet. Veränderungen im 17./18. Jahrh., von denen einige für die Ausstellung entfernt wurden; H. 24,4

Fischbach bei Nürnberg, Freiherrlich von Harsdorf'sche Familienstiftung

Die Glockenform der Kuppa, vor allem aber des Fußes mitsamt dem Kreuzfries seiner Zarge, ist dem Pokal Kat. Nr. 666 eng verwandt; beide sind die Hauptvertreter einer heute nur noch kleinen Gruppe von glattwandigen Gefäßen, die weitgehend auf ornamentalen Dekor verzichten und dadurch dem neuen Formgefühl der Renaissance entgegenkommen. Dürers Entwürfe für Silberflaschen im Dresdner Skizzenbuch sind im gleichen Geiste geschaffen wie die Flasche Kat. Nr. 673. H. Kohlhaussen hält es für möglich, daß der Pokal, der um 1500 datiert werden kann, aus dem Besitz des Nürnberger Patriziers Hans Harsdorfer stammt, der 1496-99 Oberster Münzmeister im Königreich Böhmen war, 1499 nach Nürnberg zurückkehrte und 1511 starb. Er schenkte dem König Wladislaw von Böhmen und Ungarn 1504 ein Tafelbild von Dürer, das ihn 45 Gulden gekostet hatte. Dürer läßt Harsdorfer in einem Brief vom 6. Februar 1506 aus Venedig grüßen.

Literatur: Rupprich 1, S. 44/45, S. 246 - R. Klier: Nürnberg und Kuttenberg. In: Mitt. d. Ver. f. Gesch. d. Stadt Nürnberg 48, 1958, S. 56-62 - Kohlhaussen, Nr. 264.

668 DECKELPOKAL IN BIRNFORM

Augsburger Goldschmied um 1600 (?)

Silber getrieben, Einzelteile gegossen, vergoldet mit Ausnahme des silbern belassenen Blattwerks. Ein von der Schaftbasis in den Fuß ragender Zapfen trägt einen Schautaler mit dem Bildnis

Nach Entwurf Albrecht Dürers(?): Deckelpokal (Kat. Nr. 665)

der Maria von Burgund (gering veränderte Nachprägung wohl noch des 16. Jahrhs. nach der in Hall/Tirol aus dem Stempel von Ulrich Ursentaler 1511 - nach dem Vorbild der Medaille von Giovanni Candida - geprägten Medaille. Die Jahreszahl 1479 ist keine Datierung, sondern erinnert an die Vermählung Maximilians mit Maria 1477). Im Deckelinnern das Fragment eines antiken Frauenkopfes aus Karneol. Am Fuß und am Rand von Kuppa und Deckel je zwei Marken: Beschau Augsburg, etwa R³ 123-29 entsprechend; undeutliche Meistermarke, wohl Hausmarke

Aus Slg. Baronin James de Rothschild

Pauillac/Gironde, Collection Philippe de Rothschild à Château Mouton Rothschild (20)

Der Pokal ähnelt in der Gesamtform dem Deckelgefäß, das die weibliche Gestalt auf dem Stich des Großen Glücks (Kat. Nr. 481) in der Hand hält. Auch der Umriß der aus Kuppa und Deckel gebildeten Birnform des Wiener Pokals (Kat. Nr. 669) ist vergleichbar. Das freistehende, gratig gerippte Akanthusblattwerk am Fuß ist ein typisches Gestaltungsmotiv der Krug-Werkstatt, in der auch die Mitte und Rand verbindenden radialen Bogen verwendet werden (vgl. Kohlhaussen, Nr. 339, 403). Gegenüber dem offensichtlichen Vorbild auf dem Stich besitzt der Pokal auffällige Abweichungen in den Proportionen: der Fuß ist im Verhältnis zur Kuppa sehr viel kleiner, wie diese schlanker als auf dem Stich ist. Die mittels Punzierung aufgerauhte Fläche entspricht nicht der durch Gravierung erreichten Flächenbehandlung, wie sie an Arbeiten der dreißiger Jahre anzutreffen ist (Pfinzing-Schale, German. Nationalmus.; Starhemberg-Pokal, Schloß Eferding; Pokalentwurf, Erlangen, Universitätsbibl.), sondern dem Dekor auf den sog. Schwitzbechern, die gegen 1600 und im 17. Jahrh. sehr verbreitet waren, auf denen jedoch der Schlag der ringförmigen Punze einen Buckel hinterläßt, während bei dem Deckelpokal die Punzenschläge Vertiefungen erzeugen. Die Verwendung älterer Teile - wie hier Medaille und antikes Fragment - ist eine für die Epoche der Kunstkammerstücke bezeichnende Gepflogenheit. Da auch der Typus der Goldschmiedemarken in diese Zeit weist, ist der Pokal sicher nicht in der Dürerzeit entstanden, könnte aber ein älteres Vorbild kopieren und ein Beispiel für die Dürer-Renaissance um 1600 auf dem Gebiet der Goldschmiedekunst sein.

Literatur: E. Alfred Jones: A catalogue of the objects in gold and silver and the Limoges enamels in the collection of the Baroness James de Rothschild. London 1912, S. 68 mit Abb. - M. Rosenberg: Der Goldschmiede Merkzeichen, Frankfurt/M. 1922, Nr. 455 (Marke ungenau wiedergegeben) - E. Kris: Goldschmiedearbeiten des Mittelalters 1. Publikationen aus den kunsthistorischen Sammlungen 5. Wien 1932, Nr. 21. - Zur Medaille: Ausst. Maximilian 1959, Nr. 650/51 - Auktion 48 v. Adolph Hess AG. Luzern 21./22. 10. 1970, Nr. 907.

669 DECKELPOKAL, SOG. MAXIMILIANS-POKAL
Nürnberger Goldschmied

Silber getrieben, Einzelteile gegossen, teilvergoldet; H. 56

1596 im Nachlaßinventar von Erzherzog Ferdinand II. von Tirol auf Schloß Ambras, aus dem Besatz Maximilians I. stammend

Wien, Kunsthistorisches Museum, Sammlung für Plastik und Kunstgewerbe (110)

Das im Deckelinnern angebrachte emaillierte kaiserliche Wappen (Doppeladler mit Bindenschild Österreichs und Wappen Burgunds) stützt die Überlieferung, daß sich dieser Pokal eins im Besitz Kaiser Maximilians I. befand (vgl. das Wappen am sog Widerholt-Pokal, Kat. Nr. 670). Er ist eines der frühesten un wichtigsten Beispiele für den Einbruch naturalistischer Motiv in die deutsche Goldschmiedekunst. Die vergoldeten Birnen au Wandung und Deckel heben sich in einem reizvollen Gegensat vor dem silbern belassenen, aufgerauhten Grund ab. Die Bewahrung der spätgotischen Gesamtform bei gleichzeitiger Verwendung von Naturgebilden im Detail ist so konsequent unc künstlerisch vollendet durchgeführt, daß der Gedanke an einer Entwurf Dürers naheliegt. A. Weixlgärtner schlug zusätzlich al ausführenden Goldschmied Dürers Vater vor, was aber aus zeitlichen Gründen ebensowenig möglich ist wie O. v. Falkes Zuschreibung an Ludwig Krug. Die Datierung um 1510 kanr durch verwandte Beispiele im Original und auf Tafelbildern gestützt werden. In der Entwicklung zum Naturalismus des zweiten Jahrzehnts darf der Maximilians-Pokal als eine Vorstufe der Apfel-Pokale (Kat. Nr. 670/71) angesehen werden. Die bis zuletzt angezweifelte Nürnberger Herkunft dürfte dank des von H. Kohlhaussen zusammengestellten Materials gesichert sein.

Literatur: A. Weixlgärtner: Die weltliche Schatzkammer in Wien. In: Jb. d. Kunsthist. Slgn. in Wien NF 1, 1926, S. 17 - E. Kris: Goldschmiedearbeiten des Mittelalters 1. Publikationen aus den kunsthistorischen Sammlungen 5. Wien 1932, Nr. 18 - O. v. Falke: Silberarbeiten von Ludwig Krug. In: Pantheon 6, 1933, S. 194 - Renaissance. Katalog der Sammlung für Plastik und Kunstgewerbe 2. Kunsthistorisches Museum, Wien. Wien 1966, Nr. 267 - Kohlhaussen, S. 260, 351, 504, 525, 527, Nr. 388.

670 DECKELPOKAL IN EIFORM, SOG. WIDERHOLT-POKAL
Nürnberger Goldschmied

Auf der Rückseite des bekrönenden Wappens die gravierte Jahreszahl 1510; auf der Vorderseite das emaillierte Wappen Kaiser Maximilians I., das zwischen 1650 und 1667 durch einen zweiten Schild mit dem Widerholt-Wappen und den Initialen C. W. V. V. Z. N. verdeckt wurde

Silber getrieben, Einzelteile gegossen, vergoldet; H. 35,5

Kaiser Maximilian I.; Conrad Widerholt von und zu Neidlingen, Obervogt von Kirchheim und Obrist; seit dessen Tod am 13. 6. 1697 im Besitz der Stadt Kirchheim

Kirchheim unter Teck, Rathaus

Der sog. Widerholt-Pokal gehört zur Gruppe der Apfel- und Birnpokale, bei denen der Goldschmied bewußt die glattwandige Frucht dem krausen Blattwerk gegenüberstellt. Die von H. Kohlhaussen 1962 veranlaßte Entfernung des später aufgesetzten Widerholt-Wappens legte die Vorderseite mit dem Wappen Kaiser Maximilians frei, in dessen Besitz sich der Pokal einstmals befunden haben wird; hieraus erklärt sich auch die hohe Qualität der Goldschmiedearbeit. Die sichere Datierung 1510 ermöglicht eine zeitlich genauere Fixierung der ganzen Gruppe, an deren Anfang H. Kohlhaussen den Widerholt-Pokal stellt. In unmittelbare zeitliche Nähe gehört der Apfelpokal (Kat. Nr. 671). Beide haben das im Deckelinnern befindliche Gewölbe mit herausragendem Zapfen gemeinsam, das beim Widerholt-Pokal fünfteilig, beim Apfelpokal siebenteilig ist, und werden in einer Werkstatt entstanden sein. Der ausführende Meister war wohl ein Angehöriger der Familie Krug, wenn man von den Werken des später tätigen Ludwig Krug (Meister 1522) rückschließen darf, der das frei sich entfaltende Blatt- und rissige Astwerk bevorzugte. Wie beim Apfelpokal mit größter Wahrscheinlichkeit, so darf auch hier Dürers entwerfende Hand vermutet werden. Er war der erste, der die glattwandige Fläche eines Gefäßes bewußt in Gegensatz zum frei sich entfaltenden Blattwerk setzte, und er verwendete zeitlebens das gotische Requisit des krausen Rankenwerks in seinen Entwürfen und bildlichen Darstellungen (Holzschnitt der Apokalypse ›Johannes erblickt die sieben Leuchter‹, Kat. Nr. 596 [3]; Dresdner Skizzenbuch: Entwurf von sechs Pokalen, Abb. S. 365; Entwurf für einen Doppelpokal, 1526; W. 933; Wien). Auffallend ist das streng symmetrisch verteilte Blattwerk, das im Vergleich zum spätgotischen Wuchern beruhigt wirkt.

Literatur: O. v. Falke: Silberarbeiten von Ludwig Krug. In: Pantheon 6, 1933, S. 194 - Kohlhaussen, Nr. 389 - Maximilian I. Ausst. Innsbruck 1969, Nr. 589.

Nach Entwurf Albrecht Dürers: Deckelpokal in Gestalt eines Apfels (Kat. Nr. 671)

671 DECKELPOKAL IN GESTALT EINES APFELS
        Nürnberger Goldschmied   *Abb.*

Nürnberger Beschau (N spiegelverkehrt), R³ 3687

Silber getrieben, Einzelteile gegossen, vergoldet mit Ausnahme der Unterseite des Fußes und des Kelchblattkrönchens auf dem Deckel; H. 21,5

Erworben 1927 im Münchner Kunsthandel

Nürnberg, Germanisches Nationalmuseum (HG 8399)

In Entwurf wie Ausführung von gleicher Meisterschaft, ist der Apfelpokal als Hauptvertreter der naturalistischen Stilphase in der Nürnberger Goldschmiedekunst der Renaissance anzusehen. Dürer kann mit großer Wahrscheinlichkeit als entwerfender Künstler gelten; hierfür spricht das sehr ähnliche Gefäß auf seinem Dresdner Skizzenblatt (Abb. S. 365) sowie der Pokal, den der Mohrenkönig auf der Anbetung der Hll. Drei Könige von 1504 (Florenz) in der Hand hält. Auch ein im Halleschen Heiltumsbuch (Aschaffenburg, Hofbibliothek) abgebildeter Apfelpokal kann auf einen Entwurf Dürers zurückgehen. Zwar sind alle genannten Exemplare untereinander verschieden, doch verbindet sie das gemeinsame künstlerische Anliegen, den Gegensatz des durchbrochen-verschnörkelten Fußes zur glattwandig prallen Frucht zu betonen, deren Haut nur durch zarte Einkerbungen in der unteren Hälfte leise Akzente erhält. Der ausgeführte Pokal unterscheidet sich von den nur bildlich überlieferten dadurch, daß ihm als profanes Schaugefäß die Schlange in symbolischer Beziehung zum Apfel des Sündenfalls fehlt. Hierin kann ein weiterer Schritt zum Naturalismus erblickt werden. H. Kohlhaussen schreibt den Widerholt-Pokal von 1510 (Kat. Nr. 670) und den Apfelpokal, den er einige Jahre später datiert, überzeugend einem Meister zu und schlägt Hans Krug d. Ä. vor, doch ist dies weniger einleuchtend, weil es nicht nur keine gesicherten Vergleichsarbeiten dieses Goldschmieds gibt, sondern auch weil dieser bereits 1489 Meister geworden ist, also einer Generation entstammt, der man eine so fortschrittliche Arbeit als Alterswerk nicht zutraut. Die bisherige, vor allem von O. v. Falke vertretene Zuschreibung an Ludwig Krug, den zweiten Sohn des Hans Krug d. Ä., ist auch nicht aufrechtzuerhalten, weil dieser - zwar seit 1514 als Kleinplastiker nachweisbar - erst 1522 Meister wurde. Wenn sich auch die beiden Pokale keinem bestimmten Angehörigen der Familie Krug zuschreiben lassen, so lassen sich doch, rückschließend von den Arbeiten Ludwig Krugs, bestimmte Stilmerkmale feststellen, die offenbar auch den Werken der älteren Mitglieder der Familie Krug eigen waren und sich bis zum Schlüsselfelderschiff (Kat. Nr. 660) zurückverfolgen lassen. Vorerst können beide Pokale zwar mit einem Angehörigen der Krug-Dynastie in Zusammenhang gebracht werden, aber nicht mit einem bestimmten Meister.

Literatur: Neuerwerbungen des Germanischen Museums 1925-1929. Nürnberg 1929, S. 165 - O. v. Falke: Silberarbeiten von Ludwig Krug. In: Pantheon 6, 1933, S. 189 - Kohlhaussen, S. 255, 334, 353, Nr. 390.

672 ENTWURF FÜR EINEN BUCKELPOKAL
        Nürnberger Meister

Auf der Zarge des Fußes die Jahreszahl 1517

Tuschfederzeichnung in Braun; Wz.: Kanne (Variante von Briquet 12544/45); 31,5 : 20,8

Erlangen, Graphische Sammlung der Universitätsbibliothek Erlangen-Nürnberg (B 254)

Diese Entwurfszeichnung ist wegen ihres Datums 1517 und der Formmotive wichtig, denen wir auf Arbeiten begegnen, die Dürers Einfluß auf die Goldschmiedekunst bekunden. Das symmetrisch geordnete Blattwerk des durchbrochenen Fußes und der knorrige Ast mit gekapptem Nebenzweig sind am Pokal des Stiches ›Das große Glück‹ (um 1502/03; Kat. Nr. 481) vorausgenommen. Für den Buckelpokal mit der starken Einschnürung lassen sich mehrfach Beispiele in Dürers Werken benennen, z.B. auf dem Holzschnitt mit der Babylonischen Buhlerin der Apokalypse (Kat. Nr. 596 [15]), bei der Epiphanie von 1504 in Florenz, und auf dem Blatt mit sechs Pokalentwürfen im Dresdner Skizzenbuch (Abb. S. 365).

Literatur: Bock, Erlangen, Nr. 254 - Kohlhaussen, Nr. 373a.

673   ENTWURF FÜR EINE SILBERNE KÜHLFLASCHE

Kopie (des 19. Jahrhs.?) eines verschollenen Entwurfs aus dem Dürer-Kreis

Federzeichnung, hellbraunviolett getönt; 37,5 : 24,6

Nürnberg, Germanisches Nationalmuseum (Hz 5839)

In seinem Dresdner Skizzenbuch befaßt sich Dürer mehrfach mit der Formgebung silberner Flaschen, unter den Zeichnungen befinden sich sowohl flüchtige, gleichwohl in ihrer Klarheit aussagestarke Skizzen als auch sechs großformatige, offensichtlich für die gleichgroße Ausführung gedachte Risse (Bruck, Taf. 149-155). Ähnliche Bemühungen um die glattwandige, fast nur durch Umriß und Kanten wirkende Form zeigt ein Riß im Basler Kupferstichkabinett (U XII, 1), den H. Kohlhaussen für eine Vorlage aus dem Dürer-Kreis um 1520-30 hält. Ihr eng verwandt ist unsere späte Kopie. Die Drachenfigur zur Aufnahme der aus großen Ringen gebildeten Tragekette ist fast identisch; auch einige der Flaschenentwürfe Dürers im Dresdner Skizzenbuch haben reptilartige Ösen.

Literatur: Kohlhaussen, S. 165/66.

674   ZWEI HARPYEN

Albrecht Dürer

Oben das Monogramm des Künstlers, links daneben die Jahreszahl 1510, beides wohl von der Hand Hans von Kulmbachs

Federzeichnung in Braun, die linke Blatthälfte und der Schweif der rechten Harpye leicht violett getuscht; 15,4 : 33,8

Aus Slg. Culemann

Hannover, Kestner-Museum (Z. 6)

Die rechte Hälfte des Blattes ist als Abklatsch von der linken Hälfte genommen und dann stellenweise übergangen und verbessert. Die Zeichnung könnte als Visierung für einen Möbelbeschlag oder für eine reliefierte Füllung angesehen werden; auf jeden Fall läßt die sorgfältige Ausführung auf eine vorgesehene plastische Umsetzung in gleicher Größe schließen. Das Blatt wird allgemein in die Zeit nach der zweiten italienischen Reise gesetzt. Füllhörnern in dieser bewegten Form mit aufgerissener Wandung begegnet man des öfteren in Dürers Werk (vgl. Kat. Nr. 522; W. 416, Dresden; W. 701, Nürnberg; die Ehrenpforte, Kat. Nr. 261); sie gehen auf Mantegnas Stich des Bacchanals (Kat. Nr. 509) zurück. E. Flechsig behandelt das Blatt ausführlich und verweist auf die eigentümliche Verarbeitung antikischer Dekorationsformen durch Dürer. Als einziger spricht E. Panofsky Dürer die Zeichnung ab.

Literatur: Flechsig 2, S. 78 - Winkler, Dürer 1957, S. 292 - H. Wille: Deutsche Zeichnungen 16.-18. Jahrhundert. Bildkataloge des Kestner-Museums 10. Hannover 1967, Nr. 6.

675   ENTWURF FÜR ZWEI ANHÄNGER (HL. GEORG UND HL. CHRISTOPHORUS)

Albrecht Dürer   *Abb.*

Links unten das Monogramm des Künstlers von fremder Hand

Albrecht Dürer: Entwurf für zwei Anhänger (Kat. Nr. 675)

Federzeichnung; 7,3 : 11,6

Im 17. Jahrh. wohl in Slg. Lord Arundel

Hamburg, Hamburger Kunsthalle (23003)

›Zwei der schönsten Schmucksachenentwürfe Dürers, um oder bald nach 1515‹ (F. Winkler), wie sie in plastischem Vollguß serienmäßig hergestellt und als Abzeichen getragen wurden. Es wäre auch denkbar, daß diese Entwürfe für besonders reiche Ausführung mit Emailschmuck bestimmt waren. Beide Anhänger wurden 1642 von W. Hollar einzeln gestochen.

Literatur: G. Parthey: Wenzel Hollar. Berlin 1853, Nr. 165, 158 - Kohlhaussen, S. 414.

676 ENTWURF FÜR EINEN BUCHBESCHLAG
Albrecht Dürer

Federzeichnung; 7 : 7

Aus den Slgn. Feder und Haupt

Hannover, Universitätsbibliothek der Technischen Universität - Sammlung Haupt (XXI a (1))

Der bisher als sternförmiges Schmuckstück bezeichnete Entwurf wurde von H. Kohlhaussen überzeugend als Mittelstück eines Buchbeschlags gedeutet. Zwei andere Zeichnungen Dürers (W. 739, 743; ehem. Bremen bzw. Slg. Lubomirski) sind Entwürfe für Eckstücke von Buchbeschlägen. Das auf allen drei Blättern vorhandene runde Mittelstück ist der vorgewölbte Buckel, auf dem der schwere Foliant ruht. E. Panofsky schreibt die Zeichnung möglicherweise Endres Dürer, dem Goldschmied, zu.

Literatur: Kohlhaussen, S. 110/11.

677 ZWEI SÄULEN
Albrecht Dürer

Oben Mitte das Monogramm des Künstlers, darunter die Jahreszahl 1515; darunter nochmals 15, alles wohl von fremder Hand. Am linken Rand der nicht erklärbare Vermerk von fremder Hand: das sind schtörch

Federzeichnung, leicht aquarelliert; 20,3 : 17,4

Aus Slg. Sloane

London, The Trustees of the British Museum (5218-82)

Aufgrund datierbarer Zeichnungen in verwandter Technik setzt F. Winkler diesen Riß in die Jahre zwischen 1510 und 1515, also in die Zeit der Arbeit Dürers für Kaiser Maximilian I. Auf der Ehrenpforte und im Gebetbuch (Kat. Nr. 260/61) sind ähnlich groteske Säulengebilde anzutreffen. Welchem Zweck diese beiden aus den heterogensten Teilen zusammengesetzten Säulen dienen sollten, ist nicht bekannt. Die linke Säule scheint ein Springbrunnen zu sein, worauf die beiden wasserspeienden Putten auf der Plinthe schließen lassen. Auffallend ist die exakte Trennung der einzelnen Teile, aus denen die Säulen zusammengesetzt sind. R. Schmidt erkannte in den schlanken Vasen, die einen wesentlichen Bestandteil jeder Säule bilden, chinesische Porzellanvorbilder. Nach G. F. Hartlaub und E. Panofsky haben die Säulen emblematischen Sinn und bedeuten das sanguinische und das melancholische (saturnische) Temperament. Die gekünstelte Emblematik entspricht der humanistischen Geisteswelt um Kaiser Maximilian. Es mag sein, daß Anregungen von den Holzschnitten der Hypnerotomachia Poliphili (Venedig

1499) ausgingen, von der Dürer ein Exemplar besaß (Kat. Nr. 283). Zwei vergleichbare Säulen, die aus bäuerlichem Gerät zusammengesetzt sind und von denen eine als Satire auf den Bauernaufstand gedeutet wird, finden sich in der Unterweisung der Messung (Kat. Nr. 440, 640).

Literatur: R. Schmidt: China bei Dürer. In: Zs. d. dt. Ver. f. Kunstwiss. 6, 1939, S. 103-08 - G. F. Hartlaub: Albrecht Dürers ›Aberglaube‹. Ebda 7, 1940, S. 179-86.

678 ENTWURF FÜR EIN SCHMUCKSTÜCK MIT KNOTENVERSCHLINGUNG
Albrecht Dürer

Federzeichnung; 5,6 : 6

Im 17. Jahrh. wohl in Slg. Lord Arundel; später in den Slgn. Feder und A. Haupt

Hannover, Universitätsbibliothek der Technischen Universität - Sammlung Haupt (XXI a (1))

Das Blatt gehört mit Kat. Nr. 679 zu einer Reihe von Entwürfen, denen noch einige andere zuzurechnen sind (vgl. W. 737). Beide Schmuckstücke wurden von W. Hollar auf einer Platte gestochen. Welchem Zweck diese agraffenartigen Zierate dienen sollten, kann nicht ermittelt werden. Der dunkle Grund spricht dafür, daß sie als Heftel auf Kleidung oder Hüten appliziert werden sollten. E. Flechsig hält es für möglich, daß Dürer diese Visierungen für seinen Bruder Endres anfertigte, der 1514 in Nürnberg Meister wurde. E. Panofsky betrachtet sie überhaupt als Arbeiten des Endres Dürer.

Literatur: G. Parthey: Wenzel Hollar. Berlin 1853, Nr. 2565 - Kohlhaussen, S. 414.

679 ENTWURF FÜR EIN SCHMUCKSTÜCK MIT KNOTENVERSCHLINGUNG
Albrecht Dürer

Federzeichnung; 5,6 : 6

Im 17. Jahrh. wohl in Slg. Lord Arundel; später in den Slgn. Feder und A. Haupt

Hannover, Universitätsbibliothek der Technischen Universität - Sammlung Haupt (XXI a (1))

Die Zeichnung ist eng verwandt der Kat. Nr. 678, mit der sie zusammen von W. Hollar gestochen wurde. Auch sie wird von E. Panofsky Dürer abgesprochen und seinem Bruder Endres zugeschrieben.

Literatur: G. Parthey: Wenzel Hollar. Berlin 1853, Nr. 2565 - Kohlhaussen, S. 414.

680 ENTWÜRFE FÜR EINE RIECHKAPSEL (BISAMAPFEL)
Wenzel Hollar nach Albrecht Dürer

Im Wappenschild des Teilentwurfs rechts unten das Monogramm Dürers, links unten Halbmond

Radierung; 8,2 : 12,1

Berlin, Kupferstichkabinett, Staatliche Museen Preußischer Kulturbesitz (532-301)

Die links angegebene kugelige Gesamtform mit teilweise durchbrochen gearbeiteter Wandung läßt mit Sicherheit auf den Entwurf zu einer Riechkapsel schließen, wie sie als Behältnisse für Duftstoffe seit dem Mittelalter als modisches Beiwerk getragen wurden. Die beiden rechten Darstellungen sind Teilentwürfe für den umlaufenden Fries. Das Original wird von E. Panofsky um 1515 datiert.

Literatur: G. Parthey: Wenzel Hollar. Berlin 1853, Nr. 2567.

681 ZWEI ENTWÜRFE FÜR ZIERFORMEN
Wenzel Hollar nach Albrecht Dürer

Rechts oben Dürers Monogramm, links unten Halbmond

Radierung; 9,9 : 7,7

Aus Slg. v. Nagler

Berlin, Kupferstichkabinett, Staatliche Museen Preußischer Kulturbesitz (538-301)

Das obere Gebilde ist nach H. Kohlhaussen die Verzierung für das Ortband eines Schwerts, könnte aber auch das Beschlagstück eines Gürtelendes sein. Das untere Zierat mit zwei gegenständig zu einem Ornament vereinten Delphinen ist Teil einer Gürtelschließe (vgl. Kat. Nr. 682). E. Panofsky datiert den Entwurf Dürers um 1515. - Ein Vergleich der Radierung mit der noch vorhandenen Originalzeichnung (W. 742; ehem. Wien, Fürst Liechtenstein) erweist, wie zuverlässig W. Hollars Kopien sind, die noch deutlich die meisterhafte Strichführung des Originals nachempfinden lassen.

Literatur: G. Parthey: Wenzel Hollar. Berlin 1853, Nr. 2561.

682 ENTWURF FÜR EINE GÜRTELSCHLIESSE (?)
Wenzel Hollar nach Albrecht Dürer

Rechts oben Dürers Monogramm, links unten Halbmond

Radierung; 9 : 7,5

Berlin, Kupferstichkabinett, Staatliche Museen Preußischer Kulturbesitz (537-301)

Der Entwurf ist wohl für einen Gürtel oder ein Bandelier gedacht. Der obere Teil mit den beiden Delphinen hat sich in sorgfältiger Ausführung auf einer anderen Radierung W. Hollars (vgl. Kat. Nr. 681) erhalten. Eine wahrscheinlich zur gleichen Entwurfsreihe gehörende Zeichnung (W. 731) kann wegen ihrer Gelbtönung als Vorwurf für eine Goldschmiedearbeit angesehen werden. E. Panofsky datiert diese Entwürfe in die Jahre um 1515.

Literatur: G. Parthey: Wenzel Hollar. Berlin 1853, Nr. 2560.

683 ENTWURF FÜR EINE BUCHVIGNETTE (?)
Wenzel Hollar nach Albrecht Dürer

Rechts oben Dürers Monogramm, links unten Halbmond

Radierung; 7,1 : 10,2

Aus Slg. G. v. Lepell

Berlin, Kupferstichkabinett, Staatliche Museen Preußischer Kulturbesitz (533-301)

F. Winkler meint, daß dieser Entwurf, den E. Panofsky um 1515 datiert, kaum als Goldschmiedearbeit, sondern eher als Buchvignette oder graphische Vorlage gedacht ist. Das Blatt macht tatsächlich weniger den Eindruck einer zweckbestimmten Visierung als vielmehr einer Ideenskizze, in der die Phantasie des Künstlers noch frei spielt. Gleichwohl kann man die Zeichnung als Vorstufe für eine spätere Umsetzung in Metall ansehen, zumal wenn man bedenkt, daß Dürers Entwürfe für Schmuckstücke und Applikationen meist in durchbrochener Arbeit beabsichtigt waren.

Literatur: G. Parthey: Wenzel Hollar. Berlin 1853, Nr. 2564.

684 ENTWURF FÜR EIN HERALDISCHES BESCHLAGWERK
Wenzel Hollar nach Albrecht Dürer

Rechts oben Dürers Monogramm, links unten Halbmond

Radierung; 7,9 : 11,5

Berlin, Kupferstichkabinett, Staatliche Museen Preußischer Kulturbesitz (531-301)

Die beiden Meerfrauen, die in ähnlich heraldischer Anordnung auf der Riechkapsel (Kat. Nr. 680) begegnen, halten einen Wappenschild mit dem Seelöwen der Familie Imhoff. Es ist unklar, für welchen Zweck und in welchem Material die Ausführung des Entwurfs gedacht ist; vielleicht für ein Beschlagwerk an einem Möbel. E. Panofsky datiert die Originalzeichnung Dürers um 1515. Die gewohnte Qualität der Stiche W. Hollars fehlt hier.

Literatur: G. Parthey: Wenzel Hollar. Berlin 1853, Nr. 2566.

685 ENTWURF FÜR EINE GEBOGENE DOLCHSCHEIDE
Wenzel Hollar nach Albrecht Dürer

Rechts unten Dürers Monogramm und Halbmond

Radierung, aus zwei Platten zusammengesetzt; 18,2 : 9,3 und 14,9 : 9,3

Berlin, Kupferstichkabinett, Staatliche Museen Preußischer Kulturbesitz (573-301, 574-301)

Ein Londoner Dolchscheidenentwurf Dürers (W. 712), den F. Winkler ›wohl um 1515‹ datiert, zeigt mehrere Dekorationselemente, die auch auf dieser Radierung vorkommen. E. Panofsky lehnt die Zuschreibung des Originals an Dürer ab.

Literatur: Heller, S. 893 Nr. 2459.

686 ENTWURF FÜR EINE DOLCHSCHEIDE (OBERE HÄLFTE)
Wenzel Hollar nach Albrecht Dürer

Rechts oben Dürers Monogramm und Halbmond

Radierung; 13,6 : 8

Aus Slg. v. Nagler

Berlin, Kupferstichkabinett, Staatliche Museen Preußischer Kulturbesitz (534-301)

Auffallend ist die kniende nackte Frau mit dem Kind, eine antikische Mutterdarstellung, die sowohl motivisch als auch in ihrer unheraldischen, nicht auf die Achse bezogenen Haltung in dem übrigen Ensemble von Schmuckelementen fremd wirkt. Für die untere Hälfte der Dolchscheide existiert ebenfalls eine Radierung Hollars. E. Panofsky lehnt die Zuschreibung des Originals an Dürer ab.

Literatur: Heller, S. 893 Nr. 2460.

**687 DIE KREUZIGUNG CHRISTI,
SOG. KLEINE KREUZIGUNG**

Albrecht Dürer (Stecher)

Abdruck einer von Dürer gestochenen Goldplatte; Dm. der Platte 4, Dm. der Darstellung 3,6

Aus Slg. L. J. Rosenwald

Privatbesitz

Im Januar oder Februar 1520 schickte Dürer zwei Abdrucke von seiner gravierten Goldplatte an Georg Spalatin mit den Begleitworten: Awch schick jch hy mit zwey getrückte crewczel, sind in golt geschtochen, vnd eins vür ewer erwird. Die in Gold gestochene Platte konnte schon ihres weichen Materials wegen nicht zum Abdruck bestimmt sein. Trotzdem sind einige Exemplare in verschiedenen Zuständen sowie zahlreiche Kopien nachweisbar. Um die virtuosenhafte Feinheit der Gravur zu zeigen, wird Dürer einige wenige Abdrucke gemacht haben, bevor die Vertiefungen mit Niellomasse ausgefüllt wurden. Auch die seitenverkehrte Stellung der Assistenzfiguren und die spiegelbildliche Inschrift INRI beweisen, daß die Platte nicht für Abdrucke gedacht war. Auf Grund eines Schreibens, das mit einem Abdruck der Platte im Städelschen Kunstinstitut, Frankfurt/M., verwahrt wird, will der Straßburger Baumeister Daniel Specklin die Goldplatte, auf einen Schwertknauf Kaiser Maximilians I. montiert, 1556 in der Wiener Rüstkammer gesehen haben. Entsprechende Nachforschungen J. Passavants im Jahre 1849 waren vergeblich. Der Bezeichnung ›Degenknopf Maximilians‹ trat mit überzeugender Begründung W. Boeheim entgegen. E. Flechsig und J. Meder hielten die Goldplatte für eine Hutagraffe und verweisen auf ähnliche Zierate an den Hüten auf Bildnissen Maximilians (Gemälde in Wien und Kat. Nr. 258 nach Zeichnung W. 567; Wien. Holzschnitte B. 153 und Kat. Nr. 259). Die Arbeit wird allgemein um 1518 datiert, nur F. Winkler nimmt erst 1519 an, womit die Beziehung zu Kaiser Maximilian, der bereits am 12. Januar 1519 starb, entfallen würde. H. und E. Tietze scheiden die Arbeit aus dem Werk Dürers aus. Für die Kreuzigung gibt es eine sorgfältige Vorzeichnung (W. 602). Das Fehlen einer Signatur und Datierung spricht eher für eine Auftragsarbeit.

Literatur: Passavant 3, S. 149 - W. Boeheim: Das Schwert Kaiser Maximilian's I. in der k. k. Ambraser-Sammlung und der ›Degenknopf‹ Albrecht Dürer's. In: Rep. f. Kunstwiss. 3, 1880, S. 276-87 - Rupprich 1, S. 87.

688 ENTWURF FÜR EINEN TISCHBRUNNEN IN GESTALT EINES STEHENDEN BAUERN

Hans Frey zugeschrieben

Farbige Pinselzeichnung über Kohleskizze; aus mehreren Bogen zusammengesetzt; Wz.: Ochsenkopf ohne Augen und Nüstern, mit Stange und Stern (ähnlich Briquet 15254); 130,8 : 50,5

Erlangen, Graphische Sammlung der Universitätsbibliothek Erlangen-Nürnberg (B 145)

Dürers Schwiegervater, der Rotgießer Hans Frey, wird von J. Neudörfer (vgl. Kat. Nr. 18) als geschickter Hersteller von figürlichen Brunnen, speziell von transportablen Tischbrunnen, genannt: ›Er hatte einen guten Verstand, das Wasser mit Luft in die Höhe zu bringen, er machte aus Kupfer allerlei Bilder, Manns und Weibs Personen, die waren inwendig hohl, und also durch Gebläse zugerichtet, daß das eingegossene Wasser ihnen oben zum Kopf und anderen Orten in die Höhe heraussprang und

mochte ein jeder einen solchen Brunnen tragen, und mitten in einen Saal setzen, und zu zierlichen Ehren gebrauchen‹. Lediglich dieser Erwähnung verdanken diese Zeichnung und die zwei folgenden Entwürfe (Kat. Nr. 689/90) ihre Zuschreibung an H. Frey, in dessen Werkstatt derartige Visierungen verwahrt worden sein können, ohne daß er auch deren Entwerfer gewesen sein muß. Aus Freys wirtschaftlichen Verhältnissen und seiner Versippung mit dem Patriziat kann geschlossen werden, daß er keineswegs nur ein einfacher Handwerker war. Im Gegensatz zu Dürers Brunnenentwürfen, die einzig auf ihre künstlerische Erscheinung angelegt sind, berücksichtigen die Frey zugeschriebenen Risse die Möglichkeiten der technischen Ausführung: Sie sind gedrungener, wohl um Platz für den Mechanismus im Innern zu lassen, und vereinfachter, worauf J. H. Whitfield hinwies. Dürers Einflußnahme auf diesen Bauernbrunnen verdeutlicht sein motivisch gleichartiger Entwurf (W. 236; Wien), der statt eines stehenden Bauern einen sitzenden, ebenfalls mit einer Gans im Arm, zeigt. Bei dem Blatt des H. Frey handelt es sich - ebenso wie bei seinen beiden folgenden - offensichtlich um Werkzeichnungen für die originalgroße Ausführung.

Literatur: J. Neudörfer: Nachrichten von den vornehmsten Künstlern und Werkleuten..., Nürnberg 1828, S. 29/30 - G. Lochner: Die Personen-Namen in Albrecht Dürer's Briefen aus Venedig. Nürnberg 1870, S. 12-19 - Thausing 1, S. 137 - Bock, Erlangen, Nr. 145 - J. H. Whitfield: A newly discovered Dürer drawing for the Ashmolean. In: Old master drawings 13, 1938, S. 32 - Kohlhaussen, S. 255.

689 ENTWURF FÜR EINEN TISCHBRUNNEN MIT EINZELNEN STAFFAGEFIGUREN, KINDERSZENEN UND WASSERSPEIENDEN TÄNZERN

Hans Frey zugeschrieben

Tuschfederzeichnung; aquarelliert; aus zwei Bogen zusammengesetzt; Wz.: Ochsenkopf mit Augen, ohne Nüstern, mit Stange und Stern (ähnlich Briquet 14790ff.?); 75,1 : 34,4

Erlangen, Graphische Sammlung der Universitätsbibliothek Erlangen-Nürnberg (B 147)

Die Zeichnung ist offenbar als Visierung für die originalgroße Ausführung gedacht. Die Tragbügel am marmorierten Sockel bezeugen, daß es sich um einen der transportablen Tischbrunnen handelt, als deren Verfertiger Frey von seinem jüngeren Zeitgenossen J. Neudörfer gerühmt wird. Der Reichtum an Personen und allerlei Getier ist sehr viel reduzierter als auf Dürers Entwürfen (vgl. Kat. Nr. 691-93) bei gleichem Hang zum Naturalismus, der sich von dem wirklichkeitsnahen Leben in der Sockelzone zu veredelten Daseinsformen in den höheren Regionen wandelt.

Literatur: E. Kris: Der Stil ›rustique‹, In: Jb. d. kunsthist. Slgn. in Wien NF 1, 1926, S. 169 - Bock, Erlangen, Nr. 147 - Kohlhaussen, S. 257.

690 ENTWURF FÜR EINEN TISCHBRUNNEN MIT GEMSJAGD UND WASSERSPEIENDER FIGURENGRUPPE

Hans Frey zugeschrieben

Federzeichnung, aquarelliert; aus vier Bogen zusammengesetzt; Wz.: Ochsenkopf ohne Augen und Nüstern, mit Stange und Stern (ähnlich Briquet 15254); 108 : 37,2

Erlangen, Graphische Sammlung der Universitätsbibliothek Erlangen-Nürnberg (B 146)

Die Reduzierung des Szenischen zugunsten der Bauglieder (Sockel und Becken), die in Metallguß ausgeführt werden sollen, ist hier besonders deutlich. In diesem Entwurf und Kat. Nr. 689 bereiten sich die vielfigurigen Erststufen des Stil rustique der 2. Hälfte des 16. Jahrhs. vor, die mitunter auch als Tischbrunnen gearbeitet waren.

Literatur: Bock, Erlangen, Nr. 146 - Kohlhaussen, S. 257/58.

691   ENTWURF FÜR EINEN TISCHBRUNNEN
Kopie nach Albrecht Dürer

Federzeichnung auf Pergament; 64,1 : 34,8

Aus Slg. v. Nagler

Berlin, Kupferstichkabinett, Staatliche Museen Preußischer Kulturbesitz (KdZ. 766)

F. Winkler datiert das im Britischen Museum, London, aufbewahrte Original um 1500, H. Kohlhaussen fünf Jahre früher. Die ›hervorragende, erfindungsreiche Arbeit Dürers, eine seiner aufwendigsten als Zeichner‹ (F. Winkler), zugleich eines der größten von ihm geschaffenen Blätter, gehört zu den frühesten Belegen seiner Beschäftigung mit kunsthandwerklichen Aufgaben und bildet zusammen mit drei anderen Zeichnungen (Kat. Nr. 692/93 und W. 236; Wien) eine Gruppe von Entwürfen, die wahrscheinlich für seinen Schwiegervater Hans Frey bestimmt waren. Dieser galt als Spezialist für figürliche Brunnen (vgl. Kat. Nr. 688-690), war jedoch wohl nur Techniker. Da eine Zusammenarbeit mit dem Goldschmied Ludwig Krug, der aber erst seit 1514 in Nürnberg nachweisbar tätig ist, beglaubigt ist, liegt es um so näher, daß Dürer vorher Entwürfe geliefert hat. - Die ungewöhnlich großen Abmessungen und die ausführlichen technischen Angaben auf der Rückseite (des Originals) lassen keinen Zweifel, daß es sich um eine für die Ausführung bestimmte Visierung handelt. Die roten Strahlen aus verschiedenen Öffnungen (auf dem Original) legen die Annahme nahe, daß der Brunnen Wein spenden sollte. Das Gewimmel von Mensch und Tier in naturalistischer Landschaft auf dem Sockel bereitet den Stil rustique Wenzel Jamnitzers vor. - Erst in seinen letzten Lebensjahren beschäftigte sich Dürer wieder mit einem Entwurf für einen Brunnen (W. 945; Wien); die 1527 datierte Zeichnung steht jedoch völlig im Formenkanon der Renaissance. - Eine andere alte Kopie des Londoner Entwurfes, ebenfalls auf Pergament, befindet sich in der Albertina, Wien. Eine von beiden ist wohl identisch mit dem 1588 in der Imhoff-Slg. erwähnten ›Brun, abgerissen auf Pergamen‹.

Literatur: Heller, S. 84 Nr. 95 - Thausing 1, S. 137 - E. Kris: Der Stil ›rustique‹. In: Jb. d. Kunsthist. Slgn. in Wien NF 1, 1926, S. 169 - Kohlhaussen, S. 258-60.

692   ENTWURF FÜR EINEN TISCHBRUNNEN
Albrecht Dürer   *Abb.*

Oben rechts das Monogramm des Künstlers und die Jahreszahl 1509, beides von fremder Hand. Ganz rechts die Zahl 171 einer Paginierung des 18. Jahrhs.

Federzeichnung, aquarelliert; 30,3 : 19,4

Aus dem Besitz des Architekten James Gibbs (1682-1754); bis 1936 in der Bodleian Library, Oxford

Oxford, The Visitors of the Ashmolean Museum (P.1.285*)

Die Zeichnung, die erst 1938 gefunden wurde, gehört zu den

Entwürfen, die Dürer um 1500 wahrscheinlich für seinen Schwiegervater Hans Frey gemacht hat (vgl. Kat. Nr. 691, 693). Auch hier läßt die lebhafte Bemalung darauf schließen, daß der Brunnen vergoldet und farbig gefaßt werden sollte. F. Winkler schließt sich J. H. Whitfields Zweifeln an der technischen Durchführbarkeit solcher Entwürfe an. Sicher hatte Dürer bei diesem Entwurf einzig die künstlerische Erscheinung im Auge. Zuverlässige Nachrichten bei J. Neudörfer und J. G. Doppelmayr bezeugen allerdings, daß es zu Lebzeiten Dürers derartige, höchst komplizierte Tischbrunnen gegeben hat. J. H. Whitfield glaubt, daß der Holzschnitt eines Tischbrunnens auf Rädern in der Hypnerotomachia Poliphili Dürer angeregt haben könnte, der persönlich ein Exemplar des Buches besaß (Kat. Nr. 283). Es kann in diesem Zusammenhang auch an die Tradition der Automaten, Trinkspiele und Tischbrunnen erinnert werden, die nicht allein im höfischen Bereich beheimatet waren. Das naturalistisch gebildete, verschränkte Astwerk ist von Dürer bereits in der Apokalypse (Johannes und die sieben Leuchter, die Babylonische Buhlerin; Kat. Nr. 596[3,15]) verwendet worden und wurde um 1520 zu einem beliebten Motiv des Goldschmieds Ludwig Krug.

Literatur: J. H. Whitfield: A newly discovered Dürer drawing for the Ashmolean. In: Old master drawings 13, 1938, S. 31-34 - A. E. Popham: An unknown drawing by Dürer. In: Art Quarterly 13, 1950, S. 338 - Kohlhaussen, S. 260/61, 525.

693   ENTWURF FÜR ZWEI TISCHBRUNNEN
Albrecht Dürer

Unten das Monogramm des Künstlers und die Jahreszahl 1514, beides von Hans von Kulmbach

Federzeichnung, leicht aquarelliert; 23,6 : 14,4

Aus Slg. Sloane

London, The Trustees of the British Museum (5218-79)

Von den beiden hohen, schlanken Tischbrunnen ist jeweils nur die linke Hälfte gegeben. Die Kolorierung berücksichtigt bereits den optischen Eindruck der ausgeführten und wohl für teilweise Bemalung vorgesehenen Arbeit (Gelb für Vergoldung, Braun für das Astwerk usw.). Der linke Entwurf hat einen bastumflochtenen Fiasco zum Vorbild, wodurch, gemeinsam mit den rautenförmig verteilten Zweigen des Rebstocks, die Bestimmung des Brunnens als Weinspender anklingt. Der rechte Brunnen hat den Umriß des Akelei-Pokals, wie er seit 1531 als Pflichtaufgabe für die Meisterprüfung von den Nürnberger Goldschmieden vorgeschrieben wurde. Die Zeichnung wird übereinstimmend in die Zeit um 1500 datiert, im Zusammenhang mit den anderen Entwürfen für Tischbrunnen (vgl. Kat. Nr. 691/92).

Literatur: Kohlhaussen, S. 261, 264/65.

694   PORTRÄTMEDAILLE DES JOHANNES STABIUS
Nürnberger Medailleur (Peter Vischer d. J.?) nach Entwurf Albrecht Dürers

Umschrift der Vorderseite: JOHANNES:STABIVS:POETA: LAVREATVS:ET:HISTORIOGRAPHVS

Blei, gegossen; Dm. 7,2

Nürnberg, Germanisches Nationalmuseum (Med. 1090)

Der Medaille dürfte ein Entwurf Dürers zugrunde liegen von der Art der Federzeichnung zu einem berittenen Ehrenherold des

Albrecht Dürer:
Entwurf für einen Tischbrunnen
(Kat. Nr. 692)

Triumphzuges Kaiser Maximilians von 1518 (W. 690; Wien), der die Züge des Stabius trägt. Wappen und Emblem mit Zirkel, Spange, Palme und Lorbeer auf der Rückseite einer Variante in Mailand und Brescia finden sich in ähnlicher Form auf Dürers Holzschnitt mit dem Stabiuswappen (Kat. Nr. 299). Für die Herstellung des Modells hat man u. a. Peter Flötner namhaft gemacht (G. Bezold), doch kann ein Vergleich mit gesicherten Arbeiten Flötners die Zuschreibung nicht bestätigen. Der Medailleur, der in der Art des Hans Schwarz arbeitete, dürfte in Nürnberg tätig gewesen sein. Einige charakteristische Buchstaben der Umschrift sind in auffallend ähnlicher Form bei der Orpheusplakette Peter Vischers d. J. verwendet worden, weshalb eine Zuschreibung an diesen möglich erscheint.

Literatur: Habich I, 1, Nr. 318, 318a - Kohlhaussen, Nr. 452.

695   PORTRÄTMEDAILLE WILLIBALD PIRCKHEIMERS
Nürnberger Medailleur (Peter Vischer d. J.?) nach Entwurf Albrecht Dürers (?)

Umschrift der Vorderseite: BILLIBALDVS - PIRCKHEIMER; auf der Rückseite in einer Kartusche drei Zeilen Schrift: MDXVII/ INICIV(m) SAPI(enti)AE/TIMOR DOMINI

Blei, gegossen (sekundär); Dm. 7,8

Nürnberg, Germanisches Nationalmuseum

Während die Medaille ursprünglich als Werk Dürers galt, ist man heute eher geneigt, eine Dürersche Vorzeichnung, etwa in der Art der Porträtzeichnung von 1503 (Kat. Nr. 529) zugrunde zu legen. Für die Zuschreibung an Dürer wurden von G. Habich und O. v. Falke einige typische Stilelemente aufgeführt, so z. B. das flache Relief des Bildnisses, das den mehrfach profilierten Rahmen oben und unten anschneidet, wodurch eine stark plastische Wirkung erreicht wird. Typen und Verteilung der Buchstaben der Umschrift finden sich auf Werken Dürers wieder. Ein gesichertes Original der Medaille ist nicht bekannt. Ein in Augsburg verwahrtes Exemplar trägt links im Feld das Dürer-Monogramm. Für die ursprünglich wohl nicht zugehörige Rückseite, die 1517 datiert ist, gibt es eine Dürer zugeschriebene Vorstudie (Kat. Nr. 294), der gegenüber die Medaille jedoch wesentliche Veränderungen aufweist.

Literatur: Habich I, 1, Nr. 17 - R. Zeitler: Frühe deutsche Medaillen 1518-1527. Exkurs: Das Problem der angeblichen Medaille Pirckheimers von 1517. In: Figura. Stockholm 1951, S. 95.

696   BILDNISMEDAILLON EINES MANNES
Unbekannter Meister des 16. Jahrhunderts

Links im Feld die Jahreszahl 1514

Stechstein (Solnhofener Stein); Dm. 8,15

Stockholm, Königliches Münzkabinett

697   BILDNISMEDAILLON EINER FRAU
Unbekannter Meister des 16. Jahrhunderts

Links im Feld die Jahreszahl 1514

Stechstein (Solnhofener Stein); Dm. 8,6

Wuppertal-Barmen, Sammlung Hermann Vogel

Es existieren lediglich Sekundärgüsse nach den Modellen. Dabei sind solche nach dem Mann bekannt, die das Monogramm Dürers tragen, das nachträglich in die Gußform eingedrückt wurde. Die Beurteilungen der Signierung und Datierung gehen weit auseinander. Einhelligkeit wurde nicht einmal über die Entstehungszeit der Modelle erzielt. Während G. Habich an einer eigenhändigen Ausführung durch Dürer festhielt und F. Winkler Dürer für den Entwurf, der gegenüber den übrigen zeitgenössischen Medaillen einige Besonderheiten aufweist, verantwortlich macht, sieht E. F. Bange in den Modellen Kunstkammerstücke des 17. Jahrhs. Unter Beziehung auf die hohe Qualität hielt E. Panofsky 1957 unter Revision seiner älteren Meinung eine Ausführung durch den Augsburger Adolf Daucher (gemeint Hans D.?) für möglich. Eine Identifizierung der Dargestellten ist nicht gelungen.

Literatur: R. Berliner: Zu den Plaketten mit dem Dürerschen Rückenakt. In: Archiv f. Medaillen- u. Plattenkunde 3, 1921/22, S. 78 - Habich I, 1, Nr. 15/16; I, 2, S. LIX-LXIII - Winkler, Dürer 1928, S. 401, 435 - E. F. Bange: Bespr. v. Habich. In: Zs. f. Kunstgesch. 1, 1932, S. 357-68, bes. 359-62 - Panofsky, 4. Aufl. 1957, S. 304 Nr. 5.

698   RELIEF EINES WEIBLICHEN RÜCKENAKTES
Albrecht Dürer zugeschrieben

Auf dem Sockel rechts das Monogramm des Künstlers und die Jahreszahl 1509

Stechstein (Solnhofener Stein); 15,1 : 6,5

New York, The Metropolitan Museum of Art (17.190.467)

Das Relief bildet den Ausgangspunkt für die Auseinandersetzungen zu der Frage, ob Dürer als Medailleur tätig gewesen ist, d. h. selbst Medaillenmodelle geschnitten hat. Die handwerklichen Voraussetzungen für eine solche Tätigkeit waren gegeben, da Dürer in der väterlichen Werkstatt das Goldschmiedehandwerk erlernt hatte, das sich auch mit ähnlichen Aufgaben beschäftigte. Vor allem G. Habich hat nachdrücklich mit anderen kleinplastischen Werken (Kat. Nr. 267, 696/97) auch das Rückenaktrelief als eigenhändige Arbeit Dürers angesprochen. In der Diskussion, in der als Gegner vor allem R. Berliner und E. F. Bange, als Verteidiger O. v. Falke aufgetreten sind, steht es im Mittelpunkt, zumal das mit dem Monogramm und Datum versehene Steinmodell zu einer Reihe von Dürerschen Graphiken in Beziehung gesetzt werden kann. Als mögliche Vorlage ist der weibliche Rückenakt von 1506 in Berlin (W. 402) in Betracht zu ziehen. Nach einer heute nicht mehr nachprüfbaren Information befand sich ein Silberabguß des Reliefs mit zwei weiteren Reliefplastiken ursprünglich als Beschlag an einem Gürtelkästchen mit dem Allianz-Wappen der Nürnberger Familien Imhoff-Reich, das offenbar auf die Hochzeit der Helena Imhoff mit Sebald Reich im Jahre 1509 zurückgeht. G. Habich identifiziert darüber hinaus das Rückenrelief mit jenem ›Frauenpild‹, von dem Dürer 1509 Abgüsse an den Kurfürsten Friedrich den Weisen gesandt hat.

Literatur: R. Berliner: Zu den Plaketten mit dem Dürerschen Rückenakt. In: Archiv f. Medaillen- u. Plakettenkunde 3, 1921/22, S. 63-78 - Habich I, 2, S. LIX-LXIII - Winkler, Dürer 1928, S. 399, 435 - E. F. Bange: Bespr. v. Habich. In: Zs. f. Kunstgesch. 1, 1932, S. 357-68, bes. 359-62 - O. v. Falke: Dürers Steinrelief von 1509 mit dem Frauenakt. In: Pantheon 9, 1936, S. 330-33 - Kohlhaussen, S. 529.

Dürer, der Sohn eines Goldschmieds, durchlief auch die Lehre eines solchen, ehe er sich zur Malerei entschloß. Seine Schulung als Handwerker, d. h. die Erfahrung im Umgang mit formbarem Material, ist seiner anschließenden Laufbahn als Künstler gleichfalls von Nutzen gewesen. Denn schon das Frühwerk des Malers läßt die Bemühung erkennen, Dingen wie Menschen als Gegenständen der Darstellung die Qualität des Raumverdrängenden zu geben. Mit der fortschreitenden Verwirklichung dieses Zieles übernahm er die Rolle eines Erziehers zum figuralplastischen Gestalten. In einer mehr äußerlichen Weise wirkte er auf die Bildhauerei ein über das Massenmedium der Druckgraphik. Namentlich die Holzschnittfolgen (Passion, Marienleben) wurden von den Schnitzern als Fundgrube für die Darstellungsinhalte von Schreinszenen und Flügelreliefs ausgewertet. Ein berühmtes Beispiel der Dürerabhängigkeit ist Hans Brüggemanns Passionsaltar von 1521 im Dom zu Schleswig: Die szenischen Füllungen des Schreins und der Flügel führen vor Augen, wie die Blätter Dürers durch die illusionsfördernde Übertragung auf die große Schauwand des Altars dem Gemeinschaftserlebnis der Gläubigen dienstbar gemacht werden konnten. Auch der in Eichstätt seßhafte Loy Hering ist mit seinen Epitaphien aus Solnhofer Stein den Nachempfindern Dürers zuzurechnen. Mehr als der erzählende Inhalt hat ihn der Formgehalt der Kunst Dürers bei seinen zahlreichen Grabdenkmälern von Bischöfen und Rittern inspiriert, überall dort, wo es sich darum handelte, ruhige Gruppen aufzubauen oder gar die isolierte Standfigur als in sich zentrierte seelisch-körperliche Einheit zu bewältigen. Auch dieses Problem hat Dürer vorbildhaft für die Bildhauer gelöst und dabei Errungenschaften Italiens nutzbar gemacht. Der dritte in unserem Zusammenhang zu erwähnende Bildhauer, Veit Stoß, hat sich lange gesträubt, Lehren von dem wesentlich jüngeren Maler Dürer anzunehmen, der jahrzehntelang neben ihm am gleichen Ort wirkte. Erst mit dem 1520 in Arbeit genommenen Anbetungsaltar für die Nürnberger Karmeliter (jetzt in Bamberg, Dom) legt Stoß das expressive Pathos endgültig ab und findet mit der Schreinszene zu einer klassisch-ruhigen Gesamtform. Es ist

kein Zufall, daß sich gerade für diese Zeit der Einsicht eine direkte Zusammenarbeit beider Künstler nachweisen läßt: Stoß schuf nach dem Entwurf Dürers den Drachenleuchter, den Anton II. Tucher 1522 in die Regimentsstube des Nürnberger Rathauses stiftete. Damit kommen wir zu der eigentlichen Entwerfertätigkeit Dürers, der als Erfinder, als geistiger Urheber vom Auftraggeber geschätzt wurde, während der Bildhauer die abhängige Rolle des Ausführers übernahm. In solcher Weise durch Aufgabenteilung entstandene Bildwerke befinden sich in der Fuggerkapelle bei St. Anna zu Augsburg. Für deren Ausstattung wird Dürer um 1510 mit Entwürfen zu vier Meter hohen Wandreliefs herangezogen. Sebastian Loscher dürfte sie in Marmor ausgeführt haben. Dabei ergibt die Beobachtung der Anteile wesentlichen Aufschluß, wie weit der Bildhauer den Intentionen Dürers zu folgen vermochte und wo er mit Rücksicht auf die Eigengesetzlichkeit der Skulptur zu Abweichungen gezwungen war. Einen Idealfall der Zusammenführung von Skulptur und Malerei bedeutet der für die Landauer-Kapelle in Nürnberg geschaffene Altar mit dem von Dürer gemalten Allerheiligenbild und der nach seinem Entwurf von einem namentlich unbekannten Meister 1511 reich mit Bildwerk und Dekor geschnitzten Umrahmung. Man nimmt neuerdings an, daß Dürer bei der Ausführung seiner Entwürfe einen ihm wesensmäßig verwandten Bildhauer bevorzugt habe. Dieser war demnach auch an den zum Maximiliansgrab in Innsbruck gehörenden Bronzestatuen der Könige Artus und Theoderich beteiligt, die sogar eine dreifache Arbeitsteilung erforderten: die ineinandergreifenden Tätigkeiten von Entwerfer, Modellbildner und Gießer. Als Tatsache steht nur fest, daß die Güsse in der Werkstatt Peter Vischers entstanden sind, während man die Teilnahme des Zeichners Dürer sowie die seines ›Leibplastikers‹ indirekt bzw. stilkritisch erschlossen hat. Diesen Bildhauer hat man nach der berühmteren der beiden Statuen Artusmeister genannt; als seines hohen Könnens würdige Werke gelten u. a. auch die ›Nürnberger Madonna‹ und die von Dürer entworfene Grabplatte des Grafen Hermann VIII. von Henneberg in Römhild.   Heinz Stafski

699 SIMSONS KAMPF GEGEN DIE PHILISTER

Albrecht Dürer

Unten rechts das Monogramm des Künstlers, darüber die Jahreszahl 1510

Federzeichnung; 25,3 : 20,5

Mailand, Biblioteca Ambrosiana (F. 264 inf. 9)

Als Grablege und Monument familiären Denkmalwillens stifteten die Fugger 1509 eine Kapelle bei St. Anna in Augsburg, die

in der einheitlichen Konzeption von Raum und Ausstattung Anregungen der italienischen Renaissance verrät. Diese Skizze zum Grabrelief für Georg Fugger, der 1506 verstorben war, ist die einzige der gezeichneten Vorlagen mit quadratischem Format. Das der Ausführung in Marmor gegenständlich und zeitlich näherstehende Berliner Blatt (Kat. Nr. 700) berücksichtigt dagegen im Umriß die architektonische Situation, d. h. die Rundbogenform der hohen Chornische.

Literatur: Flechsig 2, S. 274, 454 - Winkler, Dürer 1957, S. 248/49 - Ausst. Ambrosiana-München 1968, Nr. 25.

700 SIMSONS KAMPF GEGEN DIE PHILISTER
Albrecht Dürer

Auf der Schrifttafel unten das Monogramm des Künstlers. Auf der Basisleiste des Philisterkampfes: MEMENTO MEI

Feder- und Pinselzeichnung auf grün grundiertem Papier, grau laviert und weiß gehöht; 31,3 : 15,9

Berlin, Kupferstichkabinett, Staatliche Museen Preußischer Kulturbesitz (KdZ. 4080; Leihgabe des Beuth-Schinkel-Museums)

Diese Zeichnung des Philisterkampfes ist die um 1510 entstandene direkte Vorlage zum Grabrelief Georg Fuggers. Sebastian Loscher, dem vermutlich die Ausführung in Marmor oblag, nahm die bildmotivischen Veränderungen vor, die durch die Umsetzungen ins Relief bedingt waren. Die Säule rechts wurde z. B. fortgelassen. ›Das ungestüme Hineinspringen des Riesen ist im Relief etwas steif vereinfacht‹ (Winkler).

Literatur: Flechsig 2, S. 273, 455 - N. Lieb: Die Fugger und die Kunst im Zeitalter der Spätgotik und frühen Renaissance. München 1952, S. 168-72, 234-38; S. 449/50 Exkurs von K. Feuchtmayr: Die Bildhauer der Fuggerkapelle bei St. Anna zu Augsburg.

701 DIE AUFERSTEHUNG CHRISTI
Albrecht Dürer   *Abb.*

Federzeichnung in Schwarz; Wz.-Fragment: zwei gekreuzte Pfeile (ähnlich Briquet 6280); 26,8 : 13,5

Aus den Slgn. Hausmann und Blasius

Nürnberg, Germanisches Nationalmuseum (Hz 5482; Depositum Frau Irmgard Petersen geb. Blasius)

Skizze zum Grabrelief für Ulrich Fugger (gestorben 1510) in der Fuggerkapelle bei St. Anna zu Augsburg. Die zum selben Relief wenig später entstandene, sorgfältig ausgearbeitete und in Details veränderte Tuschzeichnung auf grauem Papier (Kat. Nr. 702) ist 1510 datiert; das bei ihr stark veränderte Schwebemotiv des Christus wurde für den Bildhauer verbindlich. Die Ausführung in Marmor war gleichfalls wohl Sebastian Loscher anvertraut, der sie spätestens 1518 (Chorweihe) vollendet hat.

Literatur: Flechsig 2, S. 275 - Winkler, Dürer 1957, S. 249 - Zink, GNM, Nr. 52.

702 DIE AUFERSTEHUNG CHRISTI
Albrecht Dürer

Auf der Schrifttafel der Sockelzone in Antiqua: ALBERTUS DURER NORENBERGENSIS FACIEBAT POST VIRGINIS PARTUM 1510. Unter der Jahreszahl das Monogramm des Künstlers

Federzeichnung in schwarzer Tusche, laviert und weiß gehöht, auf schwarzgrau grundiertem Papier; 32 : 16,5

Aus Slg. Prince de Ligne

Wien, Graphische Sammlung Albertina (3126)

Im Unterschied zur vorbereitenden Skizze fehlt bei dieser sorgfältig ausgeführten Zeichnung der Hinweis auf die Bestimmung als Grabmalsentwurf: Die Nische für die Figur des Toten (Ulrich Fugger) ist leer. Motivische Veränderungen, die der Bildhauer berücksichtigte (z. B. die Haltung des Auferstehenden), lassen erkennen, daß es sich um eine fortgeschrittene Fassung handelt.

Albrecht Dürer: Die Auferstehung Christi (Kat. Nr. 701)

Literatur: Flechsig 2, S.275 - Tietze, Albertina 4, Nr.168 - Winkler, Dürer 1957, S.248.

703 DIE NÜRNBERGER MADONNA
Nürnberger Bildschnitzer

Lindenholz mit Resten alter Fassung; H.150

Vermutlich seit 1818 in der Unterkapelle der Nürnberger Kaiserburg (Depot der Kunstschule), später im Landauerschen Zwölfbrüderhaus (Kunstgewerbeschule), dann bis 1877 in den Sammlungen des Rathauses

Nürnberg, Germanisches Nationalmuseum (Pl 210; Leihgabe der Stadt Nürnberg)

Dem Schnitzer darf man die Ausführung mehrerer Werke zuschreiben, zu denen Entwürfe Dürers vorliegen: den Rahmen zum Allerheiligenbild (Kat. Nr.705) und das Modell zur Grabplatte für den Grafen Hermann VIII. von Henneberg und seine Frau in der Stadtkirche von Römhild (vgl. Kat. Nr.704). Da die Entwürfe Dürers um 1510 liegen, dürfte damit auch ein Hinweis auf die Entstehungszeit der Nürnberger Madonna gegeben sein. Durch die Zusammenarbeit mit diesem Schnitzer hat Dürer dessen verwandte Formgesinnung bestätigt. Als sicher darf die Beteiligung beider Meister an den in drei Arbeitsphasen (Visierung, Modell, Guß) erstellten Bronzestatuen der Könige Artus und Theoderich in der Innsbrucker Hofkirche gelten. Nach der berühmteren hat man den Bildhauer Artusmeister genannt.

Literatur: H.Stafski: Die Vischer-Werkstatt und ihre Probleme. In: Zs. f. Kunstgesch. 21, 1958, S.16-19 - M.Mende: Die Nürnberger Madonna. Zur Geschichte ihres Nachruhms im 19. Jahrhundert. In: Mitt.d.Ver.f.Gesch.d.Stadt Nürnberg 56, 1969, S.445-81.

704 ENTWURF ZUM GRABMAL EINES RITTERS MIT FRAU
Albrecht Dürer   *Abb.*

Federzeichnung; 26 : 17,9

1765 aus Slg. J.Guise

Oxford, The Governing Body of Christ Church (1109)

Der um 1510 entstandene Entwurf diente als Vorlage zu Holzmodellen für zwei verschiedene Grabplatten, die in der Werkstatt Peter Vischers d.Ä. in Bronze gegossen wurden. Die eine wurde angefertigt für den Grafen Hermann VIII. von Henneberg und seine Frau Elisabeth und befindet sich in der Stadtkirche zu Römhild. Die andere bestellte der Graf Eitel Friedrich II. von Hohenzollern für seine und seiner Frau Magdalena Grablege in der Stiftskirche zu Hechingen. Das geschnitzte Modell zur Römhilder Tumba wird dem Artusmeister zugeschrieben, der trotz einiger Abweichungen vom Entwurf den Formabsichten Dürers näherkommt als der Schnitzer der Hechinger Platte. Zum Artusmeister vgl. Kat. Nr.703.

Literatur: Flechsig 2, S.105, 455 - Winkler, Dürer 1957, S.249 - K.Oettinger: Die Bildhauer Maximilians am Innsbrucker Kaisergrabmal. Nürnberg 1966, S.19.

705 DER RAHMEN ZUM ALLERHEILIGENBILD ALBRECHT DÜRERS
Nürnberger Bildschnitzer

Auf der Predella eine Schrifttafel mit vier Zeilen in schwarzer Minuskel: mathes landauer hat entlich volbracht/ das gottes haus der tzwelf bruder / samt der stiftung vnd dieser thafell / noch xps gepurd mcccccxi ior. Zu beiden Seiten Stechschilde mit dem Wappen der Landauer

Lindenholz mit Resten alter Fassung und Vergoldung; 284 : 213

Bis 1858 in der Allerheiligenkapelle des Landauerschen Zwölfbrüderhauses, dann im Nürnberger Rathaus bis 1875

Nürnberg, Germanisches Nationalmuseum (Pl 211; Leihgabe der Stadt Nürnberg)

Der Altar wurde von Matthäus Landauer, einem reichen Montanunternehmer, für die 1507 vollendete Kapelle des von ihm gestifteten Zwölfbrüderhauses, einer sozialen Einrichtung zugunsten betagter Handwerker, bestimmt. Die Reliefschnitzerei des Rahmens zeigt das Jüngste Gericht: auf dem Gebälk ein Fries mit den Seligen und Verdammten, auf dem Bogenfeld darüber Maria und Johannes vor dem Weltenrichter; über dem Gebälkenden sitzen Posaunenengel. Das zugehörige Gemälde Dürers wurde von Kaiser Rudolf II. erworben und ohne Rahmen nach Prag verbracht (Wien, Kunsthist. Museum). Mit dem Entwurf zu dem Rahmen (Chantilly, Musée Condé; W.445) widmet sich Dürer erstmals einer Schnitzerei größeren Ausmaßes. Zwischen Zeichnung (1508) und Ausführung (1511) erfuhren Bildidee und Rahmenaufbau wesentliche Änderungen. Das Mittelfeld, zunächst hochrechteckig geplant, wurde dem Quadrat angenähert. Die Korrektur entspricht einem fortgeschrittenen Verständnis für die Proportionsgesetze der Renaissance. Der flügellose Altarrahmen verwertet Anregungen, die Dürer in Italien empfangen hat. Der Schnitzer des Rahmens wird neuerdings mit dem Meister der Nürnberger Madonna bzw. dem Artusmeister (vgl. Kat. Nr.703) identifiziert und war demnach einer der Modellschnitzer des älteren Peter Vischer.

Literatur: G.Habich: Die Kleinbildplastik der deutschen Renaissance. In: Zs.f.bild. Kunst 63, 1929/30, S.64/65 - H.Tietze: Der Rahmen zu Dürers Allerheiligenbild. In: Pantheon 4, 1931, S.318-24 - Winkler, Dürer 1957, S.205-08 - K.Oettinger: Die Bildhauer Maximilians am Innsbrucker Kaisergrabmal. Nürnberg 1966, S.18-24 - J.Ahlborn: Die Familie Landauer. Nürnberg 1969, S.112-14.

706 DAS JÜNGSTE GERICHT
Werkstatt Albrecht Dürers

Links unten das Monogramm des Künstlers und die Jahreszahl 1513, beides von fremder Hand

Federzeichnung; 27,2 : 42,4

Aus Slg. Woodburn

London, The Trustees of the British Museum (1854-6-28-72)

Die Zeichnung steht in zeitlichem (vielleicht auch in situationsbezogenem) Zusammenhang mit den Entwürfen zur dekorativen Ausstattung der Landauerschen Allerheiligenkapelle. Motivische Übereinstimmungen mit den geschnitzten Darstellungen auf dem Gebälk und im Bogenfeld des Rahmens zum Allerheiligenbild (Kat. Nr.705) legen eine Entstehung in zeitlicher Nachbarschaft nahe. Auch ein Vergleich mit der Zeichnung ›Kampf der Engel‹ (W.468; London), die 1509 datiert ist und wohl als Entwurf für ein Tympanon gelten kann, stützt den vorgeschlagenen Zeitansatz und läßt eine verwandte Zweckbestimmung für beide Entwürfe vermuten.

Literatur: Flechsig 2, S.84/85 - Dodgson, Guide 1928, Nr.192.

707 DÜRER ALS ENTWERFER FÜR DAS GRABMAL DES KAISERS MAXIMILIAN

Eigenhändiger Brief des Lazarus Spengler an Anton Tucher und Hieronymus Ebner, Augsburg 30. November 1513. In Begleitung Spenglers hatte Kaiser Maximilian beim Reichstag in Augsburg die an Bischof Christoph verpfändeten Statuen der Könige Artus und Theoderich besichtigt: ›Die K(aiserliche) M(aiestä)t hat beder gegossen pillder, wie wol deß ainen mer dann deß anndern, groß gefallen will die bede allso vnzergenntzt behallten, deßgleichen Ime auch Kaiser Karls visirung durch thüren gemacht, versich mich thüren soll durch hilff Nützels auch was gedeyen.‹

Papier; 30 : 21

Nürnberg, Stadtarchiv. (Tuchersches Briefarchiv, fasc. IV, 10, Nr. 1)

Im kaiserlichen Auftrag waren die beiden Statuen 1513 in der Hütte Peter Vischers gegossen worden. Offenbar war der Kaiser von einer der Figuren (Artus?) besonders begeistert; an dem Statuenpaar erkannte er den auf gegenseitige Ergänzung angelegten Ausdrucksgehalt. Deswegen wünschte er, beide Figuren ungeteilt auszulösen, was allerdings erst lange nach seinem Tode, nämlich 1532 durch seinen Enkel Ferdinand geschah. Maximilian nahm auf dem Augsburger Reichstag auch die Gelegenheit wahr, sein Grabmalsprojekt weiter zu fördern: Eine ihm übermittelte Visierung Dürers zur Statue Karls des Großen fand seine Zustimmung. Die entsprechende Briefstelle wurde bisher in ihrer Bedeutung nicht erkannt; sie liefert den Beweis für die zuweilen angezweifelte Mitarbeit Dürers am Maximiliansgrab. Es darf nun auch als gewiß gelten, daß Dürer die Entwürfe zu den Statuen der Könige Artus und Theoderich geliefert hat. Die Statue Karls des Großen, die von Anfang an zum Programm der ›Ahnenbilder‹ gehörte, wurde nie aufgestellt; sie sollte wohl ebenfalls in der Hütte Peter Vischers unter Aufsicht Dürers gegossen werden. Aber gerade in diesen Jahren (1514) wurde der Gießer vom Nürnberger Rat bedrängt, das vernachlässigte Sebaldusgrab zu beenden; diese umfangreiche Arbeit beschäftigte ihn bis 1519, dem Todesjahr des Kaisers. Als nach 1540 ein neuer Anlauf zur Vollendung des Maximiliansgrabes gemacht wurde, war Dürers Zeichnung nicht mehr greifbar. Christoph Amberger lieferte 1548 einen neuen Entwurf, welchen der Bildhauer Veit Arnberger seinem Holzmodell zugrundelegte. Kaiser Ferdinand gab 1560 einen Befehl zur Ausführung des Gusses, von dessen Erfolg nichts zu erfahren ist. Entweder war das Modell inzwischen unbrauchbar geworden oder das Werk mißlang.

Literatur: H. v. Schubert: Lazarus Spengler und die Reformation in Nürnberg. Leipzig 1934, S. 123 - V. Oberhammer: Die Bronzestandbilder des Maximiliangrabmales in der Hofkirche zu Innsbruck. Innsbruck-Wien-München 1935, S. 14/15, 129, 130-33, 232, 240, 543 - Rupprich 1, S. 257 Nr. 24.

708 ENTWURF ZUM DRACHENLEUCHTER
Albrecht Dürer

Auf dem angesetzten Rand oben in Handschrift des 16. Jahrhunderts: Diese Visierung hat Albrecht Dürer mit Eigner Handn gemacht, und der alte Stoß so ein Bildschnicz gewest, der beidn als Veit und Philipp Stoßn (so meins Anherrn Diszipel und hernach Diener gewest, hernach aber weg Ihres schreibens geadelt worden) Leiblich Vatt, hats geschnict, und findt mans noch uf dem rathhauß alhie Inn der Regimentstub.

Federzeichnung, aquarelliert; 16,8 : 21,3

Konstanz, Städtische Wessenberg-Gemäldegalerie (35/92)

Die Inschrift stammt von einem Enkel des Schreibmeisters Johann Neudörfer (1497-1563). Von Dürer ist in Wien ein weiterer Entwurf zu einem Geweihleuchter, für Willibald Pirckheimer (W. 709), erhalten. Der Humanist bemühte sich bei Agnes Dürer vergeblich um ›etliche gehüren‹ aus dem Nachlaß des verstorbenen Freundes. Dürer selbst hatte 1520 den Kurfürsten Friedrich den Weisen an versprochene Geweihe erinnert: daran ich will zwen lewchter doraws machen. Dieses Interesse des Malers entspricht seiner Neigung, den von der Natur gebotenen Formenvorrat dekorativ zu verwerten.

Literatur: H. Kohlhaussen: Ein Drachenleuchter von Veit Stoß nach dem Entwurf Albrecht Dürers. In: Anz. d. German. Nationalmus. 1936-39, S. 135-41 - D. Heikamp: Dürers Entwürfe für Geweihleuchter. In: Zs. f. Kunstgesch. 23, 1960, S. 42-55.

709 DRACHENLEUCHTER
Veit Stoß

Lindenholz (Drachenkörper), vergoldet; kombiniert mit Rentiergeweihen; Messingtüllen für Kerzen verloren: L. 153, H. 48, Br. 125

1522 von Anton II Tucher (1458-1524) in die Regimentsstube des Nürnberger Rathauses gestiftet. Im 17. Jahrh. auf den Herrensitz Gleißhammer verbracht. 1859 vom damaligen Schloßeigentümer Johannes Zeltner dem Museum gestiftet

Nürnberg, Germanisches Nationalmuseum (HG 68)

Der Drachenleuchter ist das einzige und durch die spätere Eintragung auf dem Entwurf des Malers (Kat. Nr. 708) bezeugte Dokument für ein arbeitsteiliges Zusammenwirken von Stoß und Dürer. Der Schnitzer, der ›gotischer‹ empfand als der Maler, hat die Bewegtheit des Drachens noch gesteigert, nicht zum Nachteil der ausgeführten Skulptur.

Literatur: H. Kohlhaussen: Ein Drachenleuchter von Veit Stoß nach dem Entwurf Albrecht Dürers. In: Anz. d. German. Nationalmus. 1936-39, S. 135-41 - D. Heikamp: Dürers Entwürfe für Geweihleuchter. In: Zs. f. Kunstgesch. 23, 1960, S. 42-55 - L. Grote: Die Tucher. München 1961, S. 76/77.

710 ENTWURF FÜR DEN THRONSTUHL DES KARDINALS LANG VON WELLENBURG
Albrecht Dürer

Links unten das Monogramm des Künstlers in perspektivischer Schräglage und die Jahreszahl 1521. Am oberen Rand eigenhändige Beschriftung: Ann meinen genegdigsten hern von salburg

Federzeichnung, braun und rosa aquarelliert; 28,7 : 17

Braunschweig, Herzog Anton Ulrich-Museum (32)

Der Auftraggeber Matthäus Lang von Wellenburg, Erzbischof von Salzburg, gehörte zum Humanistenkreis Kaiser Maximilians; dieser Ideenwelt entsprechen der bizarre Dekorationsstil und das ikonographische Programm des Throns. ›Die Zeichnung zeigt Dürers Erfindungslust in einer kaum mehr zu überbietenden Steigerung. Das merkwürdig künstliche Gebilde setzt den Zierstil fort, in dem Dürer die Entwürfe für Ehrenpforte und Triumphzug ausgeführt hat. Der Baldachin im Holzschnitt des großen Triumphwagens (Kat. Nr. 264) ist so ähnlich, daß seine Vorzeichnung von 1518 (W. 685) als Vorbild betrachtet werden

Albrecht Dürer: Entwurf zum Grabmal eines Ritters mit Frau (Kat. Nr. 704)

kann‹ (F.Winkler). Auch die beiden Skizzen für den Triumphwagen Kaiser Maximilians im Dresdner Skizzenbuch (Bruck, Taf.139) sind sehr verwandt. Dem kunstfreundlichen Kardinal hatte Dürer mit J.Stabius schon 1515/16 seine Holzschnitte der Himmelskugeln und der Weltkarte gewidmet (Kat.Nr.309/10, 315). Zwischen 1518 und 1523 hat Dürer den Kardinal porträtiert (Kat.Nr.538).

Literatur: Flechsig 2, S.470 - H.W.Schmidt: Die deutschen Handzeichnungen bis zur Mitte des 16.Jahrhunderts. Kunsthefte des Herzog-Anton-Ulrich-Museums 9. Braunschweig 1955, Nr.32 - Winkler, Dürer 1957, S.314.

711   DER RECHTE ARM DES GEKREUZIGTEN
Dürerschule

Auf dem Nagelkopf das Monogramm Dürers von fremder Hand

Kreidezeichnung; 31 : 80

Coburg, Kupferstichkabinett der Kunstsammlungen Veste Coburg (Coburger Landesstiftung) (Z 102)

Ungewöhnlich ist die Überdimensionierung des Armes. In der weichen und bewegten Zeichnung verrät die Wiedergabe der Hand die Nähe zum Aktmodell. Es liegt demnach eine Atelierstudie vor, deren gedehnter Maßstab der anatomischen Verdeutlichung, besonders der komplizierten Fingerhaltung, dient. Das Blatt ist wohl der Teilentwurf zu einer Skulptur, keinesfalls jedoch die Studie nach einem großplastischen Kruzifix, wie auch vermutet wurde.

Literatur: M.Loßnitzer: Veit Stoß. Leipzig 1912, S.136 - H. Huth: Künstler und Werkstatt der Spätgotik. Augsburg 1923, S.49/50 - Flechsig 2, S.468.

Dürers Tätigkeit als Entwerfer für die Glasmalerei war in der kunsthistorischen Forschung lange umstritten. Zwar wurde die hervorragende Rolle seiner Druckgraphik als Vorbild für den Gesamtbereich der Glasmalerei auch über die Grenzen Deutschlands hinweg zur Evidenz, man scheute sich jedoch, sein zeichnerisches Oeuvre mit dem erhaltenen Bestand an Scheibenrissen zu ›verwässern‹. Dies galt besonders für den 1496 zu datierenden Benedikt-Zyklus (Kat. Nr. 712-17) und die ihm angeschlossene Gruppe von Zeichnungen, die in der Mehrzahl vor oder kurz nach 1500 entstanden sind (Kat. Nr. 719-21). Man schrieb diese Zeichnungen einem konstruierten Doppelgänger Dürers bzw. dem Benediktmeister zu. Lediglich zwei Glasmalereientwürfe wurden einstimmig als Arbeiten Dürers anerkannt: die Kompositionsskizze mit der Marter des Hl. Laurentius (Kat. Nr. 728) zum Schmiedmayerfenster in St. Lorenz, Nürnberg, von 1509 (Kat. Nr. 729) und das Fragment eines großen Kartons mit Maria mit dem Kinde (Kat. Nr. 731) für das Pfinzingfenster in St. Sebald, Nürnberg, von 1515 (Kat. Nr. 732). Charakteristisch für die Tendenz, in Dürer nur die autonome Schöpferpersönlichkeit zu sehen, ist die Bemerkung von H. und E. Tietze zur Marter des Hl. Laurentius: ›ausgezeichnete Zeichnung, die trotz ihrer kunstgewerblichen Bestimmung völlig klar gebaut ist‹. Die Beurteilung der Entwürfe für Glasmalereien allein vom Standpunkt des zeichnerischen Oeuvres und die Mißachtung der spezifischen Eigenarten dieser Kunstgattung wie der allgemeinen historischen Situation der Glasmalerei hat viel zu einer allgemeinen Verwirrung beigetragen.

Erst im vergangenen Jahrzehnt konnte man sich entschließen, die Hypothese vom Doppelgänger bzw. Benediktmeister aufzugeben und die vor allem von F. Winkler mit Entschiedenheit vorgetragene Auffassung anzuerkennen, daß auch die frühen Scheibenrisse dem Gesamtwerk Dürers einzugliedern seien. Neue Forschungen zur Nürnberger Glasmalerei der Spätgotik und Frührenaissance haben dazu beigetragen, Dürers Tätigkeit als Entwerfer für die Glasmalerei gerechter zu beurteilen.

Ähnlich wie in anderen deutschen Zentren wurde auch die Glasmalerei der fränkischen Metropole entscheidend durch bedeutende Tafelmaler beeinflußt. Obwohl sich keine Glasgemälde nach Entwürfen von Hans Pleydenwurff erhalten haben und dessen Tätigkeit für die Glasmalerei nur urkundlich zu belegen ist, muß sie in seinen letzten Lebensjahren so umfangreich gewesen sein, daß er 1472 im Großtotengeläutbuch von St. Lorenz als ›ein claßer‹ bezeichnet wird. Für Michael Wolgemut, der seine Werkstatt übernahm, läßt sich nachweisen, daß er zusammen mit dieser den größten Auftrag, den seine Zeit zu vergeben hatte, die Chorverglasung von St. Lorenz, ab 1476 nicht nur im Entwurf konzipiert, sondern auch ausgeführt hat. Die umfangreiche Aufgabe beschäftigte ihn fast ein Jahrzehnt seines Lebens und bildet neben den Altaraufträgen und dem stattlichen graphischen Werk einen Schwerpunkt in seinem Gesamtschaffen.

Etwa zehn Jahre später, um 1496, wird die Nürnberger Glasmalerei durch Albrecht Dürer noch einmal entscheidend beeinflußt und zu einer letzten Blüte geführt, die für ganz Deutschland Bedeutung gewinnt. Am Anfang steht ein Gesamtentwurf für ein Georgsfenster (W. 197; Frankfurt/M.), der auch durch Arbeiten der folgenden Jahre in seiner Kühnheit und Neuartigkeit nicht übertroffen wird. Der vier Lanzetten und vier Fenstergeschosse umfassende Entwurf greift das von Wolgemut in St. Lorenz nur in Teilen bewältigte Problem einer ganzheitlichen, lichten Fenstergestaltung wieder auf und führt es zu einer einzigartigen spätgotischen Lösung. Zugleich enthält der Entwurf fast alle künstlerischen Tendenzen, die Dürer der Nürnberger Glasmalerei als Impuls vermittelte: eine über die ganze Fensterfläche greifende, die einzelne Feldeinheit negierende Tafelbildkomposition, ein aus der Anonymität gelöstes, individuelles Menschenbild, körperhafte Gestalten mit modellierten Gewändern und statt des bisher obligatorischen flächenhaften Ranken- oder Damastgrundes die Landschaft. Der signierte Augustinuskarton (Kat. Nr. 719), der früheste erhaltene der Nürnberger Glasmalerei, entstand noch vor den Arbeiten zur Apokalypse. Er ist im Vergleich zum Georgsentwurf eine Spur konventioneller, was zum Teil durch das steile Scheibenformat und durch seine Funktion als maßstabgetreue Werkzeichnung für den Glasmaler bedingt ist. Die meisterhafte Handhabung der schwarzen Pinselzeichnung mit grauer Lavierung zeigt, wie Dürer von Anfang an das glasmalerische Metier beherrschte. Schon in seiner Lehrzeit bei Michael Wolgemut wurde er mit den technischen Voraussetzungen der Glasmalerei vertraut (vgl. Kat. Nr. 99). Aus deren Kenntnis entwickelte er den klaren, kalligraphischen Zeichenstil, der in den Zeichnungen der beiden Dreipässe für Propst Sixtus Tucher (Kat. Nr. 723 u. W. 214; Frankfurt/M.) von 1502 gipfelt.

Dürers fortschrittliche Ideen für die Glasmalerei kamen in den Nürnberger Monumentalverglasungen durch die spezifische örtliche Situation nicht voll zur Auswirkung. Etwa gleichzeitig mit der Chorverglasung von St. Lorenz setzte in allen Nürnberger Kirchen und Klöstern eine durchgreifende Restaurierungswelle ein, bei der die ›durch verjarung der zeit busswidrig (schadhaften) und geprechlichen (zerbrochenen)‹ Glasmalereien des 14. Jahrhunderts nicht nur restauriert, sondern aus dem Bedürfnis nach Helligkeit im Kirchenraum in ihrem ursprünglichen Bestand dezimiert und durch ›Fensterverneuungen‹ (Erneuerungen) ersetzt wurden. Auftraggeber waren Kaiser, Markgrafen, Bamberger Bischöfe und vor allem die angesehenen Geschlechter des Nürnberger Patriziats, die die einmal erworbenen ›Fensterrechte‹ als privates Eigentum ›ad majorem gloriam Dei et familiae‹ betrachteten. Die Fensterverneuungen erfolgten daher oft im Sinne eines echte Historismus, indem nicht nur Gedächtniswappenscheiben der Ahnen, historisierend wiedergegebene Stifterbildnisse, sondern auch Einzelteile der alten Fenster spolienartig in die Verneuung einbezogen wurden (vgl. Kat. Nr. 732). Daß sich Dürer trotz dieser retardierenden Umstände mit neuartigen Konzeptionen durchsetzte, zeigen das Tetzelfenster für St. Egidien von 1496 (Kat. Nr. 712-17) und die Hll. Jakobus d. Ä., Matthias, Sebald und Ambrosius in St. Jakob von 1496/97, die z. T. vergleichbar mit den Hll. Sebastian und Rochus (W. 149; Frankfurt/M.) sind, die Hll. Paulus und Thomas von Aquin in der Liebfrauenkirche zu Ingolstadt von 1497 und das Bamberger Bischofsfenster in St. Sebald von 1501/02 (Kat. Nr. 722). Dürers eigentliche Domäne bleibt der an keinen Bau gebundene Kabinettscheibenriß mit tafelbildartiger Komposition und phantasievoller Rahmung aus Ast- und Laubwerk, durchwoben von Fabeltieren und Vögeln. Die schöpferische Fortschrittlichkeit der Nürnberger Glasmalerei spiegelt sich in den Erzeugnissen dieser Kleinkunst, die in ihrer kalligraphischen Liniatur für Nahsicht bestimmt sind; sie wurden in Monolithen oder Teilmonolithen, in Grisaille mit Silbergelb oder in herkömmlicher Hüttenglasverarbeitung ausgeführt und in eine helle Butzenscheibenverglasung aus ›venedisch schewen‹ (eine aus Venedig importierte, besonders klarsichtige Butze) eingelassen (vgl. Kat. Nr. 712-17).

Nach 1500 überläßt Dürer mehr und mehr seinen Schülern Hans von Kulmbach und Hans Baldung Grien, später Hans Schäufelein und Sebald Beham die Entwurfstätigkeit für die Glasmalerei, doch ist sein Schöpfergeist durch das Medium der Schüler immer wieder nachzuweisen. Selbst aber konzipierte Dürer die Fenster der Landauerkapelle von 1508 und das Schmiedmayerfenster in St. Lorenz von 1509 (Kat. Nr. 729), die Hans von Kulmbach in maßstabgetreue Kartonzeichnung umsetzte. Für

die Fensterstiftung der Patrizierfamilie Pfinzing von 1515 in S Sebald zeichnete Dürer noch einmal einen Gesamtentwurf un detaillierte Einzelentwürfe, von denen sich der Leningrade Karton (Kat. Nr. 731) erhalten hat. Wahrscheinlich übernahm e diesen Auftrag, da es sich um eine Fensterneuschöpfung un nicht um eine Verneuung eines alten Bestandes handelte. Auch verbanden ihn langjährige freundschaftliche Beziehungen, vo allem zu Melchior Pfinzing, der seit 1481 kaiserlicher Rat un seit 1513 Propst von St. Sebald war. Mit dem Pfinzingfenste schuf Dürer das erste Renaissancefenster der Nürnberger Glas malerei, in das er zahlreiche Ideen der ›Ehrenpforte‹ übernahm mit seiner strahlenden Farbbrillanz und Lichtfülle übertrifft e die übrigen Fenster des Sebalder Chores bei weitem.

Ähnlich wie Hans Holbein d. Ä. in Augsburg, Barthel Bruyr in Köln, Hans Baldung in Freiburg - um nur einige Tafelmale zu nennen -, so haben auch Albrecht Dürer und sein Schüler kreis durch die Impulse seiner genialen Schöpferpersönlichkei die Glasmalerei in Nürnberg zu einer letzten großen Blüte gebracht.

Ursula Frenzel

---

712   DER HL. BENEDIKT IN DER HÖHLE VON SUBIACO
Albrecht Dürer

Unten links später beschriftet: Michel Wolgemut; rechts in der Ecke eine große 2; von der gleichen Hand die Korrektur an dem Kapuzenzipfel

Federzeichnung, leicht aquarelliert vorwiegend in Grün und Hellbraun, daneben zart Blau und Rot; 21,2 : 15,9

Wien, Graphische Sammlung Albertina (3029)

Literatur: Tietze, Albertina 4, Nr. 177.

713   DAS SENSENWUNDER DES HL. BENEDIKT
Albrecht Dürer

Rechts unten das ›geschleuderte Monogramm‹ Dürers. Links unten das Wappen der Elisabeth Pfinzing

Federzeichnung, leicht aquarelliert; die mit einem Lineal gezogenen Rahmenlinien vielleicht von späterer Hand; 19,5 : 17,4

Aus den Slgn. de Cotte und Coypel(?) und der französischen Könige

Paris, Musée National du Louvre-Cabinet des Dessins (18642)

Literatur: Demonts, Louvre 1, Nr. 118.

714   DER HL. BENEDIKT LIEST AUS DER REGULA
Albrecht Dürer

Auf der Rückseite links unten, Feder in Braun, siebenzeilige Notiz von Dürer: wie ein prister ein bericht/Ursula/Fronika/Helena/Barbra/Katerina/Einn Engell

Federzeichnung in Braun, mit dem Metallstift auf drei Seiten umrandet, im Rundbogen silhouettiert; Wz.: Ochsenkopf mit Kreuz und Blume (Piccard, Ochsenkopfwasserzeichen, XI, 351); 25,3 : 17,8

Aus den Slgn. Böhm, Hausmann und Blasius

Nürnberg, Germanisches Nationalmuseum (Hz 5480; Depositum Frau Irmgard Petersen geb. Blasius)

Literatur: Zink, GNM, Nr. 69.

715   DER HL. BENEDIKT ERWECKT EIN TOTES KIND ZUM LEBEN
Albrecht Dürer   *Abb.*

Links unten ausgespartes Wappenfeld ohne Astbogen

Federzeichnung in Braun, am Rande mit dem Stift (Kreide?) vorher begrenzt; 23,7 : 17,3

Aus Slg. Stengel

München, Staatliche Graphische Sammlung (5633)

Literatur: Ausst. Ambrosiana-München 1968, Nr. 19.

716   DER HL. BENEDIKT IN DER EINSAMKEIT
Albrecht Dürer

Federzeichnung, teilweise umrandet; 24,4 : 18,5

Aus Slg. Posonyi-Hulot

Berlin, Kupferstichkabinett, Staatliche Museen Preußischer Kulturbesitz (KdZ. 47)

717   DIE BUSSE DES HL. BENEDIKT
Nürnberger Glasmaler nach Albrecht Dürer

Links unten das Wappen der Tetzel

Federzeichnung, leicht aquarelliert, mit dem Lineal schwarz umrandet; 23,8 : 17

Vielleicht aus Slg. Welser, die Frauenholz um 1865 in Nürnberg versteigerte

Darmstadt, Graphische Sammlung des Hessischen Landesmuseums (AE 387)

Die sechs Zeichnungen gehören zu einer Folge von insgesamt zwölf Scheibenrissen mit Szenen aus dem Leben des Hl. Benedikt. Im ganzen haben sich elf Zeichnungen dieses Zyklus erhalten, von denen zwei Kopien sind (Kat. Nr. 717; W. 208, Schloß Hollenfels). Nach Ausweis der auf einigen Blättern wiedergegebenen Wappen wurde der Zyklus von der Patrizierfamilie Tetzel für ihre Begräbnisstätte in der Marien- oder Tetzelkapelle (um 1359 vollendet) des Benediktinerklosters St. Egidien in Nürnberg in Auftrag gegeben. Es handelte sich um eine Verneuung eines aus der Erbauungszeit der Kapelle stammenden, schadhaft gewordenen Fensters der gleichen Familie, wie das Gedächtniswappen für Elisabeth Pfinzing (gest. 1361), Ehefrau des Friedrich Tetzel d. Ä. (gest. 1367), beweist. Die nach den Rissen angefertigten Monolithscheiben in Grisaille und Silbergelb waren in eine Butzenscheibenverglasung aus ›venedisch schewen‹ eingelassen und ergaben ein sehr lichtes, neuartiges Monumentalfenster. Diese Verglasungsform ist seit der Zeit um 1400 für Hauskapellen und Erker unter Verwendung von Kabinettscheiben zu ermitteln (vgl. Darmstadt, Hess. Landesmuseum, Himmelfahrt Christi: Mittelrhein, 1. Viertel 15. Jahrh.; S. Beeh-Lustenberger: Glasmalerei um 800–1900 im Hessischen Landesmuseum in Darmstadt. Frankfurt/M. 1967, Abb. 99). – Drei ausgeführte Scheiben der Benediktfolge haben sich erhalten, und zwar in Gotha (Museum), Boston (Gardner Museum) und Nürnberg (Kat. Nr. 718). Äußerer Anlaß der Stiftung war vermutlich die Heirat des Friedrich Tetzel d. J. mit Ursula Fürer, Tochter Sigmunds d. Ä., am 6. 2. 1496, wobei eine Restaurierungswelle, die seit 1480 (Holzschuherfenster in St. Sebald) in allen Kirchen und Klöstern beobachtet werden kann, eine solche Stiftung begünstigte. Vielfach wurden die alten Glasmalereien des 14. Jahrhs. nicht nur restauriert, sondern durch Neuschöpfungen ersetzt. – Die Benediktserie ist in ihrer zeichnerischen Qualität ungleich. Verschiedene Entwurfsstadien spiegeln den Entwicklungsprozeß wider. Der flächenhafte Charakter und das Neben- und Übereinander der einzelnen Bildelemente lassen sich aus ihrem Verwendungszweck als Glasgemäldevorlagen erklären. Innerhalb des Zyklus sind zwei Gruppen von Zeichnungen zu unterscheiden: Kat. Nr. 712/13 und Kat. Nr. 714-16. Die noch nicht im endgültigen Format gezeichneten Blätter der ersten Gruppe sind koloriert und im Stil improvisierter Federzeichnungen auf malerische Bildwirkung angelegt. Sie sollten Auftraggeber und ausführende Werkstatt über die künstlerische Intention informieren, wobei die Farbigkeit nur bildmäßige Funktion hatte, ohne die Möglichkeiten einer glasmalerischen Umsetzung zu berücksichtigen. Auf dem ersten erhaltenen Blatt der Folge (Kat. Nr. 712) hat der Auftraggeber offenbar selbst eine grobe Korrektur an der Kapuze vorgenommen, die bei den übrigen Blättern berücksichtigt wurde. Außerdem vermerkte die gleiche Hand eine ›2‹ und legte damit die Abfolge fest. Kat. Nr. 713 bringt, ebenfalls zunächst zur Orientierung, erstmals in einem astwerkgerahmten Bogenfeld einen wappenhaltenden Engel mit Pfinzingschild, der bei der Ausführung entsprechend der tatsächlichen Geschlechterfolge auf der ersten Scheibe des Zyklus wiedergegeben ist (Gotha, Museum). Die Londoner ›Rettung des Placidus‹ (W. 200) nähert sich dem endgültigen Hochformat und ist im Sinne der Visierung in Reinschrift angelegt. Die Blätter der zweiten Gruppe sind werkgerechte Zeichnungen für die Glasmalerwerkstatt. Wie eine unkolorierte Graphik aufgebaut, beschränken sie sich auf ein faßliches, klares Liniengerüst. Durch großzügig vereinfachte Gewänder werden Figuren und Landschaft flächenfüllend angeordnet, wobei der Raum nur noch schwach mitspricht. Die Zeichnung der auf drei Seiten mit einer dünnen

Linie gerahmten Blätter läuft niemals bis zum Rand aus. – Die Zuschreibung der Benediktzeichnungen an Dürer läßt sich durch Vergleiche mit dessen Frühwerk stützen. Komposition und Raumschema einzelner Blätter finden sich in den Illustrationen zum Ritter vom Turn und zum Narrenschiff (Kat. Nr. 153/54) wieder. Bei den Figuren lassen sich Bezüge zur Oxforder Zeichnung ›Thronender Greis und Jüngling‹ (Kat. Nr. 67) erkennen. Die Körperhaftigkeit der großzügigen, sicher umrissenen Gewandfiguren und die Charakterisierung verschiedener Köpfe besitzt direkte Verbindungen zu den frühen Holzschnitten, vor allem zur Grablegung Christi der Großen Passion (Kat. Nr. 597 [11]). Die vom Stil gebotene Einordnung der Benediktzeichnungen unter die frühen Nürnberger Arbeiten von 1495/97 stützt die Datierung auf 1496, das Jahr der genannten Hochzeit. 1505 wurde die Komposition von Kat. Nr. 714 von H. Baldung für den Entwurf seines monumentalen Glasgemäldes mit der Bußpredigt des Hl. Vinzenz übernommen. Trotz des Zeitunterschiedes veranschaulicht der Vergleich deutlich Dürers Autorschaft bei der Benediktzeichnung. Nach dem gegenwärtigen Stand der Forschung geht der Zyklus der Idee nach auf Dürer zurück. Bei der zweiten Gruppe kann die Mitarbeit eines Gehilfen bei der Ausführung einzelner Blätter nicht ausgeschlos-

Albrecht Dürer: Der Hl. Benedikt erweckt ein totes Kind zum Leben (Kat. Nr. 715)

sen werden. F. Winkler, der die Zuschreibung an Dürer energisch
vertrat, setzte die Folge erst gegen 1500, da er irrtümlich von
einem Hochzeitsdatum von 1499 ausging und einen 1501
datierten Rundschreibenriß mit dem Hl. Benedikt als zugehörig
ansah. E. Panofsky datierte ebenfalls um 1500, K. Oettinger-K. A.
Knappe noch etwas später. Die Autoren sehen aber die Zeichnungen nicht als eigenhändige Arbeiten Dürers an. - Über die
z. T. stark voneinander abweichenden Forschermeinungen in
Zuschreibung und Datierung bezüglich der Benediktzeichnungen und der ihnen angeschlossenen frühen Scheibenrisse informieren: Meister um Albrecht Dürer. Ausst. Nürnberg 1961,
Nr. 395/96 - Ausst. Ambrosiana-München 1968, Nr. 19. - Zu der
Zeichnung der Kat. Nr. 717 bewahrt das Isabella Stewart Gardner
Museum in Boston eine seitenverkehrt ausgeführte Scheibe mit
dem Waldstromer-Wappen rechts unten, das sich auf die 1437
verstorbene Ehefrau des Jobst Tetzel bezieht.

718   DER HL. BENEDIKT UND DER TEUFEL

Werkstatt des Veit Hirsvogel d. Ä.

Grisaillescheibe mit vorderseitiger Braunlotlasierung und Zeichnung in Braunlotkonturierung und Radiertechnik; rückseitig
Silberlotauftrag und braunfärbende Abdecklagen; 23,5 : 17

Aus Slg. Sachsen-Coburg-Gotha

Nürnberg, Germanisches Nationalmuseum (Mm 786)

Die Grisaillescheibe ist nach dem Riß W. 206 gefertigt und weist
diesem gegenüber nur geringfügige Veränderungen auf (spiegelbildliche Vertauschung der Hände). Abweichend von der
Visierung befindet sich rechts unten das Tetzelwappen, umgeben
vom Ordensband des Aragonischen Kannenordens (wahrscheinlich für Jobst Tetzel, Pfleger von St. Egidien, gest. 1474),
während auf dem Entwurf an dieser Stelle ein wappentragender
Engel mit dem Wappen der Ehefrauen des Jobst Tetzel, Agnes
Rummel (gest. 1455 oder 1460) und Margaretha Peßler (verh.
11. 6. 1462), dargestellt ist.

719   DER HL. AUGUSTINUS ALS ORDENSSTIFTER

Albrecht Dürer   *Abb.*

Unten in der Mitte das Monogramm des Künstlers

Pinselzeichnung in Schwarz, leicht grau laviert; aus drei Blättern
zusammengesetzt; 84,6 : 34,6

Aus Slg. Koenigs

Rotterdam, Museum Boymans-van Beuningen
(M. B. 1953/T. 19)

Die aus drei Blättern zusammengesetzte Zeichnung ist innerhalb
der Nürnberger Glasmalerei der früheste erhaltene Karton großen
Maßstabes und war vermutlich für das Nürnberger Augustinerkloster bestimmt. Die sparsamen Konturen sind knapp und
schwungvoll gezeichnet, die Modellierung in grauer Farbe mit
ausgesparten hellen Lichtern ist meisterhaft und aus sicherer
Kenntnis der Technik der Glasmalerei (lasierende Überzugslagen
in Braunlot) angewandt. Das Namenszeichen - allerdings von
E. Flechsig und E. Panofsky nicht als eigenhändig anerkannt -
ähnelt den Schwalbenschwanz-Monogrammen der frühen
Stiche, so daß F. Winkler den Karton um 1496/97 datiert. Die
schlankeren Proportionen und der engfaltige, eckige Stabfalten-

→

Albrecht Dürer: Der Hl. Augustinus als Ordensstifter (Kat. Nr. 719)

stil sind noch vor den Apokalypse-Holzschnitten anzusetzen. Die großzügig vereinfachten Gesichter entsprechen den Köpfen der Grablegung aus der Großen Passion (Kat. Nr. 597 [11]). Der Karton ist den Benedikt-Zeichnungen noch eng verwandt.

Literatur: E. Haverkamp Begemann: Aanwinsten: drie tekeningen van Albrecht Dürer. In: Bull. Mus. Boymans 6, 1955, S. 82 - Winkler, Dürer 1957, S. 119 - K.-A. Knappe: Albrecht Dürer und das Bamberger Fenster in St. Sebald zu Nürnberg. Nürnberg 1961, S. 82, 90.

720 DIE STIGMATISATION DES HL. FRANZISKUS
Albrecht Dürer

Federzeichnung in Schwarz; 20,8 : 19

Aus Slg. v. Beckerath

Berlin, Kupferstichkabinett, Staatliche Museen Preußischer Kulturbesitz (KdZ. 5517)

Die Gestalt des Heiligen wurde in das Haller-Geschlechterbuch von 1526 (Nürnberg, Staatsarchiv) übernommen. Es liegt deshalb nahe, eine Stiftung der Familie Haller in das Kloster der Franziskaner in Nürnberg anzunehmen. Innerhalb der umstrittenen frühen Scheibenrisse ist dieser einer der beweiskräftigsten für die Autorschaft Dürers und steht dessen frühem Stil besonders nahe. Er ist eng verwandt mit der Benedikt-Gruppe (Kat. Nr. 712-17) und dem Augustinus-Karton (Kat. Nr. 719). Von E. Bock um 1498, dagegen von F. Winkler und E. Panofsky unter Hinweis auf den Holzschnitt gleichen Themas (Kat. Nr. 342) erst um 1500 angesetzt. Trotz gewisser Übereinstimmungen in der Behandlung des Unterkörpers läßt der Vergleich zwischen dem Holzschnitt und der wesentlich lebendigeren Zeichnung aus den Veränderungen in der Gewandbehandlung, dem Ausdruck und dem Proportionsgefühl einen größeren zeitlichen Abstand erkennen und macht eine Datierung um 1496/97 wahrscheinlicher. - Die Scheibe in den Cloisters, New York (32.24.34) ist nicht, wie E. Panofsky meint, nach diesem Riß ausgeführt, sondern nach dem Holzschnitt von Kat. Nr. 342.

Literatur: Bock, Berlin, S. 23.

721 DER HL. DIONYSIUS
Albrecht Dürer

Unten das Monogramm des Künstlers von späterer Hand

Federzeichnung in schwärzlichem Braun; 32,2 : 14

Aus den Slgn. Böhm und Posonyi-Hulot

Berlin, Kupferstichkabinett, Staatliche Museen Preußischer Kulturbesitz (KdZ. 54)

Der Entwurf ist verwandt der Benedikt-Gruppe (Kat. Nr. 712-17) und der Stigmatisation des Hl. Franziskus (Kat. Nr. 720), mit der er in der unzusammenhängenden Strichführung bei dem Umriß des Kopfes und Partien des Gesichtes übereinstimmt. E. Bock brachte die Zeichnung mit dem Hl. Franziskus (Kat. Nr. 720) in Verbindung und datierte sie um 1498, während F. Winkler und E. Panofsky um 1500, K. Oettinger-K. A. Knappe gegen Ende 1503 vorschlugen, also gleichzeitig mit dem Hl. Augustinus und der Hl. Anna Selbdritt (Kat. Nr. 726/27). Wenn von Dürer, dann ist die Zeichnung zwischen der Benedikt-Gruppe und den Holzschnitten zur Apokalypse (Kat. Nr. 596; vgl. Die vier Windengel und die Versiegelung der Auserwählten) um 1496/97 anzusetzen.

722 ZWEI SCHEIBEN AUS DEM BAMBERGER FENSTER
Werkstatt des Veit Hirsvogel d. Ä.

1 Der Hl. Heinrich (3 b)

2 Die Hl. Kunigunde (3 c)

Hüttenglasverarbeitung und Silberlotauftrag; Radiertechnik, Schwarz- und Braunlotkonturierung mit halbdeckenden, transparenten Überzugslotlagen auf der Bildvorderseite und partiellen Braunlotabdecklagen auf der Bildrückseite; je 106,5 : 43,5

Nürnberg, Sebalduskirche

Die Stiftung des Bamberger Bischofs Veit I. Truchseß von Pommersfelden ist eine Verneuung des aus der Bauzeit des Chores (Weihe 1379) stammenden Fensters. Es wurde urkundlich bei ›Meyster Veiten (Hirsvogel) Glasern‹ um sechzig Gulden in Auftrag gegeben und 1501/02 in seiner Werkstatt ausgeführt. Das Fenster enthält sechzehn Glasgemälde, die sich über vier Zeilen und vier Lanzetten verteilen. In der untersten Zeile knien die Bischöfe Heinrich III. Groß von Trockau (1487-1501) und Veit I. Truchseß von Pommersfeldern (1501-03) unter Astwerkbekrönungen. Zwischen ihnen stehen in je einem Fensterfeld ihre Wappen, die in weiterem Sinne zugleich Signum des Hochstiftes Bamberg sind. Darüber sind die Patrone des Bamberger Domes als stehende Einzelfiguren angeordnet: die Hll. Petrus und Paulus, flankiert von den Hll. Kilian und Georg. Im Zentrum stehen die Stifter des Bistums Bamberg, das heilige Kaiserpaar Heinrich und Kunigunde mit dem Modell des Domes, verehrt von den Bamberger Bischöfen Lampert von Brunn (1374-98) und Philipp von Henneberg (1475-87). Im Gegensatz zu den späteren Fensterverneuerungen in St. Sebald (Kaiserfenster 1514, Markgrafenfenster 1515, Pfinzingfenster 1515 = Kat. Nr. 732) ist das Bamberger Fenster in Komposition und Ausführung als ein typisches Werk des Übergangsstiles nicht einheitlich von einem Künstler konzipiert, sondern wahrscheinlich von der Glasmalerwerkstatt aus verschiedenen Kompositionselementen zusammengefügt. Die Gesamtanlage folgt dem Schema des frühen 15. Jahrhs. (vgl. Wertheim-Fenster um 1430 in der Nagelkapelle des Bamberger Domes), die unterste Fensterzeile dem Bamberger Fenster, das Wolf Katzheimer 1493 wahrscheinlich für das Langhaus von St. Sebald geschaffen hat, und die obere Abschlußzeile mit bekrönenden Laubwerkbaldachinen dem Vorlagengut Peter Hemmels von Andlau. Die stehenden Einzelheiligen wurden von Dürer konzipiert und gehören zu den bedeutendsten Leistungen der monumentalen Nürnberger Glasmalerei um 1500. Die einzig erhaltene Kartonzeichnung des Fensters mit dem Hl. Petrus (London, British Mus., Inv. Nr. 1882-3-11-60) wurde von F. Winkler Hans von Kulmbach, von K.-A. Knappe Dürer zugeschrieben. Sicher geht der Karton auf Dürers Invention zurück, wobei die maßstabgetreue Visierung durch Hans von Kulmbach nicht auszuschließen ist. Ausgeführt wurde das Fenster durch ältere, der Tradition Peter Hemmels von Andlau verhaftete Glasmaler (Petrusscheibe) und jüngere, fortschrittliche Kräfte mit Veit Hirsvogel d. Ä. (Heinrich- und Kunigundenscheiben), wodurch der Grad der Dürernähe innerhalb des Fensters erheblich schwankt.

Literatur: K.-A. Knappe: Albrecht Dürer und das Bamberger Fenster in St. Sebald in Nürnberg. Nürnberg 1961 - G. Frenzel: Veit Hirsvogel. Eine Nürnberger Glasmalerwerkstatt der Dürerzeit. In: Zs. f. Kunstgesch. 23, 1960, S. 200-04 - Ders.: Entwurf und Ausführung in der Nürnberger Glasmalerei der Dürerzeit. In: Zs. f. Kunstwiss. 15, 1961, S. 39-41.

723 DER TOD ZU PFERD ALS BOGENSCHÜTZE

Albrecht Dürer *Abb.*

Unten links das Monogramm des Künstlers von späterer Hand. In der Umrahmung die Inschrift: CAVE MISER . NE MEO TE CONFIXVM . TELO . IN HOC TETR(IC)O COLLOCEM FERETRI LECTO: ANNO . 1·50·2 (Hüte dich, Unglücklicher, daß ich dich, von meinem Geschoß durchbohrt, nicht in dieses finstere Lager der Tragbahre bette)

Federzeichnung in Grau; 38,7 : 31,2

Aus Slg. Culemann

Hannover, Kestner-Museum (Z.5)

Wie der Scheibenriß W.214 (Frankfurt/M.) Entwurf für eine Dreipaßscheibe, vermutlich für Propst Sixtus Tucher (vgl. Kat. Nr. 725). Die meisterhafte Zeichnung weist Eingriffe durch die Glasmalerwerkstatt auf. Die Umschrift zeichnete der gleiche Kalligraph, der die Beschriftung des Benedikt-Rundscheibenrisses W.211 von 1501 ausführte.

Literatur: H. Wille: Deutsche Zeichnungen 16.-18. Jahrhundert. Bildkataloge des Kestner-Museums 10. Hannover 1967, Nr.5 (mit vollständiger Lit.).

724 DER TOD ZU PFERD ALS BOGENSCHÜTZE

Werkstatt des Veit Hirsvogel d. Ä.

In der Umrahmung die Inschrift: CAVE MISER . NE MEO TE CONFIXVM . TELO . IN HOC TETR(IC)O COLLOCEM FERETRI LECTO:

725 PROPST SIXTUS TUCHER AM GRABE

Werkstatt des Veit Hirsvogel d. Ä.

In der Umrahmung die Inschrift: QUID MI(NARIS) (QU)OD . HOC MONENTE . SEPVLCRO: ECIAM . SI . VELIS . CAVERE . NEQVEO: (Was drohst Du mir mit diesem mahnenden Grab, das ich, wenn Du es auch willst, nicht meiden kann)

Hüttenglasverarbeitung mit Silberlotauftrag. Radiertechnik, Schwarz- und Braunlotkonturierung mit halbdeckenden Überzugslagen auf der Bildvorderseite und partiellen Braunlotabdecklagen auf der Rückseite; je 40 : 37

Erworben von Pickert, Nürnberg

Nürnberg, Germanisches Nationalmuseum (Mm 155 u. 156)

Die nach den Scheibenrissen Kat. Nr. 723 und W.214 (Frankfurt/M.) gefertigten Dreipaßscheiben stammen vermutlich aus dem von Dr. Lorenz Tucher erbauten Erker im Pfarrhof von St. Lorenz. Wahrscheinlich waren die farbigen Dreipaßscheiben in eine Butzenverglasung eingelassen. Trotz deutlicher Vereinfachung versuchte der Glasmaler die Scheibenrisse möglichst genau auf das Glas zu übertragen, ohne jedoch die zeichnerische Virtuosität der Vorlage zu erreichen. Da gegenüber den Scheibenrissen die Jahreszahl 1502 fehlt, scheint eine etwas spätere Ausführung möglich.

726 DER HL. AUGUSTINUS

Albrecht Dürer

Unten links das Monogramm des Künstlers und die Jahreszahl 1510 von späterer Hand; oben beschriftet: S AVGVSTINVS

Federzeichnung in Braun mit schwarzer Einfassungslinie; 23,6 : 16,7

Berlin, Kupferstichkabinett, Staatliche Museen Preußischer Kulturbesitz (KdZ.1283)

727 DIE HL. ANNA SELBDRITT

Albrecht Dürer

Federzeichnung in Braun; 23,2 : 17

Aus dem Praun'schen Kabinett und der Slg. Esterhazy

Budapest, Museum der Bildenden Künste (76)

Die beiden Risse waren ursprünglich wohl zusammengehörig. Sie stammen aus dem Vorlagengut der Hirsvogelwerkstatt und weisen zahlreiche Eingriffe durch die Glasmaler auf. Die Visierung der Anna Selbdritt wurde mehrmals ausgewertet: in der Scheibe 5c des Pfinzingfensters von 1515 in St. Sebald (Kat. Nr. 732) und in einer des Margrafenfensters von 1522 in der Schwanenritterordenskapelle bei St. Gumbert in Ansbach. Wahrscheinlicher als die Datierung von F. Winkler und E. Panofsky um 1500 ist wegen der gestreckten Proportionen und des strengen Aufbaues eine Ansetzung um 1503/04.

Literatur: K. Oettinger-K.-A. Knappe: Hans Baldung Grien und Albrecht Dürer in Nürnberg. Nürnberg 1963, S.5, 93 Anm.22.

728 DIE MARTER DES HL. LAURENTIUS

Albrecht Dürer

Unten rechts das Monogramm des Künstlers von späterer Hand

Federzeichnung in Blau, leicht aquarelliert; Wz.: hohe Krone (ähnlich Briquet 4899); 12,2 : 16,9

Aus den Slgn. Mariette, Young Ottley und Robinson

Berlin, Kupferstichkabinett, Staatliche Museen Preußischer Kulturbesitz (KdZ.1537)

Ebenso wie eine bis 1945 in Bremen aufbewahrte Zeichnung (W.784) Entwurf für Scheiben im Schmiedmayerfenster von St. Lorenz, Nürnberg, das 1509 datiert ist. Im Gegensatz zu den Scheibenrissen um 1500 (vgl. Kat. Nr. 712-17, 719-21) und dem Leningrader Karton (Kat. Nr. 731) handelt es sich lediglich um eine Ideenskizze, die zwar kompositionell und ikonographisch mit den ausgeführten Scheiben (Kat. Nr. 729) weitgehend übereinstimmt, jedoch durch den Kartonzeichner Hans von Kulmbach und in der Glasmalerwerkstatt Veit Hirsvogels d. Ä. in Handschrift und Typenbildung verändernd umgesetzt wurde.

Literatur: K. Oettinger-K.A. Knappe: Hans Baldung Grien und Albrecht Dürer in Nürnberg. Nürnberg 1963, S.66, 71/72, 111 Anm. 350, 357.

Albrecht Dürer zugeschrieben:
Der Tod und die Frau
(Kat. Nr. 730)

729   DIE MARTER DES HL. LAURENTIUS
Werkstatt des Veit Hirsvogel d. Ä.

Hüttenglasverarbeitung mit Farbausschliff und Silberlotauftrag;
Radiertechnik, Schwarz- und Braunlotkonturierung mit halbdeckenden Überzugslagen auf der Bildvorderseite (stark ver-
wittert) und partiellen Braunlotabdecklagen auf der Rückseite;
je 116 : 52

Nürnberg, St. Lorenz

Die beiden Scheiben stammen aus dem 1509 datierten Schmiedmayerfenster, das heute nur noch in zwei Zeilen und sechs
Lanzetten Glasmalereien enthält. Über der Wappenzeile des
Stiftergeschlechtes sind Szenen aus dem Leben des Hl. Laurentius dargestellt: der Heilige vor Papst Sixtus II., die Almosen-
spende, der Heilige vor Kaiser Valerian und sein Martyrium.
Ursprünglich war der Zyklus wohl umfangreicher und die Glasmalereien reichten bis in die Maßwerkzone, wie die beschnittenen Architekturbogen der Rahmung beweisen. Für die beiden
letzten Szenen im Fenster haben sich Ideenskizzen von Dürer
erhalten: der Heilige vor Kaiser Valerian (Winkler, Dürerzeichnungen 3, Taf. X; bis 1945 Bremen) und sein Martyrium (Kat.
Nr. 728). Die Scheiben mit der Marter stimmen in Komposition
und Ikonographie weitgehend mit Dürers Vorentwurf überein,
verdeutlichen aber zugleich, daß Entwurf und maßstabgerechte
Visierung nicht in einer Hand lagen. Typenbildung und Farbig-

keit lassen Hans von Kulmbach als Umzeichner erkennen. Die unterschiedlichen Handschriften in der Ausführung sind dagegen auf verschiedene Glasmaler der Werkstatt des Veit Hirsvogel d. Ä. zurückzuführen.

Literatur: G. Frenzel: Entwurf und Ausführung in der Nürnberger Glasmalerei der Dürerzeit. In: Zs. f. Kunstwiss. 15, 1961, S. 40 - Meister um Albrecht Dürer. Ausst. Nürnberg 1961, Nr. 182 - K. Oettinger-K.-A. Knappe: Hans Baldung Grien und Albrecht Dürer in Nürnberg. Nürnberg 1963, S. 71/72.

730 DER TOD UND DIE FRAU
Albrecht Dürer zugeschrieben   *Abb.*

Zwischen den beiden Gestalten das Monogramm des Künstlers von späterer Hand; links unten der Anfang einer nicht lesbaren Inschrift

Federzeichnung in Braun; 16,3 : 14,5

Aus Slg. Boymans

Rotterdam, Museum Boymans-van Beuningen (A. Dürer Nr. 2)

Der Entwurf für ein Glasgemälde wird durch Vergleich mit dem Holzschnitt ›Tod und Landsknecht‹ (Kat. Nr. 379) fast übereinstimmend auf 1510 datiert. Die Zuschreibung von E. Flechsig und F. Winkler an Dürer wird von E. Panofsky und H. und E. Tietze abgelehnt. Der mehrfach ausgesprochene Vorschlag, Hans von Kulmbach als Zeichner anzunehmen, ist wegen der matten Zeichnung des Kopfes und des Oberkörpers der Frau sowie der unpräzisen Gewandbehandlung nicht auszuschließen.

Literatur: E. Haverkamp Begemann: Aanwinsten: drie tekeningen van Albrecht Dürer. In: Bull. Mus. Boymans 6, 1955, S. 82 - Winkler, Dürer 1957, S. 250 - A. E. Popham-K. M. Fenwick: European drawings in the collection of the National Gallery of Canada Ottawa. Toronto 1965, S. 128.

731 MARIA MIT DEM KIND
Albrecht Dürer

Kohlezeichnung; Wz.: zwei verbundene, mit Zinnen gekrönte Türme (ähnlich Briquet 15918); 42 : 24

Aus den Slgn. Batzky, Zarin Katharina II., Akademie der Künste

Leningrad, Staatliche Eremitage

Das auf allen Seiten stark beschnittene Fragment war eine große Kartonzeichnung für Scheibe 6b (Kat. Nr. 732) im Pfinzingfenster von 1515 von St. Sebald, Nürnberg. Der Entwurf wurde für den 1515 datierten Holzschnitt mit der Kartäusermadonna (Kat. Nr. 345) ebenfalls ausgewertet.

732 ZWEI SCHEIBEN AUS DEM PFINZINGFENSTER
Werkstatt des Veit Hirsvogel d. Ä.

1 Die Hl. Anna Selbdritt (5c)
2 Maria mit dem Kind (6b)

Hüttenglasverarbeitung mit Silberlotauftrag, der nur noch stellenweise erhalten ist; Radiertechnik, Schwarz- und Braunlotkonturen mit halbdeckenden, transparenten Überzugslotlagen auf der Bildvorderseite, zum Teil stark abgewittert, und partiellen Braunlotabdecklagen auf der Bildrückseite; je 107 : 42,5

Nürnberg, Sebalduskirche

Das in der zweiten Hälfte des Jahres 1515 in der Glasmalerwerkstatt des Veit Hirsvogel d. Ä. entstandene monumentale Renaissancefenster ist nach Ausweis der Inschrifttafel SIEGFRIDUS PFINZING SIBI SUISQ. MDXV eine Stiftung der Nürnberger Patrizierfamilie, wahrscheinlich aus Anlaß des 1514 erfolgten Todes des genannten Mitglieds der Stifterfamilie. In der Wirkung ganz auf weltliche Repräsentation abgestellt, erstreckt es sich über vier Lanzetten und acht Geschosse und ist mit insgesamt 32 Scheiben vollständig erhalten. Es übertrifft die übrigen Fensterverneuerungen in St. Sebald (Bamberger Bischofsfenster, 1501/02, Kat. Nr. 722; Kaiserfenster, 1514; Markgrafenfenster, erste Hälfte 1515) an Größe und ist die umfangreichste Neuschöpfung in der Nürnberger Glasmalerei der Dürerzeit. Das Fenster baut sich aus zwei übereinandergestellten Triumphbogen auf, von denen der obere mit einer offenen Kuppel in die lichte, farblose Butzenverglasung ausläuft; unter dem unteren Architekturbogen, der die Hälfte des Fensters einnimmt, kniet das Stifterpaar Seifried und Barbara Pfinzing geb. Grundherr, flankiert von ihren Wappen und umgeben von ihren Kindern, die in der Zeile unter ihnen knien. In der offenen Kuppelhalle des oberen Architekturaufbaues sind die Hll. Christophorus und Anna Selbdritt (nach dem Scheibenriß von 1503/04, Kat. Nr. 727), in der darüberliegenden Zeile Maria mit dem Kind und der Hl. Sebald dargestellt. Auf der Architekturbekrönung stehen zwei Putten mit Flammenbecken. Dieses erste und vollständig erhaltene Renaissancefenster der Nürnberger Glasmalerei ist auch das einzige erhaltene, das sowohl im Gesamtentwurf als auch in detaillierten Einzelentwürfen bis zu maßstabgerechten Kartonzeichnungen (Kat. Nr. 731) auf Albrecht Dürer zurückgeht. Wie bei dem Gesamtentwurf für ein Georgsfenster um 1496 (W. 197; Frankfurt/M.) schafft er ein über die ganze Fläche hinweggreifendes Monumentalglasgemälde, in dem er zahlreiche Ideen der gleichzeitig entstehenden Ehrenpforte (Kat. Nr. 261) verwirklicht. Neben dem Motiv der Ehrenpforte als Rahmengliederung tritt die Fülle einfallsreicher Ornamentik. Die Architekturteile werden durch rankendes Weinlaub, Trauben, Eichblätter und Blumen, Masken, Delphine und Satyrn in einer für die Nürnberger Glasmalerei einzigartigen Weise dekorativ belebt. Die tiefe, satte Farbigkeit wird gesteigert durch den Gegensatz zu den hellen Lichtflächen, so daß das Fenster in seiner strahlenden Farbbrillanz und Lichtfülle die übrigen des Sebalder Chores weit übertraf. Leider hat es durch den zeitbedingten Verwitterungsprozeß und durch einschneidende Restaurierungsmaßnahmen von 1920, bei denen die Gläser ein zweitesmal gebrannt und zwecks Anpassung an den korrodierten Zyklus des 14. Jahrhs. künstlich patiniert wurden, sehr gelitten und seine ursprüngliche Strahlkraft fast gänzlich eingebüßt.

KONKORDANZ

der ausgestellten Arbeiten Albrecht Dürers mit den grundlegenden Katalogwerken

In der Spalte »Bartsch/Passavant« bezeichnet H die Holzschnitte, K die Kupferstiche, ein Stern die nur von Passavant aufgeführten Blätter

Kat. Nr.	Panofsky	Tietze	Lippm.	Winkler	Bartsch Passavant	Meder
3	374	918			H160	288
32	353	W.74			H133	267
34	350	W.23			H130	245
65	997	22	429	26		
66	48	40				
67	1249	18a		42		
68	1245	34	620	56		
69	49	152				
70	50	164				
71	51	505				
72	1000	344	130	482		
73	339	453			H119	108
74	132	562			K 25	26
75	91	A.8				
81	1016	A.168	589	3		
82	52	15/16				
83	53	W.12				
84	102	129				
85	1048	265	133	283		
86	1049	734	560	574		
87	76	163				
88	1095	A.348	247	284		
89	1018	620	532	557		
90	89	A.188				
105	1220	4	2	18		
107	435a	A.21				
108	435b	A.21				
109	435d	A.21				
111	435e	A.21				
112	435c	A.21				
113	435h	A.21				
117	435k					
134	708	26	617	36		
135	510	235	606	37		
139	861	33	605	38		
140	724	A.73	601	24		
141	723	23	430	25		
142	725	24	615	30		
143	199	41			K 92	76
144	151	42			K 44	42
151	414	17			H246*	227
152	436a	A.22				V
153	436c	A.22				VI
154	436b	A.22				VII
157	438	A.22				220
160	441	35				179
161	—				—	—
162	446					
163	650	A.159	300	35		
164				1, Taf. VII		
165	20					
166	9	A.2-7				
174	175	233			K 68	64
178	995	55	650	141		
179	991	A.156	648	137		
180	990	A.155	647	136		
183	1251	W.8	631	79		
184	853	80	628	73		
185	852	81	627	74		
186	1469	75	633	86		
187	427	W.10				
189	399	A.24			H182*	
192	18	244				
195	736	304	332	388		
196	754	299	311	397		
197	548	320	136	405		
198	550	319	137	407		
200	360	575-80			H140-45	274-79
202	1127	A.306	881	658		
208	41	809				
209	1029	830	847	816		
212	433	763				290
213	1506	825	147	786		
214	1502	801	57	776		
215	1133	A.370	297	756		
216	1257	796	857	751		
217	1165	838	850	744		
218	541	869	153	862		
219	579	787	842	793		
220	580	788	843	794		
221	611	818	846	795		
222	612	817	86	796		
223	218	913				25
224	778	860	154	842		
225	768	853	65	846		
226	767	889	862	853		
232	376	752			H162	285
251	51	505				
252	65	504				
253	1009	439	519	504		
254	1010	436	166	507		
255	1012	438	168	506		
256	1011	437	167	505		
257	1013			2, Taf. XXVI		
258	60	725				
259	368	727			H154	255
260	965	634				
261	358	627 W.96			H138	251
262	429	W.106				253
264	359	884			H139	252
265	392, 420-22, 393	A.223, A.231-33, W.97			H app. 36, 288*, 290/91*, app.38	246-50
267	1726	W.116				
270	181	588			K 74	75
272	334	489			H114	228
273	167	501			K 59	58
278	214	961			K 214	105
288	417/18	W.20/21			H277	242/43, XIV
289	447					XV
291 vgl. Kat. Nr. 117						
292	444	151				254
293	213	928			K 106	103
294	1511	A.396		719		
295	395	214			H app. 52	280
296	1712, 1714/15	92b, 260a, W.26a				
297	968-70, 972	551-54	149-52			
298	408	W.85			H205*	281
299	380	W.82			H166	292
300	413	W.127			H218*	257
304	451	A.27				XVII
305	450	A.27				258
306	406	A.228			H202*	262

Kat. Nr.	Panofsky	Tietze	Lippm.	Winkler	Bartsch Passavant	Meder
309	365	629			H 151	260
310	366	628			H 152	259
311					H 297*	
312					H 295*	
315	405	W.98			H 201*	261
325	—					—
330	1711					
336	128	500			K 21	21
337	127	183			K 20	20
338	342	484			H 122	187
339	343	485			H 123	226
340	133	665			K 26	27
341	22	A.180				
342	330	W.32			H 110	224
343	137	144			K 30	29
344	136	W.27			K 29	43
345	398				H 180*	210
348	165	730			K 58	51
349	782	A.357	263	612		
350	332	W.31			H 112	230
351	170	93			K 63	54
352	168	101			K 61	57
353	337	140			H 117	218
354	340	115			H 120	236
355	161	280			K 54	56
356	323	A.211			H 103	223
358	336	W.95			H 116	219
360	387	A.219			H app. 19	
364	vgl.436d	A.22				VIII
365	401	A.27			H 158(372), 194*	283, XII
369	275	W.73			H 55	181
370	278	A.209			H 58	182
371	448	A.27				XVI, 1
372	449	A.27				XVI, 2
374 vgl. Kat. Nr.603						
375 vgl. Kat. Nr.597						
376 vgl. Kat. Nr.601						
378	891	A.163	679	181		
379	352	452			H 132	239
396	273	915			H 53	184
409	212	960			K 105	104
410	153-57	608, 612, 907/08, 911			K 46-50	45, 47-50
411	814	902	386	877		
412	838	951	89	872		
413	537	910	583	875		
414	vgl.43	954				
420	436a	A.22				V
421	135	49			K 28	28
422	193	141			K 86	87
423	190	109			K 83	86
424	1241	A.389		231		
425	197	614			K 90	88
426	198	613			K 91	90
427	196	733			K 89	89
440	454	938c				
441	391	A.222			H app. 34	241
447	403	94			H 198	264
448	202	110			K 95	82
450	1200	522	394	645		
453	84	978				
454	1256	76	629	76		
455	1178/79	87/88	624/25	85, 89		
456	185	120			K 78	71
457	457	89	657	148		
458	1181	127a		947		
459	183	127			K 76	70
460	889	30	645	166		
461	186	178			K 79	73
462	348	118			H 128	266
463	200	47			K 93	77
464	201	142			K 94	83
465	1286	W.17		228		
466	880		703	227		
467	208	211			K 101	98
468	1184	561, A.72	673	159		

Kat. Nr.	Panofsky	Tietze	Lippm.	Winkler	Bartsch Passavant	Meder
469	459	404	518	470		
470	1273	582	79	621		
471	177	671			K 70	95
472	1190	672	398	622		
473	1291	823	385	820		
474	1175	955	875	890		
480	1596/97	169/70	739/40	419/20		
481	184	196			K 77	72
482	1622	230	741	264		
483	458	257	73	333		
484	108	258			K 1	1
485	460/61	331/32, A.166	475	421/22		
486	464/65	333/34	476	423/24		
487	1605/06	566	119/20	648/49		
488	1611				3, Taf. XVIII	
489	1608	567				
490	1191, 1653	616/17	275/76	654/55		
492	1674	532				
494	456	979				XXIX
495	456	979				XXIX
496	164	182			K 57	60
497	1669	A.67	708	255		
498	1671	235	713	360		
499	1672	236	714	361		
500	203	281			K 96	93
501	204	282			K 97	94
502	1675/76	571/72	790/91	617/18		
503	205	574			K 98	74
505	909	74	456	87		
506	928	50	159	58		
509	902	64	454	59		
511	903	63	455	60		
512	347				H 127	238
513	222	96			H 2	107
514	182	122			K 75	69
515	938	90	389	153		
516	178	128			K 71	66
517	180	117			K 73	63
518	105	165				
519	912	A.70	207	250		
520	904	A.101	732	344		
521	176	275			K 69	65
522	930	234	469	330		
523	vgl.901	284	411	662		
524	179	670			K 72	67
525	74	160				
526	59	155/56				
527	1059	223	426	273		
528	1056	222	5	269		
529	1036	219	142	268		
530	1107	288	180	371		
531	100	290				
532	1114	486	232	374		
533	78	315				
534	1066	641	517	431		
535	1110	643	811	561		
536	70	661				
537	1068	690	202	565		
538	—	—			K 102	—
539	209	712			K 102	100
540	82	791				
541	55	W.113				
542	1014	831	288	815		
543	1044	811	851	818		
544	1042	885	578	908		
545	369	886			H 155	256
546	1021	926	387	897		
547	211	927			K 104	102
548	210	897			K 103	101
549	1115	A.331	155	910		
550	85	931				
551	1054	942	868	913		
552	1084			916		
553	62	956				
554	58	958				
556	1226	A.147	609	53		

Kat. Nr.	Panofsky	Tietze	Lippm.	Winkler	Bartsch Passavant	Meder
557	1372	91	449	57		
558	1373	14	162	63		
559	1370	A.171	453	67		
560	1327	71	621	65		
561	1354	72a		92		
562	1383	A.143	635	102		
563	1381	A.57	634	101		
564	1384	345	392	99		
565	1379	92a		100		
566	1391	99	662	107		
567	1388	158	331	113		
568	1396	A.145	636	112		
569	—	—				
570	1399	166	462	223		
571	1397	592	14	117		
572	865	271	141	183		
573	1361	253a	821	240		
574	1321	181	388	241		
575	1343	198	639	244		
576	1346	255	782	359		
577	1313	A.161	330	362		
578	1430	A.60	637	347		
579	1439	A.61	638	353		
580	1670	A.106	742´	247		
581	356	640			H 136	273
582	1407	A.388	823	478		
583	206	699			K 99	96
584	1409	758	427	822		
585	1508	837	856	762		
586	1334	919	864	927		
587	3					
588	—	—				
589	17	W.24				
590	5	153/54, 249, W.15				
591	30	659				
592	653	61	658	142		
593	322	113			H 102	212
594	149	146			K 42	30
596	280-95	104-08, 114 125/26, 133-39, 427			H 60-75	163-78
597	224-35	102, 116, 131, 147-50, 447-51			H 4-15	113-24
598	722	A.395	78	220		
599	141	242			K 34	31
600	109	250			K 2	2
601	296-315	193/94, 203-06, 208, 228, 259/60, 262, 266, 273, 276-79, 443, 445/46			H 76-95	188-207
602	732	A.238	755	466		
603	236-72	285/86, 384-94, 396/97, 405-26			H 16-52	125-61
604	110-24	351, 361/62, 399, 478, 534-43			K 3-17	3-17
605	663	464	776	517		
606	727	520	143	514		
607	667	468	76	526		
608	316	474			H 96	215
609	147	607			K 40	36
610	671	A.412	796	532		
611	682	741	390	534		
612	126	648			K 19	19
613	139	664			K 32	37

Kat. Nr.	Panofsky	Tietze	Lippm.	Winkler	Bartsch Passavant	Meder
614	321	707			H 101	211
615	731	738	322	535		
616	680	740	391	536		
617	143	729			K 36	39
618	686	A.324	81	3, Taf. IV		
619	145	746			K 38	40
620	144	751			K 37	41
621	554	914	579	889		
633	308	278			H 88	200
636	1710			4, Taf. XVII		
637	1687	932				
638	1531	937	186	935		
640	454	938				XXVI
641	361	939			H 146	268
642	362	940			H 147	269
644	363	975			H 148	270
645	364	976			H 149	271
652	—	—				
654	409	974			H 210*	284
655	455	971				XXVIII
656	1695/96			4, Taf. XVII		
657	1411	967	876	942		
658	357	973			H 137	272
659	1667/68	A.434				
661	1233	A.43	590	7		
674	1594	A.328	761	718		
675	1581	686	906	729		
676	1584	A.327	435	741		
677	1532	A.353	258	715		
678	1586	A.325	433	736		
679	1587	A.326	434	738		
680	1582			3, Taf. XXIII		
681	1582			3, Taf. XXIII		
682	1582			3, Taf. XXIII		
683	1582			3, Taf. XXIV		
684	1582			3, Taf. XXIV		
685	1576			3, Taf. XXII		
686	1576			3, Taf. XXII		
687	130	A.205			K 23	24
691	vgl. 1557	A.122	223	233		
692	1558			946		
693	1559	A.351	251	235		
694	1728	W.108				
695	1727	A.442				
696	1731	A.443c				
697	1732	A.443d				
698	1733	A.444				
699	1541	433	758	488		
700	1537	W.77	760	483		
701	1542	432	140	485		
702	1539	W.79	520	487		
703	1543	W.75	762	489		
706	640	A.349	248	196		
708	1562	A.334a		708		
710	1560	874	859	920		
711	1210	A.333	83	502		
712	790			697	198	
713	791			696	199	
714	794			690	202	
715	796			692	204	
716	797			693	205	
717	799			694	207	
719	788			698	210	
720	809			687	212	
721	807			688	218	
724	880			704	213	
726	787				221	
727	721	A.66	727	222		
728	829	457	32	603		
730	886	A.164, A.408		629		
731	675	652	813	551		

ZEITTAFEL ZU ALBRECHT DÜRER

1471	21.5. geboren in Nürnberg als Sohn des Goldschmieds Albrecht Dürer (gest. 1502) und der Barbara Holper (gest. 1514)
1484	Selbstbildnis (Silberstiftzeichnung; Wien), erste erhaltene Arbeit
um 1485	Goldschmiedelehre beim Vater bis 1486
1486	30. 11. Beginn der Lehre bei dem Maler Michael Wolgemut
1489	Ende des Jahres, Abschluß der Lehre bei Wolgemut
1490	bis 1494 Wanderschaft; Aufenthalt in Kolmar, Basel und Straßburg; Buchillustrationen
1494	Rückkehr nach Nürnberg, Hochzeit mit Agnes Frey am 7.7. Herbst, Reise nach Venedig über Innsbruck
1495	Spätfrühjahr, Rückkehr nach Nürnberg Beginn der Freundschaft mit Willibald Pirckheimer
1496	April, erster großer Bildauftrag durch Kurfürst Friedrich den Weisen
1497	erster datierter Kupferstich (Die vier Hexen)
1498	Veröffentlichung der Holzschnittfolge ›Apokalypse‹
1500	Beginn der Proportionsstudien unter dem Einfluß Jacopo de' Barbaris
1504	Kupferstich ›Adam und Eva‹
1505	Spätsommer, Abreise nach Venedig, Aufenthalt bis 1507
1506	Vollendung des ›Rosenkranzfestes‹ in Venedig, Reise nach Bologna
1507	Januar, Rückreise von Venedig nach Nürnberg
1509	14.6. Kauf des ›Dürerhauses‹ am Tiergärtnertor
1511	Buchausgaben der Großen und Kleinen Holzschnitt-passion, des Marienlebens, 2. Ausgabe der Apokalypse
1512	4.2.-21.4. Kaiser Maximilian I. in Nürnberg, Aufträge an Dürer
1515	6.9. Gewährung einer jährlichen Zahlung von 100 Gulden durch Kaiser Maximilian I.
1517	Herbst, Aufenthalt in Bamberg
1518	Sommer, Dürer auf dem Reichstag in Augsburg
1519	12.1. Tod Kaiser Maximilians I. in Wels Mai oder Juni, Reise in die Schweiz mit W. Pirckheimer und Martin Tucher
1520	12.7. Aufbruch zur Reise in die Niederlande
1521	Sommer, Rückkehr aus den Niederlanden
1522	bis 1523 Reichstag in Nürnberg
1525	Erscheinen der ›Unterweisung der Messung‹
1526	Schenkung der ›Vier Apostel‹ an den Rat der Stadt
1527	Erscheinen der Befestigungslehre
1528	(posthum) Erscheinen der ›Vier Bücher von menschlicher Proportion‹
	6.4. Tod Dürers

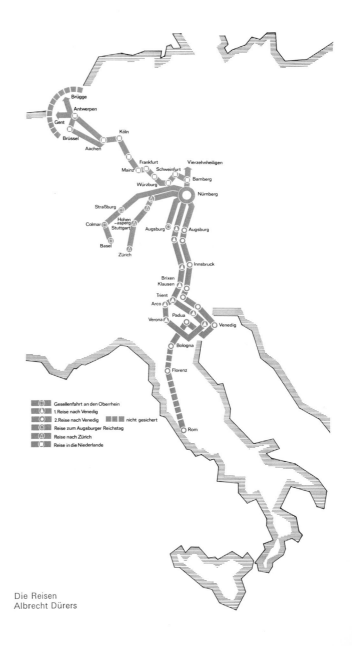

Die Reisen
Albrecht Dürers

REGISTER

Künstler, Autoren, Porträtierte, historische Persönlichkeiten, Drucker und in Urkunden genannte Personen, soweit sie in den Titelzeilen der Katalognummern vorkommen.

Absberg, Heinrich von, gest. 1492. Propst des Domstiftes, seit 1465 Bischof in Regensburg. Begründer der Buchdruckerkunst in Regensburg durch Berufung Joh. Sensenschmidts aus Bamberg.
Kat. Nr. 114

Aegidius, Petrus, 1486-1533. Stadtschreiber von Antwerpen. Eigentlich Peter Gilles. Gelehrter Jurist, Sekretär der Schöffen, Stadtschreiber. 1520 Begegnung mit Dürer in Antwerpen, der auch das von ihm und Corn. Grapheus stammende Festspiel zum Einzug Karls V. in Antwerpen sieht.
Kat. Nr. 205/06

Agrippa von Nettesheim, 1486-1535. Okkultistischer Gelehrter und Wunderarzt. Eigentlich Heinrich Cornelis aus Köln. Studium in Köln und Paris bis zum Magister Artium. Wanderleben in Deutschland, Frankreich, England und Italien. Seine Occulta philosophia dem Pirckheimer-Freund Abt Thrithemius in Würzburg gewidmet. Wegen Ketzerei in Lyon verhaftet und dort gest.
Kat. Nr. 276

Alantsee, Leonhard, gest. 1518. Buchhändler und Verleger. Aus Schongau/Lech. Seit 1505 gemeinsam mit seinem Bruder Lukas Buchhändler in Wien. Verleger überwiegend wissenschaftlicher Werke, der in Venedig, Straßburg, Nürnberg, Basel und in Wien selbst drucken ließ.
Kat. Nr. 285, 635

Alantsee, Lukas, gest. 1523 in Wien. Buchhändler und Verleger. Aus Schongau/Lech. 1500 in Basel immatrikuliert. Seit 1505 gemeinsam mit seinem Bruder Leonhard Buchhändler in Wien, im Verlag besonders verdient um mathematische Werke.
Kat. Nr. 285

Alari-Bonacolsi, Pier Jacopo s. **Antico**

Alberti, Leone Battista, 1404-72. Architekt, Kunsttheoretiker, Humanist. Aus Venedig oder Genua. Studium an den Universitäten Padua und Bologna. 1432-34 Studium der antiken Monumente in Rom. Seitdem meist in Florenz, daneben in Rimini (1446-55) und Mantua tätig. Gest. in Rom. Seine Schriften waren Dürer durch den Aufenthalt in Bologna und seit etwa 1512/13 durch die Bibliothek Regiomontan-Walther in Nürnberg bekannt.
Kat. Nr. 477, 627, 647

Albrecht, Markgraf von Brandenburg, 1490-1545. Sohn des Kurfürsten Joh. Cicero von Brandenburg. 1506 geistliche Weihen. Mitbegründer der Universität Frankfurt/O. Domherr in Mainz und Trier. 1513 Erzbischof von Magdeburg und Administrator des Bistums Halberstadt. 1514 auch Erzbischof und Kur-

fürst von Mainz, 1518 Kardinal. Förderer des Humanismus. Mäzen Dürers, P. Vischers, Cranachs, Grünewalds. Bei Vordringen der Reformation in Magdeburg und Halle 1541 Übersiedlung nach Mainz. Gest. in Aschaffenburg, beigesetzt im Mainzer Dom.
Kat. Nr. 274, 539, 548

Alt, Georg, um 1450-1510. Losungsschreiber. 1466 an der Universität Erfurt. 1473 Bürger und Schreiber in Nürnberg. 1476 kaiserl. Notar und Prokurator. 1478 Kanzleischreiber, seit 1485 Losungsschreiber in Nürnberg. Übersetzt u. a. Schedels Chronik und Celtis' Norimberga ins Deutsche.
Kat. Nr. 117, 237

Altdorfer, Albrecht, 1480-1538. Maler, Kupferstecher, Radierer, Zeichner für den Holzschnitt, Architekt. Geb. vermutlich in Regensburg, wo er 1505 Bürger wurde. Neben zahlreichen auswärtigen Aufträgen auch an Arbeiten für Kaiser Maximilian beteiligt. Hauptmeister der ›Donauschule‹. Seit 1519 Mitglied des äußeren, 1526 Mitglied des inneren Rats und Stadtbaumeister. 1529 Leitung der Stadtbefestigung.
Kat. Nr. 261

Althamer, Andreas, um 1500 bis etwa 1539. Reformator und Humanist. Bauernsohn aus Brenz bei Heidenheim. 1515-25 Studium in Augsburg, Tübingen und Leipzig. 1527 Pfarrer in Eltersdorf bei Erlangen, 1528 Diakon an St. Sebald in Nürnberg, im gleichen Jahr Berufung nach Ansbach zur Neugestaltung der evangelischen Kirchenwesens. Verfasser theologischer Werke und eines Kommentars zur Germania des Tacitus (1529).
Kat. Nr. 408

Ambrogio de Predis, um 1455-1508. Mailänder Maler. Meister aus dem Kreis Leonardos. Als Mailänder Hofmaler im Gefolge der Kaiserin Maria Bianca Sforza 1495 in Innsbruck auch für Maximilian I. tätig.
Kat. Nr. 194

Ambrosius, um 340-97. Kirchenlehrer. Römischer Adliger aus Trier. Hoher Beamter. Noch ungetauft 374 Berufung zum Bischof von Mailand. Kirchenlehrer vor allem durch seine Schriftauslegungen. Begründer des Kirchengesangs und Wiederentdecker des Paulus im Abendland.
Kat. Nr. 157

Amerbach, Johann, um 1440-1513. Drucker und Verleger. Sohn des Bürgermeisters Welker von Amorbach. Studium in Paris bis zum Magister Artium. Danach in Rom und Venedig. Seit 1478 als Drucker in Basel, 1481 Aufnahme in die Zunft, 1484 Bürger. Seit 1502 Zusammenarbeit mit den Druckern Joh. Petri

und Joh. Froben. Verleger von scholastischer Schriften, Wörterbüchern, Werken der Kirchenväter und Humanisten. Gibt Illustrationsauftrag an Dürer in Basel.
Kat. Nr. 29, 156/57

Andreae, Hieronymus, gest. 1556. Formschneider, Drucker, Stempelschneider. Genannt Formschneider. Aus Mergentheim. 1504 in der Leipziger Universitätsmatrikel. 1523 Bürger in Nürnberg. Arbeitet aber schon seit 1515 als Formschneider für Dürer, später Drucker seiner Schriften. Seit 1527 im Ämterbuch als Drucker und Formschneider. 1535-1542 städt. Stempelschneider. Nach Aufenthalt bei Pfalzgraf Ottheinrich seit 1545 wieder in Nürnberg. Dürer porträtiert 1525 seine Frau.
Kat. Nr. 52, 61, 262, 325, 440, 494/95, 640, 643, 655

Angelus, Jacobus (Jacopo d'Angelo), um 1400. Geb. in Scarperia. Vollendet die von E. Chrysoloras begonnene lateinische Übersetzung der Geographie des Ptolemaeus.
Kat. Nr. 313

Anshelm, Thomas, gest. 1523. Drucker. Aus Baden-Baden. Ab 1485 Studium in Basel. Buchdrucker in Straßburg seit 1488, wurde einer der führenden humanistischen Drucker. Tätig in Pforzheim 1495-1511, dann auf Veranlassung Reuchlins in Tübingen. 1516-23 in Hagenau, druckt hier auf eigene Rechnung und für auswärtige Verleger wie Koberger und Alantsee. Insgesamt über 250 Drucke.
Kat. Nr. 145, 277

Antico, um 1460-1528. Eigentlich Pier Jacopo Alari-Bonacolsi. Bronzeplastiker und Restaurator. Geb. wahrscheinlich in Mantua, dort vorzugsweise für die markgräfliche Familie Gonzaga tätig. 1497 Studienaufenthalt in Rom. Gest. in Gazzuoli bei Mantua.
Kat. Nr. 191

Aristoteles, 384-322 v. Chr. Philosoph. Geb. in Stagira/Makedonien. 366-47 in Athen. Angehöriger der Akademie Platons. Nach dreijährigem Aufenthalt in Assos/Kleinasien seit 343 Erzieher Alexanders d. Gr. bis zu dessen Thronbesteigung 336. Leitet 334-22 die von ihm gegründete Peripatetische Schule in Athen und lebt dann noch kurze Zeit auf seinem Landgut bei Chalkis. Seine philosophischen, ethischen und naturwissenschaftlichen Schriften waren im Mittelalter bekannt.
Kat. Nr. 296

Augustinus, 354-430. Kirchenlehrer. Aus Tagaste/Numidien. Ausbildung in Madaura und Karthago, dann dort und in Tagaste Lehrer. 383/84 in Rom, ab 384 Professor der Rhetorik in Mailand. 386 Übertritt zum Chri-

Verfasser juristischer, religiöser, politischer, moralischer Schriften. 1520 als Gesandter Straßburgs bei Karl V. in Antwerpen, dort von Dürer porträtiert.
Kat. Nr. 154, 364, 445/46

Breidenbach, Bernhard von, um 1440-97. Geistlicher, Jurist. Oberhessischer Ritter. 1456 Immatrikulation in Erfurt. Bis zu seinem Tod Stiftsherr zu St. Alban, Liebfrauen, St. Viktor in Mainz. Amtmann des Domkapitels in Bingen, 1477-1491/92 Kämmerer am weltlichen Stadtgericht in Mainz. 1483/84 Pilgerreise in das Heilige Land.
Kat. Nr. 136, 377

Burgkmair, Hans, 1473-1531. Maler, Zeichner für Holzschnitte. Augsburger. Lehrzeit bei seinem Vater Thoman B. Wanderjahre im Elsaß und rheinaufwärts bis Köln. 1498 Aufnahme in die Augsburger Malerzunft. Zwischen 1505 und 1508 vermutlich kurze Italienreise. Seit 1504 mit Celtis bekannt, seit 1510 Holzschnittaufträge Kaiser Maximilians. 1518 Begegnung mit Dürer auf dem Augsburger Reichstag.
Kat. 238, 290

Camerarius, Joachim, 1500-74. Humanist, Philologe. Geb. in Bamberg. Studium ab 1513 in Leipzig, ab 1518 in Erfurt bei Mutian und Hessus. 1521 Übersiedlung nach Wittenberg, Verkehr mit Luther und Melanchthon. Auf dessen Empfehlung 1526 Rektor und Griechischprofessor am neugegründeten Gymnasium in Nürnberg. Verfasser eines Nachrufes auf Dürer und Übersetzer von dessen Proportionslehre ins Lateinische. 1535 Professor in Tübingen, 1541 Professor in Leipzig. Dort 1574 gest. Eintreten für Milderung der Glaubensgegensätze. Verfasser theologischer, pädagogischer, historischer und biographischer Schriften.
Kat. Nr. 495

Carion, Johannes, 1499-1537/38. Astrologe und Mathematiker. Aus Bietigheim/Württ. Seit 1514 Studium in Tübingen bei Joh. Stöffler bis zum Magister Artium. Seit 1522 Hofastronom und Mathematicus des Kurfürsten Joachim von Brandenburg. Verfasser astrologischer Kalender und allgemeiner Voraussagen. Berater des Kurfürsten und des Herzogs Albrecht von Preußen, auch als Diplomat eingesetzt. Gest. in Berlin.
Kat. Nr. 452

Carpaccio, Vittore, vor 1460 bis vor 1526. Venezianer. Maler. Schüler Gentile Bellinis. 1472 erstmals in einem Testament erwähnt. Dürer lernt in Venedig seine Werke und Bemühungen um die Perspektive kennen. 1526 seine Frau als Witwe bezeichnet.
Kat. Nr. 193

Celtis, Konrad, 1459-1508. Dichter und Humanist. Geb. in Wipfeld bei Schweinfurt. 1478/79 Studium in Köln, dann in Heidelberg, Erfurt und Rostock. 1487 auf Veranlassung

Kaiser Friedrichs III. Dichterkrönung in Nürnberg. Reisen durch Deutschland, Italien, Böhmen und Polen. Lehrer an mehreren Schulen und Universitäten, vor allem in Krakau, Regensburg, Ingolstadt. 1497 Berufung nach Wien durch Kaiser Maximilian. Dort Professor der klassischen Sprachen, Rhetorik und Poetik. Förderer von Dichter-Gesellschaften (Sodalitates). Verfasser von Werken über deutsches Altertum und Volkstum und eines Buches über Nürnberg. Herausgeber antiker und mittelalterlicher Autoren. Befreundet mit führenden Männern seiner Zeit, u. a. mit Dürer und W. Pirckheimer.
Kat. Nr. 33/34, 237, 284, 288-90, 359

Cesarino, Cesare, 1483-1543. Architekt, Maler, Kunstschriftsteller. Aus Mailand. Kontakt mit Leonardo und Bramante. 1503-07 in Reggio, 1508 in Parma als Maler tätig. 1508 in Rom. Mathematische und philosophische Studien in Ferrara. Seit 1512 in Mailand tätig; herzoglicher Ingenieur; Festungsbauten. 1521 Herausgeber einer italienischen Vitruv-Übersetzung mit Kommentar. 1535-37 an der Dombauhütte. Ernennung zum Architekten Kaiser Karls V. 1528, zum Architekten der Stadt Mailand 1533.
Kat. Nr. 475.

Chelidonius, Benedictus, Ende 15. Jahrh. - 1521. Geistlicher, Humanist. Geb. wahrscheinlich in Nürnberg. Eigentlicher Name Schwalbe. Um 1500 Benediktiner in St. Egidien in Nürnberg. Tätig als Dichter, Redner, Theologe, Historiker. Kontakt mit W. Pirckheimer, Celtis, Cochläus. Verfasser der Texte für Dürers Passionen und Marienleben. Seit 1511 Mönch, seit 1518 Abt des Schottenklosters in Wien.
Kat. Nr. 374-76

Christian II., 1481-1559. König von Dänemark. Geb. in Nyborg. König 1513-23. Seit 1515 verheiratet mit der Schwester Karls V., Isabella. 1520/21 bei seinem Schwager in den Niederlanden, dort Gönner Dürers. Verkehrt mit Erasmus von Rotterdam, zeigt sich aufgeschlossen gegenüber humanistischen und religiösen Problemen. 1523 Vertreibung aus Dänemark durch die von ihm 1520 im ›Stockholmer Blutbad‹ besiegten Schweden. Gefangennahme beim Versuch der Rückeroberung 1532. Gest. in Schloß Kalundborg.
Kat. Nr. 542

Cochläus, Johannes, 1479-1552. Humanist, kathol. Theologe. Bauernsohn aus Wendelstein bei Schwabach. 1504-07 Studium in Köln, Magister Artium. 1510-15 Leiter der Poetenschule an St. Lorenz in Nürnberg. Herausgeber von Lehrbüchern. 1510 Hexastichon für Dürers kleine Holzschnittpassion. 1515-19 Erzieher von drei Neffen Pirckheimers in Italien, gleichzeitig eigenes Jurastudium in Bologna, 1517 Dr. theol. in Ferrara. 1518/19 Priesterweihe in Rom. Seit 1520 enger Kontakt

zur Kurie, Gegner Luthers. Inhaber von Pfründen in Frankfurt/M., Mainz, Meißen, Eichstätt und Breslau, wo er starb.
Kat. Nr. 40, 333

Colonna, Fra Francesco, 1433-1527. Humanist. Aus Venedig. Dominikanermönch. 1455-1472 Lektor für Rhetorik, Grammatik, fremde Sprachen in Treviso. Seit 1472 in Venedig. Verfasser der Hypnerotomachia Poliphili und des ersten Architekturtraktates in italienischer Sprache.
Kat. Nr. 282

Columbus, Christoph, 1451-1506. Seefahrer und Entdecker. Vermutlich aus Genua. Seit 1476 in Lissabon. Beschäftigung mit Mathematik, Geographie. Daraus Idee der Westfahrt nach Indien. 1492/93 im Auftrage von Königin Isabella und König Ferdinand erste Reise, Entdeckung Kubas. 1493-96 zweite, 1498-1500 dritte Reise, dabei Entdeckung der Nordküste Südamerikas. 1502-04 vierte Reise. In Valladolid gest.
Kat. Nr. 159

Cortés, Hernando, 1485-1547. Konquistador und Entdecker. Angehöriger eines niederen Adelsgeschlechtes in Medellin. 1504 in Westindien, 1511 Beteiligung an der Besitznahme Kubas. 1519-21 Eroberer Mexikos, der Kaiser Karl V. die von Dürer in den Niederlanden gesehenen Beutestücke sandte. Ernennung zum Statthalter. Bis 1540 mehrere Entdeckungszüge von Mexiko aus. Erhebung zum Marqués del Valle de Oaxaca. 1541 Teilnahme am Algier-Feldzug Karls V. Gest. in Castilleja.
Kat. Nr. 653

Cranach, Lucas d. Ä., 1472-1553. Maler, Holzschneider. Sohn eines Malers in Kronach. Bis 1498 in der Heimat tätig. Reise an die Donau, um 1503/04 in Wien. Seit 1505 Hofmaler Kurfürst Friedrichs d. Weisen in Wittenberg. 1508 Reise nach den Niederlanden. Beteiligung am Gebetbuch Kaiser Maximilians. 1537 und 1540 Bürgermeister von Wittenberg. 1550-52 im Gefolge des Kurfürsten Johann Friedrich von Sachsen in Gefangenschaft in Augsburg und Innsbruck. Seit 1552 Hofmaler in Weimar.
Kat. Nr. 260, 268, 274, 391

Cratander, Andreas, gest. 1540. Drucker. Eigentlich A. Hartmann, aus Straßburg. Seit 1502 Studium in Heidelberg, 1503 Baccalaureus. 1512 Bürger in Straßburg. Mitarbeiter der Drucker M. Schürer und A. Petri. Seit 1519 Bürger und Drucker in Basel, bedeutender wissenschaftlicher Verleger. 1536 Verkauf der Offizin, seitdem als Buchführer tätig.
Kat. Nr. 627

Credi, Lorenzo di, um 1459-1537. Maler in Florenz. 1480/81 Schüler und Gehilfe Verrocchios, bis 1488 als Bildhauer tätig. Mitschüler Leonardos, dessen Ideen Dürer mittelbar durch Zeichnungen Credis kennenlernte.
Kat. Nr. 188

Creussner, Friedrich, ca. 1470-1500 tätig. Drucker. Erster datierter Druck 1472, letzter 1499. Tätig in Nürnberg. Neben theologischen, kirchenrechtlichen, grammatikalischen Schriften vor allem Einblattdrucke, insgesamt ca. 180 Werke.
Kat. Nr. 109, 283, 367

Dan(n)hauser, Peter, gest. nach 1512. Humanist, Jurist. Vermutlich aus Nürnberg. 1478-81 Studium in Ingolstadt, danach in Tübingen. Später in Nürnberg, befreundet mit S. Schreyer, seinem Förderer bei der Herausgabe des Thomas von Kempen, Aristoteles und anderer Werke. 1496 Beteiligung an der Gründung der Nürnberger Poetenschule. 1500 Übersiedelung nach Wien. Prokurator der medizinischen Fakultät. Lehrer des römischen Rechts noch 1512.
Kat. Nr. 177

Daucher, Hans, um 1486-1538. Bildhauer und Medailleur. Wahrscheinlich aus Ulm, Sohn des Kistlers Adolf D. (seit 1491 in Augsburg). Ab 1500 Lehrzeit bei Gregor Erhart in Augsburg. Während der Wanderzeit vermutlich auch in Italien. 1514 Meister in Augsburg. 1528 vielleicht in Wien. Seit 1536 in Stuttgart.
Kat. Nr. 696/97

Denck, Hans, um 1495-1527. Wiedertäufer, Hebraist. Aus Heybach/Oberbayern. 1517 Studium in Ingolstadt, danach in Basel bei Erasmus; zugleich Korrektor. 1523 Anstellung an der Sebaldus-Schule in Nürnberg durch Empfehlung Oecolampads an Pirckheimer. 1525 in den Prozeß der ›gottlosen Maler‹ verwickelt, Ausweisung aus Nürnberg. Wanderleben in Mittel- und Süddeutschland. Herausgabe von Prophetenschriften in Worms. In Basel an der Pest gest.
Kat. Nr. 406

Drechsel, Wolf(gang), 1576-1601 tätig. Briefmaler, Formschneider, Drucker. 1576 in Nürnberg als Bürger aufgenommen. Drucker von Bilderbogen mit Zeitereignissen und Naturerscheinungen.
Kat. Nr. 46

Dürer, Agnes, 1475-1539. Ehefrau Albrecht Dürers. Tochter des vermögenden Kupferschmieds und Mechanikers Hans Frey und dessen Ehefrau Anna Rummel in Nürnberg. Am 7.7.1494 verheiratet mit A. Dürer d. J. Während dessen zweiter Italienreise zum Verkauf seiner Druckgraphik auf der Frankfurter Messe. Teilnahme an der niederländischen Reise. Ihr unzutreffendes negatives Charakterbild entstand durch den Brief Pirckheimers an Tschertte von 1530.
Kat. Nr. 19, 53, 59, 63, 84-86, 708

Dürer, Albrecht d. Ä., 1427-1502. Goldschmied, Vater des Malers. Geb. in Gyula/Ungarn. 1444 erste Erwähnung in Nürnberg. Nach Wanderjahren seit 1455 in Nürnberg. Geselle bei Hieronymus Holper, 1467 ver-

heiratet mit dessen Tochter Barbara und Bürger in Nürnberg. 1468 Meister. 1470 Abwäger der Heller-Schrötlinge. 1482-88 Geschworener und Obmann der Goldschmiede. 1482 Gassenhauptmann. Lehrmeister seines Sohnes Albrecht. Gesicherte Werke nicht bekannt, Aufträge von Hans Tucher, Sebald Schreyer und Kaiser Friedrich III., den er 1492 in Linz aufsucht.
Kat. Nr. 4, 7-13, 20, 81-83, 660/61

Dürer, Barbara, 1451-1514. Ehefrau Albrecht Dürers d. Ä. Tochter des Goldschmiedes Hieronymus Holper in Nürnberg und seiner Ehefrau Kunigunde Ellinger. Am 8.6.1467 verheiratet mit Albrecht Dürer d. Ä. Lebt nach dem Tod ihres Mannes (gest. 1502) bei ihrem Sohn Albrecht, dem dritten ihrer achtzehn Kinder.
Kat. Nr. 13, 20

Dürer, Endres, 1484-1555. Goldschmied. Bruder des Malers. Lehrzeit wahrscheinlich beim Vater. Nach Wanderjahren 1514 Meister in Nürnberg. 1532-34 bei seinem Bruder Hans III. in Krakau, dort nochmals 1538 zur Regelung von dessen Nachlaß. Beerbte 1530 Albrecht d. J. und 1539 dessen Frau Agnes. Bisher keine Werke bekannt. Gest. in Nürnberg.
Kat. Nr. 20/21, 89/90, 471

Dürer, Hans d. Ä., 1478 geb. Der zweite der drei Brüder Dürers mit Namen Hans. Wahrscheinlich identisch mit dem H. D., der 1507 Meister der Nürnberger Schneiderzunft wird.
Kat. Nr. 87

Dürer, Hans d. J., 1490-1534/35 oder 1538. Maler. Bruder des Malers Albrecht Dürer, zunächst bei diesem in der Werkstatt. Soll sich nach einem Brief Dürers vom 2.4.1506 aus Venedig zu Wolgemut oder einem anderen Maler Arbeit suchen. Gehilfe des Bruders am Heller-Altar. 1510 zuletzt in Nürnberg erwähnt. Seit 1527 in Krakau nachweisbar, seit 1529 Hofmaler König Sigismunds I. In den Rechnungsbüchern der königl. Salzbergwerke Ableben für 1534 vermerkt, in denen des Schloßbaues auf dem Wawel noch eine Zahlung für 1535.
Kat. Nr. 28, 88

Ebner, Hieronymus, 1477-1532. Nürnberger Patrizier und Ratsherr. Seit 1515 zweiter Losunger. Mit Dürer im Staupitz-Kreis befreundet.
Kat. Nr. 707

Eck, Johann, 1486-1543. Katholischer Theologe. Aus Egg bei Memmingen. Erste Ausbildung in Rottenburg. 1498-1502 Studium der Artes und Theologie in Heidelberg, Tübingen, Köln. Ab 1502 Vorlesungen in Freiburg/Br. 1508 Priesterweihe in Straßburg, 1510 Dr. theol. in Freiburg und seitdem Theologieprofessor in Ingolstadt. Dort gest. Durch Vermittlung Chr. Scheurls mit Karlstadt und Luther bekannt. Hervorragendster Gegner der Reformation. Mehrfach in Rom. Teilnehmer

aller wichtigen Religionsgespräche und Reichstage.
Kat. Nr. 400

Elsner, Jakob, gest. 1517. Miniaturmaler. Tätig in Nürnberg. Arbeitete auch als Maler, vor allem aber als Illuminist, u. a. für Kurfürst Friedrich den Weisen und für Anton Kress.
Kat. Nr. 362

Erasmus von Rotterdam, Desiderius, 1466 oder 1469-1536. Humanist. Aus Rotterdam. Erzogen in Deventer und Herzogenbosch bei den Brüdern vom Gemeinsamen Leben. 1488 Eintritt ins Augustiner-Chorherrenstift Steyn bei Gouda, 1492 Priesterweihe, 1517 von den mönchischen Bindungen gelöst. 1492-95 Sekretär des Bischofs von Cambrai. Seit 1495 Theologiestudium in Paris. Aufenthalt in England, Frankreich, den Niederlanden und Italien. 1506 Promotion in Turin. Beschäftigung mit antiker Literatur. Verfasser theologischer und moralischer Schriften. Seit 1514 in Basel, Herausgabe des griechischen Neuen Testaments, einer von der Vulgata abweichenden lateinischen Übersetzung und der Schriften des Hl. Hieronymus. Seit 1517 in Löwen, Begegnung mit Dürer auf dessen niederländischer Reise. Dieser zeichnet ihn zweimal und fertigt 1526 einen Porträtstich. 1521 Rückkehr nach Basel. Versuche, die Reformation mäßigend zu beeinflussen. 1529-35 Flucht vor der Reformation nach Freiburg/Br., anschließend Rückkehr nach Basel.
Kat. Nr. 44, 278/79, 434

Etzlaub, Erhard, um 1460-1532. Astronom, Arzt, Kartograph. 1484 Bürger in Nürnberg. 1500 als Astronom und Arzt der Hohen Schule in Erfurt genannt. Fertigt Landkarten, Sonnenuhren, Kompasse an. Lehrer im Schreib- und Rechenamt. Gest. in Nürnberg.
Kat. Nr. 229/30, 318/19, 324

Euklid, 4./3. Jahrh. v. Chr. Mathematiker. Grieche. Tätig an der Platonischen Akademie in Alexandria. Hauptwerk ›Elemente‹ bis ins 19. Jahrh. grundlegend. Verfasser von Werken über planimetrische Probleme, sphärische Astronomie und von Einführungen in Harmonielehre, Perspektive und Geodäsie.
Kat. Nr. 626

Eyb zum Hartenstein, Ludwig von, 1450-1521. Ritter. Aus fränkischem Adelsgeschlecht. Soldat in reichsstädtischen und kurpfälzischen Diensten. Später brandenburgischer Hauptmann, 1499-1510 Vitzthum des Kurfürsten von der Pfalz in Amberg. Starb als Hofrichter zu Kulmbach. Verarbeitet seine kriegerischen Erfahrungen in einem Kriegs- und einem Turnierbuch.
Kat. Nr. 651

Fabri, Johann, 1478-1541. Bischof von Wien. Geb. in Leutkirch. Wandernder Scholar. Studium in Tübingen seit 1505, in Freiburg/Br. seit 1509. 1511 Dr. jur. utr. 1514 Pfarrer in Leutkirch, 1516 in Lindau, 1517 Generalvikar

in Konstanz. Ab 1523 Rat im Dienst Erzherzog Ferdinands. Vorkämpfer gegen die Reformation. 1524 Koadjutor von Wiener Neustadt, 1530 Bischof von Wien.
Kat. Nr. 434

Fantis, Sigismundus de, um 1500. Aus Ferrara. Veröffentlicht 1514 in Venedig einen Traktat über Form und Proportion der Schrift. Beschäftigt sich mit der Konstruktion von Buchstaben.
Kat. Nr. 632

Ferdinand I., 1503-64. Geb. in Alcalá de Henares. Enkel Kaiser Maximilians. In Spanien erzogen, seit 1518 in den Niederlanden. Erhielt 1521 die österreichischen Erblande. 1526 König von Böhmen und Ungarn, Krönung 1527. 1527 Widmung der Befestigungslehre durch Dürer als Beitrag im Kampf gegen die Türken. 1530 römischer König. Förderer des Augsburger Religionsfriedens 1555. Nach Abdankung seines Bruders Karl V. 1558 zum Kaiser gekrönt. Gest. in Wien.
Kat. Nr. 654

Filarete, um 1400-69. Bildhauer, Bronzegießer, Architekt. Eigentlich Antonio di Pietro Averlino. Wahrscheinlich Gehilfe Ghibertis in Florenz. 1435-45 Bronzetüren von St. Peter in Rom. Verläßt Rom 1447/48. Nach Wanderjahren 1461-65 Architekt in Mailand. Verfasser eines Architekturtraktates. Gest. in Rom.
Kat. Nr. 646

Finaeus, Orontius, 1494-1555. Mathematiker. Eigentlich Oronce Fine. Aus Briançon. Sohn eines Arztes, der sich mit Astronomie beschäftigt. Verfasser mehrerer mathematischer Werke. Seit 1552 Professor der Mathematik an der königl. Universität in Paris.
Kat. Nr. 316

Fischer, Johann Georg, 1580-1643. Maler. Aus Augsburg. Nach Sandrart ursprünglich Goldschmied. Lehrzeit in Prag an der Rudolfinischen Akademie, danach in Italien. Tätig in Augsburg für die Fugger und für Kurfürst Maximilian I. von Bayern.
Kat. Nr. 414

Flach, Martin d. J., gest. 1539. Buchdrucker. Tätig in Straßburg 1501-25. 1500 Übernahme der väterlichen Druckerei, die er 1502 seinem Stiefvater Knobloch abtreten muß. Einrichtung einer eigenen Druckerei, 1525 wegen finanzieller Schwierigkeiten geschlossen.
Kat. Nr. 162

Formschneider s. **Andreae,** Hieronymus
Forster, Michael, tätig 1591-1622. Drucker. Aus Castell/Franken. 1586 Bürgereid als Buchbinder in Amberg. 1599 erscheint sein Verlagskatalog. Zahlreiche Drucke, darunter ein Kochbuch.
Kat. Nr. 395

Franck, Sebastian, 1499-1542/43. Aus Donauwörth. Lateinschule in Nördlingen. 1515-1571 Studium in Ingolstadt, dann am Dominikanerkolleg Heidelberg, anschließend Priester.

1526-28 bei und in Nürnberg evangelischer Geistlicher, dann als freier Schriftsteller in Nürnberg, Straßburg, Eßlingen, Ulm und zuletzt in Basel. Vertreter eines mystischen Spiritualismus. Lebensunterhalt teilweise als Seifensieder und Buchdrucker verdient.
Kat. Nr. 45

Frankfurter, Philipp, ca. 1420-90. Wiener Schwankdichter, dessen um 1460-70 geschriebene Geschichte des Pfarrers von Kalenberg einen seit dem 14. Jahrh. beliebten Stoff aufgreift. 1473 gedruckt, zahlreiche Nachdrucke und Übersetzungen. Nähere Lebensumstände nicht bekannt, doch ist eine gewisse theologische Bildung aus dem Werk zu erschließen.
Kat. Nr. 112

Frater Jucundus s. **Giocondo**
Frey, Anna, gest. 1521. Tochter von Wilhelm Rummel und Kunigunde Haller. Aus ratsfähigem Nürnberger Geschlecht. 1472 verheiratet mit dem Rotschmied und Mechaniker Hans Frey. Mutter der Agnes Dürer und der Katharina Zinner. Bestattet auf dem Johannisfriedhof in Nürnberg.
Kat. Nr. 17

Frey, Felix, 1470-1555. Reformierter Geistlicher. Aus Zürich. Studium in Paris. Chorherr am Großmünster in Zürich, 1518 Propst des Stiftes. Dürer wird ihn bei seiner Schweizreise 1519 kennengelernt haben. Nach anfänglichem Zögern erster reformierter Propst des Karlsstiftes in Zürich und Obmann des Almosenamtes.
Kat. Nr. 394, 586

Frey, Hans, 1450-1523. Rotschmied. Berühmter Harfenschläger und Anfertiger von luftgetriebenen Tischbrunnen in Nürnberg. 1472 verheiratet mit Anna Rummel, Vater der Agnes Dürer und Katharina Zinner. Bis 1486 städtischer Honig- und Nußmesser, 1494-1501 Hauswirt auf dem Rathaus. 1496 Genannter des Größeren Rats. 1507 Reisiger im Nürnberger Kontingent für Kaiser Maximilians geplanten Romzug. Seit 1515 Verwalter des Bettelstocks am Schuldturm. In seiner Familiengruft auf dem Johannisfriedhof auch Albrecht Dürer beigesetzt.
Kat. Nr. 17-19, 688-92

Fridolin, Stephan, 1430-98. Franziskanerprediger. Geb. in Winnenden. 1475 in Bamberg als Konventprediger nachweisbar. 1477/1478 in Mainz, dann Romreise. 1487-89 Reise nach Basel, sonst seit 1480 in Nürnberg, Prediger bei den Klarissen. Religiöse Schriften, auf Anregung Hans Tuchers eine Arbeit über antike Kaisermünzen.
Kat. Nr. 115, 366

Friedrich II. von der Pfalz, 1482-1556. 1508 Pfalzgraf, 1544 Kurfürst. Geb. auf Burg Winzingen. Enge Bindung an Kaiser Maximilian. Regent für Erzherzog Karl in den Niederlanden. 1521-23 Vorsitzender des Reichs-

regiments in Nürnberg, Kontakt mit Dürer 1546 Erlaß einer evangelischen Kirchenordnung für sein Land, Angehöriger des Schmalkaldischen Bundes. Gest. in Alzey.
Kat. Nr. 269

Friedrich III., 1415-93. Deutscher Kaiser. Geb. in Innsbruck. Vater Maximilians I. 1435/ 1436 Pilgerreise nach Palästina. 1439 Oberhaupt der Dynastie. 1440 König. 1451/52 Romzug und Kaiserkrönung. Regierungszeit unter dem Einfluß des Bruderkrieges mit Herzog Albrecht und des Krieges mit König Matthias Corvinus von Ungarn. Gest. in seinem Zufluchtsort Linz.
Kat. Nr. 12/13

Friedrich (III.) der Weise, 1463-1525. Kurfürst von Sachsen. Geb. in Torgau. Humanistische Ausbildung in der Klosterschule Grimma und am Mainzer Hof. 1486 Regierungsantritt. Unterstützt die Bemühungen des Mainzer Erzbischofs Berthold von Henneberg um die Reichsreform. 1500 Generalstatthalter des Kaisers und Leiter des in Nürnberg tagenden Reichsregiments. 1519 schlägt er die ihm angetragene Kaiserkrone aus. 1502 Gründung der Universität Wittenberg. Seit 1496 mehrfach Auftraggeber Dürers. Obwohl Gönner und Beschützer Luthers, erst 1524 Übertritt zur neuen Lehre.
Kat. Nr. 268, 381, 546/47, 708

Froben, Johann, ca. 1460-1527. Drucker. Aus Hammelburg. 1486 bei Koberger in Nürnberg. 1490 Bürger in Basel. Druckte seit 1496 zusammen mit Petri, seit 1502 auch mit Amerbach. Aus seiner Offizin fast nur theologische Werke, beinahe die Hälfte aller Erstausgaben des Erasmus. Sein Wechsel von reiner Antiqua zur italienischen Kursive ist vorbildlich für ganz Europa.
Kat. Nr. 44, 279

Froschauer, Christoph d. Ä., um 1490-1564. Drucker. Wahrscheinlich aus Kastl bei Alt-Ötting. Seit 1515/16 in Zürich, Setzer und Drucker bei Rüegger. 1519 Heirat von dessen Witwe, Bürger, Übernahme der Druckerei und Eintritt in die Zunft. Druckt die Werke Zwinglis und Ratsdrucksachen.
Kat. Nr. 401

Froschauer, Johann, tätig 1494-1523. Drucker in Augsburg. Formelbücher, Populärmedizin, Volksbücher und Reformationsschriften.
Kat. Nr. 446/47

Füeßli, Hans, 1477-1538. Angehöriger eines Zürcher Ratsgeschlechtes. Glockengießer und Zeugherr. Verfasser von Streitschriften im Sinne Zwinglis und einer eidgenössischen Chronik.
Kat. Nr. 433

Fugger, Anna, s. **Rehlinger,** Anna
Fugger, Georg I., 1453-1506. Augsburger Handelsherr. Bruder Ulrichs und Jakobs des Reichen. Mitbegründer der Familien-Handels-

gesellschaft. 1474 in Venedig, von Giovanni Bellini porträtiert. 1484-1500 Repräsentant der Firma in Nürnberg, 1486 Heirat mit Regina Imhoff.
Kat. Nr. 699/700

Fugger, Jakob II., der Reiche, 1459-1525. Kaufherr in Augsburg. Schafft neue, monopolähnliche Wirtschaftsformen in der Montanindustrie, gewinnt durch planvolle Finanzierung Maximilians I. dessen Unterstützung für die eigenen wirtschaftlichen Pläne; wichtige Stellung in der Ablaß- u. Gebührenüberweisung an die Kurie. Beschäftigt Dürer bei der Anlage der Fuggergrablege bei St. Anna in Augsburg. Schöpfer der ›Fuggerei‹, der ersten Wohnsiedlung für Bedürftige.
Kat. Nr. 541

Fugger, Raymund I., 1489-1535. Sohn des Augsburger Handelsherrn Georg F. 1512 Gesellschaftsvertrag mit seinem Onkel Jakob dem Reichen, nach dessen Tod 1525 nomineller Firmenchef, durch Vertrag 1532 Leitung an seinen Bruder Anton abgegeben. Humanist, Kunst- und Antikensammler, Förderer gelehrter Arbeiten. Kaiserl. Rat. 1530 Erhebung in den erblichen Grafenstand durch Karl V. mit voller Landeshoheit über seine Güter.
Kat. Nr. 552

Fugger, Ulrich II., 1441-1510. Augsburger Kaufherr, Kaiserl. Rat. 1469 Übernahme des väterlichen Geschäftes. Mitbegründer der Fuggerschen Handelsgesellschaft, die seit etwa 1490 mehr und mehr von seinem Bruder Jakob geleitet wurde. 1473 Wappenbrief von Kaiser Friedrich III. 1484 Zulassung zum Fondaco dei Tedeschi in Venedig. Übergang vom Stoff- und Spezereienhandel zum Metall- und Geldhandel. Anknüpfung der Beziehung zu den Habsburgern.
Kat. Nr. 701/02

Furter, Michael, gest. 1517. Buchdrucker. Aus Augsburg. 1483 Hauskauf in Basel, 1488 dort Bürger. 1489 erste datierte Drucke. Neben volkstümlichen Büchern mit Illustrationen, u. a. von Dürer, vor allem Schulbücher, daneben juristische, theologische und liturgische Werke sowie Einblatt- und Musikdrucke. Zugleich ausgedehnter Buchhandel.
Kat. Nr. 149, 153, 158/59

Gauricus, Pomponius, 1481/82-1530. Humanist, Kunsttheoretiker. Geb. in Gauro. Erste Ausbildung in Neapel, ab 1501 Studium in Padua. Sammlung von Nachrichten über antike und zeitgenössische Bildhauer. Verbreiter von Leonardos Proportionslehre. Nach Romaufenthalt 1512-19 Professor in Neapel. Seitdem hauptsächlich dichterisch tätig. 1530 bei Salerno umgekommen.
Kat. Nr. 478

Gebel, Matthes, um 1500-1574. Bildschnitzer, Medailleur. 1523 Nürnberger Bürger. Ab 1526 eine außerordentlich große Zahl von Bildnismedaillen fast ausschließlich nach Nürnberger Patriziern, Großkaufleuten und Künstlern, 1527/28 nach Albrecht Dürer.
Kat. Nr. 6, 62, 77

Gengenbach, Pamphilus, 1480-1524/26. Dichter, Drucker, Buchhändler. Geb. in Basel, dort Druckerlehre. Während der Wanderschaft bei Koberger in Nürnberg. 1505-07 Geselle, danach selbständiger Drucker in Basel. Datierte Drucke mit schönen Titelrahmen 1513-1523, meist Flugschriften und Reimgedichte. Daneben populär-satirischer Schriftsteller.
Kat. Nr. 431

Geoffrey de la Tour-Landry, 14. Jahrh. Adliger aus dem heutigen Département Maine-et-Loire. Teilnahme an Kämpfen gegen die Engländer in Frankreich. In der Jugend Lyriker, später Verfasser moralisierender Erzählungen für die Erziehung seiner Kinder.
Kat. Nr. 153

Gerson, Johannes, 1363-1429. Theologe und Kirchenpolitiker. Aus Gerson bei Reims. Seit 1395 Kanzler der Sorbonne in Paris. Einer der führenden Theologen des Konzils von Konstanz. Vertritt die Anschauung, daß das Konzil über dem Papst steht.
Kat. Nr. 113, 146/47, 162

Ghirlandaio, Domenico, 1449-94. Maler. Geb. in Florenz. Goldschmiedelehre bei seinem Großvater Currado G. Um 1470 Wendung zur Malerei. Tätig in Florenz, Aufenthalt in S. Gimignano, Pisa, Rom und Polverosa. Umfangreiche Werkstatt.
Kat. Nr. 476

Giocondo, Fra (Giovanni da Verona), um 1433-1515. Architekt. Geb. in Verona. Tätig in Frankreich und Venedig. Seit 1513 Bauleiter am Petersdom in Rom. Sammlung römischer Inschriften. Herausgeber römischer Autoren, u. a. des Vitruv.
Kat. Nr. 475

Glaser, Hans Wolff, tätig etwa 1543-61. Drucker, Formschneider, Briefmaler. Besitzer einer Druckpresse hinter St. Lorenz in Nürnberg. Einblattdrucke, Neuigkeitsberichte u. a.
Kat. Nr. 265

Glockendon, Albrecht, gest. 1545. Illuminist, Formschneider. Sohn des Nürnberger Illuministen Georg G. Erste Erwähnung 1515 bei Verhandlungen über Nachlaß des Vaters. 1521 Hauskauf. Fortführung der Werkstatt mit einigen Illuministen. Neudrucke der Holzschnitte seines Vaters.
Kat. Nr. 319

Glockendon, Georg (Jörg), gest. 1514. Illuminist, Zeichner, Formschneider. 1484 Nürnberger Bürger. Holzschnitte für Landkartendrucke u. a. des E. Etzlaub. Buchillustrationen.
Kat. Nr. 301, 318/19, 634

Greiffenberger, Hans, tätig um 1520/30 in Nürnberg. Maler. Werke nicht bekannt. 1523/1524 einige reformatorische Traktate. Verwarnung durch den Rat. 1526 wegen religiöser Schwärmerei kurze Zeit ausgewiesen. Durch Osiander von Zwinglis Abendmahlsauffassung abgebracht.
Kat. Nr. 403

Greyff, Michael, um 1445/50 bis um 1512/14. Drucker. Aus Reutlingen. Lehrzeit in Straßburg. Selbständiger Drucker in Reutlingen, erstes datiertes Werk 1476. Vor allem homiletische und grammatikalische Werke, auch Wörterbücher.
Kat. Nr. 445

Grien s. **Baldung**, Hans

Grimm, Sigmund, tätig 1517-26. Aus Zürich. Seit 1511 Stadtarzt in Augsburg und Inhaber einer Apotheke. Verheiratet mit Margarethe Welser. 1517 Einrichtung einer Druckerei, 1518-22 gemeinsam mit dem Kaufmann M. Wirsing, dann bis 1526 allein geführt. Drucke mit gutem Buchschmuck.
Kat. Nr. 42, 452

Grüninger, Johannes, um 1455 - um 1532. Drucker. Eigentlich Joh. Reinhard aus Markgröningen/Württ. Zuerst in Basel, ab 1481 in Straßburg, dort 1482 Bürger, als einziger Drucker nicht der Reformation beigetreten. Erster datierter Druck 1483. Illustrationsaufträge an Dürer während dessen Straßburger Aufenthalt. Druckt illustrierte Bücher, Klassiker, Predigten, Volksbücher, Populärmedizin, Wörterbücher.
Kat. Nr. 146, 160, 306

Gulpen, Matthias von, gest. 1475. Theologe. Niederländer. Um 1425 Studium in Heidelberg, Baccalaureus der Artes und des kanonischen Rechts. Chorherr, seit 1454 Dekan am Gumbertusstift in Ansbach.
Kat. Nr. 341

Gunther von Pairis, um 1200. Chronist. Zisterzienser im Kloster Pairis/Oberelsaß. Laut Subskription seines beglaubigten Werkes Historia constantinopolitana von 1217/18 vor Eintritt ins Kloster Scholasticus. Wahrscheinlich Verfasser des sog. Ligurinus (von Celtis in Ebrach gefunden und von Peutinger herausgegeben) und des Solimarius, eines Epos über den ersten Kreuzzug.
Kat. Nr. 287

Gutknecht, Jobst, gest. 1542. Drucker in Nürnberg seit 1514, im Ämterbuch seit 1515. Druckt Lieder, Meistergesänge, Schulbücher, Erbauungs- und Lutherschriften.
Kat. Nr. 383, 433

Habermel, Josua, gest. nach 1590. Goldschmied und Instrumentenmacher. Wahrscheinlich aus Buchholz/Sachsen. 1565-75 Goldschmied in Straubing, 1576/77 in Regensburg tätig. Seit 1590 Bürger in Prag. Fertigte außer Trinkgefäßen auch Reisesonnenuhren, wissenschaftliche Instrumente und entwarf ein Wasserwerk.
Kat. Nr. 320

Hätzer, Ludwig, ca. 1500-29. Schweizer Prädikant. Aus Bischofszell. Studium in Basel und

Freiburg/Br., Kaplan in Wädenswil, Priester in Zürich. Vom Humanismus stark beeinflußt. Publizistisch an dem Zürcher Bildersturm beteiligt. Wegen wiedertäuferischer Anschauungen 1526 aus Zürich ausgewiesen. Nach einem Wanderleben in Süddeutschland wegen Bigamie in Konstanz hingerichtet.
Kat. Nr. 401

Hartmann, Georg, 1489-1564. Mathematiker und Mechaniker. Aus Eggolsheim bei Forchheim. Ab 1510 Studium der Theologie und Mathematik in Köln, dann in Italien. Verbesserung des Kompaß. 1518-44 Vikar an St. Sebald in Nürnberg, befreundet mit Pirckheimer, Melanchthon, Dürer. Entwurf der Sonnenuhr am Südturm von St. Sebald, Anfertigung von Astrolabien, Sonnenuhren und astronomischen Instrumenten.
Kat. Nr. 326

Hausbuchmeister s. **Meister des Hausbuchs**

Heinfogel, Konrad, gest. 1517. Mathematiker und Astronom. Möglicherweise identisch mit Konrad H. aus Nürnberg, der 1471 in der Erfurter Matrikel erscheint. 1480 Priesterweihe in Nürnberg. Schüler des Kaufmanns und Astronomen Bernhard Walther, Mitarbeiter Joh. Werners. Seit 1502 befreundet mit Stabius, mit diesem und Dürer veröffentlicht er 1515 eine Sternkarte.
Kat. Nr. 308

Henlein, Peter, ca. 1485-1542. Uhrmacher. Aus Nürnberger Handwerkerfamilie. 1509 Meister des Schlosserhandwerks. Wohl der eigentliche Erfinder der tragbaren Kleinuhr. Seine würfel- und trommelförmigen Uhren mehrfach vom Rat als Ehrengeschenke angekauft.
Kat. Nr. 333

Herdegen, Seitz, Mitte 15. Jahrh. Goldschmied. Zusammenarbeit mit Hieronymus Holper am Majestätssiegel für König Ladislaus von Böhmen, 1455 fertiggestellt.
Kat. Nr. 15/16

Hergot, Hans, tätig 1524-27. Drucker in Nürnberg. Druckt vor allem Schriften Luthers. 1527 wegen des Vertriebs der Schrift ›Von der newen wandlung eynes Christlichen lebens‹ in Leipzig hingerichtet.
Kat. Nr. 399

Hessus, Helius Eobanus, 1488-1540. Humanist, Dichter. Aus Halgehausen/Hessen. Seit 1504 Studium in Erfurt, dort 1507 Rektor der Stiftsschule, 1509 Magister Artium. Ab 1509 bischöfl. Sekretär in Riesenburg. 1513 Studium in Frankfurt und Leipzig. 1514 Rückkehr nach Erfurt, Haupt des dortigen Dichterkreises, 1517 Professor der lateinischen Sprache. Anschluß an Luther. Seit 1523 Medizinstudium. 1526-33 Lehrer für Rhetorik und Poetik am Egidiengymnasium in Nürnberg. Bekanntschaft mit Dürer. Mitarbeiter des Camerarius an der lateinischen Ausgabe von

Dürers Proportionslehre. 1533 Professor in Erfurt, seit 1536 Professor der Geschichte in Marburg.
Kat. Nr. 64, 300

Hieronymus, um 347-419/20. Kirchenlehrer. Aus Stridon/Dalmatien. Ab 354 in Rom Studium der Grammatik, Rhetorik und Philosophie. 373 Klostergründung in Aquileia, anschließend im Orient. 379 Priesterweihe, 380/81 in Konstantinopel, 382-85 in Rom Sekretär des Papstes Damasus. Seit 386 in Bethlehem, dort vier Klostergründungen. Übersetzer der Bibel ins Lateinische.
Kat. Nr. 150/51, 193, 208, 569

Hirsvogel, Veit d. Ä., 1461-1525. Nürnberger Glasmaler. 30 Jahre Stadtmaler in Nürnberg. Glasmalerarbeiten u. a. nach A. Dürer und Hans von Kulmbach.
Kat. Nr. 718, 722, 724/25, 729, 732

Höltzel, Hieronymus, tätig 1500-25. Drucker. Aus Traunstein. 1500 Bürger in Nürnberg. Drucker der Gelegenheitsdichtungen Dürers und der Texte seiner Holzschnittfolgen, ebenso von Ratsverlässen und anderen offiziellen Druckwerken. Auch tätig für auswärtige Verleger wie Alantsee und Schönsperger. 1524 Verweisung aus der Stadt wegen eines Karlstadt-Druckes. 1526 Rückkehr, bis 1528 im Ämterbüchlein, noch 1532 beurkundet.
Kat. Nr. 360, 371, 374-76, 435

Hoffmann, Hans, tätig ca. 1476-90. Drucker. Nur durch einige Flugblätter bekannt.
Kat. Nr. 236, 430

Hohenwang, Ludwig, um 1440-1506. Drucker und Übersetzer. Geb. in Elchingen bei Ulm. Ab 1461 Studium in Basel. 1475-77 Drucker und Übersetzer im Kreis der Augsburger Frühhumanisten. Seit 1487 Drucker und Herausgeber in Basel.
Kat. Nr. 649

Holl, Lienhardt, gest. nach 1492. Drucker. Aus Ulm. Möglicherweise identisch mit Lienhart, Meister Adams Sohn aus Ulm, der 1446 Bürger in Straßburg wurde. Händler von Formschneidearbeiten. 1482-84 Drucker in Ulm, wegen Schulden ausgewiesen, 1492 Rückkehr nach Ulm und endgültige Verweisung.
Kat. Nr. 313

Hollar, Wenzel, 1607-77. Kupferstecher. Geb. in Prag. Schüler M. Merians in Frankfurt. 1629-32 in Straßburg, dann in Köln. 1636 Reise über Nürnberg nach Wien mit Thomas Howard, Earl of Arundel. Seitdem meist in London. 1644-52 in Antwerpen. 1668/69 Seereise nach Tanger. Kannte Arundels Dürer-Zeichnungen, zusätzlicher Kontakt mit Nürnberg durch seine Illustrationen für Sandrarts ›Akademie‹.
Kat. Nr. 680-86

Holper, Hieronymus, gest. ca. 1476. Nürnberger Goldschmied. Meister 1435. 1460 städtischer Silberwäger, 1461 Goldschauer. Meister und Schwiegervater Albrecht Dürers

d. Ä. Bis 1476 in Ratsverlässen erwähnt.
Kat. Nr. 8, 14-16

Hroswitha von Gandersheim, um 935 bis nach 1000. Dichterin. Adlige Kanonisse im Reichsstift Gandersheim. Verfasserin von Legenden, und, von Terenz angeregt, von Lesedramen und Epen. Manuskript von Celtis entdeckt und herausgegeben mit Illustrationen von A. Dürer und Hans von Kulmbach.
Kat. Nr. 288

Hutten, Ulrich von, 1488-1523. Dichter und Publizist. Geb. auf Burg Steckelberg, Krs. Schlüchtern. 1505 Flucht aus der Klosterschule Fulda. Vagantenleben an deutschen und italienischen Universitäten. Vorübergehend in kaiserl. Kriegsdiensten. Dichtungen im Dienste reichstreuer, romfeindlicher Publizistik, 1517 Dichterkrönung in Augsburg durch Kaiser Maximilian. Anschließend am Hof Kardinal Albrechts in Mainz. Nach dem ›Pfaffenkrieg‹ am Mittelrhein 1522 Flucht nach Basel, Abweisung durch Erasmus. Durch Zwingli Asyl auf der Insel Ufenau im Zürichsee.
Kat. Nr. 42

Imhoff, Franz, 1475-1537. Nürnberger Patrizier. Seit 1505 verheiratet mit Klara Groß. 1506 in Venedig, dort mit Dürer zusammengetroffen. 1509/10 Ratsherr.
Kat. Nr. 23

Jacobi, Pierre, tätig um 1500. Drucker in Toul.
Kat. Nr. 634

Kammermeister, Sebastian, gest. 1501. Vermögender Nürnberger Patrizier. Seine Schwester Margareta verheiratet mit Sebald Schreyer, mit dem gemeinsam er den Druck von H. Schedels Chronik finanziell förderte.
Kat. Nr. 117, 227, 291, 314

Karl V., 1500-58. Deutscher Kaiser. Sohn Philipps des Schönen und der Johanna von Spanien, Enkel Maximilians I. Geb. in Gent. In den Niederlanden erzogen, 1515 Übernahme der Herrschaft in Burgund und König von Spanien. 1519 Wahl zum deutschen König und römischen Kaiser. Weiterzahlung der Dürer von Maximilian I. gewährten Pension. 1521 Abgabe der deutschen Erblande an seinen Bruder Ferdinand. 1530 Kaiserkrönung in Bologna. 1556, nach dem Augsburger Religionsfrieden, Abdankung. Gest. in seiner Villa beim Kloster San Geronimo de Yuste/Spanien.
Kat. Nr. 55, 267

Karlstadt, Andreas Bodenstein von, um 1480-1541. Reformator, Jurist. Name nach seinem Geburtsort Karlstadt/Main. Studium in Erfurt 1499, in Köln 1503, in Wittenberg 1504. Seit 1505 Professor in Wittenberg, Doktorvater Luthers und seit 1517 Anhänger seiner Lehre. Seit 1519 durch Chr. Scheurl mit Dürer bekannt. Gibt durch seine Schrift ›Von abtuhung der Bylder‹ den Anstoß zum Bildersturm. Deshalb auf Betreiben Luthers 1524/25

vorläufige, 1529 endgültige Vertreibung aus seiner Pfarre Orlamünde. 1530 durch Vermittlung Zwinglis Pfarrer in Zürich. Seit 1534 in Basel Professor an der Universität, ab 1535 auch Pfarrer an St. Peter.
Kat. Nr. 391/92, 398

Katzheimer, Wolfgang, tätig 1465-1508. Maler, Glasmaler, Zeichner für Holzschnitte. Geb., vielleicht um 1435/40, in Katzheim bei Burglengenfeld. In Bamberg seit 1465, besonders für den bischöflichen Hof tätig. Seit 1484 mehrfach in den Stadtrechnungen. Gest. wahrscheinlich 1508, da seitdem andere Malernamen in den Hofzahlamtsrechnungen erscheinen.
Kat. Nr. 555

Kessler, Nikolaus, tätig 1485-1509. Drucker. Aus Bottwar/Württ. 1471 Baccalaureus Artium in Basel, 1480 Bürger und Mitglied der Zunft zum Schlüssel, 1496 Zunftmeister und Ratsmitglied. Seit 1475 Buchhändler bei Bernh. Richel, 1485 Übernahme von dessen Druckerei. Für Illustrationen u.a. Dürer gewonnen. Tätigkeit als Drucker bis 1509, aber wahrscheinlich 1519 noch am Leben.
Kat. Nr. 147, 151

Kleberger, Johann, 1485-1546. Kaufmann. Nach den nicht ganz zuverlässigen Behauptungen W. Pirckheimers aus einer Familie geringer Herkunft, die Scheuenpflug geheißen habe. 1512-19 als Genannter im Größeren Rat der Stadt Nürnberg. Vor 1514 Faktor der Paumgartner in Aigues-Mortes, seit 1517 der Imhoff in Lyon. Erwirbt 1521 als selbständiger Finanzier und Kaufmann das Berner Bürgerrecht, das er bis zu seinem Tode behält. 1526 Rückkehr nach Nürnberg, 1527 Bürger, 1528 Eheschließung mit W. Pirckheimers Tochter Felicitas, verwitwete Imhoff, die ihn wenige Tage nach der Hochzeit verläßt. 1530 Aufgabe des Nürnberger Bürgerrechts und endgültige Ansiedlung in Lyon, wo er wegen seiner Mildtätigkeit zu großem Nachruhm gelangt.
Kat. Nr. 554

Knappe, Hans d. Ä., tätig 1508-23. Drucker. In Erfurt seit 1493 nachweisbar. Rund achtzig Drucke. Verlagsschwerpunkte Spätscholastik, Humanismus, Klassiker.
Kat. Nr. 650

Knoblochtzer, Heinrich, Ende 15. Jahrh. Drucker. Zuerst in Straßburg, seit etwa 1485 in Heidelberg tätig, hier auch 1486 an der Universität immatrikuliert. Druckt vor allem deutschsprachige Werke, davon viele mit Holzschnittillustrationen, außerdem theologische, klassische und humanistische Schriften.
Kat. Nr. 444

Koberger, Anton, ca. 1445-1513. Drucker und Verleger. Vermutlich in Nürnberg geb. 1464 erstmals in den Bürgerbüchern. Taufpate Albrecht Dürers d. J. Goldschmied, seit 1471 Buchdrucker. Geschäftsausdehnung bis Frankreich durch Zusammenarbeit mit auswärtigen Druckern. Durch seine Aufträge Aufschwung der Holzschneidekunst in Nürnberg. 1504 Aufgabe der Druckerei und ausschließlich als Verleger tätig.
Kat. Nr. 106, 108, 115-17, 227, 231, 291/92, 306, 314, 361, 365/66, 595

Koelhoff, Johannes d. Ä., gest. 1493. Drucker. Aus Lübeck. Lehrzeit wahrscheinlich bei Wendelin von Speyer (de Spira) in Venedig um 1471. Niederlassung in Köln, betreibt Verlag, Buchhandel und Druckerei. Vor allem theologische, homiletische und philosophische, um 1475 auch einige liturgische Werke.
Kat. Nr. 443

Kolb, Anton, um 1500. Kaufmann. Geb. in Nürnberg, lebt als Kaufmann in Venedig und gibt dort 1500 de'Barbaris großen Plan der Stadt heraus.
Kat. Nr. 26/27

Koler, Christoph, 1483-1536. Ratsherr. Nürnberger Patrizier. 1518 Heirat mit Margarethe Rieter, einer Nichte W. Pirckheimers. 1520 Ratsherr, 1528 Junger Bürgermeister, 1531 Septemvir. Mit Dürer gut bekannt, der dem Ehepaar Geschenke aus den Niederlanden mitbringt, 1522 Taufpate ihres zweiten Sohnes. Kunstsammler. Auftraggeber der lateinischen Übersetzung von Dürers Proportionslehre durch Camerarius.
Kat. Nr. 654

Krafft, Hans d. Ä., gest. 1542/43. Goldschmied, Medailleur. Tätig in Nürnberg, u.a. nach Entwürfen Dürers. 1509-12 reichsstädtischer Stempelschneider. 1510-13 Anfertigung von Medaillen und Münzen für Kurfürst Friedrich d. Weisen.
Kat. Nr. 267/68

Krafft, Peter, gest. ca. 1475. Goldschmied. 1429 Meister in Nürnberg. 1451 Erwähnung in Breslau. Vorbesitzer des Hauses von Albrecht Dürer d. Ä.
Kat. Nr. 10

Krel, Oswolt, gest. 1534. Kaufmann. Aus Lindauer Familie. Seit 1494 Faktor der Großen Ravensburger Handelsgesellschaft in Nürnberg. Ab 1503 in Lindau Kaufmann und Vertreter der gleichen Gesellschaft. 1512 Stadtamman, 1514 und bis 1531 noch mehrfach Bürgermeister.
Kat. Nr. 526

Kress, Anton, 1478-1513. Theologe, Humanist. Nürnberger Patriziersohn. Studium beider Rechte ab 1493 in Ingolstadt, ab 1499 in Padua, Pavia, Siena, dort Dr. jur. Briefwechsel mit W. Pirckheimer, E. Topler, Chr. Scheurl. Priesterweihe in Rom, 1504 Nachfolger Sixt Tuchers als Propst von St. Lorenz in Nürnberg. Förderer des geistlichen und des Schulwesens. Bedeutende Kunstaufträge.
Kat. Nr. 41, 362

Kress, Christoph, 1484-1535. Ratsherr. Nürnberger Patrizier. Um 1497 in Mailand, dann in den Niederlanden und London. 1513 Heirat mit Helene Tucher und Aufnahme in den Rat als Junger Bürgermeister. Mehrfach Gesandter beim Kaiser, setzt sich hier auch für Dürer ein. Nach verschiedenen Ämtern im Rat 1526 Septemvir, 1532 Oberster Hauptmann.
Kat. Nr. 266

Krug, Hans d. Ä., gest. 1519. Goldschmied, Stempelschneider. 1484 Meister in Nürnberg. Ab 1489 gemeinsam mit Albrecht Dürer d. Ä. Aufträge von Kaiser Friedrich III. 1494-1509 Münzmeister. 1508-10 auch Stempelschneider für Kurfürst Friedrich d. Weisen. Vater der Goldschmiede Hans d. J. (gest. 1529) und Ludwig (um 1488/90-1532).
Kat. Nr. 12, 268/69, 660, 691

Kulmbach, Hans von, um 1480-1522. Maler, Reißer für Holzschnitte und Glasgemälde. Eigentlich Hans Suess, wahrscheinlich aus Kulmbach. Seit ca. 1500 in der Werkstatt Dürers, vor 1503 auch bei Jacopo de'Barbari in Nürnberg. 1511 Nürnberger Bürger. 1511, 1514-16 Aufträge für Krakau, vermutlich kurze Aufenthalte dort.
Kat. Nr. 304, 329, 568, 571, 598, 606, 674, 693

Lacher s. **Lechler,** Lorenz

Landauer, Lukas s. **Meister Lucas**

Landauer, Matthäus, gest. 1515. Nürnberger Handelsherr. Nach Übernahme der väterlichen Handelsgesellschaft Ausbau der Firma im Metallhandel. Seit 1479 zusammen mit Hans Stark Besitzer einer Schmelzhütte in Eisleben. Zusammen mit seinem Onkel Sebald Schreyer 1490 Auftraggeber Adam Krafts für das Familiengrabmal an St. Sebald. 1510 Stiftung des Zwölfbrüderhauses als Altersheim und für dessen Kapelle von Dürers Allerheiligenbild (Wien).
Kat. Nr. 705

Landsberg, Martin, tätig 1487-1523. Drucker. Aus Würzburg. 1472-75 Studium in Leipzig. Heirat mit der dortigen Ratsherrntochter Afra Beringershain. Druckerei in Leipzig, seit 1510 auch Buchhandlung in Frankfurt/O. 1523 als verstorben bezeichnet.
Kat. Nr. 38/39, 452

Lang von Wellenburg, Matthäus, 1468-1540. Kirchenfürst, Diplomat. Bürgerssohn aus Augsburg. Seit 1485 Studium in Ingolstadt, Tübingen und Wien. 1493 Eintritt in die kaiserliche Kanzlei Wien, als Privatsekretär Kaiser Maximilians von großem politischen Einfluß. Kontakt zu zahlreichen Humanisten. 1505 Bischof von Gurk, 1513 Kardinal, 1514 Koadjutor und 1518 Erzbischof von Salzburg, 1521 Bischof von Cartagena. Auftraggeber Dürers. Weitblickende staatsmännische Persönlichkeit.
Kat. Nr. 310, 315, 538, 710

Laurentii, Nicolaus, gest. ca. 1486/87. Drucker. Deutscher aus der Diözese Breslau. Tätig 1477-86 in Florenz. Druckt in Italien als

erster ein Buch mit Kupferstichillustrationen.
Kat. Nr. 647

Lechler, Lorenz, um 1460 bis nach 1516. Baumeister. Geb. in Heidelberg. Auch Lacher genannt. 1486-89 tätig in Esslingen. 1503 Berufung nach Heidelberg als kurpfälzischer Büchsen- und Baumeister, daneben 1509 bis 1511 in Speyer. Verfaßt 1516 Baumeisterbuch ›zu underweissungen und lerungen‹ für seinen Sohn Moritz.
Kat. Nr. 625

Leonardo da Vinci, 1452-1519. Maler, Bildhauer, Architekt, Gelehrter. Geb. in Vinci bei Empoli. Ab 1466 in Florenz Schüler von Verrocchio. 1481-99 Hofmaler und Ingenieur bei Ludovico Sforza in Mailand. 1502/03 Festungsbauinspizient der päpstl. Feldherrn Cesare Borgia. Anschließend bis 1506 meist in Florenz. 1506-13 in Mailand, danach in Rom. Ab 1516 in Frankreich bei König Franz I. Gest. in Cloux bei Amboise. Arbeitete u. a. an einem umfassenden Lehrbuch der Malerei, von dem Teile bereits zu seinen Lebzeiten bekannt waren, nach seinem Tode aus den Schriften zu einem Trattato della pittura kompiliert.
Kat. Nr. 199

Leyden, Lucas van, 1494-1533. Maler, Kupferstecher, Zeichner für Holzschnitte. Tätig in seiner Heimatstadt Leyden. Schüler seines Vaters Hugo van Leyden und des Cornelius Engelbrechtsz. Frühester datierter Stich 1508. Kenntnis der Graphik Dürers schon vor dem Zusammentreffen in Antwerpen 1521. Reise durch Seeland, Flandern, Brabant 1527.
Kat. Nr. 209-11

Lichtenberger, Johannes, 2. Hälfte 15. Jahrh. Astrologe. Auch von Lichtenberg, nach einem Ort im Unterelsaß, de Claro Monte und Peregrinus Ruth (Reth) genannt. In einem Volkslied von 1475 erwähnt. Zeitweilig in der Umgebung Kaiser Friedrichs III. Schriften bis ins 18. Jahrh. aufgelegt. Vorwort von Luther für eine deutsche Übersetzung 1527.
Kat. Nr. 444

Lignamine, Joannes Philippus de, 2. Hälfte 15. Jahrh. Arzt und Drucker aus Messina. In Rom im Dienst Papst Pauls II. Befreundet mit Papst Sixtus IV., Drucker seiner Schriften, 1470-76 wissenschaftlicher Leiter seiner Druckerei. Neuer Druckbeginn 1481, doch nur wenige Bücher bis 1493 nachweisbar.
Kat. Nr. 280

Lochheim, Sebald von, gest. 1517. Aus angesehener Nürnberger Kaufmannsfamilie. Seit 1478 häufig Exekutor oder Zeuge bei Errichtung von Testamenten; auch Vormund. 1486 Taufpate des sechzehnten Kindes der Eltern Albrecht Dürers. 1489-94 Kanzlist des Rates, ab 1495 Losungsschreiber. 1496 Ausscheiden aus dem Größeren Rat. Seit 1498 Ungeldamtmann (Verwalter der Getränkesteuer).
Kat. Nr. 56

Löwenstein, Georg Graf von, um 1380 bis 1464. Geistlicher. Letzter Graf von Löwenstein. 1399 Domherr in Bamberg, Studium in Wien 1402, in Heidelberg 1405. Seit 1417 Propst von St. Jakob in Bamberg. Neben anderen Pfründen Domkanonikate in Würzburg, Speyer, Worms, Mainz. Gest. in Bamberg als Subdiakon.
Kat. Nr. 91

Lotter, Melchior d. J., um 1490 - nach 1544. Drucker. Sohn des Leipziger Druckers Melchior Lotter. Lehrzeit beim Vater, dessen Zweigdruckerei in Wittenberg er 1519-25 leitet. Druckt zahlreiche Werke Luthers. Seit 1525 wieder im väterlichen Betrieb in Leipzig. 1544 in Freiberg tätig.
Kat. Nr. 386

Lucas, Maler s. **Meister Lucas**

Ludovicus de Prussia, 15. Jahrh. Franziskaner. Wahrscheinlich aus Heilsberg/Ostpr. Studium in Köln, Promotion 1457. Schulleiter in Görlitz, Posen, Thorn. Um 1464-66 Übertritt zu den Franziskaner-Observanten, lebte in deren Kloster in Brünn. Sein Handbuch ›Trilogium‹ 1493 dem Ordenskapitel in Florenz zur Prüfung vorgelegt.
Kat. Nr. 292

Luini, Aurelio, 1530-93. Maler in Mailand. Sohn des Malers Bernardino L. Arbeitet öfter zusammen mit seinem Bruder Gian Pietro. Tätig in der Lombardei, vor allem in Mailand.
Kat. Nr. 479

Lukian, um 120 - nach 180 n. Chr. Schriftsteller. Geb. in Samosata/Euphrat. Bildhauerlehrling. Anwalt in Antiochia. Studium der Sophistik und Rhetorik in Ionien. Vortragsreisen in Asien, Griechenland. Niederlassung in Athen. Im Alter kaiserl. Sekretär in Ägypten. Verfasser von Dialogen, Erzählungen, Briefen. Ab 1515 Übersetzung seiner Schriften ins Lateinische durch W. Pirckheimer.
Kat. Nr. 43

Luther, Martin, 1483-1546. Reformator. Aus Eisleben. Studium in Erfurt 1501-05, Magister Artium. Dann Jurastudium und Eintritt in den Orden der Augustiner-Eremiten. 1507 Priesterweihe. Auf Veranlassung von Staupitz seit 1508 Lehrer an der Universität Wittenberg, später in Erfurt. 1510-11 Romreise. 1512 Dr. theol., Professor. Wegen der Auswüchse des Ablaßhandels 1517 Thesenanschlag in Wittenberg, Beginn der Reformation. Teilnahme an Reichstagen 1518 und 1521, Exkommunikation. 1521/22 Bibelübersetzung auf der Wartburg unter dem Schutz Friedrichs d. Weisen. Bleibt bis zu seinem Tod, in Eisleben, einer der Führer der Reformation. Dürer besaß einige seiner Schriften.
Kat. Nr. 275, 380-86, 390, 399, 439, 451

Lutz, Andreas, tätig 1519-24. Drucker. 1511 in Ingolstadt immatrikuliert, Magister Artium. In Ingolstadt Drucker der Universität und der Werke Joh. Ecks.
Kat. Nr. 400

Mantegna, Andrea, 1431-1506. Maler, Kupferstecher, Entwerfer für Goldschmiede. Geb. wahrscheinlich in Isola di Cartura. In Padua Lehrzeit bei seinem Stiefvater Squarcione. 1448 bürgerliche Freiheit. Beeinflußt von der Antike, von Uccello, Donatello und seinem Schwiegervater Jacopo Bellini. Ab 1460 bis zu seinem Tode im Dienst Ludovico Gonzagas in Mantua. Aufenthalte in Florenz 1466, in Pisa 1467, in Rom 1488/89, in Ferrara 1499. Zeichnungen Dürers nach seinen Stichen.
Kat. Nr. 201, 508-11

Manutius, Aldus, 1449-1515. Drucker. Aus Bassiano bei Velletri. Studium in Rom und Florenz. Seit 1490 in Venedig. Ab 1494 griechische, lateinische, hebräische Drucke, die er auch wissenschaftlich betreut. Mehrfach in Mantua, gest. in Venedig.
Kat. Nr. 282, 296, 442

Margarethe, Markgräfin von Brandenburg-Ansbach, 1483-1532. Tochter des Markgrafen Friedrich d. Ä., Schwester des Markgrafen Casimir von Brandenburg-Ansbach.
Kat. Nr. 551

Margarethe, Erzherzogin von Österreich, 1480-1532. Geb. in Brüssel. Tochter Kaiser Maximilians I. und der Maria von Burgund. Die Verlobung von 1483 mit Karl VIII. von Frankreich später gelöst. 1495 Ehe mit dem spanischen Kronprinzen Juan (gest. 1497), 1501 mit Philibert von Savoyen (gest. 1504). Seit 1507 Generalstatthalterin der Niederlande, Leitung der Erziehung ihres Neffen Karl V. Zeigt 1521 Dürer ihre Kunstkammer. Gest. in Mecheln.
Kat. Nr. 258

Marquart von Steyn, 1425/30-95/96. Württembergischer Adliger. Sorgfältige Erziehung, u. a. am burgundischen Hof. 1453 Pilgerfahrt ins Heilige Land. Seit 1457 in Blumenberg nahe der Schweizer Grenze. 1460 Landvogt der Grafschaft Mömpelgard. In den letzten Lebensjahren Beziehungen zu Basel. Begraben in der Abtei Lützel. Zwischen 1478 und 1490 freie Übersetzung des französischen Volksbuchs des Geoffrey de la Tour (Ritter vom Turn).
Kat. Nr. 153

Massys, Quinten, 1465/66-1530. Maler. Sohn eines Schmieds in Löwen. Malerlehre. Heirat 1486 in Löwen, 1508 in Antwerpen. Seit 1491 Freimeister der Antwerpner Gilde. Wohl keine Begegnung mit Dürer, der nur Besuch im Hause Massys' erwähnt.
Kat. Nr. 205/06

Maximilian I., 1459-1519. Deutscher Kaiser. Geb. in Wien. Sohn von Kaiser Friedrich III. (gest. 1493) und Eleonore von Portugal. 1477 verheiratet mit Maria, Erbin Burgunds (gest. 1482). Bis 1489 in Burgund. 1486 zum römischen König gewählt, Annahme des Kaisertitels 1508. 1494 Ehe mit Bianca Maria Sforza. Förderer der Künste. 1511 Privileg für Druck-

graphik Dürers, der seit 1512 bedeutende Aufträge für den Kaiser ausführt; 1515 Anweisung einer jährlichen Pension.
Kat. Nr. 27, 194, 234, 258-66, 268, 311, 365, 669/70, 687, 707

Mayr, Hans, tätig Ende des 15. Jahrhunderts. Drucker in Nürnberg. Bescheidene Presse, in den neunziger Jahren entstanden einige zeitlich weit getrennte Werke, meist Einblattdrucke.
Kat. Nr. 245

Meister des Hausbuchs, tätig von um 1465/1470 - nach 1505. Ausgehend von Teilen des mittelalterlichen Hausbuchs (Wolfegg) und 91 Kaltnadelradierungen wurden dem M. Gemälde, Holzschnitt-Illustrationen und Glasgemälde zugeschrieben. Vielleicht niederländischer Herkunft, tätig am Mittelrhein und in Südwestdeutschland (Mainz, Speyer, Heidelberg). Eine allgemein angenommene Identifizierung des H. ist noch nicht gelungen. Vorgeschlagen wurden insbesondere Erhard Reuwich (E. Graf zu Solms, 1936/35), Nikolaus Nievergalt (W. Hotz, 1953) und Wolfgang Peurer (V. M. Strocka, 1970).
Kat. Nr. 137/38

Meister Lucas, gest. 1456. Maler. Sohn des Nürnberger Malers Berthold Landauer. 1431 zuerst erwähnt. 1440 Mitarbeiter am Heiltumsschrein.
Kat. Nr. 248

Melanchthon, Philipp, 1497-1560. Humanist, Reformator. Geb. in Bretten/Württ. Seit 1509 Studium in Heidelberg, seit 1512 in Tübingen, wird dort Magister und hält Vorlesungen. 1518 Professor der griech. Sprache in Wittenberg, seitdem Freundschaft mit Luther. Werke zur Theologie und zur Neuordnung des Kirchenwesens. Neben theologischer Tätigkeit Organisation des Hoch- und Lateinschulwesens; 1526 Mitbegründer des Nürnberger Gymnasiums.
Kat. Nr. 395, 409

Mela, Pomponius, um 40 n. Chr. Schriftsteller. Geb. in Tintera/Spanien. Dreibändige, quellenmäßig fundierte Kosmographie, aus Angaben über Britannien in die Zeit des Caligula oder Claudius zu datieren; älteste erhaltene lateinische Erdbeschreibung.
Kat. Nr. 40

Memminger, Levinus, gest. 1493. Sohn des aus der Steiermark eingewanderten Lorenz M., der 1466 Genannter des Größeren Rats in Nürnberg wurde. Vermutlich schon in Nürnberg geb. Vermögend. Um 1485/86 Altarstiftung für St. Lorenz. 1490 Genannter des Größeren Rats.
Kat. Nr. 101

Middelburg, Paulus von, um 1455-1534. Astronom, Mathematiker. Aus Middelburg/Seeland. 1480 Professor der Astronomie und Mathematik in Padua. Seit 1494 Bischof von Fossombrone, 1524 resigniert. Gest. in Rom.

Wichtige Vorarbeiten für die Kalenderreform Gregors XIII.
Kat. Nr. 443

Monogrammist W. S. s. **Stuber,** Wolfgang

Münster, Sebastian, 1488-1552. Hebraist, Kosmograph. Geb. in Ingelheim. 1505 Eintritt in den Franziskanerorden. Studium der Theologie, Orientalia und Mathematik in Heidelberg, Tübingen, Wien. 1524-27 Hebräischlehrer in Heidelberg. Übertritt zur reformierten Kirche. Seit 1529 in Basel, Inhaber des ersten Lehrstuhls für orientalische Sprachen. Herausgeber der hebräischen Bibel, profaner jüdischer Texte und der Geographie des Ptolemaeus. Verfasser einer Kosmographie.
Kat. Nr. 320

Muffel, Jakob, 1471-1526. Nürnberger Patrizier. 1501 Heirat mit Agatha Schlüsselfelder. 1502 Ratsherr, 1514 Alter Bürgermeister. Befreundet u. a. mit Dürer, W. Pirckheimer, Chr. Scheurl. Zuletzt Septemvir.
Kat. Nr. 233, 553

Nepos, Cornelius, um 100 - nach 27 v. Chr. Historiker. Vermutlich aus Ticinum, auf jeden Fall aus Oberitalien. In Rom Verzicht auf Staatsämter. Angesehener Schriftsteller. Freund des T. Pomponius Atticus und Ciceros, Gönner Catulls. Fast alle Werke verloren, einige Lebensbeschreibungen erhalten.
Kat. Nr. 37

Neubauer, Anton. Um 1500. Urkundlich nicht faßbar, vielleicht Bürger und Maler in Nürnberg.
Kat. Nr. 75

Neudörfer, Johann, 1497-1563. Schreib- und Rechenmeister. Aus Nürnberg. Schreiblehre bei Caspar Schmied und dem Kanzleischreiber Paulus Vischer. Algebraunterricht bei E. Etzlaub. Begründer der deutschen Schönschreibkunst. Buchstabenkonstruktion. Schreiber der Texte für Dürers Apostelbilder. 1531 Genannter des Größeren Rats, 1543 kaiserl. Pfalzgraf ohne Adelsdiplom. Verfasser der ›Nachrichten von Nürnberger Künstlern‹.
Kat. Nr. 18, 21, 688/89, 692

Nikolaus von der Flühe, 1417-87. Laienmystiker. Geb. in Flüeli/Schweiz. Inhaber hoher militärischer und ziviler Ämter. 1467 Weltentsagung, lebt als Bruder Klaus in der Ranftschlucht. Gilt als Nationalheiliger der Schweiz. 1669 selig, 1947 heilig gesprochen.
Kat. Nr. 107

Nikolaus Germanus, gest. 1490. Geograph. Vielleicht identisch mit Niccolo Tedesco, Drucker der Geographie des F. Berlinghieri in Florenz. Meist am Hof der Este in Ferrara. Eventuell auch in Rom. 1466 Manuskriptfund der Geographie des Ptolemaeus, mit verbesserten Karten zwischen 1482 und 1486 herausgegeben. Nach 1490 keine Nachrichten mehr.
Kat. Nr. 313

Nikolaus von Kues, 1401-64. Theologe,

Mathematiker, Philosoph. Geb. in Kues/Mosel. Erste Bildung in Deventer bei den Brüdern vom Gemeinsamen Leben. Studium der Philosophie in Heidelberg 1416/17, der Rechte (Dr. jur.) in Padua 1417-23, daneben der Mathematik, 1425 der Theologie in Rom. 1425 und später mehrere Pfründen in Deutschland. Entdecker von Tacitus' Annalen und Plautus' Komödien. 1448 Kardinal, 1450 Bischof in Brixen. Seit 1458 Aufgaben bei der Kurie und in Italien. Gest. in Todi. Einer der bedeutendsten Denker des Spätmittelalters. Bemüht um die Erneuerung des kirchlichen und staatlichen Lebens sowie den Frieden zwischen den großen Religionen.
Kat. Nr. 317

Niphus, Augustinus, 1473-1538 oder 1545. Philosoph. Herkunft aus Sessa nicht unbestritten. Lehrer an den Universitäten Padua, Neapel, Pisa, Salerno. Herausgeber des Aristoteles. Als Philosoph Averroist, Konflikt mit der Kirche, trotzdem comes palatinus Papst Leos X. Gest. in Salerno.
Kat. Nr. 452

Nürnberger, Hans, gest. 1477. Schreiner, Büchsenmacher. 1426 Bürger, 1427 Meister in Nürnberg. Guter Lafettenbauer. 1444 in Ulm, 1448 in Innsbruck, 1457 in Heidelberg tätig. 1451 Renovierung des Chorgestühls der Frauenkirche in Nürnberg. Mitarbeiter am Heiltumsschrein.
Kat. Nr. 248

Obsequens, Julius, 3./4. Jahrh. n. Chr. Schriftsteller. Sonst unbekannter römischer Autor des 4. Jahrhs., dessen aus der Historia des Plinius herausgezogene Prodigien dem Wunderglauben der Dürer-Zeit entgegenkamen. Erstausgabe von 1508 häufig nachgedruckt.
Kat. Nr. 442

Oecolampadius, Johann, 1482-1532. Reformator. Geb. in Weinsberg/Württ. Ab 1499 Studium der Artes in Basel, später der Philosophie in Heidelberg. 1506-08 kurpfälzischer Prinzenerzieher in Mainz. Nach Priesterweihe 1510 Prädikant in Weinsberg. Ab 1513 Studium der Theologie, des Griechischen und Hebräischen in Tübingen, Stuttgart, Heidelberg. Seit 1515 Mitarbeiter des Erasmus bei Herausgabe des Neuen Testaments. 1518 Domprediger in Augsburg, stellt sich im Streit um Luther-Schriften gegen Eck. 1523 Professor der Heiligen Schriften in Basel. Gute Beziehungen zu Pirckheimer am Abendmahlsstreit zerbrochen. Gemeinsam mit Zwingli Reformation von Bern 1528 und Basel 1529.
Kat. Nr. 407

Oeglin, Erhard, tätig 1505-20. Drucker. Aus Reutlingen. 1491 Druckergeselle und Bürger in Basel. 1498 in Tübingen immatrikuliert. Seit 1502 in Augsburg, als Drucker zuerst gemeinsam mit Joh. Otmar, 1508 mit Jörg Nadler, dann allein tätig. Hebräische, volkstümliche, humanistische Schriften, Musikdrucke. Kat. Nr. 287, 431

Ostendorfer, Michael, um 1490-1559. Maler, Zeichner für den Holzschnitt. Lehrzeit vermutlich bei Altdorfer. Seit 1519 in Rechnungen zum Bau der Kapelle zur Schönen Maria in Regensburg als Meister und Maler genannt. Arbeiten für Landshuter, Ingolstädter, Nürnberger Buchdrucker. Wegen Armut seit 1556 im allgemeinen Bruderhaus. Kat. Nr. 393

Otmar, Silvan, gest. 1539. Drucker. Sohn des Druckers Joh. O. Geb. in Reutlingen. 1495 in Tübingen immatrikuliert. 1513-39 in den Augsburger Steuerlisten als Drucker; volkstümliche und Reformationsschriften, insgesamt über 300. Gewinnt für Holzschnitte die Mitarbeit Burgkmairs, Schäufeleins u. a. Kat. Nr. 390, 436

Otto, um 1112-58. Bischof von Freising. Sohn des Markgrafen Leopold III. von Österreich und der Kaisertochter Agnes. Geb. vermutlich in Neuburg bei Wien. 1126 Propst von Klosterneuburg. Ab etwa 1127 Studium in Paris, evtl. auch in Chartres. 1132 Eintritt ins Zisterzienserkloster Morimond. 1138 Abt von Morimond und Bischof von Freising. Theologe und Historiograph. Teilnahme am Zweiten Kreuzzug 1146/47. Gest. in Morimond. Kat. Nr. 285

Pacioli, Luca, 1445 - nach 1509. Mathematiker. Aus Borgo San Lorenzo. Ausbildung in Venedig. Erster mathematischer Traktat 1470 als Lehrer der Söhne des A. Rompiasi. Seit um 1470-76 im Franziskanerorden. Beschäftigung mit Mathematik. Tätig in Venedig, Perugia, Zara, Rom, Neapel, Bologna. 1509 Herausgabe einer lateinischen Euklid-Ausgabe. Seine ›Summa de arithmetica‹ und ›Divina Proportione‹ waren Dürer bekannt. Kat. Nr. 629-31

Paganini, Paganino de', Ende 15.-Anfang 16. Jahrh. Drucker. Aus Brescia. Druckt seit 1483 in Venedig, zuerst gemeinsam mit G. Arrivabene, ab 1487 allein. 1490 Abgabe der Druckerei an seine Brüder Giacomo und Girolamo. Neue Tätigkeit als Drucker 1494-1518. 1517 zwei Drucke in Salò. Seitdem auch mit Sohn Alessandro in Toscolano assoziiert. Kat. Nr. 629-31

Pannissis, Jacob de, 1467-1532. Humanist, Politiker. Geb. auf der Insel Curzalo/Dalmatien. Nach dem Studium seit etwa 1493 Sekretär Kaiser Maximilians, seit 1502 Leiter der lateinischen Kanzlei, als Diplomat mehrfach in Rom und auf den Reichstagen; seit etwa 1510 auch im Dienst der Erzherzogin Margarethe in den Niederlanden. Päpstl. Protonotar und Inhaber mehrerer Pfründen. Freund Pirckheimers, in den Niederlanden Begegnung mit Dürer. Seit 1521 kaiserl. Beauftragter in Trient. Kat. Nr. 312

Paumgartner, Stephan, 1462-1525. Stadtrichter. Aus Nürnberger und Augsburger Patriziergeschlecht. Sohn des Martin P. und der Barbara Volckamer. 1498 Pilgerreise ins Heilige Land im Gefolge Herzog Heinrichs von Sachsen. Stiftung eines von Dürer gemalten Altars zusammen mit seinen Geschwistern Maria, Barbara, Lukas. Mit Dürer befreundet und entfernt verschwägert, da Agnes Dürers Onkel, Josef Rummel, 1506 Ursula Wieland, die Schwester seiner Frau Cordula, heiratete. 1504-23 Stadtrichter in Nürnberg. Kat. Nr. 27, 590

Paur, Peter, gest. nach 1543. Kaufmann. Nürnberger Bürger, der Handelsbeziehungen mit den Niederlanden unterhält, vertreten durch seinen Sohn in Antwerpen. Kat. Nr. 59

Pèlerin, Jean, 1445 - um 1524. Domherr, Geometer. In seiner Jugend im Dienst des Historikers Philipp de Commines. Ernennung zum Domherrn der Kathedrale von Toul. Herkunft der Spezialkenntnisse für sein Werk über die Perspektive noch ungeklärt. Kat. Nr. 634

Pencz, Georg, um 1500-50. Maler, Kupferstecher, Reißer für Holzschnitte und Glasgemälde. 1523 Neubürger in Nürnberg. 1525 wegen atheistischer und anarchistischer Äußerungen aus Nürnberg ausgewiesen, Rückkehr im gleichen Jahr. Seit 1532 Stadtmaler in Nürnberg, 1550 Ernennung zum Hofmaler Herzog Albrechts von Preußen. Auf dem Weg nach Königsberg in Leipzig oder Breslau gest. Kat. Nr. 405/06

Peringer, Diepold, nach 1500. Reformationsprediger. Vermutlich aus Schwaben vertriebener Geistlicher, der als angeblicher Bauer aus Wöhrd 1524 in Wöhrd und Nürnberg öffentlich predigt. 1525 in Kitzingen. Kat. Nr. 436

Petrarca, Francesco, 1304-74. Humanist und Dichter. In Arezzo geb. Seit 1312 im päpstl. Gebiet von Avignon. 1319-26 Jurastudium. Niedere Weihen in Avignon. Lebt seitdem von Pfründen und der Gunst großer Herren, 1330-47 des Kardinals Giov. Colonna, 1353-67 der Visconti. 1341 Dichterkrönung auf dem Kapitol. Erste Versuche, die römische Antike quellenmäßig zu erfassen. Aufenthalte in Rom, Mailand, Venedig, Parma. Reisen nach Paris, Flandern, Köln und Prag. Gest. in Arquà bei Padua. Kat. Nr. 177, 271

Petreius, Johann, 1497-1550. Drucker. Geb. in Langendorf bei Hammelburg. Ab 1512 Studium in Basel, 1517 Magister Artium. Korrektor in Basel. Seit 1523 Bürger in Nürnberg, seit 1526 als Drucker im Ämterbüchlein. Ca. 800 Drucke, vor allem Lieder- und Musikdrucke sowie Werke Luthers. Kat. Nr. 407, 478

Petzolt, Hans, 1551-1633. Nürnberger Goldschmied. 1578 Meister, 1579 Bürger. Fertigte mehr als 80 Pokale sowie weitere Goldschmiedearbeiten für den Nürnberger Rat. 1605 in Prag für Kaiser Rudolf II. tätig. Von seiner Hand auch einige Bildnismedaillen. Kat. Nr. 78

Peucer, Kaspar, 1525-1602. Arzt, Humanist. Geb. in Bautzen. Seit 1550 Schwiegersohn Melanchthons, Herausgeber seiner Schriften. 1554 Professor der Mathematik, 1559 der Medizin in Wittenberg, 1570 kurfürstl. Leibarzt. 1576-86 unter dem Verdacht des Calvinismus inhaftiert. Ab 1586 Leibarzt und Rat am anhaltischen Hof in Dessau. Kat. Nr. 395

Peutinger, Konrad, 1465-1547. Augsburger Humanist und Politiker. Jurastudium in Padua, Bologna, Rom. Bekanntschaft mit Pico della Mirandola und Ficino. 1497-1534 Stadtschreiber in Augsburg, 1498 verheiratet mit Margarethe Welser. Politischer Ratgeber Kaiser Maximilians I. Historische und antiquarische Studien. Mitarbeit an den Kunstaufträgen des Kaisers. Bekanntschaft mit Dürer. Vergeblicher Vermittlungsversuch im Religionsstreit auf dem Reichstag in Worms 1521. Kat. Nr. 286/87, 317

Peypus, Friedrich, 1485-1534. Drucker. Aus Forchheim. Leiter der Privatpresse Ulrich Pinders in Nürnberg. Besitzer der Presse durch Heirat mit Pinders Tochter Martha. Seit 1515 Druckerei im eigenen Haus. Buchladen am Plobenhof. Veröffentlichungen des Reichsregiments und der Stadt; protestantische Werke, eine Bibelausgabe, Gelegenheitsdichtungen. Kat. Nr. 41, 43, 64, 232, 298, 373, 388/89, 439, 635, 653

Pfinzing, Sebald III, gest. 1511. Nürnberger Patrizier. Seit 1478 Senator der Reichsstadt. Kat. Nr. 56

Pfinzing, Sebald IV, 1487-1543. Nürnberger Patrizier. 1510 Ehe mit einer Tochter des Lienhard von Ploben. In der Gästeliste der Scheurl-Hochzeit von 1519 als Junger Bürgermeister, in der Reichstagskorrespondenz von 1530 als Alter Bürgermeister. Zuletzt Nürnberger Landpfleger und Oberster Hauptmann. Kat. Nr. 56

Piccolomini s. Pius II.

Piero della Francesca, um 1420-93. Maler. Geb. in Borgo San Sepolcro, dort ab 1442 bis zu seinem Tode meist tätig. Schüler und Gehilfe Domenico Venezianos. Wiederholt am Hof in Urbino. 1449 in Ferrara, 1451 und 1482 in Rimini, 1459 in Rom, bis 1466 in Arezzo. Vor allem im Alter Beschäftigung mit Theorie der Perspektive, die Dürer zumindest mittelbar bekannt war. Kat. Nr. 628, 631

Pinder, Ulrich, gest. 1519. Arzt, Schriftsteller. Aus Nördlingen. 1484-89 Physicus in Nürnberg, dann bis 1493 Leibarzt des Kurfürsten Friedrich von Sachsen, anschließend bis zu seinem Tod Stadtarzt in Nürnberg. Privatdruckerei zur Veröffentlichung der von ihm verfaßten und kompilierten religiösen Erbauungsschriften, die z.T. in der Werkstatt Dürers illustriert werden, 1512 an seinen Schwiegersohn F. Peypus abgegeben.
Kat. Nr. 373

Pirckheimer, Creszentia, gest. 1504. Tochter des Paulus Rieter und der Katharina Volckamer, die 1451 heirateten. Da unter deren fünfzehn Kindern immer als letztes genannt, wohl kaum älter als ihr 1470 geborener Mann. Verheiratet 1495 mit W. Pirckheimer.
Kat. Nr. 528

Pirckheimer, Willibald, 1470-1530. Humanist. Geb. in Eichstätt. Ab 1488 juristische und humanistische Ausbildung in Padua und Pavia. 1495 auf Betreiben seines Vaters Ehe mit Creszentia Rieter. 1496-1523 Nürnberger Ratsherr. 1499 Führer des Nürnberger Kontingents im Schweizerkrieg Kaiser Maximilians. Einer der bedeutendsten deutschen Humanisten mit profunder Kenntnis der antiken Sprachen und Überlieferungen. Besitzer einer umfangreichen Bibliothek. Lebenslange Freundschaft mit Dürer und intensiver Gedankenaustausch.
Kat. Nr. 20, 22-28, 36/37, 42/43, 61, 233/34, 292-96, 298, 306, 407, 415, 529, 550, 708

Pius II. (Enea Silvio de' Piccolomini), 1405-1464. Geb. in Carignano (ihm zu Ehren Pienza benannt). Nach humanistischer Ausbildung im Dienst der Kurie in Basel, den Niederlanden und Schottland. 1442 Teilnahme am Frankfurter Reichstag, Dichterkrönung durch Kaiser Friedrich III., Ernennung zum Sekretär der kaiserl. Kanzlei. 1445 Priesterweihe, im Dienst von Papst Eugen VI. 1447 Bischof von Triest, 1449 von Siena, 1456 Kardinal. Historiker, Geograph, Kirchenpolitiker, Dichter, Briefschreiber, Autobiograph. Seit 1458 Papst, Werbung für Kreuzzug gegen die Türken. Gest. jedoch vor dessen Durchführung in Ancona.
Kat. Nr. 281

Pleydenwurff, Hans, um 1420-72. Maler, Entwerfer für Glasfenster. Aus Bamberg. 1457 Bürger in Nürnberg, ansässig vielleicht schon ab 1451. Malerei vom niederländischen Realismus beeinflußt. 1462 vermutlich kurzer Aufenthalt in Breslau. Seine Witwe heiratet den Maler Michael Wolgemut.
Kat. Nr. 91/92

Pleydenwurff, Wilhelm, gest. 1494. Maler und Reißer. Sohn des Malers Hans P., Stiefsohn Wolgemuts in Nürnberg. Erste Erwähnung 1482/83. Gehört zur Wolgemut-Werkstatt, Mitarbeiter an den Illustrationen für den Schatzbehalter und die Schedelsche Weltchronik. Ab 1490 in den städtischen Steuerlisten hinter Wolgemut.
Kat. Nr. 115, 117, 291, 314

Plutarch, 50-125. Philosoph und Historiker. Aus angesehener Familie in Chäronea. Um 66 in Athen zum Anhänger Platons erzogen. Reisen nach Alexandria und Rom. Verfasser von Biographien, philosophischen und antiquarischen Werken. Einzelne Werke von W. Pirckheimer ins Lateinische übersetzt.
Kat. Nr. 298

Politianus, Angelus, 1454-94. Humanist. Angelo Politiano, eigentlich Ambrogini. Geb. in Montepulciano. Erzieher der Söhne Lorenzos de' Medici. Seit 1480 Professor für griechische und römische Literatur an der Universität Florenz. Befreundet mit Ficino und Pico della Mirandola. Verfasser lateinischer Prosaschriften. Übersetzungen aus dem Griechischen. Italienische Dichtungen. Gest. in Florenz.
Kat. Nr. 647

Pollaiuolo, Antonio del, um 1430-98. Florentiner Goldschmied, Bildhauer, Maler, Zeichner, Kupferstecher. Schüler von Donatello und Castagno, Goldschmiedeausbildung durch seinen Vater Jacopo. Seit 1460 in Werkstattgemeinschaft mit seinem Bruder Piero auch Maler. Künstlerische Auseinandersetzung mit der Antike. Seit 1484 in Rom.
Kat. Nr. 181

Ponte, Gotardo da, 1. Hälfte 16. Jahrh. Drukker. Beginn der Tätigkeit um 1500, 1520/21 auch in Como, im übrigen bis 1538 in Mailand nachweisbar. Neben theologischen und historischen Werken auch Musikdrucke.
Kat. Nr. 475

Provost, Jan, um 1465-1529. Maler. Aus Mons/Hennegau. Erste Tätigkeit vermutlich in Valenciennes, dort 1491 Heirat der Witwe Simon Marmions. 1493 Freimeister in Antwerpen, 1494 Bürger in Brügge, mehrfach Gouverneur und Dekan der Lukasgilde. 1520 Begegnung mit Dürer in Antwerpen, 1521 gemeinsame Reise nach Brügge. Gest. in Brügge.
Kat. Nr. 207

Prüss, Johann d. J., tätig 1511-51. Drucker. Sohn des Druckers Johann P. in Straßburg. Lehrzeit beim Vater, nach dessen Tod (1510) selbst Drucker in Straßburg. Arbeitet für mehrere einheimische Verleger, bringt u. a. Schriften von Luther und Karlstadt heraus.
Kat. Nr. 432

Ptolemaeus, Claudius, ca. 85-160. Geograph, Astronom, Mathematiker. Gebürtiger Ägypter, lebt in Alexandria. Zusammenfassung des Wissens seiner Zeit zum Ptolemaeischen System mit der Erde als Mittelpunkt des Alls. Begründer der Astrologie als Physik des Weltalls. Seine Geographie seit dem 15. Jahrh. Grundlage der wissenschaftlichen Erdkunde.
Kat. Nr. 306, 309, 313

Ramminger, Melchior, gest. wohl 1543. Drucker. In den Augsburger Steuerlisten seit 1509. Drucker 1520-43. Hauptsächlich Reformationsschriften.
Kat. Nr. 392, 399, 403, 451

Ratzko, Peter, 1. Hälfte 15. Jahrh. Goldschmied. Ab 1429 in den Listen der Nürnberger Goldschmiede, aber nicht unter den Neubürgern des Jahres. Möglicherweise Sohn des 1427 eingebürgerten Schuhmachers Hanns Racz. Mitarbeiter am Heiltumsschrein 1438-40.
Kat. Nr. 248

Rayll, Georg, gest. 1494. Pfarrer. Als Kaplan an St. Lorenz in Nürnberg beurkundet er 1452 das Testament des verstorbenen Propstes Konrad Konhofer. Dort hat er das St. Kilians-Benefizium inne. Er dürfte nicht identisch sein mit dem Bamberger Gregor Kayl, der 1446 die niederen Weihen empfängt und 1454 in Leipzig studiert.
Kat. Nr. 118

Regiomontanus, 1436-76. Mathematiker und Astronom. Eigentlich Joh. Müller aus Königsberg/Franken. Studium der Philosophie, Philologie, Mathematik, Astronomie in Leipzig, ab 1451 in Wien, dort 1461 Professor. Reisen nach Italien und Ungarn. Ab 1471 in Nürnberg. Einrichtung einer Sternwarte und Werkstatt mit Hilfe des Kaufmanns Bernhard Walther, astronomischer Verlag. 1475 Bischof von Regensburg und Berufung zur Kalenderreform nach Rom. Dort gest. Seine Bibliothek war Dürer zugänglich und enthielt u. a. Euklids Elemente und Albertis De pictura in Handschriften.
Kat. Nr. 321, 323, 328

Rehlinger, Anna, 1511-48. Tochter des Augsburger Ratsherrn Hans R. 1527 verheiratet mit dem Kaufherrn und kaiserl. Rat Anton Fugger (1493-1560).
Kat. Nr. 549

Reinmann, Leonhard, gest. nach 1500. Astronom. Verfasser einiger in Nürnberg nach 1500 erschienener populärer Schriften, u. a. Wetterbuch und Nativitäts-Kalender.
Kat. Nr. 435

Reuchlin, Johannes, 1455-1522. Philologe, Jurist. Geb. in Pforzheim. Studium ab 1470 in Freiburg und Paris, 1474-77 in Basel. 1481 in Poitiers. 1482-96 im Dienst des Grafen Eberhard von Württemberg, mehrere Italienreisen. 1496-1500 in Heidelberg, danach in Stuttgart. In seinen letzten Jahren Professor für Griechisch und Hebräisch in Ingolstadt und Tübingen. Gest. in Bad Liebenzell oder Stuttgart. Begründer der christlichen Hebraistik, Beschäftigung mit der Kabbala. Seit 1510 durch ein Gutachten zur Stellung der Juden in scharfem Gegensatz zu dem Prior der Kölner Dominikaner und Inquisitor J. v. Hoogstraeten: ›Reuchlinscher Handel‹.
Kat. Nr. 277

Reuwich, Erhard, Ende 15. Jahrh. Maler,

Reißer für Holzschnitte, Drucker. Aus Utrecht. 1483/84 Reise in das Heilige Land mit dem Mainzer Domdekan Bernhard von Breidenbach. Seit 1484 in Mainz ansässig. Buchdrucker und Illustrator; s. a. Meister des Hausbuchs.
Kat. Nr. 136, 377

Rhau-Grunenberg, Johann, tätig 1508-25. Drucker in Wittenberg, erster Drucker Martin Luthers.
Kat. Nr. 383

Rogendorf, Wilhelm von, 1481-1541. Offizier. Niederösterreichischer Adliger. Ab 1494 als Edelknabe in Gent. 1506 kaiserl. Gesandter in England. Einer der engsten Mitarbeiter Kaiser Maximilians. Mitglied des niederländischen Staatsrats, Generalstatthalter von Friesland. 1520 Aufgabe der Ämter. Rückkehr nach Österreich als Oberhofmeister Erzherzog Ferdinands. 1522 Oberst in Spanien. 1529 Reiteroberst bei der Verteidigung Wiens. Weitere hohe militärische und zivile Ämter, gest. als Oberbefehlshaber in Ungarn.
Kat. Nr. 212

Rogendorf, Wolfgang von, 1483-1543. Niederösterreichischer Adliger. Rat Kaiser Maximilians I. Leutnant beim Generalstatthalter von Friesland, seinem Bruder Wilhelm. Verließ 1520/21 die Niederlande. 1528 kaiserl. geheimer Rat. Bis 1540 niederösterreichischer Landmarschall.
Kat. Nr. 212

Roriczer, Matthäus, gest. ca. 1495. Baumeister, Buchdrucker. Aus der Familie der Regensburger Dombaumeister. Ab 1462 mit seinem Vater Konrad beim Chorbau von St. Lorenz in Nürnberg, 1463 Meistertitel; Schenkung des Bürgerrechts. 1466 Rückkehr nach Regensburg. Tätig auch in Eichstätt und in Esslingen bei Böblinger. 1486 Druck seines Fialenbuches. 1485 als Turmmeister von Regensburg genannt, zuletzt 1492; 1495 übernimmt sein Bruder Wolfgang das Amt.
Kat. Nr. 622, 624

Rosenplüt, Hans, um 1400 - gegen 1470. Gelbgießer, Büchsenmacher, Meistersinger. Im Nürnberger Kontingent gegen die Hussiten 1427. 1444 vom Nürnberger Rat als Büchsenmacher angestellt. Erster Nürnberger Meistersinger: Fastnachtsspiele, Schwänke, epische Gedichte, Weingrüße.
Kat. Nr. 236, 247

Roswitha s. Hroswitha

Rubaeus de Vercelli, Johannes, um 1500. Drucker in Venedig.
Kat. Nr. 632

Rummel, Wilhelm, um 1410-80. Kaufmann. Aus angesehener Nürnberger Patrizierfamilie. 1437 Studium in Leipzig. Erste Ehe, vor 1450, mit Anna Zoller, zweite Ehe mit Kunigund Haller aus Bamberg. Durch Verheiratung seiner Tochter Anna mit Hans Frey, 1472, Großvater der Agnes Dürer. 1470 Förderer J. Sen-

senschmidts bei Einrichtung der ersten Druckerei in Nürnberg.
Kat. Nr. 17

Sachs, Hans, 1494-1576. Nürnberger Schuhmacher, Meistersinger. Besuch der Lateinschule. Schuhmacherlehre. 1511-16 Wanderjahre. 1517 Meister in Nürnberg. Meisterlieder, Schwänke, Fastnachtsspiele, publizistische Unterstützung der Reformation.
Kat. Nr. 46, 78, 437

Savorgnanus, Petrus, um 1520. Geistlicher, Dr. jur. utr. Sekretär des Bischofs Johann von Revellis in Wien. Beziehungen zum Hof Erzherzog Ferdinands. Als Korrespondent Pirckheimers 1524 Bitte um Empfehlung an Dürer.
Kat. Nr. 653

Schäufelein, Hans, um 1480/85 - um 1539. Maler, Reißer für Holzschnitte und Glasgemälde. 1503/04 - 1506/07 in Dürers Werkstatt, Ausführung des Altars in Ober-St. Veit. Anschließend bei Hans Holbein d. Ä. in Augsburg. Um 1509/10 vermutlich in Niederlana bei Meran. Um 1510-15 in Augsburg. Mitarbeit an Aufträgen Kaiser Maximilians I. Seit 1515 Bürger in Nördlingen.
Kat. Nr. 335

Schaffner, Wilhelm, tätig 1498-1515. Drucker. Aus Rappoltsweiler. 1496 Bürger in Straßburg, Eröffnung einer Druckerei. Erster datierter Druck 1498. Bis 1515 in Straßburg nachweisbar, 1514/15 auch Drucker in Lahr.
Kat. Nr. 368

Schedel, Hartmann, 1440-1514. Arzt und Chronist. Geb. in Nürnberg. Studium in Leipzig und Padua. Arzt in Nördlingen und Amberg, ab 1482 Stadtarzt in Nürnberg. Sammler und Kopist von Handschriften und Drucken. Sammlung von Zeichnungen klassischer Monumente. Als Humanist noch Vertreter der Scholastik. Neuer Holzschnittstil in Nürnberg durch Wolgemuts und W. Pleydenwurffs Holzschnitte für seine Chronik von 1493.
Kat. Nr. 177, 227, 291, 314

Schesslitzer, Hans, gest. 1472. Goldschmied. 1427 Meister in Nürnberg. 1429/30 Stempelschneider für die Münze, anschließend kurz in Frankfurt/M. tätig. Rückkehr nach Nürnberg. Arbeit am Heiltumsschrein ab 1438. Aufträge von Kaiser Friedrich III. ab 1445. Arbeiten für das Heiliggeistspital und die Frauenkirche in Nürnberg sowie den Bischof von Gurk (um 1460). Seit 1461 einer der geschworenen Meister.
Kat. Nr. 248

Scheurl, Albrecht V, 1482-1531. Kaufherr. Bruder des Christoph Sch. in Nürnberg. Bergwerksbesitzer in Joachimsthal. 1523 Heirat mit Anna Zingel, Genannter des Größeren Rats. Wappenriß von Dürer, der 1525 den erstgeborenen Sohn Albrecht aus der Taufe hebt. 1531 in Gefangenschaft des Raubritters Hans Thomas von Absberg ermordet.
Kat. Nr. 63

Scheurl, Christoph, 1481-1542. Humanist, Jurist. Aus Nürnberger patrizischer Kaufmannsfamilie. Studium in Heidelberg 1496-1498, in Bologna 1498-1507. 1507 Professor der Rechte in Wittenberg. Ab 1512 Rechtskonsulent in Nürnberg. Wichtige diplomatische Aufträge, weitreichende Beziehungen zu Fürsten, Gelehrten, Geistlichen. Befreundet mit Dürer. Anfänglich der Reformation zugeneigt, 1530 Rückkehr zur katholischer Kirche.
Kat. Nr. 38/39, 41, 63, 380, 387

Schirlentz, Nickel, tätig 1521-47. Drucker. Betreibt in Wittenberg eine Druckerei im Hause Karlstadts. Druckt die Werke Luthers und anderer Reformatoren.
Kat. Nr. 398

Schißler, Christoph, 1530/32-1608. Feinmechaniker, Instrumentenmacher. Seit 1554 in den Augsburger Steuerlisten. Erste signierte Arbeit schon 1546. Verfertiger astronomischer und mathematischer Instrumente, besonders von Büchsensonnenuhren.
Kat. Nr. 331

Schmidt, Jakob, tätig 1514 - um 1537. Drucker. Aus Geithain. Geselle Peter Drachs d. J. in Speyer und Mitarbeiter Peter Schöffers d. J. in Worms. Selbständiger Drucker in Speyer, bewohnt dort um 1529 ein Haus in der Nähe des Weinmarkts. Ca. 65 Drucke.
Kat. Nr. 434

Schmuttermayer, Hans, Ende 15. Jahrh. Architekt (?). Vielleicht Mitarbeiter der Roriczer am Chorbau von St. Lorenz in Nürnberg. Identität vorgeschlagen mit einem Münzmeister H. S. (ab 1503 in Schwabach, 1510-15 in Bamberg) wegen des Kupferstichs in seinem Fialenbuch oder mit dem Nürnberger Bürger Hans Schmidmayr, der 1458 als Zeuge im Vertrag für den Chorbau von St. Lorenz genannt wird.
Kat. Nr. 623

Schöffer, Peter, tätig 1457-1502. Drucker. Studium in Paris. Ab 1452 in Mainz, fähigster Schüler Gutenbergs. Erfinder einer neuen Art des Typengusses. Ältester datierter Druck 1457, zusammen mit J. Fust (gest. 1466). Nach dessen Tod durch Heirat der Tochter Mitbesitzer der Druckerei; vor allem theologische Schriften. Ab 1479, vermutlich wegen der Messe, zusätzliches Bürgerrecht in Frankfurt/M. Spätestens seit 1489 einer der weltlichen Richter in Mainz. Letzter datierter Druck Ende 1502, Anfang 1503 erstmals sein Sohn Peter als Inhaber genannt.
Kat. Nr. 377

Schön, Erhard, um 1491-1542. Nürnberger Maler, Reißer für den Holzschnitt. Unter Springinklee Arbeit an Aufträgen Kaiser Maximilians I. Außerordentlich umfangreiches Werk an Illustrationen für Nürnberger Drucker, Gebrauchsgraphik und Flugblätter.
Kat. Nr. 46, 347, 402

Fakultät in Wittenberg, Förderer seines Nachfolgers Luther. Seit 1512 häufig in Süddeutschland, Seelsorge in Patrizierkreisen. Seine Nürnberger Anhänger im Rahmen der Staupitz-Gesellschaft: Anton Tucher, Hieron. Ebner, Caspar Nützel, Hieron. Holzschuher, Andreas und Martin Tucher, Sigmund und Christoph Fürer, Laz. Spengler, A. Dürer, Wolfg. Hoffmann und Chr. Scheurl, der seine Predigten herausgibt. 1520 Domprediger in Salzburg, seit 1522 Benediktiner und Abt von St. Peter in Salzburg.
Kat. Nr. 387/88

Steiner, Heinrich, tätig 1522-47. Drucker. 1522-48 in den Steuerlisten von Augsburg, seit 1531 Bürger. Druck von Klassikern in deutschen Übersetzungen, von Volks- und Arzneibüchern, Türken- und Reformationsschriften; insgesamt über achthundert. 1547 Bankrott, gest. 1548.
Kat. Nr. 438

Stockt (Stock), Vrancke van der, vor 1424-95. 1444 Werkstattnachfolger seines Vaters in Brüssel. Beziehungen zu Rogier van der Weyden, 1464 dessen Nachfolger als Stadtmaler. Mehrfach Stadtrat, Proviseur der Bruderschaft St. Loys. 1468 in Brügge tätig für Feierlichkeiten zur Hochzeit Karls des Kühnen von Burgund. Evtl. identisch mit dem Meister des Erlösungsaltares im Prado.
Kat. Nr. 203

Stöckel, Wolfgang, um 1473-1540/41. Drucker. Aus Obermönchen/Niederbayern. 1489/90 Studium in Erfurt. Aus Köln kommend, 1495-1526 in Leipzig tätig, Zweigdruckereien in Wittenberg 1504, Halle 1520, Grimma 1522/23 und Eilenburg. Ab 1526 Drucker in Dresden, letzter datierter Druck 1540; seine Witwe druckt noch bis 1542. Insgesamt ca. 500 Druckwerke.
Kat. Nr. 281

Stöffler, Johannes, 1452-1531. Astronom. Geb. in Justingen. Ab 1472 Studium in Ingolstadt. Ab 1477 Pfarrer in Justingen. Seit 1511 Mathematikprofessor in Tübingen. Anfertigung von Schauuhren und astronomischen Instrumenten, wissenschaftliche Veröffentlichungen. Gest. in Blaubeuren.
Kat. Nr. 303

Stoß, Veit, 1447 (?) -1533. Bildhauer, Maler, Kupferstecher. Geb. in Horb am Neckar(?). Lehrjahre am Oberrhein. 1477 Verzicht auf Nürnberger Bürgerrecht und Niederlassung als Meister in Krakau bis 1496. Anschließend Rückkehr nach Nürnberg und ständiger Verbleib bis zu seinem Tod. 1503 Ächtung als Schuldscheinfälscher, 1506 Begnadigung durch den Kaiser. Unter dem Eindruck der Kunst Dürers Abkehr von der subjektiv interpretierten Formtendenz der Spätgotik und Bemühung um plastische Geschlossenheit von Statue und Figurengruppe.
Kat. Nr. 708/09.

Stuber, Wolfgang, tätig 1587-97. Kupferstecher. Bekannt durch die Angaben in Paulus Behaims (gest. 1621) Verzeichnis seiner Kunstsammlung von 1618.
Kat. Nr. 275

Stuchs, Georg, tätig 1484-1520. Drucker. Nach eigenen Angaben aus Sulzbach; evtl. in Nürnberg geb. Lehrzeit in Nürnberg. Selbständiger Drucker seit 1484. Gelegentlich Lohndrucke für Koberger, Höltzel u. a. Theologische, grammatikalische, erbauliche, homiletische, liturgische Werke, seit 1491 auch Musiknotendrucke. Letzter datierter Druck 1517, seitdem Buchhändler.
Kat. Nr. 113/14, 623

Tacitus, Cornelius, um 55-116. Historiker. 88 Prätor, 97 Konsul, später Statthalter der Provinz Asia. Schriftsteller seit dem Tode Domitians (gest. 96). Biograph seines Schwiegervaters Agricola. Verfasser einer Ethnographie Germaniens und historischer Werke.
Kat. Nr. 283/84

Tacuinus da Trino, Johannes, tätig 1492-1538. Drucker. Tätig in Venedig. Klassiker-Ausgaben. Gelegentlich Lohndrucker. Dürer kauft 1507 in Venedig die bei ihm erschienenen Elemente des Euklid.
Kat. Nr. 475, 626

Terenz, um 195-159 v. Chr. Komödiendichter. Eigentlich Publius Terentius Afer, wahrscheinlich Berber. Neben Plautus wichtigster Vertreter der altlateinischen Komödie. Seine erhaltenen Stücke das ganze Mittelalter hindurch in Schulen aufgeführt. Erste Druckausgabe Straßburg um 1470.
Kat. Nr. 152, 420

Theokrit, ca. 300-260 v. Chr. Dichter. Grieche aus Syrakus. Begründer der bukolischen Dichtung. Verfasser von Hymnen, kleinen epischen Gedichten, Liebesliedern und Epigrammen.
Kat. Nr. 296

Traut, Hans, gest. 1487. Maler. Aus Speyer als Glied einer verzweigten Künstlerfamilie kommend, 1477 in Nürnberg eingebürgert. Mittelrheinische Einflüsse lassen seine Beteiligung am Augustineraltar von 1487 vermuten, über dessen Vollendung er gestorben wäre. Der 1491 in Nürnberg eingebürgerte Hans von Speyer dürfte sein Bruder oder naher Verwandter sein; sein Sohn war Wolf Traut.
Kat. Nr. 93

Traut, Wolf, um 1485-1520. Maler, Reißer für den Holzschnitt und für Glasgemälde. Sohn des Malers Hans T. Seit 1505 in Dürers Werkstatt, später wohl Mitarbeiter des Hans von Kulmbach. 1512-15 unter Dürers Leitung an Arbeiten für Kaiser Maximilian beteiligt. Gest. in Nürnberg.
Kat. Nr. 261

Tschertte, Johann, um 1480-1552. Architekt. Geb. in Brünn. 1509 Übersiedlung nach Wien. 1522 Teilnahme am Reichstag in Nürnberg. Kontakte zu Dürer, Unterweisung Dürers in Befestigungslehre und mathematischer Problemen. 1528 kaiserlicher Baumeister, Leiter der wegen der Türkengefahr in Wien und Niederösterreich notwendigen Befestigungsarbeiten.
Kat. Nr. 416

Tucher, Anton II, 1457-1524. Kaufherr, Nürnberger Patrizier. Bruder des Humanisten und Juristen Sixt T. Seit 1477 Ratsherr, 1491 Alter Bürgermeister. 1505 zweiter, 1507 erster Losunger. Als Mäzen Auftraggeber von Veit Stoß und Peter Vischer.
Kat. Nr. 707, 709

Tucher, Elsbeth, um 1500. Geborene Pusch, von einfacher Herkunft. 1491 verheiratet mit Nikolaus II T. (1464-1521).
Kat. Nr. 525

Tucher, Hans VI, 1428-91. Aus der jüngeren Linie des Nürnberger Patriziergeschlechts. 1455 mit der Patriziertochter Barbara Ebner (gest. 1476) verheiratet. 1476 Alter Genannter im Kleinen Rat. 1479/80 Pilgerreise ins Heilige Land, Ritter der Heiligen Grabes. Reisebeschreibung Augsburg 1482, mehrere Nachdrucke. Seit 1480 Alter Bürgermeister. 1481 zweite Ehe mit Ursula Harsdorfer.
Kat. Nr. 98

Tucher, Lorenz, 1447-1503. Geistlicher, Jurist. Sohn des Hans V T. und der Barbara Hegner in Nürnberg. Besuch der Benediktinerschule an St. Egidien. Studium der Artes in Leipzig bis zum Magister Artium 1460-67, der Theologie und des Kirchenrechts 1470 in Basel, außerdem wohl in Italien. 1478 Propst von St. Lorenz in Nürnberg, 1496 resigniert zugunsten seines Vetters Sixt T., Domherr in Regensburg.
Kat. Nr. 99

Tucher, Sebald, 1462-1513. Patrizier. Sohn Sebalds III. T. Stammvater der noch lebenden Tucher jüngerer Linie. 1487 verheiratet mit der Patriziertochter Barbara Waldstromer (gest. 1507).
Kat. Nr. 56/57

Tucher, Sixtus, 1459-1507. Geistlicher, Jurist. Aus der älteren Linie der Nürnberger Patrizierfamilie. Studium in Heidelberg 1473-75, Baccalaureus Artium; danach in Pavia, Padua und Bologna, dort 1485 Dr. jur., schließlich in Paris. 1487-96 Professor für Zivilrecht in Ingolstadt. Priesterweihe und Nachfolger seines Vetters Lorenz T. als Propst von St. Lorenz in Nürnberg. 1503 resigniert. Befreundet u. a. mit Celtis, Chr. Scheurl, Caritas Pirckheimer und Anton Kress, seinem Nachfolger an St. Lorenz.
Kat. Nr. 725

Tucher, Ursula, gest. 1504. Aus der Patrizierfamilie Harsdorfer in Nürnberg. 1481 verheiratet mit Hans VI T.
Kat. Nr. 97

Ulhart, Philipp d. Ä., tätig 1522-47. Drucker in Augsburg. Lutherische und zeitgeschichtliche Werke sowie lateinische Dramen.
Kat. Nr. 406, 415

Ulsenius, Dietrich, gest. nach 1508. Arzt, Schriftsteller. Geb. in Krampen bei Overijssel. Humanistisches und Medizinstudium in Heidelberg und Italien. Ab 1486 Stadtphysicus in Augsburg. Ca. 1493-1502 in Nürnberg, 1496 beteiligt an der Gründung der Gelehrtenschule. Mitglied der 1497 von Celtis in Wien gegründeten Sodalitas. 1501 als Leibarzt Kaiser Maximilians I. in Linz. 1503-05 Medizinprofessor in Mainz und Freiburg. 1505-08 Arzt in Lübeck und Leibarzt der Herzöge von Mecklenburg. Übersiedelung nach den Niederlanden. Gest. in 's-Hertogenbosch.
Kat. Nr. 308, 447

Vadianus, Joachim, 1484-1551. Humanist, Reformator. Aus St. Gallen. Studium in Wien und Krakau 1501/02. Lehrer der Poetik und Rhetorik in Wien, 1514 Dichterkrönung, 1516/1517 Rektor der Universität, 1517 Dr. med., 1518 Rückkehr nach St. Gallen, Stadtarzt, 1521 Mitglied des Großen Rats, seit 1526 mehrmals Bürgermeister. Unter Zwinglis Einfluß Führer der Reformation in St. Gallen. Seit 1518 Herausgeber zahlreicher literarischer, historischer, geographischer Werke. Ausgedehnter wissenschaftlicher Briefwechsel.
Kat. Nr. 432

Valturio, Roberto, 1405-75. Schriftsteller. Geb. in Rimini. Apostolischer Sekretär in Rom. 1446 Rückkehr nach Rimini. Nacheinander im Dienst von Pandolfo und Roberto Malatesta. Kenner der antiken Kriegsliteratur. Verfasser mehrerer kriegswissenschaftlicher Werke.
Kat. Nr. 648

Varnbüler, Ulrich, 1474 - ca. 1544. Jurist, kaiserl. Rat. Geb. in St. Gallen. 1507 Protonotarius am Reichskammergericht, seit 1531 dessen Kanzler. Seit 1515 befreundet mit Dürer und Pirckheimer. Übersetzer einer Schrift des Erasmus. Kanzler Erzherzog und König Ferdinands I. Tätig auf den Reichstagen in Worms 1521, Nürnberg 1522, Augsburg 1530.
Kat. Nr. 544/45

Vegetius, um 400. Römischer Beamter und Schriftsteller. Flavius Vegetius Renatus. Widmet seine kriegswissenschaftliche Arbeit einem nicht mehr genau zu ermittelnden Kaiser der Zeit um 400. Verfasser eines Leitfadens der Veterinärkunde.
Kat. Nr. 649/50

Vegius, Maffeus, 1407-58. Humanist. Aus Lodi. Studium an der philosophischen Fakultät in Mailand, dann der Dialektik und Jura in Padua. Verfasser eines 13. Buches der Eneide Vergils. Ab 1435 in Rom, Ernennung zum Kanonikus an St. Peter. Verfasser patristischer, pädagogischer und humanistischer Schriften. 1455 Eintritt in den Augustinerorden.
Kat. Nr. 158

Venatorius, Thomas, 1490-1551. Humanist, Mathematiker, Theologe. Geb. in Nürnberg. Schüler des Mathematikers Johann Schöner. Mönch in Eppstadt und Biburg. 1519 Geistlicher in Kornburg, ab 1521 in Nürnberg. 1534 geistlicher Schulaufseher. Einflußreicher Reformator. Wie Dürer Mitglied des Sodalitiums am Egidiengymnasium. Befreundet mit Pirckheimer, nahm zusammen mit Schöner dessen Bibliothek auf. Reformation von Rothenburg 1544 und Donauwörth 1545.
Kat. Nr. 64

Verona, Joannes Nicolai de, Ende 15. Jahrh. Drucker. Geb. und tätig in Verona. Bekannt nur durch den Druck eines Werkes von Valturio 1472.
Kat. Nr. 648

Vischer, Peter d. Ä., um 1460-1529. Erzgießer in Nürnberg. Geselle seines Vaters Hermann. 1489 Meister, Übernahme der Werkstatt. Hauptwerk, zusammen mit seinen Söhnen, Sebaldusgrabmal. Zahlreiche auswärtige Aufträge für Grabmäler, beteiligt auch am Grabmal für Kaiser Maximilian.
Kat. Nr. 704

Vischer, Peter d. J., 1487-1528. Bronzegießer, Medailleur. Sohn von Peter V. d. Ä. in Nürnberg. Lehre beim Vater. Um 1508 Rückkehr von Italienreise. Vollender des Sebaldusgrabes in St. Sebald. 1527 Grabmal Kurfürst Friedrichs des Weisen in Wittenberg.
Kat. Nr. 694/95, 704

Vischer, Peter, Ende 15. Jahrh. Nürnberger Drucker. Bekannt nur durch Heiltumsbuch von 1487. Möglicherweise identisch mit einem gleichnamigen, für Koberger um 1509 in Italien tätigen Buchverkäufer.
Kat. Nr. 244

Vitruv, ca. 88-26 v. Chr. Architekt und Ingenieur. Eigentlich Marcus Vitruvius Pollo. Verfasser der einzigen überlieferten antiken Architekturtheorie: im Mittelalter bekannt, seit Auffinden einer Handschrift 1414 kanonisches Werk, auch Dürer bekannt.
Kat. Nr. 475

Wagner, Peter, gest. ca. 1500. Drucker. Vermutlich identisch mit dem 1469 in Erfurt immatrikulierten Peter Currifex aus Nürnberg. Als Drucker in Nürnberg 1483-1500 nachweisbar. Lateinische Wörterbücher, Lehr- und Erbauungsschriften, populäre deutschsprachige Werke.
Kat. Nr. 110-12, 624

Waldauf von Waldenstein, Florian, ca. 1450-1510. Protonotarius, kaiserl. Rat. Bauernsohn aus Anras bei Lienz. Schreiber bei Herzog Sigismund von Tirol, ab 1498 unter Erhebung in den Adelsstand bei Kaiser Maximilian I. Teilnahme an Feldzügen des Kaisers, Gesandtschaftsreisen. Veranlaßte den Druck der Relevationes der Hl. Birgitta. Gest. auf Schloß Rettenberg/Tirol.
Kat. Nr. 365

Walther, Bernhard, ca. 1430-1504. Kaufmann, Astronom. Aus Memmingen. 1467 Bürger in Nürnberg. Vertreter der Handelsgesellschaft von Anton Welser-Augsburg und Konrad Vöhlin-Memmingen. Als Astronom Schüler und Gönner Regiomontans. Kaufte dessen Nachlaß, setzte die Beobachtungen fort. Seine Frau Christina 1488 Taufpatin des 16. Kindes von Dürers Eltern.
Kat. Nr. 57

Weißenburger, Johann, gest. 1536. Geistlicher, Drucker. 1480 in Ingolstadt immatrikuliert. 1500 Priesterweihe in Nürnberg. Seit 1501, anfangs zusammen mit Nik. Fleischmann, Drucker. Nach Differenzen mit dem Nürnberger Rat ab 1513 in Landshut, neben amtlichen Drucksachen lutherische und katholische Schriften. Zugleich Priester an St. Martin. Ab 1534 in Passau, nur noch ein Druck.
Kat. Nr. 40, 304

Werner, Johannes, 1468-1522. Mathematiker, Astronom, Geistlicher. Nürnberger. Seit 1483 Studium in Ingolstadt. Italienaufenthalt. 1493 Priesterweihe in Rom. 1498 Rückkehr nach Nürnberg. 1506 als Vikar in Wöhrd bezeugt. 1508 Inhaber eines Benefiziums an St. Johannis in Nürnberg, zuletzt Vikar dieser Kirche. Beziehungen zu Nürnberger Humanisten. Vermutlich mathematischer Berater Dürers.
Kat. Nr. 322, 328, 635

Wiener, Johann, tätig 1475-79. Drucker. Aus Wien. Baccalaureus Artium. In Augsburg als Drucker homiletischer, kanonistischer, moraltheologischer Schriften und einer Übersetzung des Vegetius tätig.
Kat. Nr. 649

Wimpfeling, Jakob, 1450-1528. Humanist. Theologe. Aus Schlettstadt. Erzogen in Deventer. Studium von Philosophie, Kirchenrecht, Theologie in Freiburg/Br., Erfurt, seit 1469 in Heidelberg, dort Dozent und 1481 Rektor. 1483-98 Prediger am Dom in Speyer, dann bis 1501 Professor in Heidelberg an der Artistenfakultät. 1501-15 meist in Straßburg. Begründer der deutschen Geschichtsschreibung.
Kat. Nr. 35

Winterburger, Johannes, um 1460-1519. Drucker. Aus Winterburg bei Kreuznach. Tätig in Wien seit 1492, Bürger 1496. Drucker der Wiener Humanisten, von Texten klassischer Autoren, liturgischen Büchern und offiziellen Drucksachen.
Kat. Nr. 284

Wirsung, Marx, nachweisbar 1518-22. Reicher Augsburger Kaufmann. 1518-22 Teilhaber der Druckerei von Sigmund Grimm.
Kat. Nr. 42, 452

Wolgemut, Michael, 1437 (1434?)-1519. Maler, Reißer für den Holzschnitt. Sohn des Nürnberger Malers Valentin W. Lehre beim Vater. Um 1450 Wanderschaft, evtl. bis Flan-

dern. Um 1471 in München. Geselle Hans Pleydenwurffs, dessen Witwe er heiratet. Übernahme der Werkstatt, zahlreiche auswärtige Aufträge. 1486-89 Lehrherr Albrecht Dürers d. J. Regt den Aufschwung des Nürnberger Holzschnitts in den neunziger Jahren an.
Kat. Nr. 25, 94/95, 97-102, 104, 106-09, 114-118, 177, 227, 231, 536, 712

Wurm, Hans, Anfang 16. Jahrh. Zeichner(?). Lebensdaten nicht feststellbar. Tätig in Nürnberg. Möglicherweise ein 1524 als Meister aufgenommener Windenmacher. Vielleicht auch identisch mit einem H. Wurm, von dem zwei Ring-Bücher (Landshut, um 1500) stammen.
Kat. Nr. 208

Ysenhut, Lienhart, gest. spätestens 1510. Formschneider, Drucker. Geb. in Heydeck. Tätig in Basel, 1464 Eintritt in die Safranzunft, 1468 Bürger, 1471 Hauskauf. Überwiegend tätig als Formschneider (Briefmaler, Brief-drucker, Heiligendrucker, Kartenmacher), vielleicht auch Schriftgießer.
Kat. Nr. 148

Zangenried (Zangereyd), Daniel, Ende 15. Jahrh. Theologe. Aus Memmingen. 1493 Dekan der philosophischen Fakultät, 1496 Rektor der Universität Heidelberg.
Kat. Nr. 397

Zinner, Katharina, nach 1475-ca. 1547. Tochter des Hans Frey, Schwester der Agnes Dürer. 1504/05 mit dem vor 1527 verstorbenen Martin Zinner verheiratet, einem vermögenden Witwer. Erbin von Agnes Dürers Haus, bei dessen Verkauf 1542 zuletzt erwähnt.
Kat. Nr. 19, 22

Zündt, Matthias, um 1498-1572. Goldschmied, Kupferstecher, Schnitzer. 1551-53 Lehrzeit bei Wenzel Jamnitzer, 1556 Bürger in Nürnberg. Goldschmiedevorlagen, Landkarten und Städteansichten; Porträtradierungen.
Kat. Nr. 2

Zwingli, Ulrich, 1484-1531. Reformator. Geb. in Wildhaus/Toggenburg. Erste Erziehung bei seinem Onkel in Weesen, ab 1494 an den Lateinschulen von Basel und Bern. Ab 1498 Studium in Wien, 1502-06 in Basel, Magister Artium. Im Sommer 1506 Theologiestudium in Basel, Priesterweihe in Konstanz, 1506-16 Pfarrer in Glarus, dann Leutpriester in Einsiedeln und Zürich. 1520 Verzicht auf päpstl. Ehrensold und Wendung zur Reformation. Teilnehmer zahlreicher Religionsgespräche. Veranlaßt 1524 in Zürich Aufhebung der Klöster. 1531 gefallen, als Feldprediger im Gefecht gegen die katholischen Urkantone, bei Kappel am Albis. Bekanntschaft mit Dürer vermutlich 1519 während dessen Schweizer Reise.
Kat. Nr. 394

Jörn Bahns

Dürerstudio

Sehen - Erleben - Verstehen

Mehr als vier Jahrhunderte trennen uns von der Kunst Albrecht Dürers. Die künstlerische Bewältigung der Wirklichkeit durch Albrecht Dürer ist völlig verschieden von der unserer Zeit. Die Themen seiner Holzschnitte und Kupferstiche sind uns nicht mehr geläufig, Sinn und Bedeutung zahlreicher Werke nur wenigen verständlich.

Das DÜRERSTUDIO will zwischen dem Betrachter von heute und dem Werk Albrecht Dürers vermitteln; es gibt Hinweise zur Betrachtung und zum Verständnis seiner Werke.

Das DÜRERSTUDIO arbeitet mit Fotos, Vergrößerungen, Detailaufnahmen, Diapositiven und Filmen und gibt dem Besucher die Möglichkeit, sich selbst in ausgewählte Probleme der Kunst Albrecht Dürers einzuarbeiten.

Das DÜRERSTUDIO ist ein neuartiger Versuch der Vermittlung zwischen Kunstwerk und Betrachter. Die Auswahl der im Dürerstudio gezeigten Objekte erfolgt nach kunstgeschichtlichen, ihre Präsentation nach didaktischen Gesichtspunkten.

Der erste Teil des Dürerstudios gibt in systematischer Folge Einblick in Probleme der Technik und der Form, in Inhalte und Bedeutungen des Bildwerks Dürers: Die Farbe - Graphik/der Strich - Das Detail und das Ganze - Perspektive/Konstruktion/Proportion - Inhalt und Thema - Bedeutung und Gehalt.

Der zweite Teil erläutert eingehend und exemplarisch drei Werke nach den im ersten Teil gegebenen Informationen: Der heilige Hieronymus in der Zelle, Kupferstich, 1514 - Das Selbstbildnis Albrecht Dürers im Pelzrock, Gemälde, 1500 - Adam und Eva, Kupferstich, 1504. - In mehreren Filmkojen werden Fernsehfilme über Albrecht Dürer und sein Werk gezeigt. Angeschlossen sind Ruheräume, Zeichen- und Spielraum und Erfrischungsraum.

VERANSTALTER
Stadt Nürnberg
Bayerischer Rundfunk — Fernsehen
Germanisches Nationalmuseum
Kunstpädagogisches Zentrum im Germanischen National-
museum

MIT UNTERSTÜTZUNG von:
Kulturkreis im Bundesverband der Deutschen Industrie e. V.,
Köln; Agfa-Gevaert AG, Leverkusen; August Moralt Holz-
industrie, Bad Tölz; Elektrohaus Felsner, Nürnberg; Opti-
sche Werke Ernst Leitz GmbH, Wetzlar; A.W. Faber-Castell,
Stein bei Nürnberg; Hertie Waren- u. Kaufhaus GmbH,
Nürnberg; Kodak AG, Stuttgart; Mechanische Weberei
GmbH, Bad Lippspringe; Mero Rohrkonstruktionen Dr. Ing.
Max Mengeringhausen, Würzburg; mobilia wohnshop,
Nürnberg-Erlangen; Osram GmbH, Berlin; Paul Hohlbaum
Bedachungsunternehmen, Nürnberg; Deutsche Philips
GmbH, Nürnberg; Rheinhold & Mahla GmbH, Nürnberg;
Schildknecht Innenausbau KG, Aldingen bei Stuttgart;
Sperrfurnier Würzburg-Nürnberg; Verlag F. Bruckmann KG,
München; Joh. Jac. Vowinckel, München, Spanplatten-
werk Georgensgmünd/Mfr.; Zapold Innenausbau, Boxdorf
bei Nürnberg.

GESTALTUNG:
Entwurf und Leitung: Dr. Jürgen Rohmeder
Didaktik: E. und M. Guthmann
Architektur: Lothar Hennig
Graphik: F. H. Oerter, Gustav Kounovsky
Realisation: Josef Liebl, Siegfried Stäblein
Die Einrichtung des Dürer-Studios lag in den Händen der
Ausstattungsabteilung des Bayerischen Rundfunks.

Das DÜRERSTUDIO befindet sich im Erd- und 1. Obergeschoß des Ostbaus des Germanischen Nationalmuseums und ist direkt vom Ausgang der Ausstellung ›1471 Albrecht Dürer 1971‹ oder von der Grasersgasse aus zu erreichen.

Eintritt frei